Noch immer beherrscht eine traditionelle, männerzentrierte Sicht das Bild von der Vergangenheit. Die eine Hälfte der Menschheit – die Frauen – taucht nur am Rand auf und verschwindet wieder im Dunkel der Geschichte. Doch bereits Ende der 60er Jahre entstand ein neuer Forschungszweig: die Frauengeschichte. Dieser Ansatz ist zwar inzwischen zum festen Bestandteil historischer Forschung geworden, was aber fehlte, ist ein umfassendes Werk, in dem die Ergebnisse der langjährigen Forschungen systematisch zusammengetragen sind. Diese Lücke haben die beiden renommierten amerikanischen Historikerinnen geschlossen. Das Ergebnis ihrer Pionierarbeit ist dieses zweibändige Werk, das zu den Klassikern der Geschichtsschreibung gerechnet werden kann: Die Autorinnen zeichnen präzise und anschaulich, dabei immer wissenschaftlich fundiert, eine neue Sicht der europäischen Menschheitsgeschichte.

Der erste Band beschreibt die Geschichte der Frauen von der Frühzeit bis zum 18. Jahrhundert. Die Autorinnen richten sich dabei nicht nach der gängigen Epocheneinteilung, sondern machen vielmehr deutlich, daß diese für Frauen nicht gilt. Die Erfindung des Strickens z. B. hat die Lebensbedingungen von Frauen entscheidender verändert als die Verkündung der Menschenrechte, die doch nur für Männer gemeint waren. Die Lebensbedingungen von Frauen unterschieden sich jedoch vorrangig nach dem Stand, dem sie angehörten. Dieser Erkenntnis ist durch die Aufteilung des Buches in die großen Kapitel »Frauen auf dem Land«, »Frauen in der Kirche«, »Frauen der Schlösser und Gutshöfe« und »Frauen innerhalb der Stadtmauern« Rechnung getragen worden.

Bonnie S. Anderson und Judith P. Zinsser, beide Jahrgang 1943, sind amerikanische Historikerinnen und beschäftigen sich seit den 70er Jahren mit Frauengeschichte.

Bonnie S. Anderson
Judith P. Zinsser

Eine eigene Geschichte
Frauen in Europa

Band 1:
Verschüttete Spuren
Frühgeschichte bis 18. Jahrhundert

Aus dem Amerikanischen von
Katharina Biegger Schwarz

Fischer
Taschenbuch
Verlag

Die Frau in der Gesellschaft
Herausgegeben von Ingeborg Mues

Veröffentlicht im Fischer Taschenbuch Verlag GmbH,
Frankfurt am Main, Juni 1995

Lizenzausgabe mit freundlicher Genehmigung des
Schweizer Verlagshauses AG, Zürich
Die amerikanische Originalausgabe erschien 1988 unter dem Titel
»A History fo Their Own« bei Harper & Row, Publishers, New York

Druck und Bindung: Clausen & Bosse, Leck
Printed in Germany
ISBN 3-596-12049-7

Gedruckt auf chlor- und säurefreiem Papier

Inhalt

Einleitung

Fragen

Zu Beginn des 15. Jahrhunderts eröffnete die französische Adelige und Schriftstellerin Christine de Pisan ihr »Buch von der Stadt der Frauen«, indem sie auf die Ungleichheit zwischen dem Frauenbild, wie es die Männer zeichneten, und ihrer eigenen Wahrnehmung von Frauen hinwies. Während die Männer alle zu dem gleichen Ergebnis kamen, »daß nämlich Frauen sich in ihrem Verhalten und ihrer Lebensweise zu allen möglichen Formen des Lasters neigen«, sah es die Autorin anders:

> Da mich diese Dinge sehr beschäftigten, machte ich mich daran, mich selbst und mein Verhalten als Wesen weiblichen Geschlechts zu prüfen, und in ähnlicher Weise diskutierte ich mit anderen Frauen aus den unterschiedlichsten sozialen Ständen, die mir liebenswürdigerweise ihre geheimsten Gedanken offenbarten, damit ich auf der Grundlage dieses Wissens und völlig unvoreingenommen abwöge, ob das, was so viele ehrenwerte Männer über die Frauen verbreiten, zutrifft. Aber trotz allem, was ich auf diesem Wege erfuhr, und obwohl ich äußerst gründlich beobachtete und prüfte, fand ich keinerlei Anhaltspunkte für solche abschätzigen Urteile über meine Geschlechtsgenossinnen und die weiblichen Stände.[1]

Das hier vorliegende Buch entstand aus der Wahrnehmung einer ähnlichen Diskrepanz – der Diskrepanz zwischen unserem eigenen Wissen von Frauen und ihren Aktivitäten in der Vergangenheit wie in der Gegenwart und der fast völligen Absenz von Frauen in den Geschichtsbüchern. Um den widrigen Auswirkungen von jahrhundertelanger Schmähung und verdrehter Darstellung gegenzusteuern, schrieb Christine de Pisan eine Verteidigung der Frauen und zeichnete das Leben der mächtigsten und vorzüglichsten, von

Eva bis zur Königin von Frankreich, ihrer Gönnerin, auf. Um die herabsetzende Erdichtung zu widerlegen, Frauen hätten eben keine Geschichte oder sie hätten nur wenig erreicht, was der historischen Aufzeichnung wert wäre, haben wir diese zwei Bände geschrieben: eine Geschichte der Frauen in Europa.

Zur Zeit unseres Studiums der europäischen Geschichte in den späten sechziger Jahren waren solche Einschätzungen und Fehlbeurteilungen an der Tagesordnung. Wir dachten nicht daran, die traditionelle Epochengliederung, die akzeptierten Perspektiven oder das männliche Geschlecht der historischen Hauptfiguren in Frage zu stellen. Erst die Arbeiten und der Widerstand von Wissenschaftlerinnen und Aktivistinnen in den sechziger und siebziger Jahren bewog manche aus der Wissenschaftsgemeinde, die Art und Weise zu überdenken, in der die Geschichte selbst definiert und begrenzt worden war.

Historikerinnen wie Joan Kelly und Gerda Lerner lenkten die Aufmerksamkeit auf die doppelte Verfahrensweise, mit der die traditionelle Geschichtsschreibung die Vergangenheit der Frauen verzerrt hatte: Die Geschichte ließ die Frauen aus und war zugleich in einer Weise strukturiert, die es im Grunde genommen verunmöglichte, sie überhaupt einzubeziehen. Die traditionelle Epochengliederung richtete sich nach den Erfahrungen der Männer; wenn diejenigen der Frauen sich davon unterschieden, wurden sie als unbedeutend eingeschätzt und weggelassen. Die daraus resultierende Geschichte zeigte, wie es Jane Austens Heldin in *Northanger Abbey* beklagte, die Kämpfe von Päpsten und Königen, aber fast keine einzige Frau. Im Gefolge von Kellys und Lerners bahnbrechenden Anstrengungen begannen viele Historikerinnen und Historiker, die Geschichte der Frauen in Europa zu entdecken. Seit 1970 hat die Frauengeschichtsforschung Hunderte von Untersuchungen hervorgebracht.

Wir entschlossen uns, das gelehrte Wissen zu einem Gesamtbild zusammenzufügen und eine erzählende Geschichte der Frauen in Europa zu schreiben. Wir begannen, indem wir Fragen stellten, und diese Fragen bestimmten Aufbau und Inhalt der beiden Bände. Zunächst überlegten wir, womit sich denn die Frauen beschäftigten, während »die Geschichte« abrollte und sie beiseite ließ. Wie hatten sie gelebt? Mit welchen Aufgaben füllten sie ihre Tage aus? Was bewog sie zu ihren Handlungen und bestimmte sie in ihren Haltungen? Als zweites hinterfragten wir die bestürzenden Unterschiede zwischen dem Leben der Frauen und demjenigen der Männer während ein und derselben Epoche. Wie war es möglich, daß die Frauen – in den Worten des UNO-Berichtes von 1985 zum Jahrzehnt der Frauen – »die benachteiligte, unsichtbare Mehrheit« geworden waren?[2] Weshalb hatten Gesetze, Wirtschaftsordnung, Religion und Politik die europäischen Frauen von den am höchsten geschätzten Handlungsräumen ferngehalten? Wie hatten sich kulturelle Muster herausgebildet, welche die Frau auf eine angeborene Minderwertigkeit festlegten und sie in der Beziehung zum Mann unterordneten?

Drittens fragten wir nach der Gemeinsamkeit aufgrund der Geschlechtszugehörigkeit. Waren die Frauen durch ihr Geschlecht geeint? Was, wenn überhaupt etwas, verband eine Bäuerin, die im 12. Jahrhundert in Frankreich ihre Kinder aufzog, mit einer Handwerkersfrau, die in Nürnberg im 15. Jahrhundert ihre Waren verkaufte, und mit einer Universitätsabgängerin im England des späten 19. Jahrhunderts, die die Ausübung eines Berufes erwog? Als nächstes faßten wir die Ausnahmen ins Auge, jene Frauen, die berühmt geworden sind und in die traditionelle Geschichte Eingang gefunden haben: Heloise, Jeanne d'Arc, Katharina die Große, Florence Nightingale, Marie Curie. Warum hatten diese Frauen Anerkennung gefunden? Waren sie Ausnahmen aufgrund ihrer Persönlichkeit oder der geschichtlichen Umstände? Als letztes beschäftigten wir uns mit Frauen wie Christine de Pisan, die als erste den benachteiligten und herabgewürdigten Status der Frauen erkannten. Wie kam es, daß gewisse Frauen die Unterordnung des weiblichen Geschlechts in Frage stellten? Wie kam es, daß sie sich mit den Frauen identifizierten und für eine Erweiterung ihrer Möglichkeiten stritten? Wie und warum begann der Feminismus, und wohin könnte er führen, da er doch grundlegende Werte der europäischen Kultur und Gesellschaft in Zweifel zieht?

Unsere Antworten auf diese Fragen veränderten unser gesamtes Bild der europäischen Geschichte, so wie die deutsche Frauenrechtlerin Minna Cauer schrieb, als sie das Leben der Frauen um 1880 erforschte:

> Oft war ich so tief bestürzt dadurch [durch die Geschichte der Frauen], daß ich nicht weiterlesen wollte. Und dann wiederum schien alles wunderbar, denn ich sagte mir: Wenn all das Wohltätige und all das Schreckliche, was Frauen in der Welt getan haben, in die Geschichte mit einbezogen würde, wie anders müßte die Geschichte sein und scheinen![3]

Antworten

Zentrale These dieses Buches ist es, daß das Geschlecht der wichtigste Faktor war, der das Leben der europäischen Frauen prägte. Anders als die Männer, bei denen nach Klasse, Nation oder Epoche differenziert wurde, sind die Frauen jeweils zuerst als Frauen beurteilt worden, als einer separaten Sozialkategorie zugehörig. Wir sind jedoch nur widerstrebend zu dieser These gekommen. Da wir in traditioneller europäischer Geschichte ausgebildet sind, nahmen wir zunächst an, die Unterschiede zwischen Epochen, zwischen Klassen und zwischen Nationen würden für Frauen ebenso wichtig sein wie für Männer. Wir nahmen an, daß beispielsweise die Kluft zwischen einer Frau im mittelalterlichen Europa und einer Frau im modernen Europa, zwischen einer Aristokratin und einer Taglöhnerin, zwischen einer Engländerin und einer Russin ebenso groß sein würde wie bei ihren männlichen Entsprechungen. Es stellte sich bei unseren historischen Nachforschungen heraus, daß dies falsch ist. Freilich haben Unterschiede des Zeitalters, der Klassenzugehörigkeit oder der Nationalität Bedeutung für Frauen, dominierend ist jedoch die Gemeinsamkeit aufgrund des Geschlechts. Wie es die französische Sozialistin Louise Michel 1885 formulierte, war es – auch für uns – »schmerzhaft zuzugeben, daß wir eine getrennte Kaste sind, geeint über die Zeiten hinweg«. Doch als wir unsere Ergebnisse aus dem Studium verschiedener Epochen, Klassen und Nationen verglichen, war kein anderer Schluß möglich.[4] Immer und immer wieder fanden wir die geschlechtsbedingten Konstanten, die das Frauenleben geformt hatten. Als Frau geboren zu sein bestimmte die Erfahrungen einer Frau in erster Linie, unterschied sie von denjenigen der Männer und stellte eine grundlegende Gemeinsamkeit im Leben aller europäischen Frauen her.

Als zweiter Schlüsselfaktor für Frauen gilt, daß sie alle bis vor sehr kurzer Zeit über ihre Beziehung zu Männern definiert wurden. Viele Frauen – bei weitem mehr als Männer – werden von der Geschichte nur als Frauen ihrer Männer verzeichnet. Priamus' Töchter, Lots Frau und die Mutter der Makkabäer gehören zu den frühesten Beispielen. Eine Frau wurde in erster Linie als ihres Vaters Tocher, ihres Ehemanns Gattin oder Witwe, als ihres Sohnes Mutter wahrgenommen. Die meisten Frauen lebten ihr Leben, ungeachtet der Unterschiede des Zeitalters, der Klasse oder des Standes, der Nationalität oder der Volksgruppe, als Mitglieder einer männerdominierten Familie. Selbst diejenigen, die sich einem religiösen Orden anschlossen, wurden über ihre Ablehnung der irdischen Ehe definiert und als »Bräute Christi« charakterisiert. Die wichtigsten Funktionen und Rollen einer Frau wurden ihr von der Familie diktiert; ihre vorherbestimmten, biologisch angemessenen Aufgaben waren das Aufziehen der Kinder und das Führen des Haushalts.

Daß die Sorge für Familie und Heim als primäre weibliche Aufgabe festgelegt wurde, schloß andere Arbeiten jedoch keineswegs aus. Zu allen Zeiten hat sich die große Mehrheit der europäischen Frauen auf weiteren Arbeitsplätzen abgemüht und zusätzliche Pflichten übernommen. Sie bearbeiteten die Felder, sie tagelöhnerten, sie beschafften zusätzliche Mittel für ihre Familien. Mit Jäten, Ernten, Nähen, Stricken, als Putzfrauen, Kindermädchen, Fabrikarbeiterinnen oder Bürohilfen machten sie das Überleben ihrer Familien möglich. Diese doppelte Bürde – die Sorge für Familie und

Heim und das Verdienen eines zusätzlichen Einkommens – hat das Leben der meisten europäischen Frauen geprägt und sie von den Männern unterschieden. Die Frauen hatten eine Vielzahl von Pflichten; eine Zusatzarbeit mußten sie mit den primären Aufgaben unter einen Hut bringen oder für eine Ersatzperson besorgt sein, die ihre Kinder und ihren Haushalt übernahm, während sie selbst Geld verdienen gingen.

Darüber hinaus wurde Frauenarbeit, ob zu Hause oder auswärts, traditionellerweise weniger geschätzt und als weniger wichtig erachtet als Männerarbeit. Das Aufziehen der Kinder und die Besorgung des Haushalts galten als selbstverständlich und wurden nie so hoch bewertet wie die von Männern geleistete Anstrengung, worin auch immer diese bestehen mochte. Die bezahlte Arbeit, die den Frauen zugänglich war, war in der Regel von niedrigerem Ansehen, verlangte eine geringere berufliche Ausbildung und war anfälliger für ökonomische Schwankungen und Krisen. Daraus resultiert, daß Frauen, wo sie bezahlt wurden, ziemlich durchgängig zwischen der Hälfte und zwei Dritteln dessen bekamen, was die Männer verdienten. Dieser Faktor, von einigen Wissenschaftlerinnen mit den verschiedenen ökonomischen Systemen in Zusammenhang gebracht, ist durch die gesamte europäische Geschichte hindurch wirksam. In der Beurteilung des männlichen und weiblichen Verdienstes im Alten Testament wie in den Urkunden adliger Herrschaftsgüter, in den Kontobüchern von Kaufleuten des 16. Jahrhunderts ebenso wie in den Lohnquittungen von Fabriken des 19. oder 20. Jahrhunderts – überall bekamen Frauen weniger als Männer. Der Betrag mag schwanken; Arbeitskräftemangel oder wirtschaftliche Eingriffe konnten die Gehälter für Frauen anheben, aber bis heute haben sie selten das Lohnniveau der Männer erreicht. Alle diese Momente, welche die Frauenarbeit prägten, schränkten das Leben der europäischen Frauen ein, da sie ihre Chancen und Mittel verringerten.

Gewisse Frauen konnten sich über diese Einschränkungen hinwegsetzen. Eine Frau aus besitzender christlicher Familie konnte in einen religiösen Orden eintreten. Wohlhabende und aristokratische Damen nahmen andere Frauen in Dienst, die für ihre Kinder zu sorgen und im Haushalt mitzuhelfen hatten. Einige wenige Frauen aus aristokratischem Geschlecht regierten als Königinnen in eigener Verantwortlichkeit. Einige wenige Frauen mit besonderer Begabung arrivierten als Künstlerinnen oder Schriftstellerinnen. Doch alle Europäerinnen, Königinnen und Nonnen, Aristokratinnen und Bäuerinnen, Handwerkerinnen und Künstlerinnen, waren einer weiteren Fessel unterworfen: dem weitgehend negativen Frauenbild der europäischen Kultur. Frauen galten als befleckt, minderwertig und niedriger von Geburt an und hatten sich folglich den Männern unterzuordnen. Eine Frau, die über Männer herrschte, die auf dem Königsthron oder innerhalb einer Familie eine dominante Rolle einnahm, wurde als »unweiblich« angesehen, als Gefahr für die natürliche Ordnung der Welt, die dem Mann den ersten Platz einräumt.

Diese kulturelle Sichtweise, die sich schon in den frühesten Schriften der Griechen, der Römer und der Hebräer ausdrückt, veränderte sich im Lauf der Zeit bemerkenswert wenig. Die biblische Verfügung: »Nach deinem Manne wirst du verlangen; er aber soll dein Herr sein!« (Genesis 3,16) wurde zu jeder Zeit und bei jedem europäischen Volk bekräftigt. Die Ansicht, die beste Frau sei jene, die schweige – erstmals im alten Griechenland niedergeschrieben –, taucht in den Schriften europäischer Männer über Frauen immer wieder auf. Die Anmaßung, nur Männer seien wahre Menschen – ein russisches Sprichwort lautet: »Eine Henne ist kein Vogel und eine Frau keine Person« –, hallt durch die ganze europäische Geschichte wider. Keine Frau konnte den Einflüssen dieser Sichtweise vollständig entgehen. Von all den Faktoren, die das Leben der Frauen beschränkten, war die negative kulturelle Tradition am einflußreichsten und widerstand zugleich einem Wandel am hartnäckigsten.

Allen Einschränkungen zum Trotz haben Frauen immer gearbeitet, um ihrem Leben Bedeutung zu verleihen. Viele gewannen Freude und Bestätigung in ihren reproduktiven und nährenden Rollen, in ihren noch so vergänglichen Aufgaben. Manche bezogen sich auf jene religiösen oder ethischen Traditionen, die die Frauen eher bestärkten als unterordneten, und erhoben daraus Anspruch auf geistige oder moralische Autorität. Die meisten lehnten sich nicht auf; ihre Auflehnung hinterließ jedenfalls keine Spuren im historischen Gedächtnis. Denn die Ideologie der weiblichen Minderwertigkeit war so tief in der Lebensweise sowohl der Frauen als auch der Männer verankert, daß nur wenige sie in Frage stellten. Die europäischen Frauen waren jedoch nicht nur Opfer. Unfähig, über die kulturell bedingten Haltungen hinwegzusehen, wurden sie vielmehr Meisterinnen in den Strategien der Unterworfenen: Sie manipulierten, erwiesen sich gefällig, harrten aus, überlebten. Die meisten europäischen Frauen suchten Zuflucht in der männerbeherrschten Institution Familie. Sie garantierte ihnen den Unterhalt, gab ihnen einen Lebensgefährten und verlieh ihnen das Gefühl eines gewissen Schutzes vor Gefahren außerhalb ihrer Kontrolle.

Viele Frauen taten aber noch mehr. Trotz der Benachteiligung durch ihr Geschlecht verliehen sie ihrem Leben Schönheit, Bedeutung und Macht. Dabei schufen sie Großartiges: Sapphos Poesie, Hildegard von Bingens Visionen, Mary Wollstonecrafts Verteidigung der Frauen, Paula Modersohn-Beckers Selbstbildnisse. Leider waren viele der weiblichen Schöpfungen namenlos und flüchtig, so wie das Weidenkörbchen, worin man Nahrung sammelte, die handgefärbten wollenen Gewebe, mit denen man sich kleidete, das Spitzentuch für die Aussteuer der Tochter, die Haushaltsgegenstände und Kinderspielzeuge, die das Leben leichter und vergnüglicher machen sollten. Doch so, wie die von Frauen geschaffenen Gegenstände verschwunden sind, geriet auch ihr Leben in Vergessenheit. Die europäischen Frauen erhielten keinen Raum in den Aufzeichnungen von männlichem Wirken und Erfolg und hatten nie eine eigene Geschichte.

Methoden und Gliederung

Die Frauen haben in den historischen Zeugnissen bei weitem weniger Spuren hinterlassen als die Männer. Dies ist die bedeutendste Konsequenz des negativen kulturellen Frauenbildes. Denn wenn die Geschichte definiert wird über die Taten der Männer, die Handlungen der Frauen aber wenig Wert zugesprochen erhalten, wird das Frauenleben »ahistorisch«, es erfüllt sich außerhalb der Welt männlicher Leistungen. Es scheint, als hätten die Frauen keine Bedeutung, und die Erinnerung an ihre Vergangenheit wird verlorengehen. Aber die Frauen *haben* eine Geschichte, die rekonstruiert werden kann, sobald neue Kategorien entworfen und neue Nachforschungen angestellt werden. Die Frauengeschichtsschreibung hat eine neue Perspektive entwickelt, die die Frauen per Definition mit einbezieht. Um uns und unsere Leserinnen beispielsweise daran zu erinnern, daß die Frauen im Mittelpunkt dieser Geschichte stehen, haben wir überlieferte sprachliche Formeln umgekehrt: Wir schreiben von »Frauen und Männern«, von »Königinnen und Königen«, von »Müttern und Vätern«. Dies ist nur einer der einfachen Schritte, um das Gewicht der männerorientierten Vergangenheit und der männerzentrierten Sprechweise abzuschwächen.

Das war erst der Anfang; es mußte mehr getan werden, um den europäischen Frauen ihre Geschichte zu geben. Als wir nach Fakten über das Leben der Frauen in der Vergangenheit suchten, entdeckten wir eine Fülle von Material, ganz neue Bereiche für Studium und Forschung, Themen für tausend Dissertationen. Dieses Material verliert jedoch seine Bedeutsamkeit, wenn es ohne weitere Überlegung in die traditionelle Periodisierung der Geschichte eingereiht wird, die auf männlicher Praxis beruht. »Eine der Aufgaben der Frauengeschichtsschreibung ist es, die gültigen Muster der Periodisierung in Frage zu stellen ...«, schrieb Joan Kelly. »Es gab keine Renaissance für die Frauen – zumindest nicht während der Renaissance.«[5] Wenn man weiterhin »Renaissance« als historische Periode gebraucht, preßt man das Leben der Frauen in männliche Kategorien, man verzerrt die weibliche Praxis, indem man sie negativ bestimmt: Den Frauen fehlte, was Männer hatten oder erreichten. Traditionelle historische Periodisierung läßt so die große Mehrheit der Frauen verschwinden. Ihre Spuren verlieren sich, und nur die ihnen auferlegten Beschränkungen scheinen ein geeignetes Thema für historische Auseinandersetzung.

Um die Frauen in den Mittelpunkt stellen und ihre Erfahrungen verstehen zu können, hatten wir die europäische Geschichte nach neuen Begriffen zu gliedern. Damit konnten wir erfassen, wie die Geschichte wäre, »wenn sie durch die Augen von Frauen gesehen und durch die von ihnen bestimmten Werte geordnet wäre«, wie es Gerda Lerner formuliert.[6] Wir benutzen die Begriffe »Ort« und »Funktion«, um die Frauen in dieser Weise wahrzunehmen. Wir blickten auf den Ort der Frauen im geographischen und institutionellen Kontext, und wir konzentrierten uns auf die Funktionen der Frauen in der europäischen Geschichte. Ganz neue Ordnungskategorien entstanden. Die Bäuerinnen beispielsweise wurden zu einer Gruppe, deren Gemeinsamkeiten die durch Umstände oder die Epoche verursachten Unterschiede überwiegen. Die Frauen innerhalb der christlichen Kirche bildeten eine weitere, über Zeit und Nationalität hinweg geeinte Kategorie. In der Moderne fielen die neuen Kategorien nach Ort und Funktion manchmal mit der Klassenzugehörigkeit zusammen: Die Erfahrungen von Mittel- und Oberschichtfrauen des 19. Jahrhunderts unterschieden sich so deutlich von jenen der Arbeiterklasse, daß sie eigene Kategorien definierten. Wir nannten sie »Salondamen« oder »Städterinnen«, um dadurch die Richtung unserer Aufmerksamkeit auf Ort und Funktion auszudrücken. Das Leben der Arbeiterinnen in den Städten hob sich wiederum klar ab von demjenigen der »Landfrauen«, der Bäuerinnen; deshalb fielen sie in getrennte Kategorien, obwohl ein und dieselbe Frau zunächst auf dem Lande und danach in der Stadt gelebt haben mag.

Innerhalb dieser Kategorien kann ein historisches Ereignis mehr als einmal auftauchen, betrachtet aus den unterschiedlichen Blickwinkeln der verschiedenen Frauengruppen. Die Industrialisierung betraf Arbeiter- und Mittelklassefrauen sehr unterschiedlich – sie wird in beiden Kapiteln angesprochen, ebenso wie am Ende des Kapitels über die Landfrauen. Dasselbe gilt für zahlreiche andere Ereignisse: die Renaissance, die Aufklärung, die Französische Revolution und die Weltkriege.

Während traditionelle historische Epochen und Ereignisse an Bedeutung verloren, gewannen andere an Wichtigkeit. Momente, die in den Geschichten der Männer oft vernachlässigt werden – z. B. Empfängnisverhütung oder Kleidung, Krankheiten oder die Bauart der Häuser –, waren für das Leben der Frauen zentral. Die Benutzung von historischen Quellen änderte sich ebenfalls. Da nur so wenige Werke von Frauen überlebt haben, vor allem aus den früheren Zeiten, benutzten wir Gedichte, Schauspiele und Gemälde von Frauen ebenso als Quellen wie Testamente, Tagebücher und Briefe. Wir bezogen uns auf die Arbeit von Anthropologinnen, Volkskundlerinnen, Archäologinnen, Soziologinnen und Historikerinnen. Dieses Buch hätte nie geschrieben werden können ohne das vorangegangene Werk von Hunderten von Forschenden, meist Frauen, die daran arbeiten, die Geschichte der europäischen Frauen und ihrer Erfahrungen in der Gegenwart wiederzuentdekken. Ihre Untersuchungen legten das Fundament für unsere Darstellung.

Zwar begannen wir mit der Urgeschichte und untersuchten die Ursprünge jener Traditionen, die die Frauen betreffen (Teil 1). Das Schwergewicht liegt aber auf Europa zwischen 900 nach Christus und heute. Wir definierten Europa in streng geographischem Sinn und ließen Kulturen in Afrika, Amerika oder dem Nahen Osten außer Betracht. Wir befaßten uns zuerst mit dem Leben der europäischen Bäuerinnen, da sie bis weit ins 18. Jahrhundert hinein die große Mehrheit der weiblichen Bevölkerung darstellten. Teil 2, »Frauen auf dem Land«, gibt einen Überblick über ihr Leben, wobei eher auf die Konstanten in ihrer Erfahrung Gewicht gelegt wird als auf die lokalen Unterschiede, bedingt durch Geographie, Formen des Landbesitzes oder des Handels. Teil 3, »Frauen in der Kirche«, analysiert die Erfahrungen der Frauen in der christlichen Religion und deren Institutionen. Das Christentum stellte den Frauen eine einzigartige Lebenswelt zur Verfügung, die am besten als eigene Kategorie verstanden wird. Teil 4, »Frauen der Schlösser und Gutshöfe«, vertritt die These, daß ihr elitärer Status und ihre Funktion als »Hüterinnen von Landbesitz und Stammfolge« die Lebenserfahrungen der adeligen Damen vom 9. bis zum 17. Jahrhundert verband. Diese Frauen erwarben zum Teil Macht und bewegten sich, wie es Männer an derselben Stelle getan hätten; gleichwohl blieben sie verletzlich wegen ihres Geschlechts. Teil 5, »Frauen innerhalb der Stadtmauern«, charakterisiert die Städterinnen des 12. bis 17. Jahrhunderts in Abgrenzung von ihren ländlichen Schwestern. Von der ärmsten Taglöhnerin bis zur vermögenden Kaufmannsgattin hatten alle Städterinnen teil an bedeutenden ökonomischen Entwicklungen ihrer Epoche, der Bildung der Zünfte und dem Aufschwung des Kapitalismus. Nichts davon befreite sie hingegen von den Fesseln der Verhältnisse und Einstellungen, die traditionellerweise das ökonomische Leben der Frauen einschränkten. Teil 6, »Frauen des Hofes«, stellt dar, wie das Wachstum der dynastischen Monarchien und die Entwicklung eines ausgefeilten Hoflebens einigen Damen Gelegenheit gab, Bildung zu erwerben, zu schreiben, politischen Einfluß auszuüben und zu herrschen. Königliche und fürstliche Frauen waren vom 15. bis zum 18. Jahrhundert geeint durch das gemeinsame Umfeld des Hofes. Teil 7, »Frauen im Salon und in der guten Stube«, befaßt sich mit den Frauen der mittleren und oberen Klassen vom späten 17. Jahrhundert bis zur Gegenwart. Obwohl die gesellschaftliche Einstellung, die Gesetze und wirtschaftliche Zwänge diese Frauen ans

Haus banden, überwanden einige die Hindernisse; sie gewannen neues Ansehen und neue Rollen für sich selbst und andere. Teil 8, »Frauen der Städte«, handelt vom Leben der städtischen Frauen aus der Arbeiterklasse. Besonderes Augenmerk wird ihrer Teilnahme an den wirtschaftlichen und politischen Bewegungen dieser Zeit geschenkt. Parallel dazu verläuft die Darstellung der »Frauen auf dem Lande«. Zusammen untersuchen diese Abschnitte das Leben der beiden größten Kategorien: Bäuerinnen und städtische Arbeiterinnen. Daß wir ihr Leben an den Beginn wie an den Schluß unseres Werks stellen, drückt unseren Glauben an die besondere Stellung und Bedeutung dieser Frauen aus, die so oft von der konventionellen Geschichte vergessen wurden.

Die Teile 1 und 9 verhalten sich spiegelbildlich zueinander; sie bilden den Rahmen für die anderen Kapitel. Sie stehen an dieser Stelle, weil es Frauentraditionen gibt, die uns quer durch alle Jahrhunderte wieder begegnen. Als sich im 9. Jahrhundert Europa als eigenständige Größe herauskristallisierte, hatte sich gegenüber Frauen und ihrem Verhältnis zu Männern längst eine Vielzahl von Traditionen eingeschliffen. Teil 1, »Das Erbe der Tradition«, gibt einen Überblick über dieses Vermächtnis der griechischen, römischen, hebräischen, keltischen, germanischen und frühchristlichen Kulturen. Aufgrund der Frage nach der Entstehung von Institutionen und Bräuchen folgern wir, daß das kulturelle Erbe mit seinen vielen unterordnenden Traditionen einen entscheidenden Einfluß auf die Lebensgestaltung späterer Generationen europäischer Frauen ausgeübt hat. Andererseits wurde aber auch eine neue Tradition aufgebaut, als die Frauen einmal begonnen hatten, die einschränkenden Institutionen, Bräuche und Einstellungen anzuzweifeln. Teil 9, »Verworfene Traditionen«, ist die Geschichte des europäischen Feminismus vom 15. Jahrhundert bis zur Gegenwart. Wir vertreten die These, der Feminismus habe seinen Ursprung in der Verwerfung der einschränkenden Überlieferungen, und dieser Prozeß der Ablehnung habe eine feministische Sicht der Welt geschaffen, die noch stets erhellt und verwirklicht werde.

Band 1 befaßt sich im wesentlichen mit der Zeit vor 1600, Band 2 mit der Zeit danach. Die Trennung ist jedoch nicht strikt. Chronologie soll nicht das Gliederungsgesetz dieser Frauengeschichte sein, sondern die Kategorien von Ort und Funktion. Deshalb endet das Kapitel »Landfrauen« mit einer Erörterung des Lebens von Bäuerinnen heute, obwohl es in Band 1 steht. Und obwohl »Frauen des Hofes« das erste Kapitel des zweiten Bandes darstellt, bezieht es auch die Zeit vor 1600 mit ein, um die Ursprünge der absoluten Monarchie zu erklären und die höfische Welt Burgunds und Italiens während der Renaissance zu beschreiben. Die beiden Bände ergänzen einander und sind dazu bestimmt, zusammen und als Ganzes gelesen zu werden.

Auswahl

Selbst in einem Werk von derartiger Spannweite und Länge konnten wir die unterschiedlichen Erfahrungen europäischer Frauen zu verschiedenen Zeiten, in verschiedenen Ländern und auf verschiedenen Entwicklungsstufen nicht alle mit gleicher Aufmerksamkeit verfolgen. So haben wir beispielsweise, als wir das Wachstum des Handelskapitalismus und seine Einwirkung auf das Leben der Frauen behandelten, mehr die Ähnlichkeit ihrer Erfahrungen als den unterschiedlichen Veränderungsgrad in verschiedenen Regionen betont. Dasselbe gilt für die Darstellung der Rolle des Christentums und seiner späteren Säkularisierung, für das Wachstum der dynastischen Monarchien, die Klassenbildung, die Industrialisierung und Urbanisierung. Wenn sich Leserinnen vordringlich für diese Fragen interessieren, sollten sie spezialisierte Geschichtsbücher konsultieren.

Während wir also die Unterschiede nicht zu sehr betonen wollten, konnten wir doch auch nicht die Frauen aller Länder und Epochen gleicherweise berücksichtigen. Wo wir von der Französischen Revolution sprechen, befassen wir uns mit Französinnen, bei der Industrialisierung mit Engländerinnen. Wir richten den Blick so gezielt als möglich auf das Leben von gewöhnlichen Frauen, von Frauen des Volkes, von Frauen der Masse. Vertraute Heldinnen treten ebenfalls auf, doch soll an ihnen das Leben ihresgleichen illustriert werden. Jeanne d'Arc wird als außerordentliche Bäuerin gesehen, Königin Maria Tudor, bekannt als »Blutige Maria« *(Bloody Mary)*, als eine Frau, die durch ihren katholischen Glauben Macht besaß. Die Geschichte anderer Frauen konnte nur angedeutet werden, da noch so vieles genauer zu erforschen bliebe. So beginnt man beispielsweise erst jetzt, die Erfahrungen jener Frauen systematisch zu untersuchen, die in geistliche Orden eintraten; über ihr Schicksal im 19. Jahrhundert ist noch beinahe nichts geschrieben worden.

Wir sind uns dieser Lücken in unserer Geschichte bewußt; sie zu füllen, müssen wir jedoch späteren Historikerinnen überlassen. Es bleibt viel zu tun. Wir hoffen unsere Leserinnen und Leser ungesättigt zurückzulassen, voller Fragen und begierig danach, mehr zu lernen. Die Lebensläufe europäischer Frauen warten auf weitere Erforschung und Deutung durch diese und folgende Generationen von Historikerinnen.

Gewinn

Wir hofften, im Verlauf unserer Forschung ein »Goldenes Zeitalter« für Frauen zu finden, irgendeine Zeit, in der die europäischen Frauen den Männern gleichwertig waren. Die Möglichkeit einer matriarchalen Kultur in der

Urgeschichte kann zwar nicht vollständig ausgeschlossen werden; in der geschichtlichen Vergangenheit jedoch entdeckten wir keine Ära, in der die Frauen dominiert hätten. Vielmehr verstärkte sich das ungleiche Verhältnis zwischen Frauen und Männern, wie es zu Beginn der europäischen Geschichte vorhanden war, mit der Zeit noch. Im frühen 19. Jahrhundert war der Tiefstand für die Möglichkeiten und Wünsche der europäischen Frauen erreicht. In früheren Jahrhunderten hatten wechselnde Autoritäten und Bräuche ebenso wie regionale, obrigkeitliche und religiöse Unterschiede einen Spielraum geschaffen, der es einigen Frauen ermöglichte, relative Unabhängigkeit und relative Macht zu erreichen. Stufenweise führten die Entwicklungen in der Regierung, in Gesetzgebung, Wirtschaft und Religion jedoch zu Zentralisierung, Rationalisierung und Gleichförmigkeit; die Frauen wurden dadurch in ihrem Leben weiter eingeschränkt, und fast alle wurden sie der Macht und der Möglichkeiten beraubt, die einigen von ihnen früher offengestanden hatten.

Von der Renaissance bis zur Aufklärung erweiterten sich die Möglichkeiten für Männer, da sie zahlreicher als zuvor Zutritt zu Bildung und Berufswahl bekamen. Genau umgekehrt lief es für die Frauen. Nationale Gesetze verwehrten den Frauen die Verfügung über ihren Besitz und ihr Einkommen; die Vormacht innerhalb der Familie wurde dem Mann allein zugesprochen. Jeder Versuch der Frauen, ihre Fruchtbarkeit zu kontrollieren, wurde kriminalisiert. Von höherer Bildung und Berufsausbildung sperrte man die Frauen aus. Während dieser Jahrhunderte wurden die kulturellen Idealvorstellungen der beiden Geschlechter zunehmend polarisiert. Das Bild des »Engels im Hause« nagelte die Frauen auf die Pflege von Kindern und Heim fest und idealisierte ein äußerst eingeschränktes Leben. Die Wirklichkeit war anders: Die meisten Frauen mußten nach wie vor nebenbei Geld verdienen, während sich einige wenige »Engel« einen Pfad aus dem Wohnzimmer hinaus in die Welt bahnten. Nichtsdestotrotz wurde das Ideal für Frauen aller Klassen und unter allen Umständen aufrechterhalten. Die Entwicklung von Frauenbewegungen im 19. Jahrhundert war teilweise eine Reaktion auf diese wahrgenommene Einengung der weiblichen Möglichkeiten. Im 20. Jahrhundert haben die Anstrengungen der Frauen die Gesetze und Institutionen verändert. Verbesserungen in Wissenschaft und Technik haben die Wahlmöglichkeiten der Frauen noch einmal erweitert. Zwar bestehen manche Begrenzungen noch fort, die meisten europäischen Frauen genießen heute jedoch die vollen Bürgerrechte, Zugang zu Bildung und Berufstätigkeit; sie leben länger und sind weniger Risiken durch Sexualität und Schwangerschaft ausgesetzt als Frauen früherer Zeiten. Die Anthropologin Kathleen Gough stellt fest: »Man muß nicht notwendig an den Mythos eines feministischen Goldenen Zeitalters glauben, um Pläne für eine Gleichheit in der Zukunft zu schmieden.«[7]

Wir hoffen, mit unserem Buch zur Verwirklichung dieser Gleichheit beizutragen. Die deutsche Frauenrechtlerin Louise Otto-Peters schrieb 1849:

> Die Geschichte aller Zeiten, und die heutige ganz besonders, lehrt, daß diejenigen auch vergessen wurden, welche an sich selbst zu denken vergaßen![8]

Allzu lange haben Frauen keine eigenen schriftlichen Andenken gehabt. Gleichheit aber ist nicht möglich, wenn mehr als die Hälfte der Menschheit ohne Geschichte ist. Dieses Werk beschreibt das Leben von europäischen Frauen, von bekannten und unbekannten, von der Urgeschichte bis zur Gegenwart. Auf diese Weise kann die subtilste der frauenfeindlichen europäischen Überlieferungen – die Entwertung von Leben, Wirken und Leistung der Frauen – hinterfragt und ausgeräumt werden.

Der Gewinn wird auf seiten der Frauen wie der Männer liegen. Die Geschichte der Frauen kennenzulernen verändert unwiderruflich den Blick auf die Vergangenheit. »Geschichte« wird nie wieder dasselbe sein. Um sowohl das Weibliche als auch das Männliche mit einzubeziehen, müssen traditionelle Zugänge zur Geschichte zurechtgerückt und erweitert werden. Daraus ergibt sich ein Neu-Erzählen der bereicherten und vervollständigten menschlichen Vergangenheit, ein Neu-Erzählen, das uns erstmals ein wahres Bild von der Geschichte der Menschheit entwirft.

I Das Erbe der Tradition
Die Stellung der Frau bis zum 8. Jahrhundert

1.1 Verschüttete Spuren – die Frage nach den Ursprüngen

Eines der ältesten Bildnisse einer europäischen Frau ist ein geschnitzter elfenbeinerner Kopf, der in Dolní Věstonice in der heutigen Tschechoslowakei gefunden wurde. Das kleine Schnitzwerk, das ungefähr in das 26. Jahrtausend vor Christus datiert wird, zeigt ein weibliches Gesicht unter zusammengeknotetem Haar.[1] Die Gesichtszüge der Frau sind zart und eigentümlich; es handelt sich um ein Porträt. Brauen und Mund der Frau sind links etwas verzogen, und ihre Nase hat am Ende einen leichten Höcker. Dieser Kopf ist einzigartig unter den vielen Kleinplastiken, Werkzeugen und Knochen, die bisher in Dolní Věstonice gefunden wurden, wo während der strengsten Periode der letzten Eiszeit eine Gruppe von rund hundert bis hundertzwanzig Frauen und Männern eine Dauersiedlung errichtet hatte. Die Menschen lebten in fünf oder sechs großen Hütten, jede etwa 40 Meter im Durchmesser, und jagten große Tiere (Mammuts, Pferde, Rentiere), die die Tundra rings um das Lager durchstreiften. Sie errichteten ihre Hütten mit Feuerstellen im Innern in der Nähe von Quellen, wo sie Fleisch brieten und Tongegenstände brannten.

Dreizehn Jahre nach dem Auffinden des elfenbeinernen Kopfes wurde ganz in der Nähe ein weibliches Skelett aus der Erde geborgen, dessen Schädel eine Beschädigung auf der linken Seite aufwies, entsprechend der Verformung des Frauengesichtes im Schnitzwerk – möglicherweise ist es das Skelett jener Frau, die in Elfenbein porträtiert wurde.[2] Die Tote, von der man annimmt, sie sei etwa 160 cm groß und 40 Jahre alt gewesen, war sorgsam in ein zugerichtetes Grab am westlichen Rand der Siedlung gelegt worden. Mit angezogenen Beinen lag sie auf der Seite und blickte gegen Westen. Ihr Körper war mit rotem Ocker bestreut worden, und zwei Mammutschulterblätter waren über sie gelegt, das eine davon mit eingekerbten Linien in unregelmäßigen Mustern verziert. Steinerne Werkzeuge und die Pfoten und der Schweif eines Polarfuchses waren mit ihr begraben; die Zähne des Fuchses fanden sich in ihrer rechten Hand. Nur das Grab und die Elfenbeinschnitzerei sind übriggeblieben, doch sie gewähren einen faszinierenden Blick auf das Leben einer Frau vor Zehntausenden von Jahren.

Solch flüchtige Blicke auf menschliches Leben im urgeschichtlichen Europa lassen demjenigen, der sich mit menschlicher Natur und menschlicher Gesellschaft befaßt, keine Ruhe mehr. War diese Frau ungewöhnlich? Wahrscheinlich. Der Gebrauch von Ocker und die Begräbnisstellung waren in ihrer Epoche die Regel, die Mammutknochen jedoch waren es nicht. Was bedeutet ihr geschnitztes Bildnis? War sie eine Herrscherin? Nahm sie einen hohen Status ein? War sie Männern ihrer Gruppe untergeordnet? Wie lebten diese Leute? Wirft ihr Leben auch auf das unsere Licht? Gibt es Grundstrukturen der menschlichen Natur, die sich nie verändert haben? Für die Historiker macht das Fehlen von Geschriebenem eine sichere Antwort nahezu unmöglich.

Den Status der Frau in der Urgeschichte zu kennen wäre gleichwohl wichtig, denn die ersten geschriebenen Dokumente der Griechen, Römer und Hebräer zeigen bereits die Unterordnung der Frauen unter die Männer an. Die schwierige Frage nach den Anfängen dieser Unterordnung wurde noch kompliziert durch die Tendenz, universelle Theorien auf schmalem Beweisgrund aufzubauen. Traditionellerweise wurden Argumente aus Natur, Religion und Urgeschichte benutzt, um die Unterordnung der Frauen zu rechtfertigen; umgekehrt verwendeten Feministinnen dieselben Argumente, um zu bekräftigen, daß solche Unterordnung kulturell aufgezwungen sei und ein Ende haben müsse. Die Debatte wurde um eine Dimension bereichert, als in der zweiten Hälfte des 19. Jahrhunderts die Anwendung der Evolutionstheorie auf die menschliche Gesellschaft eine Reihe von Werken hervorbrachte, die dafürhielten, die Gesellschaft hätte sich aus einer matriarchalen Vergangenheit zu einer patriarchalen Gegenwart entwickelt.

Die einflußreichsten Autoren waren Johann Jakob Bachofen, Lewis Henry Morgan und Friedrich Engels.[3] Mehrere Theorien wurden hervorgebracht, um die – mutmaßliche – Ersetzung der weiblichen Dominanz (Matriarchat) durch männliche Dominanz (Patriarchat) zu erklären. Bachofen spekulierte, daß das »Mutterrecht«, in dem die Frauen Religion, Besitz und Heirat kontrollierten, glücklicherweise durch das »Vaterrecht« ersetzt worden sei, in dem die Männer regieren, eine männliche Gottheit verehrt wird und »das geistige Prinzip des Mannes herrscht«.[4] Morgan setzte die vom Mann dominierte, monogame Ehe mit dem Beginn von »Zivilisation« und dem Ende des Inzests in Verbindung. Engels führte aus, die Erschaffung von Privateigentum, das durch das männliche Familienoberhaupt kontrolliert wurde, habe zur Verwerfung des Mutterrechts und der welthistorischen Niederlage des weiblichen Geschlechts geführt.[5] Andere entwarfen die Theorie, daß sowohl die Verehrung von Göttinnen wie der hohe weibliche Status in der Urgesellschaft ein Ende fanden, als sich die Männer ihrer Rolle bei der Fortpflanzung gewahr wurden. Alle die genannten Untersuchungen zielten darauf ab, moralische Richtlinien aus der menschlichen Entwicklung zu ziehen. Bis vor wenigen Jahrzehnten war man sich zwar darin uneinig, wie eine solche Evolution zu bewerten sei, man neigte aber dazu, dieselbe allgemeingültige Voraussetzung anzuerkennen: daß nämlich weibliche Vorherrschaft durch männliche Vorherrschaft abgelöst worden war. Opposition kam allenfalls von jenen, die glaubten, die Männer seien stets dominant gewesen und die Beweise für ein Matriarchat seien ungenügend.

Neuere Arbeiten der Archäologie und Anthropologie führen von allumfassenden Erklärungen weg. Die Rolle der Frauen in den Urgesellschaften wurde erforscht, ebenso alle Gesellschaften, in denen männliche Vorherrschaft fehlt.[6] Die Aufmerksamkeit konzentrierte sich nicht mehr auf die Rechtfertigung zeitgenössischer Muster durch den Rückbezug auf eine ferne Vergangenheit, sondern auf die Umstände, welche die weibliche Unterwerfung begünstigten. Der wahrscheinlichste Grund für die weibliche Unterwerfung ist die Entwicklung von Wettbewerb und Kampf innerhalb der Gruppe, üblicherweise als Reaktion auf belastende Verhältnisse in Umwelt und Gesellschaft. Dies könnte die Unterordnung der Frauen in den griechischen, römischen und hebräischen Schriften erklären, denn alle diese Kulturen waren Kriegerkulturen. Schriftliche Zeugnisse tauchen jedoch in der menschlichen Entwicklung erst relativ spät auf. Auf der Suche nach den Anfängen der weiblichen Unterordnung haben sich die Historikerinnen und Historiker an andere Disziplinen gewandt. Die wichtigsten Antworten, die Licht auf die Beziehungen zwischen Männern und Frauen in urgeschichtlicher Zeit werfen können, kamen aus der Archäologie, der Biologie, Psychologie und Anthropologie.

Zeugnisse der Archäologie

Die Archäologie untersucht die dauerhaften Überreste der menschlichen Vergangenheit. Obwohl viele faszinierende Objekte gefunden worden sind, welche Frauen abbilden oder ihnen zugehörten, kann doch nur wenig abgeleitet werden über die kulturelle Bedeutung der Frauen oder über die Beziehungen zwischen jenen Frauen und Männern, die die Gegenstände herstellten. Lange Zeit wurde beispielsweise die Wichtigkeit der Jagd, die üblicherweise den Männern oblag, zu stark betont, da Waffen und Knochen überdauert haben und bei den archäologischen Grabungen einen Hauptteil des Fundgutes darstellten. Obwohl sich Jagdvölker ihre Nahrung zur Hauptsache durch Sammeln beschaffen, wurde die Sammeltätigkeit unterschätzt, weil die Körbe und Traggeräte und die gesammelten Gemüse und Früchte keinen Bestand hatten. Neuere Studien am Gebiß von Menschen der Frühzeit ergaben, daß sie vorherrschend vegetarische Kost aßen, die vermutlich von den Frauen der Gruppe gesammelt wurde.[7] Aber den Status dieser Sammlerinnen kennen wir nicht. Brachte man ihnen Hochschätzung entgegen, weil sie den Hauptteil des Nahrungsbedarfs sicherstellten? Oder nahm man das als selbstverständlich, weil sie nur das alltäglich Notwendige beschafften und nicht die außergewöhnliche Beilage, das tierische Eiweiß? Dieselbe Interpretationsschwierigkeit stellt sich auch bei Gegenständen, vor allem, wenn ihr Nutzen und Gebrauch nicht offensichtlich sind. Die Funktion von Äxten, Nadeln oder Klingen ist klar; über die Bedeutung von Objekten wie dem geschnitzten Frauenkopf aus Elfenbein kann dagegen nur gerätselt werden.

Andere Figurinen, die in Dolní Věstonice gefunden wurden, werfen viele weitere Fragen auf, liefern jedoch nur spärliche Antworten. Man fand Anhängsel aus Knochen oder Elfenbein in der Gestalt von Brüsten, Vulva und Penis. Es gab Tonfiguren von Bären, Nashörnern, Löwinnen und Menschen. Von allen diesen Figuren fand eine kleine, rote Lehmstatuette einer abstrakten weiblichen Gestalt am meisten wissenschaftliche Beachtung. Die Gestalt ist nackt und hat weder Unterarme, Füße, Nase, Mund, Haare noch Genitalien. Scharfe Kerben markieren Arme, Augen, Rückgrat, Nabel, Beine und Hüften; vier gekerbte Linien, zwei auf jeder Seite der Wirbelsäule, begrenzen ihr Hinterteil. Sie ist dick und hat große, hängende Brüste und breite Hüften.[8]

Dies ist nur ein Exemplar aus der Schar der sogenannten »Venusgöttinnen«, die an zahlreichen europäischen Fundstellen zwischen Spanien und Sibirien entdeckt wurden. Sie sind alle innerhalb eines Zeitraums von wenigen tausend Jahren entstanden und haben zu vielerlei Spekulationen Anlaß gegeben.[9] Die meisten waren so einfach wie jene Theorie, die dazu führte, diese Figuren »Venus« zu nennen. Man beschrieb sie als schwangere Frauen und betrachtete sie als Fruchtbarkeitsobjekte oder als Muttergöttinnen, obwohl nur wenige erkennbar schwanger sind und obwohl Jäger- und Sammlervölker ihre Fruchtbarkeit eher einschränken als steigern. Kein Beleg gibt preis, woran die Völker, die sie hervorbrachten, glaubten. Die Objekte verraten den Historikerinnen und Historikern nur wenig über die Frauen in den Urgesellschaften oder über ihr Verhältnis zu den Männern.

Die Frau von Dolní Věstonice und die »Venus«-Figuren datieren aus der frühen europäischen Steinzeit vor rund 20000 Jahren. Bis ins 6. Jahrtausend vor Christus lebten die Menschen auf dem europäischen Kontinent wie ihre Vorfahren von Dolní Věstonice; sie sammelten und jagten, während sich

1. »Venus«-Figur aus Dolní Věstonice,
ca. 26400 v. Chr.

2. Frau mit Wasserkrug,
einen kleinen Jungen an der Hand.
Griechische Vase, 5. Jh. v. Chr.

3. Griechinnen beim Spinnen und Weben.
Dem Maler von Amasis zugeschriebene Vase,
um 540 v. Chr.

4. Braut als Symbol ehrenhafter Frauenrollen
(der Flötenspielerin gegenübergestellt).
Relief des Ludovisischen Throns,
460–450 v. Chr.

5. Vermutlich Darstellung der keltischen Königin Medb (Maeve).
Gundestrup-Silberkessel, 1. Jh. n. Chr.

6. Flötenspielerin als Symbol unehrenhafter Frauenrollen.
Flötenmädchen dienten oft als Prostituierte.
Relief des Ludovisischen Throns,
460–450 v. Chr.

7. Kleopatra.
Silberne Tetradrachme,
1. Jh. v. Chr.

8. Relief zweier kämpfender Amazonen
zum Andenken an die Dienstentlassung
von zwei Gladiatorinnen.
Griechisch, 1. oder 2. Jh. n. Chr.

9. Eva, der Baum der Erkenntnis und die Schlange.
Relief der Kathedrale von Saint-Lazare.
Autun, um 1120.

10. Maria Magdalena zu Füßen Jesu, im Hintergrund seine Anhängerin Martha.
Steinrelief aus Semur-en-Auxois, Anfang 13. Jh.

das Klima allmählich erwärmte und weite Waldlandschaften an die Stelle der Tundra traten. Aus anderen, späteren Siedlungen stammen ebenso rätselhafte Fundgegenstände. In den Häusern der Siedlung Lepenski Vir am Donauufer standen behauene Sandsteinblöcke; von diesen Steinen sind einige mit abstrakten Zeichnungen bedeckt, andere als fischähnliche Gestalten geformt, auf einem sind die Umrisse weiblicher Genitalien eingeritzt. Was diese Steinskulpturen bedeuteten, bleibt ein Rätsel. Andere Kulturen hinterließen eine Vielzahl von Statuetten: Vögel, Fische, Frauen, Männer, abstrakte Gestalten und unkenntliche Objekte. Die Versuche, sie zu klassifizieren und zu verstehen, bleiben spekulativ.[10] Andere Zeugnisse der Höhlenmalerei und der Plastik legen die Vermutung nahe, daß wenigstens einige der europäischen Urvölker die weibliche wie die männliche Rolle bei der Fortpflanzung kannten. Tierdarstellungen wurden nach Jahreszeiten gruppiert: im Frühling die Paarung, im Sommer tragende Muttertiere. Falls Frauen oder Göttinnen in frühen europäischen Kulturen verehrt wurden, basierte diese Verehrung vermutlich nicht auf dem Glauben an die totale Kontrolle der Frauen über die Fortpflanzung, wie es frühere Gelehrte oft angenommen haben.[11]

Der Status der Frauen und ihr Verhältnis zu den Männern bleibt auch in den archäologischen Zeugnissen jener Stämme geheimnisvoll, die vom Jagen und Sammeln zu Landbau und Tierhaltung übergingen. Dieser Übergang vollzog sich in Europa ab etwa 6000 vor unserer Zeitrechnung. Im Nahen Osten finden sich bei frühen Bauerngesellschaften Belege für die Verehrung von Göttinnen; in frühen europäischen Gesellschaften hingegen zeigen sich weder Frauenverehrung noch Frauenverachtung. In Nea Nikomedia in Nordgriechenland beispielsweise trieb ein Volk Landwirtschaft, webte und töpferte. Ein großes Gebäude dieser Gemeinschaft enthielt zwei Äxte aus Grünstein, drei Frösche aus blaugrünem Serpentin und sieben abstrakte menschliche Figuren, fünf weibliche und zwei männliche. Möglicherweise gab es Privateigentum, ein Faktor, den Engels und andere marxistische Wissenschaftler mit der Unterordnung der Frau in Zusammenhang gebracht haben. Aber über den Status der Frauen in Nea Nikomedia kann nur gerätselt werden; Beweise gibt es weder für ihre Herrschaft noch für ihre Unterordnung.[12]

In gleicher Weise wie der Landbau wurde auch der Aufstieg des Staates dazu herbeigezogen, die weibliche Unterwerfung zu erklären. Aber was von diesen ersten staatlichen Systemen, die in Europa, genauer in Mykene und Kreta, entstanden, noch übriggeblieben ist, läßt im Hinblick auf den Status der Frauen keine eindeutigen Schlüsse zu. Diese frühen Staaten bauten Paläste, beherrschten ausgedehnte Territorien, kannten spezialisierte Berufe und erfanden eine Schrift, deren Entzifferung nur zum Teil gelungen ist. Übersetzten Inschriftentafeln kann man entnehmen, daß Arbeiterinnen im

Palast die gleichen Rationen zugeteilt erhielten wie die Männer und daß Frauen im Priestertum genauso vertreten waren. Dies weist auf die Ebenbürtigkeit der Geschlechter hin.[13] Doch nur wenige mykenische Objekte bilden Frauen ab, und ihre Bedeutung ist nicht klarer als bei dem elfenbeinernen Frauenkopf von Dolní Věstonice. Eine einzigartige kleine Elfenbeinstatuette von ungefähr 1500 vor Christus zum Beispiel stellt zwei Frauen und einen Jungen dar. Die Frauen knien Seite an Seite, die eine hat der andern den Arm um die Schultern gelegt. Sie sind beide gleich gekleidet mit kunstvoll gekrausten Röcken und verschlungenen Halsketten; die eine trägt die Haare lang, die andere kurz oder aufgesteckt. Der kleine Junge steht zwischen ihnen. Alle drei Gestalten wirken liebevoll und heiter. Wer aber sind diese Frauen, wofür stehen sie? Sind sie Menschen oder Göttinnen? Stellen sie Demeter und ihre verlorene Tochter Kore (Persephone) dar, wie sie der späteren griechischen und römischen Kultur bekannt waren? Zeigen sie für die Frauen von Mykene einen hohen Status an? Zur Zeit kann keine dieser Fragen beantwortet werden.[14]

Die archäologischen Zeugnisse von Kreta sind zwar zahlreicher als diejenigen der mykenischen Kultur oder früherer Kulturen, werfen aber auch nicht mehr Licht auf den Status der Frauen und ihr Verhältnis zu den Männern. Dessen ungeachtet wurde die Existenz einer matriarchalen kretischen Gesellschaft postuliert, die eine friedliche Muttergottheit verehrt haben soll, deren gütiges Regiment von patriarchalen nördlichen Eroberern gestürzt wurde.[15] Solche Annahmen sind faszinierend, aber haltlos. Zwischen 3000 und 1200 vor Christus schuf die kretische Kultur Schriftstücke und kunstvolle Siegelringe, Vasen, Bronzen, Plastiken und Wandmalereien, auf denen viele Frauen abgebildet sind. Trotzdem bleiben die Rolle und der Status der Frauen in Kreta rätselhaft.[16] Archäologen haben zwei zierliche Fayencefiguren (34,2 bzw. 20 cm lang) wiederhergestellt; sie zeigen zwei reichgekleidete Frauen, die Schlangen in Händen halten. Aber wir können auf keinem Weg feststellen, ob es sich um Abbildungen von Schlangengöttinnen oder von Priesterinnen bei einem Ritual oder ganz einfach von Frauen mit Schlangen handelt. Ein anderes Beispiel: Die meisten kretischen Siegelringe stellen Tiere dar, einige jedoch zeigen große Frauen mit unbedeckten Brüsten, oft umgeben von kleineren Frauen und Männern, Tieren und Bäumen. Wiederum ist die Bedeutung unklar. Das berühmte Stierspringerfresko in Knossos zeigt eine rote und zwei weiße menschliche Gestalten rechts und links von einem Stier. Die Gestalten könnten sowohl Männer wie Frauen sein.[17] Es gibt gewisse Hinweise, daß die Bebauung des Landes eine Beschäftigung der Männer, das Weben eine der Frauen war: Die Vase von Harvester zeigt Männer, die eine Vielzahl von landwirtschaftlichen Werkzeugen tragen; Überreste von Webstühlen hingegen fanden sich in jenen Trakten des Palastes, die den Frauen bestimmt waren. Getrennte Funktionen oder Beschäftigungen legen jedoch noch nicht den Status der Frauen oder ihr Verhältnis zu den Männern fest. Man weiß nicht einmal, wer in Kreta regierte. Analogie, Tradition und der männliche Name »Minos« für den König sind die einzigen Hinweise auf eine männliche Herrschaft.[18]

Auch die kretische Religion – und ebenso alle europäischen Religionen, deren Schrift man nicht entziffern kann – gibt keinen Aufschluß über die Frage nach dem weiblichen Status und dem Verhältnis zwischen Frauen und Männern. Es gibt keine klaren Beweise für mächtige Göttinnen oder eine omnipotente »Große Mutter«, wie sie in den zeitgleichen Kulturen des Nahen Ostens und Ägyptens existieren. Eine Untersuchung an 103 Statuetten mit menschlicher Gestalt, die in Kreta gefunden worden waren, zeigte auf, daß 37,3 Prozent weiblich waren und 9,2 Prozent männlich; 40,7 Prozent zeigten keine sexuellen Unterscheidungsmerkmale, der Rest war derart beschädigt, daß das Geschlecht nicht festgestellt werden konnte.[19] Selbst von so großen städtischen Ausgrabungszentren mit reichhaltigem archäologischem Fundmaterial kann niemand mit Sicherheit ableiten, welche Rollen die europäischen Frauen in der Frühgeschichte einnahmen oder was der Ursprung ihrer Unterwerfung war. Die Historikerin Sarah B. Pomeroy merkt dazu an: »Die Frage ist offen und kann vielleicht nie beantwortet werden.«[20] Um mehr Licht in diese Sache zu bringen, hat sich die Geschichtswissenschaft Forschungsergebnissen der Biologie, Psychologie und Anthropologie zugewandt, die im Zusammenhang stehen mit den Rollen und Beziehungen von Frauen und Männern.

Zeugnisse der Biologie

In den letzten zwanzig Jahren hat die Biologie, speziell im Hinblick auf die Beziehungen zwischen weiblichen und männlichen Individuen, die Unterschiede zwischen den Menschen und den übrigen Primaten hervorgehoben. Im Spektrum der Evolution der Arten tritt für beide Geschlechter ein breiteres und komplexeres Verhaltensrepertoire zutage, als man früher angenommen hatte. Bei vielen, aber nicht bei allen Primatenarten sind die Weibchen den Männchen untergeordnet. Die Herrschaftsmuster erweisen sich als kompliziert. So beugen sich bei manchen Arten die jungen Männchen sowohl vor älteren Weibchen wie vor älteren Männchen. Die evolutionäre Auslese scheint bei den Primaten, wie die Menschenaffenforscherin Sarah Blaffer Hrdy schreibt, individualistische Weibchen zu begünstigen, die in hohem Maße auf Wettbewerb eingestellt, sozial engagiert und sexuell aktiv sind.[21] Frühere, simplifizierende Gleichsetzungen von Menschen und jenen Primatenarten, bei denen die Geschlechter sich betont unterscheiden (wie bei den Pavianen, wo die Weibchen halb so groß werden wie die Männchen), sind durch raffiniertere Studien ersetzt worden, die eine größere Artenvielfalt mit einbeziehen. Vom Verhalten der Primaten kann jedoch nur wenig mit Gewißheit auf das menschliche Handeln übertragen werden, da sich die Menschen in den Schlüsselbereichen des geschlechtlichen und sozialen Verhaltens derart deutlich von den Menschenaffen unterscheiden.

Von allen Primaten haben allein die Menschen einen Menstruationszyklus und nicht einen östralen Zyklus. Beim östralen Zyklus werden sowohl die weibliche Empfänglichkeit wie die männliche Erregung hormonell ausgelöst. Der Geschlechtsverkehr findet unvermeidlich zu einem bestimmten Zeitpunkt des Zyklus statt, und das Weibchen kann nur dann empfangen. Bei der Menstruation gibt es keinen entsprechenden Zwang, und die Menschen haben, anders als die anderen Primaten, Geschlechtsverkehr, wann ihre Kultur es erlaubt.[22] Frauen können auch zu verschiedenen Zeitpunkten des Jahres schwanger werden, eine Entwicklung, die das Überleben der Rasse fördert. Alle menschlichen Gesellschaften gründen auf Familien, die meist aus Mutter, Vater oder Vaterersatz und Kindern bestehen. Bei den übrigen Primaten zeigt sich bei weitem größere Variation. Bei einigen Spezies existiert die Gatte/Vater-Rolle nicht, während bei anderen Monogamie und männliche Hilfe bei der Aufzucht der Nachkommenschaft die Norm darstellt. Primatenaffen und Menschen teilen wohl Jahrmillionen natürlicher Auslese im Bereich der sozialen Intelligenz; die menschliche Welt unterscheidet sich jedoch radikal von derjenigen der anderen Primaten, und zwar hauptsächlich aufgrund des menschlichen Gehirns.[23] Sprache und Kultur haben das menschliche Verhalten weit über das Repertoire der Primaten hinaus geformt. Die Primatologie verfügt über keine gültige Erklärung, weshalb in vielen menschlichen Gesellschaften die Frauen untergeordnet und die Männer dominant sein sollten.

Auch die Biologie kann eine solche Erklärung nicht liefern. Die immer anspruchsvolleren Untersuchungen der menschlichen Anatomie und Physiologie haben keinen klaren Grund für die Herrschaft des einen Geschlechtes über das andere erbracht. Die biologischen Zeugnisse erklären die Ausdifferenzierung der Funktionen, aber wenig mehr. Im Gegensatz zu manchen tierischen Arten, wo es ins Auge springende Unterschiede zwischen Männchen und Weibchen gibt – zum Beispiel in Größe, Stärke oder Färbung –, unterscheiden sich die menschlichen Geschlechter verhältnismäßig wenig (vergleiche Tabelle S. 37). Durch das Hirn heben sich die Menschen am stärksten von den Tieren ab, und die angeborene Intelligenz ist nicht geschlechtsgebunden.[24] Es wurde gezeigt, daß viele Charakterzüge, die dem einen oder anderen Geschlecht zugeschrieben werden, eher durch die Kultur

Einige körperliche Unterschiede zwischen den Geschlechtern

weiblich	*männlich*
EMBRYO:	
XX-Chromosomenkombination	XY-Chromosomenkombination
Weniger anfällig für geschlechtsgebundene Krankheiten	Anfälliger für geschlechtsgebundene Krankheiten
Keine Androgen-Produktion	Produktion von Androgen, damit die weibliche Grundsubstanz männlich wird
Bis zum dritten Monat Geschlechterdifferenzierung; Organentwicklung verläuft analog	
GEBURT:	
Entwicklung 1 Monat voraus	Entwicklung 1 Monat verzögert
Krankheitsresistenter	Krankheitsanfälliger: ein Drittel mehr Jungen als Mädchen sterben im ersten Jahr
Kleiner, leichter	Größer, schwerer
Herz und Lunge kleiner	Herz und Lunge größer
Höherer Anteil von Fett am Körpergewicht	Höherer Anteil von Muskeln am Körpergewicht
Beckenknochen, Schulter- und Hüftgelenke unterschiedlich geformt	
1–8 JAHRE:	
Hormonproduktion und Körperentwicklung sind gleich	
PUBERTÄT:	
Zyklische Produktion von Östrogen und Progesteron beginnt; führt zur Menstruation	Nichtzyklische Produktion von Testosteron beginnt, führt zur Bildung von Sperma
Brüste und Körperhaare wachsen	Stimmbruch; Körper- und Gesichtsbehaarung wächst
Unterschiedliche Schulter-Becken-Gestalt entwickelt sich: /\ oder \/	
ERWACHSENENALTER:	
Fähig, Kinder zu tragen, zu gebären und zu stillen	Zeugungsfähig
36% des Körpergewichts Muskeln	42% des Körpergewichts Muskeln
10% kleiner und leichter	10% größer und schwerer
Geringere Stoffwechselrate	Höhere Stoffwechselrate
Größerer Körperanteil an Fett, extreme Temperaturen werden besser ertragen	Kleinerer Körperanteil an Fett, extreme Temperaturen werden weniger gut ertragen
Ausdauer i.allg. größer, bei schweren körperlichen Anstrengungen jedoch kleiner	Ausdauer i.allg. kleiner, bei schweren körperlichen Anstrengungen jedoch größer
Unterschiedliche Schulter-Becken-Gestalt: /\ oder \/	
ALTER:	
Abnehmende Hormonproduktion führt zur Verringerung der Geschlechtsunterschiede	
Wechseljahre	»Männliche Wechseljahre«
Leben um 10% länger	Leben um 10% kürzer

als durch die Biologie geformt werden. Ein klassischer Fall ist der von zwei eineiigen männlichen Zwillingen, die in den USA Mitte des 20. Jahrhunderts geboren wurden. Der eine wurde als Säugling durch einen Unfall kastriert, und im Alter von fünf Jahren hatte die unterschiedliche Erziehung aus ihnen ein »Mädchen« und einen »Jungen« gemacht. Da dies noch vor der hormonellen Geschlechtsentwicklung geschah, weist es darauf hin, daß ein großer Verhaltensanteil durch die Kultur und nicht durch die Natur bestimmt wird.[25]

Frauen bringen Kinder zur Welt, Männer nicht. Aber das Gebären impliziert nicht automatisch auch körperliche Schwachheit oder Unterlegenheit. Bei vielen Tierarten sind die Weibchen die eigentlichen Jäger, und in vielen menschlichen Gesellschaften tragen die Frauen, ob schwanger oder nicht, den Hauptanteil der schweren Arbeit. Die Kulturen neigen dazu, den Geschlechtern verschiedene Arbeiten zuzuweisen, je nachdem, wie es sich mit dem Aufziehen der Kinder vereinbaren läßt. Daß die Frauen stillen können, hat dazu geführt, daß primär sie für die Pflege der Säuglinge verantwortlich sind. Die Schlüsselstellung der Frauen bei der Betreuung älterer Kinder scheint dagegen eher kulturell als biologisch festgelegt. Man hat keine biologische Grundlage für einen »Mutterinstinkt« entdeckt, außer unmittelbar nach der Geburt. Selbst im Tierreich ist das Mutterverhalten oft mehr erlernt als instinktiv.[26] Die Bindung der Frauen an das Austragen, Gebären und Stillen der Kinder und an frühkindliche Fürsorge braucht nicht automatisch zu gesellschaftlicher Dominanz oder Unterordnung zu führen.

Die Biologie kennt vier physiologische Unterschiede zwischen Männern und Frauen, die zur weiblichen Unterordnung beitragen können, ihr Auftreten aber nicht bedingen. Sind die Bedingungen von Ernährung, Gesundheit und körperlicher Betätigung gleich, so werden Frauen im Durchschnitt 10 Prozent kleiner, leichter und schwächer als Männer sein.[27] Dabei werden einige Frauen stärker sein als die meisten Männer, umgekehrt werden einige Männer schwächer sein als die Mehrzahl der Frauen. Des weiteren wurde das Hormon Testosteron, das nur der männliche Körper vom Zeitpunkt der Pubertät an produziert, mit der unterschiedlichen Bereitschaft, aggressiv zu reagieren, in Verbindung gebracht.[28] Männliche Stärke und männliche Aggression können zu männlicher Vorherrschaft führen, müssen es aber nicht. Männliche Herrschaft ist in der menschlichen Gesellschaft nicht universell, und männliche Aggression wird kulturell in vielfacher Weise kontrolliert.

Andererseits können nur Frauen Kinder zur Welt bringen, und sie leben unter gleichen Bedingungen durchschnittlich 10 Prozent länger als Männer.[29] Ebensogut wie männliche Stärke und Aggression könnten weibliche Gebärfähigkeit und Langlebigkeit zur Dominanz führen. Doch solche Dominanz aufgrund physiologischer Merkmale, sei es bei Männern oder Frauen, ist weder universell noch zwingend. Aus biologischer Sicht könnte sowohl das eine wie das andere Geschlecht dominieren. Wie kann unter diesen Voraussetzungen erklärt werden, daß in den meisten Gesellschaften die Frauen den Männern untergeordnet oder ihnen bestenfalls gleichgestellt sind? Weshalb unterwerfen Männer häufiger Frauen als umgekehrt? Während die Biologie darauf keine schlüssigen Antworten hat, vermag die Psychologie etwas Licht in die Sache zu bringen.

Zeugnisse der Psychologie

Anders als die Archäologie und die Biologie bietet die Psychologie überzeugende Erklärungen an für die Tendenz der Männer, die Frauen zu beherrschen. Die Psychologie hat, von ihren Anfängen im 19. Jahrhundert bis in die Gegenwart, die psychischen und sozialen Implikationen des Geschlechtsunterschiedes erforscht. Sigmund Freud und viele seiner Schüler vertraten die These, die Frau sei im Vergleich mit dem Mann weniger vollständig entwikkelt und sie müßte die Tatsache akzeptieren, »kastriert« zu sein. Spätere Theorien betonten eher die Furcht der Männer vor den Frauen und ihren Neid; statt der Ansicht, Frauen seien »kastrierte Männer«, wurde nun geäußert, Männer seien psychosexuell anfälliger.[30] Diese »Anfälligkeit« wird vor allem im Übergang vom Jungen zum Mann und in der sexuellen Verwundbarkeit des Mannes lokalisiert. Sie erklärt möglicherweise die männliche Tendenz, Frauen zu unterwerfen.

Es scheint eine Konsequenz der mütterlichen Kinderpflege – wie sie in den menschlichen Gesellschaften meist auftritt – zu sein, daß die Übergangsphase vom Mädchen zur Frau einfacher verläuft als diejenige vom Jungen zum Mann. Das Mädchen kann sich mit dem primären mütterlichen Elternteil identifizieren, und der Übergang in den Stand einer Frau wird sowohl durch diese Identifikation wie durch ein deutliches, körperliches Signal, die Menstruation, erleichtert. Die Soziologin Nancy Chodorow erläutert, daß beim Mädchen die Notwendigkeit, sich von seiner Mutter zu trennen, nicht verknüpft werde mit der Etablierung einer eigenen (neuen) Geschlechtsidentität.[31] Der Junge dagegen muß gleichzeitig die ursprüngliche Identifikation mit seiner Mutter aufgeben und sich in die Männer seiner Gruppe einreihen. Die Menstruation und die daraus folgende Fähigkeit, Kinder zu gebären, weisen der Frau in den Augen der Gemeinschaft Funktion und Wert zu. Für den Mann gibt es von Natur aus nichts Äquivalentes. Die Frauen gewinnen Wert durch natürliche körperliche Prozesse wie Menstruation, Empfängnis, Geburt und Stillen. Die Männer scheinen dies ausgeglichen zu haben durch die Erfindung analoger sozialer Rituale, die den Übergang vom Jungen zum Mann markieren. Diese häufig schmerzhaften und mysteriösen Übergangsriten enthalten oft symbolische Anklänge an die Menstruation oder den Gebärvorgang: Die Haut wird geritzt, Blut fließt, Schmerz muß mutig ertragen werden. In den meisten Kulturen sind die rituellen Übergänge für Jungen schwieriger als für Mädchen. Männer werden zu Männern, indem sie Taten vollbringen, also eher durch Tun als durch Sein.[32] Diese Schwierigkeiten lassen es wahrscheinlicher werden, daß Männer Frauen beneiden und fürchten als umgekehrt.[33]

Außerdem sind erwachsene Männer an ihren Geschlechtsteilen verletzbarer als Frauen: Die männlichen Genitalien sind exponierter als die weiblichen, und die männliche Angst vor Verletzungen oder Kastration zeigt sich in manchen Kulturen.[34] Frauen scheinen keine gleichgeartete Angst zu kennen. Zwar kommt in vielen Gesellschaften die Vergewaltigung vor, doch löst sie offenbar keine derart negative psychische Belastung aus wie die Kastration bei den Männern. Frauen können sexuelle Erregung vortäuschen oder verstecken; die Erregung des Mannes aber verrät sich augenscheinlich und entzieht sich oft seiner bewußten Kontrolle. Während des Geschlechtsverkehrs kann eine Frau mehrmals zum Höhepunkt kommen, wogegen die Kapazität des Mannes in dieser Hinsicht begrenzter ist. Ist ein Mann impotent, kann ihn dies unter anderem am Samenerguß hindern. Eine Frau mag, auch wenn sie sexuell nicht erregt ist, trotzdem Geschlechtsverkehr haben, ein Kind empfangen und Mutter werden. Die Mutterschaft verleiht einer Frau Funktion und Wert; die Vaterschaft ist in den meisten Kulturen weit weniger bedeutsam. Die Frau weiß, daß die Kinder ihre eigenen Kinder sind; der Mann muß sich auf indirekte Beweise seiner Vaterschaft verlassen. Selbst wenn er sich über die männliche Rolle bei der Empfängnis generell im klaren ist, kann er seiner Vaterschaft nicht gewiß sein. Der Psychologe Erik Eriksson formulierte: »Hinter dem Pochen des Mannes auf männliche Überlegenheit steht ein jahrhundertealter Neid gegenüber den Frauen, die sich ihrer Mutterschaft sicher sind, während sich der Mann seiner Vaterschaft nur vergewissern kann, indem er die Frau einschränkt.«[35]

Viele Psychologen meinen, daß aus den genannten Gründen die Männer größere Angst vor Frauen – und daher das Verlangen nach Herrschaft und Kontrolle über Frauen – haben als umgekehrt Frauen gegenüber Männern.[36] Die Gebärfähigkeit und der problemlosere Umgang der Frauen mit der Sexualität mögen dazu geführt haben, daß sie in der Frühzeit der Menschheit von den Männern mit Ehrfurcht betrachtet und verehrt wurden. Weit wahrscheinlicher aber führte es zu Neid, Angst und Groll. »Jungen und Männer bilden psychische und kulturell-ideologische Mechanismen der Angstbewältigung aus, die den Umgang mit Frauen doch nicht gänzlich ausschließen«, schreibt Nancy Chodorow. »Sie schaffen Sagen, Glaubensvorstellungen und

Dichtungen, welche die Angst abwehren, indem sie die Frauen veräußerlichen und vergegenständlichen.«[37] Dieser psychische Reaktionsmechanismus kann das häufigere Auftreten weiblicher Unterordnung in menschlichen Gesellschaften und die Entwertung der Frauen in den frühesten griechischen, römischen und hebräischen Schriften einleuchtend erklären.

Diese psychischen Strukturen sind möglicherweise auch für das Kriegertum mitverantwortlich. Die weibliche Gebärfähigkeit löste in den Männern das Bedürfnis aus, sich ein Revier abzustecken, in dem sie den Frauen eindeutig überlegen waren. In keinem anderen menschlichen Tätigkeitsfeld ist dies so vollständig der Fall wie beim Kampf von Angesicht zu Angesicht: Hier gibt der männliche Vorsprung von 10 Prozent an Größe und Stärke den Ausschlag, und die Überlegenheit der Männer über die Frauen und ihre Nützlichkeit für die Gesellschaft zeigt sich offenkundig.[38] Die Rolle des Krieges in der menschlichen Gesellschaft ist in erster Linie nicht von der Psychologie, sondern von der Anthropologie untersucht worden, und es gibt auch weitere anthropologische Erkenntnisse, die zum Thema der Unterordnung der Frauen unter die Männer etwas beitragen können.

Zeugnisse der Anthropologie

Die Anthropologie untersucht zeitgenössische Völker und verwendet die Methode des Kulturvergleichs *(cross-cultural analysis)*, um die menschlichen Verhaltensmuster zu erforschen. Es ist problematisch, von der Gegenwart auf frühere Zeiten zurückzuschließen und das Verhalten prähistorischer Völker ableiten zu wollen. Alle bekannten Kulturen der Gegenwart sind von außen beeinflußt (und sei es auch nur durch die Anwesenheit der Daten sammelnden Anthropologen), und die modernen Lebensformen werden nicht dieselben sein wie diejenigen prähistorischer Völker. Die Anthropologen sind sich dieser Problematik bewußt geworden, und frühere Verallgemeinerungen über die Verhältnisse zwischen den Geschlechtern sind komplexeren und differenzierteren Studien gewichen. Man versuchte, die Voreingenommenheit früherer Datenerhebung und -interpretation auszugleichen. Weibliche Unterordnung wurde in der Folge eher als Variable und weniger als universelle menschliche Bedingung betrachtet. Es wurden keine Kulturen entdeckt, in denen die Frauen dominieren, doch gibt es reichliche Belege für Gesellschaften, in denen die Geschlechter entweder »integriert und gleich« oder »separiert und gleich« sind.[39] Das Forschungsinteresse verlagerte sich weg von dem Streit für oder wider die Universalität weiblicher Unterordnung hin zum Studium jener Faktoren, die solche Unterordnung mehr oder minder wahrscheinlich machen. Dabei richtete sich die Aufmerksamkeit insbesondere auf die Auswirkungen der geschlechtsspezifischen Arbeitsteilung.

Alle menschlichen Gesellschaften teilen bestimmte Aufgaben dem einen oder dem anderen Geschlecht als besonders geeignet zu. Die Zuweisung erfolgt nicht völlig willkürlich: Beispielsweise tragen in allen bekannten menschlichen Gesellschaften die Frauen die primäre Verantwortung für die Pflege der Kleinkinder, wogegen den Männer die primäre Verantwortung für die Jagd von Großwild übertragen ist.[40] Die bloße Arbeitsteilung impliziert jedoch noch nicht, daß die Arbeit des einen Geschlechts höher bewertet wird als diejenige des anderen. Die Arbeitsteilung führt nur dann zur Unterordnung der Frau, wenn die Gesellschaft in bestimmter Weise sozialem Druck ausgesetzt wird. Entscheidender Faktor scheint der Druck der Umwelt zu sein, der den Wettkampf um verknappte Ressourcen sowohl innerhalb der Gruppe als auch mit Nachbargruppen nach sich zieht. Das gekoppelte Auftreten von verknappten Ressourcen und weiblicher Unterordnung ist weder unvermeidlich noch zwingend, andererseits kommt es nur da, wo ökologischer und sozialer Druck vorhanden ist, zur Unterordnung der Frau.[41]

Die Anthropologin Peggy Reeves Sanday, die ihre Schlüsse auf einen Vergleich von 186 Kulturen stützt, vertritt die Hypothese, daß Männer und Frauen in den frühesten Gesellschaften vor dem Auftreten eines Bevölkerungsdruckes relativ gleichberechtigt nebeneinander lebten. Als aber ihre Zahl zunahm, als Hunger, erzwungene Wanderungen oder Krieg gegen andere Gruppen das Überleben der Gruppe zu bestimmen begannen, nahm die Tendenz zur Unterordung der Frau zu. In den entsprechenden Gesellschaften wurde die weibliche Unterordnung rationalisiert und gerechtfertigt; man betrachtete die Frauen als gefährlich und der Kontrolle bedürftig. Menstruationstabus tauchten auf, die hauptsächlich das Ziel verfolgten, die Männer vor »Verunreinigung« zu schützen. Die Geburt eines Kindes wurde als nachteilige Erfahrung behandelt; manche Gruppen praktizierten gezielt Kindsmord an Mädchen. Männer sollten aktiv und aggressiv, Frauen passiv und gehorsam sein. Diese Merkmale wurden den Kindern anerzogen und waren schließlich so geläufig, daß sie als den Geschlechtern angeboren und natürlich galten. Einmal etabliert, schien die weibliche Unterordnung richtig und unvermeidlich. Verstärkt wurde sie zusätzlich durch das Auftreten des Kriegertums.[42]

Als die überlebensnotwendigen Ressourcen knapp wurden, setzte innerhalb der Gruppen wie gegen andere der Konkurrenzkampf ein. Möglicherweise unter diesen Bedingungen entwickelte sich das frühe Kriegertum. Die kriegerische Ausrüstung war einfach: Die Jagdwaffen wurden zu Kriegswaffen. Die meisten Gesellschaften unterrichten nur die männlichen Kinder im

Umgang mit Waffen. Das männliche Monopol in Waffenbesitz und -gebrauch führt leicht zu männlicher Vorherrschaft, sei es durch Gewaltanwendung oder durch Drohung.[43] Es ist keine Kultur bekannt, in der die Frauen in gleicher Weise für den Kampf ausgebildet werden wie die Männer, und in den meisten Kriegerkulturen werden nur die Männer dazu angehalten, sich aggressiv zu verhalten, während Frauen zu Unterordnung und Gehorsam gegenüber Männern erzogen werden.[44]

Nicht alle Kulturen, nicht einmal alle jene, die Krieg führen, haben ein System männlicher Herrschaft entwickelt. »Es hängt vom vorherigen Gesellschaftszustand ab, ob männliche Herrschaft ein Bestandteil der Reaktion auf Druck ist«, meint Sanday. Viele Kulturen gingen jedenfalls von der Mitwirkung am Krieg zu männlicher Herrschaft und zur Ausformung einer eigentlichen Kriegerkultur über.[45] In solchen Kulturen wurde der Krieg zur wichtigsten männlichen Beschäftigung. Im Krieg setzte der Mann sein Leben für Familie und Gruppe aufs Spiel und nahm deshalb eine hohe Stellung ein.[46] Die Frauen wurden in Kriegerkulturen untergeordnet und galten weniger. Diese Unterordnung und Entwertung akzeptierten sie. Nur selten strebten Frauen danach, selbst Kriege zu führen oder bis auf den Tod zu kämpfen.[47] Sie verließen sich statt dessen auf den Schutz durch die männlichen Krieger. War männliches Kriegertum erst einmal vorhanden, benötigte eine Frau Schutz vor anderen männlichen Kriegern, besonders wenn sie schwanger ging oder für kleine Kinder sorgte. Diesen Schutz bezahlte sie oft mit ihrer Unterordnung, doch mußte dieser Preis für ihr eigenes und der Gruppe Überleben bezahlt werden.

Die Entstehung des Kriegertums und die Entwicklung einiger Gesellschaften zu Kriegergesellschaften erklärt die Unterordnung der europäischen Frauen zum Zeitpunkt des Auftretens der Schrift. Die prähistorischen Gesellschaften Europas kannten den Krieg: Die meisten mykenischen Fundgegenstände beispielsweise sind Waffen oder bilden Krieger ab. Wenn sich eine Kriegerkultur einmal entwickelt hatte, war sie ein beinahe unerschütterliches System. Sie sicherte das Überleben der Gruppe in einer feindlich gewordenen Welt; ihre Werte wurden zukünftigen Generationen weitergereicht und erschienen bald als natürlich und unvermeidlich. Religion, Glaubensvorstellungen und Erzählungen des Volkes rechtfertigten und verherrlichten Krieg und Krieger. Es zeigt sich in den frühesten Schriften der europäischen Kulturen: Die griechischen Epen von Homer (niedergeschrieben im 8. Jahrhundert vor Christus), die Zwölf Tafeln aus dem antiken Rom (ungefähr 450 vor Christus) und der Pentateuch der Hebräer (niedergeschrieben zwischen rund 1150 und 250 vor Christus, heute bekannt als die ersten fünf Bücher des Alten Testaments) porträtieren alle Kriegerkulturen, in denen die Unterordnung der Frau fest verankert ist.

Schriftliche Zeugnisse

Die frühen Schriften der Griechen, Römer und Hebräer steckten die Grundmuster der späteren abendländischen Kultur ab. Die *Ilias* und die *Odyssee*, die Gesetze Roms und die ersten fünf Bücher der Bibel prägten die Sichtweise der nachfolgenden Generationen; diese Schriften wurden verehrt, ja sogar heiliggehalten, als die Herrschaft der Kulturen, denen sie entstammten, schon lange erloschen war. Dadurch wurde die griechische, römische und hebräische Blickweise auf die Frau und ihre Rolle über Jahrhunderte hinweg tradiert und gewann im Verlauf der europäischen Geschichte mächtigen und weitreichenden Einfluß. Die in den antiken Texten entworfenen Bilder, ihre Moral und ihre Werte erstarrten zu einem Erbe, das der europäischen Frau bis in die heutigen Tage anhängt. Die früheren mykenischen und kretischen Schriften hatten dagegen wenig Einfluß, da man sie später nicht mehr zu entziffern wußte, und die noch etwas älteren ägyptischen, sumerischen und babylonischen Texte zeitigten ebenfalls kaum Nachwirkungen auf die spätere europäische Kultur. Die Homerischen Epen, die römischen Gesetze und die hebräische Bibel aber wirkten nach. Sie übermittelten die Blickweise von Kriegerkulturen, in denen die Frau dem Mann untergeordnet und ihm an Wert unterlegen ist. Dies waren die Wertvorstellungen, die von späteren Generationen europäischer Frauen und Männer geerbt wurden.

Die grundlegende Voraussetzung einer Kriegerkultur ist die Überzeugung, daß die Männer wesentlich wertvoller und wichtiger sind als Frauen. Deshalb wird von den Frauen erwartet, daß sie sich den Männern unterordnen, und diese Unterordnung wird mannigfaltig rationalisiert und gerechtfertigt. Frauen sollen weniger mächtig sein als Männer, und so soll sich selbst die mächtigste Göttin dem mächtigsten Gott unterordnen, auch wenn die antiken Schriften oft mächtige Frauen (in den griechischen Sagen Göttinnen) darstellen. Wie im Himmel, so auf Erden: Mächtige Frauen von hohem Rang und Status treten auf, doch unterstehen sie in aller Regel einem noch mächtigeren Mann. Den Frauen wurde Ehre erwiesen, falls sie eine der vergleichsweise wenigen Rollen annahmen, die ihnen erlaubt waren – Ehefrau, Mutter, Witwe, in Griechenland und Rom auch Priesterin –, doch standen sie im Schatten der Männer und deren Angelegenheiten. Männliche Blickweise und männliche Inhalte bestimmen die frühesten Schriften aller drei Kulturen. Krieg ist ein Hauptthema. Über Frauen gibt es nur wenig Material, und das wenige befaßt sich mit einigen mächtigen Frauen und Göttinnen, die aber letztlich durch männliche Figuren kontrolliert werden. Freilich ist das Vorkommen von mächtigen Frauen überhaupt bedeutsam, und ihre Existenz hat Historikerinnen der Antike bewogen anzunehmen, daß der weibliche Status in diesen frühen Kriegerkulturen aufs Ganze gesehen höher war als in den nachfolgenden Gesellschaften.[48] Der tatsächliche gesellschaftliche Rang, den die Frauen in der Antike in Griechenland, Rom und Israel einnahmen, blieb allerdings nicht erhalten, wohl aber die Vorstellungen und Werte, die von Homer, den römischen Gesetzessammlungen und der Bibel präsentiert worden waren. Obwohl diese Schriften durchaus Bilder von einigen mächtigen Frauen überlieferten, hieß doch die Botschaft insgesamt, daß Gefahr und Chaos drohten, wenn die Frauen den Männern nicht untergeordnet wären.

In den Homerischen Epen schlägt sich die Notwendigkeit der weiblichen Unterordnung sogar in der Darstellung mächtiger und attraktiver Göttinnen nieder. Zwar sind die einzelnen Göttinnen wichtig, und die Hälfte des griechischen Pantheons ist weiblich; dennoch ist keine Göttin Zeus oder Apollo gleichwertig.[49] In den Göttinnen, die verglichen mit den Göttern ärmer an Möglichkeiten und eingeschränkter in ihrer Sexualität sind, spiegelt sich auch das akzeptierte Bild menschlicher Frauen. Die Bilder veranschaulichen die männlichen Ängste, Frauen würden den Männern gefährlich werden, wenn sie nicht durch ein männliches Prinzip kontrolliert wären. Die Bilder der Göttinnen Hera (Juno), Aphrodite (Venus), Athene (Minerva), Artemis (Diana), Hestia (Vesta) und Demeter (Ceres) in ihrer griechischen (später römischen) Ausformung blieben noch jahrhundertelang bedeutsam für die europäische Kultur, auch nachdem ihre Verehrung längst aufgehört hatte.

Wie wünschenswert es schien, die Frauen letztlich unterzuordnen, tritt in den Homerischen Epen bei der Darstellung Heras klar zutage.[50] Hera, die in der *Ilias* eine Hauptrolle spielt, unterstützt gemeinsam mit Aphrodite die Griechen gegen die Trojaner, und ihre Rachelust führt zur totalen Zerstörung Trojas. Als Göttin der Fruchtbarkeit und der Mutterschaft ist Hera Schirmherrin der Ehe. Sie, die sowohl Zeus' Schwester wie Gattin ist, wird als schöne, aber auch als nörglerische Frau gezeichnet. Zeus beklagt sich, er könne sie kaum durch Worte bändigen, sie sei trotzig und von »unerträglichem Starrsinn«.[51] Sie verkörpert weibliche Schönheit und kraftvolle Sexualität, von der sie Gebrauch macht, um ihren Gatten zu verführen und derart den Kriegsverlauf zu beeinflussen. Sie geht mit den Gottheiten des Schlafes (Hypnos) und der Liebe (Aphrodite) ein Bündnis ein und versucht, wie so viele europäische Frauen späterer Jahrhunderte, durch ihre Schönheit erfolgreich zu sein:

> Hiermit salbte sie rings die schöne Gestalt, auch das Haupthaar
> Kämmt' und ordnete sie und ringelte glänzende Locken,
> Schön und ambrosiaduftend, herab von der göttlichen Scheitel;
> Hüllte sich drauf ins Gewand, das ambrosische, so ihr Athene
> Zart und künstlich gewirkt und reich an Wundergebilde;
> Dann mit goldenen Spangen verband sie es über dem Busen;

Schlang dann umher den Gürtel, mit hundert Quästen umbordet.
Jetzo fügte sie auch die schönen Gehäng' in die Ohren,
Dreigestirnt, hellspielend; und Anmut leuchtete ringsum.
Auch ein Schleier umhüllte das Haupt der erhabenen Göttin,
Lieblich und neu vollendet; er schimmerte hell wie die Sonne.
Unter die glänzenden Füß' auch band sie sich stattliche Sohlen.[52]

Ihrer Schönheit und Anziehungskraft hilflos verfallen, wird Zeus »sanft von Schlaf bezwungen und Lieb'«.[53]

Heras Sieg ist jedoch nur von flüchtiger Dauer. Noch während der Göttervater von seiner Gattin hintergangen wird, stellt sich bereits heraus, daß die Macht letztlich sein ist und bleiben wird. »Traun, dein böser Betrug, arglistige tückische Here!« droht er und erinnert sie an seine überlegene physische Stärke und eine frühere Bestrafung:

Denkst du nicht mehr, wie du hoch herschwebetest und an die Füß' ich
Zween Ambosse dir hängt' und ein Band um die Hände dir schürzte,
Golden und unzerbrechlich? Aus Ätherglanz und Gewölk her
Schwebtest du, ringsum traurten die Himmlischen durch den Olympos;
Doch nicht wagte zu lösen ein Nahender. Wen ich erhaschte,
Schleudert' ich mächtig gefaßt von der Schwell ihn, bis er zur Erde
Niedergestürzt ohnmächtig.[54]

Zeus' Zuneigung gilt nicht seiner Gattin, sondern seiner Tochter Athene. Sie ist Zeus' Kind im eigentlichsten Sinne, ist sie doch nicht von einer Mutter geboren, sondern seiner eigenen Stirn entsprungen. Ihrer Natur nach ist sie teilweise männlich und vereinigt in sich Elemente, die in diesen frühen Kulturen sowohl als männlich wie als weiblich betrachtet werden konnten. Sie war die Göttin des Krieges und der Weberei, und sie trug häufig Männergewänder. In der *Odyssee* nimmt sie die Gestalt eines Mannes (Mentor) an, und bevor sie sich in der *Ilias* in den Kampf stürzt, vertauscht sie ihr Kleid mit Hemd, Brustwehr und einem goldenen Helm. Als Göttin der Weisheit und des Ackerbaus trägt sie Kleidung mit Merkmalen beider Geschlechter: Üblicherweise wird sie mit einem Frauengewand abgebildet, aber gleichzeitig mit Brustharnisch, Helm und Speer. Sie ist auch jene Göttin, die sich den Männern gegenüber am wohlwollendsten verhält. Wie ihre Schwestergottheiten Artemis und Hestia ist sie Jungfrau und bleibt es in allen Legenden, die um sie gesponnen werden.

Ihre Gegenspielerin ist Aphrodite, von der es manchmal heißt, sie sei das Kind von Zeus, manchmal, sie sei aus dem Schaum des Meeres geboren. Die Macht Aphrodites, der Göttin der Liebe und der Schönheit, ist die Kraft der sexuellen Anziehung und der erotischen Berückung. Wenn sie es darauf angelegt hat, können selbst die Götter nicht widerstehen. Wie ihre Macht die Ordnung und die Hierarchie zum Einstürzen bringen kann, wird in der oben erwähnten Szene mit Hera anschaulich geschildert. Aphrodite leiht Hera ihren »wunderköstlichen Gürtel, buntgestickt«, damit diese ihren Gatten Zeus verführen könne, und spricht:

> Da, verbirg in dem Busen den bunt durchschimmerten Gürtel,
> Wo ich des Zaubers Reize versammelte. Wahrlich du kehrst nicht
> Sonder Erfolg von dannen, was dir dein Herz auch begehret.[55]

Aber auch Frauen sind gegen Aphrodites Macht nicht gefeit: Helenas Flucht nach Troja beispielsweise war durch Aphrodite angezettelt. Ihr Einfluß auf Sterbliche und Unsterbliche galt im guten wie im bösen als unwiderstehlich.

Die drei Göttinnen Artemis, Hestia und Demeter kommen in der *Ilias* und in der *Odyssee* kaum vor, dafür aber in Homerischen Hymnen und der frühen bildenden Kunst. Die Jägerin Artemis ist Apollos Zwillingsschwester, besitzt aber weit weniger Kräfte und Attribute als er. Sie, die selber jungfräulich und kinderlos ist, beschützt Menstruation und Geburt; sie wird mit dem Mond und dem Bären assoziiert und verkörpert eine wilde weibliche Kraft. Hestia ist Artemis entgegengesetzt: Sie ist die Mitte und die Seele des Hauses und wird bloß als Flamme dargestellt. »Sie hat ihren Platz im Zentrum des Hauses, um das Beste von den Opfergaben entgegenzunehmen«, heißt es in einem Lobgesang.[56] Die Homerische »Hymne an Demeter« schildert die Macht der »hellgekrönten Demeter« als Göttin des Getreides und als Mutter. Es gelang ihr, ihre Tochter für zwei Drittel des Jahres von Hades, dem König der Unterwelt, zurückzugewinnen; dies demonstriert die Kraft von Fruchtbarkeit und Mutterschaft.

Für den Kult der Göttinnen brauchte es Priesterinnen. Sowohl in Griechenland als auch in Rom dienten einige wenige Frauen in dieser Stellung. Die Priesterinnen besaßen möglicherweise beachtliche Macht. Die sechs Vestalischen Jungfrauen, die in den ältesten Gesetzen der Stadt Rom erwähnt werden, waren von der männlichen Vormundschaft, der alle anderen Frauen unterstanden, ausgenommen. Als Priesterinnen der Vesta (Hestia) bewachten sie die heilige Flamme der Stadt und verbrachten dreißig Jahre ihres Lebens als Jungfrauen im Dienste der Göttin, wobei sie einigen Einfluß auf die Führer Roms ausübten.[57] Auch griechische Frauen dienten als Priesterinnen für Göttinnen wie Athene oder Hera.

Die Hebräer dagegen verehrten einen männlichen Gott, und für »Gott« werden in den Originaltexten männliche Pronomina verwendet. In seinem Dienst standen ausschließlich männliche Priester, mit vielleicht einer Ausnahme: Mirjam, die Schwester von Moses. Mirjam führte Israels Frauen nach der Flucht durchs Rote Meer im Lobgesang an, aber als sie später die

Autorität von Moses in Frage stellte, wurde sie von Gott mit Aussatz gestraft.[58]

Die üblichste und bevorzugte Rolle für alle Frauen, die über dem Range einer Sklavin standen, war in den griechischen, römischen und hebräischen Schriften diejenige der Ehefrau und Mutter. Als Gattin, Mutter oder Tochter eines Kriegers besaß die Frau eine anerkannte und ehrenvolle Stellung. In Homers *Odyssee* wird Penelope, Odysseus' treue Gattin, die selbst nach zwanzigjähriger Trennung zu ihm hält, als ideale Tochter, Ehefrau und Mutter gepriesen:

Welch treffliche Seele hat doch Ikarios' Tochter
Penelopeia! Wie treu die Edle dem Manne der Jugend,
Ihrem Odysseus, blieb! O nimmer verschwindet der Nachruhm
Ihrer Tugend; die Götter verewigen unter den Menschen
Durch den schönsten Gesang die keusche Penelopeia![59]

Penelopes Standhaftigkeit gegenüber den zahlreichen aufdringlichen Freiern wird durch die glückliche Wiedervereinigung mit ihrem Gatten belohnt: Beide weinen sie vor Freude und verbringen die Nacht mit Liebe und Gesprächen. Odysseus selbst preist die Freuden der Ehe:

Denn nichts ist besser und wünschenswerter auf Erden,
Als wenn Mann und Weib, in herzlicher Liebe vereinigt,
Ruhig ihr Haus verwalten [...][60]

Selbst in der *Ilias*, die sich mehr mit kriegerischer Zwietracht als mit häuslicher Eintracht befaßt, wird die Eheschließung zwischen Hektor und Andromache stets als Liebesheirat geschildert und stellt ein Gegengewicht zum Ehestreit zwischen Hera und Zeus dar.

Doch wie die Göttinnen den Göttern, so hatten die Frauen letztlich den Männern untertan zu sein. Solange sie bei jenen Pflichten verharrten, die den Gattinnen und Müttern zugewiesen waren, wurden sie geehrt, andernfalls wurden sie gezüchtigt. Die berühmteste Szene zwischen Hektor und Andromache spielt auf den Wällen von Troja, wo sie ihn inständig ersucht, er solle nicht sein Leben und ihre Zukunft gefährden, indem er einen Ausfall vor die Mauern der Stadt anführe. »Mich auch härmt das alles, o Trauteste«, erwidert er,

[...] aber ich scheue
Trojas Männer zu sehr und die saumnachschleppenden Weiber,
Wenn ich hier, wie ein Feiger, entfernt das Treffen vermeide.
Auch verbeut es mein Herz; denn ich lernete, tapferen Mutes
Immer zu sein und voran mit Trojas Helden zu kämpfen,
Schirmend zugleich des Vaters erhabenen Ruhm und den meinen![61]

Abschließend weist Hektor Andromache an, den Krieg ihm zu überlassen, sie solle an ihren Spinnrocken zurückkehren. Zunächst scheint dieser Abschnitt zwar getrennte, aber gleichwertige Rollen für Frauen und Männer vorzuschlagen: Sie spinnt zu Hause, er kämpft draußen. Es ist jedoch eine Situation, in der Andromaches Leben auf dem Spiel steht. Ohne Rücksicht auf die glückliche Ehe übergeht Hektor die Meinung seiner Gattin und heißt sie, zu ihrer Frauenarbeit zurückzukehren. Diese Situation wird in der *Odyssee* bis hin zum Wortlaut parallelisiert, wenn Telemach seine Mutter Penelope vor dem entscheidenden Kampf mit ihren Freiern wegschickt:

> Aber gehe nun heim, besorge deine Geschäfte,
> Spindel und Webstuhl, und treib an beschiedener Arbeit
> Deine Mägde zum Fleiß! Der Bogen gebühret den Männern,
> Und vor allen mir; denn mein ist die Herrschaft im Hause![62]

Penelope ist die meistbewunderte Frau in Homers Werk, und selbst sie wird in einer höchst bedeutsamen Angelegenheit, die ihr Leben und ihre Interessen direkt betrifft, ihrem Sohn untergeordnet: Denn wenn ein Freier gewinnt, wird sie zur Heirat mit ihm gezwungen.

Auch in den hebräischen Schriften werden die Frauen in Abhängigkeit von den Männern definiert und als Objekte männlichen Begehrens beschrieben. In der Genesis, dem ersten Buch der Bibel, nennt Adam Eva »Gebein von meinem Gebein und Fleisch von meinem Fleische«.[63] Abrahams Frau Sara ist »ein schönes Weib«.[64] Abrahams Sohn Isaak gewann seine spätere Frau Rebekka lieb, die ehrerbietig vom Kamel stieg, als sie ihn zum erstenmal sah. Isaaks Sohn Jakob diente vierzehn Jahre, um Rahel, die »schön von Gestalt und schön von Angesicht« war, zur Frau zu gewinnen, und sieben Jahre »kamen ihm vor wie ein paar Tage, so lieb hatte er sie«.[65] Jede dieser Frauen wird in Begriffen der Mutterschaft geschildert, aber ihre Fähigkeit, Kinder zu gebären, hängt von Gott ab, der es in seiner Hand hat, ihren Schoß zu »öffnen« und sie empfangen zu lassen. Adam gab Eva ihren Namen, da er »Mutter aller Lebenden« bedeutet. Sar'ai (Sara) lachte, als Gott ihr ankündigte, sie werde mit neunzig Jahren einen Sohn gebären, doch es geschah, und sie wurde, wie Gott prophezeit hatte, eine Mutter der Völker. Isaaks Gebete, daß Rebekka empfangen möge, wurden mit der Geburt von Zwillingen erfüllt; Rahels Forderung: »Schaffe mir Kinder, wo nicht, sterbe ich« wurde schließlich mit einem Sohn, Joseph, beantwortet. Unfruchtbarkeit war das Versagen der Frau. Als Rahel empfing, sprach sie: »Gott hat meine Schmach von mir genommen.«[66] Umgekehrt sollten Mütter geehrt werden. Eines der Zehn Gebote, die Moses gegeben wurden, lautet: »Ehre deinen Vater und deine Mutter.«[67]

Trotz solcher Vorschriften wurden Frauen in Kriegerkulturen unweigerlich weniger geachtet als Männer. »Weib« ist in der *Ilias* wie im Alten Testament eine Beschimpfung, die feigen Männern zuteil wird.[68] Selbst innerhalb der Familie haben Frauen weniger Bedeutung. Die langatmigen Geschlechterregister bei Homer oder im Alten Testament verzeichnen nur selten die Namen der Mütter und halten die Abstammung allein über die männliche Linie fest. Nach traditionellem römischem Recht erhielten nur die Knaben individuelle Vornamen, die Mädchen trugen einfach den Familiennamen und wurden im übrigen bloß durch Spitznamen voneinander unterschieden. Romulus, der legendäre Gründer der Stadt Rom, soll ein Gesetz erlassen haben, das die Bürger dazu verpflichtete, jedes männliche Kind zu erziehen, aber nur das Erstgeborene unter den Mädchen.[69]

Die geringere Wertschätzung vergrößerte die weibliche Unterordnung und legitimierte sie gleichzeitig. In Homers Schriften wie im römischen Recht und im Alten Testament wurden die Frauen den Männern ausdrücklich unterstellt, und dieses Verhältnis wurde in verschiedenerlei Weise gerechtfertigt. Das vierte der Zwölftafelgesetze Roms wird »Väterliche Gewalt« genannt und erteilt dem Vater alleinige und absolute Verfügungsgewalt über seine Kinder. In der fünften Tafel wird festgehalten, daß alle Frauen (mit Ausnahme der sechs Vestalinnen) wegen der Flüchtigkeit ihres Geistes unter der Vormundschaft eines Mannes stehen sollten; sowohl Vormundschaft wie Erbschaft gingen in der männlichen Linie an männliche Verwandte über. *Paterfamilias*, »Familienvater«, war ein wichtiger juristischer Begriff im alten Rom, zu dem es kein weibliches Äquivalent gab – *materfamilias* war ein Ehrentitel, welcher der Gattin des Familienvaters zukam, aber weder Macht noch Rechte mit sich brachte.[70]

Im Alten Testament gilt das Wort einer Frau nur, wenn der Vater oder der Ehemann mit ihr einiggehen; im anderen Falle überwiegt deren Meinung. Wenn der Wert männlicher und weiblicher Personen in verschiedenen Lebensaltern gegeneinander abgewogen werden soll, gelten die männlichen durchgängig mehr: 3 Maß Silber gilt ein weibliches Kleinkind, 5 Maß ein männliches, 30 Maß Silber ein Weib, 50 ein Mann. In der Geschichte von Lot wird die Rechtschaffenheit Lots unter anderem dadurch bewiesen, daß er es ablehnt, einer wütenden Menge seine zwei männlichen Gäste auszuliefern, und an ihrer Statt seine zwei jungfräulichen Töchter anbietet.[71]

Obwohl in der Genesis zwei Fassungen des Berichtes von der Erschaffung der Menschen existieren, wurde diejenige, die die beiden Geschlechter eher gleichberechtigt darstellte (»Und Gott schuf den Menschen nach seinem Bilde, [...] als Mann und Weib schuf er sie«), tendenziell vernachlässigt zugunsten der ausführlicheren älteren Version. Da wird Eva aus Adams Rippe erschaffen, und *sie* wird von der Schlange zum Ungehorsam gegen

Gott verführt. Die wichtigste Begründung für weibliche Unterordnung wird bei Evas Bestrafung durch Gott ausgesprochen:

> Ich will dir viel Beschwerden machen in deiner Schwangerschaft; mit Schmerzen sollst du Kinder gebären! Nach deinem Manne wirst du verlangen; er aber soll dein Herr sein![72]

Adam andererseits wurde gestraft von Gott, weil er auf seines Weibes Stimme gehört und in der Folge Gottes Gebot, nicht von der Frucht des Baumes der Erkenntnis über Gut und Böse zu essen, gebrochen hatte.[73]

Weibliche Unterordnung drückt sich auch in den unterschiedlichen sexuellen Verhaltensmaßstäben für Männer und Frauen aus. Die Gebräuche der frühen Kriegerkulturen kamen der männlichen Sexualität entgegen. Normalerweise wurden die Männer einer besiegten Rivalengruppe getötet und die Frauen versklavt. Diese Sklavinnen dienten den siegreichen Kriegern als Konkubinen und Mägde; daß sie den sexuellen Begehren der Männer zur Verfügung standen, galt als völlig selbstverständlich. Ein beschleunigendes Moment der Handlung in der *Ilias* entsteht beispielsweise aus dem Entschluß Agamemnons, Achilles' Sklavin Briseis als Ersatz für seine eigene Sklavin Chryseis zu nehmen, die von ihrem Vater losgekauft worden war. Den Sklavinnen ihrerseits waren derlei Freiheiten nicht erlaubt: In der *Odyssee* läßt Telemach die Sklavinnen töten, die mit Penelopes Freiern sexuell verkehrt hatten; Untreue und Unkeuschheit lauteten die Vergehen, die man ihnen zum Vorwurf machte.[74]

Die Gesetze Roms und des Alten Testamentes verurteilten die Frauen und bestraften sie für ein Verhalten, das den Männern erlaubt war. Romulus werden Gesetze zugeschrieben, die festlegten, daß ein Mann seine Ehefrau wegen Ehebruchs oder Weintrinkens töten konnte. Eine römische Geschichte aus früher Periode berichtet, Egnatius Metellus habe einen Knüppel genommen und seine Frau totgeschlagen, da sie Wein getrunken hatte, und niemand habe ihn deswegen eines Verbrechens angeklagt oder ihn auch nur getadelt.[75] Ein anderes Gesetz hielt fest, eine Frau dürfe sich nicht von ihrem Mann scheiden lassen, Männer aber könnten sich von ihren Frauen trennen, falls diese wegen Kindern von Drogen oder Zauberei Gebrauch gemacht hatten, falls sie die Schlüssel nachmachen ließen oder die Ehe brachen. Die Zwölf Tafeln erwähnen nur das Recht des Ehemannes, seine Frau zu verstoßen.[76]

Auch im Alten Testament hat nur der Ehemann das Recht, sich von seiner Frau scheiden zu lassen. Eine geschiedene Frau gilt als »verunreinigt«.[77] Es gibt eine umständliche Prozedur, genannt »das Eifersuchtsgesetz«, die es dem Mann ermöglicht, die Treue seiner Ehefrau zu überprüfen: Der Frau wurde das »fluchbringende Wasser des bitteren Wehs« gereicht. Falls sie es trank und nichts weiter geschah, wurde sie als unschuldig betrachtet. Wenn aber »ihr der

Leib anschwillt und die Hüfte schwindet«, mußte sie verunreinigt sein, und »der Name des Weibes wird unter ihrem Volk ein Fluchwort werden«.[78] Für die Treue des Ehemannes gab es keine entsprechende Probe. Ungewöhnlich im Vergleich mit anderen Kriegerkulturen waren die Hebräer insofern, als sie für beide Ehebrecher, Frau wie Mann, den Tod forderten. Unter bestimmten Umständen wurde weibliche Unkeuschheit jedoch strenger bestraft. Wenn die Frau nicht Jungfrau war, konnte sie gesteinigt werden. Wenn ein Mann eine Jungfrau vergewaltigte, konnte er Ersatz leisten, indem er ihrem Vater eine Summe Silbers zahlte und sie heiratete.[79] In den frühen Büchern des Alten Testaments verlangt die Ehe Treue auf seiten der Frau, aber nicht vom Ehemann. Der Ehemann begeht nur Ehebruch, wenn er mit der Ehefrau eines anderen verkehrt, nicht aber, wenn er mit irgendeiner Frau schläft. Zahlreich sind die Fälle von hochgeachteten Patriarchen, die zwei Ehefrauen haben oder eine Ehefrau und eine Konkubine. Abraham schläft mit Hagar, da seine Frau Sara unfruchtbar ist; Jakob heiratet Lea und Rahel und nimmt zudem zwei ihrer Dienerinnen zu Konkubinen.[80] Der ungleiche Maßstab in der Beurteilung der Geschlechter verrät sich auch in der Sprache, die gebraucht wird, um Gattin und Gatte zu benennen: Der Ehemann ist öfter der *baal* oder »Herr« seines Weibes als einfach ihr »Ehemann«.[81]

Im griechischen und römischen Recht wie auch im Alten Testament wurden die Prostituierten ausgestoßen und erniedrigt, nicht aber die Männer, die mit ihnen verkehrten. Ein römisches Gesetz aus dem 7. Jahrhundert vor Christus untersagte einer »Konkubine«, den Altar Junos zu berühren, und athenische Gesetze aus dem 5. Jahrhundert vor Christus schlossen die Prostituierten von vielen religiösen Verehrungsformen der Frauen aus.[82] Im Alten Testament gibt es Sklavinnen als Konkubinen und als Prostituierte. »Hure« und »Dirne« waren übelste Beschimpfungen, und einige Bibelverse verlangten den Feuertod für Prostituierte, insbesondere wenn sie Töchter von Priestern waren.[83] Die Männer, die ihre Dienste beanspruchten, wurden nicht verurteilt.

Überdies bezeichnete das Alte Testament alle gesunden, erwachsenen Frauen als rituell unrein für die Dauer der Menstruation. In einem Abschnitt, der von Krankheit und körperlichen Ausscheidungen handelt, werden die Monatsblutungen als »ihre Unreinheit« beschrieben, die eine Frau samt allem, was sie berührt oder worauf sie sitzt, für sieben Tage unrein macht. (Im Gegensatz dazu wurde ein Mann durch einen Samenerguß bloß bis zum Abend jenes Tages unrein, an dem die Ejakulation stattfand.) Wenn ein Mann eine menstruierende Frau berührt, wird er bis zum Abend unrein, wenn er mit ihr sexuellen Verkehr hat, für sieben Tage. Wenn eine Frau andere Blutungen oder Ausflüsse aus der Scheide hat, wird sie sieben Tage über den Endpunkt hinaus unrein, ebenso ein Mann mit krankheitsbedingtem Körperausfluß.[84] Wenn die Frau einen Sohn gebiert, ist sie 7 Tage unrein und kann 33 Tage nicht zum Tempel gehen; wenn sie aber eine Tochter zur Welt bringt, bleibt sie 14 Tage unrein und darf 66 Tage das Heiligtum nicht betreten.[85] Die rituelle Unreinheit stellt sowohl Menstruation wie Geburt – speziell eines Mädchens – in den Zusammenhang von befleckenden, anstekkenden Krankheiten. Diese Gesetze bewirken eine Entwertung der Frau. In Griechenland und Rom waren Menstruationstabus nicht so streng oder weit verbreitet, immerhin aber werden sie von frühen Wissenschaftlern wie Aristoteles und Plinius beschrieben.[86]

Die Frauengeschichtsschreibung hat gezeigt, daß die frühesten griechischen, römischen und hebräischen Schriften zwar weibliche Unterordnung darstellen und rechtfertigen, daß sie aber nicht eigentlich frauenfeindlich sind. Sie drücken nicht generell Haß auf Frauen aus. Dies kam erst später: in den griechischen Dichtungen Hesiods und Semonides' (7. und 6. Jahrhundert vor Christus), in den Satiren und Gedichten des kaiserlichen Rom (1. nachchristliches Jahrhundert) und in den jüdischen und christlichen Interpretationen des Alten Testaments (2. Jahrhundert vor Christus bis 3. Jahrhundert nach Christus).[87] Da wurden die Frauen gebrandmarkt als böse von Natur, dem Mann zur Strafe erschaffen. Die Frau wurde zum Feind der Männer und der Zivilisation, zum Ursprung von Krankheit und Leid erklärt. Allen möglichen verachteten Tieren setzte man sie gleich und beschrieb sie in den verächtlichsten Begriffen. Von der Unterordnung der Frau und der Idee ihrer Minderwertigkeit war es nur ein kleiner Schritt zu solcher Misogynie. Außerordentliche Umstände mochten ausnahmsweise andere Rollen und Bilder für Frauen begünstigen: Das kaiserliche Rom sah auch die Blüte von großer weiblicher Macht; einige jüdische und christliche Autoritäten betonten die Gleichheit der Frau, und ein Jahrhundert nach Hesiods Schmährede gegen die Frauen wurde die Dichterin Sappho für ihre Dichtkunst verehrt. Die weibliche Unterordnung aber blieb in Kraft. Es war das erste und wichtigste Erbe, das auf die Frauen überging, als im 9. Jahrhundert nach Christus eine eigentliche europäische Kultur zusammenwuchs.

1.2 Das Erbe der Tradition – die wichtigsten Einflüsse

Seit der Epoche der Krönung Karls des Großen um 800 nach Christus und der Schaffung des karolingischen Kaiserreiches im frühen 9. Jahrhundert erstand eine abendländische Kultur eigener Prägung. Das neue Europa griff in seiner Geisteshaltung und seinen Einrichtungen auf griechische, römische, keltische, germanische, hebräische und christliche Vorbilder und Muster zurück. Schriftsteller und Künstler, Philosophen und Theologen benutzten, um Vorschriften für Frauen zu erstellen, alte Quellen und Texte und pflanzten überlieferte Ansichten über das weibliche Geschlecht fort oder erweckten sie zu neuem Leben. Die alten Quellen, ahistorisch angewandt und von unterschiedlichem Einfluß, formten die europäische Kultur und Gesellschaft für Jahrhunderte.[1]

Griechische Vorstellungen und Meinungen über Frauen wurden von den Römern bewahrt und umgeformt, die sie ihrerseits weitertrugen bis in die Randzonen ihres riesigen Imperiums. Die römische Haltung gegenüber Frauen blieb in Europa, hauptsächlich in Gestalt von Gesetzen und Bräuchen, lange über den Zusammenbruch des römischen Reiches im 5. Jahrhundert hinaus einflußreich. Die keltischen und germanischen Eindringlinge übernahmen von den Römern und den christlichen Missionaren die Schrift; sie schrieben schließlich ihre eigenen Gesetze und ihre Epen nieder, in denen auch Frauen auftreten. Die Juden, die während der Römerzeit in die Diaspora über den gesamten Mittelmeerraum hin zerstreut worden waren, beeinflußten die neue europäische Kultur und ihr Frauenbild ebenfalls, da die heiligen jüdischen Schriften als Teil der christlichen Bibel (Altes Testament) anerkannt wurden. Der christliche Einfluß, der sich für die Frauen anfänglich günstig auswirkte, sie aber später zurückband, entwickelte sich ungleichmäßig seit dem 1. Jahrhundert. Wurde das Christentum im römischen Reich noch im 3. Jahrhundert verfolgt, so wurde es bereits im 4. zur bevorzugten Religion und breitete sich bis zum 9. Jahrhundert durch Eroberung und Bekehrung quer über den Kontinent aus. Das neue Europa des 9. Jahrhunderts begriff sich selbst als christlich. Das Christentum perpetuierte alte Frauentraditionen und fügte gleichzeitig Neues hinzu.

Vor der Christianisierung unterschieden sich die Erfahrungen von Frauen in verschiedenen Kulturen beträchtlich. Griechen des 5. Jahrhunderts v. Chr. stellten das eingegrenzte Leben der athenischen Ehefrauen dem freieren Leben der Spartanerinnen gegenüber. Eine wohlhabende römische Matrone des ersten nachchristlichen Jahrhunderts, die ohne männlichen Vormund ihre Geschäfte abwickeln konnte, hatte kaum Ähnlichkeiten mit ihrer Sklavin. Eine Jüdin, die im 2. Jahrhundert in der Weltstadt Alexandria lebte, hatte wiederum wenig gemeinsam mit einer biblischen Hebräerin, die ein Jahrtausend früher im Hirtenland Judäa gelebt hatte. Keltische Schnitzereien und germanische Grabstätten zeigen, daß es reiche und mächtige Frauen gab, von denen wir aber in den trockenen Gesetzessammlungen keine Spuren finden. Die Biographien von Frauen der frühen Kulturen wurden von Historikerinnen und Historikern wie ein Mosaik Steinchen um Steinchen zusammengefügt. Manche der weiblichen Erfahrungen waren nicht von Dauer und übten auf das spätere Europa keinen Einfluß aus; viele Traditionen aber hielten sich und wurden immer weitergegeben. Obwohl die Kulturen, die Gesetze und Umstände unterschiedlich waren, weisen die griechischen, römischen, keltischen, germanischen und hebräischen Überlieferungen in bezug auf Frauen doch mehr Gemeinsamkeiten als Verschiedenheiten auf. Der Großteil der vorchristlichen Traditionen ordnet die Frauen unter und beschränkt sie, betrachtet sie als dem Mann unterlegen und von ihm abhängig. Einige der vorchristlichen Überlieferungen enthalten jedoch auch Bilder aus Zeiten, wo Gleichheit, Macht und Unabhängigkeit für Frauen blühten. Diese Bilder wurden nie ganz ausgelöscht und gehören dem Erbe der europäischen Frauen ebenfalls an.

Das Christentum änderte einige der älteren Überlieferungen über Frauen ab, vor allem wegen der anfänglichen Betonung der Gleichheit aller Gläubigen und wegen der abweichenden Ansichten über Sexualität. Im Frühchristentum waren den Frauen weit mehr Tätigkeiten erlaubt als in späteren Jahrhunderten. Obwohl die Frauenrolle im Verlauf der Institutionalisierung der christlichen Kirche im 4. Jahrhundert streng eingeschränkt wurde, blieb die großzügigere Verhaltensbandbreite, wie sie im Neuen Testament festgehalten war, Teil des europäischen Kulturerbes. Das von der frühchristlichen Kirche vorgebahnte Reaktionsmuster – auf Liberalisierung folgt Einschränkung – nahm sich die Kirche auch für spätere Handlungen gegenüber Frauen als Modell.

Die genannten griechischen und römischen, keltischen und germanischen, jüdischen und christlichen Quellen lieferten das Erbe, das den europäischen Frauen übertragen wurde, als Europa im 9. Jahrhundert zu einer Einheit zusammenwuchs. Vieles blieb, ob restriktiv oder befreiend, jahrhundertelang Bestandteil der europäischen Kultur, in bestimmten Fällen bis in die Gegenwart. Diese Überlieferungen begründeten die Haltungen und die Umstände, die das Leben der meisten europäischen Frauen beherrschten, sie bildeten die Basis für Bräuche und Gesetze, sie lagen den Ansichten zugrunde, die die Frauen der folgenden Jahrhunderte unterwarfen oder stärkten. Mit diesen Überlieferungen befaßt sich der Rest unseres ersten Teils. Da die Quellenlage für Gesellschaften vor dem 9. Jahrhundert schwach und ungleichmäßig ist, betrachten wir weniger die Unterschiede zwischen den einzelnen Kulturen, sondern konzentrieren den Blick auf jene übergreifend wirkenden Traditionen, die das Leben der Frauen in Europa im 9. Jahrhundert und darüber hinaus bestimmt haben.[2]

1.3 Unterordnende Traditionen

Die frühesten und oft auch heiligsten Schriftstücke der vorchristlichen Kulturen – der Griechen, Römer, Hebräer, Germanen und Kelten – schrieben die Unterordnung der Frauen unter die Männer fest. Der Glaube daran hielt sich zäh über die Jahrhunderte hinweg und gewann das Gewicht einer geheiligten Tradition. Weibliche Unterordnung engte die Rollen der Frauen und ihre Funktionen ein; sie legte ihre wesentliche Natur und ihr schickliches Körperverhalten fest. Unversehrt gingen diese Vorstellungen in die neue europäische Kultur über, die sich im 9. Jahrhundert formierte.

»Von Anfang an sind die Gedanken aller Menschen durch Homer geformt worden«, meinte der Grieche Xenophanes im 5. Jahrhundert vor Christus, und seine Feststellung sollte sich auch für die kommenden Epochen als wahr erweisen. Nahezu die Hälfte der Papyrusschriften aus dem 5. und 4. Jahrhundert vor Christus, die in Ägypten gefunden worden waren, waren Werke Homers oder Kommentare dazu. Die Homerischen Epen beeinflußten Europas Kultur auch weiterhin.[1] Die römische Gesetzgebung stützte sich auf frühere Vorschriften und zitierte die Vorläufer zu ihrer eigenen Legitimation. Nicht anders machten es die Kelten und Germanen. Als im Jahr 643 König Rother vom Volk der Langobarden die Gesetze niederschreiben ließ, forschte er nach »den alten Gesetzen der Langobarden, die entweder wir selbst oder die alten Männer des Volkes kennen«; dem so entstandenen Korpus *(Edictus Rothari)* wurden in den folgenden Jahrhunderten weitere Texte angefügt.[2] Bei den Hebräern führte die militärische Niederlage und die Kolonisation durch Griechenland und Rom dazu, daß sie sich besonders intensiv an »das Buch« hielten, das sie als Volk von allen anderen Völkern abhob. So bauten sowohl das Alte Testament als auch die zugehörigen Kommentare ihr Frauenbild auf den Vorstellungen des Pentateuch (der ersten fünf Bücher Mose) auf. In jedem Falle wurden die grundlegenden Prämissen weiblicher

Unterordnung repetiert und ausgeweitet: Die Frau sei von Natur aus abhängig vom Mann und ihm unterlegen. Im Lauf der Zeit nahmen die Prämissen den Charakter von Axiomen an: Sie schienen natürlich, zwingend und, in einigen Fällen, gottgegeben. Jede der genannten Kulturen vertrat die Meinung, die Körperlichkeit der Frau – Menstruation, Gebärmutter, Gebärfähigkeit – schließe sie selbstverständlich von Krieg, Gesetzgebung, Regierung und in vielem auch von der Religion aus. Der weibliche Körper erfordere es, daß die Frau wenn möglich auf den geschützten Kreis des Hauses beschränkt werde. Alle diese Kulturen übertrugen den Männern ihrer Familie oder ihrem männlichen Vormund Befehlsgewalt über sie, und ihr Leben wurde fast nur im Zusammenhang mit der Familie gesehen. Überall galten die Frauen weniger als die Männer, zuzeiten so sehr, daß mehr Knaben als Mädchen aufgezogen wurden. Und überall wurden die Frauen von den anerkanntesten und prestigeträchtigsten Tätigkeiten ausgeschlossen, sei es vom Kriegshandwerk, der Philosophie oder dem Studium der heiligen Bücher.

Die Prämisse der angeborenen weiblichen Unterlegenheit wurde kaum je hinterfragt, nicht einmal von Denkern, die ansonsten den grundlegenden Voraussetzungen des Lebens nachsannen. »Der Mann ist von Natur aus überlegen und die Frau unterlegen; der eine herrscht, die andere wird beherrscht«, hielt der griechische Philosoph Aristoteles im 4. vorchristlichen Jahrhundert fest. »Dieses Prinzip erstreckt sich unumgänglich auf die ganze Menschheit.« Die Ungleichheit sei von Dauer, da die weibliche Denkfähigkeit schwach sei wie diejenige eines Kindes.[3] Aristoteles wurde von den späteren jüdischen und christlichen Denkern stark rezipiert und blieb bis ins 16. Jahrhundert die wissenschaftliche Autorität Europas.[4] Gleich dem griechischen Philosophen verließen sich auch die römischen Juristen, was Frauen anbelangte, auf die traditionellen Prämissen. Im 1. Jahrhundert vor Christus verfocht Cicero die Ansicht, alle Frauen sollten »aufgrund der Schwäche ihres Intellekts« männlicher Obhut unterstellt sein. Im 3. Jahrhundert bestätigte Ulpianus, Vormünder seien für Frauen notwendig »wegen der Schwachheit ihres Geschlechtes und ihrer Unwissenheit in Geschäftsangelegenheiten«.[5] Gesetzbücher im keltischen Irland bezeichneten Frauen als »unvernünftig« und stellten sie mit Sklaven, Gefangenen und Betrunkenen in eine Reihe.[6]

Die jüdischen Gelehrten bauten auf derselben Voraussetzung der Unterlegenheit der weiblichen Natur auf. Im 1. Jahrhundert kommentierte Philon, ein jüdischer Philosoph, der die jüdische wie auch die christliche Tradition stark beeinflußte, den Schöpfungsbericht der Bibel:

> Die Seele hat nämlich einen Wohnsitz, teils bei Frauen, teils bei Männern. Bei den Männern nun gibt es einen Ort, wo die männlichen Gedanken eigentlich wohnen, [diese sind] weise, vernünftig, gerecht, vorsichtig, fromm, voller Freiheit und Kühnheit, der Weisheit verwandt. [...] Und das weibliche Geschlecht ist irrational und neigt zu tierischen Leidenschaften, zu Furcht, Sorge, Vergnügen und Verlangen, aus denen unheilbare Schwachheit und unbeschreibliche Leiden entstehen.[7]

In derselben Epoche hielt der jüdische Geschichtsschreiber Josephus fest, in den Augen des jüdischen Gesetzes sei »die Frau [...] in allen Dingen dem Mann unterlegen«.[8] Unterlegenheit hieß gleichzeitig Untauglichkeit; Frauen, Kinder und Sklaven wurden *einer* Gruppe zugerechnet, und den Frauen war es verboten, vor Gericht Zeugnis zu geben, »weil sie einen leichten, flatterhaften Geist haben«.[9] Um das 1. Jahrhundert nach Christus dankten die jüdischen Männer beim Morgengebet Gott, »der mich nicht als Frau gemacht hat«; die Frauen hatten in einem entsprechenden Gebet Gott zu danken, daß er sie nach seinem Willen geschaffen habe.[10]

In der Mischna, der Sammlung jüdischer Gesetzeskommentare, gibt es zwei Abteilungen, die sich besonders mit weiblichen Angelegenheiten befassen, zunächst mit der Frau, dann mit der Menstruation.[11] Das auf das dritte Buch Mose gegründete Urteil, die Menstruation sei unrein, blieb in späteren Jahrhunderten voll in Kraft und wurde zum Anlaß von Kommentaren, welche die Regeln über die Verunreinigung durch menstruierende Frauen weiter ausarbeiteten. Die periodische »Unreinheit« der Frauen lieferte außerdem Gründe, sie von den religiösen Pflichten im Tempel fernzuhalten. Der Glaube, gesunde Frauen würden einmal im Monat beschmutzend infolge eines unkontrollierbaren natürlichen Ablaufs, trug zwangsläufig zur Ansicht bei, Frauen seien den Männern von Natur aus unterlegen.

Andere Kulturen entwickelten eigene Beweise dafür, daß in der weiblichen Menstruation die grundlegende Unterlegenheit der Frau und ihre Untauglichkeit für männliche Rollen zum Ausdruck komme. Im keltischen Epos *Táin Bó Cuailnge* (»Der Rinderraubzug von Cuailnge«, entstanden im 7. oder 8. Jahrhundert) wird die Königin Medb (Maeve) von Cruchan als mächtige, schöne und reiche Frau dargestellt. Als hervorragende Kriegerin und Heeresführerin scheint sie dem Helden Cúchulainn eine gleichwertige Gegnerin zu sein – bis zum Höhepunkt und Ende der Erzählung: Mitten im Kampf wird Medb von ihren Blutungen heimgesucht und muß ihren Kriegswagen verlassen, um »sich Erleichterung zu verschaffen«. Cúchulainn, der Held, erreicht sie in diesem Moment und nimmt sie gefangen. Der Schauplatz der Niederlage wird, so vermeldet das Epos, seither stets *Fual Medba* (»Ort von Medbs Unreinheit«) genannt.[12]

Die wissenschaftlichen und medizinischen Texte der Griechen und Römer beschrieben die Menstruation oft als mysteriöses, gefährliches und befleckendes Ereignis. Die griechischen Ärzte, deren Schriften das einflußreiche Hippokratische Korpus bildeten (es entstammt weitgehend dem 4. Jahrhundert vor Christus), verstanden den Monatsfluß als Blut, das durch den Körper wandern und, falls es in die Lunge eindränge, Auszehrung zur Folge haben könnte.[13] Das Korpus neigte zur Annahme, die Menstruation werde durch den Mond kontrolliert und alle Frauen menstruierten zur selben Zeit des Monats – eine Annahme, die auch von Aristoteles weitergereicht wurde.[14] Dem Menstruationsblut wurden alle möglichen übernatürlichen Kräfte zugeschrieben. Aristoteles hielt dafür, eine menstruierende Frau könne einen blanken Spiegel durch bloßes Anschauen »blutschwarz, wie eine Wolke« machen, da das Menstruationsblut durch ihre Augen auf die Oberfläche des Spiegels einwirke.[15] Aristoteles glaubte auch, Frauen hätten weniger Zähne als Männer. Derart offenkundige Fehler im Werk des normalerweise sorgfältigen Beobachters Aristoteles zeigen, wie seine Voreingenommenheit gegenüber Frauen sich über allen Augenschein hinwegsetzte.[16] Plinius der Ältere, der römische Gewährsmann für Naturgeschichte aus dem 1. Jahrhundert, meinte, die Frauen hätten jeden dritten Monat eine stärkere Blutung. Er gab auch einige populäre Glaubensvorstellungen über die Menstruationsflüssigkeit weiter, von denen einige für Jahrhunderte geläufig blieben:

> Die Berührung damit läßt neuen Wein sauer werden, Getreide, das damit in Kontakt kommt, wird unfruchtbar, die Saat im Garten vertrocknet, die Früchte fallen von den Bäumen; die helle Oberfläche von Spiegeln, in denen es sich nur reflektiert, wird verdunkelt; die Schneide des Stahls und der Glanz von Elfenbein werden matt; Bienenstöcke sterben; sogar Bronze und Eisen werden plötzlich von Rost befallen, und ein schrecklicher Geruch erfüllt die Luft. Hunde, die ihn riechen, werden toll, und ihre Bisse sind infiziert mit unheilbarem Gift …[17]

Das hartnäckige Fortbestehen solchen Aberglaubens trotz augenscheinlicher Gegenbeweise diffamierte jene nur den Frauen eigenen Organe und Vorgänge. Die Vorstellungen über den Uterus und die Fortpflanzung waren sogar noch abschätziger. Griechische und römische Wissenschaftler und Mediziner machten den Mann zum Maßstab und behandelten die Frau als unterlegene Variante. »Die Frau ist eigentlich ein deformierter Mann«, versicherte Aristoteles in seinem Traktat über die Fortpflanzung, »und der Monatsfluß besteht aus Samen, der sich allerdings noch in unreifem Zustand befindet, und zwar fehlt ihm ein Bestandteil, und nur der eine, nämlich der Urstoff der Seele.«[18] Galen, der herausragende Mediziner des 2. Jahrhunderts, lehrte, Frauen seien Männer, bei denen das Äußere nach innen gewendet worden sei; die Eierstöcke seien »kleinere, weniger vollkommene Hoden«. Der weibliche Mangel an Vollkommenheit – gemessen am Mann – wurde erklärt durch die Notwendigkeit, die Art fortzupflanzen.[19]

Diese Schriftsteller der Frühzeit, welche die männlichen Organe zum Maßstab nahmen und die weiblichen Organe nur unter dem Gesichtspunkt der Analogie betrachteten, brachten auch die Lehre hervor, die Gebärmutter »wandere« durch den Körper wie ein »Tier«. Platon schrieb im 4. Jahrhundert vor Christus, die Schamteile bei den Männern seien »etwas Unlenksames und Eigenmächtiges«, »wie ein Tier, welches nicht auf Vernunft hört«; sie suchten »mit ihren rasenden Begierden alles zu beherrschen«. Bei den Frauen gehe es ebenso

> [...] mit der sogenannten Scheide und Gebärmutter: Auch diese ist wiederum bei ihnen [den Frauen] ein ihnen einwohnendes lebendiges Gebilde, welches die Begierde nach Kinderzeugung in sich trägt und daher, wenn es, zur Reife gelangt, lange Zeit ohne Frucht bleibt, in Aufregung und Ungeduld versetzt wird, überallhin durch den Körper seine Säfte umhertreibt, die Kanäle der Luft verstopft und somit das Atmen erschwert und die äußersten Beängstigungen und allerlei andere Krankheiten verursacht [...][20]

Die Theorie der »wandernden Gebärmutter« erwies sich als bemerkenswert beständig. Im Hippokratischen Korpus (4. Jahrhundert vor Christus) wurde sie mehrfach erwähnt. Im 2. Jahrhundert wurde sie energisch neu formuliert von Aretaios von Kappadokien, der die Ansicht vertrat, die Gebärmutter sei wie ein Tier in einem Tier, sie streife im Körper umher, könne aber mit süßen Gerüchen an ihren richtigen Ort zurückgelockt werden.[21] Sowohl in Griechenland als auch in Rom bedeutete das Symbol des erigierten männlichen Glieds Glück; es wurde oft an Häusern und in Gärten angebracht, während das Symbol des weiblichen Genitals die Bordelle kenntlich machte.

Die Sichtweise der Gebärmutter als ekelhaftes »Tier in einem Tier« trug zur Herabminderung der weiblichen Rolle bei der Empfängnis bei, auch dies ein gemeinsamer Zug der griechischen und römischen Schriften über die Fortpflanzung. Bei Aristoteles und im Hippokratischen Korpus wird die Frau fast nur im Hinblick auf ihre Rolle bei der Fortpflanzung gesehen, doch wird ihr Anteil dabei als weit weniger wichtig erachtet als derjenige des Mannes, dessen Samen darüber entscheidet, welches Geschlecht das Kind erhalten wird: »starker Samen« ergibt einen Jungen, »schwacher Samen« ein Mädchen.[22] Kinderlosigkeit jedoch war das Verschulden der Frau. Die Lehre, daß primär der Mann für die Empfängnis verantwortlich sei, brachten die antiken Autoren mit der angeborenen Unterlegenheit der Frauen in Verbindung. Platon begann sein Kapitel über die »wandernde Gebärmutter« mit der Erklärung, die Männer seien zuerst erschaffen worden; die Frauen seien die Nachkommen jener Männer, die Feiglinge gewesen seien oder ein sündhaftes Leben geführt hätten. In ihnen spiegelte sich daher die Degeneration der menschlichen Art.[23] Eine Frau war eine Frau aufgrund ihrer »Unfähigkeit, Samen zu kochen«, einer Unfähigkeit, die laut Aristoteles auf der »Kälte ihrer Natur« beruhte. Der Menstruationsfluß bestand aus unvollkommenem Samen, und die Frau war ein unvollkommener Mann, die für den Fetus nur die Substanz lieferte, welcher der überlegene Mann Gestalt und Seele verlieh.[24]

Die Überzeugung, Frauen seien »kalt« und »feucht«, während Männer »heiß« und »trocken« sein sollten, kam von Hippokrates. Wie bei Aristoteles wurde »kalt« auch da als minderwertig erachtet und verwendet, um die weibliche Unterlegenheit gegenüber dem Mann zu beweisen. »Die Frau ist weniger vollkommen als der Mann aus einem hauptsächlichen Grund: weil sie kälter ist«, erklärte Galen im 2. Jahrhundert.[25]

Die Frauen, deren Wert weniger hoch veranschlagt wurde als derjenige der Männer, erreichten das Erwachsenenalter weniger häufig. Es gibt gewisse Anzeichen, daß vor allem in Griechenland und Rom weniger Mädchen als Knaben aufgezogen wurden. Das normale Zahlenverhältnis zwischen weiblichen und männlichen Neugeborenen liegt bei 100 zu 105. Bevölkerungszahlen von Athen wie aus dem römischen Kaiserreich zeigen nun aber, daß das Verhältnis deutlich zugunsten der männlichen Seite verschoben war. Griechische Volkszählungen, Bürgerlisten und Grabsteine weisen auf weit mehr Männer als Frauen hin. Neuere Schätzungen gehen davon aus, daß 10 Prozent der weiblichen Säuglinge in der Stadt Athen von ihren Familien nicht aufgezogen wurden.[26] Selbst wenn man in Betracht zieht, daß weibliche Geburts- und Todesdaten lückenhafter überliefert wurden, waren die Frauen gemäß Volkszählungen des römischen Imperiums vom 2. bis zum 4. Jahrhundert den Männern zahlenmäßig weit unterlegen: Im römischen Ägypten kamen 100 Frauen auf 105 Männer, im römischen Spanien 100 Frauen auf 126 Männer, in Rom selbst 100 Frauen auf 131 Männer, im römischen Italien und Afrika 100 Frauen auf 140 Männer.[27]

Kleinkinder wurden selten gleich getötet, sondern eher »ausgesetzt«, auf Müllhaufen oder auf öffentlichen Plätzen abgelegt in der Hoffnung, ein Passant werde sie vielleicht retten. Bordellbesitzer sammelten weibliche Säuglinge ein und zogen sie auf, um aus ihnen Prostituierte zu machen.[28] In Rom gibt es direkte Beweise für das routinemäßige Aussetzen von weiblichen Kleinkindern. Über die Jahrhunderte hinweg galt es als selbstverständlich, mehr Knaben als Mädchen aufzuziehen: Schon das Zwölftafelgesetz aus der Frühzeit verlangte von einem Vater, alle seine Söhne aufzuziehen, jedoch nur eine Tochter; und eine Erzählung aus dem späten Rom (frühes 3. Jahrhundert) hält fest, in der römischen Aristokratie während der Epoche des Augustus hätte es »weit mehr Männer als Frauen« gegeben.[29] »Ich bitte und ersuche dich, auf das kleine Kind achtzugeben, und sobald wir Lohn erhalten, werde ich ihn dir übersenden«, schrieb ein römischer Ehemann seiner Frau Alis im 1. Jahrhundert vor Christus. »Wenn du – Glück sei mit dir! – Nachkommen gebierst und es ist ein Junge, so laß ihn leben; wenn es ein Mädchen ist, setze es aus.«[30] In Griechenland wie in Rom nahm man an, Frauen und Mädchen brauchten weniger zu essen als Männer und Knaben, also gab man ihnen üblicherweise weniger. Im 4. vorchristlichen Jahrhundert berichtete Xenophon, außerhalb von Sparta würden in Griechenland die »wohlerzogenen jungen Mädchen, die Mütter werden sollen, in ihrer Grundnahrung eingeschränkt und essen so wenig als möglich von anderen Lebensmitteln«.[31] In Rom wurde Nahrungshilfe weit häufiger und länger für Knaben und Männer gewährt als für Mädchen und Frauen. Der römische Brotalmosen kam nur Männern zu. Die aus dem 2. Jahrhundert stammenden Urkunden eines typischen Stiftungskapitals in Norditalien vermerken, daß 246 Knaben, aber nur 35 Mädchen geholfen wurde.[32] Selbst da, wo man sich bemühte, gleich viele Jungen und Mädchen zu unterstützen – wie zum Beispiel in der Stiftung der wohlhabenden Erbin Caelia Macrina zur selben Zeit –, waren die Stipendien für Mädchen zwischen 20 und 40 Prozent niedriger und endeten zwei Jahre eher.[33] Solche Praktiken und die Risiken, die den Frauen im Kindbett drohten, verkürzten die weibliche Lebenserwartung. Unter einigermaßen gleichen Bedingungen überleben die Frauen die Männer im Durchschnitt um 10 Prozent; in der gesamten Antike war die Lebenserwartung der Frauen fünf bis zehn Jahre niedriger.[34] So kostete das System der weiblichen Unterordnung einigen Frauen sogar das Leben.

Außerhalb Griechenlands und Roms wurden Kindstötung und Aussetzung verworfen, Mädchen und Frauen galten aber weiterhin weniger als Knaben und Männer. Bei den Hebräern wie bei den Kelten waren Geldbeträge festgelegt, die in Fällen von Verletzung oder Tod einer Person den Schaden aufwiegen sollten, und in beiden Kulturen waren die Summen für Frauen niedriger als jene für Männer. Bei den germanischen Stämmen hingegen schätzten die Langobarden, die Burgunder und die Angelsachsen Frauen und Männer desselben Ranges gleich ein; zwischen den Frauen gab es Unterschiede aufgrund ihrer Fähigkeit, Kinder zur Welt zu bringen: Bei den Salfranken beispielsweise galten Mädchen vor der ersten Monatsblutung und Frauen nach den Wechseljahren ein Drittel einer gebärfähigen Frau.[35]

Die anerkannten Frauenrollen

Die Frauen, die in diesen Kulturen erwachsen wurden, sahen sich von einem umfassenden System von Werten und Institutionen umgeben, das für sie ein Leben nur innerhalb der anerkannten Rollen der Tochter, Gattin, Mutter und Witwe vorsah. Frauen wurden über die Familie definiert und innerhalb der Familie über ihre Beziehung zu den Männern der Gruppe. Das Leben in der Familie schützte und stützte die Frau, und die Rechtsprechung belohnte und institutionalisierte ihre Abhängigkeit und Unterordnung. Von Tätigkeiten außerhalb der Familie, die in diesen Kulturen am meisten galten, waren die Frauen ausdrücklich ausgeschlossen. Wirksame kulturelle Botschaften verstärkten die Rollentrennung, die die Frauen von den wichtigen Bereichen der Männer – Krieg, Regierung, Philosophie, Wissenschaft, Rechtsprechung, manchmal Religion – fernhielt. Die klassische griechische Kultur ordnete dem Männlichen Zivilisation, Vernunft und Ordnung zu, dem Weiblichen Natur, Emotion und Chaos. Von den Männern erwartete man, das Leben mit Vernunft und Logik anzugehen und ihre Gefühle und Instinkte im Zaum zu halten, während die Frauen angeblich momentanen Regungen und selbstsüchtigen Bedürfnissen nachgaben.[36] Einige Autoren schufen in ihren Bühnenstücken zwar mitfühlende und mächtige Frauengestalten, aber es ist unter Wissenschaftlern noch heute streitig, ob sich die Athenerinnen diese Dramen überhaupt ansehen durften. Sehr oft wurde der Versuch einer Frau, sich männliche Rollen anzueignen, zum Gegenstand spöttischen Gelächters, wie zum Beispiel in Aristophanes' Komödie »Die Weibervolksversammlung« *(Ekklesiazusai)*. Die berühmte Grabrede des Perikles, in welcher der athenische Führer männliche Tapferkeit und das Streben nach Ehre im Krieg pries, lehrte die Frauen, die größte Ehre komme »jener Frau zu, von der unter den Männern am wenigsten geredet werde, sei es im guten oder bösen«.[37]

In gleicher Weise gründete sich auch die römische Kultur auf die Macht des Vaters und mißbilligte, wenn Frauen männliche Rollen annahmen. In Vergils »Äneis« wird Äneas zum Helden und zum würdigen Gründer der Stadt Rom unter anderem dadurch, daß er der Verführung Didos, einer mächtigen, fremden Königin, widersteht und an ihrer Stelle die gelehrige und fügsame Lavinia zur Frau wählt. Sie ist gehörig schweigsam, so wie es die griechischen und römischen Frauen zu sein haben, und äußert im ganzen Epos kein Wort. Der ökonomische und politische Machtgewinn von Frauen der römischen Elite im frühen Kaiserreich (die ersten Jahrhunderte vor und nach Christus) wurde im Imperium selbst heftig kritisiert; nach dem Urteil der beiden Historiker Livius und Tacitus konnte nur eine herabgekommene Regierung den Frauen so viel Macht einräumen.[38]

Bei den Hebräern wurden die Frauen wegen ihres Geschlechts vom Studium der Thora und des Talmuds (der fünf Bücher Mose, der zugehörigen Kommentare und der Gesetze) ausgeschlossen, was für die männlichen Juden eine der wichtigsten religiösen Pflichten war. Obwohl der rabbinische Gelehrte Jochanan Ben Sakkai um 100 nach Christus lehrte, ein Vater sei verpflichtet, seine Tochter in der Thora zu unterweisen, hielt sich der übliche Brauch lieber an die Meinung des Rabbi Elieser: »Wer immer seine Tochter in der Thora unterweist, lehrt sie in Wirklichkeit Lüsternheit.«[39] Der palästinische Talmud brachte vor, es sei besser, die Worte der Thora zu verbrennen, als sie in den Gewahrsam einer Frau zu geben, und der babylonische Talmud versicherte: »In der Frau gibt es keine Weisheit, außer am Spinnrocken.«[40] Die Funktion der Frau sollte sein, ein Haus zu führen, welches das jüdische Gesetz einhielt, und ihren Kindern die traditionellen Gebräuche weiterzugeben. Die Mütter erzogen die Töchter, bis diese heirateten, und die Söhne, bis sie mit sieben Jahren zur Männerschule gingen. Aber selbst zu Hause war die Jüdin der männlichen Dominanz in der Religion untergeordnet. Sie durfte die Sabbatkerzen entzünden, doch war es ihr verboten, die Segensgebete zu sprechen über das Brot, das sie gebacken, oder über den Wein, den sie eingegoßen hatte. Der Talmud sagt: »Verflucht sei der Mann, der seine Ehefrau am Freitagabend für sich den Segen sprechen läßt.«[41]

Die keltischen und germanischen Kulturen hielten die Frauen vom Krieg, dem prestigeträchtigsten männlichen Betätigungsfeld, fern. Ein langobardisches Gesetz des 7. Jahrhunderts präzisierte, daß kein Bußgeld bezahlt werden müsse, wenn eine Frau an einem Streit teilgenommen hatte und verletzt worden war, da »sie an einem Kampf teilgenommen hatte in einer Weise, die für Frauen unehrenhaft ist«.[42] Im keltischen Epos *Táin Bó* können Schönheit, Führerschaft und Heldentum der Königin Medb nicht gegen die Realität ihrer Weiblichkeit ankommen, wie sie durch die Menstruation so anschaulich symbolisiert wird. Nach ihrer Niederlage spricht sie mit Fergus, der bis dahin ihr loyaler Stellvertreter gewesen war:

> »Wir hatten hier ein schmachvolles Schlachtfeld heute, Fergus.« »Wir folgten dem Steiß einer irreführenden Frau«, sagte Fergus. »Wenn eine Herde von einer Stute angeführt wird, ist es das übliche, daß sie in die Irre geführt und vernichtet wird.«[43]

Die Frauen der frühen Kulturen, die von der den Männern vorbehaltenen öffentlichen Macht ausgeschlossen waren, hatten ihre eigenen angemessenen Rollen und Funktionen. Sie wurden in erster Linie nach ihrer sexuellen Beziehung zu Männern kategorisiert. Schon in den frühesten Schriften wird in dieser Hinsicht eine strikte Grenze zwischen guten und schlechten Frauen gezogen. Eine gute Tochter war eine jungfräuliche Tochter. Ihr Leben lang jungfräulich zu bleiben stand nur für eine winzige Zahl von Priesterinnen zur Wahl, deren Dienst die Virginität voraussetzte. Wenn eine Tochter ihre Jungfräulichkeit verlor, wurde sie entweder Ehefrau, das heißt eine gute sexuell aktive Frau, oder Prostituierte, eine schlechte sexuell aktive Frau. Eine Ehefrau verkehrte geschlechtlich nur mit einem Mann und war also züchtig, eine Prostituierte verkehrte mit vielen Männern und war also verdorben. »Die größte Tugend der Frau ist die Keuschheit«, stellte ein pythagoreischer Text aus dem Italien des 3. oder 2. Jahrhunderts vor Christus fest, und diese Meinung wurde in allen Kulturen vertreten.[44] Es entspricht einer alten Tradition im Erbe der europäischen Frauen, daß sie aufgrund ihrer sexuellen Verbindungen mit Männern als gut oder schlecht, anständig oder unanständig, ehrbar oder verworfen beurteilt wurden.

Jungfräulichkeit und Keuschheit sah man in unlösbarer Verbindung mit Gehorsam. Wenn man ein Mädchen zum Gehorsam, insbesondere gegenüber ihrem Vater, erzog, stellte man damit sicher, daß sie ihr anständiges Verhalten auch als jungfräuliche Tochter in der Familie und später als keusche Frau und Mutter fortführen werde. Die Gesetzgebung, die ihre Unterordnung unter den Mann festschrieb, prägte auch für die kommende europäische Kultur das Modell der Einschränkung und Kontrolle. Innerhalb der Familie verfügte die Frau über wenig mehr Autorität als ein Kind. Sie war stets dem nächsten männlichen Verwandten unterstellt, der über ihre Person und ihren Besitz Befehlsgewalt besaß. Bei der Heirat ging diese Gewalt von einem Mann auf einen anderen über. »Keine freie Frau, die nach dem Gesetz der Langobarden lebt, darf unter eigener Rechtsaufsicht stehen, das heißt rechtlich mündig sein; sondern sie sollte unter der Aufsicht eines Mannes oder ihres Königs bleiben«, bestimmte das entsprechende lombardische Gesetz aus dem 7. Jahrhundert.[45] Typisch für die Gesetzgebung aller dieser frühen Kulturen war die Annahme, Vormundschaft über die Frauen sei das beste Mittel, um die Ordnung in Familie und Gesellschaft aufrechtzuerhalten. Die ideale Frau ordnete Gefühle, Begabung und Urteilsvermögen ihrem Vater, ihrem Ehemann oder dem männlichen Vormund unter, und sie unterwarf sich den Männern der Familie bereitwillig.

Weitere Gesetze und Sagen wirkten darauf hin, den Gehorsam der Töchter zu verstärken. Griechische Dramatiker gestalteten den Konflikt zwischen dem Gehorsam einer Tochter und ethischem Verhalten als Tragödie: Iphigenie muß als Opfer sterben, um für die Flotte ihres Vaters günstigen Wind zu erwirken, und wenn Antigone den Geboten ihrer Religion gehorchen und ihren Bruder entgegen dem Willen ihre Onkels beerdigen will, muß sie ebenfalls sterben. Gemäß römischem Recht verfügte der Vater über die Macht, seine Tochter zu töten, wenn es ihm angebracht schien. In historischen Zeiten wurde von dieser Macht nicht Gebrauch gemacht, doch ranken sich einige Sagen darum. Livius erzählte die Geschichte von Horatia, die den Tod von ihres Bruders Feind betrauerte. Der Bruder brachte sie um, und der Mord wurde vom Gericht nicht geahndet, da der Vater aussagte, Horatia habe den Tod verdient.[46] Die hebräischen Gelehrten machten den Ungehorsam Evas beim Essen vom Baum der Erkenntnis als Ursprung allen Übels aus. Nach langobardischem Recht konnten der Vater oder der Bruder mit dem Besitz einer Tochter tun, was ihnen beliebte, wenn sie sich gegen sie aufgelehnt hatte.

Die meisten Schriften und Erzählungen über Töchter in den griechischen, römischen, hebräischen, keltischen und germanischen Kulturen richten ihr Augenmerk hauptsächlich auf die Jungfräulichkeit eines Mädchens. In der *Odyssee* sagt Prinzessin Nausikaa, das Ideal einer jungen Frau, zum Helden:

Denn ich tadelte selber an andern solches Verfahren,
Wenn man, der Eltern Liebe mit Ungehorsam belohnend,
Sich zu Männern gesellte vor öffentlicher Vermählung.[47]

In Athen verbot der Gesetzgeber Solon im 6. Jahrhundert vor Christus, Kinder in die Sklaverei zu verkaufen, es sei denn, ein Mädchen hätte seine Jungfräulichkeit verloren.[48] Mit der Jungfräulichkeit der Tochter stand und fiel die Familienehre, durch sexuellen Kontakt der Tochter ohne Zustimmung ihres Vormunds wurde diese Ehre besudelt. »Die Jungfräulichkeit gehört nicht ganz dir«, hieß es in einem Hochzeitslied von Catull, einem römischen Dichter des 1. Jahrhunderts vor Christus. »Ein Drittel gehört deinem Vater, ein Drittel deiner Mutter, ein Drittel nur ist dir: Kämpf nicht mit zweien, die ihre Rechte an dir einem Schwiegersohn verkauft haben.«[49] Das römische Recht forderte für eine Tochter, die vor der Ehe Geschlechtsverkehr gehabt hatte, den Tod. Das hebräische Recht erlaubte es, eine verlobte Tochter zu töten, wenn sie ihre Jungfräulichkeit vor der Ehe mit einem anderen Mann als ihrem Verlobten verlor; sie konnte gesteinigt werden, da sie »in ihres Vaters Haus die Dirne gespielt hatte«.[50] Bei Vergewaltigung unterschieden sowohl das römische als auch das hebräische Gesetz zwischen dem einen Fall, wo die Frau die Gewalttat durch Hilferufe hätte verhindern können, ohne ihr Leben dadurch zu gefährden, und dem anderen, wo sie sich nicht selbst hätte retten können. Im letzteren Fall behandelte man sie als unschuldiges Opfer und bestrafte sie nicht, im ersteren dagegen konnte sie hingerichtet werden.[51] Die Schriftsteller brauchten das Motiv der liederlichen Tochter als Symbol für den Verfall ihrer Kultur, wie zum Beispiel im Buch Jesaja im Alten Testament:

Und der Herr sprach: Weil die Töchter Zions hoffärtig sind und im Gehen den Kopf hoch tragen und mit den Augen nach der Seite blinzeln, weil sie trippelnd einhergehen und mit ihren Fußspangen klirren, wird der Herr den Scheitel der Töchter Zions kahl machen, und der Herr wird ihre Schläfe entblößen.[52]

Das germanische Recht büßte einen Mann, welcher der Tochter eines Kriegers sexuelle Anträge oder vor ihr anzügliche Gebärden machte. Wie die griechischen, römischen und hebräischen Gesetze betrachteten die Germanen den Verlust der Jungfräulichkeit außerhalb der Ehe als Unrecht gegenüber dem Vormund, nicht gegenüber der Frau: Die Entschädigungzahlungen gingen, falls sie so »verdorben« sein sollte, an ihn.[53] Hatte sich die Frau gar gefügig gezeigt, fiel die Geldstrafe dahin.[54]

Die wenigen Fragmente alter Schriftstücke von Frauen selbst, die von Jungfräulichkeit handeln, teilen diese Haltungen. Widmungen aus den Tempeln – insbesondere von Artemis – zeigen, daß die Griechinnen normalerweise kurz vor ihrer Heirat Opfergaben darbrachten. Dazu gehörte oft das Spielzeug aus der Mädchenzeit, die nun zu Ende ging, da die junge Frau heiratete und ihre Jungfräulichkeit legitim verlor:

> Vor ihrer Heirat hat Timareta dir, Artemis vom See, ihr Tamburin geweiht, ihren hübschen Ball und das Netz, welches ihr Haar zusammenhielt, auch ihre Puppen und ihre Kleider: Es ist die Gabe einer Jungfrau, wie sie einer Jungfrau gebührt. Artemis, halte deine Hand über das Mädchen, und erhalte es rein in seiner Reinheit.[55]

In einem Hochzeitsgedicht von Sappho, der griechischen Dichterin des 7. vorchristlichen Jahrhunderts, fragt die Braut: »Mädchenzeit, sprich, Mädchenzeit, sag, / wohin enteilen willst du?«, und die Jungfräulichkeit antwortet: »Nimmermehr kehr' ich wieder, / nimmermehr wieder.«[56] In einem anderen Fragment heißt es: »Wünsch ich denn jetzt noch die Jungfernschaft?«[57]

Die ideale Tochter war ebenso schön wie gut, gehorsam und jungfräulich. Die Beschreibungen jugendlicher weiblicher Schönheit fallen in griechischen, römischen, keltischen und germanischen Texten bemerkenswert uniform aus. Zum Wunschbild gehörten blonde Haare, helle Haut und rote Lippen. Die folgende Schilderung – sie ist keltisch – hat in griechischen Novellen, römischen Gedichten und germanischen Epen ein tausendfaches Echo:

> Die Farbe ihrer Haare war wie die Blüte der Schwertlilie im Sommer oder wie pures Gold, das eben erst geglänzt wurde. [...] Ihre Hände waren weiß wie der Schnee einer Nacht, und ihre lieblichen Wangen waren weich und glatt, rot wie der Bergfingerhut. [...] Ihre Augen waren blau wie die Hyazinthe, ihre Lippen rot wie parthisches Leder. Hoch, eben, weich und weiß waren ihre Schultern, hell weiß ihre langen Finger.[58]

Der Schönheit wurde an sich Ehre erwiesen; bei einer Tochter verhalf sie überdies zu einer guten Partie.

Man erwartete von allen Frauen, die nicht Sklavinnen waren, daß sie heiraten würden. Im Altgriechischen wie im Hebräischen war das Wort für »Frau« zugleich das Wort für »Ehefrau«; die beiden Begriffe waren eins. Die Menarche – die erste Monatsblutung – signalisierte, daß die junge Frau heiratsfähig war, und sie setzte in der antiken Welt, wie überhaupt in der europäischen Geschichte, normalerweise zwischen zwölf und vierzehn Jahren ein. Begüterte Familien waren bestrebt, den Heiratsbund mit anderen Familien möglichst früh abzuschließen.[59] Verschiedene Gesetze untersagten eine Heirat, falls die Braut noch nicht zwölf war, und ein langobardisches Gesetz präzisierte, der Termin sollte am Ende ihres zwölften Jahres liegen, »denn wir wissen, daß es viele Auseinandersetzungen in dieser Angelegenheit gegeben hat, und es scheint uns, Mädchen seien nicht reif, bevor sie ihr zwölftes Lebensjahr vollendet haben«.[60] In den Führerschichten gab es öfter beträchtliche Altersunterschiede zwischen den Partnern. Der Tod der Frauen im Kindbett hatte zur Folge, daß Männer sich häufiger wieder verheirateten, und bei der zweiten oder dritten Heirat war der Bräutigam meist weit älter als die Braut. Die Verbindung eines Mädchens mit einem um viele Jahre älteren Mann wurde oft als erstrebenswert gepriesen, da sich in ihr das Ideal weiblicher Unterordnung in der Ehe besonders anschaulich spiegelte und fortpflanzte. Aristoteles gab an, bei einer idealen Ehe sei die Braut achtzehn und der Bräutigam sechsunddreißig.[61] Jüdische Ehefrauen redeten ihre Gatten mit »mein Meister« an, diese umgekehrt nannten ihre Gattinnen »meine Tochter«.[62] Der Ehemann führte und unterwies seine Ehefrau, und sie gebar ihm gesunde Kinder.

Die Heiratsarrangements dieser frühen Kulturen gaben auch für die kommenden Jahrhunderte das Muster ab. Nichts blieb dem Zufall überlassen, wenn die Macht über eine junge Frau von einem Mann auf einen anderen übertragen wurde. Die Familie der Braut und der Bräutigam oder dessen Familie handelten die Ehe aus. Besonders die Hebräer, die Kelten und Germanen achteten immerhin darauf, daß die junge Frau nicht zu einer Heirat wider ihren Willen gezwungen wurde.[63]

Bei einer Heirat ging es nicht nur um die Übertragung von Macht, sondern auch um den Austausch von Geschenken, Entschädigungen an die Familie der Braut für ihren Verlust und Vorsorge für sie in ihrer neuen Beziehung mit ihrem Ehemann. Bei einigen Gesellschaften war es in den wohlhabenden Schichten üblich, daß die Braut einen Teil ihres Familienreichtums in die Ehe einbrachte.[64] In Griechenland und Rom erhielt die Braut von ihrer Familie eine Mitgift, die ihr oder ihrem Vormund zurückerstattet werden mußte, falls die Ehe durch Scheidung oder Tod endete.[65] Bei den Hebräern bekam die Braut von ihrem Mann zur Hochzeit eine Zahlung, die im Heiratsdokument *(ketubah)* vermerkt wurde, wo auch die Verpflichtungen des Ehemanns ihr gegenüber festgehalten waren.[66] Keltische und germanische Bräuche forderten üblicherweise ebenfalls eine Gabe des Bräutigams an die Braut, die im Falle seines Todes zu ihrem Unterhalt dienen sollte. Auch hier hatte die Familie des Bräutigams für die Braut ein Geschenk zu entrichten. Dieses Brautgeschenk entwickelte sich mehr und mehr zu ihrem Eigentum: Laut langobardischem Recht behielt im 7. Jahrhundert noch der Vater das Geschenk, ein Jahrhundert später gehörte es weitgehend ihr selbst.[67] Eine germanische Braut erhielt noch eine dritte Zahlung, die Morgengabe, die ihr der Ehemann am Morgen nach der ersten zusammen verbrachten Nacht überreichte. Für eine Königin konnte die Morgengabe beachtliche Ausmaße annehmen: Im 6. Jahrhundert machte der Merowingerkönig Chilperich I. seiner Königin Galswintha die Städte Limoges, Bordeaux, Cahors, Béarn und Bigorre zum Präsent.[68]

Andererseits wurde erwartet, daß die Bräute persönlichen Besitz in die Ehe einbrachten, um den neuen Haushalt zu begründen: Tücher, Kleider, Küchenutensilien. In adeligen oder wohlhabenden Kreisen konnte dies alles wiederum verschwenderisch reich ausfallen.[69]

Sowohl die Verlobung (die Vereinbarung des Ehevertrags) als auch die Hochzeit (das Zusammengeben des Paares) betrachtete man als festliche Ereignisse. Eß- und Trinkgelage folgten den Zeremonien. Jede Kultur pflegte besondere Rituale und kannte Symbole, die der Verbindung Glück und Fruchtbarkeit bringen sollten, und manches davon ging in die spätere abendländische Kultur über. Beispielsweise kommt der Brauch, der Braut einen Ring an den Ringfinger zu stecken, aus Rom: Man glaubte, ein Nerv führe direkt von diesem Finger zum Herzen. Obwohl die Heirat in erster Linie eine gesellschaftliche und wirtschaftliche Verbindung war, wurde doch schon in diesen frühen Kulturen erwartet, daß die Gatten beieinander Freude und Zuneigung fanden.

Liebe konnte in einer arrangierten Ehe zwar nicht gerade gefordert werden, erhofft aber wohl, und zahlreiche griechische und römische Grabinschriften bezeugen die Liebe zwischen Ehegatten. Eine dieser Inschriften aus einer athenischen Kolonie lautet: »Theodorus, mein Ehemann, ich bete darum, daß du – wie spät auch immer – kommst und ich mit dir zusammentreffe, und wir werden das Bett miteinander teilen, so daß wir unser Unglück vergessen.«[70] Im römischen Lyon ließ ein Stuckarbeiter einen Grabstein errichten »zum ewigen Gedächtnis von Blandinia Martiola, [...] seiner unvergleichlichen und liebenswertesten Gattin«; mit dreizehn hatte sie geheiratet, mit achtzehn war sie gestorben. Der Grabspruch endete: »Du, der du dies liest, geh und bade in den Bädern Apollos, wie ich es mit meiner Gattin zu tun pflegte – ich wünschte, ich könnte es noch.«[71]

Grabinschriften und Totenhuldigungen umreißen ein frauliches Ideal, dessen Erfüllung einigen der verstorbenen Frauen zugebilligt wird. »Das Lob aller guten Frauen lautet einfach und gleich, da ihre angeborene Güte und die Treue, die sie bewiesen haben, nicht nach verschiedenerlei Wörtern verlangen«, erklärte ein römischer Sohn beim Begräbnis seiner Mutter im 1. Jahrhundert und fuhr fort:

> Meine liebste Mutter verdient größeres Lob als alle anderen, da sie in Bescheidenheit, Anstand, Keuschheit, Gehorsam, Wollstickerei, Fleiß und Ehre mit anderen guten Frauen auf einer Stufe stand; und auch an Tugend, Arbeit und Weisheit in Zeiten der Gefahr stand sie keiner Frau nach.[72]

Unter den Händen einer guten Ehefrau »wächst und gedeiht das Eigentum des Gatten, und sie wird alt mit einem Mann, den sie liebt und dem sie lieb ist, als Mutter einer schönen und angesehenen Familie«, vermerkte ein griechisches Gedicht aus dem 6. Jahrhundert vor Christus.[73] Eine ähnliche, aber ausgeschmücktere Huldigung steht im Buch der Sprüche im Alten Testament:

> An einem wackern Weibe –
> wer findet es? –
> hat man weit höhern Wert
> als an Korallen.
> Bei ihr steht vertrauend
> des Gatten Herz.
> Des Gewinnes ermangelt er nicht.
> Denn sie erweist ihm Gutes
> und nichts Böses
> die ganze Zeit ihres Lebens.
> Emsig tut sie sich um
> nach Wolle und Flachs
> und schafft
> mit arbeitsfreudigen Händen.

Die Arbeit der Ehefrau wird noch genauer beschrieben: Sie besorgt die Nahrung für ihren Haushalt und erteilt den Mägden Anweisungen; sie kauft einen Acker, pflanzt einen Weinberg und erzielt Gewinn, sie spinnt und stellt Kleider her, einige für den Hausgebrauch, andere zum Verkauf.

> Rüstige Kraft und Hoheit
> ist ihr Gewand;
> sie lacht des künftigen Tages.
> Sie öffnet den Mund
> zu verständiger Rede,

und freundliche Weisung
ist auf ihrer Zunge.
Tun und Treiben im Haus
überwacht sie;
Brot des Müßiggangs ißt sie nicht.
Und ihre Söhne treten auf
und preisen sie glücklich;
ihr Gatte ist voll ihres Lobes:
»Viele Töchter halten sich wacker,
doch du übertriffst sie alle.«[74]

Kelten und Germanen betonten die Rolle der Ehefrau als Stütze des Kriegers. In den Epen beschützten die Mütter der Helden ihre Kriegersöhne, wie zum Beispiel Ness in *Táin Bó* oder Frigga in der nordischen Sage. Ein angelsächsisches Rätsel aus dem 8. Jahrhundert erzählt, wie die loyale Blutsverwandte für den Krieger sorgte: Sie »wickelte mich in Kleider und hielt und hegte mich, sie hüllte mich so freundlich in einen schützenden Mantel, wie sie es mit ihren eigenen Kindern gemacht hatte ...«[75] Man erwartete von den Kriegergattinnen, daß sie die Siege ihrer Männer feierten, so wie die dänische Königin im germanischen Heldenlied *Beowulf*, die ein verschwenderisches Gelage ausrichtete. Bei der Niederlage des Kriegergatten drohten der Frau Versklavung oder Gefangenschaft, und den Tod ihres Gemahls mußte sie feierlich betrauern.

Die ideale Ehefrau sollte ihrem Gatten sexuell treu sein, gesunde Kinder – vorzugsweise Jungen – zur Welt bringen, den Haushalt leiten oder seine Aufgaben selbst erfüllen und schließlich die kriegerischen Unternehmungen ihres Mannes unterstützen. Die Erwartung war, daß sie ihr Leben im Dienste seiner Bedürfnisse verbrachte.

In all diesen Kulturen galt die Vorschrift, daß die Ehefrau so keusch zu sein hatte wie die Tochter jungfräulich. Und gerade so, wie der Verlust der Jungfräulichkeit einer Tochter ihren Vater entehrte, entehrte die Untreue einer Frau ihren Ehemann. Argwöhnisches Interesse richtete sich auf die Möglichkeit, sie könnte von einem anderen Mann schwanger werden und das illegitime Kind als dasjenige ihres Gatten ausgeben. »Sie schenkte mir Kinder, ganz wie ich selbst«, lautete eine übliche Huldigung von römischen Ehemännern auf den Grabsteinen ihrer Gattinnen. Zwang und Zuspruch wurden eingesetzt, um die Treue der Frauen zu fördern. Ehebruch galt hauptsächlich als Verbrechen der Frau; ein Mann machte sich dessen nur schuldig, wenn er mit der Ehefrau eines anderen Mannes sexuell verkehrte – mit einer anderen Frau spielte es keine Rolle. Überall existierten strenge Gesetze, um weibliche Untreue zu strafen. In Athen war auch der männliche Verführer schuldig; der Ehemann durfte ihn töten und die sündige Gattin davonjagen. »Der Gesetzgeber trachtet danach, eine solche Frau in Schande zu stürzen und ihr Leben nicht mehr lebenswert zu machen«, erörterte ein Redner im 4. vorchristlichen Jahrhundert.[76] Nach hebräischem Recht durfte der Ehemann seine Frau wie den ehebrechenden Mann töten.[77] Das römische Recht wurde im Lauf der Jahrhunderte milder; es setzte auf Ehebruch anfänglich die Todesstrafe, später Verbannung, noch später den Verlust des Eigentums, um den entehrten Ehemann zu entschädigen.[78] Keltisches und germanisches Recht erlaubten Mord oder Hinrichtung der schuldigen Frau; bei den Angelsachsen konnte der Ehemann sie verstoßen und ihren Geldwert (Wergeld) von ihrem Liebhaber verlangen; damit konnte er um eine neue Frau zu handeln beginnen.[79]

Die weibliche Treue wurde auch durch Warngeschichten und Exempel angespornt, welche die keuschen Frauen priesen. Die römische Sage von Lucretia und die hebräische Erzählung von Susanna und den Alten waren in der europäischen Kunst und Literatur noch jahrhundertelang beliebte Motive. Die beiden Geschichten sind bemerkenswert ähnlich: Eine schöne junge Frau wird von einem Mann (oder mehreren) in Gefahr gebracht, der sie zur Erfüllung seiner sexuellen Gelüste zwingen will, indem er droht, er werde die Lüge ausstreuen, sie habe bereits Geschlechtsverkehr mit ihm gehabt. Susanna verkündet öffentlich ihre Unschuld und wird durch göttliche Intervention gerettet. Lucretia, die nach der Androhung eines schmählichen Todes nachgegeben hat – ihr königlicher Gegner hatte erklärt, er werde ihrer Familie ihren Leichnam zusammen mit demjenigen eines Sklaven im Bett vorweisen –, erlöst sich durch Selbstmord, was in der römischen Kultur als ehrenvoller Tod galt. Obwohl sie ja unschuldig ist, will sie lieber sterben als »unkeuschen Frauen ein Beispiel geben, wie man dem verdienten Schicksal entflieht«.[80] Die Moral ist deutlich: Lieber stirbt eine tugendhafte Frau, als daß sie ihrem Gatten untreu wird.

Diese Treue und Ausschließlichkeit galt hingegen nicht für den Ehemann. Außer bei den Hebräern, wo nach 800 vor Christus die Untreue des Ehemannes verrufen war, herrschten ungleiche moralische Maßstäbe. Man nahm an, die Männer hätten gewohnheitsmäßig sexuelle Kontakte mit Sklavinnen und Prostituierten.[81] »Wir [athenischen Männer] haben Hetären zum Vergnügen, Konkubinen für die tägliche Körperpflege und Ehefrauen für unsere legitimen Kinder und die verläßliche Aufsicht des häuslichen Besitzes«, stellte der Redner Demosthenes im 4. Jahrhundert vor Christus fest.[82]

Die Pflicht, legitime Kinder zu gebären, blieb eine der wichtigsten Funktionen der Ehefrau. Alle antiken Kulturen nahmen an, Kinderlosigkeit sei auf Verschulden der Frau zurückzuführen, und dem Ehemann war es aufgrund ihrer – angenommenen – Unfruchtbarkeit erlaubt, sich von ihr zu trennen.[83] Unfruchtbare Frauen hatten in Gesellschaften, die Fruchtbarkeit so hoch einschätzten, ein bemitleidenswertes Schicksal. In Griechenland, Rom und Israel suchten sie göttliche Hilfe: Sie beteten und opferten den Fruchtbarkeitsgöttinnen in Griechenland, nahmen in Rom an speziellen Riten und Kulten teil, flehten in Israel Gott um Kinder an. Da Fruchtbarkeit gleichzeitig auch göttliches Wohlgefallen ausdrückte, befand sich die Unfruchtbare in doppelter Ungnade, und sowohl Männer als auch Frauen blickten auf sie hinab. Im ersten Buch Samuel des Alten Testamentes wird berichtet, wie die kinderlose Hanna unter ihrer Rivalin litt: »Ihre Nebenfrau jedoch kränkte sie dazu noch tief wegen ihres Unglücks, daß der Herr ihren Schoß verschlossen hatte.« Selbst der Zuspruch des Gatten: »Warum ist dein Herz betrübt? Bin ich dir nicht mehr wert als zehn Söhne?« vermochte sie nicht zu trösten.[84]

In allen diesen Kulturen war für die Männer eine Scheidung vergleichsweise einfach durchzusetzen, vor allem wenn Ehebruch oder Unfruchtbarkeit der Frau vorlagen. Diese Sitte herrschte auch noch weiter, nachdem die christliche Kirche versucht hatte, jegliche Scheidung in Europa zu unterbinden. Im klassischen Athen wurde die Scheidung in der Regel durch den Ehemann eingeleitet;[85] das frühe römische Recht gestand das Scheidungsrecht sogar ausschließlich dem Mann zu. Ab dem 1. vorchristlichen Jahrhundert konnten auch Frauen die Scheidung einleiten; den Zeugnissen nach zu urteilen, wurden solche Scheidungen aber oft vom Vater der Ehefrau eingefädelt. Leichte Scheidungen kamen vor allem den Männern in Familien zugute, die neue politische Bündnisse einzugehen trachteten, indem sie Frauen aus dem Lager ihrer Bündnispartner heirateten.[86] Während der gesamten römischen Epoche war das Scheidungsrecht für Frauen und Männer nicht gleich. Laut einem Gesetz des Kaisers Konstantin aus dem 4. Jahrhundert konnte sich ein Mann wegen Ehebruchs, Kuppelei oder Giftmischerei von seiner Frau trennen, aber auch leichtere Gründe reichten aus, wenn er einverstanden war, ihre Mitgift zurückzugeben und sich für zwei Jahre nicht neu zu verheiraten. Die Ehefrau konnte sich scheiden lassen von einem Mann, der sich des Mordes, des Vergiftens oder des schweren Raubes schuldig gemacht hatte; wenn sie aber mit anderen Gründen handelte, wurde sie verbannt.[87] Bei den Hebräern war die Scheidung alleiniges Vorrecht des Mannes.[88]

Die Ehefrau trug, neben ihrer Verpflichtung zu Treue und Fruchtbarkeit, noch eine dritte Verantwortung: Sie mußte für den Haushalt sorgen. Aus diesen frühen Kulturen ging die Norm auf die europäische Gesellschaft über, daß eine gute Ehefrau die Grundbedürfnisse ihrer Familie zu stillen habe, ob sie nun die wohlhabendste römische Matrone war, die ihre Sklaven beaufsichtigte, oder das ärmste germanische Sippenmitglied, das selbst den Garten bearbeitete. Die männlichen Eliten waren von der Unterhaltsarbeit befreit, aber auch in den besten Familien wurde erwartet, daß die Frauen wenigstens ihre Sklavinnen und Sklaven überwachten und sich mit traditionellen Frauenarbeiten, der Herstellung von Wolltuch beispielsweise, beschäftigten.[89] Beim ersten Auftritt Helenas in der *Odyssee* bringen ihre Bedienten »eine goldene Spindel im länglich geründeten Korbe, / Der, aus Silber gebildet, mit goldenem Rande geschmückt war [...] Angefüllt mit geknäueltem Garn, und über dem Garne / Lag die goldene Spindel mit violettener Wolle.«[90] Helenas Garn und Werkzeug sind zwar königlich, und ihr Spinnrocken ist von Gold, doch soll sie spinnen wie eine arme Frau, die Homer in einem Vergleich in der *Ilias* beschreibt: Zwei kämpfende Heere stehen sich in der Schlacht gleich stark gegenüber,

> [...] Wie die Waage steht, wenn ein Weib lohnspinnend und redlich
> Abwägt Woll und Gewicht und die Schalen beid in gerader
> Schwebung hält, für die Kinder den ärmlichen Lohn zu gewinnen [...][91]

In der gesamten Antike war die Tuchmacherei stets Frauenarbeit; dies galt auch für die spätere europäische Kultur – so sehr, daß im Englischen noch heute *the distaff side* (»die Seite der Kunkel«) die weiblichen (Familien-)Angehörigen bezeichnet. Spinnen »ist die Arbeit, die sie verstehen, [...] die Arbeit, die als die ehrenhafteste und geeignetste für Frauen gilt«, hielt der griechische Historiker Xenophon im 4. Jahrhundert vor Christus fest.[92] Auf römischen Grabmälern für Ehefrauen fand die Inschrift: »Sie führte das Haus und verarbeitete die Wolle« derart häufig Anwendung, daß sie zur stereotypen Formel wurde.[93] Von der jüdischen Hausfrau heißt es im Buch der Sprüche: »Kundig legt sie die Hand an den Rocken, und ihre Finger ergreifen die Spindel.«[94] Im spätrömischen Reich wurden die Frauen so gewohnheitsmäßig mit Textilien in Verbindung gebracht, daß das Wort *gynaeceum* (»Frauengemach«) in Rechtsverträgen auch Manufakturen bezeichnete, wo gewoben, gesponnen und gefärbt wurde.[95] Von all dieser Arbeit ist nichts geblieben als die Tradition, daß die Frauen Tuch herstellen. »Von den Tausenden Metern Stoff, die in den dreizehn Jahrhunderten, die wir betrachten, gewoben wurden, sind nur einige Quadratzentimeter übriggeblieben, so daß wir kaum direkte Kenntnis davon haben, wie dieser Stoff denn eigentlich beschaffen war«, schreiben die Autoren von *Art of the Ancient World*.[96]

Die große Mehrheit der Frauen bearbeitete in diesen Kulturen das Land. Daß die europäischen Frauen für gleiche Leistung schlechter bezahlt wurden als Männer, wenn sie für Lohn arbeiteten, gehört ebenfalls zum Erbe der Tradition. Schon im 8. Jahrhundert vor Christus riet der griechische Dichter Hesiod einem Bauern, wie er Geld einsparen könne: Im Winter solle er die geheuerten Männer entlassen und an ihrer Statt kinderlose Mädchen einstellen.[97] Überdies hatten die Frauen für ihre Ehemänner zu arbeiten. »Die

Armen, die keine Sklaven haben, müssen sowohl ihre Frauen als auch ihre Kinder als Gesinde verwenden«, schrieb Aristoteles im 4. Jahrhundert vor Christus.[98]

In den Städten übten die Frauen eine Reihe verschiedener Tätigkeiten aus, um ein Einkommen zu haben. Die »Doppelbelastung« der Frau – Hausarbeit und Kinderpflege einerseits, Zusatzverdienst andererseits – ist eine weitere Tradition, die bis in die antiken Kulturen zurückreicht. Die meisten dieser zusätzlichen Einkommensmöglichkeiten wurden ebenfalls zu traditionellen Frauenarbeiten. Frauen verkauften Lebensmittel, Kleider und Schmuck auf den öffentlichen Märkten und in den Straßen. Sie boten Unterkunft und Verköstigung an. Sie führten Bordelle und arbeiteten als Prostituierte. Sie verdingten sich als Ammen, denn wohlhabende Griechinnen und Römerinnen mieteten gerne arme Frauen, die für sie ihre Kinder säugten. Auch als Hebammen waren sie tätig: Jahrhundertelang gebaren die europäischen Frauen, unterstützt und betreut von anderen Frauen, zu Hause. Ausgebildete Hebammen waren gesucht. Ärzte wurden nur in schlimmen Notfällen gerufen oder um die Geburten in den reichsten Familien zu überwachen. Ums Jahr 200 beschrieb Soranus, ein römischer Arzt, die Merkmale einer guten Hebamme:

> Sie bleibt ruhig und unerschrocken in Gefahr, weiß klar die Gründe für ihr Vorgehen zu erklären, verschafft ihren Patientinnen Beruhigung und ist mitfühlend. [...] Sie muß die Arbeit lieben, damit sie alle Wechselfälle durchsteht (denn eine Frau, die ein so breites Wissen erwerben will, braucht mannhafte Geduld).[99]

Soranus beschrieb auch eine Technik, welche europäische Hebammen noch in späteren Jahrhunderten anwandten: die Erweiterung des Gebärmutterhalses mit ihren Fingern zu messen.

Nur Frauen ärmerer Schichten suchten zusätzliche Beschäftigungen. Reiche Familien strebten danach, ihre Töchter von der Mühsal solcher Arbeiten zu befreien, indem sie sie mit einer Mitgift ausstatteten.

Von einer Ehefrau wurde auch erwartet, daß sie als politisches und dynastisches Bindeglied zwischen den Familien fungiere. In Epochen, wo eine kleine Schar von adeligen Geschlechtern oder eine bestimmte Dynastie herrschte, waren Ehebündnisse zum Zweck der Unterstützung oder des Schutzes üblich. In solchen Fällen standen die Bedürfnisse des Mannes im Vordergrund, und er konnte neue Frauen nehmen, wie er es für die Erhaltung seiner politischen Interessen notwendig und förderlich erachtete: Er ließ sich entweder scheiden oder vergrößerte die Schar seiner Ehefrauen. Die makedonischen, ptolemäischen und seleukidischen Dynastien (4. bis 1. Jahrhundert vor Christus) verfuhren in dieser Weise, ebenso die mächtigen Familien der späten Republik und der frühen Kaiserzeit (1. Jahrhundert vor und nach Christus). Ehrgeizige Männer schlossen und lösten Verlöbnisse und Ehen, um ihren wechselnden politischen Verbindungen Bestätigung zu verleihen. Julius Cäsar brach mit fünfzehn Jahren eine aus der Kindheit stammende Verlobung mit Cossutia, da sie nicht der politisch einflußreichen Ritterklasse angehörte. Seine erste Ehe mit Cornelia verband ihn mit ihrem mächtigen Vater, L. Cornelius Cinna, der in Rom Konsul gewesen war. Nach Cornelias Tod heiratete Cäsar Pompeia, die Tochter eines anderen mächtigen Konsuls, ließ sich aber wieder von ihr scheiden, da sie des Ehebruchs verdächtigt wurde (Cäsar selbst war bekannt für seine zahlreichen Affären sowohl mit Frauen als auch mit Männern). Dies ermöglichte ihm eine weitere politisch nützliche Verbindung: Seine dritte Gattin Calpurnia war ebenfalls Konsulstochter. Um das politische Bündnis mit Pompeius zu besiegeln, verheiratete Cäsar seine Tochter Julia mit ihm; sie wurde Pompeius' vierte Frau.[100]

Bei den Germanen erzwangen die Franken Bündnisse und erwarben sich Reichtum, indem sie Frauen entführten und sie heirateten. Karl der Große, Kaiser der Franken im 8. und 9. Jahrhundert, hatte vier Frauen, die er der Reihe nach ausgewählt und wieder verstoßen hatte, sei es aus Staatsgründen oder weil er sie nicht mochte. Jeder seiner Enkel heiratete eine Frau, die ihm helfen sollte, jenen Drittel des Reiches, der ihm als Erbe zufiel, zu regieren: Lothar nahm die Erbin des Elsaß, Pippin eine Frau aus der Region von Chartres, und Ludwig heiratete eine Blutsverwandte aus dem östlichen Reichsteil Austrien.[101]

Gelegentlich versuchten mächtige Frauen, dieses System von Heiratsbündnissen zu ihren eigenen Gunsten einzusetzen. Sie handelten sich mit ihren Heiraten Machtansprüche ein, wenn nicht für sich selbst, dann für ihre Ehemänner, ihre Söhne oder Brüder. Eine Frau, die das versuchte, begab sich bereits außerhalb der erlaubten Grenzen; sie handelte den kulturell zugemessenen Rollen entgegen und wurde harter Kritik und Strafe unterworfen, sobald ihre Macht sank. Von der Überlieferung wurden speziell die Gefahren hervorgehoben, die drohten, falls man Frauen politische Macht erringen ließ. Dieses Vermächtnis äußert sich in der Biographie der römischen Kaiserin Agrippina (15–59 nach Christus), deren Karriere deutlich Erfolg und Begrenzung dieser Art von Macht aufzeigt.

Als Tochter einer Enkelin von Kaiser Augustus und seinem adoptierten Enkel wuchs Agrippina in den höchsten politischen Kreisen auf. Mit dreizehn wurde sie dem Sohn eines mächtigen Konsuls vermählt und gebar ihm mit siebenundzwanzig einen Sohn, den künftigen Kaiser Nero. Im selben Jahr wurde ihr Bruder Caligula Kaiser. Er schickte Agrippina und deren Schwester in die Verbannung; wenig später starb Agrippinas Gatte. Nach vier

Jahren im Exil kehrte sie – Caligula war inzwischen gestorben – nach Rom zurück und heiratete einen wohlhabenden Senator, der ihr bei seinem Tode ein Vermögen hinterließ. Agrippina war nun zweiunddreißig, und sie wagte ihren kühnsten Versuch, an die Macht zu kommen: Sie umwarb den neuen Kaiser Claudius, ihren Onkel, dessen einflußreiche Frau Messalina auch erst kürzlich verstorben war. Sie konnte Claudius überzeugen, sie im Jahr 49 zu seiner Kaiserin und vierten Gemahlin zu machen; für die Ehe war, ihres inzestuösen Charakters wegen, ein spezieller Erlaß des Senats erforderlich. Claudius räumte ihr ansehnliche Macht ein; er erlaubte ihr, auf seine Entscheidungen Einfluß zu nehmen, ordnete an, daß sie (als erste Kaiserin, der dieser Titel noch bei Lebenszeit zukam) *Augusta* genannt werde, und machte ihren Sohn zu seinem Erben.

Fünf Jahre danach war Claudius tot – vielleicht vergiftet, vielleicht von Agrippina. Ihr siebzehnjähriger Sohn wurde Kaiser, und während der ersten Jahre seiner Regierung ließ er sie an der Macht teilhaben: Sie beriet ihn in wichtigen Angelegenheiten, hörte hinter den Kulissen Beratungen mit und ließ sich auf Münzen zusammen mit ihm abbilden. Dann aber wandte er sich gegen sie. Sie ging und lebte bei der Mutter ihres ersten Mannes, wo sie auch ihre Memoiren niederschrieb, die verlorengegangen sind. Im Jahr 59, fünf Jahre nach seiner Thronbesteigung, ließ Nero seine mächtige Mutter umbringen. Sie war vierundvierzig, und ihre letzten Worte sollen gewesen sein: »Schlagt meinen Schoß!«, da sie erkannte, daß der Sohn ihren Tod angeordnet hatte.[102]

Der Geschichtsschreiber Tacitus kommentierte Agrippinas Tod wie folgt: »Von allen menschlichen Dingen ist nichts so ungewiß und vergänglich wie das Ansehen der Macht, die bei sich selbst keinen eigenen, starken Rückhalt besitzt.«[103] Frauen, die sich um dynastische Macht bewarben, mußten erkennen, daß diese Macht letztlich bei den Männern lag, die auch ohne sie regieren konnten. Jene Frauen, die in politischen und dynastischen Kreisen Einfluß erreichten, wurden bereits zu ihrer Zeit und noch Jahrhunderte später streng getadelt.[104] Römische Historiker brachten weiblichen Einfluß mit Gewalttätigkeit und Dekadenz in Verbindung; dasselbe tat Gregor von Tours in seinem Bericht über die beiden fränkischen Königinnen des 6. Jahrhunderts, Brunhilde und Fredegunde. In seiner Schilderung ihrer Taten – wie sie Männer täuschten, mordeten und Krieg anzettelten, um sich selbst oder ihre Sippe an der Macht zu halten – betonte er, sie seien blutrünstig und verräterisch; und an Brunhilde wurde, wie schon bei Agrippina, ein schreckliches Ende demonstriert: Sie wurde mit siebzig zu Tode geschleift.[105]

Beim Versuch, politische Macht zu erringen, handelte eine Frau den Rollenvorgaben Ehefrau und Mutter zuwider. Die Frauen, die in früheren Dynastien die Macht ergriffen hatten, hinterließen ihren Nachfolgerinnen bestenfalls ein doppeldeutiges Erbe, denn die Erinnerung an weibliche Macht war stets von Tadel überlagert, und an den Biographien mächtiger Frauen wurden jene Gefahren illustriert, die drohten, wenn Frauen sich über ihre angemessenen Rollen und Aufgaben hinwegsetzten und sich statt dessen in Bereiche vorwagten, die Männern vorbehalten sein sollten.

So blieb das alte Ideal der Ehefrau und Mutter aufrecht. Seit den frühesten Zeugnissen war dies ideale Frauenbild von den Männern gepriesen worden. Soweit sich dies beurteilen läßt, wurde es auch von den Frauen selbst akzeptiert, denn im Haus, als geschätzte Ehefrau, fanden sie ihre sicherste und sorgloseste Lebensform. Die Rolle der keuschen Gattin und fruchtbaren Mutter, die sich arbeitsam und ergeben um ihren Haushalt und ihre Familie kümmerte, blieb eines der einflußreichsten Muster im Erbe der Traditionen, die auf die späteren Generationen europäischer Frauen übergingen.

Die unehrenhaften Frauenrollen: Sklavinnen, Prostituierte und Konkubinen

Ebenso alt wie die Ehrerbietung gegenüber der guten Ehefrau war die Tradition von Verachtung, Angst – und Begehren – gegenüber jener Frau, die die Regeln brach und mit mehreren Männern geschlechtlich verkehrte. Als Sklavin, Prostituierte oder Konkubine war eine Frau des Schutzes beraubt, welcher keuschen Gattinnen und Müttern zukam. Frauen, die ihre Sexualität einsetzten, um ihre Macht zu erweitern, wurden als Prostituierte gebrandmarkt, ganz gleich, welchen gesellschaftlichen Rang sie einnahmen. Die Römer nannten Kleopatra *regina meretrix*, »die Königinhure«, weil sie mit Julius Cäsar und Marcus Antonius sexuelle Kontakte hatte.[106] Die hebräischen Propheten unterschieden oft nicht zwischen Prostitution und Ehebruch, da sie generell im unabhängigen Sexualverhalten der Frau höchsten Verrat und völlige Verkehrung der Werte sahen. »Hadert mit eurer Mutter, hadert! [...] auf daß sie ihre Unzucht wegschaffe von ihrem Angesicht und ihre Ehebrecherei von ihrer Brust«, schrieb Hosea. Er, Jesaja und andere jüdische Propheten aus der Periode des Exils gebrauchten die Metapher der Unzucht, um die religiöse Apostasie Israels zu verdammen: »Denn zur Dirne ist das Land geworden, hat den Herrn verlassen.«[107]

Auf die Männer wirkten solche Frauen anziehend und gefährlich zugleich. Ein Grund, weshalb mächtige Frauen kritisiert wurden, war der, daß sie ihre sexuelle Attraktivität einsetzten, um Männer zu beeinflussen. Immer wieder äußerten Männer Furcht vor der Macht weiblicher Anziehungskraft. Um mit dieser Schwierigkeit fertig zu werden, versuchten schon die antiken Kulturen, die Frauen in zwei getrennte Kategorien einzuteilen: in Ehefrauen und Huren. Die Ehefrau sollte ihrem Mann gehorsam sein und seiner Führung folgen, auch im Bett. Unabhängige weibliche Sexualität wurde als das Kennzeichen der Prostituierten stigmatisiert. In den *Moralia*, den ethischen Schriften Plutarchs, die die Fähigkeiten und Talente der Frauen im ganzen günstig schildern, hält der Autor fest, eine Ehefrau

> sollte nicht zurückschrecken oder Einwände erheben, wenn ihr Ehemann mit ihr Liebe machen will, aber sie sollte auch nicht diejenige sein, die damit beginnt. Im einen Fall ist sie zu begierig, wie eine Prostituierte, im andern Fall ist sie kalt und gefühllos.[108]

Die Sklavinnen hatten die schwächste Position inne. In den frühen Schriften aller hier betrachteten Kulturen wird gezeigt, wie sie den sexuellen Bedürfnissen der Krieger zu Dienst sein mußten. Andererseits konnten sie ihre Attraktivität als Sexualpartner der Männer auch dazu ausnützen, ihren Status und ihre Sicherheit zu verbessern. Griechischen und römischen Sklavinnen war es möglich, die Freiheit zu erlangen, bei den Germanen und Kelten konnten sie über die Stellung einer Konkubine hinausgelangen. Die fränkische Königin Fredegunde im 6. Jahrhundert beispielsweise war ursprünglich Sklavin, lockte König Chilperich weg von seiner ersten Gattin und heiratete ihn. Natürlich begegneten die Ehefrauen und Töchter der Familie solchen Frauen mit Argwohn und Mißtrauen. Da die Sklavinnen gewissermaßen als Haushaltsprostituierte dienten, untergruben sie den hart errungenen Status der jungfräulichen Tochter und der keuschen Ehefrau.

Sklavinnen wurden wegen des Geschlechtsverkehrs mit ihren Herren nicht verurteilt, außer wenn sie versuchten, ihn dadurch zu beeinflussen. Die Männer strebten danach, die sexuelle Macht der Frauen zu beschränken, indem sie sie begrenzten: Sie unterwarfen die Ehefrau Restriktionen und setzten der Prostituierten Regeln. (Die Trennlinie zwischen Sklavin und Prostituierter verschwimmt in diesen frühen Kulturen: Sklavinnen waren oft Haushaltsprostituierte, Prostituierte umgekehrt Sklavinnen.) Die Männer stempelten nicht nur jede Frau mit unabhängiger Sexualität zur Prostituierten, sie verurteilten zugleich die Prostituierte als verächtliche und unehrenhafte Frau. Eine gute Frau hatte nur mit ihrem Ehemann oder ihrem Meister Geschlechtsverkehr; jede Frau, die mit mehreren Männern verkehrte, bedrohte das soziale Gleichgewicht. Die Einengung der weiblichen Sexualität geriet jedoch mit dem doppelten Maßstab für sexuelles Verhalten in Widerspruch, der den Männern Geschlechtsverkehr mit anderen Frauen als nur ihren Gattinnen erlaubte. Das Ergebnis war die Institution der weiblichen Prostitution, bei der Frauen gegen Entgelt mit den Männern schliefen, dafür aber verachtet und stigmatisiert wurden. Diese Tradition lebte in späteren Jahrhunderten fort, wie so manche andere Aspekte im Leben der Prostituierten.

Schon in den frühesten Aufzeichungen der Griechen und der Römer ist von institutionalisierter Prostitution in den Städten die Rede. Der athenische Gesetzgeber Solon soll im 6. Jahrhundert vor Christus ein großes Bordell eingerichtet haben, damit »junge Männer so ihre Wollust stillen könnten, ohne ihre Familien in Unordnung zu bringen«.[109] »Wenn jemand denken sollte, jungen Männern müßte die Liebe, selbst zu Prostituierten, verboten sein, ist er gewiß ein Mann von unerbittlicher Rechtschaffenheit«, äußerte Cicero zugunsten eines Klienten im 1. Jahrhundert vor Christus in Rom und fuhr fort:

> Doch hat er nicht nur den Kontakt mit dem Leben von heute verloren, sondern sogar mit den Gesetzen und Zugeständnissen, welche unsere Väter akzeptierten. Denn wann war das nicht üblich? Wann war es strafbar? Wann war es nicht erlaubt? Wann war es nicht Rechtens zu tun, was rechtliches Privileg ist?[110]

Die Kelten und Germanen brauchten keine institutionalisierte Prostitution, da sich die Männer der versklavten Frauen bedienten oder Polygamie betrieben, wie es ihnen gerade gelegen kam. Männer, die käufliche Liebe in Anspruch nahmen, wurden kaum stigmatisiert.

Die Frauen andererseits wurden stigmatisiert, marginalisiert und gemaßregelt. In Athen war es den Prostituierten verboten, an öffentlichen religiösen Zeremonien und Opfern teilzunehmen, die anderen Frauen erlaubt waren, und in Rom wurden sie von wichtigen Frauenkulten ausgeschlossen. Einem frei geborenen Römer war es untersagt, eine Prostituierte oder die befreite Sklavin einer Prostituierten oder Kupplerin zu heiraten. Ein Kuppler hingegen konnte römischer Vollbürger werden. Im Hebräischen war das Wort »Dirne« weiblich und diente dazu, einen niedrigen und entwürdigenden Zustand anzuzeigen: »Wie ist sie zur Dirne geworden, die treue Stadt, die voll war des Rechts!« schrieb der Prophet Jesaja über Jerusalem.[111]

In Rom wurde noch eine andere Tradition für Prostituierte eingeführt: Sie durften sich nicht wie ehrbare Matronen kleiden, sondern wurden gezwungen, eine kurze Tunika und Toga anzuziehen, wie sie gewöhnlich von Männern getragen wurden.[112] Im weiteren Verlauf der europäischen Geschichte versuchten die Männer, die Prostituierten unmittelbar durch ihre Kleidung kenntlich zu machen; begründet wurde die Maßnahme damit, sie würde anständige Frauen vor der Annäherung von Männern schützen und den Männern erleichtern, eine käufliche Frau zu finden. Die griechischen und römischen Städte begründeten auch die Tradition, aus der Prostitution Geld zu schlagen: Die Obrigkeiten richteten Bordelle ein und erhoben danach fette

Steuern, auch wurden Lizenzgebühren eingezogen, die sich zu lukrativen Einkommensquellen entwickelten.

Prostituierte waren nicht allein physischer Gewalt und Krankheit ausgeliefert, zusätzlich drohte ihnen das Risiko ungewollter Schwangerschaft. Im ersten Jahrhundert vor Christus erwähnte der römische Schriftsteller Lukrez »Bewegungen, die von Prostituierten ausgeführt werden« im Bestreben, Schwangerschaft zu vermeiden. Einige der alten empfängnisverhütenden Mittel (vor allem jene, die den Gebärmutterhals blockierten oder die Spermien abtöteten) sind vielleicht wirksam gewesen, die meisten aber waren es nicht.[113]

Im 2. Jahrhundert verfaßte der griechische Satiriker Lukian einen »Dialog der Kurtisanen«, bei dem in realistischer Darstellung eine schwangere Prostituierte auftritt:

> Und ich so nah an meiner Zeit! Ja, dies ist alles, wofür ich meinem Liebhaber zu danken habe, dies und die Aussicht, ein Kind aufziehen zu müssen. Du weißt, was das für uns arme Mädchen bedeutet. Ich habe vor, das Kind zu behalten, besonders wenn es ein Knabe ist ...[114]

Die Prostituierten blieben im allgemeinen verachtet und schutzlos. Eine talentierte und geistvolle Frau jedoch konnte in die bessere Rolle einer Kurtisane aufsteigen. Kurtisanen bewegten sich in den höchsten Zirkeln, sie waren nicht allein für ihre sexuellen Dienste, sondern auch für ihre gesellschaftlichen Fähigkeiten als Gastgeberinnen und Gefährtinnen berühmt. Im klassischen Athen war den Kurtisanen als einzigen Frauen die Teilnahme an den Gelagen und Symposien erlaubt, die im männlichen Gesellschaftsleben der Elite einen wichtigen Platz einnahmen. Platon pries die Intelligenz von Aspasia, der Mätresse Perikles', und sie galt als die berühmteste Frau Athens im 5. vorchristlichen Jahrhundert.[115] Eine kluge Frau konnte in günstiger Situation durch ihre sexuelle Verbindung mit einem einflußreichen Mann Sicherheit und sogar Macht erlangen. Obgleich dies selten genug geschah, faszinierte dieser Traum Generationen von armen jungen Frauen. Theodora (ca. 497–548) beispielsweise, Tochter eines Bärenführers im Hippodrom von Konstantinopel, stieg von der Prostituierten zur Kaiserin des oströmischen Reiches auf.

Theodoras Vater starb, als sie vier Jahre zählte, und bald danach wurde sie, gleich ihrer älteren Schwester, Tänzerin und Possenspielerin. (Die Schaustellerinnen und Schausteller gehörten im römischen Imperium einer niedrigen Kaste an, etwa auf gleichem Niveau mit den Prostituierten.) Theodora wurde um ihres Verstandes und Witzes willen berühmt und trat auf privaten Einladungen als Komödiantin auf. Ein höherer Verwaltungsbeamter nahm sie zur Mätresse; sie lebte kürzere Zeit mit ihm in Ägypten und kehrte danach selbständig nach Konstantinopel zurück.[116] In dem nun folgenden Lebensabschnitt verkehrte sie mit Männern aus den höchsten Gesellschaftsschichten: mit verschiedenen religiösen Denkern, Kirchenmännern und dem zukünftigen Thronerben Justinian.

Der vierzigjährige, unverheiratete Justinian, ein Neffe des Kaisers, verliebte sich in sie. Um seine Heirat mit ihr zu ermöglichen, ließ er die alten Gesetze berichtigen, die eine Ehe zwischen freien Männern und Prostituierten verboten. Als er 527, zwei Jahre nach der Heirat, auf den Thron nachrückte, wurde Theodora seine Mitregentin und Kaiserin des oströmischen Imperiums. Justinian nannte sie »seine süßeste Wonne« und »Partnerin in meinen Überlegungen«.[117] Sie nahm an seinen Plänen und politischen Manövern teil und wohnte Staatsratsversammlungen bei, wo sie »stets um Verzeihung bat, daß sie sich als Frau die Freiheit nehme zu sprechen«.[118] Sie verfügte über ein eigenes kaiserliches Siegel, ein eigenes Gefolge und einen eigenen Hof. Wärend des Nika-Aufstandes von 532, als Justinian fliehen wollte, beschämte sie ihn durch ihre Rede im Staatsrat und brachte ihn dadurch zum Bleiben:

> Wenn mir keine Sicherheit bliebe als durch Flucht, würde ich doch nicht fliehen. Diejenigen, die je eine Krone getragen haben, sollten deren Verlust nie überleben. Ich werde nie den Tag sehen, an dem mir nicht als Kaiserin zugejubelt wird. Wenn du, Caesar, zu fliehen wünschst, gut und recht; du hast Geld, die Schiffe liegen bereit, die See ist ruhig. Ich aber werde bleiben. Mir gefällt das Sprichwort: Purpur ist das beste Grabtuch.[119]

Theodoras Mitgefühl für Frauen und Prostituierte war einzigartig. Sie veranlaßte die Durchsetzung von Gesetzen, die den Frauen mehr Eigentumsrechte gewährten, und war verantwortlich für einen Erlaß, der Kuppelei unter Strafe stellte und alle Bordellbesitzer aus der Stadt verbannte. Sie gründete einen Konvent für ehemalige Prostituierte, und es war bekannt, daß sie Mädchen, die in die Prostitution verkauft worden waren, freikaufte und für deren Zukunft sorgte. Das Mosaikbildnis in der Kirche San Vitale in Ravenna (Italien) zeigt Theodora in königlichem Juwelenschmuck mit einer kunstvollen Krone, Halskette, Ohrringen und Armspangen; dazu trägt sie ein schwarzes Gewand. Sie blickt starr und gerade, ohne erkennbaren Gesichtsausdruck. Sie starb mit einundfünfzig Jahren. Nach ihrem Tod ließ die Bedeutsamkeit von Justinians Gesetzgebung nach.

Die ausführlichste und faktenreichste Quelle für Theodoras Leben ist die zeitgenössische *Historia Arcana* von Prokopios. Theodora wird darin als sexuelles Ungeheuer, als »Dämon« dargestellt, als Frau, der keine Tat zu gemein, kein Geschlechtsakt zu schamlos war; von ihren Launen und Leidenschaften gebeutelt, soll sie die Männer grausam manipuliert haben.[120] Es wird sogar behauptet, sie habe über die Kastration eines jungen Mannes die Aufsicht geführt. Alle frühen Berichte über ihr Leben, die erhalten sind, streichen ihre niedere Abstammung und die Qualen ihres langsamen Krebstodes heraus. Trotz ihrer augenscheinlichen Fähigkeiten und ihrer Bedeutung war es für Männer offenbar unmöglich, wirklichkeitsgetreu über sie zu schreiben: Es mußten moralische Lehren aus ihrer Geschichte gezogen werden, die andere Frauen von Theodoras Weg abbringen sollten. Verdammung blieb, selbst wenn es sich um höchstgestellte Kurtisanen handelte, das traditionelle Urteil gegenüber Frauen, die außerhalb der Ehe sexuell aktiv wurden.

In den frühen Schriften von Männern über die Prostitution überwucherte die Phantasie die Realität, und diese Phantasien lebten auch in der späteren abendländischen Kultur fort. Da gab es den Topos, die Prostituierte sei »ehrlich« und habe in Wahrheit »ein goldenes Herz«, was sie gegenüber einem spröden Mädchen aus ehrbarer Familie begehrenswerter machte. Eine andere Phantasie lautete, die Prostituierte habe an ihrem Kunden so viel Gefallen gefunden, daß sie ihm die Bezahlung erlasse.[121] Griechische Schauspiele des 4. und 3. Jahrhunderts vor Christus, die auch noch beim römischen Publikum lange in Gunst standen, handeln oft von einem Helden, der sich in eine Sklavin und Prostituierte verliebt, wobei sich dann herausstellt, daß sie eine Jungfrau aus hoher Gesellschaftsschicht ist, die durch unglückliche Zufälle in Leibeigenschaft geriet. Der Held errettet sie und gewinnt eine schöne, dankbare Braut.

Dies waren die gutartigen Phantasien. Aber auch die bösartigeren entwickelten sich zu langlebigen europäischen Traditionen. In einem großen Teil der römischen Literatur findet sich der Gedanke, in jeder ehrbaren Frau liege eine Hure verborgen, begierig, ihre Lust zu stillen, sobald sich eine Gelegenheit biete. Die Geschichte der Frau von Ephesus, die mit dem Soldaten intim wurde, der das Grab ihres eben erst verstorbenen Ehegatten bewachte, wurde in den folgenden Jahrhunderten noch und noch erzählt. Erstmals erschien sie im *Satyricon* von Petronius. Lüsterne Frauen und Prostituierte spielten Hauptrollen in der römischen Satire. Insbesondere die alte Prostituierte wurde von den Dichtern in den ekelerregendsten und obszönsten Worten an den Pranger gestellt. Hören wir ein typisches Beispiel aus dem 1. vorchristlichen Jahrhundert von Horaz, aus der Epode »An eine verbuhlte Alte«:

Und du fragst noch, du hundertjähriges moderndes Weib,
was mich so kalt mache,
da der einzige Zahn, den du noch hast, schwarz ist, das hohe Alter
auf deiner Stirne tiefe Furchen zieht

und ekelhafte Magerkeit
dich zu einem Gerippe macht?
Aber der Busen erhitzt mich vielleicht,
die welken Brüste,
der schlappe Leib und die geschwundenen Schenkel
auf schwellenden Waden? [...][122]

Frauenbeschimpfung, besonders die Schmähung von alten Prostituierten und sexuell aktiven Frauen, war ein beliebtes Thema der römischen Literatur. In diesen Dichtwerken drücken sich Angst und Haß gegenüber Frauen und der weiblichen, angeblich so ausschweifenden Sexualität aus. Sinnenlust trieb, immer laut diesen Werken, Frauen zu Verbrechen an Männern: Sie betrogen ihre Ehemänner, verkauften sich noch eher für Sex als für Geld, betrogen ihre Liebhaber. Kein Verbrechen war so grauenhaft, daß Frauen es nicht begangen hätten. Sie besudelten die Altäre mit ihrem Urin, verschworen sich mit ihren Schwiegermüttern, um ihre Männer zum Hahnrei zu stempeln, und selbst vor dem Geschlechtsverkehr mit Tieren schreckten sie nicht zurück, um ihre sexuelle Gier zu befriedigen.[123] Solche Bilder ließen die Wirklichkeit weit hinter sich zurück und schufen ein gespenstisches Schreckensreich, wo die Frauen als Feindinnen der Männer erschienen. Dies Ensemble von schreckenerregenden Bildern und Phantasien wurde in der Tradition für die Unterordnung der europäischen Frauen entscheidend wirksam. Die frühen Kulturen gaben einen ansehnlichen Grundstock an frauenfeindlicher Literatur weiter, der einen wichtigen Teil des kulturellen Erbes Europas ausmachte.

Misogynie

»Misogynie« bedeutet Frauenhaß, und dieser zeigte sich nicht nur in der römischen, sondern auch in der griechischen und hebräischen Literatur. Hier wurde der ersten Frau angelastet, das Übel in die Welt gebracht zu haben. Am Ende des 8. Jahrhunderts vor Christus schrieb der griechische Dichter Hesiod einen Schöpfungsbericht *(Theogonia)*, dessen Bilder von späteren Kulturen aufgenommen wurden: Zunächst war, nach Hesiod, der Mann erschaffen worden, der unglücklich lebte, bis Zeus als Strafe für den Feuerdiebstahl von Prometheus die erste Frau, mit Namen Pandora, schuf. Sie war »einem verehrungswürdigen Mädchen ähnlich, [...] ein Wunder zu schauen«, jedoch »ein Übel« und eine »jähe List, [...] unwiderstehlich für die Menschen«:

Von ihr stammt das unheilvolle Geschlecht der Frauen und ihre Arten.
Als ein großes Unglück wohnen sie unter den sterblichen Männern,

nicht mittragend in schlimmer Notzeit, wohl aber im Überfluß.
Wie wenn in gewölbten Bienenstöcken die Bienen
Drohnen ernähren, verbunden in schlechten Taten.
Die einen strengen sich den ganzen Tag bis zum Sonnenuntergang
täglich an und stellen Honigwaben her.
Die anderen aber bleiben drinnen in den schattigen Bienenstöcken
und ernten für sich in ihren Bauch das von fremden Händen Erarbeitete.
Geradeso machte den sterblichen Männern die Frauen
als ein Übel der in der Höhe donnernde Zeus, als Verschworene zu schmerzvollen Taten.[124]

In einem zweiten Gedicht Hesiods, »Werke und Tage«, öffnet Pandora, »dieser Untergang der Menschheit«, ihre Büchse und entläßt die Schmerzen und Übel unter die Menschheit.[125] Pandora versagt im Gehorsam wie die biblische Eva, und alles Übel der Welt wird ihr angelastet. Die späteren hebräischen Schriften tendierten – möglicherweise unter griechischem Einfluß – dazu, Eva ebenfalls so darzustellen: eine Frau, die der Versuchung erlag und tat, was Gott verboten hatte; sie aß und überredete Adam, vom Baum der Erkenntnis von Gut und Böse zu essen. »Von einem Weibe nahm die Sünde ihren Anfang, und ihretwegen müssen wir alle sterben«, formulierte Jesus Sirach im 2. Jahrhundert vor Christus.[126]

Frauen die Schuld zuzuschieben und ihr Bestes als dem Mann unterlegen zu betrachten war in der alten Welt eine gefestigte Tradition. Das alttestamentlich-apokryphe Buch Jesus Sirach erklärte: »Weniger schlimm ist die Bosheit eines Mannes als die Güte einer Frau, eine Frau verursacht Beschämung und Vorwürfe.« Und schon ein Jahrhundert früher hatte der Prediger – ebenfalls im Alten Testament – festgestellt: »Bitterer als der Tod ist das Weib. [...] Unter tausend habe ich wohl einen [rechtschaffenen] Mann gefunden, aber ein Weib unter diesen allen fand ich nicht.«[127] Die Hebräer erfanden auch die sagenhafte Figur der Lilith, die, noch vor der Erschaffung Evas, zusammen mit Adam als seine erste Frau geformt worden war. Lilith lehnte es jedoch ab, unterwürfig zu sein; sie verließ Adam und rächte sich durch die Bedrohung von Kindern und Säuglingen.[128]

Die von den antiken Kulturen ersonnenen Ungeheuer und Mißgestalten wurden in der europäischen Literatur und Kunst zu traditionellen Bildern. Die Griechen erfanden zahlreiche weibliche Ungeheuer: Kirke, die die Männer in Schweine verwandelte, die in einen bedrohlichen Felsen transformierte Skylla mit ihren Schlangen- und Hundeköpfen, den tödlichen Meeresstrudel Charybdis und die Sirenen, die mit ihrem betörenden Gesang die Männer in den Tod lockten. Hesiod erzählte von Echidna, einem Wesen halb Schlange, halb Mädchen, das den Höllenhund Zerberus gebar, von Chimera, der Sphinx und anderen Monstren, welche die männlichen Helden, zum Beispiel

Jason und Herkules, bedrohten.[129] Er erwähnt auch die Furien (Erinnyen), drei unerbittliche weibliche Gestalten, welche ohne Erbarmen Missetäter bestraften. Aus späteren griechischen Mythen stammen die Harpyien – gefräßige, schmutzige Vögel mit Frauenköpfen – und die Gorgonen – scheußliche Frauen mit Schlangenhaaren, bei deren Anblick die Männer zu Stein erstarrten. Die Gorgone Medusa, die von Perseus getötet wurde, wird in den griechischen Skulpturen als groteske Fratze abgebildet, mit einer Zunge, die bis übers Kinn hinunterhängt. Der Held der griechischen Mythologie bewegt sich in einer von weiblichen Ungeheuern bevölkerten Landschaft; um zu überleben, muß er sie besiegen oder überlisten. Dasselbe gilt auch für die germanischen Kulturen. Die Wikinger glaubten an die Riesin Sigurd, eine Tochter der Götter, die mit der unterirdischen Totenwelt in Verbindung stand; Hunger war ihr Messer, Not ihr Tisch und Sorge ihr Bett.[130] Beowulf stellt im gleichnamigen Epos sein Heldentum unter Beweis, indem er die häßliche alte Grendel in einem Unterwasserkampf besiegt.

Die Literatur der antiken Kulturen zeigt aber auch die normalsterblichen Männer in ganz ähnliche Kämpfe, zumeist mit ihren Ehefrauen, verwickelt. Die Frauen sind faul und rachsüchtig, zänkisch und bedenkenlos; sie müssen entweder erobert oder verhöhnt werden. Semonides von Amorgos verfaßte im 6. Jahrhundert vor Christus eine berühmte Satire, in der er die Frauen in zehn Kategorien einteilte. Nur die eine, die Biene, ist gut für den Mann. Die anderen neun sind die Sau, »die beim Misthaufen hockt und fett wird«, die »bösartige Füchsin«, die nichts weiß, die stets kläffende Hündin, die tobende Meerfrau, die Eselin, die alles einsteckt, das Frettchen, das »jeden Mann krank macht«, das Pferd, das »sich als Plage erweist«, und, als ärgste von allen, die scheußliche Äffin, die »den schlimmstmöglichen Schaden anrichtet«.[131]

Semonides und Hesiod wandelten den Haß der Misogynie um in Gespött. Die nörgelnde, verschwenderische, lüsterne Ehefrau, die stets schwatzt und ihrem Ehemann lästig fällt, wurde ein unverzichtbarer Typus im Repertoire des Humors kommender Jahrhunderte. Hesiod meinte, ein Mann »könne nicht mit ihnen [den Frauen] leben und könne auch nicht ohne sie leben«. Wenn einer nicht heirate, erwarte ihn »ein elendes Alter«, da ihn keine Kinder pflegen würden; wenn er aber heirate, »lebt er sein ganzes Leben mit nie endender Qual«.[132] Schon im 4. vorchristlichen Jahrhundert war die Verspottung der Ehefrauen ein Standardthema der griechischen und später römischen Komödien geworden. »Ich wollte, der zweite Mann, der eine Frau heiratet, hätte einen fürchterlichen Tod«, hieß es in einem Textfragment des 4. Jahrhunderts vor Christus aus Athen. »Den ersten Mann tadle ich nicht; er hatte keine Erfahrung mit diesem Übel.«[133] Ehemänner beklagen sich, daß ihre Frauen nie zu schwatzen aufhören, sie erwarten sehnlichst den

Tag ihres Todes und versuchen, sie wenn irgend möglich loszuwerden. Plautus' populäre Komödie *Menaechmi* (»Die Zwillingsbrüder«) schließt mit den Versen:

> Menaechmus hält Versteigerung am achten Tag
> nach heute, morgens früh. Es kommen zum Verkauf:
> Gebäude, Gründe, Sklaven, Fahrnis aller Art.
> Wer bietet, kann da kaufen, doch nur gegen bar.
> Die Hausfrau selbst ist feil, wenn sich ein Käufer zeigt.[134]

Für Misogynie gibt es kein weibliches Gegenstück in der europäischen Kultur. Zwar ist fast sicher, daß Frauen auch Witze über Männer machten und ihrerseits Stereotype über die männliche Natur entwarfen, doch wurden sie nicht niedergeschrieben und daher nicht als kulturelles Erbe an spätere Generationen weitergegeben. Das Lachen der Männer über die Frauen wurde in der schriftlichen Überlieferung nicht durch das Lachen der Frauen über die Männer ausgeglichen. Die stets wiederholten frauenfeindlichen Stereotype bekamen den Anschein der Gültigkeit, als ob sie genaue Abbilder von Frauen wären. Die folgende Passage, vom griechischen Dramatiker Aristophanes 392 vor Christus geschrieben, fand in den Schriften späterer Jahrhunderte starken Widerhall:

> Die Frauen kochen im Sitzen ganz wie früher;
> sie tragen auf dem Kopf ganz wie früher;
> sie feiern ihre Thesmophorien ganz wie früher;
> sie backen ihre Kuchen ganz wie früher;
> sie nerven ihre Männer ganz wie früher;
> sie haben Liebhaber ganz wie früher;
> sich selber machen sie Delikatessen ganz wie früher;
> sie lieben den Wein pur ganz wie früher;
> sie lassen sich gern vögeln ganz wie früher.[135]

So versuchten die mächtigsten Überlieferungen der westlichen Kultur, die Frauen unterzuordnen und anzuschwärzen.

1.4 Stärkende Traditionen

Jene Traditionen, die die Frauen unterordneten, waren zwar mächtig, doch nicht allmächtig. In den frühen Kulturen existierten auch Bilder und Glaubensvorstellungen, die das Weibliche verherrlichten und stärkten. Gelegentlich und unter ungewöhnlichen Umständen war es Frauen mit besonderen Fähigkeiten zudem möglich, in Bereichen berühmt zu werden, die sonst den Männern vorbehalten waren. So gehörten auch das Leben und der Erfolg von Sappho, Debora, Kleopatra und Boudica zu dem kulturellen Erbe, das auf die europäischen Frauen überging, und noch Jahrhunderte nach dem Fall der alten Imperien und Königreiche schöpften Frauen aus diesen weiblichen Bildern und Gestalten Anregung.

Die Verehrung von Göttinnen

Alle frühen Kulturen mit Ausnahme der Hebräer schrieben auch weiblichen Wesen übernatürliche Kräfte zu.[1] Der Hauptgott der griechisch-römischen und keltisch-germanischen Kulturen war männlich, doch gab es gewichtige weibliche Mächte, die das Leben von Helden und manchmal selbst von Göttern in der Hand hatten.

Das Schicksal war weiblich, und die letzte Macht über Leben und Tod, über Fügung und Notwendigkeit war in der Gestalt einer Frau – oder als Gruppe von drei Frauen – personifiziert. Die Schicksalsgöttinnen wurden mit der Zeit in Verbindung gebracht, und man stellte sich gerne vor, daß sie die Lebensfäden der Menschen spannen, verwoben und zerschnitten. Die üblichste und gewöhnlichste Frauenarbeit, die Stoffherstellung, lieferte derart die Symbolik für äußerste Macht. Bei den Griechen hießen die drei Moiren oder Schicksalsgöttinnen Klotho (»die Spinnerin«), Lachesis (»die Zuteilerin«)

und schließlich Atropos (»die Unabwendbare«), die den Lebensfaden mit der Todesschere durchtrennte. Die Schicksalsgöttinnen des germanischen Glaubens waren die drei Nornen, die das Gewebe des Schicksals nähten und Lebenslose über die Wiegen der Neugeborenen ausstreuten. Sie wurden Urdr, Verdandi und Skuld genannt und vertraten das Gewordene, das Gegenwärtige und das Künftige. Als zwar schattenhafte, aber starke Figuren gaben die Schicksalgöttinnen die Bahn vor, in der das Leben der mächtigsten Männer und selbst der Götter verlaufen konnte. Bei den Griechen war die Gewalt des Schicksals *(Moira)* stärker als die Götter; und die Nornen führten das Ende des Goldenen Zeitalters herbei.[2]

In Rom wurde Fortuna als weibliche Göttin des Glücks verehrt, und auch die spätere europäische Ikonographie personifizierte das Glück fast immer in der Gestalt einer Frau. Die Römer verehrten Fortuna in zahlreichen Tempeln und Heiligtümern, wo die Menschen ihre Hilfe in besonderen Lebenssituationen suchten. *Fortuna Liberum* war für das Schicksal der Kinder zuständig, *Fortuna Privata* für das Familienleben, *Fortuna Virginalis* für unverheiratete junge Frauen, *Fortuna Muliebris* für Frauen, *Fortuna Virilis* für die Ehe, *Fortuna Publica* für den Staat und *Fortuna Caesaris* für die kaiserliche Familie.

Die Kraft der Erde und ihre Fruchtbarkeit wurden ebenfalls mit dem Weiblichen in Verbindung gesetzt. Griechen und Römer, Kelten und Germanen personifizierten die Erde als Frau. Als »Mutter Erde« wurde sie mit Ackerbau- und Fruchtbarkeitsriten verehrt und gnädig gestimmt, die die Jahrhunderte überdauerten. Den Frauen kamen in diesen Zeremonien oft besonders wichtige Rollen zu: Sie sollten auf die Felder gehen (beziehungsweise sie nicht betreten), die Saatkörner berühren (beziehungsweise sie nicht anfassen); Opfer wurden dargebracht, oder es wurde Blut vergossen. Bei Ritualen mit Blut mochte die Menstruation als Wirkmacht gelten, die die Frauen mit tiefen Kraftquellen – mit der Erde, dem Jahreszyklus, der Zeit, dem Leben und dem Tod – verband.

Die Griechen und Römer brachten natürliche Kräfte und Abläufe mit Göttinnen in Zusammenhang, zum Beispiel die Fruchtbarkeit, den Mond, zyklische Abläufe und Rhythmen. Vor allem im Mittelmeerraum wurden Göttinnen wie Artemis (Diana), Demeter (Ceres), die Große Mutter (Cybele) und Isis über die Jahrhunderte hinweg verehrt. Von den Kultzeremonien weiß man heute fast nichts mehr, da die Riten großenteils geheim und Eingeweihten vorbehalten waren.[3] Unter den römischen Religionen war besonders die Verehrung der Diana von Ephesus beliebt, und die vielbrüstige Figur dieser Muttergottheit wurde rings ums Mittelmeer gefunden. Es gab auch einen Ceres-(Demeter-)Kult, bei dem die Frauen unter der Anleitung von Priesterinnen die Mysterien feierten, um derart die Fruchtbarkeit zu sichern.[4] Im 3. vorchristlichen Jahrhundert war auch der Kult Cybeles, der kleinasiatischen Großen Mutter, im römischen Reich populär geworden. Zweihundert Jahre später fand die Verehrung der ägyptischen Göttin Isis sogar noch weitere Verbreitung. Zeugnisse des Isiskultes sind von Spanien bis nach Kleinasien, von Nordafrika bis nach Deutschland gefunden worden.[5] Im Isiskult verschmolzen Attribute anderer Göttinnen und Praktiken anderer Religionen, und Isis stieg zur beliebten und mächtigen obersten Göttin auf. »Du, die du eins und alles bist«, huldigte ihr eine römische Inschrift, und eine Hymne des 1. Jahrhunderts vor Christus stattete sie mit Attributen aus, die in den frühen Kulturen sonst eher mit männlichen Gottheiten verknüpft wurden:

> Ich gab und erließ Gesetze für Menschen, die niemand ändern kann.
> Ich bin sie, die von den Frauen Göttin genannt wird.
> Ich teilte die Erde vom Himmel.
> Ich brachte Frauen und Männer zusammen.
> Ich ordnete an, daß die Eltern von den Kindern geliebt werden.
> Ich enthüllte den Menschen Mysterien.
> Ich machte, daß Frauen von Männern geliebt werden.
> Ich setzte dem Morden ein Ende.
> Ich bin in den Strahlen der Sonne.
> Ich bin die Königin des Krieges.
> Ich gebiete den Regenstürmen.[6]

In den Jahrhunderten unmittelbar vor dem Aufstieg des Christentums war die Isisverehrung die weitestverbreitete Religion des römischen Imperiums.

Die materiellen Überreste der frühen Verehrung von Göttinnen sind eindrücklich, und für die kommenden europäischen Kulturen blieben die den weiblichen Gestalten geweihten Heiligtümer und Statuen wirkungsmächtige Symbole. Der Dianatempel in Ephesus galt als eines der Sieben Weltwunder der Antike. Zahlreiche Statuen von Aphrodite überdauerten, einige jahrhundertelang verschüttet, und sie wurden in ihrer griechischen und römischen Ausformung einflußreiche Vorbilder der europäischen Kultur. Die Aphrodite von Melos (die Venus von Milo) bot ein bleibendes Abbild weiblicher Schönheit in der Blüte ihrer Jahre. Andere weibliche Figuren und Kräfte überlebten ebenfalls in der Bildhauerkunst: Die große Nike von Samothrake, eine heldenhaft ausschreitende, geflügelte Frau, die den Sieg personifiziert, stand viele Jahre am Eingang des Louvre in Paris.[7]

Für den Kult zahlreicher Göttinnen waren weibliche Priesterinnen erforderlich, und als Priesterinnen konnten Frauen in Griechenland und Rom die größte ihnen rechtmäßig zustehende Macht erreichen. Die Priesterinnen, die von den Einschränkungen befreit waren, welche die normalen Frauen beengten, hatten an den übernatürlichen Kräften der Göttin Anteil. Von der delphischen Pythia, dem Orakel des Gottes Apollo, bis zu den Vestalischen Jungfrauen Roms erlangten einige wenige Frauen geistliche Macht und religiöse Führerschaft. Im 1. Jahrhundert nach Christus kamen mehrere Frauen in die Position einer Priesterin-Beamtin, die religiöse und säkulare Macht in sich vereinte.[8] Die Erinnerung an einflußreiche Priesterinnen dauerte, überlagert vom Christentum, das nur männliche Priester zuließ, in Überresten von Tempeln und Statuen fort – und außerdem in den Warnungen, den Frauen nicht so wichtige Funktionen zuzugestehen.

Kriegerinnen

Neben Göttinnen und Priesterinnen verzeichneten die frühen Kulturen auch die Existenz von Kriegerinnen. Angefangen bei den sagenhaften griechischen Amazonen bis zur historischen Figur der britischen Königin Boudica, vermittelten sie den europäischen Frauen späterer Generationen Bilder von Macht und Stärke. Denn abgesehen davon, ob die Frauen wirklich körperlich zu kämpfen wünschten oder nicht – das bloße Wissen um sagenhafte Frauen, die das getan hatten, stellte in dem letztlich männlichen Bereich des Kriegertums eine Tradition der Kraft und Kompetenz dar.

Eine der einflußreichsten und dauerhaftesten Überlieferungen in dieser Hinsicht betraf die Amazonen. Obwohl keine sicheren historischen Beweise für diese Kriegerinnengesellschaft gefunden werden konnten, wimmelte es in der griechischen Kultur von ihren Darstellungen. Amazonen, meist im Kampf mit Männern gezeigt, figurierten auf den Giebelfriesen der athenischen Akropolis und des Parthenon. Man nahm an, sie hätten um 1200 vor Christus Athen belagert, und der griechische Historiker Herodot glaubte, sie seien aus Asien gekommen. Grabfunden von östlich des Flusses Don kann man entnehmen, daß Frauen nicht nur mit Juwelen und Spiegeln, sondern auch mit Schwertern, Speeren, Pfeilen, in einem Fall gar in kompletter zeitgenössischer Rüstung begraben wurden. Solche Zeugnisse beweisen freilich nicht die allweibliche Amazonengesellschaft der griechischen Sage, doch implizieren sie immerhin, daß einige Frauen Kriegerinnen waren.[9]

Die Amazonen wurden mit einer enthüllten Brust porträtiert, und später nahm man an, sie hätten eine Brust amputiert, um ihre Bogen besser spannen zu können. Nach der Erzählung paarten sie sich mit Männern, unterhielten aber sonst keinerlei Beziehungen mit ihnen, gaben die männlichen Kinder weg und zogen nur die Mädchen auf. In einer ganzen Anzahl griechischer Sagen treten sie in den Vordergrund. In der *Ilias* werden sie zweimal erwähnt; Theseus heiratete die Amazone Hippolyta, und Achilles verliebte sich in die Amazonenkönigin Penthesilea, als sie von seinen Hieben im Sterben lag. Eine der Heldentaten von Herkules bestand darin, daß er den Gürtel einer Amazonenkönigin raubte. Der Sieg eines Mannes über eine Amazone bekräftigte die männliche Überlegenheit; andererseits wirkte sich das bloße Vorhandensein solcher mächtiger Frauenbilder als Inspiration und Kraftquelle für Frauen in späteren Jahrhunderten aus.[10] Beispielsweise veröffentlichte 1710 die englische Schriftstellerin Mary de la Rivière Manley in ihrer Zeitschrift *The Female Tatler* eine »Tafel der Heldinnen«; darin schloß sie »den ganzen Amazonenstamm« mit ein und erklärte: »Der erfreuliche Anblick so vieler blendender Heldinnen bereitete mir äußerstes Vergnügen und machte mich empfänglich für den Vorteil, den ich, da ich eine Frau bin, besaß.«[11]

Auch das Alte Testament der Hebräer schilderte gelegentlich Frauen, die heldenhaft in Rollen agierten, die traditionellerweise Männern zugeteilt waren. Debora wurde Prophetin und Richterin genannt, obwohl sie Ehefrau und Mutter war. Sie feuerte die Hebräer gegen ihre Feinde an, wobei sie von einer anderen Frau, Jael, unterstützt wurde, die dem feindlichen Heeresführer einen Nagel in den Kopf schlug und ihn dadurch tötete. Debora wurde als Retterin ihres Volkes gefeiert; in einer Hymne an sie heißt es: »Es feierten die Bauern in Israel, feierten, bis du aufstandest, Debora, aufstandest, eine Mutter in Israel.«[12] Dasselbe Lob zollten die Hebräer der frommen Witwe Judith, die ebenfalls einen feindlichen Heeresführer umgebracht hatte: Sie gab vor, sich zu Holofernes legen zu wollen, nahm statt dessen sein Schwert, das über dem Bett hing, und hieb zweimal mit all ihrer Kraft auf seinen Nacken ein und trennte ihm den Kopf vom Rumpf. Den abgehauenen Kopf brachte sie in einem Proviantsack, den ihre Dienerin trug, zu den Ihrigen zurück und stachelte das hebräische Heer damit zum Sieg auf. Danach führte sie das ganze Volk mit Gesang und Tanz zur Danksagung – auch dies eine Rolle, die traditionell den Männern vorbehalten war. Der Ruhm und die Ehre, ihr Volk errettet zu haben, waren ihre Belohnung: »Es gab niemand mehr, der die Söhne Israels in Schrecken versetzte in den Tagen Judiths und noch lange Zeit nach ihrem Tode.«[13]

Auch die germanischen und keltischen Epen schildern kriegerische Frauen. Die Walküren der nordischen Sage dienten Wotan und wählten die männlichen Helden aus, die zu Walhalla Zutritt erhielten. Das keltische Epos *Táin Bó* (niedergeschrieben im 7. oder 8. Jahrhundert) bildete eine Welt ab, in der Frauen regierten, fochten und große Macht ausübten. Obwohl die Königin Medb letztlich dem männlichen Helden Cúchulainn unterliegt, ist sie eine großartige und geehrte Gegnerin. Sie regiert als reiche und mächtige Königin gleichberechtigt neben ihrem Gatten; sie kämpft und regelt ihre Angelegenheiten unabhängig von ihm. Sie wird beschrieben als

> eine hochgewachsene, schöne Frau mit langgezogenem Antlitz und sanften Zügen [...] Sie hatte den Kopf voller blonder Haare und zwei Goldvögel auf ihren Schultern. Ein purpurner Umhang mit fünf Handbreit Gold auf der Rückseite war in Falten um sie geschlungen. Sie trug eine leichte, stechende, spitzige Lanze in der Hand und hielt ein eisernes Schwert mit einem Frauengriff über ihrem Kopf – eine mächtige Gestalt.[14]

Neben diesen Sagen von Kriegerinnen gibt es auch Berichte von römischen Geschichtsschreibern wie Tacitus über Frauen, die gegen Rom kämpften; die berühmtesten unter ihnen sind Zenobia von Palmyra und Boudica vom Stamm der Ikener. Boudica, die im Jahre 62 nach Christus starb, führte in Britannien einen Aufstand gegen das römische Heer an. Ihr Ehemann hatte bei seinem Tod verfügt, die Hälfte seines Königreiches sollte an Rom fallen, die andere Hälfte an seine Töchter. Als der römische Prokurator aber das ganze Reich für sich beanspruchte, die Königin angriff und ihren Töchtern Gewalt antat, verbündete sich Boudica mit den Nachbarkönigen gegen die Römer. Es wird beschrieben, wie sie, eine grobknochige Frau mit rauher Stimme und roten Haaren, die ihr bis zu den Knien reichten, vom Norden bis nach London vorstieß und einen Angriff führte. Nach ihrer Niederlage zog sie es vor, sich zu vergiften – eher als in einem römischen Triumphzug zum Mitmarschieren gezwungen zu werden.[15]

Zwei Jahrhunderte später zwang der römische Kaiser Aurelian gefangene Gotinnen, in einem solchen Umzug Tafeln mit sich zu tragen, die verkündeten, sie seien Amazonen.[16] Was an den Kriegerinnen für die europäischen Frauen wichtig und stärkend war, war im Grunde nicht ihre schmerzliche Niederlage, sondern der Umstand, daß sie überhaupt existiert hatten. Spätere Künstlerinnen und Schriftstellerinnen benützten die frühen Kriegerinnen als anfeuernde Beispiele, so zum Beispiel Christine de Pisan im 15. Jahrhundert, die in ihrem »Buch von der Stadt der Frauen« über die Amazonen schrieb, oder die Malerin Artemisia Gentileschi, die im 17. Jahrhundert Judith darstellte. Indem die Kriegerinnen solche Rollen einnahmen, die normalerweise den Männern vorbehalten waren, hielten sie die Möglichkeit wach, daß auch Frauen im Bereich des Krieges und der Führerschaft erfolgreich sein könnten.

Frauen an der Macht: Königinnen und Kaiserinnen

Frauen als Kriegerinnen blieben eine Ausnahme. Viel eher machten starke Frauen von ihrer Intelligenz, ihren dynastischen und familiären Verbindungen Gebrauch, um Macht zu gewinnen und selbst Herrscherinnen zu werden. Besonders in Perioden des politischen Übergangs und der Ungewißheit zog man die Thronnachfolge einer Frau drohendem Bürgerkrieg und Aufruhr vor. Auch dies war eine Tradition, die sich auf spätere Jahrhunderte vererbte. In wechselhaften Zeiten bot sich für wagemutige Männer die Gelegenheit, sich zur Macht aufzuschwingen. Für wagemutige Frauen war dies ebenfalls möglich, wenn die Umstände günstig waren. Denn anders als die Männer, die in ihrem eigenen Namen herrschen konnten, brauchten die königlichen Frauen stets einen männlichen Verwandten, für den oder mit dem sie die Regentschaft führten. Gemeinsame Herrschaft war in der ptolemäischen Dynastie in Ägypten eine Tradition, welche Königin Arsinoë II. im 2. vorchristlichen Jahrhundert eingeführt hatte. Nicht immer führte eine solche (Mit-)Regentschaft tatsächlich zu weiblicher Herrschaft, aber einigen ehrgeizigen Frauen gelang es doch, die Macht für sich selbst zu gewinnen. Berühmtestes Beispiel dafür ist Kleopatra VII. (69–20 vor Christus), die letzte Königin des unabhängigen Ägypten. Sie ergriff die Gelegenheiten, die sich boten, bestieg den Thron und vereitelte die Annexion ihres Reiches durch die Römer. Mit Kleopatra setzte eine Tradition weiblicher Macht in Europa ein. Die vielen Werke der lateinischen Literatur, die sie zum Thema wählten, entwarfen ein negatives, feindseliges Bild von ihr. Während spätere Autoren – wie etwa Shakespeare – ihre Schönheit und ihre Verführungskünste in den Vordergrund rückten, geben die historischen Berichte eine tatkräftige und intelligente Frau und Herrscherin zu erkennen. Sie knüpfte und löste Bündnisse, nützte geschickt die Umstände aus und regierte Ägypten während mehr als zwanzig turbulenten Jahren, und die Niederlage, die sie letztlich erlitt, kann ihre Erfolge nicht schmälern.

Sie kam 51 vor Christus auf den ägyptischen Thron, als sie siebzehn und ihr Bruder, Ptolemäus XIII., zehn Jahre zählte. Zeitgenössische Münzen und Bildnisse zeigen sie als eindringlich blickende Frau mit langer Nase – weder nach vergangenen noch nach gegenwärtigen Maßstäben eine Schönheit. Sie wollte mit Rom eine Allianz eingehen; da ihr Bruder und die Räte dagegen waren, sah sie sich zur Flucht nach Alexandria gezwungen, wo sie ein arabisches Heer aushob, um ihre Position durchzusetzen. Dort begegnete sie Julius Cäsar, der seinerseits nach den ägyptischen Reichtümern strebte, sich aber offiziell da aufhielt, um die zerstrittenen Geschwister zu versöhnen. Sie war zu diesem Zeitpunkt einundzwanzig Jahre alt, er zweiundfünfzig. Sie brauchte kein besonderes Geschick, um mit Cäsar eine sexuelle Affäre anzuzetteln – es war bekannt, daß er für solcherlei leicht zu haben war –, aber sie konnte auch seine Unterstützung für ihren Herrschaftsanspruch verbuchen. Cäsar half ihr, die ägyptische Armee zu besiegen, setzte sie mit einem anderen jüngeren Bruder, Ptolemäus XIV., auf den Königsthron und betrachtete sie persönlich wie ganz Ägypten als seine Verbündeten.

Zwei Jahre danach (46 vor Christus) kam Kleopatra zu Cäsar, der nunmehr erfolgreicher Diktator Roms geworden war, um bei ihm zu leben; mit sich brachte sie ihren Säugling, Cäsars Sohn, den sie Caesarion nannte. Cäsar behandelte sie mit königlichen Ehren, wie es ihr zukam, und stellte eine große, vergoldete Statue von ihr in den Venustempel, den er hatte erbauen lassen. Sie lebte mit ihm in seiner Villa, bis er 44 vor Christus ermordet wurde. Ein Motiv des Anschlages mochte gewesen sein, daß man sie verdächtigt hatte, Einfluß auf ihn auszuüben. Im selben Jahr wurde auch ihr Bruder umgebracht, und es zeugt für ihre politische Geschicklichkeit, daß sie sich trotzdem als Königin eines unabhängigen Ägypten halten konnte. Sie regierte nun zusammen mit ihrem dreijährigen Sohn. Der römische Autor Plutarch zollte ihr noch drei Jahrhunderte später Anerkennung:

> Ihre tatsächliche Schönheit war, wie man sagt, nicht derart bemerkenswert, daß niemand mit ihr hätte verglichen werden können oder daß niemand sie angeschaut hätte, ohne von ihr überwältigt zu sein. Aber wenn man mit ihr lebte, war der Kontakt mit ihrer Gegenwart unwiderstehlich. Die Anziehungskraft ihrer Person, vereint mit dem Zauber ihrer Unterhaltung und der Eigenart, die allem anhaftete, was sie sagte oder tat, hatte etwas Berückendes.[17]

Als sie im Jahr 41 vor Christus dem erfolgreichen römischen Heerführer Marcus Antonius begegnete, setzte sie alle ihre Reize ein. Er ließ sie nach Tarsus kommen, um mit ihr eine Allianz gegen die Parther zu besprechen. Nach Plutarch gestaltete sie diese Fahrt als ein sinnverwirrendes Schauspiel:

> Sie segelte in einer Barke mit vergoldetem Heck und weitgespannten Purpursegeln den Fluß Cydnus hinauf; silberne Ruder schlugen den Takt zur Musik von Flöten, Querpfeifen und Harfen. Sie selbst lag unter einem Baldachin von goldenem Stoff, gewandet wie Venus in einem Gemälde, und junge Knaben, schön wie gemalte Liebesgötter, standen ihr zu beiden Seiten, um ihr Luft zuzufächeln.[18]

Sie eroberte die Zuneigung von Marcus Antonius und gebar ihm Zwillinge. Drei Jahre regierte sie Ägypten noch allein und festigte ihre Macht; 37 vor Christus heiratete das Paar und herrschte fortan gemeinsam. Sie unterstützte Antonius in seinen Kämpfen gegen seinen Rivalen (und Schwager, denn Antonius war bereits verheiratet, als er Kleopatra zur Frau nahm) Oktavian, Cäsars Erbe und zukünftiger römischer Kaiser Augustus. Die ägyptische Hegemonie wurde, dank Antonius' militärischer Leitung und Kleopatras Truppen und Lieferungen, über einen großen Teil des Mittleren Ostens ausgeweitet. Sie ließen sich gemeinsam zu Göttern erklären und traten als Isis und Osiris-Dionysos auf. Kleopatra wurde von diesem Zeitpunkt an als *Thea neotera*, als »jüngere Göttin«, angesprochen, und möglicherweise inspirierte sie mit dieser Taktik, als Göttin zu herrschen, indirekt den kommenden Regenten Roms, Oktavian.

Im Jahr 32 vor Christus erklärte Oktavian Kleopatra den Krieg, da er erkannte, daß er ihre Macht im Osten brechen mußte, um seine Herrschaft in Rom fest zu verankern. Kleopatra und Antonius hoben Schiffe und Männer aus und segelten früh im folgenden Jahr nach Westgriechenland. In der Seeschlacht von Aktion erlebten sie ihre endgültige Niederlage. Zwar entkamen Kleopatra und später auch Antonius den römischen Schiffen, aber drei Viertel ihrer Flotte waren versenkt oder verloren. Die beiden flohen nach Alexandria und begingen dort unabhängig voneinander Selbstmord. Ob Kleopatra wirklich eine Giftschlange verwendete, ist umstritten; es ist aber bekannt, daß sie vor ihrem Tod alle ihre Krönungsinsignien angetan hatte. Ihre Schwester Arsinoë wurde von Oktavian gezwungen, gefesselt in einer römischen Siegesparade mitzuziehen. Durch den Tod von eigener Hand hatte sich Kleopatra ein solches Schicksal erspart. Sie wurde nur zweiunddreißig Jahre alt, doch hinterließ sie ein bleibendes Bild weiblicher Königsmacht.[19]

In den folgenden Jahrhunderten ergriffen auch andere fürstliche Frauen die Macht, wenn die unsicheren Zeiten sie begünstigten. Sowohl im östlichen als auch westlichen römischen Kaiserreich regierten Frauen, an der Seite männlicher Verwandter oder allein. Galla Placidia (ca. 388–450) regierte das weströmische Imperium als *Augusta* (»Kaiserin«) zunächst mit ihrem Neffen, später mit ihrem Sohn. Schon ab dem Alter von fünfzehn war sie Regentin für ihren Bruder gewesen und teilte die Macht mit ihm bis zu seinem Tod im Jahr 423. Dann führte sie eine Weile das Zepter für ihren Sohn, Valentinian den Dritten. Ihre Stiefnichte Pulcheria (399–453) wurde zur Regentin ihres Bruders Theodosius II., Kaiser des Ostreiches, ernannt. Wie Zeitgenossen bezeugten, war sie das eigentlich tüchtige und kraftvolle Familienmitglied, und hinter den Kulissen regierte sie auch weiter, als ihr Bruder volljährig geworden war. Bei seinem Tod im Jahre 450 erklärte sie sich selbst und ihren Gatten Marcian zu seinen Nachfolgern, und die beiden regierten zusammen bis zu ihrem Tod drei Jahre danach.[20] Die Tradition wurde fortgesetzt von der grausamen byzantinischen Kaiserin Irene (ca. 753–803); sie stürzte ihren Sohn vom Thron und blendete ihn, um in ihrem eigenen Namen herrschen zu können. Fünf Jahre blieb sie an der Macht.

In den kommenden Jahrhunderten gab es immer einmal wieder Frauen, die nach jenen Traditionen lebten, die sie stärkten, statt sie unterzuordnen, und es gab immer wieder Fürstinnen, die eine günstige Gelegenheit nutzten, um sich zur Macht emporzuschwingen.

Vermögende Frauen

Kleopatras Macht beruhte nicht allein auf ihrer Abstammung und ihrer Intelligenz, sondern auch auf dem Reichtum, den ihr Königreich darstellte. Auch zu anderen Übergangszeiten, wenn die unruhigen ökonomischen und politischen Verhältnisse die Ansammlung von Reichtum in weiblichen Händen ermöglichten, gelang es einigen vermögenden Frauen, ihre ökonomische Macht einzusetzen, um ein unabhängiges und manchmal einflußreiches Leben zu führen. In allen frühen Kulturen – bei den Griechen, Römern, Hebräern, Kelten und Germanen – konnten die Töchter erben, insbesondere, wenn keine Söhne oder männlichen Verwandten vorhanden waren. Traditionellerweise strebten die Familien danach, ihren Besitz intakt zu erhalten, selbst wenn dies bedeutete, daß er einer Frau weitergegeben werden mußte. Bei den Athenern und den Hebräern war es einer Tochter verboten zu erben, falls Söhne lebten; wenn es aber keine Söhne gab, erbte sie den ganzen Besitz. Es war jedoch vorgesehen, daß sie einen Blutsverwandten oder wenigstens ein Mitglied aus dem Stamm des Vaters heiraten sollte, damit das Gut in der Herkunftsgruppe bleibe. Nach römischem Recht konnten sowohl Ehefrauen als auch Töchter erben. Die Kelten teilten möglicherweise das Erbe in gleiche Stücke auf und verteilten es auf alle Töchter, wenn Söhne fehlten. Die germanischen Völker neigten ebenfalls dazu, Söhne zu bevorzugen, doch gaben sie ihren Töchtern wenigstens einen Anteil vom Erbe beziehungsweise alles, wenn keine männlichen Nachkommen existierten.[21]

Die größte ökonomische Macht und die meisten Rechte hatten die Römerinnen. Eine der seltenen Gelegenheiten, da die römischen Frauen in die Politik eingriffen, war im Jahr 195 vor Christus, als sie die Abschaffung der *Lex Oppia*, eines Luxusgesetzes, verlangten, das ihr Recht auf die Verwendung teurer Waren (z.B. Gold und Karossen) beschnitt. Livius berichtete, ehrenhafte Matronen

> blockierten jede Straße in der Stadt und jeden Eingang zum Forum. Als die Männer zum Forum herunterkamen, ersuchten die Matronen sie dringend, sie sollten ihnen den Luxus wieder gewähren, den sie zuvor genossen hatten; als Gründe gaben sie an, die Republik gedeihe und das Privatvermögen jedes einzelnen werde mit jedem Tag größer.[22]

Zwanzig Jahre später wurde die *Lex Voconia* erlassen, ein Gesetz, das den Höchstbetrag, den Frauen erben konnten, begrenzte. Diese Art von Kontrolle erwies sich auf lange Sicht jedoch als unwirksam, da die Familien trotzdem versuchten, ihr Vermögen beisammenzuhalten und es wenn nötig ihren Töchtern weiterzugeben. Im 1. Jahrhundert nahm Kaiser Augustus eine Reihe von Frauen von der Vormundschaft und dadurch von der männlichen Kontrolle über ihr Vermögen aus. Das Gesetz, das ihr Erbe begrenzte, kam nicht mehr zur Anwendung, und im 2. Jahrhundert konnten Frauen nach eigenem Gutdünken ihr Testament aufsetzen. Schließlich wurde die Vormundschaft auf minderjährige Kinder beschränkt.[23]

Es ist gut belegt, daß reiche Griechinnen und Römerinnen ihre Finanzen frei verwalteten. In Pompeji unterzeichnete die Geldverleiherin Faustilla Rechnungen, hatte zahlreiche Gläubiger und verlangte pro Jahr 45 Prozent Zins. Eine Frau namens Julia Felix besaß ein Wohnhaus und vermietete Zimmer, Geschäftsräume und Bäder.[24] Viele Frauen, darunter auch Priesterinnen, betätigten sich als Wohltäterinnen der Öffentlichkeit, und zur Blütezeit des römischen Imperiums wetteiferten Frauen wie Männer darum, Gebäude und Statuen zu errichten, Spiele und Preise auszusetzen oder luxuriöse Einladungen und Unterhaltungen zu veranstalten.

Die fortdauernden Wirkungen weiblichen Reichtums waren doppelt: Erstens waren reiche Frauen imstande, öffentliche Bauwerke, wie zum Beispiel Tempel, Bäder oder Versammlungshallen, aufzustellen und auszustatten. Die in Stein gehauenen Erinnerungen an ihre Stiftungen waren unter Umständen für Jahrhunderte sichtbar und gaben vielleicht anderen Frauen Kraft. Eine Inschrift von Ephesus lautete: »Fremder, du siehst hier die Statue einer Frau, Scholastica, die fromm und sehr weise war. Sie stiftete eine große Summe Goldes, um diesen Teil [der zwei öffentlichen Bäder] hier zu erbauen, der eingestürzt gewesen war.«[25] Zweitens waren reiche Frauen in der Lage, sich Bildung zu leisten, und als gebildete Frauen konnten sie in der Dichtung, in der Malerei oder Philosophie bleibende Spuren hinterlassen. Da zu dieser Zeit überhaupt – ob Frauen oder Männer – nur wenige die Schrift beherrschten, über Muße verfügten und künstlerisch tätig waren, wurde das Andenken an jene wenigen eine Tradition, welche die europäischen Frauen bestärkte. Über Jahrhunderte hinweg zogen die Befürworter von weiblicher Bildung und einer Erweiterung der intellektuellen und kreativen Frauenrollen Beispiele aus der Vergangenheit, speziell aus Griechenland und Rom, herbei.

Gebildete und künstlerische Frauen

Schriftbeherrschung und Bücherwissen war für Frauen in diesen frühen Kulturen ein seltenes Vorrecht. Eurydike (gestorben 390 vor Christus), Mutter von Philipp II. von Makedonien und Großmutter von Alexander dem Großen, bezeugte ihre Dankbarkeit dafür, daß sie lesen lernen konnte, auf einer steinernen Tafel:

Eurydike, Tochter von Irrhas,
bringt den Musen diesen Schrein dar,
erfreut, daß sie ihr den Herzenswunsch
auf ihr Gebet hin gewährten,
denn dank ihrer Hilfe hat sie,
als Mutter von Söhnen im Mannesalter,
die Buchstaben, die die Wörter festhalten, erlernt,
hat lesen und schreiben gelernt.[26]

Eurydike lebte zu Beginn einer jener Zeitperioden, in denen es den Frauen möglich war, zu Reichtum zu kommen. Und genau in diesen Perioden – im hellenistischen Griechenland (rund 4. bis 1. vorchristliches Jahrhundert) und im spätrepublikanischen und frühkaiserlichen Rom (1. Jahrhundert vor Christus bis 2. Jahrhundert nach Christus) – konnten sich einige Frauen auch Bildung aneignen. In Wissenschaft, Kunst, Philosophie und Literatur hinterließen sie ihre Spuren.

Während der Antike und vieler folgender Jahrhunderte war es am wahrscheinlichsten, daß solche Frauen sich mit den Wissenschaften und den Künsten beschäftigten, deren Familien sich in diesen Bereichen hervortaten. In griechischen und römischen Städten gibt es ab dem 1. vorchristlichen Jahrhundert Grabinschriften für Ärztinnen; einige von ihnen bringen die Frau mit einer Medizinerfamilie in Verbindung. »Du führtest sicher das Ruder des Lebens in unserem Heim und erhöhtest unseren gemeinsamen Ruhm in der Heilkunst – obwohl du eine Frau warst, standest du mir in deinen Fertigkeiten um nichts nach«, lautete die Ehrung Glykons an seine Gattin Panthia im 2. Jahrhundert.[27] Von den acht Künstlerinnen, die die antiken Autoren nennen, werden einige als »Töchter und Schülerinnen« eines malenden Vaters bezeichnet.[28] Am ausführlichsten wird über Lala (Iaia) von Kyzikos berichtet, die um 100 vor Christus in Rom arbeitete:

> Sie benutzte sowohl den Malerpinsel als auch das Schnitzwerkzeug auf Elfenbein. Sehr häufig malte sie Frauen, darunter ein Tafelbild einer alten Neapolitanerin und sogar ein Selbstbildnis, für das sie einen Spiegel verwendete. Keine Hand war schneller beim Malen eines Bildes als die ihre; ihr Talent war so groß, daß ihre Preise jene der gefeiertsten Maler ihrer Zeit weit überstiegen …[29]

Wiewohl keines der Kunstwerke dieser Frauen überlebt hat, dauerte die von ihnen begründete Tradition – die Arbeit von Frauen in den Künsten – in späteren Jahrhunderten an. Andererseits sind die bedeutenden Darstellungen und Bildnisse von Frauen, die von der Kunst dieser frühen Kulturen Bestand hatten, Werke von Männern.

In gewissem Maße gilt dasselbe für die Philosophie. Während nur die

Namen und einige kurze Berichte über die Schriften von Philosophinnen erhalten blieben, stammt das ausführlichste Argument zugunsten einer Stärkung der Frauen von einem männlichen Denker: Den frauenfeindlichen Passagen in seinen anderen Schriften zum Trotz, bringt Platon im »Staat« *(Politeia)* und den »Gesetzen« *(Nomoi)* vor, Frauen und Männer seien sich ihrer Natur nach ebenbürtig und sollten folglich dieselbe Erziehung genießen. Im »Staat« bekräftigt er den Schluß, daß die ideale Staatsbürgerin den Männern gleichgestellt und an den Regierungsgeschäften beteiligt sein sollte. »Männer und Frauen besitzen gleichermaßen die Eigenschaften, die einen Wächter ausmachen; sie unterscheiden sich nur durch ihre relative Stärke oder Schwäche.« Den Wächterinnen sollte die harte Arbeit der Kindererziehung erspart bleiben, dafür würden sie an der Mühsal des Krieges und der Verteidigung ihres Landes teilhaben.[30] Diese im 4. Jahrhundert vor Christus geschriebenen utopischen Gedanken blieben erhalten und stellten sicher, daß man in späteren Jahrhunderten auf die Möglichkeit weiblicher Gleichberechtigung stieß, wo immer man Platons Philosophie studierte.[31]

Sechshundert Jahre später (im 3. Jahrhundert nach Christus) berichtete Diogenes Laertes, Platon hätte an seiner Akademie zwei wie Männer gekleidete Schülerinnen gehabt. Das Wissen über andere Philosophinnen stammt hauptsächlich aus späten Quellen und ist fragmentarisch; es gibt nur Andeutungen über den Einfluß und das intellektuelle Prestige dieser gebildeten Frauen der Antike. Immerhin drei Frauen hatten Namen und Rang als Philosophinnen: Hipparchia aus Athen (3. Jahrhundert vor Christus), Beruriah aus Jerusalem (2. Jahrhundert) und Hypatia aus Alexandria (um 400 nach Christus).[32] Von ihnen allen wurden treffende Anekdoten erzählt, die ihren behenden Geist und ihre Disputationskunst unter Beweis stellten.

»Ich bin viel stärker als Atalante von Maenalus [eine berühmte Läuferin, die alle ihre Freier durch Schnelligkeit besiegte], da meine Klugheit besser ist, als über die Berge zu laufen«, soll Hipparchia gesagt haben, und zu einem Kritiker meinte sie: »Du wirst nicht denken, daß ich mein Leben schlecht eingerichtet habe, wenn ich die Zeit, die ich mit Weben vergeudet hätte, für meine Bildung eingesetzt habe.«[33] Beruriah ist eine der ganz wenigen Frauen, die um ihrer Gelehrtheit willen vom Talmud zitiert werden. In einem Abschnitt beispielsweise verbessert sie ihren Gatten Rabbi Meir, der für den Tod einiger Sünder betete. Sie führte Verse an, die vom Tod der Sünde (nicht der Sünder) sprachen, und überzeugte ihn, für die Reue der Sünder zu beten. Er tat so, und sie bereuten. Mehrere Abschnitte zitieren sie als Autorität und beginnen: »Mit Recht sagte Beruriah ...«[34]

Hypatia (ca. 370–415) steht im Ruf großer Gelehrsamkeit, obwohl keine ihrer Schriften erhalten ist. Sie war die Tochter eines Mathematikers und lehrte selbst Mathematik und Philosophie an der Universität von Alexandria. Sie war eine beliebte Lehrerin, erfand mehrere wissenschaftliche Instrumente und schrieb über Astronomie und Mathematik. Im Jahr 415 hetzte der christliche Patriarch von Alexandria den Pöbel gegen sie auf; sie wurde aus ihrem Wagen gerissen und getötet. Ihre Leiche und alle ihre Bücher wurden verbrannt.

Einige Schriften – Briefe und Gedichte – von Frauen aus der griechischen und der römischen Kultur haben überlebt; sie nehmen es mit den besten der zu dieser Zeit von Männern geschriebenen Dichtungen auf. Dieses Erbe weiblichen Schreibens, in dem die Weltsicht der Frauen sich Ausdruck verschaffte, gehört zu den wichtigsten Traditionen, welche die europäischen Frauen im Lauf der Geschichte bestärkt haben. Qualität konnte diesen Schriften nicht abgesprochen werden, und die Tatsache, daß Frauen fähig waren, bedeutende Literatur zu schaffen, strafte die Behauptung der angeborenen weiblichen Unterlegenheit Lügen. Immer wieder gelang es Frauen, Literatur von bleibendem Wert zu schaffen. Trotz der vielen Verluste überdauerte genug, um eine Tradition weiblicher Dichtkunst zu begründen, die bis in die Antike zurückreicht. Die frühen, von ihren Gesellschaften geehrten Dichterinnen verschafften den Anliegen und Wünschen der Frauen Ausdruck. Im 3. vorchristlichen Jahrhundert schrieb die griechische Dichterin Anyte von Tegea über den Kummer eines kleinen Mädchens:

> Das Mädchen Myro machte dieses Grab
> für seine Heuschrecke, eine Feldnachtigall,
> und seine Grille, die in den Bäumen lebte,
> und es weinte, weil der unbarmherzige Tod
> seine beiden Freunde genommen hatte.[35]

Die Frauen wählten ihre eigenen Themen; sie richteten ihr Augenmerk auf die Liebe und schrieben kaum über den Krieg, den Stoff so vieler Dichtungen von Männern. Diese Parteinahme für die Liebe und deren Rechte wurde zur damaligen Zeit wie auch später vermerkt. Zwar schrieben auch Männer über die Liebe, doch schufen die Frauen eine Dichtungstradition, in der die Liebe als höchstes aller Güter erscheint:

> Nichts Süßeres als Liebe gibt es, alle anderen Wonnen
> sind ihr hintangestellt. Sogar Honig habe ich
> aus meinem Mund gespien – ich, Nossis,
> sage, es ist so. Doch wen Kypris [Aphrodite]
> nicht geliebt hat, der wird nie wissen,
> was für Rosen ihre Blumen sind.[36]

Diese Verse der Griechin Nossis von Lokris (3. Jahrhundert vor Christus) fanden 400 Jahre später bei der Römerin Sulpicia ein Echo:

> Dieser Tag hat eine Liebe gebracht;
> es würde mich beschämen, sie zu verstecken
> [...]
> Wenn ich sündige, frohlocke ich beim Sündigen:
> Ich will nicht der Tugend Maske tragen –
> Die Welt soll wissen, daß wir zusammengekommen
> und daß wir uns gegenseitig wert sind.[37]

Die glänzendste Dichterin von allen – und auch die früheste – war Sappho von Lesbos. Schon zu ihrer Zeit als poetisches Genie anerkannt, erntete sie höchstes Lob quer durch die Jahrhunderte und inspirierte Frauen anderer Epochen und Kulturen. Platon nannte sie die »zehnte Muse«, und andere Autoren regten an, ihre Dichtungen als Muster zu studieren und nachzuahmen.[38]

Nur wenig aus ihrem Leben ist mit Gewißheit bekannt. Sie wurde vermutlich um 630 vor Christus geboren. Rund zweihundert Jahre nachdem die Werke Homers erstmals aufgezeichnet worden waren, schrieb sie ihre griechischen Dichtungen. Sie war verheiratet (der Name ihres Gatten ist unsicher), und sie hatte eine Tochter:

> Hab ein schönes Kind,
> goldnen Blumen wohl vergleichbar
> ist sein feiner Wuchs:
> Kleis heißt sie, mein Alles,
> und ich nähme nicht
> Lydiens Reichtum noch das schöne
> (Lesbos), müßt als Preis
> sie ich geben [...][39]

Wie es zu jener Zeit üblich war, trug sie ihre Dichtungen wahrscheinlich zum Spiel einer Lyra vor. »Nun erheb deine Stimme, du meine göttliche Leier«, sang sie.[40] Sie betrachtete sich nicht nur als Dichterin, sondern als gute Dichterin:

> [...] keine einzige, die
> jemals erblickt
> strahlendes Sonnenlicht,
> wird an Weistum so reich,
> glaube ich, kein

einziges Mädchen. Nie
wird's das geben [...][41]

Sappho verfaßte neun Bücher mit Lyrik, doch nur ein einziges Gedicht ist vollständig erhalten. Vieles blieb überhaupt nur bewahrt, weil ihr dichterischer Ausdruck als vorbildhaft galt und ihre Verse deshalb von anderen Autoren zur Illustrierung poetischer Techniken verwendet wurden. Selbst in den Bruchstücken bezeugen die lebendigen Metaphern und Wendungen ihr Talent. Sie schildert, wie Aphrodite zu ihr herabkam:

hoch zu Wagen, den dein Gespann, die muntren
Vögel, trugen über die schwarze Erde,
flink die Flügel regend, aus Himmelshöhen
und durch die Lüfte [...][42]

Es gelang ihr, durch einfache Aussagen eine Stimmung zu beschwören:

Nun ist schon der Mond versunken
und auch die Plejaden. Mitte
der Nacht, und die Zeit des Wartens
vorüber. Alleine schlaf ich.[43]

Sie gebrauchte ausgefeilte Metaphern: »so wie die Hyazinthe / von Hirten beim Hüten am Berghang / mit den Füßen zertreten, / da liegt nun die purpurne Blüte!« hieß es in einem Fragment.[44] Sie kannte auch die Wirkung von variierten Wiederholungen:

Abendstern, bringst alles heim, was
die strahlende Eos [Morgendämmerung] zerstreute:
bringst Schafe heim,
bringst heim Ziegen –
bringst fort von der Mutter die Tochter![45]

Ihre Kunstfertigkeit in Liebesdichtungen erhöhte ihr Ansehen von all ihren poetischen Gaben am meisten. Liebe war ihr Hauptthema, und ihr einziges vollständig erhaltenes Gedicht ist eine Bitte an die Liebesgöttin Aphrodite, diese möge ihr den Herzenswunsch erfüllen und die Liebe einer Frau verschaffen, die sie anbetet:

Komm zu mir auch jetzt, und erlös aus schwerer
Sorge mich, und was meines Herzens Sehnsucht
wünscht und hofft, erfülle es du, sei du mir Bundesgenossin![46]

Sapphos Liebe richtete sich in dieser Hymne und in anderen Gedichten sowohl auf Frauen als auch auf Männer, und seit der Antike wurde sie deshalb getadelt, sie sei »nicht regelgemäß« und eine »Frauenliebhaberin«.[47] (Die Wortbildungen »sapphisch« oder »lesbisch«, die in Anlehnung an Sapphos Namen und Geburtsort weibliche Homosexualität bezeichnen, stammen aus jüngerer Zeit.) Die Kritik vermochte jedoch die Bewunderung nie zu übertönen, und Sapphos Beschreibungen von Liebesempfindungen blieben zu allen Zeiten unvergessen. »(Es) hat geschüttelt die Sinne mir / Eros, so wie ein Sturm in die Eichen des Bergwalds fällt«, schrieb sie, und: »Gliederlösender Eros treibt wieder mich um, süß-bitter, unzähmbar, ein wildes Tier.«[48] Die Eifersucht beschrieb sie mit den Worten »feines Feuer hat im Nu meine Haut durchrieselt / mit den Augen sehe ich nichts, ein Dröhnen braust in den Ohren [...]«, und beim Anblick ihrer Geliebten mit einem anderen ist sie »bald schon [...] einer Toten gleich [...] anzusehn«.[49]

Sappho verehrte die Frauen, schätzte ihre Liebe und ihre Vorstellungen. Die von ihr beschriebenen Frauen sind vollgültige menschliche Wesen, liebenswürdig und bewundernswert. Nirgends finden sich in ihren Dichtungen die Theorien weiblicher Unterordnung und die Rechtfertigungen weiblicher Unterlegenheit; und mit der Erschaffung einer Welt, in der die Frauen als gleichberechtigt anerkannt wurden, erteilte sie allen jenen eine Absage, die die Frauen verunglimpften. Ja, sie setzte die Rechte der Liebe über alles andere im Leben, höher selbst als den Krieg in einer Kriegerkultur. Dadurch trug sie zur Entstehung der langen Tradition europäischer Liebesdichtung bei, auch wenn nur wenige der späteren Dichterinnen ihrer Liebe für eine Frau Ausdruck gaben:

> Reiterheere mögen die einen, andre
> halten Fußvolk oder ein Heer von Schiffen
> für der Erde köstlichstes Ding – ich aber
> das, was man lieb hat.
> [...]
> [Dies] läßt auch mich der fernen Anaktoria
> wieder gedenken.
> Ihren leichten Schritt wollt' ich lieber sehen
> und das helle Leuchten von ihrem Antlitz
> Als der Lyder riesiges Heer und erz-
> gewappnete Streiter.[50]

In einem der Gedichtfragmente blickte Sappho in die Nachwelt: »Sich erinnern an uns / wird, wie ich mein', / mancher in spätrer Zeit.«[51] Und so war es: Ihr Name wurde nie ganz vergessen, und solange sie Erwähnung fand, überlebte auch die Tradition, daß eine Frau schreiben kann, und zwar so gut wie irgendein Mann. Andere Frauen folgten Sapphos Beispiel; sie verliehen ihren Anliegen eine eigene Stimme und waren darin so gut, daß auch ihre Schriften überdauerten. Der griechische Dichter Meleagros lobte einige dieser Schriftstellerinnen und nahm Werke von ihnen in seinen »Kranz« *(Stephanos)* auf, eine Anthologie von Epigrammen. Er beschrieb selbst, wie er die Gedichte auswählte: Er habe »in den Kranz viele Lilien von Anyte geflochten, viele weiße Lilien von Moero und von Sappho nur wenige Blumen, diese wenigen aber Rosen ...«[52] Die Tradition schreibender Frauen hielt an, und sie hat in den folgenden Jahrhunderten die europäischen Frauen wesentlich gestärkt.

1.5 Die Wirkungen des Christentums

Begünstigende Einflüsse

Die alten Kulturen der Griechen, Römer, Hebräer, Kelten und Germanen vermachten den europäischen Frauen ein heterogenes Erbe: Überwiegend wurde die weibliche Unterordnung gerechtfertigt und fortgesetzt, doch gehörten dem Überlieferungsgut auch solche Bilder und Erinnerungen an, die die Frauen stärkten. Das Leben und die Lehre von Jesus von Nazareth, die später als Glauben und Brauch der christlichen Kirche institutionalisiert wurden, trugen zu beiden Überlieferungssträngen bei, zu demjenigen, der die Position der Frauen stärkte, wie auch zu demjenigen, der sie schwächte.

Anfänglich hatten Jesu Worte und Handlungen die Frauen in einer Weise mit einbezogen, die im römisch dominierten Palästina des 1. Jahrhunderts neu und überraschend war. Trotz der gelegentlichen Bestürzung, die es unter seinen männlichen Jüngern hervorrufen mochte, machte er in seinen Lehren kaum Unterschiede zwischen Männern und Frauen. Als er lange mit einer Frau aus Samaria sprach, »verwunderten« sie sich, »daß er mit einer Frau redete«.[1] Manchen seiner Zeitgenossen schien es, Jesus verwerfe die traditionellen Begriffe der gesellschaftlichen Ordnung von Freien und Sklaven, Unterworfenen und Minderwertigen. In der weiblichen Natur sah er keine besonderen Mängel. Er bezog Frauen in seine Predigten mit ein und bot ihnen Rollen außerhalb der Familie und unabhängig von ihren Beziehungen zu einem Mann an. Mit seiner Autorität setzte er sich für eine Umwertung der zeitgenössischen und überkommenen Werte und Einstellungen ein. In der Bergpredigt pries er die Sanftmütigen selig, »denn sie werden das Land besitzen«, und jene, »die um der Gerechtigkeit willen verfolgt werden, denn ihrer ist das Reich der Himmel«. Arme und Reiche – sowohl Frauen als auch Männer – forderte er auf, ihre Familien zu verlassen und ihm nachzufolgen; sie würden, versprach er, eine neue christliche Familie finden. Allen, die seine Lehren annehmen wollten, stellte er das Königreich des Himmels in Aussicht, gleich welchen Geschlechtes oder Standes sie waren.[2]

Jesus lehnte vieles ab, was frühere Kulturen für selbstverständlich genommen hatten. Besonders bedeutungsvoll für die europäischen Frauen späterer Jahrhunderte war seine Lehre von der Gleichheit aller Gläubigen. Mit seinen Handlungen und Worten wies er die traditionelle Auffassung weiblicher Unterlegenheit zurück und untergrub die alten Rechtfertigungen für die Unterordnung der Frau unter den Mann. Konsequent vertrat er die Ansicht, die Frau sei ebenso als Abbild Gottes geschaffen worden wie der Mann. Jesus bezog sich auch nie auf die nachgeordnete Erschaffung Evas aus der Rippe Adams und bezichtigte sie wegen des Ungehorsams im Garten Eden keiner speziellen Schuld. Der Akt der Taufe reinigte die Frauen gleich wie die Männer von der Befleckung durch Sünde, und auch bei den Frauen entschied – genauso wie bei den Männern – die persönliche Frömmigkeit über das Leben nach dem Tod und die Auferstehung des Körpers.

Jesus behandelte die Frauen auch sonst als gleichwertig. In seinen Gleichnissen wählte er sowohl Frauen als auch Männer zur Illustration der von ihm hochbewerteten Tugenden Glauben, Demut und Nächstenliebe. Dirnen, die an ihn glaubten, sollten nach seinen Worten vor Priestern, die ihn verleugneten, in das Reich Gottes eingehen.[3] Die zwei Heller der armen Witwe galten ihm mehr als die prunkvollen Opfergaben der Reichen, »denn alle haben aus ihrem Überfluß eingelegt [in den Opferstock]; diese aber hat aus ihrem Mangel heraus alles eingelegt, was sie hatte, ihr ganzes Gut«.[4] Als er den Glauben mit einem Senfkorn verglich, »das ein Mensch [oder »ein Mann«] nahm und auf seinen Acker säte«, ließ er unmittelbar noch ein zweites Gleichnis von einer Frau folgen: »Das Reich der Himmel ist gleich einem Sauerteig, den eine Frau nahm und unter drei Scheffel Mehl mengte, bis es ganz durchsäuert war.«[5] Fünf kluge Jungfrauen, die ihre Lampen mit Öl füllten und sich darauf vorbereiteten, den Bräutigam zu empfangen, dienten als Beispiel für die wahren Gläubigen, die bereit sind, Gottes Segnungen zu empfangen.[6] Jesus benutzte die Metapher der »Geburt«, um seine Botschaft zu umschreiben, und versicherte, seine Jünger würden die Freude einer Mutter, die ein Kind geboren hat, empfinden.[7] Als eine Frau, die am Blutfluß litt, seine Hilfe suchte und sein Kleid berührte, tadelte er sie nicht, sondern tröstete und heilte sie.[8] Einer Frau, die Ehebruch begangen hatte – was in der hebräischen Gesellschaft und in vielen zeitgenössischen Kulturen als eine der verachtenswürdigsten Verfehlungen überhaupt betrachtet wurde –, rettete er das Leben: Nach jüdischem Gesetz sollte sie gesteinigt werden, Jesus aber sagte: »Wer unter euch ohne Sünde ist, werfe den ersten Stein auf sie!« Als niemand die Hand zu heben wagte, sprach er zu ihr: »Auch ich verurteile dich nicht; geh, sündige von jetzt an nicht mehr!«[9]

Auch redete Jesus mit Frauen über seine Lehren und nahm sie in die Schar seiner Jünger mit auf. Dieser Punkt in seinem Verhalten gegenüber Frauen wirkte am erstaunlichsten, denn im römisch beeinflußten jüdischen Palästina spielten Frauen in den rabbinischen Lehren oder im Talmud kaum eine Rolle, geschweige denn als Studentinnen. Ganz im Gegensatz dazu offenbarte Jesus seine Göttlichkeit zuerst einer Frau aus Samaria – in einer Kultur, welche die Frauen unterordnete und die Samaritaner ausstieß. Vor Martha von Bethanien bekannte er seine Mission: »Ich bin die Auferstehung und das Leben. Wer an mich glaubt, wird leben, auch wenn er stirbt; und jeder, der lebt und an mich glaubt, wird in Ewigkeit nicht sterben.«[10] Zum Beweis erweckte er ihren Bruder Lazarus von den Toten. Maria, die Schwester Marthas, »setzte sich zu Füßen des Herrn und hörte seiner Rede zu«. Als Martha sich beklagte, weil Maria ihr nicht behilflich war, die Mahlzeit zu richten, antwortete Jesus: »Maria nämlich hat das gute Teil erwählt, und das soll nicht von ihr genommen werden.«[11] Christinnen zitierten in späteren Jahrhunderten wiederholt diese Bekräftigung des Rechts der Frauen auf Lehre und Bildung. Viele bezogen sich auch auf die Worte Jesu an Johannes, er solle für seine Mutter Maria sorgen, und erinnerten damit an die spezielle Bedeutung der Frau als Mutter. Frühchristliche Wandmalereien und Statuen stellen Maria als königliche Mutter dar; die Jungfrau sitzt auf einem Thron und hält auf ihrem Schoß das heilige Kind, das seine Hand zum Segen emporhebt.

Jesus unterstützte die Frauen immer wieder und ermutigte sie zu einem Verhalten, das nicht der Tradition entsprach. Bei den Vorfällen rund um seinen Tod und seine Auferstehung spielten Frauen, nicht Männer die Hauptrollen. In den Berichten von der Kreuzigung halten die vier Evangelien übereinstimmend fest, alle Apostel außer Johannes seien geflohen, die Frauen jedoch seien geblieben, um am Fuß des Kreuzes zu beten und Jesu Tod zu bezeugen.[12] Die Frauen waren es auch, die den Plan faßten, seinen Leichnam mit Balsam zu salben. Maria von Magdala kehrte als erste zum Grab zurück und entdeckte, daß sein Körper verschwunden war. Sie, »von der er sieben Dämonen ausgetrieben hatte«, nicht etwa einer der männlichen Jünger, war die erste Zeugin seiner Auferstehung, die den Gläubigen als letzter Beweis für die Göttlichkeit Jesu diente. Sowohl Markus als auch Lukas überliefern, die Jünger hätten Maria von Magdala nicht geglaubt und Jesus hätte sie später für »ihren Unglauben und die Härte ihres Herzens« gescholten.[13]

Die Präsenz von Frauen in den Evangelien, sei es als fromme Vorbilder, als Mütter oder als Jüngerinnen, blieb für spätere Zeiten als eine Tradition bestehen, welche die Frauen stärkte. Jene Bücher des Neuen Testaments, die

die Jahre unmittelbar nach Jesu Tod beschreiben (die Apostelgeschichte und die Briefe), boten ebenfalls zahlreiche Modelle von Frauen, die innerhalb des neuen Glaubens als Gleichberechtigte auftraten. Spätere Frauen konnten sich für die Rechtfertigung von weiblichen Rollen außerhalb von Familie und Ehe auf diese Schriften des 1. nachchristlichen Jahrhunderts berufen.[14] Die Lebensberichte von Jesus erwähnen übereinstimmend fünf weibliche Begleiterinnen: Maria von Magdala, Maria von Bethanien, Johanna, Susanna und Salome,[15] und die Berichte der Apostelgeschichte sind reich an Namen von Frauen, die den neuen Glauben nach Jesu Tod unterstützten. In der jüdischen Gemeinde von Joppe lebte eine Näherin namens Tabitha, die als »Jüngerin« bezeichnet wurde. Sie war ihren Glaubensgenossen so wichtig, daß diese bei ihrem Tod Petrus beredeten, er solle sie ins Leben zurückrufen.[16]

Obwohl die Lehren des Apostels Paulus im allgemeinen die weibliche Unterordnung als erstrebenswert darstellen, schrieb er an die christlichen Gemeinden in Galatien: »Da ist nicht Jude noch Grieche, da ist nicht Sklave noch Freier, da ist nicht Mann und Weib; denn ihr alle seid *einer* in Christus Jesus.«[17] Im Brief an die Christengemeinde in Rom erwähnt Paulus sechsunddreißig Gläubige und Mitarbeiter, sechzehn davon Frauen.[18] Frauen standen ihm bei der Arbeit bei, und es gab Gemeindevorsteherinnen, mit denen er sich traf oder mit denen er in Briefwechsel trat.[19] In Korinth lehrte Paulus zusammen mit Prisca (Priscilla); sie und ihr Gatte Aquila hatten ihm einst das Leben gerettet. Möglicherweise hatten sie zusammen der christlichen Gemeinde in Rom vorgestanden, bevor sie nach Griechenland flohen, um der Verfolgung zu entgehen.[20] Paulus' Schülerin Thekla von Ikonion verließ ihre Familie, um mit ihm zu lehren, und verkörperte vorbildhaft für die damalige Zeit eine fromme christliche Frau.

In den Jahrhunderten der Verfolgung übernahmen Christinnen neue Rollen als Priesterinnen und Prophetinnen. Die Gnostiker (eine weitgespannte religiöse Bewegung, die von der Führung der Urkirche später als Sekte abgetan und bekämpft wurde) sollen weiblichen Gläubigen in Nordafrika erlaubt haben, als Priesterinnen zu wirken, Gebete anzuleiten und zu taufen. Bis zum 2. Jahrhundert hatten die Gnostiker verschiedene Schriften hervorgebracht, welche die aktive Beteiligung der Frauen und die doppelgeschlechtliche Natur Gottes lehrten. Die Aufzählung der Attribute Gottes in der folgenden gnostischen Hymne erinnert stark an zeitgenössische Loblieder auf Isis:

Ich bin nämlich die Erste und die Letzte
Ich bin die Geehrte und die Verachtete
Ich bin die Dirne und die Ehrbare
Ich bin die Frau und die Jungfrau
Ich bin die Mutter und die Tochter [...][21]

Bei den Montanisten von Phrygien gehörten zu Beginn des 3. Jahrhunderts zwei Prophetinnen zur religiösen Führung. Prisca predigte, die zweite Ankunft des Erretters stehe nahe bevor, und zeichnete eine Vision auf, in der ihr Jesus in weiblicher Gestalt erschienen war.[22] Die zweite Prophetin, Maximilla, übernahm die Führung der Gruppe nach dem Tod von Montanus. Als sie deswegen angegriffen wurde, verteidigte sie ihre Rolle mit den Worten: »Ich werde verfolgt wie ein Wolf im Schafpferch, ich bin aber kein Wolf: Ich bin Wort und Geist und Macht.«[23]

Die mächtigsten Frauenbilder aus der Frühzeit des Christentums erhielten sich in den Legenden jener Frauen, die während der Verfolgungen durch das römische Reich als Märtyrerinnen das Leben ließen. Mehr als alle anderen Frauen wurden sie die Heldinnen künftiger Generationen. Sie, die für ihre Überzeugungen zu sterben bereit waren, veranschaulichten die Unabhängigkeit, die Tapferkeit und Macht, die eine fromme Christin aus ihrem Glauben ziehen konnte.

Bis zu Beginn des 4. Jahrhunderts, als die christliche Glaubenslehre die bevorzugte Religion des Imperiums wurde, erlitten über 100 000 Christinnen und Christen zwischen Karthago in Nordafrika, Lyon und Wien dieses Schicksal. Mit aller Gewalt versuchten die römischen Kaiser und ihre Statthalter, diesen Kult auszulöschen, der den Gottheiten des römischen Staates nicht huldigen wollte und Pazifismus predigte.[24] Bei der christlichen Verehrung und Verherrlichung der Märtyrer, die zu Heiligen wurden, verschwammen die Trennlinien zwischen Dichtung und Wahrheit. Man richtete Gebete an sie und machte sie zu vorbildlichen Protagonisten der christlichen Literatur und Ikonographie. In späteren Jahrhunderten konnten auch die des Lesens unkundigen Gläubigen die Heiligen an den Symbolen ihres Märtyrertums – oft den Marterwerkzeugen – sogleich erkennen: Die heilige Katharina wurde mit dem Rad dargestellt, die heilige Margareta mit dem Drachen, der sie angegriffen hatte, und die heilige Barbara hielt einen kleinen Turm in der Hand, um damit auf die Einkerkerung durch ihre Eltern hinzuweisen. An manchen der gemarterten Frauen wurde exemplarisch der Weg zum christlichen Seelenheil vorgeführt. Die Sklavin Blandina, die ausgepeitscht, in Brand gesteckt und schließlich, in ein Netz geschnürt, von einem Stier durchbohrt und getötet wurde, blieb stärker als ihre Peiniger und gewann deren Bewunderung für ihr unerschütterliches Festhalten am Christentum. Andere Frauen gaben ein bequemes Leben und eine angesehene gesellschaftliche Stellung auf, um Christinnen zu werden. Die heilige Agnes, eine Tochter aus guter römischer Familie, wählte lieber den Tod als die Heirat mit einem heidnischen Freier. Davia verzichtete auf ihr hohes Amt als Minervapriesterin, Anastasia gab ihr Leben als Adelige auf. Die vorbildliche Jungfrau Pelagia von Antiochien zog es vor, sich von einem

Hausdach hinunterzustürzen, als eine Vergewaltigung zu erleiden. Auch die heilige Afra von Augsburg, eine ehemalige Prostituierte, trat zum Christentum über und starb für ihren Glauben.

Aus all den Legenden und den Bruchstücken historischer Zeugnisse ragt eine Frau heraus, da sie einen eigenen Bericht über die Tage und Stunden, die ihrem Märtyrertod vorausgingen, hinterlassen hat. Der liturgische Kalender erinnert sich ihrer als der heiligen Perpetua von Karthago; sie starb in den Verfolgungen zu Beginn des 3. Jahrhunderts. Perpetua verkörperte all die Werte, welche fromme Christinnen in späteren Jahrhunderten anstrebten: Selbstaufopferung, Mut und Standhaftigkeit. Perpetua war erst zweiundzwanzig Jahre alt und stillte noch ihren kleinen Sohn, als sie ins Gefängnis geworfen wurde. Zunächst war sie »äußerst erschrocken, da ich noch nie in einem solchen dunklen Loch gewesen bin«.[25] Sie widerstand des Vaters Bitten, sie möge widerrufen, und ließ sich im Gefängnis taufen.[26] Bedeutungsvolle Träume begannen sie heimzusuchen; in einem erlebte sie sich selbst als Mann und Gladiator, der in der Arena zu kämpfen hatte:

> Meine Kleider wurden abgestreift, und plötzlich war ich ein Mann. Meine Begleiter begannen mich mit Öl einzureiben, wie man es vor einem Kampf zu tun pflegt. [...] Wir rückten näher aneinander heran und ließen unsere Fäuste fliegen. Mein Gegner versuchte, meine Füße zu packen, doch ich trat ihn ständig mit den Fersen ins Gesicht. [...] Er fiel flach vornüber, und ich trat auf seinen Kopf. [...] Ich begann im Triumph auf das Tor des Lebens zuzugehen. Da wachte ich auf.[27]

Ein unbekannter Beobachter zeichnete ihren Tod auf. Sie lehnte es ab, die Gewänder einer Priesterin anzuziehen, bevor sie in die Arena trat. Als der Ansturm einer wilden Kuh sie zu Boden geworfen hatte, rückte sie ihre Kleider zurecht, steckte sich die Haare wieder fest und ging quer durch die Arena zur Gruppe ihrer Gefährten. Am Ende führte sie selbst dem ungeübten Soldaten, der sie mit dem ersten Schlag nicht hatte enthaupten können, die Hand mit dem Schwert.[28]

Gelegenheiten zu Märtyrertod und weiblichem Heldentum boten sich auch noch, als nach dem 5. Jahrhundert durch die Völkerwanderung die Grenzen des römischen Reiches überrannt wurden und christliche Frauen erneuten Angriffen ausgesetzt waren. Die heilige Marcella, eine römische Matrone, die beim Kirchenvater Hieronymus studiert hatte, wurde von den Westgoten getötet, als sie im Jahr 410 Rom plünderten. Die heilige Ursula von Köln kam (nach der Legende zusammen mit 11000 Jungfrauen) wahrscheinlich um 500 von der Hand der Hunnen um, und die heilige Gudula von Brüssel starb bei einem Einfall der Wikinger um 712. Die Wikinger rückten auf dem Seeweg an und segelten die Flußläufe hoch, um die Schätze der Kirchen und der religiösen Gemeinschaften zu erbeuten. Die erschreckten Nonnen, die sich vor Vergewaltigungen fürchteten, verstümmelten ihre Gesichter und hofften so, ihre Angreifer abzustoßen. Auch dies entsprach einer traditionellen Form weiblicher Frömmigkeit und weiblichen Märtyrertums: Eusebia handelte im 8. Jahrhundert in Spanien ebenso, als sie sich durch einen Einfall der Sarazenen bedroht sah.

Als die Verfolgungen und Invasionen ein Ende hatten, fanden die Frauen andere Möglichkeiten, ihrem Glauben zu dienen und ihn zu fördern. Wie in der Frühzeit des Christentums griffen sie Rollen und Funktionen auf, die außerhalb dessen lagen, was den Frauen üblicherweise zugewiesen war. Wie die Männer bekehrten auch sie andere zum christlichen Glauben und schufen damit eine weitere Tradition für die Christinnen Europas. Legenden berichteten, Maria Magdalena habe in Südfrankreich Schiffbruch erlitten und da Ungläubige bekehrt. Irland soll angeblich dank der Anstrengungen von zwei Missionaren, den Heiligen Brigid und Patrick, zum Christentum bekehrt worden sei. Brigid (ca. 450–523), Tochter eines keltischen Häuptlings und einer christlichen Leibeigenen, lehnte eine Heirat ab, damit sie ihr Leben dem Glauben weihen konnte. »Ich habe nie auch nur sieben Furchen überschritten, ohne meine Seele zu Gott zu wenden«, soll sie gesagt haben.[29]

Christliche Frauen bekehrten sowohl ihre Familien als auch Fremde. Mütter bekehrten ihre Kinder, Ehefrauen ihre Männer. Wenn diese Frauen königlichen oder kaiserlichen Familien angehörten, konnten diese Handlungen weitreichende Konsequenzen zeitigen; eine Frau konnte so Einfluß nehmen auf die Religion des gesamten Volkes. Konstantin, der römische Kaiser, der das Christentum zur Staatsreligion erhob, war möglicherweise vom christlichen Glaubenseifer seiner Mutter Helena (ca. 248–328) beeinflußt. Während seiner Regierungszeit betrieb sie Bekehrungsarbeit, schützte Stätten, die mit dem Leben Jesu verknüpft waren, erbaute Kirchen in Palästina und Kleinasien und griff in Glaubensstreitigkeiten ein. Mit siebzig Jahren reiste sie nach Jerusalem, um das wahre Kreuz zu suchen.[30] Herrscherinnen des römischen West- und Ostreiches – zum Beispiel Eudoxia, Pulcheria, Theodora und Irene – folgten in den kommenden Jahrhunderten ihrem Beispiel und mischten sich aktiv in die religiösen Kontroversen ihrer Zeit ein. Jede machte von ihrer Macht Gebrauch, um die eine oder andere Doktrin, den einen oder anderen Papst zu begünstigen.[31]

Bei den germanischen Völkern bekehrten Königinnen ihre Gatten und damit ganze Königreiche. Im 6. Jahrhundert erklärte Chlothilde ihrem Ehemann Chlodwig, dem König der Franken: »Die Götter, die du anbetest, taugen nichts. [...] Sie konnten nicht einmal sich selbst helfen, geschweige denn anderen.« Als der Sohn starb, machte Chlodwig ihren Glauben dafür verantwortlich, während sie ihrem Gott, dem Schöpfer aller Dinge, dankte, daß er ein Kind aus ihrem Schoß in sein himmlisches Königreich aufgenommen hatte.[32] Erst als Chlodwig nach einem Gebet zum Christengott in einer Schlacht gesiegt hatte, wandte er sich dem Glauben seiner Gemahlin zu. In ähnlicher Weise bekehrten sich König Ethelbert von Kent und König Edwin von Northumbrien in England dank der Anstrengungen der christlichen Königin Bertha und ihrer Tochter Ethelberga.[33]

In der Frühzeit des Christentums wurde die Askese zur heiligsten Lebensform für einen Gläubigen. Die asketischen Christen versuchten, nicht für diese, sondern für die nächste Welt zu leben. Spirituelles Wachstum und moralische Besserung waren ihre Ziele, die sie mit Gebeten, Taten der Nächstenliebe und Versenkung in die Heilige Schrift durch Studium und Diskussion zu erlangen strebten. Spirituelles Wachstum erforderte die Verleugnung aller körperlichen Gelüste, die, wie man glaubte, die Seele an die Erde ketteten und ihre Annäherung an Gott verhinderten. Die Askese verlangte, die Bedürfnisse des Körpers nach Nahrung, Wasser, Geschlechtsverkehr, Reinlichkeit und Schlaf so weit als möglich abzutöten. Auch einige Griechen, Römer und Hebräer hatten schon die Askese gepriesen und danach gelebt; die christlichen Asketen gingen jedoch noch weiter in ihren Forderungen. Sie strebten nicht nur sexuelle Mäßigung, sondern völlige Abstinenz an. Frühere Asketinnen waren üblicherweise verheiratete Mütter gewesen; christliche Asketinnen konnten Witwen sein, die auch schon Kinder zur Welt gebracht hatten, oder aber es waren Frauen, die ganz jungfräulich bleiben wollten und deshalb Ehe und Kinder überhaupt ablehnten. Wie die Männer wollten sich diese Frauen vollständig von den traditionellen Rollen lösen und verschrieben sich einem Leben in Zölibat und frommer Andacht.

Die frühen Legenden über die heilige Thekla berichten, sie hätte mit Paulus gepredigt; laut späteren Versionen wurde sie auch Eremitin, lebte einsam, betete und fastete. Der Bischof Palladius schätzte im 4. Jahrhundert, doppelt so viele Frauen wie Männer hätten ein Leben in einsiedlerischer Askese gewählt.[34] Einsam in der Wüste zu leben setzte die Frauen jedoch besonderen Gefahren aus, und selbst die männlichen Eremiten neigten dazu, sich in Gruppen zusammenzuschließen. Frauen, die ein frommes Leben führen wollten, begannen sich deshalb zu versammeln und gründeten unter der Obhut eines Kirchenmannes religiöse Gemeinschaften in gestifteten Einrichtungen. Dieses Modell blieb auch in späteren Jahrhunderten erfolgreich: Um 800 war Europa übersät mit Konventen, Klöstern und Abteien, die von Frauen und Männern für weibliche Fromme gestiftet worden waren.[35]

Schon seit dem 1. Jahrhundert des Christentums gab es Präzedenzfälle für Frauen, die ihre Familien verlassen wollten, um sich ganz dem Glauben geweihten Gruppierungen anzuschließen. Zur Zeit der Verfolgungen in Rom legten Frauen als Diakonissen Keuschheitsgelübde ab und wirkten bei der Taufe weiblicher Gläubiger mit. Im 3. Jahrhundert fanden Gruppen von Witwen öffentliche Anerkennung als religiöse Orden, die sich dem Gebet und der Krankenpflege verschrieben. Die Kirchenkonzile von Nicäa und Chalkedon erlaubten Frauen, die mehr als vierzig Jahre alt waren, beim Abendmahl den Wein auszuschenken und frisch getaufte Mütter und Kinder zu unterweisen.[36] In der Epoche der Patristik (4. bis 6. Jahrhundert, so genannt wegen der Führung durch die Kirchenväter) entwickelten sich die informellen Gruppierungen zu anerkannten Gemeinschaften, die schließlich zu den religiösen Frauenorden wurden. Fromme Frauen und ihre männlichen Berater legten in dieser Zeitspanne die wesentlichen Züge des geistlichen Lebens fest. Wie die Männer verleugneten die weiblichen Angehörigen dieser Gemeinschaften ihren Körper mit Fasten, Keuschheit und der Unterdrükkung physischer Bedürfnisse und Verlangen. Sie brachten ihre Tage mit Studium und Gebet zu. In der römischen Matrone Paula (347–404) und ihrer Tochter Julia Eustochium sahen der Kirchenvater Hieronymus und Generationen späterer Frauen das Ideal dessen verkörpert, was Christinnen mit einem solchen Leben erreichen konnten. Die beiden wurden in ihrem Verhalten jenen wohlsituierten christlichen Frauen, die sich ganz ihrem Glauben widmen wollten, zum Vorbild.

Im Jahr 380 gab Paula, die später die heilige Paula die Ältere genannt wurde, ihr Leben als wohlhabende römische Matrone auf und schloß sich einem Kreis christlicher Asketinnen an, die sich um die Witwe Marcella versammelt hatten. Paulas Gatte, ein römischer Senator, war in jenem Jahr gestorben; sie zählte dreiunddreißig Jahre und hatte fünf Kinder. Sie fiel in eine Glaubenskrise und verteilte in den Straßen Roms ihr Geld. Die Gruppe der Frauen um Marcella, zu denen Paula dann stieß, traf sich schon seit dreißig Jahren regelmäßig. Diese hochgeborenen Asketinnen lebten in einer Weise, die geradezu das Gegenteil dessen darstellte, was von einer reichen Römerin erwartet wurde. An geselligen Verrichtungen oder Veranstaltungen nahmen sie nicht teil, sondern lebten zurückgezogen und gingen nicht ins Freie, es sei denn um christliche Heiligenschreine oder Kirchen aufzusuchen. Sie aßen so wenig als möglich und blieben ledig; sie wuschen sich nicht und trugen die rauhen Kleider der Armen. Ihr einziger Lesestoff war die Bibel, und sie studierten bei Hieronymus, als er in Rom Sekretär des Papstes war.

Hieronymus lobte Paula als ideale Christin:

> Sie trauerte und sie fastete. Sie starrte vor Schmutz; ihre Augen waren vom Weinen getrübt. [. . .] Psalmen waren ihre einzigen Lieder; das Evangelium ihre ganze Rede; Keuschheit ihr einziger Genuß; Fasten der Hauptinhalt ihres Lebens.[37]

Als die römische Synode Hieronymus 385 ins Exil schickte, ließ Paula ihre drei jüngeren Kinder zurück, um mit ihm nach Ägypten, nach Bethlehem und Jerusalem zu reisen. Nur Eustochium, ihre Tochter, die sich ebenfalls zu einem frommen Leben verpflichtet hatte, begleitete sie. Hieronymus pries Paulas Entscheidung für das spirituelle christliche Leben. Anerkennend schrieb er an Eustochium:

> Sie überwand die Liebe zu ihren Kindern durch ihre Liebe zu Gott. [...] Aber es war doch ihr Herz innerlich verpachtet, und sie rang mit ihrem Kummer, als wäre sie gewaltsam von Teilen ihrer selbst getrennt. [...] Obwohl es gegen die Naturgesetze war, hielt sie diese Prüfung mit ungeschwächtem Glauben aus – nein, vielmehr: Sie suchte sie mit freudigem Herzen [...][38]

Sie ließen sich in Bethlehem nieder. Paula bewunderte das Kloster, das eine andere wohlhabende römische Witwe, Melania die Ältere, errichtet hatte, und sie unterstützte selbst die Gründung von vier vergleichbaren Gemeinschaften, drei für Frauen, eine für Männer. Sie las mit ihren Frauen die Bibel und betete regelmäßig zu bestimmten Tageszeiten. Nach ihrem Tode folgte ihr Eustochium im Amt der Vorsteherin für die Frauenklöster nach. Hieronymus lobte Paulas Studien und berichtete, sie hätte so gut Hebräisch gelernt, daß sie die Psalmen ohne lateinischen Akzent zu singen vermochte. Ihre Tochter Eustochium edierte Hieronymus' lateinische Bibelübersetzung, die zukünftige *Biblia vulgata*.

Andere Kirchenväter und führende Persönlichkeiten halfen ebenfalls bei der Gründung von weiblichen Glaubensgemeinschaften mit. Augustinus, Bischof von Hippo, regte Frauen dazu an, in Karthago Vereinigungen zu bilden, und seine Schwester Perpetua gründete einen Orden für Frauen aus seiner Diözese. Im 6. Jahrhundert bildeten sich unter dem Schutz von Bischof Caesarius in Zentralfrankreich in allen größeren Städten religiöse Frauengemeinschaften.[39] Im 8. Jahrhundert gründete der Missionar Bonifatius Doppelklöster für Frauen und Männer in Deutschland. Auch Frauen stifteten Klöster für ihresgleichen. Die heilige Brigid richtete im 8. Jahrhundert in Kildare, in Irland, eine religiöse Gemeinschaft für Frauen ein und wurde deren erste Äbtissin. Im 7. Jahrhundert gründete die Mutter der heiligen Gertrud für sie das Doppelkloster Nivelles bei Brüssel. Osric, König Northumbriens im 8. Jahrhundert, gründete Gloucester für seine Schwester Kineburga. Im 8. Jahrhundert gab es bereits über zwanzig Frauenklöster in England und ebenso viele im Frankenreich im Gebiet von Frankreich und Belgien; und im 9. Jahrhundert waren von zwanzig Klöstern in Sachsen deren elf für Frauen.[40]

Die fränkische Königin Radegundis (518–587) wurde zum Vorbild vieler frommer Stifterinnen. Sie war eine thüringische Prinzessin, wurde nach dem Tod ihrer Eltern als Kriegsbeute verschleppt und vom Frankenkönig Chlothar I. als fünfte Ehefrau geheiratet. Sie hatte sich schon seit ihrer Kindheit einem religiösen Leben hingegeben; nun geriet sie mit ihrem Ehemann über ihre fromme Berufung und ihren Wunsch, sich ganz der Pflege von Kranken zu widmen, in Streit. Als sie fürchtete, er wolle sie töten lassen, ergriff sie die Flucht. Mit ihrem Eigentum und der Unterstützung des Bischofs Germanus begründete sie in Poitiers eine Frauengemeinschaft. Als Äbtissin lebte sie mustergültig, und ihr Seelsorger schrieb nach ihrem Tod: »Menschliche Eloquenz muß fast verstummen angesichts der Frömmigkeit, Selbstverleugnung, Liebe, Anmut, Demut, Aufrichtigkeit, Treue und Inbrunst, in denen sie ihr Leben führte.«[41]

Ab dem 4. Jahrhundert wurde die Unterstützung durch einen leitenden Kirchenvertreter zunehmend wichtiger, da die wachsende Kirche eine männliche Hierarchie aufbaute und Einheitlichkeit in Doktrin und Praxis durchzusetzen versuchte. Als Paula und Hieronymus für ihre religiösen Gemeinschaften die Regeln formulierten, hatten sie auf die Ideen Melanias zurückgegriffen. Nach und nach wurden jedoch die Vorstellungen männlicher Führer vorgezogen. Sie beharrten alle darauf, fromme Christinnen hätten sich in Bescheidenheit, Keuschheit und Gehorsamkeit zu üben. Verlangt wurde ein Leben ohne Luxus, ganz dem Gebet ergeben; die Frauen sollten von normalen Aktivitäten abgesondert werden, abgetrennt vom täglichen Umgang mit anderen, vor allem mit Männern. Im 4. Jahrhundert beschrieb der Kirchenvater Gregor von Nyssa das ideale Leben, das seine Schwester, die heilige Macrina die Jüngere (ca. 327–379), zusammen mit ihren Frauen geführt hatte und dem auch andere Frauen nacheifern sollten:

> Als ob ihre Seelen durch den Tod von ihren Körpern befreit gewesen wären [...], so war ihr Leben geordnet, wie um das Leben der Engel zu imitieren. [...] Ihre Existenz kam der unkörperlichen Natur nahe; einer Natur, die von menschlichen Sorgen befreit war.[42]

Zwischen 512 und 534 verfaßte Caesarius, Bischof von Arles, jene Regeln, die sich in der Folgezeit im ganzen Abendland ausbreiteten und zur Grundlage der christlichen Frauenorden kommender Jahrhunderte wurden. Die Frommen gaben all ihren Besitz auf und legten das Gelübde ab, ihr Leben lang abgeschieden und ledig zu bleiben. Die Gemeinschaft sollte sich selbst erhalten, die Frauen mußten die notwendigen Hausarbeiten selbst ausführen. Im 7. Jahrhundert wurden Teile aus der Regel des heiligen Benedikt, die dieser für sein Kloster auf dem Monte Cassino formuliert hatte, auf weibliche Gemeinschaften übertragen; von da ab boten sich im Tagesablauf der Frauen sorgsam abgegrenzte Möglichkeiten zum Gebet und zum Singen der Psalmen, dazwischen auch zu Studium und anderen Pflichten. Diese Regeln bestimmten später die Klöster, Konvente und Abteien in ganz Europa.

Spätestens im 9. Jahrhundert war es christlichen Frauen, ihren Familien und ihren kirchlichen Beratern somit gelungen, eine Alternative zu den traditionellen Frauenrollen früherer Gesellschaften zu schaffen und zu etablieren: Fromme Frauen konnten aus ihren Familien heraustreten und sowohl Ehe als auch Mutterschaft umgehen, um »Bräute Christi« zu werden. Sie ernteten dann die Früchte der spirituellen Vereinigung zwischen der gläubigen Seele und dem »Bräutigam« Christus, so wie sie Hieronymus für Eustochium beschrieben hatte:

> Dein verborgenes Kämmerlein sei Dein ständiger Schutz. Dort im geheimen möge Dein Bräutigam sich zärtlich gegen Dich zeigen. Betest Du, so sprichst Du zu Deinem Bräutigam; liest Du, dann redet er mit Dir. Kommt der Schlaf über Dich, dann stellt er sich hinter die Wand, streckt seine Hand durch einen Spalt und berührt Deinen Leib. Du aber wirst erschreckt aufspringen und sprechen: »Ich bin verwundet von Liebe.«[43]

Die religiösen Frauen konnten sich ganz dem Spirituellen widmen und nahmen unter dem Schirm ihrer Kirche eine neuartige Rolle wahr. Eine Hymne aus frühchristlicher Zeit überliefert ihren Freudengesang:

> Wir fliehen das kummervolle Glück der Sterblichen,
> haben die luxuriösen Freuden von Leben und Liebe verachtet.
> Wir verlassen die Ehe, das Bett der Sterblichen und ein goldenes Haus
> für Dich [...]
> Ein neues Lied singen wir, die Gemeinschaft der Jungfrauen, aufsteigend zu Dir
> in den hohen Himmel [...][44]

Unterordnende Einflüsse

Die Ansicht, daß auch die frommsten Frauen ihr abgeschiedenes und zölibatäres Leben unter der wachsamen Vormundschaft eines Kirchenmannes führen müßten, wurde für die europäischen Äbtissinnen und Nonnen nach 800 zu einer festen Tradition. Kirchenvertreter wie Caesarius und Benedikt erlaubten diesen Frauen zwar, herkömmliche Funktionen und Rollen aufzugeben, doch waren sie gleichzeitig überzeugt, die weiblichen Gläubigen seien ihrer Natur nach anders – und weniger wert – als die männlichen Frommen. Sie veränderten ihre Ordensregeln, um sie der, wie sie sagten, »schwächeren« Natur des weiblichen Geschlechts anzupassen. Denn obwohl einige gottesfürchtige Frauen der Tradition zuwider als Lehrerinnen, Märtyrerinnen,

Missionarinnen und Stifterinnen anerkannt wurden, rechtfertigten andere christliche Lehren und Praktiken die überlieferten Frauenrollen und die weibliche Unterordnung unter den Mann. Dafür gab es drei wichtige Quellen. Da waren zunächst die diesbezüglichen Aussagen des Alten Testaments, welches im Christentum so heiliggehalten wurde wie im Judentum. Als zweites wirkten die unterordnenden Traditionen all jener Kulturräume (der Griechen, Römer, Hebräer, Kelten und Germanen) fort, in denen sich das Christentum verbreitet hatte; und drittens fanden sich biblische Rechtfertigungen für die Unterordnung der Frau in den Schriften von Paulus, von anderen Aposteln und Evangelisten und von frühchristlichen Autoren. Alle diese Männer definierten die Frauen als von Natur aus unterlegen und leiteten so die Rechtfertigung für ihre Unterordnung unter die »überlegenen« Männer ab. Die frauenfeindlichen christlichen Traditionen machten einen wichtigen Teil des Vermächtnisses aus, das an die späteren Generationen europäischer Frauen weitergegeben wurde.

Im Gegensatz zu Jesus unterstrichen Petrus, Paulus, Timotheus und die Kirchenväter Hieronymus, Tertullian, Augustinus und Johannes Chrysostomos in ihren Schriften die Minderwertigkeit der Frau und behaupteten, sie sollte dem Mann unterworfen sein. Als sich das Christentum durchgesetzt hatte und institutionalisiert wurde, wurde den Frauen die Gleichheit wieder aberkannt, welche ihnen in den ersten Jahrhunderten vergönnt gewesen war. Paulus und andere Apostel erklärten jene Frauen, die ihnen behilflich waren, zu Ausnahmen; die große Mehrheit der Frauen sollte dagegen in den traditionell weiblichen Bahnen bleiben. Paulus stützte sich auf hebräisches Recht und Brauchtum und verkündete, Frauen sollten verschleiert gehen und

> in den Gemeindeversammlungen [in der Kirche] schweigen; denn es wird ihnen nicht gestattet, zu reden, sondern sie sollen sich unterordnen, wie auch das Gesetz sagt. Wollen sie aber etwas lernen, so sollen sie zu Hause die eignen Männer fragen; denn es ist für eine Frau schimpflich, in einer Gemeindeversammlung zu reden.[45]

Mit Rekurs auf den zweiten Schöpfungsbericht und die Erschaffung Evas aus Adams Rippe stellte Paulus fest, der Mann sei »Abbild und Abglanz Gottes [...]; die Frau aber ist Abglanz des Mannes. Der Mann stammt ja nicht von der Frau, sondern die Frau vom Mann. Denn der Mann wurde nicht um der Frau willen erschaffen, sondern die Frau um des Mannes willen.«[46] Im ersten Brief an Timotheus führte Paulus sein Argument noch deutlicher aus:

> Eine Frau lerne still in aller Unterordnung; zu lehren aber gestatte ich einer Frau nicht, auch nicht, sich über den Mann zu erheben, sondern [ich gebiete ihr], sich still zu verhalten. Denn Adam wurde zuerst geschaffen, darnach Eva. Und Adam

> wurde nicht verführt, das Weib vielmehr wurde verführt und hat eine Übertretung begangen.[47]

Im Petrusbrief werden die Ehefrauen ermahnt, ihren Männern untertan zu sein, damit es ihnen gelinge, sie durch ihren »Wandel in Scheu und Zucht« für das »Wort« zu gewinnen, d.h., zum christlichen Glauben zu bekehren.[48] Wie die früheren hebräischen Propheten rief Petrus die Frauen auf, sich nicht um Äußerlichkeiten und Schmuck zu kehren, sondern sanftmütig und still zu sein; als Beispiel nannte er Sara, die ihren Gatten mit »Herr« angeredet hatte.[49] Sowohl Timotheus als auch Titus vertraten die Meinung, nur Männer könnten Bischöfe der neuen christlichen Kirchen werden.[50] Als Bestandteile des Neuen Testaments wurden solche Vorschriften weitergereicht und bekräftigt, wo und wann immer die Bibel als Heilige Schrift des Christentums anerkannt wurde.

Im 5. Jahrhundert war der Prozeß abgeschlossen, in dem die männlichen Kirchenführer und Theologen die frauenverachtenden Einstellungen älterer Zeiten und Kulturen wieder aufgegriffen und akzeptiert hatten. Alles Minderwertige oder Schlechte wurde mit dem Weiblichen assoziiert, alles Gute und Überlegene mit dem Männlichen. Im 2. Jahrhundert traf der Kirchenvater Origenes eine Unterscheidung zwischen männlichen und weiblichen Qualitäten der Seele: die ersteren waren von höherem Wert. Im gleichen Jahrhundert empfahl Clemens von Alexandrien, die Frauen sollten sich verschleiern und die Männer Bärte wachsen lassen, um damit die Geschlechtsunterschiede hervorzuheben:

> Der Bart ist dann das Kennzeichen eines Mannes und zeigt unfehlbar an, daß er Mann ist. Der Bart ist älter als Eva und ist das Symbol der stärkeren Natur. [...] Charakteristisch für ihn [den Mann] ist Tätigkeit, für sie Passivität.[51]

Wie Paulus und andere Apostel beriefen sich die Kirchenväter auf jenen Schöpfungsbericht, demzufolge Eva aus Adams Rippe geformt worden war. Der Akt der Ungehorsamkeit, den sie im Garten Eden begangen hatte, diente als Beweis für alle die Schwächen und Übel, die den Frauen anhafteten, und als wichtigste Rechtfertigung für ihre ewige Unterordnung unter den ihr naturgemäß Überlegenen, den geistigeren und vernünftigeren Mann. Auch zeitgleiche jüdische Gelehrte und Rabbiner wiesen auf Adams relative Unschuld und Evas schwerwiegenderes Versagen hin; einige dieser Schriften wurden von den Kirchenvätern ebenfalls als orthodox akzeptiert.[52] Die christlichen Führer griffen selbst auf den griechischen Mythos von Pandora zurück, der ihnen wohlbekannt war, und sie unterstrichen die Ähnlichkeit zwischen Pandora und Eva als denjenigen, die das Übel über die Menschheit gebracht hatten. Vom 2. Jahrhundert an galt Eva als Ursprung der

Sünde, Verführerin des Mannes und Verkörperung aller Frauen. Jede Frau sei selbst eine Eva, schrieb Tertullian um 200:

> Noch lebt in dieser Welt das Strafurteil Gottes über dein Geschlecht fort; also muß auch deine Schuld noch fortleben. Du bist es, die dem Bösen Eingang verschafft hat, du hast das Siegel jenes Baumes gebrochen, du hast zuerst das göttliche Gesetz außer acht gelassen; du bist es auch, die den betört hat, dem der Teufel nicht zu nahen vermochte. So leicht hast du den Mann, das Ebenbild Gottes, zu Boden geworfen. Wegen deiner Schuld, d.h. um des Todes willen, mußte auch der Sohn Gottes sterben.[53]

Im 5. Jahrhundert wiederholte Johannes Chrysostomos den Gedankengang. »Was ist denn mit den anderen Frauen, wenn dies Evas Tat war?« fragte er anschließend an einen Abschnitt, in dem er Eva beschuldigte, Adam verdorben zu haben.

> Ja, in der Tat: Sie sind alle schwach und leichtfertig. [...] Denn es wird hier gesagt, nicht daß Eva allein verführt wurde, sondern daß »die Frau« verführt wurde. Das Wort »Frau« soll nicht nur auf eine, sondern auf jede Frau bezogen werden. Das ganze weibliche Geschlecht ist also in Irrtum verfallen [...][54]

Diese frauenfeindliche Angst und der Haß lassen ältere Vorstellungen über die verführerische Gewalt der Frauen wieder laut werden. In den theologischen Abhandlungen der Kirchenväter nahm die Misogynie eine neuartige Dimension an und sickerte tief in die religiöse und weltliche Kultur Europas ein.

Die Kirchenväter machten den Akt des Ungehorsams gegenüber Gott zur Ursünde. Beim Beschreiben der Übertretung verlagerten sie ihre Aufmerksamkeit vom Essen der Frucht der Erkenntnis von Gut und Böse weg auf den ersten Geschlechtsakt. Immer mehr wurde Adam als vergleichsweise unschuldig hingestellt; er war die Verkörperung des Geistes, der von Eva, der Verführerin und Verkörperung des Fleisches, verdorben worden war. Augustinus formulierte schließlich die Lehre, die zum christlichen Dogma wurde: Als Adam Eva nackt sah, verlor er – der Mann, die Personifikation von Geist und Verstand – als »gerechte Strafe« die Kontrolle über seinen Körper. Mit der unbeherrschten Erregung, die ihn bei ihrem Anblick ergriff, »begann das Fleisch nach Wollust zu streben gegen den Geist«.[55] Die Angst vor der sexuellen Erregung des Mannes wurde zur Angst vor der Sexualität überhaupt und entlud sich in Anklagen gegen das weibliche Geschlecht. Die Kirchenväter zeichneten Eva als Objekt wie als Ursache der sexuellen Begierde und als Verkörperung alles Unbeherrschten.[56]

Von der Verdammung Evas und der sinnlichen Begierde, die sie Adam eingeflößt hatte, schritten die Kirchenväter weiter zur Verdammung aller Frauen und der sinnlichen Begierden, die sie den Männern einflößten. Sie rühmten die Enthaltsamkeit und äußerten sich mit Abscheu über alles Geschlechtliche. Dafür gab es in der christlichen Tradition manches frühere Beispiel. In der Bergpredigt hatte Jesus gesagt: »Ihr habt gehört, daß gesagt ist: ›Ihr sollt nicht ehebrechen.‹ Ich aber sage euch: Jeder, der eine Ehefrau ansieht, um sie zu begehren, hat ihr gegenüber in seinem Herzen schon Ehebruch begangen.«[57] Er hatte eröffnet, im Himmel gäbe es keine Ehe. Er selbst hatte nie geheiratet und hatte festgehalten, es gäbe einige Männer, »die sich selbst verschnitten haben um des Reiches der Himmel willen. Wer es fassen kann, fasse es!«[58] Paulus sprach von der Gefahr der Leidenschaft und schrieb an die Gemeinde zu Korinth, es sei gut für den Mann, wenn er kein Weib berühre.[59] Der Kirchenvater Hieronymus baute im 4. Jahrhundert auf dieser Aussage weiter und folgerte: »Wenn es nicht gut ist, ein Weib zu berühren, dann ist es schlecht, ein Weib zu berühren.«[60] Die Kirchenväter stuften das Leben in vollkommener Ehelosigkeit höher ein als selbst ein keusches Leben in der Ehe. In ihren Augen waren es die Frauen, durch welche die Männer sündigten. »Die ganze Macht des Teufels gegen den Mann steckt in dessen Lenden«, setzte Hieronymus in einem Brief an Eustochium auseinander.[61]

Die Tatsache, daß Frauen als Fleisch und als potentielle Gefahr für die Männer betrachtet wurden, machte es leicht, ältere Vorstellungen und Praktiken rund um den weiblichen Körper und die Fortpflanzung ins Christentum zu integrieren. Christliche Autoren, die sich besonders auf die hebräischen Überlieferungen des Alten Testamentes bezogen, versicherten zunehmend, der weibliche Körper wirke verunreinigend. »Nichts ist so schmutzig wie eine Frau, die ihre Tage hat«, schrieb Hieronymus. »Was sie berührt, läßt sie unrein werden.«[62] Einige frühchristliche Kongregationen folgten dem hebräischen Brauch, männliche und weibliche Gläubige zu trennen. Im 3. Jahrhundert durften menstruierende Frauen, selbst Diakonissen, nicht mehr an den Altar treten,[63] und bis im 7. Jahrhundert waren all die alten Mären über die zerstörerischen Wirkungen des Menstruationsblutes wiederbelebt und neu bestätigt worden. Der Bischof Isidor von Sevilla beispielsweise behauptete, die Berührung einer menstruierenden Frau könne den Reifeprozeß einer Frucht unterbrechen oder eine Pflanze zum Absterben bringen. Papst Gregor der Große lobte die Frauen, die der Kirche fernblieben, wenn sie ihre Monatsblutungen hatten; immerhin beharrte er nicht unbedingt darauf.[64]

Auch die Geburt wurde wiederum als beschmutzendes Ereignis definiert. Am Ende des 6. Jahrhundert wurde die hebräische Tradition, welche eine Wöchnerin für 33 Tage nach der Geburt eines Sohnes und für 66 Tage nach der Geburt einer Tochter für unrein erklärte, auch als christlicher Brauch akzeptiert.[65] Es entwickelte sich die Zeremonie des Kirchgangs der Wöchnerin (Aussegnung): Nach der gegebenen Zeitperiode nahm ein Priester an der Mutter eine rituelle Reinigung von den Unreinheiten der Schwangerschaft und Geburt vor, besonders von der größeren Verunreinigung bei der Geburt einer Tochter. Erst dann durfte sie die Kirche wieder betreten und als Mitglied der Gemeinde am Gottesdienst teilnehmen.

Die frauenverachtenden Ansichten wirkten sich auch aus, als die Christen ihrer Kirchenorganisation eine feste Form zu geben begannen. Die »schwächere« Natur der Frau, ihre Rolle beim Abfall von der göttlichen Gnade und ihre periodische »Unreinheit« – alle diese Argumente wurden vorgebracht, um die weiblichen Gläubigen aus den verantwortungsvollen oder leitenden Stellungen auszuschließen, die sie anfänglich noch hatten einnehmen dürfen. Im 3. Jahrhundert wurden manche religiösen Bewegungen, die, wie die Gnostiker, abweichende Vorstellungen und Praktiken vertraten und andere Ansichten über Frauen vorbrachten (die Gnostiker beispielsweise priesen Eva, verehrten Maria Magdalena als weiblichen Apostel und gestanden den Frauen priesterliche Funktionen zu), als »häretisch« verurteilt und erfolgreich von der Hauptströmung der christlichen Orthodoxie ausgeschlossen.[66] Vornehmlich wurden die Christinnen nicht zum Priestertum zugelassen. Die Verfügungen von Paulus und Timotheus, Frauen sollten schweigen, haben wir oben schon zitiert. Kirchliche Abhandlungen des 3. und 4. Jahrhunderts, die aber den Aposteln zugeschrieben wurden und von ihrer Autorität zehrten, argumentierten mit einer Gleichförmigkeit, die für das Christentum zunehmend charakteristischer wurde. Sie beschränkten das Priestertum auf die Männer, weil »die Schwachen [die Frauen] von den Starken [den Männern] gerettet werden« würden.[67] Diese Dokumente rechtfertigten den Ausschluß der Frauen, selbst der Diakonissen, durch den Rückgriff auf das Leben von Jesus. »Wenn es gesetzmäßig gewesen wäre, von einer Frau getauft zu werden, dann wäre unser Herr und Meister von Maria, seiner Mutter, getauft worden. Wenn Jesus gewünscht hätte, daß Frauen alle diese Aufgaben übernehmen sollten, wären nicht alle seine Apostel Männer gewesen.«[68] In den nachfolgenden Jahrhunderten wurden sowohl das Verbot als auch seine Rechtfertigungen zu ehrfurchtsvoll beachteten und zitierten Überlieferungen, auf welche die Kirche zurückgriff, wann immer fromme Christinnen religiöse Befugnisse verlangten, die jenen der Männer gleichkamen.

Die Christinnen sollten, da sie von den neuen Aufgaben ferngehalten wurden, traditionelle Ehefrauen und Mütter sein. Die angemessene Rolle einer Frau sah, gemäß den männlichen Kirchenführern, genau so aus wie schon bei den Griechen, den Römern, den Hebräern, Kelten und Germanen. Die Frau hatte gehorsame Gattin und fruchtbare Mutter zu sein. Die christlichen Apostel und Kirchenväter fanden dafür noch mehr Gründe und verschärften sogar die überkommenen Einschränkungen und die Unterordnung. »Sie [die Frau] wird aber gerettet werden durch das Kindergebären, wenn sie [die Frauen] in Glauben und Liebe und Heiligung mit Sittsamkeit verbleiben«, hielt der Autor des Timotheusbriefes (1. Jahrhundert) fest.[69] Der Kirchenvater Ambrosius erklärte, die Fortpflanzung sei die angemessene Aufgabe des weiblichen Geschlechts.[70] Im 4. Jahrhundert verwiesen die Kirchenväter gemeinhin auf den Fluch Gottes im ersten Buch Mose, um die Rolle der Frau und ihre Unterordnung zu rechtfertigen. »Der Mann befiehlt, die Frau gehorcht, wie Gott es ihr am Anfang sagte«, schrieb Johannes Chrysostomos; »nach deinem Manne wirst du verlangen; er aber soll dein Herr sein!« Als Gattin sollte sich die Frau um alles kümmern, was innerhalb des Hauses lag, und sich bereitwillig mit ihrer Situation abfinden, denn »es ist immer noch besser für dich, daß du unter ihm stehst und unter seine Herrschaft gestellt bist, als daß du freies und eigenes Herrschaftsrecht genießest und in den Abgrund stürzest«.[71] Die den Aposteln zugeschriebenen Satzungen schilderten die idealen christlichen Ehefrauen nicht anders als ihre Vorgängerinnen in früheren Kulturen. Die Liste der Forderungen lautete: »Sanftmütig, gelassen, freundlich, aufrichtig, frei von Zorn, nicht schwatzhaft, nicht lärmend, nicht überstürzt beim Sprechen, nicht der üblen Rede zugeneigt, nicht zänkisch, nicht doppelzüngig, nicht zu übereifrig und aufdringlich.«[72] Das spätere Europa verklärte dieselben Eigenschaften, benutzte dieselben Denkmuster und bezog aus denselben Bibeltexten die Rechtfertigung für die Unterordnung der Ehefrauen und die Fixierung der weiblichen Rolle auf Fortpflanzung und Haushalt.

Die christlichen Wortführer stimmten ein Loblied auf das Leben als Gattin und Mutter an. Sie bestanden auf der Gehorsamkeit der Ehefrau gegenüber ihrem Gemahl, befürworteten aber immerhin auch Veränderungen, die einer Frau innerhalb der Ehe eine bessere Stellung und mehr Schutz gewährten. Jesus hatte den untrennbaren Charakter der Vereinigung betont: »[...] die zwei werden *ein* Leib sein. [...] Was nun Gott zusammengefügt hat, soll der Mensch nicht scheiden.« Das Christentum verwarf Scheidung und Wiederverheiratung, selbst für den Fall, daß das Paar sich trennte.[73] Chrysostomos, Tertullian und Augustinus sprachen von den Gatten als von Gefährten, und Augustinus hielt fest, die oberste Pflicht in der Ehe sei die *fides*, die gegenseitige Treue.[74]

Um solche Gemeinschaft zu ermöglichen und die lebenslängliche Dauer der Ehe zu fördern, verlangte die Geistlichkeit die Zustimmung beider Partner für die Eheschließung. Kirchenkonzile trafen Vorkehrungen gegen Inzest und gegen die erzwungene Verlobung von Frauen oder Männern. Das Christentum trat auch für eine einzige, für beide Geschlechter gleiche Norm im Sexualverhalten ein; sowohl bei der Frau als auch beim Mann galt Ehebruch als Sünde. Zwar wogen die alten Traditionen schwer, und die kirchlichen Verbote konnten nicht überall gleichmäßig durchgesetzt werden, doch fanden die christlichen Ehevorstellungen zunehmend Eingang in das weltliche Recht des römischen Imperiums und der germanischen Königreiche.[75]

Augustinus stellte die Treue als oberstes Ziel der Ehe noch höher als die Fortpflanzung; die meisten christlichen Wortführer gaben allerdings der Fortpflanzung den Vorrang. Von all den christlichen Überlieferungen, die auf die europäischen Frauen übergingen, bestimmte und begrenzte diese eine ihr Leben am meisten. Seit Paulus verlangten die christlichen Autoren, Geschlechtsverkehr dürfe nur innerhalb der Ehe stattfinden. Sexualität war potentielle Sünde, die nur den einen rechtmäßigen Zweck hatte: die Schwängerung der Frau. Genuß oder sexuelle Erregung zu empfinden wurde als sträfliche Fleischeslust gebrandmarkt, und wenn Mann und Frau miteinander verkehrten, ohne daß Schwängerung möglich war, trieben sie die Sünde der Unzucht.[76]

Auch die Griechen, Römer, Hebräer, Kelten und Germanen hatten auf die Reproduktionsfähigkeit der Frauen Wert gelegt, doch hatten sie ihnen einige Mittel zur Kontrolle über ihre Fruchtbarkeit zugestanden. Keine der früheren Kulturen hatte Empfängnisverhütung oder Abtreibung mit der Vehemenz der christlichen Kirchenväter verdammt. Diese verwarfen jegliche Form von Empfängnisverhütung, selbst den *Coitus interruptus*. Hieronymus verurteilte die Empfängnisverhütung als Mord an einem noch nicht geborenen Menschen.[77] Den christlichen Ansichten entsprechend erklärte im 6. Jahrhundert der römische Gesetzeskodex von Justinian die Abtreibung zum Menschenmord. Kirchenmänner setzten sogar Bußen auf Fehlgeburten.[78] So übernahm die Kirche die Kontrolle über die weibliche Fruchtbarkeit. Was eine Ehefrau oder Mutter auch immer an Vorteilen aus dem christlichen Eheverständnis hätte gewinnen können, verlor sie auf der anderen Seite durch die kirchliche Entwertung ihres Körpers.[79]

In Anbetracht der kirchlichen Haltung verwundert es nicht, daß Frauen dem Weg der Jungfräulichkeit zum christlichen Heil zu folgen wünschten, jenem Weg, der den Männern versprochen war, »die sich mit Frauen nicht befleckt haben«.[80] Wie die Männer konnten auch die Frauen ihre Sexualität verleugnen, »unschuldig« bleiben und derart erlöst werden. Indem sich eine Frau den Geschlechtsverkehr versagte, negierte sie die reproduktive Funktion, die ihre Weiblichkeit ausmachte, und überwand damit, nach Ansicht der Kirchenväter, ihre »unterlegene« Natur: Sie wurde, so lehrte es das Christentum, gleichsam zum Mann. Hieronymus, der einflußreichste Befürworter weiblicher Jungfräulichkeit, erklärte diese Umwandlung folgendermaßen:

> Solange eine Frau für Geburt und Kinder da ist, ist sie so verschieden vom Mann wie der Körper von der Seele. Doch wenn sie Christus mehr als der Welt zu dienen wünscht, dann hört sie auf, eine Frau zu sein, und wird Mann genannt werden.[81]

Jungfräulichkeit befreie eine Frau von der »Schwäche ihres Geschlechts [... und] ihrem Körper, welcher dem Gesetz der Natur entsprechend einem Mann hätte dienstbar sein müssen«, behauptete Leander von Sevilla im 7. Jahrhundert.[82] Die Ehrfurcht gegenüber einer Frau, die ein jungfräuliches Leben gewählt hatte, wurde zu einer Tradition, die im christlichen Europa jahrhundertelang anhielt. Ehrfurcht und Wert basierten jedoch einzig darauf, daß die Frau ihr Geschlecht verleugnet hatte. Die Natur, die Funktionen und Rollen der Frau wurden nochmals herabgemindert durch die Verehrung jener wenigen, die alledem abgesagt hatten.[83] Die alten Definitionsmuster der Frau als ehrbare Gattin und Mutter beziehungsweise als unehrenhafte Prostituierte und Konkubine blieben in der christlichen Ära unangetastet. Als Jungfrau wie als Gattin oder Prostituierte blieb die Frau weiterhin über ihre sexuelle Beziehung zu Männern definiert.

So hatte das Christentum bis zum 9. Jahrhundert sowohl stärkend als auch schwächend auf die Stellung der europäischen Frauen eingewirkt. Vorteilhaft waren die neue Rolle als geehrte Jungfrau, die außerhalb der Familienbande leben durfte, und das Hinzukommen der neuen rechtlichen Autorität der Kirche, auf welche die Frauen sich berufen konnten. Eine gegen ihren Willen verlobte Frau konnte das Gewohnheitsrecht anrufen und die Intervention eines lokalen Kirchenvertreters verlangen. Eine Ehefrau, deren Mann sich von ihr scheiden lassen wollte, konnte an die Kirche gelangen, um ihre Ehe zu erhalten. Überdies durchlebte die Kirche periodisch Wellen von religiöser Begeisterung und Erneuerung. In diesen Phasen schlossen sich Frauen, ganz wie in den ersten Jahrzehnten des Christentums, den neuen Bewegungen an und übernahmen darin eine Vielzahl verschiedenartiger Rollen: Sie predigten, prophezeiten und lehrten und konnten in dieser Weise gleichberechtigt mit den männlichen Gläubigen wirken.

Solche Phasen der Gärung, der Experimente und des Wandels gingen jedoch rasch vorüber, gefolgt jeweils von einer längeren Periode der Konsolidation und des Konservatismus. Wie im 3. und 4. Jahrhundert wurden zu diesen Zeiten die alten Traditionen von männlicher Dominanz und weiblicher Unterwerfung wieder eingeführt und gefestigt – nicht selten sogar in noch schärferer Form als zuvor. Die Unterordnung der Frau wurde ohne Schwierigkeit mit den anerkannten Werten von Tradition, Ordnung und Orthodoxie zusammengeschweißt. Den weiblichen Gläubigen mehr zu erlauben schien gefährlich, unnatürlich und allen geläufigen Ansichten widersprechend. Die Kirche glaubte und lehrte im Grunde, ganz wie die Familie und der Staat, die Frauen hätten weniger Wert als die Männer und sollten diesen untergeben sein.

Die europäischen Frauen lebten mithin wie die Frauen vor ihnen in einer Kultur, deren Werte, Gesetze, Vorstellungen und Institutionen ihre Unterlegenheit anordneten und ihre Unterwerfung unter die Männer erzwangen. Weibliche Unterordnung war die mächtigste und dauerhafteste Tradition im Erbe der europäischen Frauen.

2 Frauen auf dem Land
Die Stützen der Familie

2.1 Konstanten in der Welt der Bäuerin (9. bis 20. Jahrhundert)

Das Leben

Bis in die letzten Jahrzehnte des 18. Jahrhunderts lebten 90 Prozent aller Frauen in Europa auf dem Land, in direkter Abhängigkeit von der Erde und den Produkten, die sie hervorbrachte.[1] Monographien über einzelne Gemeinden und über verschiedene Aspekte der Entwicklung erfassen die regionalen und zeitlichen Variationen im Leben der Bewohnerinnen und Bewohner. Sie erklären beispielsweise, wie sich klimatische und geographische Verhältnisse unterschiedlich auf die jahreszeitlichen Aktivitäten, auf die angebauten Pflanzen, auf die Baumaterialien auswirkten, wie altes Gewohnheitsrecht zu verschiedenen Formen des Landbesitzes führte oder wie das Zusammentreffen bestimmter ökonomischer, sozialer und politischer Faktoren in einer Region zu einem bestimmten Zeitpunkt die Übernahme neuer Einstellungen und neuer landwirtschaftlicher Produktionsweisen begünstigte, in anderen Regionen und zu anderen Zeiten jedoch nicht. In Tausenden von Dörfern in ganz Europa überwogen jedoch die Konstanten im Leben der Bäuerinnen jahrhundertelang die durch Ort und Zeit bewirkten Unterschiede.

Ihr Leben verlief über Generationen mit erschütternder Ähnlichkeit. Die Randzeichnung eines Stundenbuches aus dem 15. Jahrhundert stellt eine Bäuerin mit breitrandigem Strohhut auf dem Feld dar; die Saumzipfel ihres Rockes hat sie geschürzt, damit sie die Beine besser bewegen kann. Andere Marginalien zeigen Frauen, die das Butterfaß betätigen, in einem Obstgarten Früchte in ihren Hut pflücken oder zum Festtagsmahl einen Vogel rupfen. In einem Gemälde des belgischen Künstlers Henry van de Velde aus dem 19. Jahrhundert harkt eine Bäuerin in hellgrauer Bluse und Rock und mit sauberer weißer Schürze das Getreide zusammen; das rötliche Haar hat sie hoch über dem Nacken aufgesteckt. Den hölzernen Rechen hält sie genauso wie die Frau in dem vierhundert Jahre älteren burgundischen Stundenbuch. Das Gerät war leicht und mit langem Handgriff versehen, damit die Frauen die Halme ohne Mühe zu Haufen zusammenrechen und auf die hölzernen Wagen heben konnten.

Noch in den fünfziger Jahren unseres Jahrhunderts half Teresa, eine Bäuerin aus Torregreca in Süditalien, in derselben Weise ihrem Mann bei der Ernte wie eine Frau, die in einem englischen Psalter des 14. Jahrhunderts abgebildet ist: Die Frauen schritten hinter dem Mann her, bückten sich, faßten den vom Mann mit der Sichel geschnittenen Weizen in ihren Armen zusammen und bündelten geschickt die Halme. Teresa nahm das geschnittene Getreide vom linken Arm ihres Mannes, teilte die Büschel nach Augenmaß ab, legte die Hälfte der Halme mit den Ähren gegen unten, band sie in rascher Drehung mit einigen Fasern zusammen und ließ die Garbe zu Boden fallen.

Diese Bilder wurden von anderen aufgezeichnet. Die Bäuerinnen selbst hinterließen wenig Spuren. Bis ins 20. Jahrhundert hinein konnte der Großteil von ihnen weder lesen noch mehr als vor dem Dorfschreiber den eigenen Namen schreiben.[2] Und doch kann die Geschichtswissenschaft die Welt der Landfrauen und ihre Angelegenheiten rekonstruieren. Haushaltsrechnungen, Urbare, Gerichtsprotokolle und Pfarreibücher verzeichnen die Abgabeleistungen der Bäuerinnen gegenüber den Landbesitzern, ihre Schulden, die Geburts- und Todesfälle ihrer Kinder. Illuminatoren des 14. und 15. Jahrhunderts und Maler des 16. bis 19. Jahrhunderts bildeten die Frauen bei ihren jahreszeitlichen Arbeiten und Zeremonien ab. Seit dem 19. Jahrhundert begannen Volkskundler und Anthropologen, ihre Sprache, ihre Lieder und ihre Erzählungen festzuhalten; sie photographierten sie in ihren überlieferten Trachten bei den traditionellen Verrichtungen.[3]

Alle Zeugnisse weisen auf die Quellen hin, aus denen die Bäuerinnen ihre Kraft schöpften: die Ehrfurcht vor der Erde, die Bejahung der Verantwortung für das Überleben der Familie, die Arbeitswilligkeit und die Bestärkung, die sie aus ihrem Glauben zogen. Diese inneren Faktoren bestimmten über Jahrhunderte hinweg den Lebensrhythmus der Frauen auf dem Land und die Entscheidungen, die sie trafen.

An erster Stelle stand die Erde. Für Teresa in Süditalien um 1950 war sie noch stets wertvoll, und sie sah ihren Vorrang nicht anders als Bäuerinnen früherer Zeit:

> Für mich ist meine Arbeit, diesen Boden zu bebauen, die Kinder aufzuziehen, sie in die Schule zu schicken, ihnen beizubringen, was richtig ist, und daß sie Arbeit finden und daß ich soviel Arbeit wie möglich auf den Feldern finde, solange ich noch jung bin, weil ich sonst nichts kann.[4]

Cettina, ebenfalls aus Torregreca, erläuterte die Lebensperspektive der Frauen: »Wir sind es doch, die zurechtkommen müssen – wie die Dinge auch stehen.«[5] Die Frauen befaßten sich mit den praktischen Seiten des Lebens und übernahmen Verantwortung für das Überleben der Familie. Ein sizilianisches Sprichwort aus dem 19. Jahrhundert lautete: »Wenn der Vater tot ist, leidet die Familie. Wenn die Mutter stirbt, kann die Familie nicht mehr leben.«[6]

Um das Überleben zu sichern, waren die Tage einer Bäuerin mit rastloser Arbeit angefüllt, wie ein noch heute in Irland geläufiges Sprichwort besagt: »*Eine* Frau im Haus muß immer an der Arbeit sein.«[7] Von der Kindheit bis ins hohe Lebensalter sahen die Bäuerinnen harten Anstrengungen entgegen. Sie kannten keine Arbeitsteilung, keine getrennten Bereiche für Frauen und Männer. Sie arbeiteten überall und führten bis auf die mühseligsten Aufgaben alles aus, was mit der Bebauung der Felder und der Ernte zu tun hatte. Sie halfen pflügen, misten, jäten, ernten und dreschen. Sie erledigten die gesamten Haushaltsarbeiten, sammelten Brennholz, schleppten Wasser vom Brunnen, hüteten das Feuer. Sie pflanzten den Garten an, sorgten für die Tiere, zogen die Kinder auf, kochten das Essen, wischten die Lehmböden. Und bis ins 20. Jahrhundert übernahmen sie, neben Haushalt, Feldarbeit und Tierpflege, Zusatzarbeiten, um das Geld zu verdienen, das für die Miete, die Steuern und andere Notwendigkeiten gebraucht wurde. So verdingten sie sich als Tagelöhnerinnen oder Wäscherinnen, verkauften Käse und Butter, spannen, strickten und stickten. Und neben allen anderen Pflichten waren da die Schwangerschaften, dann die Säuglinge, denen sie die Brust reichen, und die Kinder, für die sie sorgen mußten.

Die Vielfalt und Endlosigkeit ihrer Arbeit unterschied die Bäuerinnen von ihren Zeitgenossinnen und blieb über Generationen hinweg unveränderte Wirklichkeit. In der englischen Verserzählung *Piers the Ploughman* (»Peter der Pflüger«) aus dem 14. Jahrhundert nennt der Titelheld seine Ehefrau *Dame Work-while-you've got a chance* (»Arbeite-solange-du-kannst«).[8] Seine Schilderung – wie die Frau mitten in einer Winternacht aufwacht und die in einer Ecke befestigte Wiege schaukelt, wie sie vor der Morgendämmerung aufsteht, um Wolle zu krempeln und kämmen, um zu scheuern und flicken und um Binsen zu schälen für ihr Binsenlicht – unterscheidet sich nur wenig von den Erinnerungen eines bretonischen Bauernsohnes an den Tagesablauf seiner Mutter am Ende des 19. Jahrhunderts. Sie zog sich an und brachte die Falten ihrer Haube in Ordnung. Dann schaute sie nach den Tieren, tränkte das Schwein, molk die Kuh. Sie setzte den Kindern das Essen vor und schickte sie zur Schule, und auf der halben Meile Rückweg von der Weide, wohin sie die Kuh geführt hatte, stichelte sie an einem Stückchen Spitze. Mit Hausarbeit und Kleiderwäsche gingen die Tagespflichten weiter:

> [...] das Mittagessen fertigmachen, häkeln während des Rückwegs aufs Feld, die Erde bearbeiten mit so viel Kraft, als sie aufbringen kann; auf dem Rückweg führt sie die Kuh am Seil und trägt eine Ladung Heu auf dem Rücken oder einen schweren Korb in der Hand. Zu Hause findet sie die Kinder vor, heißt sie ordentlich sein und ihre Schulaufgaben erledigen, flickt die abgetragenen Kleider, je nach Umständen ist sie zornig, aufgebracht oder lacht aus Herzensgrund, mästet das Schwein mit noch mehr Futter, melkt die Kuh ein zweites Mal, kocht den Haferbrei oder Kartoffeln, wäscht das Geschirr, bringt die ganze Brut zu Bett, räumt auf und setzt sich an ihre Häkel- oder Näharbeit zurück [...] wartet auf den Vater und geht nicht vor ihm ins Bett.[9]

Die Kinder der bretonischen Bäuerin gingen zur Schule – eine Veränderung, die durch das staatlich unterstützte öffentliche Bildungswesen des 19. Jahrhunderts herbeigeführt worden war –, sonst aber war ihr Leben wenig verschieden von dem einer bäuerlichen Mutter in Montaillou (Frankreich) im 14., in einem englischen Dorf im 16. oder in Jugoslawien im 20. Jahrhundert.

Die Tage, Monate und Jahre scheinbar endloser und unveränderlicher Anstrengungen konnten zur Resignation führen. »Ich habe mein Kindlein gewiegt und ihm vermacht, daß die Verhältnisse anders sein sollen«, heißt es in einem Wiegenlied, das eine russische Mutter ihrem Kind sang.

> Es wird einige Veränderungen geben,
> Es wird etwas Brot geben,
> Doch für mich wird es keine Veränderung geben,
> Ich werde nichts anderes sehen,
> Ich werde weder Brot noch Salz essen.[10]

Besonders entmutigend waren heftige Schicksalsschläge, die der Bäuerin und ihrer Familie, die sich gerade knapp am Leben erhalten konnten, die Früchte ihrer Mühsal unvermittelt entrissen. Krieg, Krankheit oder extreme Wetterbedingungen verursachten Katastrophenjahre, welche die Stärke und Ausdauer der Bäuerinnen einer harten Probe unterwarfen. »Wenn die Not über uns kommt, müssen wir leiden«, hieß es in einem englischen Sprichwort des 14. Jahrhunderts.[11] In den 1950er Jahren erhielt Teresa durch die Landreform in Süditalien zwei Hektaren Land zugewiesen, die sie besorgte, während ihr Ehemann Paolino in Deutschland arbeitete. Sie lebte auf den Feldern in einem fensterlosen Schuppen, in dessen Ecken die Gerätschaften aufgestapelt waren. Zwei Jahre pflügte sie und bereitete die Ernte vor, da fiel der Hagelsturm ein:

> Mir hämmert das Herz, und ich denke die ganze Zeit, gleich wird mir schlecht. Damals fand ich alles am Boden liegen, und es sah wie zerfetzt aus. Ich bin dann

hier [in den Schuppen] reingegangen, ich hab mich hingesetzt und stundenlang geheult. Und jedesmal, wenn es mir ein bißchen besser ging und ich was tun wollte – ich weiß nicht, Hühnerfutter mischen oder so was –, schaute ich zur Türe raus, sah wieder die Felder, und ich konnte einfach nicht anders – ich heulte.[12]

Resignation, Bitterkeit, auch Wut mochten die Landbewohnerinnen überkommen, doch kaum je gaben sie sich geschlagen. Sie fanden Mittel und Wege, ihr Leben zu erklären, zu rechtfertigen und ihm Bedeutung zu verleihen. Sie trösteten sich mit ihrem Glauben. Sie vertrauten darauf, mit Zaubereien und Gebeten, mit altertümlichen Deutungen und Ritualen das Unbeherrschbare beeinflussen und in das oft brutale und unberechenbare Landleben Sinn und Ordnung bringen zu können. Die ländliche Bevölkerung traf keine klaren Unterscheidungen zwischen materieller und spiritueller Wirklichkeit, zwischen Natur und Übernatur, zwischen dem Lebenden und dem Toten, dem Realen und dem Imaginären. Es war eine Welt des »Wünschens«, wie sie in den Volkserzählungen zum Ausdruck kam: Einmal im Jahr erschien vielleicht ein Geist am Herdfeuer, ein Hund verwandelte sich in einen Raben, das Quaken eines Frosches sagte die Zukunft voraus, und eine blaue Glasperle vermochte den »bösen Blick« abzuhalten. Bis ins 20. Jahrhundert hielten Frauen und Männer auf dem Land am Glauben an diese magische Welt und ihre Beeinflußbarkeit fest. So überlieferten sie jahrhundertealte Vorstellungen und Bräuche bis in das moderne Landleben und trugen sie bis in die Städte, in die sie auswanderten.

Diese altertümlichen Glaubensvorstellungen und Gebräuche gerieten mit den Segnungen der offiziellen Religion nicht in Konflikt. Die Gräber der christlichen Heiligen wurden über älteren Kultstätten errichtet, und die christlichen Festtage fielen zusammen mit Tagen, an denen ältere Göttinnen und Götter geehrt oder besondere Erscheinungen des natürlichen und landwirtschaftlichen Jahreslaufs – zum Beispiel die Sonnenwende – gefeiert worden waren. Die offizielle Religion stärkte die Landfrauen in anderen Belangen: Sie deutete und rechtfertigte die Härten ihres Lebens, lobte ihre Bemühungen und stellte zukünftige Belohnung in Aussicht. Eine Schädlingsplage oder ein Erdbeben konnten durch göttliches Mißfallen erklärt werden. Göttliche Vorsehung vermochte dem Platz der Bäuerin in der Dorfwelt Gewicht und Ehre zu verleihen. Nach einer deutschen Volkserzählung sagte Gott zu Eva:

Mir gebührt und ist not, daß ich die ganze Welt mit deinen Kindern versehe: wenn sie alle Fürsten und Herren wären, wer sollte Korn bauen, dreschen, mahlen und backen? Wer schmieden, weben, zimmern, bauen, graben, schneiden und nähen? Jeder soll seinen Stand vertreten, daß einer den andern erhalte und alle ernährt werden wie den Leib die Glieder.[13]

Das Christentum bot Erklärungen für die Erschaffung der Welt und für den Ursprung des Todes mit Adams und Evas Sündenfall, und es versprach jenen, die glaubten, die Auferstehung durch die Kreuzigung Jesu. Alle Gläubigen konnten dank Gottes Barmherzigkeit und durch Gebete und Hingabe an die religiösen Rituale in die Seligkeit des christlichen Himmels eingehen.

Was auch immer geschah und wie wenig sie besaßen, die europäischen Bäuerinnen waren befriedigt und stolz, wenn sie die heutige Wirklichkeit mit der Hoffnung auf morgen aufwiegen konnten. »Sollen farbenfrohe Kleider deine Schultern bedecken / und gute Gedanken dein Herz erfüllen!« lautete ein russisches Wiegenlied.[14] Die Frauen achteten, was sie hatten und was sie tun und ihren Kindern beibringen konnten. In den Geschichten, die sie erzählten, maßen sie der Findigkeit einen hohen Wert bei. Die Kleinsten und Geschicktesten kamen am besten weg in den deutschen Märchen, welche die Volkskundler des 19. Jahrhunderts sammelten.[15] Die Bäuerinnen betonten das Praktische: »Versprecht uns keine Kraniche am Himmel, gebt uns eine Meise in die Hand«, lautete eine traditionelle russische Wendung.[16] Über Zeiten der schlimmsten Sorge half ihnen die Gemeinschaft mit anderen Frauen hinweg: im Kindbett, bei Krankheit und im Sterben. Sie gestatteten sich nur selten, Fragen zu stellen. »Die Leute sagen, sie können sich nicht vorstellen, wie wir ein solches Leben ertragen haben«, erinnerte sich Mary Coe, die 1889 in einem englischen Dorf zur Welt gekommen war.

> Aber ich meine, man muß bedenken, daß wir nie etwas anderes gekannt hatten. Unsere Eltern hatten zuvor auch so gelebt. Und schau, wenn du nie etwas anderes gekannt hast, vermißt du es auch nie.[17]

»Du vermißt es nie«, sagte Mary Coe, und so war es, bis die Anfänge der Industrialisierung die eine oder andere Seite der Aufgabenlast einer Bäuerin etwas erleichterte. Durch all die Jahrhunderte setzten die Frauen auf dem Land ihre Kräfte zur Stillung der Grundbedürfnisse ihrer Familien, für deren Überleben ein. Doch selbst unter diesen Umständen bedachten sie hie und da ihre Töchter mit einer besonderen Geste. Mary Coe erinnerte sich, wie es stets etwas Großartiges war, wenn ihre Mutter als Weihnachtsgeschenk einen Apfel oder eine Orange beschafft hatte.[18]

Das Land

Die bäuerliche Landschaft veränderte sich über Jahrhunderte nur wenig. Zwar konnten sich mit der Zeit mehr Personen von einem Grundstück ernähren und die Bodennutzung änderte sich, und doch sah die europäische Landschaft lange Zeit so aus, wie beispielsweise im 15. Jahrhundert in

1. Bäuerin bei der Herstellung von Ricotta.
Italienisches Manuskript, 14. Jh.

2. Bauernpaar bei der Kornernte.
Italienisches Manuskript, 15. Jh.

3. Dänische Melkerin. Ende 19. Jh.

4. Mutter und Kind. Ungarn, 20. Jh.

5. Französische Bauernfamilie, 1912.
Fotografiert vom Komponisten Ernest Bloch.

6. Porträt einer französischen Bäuerin.
Von Françoise Duparc, 18. Jh.

7. Die Hexen von Mora.
Schwedischer Stich, 1670.

8. Sowjetische Bäuerin
am Steuer einer Baumwollpflückmaschine, um 1970.

9. Frauen im Gespräch auf dem Dorfplatz.
Süditalien, um 1950.

einem Stundenbuch abgebildet: ein Dorf, umgeben von Feldern ohne Eigentumsmarkierungen, nur mit Gräben, Dornhecken oder geflochtenen Rutenzäunen, welche die Pflanzungen vor den Tieren schützen sollten. Die Bäuerinnen blickten über einige Furchen Brachland, über fruchttragende Felder und frisch gepflügte, die für den nächsten Erntekreislauf bereitlagen. Sie sahen Wein- und Obstgärten, die Allmende, die Pfarrkirche und das befestigte Gutshaus oder Schloß des örtlichen Herrn, der einen Teil seines Grundbesitzes (*domesne*, »Domäne«) in Eigenwirtschaft selbst führte, während er Landparzellen in Pacht an abhängige Hufenbauern abgab, die sie auf ihre Kosten bestellten.

Wälder nahmen den weiten restlichen Teil des Landes ein. Die mittelalterliche Bevölkerung nannte den Wald auch »Wüste«; bis ins 17. Jahrhundert hinein war er für ihr Leben von großer Bedeutung. Er bedrohte alle mit seinen Gefahren. Volkserzählungen berichten von Wildschweinen, die aus der Tiefe des Dickichts hervorbrachen, die Ernte zertrampelten oder die Haustiere verletzten. Wildhasen fraßen den Kohl in den Pflanzgärten weg. Die Bauersfrauen zerrieben gelben und blauen Eisenhut zu giftigem Pulver, um damit Wölfe, Füchse und Ratten zu bekämpfen. Doch konnten auch alle den Wald nutzen: Die Frauen sammelten am Boden das Holz für ihr Herdfeuer zusammen, und entlang der Waldpfade wohnten Männer, die den Bauersleuten nützlich waren: Holzhacker (wie derjenige, der das Rotkäppchen rettete) und Köhler, die ihnen Brennstoff lieferten, oder Holzschuhschnitzer, die ihr hölzernes Schuhwerk fertigten.

Über Jahrhunderte brauchte die ländliche Bevölkerung den Wald als Baustofflieferanten für ihre Häuser, für ihre Speicher und Ställe, wo sie Nahrungsvorräte aufbewahrten oder Tiere unterbrachten. Außer wenn es ihnen wirtschaftlich ungewöhnlich gut ging, so daß sie Stein verwendeten (wie Jeanne d'Arcs Familie in Frankreich im 15. Jahrhundert oder die englischen Freibauern im 16. Jahrhundert), bauten Bäuerinnen und ihre Familien mit Holz und anderen leicht zugänglichen Materialien: Birkenrinde in Norwegen, Stroh und Strauchwerk zum Decken der Dächer in Südengland, Torfziegel in Westirland. In ganz Europa gehörte die Waldnutzung zum Recht eines Bauern, ob er nun Leibeigener oder freier Pächter war.[19]

Die selbsterrichteten Häuser der Bauern waren klein und von einfacher Form. Die Größe der Balken und damit die Spannweite des Hauses und die Dachhöhe wurden durch die Länge des verfügbaren Bauholzes bestimmt. Steine unter den tragenden Pfosten bewahrten die Wände vor dem Absakken; Rutengeflechte, mit Moos verstopft und mit einem Gemenge von Kalk, Wasser und Sand oder Lehm verstrichen, ergaben die Wände – *wattle and daub* (»Flechtwerk und Grobverputz«), wie es in den englischen Volkserzählungen heißt. Der Fußboden bestand aus Fliesenplatten, Lehm oder bloßer

Erde. Da das Baumaterial begrenzt war, veränderten die Bauern auch die Architektur ihrer Häuser jahrhundertelang nicht. Bis ins 20. Jahrhundert verfügten die Bäuerinnen überall in Europa über einen großen, zentralen Raum, zwischen 5 und 25 Meter lang und etwa 4 Meter breit, aufgeteilt in einen Bereich für das Vieh und einen Bereich für die Menschen.[20] Das Bauwerk bestand aus einem Geschoß, manchmal mit einem Dachboden zum Schlafen, manchmal mit angebauten Kammern am Ende des Hauses, wenn ein alterndes Elternpaar das Land an seine Töchter und deren Ehemänner oder an seine Söhne weitergegeben hatte. Sofern es Fenster gab, wurden sie mit lichtdurchlässigen Materialien, beispielsweise mit Wachstuch, Horn oder geschnittenem Talk, vermacht. In wärmeren Landstrichen waren die Fensteröffnungen unverhüllt, und wenn kaltes Wetter kam, wurden einfach die hölzernen Laden vorgelegt.

Im Verlauf der Jahrhunderte änderte sich die Agrarverfassung, und die Bevölkerung nahm zu; trotzdem war die nächste Umgebung, in der die Bäuerinnen lebten, keinem wesentlichen Wandel unterworfen. Im 9., 10. und 11. Jahrhundert lebten sie mit ihrer Sippe in den am wenigsten bewaldeten Gebieten, bearbeiteten die leichtesten und lockersten Böden und nutzten die natürlichen Lichtungen für ihre Hausgärten, wo sie Hülsenfrüchte, Rüben und Kohl zogen, von denen die Familien sich hauptsächlich ernährten. Friedliche und geordnete Zeiten und wärmere Perioden im 11., 12. und 13. Jahrhundert bewogen die Bevölkerung, an den Rändern mit Axt und Feuer gegen den Wald vorzudringen und Stück für Stück neues Land zu roden. Sie legten mit Entwässerungsgräben Binnensümpfe und Küstenstriche trocken. Die einzelnen Rodungsstreifen wuchsen zu Feldern zusammen, die neuen Felder dehnten sich weiter aus bis wieder an alte Siedlungen heran. Familien zogen quer durch Europa in neu zu erschließende Gebiete. So konnten in den alten Grenzen mehr Leute leben. Obwohl die Bedingungen vom 14. bis zum 17. Jahrhundert ungünstiger waren – Kriege, kältere und nässere Winter –, festigten sich die Siedlungen und Rodungen nach denselben Mustern: 30 bis 40 Haushalte scharten sich in den englischen Dörfern um die Mitte des 14. Jahrhunderts zusammen, 68 Haushalte bildeten dreihundert Jahre später eine südfranzösische Siedlung, und in einem griechischen Dorf um 1960 lebten noch stets rund 50 Familien in ihren Häusern, umgeben von den Feldern für Futtermittel oder Getreide zum Barverkauf. Nur im nordwestlichen Deutschland und in Skandinavien lebten die Bauernfamilien einzeln oder in kleinen Grüppchen, und nur zwischen Elbe und Ural erstreckten sich weite Flächen abgeholzter Ebenen. Für die Mehrheit der europäischen Bäuerinnen blieben die wichtigen Elemente der Landschaft, ebenso wie die wichtigen Elemente ihres Lebens, jahrhundertelang die gleichen: klar abgetrennte besiedelte Gebiete, die Häuser im Dorf zusammengedrängt und von der bebauten Flur rings umgeben, außen der Wald und in einiger Distanz die Turmspitzen des nächsten Marktfleckens.[21]

Der Jahreslauf

Der Jahreslauf der europäischen Bäuerinnen und ihrer Familien wurde markiert durch den Festtagskalender der Kirche und die saisontypischen Arbeiten des landwirtschaftlichen Jahres. Festtage und Jahreszeitenwechsel bildeten im christlichen Europa zusammen *ein* Muster: Von Petri Kettenfeier (1. August, im Englischen *Lammas*) bis Sankt Michael (29. September) dauerte die Erntezeit. Vom Michaelstag bis Weihnachten wurden die Vorräte für den Winter eingemacht. Zwischen Weihnachten und Ostern erstreckte sich die schlimmste Periode des Jahres; die Fastentage gehörten hierher, seit das Fasten zur Tugend geworden war. Sehnlich erwartete man das erste Frühlingsgrün. Nach Ostern (von *Hocktide* bis *Lammas*) folgte die sommerliche Vegetationszeit mit dem ersten Mai als traditionellem Datum für die Frühlingsfeier und der Sommersonnenwende zu Sankt Johannis (24. Juni). Eine Frau auf dem Land hatte die Empfindung eines Neubeginns, eines neuen Jahres voller Möglichkeiten, nicht im Januar, sondern zur Erntezeit. Die Illustrationen der Stundenbücher des 15. Jahrhunderts zeigen Gerste, Weizen und Roggen reif zum Schnitt, den Hopfen zum Brauen bereit, die weißen und purpurnen Traubenbeeren zum Pflücken prall, und der Honig wartet darauf, aus den Stöcken geholt zu werden. Auf dem ganzen Kontinent feierten alle die Fülle der Ernte.

Erntezeit

Bis in die Anfänge des 18. Jahrhunderts töteten die russischen Bäuerinnen die Gänse, die sie für den 18. September aufgezogen hatten, um die Ankunft des neuen Jahres zu feiern. Bis ins 19. Jahrhundert wurden in England die Gänse für das Sankt-Michaels-Fest (*Michaelmas*, 29. September) auf den Stoppelfeldern gemästet. Wo christliche Feiertage die Erntefeste älterer Religionen ersetzt hatten, feierte man am Vorabend von Allerheiligen, zu Allerheiligen oder Allerseelen (31. Oktober, 1. und 2. November). Im 16. Jahrhundert tanzten in der Nähe von Nürnberg die Bauern auf den Wiesen. Im 19. Jahrhundert begingen englische Familien die Erntezeit mit Lustbarkeiten, Scherzen und Gelagen von Gewürzkuchen und süßem Brei aus gekochtem Weizen, Milch und Weinbeeren, welche die Frauen im Herbst getrocknet hatten. Für die englische und französische Dorfbevölkerung war es auch die

Zeit, um der Toten zu gedenken und die Ortsheiligen mit speziellen Gottesdiensten zu ehren. In der Bretagne nahm die ganze Region an der Prozession zur Kirche oder zum Schrein des Heiligen und am anschließenden Fest teil.

Dem Fest voran ging harte Arbeit auf den Feldern. Die Bäuerin und ihr Mann ernteten ihre eigenen Landparzellen ab. Als abhängige Pächter oder Hörige eines Landbesitzers, dem sie zu Frondienst und zur Abgabe von Gütern verpflichtet waren, wurden sie überdies zur Ernte auf seinen Feldern abgerufen. Manchmal benutzte die Frau eine Handsichel, doch in der Regel war das Mähen und Schneiden Männerarbeit, die mit einer großen, zweihändigen Sense ausgeführt wurde. Wie es von einer Frau der Abtei Werden im Rheinland im 9. Jahrhundert überliefert ist, band die Bäuerin statt dessen die Garben, trug sie zusammen und häufte sie auf.[22] Dies blieb Frauenarbeit, ob im 14. Jahrhundert im französischen Dorf Montaillou, auf den Ländereien des Grafen von Burgund im 15. Jahrhundert oder in Süditalien um 1950.

Zum selben Zeitpunkt mußten auch Hanf und Flachs geerntet werden. Der Hanf diente dazu, Seile und Säcke herzustellen, den Flachs brauchte man für Leinwand. Dann, mit dem Michaelstag Ende September, begann wieder der Kreislauf des Pflügens für das nächste Jahr. Die Bäuerin und ihre Kinder trieben das Vieh über die abgeernteten Felder, damit es die Stoppeln abfresse. Andere, brachliegende Felder wurden zum Anpflanzen vorbereitet. Gemäß englischer Tradition mußte die Wintersaat am Vortag von Allerheiligen in den Boden gebracht sein. Und wenn die Bäuerin selbst nicht beim Pflügen half, brachte sie den Männern einen Mittagsimbiß mit Brot, Käse und Pfefferschoten.

Mit dem Schneiden, Binden und Einholen der Garben waren die Herbstarbeiten nicht zu Ende; es blieb noch viel zu tun, bis die Bäuerin das Mehl, Hauptnahrungsmittel der Familie, zur Verfügung hatte. Im 13. Jahrhundert verwendeten englische Landleute ihre Ochsen, um das Getreide zu dreschen; das Reinigen der Körner von der Spreu war Frauenarbeit. Im 19. Jahrhundert bearbeiteten die bretonischen Männer die Ähren mit Dreschflegeln, ihre Frauen rechten die Körner zusammen und kehrten sie in Säcke. An einem windigen Tag trugen die Bäuerinnen die Säcke ins Freie, worfelten das Getreide und fingen die davonstiebende Spreu mit einem Tuch ein, um sie zum Stopfen von Kissen und Matratzen zu verwenden.[23] Wenn der Weizen einmal von der Spreu getrennt war, bewahrte die Bäuerin das Korn in Körben auf, die sie aus Sumpfgräsern geflochten hatte. Vom 11. Jahrhundert an stand es ihr offen, das Getreide zum Mahlen in die Mühle zu bringen, statt es selbst mühevoll von Hand zu zerreiben.[24]

Die wertvollen Körner, die das Überleben der Familie sicherten, mußten geschützt werden: Im Stundenbuch aus dem 15. Jahrhundert sind die Mäusefallen abgebildet und die Hauskatze, die neben der steinernen Herdstelle hockt. In Frankreich machten im 18. Jahrhundert Getreidespeisen 95 Prozent der bäuerlichen Kost aus.[25] In früheren Jahrhunderten buken die Bäuerinnen ihr Brot üblicherweise im Backhaus der Grundherren. Im 20. Jahrhundert benutzten sie in Vasilika in Griechenland ihren eigenen Ofen. Während der Erntesaison standen die griechischen Bäuerinnen um zwei oder drei Uhr morgens auf, um das Brot für die ganze Woche zu backen, und gingen anschließend an ihre Arbeit auf den Feldern. Neben dem rauhen, dunklen Brot stellten die Bäuerinnen aus dem Getreide eine Vielfalt anderer Gerichte her: Haferkuchen, Pfannkuchen, Blinis oder Crêpes, Kornbrei und Grütze. In den Herbst- und Wintermonaten bereicherten die Frauen den Speiseplan der Familien mit dem Gemüse, das sie in ihren Gärten gezogen hatten. Dieses Grünzeug gehörte bis ins 20. Jahrhundert zum Kernbestand der bäuerlichen Nahrung. Schon seit dem 9. Jahrhundert ist belegt, daß Bäuerinnen Erbsen, Wicken, Saubohnen und Wurzel- und Knollengemüse (weiße Rüben, Zwiebeln, Rettich, Pastinak, Lauch, Karotten, Beten) zogen. Ab dem 16. Jahrhundert gab es auch Kartoffeln. Ein Bretone erinnerte sich im 19. Jahrhundert, wie sich in seiner Kindheit die Familie oft mit Kartoffeln am Leben erhalten hatte.[26]

Die Bäuerin und ihre Töchter bereiteten pro Tag eine Hauptmahlzeit zu, je nach örtlichen Gewohnheiten zu anderer Tageszeit. Eine Frau in Yorkshire im 17. Jahrhundert hatte das Essen um Mittag bereit, ihre Geschlechtsgenossin in Frankreich im 18. Jahrhundert um fünf Uhr nachmittags. Überall in Europa trugen die Bäuerinnen die gleichen Grundspeisen auf: Brot und dicke Brühe oder Brei, ein geschmorter Eintopf aus getrockneten Erbsen und Bohnen und eingelagerten Wurzelgemüsen. Der große Kessel köchelte stundenlang über dem Herdfeuer; entweder wurde Wasser erhitzt, um das Gemüse in Stoffsäcken zu kochen, oder das Feuer wurde im Kessel selbst entfacht und ein irdener Topf mit Brühe und Schmorgut darin plaziert. Während das Essen garte, ging die Bäuerin ihren anderen Verrichtungen nach. In früheren Zeiten tranken die Familien von dem Wein, dem Bier oder dem Most, der ebenfalls in den Herbstmonaten nach der Ernte hergestellt worden war. In den *Très Riches Heures*, dem Stundenbuch der Herzöge von Berry aus dem 15. Jahrhundert, sind Bäuerinnen und Bauern abgebildet, die Trauben lesen; Frauen tragen schwerbeladene Körbe auf dem Kopf zum Gutsschloß. Eine Frau richtet gerade ihre Kopfbedeckung aus Stoff; ihre weiße Schürze bauscht sich über dem blau-roten Kleid, als ob sie schwanger wäre, und sie lehnt sich etwas auf die eine Seite, vielleicht um ihre Rückenschmerzen zu mildern. Schon im 9. Jahrhundert halfen in Frankreich die Bäuerinnen mit ihren Familien bei der Traubenlese und der Weinkelterung im Oktober und November mit. Englische Brauer stellten im

17. Jahrhundert im Herbst Bier her, um es den anderen Dorfbewohnern zu verkaufen.

Das Fleisch, das die Frauen und ihre Familien auf dem Lande aßen, wurde ebenfalls in den Monaten des Spätsommers und des Herbstes vorbereitet. Haustiere und Geflügel fielen in den Verantwortungsbereich der Bäuerin. Sie schüttete die Streu auf für die fünf oder sechs Ferkel, die im Frühjahr zur Welt gekommen waren, entwöhnte sie sechs Monate später und mästete sie im Herbst mit Nüssen im Wald. Auf dem Gut der Ramsey Abbey in England im 11. Jahrhundert sammelten die Frauen die Eicheln auf, durften jedoch nur »Schläuche von vernünftiger Größe« füllen.[27] Im Beauvaisis erwarben sich die Bauern im 17. Jahrhundert die *glandée*, das Recht, Nüsse zu sammeln. Das beste war freilich, wenn man das Recht auf die Eichelmast besaß wie die in dem Stundenbuch abgebildeten Frauen, welche ihre Schweine frei laufen lassen und Stecken in die Eichenbäume werfen, um die Früchte zum Herunterfallen zu bringen.

Die Muttersau wurde für das nächste Jahr gespart, die jungen Schweine geschlachtet. Die englischen Frauen nannten im 13. Jahrhundert den November »Blutmonat«. Im Stundenbuch des Herzogs von Rohan (15. Jahrhundert) sieht man einen Mann, der eine langstielige Axt schwingt, um ein Schwein zu schlachten. Die Bäuerinnen verwerteten jeden Teil des Tieres. Bis zum 19. und 20. Jahrhundert fingen sie das Blut auf, sobald die Kehle durchgeschnitten war, und verarbeiteten es mit Getreide zu einem Blutpudding oder füllten es ab zu Blutwurst. Den Kadaver sotten sie in Wasser, damit sie die Borsten abschaben konnten, welche sie für Bürsten brauchten oder dem Wandverputz beifügten. Die Blase verwendeten sie, um den Speck darin aufzubewahren, und die Schweinsfüße kochten sie wegen des darin enthaltenen Gelierstoffes aus. In vielen Dörfern zog der Metzger von Haus zu Haus und zerlegte das Fleisch, das die Frauen eingesalzen in Fässern aufbewahrten oder zum Räuchern in die Sparren über dem Herd oder in den frischgefegten Kamin hängten. Das gepökelte und geräucherte Schweinefleisch war während der künftigen langen Wintermonate die wichtigste Eiweißquelle für die Familie.

Die Frauen und ihre Familien auf dem Lande hatten zum Teil auch Zugang zu Nahrungsmitteln aus dem Meer. Aus dem 14. Jahrhundert stammen erste Belege für das Einsalzen und Einmachen von Hering. Gepökelter Weißfisch und Kabeljau konnte vielleicht auf dem lokalen Markt gekauft werden, oder die Bauern fingen selbst mit Netzen und Reusen Süßwasserfische – zum Beispiel Aale – im Mühlteich. Die Männer waren auch verantwortlich für besondere Gerichte von Kleinwild, Kaninchen oder wilden Zugvögeln, denen sie auf ihrer Herbstwanderung mit Netzen nachstellten.

In den meisten Fällen waren die Haustiere und das Geflügel zu kostbar, um gegessen zu werden, und die Bäuerinnen nutzten sie auf andere Weise. Sie führten die Kühe auf die abgeernteten Stoppelfelder und mästeten sie, um sie auf dem Herbstmarkt zu verkaufen; im Frühling kauften sie neue. So brauchten sie die Tiere nicht über den Winter zu füttern, wenn es als einziges Futtermittel Marschgras gab. In einer deutschen Volkserzählung entschließt sich die Frau, die Kuh zu schlachten und die Haut zu verkaufen, nachdem sie sie mit Wasser und Eichenrinde geschmeidig gegerbt hat. Nur wohlhabende Familien verzehrten Schaffleisch; für alle anderen waren die Schafe wegen ihrer Wolle oder wegen des Erlöses, den sie auf dem Markt bringen würden, zu wertvoll.

Das gleiche galt für die Hühner und Gänse. Bis ins 18. Jahrhundert behielt man die Hühner und die Eier, die sie legten, um dem Landbesitzer die Schulden zu bezahlen oder um sie zu Markt zu tragen. Der örtliche Jahrmarkt fand, wie in Montaillou im 14. Jahrhundert, an Allerheiligen (1. November) statt, und die Bäuerinnen gingen fünfzehn bis zwanzig Meilen zu Fuß, um ihre Überschüsse zu verkaufen. Eine Gans wurde für das Erntedankfest, in Deutschland und Dänemark zu Martini am 11. November, zurückbehalten. Nichts wurde weggeworfen oder vergeudet: Die Bäuerinnen rupften die Federn, noch bevor der Tierkörper erkaltet war. Die Flügel dienten zum Abstauben. Um ein daunengefülltes Federbett herzustellen, brauchte eine dänische Frau vierundzwanzig Gänse.[28] Eine englische Bäuerin trocknete die größeren Federn über Nacht im Ofen und brauchte sie als Nippel für die Saugflaschen für Lämmer und Säuglinge oder als Zapfen. Während die Gans über dem Feuer briet, sammelte die Bauersfrau das herabtriefende Fett, das als Schmiermittel oder wasserdichter Belag verwendet wurde. Und etwas davon fand einmal für eine Festtagspastete Verwendung oder für ein Gebäck, das mit Honig aus den gutseigenen Bienenstöcken gesüßt wurde.

Winter

Weihnachten und Ostern, die höchsten Feste des christlichen Kalenders, flankierten die härteste Periode im Jahr der Bäuerin: die Monate vor dem Frühling. Auf einem bretonischen Bauernhof wurden sie im 19. Jahrhundert als die »wahrhaft schwarzen« Monate beschrieben, »nicht nur, weil der Tagesanbruch spät war und die Nacht nur allzu schnell einfiel, sondern wegen der schwarzen Kälte, des schwarzen Schlamms, des schwarzen Regens, des schwarzen Windes«.[29] Die bäuerliche Bevölkerung Europas feierte die »Zwölften« (auch »Rauhnächte«) zwischen Weihnachten, dem Tag Christi Geburt am 25. Dezember, und dem 6. Januar (Epiphanias), an dem des Besuches der Drei Könige gedacht wurde, und verschmolz diese heiligen Tage mit älteren heidnischen Winterfesten und der Wintersonnenwende

(21./22. Dezember). Schon lange vor der Christianisierung verbrannten die Menschen die Weihnachtsscheiter *(yule-logs)* und sammelten die geheiligten Mistelzweige.

Dieser Tradition fügte die Kirche Zeremonien hinzu, welche die Geburt Christi feierten. Die Bauernfamilien hellten die dunklen Wintertage mit zusätzlichen Bräuchen und Festlichkeiten auf. In Montaillou im 14. Jahrhundert war Weihnachten ein Markttag. Auf dem Gutshof des Dekans von Wells in North Curry (Somerset) gab es ein öffentliches Festmahl, zu dem die Ehefrau von John de Cnappe Brotlaibe, Bier, Speck, Käse, eine Henne und zwei Kerzen vorbereitet hatte.[30] Im 19. Jahrhundert unterbrachen die russischen Bäuerinnen die siebenmonatige Winterperiode durch ihre Weihnachtszeremonien: Sie schmückten Tannenbäume und stellten Teigkreuze her, um dem Tag besonderes Gewicht zu geben. In Caltagirone (Sizilien) boten Bauersleute als Gabe an die Kirche ihre Zweijährigen an, die während der Weihnachtsmesse das Kindlein in der Krippe darstellen sollten.

In den Monaten nach Weihnachten gab es für die Männer auf dem Land nur wenig zu tun, was über die Vorbereitung der Felder für die Bepflanzung im Frühjahr hinausging. In England gab Lichtmeß (der 2. Februar, der an den reinigenden Kirchgang der Jungfrau Maria nach der Geburt ihres Sohnes erinnerte) das Signal, mit dem Pflügen zu beginnen. Ehefrau und Ehemann pflügten gemeinsam. Einen Morgen Land umzuackern war ein Tagwerk.[31] Der Mann führte den Pflug, die Frau lenkte das Ochsengespann dem Landstreifen entlang. Bis zu Mariä Verkündigung (dem 25. März, dem Fest der Verkündigung von Jesu Geburt) beendeten die Männer die Frühjahrsaussaat. Den größten Teil dieser Monate brachte die Bauernfamilie jedoch im Hausinnern zu, um die zentrale Feuerstelle im Hauptraum geschart, wo die Decke vom Rauch geschwärzt war. Der Herd oder, in einem besseren Haus, der offene, gemauerte Kamin spendete den Insassen Wärme und Licht. In Mitteleuropa gab es auch Öfen mit Kacheln oder Schamottsteinen. Als Brennstoff verwendeten die Bäuerinnen Dung oder Torf, den sie in der Herbstsonne getrocknet hatten. In Frankreich verfeuerten sie Holz und beanspruchten die Holzgerechtigkeit, das Recht also, im Wald des Grundherrn Brennholz zu sammeln. Das Harz von immergrünen Nadelhölzern benutzten sie für Fakkeln, und als Docht für Lichter tunkten sie Wollkraut in Bienenwachs oder Schaffett. In den ärmsten Hütten wurden Kühe und Ziegen drinnen gehalten, um etwas Wärme abzugeben. Mit Kräutern (Wacholder und Raute) versuchten die Frauen, die Luft etwas angenehmer zu machen und Fliegen und Läuse fernzuhalten, die die Familie während der langen Wintermonate, in denen man nicht baden konnte, plagten. Die Bäuerinnen wußten auch, wie man den Saft von Lauch und Salbei mischen konnte, um damit das Brennen und Schmerzen der Insektenstiche zu lindern.

Die Illustration zum Monat Februar im Stundenbuch der Burgunder Herzöge zeigt die Winterwelt der Bäuerin: Sie sitzt auf einer Bank vor dem Feuer, den Rock etwas hochgezogen und die Füße ausgestreckt, um sie zu wärmen. Von einem Stangengerüst am Rand der Decke hängt die Wäsche. In Rußland zogen sich in ärmeren Behausungen Erdbänke längs der Wände, auf die man sich setzen konnte. Die meisten Bäuerinnen beschafften sich weitere Einrichtungs- und Haushaltsgegenstände. Der Ehemann glättete vielleicht Holzstücke zu einer auf Böcke gelegten Tischplatte, die die Frau mit Sand oder Asche blank scheuerte, oder er schnitzte Holzschalen, welche sie mit den irdenen Krügen und Töpfen in einem Spind stapelte. Alte Fässer konnten zersägt und als Hocker verwendet werden. Bis ins 19. Jahrhundert war das Familienbett das gewichtigste Möbelstück. In bescheidenen Haushalten mochte es nicht viel mehr sein als ein Bretterverschlag, der um der Wärme willen nahe beim Kamin aufgeschlagen war; doch in den meisten Fällen bestand das Bett aus einem sorgfältig ausgearbeiteten Holzgestell mit Laden und Vorhängen, welche die Kälte abhalten sollten.

Alle Metallgegenstände waren für die Besitzerinnen von besonderem Wert. Eine englische Witwe im 13. Jahrhundert, Christina von Long Bennington in Lincolnshire, erwähnte in ihrem Testament eigens ihre eisenbeschlagene Truhe. Im 16. Jahrhundert listete Thomasina Whitehead von Farnsfield (Nottinghamshire) drei Messingkrüge, einen Kessel und einen Kerzenstock als Teile ihres Besitzes auf. Andere Frauen, wie Joan Atkinson und Katherine Francis, hinterließen ihren Töchtern ihre Metall- und Zinngerätschaften als kostbares Erbe.[32] Im 19. Jahrhundert erinnerte sich ein Mann, wie seine bretonische Mutter jeden Samstagvormittag die Messingnägel des Mobiliars poliert hatte.

Während der Wintermonate verwandten die Bäuerinnen die meiste Zeit darauf, Tuch für ihre Familie herzustellen. Schon seit dem 9. Jahrhundert war es Sache der Frauen, die Bedürfnisse ihrer Familie in allen Bereichen abzudecken. Das ging vom Beschaffen von Rohwolle und Flachs bis zur Fertigstellung der Hemden oder Bettdeckenbezüge. Der einfache Webstuhl lehnte im Haus an der Wand. Und nicht nur für ihre eigenen Leute mußten die Bäuerinnen sorgen – als abhängige Pächterinnen waren sie in Deutschland und Frankreich im 12. Jahrhundert überdies verpflichtet, Arbeitstage in den Tuchmanufakturen (»Genitien«) ihrer Grundherren abzuleisten oder Woll- und Leinentücher für sie anzufertigen.[33]

Die primäre Verantwortlichkeit der Frauen für die Textilien, besonders für die Herstellung von Garn und Faden, ist älter als die schriftlichen Aufzeichnungen. Dem Anblick der spinnenden Bauersfrau konnte man auch im 20. Jahrhundert noch begegnen: In der einen Hand hielt sie einen langen Stecken, den Spinnrocken, an dem die rohe Wolle befestigt war, mit der anderen betätigte sie die Spindel als Spule und spannte dazwischen straff den dünnen Wollfaden. (Erst ab dem 16. Jahrhundert verbreitete sich das Spinnrad bei den europäischen Bäuerinnen.) Diese einfachste und verbreitetste Spinnmethode führte dazu, die weibliche Seite der Familie im Englischen als *the distaff side* oder *the spindle side* zu bezeichnen, und in der Sprache des altdeutschen Rechts stand »Kunkel« für das ganze weibliche Geschlecht. Die Rebellen des englischen Bauernaufstandes von 1378 nahmen das Bild in ihren Einigungsruf auf:

When Adam delved and Eve span
Who was then a gentleman?

(Als Adam grub und Eva spann,
Wer war da ein Edelmann?)

Französinnen aus dem Baugeois spannen an ihrem Hochzeitstag Hanf als Gabe an die heilige Jungfrau.[34] Großmütter erzählten in Märchen und sangen in Balladen von magisch-zauberkräftigem Spinnen, Zuschneiden und Nähen: Das Rumpelstilzchen spann für die Königin Stroh zu Gold, und das Mädchen in *The Elfin Knight* (einer englischen Ballade) mußte ohne Messer und Schere ein Hemd anfertigen *(without any cut or hem ... shape it knife-and-sheerless)* und es ohne Nadel und Faden *(needle-threadlesse)* nähen.[35]

In der Wirklichkeit gab es keine Magie, nur die rastlose und mühsame Tätigkeit, rohe Wolle oder rohen Flachs in Tuchlängen zu verwandeln, die als Überzug verwendet oder zu einem Hemd oder Kittel zugeschnitten und zusammengenäht werden konnten. Aus den feineren Wollfasern wurde Kammgarn hergestellt, während die rauhere Schafwolle gesponnen, gewoben und zu schwererem Filztuch verarbeitet wurde. Neben dem Herd sitzend, verwerkte die Bäuerin so im Laufe eines Winters die Wolle, die im Frühjahr oder Sommer zuvor geschoren worden war. Ein Vlies konnte über acht Kilogramm wiegen, doch fast die Hälfte davon war Fett.

Deshalb war es die erste Aufgabe der Bäuerin, das Vlies zu reinigen, zu klopfen und es dann wieder einzufetten, damit die Fasern zum Spinnen und Weben elastisch genug blieben. Die Wolle wurde sauber gezupft und zu Strähnen gekämmt, wobei eine Distel vom Feld als Kardatsche diente. Nach dem 13. Jahrhundert hatten die Frauen möglicherweise schon eigentliche Kardatschen: zwei Holzbrettchen mit Metallzähnen, die aufeinandergelegt und bewegt wurden und die Wolle zwischen sich zerzupften. Die so entstandenen luftig-losen Rollen konnten nun zu Faden gesponnen werden. Manchmal ging die Bäuerin samt Kunkel und Spindel ihren anderen Arbeiten nach, oder sie setzte sich auf einen Schemel wie die Frau im Stundenbuch der

Catherine de Clèves. Wenn die eine Rolle fertig zu Faden gedreht war, zwirbelte sie das Ende mit dem Anfang der nächsten Rolle zusammen und fuhr fort, bis sie aus vierzig Rollen eine Strange gesponnen hatte. Je straffer sie spann, desto stärker wurde der Faden. Eine gute Spinnerin konnte bis zu fünf Strangen pro Tag fertigstellen, und das reichte gerade aus für eine Jacke. In früheren Jahrhunderten hatten die Bäuerinnen den Faden zu Tuch gewoben; vom 15. Jahrhundert an war ihnen auch die Technik des Strickens bekannt.

Leinenstoff stellten die Bäuerinnen aus Flachs her, einer einjährigen Pflanze, die im Herbst geerntet wurde. Die Stengel bestanden aus den Fasern, die gesponnen und zu Tuch gewoben werden konnten. Die Bäuerin begann damit, daß sie die Samenstände entfernte und die harten Stauden in Wasser einweichte. Anschließend wurden sie getrocknet, um die äußere Schicht faul und mürbe zu machen, ein Prozeß, der sich über zehn bis vierzehn Tage erstreckte und »Rötten« genannt wurde. Nachdem die Außenschicht entfernt war, wurden die Stengel mit einem hölzernen Hammer oder einer Flachsschwinge weichgeschlagen. Ab dem 14. Jahrhundert gestaltete sich dieser Arbeitsgang etwas leichter, da die Bäuerin eine Flachsbreche benutzte, zwei durch ein Scharnier zusammengehaltene rechteckige Holzbretter, zwischen denen die Pflanzen durch wiederholtes Zuschlagen zerquetscht wurden. Danach hechelten die Frauen die Stengel mehrmals durch und kämmten sie zu einzelnen Strähnen. Diese Strähnen wanden sie, genau wie die Wolle, um den Spinnrocken, von dem sie je zwei oder drei Fasern gleichzeitig abzupften und zusammen auf die Spindel aufdrehten. Der so hergestellte Leinenfaden war stärker als Wolle, aber brüchig, und das Weben war schwieriger. In Griechenland und Italien hatten die Landfrauen auch Baumwolle; sie sammelten und reinigten die Samenkapseln und spannen die Locken zu Baumwollgarn.[36]

Am einfachsten und am üblichsten war es, die Woll- oder Leinenfäden in ihren natürlichen Grau- und Brauntönen zu belassen. Um ihnen andere Farben zu verleihen, sammelten die Bäuerinnen im Wald aber auch Wurzeln, Blätter und Flechten, die zum Einfärben verwendet werden konnten. Die Frauen wußten, welche Färbemittel mit einer Beize fixiert werden mußten, damit sie hielten, und bei welchen das nicht nötig war. (Heutzutage werden Alaun und gereinigter Weinstein als Fixative verwendet.) Die Flechten in Nordeuropa lieferten reiche Brauntöne, auch Blaßorange, Rot und Gelb. Birkenrinde färbte braun, Krapp blaßrosa, Goldrute und Berberitze gelb. Aus gekochten Laubblättern und einer Beize ergab sich Grün; Blaubeere erzeugte die Farben Lavendel oder Blau. Reiches Kolorit gewann man mit Färberwaid. Um Schwarz zu erzeugen, benutzten die Frauen Walnüsse oder Schwertlilien.

Mit den Strängen von naturbelassenem oder eingefärbtem Garn ging die Frau dann an ihren Webstuhl. Bis ins 19. Jahrhundert sahen die Webstühle, an denen die Landfrauen wirkten, ähnlich aus wie jene der Antike: Es war ein einfacher, rechteckiger Holzrahmen. Die Weberin wickelte von der Spindel Fadenstücke von ungefähr gleicher Länge ab für die Längs-(Ketten-)Fäden. An der einen Seite wurden sie am Rahmen befestigt, das andere Ende wurde mit einem Stein oder einem Lehmklumpen beschwert. Dann stellte die Frau den Webrahmen auf und lehnte ihn schräg an die Wand, so daß die Kettenfäden, die senkrecht vom Rahmen herunterhingen, gestrafft wurden. Horizontale Webrahmen wie diejenigen, die man in den Stundenbüchern sieht, waren wie ein Tisch einfach mit Beinen versehen worden; die Kette wurde auch hier durch Steingewichte strammgezogen. Um zu weben, wickelte die Frau Garn für die Querfäden auf das Schiffchen, das sie zwischen den Kettenfäden hin- und herschob und so den Einschlag herstellte. Durch diese Technik entstand aus dem Faden ein »Wab«, ein rechteckiges gewobenes Tuchstück, dessen Größe durch die Ausmaße des Rahmens bestimmt war (vielleicht ein auf zwei Meter). Selbst diese kunstloseste Webart brauchte Zeit. In einer süditalienischen Bergstadt verwendeten um 1960 eine Mutter und eine Tochter fünfzehn bis zwanzig Tage darauf, die drei Stoffstücke herzustellen, die zu einem Leintuch in der Aussteuer des Mädchens notwendig waren.[37] Um das Leinen aufzuhellen, kochten es die Frauen in einer Aschenlauge und wuschen es mehrfach im Dorfbach. Danach ließen sie es sechs bis neun Wochen an der Sonne bleichen.[38]

Alles, was mehr als nur einfarbig war und dazu irgendein Muster aufwies, erhöhte sogleich die Kompliziertheit des Webvorgangs. Es brauchte mehr als nur ein Schiffchen, und die Schußfäden mußten gewechselt werden. Zu Beginn des 20. Jahrhunderts fertigte die Witwe Gna Tidda in Sizilien solche Stoffe an. Sie arbeitete an einem kunstreicheren Webstuhl mit Fußpedalen. Mit dem einen Pedal wurde die Hälfte der Kettenfäden nach unten gezogen, so daß sie das Schiffchen glatt durchschießen konnte; danach drückte sie auf das andere Pedal, um die gegenläufige Bewegung auszuführen. Indem sie nach dem Durchschuß die Weblade gegen sich zog – das war ein von oben herabhängender, hölzerner Balken mit kammähnlichen Zähnen, welche zwischen die Kettenfäden griffen –, preßte sie die Querfäden zu einem dichten Gewebe zusammen. Gna Tidda konnte das Tuch sogar verbreitern, und um nicht die Übersicht zu verlieren über die Veränderungen, die sie vornahm, legte sie pro fünfundzwanzig Fäden, die sie zufügte, ein Getreidekorn in ihren Schoß.[39]

In früheren Jahrhunderten gaben die Bäuerinnen ihrem Wolltuch selbst den letzten Schliff: Sie legten es ins Wasser und stampften es, um das Gewebe zu verfestigen und verfilzen. Mit Kardedisteln strichen sie über die Stoffoberseite, rauhten die Fasern auf und machten sie flauschig. Sie schoren das Tuch glatt, färbten es und spannten es auf Pfählen auf. Ab dem 13. Jahrhundert besaß der Grundherr vielleicht eine wind- oder wassergetriebene Walkmühle, welche diese Arbeit übernahm. Das Leinentuch mußte ebenfalls geschlagen und gestampft, nicht jedoch gerauht, geschoren oder in der Mühle gewalkt werden wie das Wolltuch.

Endlich waren die Bäuerinnen nun bereit, die Gegenstände anzufertigen, welche ihre Familien benötigten. Sie nahmen die rechteckigen Stoffstücke und setzten sie zu Bettüchern, Überzügen und Tischdecken zusammen; aus alten, abgenützten Fetzen schnitten sie Windeln für die Säuglinge. Mit möglichst wenigen Schnitten stellten sie einfache Untergewänder oder Kittel her. Geschlossen wurden die Kleidungsstücke eher mit Bändern und Nesteln als mit Knöpfen. Ein Umhang oder ein Mantel mit Kapuze wurde ebenfalls aus Tuchstreifen zusammengefügt. Niemand besaß viel Wäsche. In Montaillou im 14. Jahrhundert legten die Eheleute ihre Kleider vor dem Zubettgehen ab, sonst aber trugen sie ständig dieselben Hemden und Kittel. In einem Abkommen zwischen einem Vater und seinen Kindern im 13. Jahrhundert in Weedon Beck wurden dem Vater pro Jahr ein Kleidungsstück und eine leinene Unterhose zugesichert.[40] Die Bauern auf dem Landgut der Datini in Norditalien im späten 14. Jahrhundert besaßen je einen grauen Kittel. Im 15. Jahrhundert sprach Jeanne d'Arc von ihrem roten Wollkleid. Bis um 1500 unterschieden nur die Länge der Kleidungsstücke und die Kopfbedeckung die Kleidung einer Frau von derjenigen eines Mannes. Noch im 19. Jahrhundert trugen in Rußland sowohl Frauen als auch Männer das lange Hemd und den Kittel, die für frühere Epochen typisch gewesen waren.

Einigen auserwählten Stoffarbeiten widmeten die Bäuerinnen das ganze Jahr über etwas Zeit und Aufmerksamkeit: ihrem Hochzeitskleid und der Bett- und Tischwäsche, die zur Aussteuer gehörte. Schon im 14. und 15. Jahrhundert bestickten die Frauen in Ungarn und anderen osteuropäischen Regionen den Stoff für ihr Hochzeitskleid, so daß es aussah, als wäre er phantasievoll gewoben. Auch in Sizilien im 19. Jahrhundert übten sich die jungen Frauen in Leinenstickerei, und in Vasilika in Griechenland woben sie noch 1960 Wolldecken für ihre Aussteuer. Zu allen Zeiten galt, daß eine Bäuerin desto mehr herstellen konnte und desto mehr besaß, je wohlhabender ihre Familie war. Die wenigen englischen Bäuerinnen, die überhaupt reich genug waren, ein Testament aufzustellen – Christina von Long Bennington in Lincolnshire, die 1283 starb, und Joan Atkinson von Halam, 1561 gestorben –, zählten Leintücher, Handtücher, Kissen, Wolldecken, Polster, Überzüge und Tischtücher einzeln wie Schätze auf.[41] In der Sologne (Frankreich) machten die Polster, Decken und Federbetten 40 Prozent des Vermögens der Familien aus.[42]

Frühling und Sommermonate

Auf dem Land weckte der Frühling nach den langen grauen Monaten voller kalter und nasser Tage und Nächte eine besondere Fröhlichkeit und Freude. In den Marginalien der Stundenbücher blühen die Wildblumen: Primeln, Osterglocken, Iris, Hyazinthen, Gänseblümchen, Malven und Kornblumen. In ihren Erzählungen schilderten die Bäuerinnen blaublühende Flachsfelder und die geschmeidigen frischen Weidengerten, die sie zu Körben flochten. Der Wald verwandelte sich im gesprenkelten Sonnenlicht und mit seinen austreibenden Laubbäumen in einen anziehenden Aufenthaltsort. In den Geschichten fanden Jungfrauen da wilde Erdbeeren oder wurden hinter einem Haselbusch von einer Schlange erschreckt. Bis ins 19. Jahrhundert besangen russische Bäuerinnen am 9. März die »Mutter Frühling« und hießen die zurückkehrenden Vögel willkommen.[43]

Mit Mariä Verkündigung (25. März), einem Marienfest, dessen Datum grob mit den Frühjahrsäquinoktien (21./22. März) zusammenfiel, eröffneten die Bäuerinnen und Bauern eine Reihe von Festen, welche seit alters her den Jahreszeitenwechsel markierten und die Wiedergeburt der Sonne und die Fruchtbarkeit des Erdreichs feierten. Die christliche Kirche hatte viele der alten Rituale aufgesogen. In Domrémy, dem Dorf von Jeanne d'Arc in Nordwestfrankreich, tanzten und sangen die jungen Leute am vierten Fastensonntag beim »Feenbaum«. Heiligentage des Frühjahrs, zum Beispiel Sankt Berlinda in Belgien, wurden zu günstigen Gelegenheiten für Trunk und Tanz. Selbst die heiligen Festtage der Passionszeit (Palmsonntag, Gründonnerstag, Karfreitag und Ostern) folgten älteren Traditionen. In ganz Europa, von England bis Rußland, vom 13. bis zum 19. Jahrhundert, färbten die Bäuerinnen Eier oder brachten sie dem Grundherrn als Osterabgaben. Im Angelsächsischen lautete der Name einer Frühlingsgöttin *Easter*. In England machten sich zu *Hocktide* (Montag und Dienstag nach Ostern) Männer und Frauen spielerisch den Hof: Am Montag führten die Frauen die Männer herum, am Dienstag umgekehrt, und man gab sich gegenseitig jeweils nur gegen Bezahlung einer »Buße« frei. Auch die Maifeiern überlebten, trotz der Bemühungen von Herrschern wie Karl dem Großen und katholischen und protestantischen Kirchenmännern, die sie zu verbannen suchten: Die jungen Leute tanzten weiterhin um Maibäume, blieben während der ganzen Nacht im Freien und brannten Freudenfeuer ab. Der Pfingsttag (13. Juni) leitete im England des 13. Jahrhunderts eine einwöchige Feierperiode ein. Die Feier zur Sommersonnenwende (21./22. Juni) wurde umgewandelt in den Festtag für Johannes den Täufer (24. Juni) und fiel oft mit dem ersten Grasschnitt zusammen.

In dieser Periode zwischen Ostern und Petri Kettenfeier (1. August), nachdem die Männer die Frühjahrssaat ausgebracht hatten, kehrten die Bäuerinnen an ihre Arbeit auf den Feldern zurück. Nur selten gestattete es der Volksglaube, daß Frauen säten; man fürchtete, sie gefährdeten die Ernte. Statt dessen erledigten sie vom April an die anstrengenderen Tätigkeiten: Sie hackten, jäteten Unkraut und bedeckten die junge Saat mit etwas Mist. Dies kam zu ihren zahlreichen anderen Aufgaben hinzu. In der Anleitung zur Landwirtschaft, die der Engländer Thomas Tusser im 16. Jahrhundert verfaßt hatte, pflanzte die »housewife« bereits Anfang März ihren eigenen Nutzgarten, den Flachs und den Hanf an. Bis ins 19. Jahrhundert stachen im Mai die Irinnen den Torf für das häusliche Feuer. Und spätestens zum Johannistag Ende Juni hatten die englischen Bäuerinnen im 13. Jahrhundert ihre Schafe geschoren.

Der Frühling war auch die Zeit für die große Wäsche. Aus der Asche des Feuers wurde die aufhellende Lauge gewonnen. In der Bretagne im 19. Jahrhundert hielten die Frauen zweimal pro Jahr eine große Wäsche, im April und im Oktober.[44] Am ersten Tag wurden die Kleider mit Asche bedeckt in Eimer geschichtet und mit siedendem Wasser übergossen. Am zweiten Tag wurden sie mit Holzschlegeln bearbeitet, am dritten Tag zum Trocknen und Bleichen in der Sonne ausgebreitet. Im 20. Jahrhundert war der Wassertrog auf der Piazza in Sizilien ein Treffpunkt, und die Wäsche gab den Dorfbewohnerinnen ausgiebig Gelegenheit zum Plaudern, Lachen und Klatschen.

Im Frühling und in den frühen Sommermonaten boten sich für die Bäuerin auch Möglichkeiten, in den letzten mageren Wochen vor der Ernte Kost und Einkommen ihrer Familie zu verbessern. Sie pflegten den Tierbestand: die kürzlich erworbene Kuh, die bald kalben sollte, die Ziegen und Schafe, die ebenfalls trächtig waren, die kleinen Schweine, die Hühner- und Gänseküken, die aufzuziehen waren. Russische Bäuerinnen ließen die Tiere am Johannistag segnen. Überall in Europa und bis ins 20. Jahrhundert entwöhnten die Bäuerinnen früh die säugenden Jungtiere der Kühe und Ziegen, damit sie die Milch zur Herstellung von Käse und Butter verwenden konnten. Etwas Milch und Käse lieferte ihrer eigenen Familie Eiweiß, der Großteil aber mußte verkauft werden. Schon im 9. Jahrhundert stellten die angelsächsischen Frauen so viel Käse her, daß er zu einem der frühesten Exportprodukte Englands wurde. Im frühen 14. Jahrhundert verkauften die Frauen von Montaillou in Südfrankreich Käse auf dem Pfingstmarkt. Die Herstellungsmethode für dieses geschätzte Nahrungsmittel blieb jahrhundertelang die gleiche: Die Bäuerinnen schöpften den Rahm ab, säuerten, verdickten und preßten ihn und ließen ihn altern. Die übrigbleibende Flüssigkeit, die Molke, setzten sie ihren eigenen Kindern als Leckerbissen vor. In vergleichbarer Weise stellten sie auch Butter her; sie schlugen die Sahne, bis sie schwer wurde und nicht mehr am Stößel klebte. Im Jahr 1654 verkaufte eine Bauersfrau dem Koch der Gräfin von Bedford ihre Butter in Klumpen von fünf Pfund, das Pfund zu sechs Pence.[45] Der Koch kaufte ihr für vier bis fünf Pence pro Pint (rund ein halber Liter) auch Rahm ab.

Der Rhythmus der Jahreszeiten – durch die Jahrhunderte ein unveränderlicher Faktor – strukturierte des Leben der Bäuerinnen gleich wie dasjenige der Frauen in der Vergangenheit. Eine andere Konstante stellte der Bereich der Fortpflanzung dar. Als Mütter gebaren und erhielten sie die Generationen, die vom 9. bis zum 20. Jahrhundert den Boden bestellten.

Kinder

Die Bäuerinnen übernahmen die Verantwortungen der Mutterschaft so ernst und selbstverständlich, wie sie das Gedeihen oder Verderben der Ernte hinnahmen, den Verkauf von Sahne oder die Herstellung von Käse besorgten. Von ihnen hingen Existenz und Wohlergehen der nachkommenden Generationen ab; mit ihrem Körper und der Pflege, die sie den Säuglingen, die sie zur Welt gebracht hatten, angedeihen ließen, erzeugten und nährten sie die zukünftigen Lebenshoffnungen. Kinder zu gebären und aufzuziehen waren Konstanten im Leben der Frauen auf dem Land.

Die Demographie nimmt an, daß die fruchtbare Periode im Leben einer Frau über die Jahrhunderte hinweg gleich blieb: rund zwanzig Jahre. Unabhängig von dem sozialen Status, den die Frauen einnahmen, setzte die Menstruation im Alter von zwölf bis vierzehn Jahren ein. (Zeitliche Verschiebungen der Menarche, des Beginns von Menstruation und Eisprung, hängen mit extremen Variationen in der Ernährung zusammen. In der zweiten Hälfte des 20. Jahrhunderts hat bessere Kost – die sich in einem höheren Anteil Körperfett äußert – frühere hormonelle Umstellungen und damit ein früheres Einsetzen der Pubertät bewirkt. Untersuchungen für Deutschland um 1500 und für Skandinavien im 19. Jahrhundert weisen darauf hin, daß die Menarche im Alter von sechzehn oder achtzehn eine Abweichung vom allgemein üblichen Schema darstellte, die möglicherweise durch Mangelernährung hervorgerufen wurde.)[46] Das Ende der weiblichen Fruchtbarkeit mit dem Auftreten der hormonellen Veränderungen, die zur Menopause führen, scheint ebenfalls eine Konstante gewesen zu sein. Im 7. Jahrhundert bezeichneten westgotische Gesetze eine Frau über vierzig als unfruchtbar. Im 12. Jahrhundert meinte die gelehrte Äbtissin Hildegard von Bingen in einem ihrer medizinischen Traktate, die Jahre des Kindergebärens seien für eine Frau mit vierzig vorbei.[47] Die Anzahl der Kinder, die eine Frau empfing und austrug, hing von ihrer Individualität, von ihrer eigenen Anfälligkeit für Krankheiten ab und davon, wie relativ leicht beziehungsweise schwer ihre Schwangerschaften verliefen. Die Demographen schätzen, daß eine Frau etwa fünf bis sieben erfolgreiche Schwangerschaften im Abstand von zweieinhalb Jahren haben konnte, wenn sie eine normale Lebensdauer erreichte.[48] Aus der Sicht der Frau hieß dies, daß sie als Erwachsene fast jederzeit entweder schwanger war oder ein Kind säugte.

Die ganze Umwelt der Bäuerin begünstigte und schätzte jene Frau, die gesunde Kinder zur Welt bringen konnte. Die Kirche pries den ehelichen Verkehr zum Zwecke der Fortpflanzung und zeigte Heldinnen vor, welche der Schande der Unfruchtbarkeit entgangen waren: die heilige Elisabeth beispielsweise, die Mutter von Johannes dem Täufer, und die heilige Anna, die Mutter der Jungfrau Maria; beide waren sie ältere Frauen, die auf wundersame Weise empfangen hatten.[49] Aus Kräutern, zum Beispiel aus Mutterkraut, brauten die Frauen Tränke, die sie fruchtbar machen sollten. Einer schwangeren Bäuerin wurden manchmal spezielle Privilegien zugestanden: Der Herr eines deutschen Gutshofes, der auf die Vermehrung seiner potentiellen Arbeitskräfte erpicht war, gestattete schwangeren Frauen, Früchte aus dem Obstgarten und Trauben aus dem Weinberg zu essen, doch nur »ein kleiner Zweig mit zwei Büscheln«.[50] Oder die Schwangeren erhielten etwas Fisch und Wild aus den grundherrlichen Gehegen und bezahlten weniger für die Benutzung seines Backofens. Sie durften möglicherweise auch das Huhn behalten, das sie dem Herrn zur Fastenzeit schuldeten. Bis in die späten 1930er Jahre nahmen Familien in Lough (Bezirk Clare, Irland) eine bäuerliche Braut während des ersten Ehejahres von schweren Arbeiten aus, da sie eine baldige Schwangerschaft erwarteten. Umgekehrt hatte die junge Frau Ärger und Mißachtung zu gewärtigen, wenn ihr Leib nicht nach sechs Monaten anzuschwellen begann.

Schwangerschaft und Geburt waren Zeiten von besonderer weiblicher Gemeinschaft. Die Frauen des Dorfes führten ohnehin durchs Jahr viele Verrichtungen gemeinsam aus: Feldarbeit mit Jäten und Rechen, Gänge in die Marktstadt oder Kleiderwäsche am Bach. Die Zeit der Geburt aber war ganz besonders ihre Domäne und schuf eine Gemeinsamkeit, die nur sie als Frauen teilten. Während der Wartezeit kamen Freundinnen, Verwandte und die Hebamme des Dorfes, erteilten Ratschläge und leisteten Hilfe bei der Entbindung.[51] Die Männer der Familie warteten ebenfalls, wenn die Wehen einmal begonnen hatten, und trugen manchmal noch zusätzlich zur Spannung bei. Eine Bäuerin aus Süditalien erinnerte sich um 1950 an ihre Entbindung. Ihre Mutter oder ihre Schwester hatte die Hebamme herbeigeholt.

> Die standen dann bei mir am Bett und warteten, wie rasch die Wehen aufeinanderfolgten. Ich hörte das Füßescharren im Zimmer und wußte, jetzt kommen die Männer, einer nach dem andern. Mein Vater, meine Brüder, meine Schwäger, die

> saßen da alle am Feuer, tranken Wein und warteten. Wenn du einen Laut von dir gibst, wenn der Schmerz dich überraschend packt oder wenn das Kind nicht kommen will und du kannst es nicht aushalten und stöhnst, dann gilt das als Schande. Du hast ein Handtuch im Mund, und jedesmal, wenn es sehr weh tut, beißt du mit den Zähnen drauf und betest zu Gott, daß dir nur kein Laut entwischt. Ich hab' immer einen Knoten in das Ende gebunden, damit ich wirklich fest zubeißen konnte, und meine Schwester hatte so eine Art, leise zu singen und mich zu streicheln, daß es besser wurde.[52]

Die Leichtigkeit der Geburt hängt von drei Faktoren ab: von der körperlichen Konstitution der Mutter, von der Größe ihres Beckens im Vergleich zur Größe des Kinderkopfes und von der Lage des Kindes in der Gebärmutter. Eine weibliche Verwandte wie die italienische Schwester oder die »weise Frau«, die Hebamme, sprach während der Entbindung ermutigende Worte und leistete praktische Hilfe. Die Hebamme beschleunigte die Wehen mit Kräuertees: Goldlack wirkte harntreibend, Frauenmantel und Mutterkorn (ein Pilz, den man auf reifen Getreideähren fand) verstärkten die Kontraktionen. Kräutersalben sollten den Gebärmuttermund erweitern. Bilsenkraut versetzte Frauen mit ganz schlimmen Geburtswehen in einen Dämmerzustand. Die Hebamme wußte die Stellung des Fetus durch Abtasten des Unterleibes zu bestimmen und hörte seinen Herzschlag ab. Mit ihren Fingern maß sie die Erweiterung des Gebärmuttermundes und erkannte dadurch, wie weit der Geburtsvorgang vorangeschritten war. Im Endstadium der Entbindung half sie mit, indem sie von außen auf die Gebärmutter preßte.

In englischen Dörfern setzten sich die Mütter für die ersten Wehen im Bett auf, manchmal auch auf Stroh, das die Verunreinigungen aufsaugte; für die letzte Phase der Geburt benutzten sie halbmondförmige Gebärstühle. In Rußland im 19. Jahrhundert knieten sich die Bäuerinnen für die Geburt in der Wärme des familieneigenen Badehauses hin. Wenn die Frauen sich selbst überlassen waren, zogen sie die aufrechten Stellungen vor; sie konnten den Vorteil der Schwerkraft ausnützen und mehr Muskeln gebrauchen, um den Kopf des Kindes hinauszupressen.

Die Regierungen – unter anderem in Frankreich und Rußland – versuchten im 18. und 19. Jahrhundert, Prüfungen und Bewilligungen für Hebammen auf dem Lande anzuordnen. Die Dorffrauen kamen jedoch nicht zur Schulung und fanden die Gebühren zu hoch. Die Hebammen erwarben ihren besonderen Status weiterhin nicht aufgrund einer formalisierten Ausbildung, sondern durch ihre persönliche Erfahrenheit in Geburtsangelegenheiten, ihre Kenntnisse in der Kräutermedizin und ihr intuitives Wissen von geburtserleichternden Mitteln und Maßnahmen. Die Hebamme wurde teilweise, zum Beispiel in Frankreich im 17. Jahrhundert, zusammen mit dem Schulmeister und dem Schäfer vom Dorf bezahlt. In den meisten Fällen war sie der Schwangeren eine nützliche Anleiterin und Helferin, zahlreichen Geschichten (vor allem aus dem 19. Jahrhundert) zum Trotz, die über »drekkige und unwissende alte Weiber« lästerten, welche als Hebammen gewirkt haben sollen. Mediziner kamen nämlich nur äußerst selten – wenn überhaupt – schwangeren Frauen auf dem Dorf zu Hilfe. Bis ins 20. Jahrhundert hatten die Bauersfrauen deshalb gar keine andere Wahl, als sich auf weibliche Verwandte und Hebammen zu verlassen. Nur wenn die Wehen lang und schwer waren, brauchten die Hebammen zusätzliche Kenntnisse und Fertigkeiten. Falls die Wehen ungewöhnlich andauerten, war es für die Mutter schwer oder sogar unmöglich, das Kind ohne äußeren Eingriff auf die Welt zu bringen. Abwarten bedeutete für die Mutter und wahrscheinlich auch für das Neugeborene den Tod.

Anhaltende Wehen treten auf, wenn der Kopf des Babys im Verhältnis zum Becken der Mutter zu groß ist oder wegen der Position des Fetus in der Gebärmutter. Der erste Fall war weniger häufig. Unterernährung, eine geläufige Erscheinung bei den Bäuerinnen, wirkte sich zum Vorteil der Mutter aus, da sie das Geburtsgewicht und die Größe des Kindes gering hielt. Queroder Steißlage waren dagegen nicht selten. In späteren Jahrhunderten kamen in solchen Fällen Zangen oder gar chirurgische Eingriffe zur Anwendung. Die häufigere Steißlage, bei der das Hinterteil oder die Füße des Kindes zuerst austreten, konnte auch auf natürlichem Weg entbunden werden, vor allem wenn der Fetus klein war. Die Gefahr für die Mutter bestand in einem Scheidenriß, wenn sich die Vagina nicht genügend ausdehnte, daß der Kopf durchschlüpfen konnte. Das Baby, das sich rückwärts durch den Gebärkanal hinunterbewegte, lief seinerseits Gefahr, erdrosselt zu werden oder zu wenig Sauerstoff zu bekommen, wenn die Nabelschnur sich um seinen Hals gewikkelt hatte. Wenn der Fetus quer über dem Gebärmutterhals lag, war es praktisch unmöglich, daß die Mutter ohne Hilfe entbinden konnte. Die Kontraktionen durch die Wehen reichte nicht aus, das Kind in die Vagina hinauszupressen. Die Hebamme riskierte zwar, die Mutter zu infizieren, doch konnte sie, wenn sie die gefährliche Fehllage entdeckt hatte, versuchen, den Fetus in eine bessere Position zu bringen, entweder von außen oder von innen, falls der Gebärmutterhals schon genügend erweitert war. Die Medizinhistoriker versichern übereinstimmend, daß der entsprechende Kunstgriff, mit dem der Fetus auf die Füße gewendet wurde, den männlichen Geburtshelfern im antiken Griechenland und Rom bekannt war, dann aber bis ins 16. Jahrhundert vergessen und von einem Mann, dem französischen Wundarzt Ambroise Paré, wieder entdeckt worden sei. Diese Annahme unterschätzt vermutlich die Fähigkeiten der Frauen: Eine Bäuerin oder eine Hebamme konnte sehr wohl die irreguläre Position des Fetus beurteilen, und wenn sonst nichts, so sagten ihr ihre Erfahrungen mit kalbenden Kühen oder Pferden, daß sie eingreifen müsse, und verhalfen ihr zu Ideen, wie der Kreißenden zu helfen sei.

Über vierundzwanzig Stunden andauernde Wehen konnten den Tod verursachen. Nach achtundvierzig Stunden litt die Gebärende an zu großem Feuchtigkeitsentzug, der in Verbindung mit Erschöpfung möglicherweise zu Herzversagen führte. Oder innere Verletzungen hatten Blutungen zur Folge; nach so langer Zeit konnte der Uterus, ein Muskel, reißen, und die Mutter verblutete. Unter solchen Umständen versuchte man, wenigstens die Frau noch zu retten, bevor es so weit kam, und gab das Kind auf. Die Hebamme sandte nach dem Bader, wenn einer im Dorf erreichbar war. Sonst griff sie selbst zu den verschiedenen Haken und Hämmern, um den Schädel des Fetus zu zertrümmern und den toten Körper aus der Vagina herauszuziehen. Einige Frauen überlebten diese Prozedur. Falls der Fetus nicht herausgezogen werden konnte oder wenn die Mutter schon vorher starb, verlangten die Kirche wie auch der allgemeine Brauch, daß ihr Unterleib aufgeschnitten und das Kind herausgenommen werde. (Hier liegt der Ursprung des Kaiserschnitts.) Nach dem Glauben des Volkes mußte ihr Mund offengehalten werden, damit die Seele des Ungeborenen dadurch entweichen könne, wenn es ebenfalls sterbe.[53]

Ein altes englisches Sprichwort lehrte die Frauen, sie würden für jedes Kind, das sie zur Welt brachten, einen Zahn verlieren.[54] Doch es gab weit schwerwiegendere Folgen: Infektionsgefahr, innere Risse usw. Ein bretonischer Bauer erinnerte sich, wie seine Großmutter das Kindbett zu früh verlassen hatte, um die Wäsche zu erledigen – sie starb an Fieber, dem wichtigsten Symptom einer solchen Infektion. In Torregreca in Süditalien ging Maria schon eine Woche nach der Geburt ihres sechsten Kindes wieder auf die Felder hinaus, um die Weizengarben vor die Dreschmaschine zu hieven. Sie erlitt einen Blutsturz und verblutete, wie es jahrhundertelang das Schicksal von Bäuerinnen gewesen war.

Manche Infektionen hatten auch weniger schwerwiegende Folgen. Gonorrhöe oder Entzündungen im Beckenbereich konnten die Eileiter mit Narbengewebe verschließen und anfallsweise Schmerzen, Fieber und Erschöpfung verursachen. Durch Unternährung – in der bäuerlichen Welt eine chronische Gefahr – kam es zu unregelmäßigem Eisprung oder überhaupt zum Stillstand der Menstruation. Besonders in der Form von Eiweißmangel konnte schlechte Ernährung bei Schwangeren zu Blutvergiftung, Nierenschaden und überhöhtem Blutdruck und damit zu Frühgeburt führen, oder der Fetus starb ab infolge von Fehlentwicklungen in der Plazenta oder einer zu frühen Ablösung der Plazenta von der Gebärmutterwand. Auch Frauen, denen das Gebären im allgemeinen leichtfiel, hatten Fehlgeburten. 1681 zählte Alice George aus der Kirchgemeinde St. Giles in Oxford 108 Jahre; sie war für ihr Alter noch stets groß und bekannt dafür, daß sie in jüngeren Jahren bei der Ernte ebenso viel eingebracht hatte wie ein Mann. Mit dreißig hatte sie geheiratet, fünfzehn Kinder zur Welt gebracht und drei Fehlgeburten erlitten.

In den dreißiger Jahren des 20. Jahrhunderts erzählte Lucia, die aus einem nördlichen Küstenstrich Jugoslawiens stammte, der Lehrerin Darinka Host ihre Erlebnisse: zwei Fehlgeburten im ersten Jahr ihrer Ehe, dann fünf Jahre Unfruchtbarkeit, wieder eine Fehlgeburt, dann ein Sohn. Fünfzehn Monate danach brachte sie noch ein zweites Kind zur Welt. Ihrer Mutter war es gelungen, die Schwangerschaft zu einem guten Ende zu führen, doch Lucia war nach jeder Geburt fünf Monate bettlägerig. Demographen schätzen, daß selbst bei guter Gesundheit der Frau und problemloser Empfängnis durchschnittlich jede dritte Schwangerschaft wegen der rauhen bäuerlichen Lebensbedingungen durch spontanen Abort endete.[55] Die Geburtenregister aus englischen und französischen Dörfern im 17. und 18. Jahrhundert belegen, daß die günstigste Zeitspanne für die Empfängnis einer erfolgreichen Schwangerschaft zwischen April und Juni lag: So hatte die Mutter in den ersten Monaten, da sie das Kind trug, etwas weniger anstrengende Feldarbeit zu leisten und ausreichende Kost in den späteren Monaten.[56]

Die Pflege des Neugeborenen folgte Mustern und Vorstellungen, die noch auf griechische, hebräische und germanische Bräuche zurückreichten. Noch im 18., 19., in einigen europäischen Regionen gar noch im 20. Jahrhundert badete die Hebamme das Kind und wickelte es zu einem kompakten Bündel, wobei sie sorgsam erst die Glieder einzeln einband und am Schluß ein Tuch darum schlug. Normalerweise wurden die Umhüllungen des Säuglings in den ersten vier Lebensmonaten drei- bis viermal täglich gewechselt.[57] In einem süditalienischen Dorf erklärte erst um 1960 der Volksschullehrer, die Entwicklung des Säuglings werde derart während mindestens sechs Monaten behindert – alle hatten geglaubt, das straffe Einwickeln schütze das Kind vor Verformungen und Krankheiten, da die Glieder dadurch gerade und jedes Organ an seinem Platz gehalten werde. Der Geschichtsschreiber Giraldus Cambrensis schrieb im 12. Jahrhundert, von allen europäischen Völkern wickelten einzig die Kelten ihre Säuglinge nicht ein und überließen den Wuchs des Kindes der Natur.[58]

Wann immer die Frauen konnten, gaben sie ihren Säuglingen die Brust. Nur reiche Damen in den Schlössern oder Städten konnten sich eine Ersatzmutter, eine Amme, leisten, die ihre Kinder zu ernähren hatte. Die leicht verdauliche und mit wertvollen Antikörpern versehene Muttermilch verbesserte die Überlebenschancen des Kleinkindes. Im Alter von ein bis drei Jahren wurden die Säuglinge schrittweise entwöhnt. Schon früh erhielten sie auch feste Nahrung, eine dünne Mehlpappe oder in Milch oder Wasser eingeweichtes Brot. Manche Bauernmütter entschlossen sich wohl auch, ihre Kinder zu säugen, da sie glaubten, das verhindere neuerliche Empfängnis. In vielen Gemeinden billigte die Kirche, wenn die Mutter während dieser Zeit sexuell abstinent bleiben wollte.

Die Bäuerinnen trugen die volle Verantwortung für die Kinder, bis sie etwa fünf Jahre zählten. Wenn sie mehrere Kinder hatten, mußten die älteren auf die kleineren achtgeben. Bis zu dem Zeitpunkt, da das Kind gehen lernte, war die Aufsicht vergleichsweise einfach. Mary Collier, eine Bäuerin aus dem 18. Jahrhundert, schilderte in Reimen, wie die Babys aufs Feld mitgenommen wurden:

> [We] wrap them in our clothes to keep them warm
> While round about we gather up the corn;
> And often unto them our course do bend,
> To keep them safe, that nothing them offend.[59]
>
> (Wir wickeln sie in unsere Kleider, damit ihnen warm ist,
> Während wir ringsum das Getreide einsammeln;
> Und oft richten wir unsere Schritte zu ihnen hin,
> Damit sie sicher sind, damit ihnen nichts zustoße.)

Im 19. Jahrhundert ließen die Mütter in der Bretagne die Babys in ihren Krippen oder im geschlossenen Familienbett zurück und kehrten im Verlauf des Tages periodisch nach Hause, um sie zu säugen. Sobald das Kind gehen konnte, lauerten ständig Gefahren. In Dänemark beklagten sich Mütter noch 1980, daß sie wegen der gefährlichen Landwirtschaftsmaschinen gut auf die Kinder aufpassen müßten. Die Bäuerinnen früherer Zeiten fürchteten vor allem das Herdfeuer, tiefe Brunnenschächte, Haus- und Wildtiere.

»Ein sanftes Wort öffnet eine eiserne Tür«, predigte zwar ein populäres bosnisches Sprichwort, doch die Bäuerinnen dürften ihre Kinder mit strenger Hand regiert haben.[60] Im 14. Jahrhundert steckten die südfranzösischen Frauen von Montaillou ihre Kleinen ins Bett, bevor sie dem Ehemann das Abendessen auftrugen. Wenn es ans Bestrafen ging, schlugen wahrscheinlich die Mütter die jüngeren, die Väter die älteren Kinder. Die Jugoslawin Lucia erinnerte sich in den 1930ern, wie schwer es gewesen war, auf die Geschwister aufzupassen, wenn die Mutter krank war. »Als ich zum ersten Mal das Brot machte, war ich noch nicht stark genug, es zu einem dicken Teig zu kneten, und meine Mutter schimpfte mich aus. Ich machte die Arbeit für alle jüngeren und bekam für sie alle auch noch Schläge.«[61] Die Großmütter erzählten Geschichten von kleinen Mädchen und Jungen, die Bedrängnis oder gar den Tod erleiden mußten, da sie ihrer Mutter ungehorsam gewesen waren. Rotkäppchen wich trotz der Warnungen seiner Mutter vom Waldweg ab und wurde vom Wolf gefressen. In einem anderen Märchen *(Das eigensinnige Kind)* wollte ein widerspenstiges Kind nicht tun, »was seine Mutter haben wollte. Darum hatte der liebe Gott kein Wohlgefallen an ihm und ließ es krank werden.« Das Kind starb und wurde begraben, gab aber trotzdem noch keine Ruhe: Es streckte immer wieder seinen Arm aus dem Grab empor. »Da mußte die Mutter selbst zum Grabe gehn und mit der Rute aufs Ärmchen schlagen, und wie sie das getan hatte, zog es sich hinein, und das Kind hatte nun erst Ruhe unter der Erde.«[62]

Die Sorge für die Kinder und die Familie umfaßte mehr als Ernährung, Bekleidung und Erziehung. Auf der Bauersfrau lastete auch die Verpflichtung, Kinder, Ehemann, Eltern oder Großeltern im Falle von Krankheit zu pflegen und zu heilen. Sie hatte für die Gebrechen, die ihre Leute bedrohten, keine wissenschaftlichen Begriffe, sie kannte nur die Symptome: Fieber, Husten, trübe Augen, Kopf- und Bauchschmerzen, Geschwülste, Blutungen, Ausflüsse, Hautausschläge. Wie ihre Mütter und Großmütter verließen sich die Frauen auf dem Land auf Intuition und auf ein Wissen, das von Generation zu Generation weitergereicht wurde. Sie konnten auch, wie im 13. oder 14. Jahrhundert in Südfrankreich, die Dienste der Weisen Frau des Dorfes in Anspruch nehmen, einer älteren Frau, der man besondere Geschicklichkeit im Umgang mit Kräutern zutraute und die die heilkräftigen Rituale und Gebete kannte. Die Kirchenvorsteher eines englischen Dorfes im 17. Jahrhundert richteten einer solchen Frau ein regelmäßiges Gehalt aus, so wie andernorts die Hebamme bezahlt wurde.[63]

Heilkunst war Spezialwissen. Für jedes Symptom, von Zahnschmerz, Augenentzündung, Krämpfen und Lähmung bis zum Verlust des Gehörs, gab es ein eigenes Gegenmittel, eine ganze Palette von Praktiken, welche die weise Frau und ihre Zeitgenossinnen für heilkräftig hielten. Das mochte eine besondere Gebetsformel sein oder ein Ritual, etwa das Tragen eines roten Stoffstückes, das die »rote« Fieberhitze aus dem Körper extrahieren sollte. Oder die weise Frau übertrug den »Geist« der Krankheit: Eine Heilkundige glaubte zum Beispiel, sie könne die Auszehrung vertreiben, indem sie ein Ei in einem Ameisenhaufen vergrabe; die Krankheit würde dann verschwinden, sobald der Ameisenhaufen durch den Regen weggewaschen werde.[64] Vieles an den Arzneien der Bäuerinnen bleibt geheimnisvoll; manches klingt nach Magie, wie etwa die Spinne im Teig, die als Pille gegen Wechselfieber geschluckt wurde. Andere Substanzen, zum Beispiel Fingerhut, Tollkirsche (Belladonna) und Aspirin (Weidenrinde), werden von der modernen Medizin verwendet. Die Wissenschaft des 20. Jahrhunderts zollt insbesondere dem Wissen der Frauen Anerkennung, zu welchem Zeitpunkt die vielen Kräuter, Wurzeln und Blüten, die sie brauchten, gelesen oder geschnitten und wie sie aufbewahrt werden mußten. Denn die Schwankungen in den Temperatur-

und Lichtverhältnissen zwischen Tag und Nacht und zwischen den verschiedenen Jahreszeiten verändern die chemischen Eigenschaften vieler Pflanzen. Die Wirkung von Mohnsamen ist beispielsweise um neun Uhr vormittags viermal größer als um neun Uhr abends.[65]

Gegen jedes Gebrechen war ein Kräutlein gewachsen. Die Kinder tranken Bergminzentee oder inhalierten den Rauch brennender Huflattichblätter, um den Husten zu lindern oder einen Blutandrang zu beheben. Eibischwurzel, Thymianöl, Pfefferminze und Anis sind auch heute noch in Pastillen enthalten. Für jeden Kopfschmerz und jedes Fieber gab es eine besondere Therapie. Ein entzündeter Hals verlangte nach einem Aufguß von Immergrün oder Gurgeln mit Salzwasser. Lavendel behob Schwindel. Pimpernelle und Dill halfen bei der Verdauung und verringerten Bauchschmerzen. Ein Tee aus Rainfarn beruhigte die Ruhrkrämpfe. Schöllkraut und Wermut putzten die Würmer aus dem Gedärme. Aloe und Ringelblume werden heute noch in Lotionen für verletzte oder verbrannte Haut verwendet.

Diese überlieferte Kräuterheilkunde sammelte in sich Erfahrung von Jahrhunderten, intuitive Einfälle und Glaubensakte, die den Bäuerinnen auf ihre Weise ermöglichten, mit den rings auftretenden Krankheiten umzugehen. Sie glaubten selbst daran, daß sie Schmerzen lindern und heilen konnten und dadurch mit den unbekannten Gefahren ihrer Umwelt fertig wurden.

Allen Bemühungen und Kenntnissen der Bäuerinnen zum Trotz bedrohte der Tod ihre Familien. Im Durchschnitt gebar eine Mutter sechs Kinder, doch die Hälfte von ihnen starb, bevor sie noch das zwanzigste Altersjahr erreicht hatten. Von ungarischen Friedhöfen aus dem 10. und 11. Jahrhundert läßt sich errechnen, daß von fünf Kindern eines vor dem ersten und zwei vor dem vierzehnten Geburtstag starben.[66] Untersuchungen über französische und englische Dorffamilien zeigen, daß bis zum Beginn des 18. Jahrhunderts eine Frau mit durchschnittlich fünf Geburten drei ihrer Kinder sterben sah. Ein Viertel aller Kinder starb im ersten Jahr, und in schlechten Zeiten war ein weiteres Viertel vor dem zwanzigsten Altersjahr tot.[67]

Der Tod war eine spezielle Domäne der Frauen. So wie sie die Anfänge des Lebens überwachten, so warteten sie seinem Ende. Mit Schlüsselblumenwein, Mohn, Tollkirsche, Alraune und Schierling betäubten sie Schmerzen und schläferten ein. Die Frauen kümmerten sich um den Leichnam, ob es sich um einen Säugling, ein Kind, den Ehegefährten, einen Elternteil oder einen Freund handelte. Sie wuschen die Glieder, wickelten den Leichnam in weißen Stoff – ein Grab- oder Leichentuch, das sie wahrscheinlich selbst gewoben und gesäumt hatten. 1895 fertigte Nell Chapman, die frisch getraute Ehefrau eines englischen Dorfhirten, in ihrem neuen gemeinsamen Leben als erstes die leinenen Leichentücher für sich und ihren Mann an. Stets waren hauptsächlich die Frauen die Trauernden gewesen, die bei den Toten beteten.

In vielen Dörfern dauerte die Totenwache mehrere Tage und Nächte in Folge, trotz der Mißbilligung der Kirche, welche das übertriebene Trauern schon vom 7. Jahrhundert an verurteilte. Die Frauen sangen vom Tod in ihren Balladen und erzählten von ihm in ihren Geschichten, besonders vom Tod der Kinder. *The Wife of Usher's Well* (Titel einer englischen Ballade) verlor um Martini, als die Nächte lang und düster waren, drei ihrer Söhne.[68] Die Mutter im Grimmschen Märchen *Das Totenhemdchen* ließ in ihrem Trauern erst nach, als ihr das verstorbene siebenjährige Söhnchen erschien und sie ermahnte; sein Leichenhemd war von ihren Tränen ganz durchfeuchtet. »Da befahl die Mutter dem lieben Gott ihr Leid und ertrug es still und geduldig, und das Kind kam nicht wieder, sondern schlief in seinem unterirdischen Bettchen.«[69] Nach einem Todesfall stifteten die Bäuerinnen in den Dorfkirchen Gaben – ein »Seelgerät« –, ähnlich, wie ihre germanischen und keltischen Vorfahrinnen die Gräber ihrer Toten mit Beigaben ausgestattet hatten. Schließlich pflegten die Frauen bis ins 20. Jahrhundert die Grabstätten auf dem Friedhof.

Die Bauersfrauen trugen die Verantwortung für die Gesundheit ihrer Familien. Da sie sich der Kostbarkeit des Lebens bewußt waren, erwiesen sie der Geburt wie dem Tod Aufmerksamkeit und Ehre mit besonderen Ritualen, die bis in die Moderne überlebten, als die schlimmsten Gefahren ihrer Lebenswelt bereits gebannt waren.

Bedrohungen

Die Frauen auf dem Lande mußten sich mit der Bedrohtheit des Daseins abfinden. Denn wo immer vorindustrielle Agrarwirtschaft herrschte, lebten Frauen und Männer am Rande des Existenzminimums. Periodisch wurde alles, was den Frauen lieb war, gefährdet. Die Naturkräfte, Witterungsunbilden, Mißernten und Seuchen brachen in den Rhythmus ihrer jahreszeitlichen Verrichtungen ein und forderten alle ihre Fähigkeiten heraus, sich selbst und die Ihren über Wasser zu halten. In solchen Zeiten kämpften die Bäuerinnen ums Überleben.

Sie wußten, daß das Überleben von der Länge des Winters und dem Ertrag der sommerlichen Wachstumsperiode abhing. Bis ins 18. Jahrhundert wurde jede Generation mindestens einmal von einer Naturkatastrophe und der sie begleitenden Hungersnot getroffen. In einem guten Jahr benötigte eine französische Familie im 17. Jahrhundert ein Minimum von zwei Hektaren Boden, um genügend Getreide zum Verzehr, für Mieten, Steuern, den Zehnten und ausreichend Saatkörner für den nächsten Frühling zu erwirtschaften. In einem schlechten Jahr brauchte es die doppelte Anzahl Hektaren, um dieselbe Ernte zu erzielen.[70] Doch in einem schlechten Jahr gab es nicht mehr Boden als in einem guten Jahr.

Alle Quellen, die das Leben der Landleute beschreiben, sprechen mit besonderem Respekt vom Winter, von der Kälte, dem Wind und der Feuchtigkeit. Die bäuerlichen Familien zählten den Ablauf der Jahre nach der Zahl der Winter.[71] Das allmähliche Abkühlen des Klimas, ein Rückgang der Durchschnittstemperatur um ein Grad Celsius im späten 14. Jahrhundert verschlimmerte die Winter und signalisierte das Nahen der »Kleinen Eiszeit«.[72] Im 17. Jahrhundert erlebten die Bauern in Nordeuropa vermehrte Niederschläge; Flüsse und Kanäle traten über die Ufer, und die Ostsee fror zu. 1690 wurde es in Skandinavien nie lange genug warm, als daß das Getreide hätte reifen können.[73] 1623 war für die Bauersfrauen und ihre Familien in Greystoke (England) ein besonders schlechtes Jahr; im September verzeichneten die Kirchenregister die Toten: ein Bub namens Leonard starb am elften, die Mutter am zwölften – »Jaine, Ehefrau des Anthony Cowlman [...] die Frau starb in Edward Dawsons Scheune in Greystoke aus Mangel an Nahrung«.[74]

Bei warmem, trockenem Wetter konnten in Südengland Olivenbäume und in Nordfrankreich Feigen und Weintrauben gedeihen. Eine Erwärmung des Klimas im 18. Jahrhundert verlängerte die Wachstumsperiode und vergrößerte die Ernten. Doch andererseits brachte Hitze zu große Trockenheit und Waldbrände mit sich. In Kastilien (Spanien) mußten Dorfbewohner wegziehen, da das Erdreich infolge Regenmangels verhärtete und aufsprang. In der Region von Beauvais (Frankreich) zwangen mehrfache Dürreperioden und schlechte Ernten zwischen 1647 und 1651 die Pächter, Schulden zu machen, um Nahrungsmittel zu kaufen; sie konnten ihren Zahlungsverpflichtungen nicht nachkommen, verloren Land und Werkzeug und verhungerten.[75]

Am schlimmsten waren für die Bäuerinnen und ihre Familien bis ins 20. Jahrhundert die Frühjahrsmonate, bevor die ersten Körner reif wurden. »Viele Leute sterben im Frühling, wenn die Nahrungsmittel am knappsten sind«, erklärte eine bosnische Frau um 1930.[76] In den Aufzeichnungen von St.-Etienne, einem französischen Dorf, ist die Rede vom Weber Jean Cocu, seiner Frau und seinen vier Töchtern. Sie verdienten zusammen 108 Sols pro Woche und brauchten, um zu überleben, siebzig Pfund Brot. Solange das Brot einen halben Sol pro Pfund kostete, gab es keine Schwierigkeiten. 1694 war der Preis aber auf 3,3 Sols angestiegen. Im Dezember des Vorjahres hatte sich die Familie bei der Armenbehörde registrieren lassen; im März 94 starb die jüngste Tochter, im Mai folgten der Vater und schließlich die älteste Tochter.[77]

Für die Frauen auf dem Land hatten die Wetterverhältnisse noch weitere

Auswirkungen als nur auf Erfolg oder Mißerfolg der Ernte. Jede Jahreszeit hatte ihre eigenen Krankheiten. Schon aus dem 13. Jahrhundert weiß man, daß in Dänemark während der langen kalten Monate, die hauptsächlich im Hausinnern verbracht wurden, die Blattern unter den Familienmitgliedern reihum gingen. Läuse übertrugen den Erwachsenen den Typhus. Die Bauernkinder starben an Krupp, Diphterie, Keuchhusten, an Bronchitis, Asthma und rheumatischem Fieber. Zwischen fünfzehn und fünfunddreißig starben Frauen und Männer oft an Tuberkulose. In der Bretagne beschrieb im 19. Jahrhundert Emile Guillaumin den Tod seiner Frau, nachdem sie bei der Ernte geholfen hatte:

> Ich holte Victoire, die nichts dagegen einzuwenden hatte, damit sie mit mir komme und mir helfe, die paar Haufen, die wir tags zuvor gemacht hatten, auf das Fuhrwerk zu laden. Ihr wurde ganz heiß, dann begann sie von dem Platzregen, der früher als erwartet begonnen hatte, zu zittern; in der Nacht hustete sie Blut, und zwei Tage später war sie tot.[78]

Lungenentzündung, Brustfellentzündung, akute Mandelentzündung – sie alle rafften das Leben im Winter dahin. Im 16. Jahrhundert forderte die Grippe in Frankreich, Italien, Deutschland und den Niederlanden zahlreiche Opfer. In jedem Jahrhundert trat die Ruhr auf und tötete durch rasche Dehydration, vor allem wenn die Bevölkerung durch Nahrungsmittelknappheit bereits geschwächt war. Noch im 19. Jahrhundert fürchteten die Bretoninnen und Bretonen die »kalte Hölle« der Wintermonate.[79] Doch das wärmere Wetter brachte nicht zwingend gute Gesundheit mit sich. In der heißen, feuchten Luft gediehen die Malariamücken; die Dürrezeiten ließen nur schlechtes Wasser übrig und brachten Cholera und Typhus.

Vom 13. bis zum 17. Jahrhundert war es vor allem eine Krankheit, die Angst und Schrecken verbreitete: Die Bäuerinnen und Bauern nannten sie den »Schwarzen Tod«. Sie verbreitete sich epidemisch, trat erstmals im 14. Jahrhundert auf und überschwemmte dann Europa periodisch bis ins 17. Jahrhundert, als sie mehr oder weniger erlosch. Der erste Ausbruch der Beulenpest in Europa im Jahr 1348 traf zusammen mit einer langen Phase von Schlechtwetter und Nahrungsknappheit; die Bauernfamilien waren deshalb besonders anfällig für die neuartige Seuche, die reiche Ernte hielt.[80]

1348 war das Wetter in Europa warm und feucht. Eine englische Bäuerin erinnerte sich, daß es am 24. Juni, am Johannistag, zu regnen begonnen hatte und nicht mehr aufhörte.[81] Das Korn verfaulte an den Halmen. Die Seuche kam von den Handelsschiffen mit ihren Ratten und Fliegen in die Häfen von Italien und Südfrankreich, drang dann quer über die Berge und Flüsse in die

Fischerdörfer und Siedlungen vor. Die Leute gingen ihren alltäglichen Arbeiten nach, ohne zu wissen, daß sie die Infektion bereits in sich trugen. Zunächst starben zu Hunderttausenden die Ratten. Dann begann um Mitte Juli in Dorsetshire in Südengland das Sterben der Frauen und Männer. Die Sterblichkeit betrug während der ersten Pestwelle, zwischen 1348 und 1350, 20 bis 25 Prozent. Die Bäuerinnen verloren zahlreiche Verwandte, vielleicht ihre Eltern oder den Gatten, denn hauptsächlich die Erwachsenen fielen der Krankheit zum Opfer. Eine zweite Welle, die zwischen 1351 und 1385 sporadisch auftrat, raffte vor allem die Kinder dahin. Der Verlust der Jugend und weiterer 20 Prozent der Bevölkerung ließ die Bevölkerungskurve jäh absinken. Um 1380 hatte Europa rund 40 Prozent seiner Einwohner verloren.[82]

Bei einer Infizierung bemerkten die Frauen zuerst das Anschwellen der Lymphdrüsen unter den Armen oder in der Leistengegend. Dann erschienen am ganzen Körper Flecken, die manchmal als blaue oder schwarze, manchmal auch als rote wunde Stellen beschrieben werden. Fieber und Nasenbluten gehörten zu den besonders verbreiteten Symptomen der Krankheit. Innerhalb von drei Tagen konnte der Tod eintreten. Bei der ersten Epidemiewelle entwickelte sich sehr bald die Lungenpest, die noch häufiger tödlich wirkte. Bei dieser Krankheitsart fand die Übertragung direkt, von Person zu Person, statt, ohne daß es Zwischenträger (Nagetiere, Fliegen) brauchte wie bei der Beulenpest. Es gab fast keine Geschwulst, nur ein jäher Anfall von sehr hohem Fieber, Lungenentzündung, Husten, Blutspucken – und Tod. Ohne Antibiotika beträgt die Sterblichkeitsrate bei Lungenpest, selbst bei ansonsten moderner Ausrüstung, 60 bis 70 Prozent.[83]

Herrschaftliche und kirchliche Beamte zeichneten die Todesfälle unter den Bäuerinnen und ihren Familien auf. 1348 wurden auf einem Herrschaftsgut in Suffolk mit 50 Pachtstellen 29 Bauernfamilien ausgelöscht.[84] 1364 gab es in den 28 Dörfern rund um Nizza nur 12, in denen noch genügend Familien wohnten, daß eine Liste für die Besteuerung der Feuerstellen angelegt werden konnte.[85] Um 1401 waren in der Gegend von Pistoia in Norditalien zwei Drittel der ländlichen Gemeinden aus den Aufzeichnungen verschwunden, die Ländereien waren verlassen.[86] Bis weit ins 17. Jahrhundert hinein trat die Seuche nach einem zyklischen Muster auf; gegen Ende des Jahrhunderts festigte sich die Immunität der Bevölkerung, und die Pest verlor ihre Tödlichkeit.

Doch nicht allein Naturkatastrophen und Krankheiten bedrohten die Bäuerinnen und ihre Familien mit Tod und Leid, sondern auch der Mensch selbst. Gewalttätigkeit gehörte zum Leben auf dem Land, sowohl in Form von individuellen und gezielten Angriffen im besonderen gegen Frauen als auch im Schrecken des Krieges, der alle gleichermaßen traf. Die Gewohnheitsrechte der germanischen und keltischen Völker wie auch die säkularen und kirchlichen Gerichtsurkunden aus dem 14. bis 17. Jahrhundert belegen, daß Leib und Leben der Frauen als schützenswert angesehen wurden. Das fränkische Recht setzte Wergelder für das Töten von Frauen fest. Kirchengerichte in Südfrankreich und grundherrschaftliche Gerichte in England im 14. Jahrhundert büßten Männer für Vergewaltigung und legten sie in den Fußblock. In einem Apenninendorf ergriff um 1400 eine Gruppe von Männern die Schwester des Priesters, Bartola (»wie ein Lamm unter einem Rudel Wölfe«), und vergewaltigte sie zwei Tage lang; vier von ihnen wurden hingerichtet.[87]

Parallel zur Tradition, der Frau Sicherheit und Schutz angedeihen zu lassen, verlief jedoch auch die andere Tradition, Männer vor falschen Anklagen zu bewahren. Die Beweislast für sexuelle Verbrechen lag daher bei der Frau. Burgundische und langobardische Gesetze auferlegten nur Bußen, wenn der Mann nicht aufgereizt worden war. Im 17. Jahrhundert war eine Frau in Somerset verpflichtet, laut zu schreien, sofort Anklage zu erheben, nie zuvor mit dem Mann sexuell verkehrt zu haben – und sie durfte auch nicht schwanger werden. Denn in ganz Europa glaubte man, Empfängnis könne nur stattfinden, wenn die Frau bei dem Akt Genuß empfunden hätte.

Wenn der Schuldige sozial höhergestellt war als die Bäuerin, gab es kaum Rechtsmittel. Schriften der Oberschicht empfahlen im 12. Jahrhundert, der Adelige könne ein wenig Zwang ausüben, um das Dorfmädchen von seiner »Schüchternheit« zu kurieren.[88] In Montaillou nützte im 14. Jahrhundert der Priester seine Stellung und seine Möglichkeit, Gemeindemitglieder der Häresie anzuklagen, wiederholt dazu, die Frauen des Dorfes zum Geschlechtsverkehr zu erpressen. In der gefährdetsten Stellung waren junge Frauen, die als Mägde in einem Haushalt oder in einem Gasthaus lebten. Bei Nantes nahmen die Dienstmädchen im 18. Jahrhundert an, ihre Hausherren wünschten, daß sie sich den Avancen ihrer Freunde nicht verweigerten: Marie Toutescotes gab sich M. de Kernoël, einem Besucher, hin, da »sie glaubte, sie könnte ihn nicht zurückweisen, denn sie fürchtete, ihr Herr würde zornig werden«.[89]

Während die religiösen und säkularen Gepflogenheiten der Gemeinschaft manchmal den angegriffenen oder belästigten Frauen beistanden, konnte nichts die Einwirkungen des Krieges auf die Landschaft und ihre Bewohner mildern. Krieg blieb in der bäuerlichen Lebenswelt eine konstante Erfahrung. Techniken und Rechtfertigungen veränderten sich über die Jahrhunderte, nicht jedoch die Effekte auf das Leben der Bauern.

Bis ins 6. Jahrhundert blieben die Bäuerinnen der germanischen und keltischen Stämme zurück und kümmerten sich um die überlebensnotwendigen Arbeiten, wenn die Männer jedes Frühjahr die benachbarten Siedlungen überfielen. Vom 8. bis 11. Jahrhundert hatten die Bauern die Einfälle von Eindringlingen aus der Ferne zu erleiden: die Araber aus Nordafrika und Spanien, die Hunnen aus dem Osten, die Wikinger aus dem Norden. Die Invasionen des 9. und 10. Jahrhunderts bewogen die Bauersleute, Schirmherren zu suchen, und sie verbanden sich mit einem berittenen Krieger und dessen Gefolgschaft. Als seine Leibeigenen unterstellten sie sich gegen Dienstverpflichtungen und Naturalabgaben dem Schutz seiner militärischen Stärke und kamen unter die Amtsgewalt des grundherrlichen Bannbezirks und seines Gerichts. So konnten sie hoffen, unter einigermaßen friedlichen Bedingungen zu pflanzen und ernten. Wenn die Krieger im 11. und 12. Jahrhundert unter sich ihre Kämpfe ausfochten, hofften die Bauern auf den Gottesfrieden *(Treuga Dei)*, ein Versprechen der Bischöfe, die Ritter würden die Kämpfe zu bestimmten Wochentagen und Jahreszeiten ruhen lassen. Bereits im 13. Jahrhundert wandten sich die Bauern den neuen königlichen Dynastien – den Königen, Kaisern und Zaren – zu, welche die Ländereien und Besitzungen als ihr Eigentum beanspruchten und Steuern erhoben, dafür aber Recht und Ordnung nach königlicher Rechtsprechung an ihren Höfen einführten. Doch dann standen vom 14. bis zum 18. Jahrhundert die Dynastien untereinander in Streit.

Die Kriege dauerten deshalb an, so vorhersehbar wie die Ankunft des Frühlings, wenn die Krieger und ihre Anführer Pläne zu neuen Schlachtzügen schmiedeten. Die Bäuerin und ihr Ehemann, ihre Schwestern und Brüder, ihre Mutter und ihr Vater, ihre Töchter und Söhne konnten beobachten, wie sich die Kampfmethoden änderten: Die adeligen Berufskrieger zu Pferd mußten gedungenen Fußsoldaten und den mannschaftsmäßig aufgereihten Bogenschützen Platz machen, danach kamen Artillerie und Massenarmeen. Gelegentlich griffen die Bauern selbst zu Waffen, um die Kriegerei von ihren Dörfern fernzuhalten, meist aber flohen sie oder versuchten, mit Verhandlungen das Anrücken der Soldaten abzuwenden.

Zwischen dem 14. und 17. Jahrhundert drangsalierten zügellose Kriegerhorden wie Banden von Geächteten oder Strauchrittern die Bevölkerung auf dem flachen Land. Im 15. Jahrhundert trieb die Familie von Jeanne d'Arc ihre Herde zu einer Befestigung auf einer Insel im Fluß Meuse, um das Vorüberziehen marodierender Soldaten des Hundertjährigen Krieges abzuwarten. Jeannes Vater unterzeichnete 1423 für die Dorfbewohner mit dem Anführer einer Kriegerbande ein Abkommen; das Dorf sollte gegen Entrichtung einer jährlichen Gebühr, die von jedem Haushalt erhoben wurde, vor Plünderungen verschont werden. In neuen Kriegen erhielten solche Pressungszahlungen neue Namen: *appati, pati, raencons du pays, souffrances de guerre*. Doch auch diese Abkommen bedeuteten noch nicht immer Sicherheit. Eine Erhebung, die 1439 über die Ausschweifungen der Soldateska des Dauphins in zwei französischen Dörfern durchgeführt wurde, berichtet von vergewaltigten Frauen und gekreuzigten, gerösteten und erhängten Leuten.[90] Im *cahier* (Beschwerdeheft) der Bauern an die *Etats généraux* (die französische Ständevertretung) hieß es: »Keine Region war frei vom ständigen Kommen und Gehen von Bewaffneten, die das gemeine Volk aussaugten, bald waren es die stehenden Heere, bald die Feudaltruppen der Adeligen, nun die ungebundenen Bogenschützen, manchmal die Hellebardiers und ein andermal die Schweizer Landsknechte oder die Pikenträger.«[91]

Vor dem 20. Jahrhundert kam nichts den Schrecken des Dreißigjährigen Krieges (1618–1648) gleich. Die Truppen vieler Dynastien marschierten über die Schlachtfelder: österreichische, französische, hannoveranische, sächsische, Soldaten aus England, Ungarn, Spanien und Schweden. Im Frühling und Sommer zogen die Armeen auf, nicht nur Soldatenbanden, sondern kleine Staaten mit Tausenden von Gefolgsleuten, die die Bedürfnisse der kämpfenden Männer abdeckten. Die Anführer Wallenstein und Tilly verfügten über Armeen vom 48000 Mann – 48000 zusätzliche Leute, die von dem Land lebten, das die Bäuerinnen mit ihren Familien bebauten.[92] Die Truppen vergewaltigten und mordeten. Sie stahlen die Ernte und verbrannten die Felder. Sie stachen das Vieh ab. Typhus und Ruhr blieben nach ihrem Durchzug zurück. 1618 gab es im Hauptkriegsgebiet eine Bevölkerung von 21 Millionen; als die Anführer 1648 den Frieden unterzeichneten, waren noch 13,5 Millionen übrig.[93] Im Winter 1635/1636 beschrieb der englische Gesandte die Siedlung Neustadt nach einem Truppendurchzug: Die Kinder saßen vor den Türen der Häuser; die Toten hatten den Mund voller Gras. In gewissen Regionen nahm die Ruhr epidemische Ausmaße an; danach kam die Pest. Mehr als 10 000 Frauen, Männer und Kinder starben innerhalb von vier Monaten.[94] Selbst noch aus einem der straff geführten Berufskriege des 18. Jahrhunderts schrieb der zukünftige österreichische Herrscher Joseph II. an seine Mutter, die Kaiserin, im Juli 1778: »Der Krieg hat begonnen, und die Bauerndörfer sind geplündert worden, [...] unsere Truppen sind noch stets unverletzt.«[95]

Im 20. Jahrhundert erneuerten Technologie und Mechanisierung die Angriffe auf die Zivilbevölkerung. Die Größenordnung der Revolutionen und Kriege zeitigte Konsequenzen von früher unvorstellbaren Ausmaßen. Bäuerinnen starben mit ihren Kindern und Männern an Hunger, Krankheit und Erfrierungen.[96] Im Zweiten Weltkrieg bebauten die Bäuerinnen die Felder und pflegten das Vieh. Ohne Brennstoff oder Zugtiere spannten sie sich selbst vor den Pflug. Wenn die Armeen kamen, versteckten die Italienerinnen Nahrungsmittel wie die Jahrhunderte zuvor, vergruben ihre Wertsachen und ließen ihre Kühe in den Wäldern frei.[97]

Wie in der Vergangenheit gelang es den Bäuerinnen, zu überleben und für ihre Kinder zu sorgen. Anna Cecchi, die Frau des Schäfers in einem norditalienischen Dorf, merkte, wann die Bomben fallen würden, weil der Schäferhund zu heulen begann. Sie und ihre Großmutter brachten ihre Töchter zu einem behelfsmäßigen Unterstand. Man fragte sie später, was sie während des Krieges gedacht hätte. Sie antwortete: »Weitermachen, einfach weitermachen.«[98] Russische Bäuerinnen kannten um 1950 noch immer das Lied, das die Auswirkungen des Kriegs für die Frauen auf dem Land beschrieb:

So ist nun der Krieg zu Ende,
Ich allein bin noch am Leben.
Ich bin das Pferd, der Ochs, die Hausfrau
Und der Mann und das Gehöft.[99]

Bis ins 20. Jahrhundert erhielten die Frauen auf dem Land ihre Familie und schützten jede neue Generation, obwohl sie vielfach von Naturkatastrophen, Krankheiten und Kriegen geprüft wurden.

2.2 Die Erhaltung der Familie

Familie und Ehe

Die Frauen und Männer auf dem Land überlebten jahrhundertelang, indem sie sich zu Familien verbanden und so auf eine gesicherte Zukunft hofften. Nur zusammen mit anderen konnten die Bauersleute die stets gegenwärtigen Arbeiten, die zum Überleben notwendig waren, bewältigen und mit den verschiedenen Bedrohungen und dem zeitweiligen Chaos fertig werden. Für eine Frau kam noch dazu, daß der Schutz eines Vaters, eines Gatten oder eines Sohnes sie – theoretisch – der Gewalttätigkeit anderer Männer etwas weniger preisgab. Gemäß den von früheren Kulturen ererbten Traditionen erwartete man, daß eine junge Frau heiratete und mit einem jungen Mann eine Partnerschaft begründete. Sie gab jedoch die Bindungen an ihre eigene Familie nicht gänzlich auf und behielt unter Umständen gar den Namen ihrer Mutter oder ihres Vaters bei. In englischen Urkunden des 13. Jahrhunderts wird beispielsweise eine Ciciley Wilkinsdoughter und eine Emma Androsmayden aufgeführt. Im 15. Jahrhundert antwortete Jeanne d'Arc den kirchlichen Beamten, die sie bei ihrem Prozeß befragten: »Ich werde manchmal Jeanne d'Arc genannt und manchmal Jeanne Romée«, und bezeugte damit Bindungen an die Sippen beider ihrer Eltern.[1] In Dänemark, Irland und Frankreich waren noch im 18. und 19. Jahrhundert Frauen unter dem Familiennamen ihrer Mütter und Väter bekannt, auch wenn er durch die Heirat rechtlich geändert worden war.

Sowohl den jungen Bäuerinnen als auch den Bauern waren die Vorteile der Partnerschaft klar. In früheren Jahrhunderten konnte die Heirat gar die Befreiung von dem Joch der Leibeigenschaft bedeuten. Aber auch als Leibeigene gewannen die Jungverheirateten immerhin ein gewisses Maß an Unabhängigkeit von ihren Eltern, den Erwachsenenstatus in der Dorfgemeinschaft und die Chance, ihre Zukunft in die eigenen Hände zu nehmen. Die französische Wendung »mariage, ménage« deutet an, daß das Paar mit der Heirat seinen eigenen Hausstand begründete.[2] In einigen west- und osteuropäischen Sprachen spiegelt die Etymologie von bestimmten Wörtern die Gewinnung des Erwachsenenstatus durch die Heirat wider: Bei den Slawen in der Gegend von Kiew waren im 13. Jahrhundert die Wörter für »Frau« und »Mann« identisch mit jenen für »Ehefrau« und »Ehemann«. Das englische Wort *woman* kombiniert *wif* (mit der Bedeutung »Gattin«) und *man* (mit der Bedeutung »Mensch«.)

Beide, sowohl Frau als auch Mann, strebten eine Verbindung an. Um 1930 erinnerte sich eine bosnische Frau an ihre Heirat mit fünfzehn: »Es bot sich mir eine sehr gute Gelegenheit, und da ich wußte, daß ich arm war, verlor ich keine Zeit, lange darüber nachzudenken ...«[3] Für den Mann hatte die Verbindung mit der Frau – mit der »Hausfrau«, wie sie fortan genannt wurde – praktischen Wert und Bedeutung. In einem sizilianischen Sprichwort heißt es: »Der Mann ist die Seele des Hauses. Eine gute Frau ist der wichtigste Reichtum des Hauses.«[4] In den 1920er Jahren betonte ein Bauer aus County Clare in Irland:

> Ich will Ihnen jetzt etwas sagen, und Sie können es sich merken und im Kopf behalten: Der Kleinbauer braucht eine intelligente Frau, sonst macht er es nicht lange. Vielleicht kommt er hin für ein paar Jahre, doch länger schafft er es nicht. [...] Eine intelligente Frau weiß auf tausenderlei Arten an Geld zu kommen. [...] Und wenn er dann für einen seiner Söhne eine Frau sucht, so sollte er schauen, wo es ein Haus mit einer fleißigen und intelligenten Frau gibt, denn die hat ihren Töchtern beigebracht, wie man arbeiten muß, und das ist es, was es braucht.[5]

Der Grundherr (der Ritter oder Adelige, der den Boden zuteilte) wußte um die Wichtigkeit der Ehe für seine Leibeigenen und Pächter. Von einem Paar konnte auch er mehr fordern. Auf dem Gut von Ashcroft in Somerset schuldete im 12. Jahrhundert der unverheiratete Hufenbauer für fünf Morgen Land einen halben Pence und zweieinhalb Hühner; sein verheirateter Nachbar mußte einen Pence und fünf Hühner abgeben. In Wantage (Berkshire) schuldete ein Jahrhundert später der Verheiratete zwei Hühner mehr und eine zusätzliche Steuer.[6] Gutsherrschaftliche Vereinbarungen untersagten eine Heirat über die Grenzen des Landgutes hinweg und verlangten für eine Verbindung – bereits im 11. Jahrhundert in England und noch um 1730 in Polen – die Erlaubnis des Grundherrn. Denn wenn eine seiner Hörigen einen Hörigen eines anderen Landbesitzers heiratete, ging dem Herrn eine Arbeitskraft samt der zukünftigen Nachkommenschaft verloren, in Polen auch eine Kuh, da dies die traditionelle Mitgift für die Braut war. In einigen Regionen Europas nutzten die Grundherren die Erteilung der Heiratserlaubnis, um eine weitere Gebühr zu erheben. Die Engländer nannten sie *merchet*; sie konnte für einen wohlhabenderen Vater im 11. und 12. Jahrhundert den Gegenwert eines Ochsen, im 14. Jahrhundert das Einkommen von drei Monaten Feldarbeit erreichen.[7] Die Historikerin Jean Scammel vertritt die These, das Nichtbezahlen dieser Steuer habe zur Idee des *jus primae noctis* geführt: daß nämlich der Grundherr den Anspruch erheben konnte, mit der neuen Ehefrau die erste Nacht zu verbringen. Das keltische Epos *Táin Bó* bestätigt, der König habe immer zuerst die jungen Mädchen in Ulster überwältigt *(»the first forcing of girls in Ulster«)*.[8] Es gibt keine konkreten Beweise für diese Gepflogenheit, doch Gutsurkunden des 15. und 16. Jahrhunderts deuten auf die Erinnerung daran, wenn nicht gar auf seine Wirklichkeit, hin. Nach einem Dokument aus dem Jahr 1419 in Bourdet (Normandie) belief sich die *merchet* auf zehn Sols, eine Schweinekeule und eine Gallone des Hochzeitsgetränks. Dann heißt es weiter: »Ich kann und sollte, wenn es mir gefällt, hingehen und bei der Braut liegen, falls der Ehemann – oder irgendeine andere Person in seiner Rechnung – versäumt, mir eines der oben genannten Dinge zu zahlen.«[9] Ein Rechtsbeschluß König Ferdinands V. von Katalonien untersagte 1486 den Herren, ihren Bauern in der Hochzeitsnacht die Bräute zu nehmen. Eine aus dem 16. Jahrhundert stammende Aufzeichnung von Gewohnheitsrechten in Béarn führte aus, die Bauern wären verpflichtet, ihre Frauen in der ersten Nacht, bevor sie zum erstenmal mit ihnen zusammenkämen, dem Herrn vorzuführen, damit dieser mit ihnen verfahren könne, wie es ihm gefalle, oder sonst sollten sie ihm einen bestimmten Tribut entrichten.[10] In Frankreich nahm der Herr noch im 17. Jahrhundert sein *droit du seigneur* wahr, indem er nach dem Fest am Hochzeitsabend symbolisch seinen Fuß in das Bett des Paares stellte. Die Beschwerdehefte *(cahiers)*, welche Abgeordnete der Bauernschaft 1789 der französischen Ständevertretung vorlegten, beklagten, daß dieses Recht noch stets beansprucht wurde.[11]

In deutschen Volkserzählungen läßt sich oft beobachten, wie sich der Held zuerst verliebt, doch dann, bevor er heiratet, bei seinen Eltern Rat und Zustimmung einholt. In diesen Erzählungen spiegelt sich die europäische Realität, denn über Jahrhunderte wurden die Verbindungen durch die Familien vermittelt und gestiftet. Sie brachten ihre Töchter und ihre Söhne zusammen und handelten die vorsorglichen materiellen Vereinbarungen aus: die Mitgift der Braut und das Wittum des Bräutigams (die der Frau zu lebenslanger Nutznießung überlassenen Güter und Rechte, lateinisch *dos*). Diese Verträge waren derart bedeutsam, daß ein englischer Vater im 13. Jahrhundert sie vom Gericht des Grundherrn registrieren ließ, und in Rußland fanden die Verhandlungen im 19. Jahrhundert vor einem Amtsträger des Dorfes statt.

Lange bevor die Kirche bei den Zeremonien eine Rolle einnahm, drückten die Verlobungs- und Trauungsrituale wörtlich und symbolisch die Verpflichtungen des Bräutigams und seiner Familie aus. Seit dem 9. Jahrhundert dauerte die Tradition der langobardischen und anderen germanischen Völker in ganz Europa fort: Der Vater hielt die Hand seiner Tochter und fügte sie in diejenige des jungen Mannes. Durch diese einfache Geste übertrug der Vater seine Obhut auf einen anderen Mann, der damit verantwortlich wurde für den Schutz und die Versorgung der jungen Frau. Denn mit Schutz und Versorgung definierten die Bauernfamilien ihre Verantwortung gegenüber ihren Töchtern. Andere Teile des Zeremoniells symbolisierten die Gabe der Familie des Bräutigams, das Wittum. Dies war das Versprechen auf einen Anteil der Frau an seinen Gütern und Feldern für den Fall, daß er starb und sie als Witwe zurückließ. Der englische Trauungsgottesdienst bewahrte die angelsächsischen Begriffe und Sätze: *»Plighting the troth«* (»Treue geloben«) bezeichnete das Versprechen, doch im Altenglischen bedeutete *pliht* auch »Gefahr« und wies auf die drohende Bestrafung hin für den Fall, daß die Bedingungen der Übereinkunft nicht eingehalten würden. Ein englischer Bräutigam des 13. Jahrhunderts »dotierte« *(endow)* seine Braut auf den Stufen vor der Kirche und übergab ihr den Ring als Symbol des Wittums. Selbst der Satz *»with this ring I thee wed«* (»mit diesem Ring heirate ich dich«) betonte das traditionelle Versprechen gegenüber der Braut, da im Angelsächsischen *wed* auch »geloben« und »verpfänden« bedeutete.

Das Versprechen der Familie der Braut wurde zwar in den Ritualen nicht repräsentiert, war aber nichtsdestoweniger bedeutsam. In einer deutschen Volkserzählung beurteilte die Mutter eines Sohnes den Charakter einer zukünftigen Schwiegertochter und traf die Wahl danach, ob sie Käse abschnitt, ohne davon zu vergeuden. In der Wirklichkeit bestand die Verpflichtung, daß die junge Frau hart arbeiten und Nachkommen zur Welt bringen mußte. Doch man erwartete noch mehr. In ganz Europa überdauerten jahrhundertelang die Traditionen der Kelten, Germanen und anderer alter Kulturen, wonach die Braut Güter und später Geld, vielleicht auch ein Haus oder Landrechte, in die Ehe einbrachte. Diese ihre Mitgift war Teil der Verhandlungen zwischen den beiden Familien. Falls den Verpflichtungen nicht entsprochen wurde, mußten Bußen entrichtet werden. Als Richard Maud im 13. Jahrhundert in England die Mitgift seiner Schwester Avis – ein Haus im Wert von 40 Shilling, ein Kleid und eine Kuh – nicht herausrückte, wurde er vor das gutsherrliche Gericht zitiert.[12]

Eine Tochter hatte beim Tod ihres Vaters oder ihrer Mutter stets Anspruch auf einen Anteil vom Familienbesitz. Nach und nach ging die Teilhabe am Land eher an die Söhne über, und es entstand der Brauch, den Töchtern ihre Erbschaft zum Zeitpunkt ihrer Heirat auszuzahlen, und zwar nicht in Form von Grundeigentum, sondern in Sachgütern oder Geld. Im 14. Jahrhundert umfaßte die Mitgift der Bräute in einem französischen Dorf neue Kleidung, in einem andern Dorf ein Gewand und einen Kittel. Wiederum in einer anderen Ortschaft erhielt die Tochter einer wohlhabenden Familie eine Truhe, Bettzeug für zwei Schlafstätten und 75 Livres.[13] Im 16. und 17. Jahrhundert gaben Väter aus Essex ihren Töchtern Bargeld in die Ehe mit. Ein ärmerer Bauer legte in seinem Testament 26 Shilling 8 Pence beiseite; Ralph Josselin, Pfarrer der Freibauern, plante 200 Pfund ein für seine eine Tochter Jane und 500 Pfund für die andere, Rebecka.[14] In Frankreich waren im 18. Jahrhundert die Mädchen nicht mehr unter allen Umständen auf ihre Familien angewiesen: Einige gingen mit zwölf oder vierzehn Jahren von zu Hause weg, um in den Städten zu arbeiten, und wenn sie als Mittzwanzigerinnen zurückkehrten, um zu heiraten, hatten sie sich ihre Mitgift selbst zusammengespart.

Im 19. und 20. Jahrhundert war das Aufbringen der Mitgift für die Bauernfamilien zu einer beträchtlichen Last geworden, einer Last jedoch, die bereitwillig getragen wurde, um damit der Tochter eine anständige Zukunft als Ehefrau eines geeigneten jungen Mannes zu sichern. Es gab noch stets die Ausstattung der Braut mit Gütern, die nun Aussteuer genannt wurde. In Sizilien war die Zahl der erforderlichen Stücke in den 1930er Jahren auf fünfunddreißig bis vierzig angestiegen: Zum *corredo* einer jungen Frau gehörten zwei Leintücher, vier Kissenbezüge, eine Bettdecke, Tischwäsche, Handtücher, Deckchen und ihre eigene Wäsche.[15] Für Vater und Bruder war es oberste Verpflichtung, mit ihrer Arbeit den Ankauf des Materials zu ermöglichen, sogar noch bevor für die Hochzeit des Bruders Vorsorge getroffen wurde. Denn nur der *corredo* sicherte die Zukunft der Tochter. In Irland war es seit ungefähr 1880 immer schwieriger geworden, die Mitgift der Töchter zu beschaffen, denn es brauchte den Pachtzins von zehn bis zwölf Jahren, um die Verbindung mit einem Mann in angesehener Stellung zu erreichen. So bildete sich nach und nach die Gewohnheit heraus, daß die Familien nur eine einzige Tochter ausstatteten, die anderen Mädchen emigrierten.[16] Auch in Jugoslawien reichten um 1930 Geld und Güter nicht immer aus. Eine junge Frau aus begüterter Familie war bekannt als gute Arbeiterin, doch das Geld, das ihre Mutter ihr mitgeben konnte, zählte nichts. Denn ihre Brüder, nicht sie, erbten die Landrechte der *zadruga* (des von der Familie besessenen Bodens). Aus diesem Grunde gelang es der Mutter nicht, eine vorteilhafte Partie anzubahnen, und die Notlage ihrer Tochter beklagte sie:

> Janja, mein Kind, mach vorwärts, warte nicht länger. Mach vorwärts, mein Lämmchen, richte deine Augen niedriger, wie es der gute Gott will, [...]. So heiratete sie, und es geht ihr ordentlich – doch zwölf Morgen sind nicht fünfundzwanzig. Sehen Sie, wenn Janja mein erstes Kind gewesen wäre und wenn ich

außer ihr keine anderen Kinder gehabt hätte, so wäre sie unsere Erbin geworden. Dann freilich, dann – Gott weiß, was sie dann für einen Mann bekommen hätte. Aber warum davon reden, Sie wissen, wie es ist.[17]

Um 1950 hatten in Vasilika die griechischen Bauernfamilien noch die gleichen Entscheidungen für ihre Töchter und Söhne zu treffen. Sie verkauften ihr Land, um Bargeld zu beschaffen sowohl für die Ausbildung eines Sohnes als auch für eine Mitgift von 3000 bis 4500 Dollar, damit eine Tocher zu einem passenden Ehemann kam.[18]

Die Hochzeitszeremonien feierten den Statuswechsel des Paares und spielten auf die Verheißungen der Sexualität an. Die Braut trug ein spezielles Hochzeitskleid. In Sizilien im 18. Jahrhundert war es mehrfarbig und mit einer Girlande von Orangenblüten als Symbolen der Fruchtbarkeit verziert. In Rußland und Jugoslawien wurde der Stoff des Brautkleides fein und verschlungen bestickt. In Rußland wurde die junge Frau vor der Trauung rituell gereinigt; ihre Haare wurden neu in zwei Zöpfe geflochten statt in einen einzigen. Vor dem Altar trugen Braut und Bräutigam spezielle Kronen, die man für diese Gelegenheit aufbewahrte. Ihre Freunde neckten und verspotteten sie. Im 16. Jahrhundert war es in der Champagne üblich, daß junge Leute während des Austausches des Treuegelöbnisses das Brautpaar abzulenken versuchten; sie störten auch in der Hochzeitsnacht und ließen nicht locker, bis sie Geld, einen Umtrunk und Blumen erhielten. In den Côtes-du-Nord (Frankreich) wurde im 18. Jahrhundert die Braut bedrängt von ihren Freunden, welche versuchten, ihr das Blumenbouquet zu entwenden, worauf der Bräutigam mit seinen Freunden die Jagd aufnahm und die junge Frau der anderen Schar buchstäblich entriß. Je zerzauster und beunruhigter die Braut war, desto besser standen die Zeichen für ihre Tugend und ihre zukünftige Treue.[19]

Schon in der Mitte des 12. Jahrhunderts war bei den Eheschließungen der Priester als Zeuge anwesend, um den Gelöbnissen Dauerhaftigkeit zu verleihen. Die Trauungszeremonie fand jedoch üblicherweise vor dem Kirchenportal statt. Erst im 16. Jahrhundert begann die Kirche bei der rituellen Zusammenführung des Paares eine wichtige Rolle zu spielen. Das Konzil von Trient (um 1560) bekräftigte den sakramentalen Charakter der Ehe für Katholiken, und nach und nach fand die gesamte Zeremonie, nicht allein die Festmesse, im Inneren des Gotteshauses statt. Die protestantischen Kirchenvertreter verlangten zusätzlich, daß die Ehe drei Monate vor der Trauung öffentlich verkündet werden müsse. Alle diese Maßnahmen unterstrichen jene beiden Faktoren, auf welche die kirchlichen Autoritäten Wert legten: die Einwilligung beider Ehegatten und die Unauflöslichkeit der Verbindung.

Die kirchlichen Absichten liefen denen der bäuerlichen Frauen und Männer keineswegs zuwider. Die Ehe war eine freiwillige Partnerschaft, eine Vereinigung, die zum Überleben wesentlich war. Zusammen bestellte das Paar den Boden, von dem sein eigenes und seiner Kinder Leben abhing.

Grund und Boden

Das neue Paar konnte nicht überleben, konnte sich selbst und seine zukünftigen Kinder nicht erhalten, wenn es nicht zu Äckern, zu Weide und Wald Zugang hatte. Wenn sich die Töchter und Söhne mit ihrer Heirat als alt genug erwiesen, um einen eigenen Hausstand zu gründen, und damit auch bereit, ihr Erbe zu empfangen, waren die Rechte auf das Land das wichtigste Besitztum, das eine Familie zu vergeben hatte. Beispielsweise erwarb sich im Waldviertel (Österreich) bis ins 18. Jahrhundert der junge Mann mit seiner Heiratserlaubnis zugleich das Recht auf die Felder seines Vaters. (Die Tatsache, daß einem Sohn bei seiner Heirat landwirtschaftlich zu nutzender Boden übertragen wurde, spiegelte sich in der englischen Sprache in der Übereinstimmung zwischen dem *husband* und dem *husbandman*, einem alten Begriff für den Bauern.) Derselbe Brauch wurde auch bei den Töchtern eingehalten: Zu ihrer Eheschließung erhielten sie ihr Erbteil, normalerweise Sachgüter und Geld, doch in einigen Regionen Europas wurden ihnen auch Rechte auf das Land eingeräumt.

Urkunden des 12. und 13. Jahrhunderts bezeugen für Lincolnshire und Somerset Grundinhaberinnen, deren Söhne unter dem Namen ihrer Mutter bekannt waren; vor dem gutsherrlichen Gericht traten Ehefrauen bei Streitigkeiten um Ländereien in eigener Sache oder für ihre Schwestern oder ihre Ehemänner auf.[20] In einigen Grafschaften behielten, wenn Söhne fehlten, die Töchter – und nicht etwa männliche Verwandte aus einer anderen Linie – das Land. Die Sitten und Gebräuche waren überall in Europa verschieden. Manchmal ging das Land an eine Tochter, die bereits verheiratet war, manchmal wurde es zu gleichen Teilen unter alle Mädchen verteilt, manchmal behielten sie es auch in gemeinsamem Besitz. Im 13. Jahrhundert vermachten Bäuerinnen wie Sarah Howe aus Cashio, Hertfordshire, und Catherine Leman von Hendringham in Norfolk ihren Töchtern zur Verlobung und Heirat Land. Frauen verpachteten auch Land; das geschah beispielsweise 1272 in Methwold, Norfolk, zwischen den Geschwistern Lyna und William. In Burley, Rutland, kaufte 1299 eine Julian Joye ein Grundstück. Nach dem lokalen Gewohnheitsrecht galt das Besitzverhältnis allerdings nur, solange sie lebte, und sie konnte das Land nicht vererben; es fiel bei ihrem Tod wieder an den Grundherrn zurück. Obwohl diese genannten Frauen selbständig aufgetreten sind und gehandelt haben mögen, nahmen die Familien üblicherweise doch an, daß der Ehemann die wichtigen Entscheidungen treffen werde. Die Meinung der Ehefrau wurde nur eingeholt, wenn er ihre Rechte zu veräußern oder aufzugeben trachtete. Wenn er ihr Guthaben jedoch schlecht verwaltete, konnten sie oder ihre Familie an das grundherrliche Gericht gelangen. So forderte in Hertfordshire im Jahr 1280 eine Margaret, ihr Land solle ihr zurückerstattet werden. Als ihr Ehemann noch am Leben war, hatte sie als pflichtgetreue Ehefrau seinem Begehren, den Grundbesitz zu veräußern, zugestimmt. Nun entschieden die Geschworenen und der vorsitzende Schultheiß zu ihren Gunsten.[21]

In anderen Gebieten Westeuropas (oft ehemals keltischen oder römischen Regionen) wurden zum Teil noch weiter gehende Rechte eingehalten, die den Frauen gleichzeitig mit den Männern der Familie Zugang zum Land gewähren konnten. Vom 16. bis zum 18. Jahrhundert ging der Bodenbesitz in der Franche-Comté jeweils an all jene über, ob Frauen oder Männer, die noch im Haushalt verblieben waren. In Romans (Südfrankreich) konnte ein Vater im 16. Jahrhundert sein Land nach Belieben aufteilen; wenn er wollte, konnte er es ganz einer Tochter geben. Nach den Rechtsbüchern und Weistümern (Aufzeichnungen von Gewohnheitsrechten) des 13. und 16. Jahrhunderts wurden in der Normandie und der Bretagne, in Anjou, Touraine und Maine die Ländereien an alle Kinder zu gleichen Teilen vererbt. Im 16. Jahrhundert behielten die Frauen in bestimmten Gebieten Schottlands ihren eigenen Namen; aus den Gerichtsurkunden kann man ersehen, daß sie Zinsen zahlten und Viehbesitz ihr eigen nannten. Dasselbe galt auch in Santander in Nordspanien bis ins 20. Jahrhundert: Töchter und Söhne erbten gleichermaßen vom Familienbesitz.[22] In Regionen, wo die Leibeigenschaft bis im 19. Jahrhundert überwog – in Polen, der Tschechoslowakei und in Rußland beispielsweise –, verhinderte der Rechtsbrauch die Aufsplitterung des Landes im Erbgang und begünstigte die Söhne gegenüber den Töchtern. In diesen Regionen, wie auch in Jugoslawien, wurden den Töchtern wohl Rechte auf Boden zugestanden, doch verloren sie sie mit der Heirat, wenn sie ihre Familie verließen, um Mitglied einer anderen Familie zu werden.

Seit den frühesten Zeiten hatten die Bäuerinnen in Europa aus eigenem Recht oder als Ehefrau Zugang zu Grund und Boden gehabt. Über die Jahrhunderte entwickelten und veränderten sich jedoch die Besitz- und Nutzungsverhältnisse des Landes und die Arbeitsleistungen, welche den Unterhalt der Familie garantierten. Bis um das Jahr 800 teilten sich Frauen und Männer als Blutsverwandte eines germanischen Stammeshäuptlings zusammen in die Bodennutzung. Sie arbeiteten gemeinsam mit den anderen, besaßen eine freie und gleichberechtigte Stellung und bauten gerade genug an, um sich und ihre Sippe zu ernähren. Im 10. und 11. Jahrhundert saßen sie möglicherweise als Hörige auf dem Land und waren Kriegern und

Feudalherren unterworfen, welche ihnen Schutz gewährten. Das Recht, eigene Landparzellen zu bebauen, mußte dem Eigentümer vergolten werden mit Naturalabgaben und Frondiensten. Der Grundherr seinerseits hatte das Land als Vasall von einem höheren Feudalherrn, einem Herzog oder König, empfangen. Im 13. Jahrhundert pachteten die Bauern ihre Felder möglicherweise vom Eigentümer eines Herrschaftsgutes, oder es war ihnen sogar gelungen, sich ein Grundstück zu eigen zu machen. Als Pächter oder Freibauern tauschten sie nun ihre Produkte oder Dienstleistungen gegen Bargeld im Rahmen der noch jungen spezialisierten Handelswirtschaft, die sich in ganz Europa entwickelt hatte. Im schlimmsten Falle hatten die ländlichen Bewohner wenige oder keine direkten Bindungen an ein Grundstück, wodurch ihnen gleichzeitig auch die Kontrolle über ihre eigene Arbeitskraft und die von ihnen erzeugten Waren genommen war. Dieses Schicksal traf in den frühesten Jahrhunderten die Sklaven der germanischen Königreiche; zu späteren Zeiten waren es die landlosen Tagelöhner, die ärmsten Dörfler, die kaum mehr hatten als das Wohnrecht in einer elenden Hütte, ein paar Werkzeuge und Bettzeug für sich selbst und ihre Kinder.

Die ärgsten Lebensbedingungen, die eine Frau im 9. Jahrhundert überhaupt haben konnte, bestanden in der Sklaverei. Eine Leibeigene konnte von ihrer Familie weggebracht werden, genoß keinen Schutz und keine Freiheiten, hatte nichts als Pflichten und Aufgaben. Die Griechen, Hebräer und Römer hatten die Arbeiten in Haus und Feld ihren Sklaven überlassen; die germanischen und keltischen Völker machten es nicht anders. Im keltischen Epos *Táin Bó* treten irische Königinnen und Könige auf, die einem Eroberer als Tribut Frauen und Vieh anboten; eine Leibeigene wurde im Wert gleich einem Hengst gehandelt.[23] Urbare aus dem 7. und 8. Jahrhundert von Gutshöfen in Deutschland, Frankreich und Norditalien führen weibliche und männliche Hörige neben dem Viehbestand auf. Bei den Langobarden im 8. Jahrhundert wurden leibeigene Frauen als Spenden der Kirche übergeben. Bei den Franken dienten sie als Landarbeiterinnen, Hausmägde und Geschlechtsobjekte für ihre Eigentümer. Im 8. und 9. Jahrhundert begaben sich Frauen und Männer selbst in die Leibeigenschaft, um dafür Schutz und Schirm zu erlangen. Öfters wurden Frauen von den Franken oder anderen germanischen Stämmen während der üblichen saisonalen Raubzüge erbeutet, von Wikingern verschleppt und verkauft oder als Strafe für Vergehen versklavt. Bei den Dänen im 11. Jahrhundert war Verlust der persönlichen Freiheit das traditionelle Urteil für eine unzüchtige Frau.

Nur die Geistlichkeit stellte sich der Leibeigenschaft entgegen und versuchte, einige ihrer schlimmsten Aspekte abzumildern, vor allem die sexuelle Verfügbarkeit der hörigen Frauen. Kanonische Gesetze und Dekrete, welche die Kirche auf ihren Konzilen erließ, sprachen sich wie auch die Bußbücher gegen die Versklavung von Christen aus. Wenn Geschlechtsverkehr stattgefunden hatte, förderten sie die Heirat und, falls Kinder aus der Verbindung entsprungen waren, die Freilassung. Nach und nach paßten sich die Gesetze der germanischen Völker ihrem Übertritt zum christlichen Glauben an und gewährten den leibeigenen Frauen einige Erleichterungen. Langobardische Gesetze des 7. Jahrhunderts beschrieben die Zeremonie, die eine Frau mit den Rechten einer Freien ausstattete und symbolisch ihren neuen Status darstellte: Man führte sie an der Hand zu einer Wegkreuzung und erklärte ihr: »Von diesen vier Wegen kannst du frei wählen, welchen du gehen möchtest.«[24]

Langfristig führte jedoch nicht die Religion, sondern die Änderung der Verhältnisse zum Verschwinden der Sklaverei. Solange sie den ökonomischen und politischen Bedürfnissen und Realitäten der römischen, germanischen und keltischen Kulturen entgegenkam, gedieh sie. In den ungewissen Zeitläufen des 9. und 10. Jahrhunderts aber, als die gesamte Einwohnerschaft den gewaltsamen Beutezügen von marodierenden Reiterbanden der Mauren, Hunnen und Wikinger ausgeliefert war, wurden die Sklaven eines Haushaltes mehr zu einer Belastung denn zu einem Indikator von Reichtum und Status. Die Herren entließen deshalb Sklavinnen und Sklaven in die Freiheit und übertrugen ihnen die Bodennutzung im Austausch für Arbeitsleistungen (Fronen) und einen Anteil ihres Ertrags. Zur selben Zeit aber gaben andere freie Bäuerinnen und Bauern ihre eigenen Bodenrechte auf, übertrugen sie an erfolgreiche Krieger und Ritter und lieferten sich mit ihrer eigenen Person deren Schutz aus.[25] Auch sie waren zeitweilige Frondienste und Abgaben schuldig. Beide Gruppen, sowohl die ehemaligen Sklaven als auch die vormals freien Frauen und Männer, wurden fortan Hörige.[26] Nur in Skandinavien, Norddeutschland, im keltischen Irland und Schottland blieben dank der Familienbande und den äußeren Umständen die alten Freiheiten erhalten; die Institution der Leibeigenschaft setzte sich da nicht durch.

Das Verhältnis zwischen dem Hörigen und dem Feudalherrn lag irgendwo zwischen demjenigen eines Freien und eines Sklaven. Frau und Mann hatten einen Anspruch auf das Land, als ob sie frei wären, doch gehörte ihnen das Grundstück nicht, und sie waren schollengebunden, das heißt, sie konnten es nicht verlassen. Sie unterstanden dem Schutz des Herrn und hatten ein Anrecht darauf, von seinem Gericht (das in seinem Hof oder in einer großen Halle tagte) beurteilt zu werden; andererseits wurden sie zusammen mit dem lebenden Inventar in seine Güterverzeichnisse aufgenommen. Otto II., Kaiser des Heiligen Römischen Reiches, führte in seinem Hochzeitsgeschenk, der Morgengabe, an seine neue Gattin Theophanu auch dienstbare Frauen und Männer auf. Im 12. Jahrhundert tauschte König Ludwig VII. von Frankreich in einem Abkommen mit der Abtei von Chartres eine Leibeigene wie eine Zuchtstute:

> Wir geben allen bekannt, gegenwärtig und zukünftig, daß wir der Kirche des Heiligen Vaters von Chartres Havissa übertragen haben, Tochter des Renaud von Dambron, Ehefrau des Gilon Lemaire, Bürgermeisters von Germignonville, die uns in leibeigener Stellung gehörte, und wir haben sie persönlich und für immer als Besitz gegeben, mit allem, was ihr Schoß hervorbringt. Der Abt und die Mönche des besagten Klosters haben uns im Austausch eine andere Frau ihrer *familia* [Hausgenossenschaft] gegeben.[27]

Als im Laufe der Zeit die Beziehungen genauer festgelegt wurden, galten Frauen und Männer noch stets als hörig, konnten aber zunehmend selbst über die Bedingungen ihrer Leibeigenschaft Kontrolle ausüben. Die Familie war schollengebunden, doch wurden über die Jahrhunderte ihre Landstreifen und ihre Inhaberrechte an die Töchter und Söhne vererbbar. Der Grundbesitzer verlangte nur eine Antrittszahlung, die auf den französischen Herrschaften im 12. Jahrhundert *chevage* genannt wurde. Schon im 10. und 11. Jahrhundert, als sich Familien aus eigenem Antrieb dem Schutz der Krieger überantworteten, hatten jene Bessergestellten, welche einen Ochsen oder einen Pflug ihr eigen nannten, selbst präzisieren können, welche Abgaben oder Dienste sie zum Ausgleich leisten wollten. Schriftliche Fixierung der Rechte und Pflichten wurden auf den Gutshöfen in ganz Europa üblich. Im 12. Jahrhundert wurde den Bauern Mitteldeutschlands dieses Dokument, das »Weistum«, jedes Jahr verlesen. In England zählten im 14. Jahrhundert die örtlichen Erntesatzungen alle Pflichten und die geschuldeten Güter der Leibeigenen samt dem je entsprechenden Gegenwert in Geld auf. Wenn die Obrigkeiten in diesen Angelegenheiten zu Gericht zu sitzen hatten, trugen sie den veränderten Umständen Rechnung. Im 17. Jahrhundert wurden Frau und Mann in Dänemark durch staatliche Gesetze verpflichtet, im Alter von vierzehn bis sechsunddreißig Jahren auf dem Land zu bleiben, danach jedoch blieb es ihnen freigestellt wegzugehen.[28]

In Osteuropa verursachten die gleichen Umstände, die gleichen Bedürfnisse und Ängste die Herausbildung der Leibeigenschaft, jedoch um Jahrhunderte später als im Westen. Um 1400 begünstigten rivalisierende Fürsten in Brandenburg die Bestrebungen des Adels, die Bauernschaft unter ihre Kontrolle zu bringen. Ende des 15. Jahrhunderts mußten Landfrauen und ihre Männer, die eine Gutsherrschaft verlassen wollten, Nachfolger stellen, die ihren Arbeitsplatz versehen würden. Infolge des Dreißigjährigen Krieges sahen sich manche Bauersleute gezwungen, sich in die Leibeigenschaft zu begeben, um wenigstens zu überleben. Aus dem 16. Jahrhundert stammende Satzungen in Polen und Rumänien definierten die Leibeigenschaft als Schollenpflichtigkeit und schützten den Gutsherrn vor Klagen seiner Unterworfenen. In Rußland und Jugoslawien entwickelte sich die Leibeigenschaft im Zusammenhang mit den speziellen dörflichen Institutionen des *mir* und der *zadruga*; sie unterwarfen die Bäuerinnen und Bauern der Abhängigkeit, jedoch nicht als Individuen, sondern als Mitglieder des Familienverbandes oder der Dorfgemeinschaft.[29]

Als in Westeuropa die Leibeigenschaft auf dem Land schließlich verschwand, geschah es – wie bei der Sklaverei – nicht etwa wegen einer Änderung in der Einstellung, sondern dank der neuartigen ökonomischen Verhältnisse, die sie obsolet werden ließen. Vom 12. Jahrhundert an begann sich das Verhältnis der Bauersleute zum Boden und zum Grundherrn zu wandeln: Zuerst wurden sie Pächter, dann Freisassen oder, im Gegenteil, besitzlose Landarbeiter. Diese Entwicklungen gingen einher mit der Umgestaltung der bäuerlichen Welt von vergleichsweise isolierten landwirtschaftlichen Gemeinschaften zu vielgestaltigen Gemeinden, Regionen und Königreichen, die durch Wirtschaft und Handel verknüpft und gegenseitig abhängig waren. Bargeld setzte sich als Zahlungsmittel beim Austausch und der Abgeltung von Erzeugnissen an den Platz von Gütern und Dienstleistungen. Mit Spezialisierung und marktorientierter Produktion, nicht mit der Herstellung von Gütern nur für den Eigengebrauch, zog man den besten Nutzen aus dem Land und der eigenen Arbeit.[30]

Unter diesen neuen Bedingungen wurden die Frauen und Männer zu Pächtern mit Mietverträgen, und sie schuldeten nicht mehr Güter und Arbeitsleistungen, sondern Pachtzinsen. Vom 12. Jahrhundert an läßt sich die Tendenz ausmachen, die schuldigen Arbeitstage und Frondienste mit Geld abzulösen und so der Arbeit auf den Feldern des Fronhofes enthoben zu werden. Überlieferte Geldzahlungen wie die *chevage* im Burgund oder die *taille* im Mâconnais wurden zu fixen Taxen, die zu einem bestimmten Zeitpunkt im Jahr fällig waren; die Höhe der Zahlung war nicht dem Belieben des Grundherrn anheimgestellt, und sie verlor den Charakter der Abhängigkeit oder Unfreiheit. Im 13. Jahrhundert gaben französische und englische Landbesitzer, die auf Bargeld erpicht waren, die Einwohner ganzer Dörfer von ihren Bindungen frei, wenn sie dafür den *liberty pence* (»Freiheitspfennig«) entrichteten. Zu Beginn des 14. Jahrhunderts waren die Ernteanteile, welche die Bauern am Michaelstag hatten abliefern müssen, allerorten in Westeuropa von Geldzahlungen abgelöst worden.[31] Andere Umstände beschleunigten den Wandel. Bevölkerungsknappheit – zum Beispiel wegen der Pest im 14., wegen der französischen Religionskriege im 16. oder wegen des Dreißigjährigen Krieges im 17. Jahrhundert – zwang die Grundbesitzer, den Leuten auf dem Land attraktive Miet- und Pachtverträge anzubieten, um damit Arbeitskräfte auf ihre brachliegenden Felder zu holen.

Die wirtschaftlichen Veränderungen mit ihren neuen Bedingungen beförderten auch die Festigung des Grundbesitzes. Das Fleckwerk von Familienäckerchen verwandelte sich in Felder, die entweder vom Herrn oder einem seiner Pächter bestellt wurden. Aus allgemein nutzbarem Weideland wurde die Allmende zu abgetrennten Feldern einzelner. Die Frauen der wirtschaftlich unternehmungsfreudigeren Paare profitierten von den Veränderungen: Wer seine Überschüsse auf dem Markt verkaufen und den Ertrag der Landstücke steigern konnte, brauchte nicht mehr Pächter zu sein, sondern konnte mit dem gelösten Geld selbst Land erwerben, so wie die *fermiers* in Frankreich, die *yeomen* in England und die Freibauern in Deutschland. Dies betraf jedoch nur eine Minderheit. Die große Mehrheit – die englischen *cottars*, die französischen *metayers* und *manouvriers*, die deutschen »Grundholden« und die norditalienischen *mezzadri* – verlor Rechte und Status. Zwar hatten sie noch stets Land inne und waren von den beschwerlichsten Diensten und Zahlungen befreit, doch besaßen sie zuwenig und schuldeten zuviel, als daß sie ihre Familie von ihren Feldern hätten ernähren können. Sie schafften es nicht, sich als selbsterhaltende Pächter durchzubringen, und wurden als Erntearbeiter und Tagelöhner wiederum abhängig von jenen, denen Grund und Boden gehörte und die die Warenverteilung kontrollierten.

Vergleichbare ökonomische Entwicklungen verliefen auch in Osteuropa, doch mit anderen Konsequenzen für die bäuerliche Bevölkerung. Die fortgeschrittene landwirtschaftliche Spezialisierung und Produktionsweise wirkte sich dort in der Fortsetzung der Leibeigenschaft aus. In Ungarn beispielsweise waren es im 15. und 16. Jahrhundert die bodenbesitzenden Feudalherren – und nicht die Bauern –, welche erste Vorteile aus den Verbesserungen der Anbautechnik und anderen ertragsteigernden Maßnahmen zogen: Anstelle der Pächter vermarkteten die Grundherren selbst die erzielten Überschüsse; den Bäuerinnen und Bauern wurden indessen die traditionellen Renten in Form von Naturalabgaben und Fronarbeit mit neuer Schärfe aufgezwungen. Als Leibeigene verloren sie ihre Rechte auf die Nutznießung an der Allmende und am Wald, während die Herren ihren Grundbesitz festigten und neues Ackerland urbar machten. Man unternahm alles, um die Erträge für die lokalen und Exportmärkte, die sich entwickelt hatten, zu steigern. Leibeigenschaft und persönliche Unfreiheit fanden in Osteuropa erst durch königliche Erlasse ein Ende. So ernannte im 18. Jahrhundert die österreichische Kaiserin Maria Theresia aus eigener Machtbefugnis Pächter, begrenzte die Abgaben und schränkte die Dienstleistungen ein.[32]

Die Spaltung und Polarisierung der ländlichen Bevölkerung wurde in Westeuropa schon im 13. Jahrhundert sichtbar. In einem englischen Dorf besaß die Familie eines *yeoman*, eines freien Bauern, 30 Morgen Land, während der *cottar*, der »Häusler« mit seiner Frau, nur deren fünf hatte.[33] Wirtschaftshistoriker schätzen, daß zu Beginn des 14. Jahrhunderts 40 Prozent der europäischen Bauern auf so kleinen Hofstellen saßen, daß sie ihre Familien nicht erhalten konnten.[34] In Neukastilien (Spanien) waren im letzten Viertel des 16. Jahrhunderts 60 Prozent der Bevölkerung auf den Status von Landarbeitern herabgesunken, einige von ihnen hatten überhaupt keinen Anspruch auf Grund und Boden.[35]

In der Toskana hatte sich im 15. Jahrhundert das System der *mezzadria* herausgebildet. Die Bauernpaare verfügten über so wenig Land, daß sie die Hälfte ihrer Ernte schuldeten, um nur für den Gebrauch der Ochsen zu bezahlen und neues Saatgut zu kaufen. In diesen Verhältnissen konnten die Familien nicht mehr überleben. In Altopascio (Toskana) verließen in nur einem Jahrzehnt (1740–1750) 20 Prozent aller Familien das Land und emigrierten in die nahegelegenen Städte.[36] Für die Verbleibenden, von den Pächtern kleiner Höfe bis zu jenen Ärmsten und Gefährdetsten, die gar kein Grundstück bebauen konnten, warf die überkommene Lebens- und Wirtschaftsform nicht genug ab. Überall in Europa waren die Bauernfamilien zum Überleben auf zusätzliches Einkommen angewiesen. Die Aufgabe, dieses Geld zu verdienen, fiel den Frauen zu, und die Bäuerinnen reihten sie ihren übrigen Pflichten an.

Zusätzliches Einkommen

Im 17. Jahrhundert zeigte sich die französische Adelige Madame de Sévigné entzückt und begeistert über den Anblick der Bauern ihres Landgutes, die mit Taschen voller kleiner Münzen herbeikamen, um ihre Pachtzinsen zu bezahlen, 30 Francs ganz in Sous.[37] Dem, was sie so malerisch fand, lag die mühselige Anhäufung des Geldes zugrunde, das Sou um Sou von ihren Pächtern verdient werden mußte. Eine solche Summe zusammenzusparen verlangte die ganze Energie und den Unternehmungsgeist des Bauernpaares. Um 1670 besaßen in den französischen Dörfern Goincourt, Esparbourg und Coudry St-Germer drei Viertel aller Familien weniger als zwei Hektaren Land. Was sie deren Eigentümern – wie Madame de Sévigné – dafür zu entrichten hatten, verschlang den Ertrag von eineinhalb Hektaren.[38] Um ihren Verpflichtungen nachkommen zu können und zu überleben, mußten die Bauern weitere Einkommensquellen erschließen. Eine zeitgenössische Beschreibung des Paares Marguerite und Covin aus dem 18. Jahrhundert zeigt, wie sie sich einrichteten: Sie behielten den Weizen von ihren zwei Hektaren und den Wein aus ihrem kleinen Rebberg. Das Geld für den

Pachtzins und alle anderen Barauslagen beschaffte fast vollständig Marguerite; sie verkaufte Eier, Milch, Butter, Käse, Wolle und Gemüse – alles Produkte der Tiere, für die sie sorgte, und des Gartens, den sie bepflanzte. Sie spann, und zusammen mit ihrem Mann wob sie, vermutlich Stückwerk im Auftrag eines reisenden Händlers oder Verlegers aus einer Stadt der Umgebung.

Diese Lösung zeichnete sich schon in den frühesten Gutsurkunden ab: Seit sich die neue Handelswirtschaft entwickelte, waren es eher die Bäuerinnen als die Bauern, die zusätzliches Geld verdienten, um den Familienunterhalt zu garantieren. Die Frauen arbeiteten auf dem Feld, erbrachten für wohlhabendere Dorfbewohner Dienstleistungen und verkauften, was sie erwirtschaften konnten. Die Aufgaben waren den Frauen aus ihrem eigenen Haushalt und von den alten Frondiensten her vertraut; nun verrichteten sie sie für andere und gegen Bezahlung. Am häufigsten kam das Bargeld zusammen durch den Lohn, den sie für die Arbeit auf den Feldern anderer erhielten, sowie durch den Verkauf von selbst aufgezogenen Tieren und von Erzeugnissen ihres Pflanzgartens. Katherine Rolf, die 1449/1450 von den Nonnen des Klosters St. Radegund in Cambridge angestellt wurde, erhielt für vier Tage Unkraut jäten 4,5 Pence und für zwölf Tage, an denen sie mit männlichen Landarbeitern zusammen Dächer mit Stroh deckte, 18 Pence. Im folgenden Jahr verkaufte sie den Nonnen Hühnchen, half den Kerzenmachern, kämmte und reinigte Wolle, dazu kam die Feldarbeit: das Dreschen und Worfeln des Getreides.[39] Als Tagelöhnerin erhielt sie zu ihrem Pence vermutlich noch ein Mittagessen.

Im 18. Jahrhundert richteten sich die Frauen und Mädchen nach den saisonal anfallenden Arbeitsmöglichkeiten bei Anbau und Ernte, wanderten zur Obsternte und zum Ährenlesen auf die abgemähten Felder. Zu Beginn des 20. Jahrhunderts versammelten sich in der Gegend von Pavia (Norditalien) zwischen Ende Mai und Anfang Juli jeweils fast 40000 Frauen aus den umliegenden Provinzen, um die Reisfelder von Unkraut zu säubern.[40] Im griechischen Dorf Vasilika kamen 1961 Frauen und Mädchen aus benachbarten Siedlungen, um bei der Baumwollkultur mitzuhelfen: Im Frühjahr hackten und misteten sie die Äcker, im Spätsommer pflückten sie die Kapseln. In früheren Tagen hatten sie während der Zeit, als sie dort arbeiteten, bei den dort ansässigen Bauernfamilien gewohnt; in den sechziger Jahren konnten sie mit Traktoren oder Lastwagen aus ihrem Dorf geholt und wieder dahin gebracht werden. Alles übrige aber war noch gleich. Teresa aus dem süditalienischen Torregreca war stolz auf das, was sie zusammengebracht hatte:

> Keiner kann sagen, der Paolino ist nicht vorangekommen, weil er eine faule Frau hat! Manchmal wünsche ich mir, ich könnte das zusammenrechnen. Ich wette, wenn Sie zusammenzählen, was ich mit dem Land und den Hühnern und in den

> Jahren, wo ich ein Schwein hielt, und mit meiner ganzen Lohnarbeit verdient habe, daß ich da in den letzten zehn Jahren mehr eingebracht habe als Paolino, ich meine an Geld fürs Essen oder an Essen selber.[41]

Etwas Kleingeld für eine Bauernfamilie mochte es immer auch einbringen, wenn sich die Frau für andere Arbeiten als die auf dem Feld verdingte. So erledigten Bäuerinnen Haushaltsarbeiten für den Grundeigentümer, für reichere Pächter oder Freibauern. In den Haushaltsrechnungen der Gräfin von Leicester sind für das Jahr 1265 5 Shilling aufgeführt für die *alewife*, welche zum Brauen des Biers für die adelige Familie und deren Gefolge herbeigekommen war.[42] Im 15. Jahrhundert leistete Jehanneton, die Ehefrau eines Bauern, als Milchmädchen Dienste auf dem Landgut des Ménagier de Paris; sie beaufsichtigte die anfallenden Arbeiten von der Versorgung der Kühe bis zum Herstellen von Butter und Käse. Für den Grundbesitzer John Gostwick von Bedford arbeiteten im 16. Jahrhundert vier Frauen als Wäscherinnen, Kellnerinnen und Milchmädchen. Ein Jahrhundert später sammelte in Sussex die Witwe Lewis für 6 Pence Kräuter und pflegte die kranke Herrin des Gutes Herstmonceux.[43]

Töchter gingen häufig bei Verwandten oder in reicheren Familien in Stellung. Selbst Ralph Josselin, Pfarrer von Freibauern in Essex im 17. Jahrhundert, schickte seine Töchter in Dienst: Jane mit zehn, Anne mit vierzehn Jahren. In Frankreich arbeiteten im 18. Jahrhundert überall zwischen 2 und 12 Prozent der ländlichen Bevölkerung (je nach Region) als Dienstboten.[44] Als Folge des *Statute of Apprentices* (Lehrlingsverordnung) organisierten die Ortsbehörden in England schon im 16. Jahrhundert eine *Mop Fair*, einen Jahrmarkt, auf dem sich die jungen Leute versammelten und auf künftige Arbeitgeber warteten. Im 19. Jahrhundert stellten sich Schwestern und Brüder an den Samstagen von Pfingsten und Martini auf den Marktplatz und hofften, um einen auf sechs Monate festgesetzten Lohn gedungen zu werden.

Was, wo und wann auch immer – wenn es um den Lohn ging, verdiente eine Frau einen Drittel bis die Hälfte weniger als ein Junge oder ein Mann. Der Engländer Walter of Henley formulierte in seinem Handbuch der Landwirtschaft im 12. Jahrhundert die traditionelle Rechtfertigung, die bis in die Moderne hinein wiederholt wurde. Er nannte die Frauen »halbe Männer«, denn, so argumentierte er, sie arbeiteten langsamer und an weniger wertvollen Aufgaben. Er entgalt das Jäten von drei Morgen Land, eine Frauenarbeit, mit einem Pence. Ein südfranzösisches Kloster bezahlte im frühen 14. Jahrhundert für das Jäten einen Lohn, der nur einen Achtel dessen betrug, was der Mäher verdiente.[45] Erst eine Katastrophe von den Ausmaßen des Schwarzen Todes bewirkte etwas ausgeglichenere Löhne für englische und französische

Landarbeiterinnen. In den Pestjahren erhielten Frauen bei der Weinlese im Languedoc vier Fünftel der Löhne von Männern, während sie sonst nur die Hälfte bekommen hatten.[46] Die Verlautbarungen von Parlament und König in England bekräftigten solche Ungleichheiten; das *Statute of Artificers* (Handwerkerverordnung) von 1563 setzte die Frauenlöhne auf einen Drittel bis die Hälfte von Männerlöhnen fest, obwohl die Frauen gleich lange und gleich hart auf den Feldern arbeiteten.[47]

Als Dienstboten ging es den Frauen nicht besser. Petronella, die Wäscherin der Gräfin von Leicester, verdiente im 13. Jahrhundert einen Pence pro Tag und wurde, als weibliche Arbeitskraft, am schlechtesten bezahlt von allen Angestellten.[48] Der Diener, der im 17. Jahrhundert für Margaret Fell von Swarthmore arbeitete, konnte bis zu vier Pfund pro Jahr beiseite schaffen, wohingegen Ann Standish, sein weibliches Gegenstück, nur ein Pfund erhielt.[49] Am schlimmsten erging es stets dem Mädchen für alles, im Haushalt der Fells der Peggy Dodgson, die noch wie ihre Vorgängerinnen im 13. Jahrhundert mit ein bis zwei Pence Tageslohn abgespeist wurde. Dabei war ihre Pflichtenliste lang: waschen, Flachs schwingen, spinnen, stricken, Mist vertragen, Unkraut hacken, Torf stechen.[50]

Wenn die Bäuerinnen nicht auf den eigenen oder fremden Feldern arbeiteten, auch nicht den eigenen oder fremden Haushalt führten, so fanden sie noch andere Einkommensquellen, vor allem während der kalten, dunklen Wintermonate, wenn es im Freien wenig Arbeit gab. Es war verbreitet, daß die Frauen auf dem Land im Stückwerk Heimarbeit leisteten, besonders im Bereich der Tuchherstellung, dem frühesten spezialisierten Gewerbe Europas. Im 9. Jahrhundert hatten die Bäuerinnen vom Faden über das fertige Gewebe, bis hin zu den einzelnen Kleidungsstücken und dem Bettzeug, alle Textilien für ihre Familien oder für die Grundherrn in deren Tuchmanufakturen selbst hergestellt. Als die Märkte sich erweiterten und differenzierten, hörten die Feudalherren auf, die Dienste der Ehefrauen ihrer Pächter anzufordern, und sogar für den eigenen Bedarf der Bauernfamilie kam nicht mehr alles aus der Hand der Bäuerin. Seit der Mitte des 11. Jahrhunderts begannen männliche Färber, Walkmüller und Tuchscherer dem Stoff den letzten Schliff zu geben, und in Montaillou in Südfrankreich waren im frühen 14. Jahrhundert der Weber ein Mann und der Schneider ein wandernder Handwerker.

Unter diesen veränderten Umständen ging die Weberei als Haushaltsarbeit zurück, außer für die einfachsten Bedürfnisse der Familie, und entwikkelte sich statt dessen zu einem eigenen Einkommenszweig. Weibliche Haushaltsvorstände auf den Gütern der Medici in Altopascio in Norditalien spannen und woben im 18. Jahrhundert, um ihr Einkommen aufzubessern. Zu Beginn des 20. Jahrhunderts stellte in Sizilien eine Mutter die Witwe Gna

Tidda an, damit sie die Aussteuer ihrer Tochter anfertige. Durch solche Arbeiten erhielt sich die alte Frau und stellte auf ihrem fünfzig Jahre alten Webstuhl drei Bettgarnituren her.[51]

Bis ins 18. Jahrhundert war nicht Weben, sondern Spinnen die bevorzugte Arbeit für die meisten Frauen. Mit Spindel und Kunkel konnten sie jederzeit tätig werden, ob sie neben dem Feuer saßen oder die Kühe auf die Weide trieben. Vom 13. Jahrhundert an konnte eine Frau auch ein Spinnrad besitzen, das den Faden zwirnte und gleichzeitig auf die Spindel wand und ihr dadurch erlaubte, wesentlich schneller zu arbeiten und mehr Spindeln in kürzerer Frist zu füllen. Eine alleinstehende Frau tat unter Umständen nichts anderes. Um 1600 konnte eine Spinnerin in der Picardie 5 Sous pro Tag verdienen.[52] Im 18. Jahrhundert wurden in schweizerischen Bauernfamilien mit knappem Grundbesitz die spinnenden Töchter und Jungfern höher geschätzt als die Söhne, da sie mehr Geld verdienen konnten.[53]

Als die Spinnerei mechanisiert und zur Erwerbsarbeit für Städterinnen wurde, kannten die bäuerlichen Ehefrauen, Mütter und Witwen noch andere Möglichkeiten der Textilherstellung, die sie für die Bedürfnisse ihrer Familien nutzten. Irgendwann im 14. Jahrhundert hatte eine Bauersfrau entdeckt, daß sie den Faden mit hölzernen Nadeln statt auf dem Webrahmen verarbeiten konnte, und hatte damit das Stricken erfunden. Auf einem deutschen Altarbild des ausgehenden 14. Jahrhunderts ist die Jungfrau Maria dargestellt, wie sie für Jesus eine wollene Jacke strickt: Sie arbeitet mit vier Nadeln und stellt eben den Halsausschnitt fertig. Im 19. Jahrhundert strickten die süditalienischen und sizilianischen Frauen, wie sie einst gesponnen hatten, während sie zu anderen Arbeiten gingen oder zurückkamen. Sie gebrauchten die Stricknadeln auch, um damit Löcher in die Maccheroni zu stechen. Auch gestrickte Kleidungsstücke wurden im Verlagssystem angefertigt und boten, insbesondere seit der Einführung der Berufsarmeen, eine weitere Verdienstmöglichkeit. Mitte des 18. Jahrhunderts bestritt die Ehefrau eines dänischen Soldaten außer Dienst ihrer beider Lebensunterhalt mit Spinnen und Strikken.

Seit dem 16. Jahrhundert entwickelten sich in Norditalien, Belgien und einigen Teilen Frankreichs die Spitzenherstellung und die Strohhutflechterei zu regionalen Spezialitäten. Frauen in der Normandie, in Valenciennes und Mechelen verkauften weiße Baumwollspitze, die sie mittels einer verzwickten Technik, einer Kombination von Knüpfen, Weben und Stricken, angefertigt hatten. Wie das Spinnen konnte auch die Spitzenherstellung neben und zum Teil während der anderen Hausarbeiten betrieben werden. Man schätzt, daß im 16. Jahrhundert 100000 englische Frauen und Mädchen mit dieser Handfertigkeit zusätzliches Geld für ihre Familien beschafften.[54] Bis ins 20. Jahrhundert stellten auch die Bäuerinnen in Sizilien noch Spitzen nach traditioneller Art her und pflegten die Technik des *sfilato* (eine Durchbrucharbeit: Aus einem Stoffgewebe wurden einzelne Fäden ausgezogen, wodurch feine Muster entstanden). Bei solchen Tätigkeiten wandten die Frauen auf dem Land ihre ganze Energie, ihre Erfindungsgabe und ihre Geschicklichkeit auf, um den Lebensunterhalt ihrer Familie zu sichern.

Nachkommenschaft

Ein Leben auf dem Existenzminimum zu führen hieß, jederzeit den Gewalten von Hungersnot, Krieg und Krankheit preisgegeben zu sein. Jede Generation wurde wenigstens einmal von Unheil betroffen. Bäuerinnen und Bauern begegneten der Not und der stets drohenden Unsicherheit nicht nur, indem sie sich als Paar zusammentaten und heirateten, sondern auch, indem sie arbeiteten, wie und wann immer sie konnten. Gemeinsam rackerten sie sich für das Überleben ab. Gemeinsam planten Ehefrau und Ehemann, Mutter und Vater die Zukunft der Familie und die Vorsorge für ihre Töchter und Söhne, wenn diese erwachsen wurden. Damit das Überleben der jeweils gegenwärtigen und der nächsten Generation gesichert war, mußte in der bäuerlichen Bevölkerung sowohl die Definition als auch die Größe der Familie über Jahrhunderte hinweg relativ konstant bleiben. Mädchen lebten als Kinder mit ihren Eltern, nach ihrer Heirat dann als Ehefrauen und Mütter in neuen Haushalten mit ihren eigenen Töchtern und Söhnen. Dieses Muster der Zwei-Generationen-Familie, der Kernfamilie, war in ganz Europa verbreitet. Sie ist für die fränkischen Länder im 9. Jahrhundert ebenso bezeugt wie für die Gutssiedlungen in der Provence und in Kastilien im 10. Jahrhundert, für die Picardie im 13. Jahrhundert, für die Landregionen um Arezzo (Norditalien) im 15. Jahrhundert, für englische Dörfer wie Cogenhoe, Clayworth und Chilvers im 17. Jahrhundert, für Deutschland und Polen im 18. Jahrhundert. Unter außergewöhnlichen Umständen mochten die Familien manchmal auch etwas größer werden. So blieb im 15. Jahrhundert in der Toskana der Schwiegervater *capo di famiglia* (Familienvorstand) und behielt die Kontrollgewalt über die Felder, auch nachdem seine Söhne geheiratet und ihre Ehefrauen ins Haus gebracht hatten.[55] Es war auch möglich, daß ein Schwager im Haus blieb und das Land mit bearbeitete. In Österreich und anderen Ländern Mitteleuropas durchliefen die Haushalte im 18. Jahrhundert oft verschiedene Phasen; erst waren Kleinkinder, Eltern und Großeltern zusammen, dann starben die alten Leute, danach brachten die eigenen Kinder wiederum Nachkommen zur Welt.

Doch insgesamt blieb der Zwei-Generationen-Typus der Kernfamilie unverändert. Die Familie, welche die Bäuerin versorgte und mit Kleidern und Nahrung versah, umfaßte im Durchschnitt vier bis sechs Mitglieder, nämlich die Eltern und ihre Nachkommenschaft. Die Historiker hatten lange die These aufrechterhalten, die ländliche Bevölkerung hätte in Großfamilien, die sich über Angehörige mehrerer Generationen erstreckten und Tanten, Onkel, Großeltern, Kinder und so weiter einschlossen, gelebt. Untersuchungen der Gemeinwesen haben hingegen aufgezeigt, daß in Wirklichkeit die Mehr-Generationen-Familie in Teilen Rußlands und die *zadruga* in Serbien die einzig signifikanten Abweichungen vom Schema der europäischen Kernfamilie darstellten. In früheren Jahrhunderten konnten im Westen derart große Haushalte nicht untergebracht werden; erst im vergleichsweise prosperierenden 20. Jahrhundert kam es dazu, daß Familien – wie die in den Niederlanden und England untersuchten – von mehr als zwei Generationen zusammenlebten (20 bis 35 Prozent der Haushalte).[56]

Daß die durchschnittliche Familiengröße vier bis sechs Personen nicht überstieg, deutet an, daß das Bauernpaar die Gründung eines eigenen Hausstandes zur Sicherung der Lebensqualität für sich selbst und seine Kinder nicht ohne Planung anging. Frau und Mann stellten bewußte Überlegungen an, wann sie heiraten wollten, wann und wie oft die Frau empfangen sollte und wie viele Säuglinge wohl überleben würden. Da sie sich der Risiken bewußt waren und praktisch dachten, wollten sie die Zahl derjenigen, die von ihrem Grundstück und ihren Arbeitsleistungen leben mußten, beschränken. Natürliche Einwirkungen (Perioden von Knappheit und Krankheit, von Hungersnot und Witterungsunbilden) beeinträchtigten die Fruchtbarkeit der Frau. Demographen schätzen, daß eine Bäuerin von drei Schwangerschaften meistens eine infolge von Unterernährung oder Krankheit verlor.[57] Doch selbst wenn man diese natürlichen Faktoren mit berücksichtigt, hätte die europäische Bevölkerung in der präindustriellen Epoche anwachsen müssen. Das geschah aber nicht. Bis ins Industriezeitalter zeigen die Statistiken eine ausgewogene Bevölkerungszahl mit einem ziemlich gleichbleibenden Verhältnis zwischen Geburts- und Todesfällen von rund drei Prozent.[58] Nur zweimal – zwischen dem 11. und 13. und wiederum im 18. und 19. Jahrhundert – gab es eine anhaltende und, im zweiten Fall, dramatische Zunahme. Schon für das 9. Jahrhundert findet man Belege, daß die bäuerlichen Frauen und Männer die Größe ihrer Familie beschränkten, indem sie ledig blieben, erst spät heirateten und die Empfängnis verhüteten. Dadurch unterblieb überall in Europa das Bevölkerungswachstum.

Von rund 800 bis um 1900 ließen die Bauern nur dann zu, daß ihre Familien größer wurden, wenn die Lebensbedingungen sich verbesserten. Sobald die Verhältnisse sich verschlechterten, schrumpfte die Familiengröße, entweder durch bewußte Entscheidung oder durch äußeres Unglück. Beispielsweise lebten auf dem Gut von St-Germain-des-Prés im 9. Jahrhundert mehr Personen in den Haushalten, sobald die Lage sich verbesserte oder wenn die Hufen (Bauernstellen) mit mehr Land ausgestattet waren. Aus vergleichbaren Gründen hatten zwischen dem 11. und 13. Jahrhundert, da in englischen und französischen Dörfern die Leibeigenschaft verschwand, mehr Gleichberechtigung aufkam, ausreichend Land und bessere Nahrungsmittel vorhanden waren, die Familien mehr Kinder. Aus einem aus Pistoia (Norditalien) stammenden *catasto* (einem Einwohnerverzeichnis zu Steuerzwecken) geht hervor, daß die Zahl der geborenen Kinder mit dem Reichtum der von der Familie bewirtschafteten Ländereien und dem zu entrichtenden Steuerbetrag zunahm. Ein armes Paar, das in hügeligem Gelände lebte, hatte im Regelfall ein Kind, während der Hausbesitzer auf dem fruchtbaren Hochland oder in der Ebene mit seiner Ehefrau deren drei oder vier hatte.[59]

Ungewöhnlich hohe Sterblichkeitsraten trieben die Zahl der Geburten ebenfalls in die Höhe. Nachdem der Schwarze Tod die Dörfer im 14. Jahrhundert dezimiert hatte, stieg die Geburtsrate wie eine Reaktion auf die extreme Sterblichkeit an.[60] Dieser Ablauf wiederholte sich im 17. Jahrhundert in Deutschland, als dem Dreißigjährigen Krieg fast die Hälfte der Bevölkerung zum Opfer gefallen war. In weniger als einem Jahrhundert waren die vormaligen Zahlen auf dem Land wieder erreicht.[61] Auch höheres Einkommen war in der Regel mit größerer Familie verbunden. Statistiken aus drei französischen Dörfern im Beauvaisis weisen für 1693/1694 Korrelationen zwischen hohen Weizenpreisen und der Anzahl von Heiraten und Geburten auf. Im 17. Jahrhundert zeigten Regionen mit stärker verbreiteter Heimindustrie und dadurch mit mehr Verdienstchancen ein deutlicheres Bevölkerungswachstum als die Städte, welche die Arbeitsmöglichkeiten lieferten.[62] Im 18. und 19. Jahrhundert schließlich, als alle Lebensumstände günstiger wurden – friedlichere Zeiten, höhere Ernteerträge dank verbesserter Anbautechniken, ausgeglichenere Nahrungsmittelverteilung, zusätzliche Löhne aus spezialisierten Handels- und Industriebetrieben –, nahm die Größe der Familien zu.[63]

Nach dem typischen Schema, das einem kontinuierlichen Bevölkerungswachstum zugrunde liegt, heiraten Frauen mit zwanzig Jahren und bringen innerhalb einer Fruchbarkeitsperiode von rund zwanzig Jahren fünf bis sieben Kinder im Abstand von zweieinhalb Jahren zur Welt.[64] Vor dem 18. Jahrhundert war dies in Europa jedoch nicht üblich, und die Paare griffen selbst ein, um die normale Zunahme zu verhindern. Eine Zeitungsmeldung von Lomellina (Italien) aus dem Jahre 1901 über einen Wortwechsel zwischen einer streikenden Reisfeldarbeiterin und einem Polizeikommandanten weist darauf hin, wie die Paare Kontrolle übten. Die Arbeiterin rechtfertigte ihren Streik für mehr Lohn damit, sie brauche das Geld nicht für sich selbst, sondern um Schulden abzuzahlen und ihre Kinder zu ernähren. Die Antwort des Polizisten an sie und alle Frauen lautete, sie hätten eben nicht heiraten und keine Kinder haben sollen.[65] Was der Mann so gönnerhaft empfahl, war in der Tat die Strategie, welche die bäuerlichen Paare schon seit vorgeschichtlicher Zeit befolgt hatten: In harten Zeiten heirateten sie nicht, oder sie schoben die Heirat auf und beschnitten dadurch die Zeitspanne, in welcher die Frau Kinder zur Welt bringen konnte. Wenn sie verheiratet waren, beschränkten sie zudem die Zahl ihrer Nachkommenschaft.

Urkunden aus dem 9. Jahrhundert zufolge waren auf Hufen in Deutschland nur 28,6 Prozent der Bewohner verheiratet, in St-Germain-des-Prés waren es 43,9 Prozent, in St-Rémi bei Reims 33,4 Prozent.[66] Oft wurde den Brüdern und Schwestern gestattet, mit der Familie im gleichen Haushalt wohnen zu bleiben, doch nur unter der Bedingung, daß sie nicht heirateten, so daß die Anzahl der Personen, die das Land erhalten mußte, beschränkt blieb und eine Aufteilung des Grundstückes für neue Familien vermieden wurde.[67] Wo ab dem späteren 16. Jahrhundert genauere Statistiken über das Leben der Bauersleute verfügbar sind, zeigen sie deutlich die Auswirkungen der verspäteten Eheschließung. Im englischen Dorf Colyton verschob sich zwischen dem 16. und 19. Jahrhundert das weibliche Heiratsalter (für die erste Ehe) von 27 Jahren um 1560 auf fast 30 zwischen 1647 und 1719 und dann wieder hinunter auf 25 um 1837; diese Kurve stimmt überein mit den Perioden von Bevölkerungsrückgang und -zunahme.[68] Dasselbe geschah in einem toskanischen Dorf zwischen 1650 und 1750, als das Heiratsalter von 21,5 auf 26,1 Jahre anstieg.[69] Irische Familien hatten noch am Ausgang des 19. Jahrhunderts solche Entscheidungen zu treffen. Nur eine Tochter und ein Sohn konnten heiraten, und zum gegebenen Zeitpunkt war das Mädchen eine Frau von – durchschnittlich – 30 Jahren geworden, ihr Ehemann war 38.[70]

Nachdem sich das Paar verheiratet und mit etwas Landbesitz seinen neuen Haushalt begründet hatte, überließ es die Familiengröße beziehungsweise die Zahl seiner Kinder nicht dem Zufall. So gut es eben ging, versuchten Frau und Mann die Abstände und die Häufigkeiten der Schwangerschaften zu kontrollieren. Urkunden aus französischen und englischen Dörfern des 16. und 17. Jahrhunderts zeigen eine Korrelation zwischen guten Zeiten und Geburtenhäufigkeit einerseits, schlechten Zeiten und Geburtenrückgang andererseits an. In den Dörfern der Region Basse-Meuse ist im 17. und 18. Jahrhundert ein Bevölkerungsrückgang zu verzeichnen, der, wie es scheint, hauptsächlich auf größere Geburtsintervalle zurückzuführen ist.[71] Für dieselbe Zeit läßt sich in Tourovre-au-Perche der Einfluß des Wohlstands eines Elternpaares auf seine Entscheidungen studieren: Die Ehefrauen der Freibauern, Handwerker und Händler brachten etwa alle zwei Jahre ein Kind zur

Welt; bei den Frauen von Landarbeitern und Tagelöhnern betrug die Frist vier Monate mehr.[72]

Empfängnisverhütung praktizierte man durch sexuelle Abstinenz und durch Unterbrechung des Geschlechtsaktes *(Coitus interruptus)*. Es mochte durchaus der Mann sein, der sich um die Vermeidung der Schwangerschaft bemühte, so beispielsweise Giles Barnes von Cricket St. Thomas (Somerset) im 17. Jahrhundert. Er hatte die Frau geheiratet, die er geschwängert hatte, danach jedoch, so erklärte er vor dem Kirchengericht, ejakulierte er außerhalb ihres Körpers. Er wollte keine Kinder mehr und drohte, ihr die Eingeweide aus dem Bauch zu schneiden, wenn sie empfing.[73] Bäuerinnen kannten auch eigene Möglichkeiten, die Empfängnis zu vermeiden oder, wenn sie bereits schwanger waren, die Frucht abzutreiben. Sie glaubten an Spülungen und Purgationen, sie verwendeten Salz, Honig, Öl, Teer, Blei, Pfefferminzsaft oder Kohlsamen als spermienabtötende Substanzen. Abtreibungsmittel wie Blei und Mutterkorn waren wirksam, aber gefährlich. Eine Frau, die genügend Blei aufgenommen hatte, wurde für immer unfruchtbar. Andere Mittel reinigten zwar vielleicht ihren Organismus, beeinträchtigten die Schwangerschaft jedoch nicht direkt (Aufgüsse von Rosmarin, Myrte, Koriander, Weidenblättern, Balsamine, Myrrhe, Kleesamen, Petersilie oder tierischer Urin). Mehr Wirkung zeigten wahrscheinlich das Verstopfen der Vagina oder das Abdecken des Muttermundes mit Bienenwachs oder leinenen Tüchlein, wie es in deutschen und ungarischen Quellen erwähnt wird. Die Bäuerinnen glaubten auch, mit bestimmten Handlungen die Empfängnis verhindern zu können: Sie tranken kalte Flüssigkeiten, blieben während des Geschlechtsaktes passiv, hielten den Atem an oder sprangen danach heftig auf und ab.[74]

Individuelle Erlebnisse legen Zeugnis ab für die Entscheidungen, die Frauen zu treffen hatten. Bäuerinnen des 20. Jahrhunderts äußerten sich nüchtern und unverhohlen über die Geburtenkontrolle. In Serbien erklärte Vuka in den dreißiger Jahren, sie hätte ihren Ehemann immer gehaßt; wie ein Stein hätte er jeweils auf ihr gelastet. Als ihre nur gerade fünf Tage alt gewordene Tochter starb, schwor sie sich, keine weiteren Kinder mehr zu haben.

> Ich schaffe sie weg. Zweimal jährlich, seit sieben Jahren nun ... Wie? Oh, das mache ich selbst. Ich massiere mich. Ich schaffe es weg. Ich siede Kräuter und behandle mich selbst mit Dampf, dann geht es weg.[75]

In einem bosnischen Dorf sprach eine Frau davon, man könne Essig trinken oder den Muttermund mit einer Spindel öffnen.[76] Peppina, eine Bäuerin aus Süditalien, wurde zwölfmal schwanger. Dann beschloß sie, es müsse anders werden. Wenn ihr Mann abwesend war, bereitete sie für ihre Kinder das Essen vor und wusch ihre Kleider, dann ging sie in die Stadt, wo sie den Fetus abtreiben ließ. Anschließend kam sie wieder nach Hause, legte sich drei Tage ins Bett und kehrte an ihre Arbeit zurück.

Die katholische Kirche billigte die sexuelle Enthaltsamkeit, ja sie setzte selbst heilige Tage fest, an denen Geschlechtsverkehr untersagt war. Peppina und die Frauen vor ihr, ob sie nun katholisch oder protestantisch gewesen waren, gingen darüber hinaus und verstießen gegen die offiziellen Lehren. Denn seit dem 9. Jahrhundert predigten die christlichen Theologen in Bußbüchern, Dekretalen, Kommentaren, päpstlichen Erlassen und Enzykliken, eine Frau, die in den Prozeß von Zeugung und Schwangerschaft eingreife, handle als Mörderin. Gratian stützte sich auf Aristoteles' Unterscheidung zwischen beseelten und unbeseelten Wesen und erklärte in seinem *Decretum* um 1140, die Abtreibung eines weiblichen Fetus nach 66 Tagen beziehungsweise eines männlichen Fetus nach 40 Tagen sei Kindermord (diese Fristen waren laut Aristoteles für die Entwicklung eines vollständig gestalteten Kindes im Mutterleib notwendig). In gegenreformatorischem Enthusiasmus für alles Einheitliche und Reine deklarierte Papst Sixtus V. im Jahr 1588 jede Abtreibung als Mord. Diese Definition wurde 1679 von Innozenz XI. und 1869 von Pius IX. bekräftigt. Die Theologen betonten stets, daß Geschlechtsverkehr ohne die Absicht der Zeugung von Nachkommenschaft sündig und unerlaubt sei, ein Akt der Wollust statt einer Handlung in Übereinstimmung mit Gottes Zielen. Als erster verdammte der Kirchenvater Augustinus den *Coitus interruptus*, Gratian und Thomas von Aquin folgten ihm. Im 16. Jahrhundert anerkannten einige katholische Theologen das Bedürfnis der ärmeren Bevölkerungsschichten, ihre Nachkommenschaft in Grenzen zu halten, doch an der Taktik der Kirche änderte sich nichts. 1930 war Papst Pius XI. eine jener führenden Persönlichkeiten, die jegliche Form von Empfängnisverhütung verdammten. Bis ins 20. Jahrhundert stimmten auch die Ansichten der protestantischen Kirchen mit der offiziellen katholischen Doktrin überein. Heutzutage überlassen die meisten christlichen Konfessionen die Geburtenregelung den Betroffenen selbst.

Wenn alle genannten Mittel versagten, wandten die Eltern noch andere Methoden an, um die Anzahl der Kinder zu begrenzen, die sie von ihrem Land zu erhalten hatten. Gutsurkunden aus dem 9. Jahrhundert von St-Germain-des-Prés, Kirchengerichtsprotokolle aus dem 15. Jahrhundert von Canterbury, Kirchgemeindeakten aus dem 17. Jahrhundert von Somerset wie auch Interviews aus dem 20. Jahrhundert mit Frauen aus bosnischen *zadrugas* enthüllen alle die gleiche Praxis: Man ließ das Kind zur Welt kommen, und dann ließ man es sterben – vor allem, wenn es ein Mädchen war.[77]

Den Beweis für die selektive Kindstötung liefert das merkwürdig disproportionierte Verhältnis zwischen männlichen und weiblichen Bewohnern auf dem Land, wie es in ganz Europa vom 9. bis zum 17. Jahrhundert belegt ist. Das durchschnittliche Verhältnis zwischen weiblichen und männlichen Neugeborenen beträgt 100 zu 105, wobei sich die Zahlen im Verlauf der Adoleszenz und des frühen Erwachsenenalters angleichen, bis die Frauen im Alter die Überzahl gewinnen. In der wohlhabenden und fruchtbaren Region von St-Germain-des-Prés herrschte im 9. Jahrhundert starker Bevölkerungsdruck, und das Verhältnis zwischen Frauen und Männern lag bei 100 zu 115,7–117,1. Je ärmer die Familie war, desto ausgeprägter wurden die Unterschiede.[78] Nach englischen Gutsurkunden des 13. Jahrhunderts kamen auf 100 Frauen 133 Männer.[79] Eine Liste der Hörigen auf den südenglischen Ländereien des John of Hastings verzeichnete 46 Frauen gegenüber 78 Männern.[80] Untersuchungen zur Säuglingssterblichkeit in Somerset im 17. Jahrhundert weisen auch die Folgen für die nächste Generation auf, da nur eines von drei geborenen Mädchen aufwuchs und eigene Kinder gebar. Dies war eine weitere, wirkungsvolle Möglichkeit, das Bevölkerungswachstum zu beschneiden.[81]

Andererseits vermochten die Bäuerinnen und Bauern im 13. Jahrhundert, einer Periode relativer Prosperität, mehr Kinder zu ernähren, und entsprechend nahm die Bevölkerung zu. Es ist typisch, daß das Zahlenverhältnis zwischen den Geschlechtern sich dann nahezu ausglich. Wachstum trat ein, weil mehr Mädchen überlebten, aufwuchsen und dann selbst Kinder zur Welt brachten.[82] In der Tat erklärt das Überleben von mehr weiblichen Säuglingen die deutliche Bevölkerungszunahme im 18. und 19. Jahrhundert, da nicht eigentlich die Zahl der Geburten zunahm, sondern die Zahl jener Kinder, die überlebten. Fast überall in Europa hatten die Ehepaare gegen Ausgang des 19. Jahrhunderts vier bis fünf überlebende Kinder.[83]

Weltliche und geistliche Aufzeichnungen berichten, wie die Frauen und Männer auf dem Land das Verhältnis zwischen Mädchen und Jungen und die Größe ihrer Familie regelten. Allgemein anerkannter Brauch war es, den Unerwünschten weniger Pflege angedeihen zu lassen. Die kleinen Mädchen auf dem Meierhof St-Victor bei Marseille im 9. Jahrhundert zum Beispiel starben, da sie bereits nach einem Jahr entwöhnt wurden, denn dadurch wurden sie anfälliger für Krankheiten. Ihre Brüder jedoch saugten Muttermilch, bis sie zwei Jahre zählten.[84] In Gerichtsfällen des 15. und 16. Jahrhunderts ist von Müttern und Vätern die Rede, die wegen Kindsmordes verfolgt wurden. Vor dem Grafschaftsgericht von Essex erschienen 1570 drei Frauen, die ihre Neugeborenen umgebracht hatten (vermutlich waren sie unverheiratet und sahen keine Hoffnung, wie sie sich mit einem unehelichen Kind durchschlagen könnten). Die eine hatte ihrem Kind die Kehle durchgeschnitten, die zweite setzte es auf einem Feld aus, die dritte ließ es in einem

Graben liegen. Gewalt dieser Art erscheint in den Urkunden allerdings selten. Häufiger sprechen die Kirchenakten davon, ein Kind sei im Bett erdrückt worden – eine stille und vielleicht sogar ungewollte Tötungsart. So schliefen Joan und Stephen Tiler von Rochester ein, und als sie aufwachten, lag ihre Tochter tot zwischen ihnen im Bett.[85]

Für eine ledige Dienstmagd ohne Aussicht auf Heirat bedeutete die Geburt eines unehelichen Kindes, ob es nun männlich oder weiblich war, in den meisten dörflichen Gemeinschaften einen schweren Makel. War das Kind tot, so konnte sie an ihre Arbeit zurückkehren und hoffen, der Schandfleck ihrer Schwangerschaft gerate in Vergessenheit. Für eine verheiratete Bäuerin konnte der Tod eines Säuglings indirekt immerhin noch weitere, günstige Wirkungen haben: Wenn ihre Brüste genügend Milch produzierten, konnte sie sich ein zusätzliches Einkommen beschaffen, indem sie sich als Amme verdingte. Bis ins 17. Jahrhundert stellten wohlhabende Familien auf den Gutshöfen und in den Städten Landfrauen an, die ihren Säuglingen die Brust reichten. Im 14. Jahrhundert besorgte die Kaufmannsgattin Margherita Datini von Prato immer wieder Ammen für die Ehefrauen der Freunde ihres Mannes. Sie schlug ein jährliches Entgelt von zwölf Florin vor, etwa ebensoviel wie für andere Dienstmädchen.[86] In ihren Briefen zählte sie die erforderlichen Qualifikationen auf: Die Amme durfte ihr eigenes Kind nicht bevorzugen, wie sehr es auch schrie; sie sollte Brüste von mäßiger Größe haben, damit sie nicht die Nase des Kindes plattdrückten; sie durfte nicht zu leicht schwanger werden, und im Idealfall sah sie gleich wie die richtige Mutter des Säuglings aus. Im August 1398 schrieb Margherita Datini: »Ich habe auf der Piazza della Pieve eine [Amme] gefunden, die seit zwei Monaten stillt, deren Kind aber todkrank ist und wahrscheinlich heute nacht sterben wird. Die hat mir fest zugesagt, daß sie sofort kommt, sobald sie es begraben hat.«[87] Noch 1960 ging Peppina, wenn sie Milch hatte, als Amme aus ihrem süditalienischen Dorf nach Rom.

Statt daß die Amme in den Haushalt kam, konnten die Säuglinge auch aufs Land geschickt werden. Zu Beginn des 15. Jahrhunderts notierte der florentinische Kaufmann Antonio Rustichi in seinem Tagebuch, daß er nacheinander Kinder zur Frau eines Bauern geschickt hatte, dann zu einer Bäckersgattin. Dieser Brauch verbreitete sich, vor allem im 18. und 19. Jahrhundert, als städtische und kirchliche Obrigkeiten die Sorge für Findelkinder übernahmen. Die älteren Kinder kamen in Findelhäuser in der Stadt, die jüngeren in Pflegeheime auf dem Land. Niemand hinterfragte die hohe Sterblichkeitsrate von Pflegekindern, die im 19. Jahrhundert während der Sommermonate auf 75 Prozent ansteigen konnte.[88] Die Ammen konnten nicht allen Säuglingen, die ihrer Pflege übergeben waren, genügend Milch geben; das Geld, das ihnen bezahlt wurde, reichte nicht aus, um die Kleinen zu ernähren, und so starben sie. Selbst bei jenen Säuglingen, deren Eltern bekannt waren, mußte man darauf gefaßt sein, daß sie starben. Französische Handwerker schickten ihre Säuglinge zu Ammen und stellten dann einfach die Zahlungen ein – nicht unbedingt aus Gefühllosigkeit, sondern weil eine grausame Wahl zu treffen war: der Tod des einen Kindes konnte vielleicht das Leben der älteren Geschwister retten. Unter diesen Bedingungen machten die Findelhäuser und die Pflegeheime das Unmögliche leichter, rückten den Tod des Säuglings auf Distanz und verringerten dadurch den Schmerz.[89]

Leben ohne Familie

Erfindungsgabe und Kraft der Frauen auf dem Land wurden auf eine besonders harte Probe gestellt, wenn sie ihre Ehemänner überlebten. Die Bäuerin wurde Witwe – vielleicht als junge Frau mit Kleinkindern oder als Greisin mit wenigen oder keinen Familienangehörigen, die ihr unter die Arme greifen konnten. Es gab auf dem Land viele Witwen, denn wenn eine Frau die Jahre überlebt hatte, in denen sie Kinder zur Welt bringen konnte, lebte sie tendenziell länger als die Männer ihres Dorfes. In der Umgebung von Arezzo in der Toskana lebten im 15. Jahrhundert mit 6 Prozent überverhältnismäßig viele Witwen. Bei einer Gruppe von englischen Kirchspielen, die von Demographen untersucht worden sind, machten die Witwen zwischen 1574 und 1821 22 Prozent aus.[90]

Volkserzählungen legen von der Ungeschütztheit der Witwen Zeugnis ab. Die Großmutter von Rotkäppchen lebte allein und außerhalb von Hör- und Reichweite der dörflichen Gemeinschaft, zu weit entfernt, als daß ihre Schreie hätten gehört werden können, als der Wolf sie angriff. William Langland verglich in seiner Vision vom Bauern *Piers the Ploughman* (14. Jahrhundert) die Witwe mit Jesus, als er von Gott verlasssen war.

Theoretisch sollte das Wittum, das vor der Hochzeit für die Frau ausgehandelt worden war, zu ihrem Unterhalt und allenfalls dem ihrer kleinen Kinder dienen, falls sie früh verwitwete. Die verschiedenen lokalen Bräuche folgten eng den germanischen Gepflogenheiten früherer Jahrhunderte. Eine Witwe behielt einen Teil des Bodens, den ihr Ehemann besessen hatte, auf Lebenszeit oder wenigstens bis zu ihrer Wiederverheiratung, da der neue Gatte die Verantwortung für ihre Versorgung übernehmen sollte. Auch ein Teil der mobilen Güter, der Möbel, des Bettzeugs und anderer Haushaltsartikel des Paares fiel an die Witwe. In Kent, in der Normandie und in Heidenreich (Österreich) erbte sie ein Drittel bis die Hälfte des Landes und der Haushaltsgüter. Eine russische Satzung aus dem Jahr 1919 garantierte ihr einen Siebtel der Mobilien.[91] Gewöhnlich betrachtete man ihren Grundbesitz als zeitlich beschränkt, bis eine männliche Person, meist ihr ältester Sohn, die Verantwortung dafür übernehmen konnte. In Warbleton, Sussex, schrieb das Gewohnheitsrecht den Witwen um 1322 vor, sie könnten aus eigenem Recht Besitzungen zu Lehen behalten, bis der jüngere Sohn fünfzehn Jahre alt sei. Dann sollten sie ihm als dem Erben die Hälfte des ganzen Vermächtnisses überlassen; die andere Hälfte dürften sie in eigenem Recht weiter besitzen, wenn sie Witwen blieben.[92] Bis ins 20. Jahrhundert besaß im Bezirk Clare in Irland eine Mutter das Land, bis der Erbe volljährig wurde. Verschiedene Maßnahmen schränkten die Freiheit der Witwe ein, mit dem Boden zu tun und zu lassen, was sie wollte. Darin spiegelt sich die Sorge für den männlichen Erben und besonders auch die Überlegung, die Kinder des toten Mannes sollten, falls sie wieder heiratete, nicht zu kurz kommen. Zum Beispiel wurde ihr nach einer russischen Verfassungsurkunde aus Pskov das Land bei der Wiederverheiratung weggenommen, es sei denn, es wäre ihr eigens testamentarisch vermacht gewesen.[93] Im 17. Jahrhundert in Berkshire konnte eine freie Pächterswitwe das Land behalten, wenn ihr Name im Pachtbrief genannt war; doch wurde auch der Name des bevorzugten Erben eingesetzt, so daß sie nicht das Recht hatte, die Besitzung zu veräußern, das heißt, zu verkaufen oder testamentarisch jemand anderem zu hinterlassen.

Die erste Pflicht einer erbenden Witwe war die Entrichtung einer Nachlaßsteuer (»Todfall«), die sie für die Überlassung des Landes, das sie mit ihrem Mann bebaut hatte, schuldete. Nach dem Gewohnheitsrecht erhob der Grundeigentümer oft Anspruch auf das beste Stück Vieh, das die Familie besaß (»Besthaupt«). Als Thomas von Merdens in Halton, Buckinghamshire, im Jahr 1303 »den Weg alles Irdischen ging«, verlangte der Feudalherr seine zwei Ochsen.[94] Wenn das Paar so arm war, daß es kein Vieh besaß, mußte die Witwe in England im 13. Jahrhundert oder in Flandern im 14. Jahrhundert einen Drittel bis die Hälfte ihrer beweglichen Habe (Töpfe, Truhen, selbst Gewänder) abliefern. Auch die Kirche erhob Anspruch auf eine Totenabgabe, die theoretisch den zu Lebzeiten des Bauern nicht bezahlten Zehnten aufwiegen sollte. In Frankreich verweigerten Priester im 16. Jahrhundert das Begräbnis, bis man ihnen »die beste Wolldecke« überlassen hatte.[95]

Bedeutsamer waren jedoch die regulären Abgaben und Zahlungen, die während des Jahres zu leisten waren. Im Jahr 1266/1267 hatte auf dem Gutshof von Clifford in Gloucester eine Matilda das Recht inne, die vierundzwanzig Morgen Land ihrer Familie zu besitzen, doch schuldete sie als Witwe ganz allein alle Dienste, Güter und Zahlungen. Vermutlich heuerte sie einen Mann an, der ihr zur Zeit des Pflügens (ein halber Morgen pro Woche während Herbst, Winter und Frühjahr), beim Mähen auf den Feldern des Grundherrn und dem Transport seiner Produkte behilflich war. Sie selbst leistete zwei Tage Fronarbeit mit Unkrautjäten und weitere Tage, um das

Heu auf die hölzernen Karren zu hieven. Sie stellte sich vielleicht sogar selbst für die Tage mit nicht genau bezeichneter Fronarbeit zur Verfügung – drei Tage in jeder Woche von Juni bis August. Sie schuldete auf verschiedene Zeitpunkte des Jahres fast 11 Shilling, das heißt 122 Pence, wo doch ein Tag harter körperlicher Arbeit mit nur gerade 3 halben Pence abgegolten wurde. Dieses Geld mußte sie unter Aufbietung aller ihrer Kräfte aus den Äckern herauspressen. Von ihren Erzeugnissen verlangte der Grundherr zu Ostern »Eier nach Belieben«.[96] Um etwas zusätzliches Geld zu verdienen, braute Matilda Bier. In Montaillou (Südfrankreich) verkauften die Witwen im 14. Jahrhundert Käse, führten die Herberge oder boten auf den Märkten Waren feil. Diese Notwendigkeit bestand fort bis ins 20. Jahrhundert.

Die Feudalherren auf den Landgütern zweifelten an den Fähigkeiten der Witwe, den Verpflichtungen zuverlässig nachzukommen, die ihr aus dem Streifen Pachtland, den sie für einen männlichen Nachkommen verwaltete, entstanden. In Ashton, Wiltshire, mußte eine Witwe eine Kaution von 18 und 20 Shilling hinterlegen, um damit für ihre Verpflichtungen zu bürgen.[97] Die Grundeigentümer sahen es lieber, wenn eine Witwe heiratete und einen Mann nahm, der das Land instand halten konnte.[98] Dänische Gutsverwalter auf Fünen und Jütland versuchten im 16. Jahrhundert, Witwen zur Wiederverheiratung zu drängen, indem sie ihnen die Abgabe des Hauptfalls erließen, die sonst zur Erneuerung des Pachtvertrags notwendig war, da theoretisch der neue Ehemann dafür bezahlen konnte. Obgleich die Grundherren in England wollten, daß die Witwen wieder heirateten, bestraften sie jene, die es ohne ihre Erlaubnis taten. Im Mapledurham, Hampshire, verlor 1281 Lucy, Witwe des Walter le Hurt, den Anspruch auf ihren Grundbesitz wegen »Hurerei« und Eheschließung »ohne Erlaubnis des Herrn«.[99] Andere – bis in die Mitte des 17. Jahrhunderts – mußten Bußen entrichten.

Aus englischen, französischen und spanischen Aufzeichnungen vom 16. bis zum 20. Jahrhundert wird ersichtlich, daß sich Bäuerinnen wesentlich weniger häufig ein zweites Mal verheirateten als die Bauern. Wenn sie unverheiratet blieb, bedeutete das nicht unbedingt – vor allem wenn sie volljährige Kinder und Enkel hatte –, daß sie sich entschieden hatte, die Verantwortlichkeiten des Grundbesitzes auf sich zu nehmen. »Agnes ate Touresheade«, hieß es in einer Urkunde aus Hindringham in Norfolk aus dem Jahr 1310, »came into full court and said that she was powerless to hold one messuage and one yardland of servile conditions ... after the death of said Stephen« (»Agnes von Touresheade kam vor das vollständige Gericht und sagte, sie sei unfähig, nach dem Tod des genannten Stephen [ihres Ehemannes] ein Anwesen und ein Stück Hofland im dienstbaren Verhältnis zu behalten«). Sie überschrieb das Land einer Enkelin und deren neuem Ehemann mit der Übereinkunft, daß diese auf die Dauer ihres Lebens nach ihr schauen würden.[100] 1320 verpflichtete sich in den Gerichtsurkunden von Dunmow, Essex, Petronillas Sohn John, er werde seine Mutter auf Lebzeit mit bestimmten Gütern versorgen:

> [...] reasonable victuals, in food and drink, as befit such a woman, and more over said Petronilla will have a room, with a wardrobe, at the Eastern end of said messuage, to dwell therein during [...] lifetime, and one cow, four sheep, and a pig, going and feeding on said half-yardland as well in winter as in summer [...] for her clothing and footwear.[101]

> [...] angemessene Lebensmittel, Essen und Getränk, wie es einer solchen Frau zukommt; darüber hinaus sagte er, Petronilla werde im östlichen Teil des genannten Anwesens eine Kammer haben mit einem Kleiderschrank, damit sie da für die Dauer ihres Lebens wohnen könne, und eine Kuh, vier Schafe und ein Schwein, die sich sowohl im Winter als auch im Sommer auf dem genannten halben Stück Hofland ergehen und weiden könnten [...] für ihre Bekleidung und für Schuhe.)

Örtliche Rechtsbräuche sicherten der Witwe im Austausch gegen die Abtretung der familieneigenen Landrechte Pflege zu. In der Haute Provence ging der Bodenbesitz traditionellerweise an die Kinder über, das Haus jedoch blieb der Mutter; mit dieser Lösung war für die Nachkommen das Erbe garantiert, für den Grundherrn die Dienstleistungen und für die Witwe Unterhalt und Schutz.[102]

Die Frau eines Bauern konnte auch vor seinem Tod schon Abkommen treffen mit den Kindern. In England hinterließ im 16. Jahrhundert William Brasier seinem Sohn das Haus, doch unter der Bedingung, daß er der Mutter »free bench« (wortwörtlich das Recht auf einen Sitzplatz bei der Feuerstelle) und freie Kost gewähre oder ihr drei Pfund auszahle, so daß sie allein leben könnte.[103] Der Obhut der eigenen Kinder oder Enkelkinder anheimgegeben zu sein konnte für die Alten weiteres Ungemach mit Vernachlässigung und Demütigung mit sich bringen. In der nördlichen Toskana lebten im 15. Jahrhundert die Witwen meist bei ihren Söhnen und waren vom Erben und seiner Ehefrau abhängig. Der niedere Status der alten Frauen widerspiegelt sich in den Steuerlisten der Region: Der Steuereinschätzer führte sie noch nach den Kindern auf.[104] In Jugoslawien garantierte der Familienverband der *zadruga* den Witwen im 19. und 20. Jahrhundert zwar einen sicheren Platz, doch wenn sie alt und älter wurden, verloren sie ihre Autorität als weiblicher Familienvorstand.

Für Bäuerinnen, die keine Familienbindung und keinen Grundbesitz hatten, die vielleicht sogar zu alt für zusätzliche Lohnarbeit waren, gab es kaum Wahlmöglichkeiten für ein Überleben. Eine Frau allein, das konnte eine Witwe sein, eine in schlechten Zeiten von ihrem Gatten verlassene Ehefrau oder ein weibliches Mitglied der vagabundierenden Armen. In Dänemark waren im 17. Jahrhundert die Hälfte der Bedürftigen auf den Dörfern Witwen mit Kindern. In Frankreich im 18. Jahrhundert gehörte zur Dorfgemeinschaft fast regelmäßig eine Bettlerin, deren Augenlicht geschwunden war und deren Finger zum Sticken zu steif geworden waren. Bis ins späte 16. Jahrhundert kümmerten sich reiche Grundbesitzer und die Kirche um die Armenpflege. Es wird berichtet, daß in den Jahren 1315 und 1316 die Zisterzienser in Brunswick und Bremen von der Fastenzeit bis zur Ernte jeden Tag 4000 Leute mit Essen versorgten.[105] Eine englische Ernteverordnung von 1329 gab alten Frauen das Recht zur Ährenlese, das heißt, sie durften auf den abgemähten Feldern sammeln, was sie fanden, bevor man die Tiere die Stoppeln abweiden ließ. Die Frau eines Grundherrn ernannte ein Mitglied ihres Haushaltes zum »Almosenpfleger«; seine Aufgabe war es, Almosen und jeden Tag die Überreste vom Tisch auszuteilen. Die Gräfin von Bedford hatte im 17. Jahrhundert einen Almosenpfleger, der einer »armen närrischen Frau« und einer »armen wahnsinnigen Frau« etwas Geld zusteckte.[106] Im großen und ganzen hatten am Ende des 16. Jahrhunderts die lokalen und königlichen Regierungen übernommen, was an Wohltätigkeit früher von Einzelpersonen und geistlichen Orden geleistet worden war. Die englischen Armengesetze verlangten von den Armen, bei den Grafschaftsgerichten ein Gesuch um Unterstützung einzureichen. Im 17. Jahrhundert war dies unter Umständen mehr, als eine einfache Frau zuwege bringen konnte. Die Kirchgemeindelisten verzeichneten »eine arme wandernde Frau« und »eine arme Frau, Name unbekannt, welche in die Scheune von Herrn Miller gekrochen waren.« Beide verhungerten.[107] Die Akten der *bureaux de charités* (Frankreich) aus dem 18. Jahrhundert hielten die Beträge fest, die zur Ernährung eines Kindes und einer erwachsenen Frau benötigt wurden, doch gab es nicht genug, um sie alle zu versorgen. Nach den schriftlichen Berichten aus Mende lebten da tausend arme Leute, aber die Fonds reichten nur so weit, um hundert von ihnen zweimal pro Woche eine warme Mahlzeit auszugeben.[108]

Welche Zuflucht stand Frauen sonst noch offen? Sie hatten die Wahl zwischen Prostituierter oder Diebin. In Somerset konnte im 17. Jahrhundert eine Bäuerin ihren Körper feilbieten für 50 Bündel Holz, 6 Pence, eine Decke im Wert von 9 Shilling und einen halben Scheffel Weizen. Doch dann lief sie Gefahr, vor das Ortsgericht gestellt und der Hurerei angeklagt zu werden.[109] Die Bäuerinnen konnten andererseits gegenüber jenen, denen es besser ging als ihnen, zu Gewalt greifen; sie konnten die grundherrlichen Rechte übertreten oder die Güter ihrer Nachbarn stehlen. Solche Vergehen wurden von den Hofgerichten der Herren in deren Schlössern oder Herrschaftshäusern geahndet. Für Zeiten schlechter Wirtschaftslage häufen sich die Spuren von Gesetzesübertretungen von Frauen, und sie häufen sich ebenso für Perioden, in denen die Adeligen ihre Rechte und Privilegien auf das öffentliche Land und die Wälder ausweiteten. In Tooting, Surrey, wurden 1246 zwei Witwen mit je 6 Pence gebüßt, weil sie unberechtigterweise in das Grundstück des Herrn eingedrungen waren. Im nächsten Jahr ließ Lucy Rede ihr Vieh auf seinem Weideland herumstreifen. In Ruislip mußte im selben Jahr die Witwe Isabella 18 Pence Buße entrichten, da ihr Sohn in die dem Herrn gehörenden Wälder gegangen war – wahrscheinlich, um da Brennholz zu sammeln.[110] Im 15. Jahrhundert stahlen Agnes von Weldon und ihre drei Kinder bei der Ernte acht Scheffel Korn. Während der Hungersnot von 1315 bis 1317 wurde auf dem Gutshof von Wakefield eine Frau angeklagt, sie habe aus dem Haushaltsgarten ihrer Nachbarn gestohlen.[111] Im 17. Jahrhundert hatte eine Angeklagte in Somerset eine fremde Kuh gemolken, eine andere einen Laib Brot entwendet.

In den früheren Jahrhunderten befaßten sich die königlichen Gerichte nicht mit solchen Delikten, die sich auf den Rittergütern abspielten, sondern nur mit Verstößen gegen den Landfrieden, wenn die Frau etwa nicht allein, sondern mit einem Mann – mit dem Ehemann, dem Vater, dem Geliebten oder dem Sohn – gehandelt hatte. Die Frauen nahmen in verschiedenen Rollen an Verbrechen teil: Sie standen Wache, während die Männer auf Raub aus waren, sie hielten Reisende auf einer Brücke an, oder sie verkauften das Diebesgut. Marion de Faouet und ihre Kinder raubten auf den Landstraßen Reisende aus. Marie Jeanne Bonnichon war in der Gegend von Bourges tätig, wo sie Kaufleute in den Hinterhalt lockte. Durchgehend jedoch griffen die ländlichen Frauen weniger häufig zu kriminellen Mitteln als die Männer.

Manchmal jedoch verzweifelten die Frauen und stifteten Aufruhr. Sie schloßen sich Aufständen und Gewalttätigkeiten auf dem Lande an. Beim Bauernaufstand von 1381 in England marschierten an der Seite von John Ball auch Frauen in London ein. Auch am deutschen Bauernkrieg von 1525 nahmen Frauen teil. Von der »schwarzen Hofmännin« aus dem Dorf Böckingen bei Heilbronn glaubten ihre Zeitgenossen, sie könnte mit magischen Kräften ihre Mitkämpfer anfeuern und gegen Verletzungen feien. Sie führte die Landschaft gegen den Rat der Stadt an und gehörte zu den 8000 Bauern, die Weinsberg einnahmen.[112] In England protestierten die Frauen zusammen mit ihren Männern gegen die Einzäunung des Weidelandes durch die Grundherren; im Juni 1641 rissen Mütter mit ihren Söhnen im Lincolnshire die Zäune um die Allmenden nieder und ließen ihr Vieh ein. Bei Maldon in Essex führte »Captain« Alice Clark Weberinnen und Weber in den Kornunruhen von 1629 an. Die gleichen Beschwernisse standen hinter einer Rebellion gegen die königlichen Steuereinnehmer, die »von einem Mannweib namens la Branlaïre« 1645 in Montpellier angezettelt wurden; die aufgebrachten Frauen machten geltend, die Steuern nähmen ihren Kindern das

Brot aus dem Mund.[113] Ende des 18. Jahrhunderts waren dieselben Klagen gegen ungerechte Privilegien und Tributforderungen zu hören, als Frauen und Männer in den ersten Monaten der Französischen Revolution die Schlösser des Adels angriffen und die Akten und Steuerverzeichnisse auf den Herrschaftsgütern verbrannten. Und im 19. Jahrhundert schlossen sich Frauen vom Land den Maschinenstürmern an, um gegen den Verlust von Arbeitsmöglichkeiten zu protestieren.

Im späten 19. und frühen 20. Jahrhundert wandelten sich die kollektiven Proteste zu Streiks, einer anderen Taktik, hervorgerufen jedoch von derselben alten Verzweiflung. 1896 erfuhren die Stroharbeiter in der Region von Brozzi in Norditalien für ihre verschiedenen Tätigkeiten Lohnrückgänge von 10 auf 7 Centesimi und von 20 auf 15 Centesimi. Von den fast 85000 Personen, die in dem Gewerbe arbeiteten, waren 95 Prozent Frauen.[114] Ihrer fünfzig begannen einen Streik und zogen, angeführt von Darsena Conti, über Land.[115] Zwischen dem 15. und 30. Mai mobilisierten sie die Massen, hielten Lastwagen und Züge auf, setzten Material in Brand und bedrohten jeden, der nicht zu ihnen stieß. Bis zum 17. Mai hatten sich die Männer den Frauen angeschlossen – es waren mehr als 38000 Streikende.[116] Ende Mai hatte die Regierung in Rom eine Untersuchungskommission eingesetzt. Mit der Einrichtung von Kooperativen versuchte man den Aufstand zu schlichten, doch brachte das keine Regulierung der Preise auf annehmbarem Niveau. Um ihrer Unzufriedenheit Ausdruck zu geben, streikten die Frauen im September 1897 erneut.

Mit der Unterstützung der Sozialistischen Partei trat 1901 eine weitere Gruppe, die Reisarbeiter der Toskana, in den Streik. Sie forderten in erster Linie höhere Löhne, sodann einen Neun-Stunden-Tag. Da sie zur Mehrheit Wanderarbeiter waren, waren sie der lokalen Oberschicht ausgeliefert, die sie letztlich von der Polizei umzingeln und nach Hause schicken lassen konnte. 1907, nach einer dritten Welle von Streiks und Arbeitsniederlegungen, wurde eine nationale Gesetzesvorlage zur Stellung der Arbeiterschaft angenommen, die sich zwar auf Dauer von beschränktem Wert erwies, doch immerhin Verständnis für ihr Elend bekundete.

Wie schwierig das Leben einer verheirateten Bäuerin auch war, das Überleben als Frau allein stellte stets noch härtere Anforderungen. Zu allen Zeiten stützten sich die Frauen auf dem Land in ihrer Situation auf die lokalen Bräuche und suchten Beistand von weltlichen oder geistlichen Institutionen. Letzte Zuflucht fanden sie in sich selbst, bei ihren eigenen Kräften. Diese weniger verletzbaren Qualitäten bereicherten das emotionale und geistige Leben auch der anderen.

Sinn und Wert

Die Bäuerinnen waren nicht allein für das körperliche Wohlbefinden ihrer Familie zuständig, sie boten auch moralische, emotionale und geistige Unterstützung. Mit den Geschichten, die sie ihren Kindern erzählten, mit den Idealen und Ritualen ihres Glaubens schufen und vertraten die Frauen auch geistige Werte; sie verliehen den Entscheidungen und Verrichtungen ihres durch die Umstände eng begrenzten Lebens und den ihnen zugestandenen Rollen einen Sinn. Die Härten ihres Daseins verlangten nach Rechtfertigung und Erklärung. Das Leben einer Frau auf dem Land war zu keinem Zeitpunkt frei von Verpflichtungen. Sie wurde vor den Jungen zur Arbeit herangezogen; von ihr erwartete man schon früh, daß sie beim Unterhalt der Familie mithelfe. Im Limousin sagte eine Frau zu Beginn des 19. Jahrhunderts, sie habe keine Kinder, obwohl sie drei Töchter hatte – denn »eine Tochter ist bloß eine Tochter, dieweil ein Junge das Vorrecht besitzt, Kind zu sein«.[117] Die Pflichten der Bäuerin als Ehefrau und Mutter gegenüber ihrem Gatten und den Kindern zehrten alle ihre Kräfte auf. Es gab manches in der Mentalität ihrer Umwelt, das eine Frau auf dem Land ignorieren oder über sich ergehen lassen mußte. Sowohl die traditionelle Kultur als auch die Kirche beharrten auf der angeborenen Minderwertigkeit der Frau, auf ihrem von Natur aus untergeordneten Status und ihrer Gehorsamspflicht gegenüber männlicher Befehlsgewalt. Die Bäuerinnen stellten solche Annahmen und Erwartungen beziehungsweise die ihnen zugrundeliegenden männlichen Ängste und Ambivalenzen kaum je in Frage. Sie ließen sich davon aber auch nicht geistig erdrücken, sondern versuchten dem Wert zu verleihen, was sie anstreben konnten und was sie taten. Sie lernten, aus den ihnen abverlangten Eigenschaften Tugenden zu machen. Die Bauernmädchen hörten von ihren Müttern oder Großmüttern die herabwürdigenden Sprichwörter und Erzählungen, die sich während Jahrhunderten mündlicher Überlieferung herauskristallisiert hatten. Sie lernten die Behauptungen von der Minderwertigkeit ihres Geschlechtes und den Mängeln ihres Charakters kennen. Die Bäuerinnen glaubten, daß eine leichte, problemlose Schwangerschaft – hohe Lage des Kindes, keine Übelkeit am Morgen, rosige Wangen – einen Jungen anzeige. Geschichten und Sprüche machten sich über den Verstand der Frauen lächerlich, verspotteten sie als unbedacht, tadelten sie als schwatzhaft und stellten ihnen Strafen für Ungehorsam vor Augen. Doch jeder Anschwärzung durch die Tradition konnte die Phantasie eines Bauernmädchens mit einer anderen Geschichte entgegengewirken. Im Märchen wurden kinderlose Paare schließlich mit einer Tochter wie Schneewittchen belohnt, die so schön, gut und makellos war wie der weiße Schnee, von dem sie den Namen hatte. Für pflichtbewußte, geduldige, fromme und fleißige kleine Mädchen oder für behende und unternehmende Heldinnen winkten unermeßliche Belohnungen. Schneewittchens wunderbare Unschuld verhalf ihr zur Liebe eines Prinzen. Aschenputtels Schönheit und Güte eroberten den Sohn des Königs. Die Treue der schönen Frau verwandelte das Ungeheuer in einen stattlichen jungen Mann. Die gehorsame Tochter, welche aus Liebe zu ihrem Vater ihre Hände opferte, wurde mit einem königlichen Gatten belohnt.[118] Auch kluge und mutige Jungfrauen, die unglaubliche Aufgaben bewältigten, errangen diesen Preis: nicht einfach eine Heirat, wie sie Ziel eines jeden Mädchens war, sondern eine Heirat, die weit über ihren Verhältnissen lag und ein Leben in Reichtum und Liebe verhieß.[119]

Die christlichen Bauerntöchter vernahmen von ihren Müttern nicht nur die alten Volkserzählungen, sondern auch die Grundlagen des Glaubens. Jeanne d'Arc trug im 15. Jahrhundert ihrer Mutter das Vaterunser, das Glaubensbekenntnis und das *Ave Maria* vor. Ihre Familie besuchte die Pfarrkirche von Domrémy, hörte die Predigt, empfing vielleicht einmal jährlich an Ostern die Kommunion und legte vor dem Priester die Beichte ab, wie es vom Kirchenkonzil 1215 verlangt worden war. (Der formale Ablauf des Gottesdienstes war seit dem 7. Jahrhundert mehr oder weniger festgelegt, doch gab es Variationen in den Ritualen und Glaubenssätzen.) Vor dem 16. Jahrhundert und dem Aufbruch der Reformation wurde ein großer Teil des Gottesdienstes lateinisch gehalten, die Predigten und Exempelgeschichten jedoch wurden in der Volkssprache erzählt. Hier erfuhr eine Bauersfrau von ihrer Abstammung von der ersten Sünderin Eva, von der Unreinheit ihrer Geschlechtsorgane, von ihrer göttlich gefügten Unterordnung unter die Männer. Den Frauen gelang es, die Prämissen und Lehren der Kirche abzumildern oder umzuformen.

Eva, die so oft als Symbol des Bösen herhalten mußte, wurde in den Erzählungen der Bäuerinnen zum Vorbild einer pflichtgetreuen Mutter, die Gott den Herrn fragte, warum er ihre geliebten Kinder ungleich belohne. Ein Fenster der Kathedrale von Erfurt aus der zweiten Hälfte des 14. Jahrhunderts zeigte Eva mit ihrer Kunkel beim Spinnen, während neben ihr das gewickelte Kind in der Wiege lag. Andere Mütter wurden zu Idealfiguren der ganzen Christenheit: Die heilige Felicitas, deren sieben Söhne vor ihren Augen gemartert wurden, und die oberste himmlische Mutter, die Jungfrau Maria. Geschichten und Gedichte porträtierten Maria als Muster an mütterlichen Tugenden, Mitleid und Vergebung. Bis in die 1970er Jahre wurde eine schwangere Frau in einer mittelitalienischen Stadt mit der zärtlichen Anrede *Madonnina* geehrt.[120]

Bis in dieses Jahrhundert nahmen christliche Bäuerinnen an den Ritualen teil, die sie von der Sünde und ihrer angeborenen Unreinheit befreien sollten, und glaubten daran. Mémé Santerre aus der nordfranzösischen Provinz, als

Kind einer armen ländlichen Leinenweberfamilie 1891 geboren, schrieb von ihrer Erstkommunion: »Oh, es war ein Tag wie jeder andere, aber so schön, daß ich ihn stets in Erinnerung behalten werde.« Sie bekam von ihrem Paten eine neue Schürze und von ihrer Patin Stoff zu einem neuen Kleid. Für die Prozession zur Kirche trug sie einen weißen Schleier und eine vergoldete Kerze. Nach dem Gottesdienst

> gingen wir in den Keller zurück, um zu weben, bis es Zeit war zur Vesper. Als wir zurückkamen, erlaubte mir meine Mutter, die neue Schürze zu tragen. Das war die größte Freude des Tages. Ich war elf Jahre alt.[121]

Wenn die Menstruation einsetzte, nahmen die Frauen auf dem Land auch die traditionelle Ansicht von ihrer körperlichen Unreinheit fügsam an. Seit der Frühzeit des Christentums näherten sie sich, solange ihre Monatsblutungen dauerten, nicht dem Altar und gingen auch nicht zur Kommunion. Im irischen Bezirk Clare saßen um 1920 die Mädchen getrennt von den Jungen. Und bis ins 20. Jahrhundert befolgten die Bäuerinnen, die ein Kind zur Welt gebracht hatten, in einigen Regionen Europas eine Tradition, die auf das Dritte Buch Mose zurückreichte: Sie blieben der Gemeinschaft fern und gingen nicht zur Kirche, bis der Priester sie gesegnet und rituell gereinigt hatte (eine Zeremonie, die »Aussegnung« genannt wird). In Rußland mußte sich eine Frau sogar von ihrer Familie fernhalten. In der Bretagne ging im 19. Jahrhundert eine Frau schweigend und allein in die Kirche, während ihre Bekannten vorgaben, sie sähen sie nicht, wie sie in Trauerkleidern einherschritt. Nachdem der Priester sie gesegnet hatte, legte sie den dunklen Mantel ab und ging hinaus, wo sie von den Leuten des Dorfes willkommen geheißen wurde; alle taten so, als wären sie zuvor nur zu beschäftigt gewesen, um sie zu bemerken.[122] Dänische Protestantinnen warteten zu Hause, bis der Pfarrer kam und sie segnete. Im 20. Jahrhundert knieten in einem spanischen Dorf die Frauen in der Kirche mit einer Kerze nieder, der Geistliche segnete sie und führte sie zum Altar.

Mit gleicher Bereitwilligkeit nahmen die Bäuerinnen auch andere Glaubensvorstellungen und Rituale an, die den Härten des Lebens Sinn abgewannen und Trost und Hoffnung spendeten. Seit es Bußbücher gab, akzeptierten die gläubigen Christinnen die Konzepte von Sünde und menschlicher Verfehlung und glaubten an die Mittel der Kirche, welche die Gestrauchelten wieder in die Gnade und Gunst Gottes zurückführten. Im 16. Jahrhundert konnte eine Katholikin dem Priester ihre Sünden in der Beichte anvertrauen und sie durch eine von ihm festgesetzte Bußleistung tilgen. Sie konnte als Buße beispielsweise einen Ablaß erwerben. Schon im 14. Jahrhundert beteten die Frauen auf dem Land das *Ave-Maria* zur Heiligen Jungfrau und zählten die Gebete an den Perlen des Rosenkranzes, den sie überallhin mit sich tragen konnten, ab. Frauen unternahmen Wallfahrten zu den Verehrungsstätten von lokalen Heiligen und hielten an Gebeten und Ritualen fest, die einst früheren Gottheiten oder Geistern ihres Ortes gegolten hatten. Die Frauen auf dem Land blieben ihrem Glauben viel länger treu als ihre Männer und auch als die Bewohnerinnen und Bewohner der Städte. Bis weit ins 20. Jahrhundert hinein gingen die Bäuerinnen in die Kirche und beteiligten sich an deren Ritualen, da das Christentum ihren harten Lebensbedingungen einen spirituellen Wert und Bedeutsamkeit verhieß. Die Predigten, die sie in der Pfarrkirche hörten, priesen die Leidenden und Trauernden und verwandelten ihr Elend in eine Quelle des Heils und des ewigen Lebens. So sprach eine Frau aus dem Bocage (Normandie) vom Unglück als vom »guten Leiden«.[123] Entbehrung, Selbstaufopferung, Demut – all diese Tugenden sicherten einer Christin Ehre und Vergeltung zu. Als oberstes Gebot verlangte der katholische Glauben von seinen ihm fromm Ergebenen Gehorsam, und das Leben einer Bäuerin war oft geradezu gleichbedeutend mit dem Gehorsam, den sie als Kind von ihren Eltern lernte und dann als Ehefrau gegenüber ihrem Gatten übte. Das Hochzeitsritual setzte das Verhältnis symbolisch in Szene: In Frankreich kniete die Braut vor dem Bräutigam nieder; in Rußland zog sie ihrem frisch angetrauten Gemahl beim Hochzeitsfest die Stiefel aus. Das Austauschen der Gelübde und das Weiterreichen ihrer Hand von einem Mann zum nächsten gab der männlichen Vormundschaft und Autorität einerseits, der weiblichen Anerkennung der geschützten und unterworfenen Position andererseits Ausdruck. »Wie sich der Zar nach Gott richtet, so richtet sich der Bojar nach dem Zaren, der Bauer nach seinem Herrn, die Frau nach ihrem Gatten«, formulierte die Frau eines Leibeigenen im 17. Jahrhundert.[124] Ein Gebetbuch, das 1946 in Santander in Nordspanien in Gebrauch war, rief den Ehefrauen ihre Situation in Erinnerung. Wenn sie die Beichte ablegten, sollten sie bedenken, wie gut sie dem Diktat von Kirche und Gesellschaft gehorcht hatten:

1. Achte deinen Ehemann.
2. Respektiere ihn als deinen Führer.
3. Gehorche ihm als deinem Oberen.
4. Antworte ihm mit Bescheidenheit.
5. Unterstütze ihn mit Fleiß.[125]

Abweichungen von diesem Verhaltensideal wurden von der bäuerlichen Welt nicht gefördert, im Gegenteil. Das Recht des Gatten, seine Frau zu bestrafen, falls sie zuwiderhandelte, war unangefochten. Irische und französische Sprichwörter warnten die Männer vor den Konsequenzen der Nachsicht gegenüber ihren Frauen: »Gib deiner Frau keine Macht über dich, denn wenn du ihr heute erlaubst, auf deinen Fuß zu treten, so wird sie dir morgen auf den Kopf treten.«[126] Ein Mann, der sich von seiner Frau beherrschen ließ, wurde bei den *Charivaris* (Dorfbelustigungen mit Katzenmusik) vor aller Augen zur Zielscheibe von Gelächter und Spott, und man zwang ihn, rückwärts auf einem Esel zu reiten.[127] Sowohl die religiösen als auch die weltlichen Obrigkeiten billigten Zurechtweisung und Züchtigung der Ehefrau, wie man es im *Decretum Gratiani* im 12. Jahrhundert nachlesen kann. Die Bräuche und Gesetze überall in Europa duldeten und verziehen, wenn Männer ihre Frauen mißhandelten, verletzten oder gar töteten. In einem französischen Sprichwort des 16. Jahrhunderts drückt sich die Haltung aus, die bis ins 20. Jahrhundert immer wieder laut wurde: »Ein gutes Pferd wie ein schlechtes Pferd braucht die Sporen. Eine gute Frau wie eine schlechte Frau braucht den Stock.«[128] In einem Märchen der Brüder Grimm geriet die hagere Liese, ein zänkisches Weib, mit ihrem Mann in Streit; er »packte mit der einen Hand die dürren Arme der hageren Liese zusammen, mit der andern drückte er ihr den Kopf auf das Kissen, ließ sie schimpfen und hielt sie so lange, bis sie vor großer Müdigkeit eingeschlafen war«.[129] In ländlichen Regionen Jugoslawiens schlugen in den 1930ern Ehemänner ihre Frauen wegen Unbotmäßigkeit, weil die Eltern sich beklagt hatten oder einfach so, um ihre Macht zu demonstrieren. Ein süditalienischer Gatte konnte 1950 drohen, er werde seine Frau töten, wenn sie ihm untreu werde. Bevor Pietro in den Norden aufbrach, um da zu arbeiten, sagte er zu Ninetta: »Ich warne dich, wenn du mir Hörner aufsetzt, dann komme ich zurück und bringe dich um. Hast du verstanden? Ich werde dich umbringen!«[130]

Während Jahrhunderten fanden sich die Bauersfrauen mehrheitlich mit den Verhältnissen, den Einstellungen und dem überlebensnotwendigen Unumgänglichen ab, obwohl ihre eigene Lage gefährdet und untergeordnet blieb. Gelegentlich kam es vor, daß eine Frau sich nicht darein fügte. Englische Gerichtsakten aus dem 13., 14. und 15. Jahrhundert zeugen von Bäuerinnen, die die Beherrschung verloren und sich gegen ihre Umwelt wandten. Sie brachten ihre Kinder und Ehemänner um, oder sie töteten sich selbst. 1226 ermittelte der Leichenbeschauer, ob Alice de la Lade ihr Kind »im Wahnsinn oder böswillig und absichtlich« umgebracht hatte.[131] Margery, Gattin von William Calbot, stach ihre zweijährige Tochter mit dem Messer tot und stieß dann ihren vierjährigen Sohn in die Herdflammen.[132] In Northamptonshire peitschte eine Frau ihr zehn Jahre altes Kind zu Tode. Agnes, die Ehefrau von Roger Moyses, brachte in einem »ihrer häufigen Anfälle von Wahnsinn« (wie die Richter sagten) ihren Sohn Adam um. Ebenfalls in Raserei hieb 1316 die kranke und bettlägerige Emma le Bere ihren Kindern mit einer Axt die Kehle durch, danach erhängte sie sich selbst.

Verbitterte, verzweifelte und wütende Bäuerinnen erhoben auch gegen ihre Männer die Hand. Englische Aufzeichnungen aus dem 13., 14. und 15. Jahrhundert berichten von einer Ehefrau, die wartete, bis ihr Mann in Schlaf gefallen war, und ihm dann mit einer kleinen Sense den Hals durchschnitt. Eine andere Frau tötete im Fieber ihren Gatten und behauptete, als sie zwei Wochen danach wieder genesen war, sie könne sich an nichts erinnern.[133] Die englischen Richter zeigten eine gewisse Milde, wenn es sich um Kindsmord handelte, nicht jedoch bei Gewaltanwendung gegenüber dem Ehemann. Solche Akte bedrohten die grundlegendste Beziehung der Gesellschaft. Gerichtsprotokolle des 14. Jahrhunderts behandelten Gattenmord, gleich wie die Tötung eines Herrn durch seinen Diener, als Verrat. Als letzte Engländerin, die dieses Vergehens überführt wurde, erlitt 1726 Catherine Hayes die traditionelle Todesstrafe: Sie wurde auf dem Scheiterhaufen verbrannt. Bis ins 18. Jahrhundert brachten die europäischen Männer eine so drastische Strafart in Anwendung, weil ihnen das Feuer die angemessene Bestrafung schien für Frauen, welche den Grundprinzipien, den Mechanismen und der Autorität der Kultur Trotz geboten hatten.

Offene Auflehnung von Frauen war jedoch die Ausnahme. Die weit überwiegende Zahl der europäischen Bäuerinnen fand Mittel und Wege, sich anzupassen und einzurichten und sich, trotz ihrer untergeordneten Stellung gegenüber den Männern, ein Selbstwertgefühl zu verschaffen und ihrem Leben einen Sinn zu geben.

2.3 Die Außergewöhnlichen

Jeanne d'Arc

Jeanne d'Arc (1412–1431), die außergewöhnliche sechzehnjährige Tochter einer französischen Bauernfamilie, setzte sich über nahezu jede Tradition hinweg, die es in der Welt einer bäuerlichen Frau gab. Sie war ihren Eltern ungehorsam, bat dringend ihr an Rang weit übergeordnete Personen um Hilfe und beharrte darauf, daß sie im Widerspruch zu den akzeptierten Frauenrollen handeln mußte. Jeanne sagte allen, sie sei von Gott gesandt, um zum Heer des Königs von Frankreich zu stoßen und die Belagerung von Orléans durch die Engländer aufzuheben. Alles in ihrem Betragen, in ihren Forderungen und ihren Handlungen war unorthodox. Unter normalen Umständen hätten ihr Mutter und Vater als einem aufsässigen, ungehorsamen weiblichen Wesen einen scharfen Verweis erteilt. Doch mitten in den Wirren des Hundertjährigen Krieges waren die weltlichen und geistlichen Führer Frankreichs auch bereit, dem Unorthodoxen Gehör zu schenken. Sie akzeptierten schließlich Jeannes Vision, da die Jungfrau durch die Stimmen, die sie hörte, eine Verbindung zu Gott garantierte. Man sah sie als Heldin, als heilige jungfräuliche Kriegerin, von Glaubenseifer beseelt und stark, gesandt, um das Königreich zu retten. So erreichte Jeanne dank ihrer Leidenschaft und Tatkraft, ihrer Ausdauer und ihrer Findigkeit Macht und Erfolg in Rollen, die traditionellerweise den Männern vorbehalten waren, Männern zudem von höherem Stand.

Jeanne ist noch aus anderen historischen Gründen bemerkenswert. Für keine andere Person des frühen 15. Jahrhunderts, ob Frau oder Mann, gibt es eine derartige Fülle an Dokumenten, die ihr Leben schildern und deuten. Mit ihren unorthodoxen Taten und Aussagen wies Jeanne die anerkannten Autoritäten ihrer Zeit zurück, und eben diese Autoritäten trugen, schreibkundig und penibel, die Berichte von Freunden aus ihrer Kindheit, die Erinnerungen ihrer Familie und ihrer Kampfgenossen zusammen. Auch sind, was sehr selten ist, ihre eigenen Worte erhalten, Seiten um Seiten voller Fragen und Antworten, Kreuzverhöre und Erklärungen in französischen und lateinischen Notizen. Das sind die Protokolle von ihrem Prozeß (1431) und dem Verfahren ihrer Rehabilitation, das zwanzig Jahre danach stattfand, als die Kirche ihren Fall noch einmal aufrollte und ihre Verurteilung als Schismatikerin und Häretikerin aufhob.[1]

Diese Quellen enthüllen ein Leben, das anfänglich ganz wie das anderer Mädchen in einem französischen Dorf um 1400 verlief. Ihre Taufpatin, die Ehefrau des Bürgermeisters, erinnerte sich, daß sie spann und zur Erntezeit auf dem Feld arbeitete, obwohl ihr Vater einer der wohlhabenderen Bauern von Domrémy war. Ihr Freund Jean Waterin sagte aus, sie hätten zusammen gepflügt. Jean Colin, der Priester, hielt sie nicht einmal für besonders fromm. Dann, im Alter von dreizehn Jahren, glaubte sie, »zur Mittagsstunde, im Sommer [...] im Garten ihres Vaters« sei ihr der heilige Michael in Begleitung von Engeln erschienen.[2] Nein, sie hätte nicht gefastet, antwortete sie auf die entsprechende Frage vor Gericht. Von diesem Moment an, erklärte sie beim Verhör im März 1430, seien »sie« öfter ohne ihr Rufen gekommen und »daß sie immer da waren, wenn sie sie brauchte«.[3] In der Kirche von Domrémy und jenseits des Flusses in Maxey standen Statuen der heiligen Margareta und der heiligen Katharina, und bald sah Jeanne, wie ihre Gesichter mit Licht umkränzt waren, und sie hörte ihre Stimmen. Nachdem sie die Stimmen zum ersten Mal vernommen hatte, legte Jeanne ein Jungfräulichkeitsgelübde ab, widmete sich mehr der Andacht und unternahm häufig Wallfahrten zu nahe gelegenen Dörfern und zur Einsiedelei von *Notre-Dame de Bermont*, die der Jungfrau Maria geweiht war.

Ihre Stimmen rieten ihr nie zu einem Leben in Andacht und Kontemplation, was für eine religiös bewegte Frau die übliche Reaktion gewesen wäre, sondern zu Handlungen, die für eine Frau im Kontext des französischen 15. Jahrhunderts schlechterdings undenkbar waren. Aber die Botschaft war klar und deutlich; Jeanne wiederholte sie immer wieder: Sie mußte die Belagerung von Orléans aufheben, die Krönung des Dauphins (des Erben des Hauses Valois) in Reims erreichen, den Herzog von Orléans befreien und die Loyalität von Paris zurückgewinnen. Auch nur einen der Aufträge ihrer Stimmen anzupacken – und das bedeutete, etwas anderes zu tun, als auf den Feldern oder im Haus zu arbeiten und zu heiraten – machte Jeanne zu einer Außenseiterin, zu einer ungehorsamen Rebellin, zu einem weiblichen Wesen, das sich außerhalb der schützenden Grenzen und Verhaltensmuster des Dorflebens bewegte. Obwohl sie ihre Visionen vorerst für sich behielt, hatte sie im Alter von sechzehn Jahren ihre ganze Tatkraft, ihre rasche

Auffassungsgabe, ihre Stärke und Ausdauer darauf konzentriert, die Herausforderungen der ihr gegebenen Befehle anzunehmen.

Im Frühjahr 1428 belog sie ihre Eltern, um den Versuch zu unternehmen, zu Robert de Baudricourt zu gelangen. Baudricourt war ein Adeliger, Hauptmann einer nahe gelegenen Stadt, und die Stimmen der himmlischen Ratgeber hatten ihr mitgeteilt, er werde sie zum Dauphin bringen. Jeanne überredete Durand Laxart, den Vetter ihrer Mutter, sie zu Baudricourts Schloß zu begleiten. Baudricourt schlug jedoch ihr Begehren ab und sagte Laxart, er solle dem Mädchen eine Tracht Prügel verabreichen und sie zu ihrem Vater zurückbringen.[4] Jeanne ließ sich nicht abhalten. Catherine le Royer, eine Freundin von Jeannes Familie, bei der sie zu der Zeit Unterschlupf fand, erinnerte sich, wie glühend und dringlich sie ihre Aufgabe empfand und wie ihr »die Zeit lange wurde wie einer Schwangeren«, da sie nicht vorankam.[5] Jeanne brannte vor Ungeduld, denn es war ihr, wie sie oft betonte, nur die Frist eines Jahres gegeben, um ihre Aufgaben zu erfüllen. Endlich gelang es ihr im Januar 1429, mit einfachen und direkten Aussagen ihre Zuhörer zu überzeugen:

> ... vor Mittfasten muß ich beim König sein, und müßte ich auf den Knien hingehen. Denn niemand auf der Welt, kein König, kein Herzog, keine schottische Königstochter oder andere können das Königreich Frankreichs wiedererlangen; es gibt keine Hilfe für ihn als durch mich, obgleich ich lieber bei meiner armen Mutter spinnen würde, denn das hier ist nichts für mich. Aber ich muß gehen und es tun, weil mein Herr es will.[6]

Baudricourt änderte seine Einstellung. Unter seinem sicheren Geleit und mit sechs seiner bewaffneten Ritter machte sich Jeanne auf einem Pferd, das ihr Laxart gekauft hatte, auf den Weg. Sie ritten nachts durch das von den Engländern kontrollierte Territorium und erreichten nach elf Tagen das rund 500 Kilometer entfernte Chinon, wo das Schloß des Dauphins stand.

Dem Adeligen Baudricourt hatte Jeanne die Hilfe noch abbetteln müssen; doch nun glaubten bereits andere an sie und ihre Visionen. Jean de Metz, der mit ihr nach Chinon ritt, gab ihr die Männerkleider, mit denen sie unter die Hofgesellschaft trat und den Dauphin in einer Gruppe von Damen und Herren erkannte und ansprach. Es gelang der siebzehnjährigen Bauerntochter, mit Gesten und Worten die weltliche und geistliche Elite Frankreichs davon zu überzeugen, daß sie das Instrument ihrer Rettung sei. Sie erinnerte sie an die Prophezeiung von Merlin, die von der bäuerlichen Visionärin Maxine Robine Ende des 14. Jahrhunderts wieder aufgegriffen worden war, »wonach Frankreich durch eine Frau verloren und durch eine Jungfrau gerettet werden wird«.[7] Wie durch ein Wunder kamen eine goldene Krone und ein vergrabenes Schwert zum Vorschein, die sie beschrieben hatte. Theologen der Universität von Poitiers examinierten sie über ihren Glauben und kamen zum Schluß, sie sei aufrichtig. Der Dekan der Fakultät, ein Dominikaner, erinnerte sich an das Verhör. Auf die Frage, ob sie an Gott glaube, antwortete Jeanne: »Ja, mehr als ihr.«[8] Yolanda von Aragón, Schwiegermutter des Dauphins und Königin von Sizilien, untersuchte mit ihren Damen, ob Jeanne noch Jungfrau sei. Die Frauen stellten fest, daß sie, wie sie selbst behauptete, in der Tat »la Pucelle« sei. Die Königin bot für die folgende Expedition Geld an, und letzten Endes wurde Jeanne mit ihrer Mission durch die gelehrten Kirchenmänner von Poitiers und die königlichen Räte einhellig unterstützt.

Der Krieg zwischen den feudalen Monarchien Frankreichs und Englands war durch das Bündnis des Herzogs von Burgund mit dem mächtigen englischen Grafen von Warwick in eine Pattsituation geraten. Die Truppenführer des Dauphins unterbreiteten ihm widersprüchliche Vorschläge. Die Engländer waren im Besitz der Hauptstadt Paris. Pläne, die Belagerung von Orléans aufzuheben, waren gescheitert. Da stellte sich Jeanne, das untersetzte Bauernmädchen mit rundgeschnittenem Haar, in grobem wollenem Überrock und in Beinkleidern vor den Thronfolger und erklärte schroff und entschieden, was zu tun sei. Sie behauptete, sie sei die von Gott zur Errettung Frankreichs gesandte Jungfrau. Jedem, der noch an ihr zweifelte, entgegnete sie ungeduldig, man solle sie nach Orléans führen, dort werde sie ihnen die Zeichen vorweisen, die zu vollbringen sie gesandt sei.[9] Der Dauphin ließ sie nach ihrem Wunsch ziehen.

Wie sie die Gelehrten und die Höflinge überzeugt hatte, so überzeugte Jeanne nun auch die Soldaten der Armeen und die Bürger der Städte. Einer ihrer frühesten Helfer, der fünfundzwanzigjährige Kommandant Herzog von Alençon, schilderte, er sei von ihr geblendet gewesen. Er hatte ihr ein Pferd geschenkt, nachdem er am Abend ihres zweiten Tages in Chinon gesehen hatte, wie sie eine Lanze handhabte.[10] Er beschrieb auch den Marsch nach Orléans mit über 4000 Männern – endlich eine ausreichende Truppe. Ein späterer Chronist staunte: »Wir hatten genügend [Soldaten], denn jeder folgte ihr.«[11] In Orléans drängte sich die Menge um sie, und alle »fühlten sich bereits gestärkt, als ob sie nicht mehr länger belagert wären, durch die göttliche Tugend, die, wie man sagte, in der einfachen Jungfrau wohnte.«[12] Widrige Winde wechselten wunderbar ihre Richtung, und Nachschub erreichte die ausgehungerte Stadt.

Das bedeutsamste war gewiß, daß Jeanne selbst die englischen Soldaten und die Bürger anderer Städte, die in der Gewalt des Feindes waren, von ihrer Macht überzeugte. Alençon bezeugte, daß sie sich an einem Abend mit der Fahne auf der Stadtmauer von Orléans gezeigt hatte, »und alsbald zitterten die Engländer und gerieten in Angst«.[13] Dunois, ein anderer Kommandant, sagte aus, nach Jeannes Ankunft hätten vier- oder fünfhundert Soldaten und Bewaffnete ankämpfen können gegen die ganze Macht Englands.[14] Im Juni und Juli des Jahres 1429 ergaben sich die Städte von Meung und Troyes bereits, als Jeanne eintraf.

Als Bauerntochter wußte Jeanne nichts über Kampf und Krieg, außer was sie wie die anderen Dorfbewohner erlebt hatte, als Truppen im Tal der Meuse vorrückten und sich wieder zurückzogen. Als sie dreizehn Jahre alt gewesen war, hatten Soldaten die Kirche abgebrannt. Zweimal hatte sie mitgeholfen, das Vieh an befestigten Plätzen in Sicherheit zu bringen. Aus Furcht vor herumziehenden Soldaten ließen ihre Eltern sie nicht mehr länger allein die Herden hüten.[15] Im Mai 1428 waren sie, ihre Familie und andere Einwohner des Dorfes vor burgundischen Truppen geflohen, die alles anzündeten, was ihnen in die Hände fiel. Es waren Jeannes Lebenskraft, ihre Zuversicht und ihr unerschütterlicher Glaube an ihre Visionen, die sie zu einer fähigen Kriegerin und Anführerin der Bewaffneten machten.

Die junge Bauersfrau nahm an mindestens sieben militärischen Aktionen teil. Ein königlicher Rat, der sie sechs Tage und Nächte im Feld begleitete, kommentierte: »Sie erträgt die Bürde und Last einer Rüstung unglaublich gut.«[16] In Orléans kämpfte sie zu Pferd beim Angriff auf die Bollwerke. Im Mai 1429 legte sie als erste eine Sturmleiter an die Bastion bei der Brücke.[17] In der Schlacht schien sie ohne Furcht. Dunois erzählte von einem Angriff auf Orléans, als sie eine gesunkene Standarte aufgriff, zuoberst auf den Graben stürmte und die Männer ihr folgten. Jean d'Aulon, der sie als Ritter begleitete, beschrieb, wie sie bei der Belagerung von St-Pierre-le-Moutier fast nur noch allein kämpfte; er ritt zu ihr hin und fragte sie, warum sie sich nicht wie die anderen zurückzöge.

> Nachdem sie ihren Helm abgenommen hatte, antwortete sie ihm, sie sei nicht allein und habe in ihrer Gefolgschaft noch fünfzigtausend Mann und sie werde von hier nicht weichen, bis sie die Stadt genommen habe. Und der Sprechende [Jean d'Aulon] sagt, daß in diesem Augenblick, was immer sie sagte, nicht mehr als vier oder fünf Männer bei ihr waren ...[18]

Jeanne mußte, nicht anders als andere Soldaten, einige Schläge einstecken. Beim Sturm auf Jargeau im Juni spaltete ein Hieb den Helm auf ihrem Kopf. Zweimal wurde sie von Pfeilschüssen getroffen: einmal in Orléans in den Hals, das andere Mal beim Angriff auf eines der Tore von Paris im September 1429. Dies alles vermochte sie jedoch nicht zu bremsen.

Sie besaß eine natürliche Begabung für die neuen Methoden des Krieges. Vor Troyes plazierte sie im Juli 1429 die Artillerie; sie erteilte »mit Klugheit und Weitsicht« Anweisungen und errang das Lob von so erfahrenen Kommandanten wie Dunois und Alençon.[19] Doch im Gegensatz zu dem, was die populäre Erinnerung später von ihr berichtete, führte sie nie eigentlich den Befehl. Sie half, riet und – was vielleicht das wichtigste war – schalt die Verantwortlichen aus, wenn diese zögerten oder in ihrem Kampfesmut nachließen. Vor Orléans feuerte sie Alençon an: »Zweifelt nicht, wenn es Gott gefällt, ist die Stunde reif. Wir müssen handeln, wenn Gott es will. Handelt, und Gott wird handeln.«[20]

Jeannes Autorität ruhte auch auf den erstaunlichen Widersprüchen ihrer Lage: eine junge Bauersfrau, eine fromme Jungfrau, bewegte sich arglos, und ohne belästigt zu werden, mitten in einem Heer von Soldaten. Gegenüber ihren Waffengefährten zeigte sie sich niemals schüchtern. Als sie Gobert Thibault, einem der Schildknappen des Königs, erstmals begegnete, klopfte sie ihm auf die Schulter und sagte, daß es ihr gefiele, solche Männer bei sich zu haben.[21] Gleichzeitig aber beeindruckte sie alle durch ihre Frömmigkeit und ihre Tugendhaftigkeit. Sie verbot Plünderungen, ordnete Messen und Beichten für die Truppen an und schickte den Frauentroß weg, der die Soldaten begleitet und sie bedient hatte. Sie besuchte und ermutigte die Verwundeten. Sie fastete und ging zweimal wöchentlich zur Kommunion. Am wunderbarsten schien es ihren Zeitgenossen, daß sie in den Männern, mit denen zusammen sie kämpfte, keinerlei sexuelle Begierde weckte. Sie versuchte es im Feld wenn immer möglich so einzurichten, daß eine andere Frau bei ihr schlief – doch nicht deshalb ließen die anderen sie in Ruhe. Seit den ersten Tagen, die sie allein mit den Soldaten im Feld verbracht hatte, waren die Männer überzeugt, daß da etwas anderes sei, etwas Unerklärliches, das sie abhielt. Die zwei Ritter, die sie ursprünglich zum König begleitet hatten, erklärten später, sie hätten vielleicht mit ihr näheren Verkehr haben wollen, »aber als der Zeitpunkt kam, mit ihr zu sprechen, [...] schämten sie sich so sehr, daß sie es nicht wagten«. Obwohl die Jungfrau nachts zwischen ihnen auf der Erde gelegen habe, hätten sie keine Lust empfunden.[22] Sowohl ihr Begleiter Aulon als auch ihr Kommandant Alençon halfen ihr beim Ankleiden der Rüstung, verbanden ihre Wunden und hatten folglich ihre Brüste und ihre nackten Beine gesehen. Aulon beschrieb sich selbst als »jung und stark [...] in voller Manneskraft«, dennoch sei er »niemals, wie immer er die Jungfrau sah oder berührte, von einer fleischlichen Begierde nach ihr ergriffen« worden.[23] Dunois errinnerte sich an die Wirkung ihrer Gegenwart, nämlich daß »er und die anderen, wenn sie mit der Pucelle zusammen waren, keinerlei Verlangen hatten, mit einer Frau zu verkehren, was ihm wahrhaft göttlich erscheint«.[24]

Wie aber verlor sie ihre Macht? Wie kam es, daß sie in Gefangenschaft fiel und von ihrem König verlassen wurde? Dieselben Umstände und dieselben Charaktermerkmale, die Jeanne mächtig gemacht hatten, führten auch zu ihrer Gefangennahme durch die Engländer. Zunächst verließ sich der Dauphin auf ihre Stärke und belohnte ihre Erfolge. Zwei Tage nachdem die Armee die Stadt Orléans befreit hatte, notierte sein Schatzkämmerer unter dem Datum des 10. Mai 1429: »Vollständiger Harnisch für die Jungfrau, 100 livres tournois.«[25] Die Krönung des Dauphins als Karl VII. im Juli dieses Jahres leitete eine neue Periode militärischer Untätigkeit ein. Jeanne war damit nicht zufrieden. Von ihren ursprünglichen Aufträgen war der letzte, die Wiedereroberung von Paris, noch nicht erfüllt.

Jeanne kehrte daher nicht nach Hause zurück. Sie handelte dem König zuwider und setzte die Kämpfe aus eigener Machtbefugnis fort. In Compiègne schienen sie im Mai 1430 ihre außerordentlichen Kräfte zu verlassen. Sie hatte mit drei- bis vierhundert ihrer Männer einen Ausfall vor die Tore der Stadt gemacht und wurde abgeschnitten; ihre Gegner drängten sie rückwärts zu einer Brücke neben den Stadtmauern, und da die Stadtväter entschieden hatten, die Tore zu schließen, konnte sie nicht entweichen. Laut einem burgundischen Bericht wurde sie vom Pferd gezerrt; sie konnte nicht mehr aufsteigen und ergab sich einem Adeligen. Der Anführer, Jean, Fürst von Luxemburg, setzte ihr Lösegeld auf 10000 Goldkronen fest – zu jener Zeit ein fürstliches Vermögen.[26] Der Dauphin, nunmehr König Charles VII., und seine Räte rührten keinen Finger, um sie freizukaufen.

Statt dessen nahmen die Engländer die Pucelle in Gewahrsam, die sie als gefährliche Gegnerin betrachteten. 1429 hatte der Herzog von Gloucester Jeannes besondere Kräfte erkannt und angeordnet, alle Befehlshaber und Soldaten, die, von ihrem Zauber erschreckt, desertierten, sollten gefangengenommen und bestraft werden.[27] Das unorthodoxe Verhalten der Jungfrau und ihr militärischer Erfolg wurden in den Augen der Engländer zu einer Quelle des Schreckens und der Verblendung, man hielt sie für eine Gesandte des Teufels, nicht Gottes. Dank Jeannes Gefangennahme glaubten die Engländer nun, Gott stünde auf ihrer Seite. Es galt jetzt, Jeanne in Verruf zu bringen samt den übernatürlichen Kräften, die sie gehabt zu haben schien.

Der Punkt, an dem die Gegner ansetzten, lag gerade bei der Wurzel von Jeannes außerordentlicher Autorität, der sie ihre Stärke verdankte: bei ihren »Stimmen«. Da sie behauptete, ihre Stimmen kämen von Gott, übergaben die Feinde sie der Kirche zur Examination. Die Engländer waren Herren von Paris und somit der Universität mit ihrer berühmten theologischen Fakultät. Einige kirchliche Würdenträger hatten sich schon früher als Verbündete erwiesen, zum Beispiel Pierre Cauchon, der Bischof von Beauvais, der bei Jeannes Prozeß als oberster Richter wirken sollte.[28]

Gezielt wählte man die Inquisitoren und arrangierte das Vorgehen, so daß Verhör und Gerichtsverfahren mit dem gewünschten Ergebnis enden mußten.

Cauchon und die Engländer vernachlässigten die Regeln des kirchlichen Verfahrens mit der Absicht, Jeanne zu schwächen, sie zur Denunziation ihrer eigenen Kraft zu bringen und ihre Stimmen zu verleugnen. Die Haftbedingungen im Schloß von Bouvreuil gestatteten ihr keinerlei Privatsphäre und setzten sie der Gefahr von Vergewaltigung aus. Statt von Frauen, die üblicherweise eine weibliche Gefangene betreuten, oder wenigstens von einem Mann, der irgendwie mit der Kirche in Verbindung stand, wurde Jeanne von fünf englischen Soldaten bewacht; drei waren mit ihr im selben Raum, selbst wenn sie schlief. Nachts ketteten sie sie an einen großen Holzblock.[29] Cauchon hoffte, sie werde eingeschüchtert, verwirrt und beschämt. Vom 9. Januar bis zum 30. Mai 1430 wurde sie von ihm und den Inquisitoren befragt, oft zweimal täglich, meist am Morgen ab acht Uhr, entweder in einem Zimmer des Schlosses oder in ihrer Zelle. Sie hatte keinen Rechtsbeistand. Als ihr zwei der am Verfahren teilnehmenden Bettelmönche Ratschläge geben wollten, wurden sie von Cauchon scharf getadelt, und sie flohen in ihre Klöster zurück. Manchmal waren es zwei oder drei Inquisitoren, manchmal war das ganze Gremium zugegen mit zwei Richtern, einem Promotor (Ankläger), acht Examinatoren, drei Notaren, dem Verwalter des Schlosses und achtundvierzig Beisitzern, all den Äbten, Bischöfen und Kanonikern, die das endgültige Urteil sprechen sollten.[30] Bei der Befragung wechselten Cauchon und sein Promotor Jean d'Estivet, ein Domherr von Bayeux, von einem Gegenstand zum nächsten, versuchten die junge Bauersfrau in die Falle zu locken, indem sie den Kontext ihrer Aussagen veränderten, und drohten ihr die Tortur an.

Jeanne hielt alledem stand. Von den ersten Tagen ihrer Gefangenschaft an bot sie den Engländern und deren Bündnispartnern Trotz, ganz in der Tradition ihrer Heiligen, Margareta und Katharina. Bevor die Untersuchung begann, hatte sie sogar zwei Fluchtversuche unternommen. Mag sein, daß die Legenden ihrer heiligen Heldinnen sie inspiriert hatten. Die beiden frühchristlichen Märtyrerinnen beschäftigten im 13., 14. und 15. Jahrhundert die Phantasie des Volkes mit Erzählungen von ihrer Reinheit, ihrem Glauben und Mut. Die Mächtigen hatten ihre Jungfräulichkeit bedroht und sie gefoltert. Die heilige Margareta hatte Drachen und Dämonen in die Flucht geschlagen, während die heilige Katharina mit triftigen Argumenten Gelehrte und Philosophen überzeugte.

Im Verlauf des Prozesses hätte Jeanne leicht Parallelen zu ihrer eigenen Situation ziehen können: Ihre Jungfräulichkeit war in Gefahr, die Folter drohte, die Gelehrten versuchten sie zu verwirren, und im Hintergrund drohte die Aussicht auf einen glorreichen Märtyrertod für ihren Glauben. Das Gericht befragte sie über mehr als sechzig Anklagepunkte. Bei der Erklärung, wie sie zu derartigem Einfluß gekommen war, hofften Cauchon und seine Kollegen sie als Häretikerin und Hexe zu überführen, die einen unheiligen Pakt mit dem Teufel eingegangen war. Dies gelang nicht. Nichts in ihren Aussagen bewies ein Teufelsbündnis. Das hieß jedoch nicht, daß man nicht andere, ebenso belastende Vorwürfe finden konnte.

Jeanne antwortete jederzeit, wie sie immer geredet hatte: in einfachen, direkten Worten und als gleichberechtigte Gesprächspartnerin. Sie stellte die Gültigkeit des Gerichtes in Frage, indem sie zuerst eine gleiche Anzahl von franzosentreuen Teilnehmern forderte. In Cauchon erkannte sie ihren Feind, und wie die Heiligen Katharina und Margareta in der Legende warnte sie den Richter in den ersten Verhören: »Ihr sagt, daß Ihr mein Richter seid; seht Euch vor, was Ihr tut; denn in Wahrheit bin ich von Gott geschickt, und Ihr begebt Euch in große Gefahr.«[31] Am 9. Mai gestand sie ein, daß sie vielleicht nachgeben würde, als man ihr die Folterinstrumente vorwies. Dann fügte sie aber tapfer hinzu: »Ich würde danach immer sagen, daß Ihr mich durch Gewalt zu solchen Reden gezwungen habt«, und stellte damit die Beweiskraft eines so erpreßten Geständnisses in Abrede.[32] Zweimal, am 18. April in ihrer Zelle und am 2. Mai in einem Raum des Schlosses, verweigerte sie die Unterschrift unter die endgültige Liste mit zwölf Anklageartikeln.[33] Sie beharrte weiterhin darauf, sie sei im Recht und die anderen im Unrecht.

In der Welt von 1430 hieß das, wie Jean de Bouesque, Doktor der Theologie, erläuterte: »Sie spaltet die Einheit, die Autorität und Macht der Kirche.«[34] Die einfache Taktik, Jeanne im formalisierten und spitzfindigen Regelsystem der kirchlichen Inquisition und des Gerichtsverfahrens reden und sich verheddern zu lassen, hatte sich bewährt. Mit den Fakten ihrer Geburt, ihrer Taten und Handlungen sprach sie sich selbst schuldig. Den feindseligen kirchlichen Gelehrten erschien sie als junge, ungebildete Bäuerin, die sich wie ein Mann gekleidet und gekämpft hatte und dabei behauptete, sie besitze die göttliche Offenbarung. Die ganze Beweislast für das widersetzliche Verhalten und Reden lag bei ihr. Nichts, was sie sagte oder tat, konnte die anderen überzeugen.

Der Bischof von Lisieux dachte, »die üblen Bedingungen ihrer Person« machten alles, was sie beanspruchte und erreicht hatte, verdächtig.[35] Ihre Stimmen wurden zu Lügen, Täuschungen und Glaubensirrtümern, die für eine endlose Folge von Ungehorsamkeiten verantwortlich waren, zunächst gegenüber ihren Eltern, jetzt gegenüber der Weisheit und Autorität der Kirche. Die Art, wie sie sprach, bewies dem Bischof von Coutances, Philipert, daß sie »einen subtilen Geist hatte, dem Bösen zugeneigt, angeregt durch einen teuflischen Instinkt«.[36] Daß sie es ablehnte, Frauenkleidung zu tragen, wurde zum Symbol ihrer gotteslästerlichen Haltung. Selbst als man ihr die Gelegenheit bot, zu Ostern die Messe zu hören und das Sakrament zu empfangen (eine Forderung, die sie seit ihrer Gefangennahme ständig wieder erhoben hatte), lehnte sie ab, als man ihr sagte, sie müsse sich angemessen kleiden. Sie erklärte, daß sie nicht anders tun könne; das Tragen dieses Anzugs belaste weder ihre Seele, noch sei es gegen die Kirche gerichtet.[37]

Alles, was sich zwischen Jeanne und den Kirchenvertretern abspielte, spitzte sich auf die einfache Frage zu: Würde sie gehorchen oder nicht? Als man sie am 23. Mai wieder mit den Anklagen konfrontierte, lehnte sie den Widerruf nochmals ab. Am nächsten Tag führte man sie auf den Friedhof der Abtei von St-Ouen, wo das Urteil öffentlich verlesen wurde. Der Scheiterhaufen für ihre Hinrichtung war auf dem Marktplatz vorbereitet.

Der Grund ihrer bemerkenswerten Stärke lag in ihrem Glauben. Während all dieser Tage, da sie in ihrem grauen Obergewand, dem knielangen Mantel, den langen schwarzen Beinkleidern und in Stiefeln vor den Klerikern stand, hatte sie auf Gottes Gegenwart vertraut, auf seine Führung durch das Mysterium ihrer Stimmen in allem, was sie tat und sagte. Vielleicht erwartete sie, daß Gott sie erretten werde. Als sie ihre Stimmen gefragt hatte, »ob ich verbrannt werde«, hatten diese zur Antwort gegeben, »ich solle auf Unseren Herrn vertrauen, und er werde mir helfen«.[38] Doch als sie nun auf dem Kirchhof auf dem hohen Gerüst stand, vor der glänzenden Versammlung mit den Vertretern der Kirche, dem englischen König und dem Prinzen von Luxemburg, vor ihren Beisitzern und der Menge, zweifelte sie. Sie vernahm die Verdammung, ihre Ausstoßung aus der Kirche – da sprach sie frei heraus und fragte, ob sie sich dem Urteil des Papstes unterwerfen könne. Als man sie abwies, erklärte sie, sie wollte alles halten, was die Richter der Kirche ihr sagten, und jedem ihrer Befehle und Wünsche gehorchen.[39] Sie setzte ihr Zeichen auf eine abgekürzte Liste von Anklageartikeln und bekannte, »daß ich schwer gesündigt habe, indem ich lügnerisch vorgab, Offenbarungen von Gott und seinen Heiligen, von der heiligen Katharina und der heiligen Margareta, gehabt zu haben etc. Und alle meine Worte und Taten, die gegen die Kirche sind, widerrufe ich, und ich will in der Einheit der Kirche bleiben, ohne je davon abzulassen.«[40] Cauchon verlas ihr Urteil:

> Damit du nun heilsame Buße tust, verurteilen wir dich durch endgültigen Spruch zu ewigem Kerker beim Brot der Schmerzen und beim Wasser der Traurigkeit, damit du dort deine Sünden beweinst und fürder keine mehr begehst.[41]

Der Notar Guillaume Manchon, der das Gerichtsprotokoll geführt hatte, erinnerte sich, wie sie nach der Abschwörung fast fröhlich bemerkte: »Wohlan, Ihr geistlichen Herren, führt mich in Euer Gefängnis, damit ich nicht mehr in der Hand dieser Engländer bin.« Doch Cauchon wies die Wachen an: »Führt sie dorthin, wo Ihr sie hergeholt habt.«[42] Am Nachmittag schor man ihr die Haare, sie zog das Gewand an, das man ihr gab, und dann war sie wieder mit den gleichen Wachsoldaten in der gleichen Zelle angekettet.

Historikerinnen und Historiker können nur darüber spekulieren, was in Jeanne während der nächsten Tage vorging. Sie hatte ihr Leben gerettet, aber zu welchem Zweck? Das Leben in Trost, Beichte und Buße, das man ihr in Aussicht gestellt hatte, war offenbar ein Betrug. Sie blieb in Ketten, als Gefangene ihrer Todfeinde, der englischen Soldaten. Drei Tage später, am Sonntag, dem 27. Mai, erfuhr Cauchon, sie habe wiederum Männertracht angelegt. Beim Rehabilitationsprozeß, der zwanzig Jahre später stattfand, konnte der Untersuchungsbehörde niemand erklären, wie sie denn an die Kleider gekommen war. Als Jeanne im Männergewand wieder vor den Klerikern stand, bekannte sie sich selbst unbestreitbar als reuelose und rückfällige Häretikerin. Für solches Verhalten gab es 1430 nur eine einzige angemessene Strafe: Exkommunikation und Tod.

Jeanne gewann mit dieser Handlung ihren Glauben und ihre besonderen Kräfte zurück. Wie die Heiligen Margareta und Katharina hatte sie den ehrenvollen Märtyrertod der Jungfrau gewählt. Jeanne muß angenommen haben, daß die Einkerkerung, wie Cauchon sie angeordnet hatte, das Risiko der Vergewaltigung durch die Soldaten in sich barg. Vergewaltigung bedeutete den Verlust ihrer Jungfräulichkeit. Jeanne hätte damit ihre exklusive Verbindung zu Gott verloren, die Jungfrau wäre zur Hure geworden, zu einer gefallenen Frau, die lebenslänglich eingesperrt war ohne Hoffnung auf das Himmelreich. Den beiden Beisitzern, die sie an diesem Tag befragten, erzählte sie, als sie die Frauenkleider angezogen habe, hätten ihr die Engländer im Gefängnis großes Unrecht und Gewalt angetan.[43] Sie hätte nur »aus Angst vor dem Feuer« nachgegeben, und ihre Heiligen mißbilligten ihre Handlungen: »Seit Donnerstag hätten ihre Stimmen ihr gesagt, sie habe Gott schwer beleidigt, als sie gestand, daß sie nicht recht gehandelt hätte.« Sie sprach mit mehr Demut, doch die Botschaft des Ungehorsams blieb die gleiche; im Protokoll hieß es: »Ferner sagt sie, wenn sie erklären würde, daß Gott sie nicht geschickt habe, so würde sie sich verdammen, und Gott habe sie wirklich geschickt.«[44]

Cauchon beschleunigte die Anordnungen und schlug die Vorbehalte der neununddreißig Beisitzer in den Wind, die Jeanne mehr Zeit geben wollten, die Bedeutungsschwere ihrer Worte zu bedenken. Um neun Uhr am nächsten Morgen, einem Mittwoch, dem 13. Mai, wurde sie in Frauenkleidern auf den Marktplatz von Rouen gebracht. Cauchon verlas die Anklage:

> Dennoch bist du abermals rückfällig geworden, gleich dem Hund, der zu seinem Auswurf zurückkehrt [...]. Aus diesem Grunde erklären wir, daß du dem Urteil der Exkommunikation verfallen bist [...] und daß du in deine früheren Irrtümer

zurückgefallen bist. Daher erklären wir dich für ketzerisch. Mit diesem Urteil [...] verkünden wir, daß wir dich als faules Glied aus der Einheit der Kirche herausgerissen und ausgestoßen haben ...[45]

Der Henker band sie an einen Pfahl auf dem Scheiterhaufen und legte unter ihr Feuer. Guillaume de la Chambre erinnerte sich, daß es nahezu eine halbe Stunde dauerte, bis das Feuer sie erstickte und ihren Schreien zu den Heiligen und zu Jesus ein Ende machte.[46] Die Asche wurde vom Henker sorgfältig beiseite geschafft; keine Spur sollte von ihr übrigbleiben, an der sich die Verehrung der Jungfrau durch das Volk entzünden konnte.

Doch es braucht nicht notwendig Reliquien für die Verehrung eines besonderen Individuums. Zu mächtig war die Kraft, die sich hier geäußert hatte, als daß sie einfach hätte ausgelöscht werden können. Wie der Historiker Keith Thomas schreibt, wurde die Legende von Jeannes Leben eines der klingendsten und anpassungsfähigsten Symbole der ganzen menschlichen Geschichte.[47] Zuerst griffen die weltlichen Mächte auf sie zurück. Die französischen Chronisten des 15. Jahrhunderts erblickten in ihr Gottes Geschenk zur Errettung ihres Königreiches. Dann gab auch die Kirche dem Druck nach, zuerst, indem sie Jeanne 1450 rehabilitierte, viel später, indem sie sie 1950 kanonisierte. Die Heiligsprechung erfolgte nicht wegen ihrer Visionen oder der Heldentaten, die sie im Namen des Glaubens vollbracht hatte, sondern um ihres vorbildhaften Lebenswandels willen. Die Kirche beschloß, sie zu heiligen, da sie »ein einfaches, ehrliches Mädchen und eine gute Christin« gewesen war.[48]

Die Kirche konzentrierte sich mit dieser Ehrung auf Jeannes Frömmigkeit und ihren Glauben, doch vermied sie es, den göttlichen Ursprung ihrer »Stimmen« zu bestätigen. Das Bild, das die Kirche von der Jungfrau entwarf, war dasjenige von einem einfachen und tapferen Schäfermädchen, das unschuldig auf dem Scheiterhaufen verbrannt worden war. Alles zwischendrin wurde ausgeblendet: Jeannes Tatkraft, ihre militärischen Unternehmungen, ihre Männerkleidung, die ganze Palette ihres unkonventionellen und unweiblichen Verhaltens und Sprechens. Anders in der populären Überlieferung. Hier blieben die Vorstellungen, die sie ursprünglich beflügelt hatten, in Kraft. Frankreich machte sie im 16. Jahrhundert zur Nationalheldin Jeanne d'Arc. Männer der Folgezeit benutzten ihre Geschichte als Stoff für Schauspiele und Gedichte und verewigten ihre Gestalt in Denkmälern. Sie wurde zur Seele Frankreichs schlechthin, die Jungfrau, die heilige Kriegerin, zum antienglischen Symbol der Republikaner und der Napoleonischen und zum Vorbild all jener, die Frankreich vor fremder Herrschaft schützten. Im Zweiten Weltkrieg machte Charles de Gaulle als Kennzeichen des freien Frankreich von ihrer Standarte, dem Lothringer Kreuz, Gebrauch.

Einige Frauen erkannten, was Jeannes außerordentliche Taten für sie selbst bedeuteten. Die erste war vielleicht ihre Zeitgenossin, die Hofdame und Schriftstellerin Christine de Pisan (1364–1430). Als alte Frau hörte sie in der Zurückgezogenheit im Konvent von Poissy von der Pucelle, die eben die Belagerung von Orléans aufgehoben hatte. Sie machte Jeanne zur Protagonistin ihres letzten bekannten Gedichtes, das die Bauerntochter von Domrémy in der Tradition von Esther, Judith und Deborah als tapfere, trotzige und mächtige Frau zeigt:

Durch die Gott
Seinem Volk wieder aufhalf, als es hart bedrückt wurde
[...]
Ah, welche Ehre dem weiblichen Geschlecht!
Von Gott so geliebt, daß er
Seinem großen Volk einen Weg zeigte,
Durch den das einst verlorene Königreich
Von einer Frau wiedererlangt wurde,
Was Männer nicht hatten tun können.[49]

Die Hexenverfolgungen

Jeannes kurzes Leben legte Zeugnis ab für die überspannten, gewalttätigen Auswüchse der männlichen Ängste vor Frauen, die selbstbewußt Autorität beanspruchten und unabhängig handelten. Weibliche Wesen, die die männlichen Institutionen zu unterstützen schienen, wurden geehrt; jene anderen jedoch, die als bedrohlich oder feindlich empfunden wurden, wurden geschmäht und zum Tod verurteilt. Jeanne wurde wahrgenommen und behandelt als junge Frau, welche der Befehlsgewalt der Männer Trotz bot. Eineinhalb Jahrhunderte später erging es Hunderttausenden von Bauersfrauen aus Dörfern ganz Europas, von Finnland bis Italien, von Schottland bis Rußland, gleich. Sie endeten als Opfer der Hexenverfolgungen des 16. und 17. Jahrhunderts. Hunderttausende von Frauen angeklagt, gefoltert und hingerichtet – wie konnte es dazu kommen? Die Antwort liegt in einem unheilvollen Zusammenprall von neuen Gegebenheiten und alten Einstellungen.

Die Historikerinnen und Historiker, die sich mit den Hexenverfolgungen beschäftigt haben, haben immer wieder nach Mustern gesucht, welche sich für alle Regionen als gültig erweisen und den Ausbruch der hysterischen Anklagen und Hinrichtungen erklären könnten. Warum zu dem bestimmten Zeitpunkt? Warum an dem bestimmten Ort? Aus welchem Grund erhoben bestimmte Leute Anklage? Weshalb wurden gerade die Frauen herausgegriffen? Noch sind nicht alle Regionen untersucht, und da wo Studien gemacht wurden, erweisen sich die Aufzeichnungen als keineswegs vollständig. Nur selten ist die ganze Entwicklung des Verfahrens gegen eine Frau urkundlich bezeugt, von der ersten Anklage über Verhör, Folter, Urteilsberatung und -verkündung bis zur Exekution. Man hat erst damit begonnen, die Geständnisse der Angeklagten, die Berichte der Richter und die Protokolle der Inquisitoren aus den verschiedenen Teilen Europas zu einem Gesamtbild zusammenzusetzen. Aus der Periode von 1300 bis 1500 gibt es Hinweise auf rund 500 Gerichtsverfahren, nur 21 davon sind jedoch in Deutschland, Frankreich und der Schweiz mit originalen Zeugnissen bekundet.[50] Dann steigt die Zahl der Prozesse im späten 16. und frühen 17. Jahrhundert exponentiell an, und sie dauern in Osteuropa bis in die Anfänge des 18. Jahrhunderts an.[51]

Im 15. Jahrhundert kam manches zusammen, was Unsicherheit und Aufruhr anfachte. Die Gelehrten spürten das drohende Unheil. Alle überlieferten Mittel, Ordnung zu schaffen, waren in Verruf gekommen oder schienen unnütz. Religiöse Reformer und Proselytenmacher stellten den katholischen Glauben und seine Rituale in Frage. Die Protestanten verdammten alles, von der Autorität des Papstes bis zu den alltäglichen Bräuchen wie dem Rosenkranzgebet. Die Druckerpressen beförderten die Zweifel und Attacken rasch in alle Himmelsrichtungen. Religions- und Bürgerkriege in Deutschland, Frankreich und Schottland, wo ein Fürst vom nächsten, eine Glaubensrichtung durch die nächste abgelöst wurden, erschütterten das Vertrauen in jeden Fürsten und jede Glaubensrichtung überhaupt. Lokal organisierte Märkte und regional beschränkter Handel waren zunehmend durch große Handelszentren und Monopole ersetzt worden, die von den Bestimmungen der dynastischen Herrscher beschützt wurden; die Stadtältesten – die Zunftherren und die betuchten Unternehmerfamilien – mußten das vertraute Wirtschaftssystem aufgeben, das ihnen Unterhalt und Vorherrschaft gesichert hatte.

Die weltliche wie die geistliche Elite versuchten, wieder ein Gefühl für Sicherheit zu etablieren, um dem Zweifel und Umbruch ein Ende zu setzen. Städter, königliche Familien und Kirchenmänner strengten sich an, durch genaue Bestimmungen und Konformitätsdruck Ordnung zu schaffen. Die Zünfte schlossen sich ab, nahmen nur noch wenige, auserwählte Mitglieder auf und regierten ihre Städte mit Anordnungen und Erlassen. Königinnen und Könige kodifizierten die regionalen Gesetze und Bräuche, und als sich die Einflußgebiete der Königshöfe erweiterten, nahmen sie gleichförmig römisches Recht an. Die Führer verschiedener Sekten wetteiferten in der Demonstration ihres religiösen Eifers und in ihren Anstrengungen, sich als Begründer des einen »wahren« Glaubens durchzusetzen.

Obwohl die Führerschaft dieser Institutionen – der Autorität der Kirche und der weltlichen Herrscher – um 1550 überall in Europa schon lange unangefochten war, existierten doch noch lebhafte Erinnerungen an andere Mächte und andere Glaubensformen. Ein Gebet zur Heiligen Jungfrau Maria oder eine Eingabe an das königliche Gericht waren wohl hilfreich, doch die alten Mittelchen, ein traditioneller Zauberspruch oder Heilsegen, konnten nach Ansicht der gemeinen Leute auch nicht schaden. Die Frauen und Männer auf dem Land glaubten, daß der Umgang mit dieser anderen (magischen) Art von Kraft und Macht die Domäne einiger weniger Personen im Dorf sei, der »weisen«, zauberkundigen Leute, des »cunning folk«, wie man sie in England nannte. Immer schon glaubte man, daß Frauen besondere Verbindungen zu dieser außerordentlichen Welt der Zauberformeln, Beschwörungen und Geister besäßen. Die Magie war da für jene, die mit ihr umzugehen wußten, und die Menschen fuhren fort, sich an jene Kundigen zu wenden, die dieses unkirchliche Wissen vom Übernatürlichen und den Zugang zu ihm für sich beanspruchten. Im Jahr 1580 zum Beispiel bezahlten die Kirchenvorsteher von Thatcham Berkshire die weise Frau des Ortes, damit sie ihnen helfe, den Dieb des Altartuches aufzufinden.[52]

Frauen mit solchen speziellen Kräften begegnet man in den überlieferten Geschichten der alten Kulturen und in den Volkserzählungen des 19. Jahrhunderts zuhauf. Ihre Küsse verliehen den Geliebten magische Kräfte, ihre Warnungen erretteten die Helden der Sagas. Die weise Frau half den Schwestern, ihre Brüder wiederzufinden, und den Jungfrauen, ihren vergeßlichen Prinzen zurückzuerobern. »Die Alte im Wald« (Titel eines Grimm-Märchens) verwandelte einen schönen jungen Mann in einen Baum oder in eine weiße Taube.[53] Die Legenden und Sagen berichten aber nicht nur von Frauen, die ihre magischen Kenntnisse und Fertigkeiten zum Guten einsetzten, sondern ebenso von jenen, die sie zu üblen Taten verwendeten. Die Nordmänner in *Njal's Saga* hätten gerne gehabt, daß eine alte Frau von ihrer Gabe des Zweiten Gesichts Gebrauch machte – andererseits aber fürchteten sie, die Alte könnte, wenn sie die Zukunft vorhersagte, auch darüber bestimmen. In den Märchen hatten die Rettungen und Verwandlungen der »Weißen« Magie ihr Gegenstück in den Zaubertränken und Verwünschungen der »Schwarzen« Magie: Hexen, die Hänsel und Gretel aufessen wollten, ihre Stiefkinder in ein Lamm oder einen Fisch verzauberten, die die Kinder ihres Mannes zu töten versuchten, die einen jungen Mann seiner Stärke zu berauben vermochten. Der Glaube, daß Frauen dem Vieh Schaden anwünschen konnten, war weit verbreitet, und manche kauften oder verkauften einen entsprechenden Gegenzauber. In deutschen Dörfern fürchteten die Einwohner, wenn eine junge Frau heirate, werde die älteste Frau der Gemeinde eifersüchtig und könnte mit dem bösen Blick Schaden anrichten; um sie zu besänftigen, reichte man ihr ein Stück des Hochzeitskuchens, in das eine Silbermünze eingebacken war.[54]

Ein weiterer Aspekt des traditionellen Glaubens überlebte. In ganz Europa hielt man daran fest, daß die übernatürliche Kraft zum Bösen eigentlich allen Frauen zugänglich war, ob sie davon Gebrauch machten oder nicht. Irgendwie machte ihre Fortpflanzungsfähigkeit die Frauen potentiell gefährlich. Ein Mann durfte nicht im Frauenmonat Mai heiraten, denn dann erlag er der Lust, und seine Frau gewann Macht über ihn. Das Menstruationsblut war seit altersher als schädliche Substanz verrufen. In Deutschland war es einer schwangeren Frau nicht erlaubt, in den Stall zu gehen. Alles, was mit der Geburt in Zusammenhang stand, schien magische Eigenschaften zu besitzen, und die Hebamme, die in ihre Geheimnisse eingeweiht war, hielt man für besonderer Kräfte mächtig. Als die Frauen und Männer vom Land in die Stadt zogen, brachten sie ihre überkommenen Vorstellungen und Traditionen mit sich. In Paris und in Florenz wurden Frauen im 14. Jahrhundert angeklagt, sie führten mit Zaubertränken entweder Wollust oder Impotenz herbei. Seit dem 15. Jahrhundert in Frankreich und seit dem 16. in England wurden die Hebammen in den Städten beargwöhnt. Sie mußten mit Eid bekräftigen, keine Magie oder Hexerei zu gebrauchen (so nannte es die Kirche in Frankreich). Die englischen Stadtväter verfolgten die Frauen wegen »abergläubischer Praktiken«.

Das Christentum hatte diese alten Glaubensvorstellungen von Anfang an abgelehnt und deutlich gemacht, die Frauen vermöchten keine so außergewöhnlichen Kräfte zu mobilisieren. In den Bußbüchern, den kanonischen Gesetzen und den Dekreten von Päpsten und Konzilen war die Rede von »Täuschungen« und »Aberglauben«, von irregeleiteten und verwirrten Frauen. Als Urheber allen Unglücks nannten die führenden Theologen ihren Gläubigen den Satan, den Teufel; er war die Verkörperung alles Bösen, der ewig rachsüchtige gefallene Engel, der Seelen für sein höllisches Königreich fing. Er, nicht die weisen Frauen der Dörfer, hatte die Macht, Schaden anzurichten, und doch brauchte man ihn nicht zu fürchten, da seine Gewalt mit dem Tod von Jesus Christus am Kreuz zerbrochen war. Jedermann wußte, daß man ihn mit dem Kruzifix oder Weihwasser verscheuchen konnte.[55]

In der generellen Unsicherheit des 16. Jahrhunderts veränderte sich aber die Haltung der europäischen Kirchen. Führende Protestanten und Katholiken begannen am Sieg des Christentums über den Teufel zu zweifeln. Sie bildeten sich ein, er hätte neuerdings eine Gelegenheit gefunden, seine Vorherrschaft wieder aufzurichten. Aus dieser Angst heraus sahen und interpretierten sie die Handlungen der weisen Frauen in neuem Licht. Ihre Magie, die einst offiziell in Abrede gestellt und geleugnet worden war, gewann in den Phantasien der europäischen Eliten mehr Realitätsanspruch und gefährlichere Dimensionen als je zuvor. Die Handlungen, Gebärden und Sprüche der weisen Frauen wurden mit den ältesten misogynen Mythologien umgeben und zu Beweisstücken für häretische Glaubensvorstellungen und Glaubensrituale umgeformt, die die Menschheit zu verderben drohten. Die Gelehrten predigten und schrieben, die ganze Welt sei vom Teufel durchdrungen. Die weisen Frauen und die Zauberkundigen seien einen Pakt mit ihm eingegangen, verehrten ihn an seinem Altar und träten als seine Agentinnen und Agenten auf.

Die Dorfbewohner und die Städter nahmen, der alltäglichen Mühen und der Unglücksfälle in ihrem Leben wegen, dieses Bild vom Teufel und seinen Angehörigen samt der Erklärung für die Unbilden der Zeit willfährig an. In der Vergangenheit hatten sie traditionelle Zauberformeln und Rituale benutzt, um sich gegen Verhexung zu schützen. Im 16. und 17. Jahrhundert nun boten die kirchlichen und staatlichen Eliten mehr als Sühneopfer und Gegenzauber, die altbekannten Heilmittel gegen magische Bedrohung. Sie behaupteten, sie würden dem Unglück für immer ein Ende bereiten: Wenn die Bäuerinnen und Bauern, die Stadtbewohnerinnen und Stadtbewohner die »weisen Leute« identifizierten und denunzierten, würden sie, die offiziellen Vertreter von Kirche und Staat, ihnen mit allem Drum und Dran, mit rechtlichem Untersuchungsverfahren und wissenschaftlicher Beweisführung, den Prozeß machen und sie hinrichten. Aus diesem Grund nahmen reich und arm, Mächtige und Machtlose, Protestanten und Katholiken stillschweigend oder aktiv an der Verfolgung und Ermordung von Tausenden von analphabetischen Landfrauen teil.

Johannes Calvin, Führer der protestantischen Kirche von Genf, beschrieb den Satan und seine Verräterei in seiner *Institutio*: »Es ist uns vorhergesagt, daß ein Feind uns unerbittlich bedrohen wird, ein Feind, der die wahre Verkörperung ist von tollkühner Verwegenheit, von kriegerischer Unerschrockenheit, von listiger Tücke, von unermüdlichem Eifer und Hast, von jeder erdenkbaren Waffe und geschickt in der Kriegsführung.«[56] Der führende deutsche Reformator, Martin Luther, warnte, man solle jedermann zu bedenken geben, daß er selbst vom Teufel verhext sein oder es noch werden könnte. Kein Mensch sei so stark, daß er ihm zu widerstehen vermöchte.[57] Das katholische Oberhaupt, Papst Innozenz VIII., hatte bereits in seiner Bulle von 1484 Beweise gefunden für den Teufel und den Teufelskult im ländlichen Norddeutschland, Folgeerscheinungen dessen, was Theologen des 13. und 14. Jahrhunderts als die Häresie der »Dämonologie« definiert hatten.[58] Innozenz sah in jedem Dorf schlechte Leute, »mit denen Teufeln [...] Mißbrauch machen«, die »abscheulichen Aberglauben« zeigen, mit »zauberischen Übertretungen, Lastern und Verbrechen« den Tieren, den Früchten der Erde und den Menschen Schaden zufügen, Unfruchtbarkeit und Impotenz bewirken.[59]

Der Papst hatte durch zwei Dominikaner von diesen Glaubensübertretungen Nachricht bekommen, von den beiden Predigerbrüdern Heinrich Kramer, genannt Institoris, und Jakob Sprenger, die nach Deutschland gesandt worden waren, um die Glaubensvorstellungen auf den Dörfern zu prüfen. Nun, da Sprenger und Institoris ihre Befunde durch die päpstliche Bulle bestätigt sahen, verfaßten sie eine ausführliche Abhandlung für ihre Mitbrüder, in der sie die neusten Äußerungsformen der Ketzerei und deren Anhänger beschrieben. Dieses Werk mit dem Titel *Malleus Maleficarum* (»Der Hexenhammer«), 1486 veröffentlicht, faßte die verschiedenen überkommenen Vorstellungen und Praktiken zusammen: die traditionellen Haltungen gegenüber Häresie und die Verfahrensweisen gegenüber ihren Anhängern, alten Teufelsglauben, Vorstellungen von übernatürlichen Kräften und Magie sowie von dem speziellen übernatürlichen Vermögen der Frauen.

Die Abhandlung der beiden Kleriker ist voll von den traditionellen Urteilen über die Frauen und bringt sie alle mit Hexerei und Zauberei in Verbindung. Die Existenz von Hexen ist ein Glaubensartikel, daran zu zweifeln selbst schon der Ketzerei gleichkommt. Selbstverständlich sind die Hexen Frauen – schon früher hieß es: »Wo viele Frauen sind, sind viele Hexen.«[60] Männer sind, wie Jesus, vor den Ränken des Teufels geschützt, die Frauen jedoch, »da sie in allen Kräften, der Seele wie des Leibes, mangelhaft sind«, fallen ihm leicht zur Beute, ganz wie ihre Vorgängerin Eva.[61] Wie die Gelehrten vor ihnen nahmen auch Sprenger und Institoris an, die Frauen haßten ihre eigene Schwäche; sie wollten sich nicht lenken lassen und würden deshalb »ein heimlicher, schmeichelnder Feind«: Sie lögen und täuschten und versuchten »sich heimlich, da sie keine Kräfte haben, leicht durch Hexenwerke zu rächen«.[62] In der Phantasie der Kirchenmänner entwickelte sich die Hexerei zu einem äußerst weitgefaßten Begriff; sowohl Schwarze als auch Weiße Magie waren beide potentiell schlecht. Um mit Inhalt zu füllen, was Papst Innozenz »zauberische Übertretungen, Laster und Verbrechen« genannt hatte, griffen die Autoren des *Malleus* auf die antiken Schriftsteller von Horaz bis Ovid und auf die Kirchenlehrer von Augustinus bis Thomas zurück.

Das Bild der Frau, die mit magischen Kräften ausgestattet war und diese gegen die Männer einsetzte, hatte eine lange Tradition, die sich durch Schriften und populäre Vorstellungen fortgepflanzt und in ganz Europa verbreitet hatte. Eine russische Chronik aus dem 9. Jahrhundert hielt fest: »Insonderheit durch die Vermittlung der Frauen werden höllische Bezauberungen zustande gebracht.«[63] Berthold von Regensburg warnte in einer Predigt von 1250:

> Viele Dorfleute kämen in den Himmel, wäre da nicht ihre Hexerei. [...] Die Frau hat Zauberformeln, um einen Gatten zu finden, Zauberformeln für die Heirat;

> [...] Zauberformeln, bevor das Kind auf die Welt kommt, vor der Taufe, nach der Taufe. [...] Wahrhaftig, ihr Männer, man verwundert sich, daß ihr nicht euren Verstand verloren habt über der monströsen Hexerei, welche die Frauen auf euch ausüben![64]

In früherer Zeit hatte man Frauen, welche abergläubische Handlungen praktizierten, der Buße und Ermahnung durch den Gemeindepriester bedürftig gehalten, nicht mehr. Sprenger und Institoris und ihren Nachfolgern jedoch erschienen die weisen Frauen der Dörfer als die Erwählten des Satans, seine Anbeterinnen und Agentinnen.

Gemäß dem »Hexenhammer« gewann der Teufel seine Anhängerinnen, indem er mit einer besonderen – angeblichen – Schwäche des weiblichen Geschlechts sein Spiel trieb. Sprenger und Institoris wiederholten die alte Behauptung, daß die Frauen »fleischlicher gesinnt« seien als der Mann und die »fleischliche Begierde bei ihnen unersättlich ist«.[65] Deshalb, so stellten sich die Männer vor, pflegten sie geschlechtlichen Verkehr mit dem Satan und wurden durch die Vereinigung zu seinen Anhängerinnen. Sie lernten, die teuflischen Dämonen zu beschwören, die zauberischen Tränke zu brauen und die Formeln herzusagen, die ihnen übernatürliche Kräfte verliehen: Sie konnten fliegen, Männer impotent machen, bei Frauen eine Fehlgeburt bewirken oder Pferde rasend werden lassen. Die Inquisitoren des späten 15. Jahrhunderts und jene, die im 16. und 17. Jahrhundert über diese Ketzerei schrieben, malten die Rituale im Detail aus. Sie benutzten dazu die pornographischsten von all den Verleumdungen der kirchlichen Tradition gegenüber Häresien und Häretikern. Die Autoren beschrieben, wie die Hexen Messen verhöhnten und Hostien schändeten; sie schilderten die Orgien des Hexensabbats mit Kannibalismus an Neugeborenen, unersättlicher Freßlust, Trunkenheit, unzüchtigen Tänzen und Geschlechtsverkehr mit allen denkbaren Kreaturen in allen möglichen Positionen.

Da der *Malleus Maleficarum* so früh in der Ära des Buchdrucks erschien, kann man über seinen direkten Einfluß nur spekulieren. 1487 stützte die theologische Fakultät der Universität Köln die Abhandlung mit einem dem Buch beigefügten Gutachten. Bis 1520 waren 16 Ausgaben veröffentlicht worden, bis 1660 insgesamt 32, samt Übersetzungen ins Deutsche und Französische.[66] Es steht außer Frage, daß das, was Sprenger und Institoris geschrieben hatten, Auffassungen laut werden ließ, die seit Beginn der europäischen Kultur zu ihr gehört hatten. Um die Mitte des 16. Jahrhunderts waren die Gedanken des *Malleus* bei den Gelehrten und Mächtigen allgemein anerkannt. Keine der weltlichen oder geistlichen Obrigkeiten bezweifelte zu diesem Zeitpunkt das Vorhandensein einer Ketzerei des Teufelskultes, niemand bezweifelte ihre Praktiken oder stellte die Hexerei in Abrede.

Als die wichtigsten Irrgläubigen und Zuwiderhandelnden erkannte man die ungebildeten (d.h. des Lesens und Schreibens unkundigen) alten Bauersfrauen auf dem Land. Zahlreiche Katholiken und Protestanten verfaßten im 16. und 17. Jahrhundert Abhandlungen, Untersuchungen und Verdammungen, die sie auf theoretische Überlegungen oder eigene praktische Erfahrungen bei der Bekämpfung der Ketzerei gründeten.[67] Alle stimmten darin überein, die einzige Möglichkeit, die Hexen samt ihrem Meister, dem Teufel, zu besiegen, sei es, sie zu töten. Georg Pictorius aus dem Südwesten Deutschlands erklärte: »Wenn die Hexen nicht verbrannt werden, wird die Zahl dieser Furien zu einer solchen Flut anschwellen, daß niemand mehr in Sicherheit vor ihrem Zauber leben kann.«[68] Der Franzose Jean Bodin warnte jene, die die abscheuliche Bedrohung nicht mit der Wurzel ausrotten wollten, in seiner 1580 erschienen Dämonologie vor den Folgen:

> Auch diejenigen, welche die Hexen entwischen lassen oder sie nicht mit der äußersten Härte strafen, sollen versichert sein, daß sie von Gott verlassen und den Hexen preisgegeben sein werden. Und jenes Land, das solches tolerieren wird, wird von Pest, Hungersnöten und Kriegen verheert werden.[69]

Die weltlichen Herrscher reagierten auf die Hexerei mit Gesetzen und Verordnungen. Die ersten erschienen in Frankreich um 1490, weitere dann in der großen Strafgerichtsordnung *(Carolina)* des Kaisers Karl V. von 1530, in englischen Gesetzen von 1542, 1563 und 1736, ebenso in Schottland, in einem russischen Dekret von 1653 und einem Erlaß des dänischen Königs Christian V. von 1683. Alle verurteilten die Frauen zu Gefängnis oder Tod, um so den Teufel und seine Handlanger von ihren Ländern fernzuhalten.

Wie viele Frauen wurden verfolgt? Wie viele angeklagt und wie viele hingerichtet? Der Historiker E. William Monter nannte es eine Zeit des »tödlichen Frauenhasses«. Auch Männer fielen dem Wahn zum Opfer, doch mindestens zwei Drittel von jenen, die starben, waren Frauen. In den Fluten von Panik und Angst traf es manchmal ausschließlich Frauen, manchmal zu 80 Prozent, immer jedoch zur Mehrheit.[70] Die zurückhaltendsten Forscherinnen und Forscher schätzen, daß die Zahl der erhängten, ertränkten, verbrannten und geköpften Frauen in Europa bei 100000 lag. Die meisten glauben aber, daß es weit mehr waren. In Süddeutschland kam es von einem Extrem zum nächsten; zwischen 1561 und 1670 richteten Katholiken und Protestanten mehr als 3200 Leute hin, meist in Gruppen von 20 und mehr, 82 Prozent davon Frauen.[71] In der Dekade von 1581 bis 1591 beliefen sich die Anklagen in der Lorraine in die Tausende; von 2000 Angeklagten starben 90 Prozent.[72] Der Terror, der im schweizerischen Jura gegen Ende des 16. Jahrhunderts um sich griff, hinterließ Berichte über fast 900 Fälle.[73] In England ereigneten sich die Verfolgungen in zwei Wellen, um 1580/90 und wiederum 1645 bis 1647, als 490 Personen (ein Drittel aller Angeklagten) in Essex hingerichtet wurden.[74] Auch in Schottland litten die Frauen unter der Hexenjagd: Zu jedem Zeitpunkt zwischen 1590 und 1660 liefen Verfahren gegen 200 bis 300 Angeklagte, insgesamt über 3000 Prozesse mit 1000 Exekutierten.[75] In Spanien und Polen gehen die Zahlen in die Tausende. In Italien, Dänemark, Schweden, Finnland und Rußland hielten die Verfolgungen bis ins späte 17. Jahrhundert an, als die Angst sich schon lange auf andere Objekte verlagert hatte.[76]

Die Schriften von Theologen lieferten die Erklärung für die empfundene Unordnung und Verwirrung sowie die Beschreibung der Ketzerei; die Fürsten von Kirche und Staat, Männer mit Autorität und Macht, unterstützten die ersten Anklagen und zeigten den größten Eifer in der Verfolgung der Übeltäter. Auf diese Weise demonstrierten sie ihre Sorge für ihre Untertanen und ihre Treue zum neuen oder zum alten Glauben. In den hysterischen Jahren zwischen 1562 und 1666 erhob beispielsweise der Fürstbischof von Trier zuerst gegen die Juden, dann gegen die Protestanten Anklage und erklärte die Angehörigen beider Gruppen zu Hexen. Andere Bischöfe, Grafen, Richter und Markgrafen standen ihm in ihren Bemühungen, die Häresie auszutilgen, um nichts nach. In den Dörfern des Jura wie im Cambrésis bei Namur galt: Am besten stellt sich, wer der Anklage zuvorkommt. 1609 lösten die Inquisitoren in Navarra eine Panik aus, die sich in Windeseile über die Pyrenäen nach Spanien verbreitete. 1640 begann der Richter Matthew Hopkins in Essex mit den Verfolgungen. Eine Sonderkommission, die zur Verfolgung von Hexen ausgesandt worden war, löste in Schottland den Hexenwahn von 1590 aus; die örtlichen Landbesitzer, die auf die Stärkung ihrer Autorität und den Beweis ihrer Rechtgläubigkeit aus waren, halfen tatkräftig mit. In Navarra und Besançon baten die königlichen Beamten und die lokalen Adeligen den König und die Kirche um Unterstützung. In Dänemark erhob der Junker von Djursland die ersten Anklagen. In Rußland begannen die Verfolgungen erst mit den Dekreten des Zars in den Jahren 1648 und 1653.

Die Bevölkerung, sobald sie einmal aufgeschreckt war, reagierte prompt. Die erste Hexe war immer schnell zu nennen. Nachbarn und Verwandte denunzierten sich gegenseitig; das Opfer konnte sich dann auf andere Namen besinnen und weitere Personen in die Anklage hereinziehen. Fast immer wurden Frauen genannt, oft jene, die freiwillig oder durch Armut marginalisiert waren oder die nicht nach den traditionellen Rollenvorgaben des Dorfes lebten. Manchmal waren sie verheiratet, manchmal verwitwet; oft waren es Frauen, die sich wehrten, Widerworte gaben, stritten und andere verwünschten, wenn sie verärgert oder verängstigt wurden. Es war beispielsweise die Frau eines Soldaten, wie Marguerite Tattey, oder die Prostituierte Nicola de Galice, eine Hirtin oder die Geliebte des Priesters. Es waren die Wahrsagerin Magdalene Nessler und Anna Demut, eine Frau, von der die Dörfler glaubten, sie könne das Wetter machen; es war die Hebamme von Dichtline. (Die Mythologie, die sich um die Hebammen spann, rührte von der nahen Verbindung dieser Frauen zum Geburtsprozeß her. Die Hexenjäger leiteten daraus ihren leichten Zugriff auf Säuglinge, die sie angeblich als Opfer für die schwarze Messe mißbrauchten, ab. Die Vorstellung von bösen Frauen, die den Neugeborenen Schaden antun, ist uralt; so ging beispielsweise der Glaube, Lilith, Adams erste Gattin, hätte sich dafür gerächt, daß die Engel ihre Kinder genommen hatten, indem sie die Säuglinge anderer Frauen erwürgte.) In ganz Europa wurden die Hebammen um ihrer Heilmittel und Verwünschungen willen angeklagt.

Die Kreise der Angeklagten weiteten sich immer mehr aus. In Neuchâtel gestand eine Diebin im Winter 1582/83, sie hätte den Hexensabbat besucht und nannte andere Teilnehmer, die ihrerseits wieder weitere denunzierten. In Ortenau wurden 1627 vier Personen namhaft gemacht, die im benachbarten Städtchen Offenberg andere beschuldigten. 1631 identifizierte man in Sasbach 150 Hexen und Hexer, bis hin zum Statthalter, seiner Frau und seiner Tochter. Die schottischen Gesandten fingen 1697 Margaret Atkin, die sich geständig zeigte und sich anerbot, mittels ihrer besonderen Fähigkeiten weitere Hexen aufzuspüren.

Niemand wagte sich vor, um die Frauen zu verteidigen – im Gegenteil. Frauen und Männer auf dem Land merkten, daß dies die Gelegenheit war, jene loszuwerden, vor denen sie sich fürchteten. Wo sich die Gelegenheit bot, traten die Dörfler eifrig vor und machten kompromittierende Aussagen über Taten und Worte anderer. Marie Lanechin beispielsweise, die einundsechzigjährige Witwe von Jean de Baulx, hatte im März 1621 dreizehn Ankläger gegen sich: einen Gesellen, einen reichen Pächter, Hörige mit ihren Frauen und einen Landarbeiter. Die Zeugen erzählten von Krankheiten, vom Tod von Ehemännern, Frauen, Säuglingen und einer Tochter. Sie beschrieben alle Arten ungewöhnlicher Erscheinungen: Die alte Frau tanze mit wirrem Haar in den Wäldern, lehne es ab, aus dem Haus zu gehen, sei beim Gehen in einen dicken Nebel gehüllt, wo sonst die Luft ganz klar war. Unter der Folter nannte die Witwe zwei weitere Frauen, die jedoch vom Gericht freigesprochen wurden. Sie selbst wurde zum Strang verurteilt und verbrannt.[77]

Um eine Frau wie Marie Lanechin zum Tod zu verurteilen, brauchte das Gericht – ob weltlich oder geistlich – mehr als nur Zeugnisse für »abergläubische Praktiken«; es mußte der Beweis von Ketzerei erbracht sein, von Teufelspakt und Teufelskult. Ohne große Schwierigkeiten fanden die Kleriker und Beamten in den Prozessen des 16. und 17. Jahrhunderts Frauen, die unschuldig zugaben, spezielle Kräfte und spezielle Kenntnisse zu haben; sie lieferten arglos Auskünfte über Heilmittel, Salben, Tränke, nicht jedoch über Teufelsanbetung und Rituale. Katherine Kepler, die Mutter des berühmten Astronomen, verbrachte vierzehn Monate im Kerker und stritt alle Anklagen, die in diese Richtung zielten, ab. Andere wiederum legten nur zu schnell und bereitwillig ein Geständnis ab, das die Gerichte dann ebenfalls anzweifelten. Im Verlauf des 16. Jahrhunderts wurden die grundlegenden Konstrukte als »Tatsachen« auch in kleinen Dorfgemeinschaften auf dem Land ins allgemeine Wissen integriert: wie der Teufel aussah, was für Versprechungen er machte, wie der Geschlechtsverkehr mit ihm verlief und welche Macht seine Zauberformeln und Höllentränke besaßen. Die Inquisitoren und Richter glaubten, die Frauen könnten alles sagen.

In der Vergangenheit hätte man, um die Wahrheit des Geständnisses, Schuld oder Unschuld einer Frau zu bestimmen, vom Ritual eines Gottesurteils Gebrauch gemacht. Es wäre Gott anheimgestellt gewesen, die Angeklagte zu zeichnen oder ungezeichnet zu lassen. Man befand sich jedoch in einer anderen, einer neuen Ära. Die Gelehrten boten nicht mehr, wie in einem Gottesurteil, die göttliche Intervention auf. Statt dessen hatten sie ausgeklügelte Gerichtsverfahren und wissenschaftliche Beweismittel entwikkelt. Doch war es ein Zeitalter, in dem das Recht noch nicht gerecht sein konnte, solange die Richter die Folter anordneten, ein Zeitalter, in dem Wissenschaft noch nicht wissenschaftlich sein konnte, solange die Gebildeten an Astrologie und Alchimie glaubten. Das Ergebnis war, daß an den Gerichten, unabhängig davon, ob sie von Klerikern oder Laien geführt waren, Rationales und Irrationales blind vermengt wurde, was zu grotesken Widersprüchen führte.

Einerseits folgten die katholischen Inquisitionsgerichte wie die protestantischen weltlichen Gerichte strikten Verfahrensregeln. Wie Sprenger und Institoris im *Malleus Maleficarum* erläutert hatten, sollten dem Angeklagten so weit als möglich alle Zweifel zugute kommen.[78] Er hatte das Recht, einen Anwalt oder Verteidiger zu nehmen. Es gab vorgedruckte Anklageformulare mit Leerstellen für den Namen der oder des Angeklagten und das Datum des Prozesses. Die Fragen, welche die Untersuchungsbehörde vor und nach der Folter zu stellen hatte, waren festgesetzt. In einigen Gebieten gab es die Möglichkeit, an höhere Gerichte zu appellieren.

Andererseits glaubte Sprenger, er hätte während der Prozesse, die er selbst in Norddeutschland führte, Stimmen gehört, die Obszönitäten kreischten, und draußen vor den Fenstern Tiere gesehen, Affen, Hunde und Ziegen. Er und sein Kollege Institoris warnten die Verfolger, sie sollten sich von der Hexe nicht berühren lassen, und rieten, die Richter und alle Beisitzer »sollen auf jeden Fall am Palmensonntag geweihtes Salz und geweihte Käuter [...] zusammen mit geweihtem Wachs eingewickelt und am Halse tragen«.[79] Der französische Richter Nicolas Rémy argwöhnte, die Hexen bestrichen ihre Hände mit Gift und faßten dann an die Gewänder des Gerichtsvorsitzenden, als ob sie ihn um Gnade bitten wollten.[80]

Am widersprüchlichsten waren die Beweismittel, die im Namen von Gesetz und Wissenschaft verlangt wurden. In der Tat handelte es sich weniger um eine Erhärtung der Anklage als um eine Ausweitung: Einfache Anklagen wegen schädlicher Handlungen wurden in detaillierte Berichte von ketzerischen Praktiken umgeformt. Sowie die Autoritäten durch eigenes Eingreifen die Hexenjagd in Gang gesetzt hatten, steuerten sie auf das Eingeständnis der Ketzerei hin und damit auf den Tod der Angeklagten.

Gemäß dem »Hexenhammer« bestand der beste Beweis in einem Geständnis, denn »das allgemeine Recht verlangt, daß keine Hexe zum Tod verurteilt werden sollte, sie sei denn durch eigenes Geständnis überführt«.[81] Doch wie konnte eine Frau, die sich dem Teufel überantwortet hatte, zu einem Geständnis gebracht werden? Die Gelehrten glaubten, daß sie durch die Tortur aus der Gewalt des Teufels »befreit« werde. Marie Lanechin aus Bazeul im Cambrésis gab die Beziehungen zum Teufel zu, sobald sie zu einem höheren Gericht gesandt und gefoltert worden war. Üblich war bei den katholischen und protestantischen geistlichen Gerichten wie auch bei den weltlichen Gerichten die Anwendung des Wippgalgens: Dem Angeklagten wurden die Hände hinter dem Rücken zusammengebunden, dann zog man ihn am Seil, das oben über einen Balken geschlungen war, empor, so daß er mit seinem ganzen Gewicht in den Armen hing, wobei ihm mindestens die Achseln ausgerenkt wurden. Die *Carolina*, das Strafgesetzbuch des Heiligen Römischen Reiches, und die Inquisitionsverordnungen setzten fest, wie oft »gestreckt« werden durfte, im Jura beispielsweise dreimal an drei verschiedenen Tagen. In Offenberg verwendete das Gericht 1627 einen mit Metallnägeln gespickten Stuhl, der von unten aufgeheizt werden konnte. Der englische Richter Matthew Hopkins brauchte weder Folterbank noch Wippgalgen, um die Frauen zu schwächen, statt dessen ließ er sie stunden- und tagelang nicht schlafen.[82]

Während der Tortur wurden der Gemarterten von den weltlichen oder geistlichen Behörden eine Reihe von Fragen vorgelegt, die meist nur ein »Ja« oder »Nein« als Antwort erforderten. Diese Fragen, den pornographischen Phantasien der Hexenjäger entsprungen, enthüllen deren überspannte und krankhafte Wahnwelt: Woraus besteht der Teufel, wenn er mit dir Unzucht treibt? Kannst du ihn sehen? Woher stammt sein Samen? Gibt es eine bestimmte Zeit, zu der er es am liebsten treibt? Wählt er spezielle Frauen aus? Ist »der Liebesgenuß gering oder heftig«?[83] Manche Frauen antworteten, wie ihre Peiniger wünschten, und wiederholten auch nach der »peinlichen Befragung« Einzelheiten von Initiationsriten, bekannten sich zur Unzucht mit Dämonen, Tieren, imaginären Monstren, sprachen von getöteten Säuglingen, bizarr gekleideten Kröten, Hostienschändungen, Gestaltsverwandlungen, Kotsalben, Luftflügen – der gesamten Mythologie der Häresie.[84]

Jeanette Clerc, die 1539 gefoltert und hingerichtet wurde, lieferte ihren Genfer Richtern alles, was sie erhoffen mochten: ein Teufel namens Simon, mit dem sie auf einem Stock zur »Synagoge« ritt, widernatürlicher Geschlechtsverkehr, der eiskalte Samen des Satans, ein Hautmal im Gesicht, wo er sie gebissen hatte, phantastisches Essen mit Weißbrot, Äpfeln und Weißwein am Sabbat, Verabredungen jeweils am Donnerstag und Freitag. Man hatte Jeanette Clerc erwischt, weil die Kuh ihres Nachbarn gestorben war.[85] 1587 wurde Walpurga Hausmännin, die Hebamme von Dillingen, »die nachhaltig, übereinstimmend und berechtigt angeklagt gewesen ist, [...] ruhig und auf der Folter befragt und hat jetzt ihre Hexerei gestanden«.[86] Sie sagte aus, ihre Verbindung mit dem Teufel hätte mit Geschlechtsverkehr in ihrem eigenen Haus begonnen; sie sei erschrocken, als sie seine Bocksfüße und seine hölzerne Hand bemerkte, er habe jedoch versprochen, ihr behilflich zu sein; er habe ihr Salben gegen ihre Feinde gegeben und sie als eine der Seinen unter dem linken Arm mit einem Mal gezeichnet. Als Gegenleistung tötete sie für ihn neugeborene Kinder noch vor der Taufe, damit das Weihwasser sie nicht beschützen konnte (ihr wurde der Tod von 431 Säuglingen zur Last gelegt). Wie sie bekannte, war sie auf einer Heugabel zum Hexensabbat geritten, wo sie dem thronenden Teufel huldigte, der sich die Verspottung von Hostien anschaute, Unzucht trieb und sich mit gebratenen Ferkeln und Säuglingen vollstopfte. Wenn Walpurga den Namen von Jesus erwähnte, schlug der Teufel sie.[87]

Manchmal erbrachte die Folter nicht den erwünschten Effekt. Suzanne Gaudry, die in Rieux 1652 verhört wurde, beschrieb zunächst, sie sei mit dem Satan zusammengetroffen; seine Haut sei wie Tierfell anzufühlen, er trage schwarze, kurze Lederhosen und einen flachen Hut. Sie gestand auch ein, sie seien seit 25 oder 26 Jahren Geliebte. Sonst jedoch wußte sie ohne den Impuls der von Sprenger und Institoris festgesetzten Fragen nicht viel über den Sabbat zu sagen, sie erwähnte einzig einen Lautenschläger und einige Pfeifer. Sie gestand keine *Maleficia* (Handlungen, mit denen anderen Personen oder deren Besitztümern Schaden zufügt wurden). Erst am dritten Tag sagte sie, sie hätte das Pferd von Philippe Cornie getötet, fügte aber später hinzu, sie hätte diese Untat nur vorgebracht, weil sie das Gefühl gehabt hätte, sie müßte einfach etwas sagen. Als man sie auf die Folterbank spannte, leugnete sie alles; nachdem sie nochmals gepeinigt worden war, sprach sie überhaupt nicht mehr.

In solchen Situationen suchten die Behörden nach anderen Beweismitteln, um ihren Schuldverdacht zu erhärten. Jedes Gericht hatte seinen bevorzugten »wissenschaftlichen« Beweis für den Teufelspakt. In England konnte eine Hexe durch die Schwimmprobe überführt werden: Wenn die Frau obenauf trieb, hatte das Wasser sie als schuldig zurückgewiesen. In Dänemark wurde sie außerdem gefesselt, bevor man sie hineinwarf. Wenn die Angeklagte vor einem schottischen Gericht das Vaterunser nicht fehlerfrei hersagen konnte, verriet sie selbst, daß sie in der Gewalt des Teufels stand. In Deutschland, in Frankreich, in England und in Schottland wurden die Frauen entkleidet und kahlrasiert, um das Teufelsmal ausfindig zu machen, jenen Flecken auf ihrer Haut, wo der Dämon sie nach dem Geschlechtsakt berührt hatte. Wenn jene Stelle mit einer Nadel gestochen wurde, blutete und schmerzte es – angeblich – nicht. Der Barbier oder Wundarzt des Dorfes wurde herbeigerufen, um die Probe auszuführen, zuerst an den Brüsten und Genitalien der Frau. Bei Suzanne Gaudry fanden die französischen Richter eine solche Markierung, was, zusammen mit der Tatsache, daß sie nicht schrie, sie als Handlangerin des Satans überführte. Englische Gerichte achteten auch auf verdächtige Beulen oder Schwellungen, da sie glaubten, das seien die Stellen, wo die schändlichen Kumpane der Hexe gesaugt hätten.[88]

Gegen 1600 war die Jagd in einigen Landstrichen Europas – in Südwestdeutschland beispielsweise – völlig außer Kontrolle geraten. Niemand konnte mehr sagen, wer eine Hexe war und wer nicht. In Rottenburg war 1602 selbst der Hauptankläger, Hans Georg Hallmayer, geständig und mußte hingerichtet werden. Der einzige Weg, die völlig ungesteuerte Zunahme der Opfer zu unterbinden, war die Beendigung des ganzen Vorganges. Die Gelehrten und Mächtigen, die den Wahnsinn initiiert hatten, setzten ihm nun auch ein Ende. In Südwestdeutschland, Frankreich, Belgien und den Niederlanden wiesen die Behörden ab 1613 neue Anklagen zurück; sie verschärften die Schuldbeweise, setzten die Folter ab, unterließen Hinrichtungen, hießen Berufungen gut und büßten falsche Anklagen. So wie die Behörden zuvor Furcht gestreut hatten vor der Macht der Hexen, stellten sie sie nun in Abrede; wer weiter daran festhielt, wurde unglaubwürdig gemacht. Noch immer wurde das seltsame Tun der Dorfhebammen und der weisen Frauen überwacht, doch warf man ihnen nicht mehr Häresie und Teufelspakt vor, sondern nannte sie »besessen« und behandelte sie als unwillige Seelen, die Exorzismen und Gebete nötig hatten. Andere nannten die Frauen »irregeleitet«.[89] Wenn jemand in England um 1730 behauptete, er könne Magie anwenden, wurde er nur noch des Schwindels bezichtigt.

Ereignisse in Spanien zwischen 1611 und 1613 kann man als Vorboten der Veränderungen in Einstellung und Reaktionen betrachten, die sich auch im restlichen Europa im Verlauf des 17. Jahrhunderts durchsetzten. Im Heilsjahr

1611 bestand die Möglichkeit, Geständnisse abzulegen, ohne bestraft zu werden. Über 1800 Leute aus der Region von Logrono, die meisten Kinder zwischen sieben und vierzehn Jahren, gestanden, sie hätten anderen Personen Krankheiten angehext, sich in andere Gestalten verwandelt und Ernten geschädigt.[90] Alarmiert durch die hohe Zahl der Geständnisse, riefen die Behörden nach einem speziellen Inquisitor, der diesen Ausbruch von Ketzerei untersuchen sollte. Von Mai 1611 bis Januar 1612 reiste Alonso de Salazar y Frias über Land, befragte und verhörte die Geständigen. Bis zum Oktober 1613 hatte er die meisten Zeugnisse zurückgewiesen; er schrieb: »Wahrhaftig, diese Behauptungen gehen über alle menschliche Vernunft hinaus und übersteigen selbst die Grenzen, die dem Teufel gesetzt sind.«[91] Sein Rapport, der 1614 vom höchsten Gericht der spanischen Inquisition veröffentlicht wurde, schloß mit den Worten: »Ich bin zum Glauben gelangt, und werde weiterhin daran festhalten, daß keine der Handlungen, die in diesem Fall bescheinigt wurden, in Wirklichkeit oder physisch stattgefunden hat.«[92] Nichts war geschehen, niemand war schuldig: Die 1384 Kinder wurden losgesprochen, bei den Vierzehnjährigen oder älteren wurden 290 Fälle beigelegt, 41 geständige Hexen erhielten die Absolution, und 81 Personen nahmen ihre Geständnisse zurück.[93]

Die Hexenverfolgungen bleiben das abscheulichste Beispiel von Misogynie in der europäischen Geschichte. In einer Zeit der politischen, ökonomischen und religiösen Unsicherheit hatten Männer der Führungsspitze Europas aus Sicherheitsgründen zur Verfolgung von Frauen gegriffen und planten die erbarmungslose Ausrottung der imaginären Teufelsverschwörung. So plötzlich, wie die Hexenjagd um die Mitte des 16. Jahrhunderts ausgebrochen war, so rasch ebbte der Terror in der Mitte des 17. Jahrhunderts wieder ab. Die weltlichen und geistlichen Behörden begannen, die Vorstellungen zu verachten, denen sie früher selbst angehangen und die sie zu wahnhaften Anklagen und Morden verleitet hatte. Im frühen 18. Jahrhundert hielten die Gelehrten und Mächtigen nach neuen Ordnungsstrukturen und neuen Welterklärungsmustern Ausschau, in einem Universum, welches nun rational und wissenschaftlich betrachtet wurde und keine Religion oder Magie brauchte.

Während die Eliten die Verfolgungen stoppten und in eine neue Welt ohne Magie eintraten, gaben die Leute auf den Dörfern das Übernatürliche nicht so rasch auf. Nicht Ketzerei war es, aber als die Bäuerinnen und Bauern wieder in Ruhe gelassen wurden, wandten sie sich erneut ihrem alten Glauben an Magie und Geister zu. Niemand hatte ihnen bewiesen, daß die Welt nicht von Irrationalem erfüllt sei oder daß die weisen Leute ihre Macht verloren hätten. Manchenorts bis ins 20. Jahrhundert verließ sich die ländliche Bevölkerung auf ihre traditionellen, aus älteren Religionen und dem

Christentum kombinierten Rituale, um ihre Familien und ihr Besitztum mit Weißer Magie zu sichern.[94] Im 18. Jahrhundert stellten sich die serbischen Bäuerinnen und Bauern die Pest als eine alte Frau vor und versuchten, sie mit besonderen Ritualen vom Dorf fernzuhalten. In Rußland schlossen die Männer im 18. Jahrhundert bei Viehkrankheiten die Herden ein und versteckten sich, während die Frauen hinausgingen und um Mitternacht wie wild schrien und kreischten, um den Tod zu vertreiben. Ein anderer Teil des Rituals bestand darin, daß die Dorfälteste vor den Pflug gespannt wurde und dreimal eine Furche rund um das Dorf ziehen mußte. 1910 wollte eine sizilianische Frau ihre Haare freitags nicht kämmen, aus Angst, sie könnte sonst verflucht werden.[95] Noch im 20. Jahrhundert glaubten englische Frauen, wenn sie Karfreitagssemmeln bis zum nächsten Karfreitag aufbewahrten, werde der Keuchhusten ihre Familien verschonen. Irische Bauersleute von Lough (Bezirk Clare) ließen 1930 die westliche Seite des Landes frei von Nebengebäuden, da es die Seite der Feen war. Wenn Butter gestampft wurde, durften Männer nicht in die Nähe kommen, da sie sonst nicht fest wurde.[96]

Besonders von den alten Frauen nahm man in ganz Europa noch stets an, sie stünden in geheimnisvoller Verbindung mit dem Übernatürlichen. Sie konnten zum Beispiel den »bösen Blick« haben. Um ihn abzuhalten, band eine griechische Bäuerin in den 1950ern ihrem neuen Baby eine spezielle blaue Perle an einem Band um die Taille, bekreuzigte das Kind und spuckte dreimal aus, wenn sie es wickelte.[97] Viele dieser alten Vorstellungen und Verfahrensweisen blieben in der Welt der Bauersfrauen intakt, selbst noch als sich mit der ökonomischen, sozialen und politischen Umgestaltung Europas im 19. und 20. Jahrhundert so vieles verändert hatte.

2.4 Relikte der Welt der Bäuerinnen

Industrialisierung und Urbanisierung haben im 19. und 20. Jahrhundert die ökonomischen, politischen und kulturellen Ordnungsmuster Europas verwandelt. Altvertraute Einrichtungen und Verhaltensweisen verschwanden, während Regierungen und Wohlfahrtsorganisationen eine Fülle von Macht und Ressourcen anhäuften, die in früheren Jahrhunderten undenkbar gewesen wären. Bäuerinnen und Bauern traten in ein neues Verhältnis zu Grund und Boden, erlernten neue Anbaumethoden. Nach dem Zweiten Weltkrieg veränderten Modernisierung und Technologie den gewohnheitsmäßigen Ablauf ihres Lebens. Trotz der Umgestaltung blieben einige traditionelle Haltungen und Ordnungsmuster bestehen, die sich selbst so mächtigen Kräften gegenüber als resistent erwiesen.

Um 1980 war in Italien, Frankreich, der Sowjetunion und weiten Teilen von Osteuropa und dem Balkan noch stets ein hoher Prozentsatz der Bevölkerung in der Landwirtschaft tätig. In Gebieten Osteuropas machten die Frauen mehr als 50 Prozent der ländlichen Bevölkerung aus.[1] Trotz des Beitrags der Bäuerinnen zur Wirtschaft insgesamt und zum landwirtschaftlichen Sektor insbesondere waren die alten Stereotype der Abwertung weiblicher Arbeit noch stets in Kraft. Viele Aufgaben, zum Beispiel im Haushalt und bei der Kinderpflege, blieben unbezahlte Arbeit, nicht einmal so viel wert, um in nationalen Wirtschaftsstatistiken über Güterproduktion und Dienstleistungen aufgeführt zu werden. Solche Pflichten waren weiterhin Teil der traditionellen Doppelbelastung der Frau: Arbeit zu Hause als Ehefrau und Mutter, Arbeit auswärts als Lohnempfängerin.[2] Und wenn die Bäuerinnen für ihre Arbeit Geld verdienten, bekamen sie, wie in den vergangenen Jahrhunderten, die Hälfte bis drei Viertel eines Männerlohnes.[3]

Eine andere Tradition im Zusammenhang mit der Arbeit der Landfrauen änderte sich ebenfalls nicht. Im Vergleich mit den Männern vollbrachten die

Frauen immer noch weniger Facharbeit, sie hatten weniger Zugang zur Mechanisierung und zur technischen Ausbildung, die es brauchen würde, um den Fortschritt zu nutzen. 1980 veröffentlichte die russische Bäuerinnenzeitschrift *Krest'yanka* den Bericht einer Zuckerrübenpflanzerin über ihre Arbeit:

> Insgesamt werden bis zu 400000 Setzlinge pro Hektare aufgezogen. Und du mußt dich zu jedem einzelnen hinabbücken, einige betrachtest du aufmerksam; du wählst nicht sogleich, als ob der eine so gut wäre wie der andere. Von Anfang an muß alles Unkraut entfernt werden. Dein Rücken schmerzt, und deine Beine werden schwer. So ist es, wenn man den Boden bebaut.[4]

Überdies kam es, wie der sowjetische Premierminister Chruschtschow auf einer Konferenz von Bauern im Jahr 1961 bekanntgab, so heraus, daß die Männer die Verwaltung besorgten und die Frauen die Arbeit verrichteten.[5] Noch 1975 stellten die Frauen in den kollektiven Landwirtschaftsbetrieben nur gerade 1,5 Prozent des Verwaltungspersonals.[6] Neuere Verbesserungen – beispielsweise für die Ernte zwei Arbeitsschichten einzurichten, statt von den Erntearbeiterinnen zwölf- oder mehrstündige Schichten zu verlangen – erleichterten das Leben der Bäuerinnen. Selbst so aber blieben sie benachteiligte Mitglieder der sowjetischen Wirtschaft. Diese Ungerechtigkeit galt durchaus nicht nur in der Sowjetunion – sie existierte auch im restlichen Europa.

Die im 20. Jahrhundert erfolgte Ausweitung der Rolle des Staates und der Leistungen, die er vollbrachte, veränderte verschiedenes daran, wie die Frauen auf dem Land mit den Grundbedürfnissen ihrer Familien umgingen. In Süditalien und Sizilien lernten die Bäuerinnen um 1960, von der Bürokratie Leistungen einzufordern, die sie sich früher durch private oder kirchliche Wohltätigkeit beschafft hatten. Sie nutzten die Krankenversicherung für die Operation eines Sohnes und Beiträge des Wohnungsamtes für eine neue Behausung. Doch wenn die Frauen auf zusätzliches Einkommen angewiesen waren, waren sie von den gleichen Arbeiten abhängig wie früher. Die italienischen Bäuerinnen buken Brot, zogen Schweine auf und schlachteten sie, schlugen Holz oder dienten bei der *Signora*, der Frau des lokalen Großgrundbesitzers, als Putzfrauen. Russische Frauen verkauften die Erzeugnisse ihres eigenen Gartens.[7]

Die Vorteile der Modernisierung mit all den Annehmlichkeiten, die den Komfort einer Familie steigerten, erreichten im 20. Jahrhundert die Frauen auf dem Land um einiges langsamer als ihre Geschlechtsgenossinnen in den Städten. In der Nachkriegszeit hatten die Frauen in süditalienischen Dörfern zwar einen Gasbrenner, aber mit nur zwei Kochstellen, und fließendes Wasser, aber nur für zwei Stunden pro Tag. Untersuchungen, die in Frankreich Mitte der 1960er Jahre durchgeführt wurden, zeigten auf, daß Errungenschaften, die in den Städten schon üblich geworden waren, auf dem Land noch stets Seltenheiten darstellten: 84 Prozent der Bauernhäuser (gegenüber 48 Prozent der Stadtwohnungen) hatten keine Innentoilette; 42 Prozent hatten kein fließendes Wasser (gegenüber 12 Prozent); nur 17 Prozent der ländlichen Haushalte besaßen einen Staubsauger (gegenüber 35 Prozent); 16 Prozent hatten einen Fernseher (gegenüber 27 Prozent).[8] Um 1980 waren in der Sowjetunion neun von zehn ländlichen Haushalten mit Elektrizität ausgestattet, die Hälfte kochte mit Erdgas. Noch Mitte der siebziger Jahre jedoch hatten nur ein Drittel der Bauernfamilien fließendes Wasser, Zentralheizung oder Zugang zu sanitären Installationen.[9]

Obwohl in Europa um 1980 die Mehrheit der Bäuerinnen und ihrer Familien von den Vorteilen und Dienstleistungen des modernen Gesundheitswesens profitieren konnte, empfanden sie unter Umständen doch auch schmerzlich die Unpersönlichkeit der neuen technischen Einrichtungen. In süditalienischen Städten waren die Frauen im letzten Stadium ihrer Wehen rings um den Kreißsaal versammelt; sie lagen, die Füsse in Lederschlingen, im Rücken von Kissen gestützt, mit entblößtem Unterleib da, stopften sich das weiße, von zu Hause mitgebrachte Handtuch zum Daraufbeißen zwischen die Zähne und beteten, daß sie nicht aufschrien und sich dadurch blamierten. Wo früher ihre Freunde und ihre Familie um sie gewesen waren und ihnen Mut und Trost zugesprochen hatten, war jetzt jede Frau allein und schaute weg, um nicht zu sehen oder gesehen zu werden.

In Notzeiten bezogen die Bäuerinnen auch in der Moderne Trost aus ihrem Glauben, und sie sorgten für das religiöse Wohlergehen ihrer Familien. Die europäischen Männer hörten vor den Frauen auf, in die Kirche zu gehen.[10] In Spanien war es im frühen 20. Jahrhundert in Santander nicht anders als im 16. Jahrhundert in Neukastilien: Es gab jedes Jahr Prozessionen, an denen Frauen, Männer und Kinder teilnahmen; Geistliche trugen das Bildnis des Lokalheiligen zur Kirche und zu seinem besonderen Heiligtum oben auf dem Berg. Nach 1940 jedoch gingen die Männer von Santander nicht mehr mit hinauf zum Schrein; das überließen sie ihren Ehefrauen, während sie selbst auf halber Höhe am Weg warteten. Die Witwe eines Ladenbesitzers erläuterte den Standpunkt der Frauen: »Beten ist eine Arbeit, eine Verpflichtung wie das Geschirrspülen.«[11]

Bei allem, was die Bäuerinnen in ihren Familien und in ihrer Gesellschaft leisteten, wurde ihr Leben doch weiterhin beeinträchtigt von traditionellen, verächtlichen Einstellungen gegenüber Frauen. Die Festschreibung der Frauengleichberechtigung in Verfassungen und Gesetzen konnte die Misogynie nicht aus der Welt schaffen. 1970 meinte eine sizilianische Frau:

> Hier ist die Frau dem Mann nicht gleichgestellt. Unter den Jungen gibt es vielleicht einen Dialog, doch nicht bei den Erwachsenen. Die Frau fühlt sich selbst immer unterlegen. [...] Durch die bloße Arbeit bist du noch nicht emanzipiert. Der Mann fährt fort, die Frau wie ein Tier zu behandeln, das zwar arbeiten, aber nicht denken kann.[12]

Weder der Staat noch die Kirche des 20. Jahrhunderts haben die Bäuerinnen ermutigt, sich gegen solche Haltungen zur Wehr zu setzen oder nach weniger traditionellen Rollen zu suchen. Der nationale Bericht der österreichischen Regierung an die Vereinten Nationen im Jahr 1980 formulierte die Zielsetzungen des Ministeriums für Land- und Forstwirtschaft. Die Bäuerinnen wurden da in den althergebrachten Kategorien – eingebunden in die Familie, verheiratet – beschrieben: Die österreichische Regierung hoffe, durch ihre Anstrengungen »die Persönlichkeit der Ehefrauen der Bauern« (nicht etwa: »der Bäuerinnen«) zu bereichern und sie für ihre traditionellen Arbeiten besser auszurüsten. Oder ein anderes Beispiel: Die Lehrerin eines süditalienischen Dorfes drückte ihre Einstellung um das Jahr 1950 noch ganz ähnlich aus wie ihre Kolleginnen und Kollegen in vergangenen Zeiten. Um zu erklären, weshalb die Mädchen nur ein Buch über die Madonna erhalten hatten, meinte sie: »Es war keine Predigt, aber es war richtig für diese Mädchen. Schließlich, wozu müssen sie lesen und schreiben können? Sie brauchen es nicht wirklich [...] was sie lernen *müssen*, ist, welches Verhalten man von ihnen erwartet.«[13]

Wie in den vergangenen Zeiten waren auch im 20. Jahrhundert die Frauen auf dem Land jeweils die letzten, die lesen und schreiben lernten. Das Jahrbuch des Völkerbundes von 1938 listete die Prozentsätze von Analphabetinnen und Analphabeten in den verschiedenen Ländern auf: in Jugoslawien 57,1 Prozent Frauen gegenüber 32,7 Prozent Männern, in Bulgarien 43,3 Prozent gegenüber 19,5 Prozent, in Italien 25,2 Prozent gegenüber 17,8 Prozent, in Frankreich 4,2 Prozent gegenüber 3,4 Prozent.[14] Vuka, eine Frau aus einem serbischen Dorf, erinnerte sich um 1930, wie aufgeregt sie gewesen war, als ihr Bruder ihr das Lesen beigebracht hatte; wenn die Mutter ihr eine Arbeit gab, nahm sie ein Buch auf den Schoß und strickte blindlings, schaute nicht auf die Nadeln, sondern darunter.[15] Ihre Lieblingslektüre bestand in Liebesgeschichten von verführten Frauen. Liebesverrat ließ sie an andere Arten von Verrat denken: »Mir taten diese unglücklichen Mädchen leid. Ich tat mir auch selbst leid, da ich unglücklich war und nicht tun konnte, was ich wollte.« Was Vuka wollte, war Schulbildung »und alles lernen und wissen«.[16]

Um diese Gelegenheit zu bekommen, mußte ein Mädchen vom Land weg in die Stadt ziehen. Um 1920 begannen Bäuerinnen in großer Zahl, das Land zu verlassen.[17] Nach dem Zweiten Weltkrieg setzte sich dieser Trend fort. Oft unterstützten die Eltern ihre Töchter im Wunsch, neue Beschäftigungen außerhalb der Landwirtschaft zu suchen, wie beispielsweise die sowjetischen Eltern, die in einem Interview in den achtziger Jahren zu Wort kamen:

> Ihr Vater und ich haben unser ganzes Leben in Dreck und Staub zugebracht. Zina soll eine andere Arbeit verrichten. Auf dem Land gibt es für sie nichts zu tun ... [In der Stadt] kann sie in einem Büro sitzen, sie kann auf jeden Fall Buchhaltung lernen.[18]

Bis in die letzten Jahrzehnte unseres Jahrhunderts stützten sich jene Bäuerinnen, die auf dem Land blieben, auf traditionelle Gehalte, die sie mit ihren Schwierigkeiten aussöhnten. In ganz Europa empfanden Bäuerinnen noch stets Freude an ihrem Leben, wenn es auch beschränkt war, und Stolz auf ihre Tätigkeiten. Viele gaben diese Werte ihren Töchtern und Enkelinnen weiter. Manche Frauen verliehen den traditionellen Aufgaben im 20. Jahrhundert wieder neues Gewicht. Eine junge Französin antwortete in den sechziger Jahren auf die Frage nach ihrem Beruf stolz *»cultivatrice«*. Ihre Mutter hatte auf dieselbe Frage geantwortet, sie habe keinen Beruf.[19] Einige der Bäuerinnen lachten auch über die Art und Weise, wie Ehemänner und Väter auf ihrer vorgeblichen Überlegenheit beharrten. Eine ältere Frau aus einem südfranzösischen Dorf saß mit ihren Nachbarinnen zusammen und beobachtete die Männer, die sich frei auf dem Dorfplatz treffen konnten. Sie selbst blieb als Frau, wie früher, im Haus. Da kehrte sie die Einschränkung durch die Sitte um in eine willkommene Entscheidung und meinte: »Dort ist es windig und kalt, nicht so komfortabel wie vor meiner Haustür«, und die Nachbarinnen nickten zustimmend.[20]

Die Bäuerin Anna Cecchi, die 1913 in einem umbrischen Dorf in Norditalien zur Welt gekommen war, war Waise, seit sie sechs Monate zählte. Ihre Großmutter hatte sie aufgezogen und das Linnen für ihre Aussteuer gewebt: Leintücher, Handtücher und sechs Nachthemden. 1980 war alles dahin und verbraucht, außer einem Nachthemd, das irgendwie geschont worden war. Dieses Hemd zeigte die Bäuerin ihrer Enkelin, und zusammen bewunderten sie den weichen, handgewobenen Stoff, die rosaroten Blumenstickereien, die kunstvollen Initialen auf der Taille und die gezackten Spitzenränder.[21] Das Kleidungsstück repräsentierte das Vermächtnis der Bäuerin an Schönem und Praktischem, das Ergebnis emsiger Arbeit.

Die Antwort der jungen Französin auf dem Regierungsfragebogen, das Lachen der alten Frauen und der gemeinsame Augenblick der italienischen Großmutter mit ihrer Enkelin illustrieren die besonderen Eigenschaften und den besonderen Gehalt, die das Leben europäischer Frauen durch die Jahrhunderte charakterisiert haben. Der Stolz auf ihre Tätigkeit, auf ihren Ort und ihr Brauchtum, dazu die Fähigkeit, den grundlegenden Realitäten und unumgänglichen Aufgaben Sinn und Wert abzugewinnen, alles das hat die Bäuerinnen unter wechselnden Bedingungen aufrecht gehalten. Und gleichzeitig stützten sie mit diesen Eigenschaften und Kräften Generationen von bäuerlichen Familien.

3 Frauen in der Kirche
Die Macht der Gläubigen

3.1 Die Muster von Macht und Begrenzung (10. bis 17. Jahrhundert)

Das gläubige Vertrauen auf die Kirche, die Heiligen und die Macht des Priesters bot den Bäuerinnen Trost und ein gewisses Gefühl von Kontrolle über die Unvorhersehbarkeiten ihres Daseins. Die meisten christlichen Frauen und Männer, gleich welchen Stand sie in der europäischen Gesellschaft einnahmen, hingen diesem einfachen Glauben an das Gute und die Sünde an; sie folgten dem Pfad, der die Übertretung bestätigte, Vergebung versprach und gläubiges Vertrauen belohnte. Der Lebenslauf der Laien von der Geburt und der Taufe bis zur Letzten Ölung und der Verheißung des ewigen Lebens im christlichen Himmel wurde von kirchlichen Ritualen begleitet und markiert. Es gab jedoch noch andere Stufen der Frömmigkeit, andere Stufen der religiösen Erfahrung.

Aus der Frühzeit des Christentums erbten die europäischen Frauen Traditionen, welche ihnen noch ganz andere, weiter reichende Ansprüche nahelegten. In den ersten drei Jahrhunderten der christlichen Ära war es einer Frau, eher noch als einem Mann, möglich, die Regeln ihrer Gesellschaft zu brechen. Sie konnte die von den Griechen, Römern und Hebräern in der Antike behaupteten Mängel und Gebrechen ihres Körpers und ihres Wesens überwinden. Unter dem schützenden Mantel der Urkirche standen den Frauen mehr Rollen und Funktionen offen, als sie ihnen üblicherweise zugestanden worden waren. Unter Berufung auf ihren Glauben konnten sie ein Leben außerhalb von Familie und Ehe anstreben.

Das Urchristentum predigte die Gleichheit aller Gläubigen und stellte die Frauen aufgrund ihres Glaubens potentiell den Männern gleich. Sie waren vor den Augen Gottes gleichwertig und durch göttliche Autorität bevollmächtigt. In dieser Position war es den Frauen möglich, ihre traditionelle Funktion als Kindergebärerin und ihr in Beziehung auf die Männer definiertes Leben als Tochter, Gattin und Mutter abzulehnen. In der Welt dei Kirche gab es keine getrennten weiblichen und männlichen Rollen; statt dessen definierten beide Geschlechter ihre Existenz im Verhältnis zu Gott, das heißt im Hinblick auf eine Beziehung, die alle anderen überstieg. In den ersten Jahrhunderten hatten eifrige Christinnen – Maria Magdalena, Prisca, die Heiligen Perpetua, Paula und Melania die Jüngere, die Kaiserin Pulcheria – zahlreiche traditionell männliche Funktionen wahrgenommen: Sie hatten gepredigt, die Heilige Schrift studiert, prophezeit, andere zum Glauben bekehrt, oder sie waren für ihre Religion gestorben.

In der europäischen Geschichte nach 800 kehrten diese Chancen für Frauen noch zweimal wieder: im 12./13. Jahrhundert und im 16./17. Jahrhundert. Wieder genossen Frauen die Gleichheit aller Gläubigen, durften die Unterschiede von Geschlecht und Funktionen vergessen, ergriffen verbotene Rollen und Aktivitäten im Namen des neubelebten christlichen Glaubens. Sowohl während der religiösen Begeisterung der hochmittelalterlichen »Renaissance« im 12. als auch während der protestantischen Reformation im 16. Jahrhundert wurden Frauen zu Rebellinnen und Glaubenseifererinnen, welche die Gelegenheiten mit einer Leidenschaft ergriffen, die derjenigen der Gläubigen und Bekehrer der frühen Kirche in nichts nachstand: Sie protestierten, kämpften und starben als Märtyrerinnen, sie gründeten neue Orden oder reformierten die alten, sie studierten, hielten Predigten und bekehrten. Einige hörten Gott in ihren Visionen und gewannen dadurch die Autorität, Kritik zu üben und Weissagungen zu machen.

Doch so wie das Erbe der frühkirchlichen Traditionen die Rebellion und die Unkonventionalität im Namen des Glaubens legitimiert hatte, so wurde diese Berechtigung durch die überkommenen Muster auch wieder aufgehoben. Die Macht, die durch die Gleichheit aller Gläubigen gesichert sein sollte, war von der Urkirche schließlich begrenzt und festgeschrieben worden; dies geschah auch wieder Ende des 13. und Ende des 17. Jahrhunderts. Nach jeder Periode des Aufbruchs monopolisierten Neudefinitionen des Glaubens und neu eingesetzte Institutionen den Zugang zu religiöser Autorität wiederum in den Händen einer männlichen Hierarchie, und, mit neuen Dogmen bewehrt, zügelten und kontrollierten die Kleriker aller Konfessionen die Gläubigen beiderlei Geschlechts. Wer sich nicht konform verhielt, wurde als Häretiker oder Schismatiker ausgeschlossen.

In den Perioden der Eingrenzung und Konformität unterwarfen sich die meisten religiösen Frauen den geforderten Einschränkungen. Sie sammelten sich in Konventen und Kongregationen unter der Obhut männlicher Kirchenführer. Sie anerkannten die geistlichen Rollen, die ihnen noch offengelassen wurden: Sie beteten und vollbrachten Werke der Nächstenliebe. Die meisten von ihnen merkten nicht, daß nach jedem Zyklus von Aufbruch und Eingrenzung ihr Spielraum enger und ihre Wahlmöglichkeiten eingeschränkter wurden. Die Frauen konnten zwar noch stets ein alternatives Leben außerhalb der Ehe mit ihrem christlichen Glauben rechtfertigen. Aber nicht diese Lebensform war es, welche die Priester und Prediger priesen. Statt dessen gravierten die Kleriker der späteren Jahrhunderte – wenn auch mit subtilerer Nadel als früher – die beschneidenden und verleumderischen Bilder der weiblichen Natur und ihrer biologischen Funktionen nur noch tiefer ein, und diese Vorstellungen verankerten als Ideal wieder die weibliche Unterordnung, nicht die Gleichstellung. Die Kirchenführer – die Katholiken indirekt, die Protestanten durch direktes Gebot – verherrlichten die christliche Familie, eine Welt, die von männlicher Befehlsgewalt beherrscht und abgegrenzt wurde. Am Ausgang des 17. Jahrhunderts spielte sich das Leben auch für die frömmsten und andächtigsten europäischen Frauen vorzugsweise in dieser engen Sphäre ab und stand im Dienst am neuen Helden der Gesellschaft: dem Ehemann, Vater und Versorger – dem Patriarchen.[1]

3.2 Autorität innerhalb der institutionellen Kirche

Die großen Äbtissinnen und die gelehrten geistlichen Gemeinschaften

Im 6. und 7. Jahrhundert war die religiöse Begeisterung der Frühkirche durch die Etablierung von Bistümern und monastischen Orden und durch die Kanonisierung der biblischen Schriften und der kirchlichen Bräuche mittels der Autorität von Papst und Kirchenkonzilien aufgefangen und unter Kontrolle genommen worden. Den europäischen Frauen stand innerhalb dieses neuen, institutionalisierten Glaubens neben Ehe und Familie noch stets eine alternative Lebensform offen: Die christliche Kirche bot ihnen ein religiöses Leben als Mitglied einer geistlichen Gemeinschaft, welches sie zu Gehorsam, Armut und Keuschheit verpflichtete. In den Klöstern, Stiften und Kongregationen konnten gläubige Individuen ihre geistigen und intellektuellen Fähigkeiten voll ausschöpfen. Eine Frau – nicht mehr länger Ehefrau, Mutter oder Tochter – konnte sich gleich einem Mann dem Studium und dem Gebet widmen. Als Nonne war sie zwar von einem Mönch im Wesen und an Macht verschieden, doch konnte sie gleichberechtigten Zugang zu göttlicher Gunst, zu Wissen und zu spiritueller Autorität auf Erden erlangen.

Das abgeschiedene Klosterleben hatte sich schon seit den frühesten Jahrhunderten der Kirche ausgeformt, als weibliche und männliche Laien sich zusammengeschart und gemeinsame Lebens- und Gebetsregeln angenommen hatten. Diese Regeln aus dem 4., 5. und 6. Jahrhundert wurden formalisiert, während andererseits das Fortbestehen der Kongregationen durch Schenkungen von Land gesichert wurde, dessen Ertrag ihren Lebensbedarf abdeckte. Zwischen dem 7. und 12. Jahrhundert gründeten zahlreiche königliche und adelige Frauen, auch Töchter und Gattinnen von reichen Bürgern solche Gemeinschaften; oft traten sie dem Kloster oder Konvent gleich selbst bei und standen ihm als Äbtissin vor.

Privilegierte Stifterinnen und Äbtissinnen konnten vom 7. bis 12. Jahrhundert eine Machtfülle erringen, wie sie üblicherweise den Bischöfen, Äbten und dem ordinierten Klerus vorbehalten war. Viele der klösterlichen Gemeinschaften bestanden aus aneinandergrenzenden Einrichtungen sowohl für Frauen als auch für Männer, die als »Doppelklöster« bezeichnet werden.[1] Nicht selten regierten Frauen diese Gemeinschaften. Eine Äbtissin übte sowohl geistliche als auch weltliche Macht aus. Wegen der Ländereien, die zum Klosterbesitz gehörten, war sie verantwortlich für die Erbringung der feudalen Verpflichtungen eines Vasallen und für die Verwaltung der Gutshöfe und Felder, von denen der Unterhalt der frommen Gruppe abhängig war. Sie überwachte ferner das geistliche Leben der Bewohner der klostereigenen Güter, die Einbringung des Zehnten und die Einsetzung der Geistlichen auf den Dörfern. Und selbstverständlich oblag ihr die Verantwortung für das geistliche Leben der Nonnen und Mönche ihres Hauses.

Im Umgang mit diesen Befugnissen traten manche Frauen nicht anders auf als ihre männlichen Kollegen. Die heilige Salaberga von Laon in Frankreich gründete Mitte des 7. Jahrhunderts sieben Klöster und trug die Verantwortung für 300 Nonnen.[2] Ihre Zeitgenossin Fara, die als Kind vom irischen Missionar Kolumban eingesegnet worden war, gründete eine Doppelgemeinschaft in Brie in Nordfrankreich, regierte als Äbtissin und nahm priesterliche und bischöfliche Befugnisse wahr: Sie hörte die Beichte und exkommunizierte Mitglieder. Die Äbtissin von Jouarre (ebenfalls in Frankreich) erwirkte eine päpstliche Erlaubnis, Insignien zu tragen, die normalerweise einem Bischof vorbehalten waren. In der spanischen Abtei Las Huelgas ernannten die Nonnen im 12. Jahrhundert ihre Beichtväter selbst. Noch um 1230 segnete die Äbtissin Dona Sanchia Garcia die Novizinnen wie ein Priester und führte bei Kapitelsitzungen für die zwölf weiteren Klöster unter ihrer Herrschaft den Vorsitz.[3]

Stifter und Kleriker erwarteten, daß die hauptsächliche Aufgabe und Tätigkeit der heiligen Frauen das Beten sei: Mit Gebeten sollten sie ihre Wohltäter und sich selbst von den Sünden reinwaschen. Die männlichen Angehörigen von religiösen Orden, die Mönche, durften auch predigen und die Sakramente reichen, wenn sie als Priester geweiht worden waren. Die nichtordinierten Frauen konnten theoretisch nur beten. Bis ins 12. Jahrhundert jedoch schafften sich die mächtigen Leiterinnen von geistlichen Kongregationen – ob von Klöstern, Doppelgemeinschaften oder Stiften für Frauen allein – einen breiteren Spielraum, um ihre Lebensformen und Funktionen und die ihrer Nonnen zu definieren. Gebete ja, aber auch Bildung. Bildung hieß in diesen frühen Jahrhunderten vor allem, Latein lesen zu können. Das brauchte es, um die wichtigen Texte der Antike und der Urkirche zu studieren.

Um 694 war Repton in Derbyshire (England) dank der Anstrengungen der Äbtissin Aelfthrith als Zentrum von Bildung bekannt geworden, im 8. Jahrhundert erlangte Chelles in Frankreich einen vergleichbaren Ruf. Im 9. Jahrhundert sandte der Adel Sachsens seine Töchter zur Ausbildung nach Quedlinburg oder Gandersheim.

Vom 7. bis zum 11. Jahrhundert unterstützten die männlichen Kirchenführer diese Bestrebungen. Als Kolumban und andere Missionare der irischen Kirche im 7. Jahrhundert durch England, Frankreich und Deutschland zogen, betonten sie die Wichtigkeit der Bildung. Theologen jener Epoche priesen in ihren Traktaten über die Jungfräulichkeit die Lektüre der Bibel und der Kirchenväter. Im 9. Jahrhundert versicherten einige Autoren, durch solch »männliche« Ausbildung werde eine Frau buchstäblich viriler, einem Mann ähnlicher, und dadurch heiliger.[4]

Unter der Leitung von besonders tatkräftigen und intelligenten Äbtissinnen gewannen diese religiösen Zentren eine einzigartige Ausstrahlung; sie waren bescheiden ausgestatteten Universitäten gleichwertig. Die heilige Hilda (614–680), Großnichte des englischen Königs Edwin von Northumbrien, gründete ein Kloster und überwachte im Verlauf ihres Lebens noch zwei weitere. Sie verwandelte Whitby, eine Niederlassung von Einsiedlerinnen und Einsiedlern, in eine Stätte der Bildung. Unterstützt und beraten von Aidan, dem Bischof von Lindisfarne, richtete sie einen regelmäßigen Zeitplan für Gebete und heilige Zeiten ein; danach wandte sie ihre Aufmerksamkeit der Ausbildung ihrer Schützlinge zu. Fünf Mitglieder aus ihrer Gemeinschaft wurden Bischöfe. Als ein Vogt, der über eines der klostereigenen Güter die weltliche Aufsicht führte, den Knecht Caedmon zu ihr brachte, erkannte sie die Schönheit von dessen Versen. Auf ihre Ermutigung hin trat Caedmon dem Orden bei und wandte sich mit seiner Dichtung religiösen Themen zu.

Frauen aus anderen englischen Klöstern und Konventen, zum Beispiel aus Wimborne in Dorset, begleiteten Missionare auf den Kontinent und blieben da, um geistliche Gemeinschaften und neueingerichtete Bildungszentren zu verwalten. Lioba (gestorben 782) schloß sich dem heiligen Bonifatius auf seiner Sachsenmission an. Als seine besondere Gefährtin und Beraterin führte sie den Vorsitz über das Doppelkloster Tauberbischofsheim und überwachte die Organisation von weiteren Gemeinschaften. Frauen aus ihrem Kloster gingen als Lehrerinnen in Gründungen, die von anderen Boten des Papstes errichtet worden waren. Wegen ihrer weithin bekannten Gelehrsamkeit suchten verschiedene Angehörige der kirchlichen Hierarchie und auch Hildegard, die Gattin Kaiser Karls des Großen, ihren Rat.

Liobas Mutter hatte sie als Kind der Kirche geweiht mit der Überlegung, daß das religiöse Leben ihrer Tochter »Freiheit« gewähren werde. Diese Empfindung müssen Lioba und andere Frauen des 9., 10. und

11. Jahrhunderts auch wirklich gehabt haben. Denn in der geschützten und geheiligten klösterlichen Abgeschiedenheit waren die Frauen befreit von der intellektuellen Unfähigkeit, die ihrem Geschlecht sonst zugeschrieben wurde. Sie konnten sich der Möglichkeiten erfreuen, die üblicherweise für Männer reserviert blieben: Sie konnten von ihrem Verstand Gebrauch machen, sie konnten bedeutende Texte lesen, sie konnten ihre eigenen Worte und Gedanken niederschreiben. Liobas Biograph berichtete, die Äbtissin habe derart eifrig nach vollständigem Wissen in der Religion gestrebt, daß sie schon als kleines Mädchen nie ihr Buch beiseite gelegt habe. Im Erwachsenenalter, als sie etwas mäßiger geworden war, aber ihren Studien um nichts weniger ergeben, habe sie sich nach dem Mittagessen jeweils etwas ausgeruht, da sie glaubte, der Verstand sei nach dem Schlaf besser zum Studium gerüstet.[5]

Die Frauen der Kirche erkundeten verschiedene literarische Gattungen. Baudonivia verfaßte die offizielle Biographie der heiligen Radegundis von Poitiers, einer Äbtissin des 6. Jahrhunderts; der Lebensbericht stellt vor allem die »weiblichen« Stärken – Radegundis' Frömmigkeit, ihre mütterliche Fürsorge für die Gemeinschaft und ihre Friedfertigkeit – in den Vordergrund. Die Äbtissin Gertrud von Nivelles reiste im 7. Jahrhundert wegen Büchern nach Rom und warb irische Mönche als Lehrer an. Eine ihrer eigenen Stiftsdamen schrieb ihr Leben auf. (Stiftsdamen verpflichteten sich mit Gelübden zu Gehorsamkeit und Keuschheit, nicht aber zu Armut.) Von der Äbtissin von Heidenheim im 8. Jahrhundert heißt es, sie habe die Tradition der Reiseberichte begründet, da sie für den Bischof von Eichstätt seine Erinnerungen an eine Reise ins Morgenland aufschrieb.

In dieser geschützten akademischen Umgebung wuchs eine Frau sogar über ihre männlichen Zeitgenossen hinaus: Hrotsvit (bekannt auch als Hroswitha oder Roswitha) von Gandersheim. Sie lebte ungefähr zwischen 930 und 990, schrieb Verse, geschichtliche Werke und die einzigen Dramen, die zwischen dem 4. und 11. Jahrhundert in Europa verfaßt wurden. Das Nonnenkloster von Gandersheim, um 850 gegründet, war im 10. Jahrhundert zu einer reichen, unabhängigen Institution aufgeblüht, die von den Kaisern des Heiligen Römischen Reiches begünstigt wurde. Otto I. gestand der Äbtissin einen eigenen Hof, eigene Ritter und das Münzrecht zu, auch an den Versammlungen der Reichsstände nahm sie teil. Hrotsvit trat im Kindesalter in das Kloster ein, wahrscheinlich wurde sie von ihrer vornehmen Familie der Kirche geweiht. Rikkardis, »unsere gelehrte und liebenswürdige Lehrerin«, wie sie sie nannte, brachte ihr Latein bei; die Äbtissin Gerberga hat ihr möglicherweise Unterricht in Griechisch erteilt.[6] Hrotsvits Werke belegen, daß sie mit den klassisch antiken und christlichen Texten vertraut war. (Zu ihrer Zeit, das heißt im 10. Jahrhundert, gehörten zu einer guten Klosterbibliothek Vergil, Horaz, Lukian, Cicero, Seneca, Plinius der Ältere, Tacitus und die Geschichtsschreiber des spätrömischen Kaiserreiches, Ovid, Juvenal, Terenz und Plautus, der Philosoph Boethius, die Kirchenväter, Fortunatus, Alkuin, Beda, Isidor von Sevilla, die Heiligenlegenden, die Vulgata, die Psalmen und die neutestamentlichen Apokryphen.)[7] Als Hrotsvit zu schreiben begann, wählte sie, wie es auch ein gelehrter Mann an ihrer Stelle getan hätte, die lateinische Sprache. Sie verfaßte Heiligenlegenden, Epen, ein Gedicht und mehrere Dramen.[8] Jedes Stück führt ihre Erfindungsgabe, ihre sprachliche Originalität und ihre metrische Geschicklichkeit vor Augen. In ihrem Schriftstellernamen versteckt sich ein Wortspiel: Im Sächsischen hieß *hroth* »Lärm, Geräusch«, auch »Ruhm«, und *swith* »laut, stark«, so daß sie sich selbst also den Titel »die starke Stimme von Gandersheim« verlieh.[9] In einem Gedicht schilderte sie die Mühen einer Anfängerin, die einsam arbeitete: »Manchmal dichtete ich mit großer Anstrengung, dann wieder zerstörte ich, was ich so armselig geschrieben hatte«; doch fuhr sie in der Arbeit fort, »damit das bescheidene Talent [...] das mir der Himmel verliehen hat, nicht müßig in den düsteren Tiefen des Geistes ruhe und vom Rost der Vernachlässigung zerstört werde.«[10]

Hrotsvit schrieb ihre Legenden von vorbildlichen Heiligen und ihre Dramen, um dem Bild der schwachen und bestechlichen Frau entgegenzutreten, das sie in der weltlichen und geistlichen Literatur vorfand. Sie entschied sich bewußt dafür, das Handlungsgerüst ihrer Dramen dem heidnischen Dramatiker Terenz zu entnehmen, und sie genoß die Ironie, seine Geschichten von entjungferten Mädchen und Prostituierten, seine Erzählungen von den »schamlosen Handlungen ausschweifender Frauen« in Dramen zu verwandeln, welche die löbliche Keuschheit christlicher Jungfrauen priesen. Immer wieder demonstrierte sie den Sieg der schwachen, zerbrechlichen Frau über den starken, in Verwirrung gesetzten Mann.[11]

Hrotsvit ließ ihre Stücke einigen Klerikern zukommen, die sie in ihren Unternehmungen unterstützten, doch waren sie hauptsächlich für die Nonnen und Stiftsdamen gedacht, zur Lektüre an Festtagen und bei Besuchen hoher kaiserlicher oder kirchlicher Beamter. Die Dramen leiden an einigen Schwächen: abrupte Szenenwechsel, hölzerne männliche Charaktere, lange Monologe, in denen demonstrativ Bildung zur Schau gestellt wird. Andererseits aber finden sich ausdruckskräftige, frische Situationskomik und lebendige Darstellungen der Protagonistinnen. Die heldenhafte Jungfrau Fides aus dem Stück *Sapientia* verspottet den Kaiser Hadrian von ihrer brodelnden Pechpfanne aus. Die reuige Prostituierte Thais in *Paphnutius* scheut sich vor dem Leben in der engen Zelle, die ihr gezeigt wird. »Sie wird bald unbewohnbar sein«, erklärt sie.[12] *Abraham*, möglicherweise Hrotsvits viertes Drama, weist die besten Personendarstellungen und die schlagendsten Dia-

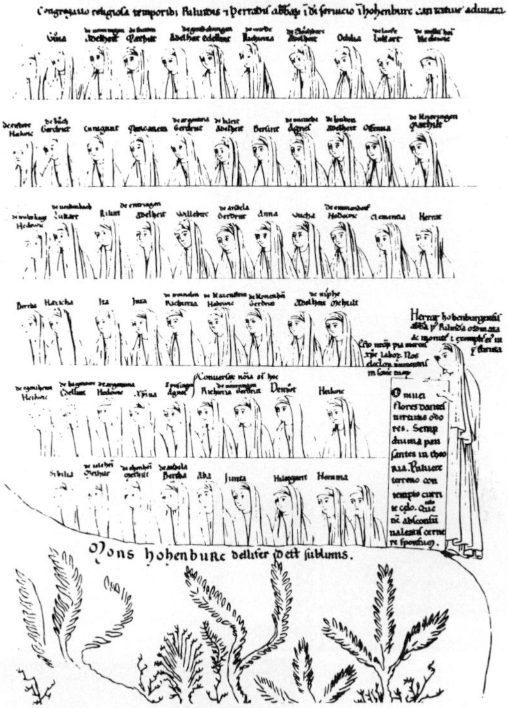

1. Die Nonnen des Klosters
der gelehrten Äbtissin Herrad von Landsberg.
Porträtiert im Manuskript ihres *Hortus Deliciarum*,
um 1160.

2. Die »Erweckung« der Mystikerin Hildegard von Bingen. Selbstporträt aus ihrem Buch *Scivias*, Mitte 12. Jh.

3. Die heilige Anna bringt der Jungfrau Maria das Lesen bei. Aus einem Burgunder Gebetbuch, Anfang 15. Jh.

4. Relief einer Gruppe von Nonnen
auf einem französischen Grabstein, 13. Jh.

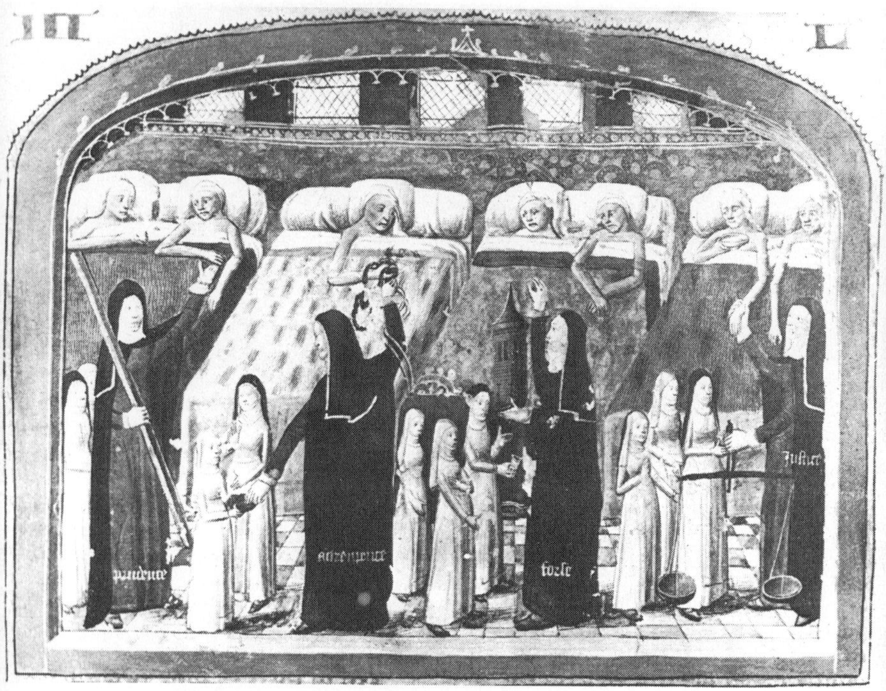

5. Nonnen bei der Krankenpflege im Hôtel Dieu in Paris.
Französisches Manuskript, 15. Jh.

6. Das Ertränken der Wiedertäuferin Maria van Monjou.
Holländischer Stich, 17. Jh.

7. Die heilige Teresa von Avila.
Mystikerin, religiöse Reformerin und Kirchenlehrerin.
Porträt von Fray Juan de la Miseria, 1576.

8. Rembrandts Mutter
beim Lesen eines Lektionars (ausgewählte Bibeltexte).
Porträt von Gerard Dou, 17. Jh.

9. Familie des protestantischen Pfarrers von Hjerm, Dänemark, um 1660.

loge auf. Maria, die von Abraham zu einem frommen Leben angehalten wurde, läßt sich von einem falschen Mönch verführen und flieht in die Stadt, wo sie Prostituierte wird. Abraham sucht und findet sie; die Versöhnungsszene gibt ihrer beider Liebe und ihrer Frömmigkeit Ausdruck. Sie hätte nicht zurückkehren können, erläutert Maria, denn »da ich einmal in die Sünde gefallen war, wagte ich dir, der du heilig bist, nicht vor die Augen zu treten«. Abraham erwidert: »Aber ist denn irgendeiner ganz ohne Fehl, ausgenommen der Sohn der Jungfrau?« »Nein, niemand«, antwortet sie. Nun da ihr Vergebung zugesichert ist, »fließt die göttliche Gnade über und wusch überfließend die Schrecken des falschen Tuns hinweg«, und Maria nimmt mit Abraham wieder ein frommes Leben auf.[13]

Keine der Schriften Hrotsvits erreichte eine weite Verbreitung, durch ihre bloße Existenz jedoch zeigten sie die Chancen auf, welche die Kirche einer klugen Frau bieten konnte.[14]

Ebenfalls nur wenige Zeitgenossen wußten von dem Werk einer anderen, ausnehmend gelehrten Frau: Herrad von Landsberg, Äbtissin von Hohenburg im Elsaß (ungefähr 1125–1195). Auch ihre Schriften zeigen die intellektuellen Höhen, die eine geistliche Frau zu erklimmen vermochte. Herrad war eine Führerin von ungewöhnlicher Tatkraft und Gelehrsamkeit; sie gründete ein Damenstift, ein Nonnenkloster und ein Spital. Unter ihrer Leitung wurde das gewaltige Unterfangen einer Enzyklopädie, des *Hortus deliciarum* (»Garten der Wonnen«), in Angriff genommen. Zwischen 1160 und 1170 arbeiteten Herrad und sechzig Nonnen ihres Klosters daran und stellten ein Manuskript von 324 Seiten zusammen, ein Kompendium allen Wissens und eine Geschichte der ganzen Welt.[15] »Wie eine Biene [...] saugte ich aus vielen Blüten [...] und sammelte es zusammen [...] wie in eine süße Honigwabe«, umschrieb Herrad selbst ihre Bemühungen. Sie füllte ihre »Honigwabe« mit heiligen und philosophischen Texten, mit eigenen Gedichten und Gesängen, mit populären Exempelgeschichten und mit Illustrationen, die über das ganze Buch verstreut sind und manchmal eine ganze Seite einnehmen.[16] Herrad versah alle Abbildungen umsichtig mit Legenden sowohl in Deutsch als auch in Latein, so daß die Novizinnen anfangen konnten, die Sprache der Kirche zu erlernen. In Herrads Formulierungen und der Verwendung von traditionellen Allegorien werden ihre Kenntnisse der Kirchenväter und der klassischen Autoren augenfällig; gleichzeitig enthüllen ihre Werke aber auch eine ganz eigene, phantasievolle Blickweise. In ihrer »Tugendleiter« stellte sie Seelen dar, die den Verführungen der irdischen Welt nicht zu widerstehen vermögen; nur eine Frau erreicht ruhig und schweigsam den Gipfel. Auf der letzten Seite des Manuskriptes sind die Nonnen des Klosters in Gruppen bei den Verrichtungen des täglichen Lebens abgebildet. (Das Originalmanuskript des *Hortus deliciarum* wurde unglücklicherweise während des französisch-preußischen Krieges von 1870 zerstört; übriggeblieben ist einzig eine Kopie.)

Von allen Äbtissinnen dieser Jahrhunderte war es Hildegard von Bingen (1098–1179), Gründerin des Nonnenklosters auf dem Rupertsberg, die sowohl an Gelehrsamkeit als auch an Autorität den Freiraum am weitesten ausnützte, den die Kirche den Frauen bot. Hildegard war unter den gelehrten weiblichen wie männlichen Klosterinsassen ihrer Epoche einzigartig durch die Breite ihres Wissens (das sich vom Naturkundlichen zum Musikalischen bis zum Theologischen erstreckte) wie auch durch die Anerkennung, die sie zu Lebzeiten fand. Päpste und Kaiser waren unter den Empfängern ihrer wissenschaftlichen Abhandlungen. Päpste und Kaiser glaubten an sie als an eine Prophetin, eine Frau, die göttliche Offenbarungen hatte, die sie für ihre Zeitgenossen aufzeichnete und interpretierte wie einst Debora und Jesaja bei den alten Hebräern. 1227 wurde ein Heiligsprechungsprozeß eingeleitet, der jedoch nie zum Abschluß kam.

Obwohl ihre Talente und ihr Ruf später außergewöhnlich wurden, zeichnete eigentlich nichts Besonderes den Weg aus, wie Hildegard in die Welt der Kirche eintrat. Sie war das zehnte Kind des Grafen von Bermersheim in Südwestdeutschland. Schon andere Mitglieder ihrer Familie waren in geistlichen Orden in höhere Positionen aufgestiegen; eine Tante war Äbtissin, ein Bruder Abt. Mit acht Jahren wurde Hildegard einer Klausnerin übergeben, die in der Nähe der von der Familie bevorzugten Benediktinerabtei Disibodenberg lebte. Mit vierzehn oder fünfzehn legte Hildegard Profeß ab und wurde in den Orden aufgenommen. Jutta von Sponheim erzog sie. Nach Juttas Tod im Jahr 1136 folgte ihr Hildegard als Äbtissin nach. Im Alter von neunundvierzig Jahren verließ sie aufgrund einer ihrer Visionen das Kloster Disibodenberg zusammen mit achtzehn ihrer Nonnen und gründete bei Bingen den neuen Konvent Rupertsberg.[17]

Hildegard erinnerte sich, mit drei Jahren ihre erste Vision gehabt zu haben, doch, wie sie erklärte, verbarg sie sie, bis Gott in seiner Gnade sie offenbar machen wollte.[18] Als sie vierzig Jahre alt war, glaubte sie, Gott hätte ihr den Befehl zum Schreiben erteilt. Als sie nicht gehorchte, wurde sie krank. So begann sie. Von 1141 bis 1151 arbeitete sie mit ihren Nonnen an dem Buch *Scivias* (*Scito vias domini*, »Wisse die Wege des Herrn«), womit sie ihre Autorität als Prophetin und Deuterin von Gottes Geheimnissen begründete. Sie »sah«, sie »hörte« Bilder und deren Bedeutungen, insgesamt sechsundzwanzig Visionen. Die Schöpfung der Welt beschrieb sie als ein der Vereinigung von Frau und Mann ähnliches Ereignis. Sie erblickte den Schöpfer in weiblicher Gestalt, welche die Früchte der Vereinigung nährte und aufzog. Sie erblickte Jesus und schilderte, wie die Menschheit am Tage des Gerichtes gerettet werden könnte – einem endlosen Tag, an dem die Bewegungen der Sonne und der Sterne endeten, an dem das Feuer nicht brannte, die Luft dünn wurde und das Wasser für immer verstummte.

Ihre enge Freundin Richardis von Stade half ihr bei der Übersetzung und Verfeinerung ihrer lateinischen Prosa. Andere Nonnen der Gemeinschaft fertigten das Manuskript und die Illuminationen an mit den Zeichungen, die Hildegard entworfen hatte. Als Richardis 1151 wegzog, um Äbtissin eines anderen Nonnenklosters zu werden, fand Hildegard andere, die ihr als Sekretärinnen zur Seite standen. Zwischen 1163 und 1173 wurde ihr zweites Buch von Offenbarungen, *Liber divinorum operum* (»Das Buch der göttlichen Werke«) in gleicher Weise fertiggestellt. Die Visionen und ihre Interpretationen kamen wiederum als »Gottes Wort« auf sie. Die Visionen seien wie ein Spiegelbild, »Schatten des lebendigen Lichtes«, wie sie sagte.[19] Sie erblickte in ihnen die Harmonie des Universums, die gegenseitigen Verbindungen und das Wechselspiel zwischen den menschlichen Wesen und dem Kosmos. In einer letzten Visionenfolge gab sie einen Überblick über die ganze Geschichte der Menschheit von Adam bis zur Apokalypse.

Dieses zweite Buch von Offenbarungen enthielt in den Erläuterungen der dritten und vierten Vision eine ausführliche Analyse der Funktionen des menschlichen Körpers. Hier zeigte Hildegard noch eine andere Seite ihrer bemerkenswerten Intelligenz, die sich auch in ihren weiteren Schriften zur Heil- und Naturkunde äußerte, welche sie zwischen 1151 und 1161 abgefaßt hatte. In der *Physica* (*Liber simplicis medicinae*, »Das Buch der einfachen Heilkunde«) zählte sie fast 300 Kräuter auf und gab an, wann sie zu pflücken seien und worin ihre medizinische Anwendung bestehe; sie beschrieb auch Tiere und Steine. In den *Causae et curae* (*Liber compositae medicinae*, »Das Buch der komplexen Heilkunde«) führte sie siebenundvierzig verschiedene Krankheiten auf samt Spekulationen über ihre Ursachen und mögliche Heilverfahren. In den beiden Büchern erweist sich ihre Kenntnis der klassischen Autoren, zum Beispiel Plinius, wie auch der zeitgenössischen Quellen, etwa medizinischer Traktate des 12. Jahrhunderts aus der berühmten Schule von Salerno (Italien). Sie erklärte Krankheit als Störung des körperlichen Gleichgewichts und vertrat physiologische Einsichten, die ihrer Zeit um Jahrhunderte voraus waren; Gedanken über die Zirkulation des Blutes gehörten dazu, über Nerventätigkeit und Gehirn, über Ansteckung und über Zusammenhänge zwischen Zucker und Diabetes. Sie verfaßte Kommentare zur Entwicklung des weiblichen Fortpflanzungssystems, die eine Beschreibung der Adoleszenz von Zwölf- bis Fünfzehnjährigen enthalten, und stellte fest, daß Frauen, die mit weniger als zwanzig oder mehr als fünfzig Jahren empfangen, eher Fehl- und Mißgeburten erleiden.

Während sie noch mit der Fertigstellung dieser Manuskripte beschäftigt war, wandte sie sich bereits der Arbeit am *Liber vitae meritorum* (»Das Buch der Lebensverdienste«) zu, einem allegorischen Dialog zwischen Tugenden und Lastern, sodann der *Symphonia armoniae celestium revelationum* (»Symphonie der Harmonie der himmlischen Offenbarung«), siebenundsiebzig Liedern, die als Zyklus von Andachtsmusik zum Vortrag an Festtagen der Jungfrau Maria und lokaler Heiliger komponiert waren.[20] Auch hier stellte Hildegard ihr Talent unter Beweis. Ihre Verse und Melodien sind freier in Form und Ausdruck, origineller als die üblichen gregorianischen Gesänge.[21]

Papst Eugenius hörte erstmals 1146 von ihren Offenbarungen. Hildegard schrieb dem Leiter des Zisterzienserordens, Bernard von Clairvaux, der dem Papst riet, sie zur Prophetin zu ernennen. Zwei Jahre später bestätigte eine Gruppe von Kirchenmännern, die sich unter der Aufsicht des Papstes versammelt hatten, daß Gott die Quelle von Hildegards Visionen sei und sie die Gabe der Weissagung besitze. Die Gelehrten lasen *Scivias*. Die Mächtigen suchten ihren Rat. Hildegard nahm die an sie herangetragene Autorität gerne wahr. Sie bereiste verschiedene Städte – zum Beispiel Trier, Mainz und Köln – und predigte. Sie verfaßte eine Abhandlung gegen die Häresie der Katharer. Sie ermahnte führende Persönlichkeiten der Kirche und des Reiches und beschuldigte sie, bestechlich zu sein und schlecht zu regieren. Den Papst Anastasius warnte sie: »Ihr vernachlässigt die Gerechtigkeit, [...] Ihr läßt sie gedemütigt, mit zerschlagenem Diadem und zerrissenem Gewand am Erdboden liegen ...«[22] Als Friedrich Barbarossa, Kaiser des Heiligen Römischen Reiches, ihr auf einen Brief nicht antwortete, übersandte sie ihm Gottes Botschaft: »Höre dies, König, wenn du leben willst – sonst wird mein Schwert dich durchbohren!«[23]

1178, in ihrem letzten Lebensjahr, geriet Hildegard von Bingen mit der lokalen Kirchenbehörde von Mainz wegen des Begräbnisses eines Adeligen auf dem Friedhof ihrer Abtei in Streit. Die Abtei wurde unter Interdikt gestellt, und nur dank ihres Appells an den Erzbischof von Rom und durch den Verweis auf ihre Visionen, die die Rechtmäßigkeit ihres Vorgehens bestätigten, wurde das Urteil aufgehoben, und die Äbtissin durfte samt ihren Nonnen die Sakramente wieder empfangen. Nur dank ihres Ruhms und ihrer anerkanntermaßen außerordentlichen Verbindung zum Göttlichen besaß Hildegard die Macht, der männlichen Kirchenhierarchie entgegenzutreten.

Doch die Welt der großen Äbtissinnen war am Versinken. Ende des nächsten Jahrhunderts waren die Umstände und Haltungen, welche die gelehrten Niederlassungen begünstigt und frommen Frauen wie Hildegard intellektuelle Vervollkommnung und spirituelle Macht ermöglicht hatten, für immer verschwunden.

Wie kam das? Wie wurde die geschützte Welt der Klöster aufgebrochen und die Fundamente ihrer Autorität erschüttert? Zunächst verloren sie ihre

Ländereien. Viele der großen Nonnenkonvente und Mönchsklöster, die von Äbtissinnen regiert wurden, erholten sich nie mehr vollständig von den Einfällen und Raubzügen der Wikinger und der Sarazenen im 9., 10. und 11. Jahrhundert. Jene Doppelklöster, die damals verschont geblieben waren, wurden im Zuge von Reformen aufgelöst, die getrennte Niederlassungen für Frauen und Männer verlangten.

Dann verloren die Klöster ihre Unabhängigkeit. So wie die Mainzer Kirchenbeamten von Hildegard erwartet hatten, daß sie sich ihrer Macht beuge, so begannen Päpste, Bischöfe und Ordensgenerale von ihren Äbtissinnen Gehorsam zu fordern. Die Regeln der einzelnen Konvente und ihrer Einwohnerinnen fielen den zentralisierenden Tendenzen des 11. bis 13. Jahrhunderts zur Beute; sie wurden die Opfer der Kämpfe, welche die säkularen und religiösen Führer um die geistliche und zeitliche Vorherrschaft ausfochten. Der Investiturstreit zwischen Papst Gregor VII. und Kaiser Heinrich IV. zwischen 1073 und 1122 ist nur der bekannteste aus einer ganzen Reihe ähnlicher Konflikte. Sowohl die neuen Gründungen für Frauen als auch die alten Niederlassungen kamen nun unter die direkte Aufsicht männlicher Kleriker. Denn Besitz, selbst die Ausstattung eines Nonnenklosters, zog immer auch weltliche Macht mit sich, und diese Macht wog zu schwer, als daß man sie allein einer Frau hätte überlassen wollen.

Zuletzt verloren die Äbtissinnen und die Nonnen ihre Ansprüche auf die Privilegien, die gewöhnlich der männlichen ordinierten Geistlichkeit vorbehalten waren. Schon in den vergangenen Jahrhunderten immer wieder laut gewordene Vorbehalte gegenüber Frauen, die Novizinnen aufnahmen, Beichte hörten, predigten und die frohe Botschaft des Evangeliums sangen, fanden einhellige Zustimmung, als Papst Innozenz III. zu Beginn des 13. Jahrhunderts sie von neuem formulierte. Diese erneuerten Verbote reichten zum Teil bis ins 8. Jahrhundert zurück, als der heilige Bonifatius seinen Gefolgsleuten Fügsamkeit und Einheitlichkeit abverlangt hatte und darauf bestand, daß die geistlichen Frauengemeinschaften die Benediktinerregel annehmen müßten. Auch Kaiser Karl der Große hatte in seinen Erlassen die höhere Gewalt der Bischöfe gegenüber den Äbtissinnen unterstützt und den Frauen sogar verboten, beim Spenden der Sakramente mitzuhelfen.[24] Wenigen großen Klöstern gelang es, bis ins 17. und 18. Jahrhundert spezielle Rechte festzuhalten, indem sie sich beispielsweise der Supervision des zuständigen Bischofs entzogen oder nur dem Papst direkt Bericht erstatteten. Bis ins 14. Jahrhundert traten die englischen Äbtissinnen von Romsey, Barking, Wherwell und St. Mary's Clerkenwell mehr oder weniger unabhängig auf. In Frankreich ließ sich zu Beginn des 13. Jahrhunderts die Äbtissin Agnes II. für Jouarre ähnliche Privilegien bestätigen; die Unabhängigkeit der Abtei wurde im 17. Jahrhundert von dem Prediger und Kirchenpolitiker Jacques-

Bénigne Bossuet zerstört, der im Interesse des Königs Ludwig XIV. handelte und die Kräfte der Monarchie zentralisierte. Der berühmteste der unabhängigen Konvente war Las Huelgas in Spanien, gegründet von König Alfonso VIII. von Kastilien und seiner Gemahlin, Königin Lenore, einer Tochter von Eleonore von Aquitanien und Heinrich II. von England. Bis 1874 war Las Huelgas von jeder Kontrolle durch einen Bischofs ausgenommen und leistete nur den eigenen und den Anweisungen des Papstes Folge.

Nachdem die Frauenklöster die Herrschaft über ihren Grundbesitz und den Einfluß in ihrem geistlichen Amt verloren hatten, war ihnen auch der Zugang zu Bildung und Gelehrsamkeit mehr und mehr versperrt. Im 12. und 13. Jahrhundert ging die Begeisterung für Studium, Disputation und Interpretation von den großen klösterlichen Zentren, ob weiblich oder männlich, ausschließlich an die männlichen Enklaven der bischöflichen Schulen der Domkapitel über. Aus solchen Kathedralschulen entwickelten sich die Universitäten von Paris, Poitiers und Oxford mit fixierten Lehrplänen und begrenzten Studienmöglichkeiten. Wie die Handwerkergilden gestatteten auch die Universitätssatzungen nur ein paar wenigen Auserwählten die Teilnahme: Nur Magister und Doktoren der Theologie durften lernen und lehren. Für die Zulassung zum Studium wurde die Priesterweihe vorausgesetzt – spätestens vom 13. Jahrhundert an war aber dieses Sakrament und die Priesterschaft offiziell nicht zugänglich für Frauen.

Gratian drückte es in seiner Kodifizierung des kanonischen Rechts, dem *Decretum* von rund 1140, ganz nüchtern aus: Nur der getaufte Mann könne rechtsgültig die Ordination empfangen.[25] Bei der Suche nach Rechtfertigungen und Beweisen für diese Tradition, die jetzt von der Kirche zum rechtlichen Grundsatz erhoben worden war, griffen die Theologen auf all die alten Ängste und Vorurteile gegen Frauen zurück. Die klassischen Schriftsteller, die Kirchenväter und Evangelienkommentare lieferten die wesentlichen Argumente, die nun neu mit scholastischer Logik geordnet und mit dem Überschwang derjenigen ausgeschmückt wurden, welche die gesamte Geistlichkeit reformieren und verbessern wollten. Abhandlungen und Predigten waren voll von Polemik gegen das weibliche Geschlecht aufgrund seiner Natur und seiner Untaten der Vergangenheit; Frauen könnten, so hieß es, niemals in männlichen Rollen innerhalb der Kirche tätig sein.

Der heilige Thomas von Aquin lehrte, nur der überlegene männliche Geist könne priesterliche Autorität empfangen. Die Frau war gewissermaßen »immun«, da die Kraft der Gnade nie auf eine weibliche Kreatur übergehen konnte. Überdies hätte sie als Priesterin die Herrschaft über Männer innegehabt – für den großen Scholastiker ein Ding der logischen und natürlichen Unmöglichkeit. In seiner *Summa Theologica* zählte Thomas von den Hinderungsgründen, die ein Individuum automatisch von der Priesterschaft ausschlossen, an erster Stelle die Zugehörigkeit zum weiblichen Geschlecht auf, danach folgten der Mangel an Vernunft, der Sklavenstand, die Begehung eines Mordes, uneheliche Geburt und das Fehlen eines Körpergliedes. Vollmacht in den Händen einer Frau war nicht nur unvernünftig, sondern gefährlich. Gratian erinnerte an Eva und den Sündenfall und erklärte: »Adam wurde durch Eva verführt, nicht sie durch ihn«, deshalb mußte sie ihm unterworfen werden, »damit er nicht durch weiblichen Leichtsinn ein zweites Mal falle«.[26]

Mit der Furcht vor Eva wurden auch alle anderen traditionellen Ansichten über die potentielle Schlechtigkeit des Weiblichen beschworen, sowohl innerhalb der Kirche als auch außerhalb. Die Frauen hatten den Mann zu falschem Tun verleitet, stets waren sie mehr der Sünde zugeneigt. Dann das Skandalon ihrer Körperlichkeit: Die großen Geistlichen des 12. und 13. Jahrhunderts stempelten die Menstruation als eine Quelle der Verunreinigung ab; eine menstruierende Frau hätte, selbst als Nonne oder als Äbtissin, die geweihten Stätten besudeln können und mußte deshalb von der Messe ferngehalten werden. Am schlimmsten wog aber, daß der Körper der Frauen jeden Mann in Versuchung zu führen drohte, der sie sehen oder mit ihnen sprechen mußte. Dies wurde zum verdammendsten und einschränkendsten der traditionellen, wiederaufgewärmten Vorurteile: daß selbst unter dem Schutz der Ordensgelübde die weibliche Sexualität nicht in Schranken gehalten werden könne. Die fromme Frau mußte vor sich selbst, der fromme Mann mußte vor ihr geschützt werden; die Ordensfrauen waren zu separieren und unterwürfig zu halten. Für die Päpste Gregor VII. und Innozenz III. wurden solche Erwägungen entscheidend, da sie im Streit mit Königen und Kaisern darauf insistierten, ihre überlegene zeitliche Macht leite sich ab von der spirituellen Reinheit und der moralischen Autorität der Kirche und ihrer Vertreter. Die Verbindung mit Frauen gefährdete diesen zerbrechlichen Anspruch.

Im 13. Jahrhundert hatte sich die Haltung gegenüber der Rolle der Frauen in der Kirche rings um diese männlichen Besorgnisse und Belange herauskristallisiert, um dieses Konglomerat von traditionellen Ängsten vor den Frauen als sexuellen Wesen. Ja, man erlaubte der Frau ein ganz dem Glauben ergebenes Leben, doch mußte dieses Leben, angesichts der dem weiblichen Wesen innewohnenden Gefahren, säuberlich eingegrenzt und bewacht werden. Nonnen mußten von Männern, selbst von Mönchen, ferngehalten werden. Verbote gegen Doppelklöster, gegen Nonnen als Lehrerinnen von Knaben, gegen jeden – ausgenommen den allernotwendigsten – Kontakt zwischen den Frauen und ihren männlichen Beichtvätern fanden überall Zustimmung. Das wichtigste war, die Frauen strikt im Kloster zu halten; sie durften ihren Bereich nicht verlassen und keinerlei Kontakt mit jemandem von außerhalb der Klostermauern pflegen. Das englische Konzil von York im Jahr 1195 beschrieb die Wallfahrten der Nonnen als »Gelegenheiten zum Herumirren«, und ein päpstlicher Gesandter meinte in den 1260ern, jeder Umgang mit Laien störe nur die Ruhe und Kontemplation der Schwestern.[27]

Die Bulle *Periculoso* des Papstes Bonifatius VIII. aus dem Jahr 1293 schrieb den engen Lebensradius fest, der den Frauen innerhalb der Kirche gestattet war, und lieferte zugleich seine Rechtfertigung: Angesichts der gefährlichen und verabscheuungswürdigen Lage gewisser Nonnen, welche die Zügel der Schicklichkeit gelockert und schamlos die Bescheidenheit ihres Standes und ihres Geschlechtes verworfen hätten, wolle er, der Papst, Maßnahmen ergreifen und ordne deshalb an, »daß all und jede Nonne jetzt und in Zukunft, gleich welchem Orden sie angehört, [...] von nun an fortwährend eingeschlossen bleiben soll [...]; so daß von nun an keine Nonne die Macht hat oder haben kann, aus jenen Klöstern hinauszugehen, aus welchen Gründen oder mit welchen Entschuldigungen auch immer«. Die Frauen sollten »ganz dem öffentlichen und weltlichen Anblick entzogen sein«.[28]

Die Kirche ließ es nicht dabei bewenden, die Frauen einzuschränken, sondern zog noch ihre unbestreitbaren früheren Leistungen und ihre Autorität ins Lächerliche. Die Frau, deren man wegen ihrer außerordentlichen Gelehrsamkeit, Frömmigkeit und Macht gedachte, war weder Lioba noch Hilda, weder Herrad von Landsberg noch Hildegard von Bingen. Statt dessen wurde das Hirngespinst des französischen Dominikaners Etienne de Bourbon aus dem 13. Jahrhundert, die Geschichte der fiktiven Päpstin Johanna, von Generation zu Generation weitergereicht. Nach dieser Erzählung verkleidete sich Johanna als Mann und studierte. Da sie hochbegabt und fromm war, stieg sie innerhalb ihres Ordens schnell auf, ging nach Rom, wurde Kardinal und schließlich zum Papst gewählt. Doch in diesem erfolgreichen Leben ohne Einschränkungen wurde sie von ihrer weiblichen Natur eingeholt und zu Fall gebracht. In Rom entbrannte sie nämlich in Verlangen für einen jungen Mann, sie beging Unzucht und erlitt die gehörige Strafe: Am Tag ihrer Einsetzung als Papst starb sie während der feierlichen Prozession durch die Straßen an der Geburt ihres Kindes. Wie eine gewöhnliche Hure endete sie in der Gosse Roms. Diese zotige Warngeschichte verdrängte die Erinnerung an das Leben und die Werke der großen Äbtissinnen und ihrer weiblichen Gelehrten.

Die Reformorden (12. und 13. Jahrhundert)

Trotz der Wiedereinsetzung der negativen Traditionen und der restriktiven Bräuche und Dekrete der Kirche im 12. und 13. Jahrhundert traten weiterhin privilegierte Frauen in Konvente und Abteien ein. Sie wollten wie die Männer an der Renaissance und Wiederbelebung des christlichen Glaubens in Europa teilhaben. Die Schriften der zeitgenössischen Theologen ermunterten sie – paradoxerweise – sogar dazu. Denn die Kleriker verurteilten die Frauen zwar einerseits als unterlegen durch ihre Natur, als unfähig zum Priestertum und zum Universitätsstudium, als notwendigerweise der männlichen Kirchenführung unterstellt. Andererseits jedoch belebten und dogmatisierten die Autoren auch positive, die Frauen stärkende Traditionen der Frühkirche. Sie schrieben von der transformierenden Wirkung der Keuschheit und dem edlen Stand der Jungfrau. Wie einst die Kirchenväter versprachen auch die Theologen des 13. Jahrhunderts, zum Beispiel Thomas von Aquin, durch das Ablegen der Gelübde entgingen die Frauen den Mängeln ihres Geschlechtes und den Schrecken von Schwangerschaft und Geburt.[29]

Thomas erläuterte, Frauen würden als Nonnen »zur Würde eines Mannes gelangen, womit sie von der Abhängigkeit von Männern befreit würden«.[30] Diese Frauen, die die Gattinnen- oder Mutterrolle ablehnten, wurden als die eigentlichen und geistlichen Bräute Christi angesehen; die Hochzeit wurde in *The Ancren Riwle*, einer Anleitung für Frauen von vorzüglicher Frömmigkeit, mit all den erotischen Freuden einer irdischen Hochzeitsnacht ausgemalt:

> Nach dem Friedenskuß in der Messe ... vergiß dort alle Welt, und sei ganz außerhalb des Körpers, dort in glänzender Liebe umfasse deinen geliebten Bräutigam Christus, der vom Himmel herabgekommen ist in das Gemach deiner Brust, und halte ihn fest, bis er dir alles zusichert, was du wünschst.[31]

Das Leben einer Nonne im Konvent, so wie es von dem heiligen Thomas und seinen Zeitgenossen entworfen wurde, konnte einer Frau durchaus Ehre und Würde bringen. Das traf selbst für Heloise (1101–1163) zu, jene Frau, die zu ihrer Zeit berüchtigt war wegen ihrer Liebesaffäre mit Petrus Abaelard, dem hochgebildeten Lehrer von Paris. Heloise hatte als begabte Schülerin im Konvent von Argenteuil begonnen. Ihr Onkel Fulbert, Kanoniker an der Kathedrale Notre-Dame, brachte sie nach Paris und richtete es so ein, daß Abaelard ihr Tutor wurde, als sie gerade siebzehn Jahre alt war. Ihre Beziehung dauerte mindestens achtzehn Monate; sie trafen sich insgeheim, Heloise wurde schwanger und in der Bretagne, bei Abaelards Familie, von ihrem Sohn Astrolabius entbunden. Abaelard bestand darauf, im verborgenen eine

Ehe zu schließen, um Fulbert zu besänftigen. Der Onkel jedoch war nicht bereit, über die ungehörige Beziehung des Klerikers mit seiner Nichte zu schweigen, besonders als er fürchten mußte, Heloise ganz zu verlieren, da Abaelard erwog, sie in einen Orden zu schicken. In diesem Moment nahm Fulbert Rache: Er ließ Abaelard von gedungenen Männern angreifen und kastrieren.

Mit neunzehn Jahren trat Heloise Abaelard zu Gefallen in die Abtei von Argenteuil ein. Ihre Briefe, die sie achtzehn Jahre später – 1135 – an ihn richtete, legten offen, wie sie wegen der Trennung trauerte und litt. Bilder von den »Wonnen der Liebenden« befielen sie während des Gebets, und »wenn ich klagen sollte über das, was ich getan habe, so seufzte ich eher darüber, worauf ich zu verzichten hatte«.[32] Trotzdem stieg sie in der Klosterhierarchie ziemlich schnell auf. 1129 übergab Abaelard ihr und einigen ihrer Gefährtinnen das von ihm gegründete unabhängige Kloster *Le Paraclet.* 1131 bestätigte Papst Innozenz II. die Urkunden über die Landschenkungen und sanktionierte die Einsetzung von Heloise als Äbtissin über die Gruppe von Nonnen, die sich um sie geschart hatte.

Trotz dieser äußeren Erfolge fürchtete sie, wie sie in ihren Briefen erklärte, ihr frommer Ruf sei bloßer Trug. Abaelard versuchte sie darüber zu beruhigen. In allen ihren gemeinsamen Erlebnissen sah er einen Sinn, und er legte dar, daß sie nun von der Last der Fleischeslust befreit seien. Mit denselben Bildern, die der heilige Hieronymus für Eustochium ausgemalt hatte, glorifizierte Abaelard für Heloise das keusche Leben: »Früher die Frau eines elenden Mannes, bist du jetzt erhoben zum Bett des Königs der Könige.«[33] Als Priorin würde sie nun nicht nur in Schmutz und Schmerzen ein paar Kinder gebären, sondern im Jubel von zahlreicher Nachkommenschaft entbunden werden, nämlich der Nonnen, die ihrer geistlichen Obhut anvertraut waren.[34]

Abaelard war der erste unter seinen Zeitgenossen, der »ihre Frömmigkeit, ihre Klugheit und die in allen Dingen unvergleichliche Sanftmut ihrer Geduld« pries.[35] Petrus Venerabilis, der Abt von Cluny, verglich sie mit Debora, wie sie ihre Nonnen zur Heiligkeit führte, als ein Vorbild an Demut, da sie ein Leben in Kontemplation demjenigen einer Gelehrten vorgezogen hatte. In den Augen des Volkes glich sie Maria Magdalena, jener Frau, die in Unzucht gefallen war, sich dann aber durch Reue in den Stand der Tugend emporgeschwungen hatte. Die Historikerinnen und Historiker nehmen an, daß sich Heloise schließlich mit ihrem Schicksal aussöhnte und in Frieden lebte. Nicht ganz alles aber hatte das »Vorbild an Demut« aus ihrem anderen, früheren Leben vergessen können. In einem Brief bat sie Petrus Venerabilis: »Würdest du, um der Liebe Gottes willen, meinen Sohn Astrolabius im Gedächtnis bewahren und ihm als Pfründe vom Bischof von Paris oder einem anderen Prälaten ein Kirchenamt besorgen?«[36]

So wie Heloise mit einigen wenigen Nonnen sich zusammenschließen konnte, eine Regel, nach der sie leben wollten, wählte und vom Papst Anerkennung erlangte, so hatten auch andere Frauen in den ersten Jahrhunderten der Kirche sich einfach auf einem Stück Land zusammengefunden, sich zu einem Leben nach heiligen Gelübden entschlossen und, mit der Hilfe eines Bischofs oder Abtes aus einem anerkannten Männerorden, einen neuen Konvent begründet. Im 12. und 13. Jahrhundert lasen und hörten hochgeborene, privilegierte Damen die neuen religiösen Führer, wie Bernard von Clairvaux, Robert d'Arbrissel und Franziskus von Assisi. Frauen von außerordentlicher Frömmigkeit und religiöser Kraft reagierten auf deren Rufe nach neuen Orden, die einer einfacheren, reformierten Regel gehorchen sollten. Diese Frauen wollten, wie ihre männlichen Zeitgenossen, an einem unverdorbenen Leben innerhalb der Kirche teilhaben. Ihre Zahl wurde durch die Umstände begrenzt. Die Historikerinnen und Historiker haben die Untersuchungen noch nicht abgeschlossen, die über die genaue Anzahl der Klöster – sowohl der alten wie der neuen Orden – in Europa sowie über die Zahlen für jeden Orden Auskunft geben könnten. Die Aufzeichnungen sind über den ganzen Kontinent und über die Zeit hin verstreut. Die intensivsten Studien wurden in England betrieben und ergaben, daß zwischen dem 13. und 16. Jahrhundert rund die Hälfte der Niederlassungen den Benediktinern und ein Viertel den Zisterziensern zuzurechnen waren; der Rest verteilte sich auf die Kluniazenser, Augustiner, Dominikaner und andere.[37]

Das Ungleichgewicht zwischen der Zahl der Frauen- und Männerklöster in England ist bemerkenswert. Vom 10. bis zum 17. Jahrhundert gab es tendenziell weniger weibliche Orden, mit weniger Mitgliedern und weniger reich ausgestattet. Die Historikerin Eileen Power untersuchte den *Valor ecclesiasticus* von 1535, eine Einschätzung der kirchlichen Güter, die König Heinrich VIII. zu Steuerzwecken in Auftrag gegeben hatte; dabei stellte sich heraus, daß die wohlhabendsten und größten Nonnenklöster im Süden Englands lagen. Sie hatten je dreißig bis fünfunddreißig Bewohnerinnen, und ihre Geschichte reichte zurück bis auf Schenkungen der angelsächsischen Periode. Zahlreiche Klöster fanden sich auch im Norden und in den östlichen *Midlands*, doch waren sie eher arm und hatten weniger als zehn Insassen. Eine andere Historikerin, Suzanne Fonay Wemple, schätzte, daß in den Jahrhunderten vor 1500 in Italien die Einrichtungen für Frauen ein Fünftel bis ein Viertel aller Klöster ausmachten. Einzig Gebiete von Belgien und Deutschland zeichneten sich im 13. Jahrhundert dadurch aus, daß die Zahl von Frauen- und Männerklöstern ausgeglichen war; insgesamt jedoch spiegeln die zisterzienischen Urkunden für Deutschland ein Verhältnis wider, das demjenigen von England und Italien ähnlich ist: Um 1500 verzeichneten sie 654 Häuser für Nonnen gegenüber 742 für Mönche.[38]

Obschon manche Kleriker die Ansicht vertraten, die Regeln von Bernard von Clairvaux seien für Frauen zu hart und zu anstrengend, übte der Zisterzienserorden doch eine starke Faszination aus auf religiöse Frauen in ganz Europa. In Frankreich übernahmen die älteren Benediktinerhäuser seine Regeln. Zu Beginn des 13. Jahrhunderts gründete die heilige Hedwig in Trebnitz gegen den Willen des Abtes eine zisterziensische Niederlassung. In verschiedenen Gegenden strebten mehr Frauen als Männer nach dem reinen, einfachen Leben des heiligen Bernard. In Schweden überredete die Königin Ulvhild im 12. Jahrhundert ihren Gatten und dann ihren Sohn, ein Kloster und danach noch einen Nonnenkonvent zu gründen. In Flandern, Brabant und ganz Belgien überwog die Zahl der zisterziensischen Gründungen für Frauen diejenigen für Männer.[39]

Andere neue Orden sprachen eher begüterte Damen an. Ausgangs des 11. und zu Beginn des 12. Jahrhunderts gründeten und unterstützten Hersende aus der Champagne und Eleonore von Aquitanien, angeregt durch die Predigten von Robert d'Arbrissel, Frauenhäuser mit männlichen Mitgliedern, die von einer Äbtissin geleitet wurden.[40] Die französischen Prämonstratenser unter Norbert von Xanten nahmen ebenfalls Frauen auf. Im Jahr 1206 erhielten die Anhängerinnen des heiligen Dominikus in Prouille (Frankreich) seine Zustimmung zu einer religiösen Gemeinschaft. In Madrid und Bologna riefen 1218 und 1219 Frauen ebenfalls dominikanische Niederlassungen ins Leben. In Assisi sagte im Jahr 1212 Klara, die achtzehnjährige Tochter des Grafen von Sasso-Rosso, ihrer Familie ab, um vom heiligen Franziskus von Assisi für eine von ihr geleitete Gruppe frommer Frauen in der Kirche von San Damiano Anerkennung zu erlangen. Die Frauen hofften mit einer Regel, die Franziskus für sie geschrieben hatte, seinem Beispiel zu folgen. Wie die Franziskanerbrüder wollten sie nach dem strengen Armutsgelübde leben, wie die Bettelmönche keine Stiftungen annehmen, sondern nur die Almosen, welche von den Schwestern eingesammelt wurden.

Doch so wie die Führer des älteren Benediktiner- und Augustinerordens die Frauen zu fürchten begannen, die sie zunächst gefördert hatten, so gaben die Führer der neuen Gründungen den traditionellen Vorurteilen und Einschüchterungen schließlich nach. Bernard von Clairvaux untersagte seinen Nachfolgern jeden Kontakt mit Frauen, und im allgemeinen lehnten die Zisterzienser die Betreuung von Frauenkonventen ab. Als im späten 13. Jahrhundert die Zisterzienser, Kluniazenser und Karmeliten offiziell weibliche Gründungen in ihrem Namen aufnahmen, bestanden sie auf strikter Klausurierung und der Überwachung durch einen männlichen Prior. Selbst diejenigen, die Doppelklöster einrichteten, taten dies in einem anderen Geist, als es im 9. und 10. Jahrhundert der Fall gewesen war. Robert d'Arbrissel übergab den Frauen die Verantwortung für die Verwaltung der Abtei nur, solange er unterwegs war, um zu predigen. Norbert von Xanten unterwarf die Nonnen strenger Klausur und erlaubte ihnen nicht, am Gottesdienst teilzunehmen. Nach seinem Tod im Jahr 1134 stießen seine Nachfolger die Frauengemeinschaften wieder aus den – ursprünglich als Doppelinstitute errichteten – Prämonstratenserklöstern aus.

Frauen, die den Regeln der Heiligen Dominikus und Franziskus folgen und Niederlassungen gründen wollten, hatten es äußerst schwer, Anerkennung zu finden. Die Widersprüche zwischen dem, was die Männer allen gläubigen Seelen predigten, und dem, was sie den Frauen in Wirklichkeit zugestanden, schränkten die religiösen Schwärmerinnen wieder und wieder ein. Dominikus und Franziskus riefen beide zu einem »apostolischen Leben« auf – einem Leben außerhalb der Klostermauern im tätigen Dienst am Mitmenschen, nicht nur mit Gebet und Messe, einem Leben in absoluter Armut ohne Schenkungen, so daß sich die Gemeinschaft allein vom Ertrag der Almosenschüssel ernährte. Weder Dominikus noch Franziskus waren jedoch bereit, den Frauen ein solches Leben ebenfalls zu erlauben. Beide empfanden sie die traditionellen Vorurteile und Ängste. Franziskus betreute Klara und ihre geistlichen Schwestern als Priester, für alle anderen Gemeinschaften, die in seinem Namen gegründet worden waren, lehnte er die Verantwortung jedoch ab. Dominikus wünschte nicht, daß seine Brüder die geistlichen Bedürfnisse von Frauen erfüllten, die seiner Regel nachfolgen wollten. Beide Männer beharrten auf der strengen Klausur für Frauen und scheuten vor der Vorstellung von bettelnden Schwestern zurück. Die heilige Klara überlebte mit ihren Frauen, indem sie für die Altartücher von Assisi Leinen spannen und woben, und selbst dazu war ein päpstlicher Dispens erforderlich gewesen. Zwischen 1227 und 1250 mußten Päpste die Beschlüsse von Ordenskapiteln umstoßen, um die Aufnahme von weiblichen Instituten in die Orden per Dekret zu erzwingen. Doch nur in dieser Hinsicht erwies sich das Papsttum als Verbündeter der weiblichen Frömmigkeitsbewegung. Das vierte Laterankonzil von 1215 verbot die Gründung neuer Orden, so daß die Frauen keine Wahl hatten, als die männlichen Regeln mit ihren neuerdings festgesetzten Restriktionen zu befolgen. Wieder einmal wurde das spirituelle Leben von Frauen durch die traditionellen Vorurteile eingegrenzt.

Die heilige Klara und ihre Nachfolgerinnen hätten beinahe erfolgreich eine eigene, neue Regel ohne Unterstellung unter einen Männerorden geschaffen. Später im 13. Jahrhundert, als Agnes von Böhmen, die Braut des Kaisers Friedrich II., und Margaret, Frau des französischen Königs Ludwig IX., Niederlassungen begründeten, nannten sie sich selbst Klarissinnen, nicht Franziskanerinnen. Sie anerkannten weder Franziskus noch Benedikt als Urheber ihrer Regel. Doch noch stets brauchten sie eine päpstliche Approbation, wenn sie sich ohne Ausstattung zusammentun und von ihren eigenen

Verdiensten ernähren wollten. Als 1263 Papst Urban IV. darauf bestand, daß die Klausur offiziell Teil ihrer Regel sein müsse, wurden die Klarissinnen den anderen, bisherigen Frauenorden angeglichen, und die Chancen für ein alternatives Leben, für ein apostolisches Leben nach dem Vorbild der männlichen Bettelorden, waren für Frauen endgültig dahin. Die überkommenen Traditionen aus der Frühzeit des Christentums traten überall zutage: Sobald die Institutionalisierung die anfängliche Begeisterung ablöste, wurden die frommen Frauen, die in den ersten Jahrzehnten der neuen Orden aktiv gewesen waren, entweder ausgestoßen oder eingegrenzt.[41]

Das Leben im Kloster

Trotz der Einschränkungen traten zwischen dem 12. und dem 17. Jahrhundert überall in Europa privilegierte Christinnen in die spirituelle Welt der Nonnen ein. Wenn eine Frau die Gelübde ablegte, die Weihe empfing und sich ganz dem Kloster überantwortete, hatte sie eine Wahl getroffen. Bei der Entscheidung, nicht dem traditionellen Leben einer Ehefrau und Mutter zu folgen, spürten die Frauen oft, daß sie ihre Zukunft in die eigene Hand nahmen und eine – wenngleich beschränkte – Wahlmöglichkeit genossen.[42]

Der Entschluß einer Frau, in ein Kloster einzutreten, mochte von einer Vielzahl von Motiven, von einer Vielzahl von Bedrängnissen geleitet sein. Wie bei den Männern trafen auch bei den Frauen die frömmsten ihre Wahl aus rein spirituellen Beweggründen. Einige außergewöhnliche Frauen stellten sich in ihrer religiösen Begeisterung selbst der eigenen Familie entgegen. Zu Beginn des 12. Jahrhunderts bot die junge Engländerin Christina von Markyate ihren Eltern Trotz, die sie verheiraten wollten, und floh heimlich in Männerkleidern unter den Schutz ihres geistlichen Mentors. Jacqueline de Sainte, die Schwester des französischen Mathematikers und Philosophen Blaise Pascal, setzte sich Mitte des 17. Jahrhunderts über das Verbot ihres Bruders hinweg und fand, sogar ohne die übliche Aussteuer, im Orden ihrer Wahl Aufnahme.

Andere Frauen traten aufgrund mehr praktischer Überlegungen bei. Es war üblich, daß sich eine ältere Frau, meist eine begüterte Witwe, in einen Konvent zurückzog, den sie schon während ihres vorangegangenen Lebens unterstützt hatte. Sie konnte die vollen Ordensgelübde ablegen oder als Stiftsdame des Augustinerordens in keuscher, einfacher Weise leben, jedoch ohne die Nonnenkleidung und ohne die Einschränkung durch die Klausur. Im 10. Jahrhundert hatte Theophanu, Kaiserin des Heiligen Römischen Reiches, das Nonnenkloster als Refugium zur Niederkunft aufgesucht oder wenn sie krank war. Königin Eleonore von Aquitanien benutzte Ende des

12. Jahrhunderts das Doppelkloster Fontevrault, das sie unterstützt hatte, als Alterssitz. Im 14. Jahrhundert zog sich Königin Isabella von Portugal in den Konvent der Klarissinnen zurück, den sie gegründet hatte.[43]

Schon seit den Anfängen der Christianisierung hatten Eltern ihre Töchter als Nonnen versorgt – sei es, um ihr eigenes Seelenheil zu sichern, sei es, um jene Mädchen zu versorgen, die unverheiratet blieben. König Oswy von Northumbrien gab im 7. Jahrhundert seine Tochter Elfled in ein Nonnenkloster, gewissermaßen als Pfand, um seinen Sieg in einer Schlacht zu sichern. Adelheid und Sophia, Töchter der Kaiserin Theophanu im 10. Jahrhundert, wurden Nonnen und stiegen zu Äbtissinnen der großen deutschen Klöster Quedlinburg und Gandersheim auf. In Schweden übergaben im 14. Jahrhundert die heilige Birgitta und ihr Ehemann die Tochter Ingeborg der Kirche, damit sie zu ihrem Besten »um Gott kämpfe«.[44]

Für begüterte Adelige und Stadtbürger wie den englischen Ritter Sir John le Blund im 14. und den Londoner Ratsherrn Sir John Stocton im 15. Jahrhundert war der Konvent der geschützte Ausweg, »ein frommer Ort«, wo eine Tochter, die nicht heiratete, »ihr Leben in Reinheit führen konnte«.[45] Ein Mitgift-Fonds, der im 15. Jahrhundert in Florenz eingerichtet wurde, gab den beitragzahlenden Vätern das Recht, Geld abzuheben entweder für eine Heirat oder für die Jahresrente an ein Nonnenkloster. Marie-Blanche, die Enkelin der französischen Aristokratin Mme. de Sévigné im 17. Jahrhundert, ging bereits mit fünfeinhalb Jahren in einen Konvent. Ihr Vater hatte schon aus früherer Ehe zwei Töchter und wollte der Verpflichtung für eine weitere angemessene Aussteuer ledig werden.

Bis ins 17. Jahrhundert hinein nutzten privilegierte Väter und Mütter die Kirche auch als Freistatt und Versorgungsanstalt für andere Töchter, die wahrscheinlich nie einen Mann finden würden, für diejenigen nämlich, die einer illegitimen Verbindung entstammten. Dem Florentiner Piccio Velluti im 16. Jahrhundert gelang es, seine uneheliche Tochter Angola unter die Haube zu bringen; als aber ihr Gatte starb, ordnete er ihre Aufnahme in einen Orden an, »um meine Ehre zu beschützen und ihr in ihren Bedürfnissen beizustehen«.[46] Galileo, Garcia Lorca, Lope de Vega und selbst die Duchess von Cleveland, einst die Mätresse von König Karl II. von England, versorgten ihre uneheliche weibliche Nachkommenschaft auf dieselbe Weise.

Ob die Frauen auf eigenen Wunsch den Schleier genommen hatten oder ob sie schließlich nur akzeptierten, was sie nicht ändern konnten – der Schutz des Klosters bot ihnen Raum für ein erfülltes und reiches Leben. Die gut ausgestatteten Institutionen erreichten eine ansehnliche Größe. Ronceary in Westfrankreich zählte im 11. Jahrhundert dreiundsiebzig Insassinnen, zur Mehrheit Jungfrauen, die die Gelübde abgelegt hatten; doch gehörten dazu auch zweiundzwanzig verheiratete Frauen oder Witwen, meist aus adeligen Landfamilien. Vier kamen aus der Stadt: drei Töchter und die Witwe eines wohlhabenden Zünfters.[47] In ähnlicher Weise wurde Fontevrault heilige Zufluchtsstätte für Frauen des französischen Adels, mit einem Hauptgebäude für die Nonnen, einer kleineren Einheit für die Stiftsherren, einem dritten Komplex für die Witwen und reuigen Prostituierten, dazu einem Spital, einer Schule und einer Pilgerherberge. Im 15. Jahrhundert entwickelte sich Poissy zum begehrtesten Nonnenkloster der französischen Königsfamilie, und die Gemeinschaft wuchs auf zweihundert Frauen an.[48]

Die meisten Häuser jedoch waren beträchtlich kleiner und hatten eher zwanzig als zweihundert Mitglieder. Es waren alles Frauen aus guten Familien, Töchter oder ehemalige Ehefrauen von Männern mit gesellschaftlichem Ansehen und Besitz. Angehörige niedrigerer Stände konnten Laienschwestern werden oder sich in den Dienst der Nonnen begeben, wie die Bäuerinnen, die auf den klösterlichen Feldern arbeiteten, die Wäsche besorgten und kochten. Eine Frau, die als Kind in den Konvent gebracht worden war, legte normalerweise mit sechzehn Jahren oder später (die Kirche hatte das Alter von sechzehn dafür bestimmt) Profeß ab. Diese Zeremonie fand unter dem Vorsitz des Bischofs und der Priorin in der Klosterkapelle statt; die anderen Nonnen, die Familie und Besucher wohnten als Zeugen bei. Mit Kerzen, Gesängen und Ritualen wurde diese Feier begangen, durch welche die Novizin zur *Sponsa Dei*, buchstäblich und bildlich »Braut Christi«, wurde. Von diesem Tage an trug sie unter ihrem Ordenskleid ein Hochzeitsband und lebte getreu der Regel des Konvents; bei Übertretung drohten ihr Tadel und Bestrafung.

Aufgrund des Beharrens führender Kirchenvertreter auf strenger Abgeschlossenheit und der Annahme, Frauen könnten nicht die gleichen Härten ertragen wie Männer, stand für weibliche Gläubige nicht dieselbe Vielfalt an religiösen Lebensformen zur Wahl. Für fromme Männer spannte sich der Bogen von dem in tiefster Abgeschiedenheit lebenden Zisterzienser über den tätigen und predigenden Franziskaner bis zum machtvollen Dominikaner in der Funktion eines königlichen Beraters. Die Bulle *Periculoso* des späten 13. Jahrhunderts steuerte hingegen für die Benediktinerinnen wie für die Zisterzienserinnen, die Dominikanerinnen wie für die Klarissinnen die gleiche Funktion an: Die Schwestern sollten sich dem Gebet für sich selbst und für andere widmen und eingeschlossen innerhalb der Mauern der geistlichen Gemeinschaft verharren. Die sieben Tagzeiten boten zwischen dem frühen Morgen und der Stunde der Abendruhe Gelegenheit zum Gebet; dann versammelten sich die Nonnen jeweils und gingen schweigsam zur Kapelle. Im 13. Jahrhundert ordnete Odo Rigaud, der Erzbischof von Rouen, an, die Nonnen seines Jurisdiktionsbereiches könnten sechs- bis siebenmal jährlich beichten und die Kommunion empfangen.[49] Sonst war ihre Beteiligung an der Zelebration der Messe üblicherweise gering, und nur wenn sie für einen Gottesdienst unter sich waren, sangen sie die Responsorien.

Aber wie in den großen Abteien des 9., 10. und 11. Jahrhunderts fanden auch später fromme Frauen einen Weg, die Bahn ihrer regulierten Tage, Monate und Jahre etwas auszuweiten. Wie früher Hildegard von Bingen musizierten sie bis ins 18. Jahrhundert füreinander. Sie dichteten und komponierten Gesänge, Choräle und polyphone Werke für die Zwischenspiele der Messe, für besondere Festtage und für die Anlässe ihres Ordens. Die Abtei von Barking (Südengland) hatte im 15. Jahrhundert sechs Solistinnen, die an Festtagen sangen, und eine *cantrix*, eine Vorsängerin, welche die Musik und den Chor anleitete, die Tonhöhe und den Takt bestimmte. In Las Huelgas in Spanien sangen die Nonnen bei der Einsegnung eines neuen Ordensmitgliedes die Liturgie von Sankt Agnes. Im 17. Jahrhundert waren die Konvente von Ferrara und Mailand berühmt für ihre Musik, ihre Musikerinnen, Sängerinnen und Komponistinnen. Mit achtzig Jahren hatte Isabella Leonarda (1620–1704) aus dem Collegio de Sant'Orsola in Novara zwanzig Bände Noten komponiert: Motetten, vierstimmige Musik für den Gottesdienst, dazu die ersten Triosonaten für Violine und Basso Continuo, die von einer Frau geschrieben worden sind.[50]

Die Frauen des Konventes beteten gemeinsam, doch blieb ihnen auch Zeit für einsame Meditation und Lektüre in der Zurückgezogenheit ihrer Zelle. Besonders bei den Benediktinerinnen und Dominikanerinnen wurde erwartet, daß sich die Frauen als Teil ihrer religiösen Pflichten auch dem Studium hingaben. Alle vierundsiebzig Dominikanerinnenklöster Europas um 1300 besaßen Bibliotheken.[51] Jene von Nürnberg verzeichnete in ihrem Inventar für die Jahre 1456 bis 1469 fünfzig Bände, wovon vermutlich viele der Manuskripte von den Nonnen selbst hergestellt worden waren.[52] Zwar lasen die Frommen nicht mehr die klassischen Texte wie früher Hrotsvit und Herrad von Landsberg, doch studierten sie Werke der moralischen Erbauung, die speziell für sie in der Volkssprache abgefaßt waren, oder sie meditierten über den Aufzeichnungen der Mystikerinnen und Mystiker, welche sie in ihrer eigenen Frömmigkeitspraxis inspirierten.

Es gab noch andere Tätigkeiten, die die Nonnen gemeinsam ausübten. Während der Mahlzeiten im Refektorium lasen sie sich fromme Bücher vor, ebenso im Gemeinschaftsraum, während sie sich über die Stickarbeiten an Altartüchern oder an Gewändern für die Kleriker beugten. Sie arbeiteten zusammen an Wandteppichen wie jenem, der dazu bestimmt war, die Kapelle von Bayeux auszukleiden. Diese phantasievolle Wiedergabe der Schlacht von Hastings war von Nonnen der Normandie mit Wollfaden auf Leinentuch gestickt worden, um die Erinnerung an die Eroberung von England durch ihren Herzog hochzuhalten. Der Teppich von Bayeux ist wie ein Manuskript, das die ganze Geschichte in Einzelszenen zeigt, beginnend mit dem Kometen, der den Tod von Eduard dem Bekenner ankündigt, bis zum Pfeil, der in Harold Godwinsons Hals steckt. Vielfarbige Pferde schauen aus den Schiffen der Wikinger heraus; die normannischen und sächsischen Krieger gehen auf die Jagd; Seeleute beladen barfüßig ihre Schiffe. Die Toten verzieren die Ränder, umrankt von Fabeltieren und erotischen Szenen.

Nur einige wenige Namen von Künstlerinnen und Zeichnerinnen des 7. und 8. Jahrhunderts haben überlebt: Herlind und Reinhild von Maasryk in den Niederlanden, dann die Äbtissin Agnes von Quedlinburg, die auf einem Wandbehang die allegorische Heirat zwischen Philologie und Merkur darstellte. Aus späteren Jahrhunderten sind uns keine Namen überliefert, doch die Sakristeien der bedeutenden Kathedralen in ganz Europa hüten noch heute die juwelenbesetzten, mit Gold- und Silberfäden bestickten Roben, die die Nonnen angefertigt hatten, und die von ihnen hergestellten Spitzen zieren noch stets die Altardecken.

Frauen gaben ihrer künstlerischen Begabung im Rahmen ihres religiösen Lebens noch in anderer Weise Ausdruck. Herrad von Landsbergs *Hortus deliciarum* und Hildegard von Bingens *Scivias* waren für ihre Illustrationen ebenso berühmt wie für ihre Theologie. Wie die männlichen Niederlassungen hatten teilweise auch Frauenklöster ein Skriptorium, wo zum Gebrauch der Nonnen oder für einen Gönner des Hauses Texte kopiert und illuminiert wurden. Zwar verfügten die Nonnen nicht über ausreichende Mittel, um große Werke zu vollbringen; sie beschränkten sich auf die Kalligraphie, auf die Dekoration der Seitenränder und die Auszierung der Initialen. Einige der Künstlerinnen des 11. bis 15. Jahrhunderts kennt man mit Namen, besonders aus deutschen und italienischen Häusern. Diemud (ca. 1057–1130) aus dem Konvent von Wessobrunn hat die größte Zahl an Werken hinterlassen: fünfundvierzig Bücher, darunter eine zweibändige Bibel, für die ihr Kloster ein ganzes Rittergut erwarb. Auch in Mallersdorf, Frankfurt, Osnabrück, in den Dominikanerinnenklöstern des 15. Jahrhunderts im Süden Deutschlands, in Siena und Pavia in Italien sind Spuren von Abschreiberinnen und Illustratorinnen erhalten.[53]

Als sich die neuen Techniken der Fresko- und Ölmalerei verbreiteten, experimentierten die Nonnen auch damit. Einzelne Werke in Fresko oder Öl, die für die Kirchen angefertigt wurden, sind in Brescia, Siena, Florenz und Rom erhalten geblieben. Im 17. Jahrhundert gewann Lucrina Fetti (ca. 1614–1651), die Schwester eines Malers und Ursulinerin, den Herzog von Mantua als Mäzen. Sie malte religiöse Szenen für den Konvent von Sant'Orsola und Porträts der Familie Gonzaga.

Die Bulle *Periculoso* gab als Ziel vor, daß die Klosterbewohnerinnen ihre Gedanken allein auf das Gebet richteten. Ihre Konvente sollten so großzügig mit Schenkungen dotiert sein, daß zur Abdeckung ihrer bescheidenen Bedürfnisse und zur Sicherung ihres Lebensunterhaltes die Landgüter ausreichten, die von Dienstleuten und Feldarbeitern beaufsichtigt und bewirtschaftet wurden. Doch so wie die Dinge lagen, war ein total abgeschlossenes, frommes Leben für die geistlichen Frauen in Wirklichkeit kaum möglich, unabhängig davon, ob sie in einer reichen oder eher ärmlichen Stiftung lebten. Die Umstände selbst trieben sie in den Konflikt mit ihren männlichen Vorgesetzten. Denn die Verwaltung des Konventes machte den Kontakt mit der Welt notwendig, und nur selten waren die geistlichen Gemeinschaften finanziell lebensfähig, vor allem nach dem wirtschaftlichen Umschwung des 12. bis 15. Jahrhunderts, als die Familien Grundbesitz zu kostbar fanden, um ihn ihren Töchtern oder der Kirche zu schenken, als auch zunehmend mehr für Bargeld erworben werden mußte und nicht mehr gegen Güter oder Dienstleistungen getauscht werden konnte, die die klostereigenen Anwesen erbrachten.

Man lernt die Probleme und Widersprüche verstehen, wenn man die Aufzeichnungen und Urkunden eines Klosters und seiner tatsächlichen Bedürfnisse studiert. Die Benediktinerniederlassung Saint Radegund in Cambridge, die im 12. Jahrhundert gegründet worden war, hatte in der zweiten Hälfte des 15. Jahrhunderts nur noch zwölf Nonnen. Die Klosterrechnungen der Jahre 1449/1450 zeigen, daß sie auf die Märkte von Stourbridge und Ely angewiesen waren, um Fisch, Salz, Pfeffer, Bauholz, Betten, ein Butterfaß, Zinnkrüge, ein Pferd, Seife und Heugabeln zu kaufen. 1481/1482 besorgten sie sich eiserne Nägel, Papier und Pergament.[54] Siebzehn Leute waren von der Gemeinschaft angestellt, um die anfallenden Arbeiten zu erledigen und die dem Kloster gehörenden Gutshöfe zu bewirtschaften.[55] In größeren Häusern wie Sion in England oder Poissy in Frankreich war der Bedarf an zugekauften Waren noch größer und die Zurückgezogenheit noch bedrohter, wenn die mächtigen Familien, deren Töchter da die Gelübde abgelegt hatten, zu Besuch kamen und Unterhaltung und Bequemlichkeiten wünschten, wodurch sie das einfache Klosterdasein noch auf andere Weise störten.

Nach der Theorie sollte alles Geld, ob viel oder wenig, für den Bedarf des Klosters aus dem Besitztum geschöpft werden, das der Niederlassung bei der Gründung geschenkt worden war, und aus der »Mitgift«, die jede Nonne beim Antritt ihres Noviziats einbrachte. Bis ins 19. Jahrhundert blieb wegen dieser erforderlichen Mitgift allen jenen der Zugang in einen kontemplativen Konvent verwehrt, die kein Land oder anderen Reichtum besaßen. Ein Teil der Aktivitäten der Gemeinschaft bestand in der Verwaltung dieses aus Schenkungen und Mitgift angehäuften Vermögens; die Verantwortung oblag der Mutter Oberin, der Äbtissin oder Priorin, die von den Nonnen gewählt und vom Bischof, unter Umständen auch vom Schirmherrn und Gönner des Klosters, bestätigt worden war.

Die Leiterin war am ehesten und häufigsten dazu gezwungen, ihren Gelübden zuwiderzuhandeln, welche die Isolation von der säkularen Welt verlangten. Wie eine vermögende Frau in der Stadt oder auf dem Land hatte sie die Besitztümer zu beaufsichtigen, die Bauernhöfe, die Ställe und Felder. Sie war verantwortlich, daß genug da war für den Unterhalt der Gemeinschaft und daß andererseits die Verpflichtungen gegenüber dem Grundherrn eingehalten wurden, der den Boden ursprünglich hergeliehen hatte. Wer Land zu Lehen besaß, hatte auch Berittene zu stellen oder eine entsprechende Gebühr zu entrichten; Dienstleistungen, Zinsen und Bußen wurden fällig und mußten von den Vasallen und Hörigen eingetrieben werden.

Andere Nonnen kamen seltener mit ihren Gelübden in Konflikt. Sie dienten einfach ihren Mitschwestern: Die Kantorin leitete den Gottesdienst, die Sakristane wachte über die Kapelle; andere Schwestern erledigten die Arbeiten im Refektorium (Speisesaal) und in der Waschküche, die Almosenaufseherin verteilte die Spenden der Gemeinschaft, eine Kämmererin sorgte für die Kleidung, eine Küchenschwester führte in der Küche die Aufsicht, die Novizenmeisterin unterrichtete die Anwärterinnen und überwachte das Verhalten der Nonnen. Andere Schwestern wiederum nahmen Aufgaben für die Gemeinschaft wahr, die sie, wie die Äbtissin, in die Lage brachten, daß sie sich Kritik gefallen lassen mußten, sie gehorchten der Bulle *Periculoso* nicht wörtlich. Die Kellermeisterin oder Pröpstin überwachte die Dienstboten und den Gutsbetrieb; sie verkaufte die Überschüsse. Wenn kein Geld für Feldarbeiter vorhanden war, erledigte sie die Arbeit selbst. In einem Bericht, der das Verhalten der Kellermeisterin Margaret Belers aus der Priorei Gracedieu im 15. Jahrhundert kritisierte, hieß es, sie »geht im Herbst allein mit Sir Henry [dem Kaplan] zur Arbeit; er schneidet das Korn, und sie bindet die Garben, und abends bei der Rückkehr reitet sie hinter ihm auf demselben Pferd«.[56]

Unter den wirtschaftlichen Gegebenheiten mußten die Gemeinschaften zahlreiche Möglichkeiten ausfindig machen, wie sie das Geld auftreiben konnten, das sie zu ihrem Unterhalt brauchten. In Aufzeichnungen ist von deutschen und englischen Äbtissinnen die Rede, die die Grundrenten herabsetzten, um desertierte Pächter auf ihre Bauernstellen zurückzulocken. Andere Leiterinnen beauftragten Juristen, ungetreue Gutsverwalter vor Gericht zu zitieren, oder sie nahmen Kostgänger auf. Die Nonnen mußten spinnen, nähen, weben, stricken und sticken. Das Dominikanerinnenkloster Sankt Katharina in Nürnberg wurde berühmt für seine Handwerkerinnen und die kleinen Teppiche, die sie herstellten, ganz ähnlich wie ein gewerblicher Betrieb.

In früheren Jahrhunderten hatten Nonnen Mädchen und Knaben unterrichtet, um sie auf das Ordensleben vorzubereiten oder um ihnen die Grundlagen im Lesen und Schreiben, etwas Rechnen und Beten beizubringen. Die russische Prinzessin, die im 11. Jahrhundert eine Mädchenschule in Kiew gründete, war nur eine der zahlreichen Gönnerinnen vergleichbarer Institute. Matilda, die Gemahlin von König Heinrich I. von England, die später um ihrer Frömmigkeit und Gelehrsamkeit willen berühmt wurde, ging mit dreizehn Jahren zum Studium in das Kloster von Wilton. Mit besonderem Haß erinnerte sie sich an eine Lehrerin, die sie gescholten und geschlagen hatte, und berichtete: »Sobald ich ihrem Gesichtskreis entwischen konnte, riß ich ihn [den Schleier] ab und warf ihn zu Boden und trat darauf.«[57] Im Zuge der Reformen des 13. Jahrhunderts mit der Forderung nach strikter Klausurierung wurde den Nonnen untersagt, Unterricht zu erteilen. Doch die Orden und die großen Familien ignorierten die Verbote. Die Klosterfrauen nahmen zwar keine Knaben mehr auf, doch sie unterrichteten weiterhin die Töchter ihrer Bekannten und Familien und profitierten von den damit verbundenen Einkünften. Das Benediktinerinnenkloster von St. Michael in Stamford, ein typisches Beispiel, hatte zwölf Nonnen und sieben oder acht Schülerinnen.[58] Geistliche Häuser in ganz Europa führten diese Praxis fort.[59]

Das geordnete, abgeschlossene Leben der Nonnen blieb trotz seiner inhärenten praktischen Widersprüche in den kontemplativen Ordenshäusern bis ins 20. Jahrhundert unverändert. Die Rolle, welche die katholische Kirche den Frauen offenhielt, bot frommen Christinnen einen geschützten Raum und ein anerkanntes Modell von Frömmigkeit, Gebet und gemeinschaftlichen Aktivitäten und verhieß einen geistlichen Lohn, der über alles in der säkularen Welt erhaben war.

Mystik, das ekstatische Erleben

Das Leben der gewöhnlichen Nonnen mit Lesen, Nähen und Lehren befriedigte viele Frauen sowohl in ihren irdischen als auch in ihren himmlischen Ansprüchen. Doch es gab noch einen anderen Pfad, der zu christlicher Heiligkeit führte, einen, den Frauen seit den ersten Tagen der Kirche gegangen waren. Es war der Weg der Mystikerinnen und Mystiker, deren Nähe zu Gott nicht aus frommen Büchern und guten Werken erwuchs, sondern aus der Versenkung und dem Gebet. Göttliche Visionen – Bilder und Worte, deren Ursprung als göttlich vorausgesetzt wurde – genossen weiterhin Autorität, auch als sich die Kirche dem Rationalismus und der Logik der Universitäten und der Scholastik zugewandt hatte. Vor allem die Zisterzienser und die Franziskaner hielten solche Gotteserfahrungen, die passive Vereinigung mit der Gottheit durch Selbstverneinung, hoch; sie galten mehr als das bloße Wissen von Gottes Macht, das mehr als »unterlegene« denn als »äußerliche« Glaubensäußerung aufgefaßt wurde.

Traditionellerweise war der Weg der Mystik von weiblichen ebenso wie von männlichen Gläubigen gegangen worden; es war ein Weg, zu dem sie sogar ermutigt wurden. Ailred von Rievaulx, ein englischer Zisterzienser des 12. Jahrhunderts, machte in den Meditationsanleitungen für seine Schwester von ähnlichen Wendungen Gebrauch wie einst im 4. Jahrhundert der Kirchenvater Hieronymus für seine Schülerin Eustochium: »Eile, ich bitte dich, eile und nimm an solcher Freude teil, tue Fußfall ...« Sie solle alle Gefühle Gott übergeben, wies er sie an, so würde selbst die Lust heilig werden, denn ihre ganze Zärtlichkeit gelte fortan der Anziehungskraft des Fleisches des Herrn und nichts sonst.[60] Scholastiker wie der heilige Thomas von Aquin meinten gar, daß die Frauen aufgrund ihres weniger rationalen, leichtgläubigeren Wesens offener und empfänglicher für diese Art des Gotteskontakts seien. Andere wiederum erläuterten, die weibliche Demut und Geduld machten sie geeigneter für diese Art der Spiritualität.

Dergestalt, durch Tradition und Mangel, verfügten die Frauen in den Klöstern über ein Mittel, Ansehen, Anerkennung und Autorität zu gewinnen, das ihnen die reformierte Kirche des 13. Jahrhundert weder mit antiken Zitaten noch mit Dekreten oder Kontrollen zu entwinden vermochte. Wenn der göttliche Ursprung ihrer Erfahrung anerkannt wurde, errang die Mystikerin eine Macht, die derjenigen einer gelehrten Äbtissin nahezu ebenbürtig war. Sie diente sich selbst und ihren Schwestern, zusätzlich diente sie der Kirche als Ganzes, weil die Mystikerinnen vom 12. bis 15. Jahrhundert die prophetische und kontemplative Seite des Christentums lebendig erhielten. Ihre Schilderungen von der Selbsterfahrung durch die Vereinigung mit Gott – »innere Monologe«, wie die heilige Teresa von Ávila (1515–1582) sie nannte – wurden den Gebeten von frommen Frauen und Männern zum Modell.[61]

Das Selbst in eine Lage zu bringen, in der mystische Erfahrung und die Belohnung durch eine Einigung mit Gott überhaupt geschehen konnten, verlangte Außerordentliches an Mut, Kraft und Glauben von seiten der Gläubigen. Jene Frauen, die den Ehrentitel »Mystikerin« errangen, hatten gegen ihre Familien rebelliert, unterwarfen sich extremen körperlichen Entbehrungen und unaufhörlichen geistlichen Übungen. Einige hatten auch gegen Kirchenvertreter anzukämpfen, welche ihnen Schutz und Trost anzubieten vermeinten oder die Echtheit ihrer Visionen in Frage stellten. Die englischen Heiligen Christina von Markyate und Julian von Norwich fanden ihren Weg, indem sie als Reklusen lebten; andere, wie Gertrud von Helfta und Teresa von Ávila, verblieben in ihrer Klostergemeinschaft.

Christina von Markyate (ungefähr 1097–1161) entstammte einer vornehmen angelsächsischen Familie und legte schon als Kind privat ein Jungfräulichkeitsgelübde ab. Sie kam dadurch in Konflikt mit den elterlichen Plänen, die mit ihrer Verheiratung eine nutzbringende Verbindung anstrebten. Christina widersetzte sich und beharrte darauf, sie wolle sich von der Welt zurückziehen und, wie eine von Hrotsvits Protagonistinnen, als fromme Klausnerin leben. Ihre Mutter schlug sie und ermutigte ihren Bräutigam, sie zu verführen. Nur dank eines klug gewählten Verstecks (sie verbarg sich hinter den Mänteln, die an der Wand aufgehängt waren) entging sie seinem Plan, in ihr Zimmer einzudringen und sie zu vergewaltigen. Der Vater drohte ihr, er werfe sie hinaus: »So komme und gehe, wie ich es tue, und lebe, wie es dir paßt. Aber erwarte keinerlei Unterstützung oder Hilfe von mir.«[62] Selbst die Kleriker wollten ihr nicht beistehen. Die Eltern bestachen den Bischof von Lincoln, damit er die Verlobung bekräftige, und er willfahrte ihren Wünschen. Der Einsiedler Roger, der später ihr geistlicher Mentor wurde, wies sie ab, da die Verlobung bereits geschlossen war. So entschied und handelte sie letzten Endes ganz allein. Sie beschaffte sich über einen der Diener ihrer Familie ein Pferd, verkleidete sich als Jüngling und entfloh. Sie verbrachte sechs Jahr im Verborgenen, um sicherzugehen, daß sie das religiöse Leben führen konnte, nach dem sie sich sehnte.

Nachdem Christina den Kampf gegen die äußeren Feinde gewonnen hatte, kämpfte sie mit sich selbst. Sie wurde nie wieder ganz gesund von den Auswirkungen jener Zeit, die sie im Versteckten zugebracht hatte, und von den harten Maßregeln, die sie sich selbst auferlegte. Während Jahren lebte sie in einem Winkel von Rogers Zelle, sorgsam abgeschirmt, daß niemand etwas von ihrer Anwesenheit ahnte. Ihr Platz war derart beengt, daß sie sich nicht bewegen, ja nicht einmal genügend dicke Winterkleidung überziehen konnte. Sie verhielt sich unbeweglich und still, ohne je den Einsiedler herbeizurufen, »denn sie fürchtete, jemand anders als Roger könnte in der Nähe sein, ihr Atmen vernehmen und ihr Versteck entdecken«.[63] Die harte Zucht erschien ihr als Weg zu Gott. In ihrer selbstauferlegten Einsamkeit fastete sie, rezitierte die Bibel, gestattete sich keinerlei Erleichterung, nicht einmal heilige Bücher. Zuletzt hörte sie Stimmen und sah Bilder.

Die englische Rekluse Julian von Norwich (ungefähr 1343–1416) brauchte sich nicht gleich drastischen Entbehrungen auszusetzen wie Christina, aber auch sie durfte die Erfahrung von unmittelbarer Kommunikation mit ihrem Gott machen. Sie empfing ihre erste Vision – *showing*, wie sie sagte –, als sie im Alter von dreißig Jahren todkrank darniederlag. Nach ihrer Erinnerung begann die Vision um vier Uhr morgens und dauerte bis in den frühen Nachmittag an. Sie ging aus von Gebeten, in denen Julian um das Wissen von Jesu Leiden gefleht hatte, um eine Krankheit, die sie von ihrem Körper befreien würde, und um »Gottes Gabe, die drei Wunden«.[64] Auch Julian lebte in einem speziellen Raum, der aber weder so beengt noch so spartanisch war wie derjenige Christinas. Ihre Zelle war an die Pfarrkirche angebaut, ein Fensterchen öffnete sich nach draußen, zu Besuchern hin, das andere nach dem Kircheninneren, so daß sie die Messe hören konnte. Eine Dienerin sorgte für das Notwendigste. Hier schrieb Julian und las die Vulgata, einige der Kirchenväter, Heiligenlegenden, Lebensberichte von anderen Mystikerinnen und Andachtsbücher für Nonnen, zum Beispiel *Hali Maidenhad* und *The Ancren Riwle*. Später schrieb sie wiederum selbst. Zunächst hielt sie in einer kurzen Skizze fest, was sie in ihren insgesamt sechzehn *showings* oder »Eröffnungen« erfahren hatte; den Entwurf überarbeitete sie zu einer vollständigen, längeren Version mit Erklärungen und Verbesserungen. Sie teilte ihr Leben in drei Phasen ein: *being* (»Sein«), *growth* (»Wachstum«) und *fulfillment* (»Erfüllung«).[65] Die Periode des Wachstums war für sie angefüllt mit innerem Ringen und Visionen. Während der ersten Vision war ihr, als spürte sie ihr Leben verebben, bis sie das Kruzifix erblickte und von neuartigem Glauben erfüllt wurde.[66] Dann wiederum sah sie den Teufel, der sie verhöhnte, ihr mit seinen Klauen um den Hals griff und sein gräßlich stinkendes Gesicht ganz nahe an das ihre rückte.

Andere Seherinnen lebten zusammen und suchten den Schutz und die Ermutigung durch eine etablierte religiöse Gemeinschaft. Im späten 12. und im 13. Jahrhundert gab es in den Niederlanden und in Deutschland eigentliche mystische Zentren.[67] Zu den berühmtesten gehörten die Nonnen des Klosters von Helfta, unter ihnen vor allem die drei: Mechthild von Magdeburg, Gertrud die Große von Helfta und Mechthild von Hackeborn. Das Kloster war zu Beginn des 13. Jahrhunderts vom Grafen Burchard von Mansfeld und seiner Frau Elisabeth für ihre zwei Töchter gegründet worden. Die Nonnen befolgten die zisterziensische Regel, ohne formell vom Orden anerkannt zu sein. 1258 übersiedelten die Nonnen nach Helfta in Sachsen und wurden fortan von dominikanischen Beichtvätern überwacht. Gertruds Bruder stiftete das Eigentum. Um 1290 zählte das Kloster hundert Nonnen und war bekannt für seinen Reichtum, seine Frömmigkeit und seine Schulung. Die Töchter des Grafen, Sophie und Elisabeth von Mansfeld, zeichneten Miniaturen; andere Schwestern arbeiteten als Schreiberinnen und Illuminatorinnen.

Als die hochgeborene Mystikerin Mechthild von Magdeburg (ungefähr 1210–1282) von Zeitgenossen kritisiert wurde, die ihre Visionen für suspekt hielten, suchte sie Zuflucht in Helfta, wo sie mit über sechzig Jahren Profeß ablegte. Als Mädchen von zehn hatte sie ihre erste Vision erlebt – sie selbst verstand ihre Erscheinungen als »Gruß« des Heiligen Geistes – und danach noch viele weitere. Während einer Spanne von einunddreißig Jahren hatte sie täglich eine Vision.[68] Wie Christina unterwarf sie sich, zunächst als Begine mit modifizierten Gelübden, später als Dominikanertertiarierin, harten Bußübungen, Geißelungen und Askese bis an die Grenze der Erkrankung. Sie litt unter der Trennung und Entfremdung von Gott, die ihre »kleinen Sünden« verursachten. »Meine Seele wird so finster und mein Geist so düster und mein Herz so kalt, daß ich von Herzen und lang beten und beichten muß«, klagte sie.[69] Sie wurde von heiligem Verlangen verzehrt nach der Vereinigung, in der ihre Seele den Weg zum »göttlichen Liebhaber« gefunden haben würde.[70]

Mechthild von Hackeborn (um 1241–1299) und Gertrud die Große (1256–1302) kamen schon als Mädchen von etwa fünf Jahren nach Helfta, und man kann sich vorstellen, daß sie durch die Anwesenheit der greisen heiligen Mechthild von Magdeburg im Kloster etwas eingeschüchtert waren. Mechthild von Hackeborn verlangte schon mit sieben Jahren, Nonne zu werden. 1291 begannen ihre Visionen. Zwei ihrer Mitschwestern schrieben auf, was sie sagte; das ergab den *Liber specialis gratiae* (»Das Buch der besonderen Gnade«, in der deutschen Übersetzung auch »Das Buch vom strömenden Lob«). Mechthild führte die Schule für die wohlhabenden jungen Mädchen, die, wie sie selbst, zur Ausbildung ins Kloster gebracht wurden. In ihren Visionen erlebte sie sich auch als Beraterin der Nonnen. Ihre Mitschwester Gertrud stieg dagegen zur Äbtissin auf; ihre Visionen setzten 1281 ein. Neben lateinischen Gebeten und Meditationen hielt sie auch selbst ihre mystischen Erfahrungen fest, die als *Legatus divinae pietatis* (»Bote der göttlichen Frömmigkeit«) gesammelt wurden. Eine der geehrtesten und einflußreichsten Mystikerinnen aus den etablierten Orden war die Spanierin Teresa von Ávila (1515–1582). Auf jeder Stufe ihres geistlichen Lebensweges hatte sie gegen Hindernisse anzukämpfen: gegen ihren Vater, ihre Beichtväter, gegen Bischöfe, Ordensgenerale und, was am schmerzhaftesten wog, gegen ihre eigenen Zweifel. Sie kam aus der neuen merkantilen Welt der mauerbewehrten Städte und entstammte einer reichen Kaufmannsfamilie von Toledo. Ihr Großvater war ein konvertierter Jude. Als Kind verspann sie sich zusammen mit ihrem Bruder spielerisch in religiöse Phantasien; die beiden malten sich ein Leben als Märtyrer oder Einsiedler aus. Als sie vierzehn Jahre zählte, starb ihre Mutter. Teresa begann, sich die Zeit zu vertreiben, wie es für eine junge Frau ihres Standes normal war. 1531, als ihre Schwester heiratete, beschloß der Vater, sie der sorglichen Obhut der Augustinernonnen von Santa Maria de Gracia in Ávila zu übergeben, worüber Teresa anfangs eher unglücklich war.

Beeinflußt durch die Lehren der Nonnen und durch einen Onkel, auf dessen Empfehlung sie die Briefe des heiligen Hieronymus studierte, entschloß sie sich 1537 dann selbst für den Ordensstand. Die Karmelitinnen wählte sie allerdings nicht aufgrund einer besonderen Berufung, sondern weil ihre Freundin Juana Suarez bereits da eingetreten war. Höllenvisionen hatten sie dazu gebracht, ihren Rückzug von der Welt trotz der Einwände ihres Vaters in Erwägung zu ziehen. Das Leben der Nonnen schien ihr der beste und sicherste Stand; sie wollte sich selbst dazu zwingen, »die Beschwerden und Pein« zu ertragen, damit sie nachher geraden Weges in den Himmel eingehe.[71] Nach ihrem Eintritt ins Kloster litt sie an Krankheiten und heftigsten Schmerzen; zwei Jahre lag sie darnieder, so schwer, daß ihre Mitschwestern sie einmal schon für tot hielten und Wachs auf ihre Augenlider träufelten, um sie geschlossen zu halten. Drei weitere Jahre war Teresa halb invalid und wurde zeitweise von Lähmungen heimgesucht. Höllenvisionen verursachten ihr körperliche Qualen, die schlimmer waren als alles, was sie während ihrer Krankheit erlebt hatte. Dies wog jedoch nichts im Vergleich mit dem Todeskampf der Seele, den sie in ihrer Autobiographie *(Vida)* beschrieb:

> ... eine Beklemmung, eine Angst, eine so schmerzliche Betrübnis, verbunden mit einem so verzweifelten, peinigenden Mißbehagen, daß ich nicht weiß, wie ich es genug aussprechen soll. Wollte ich sagen, man wollte hier einem unablässig die Seele aus dem Leibe reißen, so ist es noch zu wenig; denn in einem solchen Falle ist es ein anderer, der einem das Leben zu nehmen scheint; hier aber ist es die Seele selbst, die sich zerreißt.[72]

Erleichterung kam ihr erst durch die mystische Vereinigung mit Gott. Das erste Erlebnis dieser Art nannte sie ihre »Konversion«. Es geschah 1554 während der Fastenzeit, sie war neununddreißig Jahre alt. Im Gebetsraum kniete sie vor einer Statue des wundenübersäten Christus. Als sie an Maria Magdalena und deren Bekehrung dachte, flossen ihr die Tränen; sie konnte nicht beten. Sie stellte sich Jesus im Ölgarten vor, auch den heiligen Augustinus im Augenblick seiner Bekehrung. Da plötzlich durchfuhr sie die Empfindung, Gott sei in ihr oder sie ganz versenkt in ihm.[73] Aber ihr Kampf war noch nicht ausgefochten. Ihre Beichtväter schenkten den Visionen keinen Glauben und hießen sie, sie solle die Bilder verbannen, die ihr solche Lust verschafften. Es seien keine Gaben von Gott, sondern Botschaften des Teufels. Teresa erklärte später, von all den Prüfungen, die sie in ihrem Leben durchgemacht habe, sei dies die schwerste gewesen.[74] Fast zehn Jahre verbrachte sie in dieser Lage, im Zweifel über die ihr geoffenbarten Bilder und Worte, als einsame Seele umringt von tausend Gefahren. Es gab Perioden, in denen sie umkehren wollte und sich vollständig verloren fühlte.[75] Wäre nicht der Besuch bei dem Franziskaner Pedro de Alcántara gewesen, der selbst Mystiker war und bei ihren Beichtvätern für sie eintrat, hätten diese Qualen noch länger angehalten.

Wenn die Kirche einmal anerkannt hatte, daß die mystischen Visionen wahrhaft göttlich inspiriert waren, konnten die Frauen ihre ekstatischen Glaubenserfahrungen ohne Zweifel oder Furcht vor kirchlicher Mißachtung leben. Indem sie ihre Visionen niederschrieben, zehrten sie zwar von der Tradition männlicher Mystiker wie Bernard von Clairvaux und Joachim de Fiore, schufen aber eine unvergleichliche visionäre Ausdrucksweise für Frauen. Sie beschrieben den Prozeß einer besonderen Annäherung an Gott, entwarfen ihre eigenen Bilder der Gottheit und prägten ihre eigenen Formulierungen für die letzte und höchste Gnade der Vereinigung.[76]

Alle Mystikerinnen beschrieben, wie sie innerlich ihren eigenen Willen niederrangen, damit sie empfänglich würden für die spirituelle Erfahrung. Julian von Norwich berichtete von »häufig wechselnden Erfahrungen zwischen Gefühlen des Wohlseins und des Leids«, des Leids der Versuchung.[77] Von Mechthild von Magdeburg stammen die folgenden Zeilen:

Als ich zum geistlichen Leben kam
Und von der Welt Abschied nahm,
Da sah ich meinen Leib an:
Der war kräftig bewaffnet
Gegen meine arme Seele
Mit großer Fülle einer starken Macht
Und mit vollkommen natürlicher Kraft.
Da sah ich wohl, daß er mein Feind war,
Und sah auch: Wollte ich dem ewigen Tod entrinnen,
So mußte ich ihn niederzwingen
Und mußte mit dem Streit beginnen.[78]

Die Frauen verbrachten Stunden in Todesangst vor der Trennung von Gott und in Enttäuschungen des Strebens nach vollkommener Unterwerfung. Teresa von Ávila schrieb, dies sei »eine der peinlichsten« Lebensweisen, und bekannte: »Ich fand keinen Genuß in Gott und hatte auch keine Freude an der Welt.«[79] Der Schlüssel zur Vervollkommnung lag in vollendeter Demut. Sie müsse sich selbst ganz öffnen, lautete die Weisung, die Mechthild von Magdeburg empfing.[80] Im späten 13. Jahrhundert beschrieb Marguerite von Oingt (gestorben um 1310), Priorin im neuen Kartäuserinnenorden, die erforderliche Selbstverneinung und Ergebung:

Du weißt, mein süßer Herr, daß, wenn ich tausend Welten hätte und sie nach meinem Willen zurechtbiegen könnte, ich sie alle für dich aufgäbe [...] Denn du bist das Leben meiner Seele. Weder habe ich Vater oder Mutter neben dir, noch wünsche ich, sie zu haben.[81]

Für die Frauen nahm das mystische Erleben seinen Ausgang, häufiger als für die Männer, von der Versenkung in die Passion und die Leiden Christi während seiner letzten Stunden. In ihren Gebeten vertieften sie sich in seine Wunden. Die Messe und das Empfangen des Altarsakramentes, das symbolisch das Blutvergießen des Heilands nachvollzog, gewannen für sie spezielle Bedeutung. Sie glorifizierten die Eucharistie und enthielten sich aller anderen Speisen oder Getränke.[82] Im 13. Jahrhundert verhalfen die Mystikerinnen dem Feiertag *Corpus Christi* (Fronleichnam, Fest der Eucharistie) zur Verbreitung. Mechthild von Hackeborn und Gertrud von Helfta faßten das Ritual der Kommunion mit der Aufnahme von Brot und Wein als spirituelle und buchstäbliche Vereinigung mit der Gottheit auf, als Weg, sowohl an ihrer Menschlichkeit wie an ihrer Göttlichkeit teilzuhaben.

Anders als die männlichen Visionäre richteten einige Mystikerinnen, zum Beispiel Julian von Norwich, ihr Augenmerk auf weibliche Aspekte des Göttlichen und auf die Mutter als zweiter Bestandteil der Trinität. So wie der Vater die »edle Stärke«, so sei die Mutter »die Tiefe der Weisheit«, schrieb Julian.[83] Die Mütterlichkeit in Gott sehe man in drei Punkten: in seinem Schöpfertum, in der Verleihung des Sinnlichen an unsere Natur und in der Tätigkeit der Mutterschaft, der Ernährung unserer Seelen.[84] Julian zeichnete auch ein noch konkreteres Bild von Jesus als Mutter, die unter Schmerzen gebiert: Durch seinen Tod habe er uns das ewige Leben geschenkt, und wie eine säugende Mutter »ernährt er uns mit sich selbst«.[85]

Wie die männlichen Theologen, die sie zu ihren Meditationen ermutigten, und wie die männlichen Mystiker sahen die Visionärinnen Gott jedoch meistens als den heiligen Bräutigam und die Vereinigung als eine Liebesvereinigung. Christina von Markyate beispielsweise schilderte ihre Beziehung zu Jesus mit den Worten:

> So faßte Ihn die Jungfrau mit ihren Händen, dankte und drückte Ihn an ihr Herz. Und mit unermeßlicher Wonne hielt sie Ihn für einen Augenblick an ihre jungfräuliche Brust, in einem anderen [Augenblick] spürte sie Seine Anwesenheit in sich, selbst noch durch die Barriere ihres Fleisches. [...] Von diesem Augenblick an war das Feuer der Wollust so vollständig ausgelöscht, daß es nie wieder danach belebt werden konnte.[86]

Einige Mystikerinnen, wie Mechthild von Magdeburg, verwendeten die Bilderwelt und die Sprachformeln der höfischen Liebe, um die Begegnung zwischen der Seele und ihrem Gebieter zu beschreiben. In Mechthilds Vorstellung lud der Herr die Seele zum Tanz, die Seele entkleidete sich und näherte sich dem Brautbett, da es auch die Hochzeitsnacht war. Die Gottheit floß über von Liebe, in welche die Seele in der Vereinigung dahinschmolz;

beide vergingen in der Gewalt der Umarmung.[87] Die Seele rief: »Wirf mich nieder, unter Dich, mit Freuden würde ich geraubt!«; und der Bräutigam ergötzte sich an der Schönheit der Seele:

Du bist mein Lagerkissen,
Mein Minnebett,
Meine heimlichste Ruhe,
Meine tiefste Sehnsucht,
Meine höchste Herrlichkeit.
Du bist eine Lust meiner Gottheit,
Ein Trost meiner Menschheit,
Ein Bach meiner Hitze.[88]

Andere Visionärinnen fanden wiederum andere Worte, um ihrer Entrükkung Ausdruck zu geben, und betonten eher den erhabenen Charakter des mystischen Erlebens. Hildegard von Bingen beispielsweise sah ein Licht, »weit, weit heller als eine Wolke, die die Sonne in sich trägt«, das ihr zutiefst Frieden schenkte: »Wenn ich es sehe, wird alle Traurigkeit und alle Angst von mir genommen, so daß ich mich wie ein einfaches Mädchen fühle und nicht wie eine alte Frau.«[89] Mechthild von Hackeborn schaute Gott als kristallene Schale, in die sie selbst als reinstes Wasser gegossen wurde; sie erinnerte sich auch an helles Licht, Bäume, einen Fluß und Weinberge.

Teresa von Ávila hinterließ die vollständigste Beschreibung der aufeinanderfolgenden Schritte auf dem Weg zur mystischen Vereinigung mit Gott. Zur Darstellung dieses Weges benutzte sie die Metaphorik von Garten und Gärtner. Der Garten diente als Symbol der Seele, und die vier Arten, wie Gott ihn wässerte und nährte, entsprachen den vier Stufen des Gebets. Jede jeweils nächste Stufe verlangt weniger Ringen und Kämpfen, dagegen mehr Selbstverneinung und Empfangsbereitschaft bis hin zur totalen Demut und Passivität. Auf der ersten Stufe wird das »Wasser« mit großer Mühe aus einem Brunnen geschöpft, dann »mittels eines mit Schöpfgefäßen versehenen Rades, das man dreht«, heraufgeholt; auf der dritten Stufe wird das Wasser eines Baches durch den Garten geleitet. Zuletzt endlich »geschieht die Bewässerung des Gartens durch einen ergiebigen Regen, wenn nämlich der Herr selbst ohne irgendeine Bemühung von unserer Seite den Garten mit Wasser tränkt. Die letzte Art ist unvergleichlich besser als alle vorhergenannten.« In »Verzückung« ereignet sich dann der liebende Austausch zwischen der Seele und Gott.[90] Im vierten und letzten Zustand der äußersten Hingabebereitschaft empfand die Seherin einen ekstatischen Liebesschmerz wie von Feuer, Flammen und Pfeilen, der Seele wurde »ein Pfeil in das Innerste ihres Herzens und ihrer Eingeweide gestoßen«, wie Teresa schilderte.[91] Genau dieser Moment war es, den Gian-Lorenzo Bernini in seiner berühmten Skulptur der heiligen Teresa festzuhalten versuchte: Ein glänzender Engel mit völlig entflammtem Antlitz hat sich ihr genähert und bohrt einen langen Pfeil, dessen Spitze ebenfalls in Flammen steht, in ihr Herz. »... und wenn er ihn wieder herauszog, war es mir, als zöge er diesen innersten Herzteil mit heraus. Als er mich verließ, war ich ganz entzündet von feuriger Liebe zu Gott.«[92]

Die Frauen empfingen aus ihren Visionen mehr als spirituellen Lohn allein. Daß sie sich von Gott erwählt fühlten, verlieh ihnen ein Vertrauen, das sie ermächtigte, auch anderen mit ihren Gebeten beizustehen und am reformerischen Eifer ihrer Zeit teilzunehmen. Sie tadelten die Korruption der Kirche und ihrer Hierarchie, sie bemühten sich, die existierenden religiösen Orden zu säubern. Hildegard von Bingen hatte im 12. Jahrhundert ein Beispiel gegeben: Sie erzog ihre Nonnen und sprach offen heraus, auch wenn sie Kaiser und Päpste ermahnen mußte. Als ihre Gemeinschaft unter Interdikt gestellt wurde, warnte sie die beteiligten Kleriker, der Satan könnte sie mißbrauchen, um ihre Nonnen von Gott fernzuhalten. Mechthild von Magdeburg nannte die Kirche eine Jungfrau, die sich beschmutzt habe, da sie unrein und unkeusch geworden sei.[93] Sie beschrieb all den Sündern ringsum die Schrecken der Hölle und des Fegefeuers und sandte Briefe mit Ratschlägen und Warnungen an weltliche und geistliche Führer. Als ihre Schriften kritisiert wurden, berief sie sich auf Gott – »Du selbst hast mich geheißen, sie zu schreiben« – und fühlte sich gewiß, daß sie in ihrem Buch die Wahrheit geschrieben habe. »Er, der es aus meiner Hand nehmen will, muß stärker sein als ich«, verkündete sie.[94]

Die heilige Teresa von Ávila, die für ihre Taten und Schriften in späteren Jahrhunderten mit dem Titel eines Kirchenlehrers geehrt wurde, fühlte sich getrieben, anderen mit ihren Gebeten und ihren Lehren zu helfen. Durch ihre Werke inspirierte sie ihre Mitchristinnen und Mitchristen zu einem spirituellen Leben. Ihre Aufzeichnungen, ihre Verse und Briefe bestimmten auch Theologen wie die Dominikaner García de Toledo und Pedro Ibañez, ein Leben im Gebet und in mystischer Einigung mit Gott anzustreben.[95] Teresa bewunderte die Gründung, die die Schwester des spanischen Königs Philipp II., die Prinzessin Juana, in Ávila ins Leben gerufen hatte. Auch Teresa wollte zur Strenge der ursprünglichen Karmeliterregel zurückkehren. Mit zwölf Schwestern und einer Priorin begründete sie den reformierten Ordenszweig der Gemeinschaft der Unbeschuhten Karmelitinnen und Karmeliter. Als man sie kritisierte, weil sie für die Nonnen keine materielle Ausstattung erlauben wollte und statt dessen verlangte, sie sollten ihren Lebensunterhalt allein mit Almosen bestreiten, erschienen ihr zur Unterstützung die Jungfrau Maria und die heilige Klara. Auch in anderen Fällen, wenn ihre Tätigkeiten auf Mißbilligung stießen – beispielsweise wegen der Strenge des Lebens, das sie forderte, oder da sie Klöster gründete sowohl für Frauen als auch für

Männer –, wurde sie von Visionen getröstet. Sie selbst notierte: »Ich wunderte mich darüber, wie doch der böse Teufel sich so sehr gegen einige schwache weibliche Personen erheben mochte.«[96] Mit einer Sonderbewilligung des Papstes und der Zustimmung des Ordensgenerals der Karmeliter gründete sie weitere Niederlassungen, die ihrer strengen Regel gehorchten. Als sie starb, waren es dreißig Häuser. In Duruelo, einem ihrer Mönchsklöster, lebte auch der bekannte Mystiker Juan de la Cruz (Johannes vom Kreuz).

Wenn man die traditionelle Haltung der Kirche gegenüber Frauen in Rechnung stellt, war die Kritik von Klerikern an Teresa vorhersehbar. Hildegard von Bingen hatte einen Zusammenstoß mit bischöflicher Macht, Mechthild von Magdeburg suchte Zuflucht im Kloster Helfta, um den Vorwürfen, sie verträte einen falschen Glauben, zu entgehen. Sie und andere Mystikerinnen dieser Jahrhunderte überlebten und konnten weiterhin eine gewisse Autorität ausüben, da das, was sie vertraten und befürworteten, mit den Anliegen wenigstens eines Teils der zeitgenössischen Kirchenvertreter übereinstimmte. Daß ihnen solcher Spielraum zugestanden wurde, kam letztlich daher, daß sie die traditionellen Grenzen anerkannten und der Kirche nie den Gehorsam verweigerten.

Spitzenvertreter der Kirche hörten auf Hildegard von Bingen und erklärten ihre Aussagen zu Prophezeiungen, da die Nonne ihren eigenen Ängsten und Besorgnissen Ausdruck verlieh. Um 1220 trugen flämische Kleriker die Offenbarungen der Äbtissin zusammen und verwendeten sie zur Unterstützung ihrer Warnungen vor den Folgen des Verfalls. Die Bestrebungen der heiligen Teresa stimmten überein mit denjenigen der katholischen Gegenreformation und der Herrschaft des frommen Königs, Philipps II. von Spanien. Sie stand mit Ignatius von Loyola, dem Gründer des Jesuitenordens, in Briefwechsel. Der König begrüßte und förderte ihre Klosterstiftungen und nahm eine eigenhändige Abschrift ihrer Lebensbeschreibung, der *Vida*, in seine Privatbibliothek im Escorial auf.

Die Mystikerinnen, die oft knapp davor standen, ihre Visionen zu verneinen, waren der Kirche gehorsam. Sie beanspruchten keine Macht für sich selbst und willigten darein, daß sie geistliche Führung brauchten. Sie verlangten nicht einmal bei der Interpretation ihrer Erlebnisse eine besondere Rolle. Mechthild von Magdeburg nannte jeden Kommentar einfach ihre »Reaktion« auf ihre Visionen; Teresa verkleidete ihre Schilderungen und Überlegungen rund um ihre Erfahrungen mit der Formel »es schien mir«, und sie stellte auch ihre Intelligenz für ein solches Unterfangen in Abrede: »...denn Gott hatte mir nicht die Fähigkeit verliehen, mit dem Verstande nachzudenken noch mich mit Nutzen der Einbildungskraft zu bedienen.«[97] Keine einzige der Mystikerinnen handelte ohne die Unterstützung, den Rat und die Billigung eines männlichen Beichtvaters. Sogar die besondere Vorliebe der Frauen für die Eucharistie erhöhte die Macht und die Ehre ihrer geistlichen Tutoren, da nur die ordinierten Priester das Sakrament reichen konnten.

Selbst die eigenwillige und unkonventionelle Teresa bezeugte mehrfach ihre Bereitschaft, der männlichen Kirchenhierarchie zu gehorchen. 1576 schrieb sie in einer Erklärung für den Inquisitor von Sevilla:

> Sie richtete sich niemals nach dem, was sie im Gebete vernommen hatte, im Gegenteil, wenn ihre Beichtväter ihr den Auftrag gaben, dem, was ihr im Gebete mitgeteilt wurde, entgegenzuhandeln, so unterwarf sie sich sogleich und machte ihnen stets Mitteilung über alles.[98]

Als ein Beichtvater ihr gesagt hatte, ihre Visionen kämen vom Teufel, versuchte sie, sie zu unterdrücken. Als man sie hieß, sie solle ihr Leben aufschreiben, griff sie zur Feder. Als man verlangte, sie solle das Buch über ihre Gebetslehre, die *Moradas del castillo interior* (»Innere Burg«), überarbeiten, tat sie dies. Ihr Beichtvater in Segovia meinte, es sei unschicklich, wenn das Hohelied von einer Frau kommentiert werde, da verbrannte Teresa ihr Manuskript. Wenn sie an die Gründung ihrer religiösen Gemeinschaften ging, war sie so streng wie der konservativste Kleriker. Sie selbst ritt zwar auf einem Maultier, ließ aber ihre Nonnen in einer Kutsche mit vorgezogenen Vorhängen reisen, damit sie in ihren Gebeten nicht gestört würden und in vollständiger Abgeschiedenheit lebten.

Wenn eine Frau die uneingeschränkte Autorität der männlichen Kirchenführung akzeptierte und sich in den vorgegebenen Bahnen bewegte, konnte sie innerhalb der katholischen Kirche bis ins 20. Jahrhundert zur Heiligkeit emporsteigen. Immer wieder traten Seherinnen auf, etwa die heilige Marguerite-Marie Alacoque (1647–1690), eine Schwester der Pariser Salesianerinnen, die die Herz-Jesu-Verehrung popularisierten. Im 19. Jahrhundert änderte die Kirche jedoch ihre Einstellung gegenüber Frauen, die mit mystischen Erfahrungen hervortraten. Die Kleriker machten keine Aussagen mehr über die Echtheit der Visionen, sondern sie verlagerten ihre Aufmerksamkeit auf andere Aspekte ihrer Lebensführung. Die Kirche wies dadurch potentielle Autoritätsansprüche der Seherinnen ab und ehrte sie nicht wegen ihrer besonderen Verbindungen zur Gottheit, wohl aber für ihre kindliche Unschuld. Selbst die Figur von Jeanne d'Arc mit ihrer vitalen, kämpferischen Spiritualität wurde gemäß dieser kirchlichen Strategie zurechtgestutzt: Als sie im 20. Jahrhundert kanonisiert wurde, erhob man sie zur Heiligen nicht wegen ihrer Visionen und Prophezeiungen im Namen ihres Gottes, sondern wegen ihres »exemplarischen Lebens«, ihrer Tugend und ihrer hingebungsvollen Frömmigkeit.

3.3 Autorität außerhalb der institutionellen Kirche

Herausforderungen an die anerkannten Dogmen und Orden

Die Welle religiöser Begeisterung, die im 12. und 13. Jahrhundert um sich griff, bewirkte verschiedene Veränderungen innerhalb der Institutionen der katholischen Kirche. Um die glaubenseifrigen Frauen und Männer an sich zu binden, belebte und modifizierte die Kirchenspitze mit ihrer Hierarchie von Päpsten, Kardinälen, Bischöfen und Ordensoberen traditionelle Doktrinen und schuf neue Definitionen einer religiösen Lebensführung für jene, die unter Anleitung der Kirche leben wollten. Mit der Bulle *Periculoso* von 1293 beanspruchte die Kirche, allein festzusetzen, wie Nonnen leben sollten; sie bestimmte die Prämissen von der potentiellen Schwäche der Frauen und ihrer Gefährlichkeit für sich selbst beziehungsweise für die Männer. Nur die Kirche hatte das Recht, Verstöße gegen die Ordensregel zu tolerieren oder zu ignorieren. Sie entschied darüber, ob fromme Mystikerinnen tatsächlich mit dem Göttlichen in Kontakt gekommen waren und also Einfluß und Ansehen unter den Gläubigen erlangen durften. Nur die Kirche konnte der göttlichen Abkunft einer klausurierten Seherin und Prophetin Gültigkeit attestieren. Mit solchen Entscheidungen und Handlungen wurde eine Zeitlang Ordnung und Einheitlichkeit im Glauben und in der Glaubenspraxis erreicht; bis ins 16. Jahrhundert behielt der katholische Glauben dank solcher Maßnahmen seine Hegemonie.

Um Ordnung, Frieden und Einheitlichkeit auch außerhalb des traditionellen Rahmens ihrer Institutionen aufrechtzuerhalten, mußte die Kirche zwischen dem 12. und 15. Jahrhundert auch andere Anpassungen vornehmen. Tausende von europäischen Frauen und Männern wurden von religiöser Begeisterung entflammt, in einem Ausmaß, daß es nicht möglich war, sie innerhalb der abgeschirmten Bereiche zu halten, welche der kirchlichen

Jurisdiktion unterstanden. Unter diesen ungewöhnlichen Umständen mußte sich die Kirche flexibel zeigen und sich anpassen, sonst verlor sie ihre Gläubigen.

Die Frauen und ihre Anliegen stellten die schwierigsten Herausforderungen dar. In diesen Jahrhunderten einer volkstümlichen Frömmigkeit stieg die Jungfrau Maria erstmals zu einer eigenständigen religiösen Figur auf, zu einer idealisierten, nahezu göttlichen Frau, der überall Achtung gezollt wurde. Visionärinnen ohne Bindung an einen etablierten Orden traten auf und versammelten Anhänger um sich. Tausende von Frauen, weit mehr, als die alten und neuen Orden zusammen aufzunehmen imstande waren, wurden von Glaubenseifer erfaßt; sie nannten sich selbst Beginen und strebten nach einem frommen, spirituell erfüllten Leben, das sich nicht nur außerhalb der Familie, sondern auch außerhalb der institutionellen Kirche abspielte.

Indem die katholische Kirche durch einige sprunghafte Wendungen in ihrer Logik und ihrer Glaubenslehre die Marienverehrung verfeinerte und in ihre Dogmatik eingliederte, bemächtigte sie sich des einflußreichen weiblichen Bildes der Jungfrau und Mutter, das zuzeiten beinahe zu einer eigenen, selbständigen Gottheit auszuwachsen drohte. Zudem fand die Kirche auch Mittel und Wege, unorthodoxe, fromme Einzelpersonen in ihre Obhut zurückzuholen. Die Beginen in Nordeuropa stellten ein etwas schwierigeres Problem dar: Da sie derart zahlreich waren, konnte die Kirche im 12. und 13. Jahrhundert nicht umhin, ihre informellen Gelübde anzuerkennen; gegen Ende des 15. Jahrhunderts konnte sie es sich dann hingegen leisten, mit mehr Strenge vorzugehen. Auf allen Ebenen verfuhren die Kirchenführer nach derselben Strategie: Sie gestatteten eine gewisse Bandbreite, erlaubten unter Umständen sogar Lehrwidriges, solange sich die Gläubigen letztlich der Befehlsgewalt der Kirche beugten und deren uneingeschränktes Recht anerkannten, den Zugang zu Gott zu definieren und zu kontrollieren.

Bis ins 16. Jahrhundert stand die Autorität der Kirche danach neu befestigt da, und die Mehrheit der frommen Frauen, ob Marienverehrerinnen, Seherinnen oder Beginen, leistete ihren Befehlen Folge. Wer es nicht tat, wurde als Ketzer verurteilt und ausgestoßen, so die Albigenser in Südfrankreich, die Anhänger des Freien Geistes in Nordeuropa und die Lollarden in England. Als sich um 1500 erneut eine ähnliche religiöse Erregung breitmachte, gelang den katholischen Prälaten und Theologen die Anpassung nicht mehr, und sie verloren die Kontrolle über viele ihrer Gläubigen. Christinnen, die nach anderen Vorbildern und Rollenangeboten suchten, kehrten dem alten Glauben den Rücken; zusammen mit den Männern ihrer Familien schlossen sie sich Martin Luther, Johannes Calvin oder einer der unzähligen neuen protestantischen Gruppierungen an.

Die Jungfrau Maria

Vom 12. Jahrhundert an verlieh die Kirche der überwältigenden Aufnahme und Verbreitung, die das Bild der Jungfrau Maria in ganz Europa im Volk spontan gefunden hatte, Autorität und Geltung. Die Theologen und Päpste erhoben die Verehrung der Gottesmutter mehr und mehr zum Dogma, sie hießen die hypothetischen Rekonstruktionen des Lebens der heiligen Jungfrau gut, stützten die Feiern ihrer Festtage und schufen dem Wunsch nach einem weiblichen Aspekt des Glaubens damit einen Raum.[1]

Vor 1100 hatte der volkstümliche Glaube mit den Bildern und Verlautbarungen der Kirche über Maria wenig zu schaffen gehabt. Die Evangelien der autorisierten Fassung des Neuen Testaments in der Vulgata erwähnten sie kaum. Die Kirchenväter und Kirchenkonzile des christlichen Altertums hatten Maria nie als für sich selbst bedeutsames Individuum betrachtet, sie diente in den theologischen Debatten nur dazu, die menschlich-göttliche Doppelnatur ihres Sohnes Jesus Christus zu bestimmen und anschließend zu beweisen.[2] Im 12. und 13. Jahrhundert begannen die Kleriker, vermehrt über die jungfräuliche Gottesmutter zu schreiben. In Hymnen ergründeten sie ihre einzigartige Nähe zu Gott in der »Umschattung« des Heiligen Geistes und in der Mutterschaft gegenüber dem Gottessohn. In ihren Predigten und Betrachtungen umschrieben sie diese Erfahrungen mit reicher Allegorik. In Bernard von Clairvaux rief Marias Verbindung mit dem Heiligen Geist die erotische Bilderwelt des Hoheliedes wach und wurde zum Symbol der Vereinigung der gläubigen Seele mit ihrem Erlöser. Maria stand für Israel, für die neue Kirche und die Braut Gottes. Theologen nannten sie das wunderbare Gefäß und verglichen ihren Körper mit dem Tabernakel, in dem hinter dem Altar die Hostie aufbewahrt wurde, da beide Jesus Christus enthielten.

Die populären Madonnenbilder und die Legenden über das Leben »Unserer lieben Frau« beeinflußten zunehmend die offizielle kirchliche Glaubenslehre. Im 13. Jahrhundert hatten die apokryphen Berichte, vor allem aus dem Protevangelium des Jacobus (es entstammt dem 2. oder 3. Jahrhundert), durch die gelehrten Diskurse und Meditationen der Befürworter des Marienkultes Rechtsgültigkeit erlangt. Der fromme Enthusiasmus des Volkes brachte die Kirche außerdem dazu, eins ums andere die Feste in den liturgischen Kalender aufzunehmen, die sich mehr oder weniger spontan herausgebildet hatten, um besonderer Ereignisse im Leben Marias zu gedenken.

Schon im 10. Jahrhundert hatte die gelehrte sächsische Stiftsdame Hrotsvit zahlreiche der weitverbreiteten Geschichten aus Marias Leben in ihre Verslegende über die Jungfrau eingeflochten. Maria selbst war ohne Sünde empfangen worden (daher sprach man von ihrer »unbefleckten Empfängnis«); mit drei Jahren wurde sie in den Tempel gebracht, wo sie nur Speise aß, die ihr täglich von Engeln zugetragen wurde – keine andere Substanz wäre rein genug gewesen für ein derart reines Wesen. Maria gelobte Jungfräulichkeit und wollte nicht heiraten, bis ihr Gott durch das wunderbare Erblühen eines Zweiges Joseph als ihren Bräutigam anzeigte. Hrotsvit zeichnete das jungfräuliche Mädchen als vollendeten Geist in einem vollendeten Körper.

> Demütig, klug und bescheiden, erglühend in holdestem Eifer,
> war sie bei allen beliebt, in Vollkommenheit strahlend.
> Niemand hörte sie je von anderen Häßliches sagen,
> niemand erlitt von ihr eine Kränkung,
> stets war sie gütig, begegnete allen mit Milde …[3]

Um Marias Äußeres zu beschreiben, fand Hrotsvit nur Superlative:

> Ja, auch ihr Antlitz, das weißer als Schnee noch erstrahlte,
> hat, wie es heißt, übertroffen das Leuchten der Sonne –
> kaum war ein menschliches Auge imstand', seinen Glanz zu ertragen.[4]

Spätere Porträts führten die Verherrlichung Marias fort, besonders in der Szene der Begegnung mit dem Erzengel Gabriel, der Verkündigung. Dichter ließen sie spinnen, Maler stellten sie bei der Lektüre oder beim Gebet dar: die demütige, unschuldige Jungfrau, die keusch das Wort Gottes empfing.

Das Ergebnis dieser Koinzidenz zwischen Theologie und populärer Frömmigkeit war für die Frauen Europas ohne Parallele. Männer errichteten für die Himmelskönigin Kathedralen: Notre-Dame in Paris, in Chartres, in Reims, Amiens, Laon und Senlis, um nur einige französische Beispiele aufzuzählen. Christine de Pisan, Dichterin am burgundischen Hof um die Wende zum 15. Jahrhundert, erklärte die Bedeutung der heiligen Mutter für das weibliche Geschlecht, indem sie sie, die Erlöserin der Frauen, als »Verteidigerin, Beschützerin« und als »Schild gegen die Angriffe der Feinde und der Welt« ihrer *Cité des Dames* (»Stadt der Frauen«) wählte:

> Nun steige herab zu uns, Du himmlische Königin, Tempel Gottes, Hort der Dreifaltigkeit, Entzücken der Engel, Du rettungverheißender Leitstern der Verirrten und Hoffnung der wahrhaft Gläubigen! O Herrin, welcher Mann könnte es angesichts Deiner Majestät wagen, das weibliche Geschlecht in Gedanken oder Worten zu schmähen? Denn selbst wenn alle übrigen Frauen von einer abgrundtiefen Bosheit wären, so überstrahlt doch der Glanz Deiner Vollkommenheit alles so sehr, daß das Schlechte keinen Bestand mehr hat.[5]

Wie andere Gläubige sowohl innerhalb als auch außerhalb der institutionellen Kirche war Christine de Pisan davon überzeugt, daß Maria die anderen Frauen durch den Abglanz ihrer Herrlichkeit erhöhe. Ein so vollendetes weibliches Wesen bot theoretisch dem negativen Bild der Frauen, das aus früheren Jahrhunderten ererbt war, Widerpart.

Vorbilder, Tertiarierinnen, Beginen

Die Jungfrau Maria hatte für die Christinnen noch weitere Bedeutung. Durch die Erfahrungen, die sie gemacht hatte, verwirklichte sie eine religiöse Alternative zum klausurierten Leben einer Nonne. Nach dem Vorbild Marias konnte eine junge Frau heiraten, Kinder zur Welt bringen und als Ehefrau und Mutter leben, trotzdem aber Keuschheit geloben und dank ihrer Frömmigkeit und karitativen Betätigung zu Schutz und Anerkennung kommen, ja selbst durch die Kirche heiliggesprochen werden. Eine vornehme Frau mochte durch die Identifikation mit Maria einen Weg zu Gott außerhalb der Familie finden. Daß auch männliche Kleriker diese Identifikation vollzogen, verlieh der Möglichkeit nur um so mehr Ansehen.

Sehr einflußreich war auch das Bild der Schmerzensmutter, der *Mater Dolorosa*, die am Fuße des Kreuzes kauerte oder den leblosen Körper ihres Sohnes auf dem Schoß hielt *(Pietà)*. Der englische Zisterzienser Ailred von Rievaulx erklärte seiner Schwester, die als Rekluse lebte, die Versenkung in Marias Schmerz könnte eine fromme Frau hinführen zum Schmerz Jesu, zu seinem Opfer und damit zu ihrer eigenen Seelenrettung. Die Geißler, eine Gruppe religiöser Extremisten im 14. Jahrhundert, sangen das *Stabat Mater*, den Klagegesang der Gottesmutter unter dem Kreuz. Die ergriffenen Gläubigen vergossen bei der Meditation über Marias Qualen heiße Tränen, sie baten darum, daß ihre Trauer und ihr Schmerz auf sie selbst übergingen:

Sancta mater, illud agas:
Crucifixi fige plagas
Cordi meo valide.
Fac me plagis vulnerari,
Cruce hac inebriari
Ob amorem filii.

(Heilige Mutter, drück die Wunden, / die dein Sohn am Kreuz empfunden, / tief in meine Seele ein. Laß mich tragen seine Pein, / mich mit ihm am Kreuz vereinen / um der Liebe deines Sohnes willen.)[6]

Kontemplation und Imitation der Jungfrau Maria eröffneten nicht nur neue Wege und führten zum Heil, sie verhalfen auch zu Autorität. Die Taten der frommen Frauen, ihre Selbstverleugnung und Hingebung erwarben ihnen den Respekt und die Unterstützung der Kirche, besonders von den Leitern der neuen Orden der Dominikaner und Franziskaner. Auch in diesem exemplarischen Leben, das so verschieden schien vom klausurierten Leben der Nonnen, hatten weibliche Gläubige Visionen und mystische Erfahrungen, welche die Kirche als göttlich geoffenbarte anerkannte. Das stattete diese Frauen mit einer Autorität aus, wie sie jene besaßen, die den regulären Orden angehörten.

Zu Beginn des 13. Jahrhundert wurde die heilige Elisabeth von Thüringen (1207–1231) zum Modell eines solchen exemplarischen Lebens außerhalb der Klostermauern mit seiner ganzen Fülle, die es einer außerordentlichen und frommen Frau bieten konnte. Neben den volkstümlichen Bildern von der Jungfrau Maria standen der Königstochter Elisabeth Beispielgeschichten von anderen edlen Frauen vor Augen, die ebenfalls den säkularen Weg zur Heiligkeit gegangen waren: die Frankenkönigin Radegundis im 6. Jahrhundert oder Etheldreda, die Gattin des Königs von Northumbrien, im 8. Jahrhundert, die laut ihrem Zeitgenossen, dem Historiker Beda, Gott für ihre tödliche Krebserkrankung – einen Tumor an ihrem Hals – dankte, da sie durch die Krankheit »freigesprochen werde von der Schuld meiner überflüssigen Nichtigkeit«.[7]

Die heilige Elisabeth schritt jedoch in ihren Äußerungen von Buße und Zerknirschung zu neuen Extremen. In ihrer kurzen Lebensspanne gelang es ihr, alle die Qualitäten zu verkörpern, die sowohl die Kirche als auch der volkstümliche Glaube an ihren Heldinnen priesen. Aus Gehorsamkeit gegenüber ihrem Vater heiratete sie mit vierzehn Jahren und erfüllte, was sie selbst ihre Pflicht nannte, indem sie ihrem Gatten Ludwig IV., dem Landgrafen von Thüringen, drei Kinder gebar. Nach seinem frühen Tod lehnte sie es ab, sich wieder zu verheiraten, legte ein Keuschheitsgelübde ab und wurde franziskanische Tertiarierin, das heißt eine Angehörige des sogenannten »dritten« Ordens für Laien, der seinen Mitgliedern ein Leben außerhalb der Klostermauern gestattete. Elisabeth widmete sich ganz dem Gebet und der Krankenpflege in dem von ihr gegründeten Hospital von Marburg. Auch als sie noch verheiratet gewesen war, hatte sie ihren Mann dazu bestimmt, bei der Gründung einer Herberge und eines Spitals für die Armen mitzuhelfen. Ihr geistlicher Führer und Beichtvater, der Franziskaner Magister Konrad, trieb sie zu extremer Andachts- und Bußpraxis an. Als sie eine Predigt versäumte, ließ er sie mit Peitschenhieben bestrafen. Sie auferlegte sich selbst strengstes Fasten und lange Gebetswachen. Geschichten über Wunder, die sich im Zusammenhang mit Elisabeths Tun und ihrem heiligenmäßigen Leben ereigneten, kursierten schon vor ihrem frühen Tod im Alter von vierundzwanzig Jahren. Chronisten berichten, die Menge habe in wildem Verlangen, Reliquien von ihr zu besitzen, Stücke von ihrem Leichentuch und ihrem Leichnam gerissen, als sie aufgebahrt lag und zu Grab getragen wurde. Durch ihre Heiligsprechung nur vier Jahre nach ihrem Tod trug die Kirche der Macht von Elisabeths Glauben und ihrer Verehrung im Volk Rechnung.

Die heilige Birgitta von Schweden (1303–1373), auch sie eine Adelige, traf in manchem die gleiche Wahl wie Elisabeth. Sie erklärte, die Jungfrau Maria habe sie durch ihr Vorbild wie auch durch Erscheinungen inspiriert. Als Tochter eines schwedischen Landrichters war Birgitta bereits mit elf Jahren, als ihre Mutter starb, verlobt worden. Zu dieser Zeit hatte sie ihre erste Vision: Eine Stimme sprach vom Kruzifix in ihrem Zimmer. Birgitta heiratete Ulf Gudmarsson, der wie ihr Vater ein Rechtskundiger war, und gebar ihm acht Kinder, führte den Haushalt, lernte mit dem Hauslehrer ihres Sohnes Latein und trat in den Dienst des Königs Magnus, indem sie Lehrerin seiner Gattin Blanche von Namur wurde. Als pflichtgetreue Ehefrau verrichtete Birgitta, wie es sich für eine vornehme Frau des 14. Jahrhunderts gehörte, die traditionellen Werke der Nächstenliebe. Ihre Visionen dauerten an; Jesus, Johannes der Täufer, die heilige Agnes und die Jungfrau Maria erschienen ihr. Die erste Marienvision hatte sie während ihrer achten Entbindung, die so schwierig war, daß die Geburt unmöglich schien. Birgitta glaubte, die Berührung der Gottesmutter habe die Schmerzen hinweggenommen und das Kind gebracht. Maria erschien ihr wiederum, um sie beim Tod ihres liebsten Sohnes zu trösten; sie erfüllte ihre Seele mit Frieden, da sie der trauernden Mutter versicherte, der junge Mann werde um ihrer Güte willen gerettet werden. Auch Birgitta kleidete sich als franziskanische Tertiarierin ein und tat Buße. Nach dem Tod ihres Gatten (1344) verpflichtete sie sich zu einem Leben in strenger und frommer Zucht.

Mit dem Segen ihres geistlichen Führers, des Meisters Matthias, eines Kanonikers am Dom von Linköping, zog sie sich in das Zisterzienserkloster von Alvastra zurück. Dort wurde zwischen 1345 und 1349 ihr Bewußtsein von Visionen geradezu überflutet. Der Subprior Petrus Olai diente ihr als Sekretär. Er übersetzte ihre ekstatischen Erfahrungen ins Lateinische und schrieb sie nieder: Wie ihr Jesus Christus und Maria erschienen und nach der Beendigung des Krieges riefen oder die Rückkehr des Papstes von Avignon nach Rom forderten oder wie Birgitta selbst zur »neuen Braut« Christi ernannt wurde samt den verheißenen Herrlichkeiten der mystischen Vereinigung:

> Du wirst in den Armen meiner Gottheit ruhen, wo es kein fleischliches Vergnügen gibt, einzig die Freude und Wonne des Geistes. [...] Liebe also mich allein, und du wirst alles haben, was dir notwendig ist, und du wirst es im Überfluß haben...[8]

Die Ekstasen, die die Witwe erlebte, füllten das erste Buch ihrer *Revelationes* (»Offenbarungen«), die frommen Frauen und Männern künftiger Jahrhunderte zur Anleitung und als Ausgangspunkt für geistliche Betrachtungen dienten. Durch den göttlichen Appell, der die Heilige in ihren Visionen erreichte, wurde sie zu Taten entflammt und ermächtigt wie ihre klausurierten Schwestern. In Vadstena richtete sie ein Nonnenkloster ein. Ursprünglich plante sie ein Doppelkloster, doch zum Schluß lebten die dreizehn Priester deutlich getrennt von den sechzig Nonnen, deren geistlichen Bedürfnissen sie zu dienen hatten. Die Klosterfrauen verfolgten sogar den Gottesdienst nur von einem Chor über dem Hauptraum der Kapelle aus. Birgitta wollte einen neuen Orden schaffen, der das Ordenshabit und das Betteln der Klarissinnen mit dem Fasten und der Strenge der Zisterzienser und der Klausurierung und der Unterwerfung unter den Beichtvater gemäß der Bulle *Periculoso* verband. Wegen der verwirrten Verhältnisse des Papsttums und vielleicht auch wegen ihres mangelhaften Lateins gewährte ihr Papst Urban V. erst 1370 eine Audienz. Das Recht auf eine neue Ordensregel gestand er ihr nicht zu, immerhin bestätigte er ihre Gemeinschaft mit einigen Veränderungen als eine Adaptation des augustinischen Typus.[9]

Wie Hildegard von Bingen wurde auch Birgitta durch ihre Visionen zu weiteren Taten angespornt. Sie drohte dem Papst Clemens VI. mit Jesu Zorn:

> Nimm dich in acht vor den Tagen deines Lebens, da du meinen Zorn erregtest und tatest, was du wolltest und was du solltest. Doch nun wird meine Stunde bald naherücken, da ich dich zur Rechenschaft rufen werde für all deine Vergeßlichkeit. Und so wie ich dich hoch emporsteigen ließ, so werde ich dich auch herabsinken lassen zu furchtbaren Qualen des Körpers und der Seele ...[10]

Solche Offenbarungen entschädigten eine Frau wie die heilige Birgitta für die Entsagungen, die ein Leben nach den harten Auflagen einer Tertiarierin mit sich brachte. Unter dem schützenden Mantel ihrer Frömmigkeit, ihres Witwenstandes und ihres Sehertums reiste Birgitta nach Rom, nach Neapel und Zypern und begab sich schließlich 1372 noch auf eine Pilgerfahrt nach Jerusalem. Sie verdammte die Eitelkeit der Frauen und die Laxheit der Erzbischöfe; sie beschimpfte Königinnen und Könige für das, was sie als deren sexuelle Verworfenheit betrachtete. Sie sah sich selbst als Samson, der keinen der Feinde Gottes entkommen ließ, bevor er nicht um Vergebung flehte.[11] Als ihre Zeitgenossen vor den krassen Schmähungen zurückscheuten, glaubte sie die Ermächtigung durch die Stimme Gottes zu besitzen, die ihr versicherte, sie sei sein Instrument: »Ich spreche zu dir, da es mir gefällt, damit alle wissen mögen, wie die Sünde gesühnt, die Bestrafung gemildert und die Krone vergrößert werden muß.«[12]

Birgittas letzte Lebensjahre waren erfüllt von Marienvisionen, die sie auf der Reise nach Jerusalem mit besonderer Lebhaftigkeit heimsuchten. Sie schaute Maria zum Christfest, »eine überaus schöne Jungfrau, [...] in einen weißen Mantel und ein Kleid gehüllt«, und als trauernde, schmerzensreiche Mutter bei der Kreuzigung.[13] Die Seherin fühlte, wie sie mit der Heiligen Jungfrau eins wurde, als sie mit anschaute, wie Jesus vom Kreuz genommen wurde und erfuhr, wie Maria ihn mit starren, bluterfüllten Augen auf ihrem Schoß hielt; »sein Antlitz war eingefallen, seine Arme [...] so steif geworden, daß sie nicht nach unten auf seine Leibesmitte gebeugt werden konnten«. Maria schloß seine Lider und seinen Mund, andere wickelten ihn in das Grableinen, und

> der gute Johannes kam und nahm mich nach Hause. Hinter uns stand hoch und einsam das Kreuz.[14]

Neben den genannten königlichen und adeligen Gattinnen und Müttern gewannen auch einige wohlhabende Frauen aus den neuen ummauerten Städten kirchliches Ansehen aufgrund ihres exemplarischen Lebens. Auch sie lebten keusch und einfach, ohne aber in ein Kloster einzutreten; auch ihnen wurden Visionen zuteil, die sie zu einem ungewöhnlichen Leben befähigten. Einige von ihnen legten reduzierte Gelübde ab wie die heilige Birgitta. Die berühmteste und einflußreichste dieser Frauen war Caterina Benincasa (ungefähr 1347–1380), die als heilige Katharina von Siena die Patronin Italiens wurde und die Auszeichnung einer »Kirchenlehrerin« erhielt. Als Tochter eines begüterten Tuchfärbers in Siena geboren, legte sie ein privates Keuschheitsgelübde ab, verweigerte die Heirat, schnitt zum Zeichen der Absage an die Welt ihre Haare ab und wurde mit achtzehn Jahren Dominikanertertiarierin. Drei Jahre wohnte sie unter Aufsicht ihres Beichtvaters ganz abgeschieden zu Hause, wobei sie für ihre Kasteiungen und Gebete nicht nur mit Visionen, sondern auch mit der Stigmatisierung, dem Empfinden der Wunden Jesu, belohnt wurde. Mit dreiundzwanzig Jahren – ihr Vater war mittlerweile tot, ihre Brüder weilten in der Verbannung – gehorchte sie dem Befehl ihrer Offenbarungen, »hinaus in die Welt zu gehen und Seelen zu gewinnen«.[15] Den Ruf ihrer außergewöhnlichen Frömmigkeit und Heiligkeit verdankte sie, ähnlich wie die heilige Elisabeth, der hingebungsvollen Pflege der Pestkranken von 1374. Geschichten erzählten, sie habe einem Almosen heischenden Bettler ihren Mantel überlassen mit der Bemerkung, sie sei lieber ohne Mantel denn ohne Nächstenliebe.[16]

Um 1370 wurden ihre Offenbarungen von wichtigen kirchlichen Würdenträgern wie Raimund von Capua, dem späteren Ordensmeister der Dominikaner, der ihr Beichtvater geworden war, anerkannt, und Caterina begann mit dem Selbstvertrauen und der Befugnis einer legitimierten Visionärin aufzutreten. Sie beschrieb der Königin von Neapel, Giovanna von Anjou, ihre Gefühle: »Nachdem unsere Seele durch Furcht befreit worden ist, stürmt sie in vollständiger Besorgtheit voran und verjagt jede Sünde und jeden Fehler«, die Furcht räume gewissermaßen das Geschirr beiseite, so wie es ein Dienstbote täte, indem er es wäscht.[17] Mit der Hilfe ihres Sekretärs, des Dichters Neri di Landoccio dei Pagliaresi, schrieb sie zahlreiche Briefe: Sie versöhnte Sieneser Familien, ermahnte Kardinäle und erteilte Päpsten Rat.[18] Ihr Ansehen als eifrige Reformerin beruht auf diesen Briefen. Heiliggesprochen wurde sie im 15. Jahrhundert hingegen wegen ihres mustergültigen Lebens im Dienste der Armen und wegen ihrer mystischen Erfahrungen.

Katharina von Siena war keinem Orden im strengen Sinne beigetreten und beschrieb sich gegenüber Papst Urban VI. selbst als eines von den Schafen außerhalb des Schafpferchs.[19] Auch eine andere Städterin lehnte die traditionelle Rolle ab und folgte ihrer religiösen Berufung außerhalb der institutionellen Kirche: Margery Kempe von Lynne in Norfolk (England), die von ungefähr 1373 bis nach 1438 lebte. Sie war die Tochter des Bürgermeisters von Lynne und heiratete mit zwanzig einen erfolgreichen Bürger. Nach der schweren Geburt ihres ersten Kindes verlor sie für eine geraume Weile den Verstand, da sie sich zutiefst um die Errettung ihrer Seele sorgte. Da erschien ihr Jesus, gekleidet in purpurne Seide, »überaus geziemend, überaus schön, überaus liebenswert«; er setzte sich zu ihr auf die Bettkante und »beruhigte sie in ihrem Geist und Verstand«.[20] Sie brachte dreizehn weitere Kinder zur Welt, verlangte aber fortwährend nach dem Trost, den ihr die Erscheinungen Jesu verschafften. Obwohl sie nicht mehr Jungfrau sei, versicherte er ihr, »liebe ich dich mit meinem ganzen Herzen, und ich werde deine Liebe nicht vergessen«.[21] Widerstrebend ließ ihr Ehemann zu, daß sie ein Keuschheitsgelübde ablegte und Pilgerfahrten unternahm, zunächst in England, dann nach Rom und nach Jerusalem, nach Santiago de Compostela in Spanien und nach Danzig im Norden Polens.

Voller Vertrauen in die Authentizität ihrer von Schreikrämpfen begleiteten Visionen (sie selbst nannte sie *cryings*) zollte Margery Kempe der Wohlanständigkeit eines normalbürgerlichen Lebens kaum Beachtung. Die meisten ihrer Zeitgenossen hielten ihren Glaubenseifer für übertrieben, empfanden ihr Schluchzen und Stöhnen während des Gottesdienstes in der Kirche als störend und beurteilten ihr Fasten und ihre überbordenden Gesten der Nächstenliebe – in Rom schenkte sie beispielsweise all ihr Geld weg – mehr als die Handlungen einer Hysterikerin denn einer Heiligen. Bei den kirchlichen und weltlichen Autoritäten provozierte sie die verschiedensten Reaktionen: Ein mitfühlender Priester las ihr, der Analphabetin, sieben oder acht Jahre lang vor, ein anderer half ihr, ihre Memoiren aufzuschreiben (begonnen um

1230), wieder andere spotteten über sie. Der Bürgermeister von Leicester setzte sie als Häretikerin gefangen, der Erzbischof von York warf ihr vor, Predigten gehalten zu haben, und die Leute von Lynne tolerierten ihre Ausbrüche.

Selbst als Margery ihre Lebenserinnerungen diktierte und ihre Ergüsse einigermaßen akzeptiert wurden, blieb sie eine Außenseiterin unter dem gläubigen Kirchenvolk. Nur in Spanien fanden Frauen wie sie – allein lebende Visionärinnen ohne formelle Gelübde, die mit der Kirche nur durch einen wohlgesinnten Beichtvater lose verbunden waren – weiterhin Anerkennung. Die spanischen *Beatas* genossen unter den Gläubigen bis ins 16. Jahrhundert prophetische Autorität. Die berühmtesten, Maria Díaz und Francisca Hernandez, kamen aus Bauernfamilien, und ein Teil ihrer Glaubwürdigkeit basierte auf ihrer kindlichen Aufrichtigkeit und Einfachheit.[22]

Die Predigten von Franziskanern und Dominikanern und die Bestärkung durch einen wohlwollenden Beichtvater beeinflußten und erregten auch andere Stadtbewohnerinnen, die unter ihren Zeitgenossen als Beginen bekannt wurden. Sie sprachen auf den Ruf nach Einfachheit, nach Keuschheit und Dienst am Nächsten an. Im Gefolge der religiösen Begeisterung, die im 13. Jahrhundert breite Schichten des Volkes ergriff, beschlossen zahllose Frauen in den Städten Nordfrankreichs, Belgiens und Westdeutschlands, ihre Ehe aufzusagen und ihr Heim und ihre materiellen Besitztümer zu verlassen, um gemeinsam mit Gleichgesinnten ein Leben in Gebet und Arbeit zu führen. Die regulären Orden hätten ihre Anzahl nicht aufnehmen können, und viele der Frauen besaßen auch gar nicht die Ausstattung, die es zum Eintritt in ein Kloster brauchte. Doch hatten sie sowohl den Glaubenseifer als auch den Wunsch nach einer alternativen Lebensform. So kam es, daß zwischen dem 13. und 15. Jahrhundert viele Frauen selbst handelten. Sie richteten sich Beginenhäuser oder Beginenhöfe ein, wo sie fromm lebten, getrennt von der institutionellen Kirche und doch unter dem Schirm des Glaubens. Um ihrer unverfälschten und einfachen Frömmigkeit und Spiritualität willen wurden sie wie die *Beatas* geehrt. Die Geschichtsforschung kennt nur vereinzelte Daten über die Anzahl der neugegründeten Beginenschaften. Schätzungen nach Vermögenslisten in den Städten können wenigstens Anhaltspunkte geben für das Ausmaß der Bewegung: Häuser für 600 Frauen in Straßburg zwischen 1250 und 1350, 1500 Beginen in 169 Gruppen in Köln zwischen 1270 und 1400.[23]

Die Beginen verkauften alles, was sie an Gütern besaßen und erstanden das Haus, in dem sie lebten. Manchmal, wie zum Beispiel in Lüttich und Gent, wurden ihnen die Gebäude auch von Verwandten vermacht. Am Anfang genossen die religiösen Frauen Ansehen, wo immer sie ihre Gemeinschaften errichteten. Die frühesten identifizierten Gruppierungen bestanden in der Tat aus Anhängerinnen und Begleiterinnen von Frauen, die von der offiziellen Kirche selbst als besonders begnadet angesehen wurden; von einigen glaubte man, daß sie über mystische Verbindungen zu Gott verfügten. Im ganzen 13. Jahrhundert traten in den Städten der Niederlande, in Flandern und entlang des Rheins solche Frauen auf, die im Ruf der Heiligkeit standen: Ivetta von Huy war bekannt dafür, daß sie ihr Erbe weggegeben und eine Pilgerherberge errichtet hatte, auch diente sie einer Kolonie von Aussätzigen. Nach dem Tod von Christina von St. Trand sahen Gläubige, wie beim Totengottesdienst ihr Körper durch die Kirchendecke in den Himmel aufstieg. Die Mystikerin Hadewijch von Antwerpen verdichtete ihre Visionen zu geistlicher Lyrik. Die berühmteste von allen ist Maria von Oignies (gestorben 1213), die in mancherlei Hinsicht das Vorbild an Laienfrömmigkeit für die anderen Beginen wurde.[24]

Als Tochter aus privilegierter Familie hatte Maria von Oignies mit vierzehn Jahren geheiratet, doch als sie von der Glaubensbegeisterung ihrer Ära entflammt wurde, überzeugte sie ihren Mann, das bisherige Leben aufzugeben und sich einer Gruppe anzuschließen, die in der Nähe von Nivelles (Belgien) für die Aussätzigen sorgte. Da sie sich zu noch ausgeprägteren Andachtsübungen gedrängt fühlte, zog sie sich zur Niederlassung der Augustiner-Chorherren bei Oignies zurück, wo sie einsam lebte, fastete, betete und ihren bescheidenen Lebensunterhalt mit Spinnen bestritt. Ihr Beispiel bewog ihre Brüder, den Zisterziensern beizutreten; sie selbst gewann den Schutz von Jacques de Vitry, einem einflußreichen Mitglied des Ordens, der sie beherbergte. Jacques de Vitry glaubte, sie habe ihn inspiriert, als er gegen die ketzerischen Albigenser predigen mußte. Er verfaßte ihre Biographie und bewahrte nach ihrem Tod einen ihrer Finger in einem silbernen Kästchen auf. 1216 erwirkte er von Papst Honorius III. die Anerkennung für einen Lebensweg wie den ihren und für die religiösen Frauengemeinschaften, die ihrem Vorbild gefolgt waren. Dadurch rettete er die frühen Beginen vor dem kirchlichen Verbot gegen neue Orden und auch vor dem Druck, sich in die etablierten Konvente einzufügen.

Bis weit ins 13. Jahrhundert hinein wurden die Beginen und ihre Frömmigkeit von der Kirche gelobt, die ihre Andachtsübungen unter der Aufsicht eines Beichtvaters als den Weg bezeichnete, ungebildete Frauen von der Ketzerei fernzuhalten, Frauen, die, wie Jacques de Vitry bemerkte, wohl die Berufung, nicht aber die finanziellen Mittel hatten, um einem regulären Nonnenorden beizutreten. Robert Grosseteste, Bischof von Lincoln, hielt die Lebensführung der Beginen und ihre Arbeit, mit der sie sich selbst erhielten, für vorbildlich, da sie die Frauen nicht anderen zur Last fallen ließen. Eine Bulle von Papst Gregor IX., die die Jungfräulichkeit pries, schien ihnen geradezu den formellen Segen zu geben.

Adel und Könige – zum Beispiel Jeanne von Flandern, die Grafen von Holland, König Ludwig IX. von Frankreich – halfen, die Beginenhäuser zu unterstützen. Bürgerinnen und Bürger zollten den frommen Frauen Respekt. Über die Bewohnerinnen der Beginenhöfe kursierten keine Geschichten von Mißständen, wie sie das Bild von Klöstern und Nonnen trübten. In den Verhaltensmaßregeln für seine junge Ehefrau vertraute der *Ménagier de Paris* im 14. Jahrhundert die Braut zur Erziehung der Dame Agnes an, einer Begine. Ihr oblag es, Diener einzustellen und ihnen Anweisungen zu erteilen; sie sollte auch der Braut »weises und reifes Verhalten« beibringen und sie Dienst und Demut lehren.[25]

Die Zeitgenossen brachten den Beginen nicht allein wegen ihrer schlichten Frömmigkeit Ehre und Anerkennung entgegen, sondern auch wegen ihrer Arbeitsamkeit. Alle Gruppen erwarteten von ihren Mitgliedern, daß sie wie die biblische Martha, jene Schwester, die die Mahlzeit zubereitet hatte, als Jesus sie und ihre Schwester Maria besuchte, ihre Tage abwechselnd mit Gebet und Arbeit zubrachten. Um diesen tätigen Aspekt ihres Lebens gebührend hervorzuheben, nannten die Beginen von Straßburg die Leiterin ihres Hauses Martha. Die Frauen von Brügge begriffen ihre Arbeit als eine Form von Buße und als Mittel, Sünden aufgrund von Müßiggang zu verhindern. So richteten die Frauen Hospitäler ein, boten Obdach oder versorgten die Armen. Noch öfter spannen, woben und stickten sie, da sie sich meist von ihrer eigenen Hände Arbeit ernährten. Wenige Beginen entstammten hochprivilegierten Kreisen. Die Frauen waren motiviert durch Glaubenseifer, durch den Wunsch, in einer frommen Gemeinschaft zusammenzuleben, und durch eine Neigung zu Gebet und Arbeit. Anders als die Nonnen in den Klöstern gehorchten die Beginen keinen festgeschriebenen Regeln. Sie legten Keuschheitsgelübde ab, es stand ihnen aber offen, wieder wegzugehen und zu heiraten, zu ihrer Familie zurückzukehren oder in einen der regulären Orden einzutreten. In jedem Lebensalter konnten sie sich der Gemeinschaft zugesellen, es gab junge Mädchen, Witwen, auch verheiratete Frauen, die ihre Kinder mitbrachten. Die Beginen von Gent trugen graue Kleider wie ein Ordenshabit; üblicher war, daß sie sich schlicht kleideten und leuchtende Farben mieden.

Die Grenzen von Macht durch den Glauben: Ketzerei

Gegen Ende des 14. Jahrhunderts waren jedoch die Umstände für unorthodoxe Gläubige nicht mehr länger günstig. Ab 1260 begannen sich die weltlichen und geistlichen Behörden gegen die Beginen zu wenden, bis es ihnen schließlich gelang, die religiöse Frauenbewegung aufzulösen. Wieder einmal wollten die Päpste und Fürsten Ordnung und Loyalität schaffen, die aus der Gleichförmigkeit von Glaubenslehre und Glaubenspraxis erwachsen mußte. Frauen, die ohne materielle Ausstattung, kaum kontrolliert von einem Beichtvater, zusammen die Bibel lasen, die vor sich selbst ihre Sünden bekannten und sich fähig zeigten, eine Gemeinschaft außerhalb der regulären Orden zu unterhalten und leiten, maßten sich offenbar die Funktionen der institutionellen Kirche und ihrer Priester an. Ein solches Leben und ein solches Vertrauen in den eigenen Glauben schienen ketzerisch.[26]

Die meisten Städterinnen und Städter nahmen es ohne Widerrede hin, als Kleriker eine Verbindung herstellten zwischen den Frauen der frommen Gemeinschaften und den meistgefürchteten Ketzern jener Tage, den Anhängern der Lehre, die von der Kirche als die Häresie des Freien Geistes dingfest gemacht wurde. (Der Begriff des »Freien Geistes« entstammte der Mystik: Das Moment der Vereinigung mit Gott befreite die Seele der Gläubigen von allen materiellen Belangen. Wenn sie einmal so von der Gottheit erfüllt worden war, so war sie, nach der Überzeugung der Anhänger des Freien Geistes, davor gefeit, je wieder zu sündigen. Die Gläubigen brauchten deshalb weder Sakramente noch Priester, noch überhaupt die Kirche.)

Die Französin Marguerite Porete (gestorben 1310), die in ihren Prozeßakten als Begine identifiziert wurde, unternahm genau das, was die Kirche von den ungebundenen Frommen fürchtete, und wurde als Häretikerin zum Tode verurteilt. Sie hielt in Valenciennes, in Châlons, Tournai und Paris Predigten. Zwischen 1285 und 1295 schrieb sie ein Buch über mystische Frömmigkeitspraxis, und sie kümmerte sich nicht um das Urteil der Kirche über ihre religiöse Botschaft. 1306 übergaben die kirchlichen Behörden in Valenciennes ihr Buch öffentlich den Flammen. Trotzdem schickte sie ihr – in Kopien erhaltenes – Werk, wie den Anklagen ihrer Gegner zu entnehmen ist, dem Bischof von Châlons-sur-Marne, danach noch anderen Theologen. Für eineinhalb Jahre wurde sie ohne rechtliches Verfahren ins Gefängnis geworfen. Im Frühjahr 1310 untersuchte die Universität von Paris ihre Schrift und beurteilte sie nochmals als häretisch. Ende Mai wurde Marguerite Porete zur rückfälligen Ketzerin erklärt und am 1. Juni von den weltlichen Behörden auf den Scheiterhaufen geschickt und verbrannt.

In den Augen der feindlichen Kleriker gab Marguerite Porete mit ihrer durchdachten Frömmigkeit, ihrer logischen, klaren Sprache ohne die übliche weibliche Selbstverleugnung und ihrem Ideal einer Religion der Innerlichkeit zu erkennen, daß sie keine Theologen und keine Rituale brauchte. In ihrem Buch *Le Miroir des simples âmes* (»Der Spiegel der einfachen Seelen«) bekannte sie, daß »die Liebe« selbst sie das Werk schreiben hieß; und an die Adresse der Geistlichen sprach sie die Ermahnung aus:

Ihr Theologen und sonstwie Gebildeten,
ihr werdet nicht zum Verständnis gelangen,
wie scharf eure Denkfähigkeit auch sei,
wenn ihr nicht demütig vorgeht
und beide, Liebe und Glauben,
euch nicht die Vernunft überwinden lassen [...][27]

Die Autorin entwarf das Bild einer Gemeinschaft von Gläubigen, die den Prälaten der institutionellen Kirche fraglos überlegen waren.[28] Sie beschrieb die sieben Zustände im Gnadenleben, über welche die Seele zur Einigung mit Gott gelangen konnte, zur Mitgliedschaft in der Gemeinschaft der Gläubigen, und endlich nach dem Tod in den Himmel aufstieg. Auf dem Weg zur Einigung sah Porete die Seele als passive Größe, die weder Zeremonien noch gute Werke, noch einen Vermittler brauchte, sondern nur die Fähigkeit, sich der Gottheit, der reinen, göttlichen Liebe, ganz zu ergeben. Wenn die Seele den Status der mystischen »Nichtigkeit« erreicht hatte, kannte sie keinen eigenen Willen mehr, allein noch den Willen Gottes, der sie alles wollen ließ, was sie wollen sollte, wodurch sie für Sünde nicht mehr anfällig sein konnte.[29] Die theologischen Experten der Universität Paris interpretierten eine solche Beteuerung der Macht des individuellen Glaubens als Verleugnung der Notwendigkeit von Kommunion, Konfession und Priestertum, und der Glaube an die Reinheit der geliebten Seele jenseits kirchlicher Führung erschien ihnen als Verherrlichung eines ungebundenen, ungezügelten Lebens, ja sogar als Aufruf zu freier sinnlicher Liebe. Aus dieser Einschätzung heraus verkehrten die Kleriker die Meditationen der Marguerite Porete in fünfzehn Anklagepunkten auf Häresie. Es waren dieselben Artikel, die den Predigern des Freien Geistes vorgeworfen wurden.[30]

Als Marguerite Porete zu Beginn des 14. Jahrhunderts öffentlich über ihre spirituelle Schau zu sprechen ansetzte, hatte der lokale Klerus bereits mit der Unterdrückung der Brüder und Schwestern vom Freien Geist begonnen, und auch die Beginenschaften kamen zunehmend unter Beschuß. Schon 1261 hatte das Konzil von Mainz, in der Absicht, die Keuschheit der Beginen sicherzustellen, festgesetzt, daß eine Frau mindestens vierzig Jahre alt sein sollte, wenn sie sich den frommen Frauen anschließen wollte. Im selben Jahr betonte die Synode von Magdeburg, die die Unabhängigkeit der Frauengemeinschaften fürchtete, die Mitglieder müßten dem örtlichen Priester gehorchen. 1273 schrieb Bischof Bruno von Olmütz einen öffentlichen Brief, in dem er mißbilligend von dem Fehlen formeller Ordensregeln und der Verweigerung der Ehe sprach. Die beiden großen Kirchenkonzile von Lyon (1274) und Vienne (1312) bestätigten nochmals, daß es keine neuen Orden geben solle, behaupteten, daß diese Frauen nicht ohne finanzielle Ausstattung auskommen könnten, und verurteilten sie wegen ihrer unabhängigen Frömmigkeit:

> Man hat uns mitgeteilt, daß gewisse Frauen, die gemeinhin Beginen genannt werden, von einer Art von Tollheit heimgesucht über die Heilige Dreifaltigkeit und das göttliche Wesen diskutieren und Meinungen ausdrücken über Glaubensangelegenheiten und Sakramente, die dem katholischen Glauben zuwiderlaufen, und dadurch viele einfache Leute täuschen. Da diese Frauen niemandem Gehorsamkeit bekennen und ihrem Besitz nicht entsagen oder sich zu einer approbierten Regel geloben, sind sie mit Sicherheit nicht »religiös«.[31]

1317 sprach Papst Johannes XXII. die Verdammung aus, und die Kleriker Nordeuropas machten sich auf die Suche nach den Unrechtgläubigen, um ihren eigenen Glaubenseifer durch die Reinigung ihrer Diözesen unter Beweis zu stellen. Der Erzbischof von Köln ordnete die Auflösung der Beginenschaften an. Die neue Atmosphäre machte es möglich, daß Gruppen wie die sechzehn Nachfolgerinnen von Heylwig in Prag, die sich gegenseitig beistanden, sich selbst beaufsichtigten und Kasteiungen unterwarfen, durch die päpstliche Inquisition im Jahr 1332 verurteilt wurden. Die Dominikaner und Franziskaner überboten sich gegenseitig im Bestreben, jene Frauen zu verdammen, denen ihre Orden einst Schutz geboten hatten. Der Predigermönch Johann Mulberg beispielsweise verfolgte in den Jahren 1405 und 1406 in Basel und Mainz sowohl Beginen als auch Franziskanertertiarierinnen. König und Adel führten gleichzeitig Kreuzzüge gegen die ketzerischen Albigenser in Südfrankreich, gegen die Lollarden in England und die Waldenser in Norditalien. Von allen Seiten in Frage gestellt und bedrängt, traten einige Beginen, wie Mechthild von Magdeburg, in ein reguläres, bereits bestehendes Kloster ein. Andere wählten eine anerkannte Regel und verwandelten ihre Beginenschaft, wenn ihr Bischof es billigte und der betreffende Ordensgeneral sie aufnahm, in einen Konvent, meist ein Benediktinerinnen- oder Augustinerinnenkloster. Einige Frauen fanden auch eine Zuflucht bei den Brüdern vom gemeinsamen Leben, die von Gerhard Groote gegen 1400 gegründet worden waren; ein paar Schwestern durften in den Gemeinschaften arbeiten und beten, die er für Männer in den Niederlanden, in Westfalen und dem Rheinland ins Leben gerufen hatte. Solche Frauen, die wie die *Beatas* in Spanien im Laienstand verblieben, stellten jedoch eine Ausnahme dar. Ende des 14. Jahrhunderts wurden die frommen Frauen, die außerhalb des alten institutionellen Machtbereiches der Kirche lebten, praktisch zu den Ketzern gezählt und hatten Verfolgung und Tod zu gewärtigen.

Die Beginen machten sich hauptsächlich durch die Bildung von Gemeinschaften und durch ihr einfaches, unbeaufsichtigtes Leben verdächtig. Andere Frauen griffen ganz offen und stürmisch nach Glaubenslehren und Rollenangeboten, die allem strikt zuwiderliefen, was die institutionelle Kirche mittlerweile repräsentierte. Erstmals im 12. und 13. Jahrhundert schlossen sich glaubensbegeisterte Frauen, die von demselben Verlangen nach Errettung und Rechtschaffenheit beseelt waren, das die weiblichen Gläubigen in den ersten Jahrhunderten des Christentums inspiriert hatte, Gruppierungen an, welche dem Dogma und der Machtpyramide des offiziellen Glaubens aktiv feindselig gegenüberstanden. Besonders empfänglich waren sie für die Verkündigung einer ursprünglichen christlichen Botschaft, dem Ruf nach der Gleichheit aller Gläubigen. Mehr als durch jede andere Aussage wurde dadurch die weibliche Natur der männlichen angeglichen; sie versprach den Frauen Lebensbereiche außerhalb der Familie und außerhalb des Klosters, Rollen mit religiöser Autorität, die von ihren Beziehungen zu Vätern, Ehemännern und Söhnen unabhängig waren.

Die religiöse Bewegung der südfranzösischen Albigenser und Katharer im 13. Jahrhundert lehnte nicht nur die institutionelle Kirche und ihre Rituale als Teufelswerk ab, sondern die ganze materielle Welt. Durch Taufe und Studium konnte eine Frau einem männlichen Gläubigen gleichwertig werden und zu höchster Reinheit aufsteigen; *perfecta* wurde eine solche »Vollkommene« genannt. Besonders adelige Damen machten die Sekte bedeutsam und einflußreich; in ihren Schlössern fanden die 1000 bis 1500 Mitglieder Unterschlupf, die den höchsten spirituellen Grad erreicht hatten. Furneria, Gattin des Guillaume-Roger de Mirepoix, und Philippa, Gräfin von Foix, wurden selbst *perfectae*. Als der französische König und die Kirche den Albigenserkreuzzug führten, um die Ketzerei mit der Wurzel auszurotten, leiteten Blanche de Laurac und Esclarmonde, die Schwester des Grafen von Foix, die Verteidigung der Burg Montségur, der letzten Festung, in der sich die Albigenser verschanzt hatten. 1243/1244 wurde Montségur belagert, am Ende ergaben sich die Verteidiger; zweihundert Albigenserinnen und Albigenser wurden verbrannt.[32] Eine andere der als häretisch definierten Bewegungen waren die englischen Lollarden im 13. und 14. Jahrhundert. Sie erlaubten ihren weiblichen Frommen gleich wie den männlichen, auf englisch die Bibel zu lesen und den Gläubigen zu predigen. Historikerinnen schätzen, daß ein Drittel oder mehr ihrer Anhängerschaft aus Frauen bestand.[33] Die Lollarden verurteilten ebenfalls die Verdorbenheit und den prahlerischen Reichtum der Kirche; sie verlangten die Aufhebung des Zehnten und einen schlichteren Kult. Die Andersgläubigkeit, die im Verborgenen überlebte und im frühen 15. Jahrhundert bei den Hussiten und den Waldensern wieder auftauchte, hielt diese Proteste und die Hoffnung auf andere Rollen und Heilsmittel am Leben. Eine Anhängerin von Jan Hus konnte bei der Messe wie ein Mann Brot und Wein zu sich nehmen, und ein waldensischer Priester redete zu den weiblichen Gläubigen in der Volkssprache.

1215 reagierte die Kirche erstmals mit der Inquisition. Gruppen von gelehrten Klerikern verhörten und identifizierten jene, die nicht bekehrt werden konnten und nicht widerrufen wollten. Die Häretiker wurden in Prozessen verurteilt oder mit den Heeren von Fürsten und Königen gehetzt und unterworfen. So bekämpfte Simon de Montfort die Albigenser in Südfrankreich, und König Heinrich IV. rottete in England die Lollarden aus. Ende des 15. Jahrhunderts war der Anspruch der Kirche auf absolute Autorität und Kontrolle des Dogmas wieder intakt und gefestigt.

3.4 Autorität in der Reformationszeit

Wiedererstandener religiöser Enthusiasmus (16. und 17. Jahrhundert)

Die kirchliche Eindämmung des religiösen Enthusiasmus hielt nicht lange vor. Zu Beginn des 16. Jahrhunderts wurde Martin Luthers Stimme laut, der wiederum die Forderung nach dem »wahren« Glauben, nach einer unverdorbenen Geistlichkeit und dem ursprünglichen Christentum erhob. Gläubige Frauen fühlten sich angesprochen durch seine Worte und diejenigen mancher anderer Reformwilliger, so wie sich auch in früheren Jahrhunderten Frauen empfänglich gezeigt hatten für Proteste gegen die in ihren Augen einschränkenden und verleumderischen Aspekte der institutionellen Kirche. Die Protestanten stellten die etablierten Dogmen in Frage, und zunächst machte es durchaus den Anschein, als würden sie die Einschränkungen für weibliche Gläubige aufheben.

Für die Lutheraner und für die englischen Kongregationalisten (auch Separatisten oder Independenten, »Unabhängige«, genannt) beruhte die individuelle Beziehung einer frommen Frau zu Gott weniger auf vermittelnder männlicher Priesterschaft als auf ihrem persönlichen Glauben. Calvinisten schrieben in diesem Zusammenhang von einem »Priestertum aller Gläubigen«, das für Frauen und Männer einen gleichwertigen Status implizierte. Auch die deutschen Täufer versicherten, daß Frauen den Männern spirituell ebenbürtig seien. Andere Sekten des 16. und 17. Jahrhunderts gingen noch weiter und sprachen sogar von weiblichen Aspekten der Gottheit. Katherine Zell, eine führende Protestantin und Ehefrau des Straßburgers Matthias Zell, meinte in einem Kommentar zum Vaterunser:

> Er wird nicht Herr oder Richter genannt, sondern Vater. Und da wir durch seinen Sohn wiedergeboren sind, können wir ihn auch Großvater nennen. Er kann auch

einer Mutter verglichen werden, die die Schmerzen der Geburt und die Freude des Stillens kennt.[1]

Die weiblichen Aspekte Gottes brachten Frauen der englischen Leveller (einer radikalen Gruppe von »Gleichmachern«) dazu, sich in ihrer Petition von 1649 auf das zweifache »Bild« der Genesis zu beziehen: »Es ist uns zugesichert, daß wir nach dem Bild Gottes erschaffen wurden und Anteil haben an Christus gleich wie die Männer.«[2] Eine englische Flugschrift von 1552 behauptete, Unvermögen und Unzulänglichkeit der Frauen, wie man sie in der Vergangenheit beobachtet habe, kämen nicht von ihrer Natur, wie man immer angenommen habe, sondern von der Erziehung zur gefängnisähnlichen weiblichen Lebensform.[3] Alle neuen Glaubensrichtungen übersetzten die Heilige Schrift in die Volkssprache und befürworteten das Lesen- und Schreibenlernen für beide Geschlechter, so daß auch Frauen am Prozeß der »Erleuchtung« (wie englische Quäker des 17. Jahrhunderts sagten) teilnahmen.

In der Reaktion auf solche Ansprüche und Verheißungen der Protestanten setzte sich auch der Katholizismus über viele seiner eigenen Einschränkungen für Frauen hinweg und rief seine weiblichen Gläubigen dazu auf, ihren Eifer und ihre Treue zum »wahren« Glauben zu zeigen. In dieser Krisenzeit belohnte die Kirche die besondere Frömmigkeit von Frauen, selbst wenn sie nicht ganz orthodox waren und sich außerhalb der traditionellen, genau abgesteckten Bereiche von Familie oder Kloster bewegten. So konnten die Protestantinnen wie die Katholikinnen im 16. und 17. Jahrhundert, in dieser Periode spiritueller Verwirrung und des Wettstreits um Seelen, Rollen wählen, die ihnen auch in den ersten Jahrhunderten des Christentums offengestanden hatten. Die Anziehungskraft und die eröffneten Möglichkeiten waren gleich. Wieder einmal setzten Frauen ihre politische Macht ein, um ihren neuen Glauben zu schützen. Wieder einmal durften Frauen predigen, prophezeien oder den ehrenvollen Tod der Märtyrerin sterben. Zum zweiten Mal in der Geschichte ermöglichte der Glaube den Christinnen den Aufstieg zu Autorität innerhalb ihrer Kirchen und die Gelegenheit, als den Männern spirituell und tatsächlich Gleichwertige zu handeln.

Königinnen, Fürstinnen, Edelfrauen

Königinnen, Fürstinnen und Edelfrauen hatten in vielen Rollen an der Verbreitung und Beschützung des »wahren« Glaubens teil, ganz wie in der frühchristlichen Ära. Als sich das Christentum im 7. und 8. Jahrhundert über Europa ausdehnte, fand die Bekehrung nicht selten durch königliche und adelige Eheschließungen statt. So war es erneut im 16. Jahrhundert. Auf Katharina von Mecklenburgs Konto geht die Bekehrung des Herzogs Heinrich von Freiberg zu Luthers Ansichten. Gattinnen von Königen, Fürsten und Adeligen in ganz Europa benutzten ihre Position, um ihren Glauben zu fördern. Ursula von Münsterberg arbeitete auf die Ernennung eines protestantischen Kaplans hin und brachte Luthers Traktate an den Hof ihres Mannes. Elisabeth von Braunschweig (1510–1558) wird die lutherfreundliche Haltung des Herzogtums auf dem Reichstag von Augsburg (1530) zugeschrieben. Die Herzogin wurde ganz für den neuen Glauben gewonnen, als sie Antonius Corvinus 1538 predigen hörte, der nach dem Tod ihres Gatten zum Regenten bestellt worden war. In nur fünf Jahren setzte sie in ihrem Territorium den Wechsel der offiziellen Staatsreligion durch.[4] In England ergriffen zwei der Ehefrauen von König Heinrich VIII. Partei für einen radikaleren Protestantismus, als ihn der König akzeptieren wollte. Anne Boleyn, die zweite Frau, soll dem Reformer Hugh Latimer zu seiner Ernennung als Bischof verholfen haben, und die sechste Gattin, Katherine Parr, versuchte unauffällig, die anglikanische Kirche des Königs weniger katholisch zu machen.[5] Maria von Ungarn und Isabella von Dänemark begünstigten die Sache der Protestanten – obwohl sie beide Schwestern von Karl V. waren, dem Kaiser des Heiligen Römischen Reiches und weltlichen Schirmherr des Katholizismus. Am Hof von Königin Maria hielten sich Lutheraner auf, und es wurden offen lutheranische Ideen gehegt. Ihren Bruder Ferdinand warnte sie vor den Gefahren, die Abtrünnigen zu verfolgen: »Um dir die Wahrheit zu sagen, ich würde dir nicht raten, sie zu berühren [...] denn diese Leute gehen mit großer Freude ins Martyrium.«[6] Königin Isabella stellte sich ihren Brüdern und deren Glauben öffentlich entgegen, indem sie beim Abendmahl am Reichstag zu Nürnberg das Brot und den Wein zu sich nahm (ein Privileg, das den katholischen Laien üblicherweise vorenthalten wurde). Renée von Ferrara (1510–1575), Tochter König Ludwigs XII. von Frankreich, blieb eine Kämpferin für den Protestantismus, auch als sie den katholischen Herzog Ercole heiratete und an seinen norditalienischen Hof zog. Bis 1542 verursachte sie ihrem Mann religiöse und politische Probleme, da sie Schismatiker aufnahm (Calvin fand einen Monat lang bei ihr Zuflucht), zugunsten von verurteilten Ketzern zu intervenieren versuchte und es ablehnte, die katholische Messe zu hören. Im März 1554 wollte die Inquisition von Ferrara sie verhören. Ihr Gatte sperrte sie in ihrem Palast ein, worauf sie sich weniger kraß verhielt, aber nur die äußeren Formen des Katholizismus annahm.[7]

Wie in früheren Jahrhunderten der Christenheit halfen Frauen aus der Oberschicht, sowohl Katholikinnen als auch Protestantinnen, bei der Gründung neuer Orden und begünstigten und beschirmten religiöse Führer. Die italienische Adelige Caterina Cibo (1501–1557) und ihr Mann, der Herzog von Camerino, machten ihren Einfluß bei Papst Clemens VII. geltend, um den Kapuzinern, einem reformierten franziskanischen Ordenszweig, zu Anerkennung zu verhelfen.[8] Catherine Willoughby, Herzogin von Suffolk (1519/20–1580), spendete protestantischen Reformern in Deutschland und Italien Geld zur Errichtung von Hospitälern, und sie stand über tausend deutschen Glaubensflüchtlingen bei. Die Quäkerin Anne Conway öffnete im 17. Jahrhundert George Fox und anderen Führern der *Society of Friends* (»Gesellschaft der Freunde«, ein anderer Name für die Quäker) ihre Türe.

Wenn es nötig war, wie beispielsweise in Frankreich im 16. Jahrhundert, nahmen adelige Damen auch bedeutende Rollen ein in den Kriegen, die aus den politischen und religiösen Konflikten des 16. und 17. Jahrhunderts erwuchsen.[9] Eléonore de Roye, Prinzessin von Condé, vermittelte 1562/1563 zugunsten der Protestanten, dasselbe versuchte Jacqueline de Rohan, Marquise von Rothelin, fünf Jahre später. Nach dem Massaker an den französischen Protestanten in der Bartholomäusnacht von 1572 boten Damen wie Louise de Coligny ihre Adelssitze den Hugenotten (den französischen Anhängern Calvins) als Zufluchtsorte an. Der Glaubenseifer dieser Frauen erlahmte nie. 1628 führte die siebenundsiebzigjährige Catherine de Parthenay, Madame de Rohan, den Widerstand der belagerten hugenottischen Festung La Rochelle an.

Königinnen, die alle Macht in eigenen Händen hielten – Maria Tudor von England (1516–1558) und Jeanne d'Albret von Navarra (1528–1572) –, hatten eine einmalige Position inne. Als Herrscherinnen konnten sie im 16. Jahrhundert mehr tun als nur begünstigen und beschützen. Ihnen war es möglich, den Glauben zu diktieren und allenfalls mit Gewalt durchzusetzen.

Maria Tudors Ergebenheit gegenüber dem katholischen Glauben und ihre feste Absicht, ihn bei ihrer Thronbesteigung wieder einzuführen, entsprangen einer Überzeugung und Hartnäckigkeit, wie sie die frühchristlichen Märtyrer an den Tag gelegt hatten. Maria war fünfzehn Jahre alt gewesen, als ihr Vater, König Heinrich VIII., sich von ihrer Mutter scheiden ließ und sie selbst zur illegitimen Tochter erklärte. Als seine zweite Tochter Elisabeth zur Welt kam, versuchte er, Maria zum Gehorsam gegenüber der anglikanischen Kirche und zum Verzicht auf ihren Titel und ihre Position zu bringen. Sie war nicht mehr länger die Erbin und wurde von ihrer Mutter getrennt; ihre spanischen Gefährtinnen wurden vom Hofe verbannt. In der Öffentlichkeit durfte sie nicht auftreten, konnte auch nicht fliehen – doch den Forderungen ihres Vaters widerstand sie felsenfest. Der römisch-deutsche Kaiser Karl V., ihr Cousin, der um ihr Leben bangte, beschwor sie, nachzugeben. Der Tod der Mutter im Jahr 1536 brach Marias Willen: Sie kapitulierte, anerkannte Heinrich als Oberhaupt der Kirche, sagte dem Papst ab und stimmte zu, daß die Ehe ihrer Mutter »inzestuös und ungesetzlich« gewesen sei.[10] Sie hoffte, der Papst werde sie von ihren Handlungen absolvieren, und bat Karl, seine Billigung einzuholen.

Als Heinrichs Sohn ihm 1547 als König Eduard VI. auf den Thron nachfolgte, zählte Maria dreißig Jahre. Sie war keine Schönheit: untersetzt, mit dunklen Augen und Haaren und strenger Miene. Sie war zwar die Schwester des Königs und eine Prinzessin, doch an seinem protestantischen Hof eine Außenseiterin ohne Einfluß und ohne Aussicht auf eine Heirat. Sie suchte Trost in ihrem Glauben, doch der Rat des Königs erlaubte ihr nicht einmal, privat eine Messe zelebrieren zu lassen. Während sie mit ihrem Cousin Karl Fluchtpläne überlegte, wurde ihr Kaplan verhaftet. Als Eduard im Mai 1553 dem Tod nahe schien, wurde die Thronnachfolge durch eine Parlamentsakte geändert, um Maria von jedem Herrschaftsanspruch auszuschließen.

Eduard VI. starb im Juli. Beflügelt von der Empfindung, dies sei einem göttlichen Eingriff zu verdanken, mobilisierte Maria Unterstützung als rechtmäßige Erbin von Heinrich VIII. Mit ihren Truppen zog sie durch die Straßen Londons, und es gelang ihr, die protestantischen Adeligen daran zu hindern, ihre junge Cousine Lady Jane Grey als Königin einzusetzen. Marias Berater, der katholische Kardinal Pole, nannte sie *God's handmaiden* (»Gottes Handlangerin«) und verglich sie mit der Heiligen Jungfrau.[11] Maria selbst verstand sich so: als Gottes Arm, als Werkzeug, den »wahren Glauben« in England wieder einzuführen. Alle katholischen Gefangenen wurden freigelassen, der Messebesuch wurde obligatorisch erklärt, und die Kirche erhielt ihr Land zurück, das die Krone in Besitz genommen hatte. Wer sich weigerte, sich der katholischen Kirche zu unterwerfen, wurde systematisch verfolgt – schätzungsweise 273 Personen wurden deshalb während Marias kurzer Regierungszeit hingerichtet.[12] (Aufgrund dieser Hinrichtungen erhielt sie bei den Protestanten den Namen *Bloody Mary*, »Maria die Blutige«.) Doch die nunmehrige Königin wußte, daß alle diese Maßnahmen nicht ausreichten, um den Katholizismus in England auf Dauer zu installieren. Wenn sie nicht wollte, daß alles bei ihrem Tod wieder endete, brauchte sie einen Erben.

1554, ein Jahr nach ihrer Thronbesteigung, hatte sie sich bereits einen Gatten gewählt, den sechsundzwanzigjährigen katholischen Prinzen Philipp von Spanien, Erbe des Kaisers Karl V. Am 20. Juli traf er in Southampton ein, fünf Tage später fand in der Kathedrale von Winchester die Hochzeit statt. Sie räumte ihm den Status des Königs ein, noch vor ihr. Er blieb gerade etwas länger als ein Jahr, um die Rolle des Ehemanns zu spielen. Nach vier Monaten glaubte Maria, sie sei schwanger, und gestattete, daß der Hof die ersten Bewegungen des Fetus feierte.[13] Sechs Wochen vor dem geschätzten Termin zog sie sich nach Hampton Court zurück, um da die Entbindung abzuwarten. Es wurde Frühjahr, dann Sommer; beinahe ein Jahr verging. Die Überlieferung will, Maria habe in ihrem Gebetbuch auf jener Seite mit der Bitte um eine sichere Niederkunft Tränenflecken hinterlassen.

Philipp wartete den Ausgang der vorgeblichen Schwangerschaft bis im August 1555 ab. Dann reiste er nach Flandern ab. Er mochte den Hof und die Königin nicht; nun brauchte er sie nur noch zur Unterstützung seiner eigenen Projekte. Im Frühjahr 1557, er war mittlerweile König von Spanien geworden, überredete er Maria, mit ihm gegen die Franzosen Krieg zu führen und 100000 Pfund beizusteuern.[14] Die Tragödien multiplizierten sich. Der Feind entriß den Engländern im Juli Calais. Im Herbst dieses Jahres fand sich Maria damit ab, daß ihre Leibesschwellung durch eine Krankheit bedingt sein mußte, nicht durch einen Nachkommen und Erben, um den sie zum Schutz des Glaubens gebetet hatte. Es scheint, daß sie zu diesem Zeitpunkt aufgab. Sie nahm ihre offiziellen Tätigkeiten nicht mehr wahr, lag in ihrem Zimmer, verfaßte ihr Testament und machte Pläne für ihr Begräbnis. Als sie starb, hießen die Untertanen ihre protestantische Schwester Elisabeth ebenso eifrig willkommen wie einst die katholische Maria.

Elisabeth Tudor (1533–1603) nahm den Thron wie Maria als Erbin Heinrichs VIII. ein. Die Untertanen zogen die Erhaltung der Dynastie einem Bürgerkrieg vor. Anders als Maria wollte Elisabeth keine religiöse Erwekkung und keine Bekehrungsrufe. Sie machte ihr Königreich anglikanisch mehr aus politischen denn aus religiösen Gründen: Nur als Anglikanerin konnte ihre Mutter eine gültige Ehe mit Heinrich VIII. geführt haben und folglich Elisabeths eigene Geburt und ihr Anspruch auf die Krone rechtmäßig sein. Das Parlament verlangte per Gesetz religiöse Konformität, doch die Königin forderte nicht mehr als äußerliche Befolgung. Wenn sie gegen Andersgläubige, ob Katholiken oder Protestanten, vorging, tat sie es, weil ihre Handlungen Verrat bedeuteten. Nie jedoch war der Glaube der Hauptbeweggrund für Elisabeth I.

Im Gegensatz dazu hatte Jeanne d'Albret, Königin von Navarra (1528–1572), seit ihrer Jugendzeit eine Berufung zum hugenottischen Glauben verspürt. Schon mit vierzehn Jahren hatte sie sich gegen ein Heiratsarrangement mit dem katholischen Herzog von Kleve zur Wehr gesetzt. Sie mußte zum Altar getragen werden, und das Paar hatte nie sexuellen Verkehr. Als die Gründe für das Bündnis verblaßten, wurde die Ehe annulliert. Obwohl Jeanne eigensinnig war, fürchtete sie sich doch, ihre religiösen Zweifel zu äußern. Als Kind hatte sie mit angesehen, wie ihr Vater die Mutter schlug, die zu protestantischen Gebeten niederkniete. Jeanne d'Albrets zweite Ehe mit Antoine de Bourbon war mehr nach ihrem Sinn, und obwohl ihr Mann sich aktiv ihrer Konversion entgegenstellte und untreu war, trug sie nach seinem Tod für den Rest ihres Lebens Trauerkleidung.

Erst nachdem ihre Eltern gestorben waren, hörte ihre Unentschlossenheit auf, und die letzten Einschränkungen in ihren Überzeugungen schwanden. Vermutlich war es die Predigt von Calvins Nachfolger, die ihr schließlich den Mut einflößte, mit dem Katholizismus zu brechen. Von 1560 bis 1563 wurde sie unter Druck gesetzt, ihr offenes Bekenntnis zum hugenottischen Glauben aufzugeben. Ihr Gatte, der sich mit Katharina von Medici verbündete und offen gegen den Protestantismus auftrat, sperrte sie in ihren Gemächern ein, führte den achtjährigen Sohn Heinrich zur katholischen Erziehung an den Hof in Paris und drohte, sich von ihr scheiden zu lassen. Philipp II. von Spanien wollte sie entführen lassen; der päpstliche Gesandte drohte ihr mit der Invasion der Spanier; der Papst exkommunizierte sie und verhängte über ihr Königreich Navarra das Interdikt. »Jesus est mon espérance« (»Jesus ist meine Hoffnung«), formulierte Jeanne in einem Lied (1564), und diese Hoffnung hielt sie, wie zahlreiche Christinnen vor ihr, aufrecht.[15] Wie die christlichen Heldinnen der Legenden rief sie Gott für ihre Sache an, als sie dem Kardinal Armagnac Rede und Antwort stand, der gesandt worden war, sie zu examinieren: »Eure schwachen Argumente können meinen harten Schädel nicht angreifen. Ich diene Gott, und Er weiß, wie er seine Sache fördert.«[16]

Anders als Maria von England ging Jeanne d'Albret bei der Bekehrung ihres Königreiches behutsam vor; sie mäßigte ihre Begeisterung für die calvinistische Konfession und die Protektion ihrer Religionsgenossen durch das Verlangen nach Toleranz und nach einem Ende des Blutvergießens, das von den politischen Führern beider Seiten angestiftet worden war. Die Königin trat im Religionskrieg zwischen den Katholiken und Protestanten als Verbindungsglied auf. 1561 verlieh sie beiden Konfessionen gleichwertigen Status, und von 1564 an erließ sie Toleranzedikte, legalisierte die Heirat in der hugenottischen Kirche, verbot einem Vater oder Gatten, Konformität zu erzwingen, erlaubte hugenottische Predigten und die Ersetzung von zurücktretenden katholischen Priestern durch calvinistische Pastoren. Als religiöse Erhebungen auf Navarra übergriffen, begnadigte sie Gefangene und ließ hingegen den Kommandanten hängen, der seinen Soldaten erlaubt hatte, Frauen zu vergewaltigen.

Obwohl Jeanne 1568 aus ihrem Königreich zu den hugenottischen Streitkräften in La Rochelle flüchten mußte, trat sie weiterhin bis 1570 als Herrscherin auf. Aus der belagerten Festung rief sie die französische Königin Katharina von Medici und deren Sohn, König Karl IX., zum Frieden auf und mahnte sie an den Ruhm, der ihnen zufallen würde, wenn sie sowohl der einen wie auch der anderen Konfession einen allgemeinen Frieden schafften.[17] Im Herbst 1570 schrieb sie an Katharina, sie könne nicht glauben, »daß Du uns dahin reduzieren willst, keine Religion zu haben«. »In Tränen und äußerster Gemütsbewegung« bat sie um ein Ende der Kämpfe: »Erbarme Dich über das viele Blut, das bereits vergossen wurde, das Du mit einem Wort stillen kannst.«[18] Vielleicht durch ihre Gesuche beeinflußt, schlossen die beiden Seiten Frieden. Jeanne kehrte im August 1571 nach Navarra zurück, machte das Königreich offiziell protestantisch, gestattete jedoch den Fortbestand des katholischen Glaubens. Gegen die Heirat ihres Sohnes mit der katholischen Schwester des Königs, Marguerite von Valois, erhob sie keine Einwände. Im Juni 1572 starb sie; das Massaker der Bartholomäusnacht blieb ihr also erspart, als Tausende von Protestanten im Namen von Konformität und Ordnung hingeschlachtet wurden.

So spielten Fürstinnen in den religiösen und politischen Aufständen des 16. und 17. Jahrhunderts unweigerlich sowohl als Handelnde als auch als Opfer eine Rolle.

Protestierende, Proselytenmacherinnen, unorthodoxe Nonnen und Märtyrerinnen

In der religiösen Aufbruchperiode des 16. und 17. Jahrhunderts brauchten Frauen jedoch durchaus nicht unbedingt vornehmer Abstammung zu sein, um im Namen des Glaubens inspiriert und tätig zu werden. In der Tat wurde es den Männern aller Glaubensrichtungen durch die zahlreichen Gelegenheiten, die durch die Aufsplitterung der westlichen Christenheit in eine Vielfalt von Sekten und Gruppierungen entstanden waren, unmöglich gemacht, die Tatkraft ihrer Frauen zu unterbinden. In den ersten Jahrzehnten war dies auch gar nicht erwünscht. Die Päpste zollten der Königin Maria Tudor Beifall, Calvin gratulierte Renée von Ferrara. Ebenso war es mit Frauen von niedrigerem Stand. In ihrem anfänglichen Glaubenseifer hießen die religiösen Führer alle Arten von unorthodoxen Rollen, Handlungen und Ansprüchen auf spirituelle Autorität gut, die sie sonst verurteilten und verboten.[19]

Protestantische Frauen

Im 16. Jahrhundert schlossen sich Frauen wie Petronella van Praet und Elizabeth van Repenbirch den männlichen Andersgläubigen an, welche den Widerstand gegen die spanische Herrschaft in den Niederlanden anführten. In der Schweiz trotzten reformierte Frauen den städtischen Religionsverordnungen und ermutigten mit ihren Predigten Nonnen, ihre Orden zu verlassen. Katholikinnen taten das Gegenteil, beschworen die geistlichen Schwestern zu bleiben und fanden, nachdem der Calvinismus eingeführt worden war, Wege, ihre Kinder nach dem alten Glauben zu taufen. In schweizerischen, französischen, schottischen und englischen Städten machten sich

Frauen beiderlei Konfessionen über die Geistlichkeit und den Gottesdienst der jeweils anderen Partei lächerlich, unterbrachen Prozessionen, demonstrierten zu Hunderten, stifteten Aufruhr und schreckten in Genf, Toulouse, Paniers, Rouen und Edinburgh selbst vor Totschlag nicht zurück. In London reichten im 17. Jahrhundert Quäkerinnen und Frauen der Leveller Gesuche für die Freilassung gefangener Glaubensgenossen ein. Catherine Chidley machte den weiblichen Anspruch auf dieses männliche Vorrecht im Mai 1649 geltend, als sie vom Unterhaus die Freilassung von John Lilburne verlangte, dem Anführer der Leveller: »Haben wir nicht ein gleiches Interesse wie die Männer dieser Nation an jenen Freiheiten und Sicherheiten, die in der *Petition of Right* enthalten sind, und an den anderen guten Gesetzen des Landes?«[20] Im Juli 1659 legten 7000 Quäkerinnen dem Unterhaus ein Gesuch gegen den Zehnten vor.[21] Nach der Wiedereinsetzung von Karl II. als König im Jahr 1660 gingen führende Frauen der Quäker, beispielsweise Margaret Fell und Elizabeth Taylor Stirredge, geradewegs zum Monarchen.

Die Häresien des 13. und 14. Jahrhunderts hatten eine Tradition von predigenden Frauen hinterlassen. Eine der Anklagen gegen die Albigenser um 1190 hatte dahin gelautet, daß sie ihren Frauen das Predigen erlaubten. Auch die Waldenser hatten einige Frauen als Predigerinnen anerkannt. Unter den Lollarden gab es von ihren Anfängen im 14. bis ins 16. Jahrhundert immer wieder Beispiele von Frauen aus allen Bereichen der Gesellschaft, denen viele Funktionen erlaubt waren. Bäuerinnen wie Städterinnen öffneten ihre Häuser als Versammlungsräume, lasen und lehrten, sprachen und predigten mit ihren Männern oder allein, gewannen Anhänger und bekehrten. 1389 führte Alice Dexter zusammen mit ihrem Gatten und einem weiteren Mann eine Kongregation in Leicester an. Joan und William White bereisten gemeinsam das Waveney-Tal und riefen zum Glaubensübertritt auf. Während der Verfolgungen, die Heinrich VIII. in seiner frühen Regierungszeit anordnete, wurden Frauen wie Alice Harding, Alice Atkins, Agnes Edmund und Isabel Morwin zur Rechenschaft gezogen, weil sie gegen die Beichte und gegen Wallfahrten geredet, englische Bibeln besessen und ihre Verwandten und Freunde unterwiesen hatten.

Kirchenvertreter und Könige hatten diese Ketzereien zerschlagen, die Frauen hatten aufgehört zu predigen – doch Mitte des 16. Jahrhunderts machten protestantische Frauen wiederum ihren Anspruch auf das männliche Privileg geltend und erhoben ihre Stimme zugunsten ihrer Konfession. Argula von Grumbach (1492 bis ungefähr 1563) aus dem niederen deutschen Adel konnte nicht schweigen, als sie zum Luthertum übergetreten war, selbst wenn sie damit das Auskommen ihres Gatten als Amtsverwalter aufs Spiel setzte. Sie schrieb ihrem Vetter:

> Ich kann nicht anders. Gott wird meine Kinder ernähren, wie er die Vögel ernährt und wird sie kleiden, wie er die Lilien auf dem Feld kleidet ...[22]

So wie es schon im christlichen Altertum und wieder während der Ketzerbewegung des 13. und 14. Jahrhunderts geschehen war, erhielten in der bedrängten Lage der neuen Glaubensrichtungen die Frauen eher die Erlaubnis, ganz unorthodox die Rollen von Geistlichen oder Religionslehrerinnen wahrzunehmen. Viele begannen, indem sie ihren Männern halfen. In Polen leitete Regina Filipowska zusammen mit ihrem Mann seine Kirchengemeinde und schrieb religiöse Gesänge für sie. In Deutschland sprach Katherine Zell (1497/1498–1562) zum ersten Mal neben ihrem Gatten Matthias von der Kanzel, als er 1527 exkommuniziert wurde, da er sie geheiratet hatte. Ihre beiden Kinder starben als Säuglinge, und so setzte sie alle ihre Tatkraft für ihren Mann und den gemeinsamen Glauben ein: Sie beschwor die Bauern während des Bauernaufstandes, bot Glaubensflüchtlingen Obdach, verfaßte Flugschriften und Kirchenlieder. Immer wieder versuchte sie die verschiedenen Sekten zu versöhnen, die in Straßburg auftauchten, in der Hoffnung, diese Stadt könnte zum Bollwerk der Glaubensfreiheit werden.[23]

Die englischen protestantischen Sekten des 17. Jahrhunderts räumten ihren weiblichen Gläubigen am meisten Autorität ein. Ein Grund dafür mochte sein, daß es unter den Lollarden eine vergleichsweise junge Tradition war, daß Frauen im Glaubensleben aktive Rollen einnahmen. Je radikaler die Richtung, desto unorthodoxer die Rollen, welche von Frauen eingenommen wurden. Die Führer der Kongregationalisten und Baptisten sahen die Ehefrauen als unabhängig von ihren Männern, und sie durften auch ohne deren Billigung sprechen, wenn die Religion auf dem Spiel stand. Der Separatist John Robinson hielt fest, »in einem außergewöhnlichen Fall, nämlich wenn es kein Mann tut, [...] darf eine Frau die Kirche tadeln, eher als es zu leiden, daß sie in offensichtlicher Schwachheit fortfährt«.[24] Die Frauen predigten sowohl in der Verbannung während der Herrschaft der Königin Maria im 16. Jahrhundert als auch in England im 16. und 17. Jahrhundert. Lucy Hutchinson, eine Vertreterin der Independenten (jener Glaubenspartei, der auch Oliver Cromwell, der englische Lordprotektor, angehörte), behauptete, sie habe ihre Laufbahn als Predigerin mit sechs Jahren begonnen, als sie zu den Dienstmädchen der Familie sprach. Catherine Chidley von den Levellern machte alles: Sie organisierte Versammlungen, koordinierte Bittsteller, faßte Pamphlete ab und forderte die Geistlichen anderer Sekten zum Disput heraus.

Von den wichtigeren und größeren christlichen Konfessionen im 17. und 18. Jahrhundert hießen in England nur die Quäker uneingeschränkt die Vielzahl von Tätigkeiten gut, welche von ihren Frauen ausgeübt wurden.

Das »innere Licht« machte die Quäkerinnen den männlichen Gläubigen ebenbürtig, und als Gehilfinnen im Kampf um die neue Welt der »Brüderlichkeit« wurden sie herzlich aufgenommen. Sie predigten, wie Katherine Evans, mit ihren Ehemännern. Elizabeth Leavens übergab ihr erstes Kind der Pflege anderer, damit sie »in ihrem geistlichen Amt fortfahren könne, wie es das Verlangen unserer Seelen ist«.[25] Sie und ihr Gatte schrieben selbst Traktate und verteilten Schriften. Mit fünfundvierzig Jahren fastete Barbara Blaugdone sechs Tage im Gefängnis, um zu beweisen, daß der Mensch nicht allein vom Brot lebt. Elizabeth Hooton und Elizabeth Williams waren die ersten Quäkerinnen, die ausgepeitscht und aus der Stadt gejagt wurden, weil sie in Oxford Predigten gehalten hatten. Frauen wie Anne Austin, Elizabeth Hooton, Barbara Blaugdone und Mary Fisher verließen ihre Familien und Freunde, um in anderen, fernen Ländern – beispielsweise in der Türkei oder auf Barbados – zu predigen.

Keine veranschaulicht besser, wie der Glauben einer Frau innerhalb der Quäkerbewegung zu Autorität verhelfen konnte, als Margaret Fell (1614–1702). George Fox selbst, der Führer der Quäker, hatte ihr *enlightenment* (»Erleuchtung«) bewirkt, als er im Juni 1652 in ihr Haus kam und predigte. Schon lange war sie spirituell beunruhigt gewesen und oft in Sorge, sie sei nicht auf dem richtigen Weg. Als sie ihn dann sprechen hörte, traf es sie, wie es viele andere Frauen getroffen haben muß:

> Ich sah, daß es die Wahrheit war und daß ich sie nicht verleugnen konnte; und [...] es wurde mir so klar eröffnet, daß ich in meinem Herzen nie das geringste dagegen hatte; ich ersuchte den Herrn, ich möchte darin erhalten bleiben, und ich verlangte da keinen größeren Teil.[26]

Sie konnte nicht an sich halten, und beim nächsten Gottesdienst in ihrer Gemeinde begann sie zu schreien und blieb während der Predigt stehen; man mußte sie hinausbringen. Ihr Ehemann kam auf Berichte hin, sie sei verhext worden, nach Hause zurück. Sie erinnerte sich später an den Abend, wie er mit ihr saß: »Die Macht des Herrn ergriff mich; er wurde von Verwunderung erfüllt und wußte nicht, was er denken sollte. [...] Die Kinder waren alle still und ruhig und besonnen geworden [...] alles das machte ihn still und ruhig.«[27] Fox sprach selbst mit ihrem Gatten und ersparte ihr so die Entscheidung, die sie als Konsequenz ihrer Bekehrung fürchtete: daß sie nämlich entweder ihren Ehemann kränken oder Gott beleidigen müsse.[28] Zum guten Schluß erlaubte ihr Mann, daß sie ihren Glauben behielt und das Haus für Versammlungen der *Society of Friends* zur Verfügung stellte. Er selbst wurde aber nie Quäker.

Nach seinem Tod im Jahr 1658 wurde Margaret Fell zum eigentlichen

Mittelpunkt der neuen Quäkerbewegung. Da Fox und seine Gefolgsleute ständig herumreisten und oft ins Gefängnis geworfen wurden, stellte sie den fixen Ruhepunkt dar. Die Quäker nannten sie *the nursing Mother* (»stillende Mutter«) der Kirche. Ann Audland richtete 1655 aus dem Gefängnis die Worte an sie: »Meine liebe und nahe und ewige Mutter, durch Dich werde ich gestärkt.«[29] John Camm bekannte, ihr Trostbrief sei »voller Mark und Fett« gewesen und habe wie Balsam auf sein Herz gewirkt.[30] William Caton, ein Mitglied ihrer Hausgemeinschaft, schrieb ihr: »Hast Du mich nicht oft erleichtert, wenn ich beschwert und beladen war, mich gespeist, wenn meine Seele hungerte, ja mich gekleidet, wenn ich nackt, und mich gestärkt, wenn ich schwach und kraftlos war.«[31]

Margaret Fell nährte und versorgte die Bewegung auch in ganz praktischer Hinsicht: Sie überwachte die Finanzen, trieb Geld auf, um das geistliche Amt zu unterstützen, besuchte die Versammlungen, als Fox 1663 eingekerkert war, und brachte sogar Entwürfe vor für die Gebäude, die für den Gottesdienst benötigt wurden. 1669 heiratete sie Fox. Nachdem er 1691 gestorben war, versuchte die Witwe die Spaltungen innerhalb der Quäker zu kitten, wobei sie gegen einige Mitglieder Stellung bezog, die sich auf Äußerlichkeiten versteiften und viel Gewicht auf graue Uniformen legten. Nach der Restauration von 1660 überließ sie die Leitung des Hauses Swarthmoor Hall ihrer Tochter und verwandte mehr Zeit darauf, dem englischen König Karl II. wegen der eingekerkerten »Freunde« zu schreiben und mit ihm über den Glauben der Quäker zu sprechen. Sie unterbreitete sogar Angehörigen der königlichen Familie den Vorschlag, sich zum Quäkertum zu bekehren. Als sie selbst im Gefängnis saß, warnte sie Karl II. vor böswilligen Ratgebern und stellte ihm »das Urteil ewiger Trübsal« in Aussicht. Als Lösung riet sie ihm:

> Es ist das Verlangen meines Herzens, Ihr möchtet diese Dinge gut bedenken, ehe es zu spät ist. Öffnet die Tore der Gefängnisse, und laßt die Unschuldigen frei gehen. Und dies wird einen Teil der Bürde und Schuld von Euch nehmen; ansonsten werden die Tore der Gnade Euch verschlossen sein.[32]

Auch die königlichen Beamten entgingen ihren Bitten und Ermahnungen nicht. Den lokalen Friedensrichter, der sie belästigt hatte, bezeichnete sie als »Raupe, die aus dem Weg gefegt werden wird«.[33]

Von 1664 bis 1668 und wieder 1670 bis 1671 hielt der König sie gefangen. Während andere Frauen ihr Spinnrad in den Kerker mitnahmen, verbrachte Margaret Fell die Jahre in der Burg von Lancaster mit Nachdenken und Schreiben. Im Verlauf ihres Lebens verfaßte sie sechzehn Bücher und Schriften. Von größter Bedeutsamkeit für die anderen Quäkerfrauen war es, daß sie sich auch über die natürliche Gleichheit des weiblichen Geschlechts und das gleiche Recht auf die Verkündigung des Evangeliums äußerte. Die Abhandlung, die unter dem Titel *Womens Speaking* (»Frauenrede«) 1666 veröffentlicht wurde, setzte mit der Versicherung ein, daß auch die Frau nach dem Bild Gottes erschaffen und, auch wenn sie schwach war, für seine Zwecke ausersehen worden war. Wer den Frauen diese Rolle verweigerte, handelte für den Teufel, indem er die Feindschaft, die Gott zwischen der Frau und der Schlange verfügt hatte, förderte und erfüllte. Nach Margaret Fell war die Frau das Symbol der Kirche, und folglich sprachen jene, die gegen die Rede der Frau auftraten, »gegen die Kirche Christi und den Samen der Frau, welcher Samen Christus ist«.[34] Sie zeichnete alle Situationen im Alten und Neuen Testament auf, wo »Gott keinen Unterschied machte, sondern seinen guten Geist, wie es Ihm gefiel, sowohl Männern als auch Frauen zukommen ließ«, und alle die Gelegenheiten, bei denen Jesus Frauen begünstigte.[35] Selbst die traditionellen Argumente bei Paulus und seinem Nachfolger im Brief an Timotheus vermochten Margaret Fell nicht einzuschüchtern. Die Kirchenmänner hätten den Befehl, daß Frauen schweigen, das Haupt bedecken und dem Mann unterworfen sein sollten, aus dem Kontext gerissen, erklärte sie. Paulus habe nur in Hinsicht auf die sorglosen, eitlen und verwirrten Frauen in jenen Gemeinden gesprochen, er habe nicht alle Frauen gemeint und sicherlich nicht jene, auf welche »die Macht und der Geist des Herrn Jesus verströmt ist«.[36] Tatsächlich erwiesen predigende Frauen in den Augen von Margaret Fell den Anbruch des tausendjährigen Zeitalters von Glück und Frieden, das die Ära der »falschen Kirche« beendete, und sie boten ein offenbares Zeichen für alle, die Ankunft der »wahren Kirche« zu erkennen.[37]

Katholische Frauen

Die katholische Kirche lockerte selbst unter den extremen Bedingungen des 16. Jahrhunderts, als alle starken Stimmen benötigt wurden, um dem Eifer der Protestanten entgegenzutreten, nie das Verbot gegen Frauen, die predigen und den Gläubigen die Sakramente reichen wollten. Das Konzil von Trient (1545–1563) bestätigte die besondere Natur des Priestertums als Dogma, zusammen mit seinem scheinbar logischen Folgesatz, daß die Geistlichkeit per Definition männlich sein mußte. Dennoch kam die Kirche nicht umhin, in der Glaubenskrise einige Zugeständnisse zu machen. Die Päpste setzten sich über das aus dem Jahr 1215 stammende Verbot gegen neue Ordensgründungen hinweg und etablierten neue Männerorden. Ebenso wurde im 16. und 17. Jahrhundert auch die Etablierung neuer Nonnengemeinschaften geduldet. Anerkannte Frauen erhielten die Erlaubnis zu lehren und außerhalb des klausurierten Heiligtums des Konventes den Bedürfnissen der Kranken und Armen zu dienen.

Angela Merici (1474–1540) wurde mit gegen sechzig Jahren franziskanische Tertiarierin. Doch das Leben als Laienschwester mit Beten und Armenfürsorge befriedigte ihren Begriff von göttlich inspirierter Aufgabe nicht. Deshalb gründete sie einen neuen Nonnenorden, die Ursulinen, die »durch den Dienst an Seiner göttlichen Majestät zusammengebracht« wurden, wie sie es in der von ihr geschriebenen Regel formulierte. Sie war in ihrem Enthusiasmus nicht weniger militant als die Jesuiten: »Laßt uns so leben, daß wir wie Judith, die tapfer das Haupt von Holofernes abschlug, die Täuschungen des Teufels in Stücke hauen mögen und glücklich in unser himmlisches Land eingehen.«[38] Wie die Jesuiten lehrten und unterrichteten die Ursulinen nicht nach der Art und Weise der weltlich gesinnten Humanisten jener Epoche, sondern, wie Angela Merici sagte, im wahrhaft »christlichen Geist«. Den Nonnen wurde aufgetragen, jedes Mädchen, das ihrer Obhut anvertraut war, genau kennenzulernen, denn es ging um einen Kampf um dessen Seele. Bei Versagen werde Gott »am Tage des Gerichts streng Rechenschaft fordern von dir«.[39] Insbesondere sollten die Schwestern ihre Schützlinge vor der »trügerischen List der weltlichen Leute«, vor Ketzern und vor Männern, »ganz gleich, wie geistlich sie auch seien«, in Schutz nehmen, ebenso vor »müßigen Frauen«, welche die sanfte Unschuld zu Unkeuschheit verführen könnten.[40]

Obwohl die heiliggesprochene Angela Merici ihre Ursulinen in der traditionellen Sprache der Kirche als Bräute Christi und zukünftige Himmelsköniginnen bezeichnete, unterschied sich die von ihr entworfene Regel in anderen Punkten deutlich von derjenigen der alten anerkannten Orden. Ihre Nachfolgerinnen trugen keine Ordenstracht, sondern nur einfache, schwarze oder braune Kleidung. Sie hielten die kanonischen Stundengebete ein, legten Keuschheits- und Gehorsamkeitsgelübde ab, mußten aber nicht in Klausur bleiben. Bis zu Angela Mericis Tod im Jahr 1540 hatte diese unterweisende und lehrende Lebensform, wie die der Franziskaner nach apostolischem Vorbild entworfen, Bestand. Fromme Frauen zunächst in Angelas Geburtsstadt Brescia, später in Parma, Venedig und schließlich auch nördlich der Alpen richteten Häuser nach ihrem Vorbild ein. Die Ursulinen wurden zu den wichtigsten Erzieherinnen katholischer Mädchen im 17. Jahrhundert und zu einem Modell für alle zukünftigen katholischen Schulorden.[41]

Auch im 17. Jahrhundert beanspruchten fromme Katholikinnen das Recht auf ein anderes, unorthodoxes Leben im Namen des Dienstes an den Kranken und Armen. Wie bei den Schulorden stand die Auffassung des apostolischen Lebens auch bei den Salesianerinnen (Orden von der Heimsuchung Mariä, auch Visitantinnen), den Vinzentinerinnen und den Barmherzigen Schwestern mit traditionellen Regeln im Widerspruch, da es eine Lockerung der Vorschriften über Kleidung, Gebetszeiten und Klausur erforderte. Die Baronin Jeanne-Françoise Frémyot de Chantal (1572–1641), Tochter des burgundischen Parlamentsvorsitzenden, die mit achtundzwanzig Jahren als Witwe mit vier überlebenden kleinen Kindern dastand, zog sich aufs Land zurück, kümmerte sich um ihre Familie und die Leute auf den Gütern ihres Gatten. 1604 begegnete sie dem heiligen Franz von Sales, und ab 1610 stand sie seiner ersten Frauenkongregation vor, die sich in Annecy (Savoyen) dem Unterricht und der Krankenpflege widmete. Bis zum Tod Franz' von Sales im Jahr 1622 hatten sie den Salesianerinnenorden geschaffen und neunzehn Häuser errichtet. Als Jeanne-Françoise Frémyot de Chantal 1641 ebenfalls starb, waren es bereits achtundachtzig.[42]

Auf ähnlichen Erfordernissen und Regelerleichterungen beruhte der Orden der *Filles de la Charité* (Vinzentinerinnen) der heiligen Louise de Marillac le Gras (1591–1660), der sich in Frankreich zum wichtigsten karitativen Orden entwickeln sollte. (Seit dem 13. Jahrhundert hatte die Kirche in italienischen und französischen Städten manchmal über das Klausurgebot hinweggesehen und den Nonnen erlaubt, in öffentlichen Spitälern die Armen zu pflegen. Beispielsweise kümmerten sich seit rund 1240 Augustinerinnen um die Patientinnen im Pariser Hôtel Dieu und erledigten die Haushaltsarbeiten.) Louise de Marillac stand dem heiligen Vincent de Paul (Vinzenz von Paul) in seinen Bemühungen im Dienst der Armen Frankreichs stützend und ausführend zur Seite. Sie stammte aus dem niederen Adel und war von einer Tante, die als Nonne im gehobenen Damenstift von Poissy lebte, erzogen worden. Ihr Verlangen, Kapuzinerin zu werden, wurde enttäuscht, da der Orden sie aufgrund ihrer schlechten Gesundheit abwies. Mit einundzwanzig Jahren heiratete sie und machte eine gute Partie, doch starb ihr Mann bereits 1625 und ließ sie mit einem Kind zurück. Im nächsten Jahr schloß sie sich der Gefolgschaft von Vincent de Paul am Hof an.

Vincent de Paul hatte zunächst vornehme Damen in seiner Kirchgemeinde Châtillon-en-Bresse inspiriert. Schon 1616 begannen sie sich um die Bedürftigen und Kranken zu kümmern und die klaffenden Lücken in der gesellschaftlichen Fürsorge zu schließen, die durch die Religionskriege und die Säkularisierung der wohltätigen Institutionen in Frankreich entstanden waren. Damen vom Hof wie Mme de Miramion und Charlotte de Ligny benutzten ihre eigenen Häuser als Waisenheime und zur Speisung der Armen. Mme de Goussault organisierte Besuche im Hôtel Dieu, dem Pariser Armenspital, Mme de Lamoignon Besuche im Schuldnergefängnis. Louise de Marillac verkörperte den Geist und die Mittel, die hinter der Ausbreitung und Etablierung von Vincents Bewegung steckten. Bis zu ihrem Tod im Jahr 1660 hatte sie mitgeholfen, in ganz Frankreich solche Gruppierungen, wie sie am Königshof existierten, zu gründen und zu überwachen. Man nannte sie *Dames de la Charité* (»Damen der Barmherzigkeit«).

Zunächst war niemand der Ansicht, diese Gruppen sollten einen Orden bilden. Die Adeligen wählten einfache Kleidung, trafen sich zu Gebeten und spirituellen Übungen, legten aber keine Gelübde ab. Da Väter und Gatten kritisierten, daß die Damen auf die Straße gingen und die Armen aufsuchten, gab Vincent ihnen junge Frauen vom Land bei, welche die Damen begleiteten und ihnen bei der Arbeit halfen. 1642 erlaubte er den ersten vier Landfrauen, ein Gelübde abzulegen, und so entstanden die »Töchter«, später die »Schwestern der christlichen Liebe« genannt, als künftig bedeutsamster Pflegeorden des katholischen Europas im 18. und 19. Jahrhundert. Anfangs lebten die Vinzentinerinnen als Kongregation im Haus einer der *Dames de la Charité*, versprachen Gehorsam und das Tragen von einfachen grauen Kleidern mit weißen Hauben anstelle eines Ordenshabits. Jedes Jahr mußten die Gelübde erneuert werden; dadurch umging Vincent de Paul die päpstliche Forderung, Frauen, die Profeß abgelegt hatten, müßten in Klausur leben. Als man ihn wegen des lehrwidrigen Arrangements zur Rede stellte, versicherte er, Gehorsam werde die Mauer, Gottesfurcht das Gitter und Bescheidenheit der Schleier der Schwestern sein.[43] Die Vinzentinerinnen unterschieden sich von anderen Orden, da von Anfang an die tätige Armenpflege gegenüber dem geistlich-kontemplativen Leben Vorrang genoß.

Ab 1655 wirkten die *Filles de la Charité* unabhängig von den *Dames*, und Louise de Marillac wurde ihre Oberin. Als im Verlauf der Jahre der Glaubenseifer der Hofdamen erlahmte, übernahmen mehr und mehr die Schwestern die Besuche und Aktivitäten der Aristokratinnen. Zu dem Zeitpunkt, als Louise de Maurillac starb, lebten in siebzig Häusern in Frankreich und Polen 350 Schwestern.[44] Ihnen oblag die Pflege in Institutionen wie St-Denis in Paris und auf den Schlachtfeldern der Fronde. Sie wandten sich den Galeerensträflingen zu, den Findlingen in den Waisenhäusern, und sie unterrichteten kleine Kinder. Als 1650 die Königin Maria Theresa mitten in den Religionskriegen die Vinzentinerinnen bat, nach Calais zu gehen, schrieb sie über sie und die Rolle, welche Frauen sowohl in als auch außerhalb solcher Orden wahrnahmen:

> Die Männer gehen in den Krieg und bringen einander um, und Ihr, Schwestern, Ihr geht, das Übel wieder zu beheben, das sie getan haben. Welch ein Segen! Die Männer töten den Körper und sehr oft die Seele, und Ihr, Ihr geht und stellt das Leben wieder her, oder Ihr tragt durch Eure Pflege wenigstens dazu bei, es zu erhalten.[45]

Zusammen mit anderen Schwesternschaften wurden die Vinzentinerinnen zur Zeit der Französischen Revolution, Ende des 18. Jahrhunderts, aufgelöst, bereits 1799 aber als erster Orden von Napoleon Bonaparte wieder eingesetzt. Ihre Zahl und das Ausmaß ihrer Aktivitäten nahmen im 19. Jahrhundert noch zu. Um 1850 waren über 100000 Schwestern in Gefängnissen, militärischen Anstalten und in eigenen Spitälern tätig. 1841 erhielt eine andere Gruppe von nicht klausurierten Nonnen die päpstliche Genehmigung, die Barmherzigen Schwestern, ein Orden, der demjenigen der Vinzentinerinnen sehr ähnlich war. Denn die Haltung von Königen und Republiken gegenüber der katholischen Kirche mochte sich ändern – das Bedürfnis nach Fürsorge und Wohltätigkeit blieb sich gleich.

Märtyrerinnen

Wie in der Ära der Frühkirche brachte auch im 16. und 17. Jahrhundert die Verbindung von Religionsstreitigkeiten mit politischer Verwirrung und Verrat gegenüber weltlichen Herrschern mit sich, daß Frauen und Männer unter Verfolgungen zu leiden hatten. Gleich welche Glaubenspartei regierte – sowohl Katholiken als auch Protestanten handelten im Namen des »wahren« Glaubens, um die »Ketzerei« der anderen mit Gewalt auszulöschen. Eine Frau, die sich freimütig äußerte, die ihre Spiritualität lebte, die für ihren Glauben tatkräftig einstand, brachte sich unter Umständen in große Gefahr. Für Agnes Grebill in England endete es 1512 mit dem Tod durch Verbrennen; der Quäkerin Loveday Hambly wurde 1662 ihr gesamter Viehbestand konfisziert. Die spanische Mystikerin Isabel de la Cruz mußte in den Kerker, und als Maria Cazalla nach der Lektüre von Erasmus den Wert der Sakramente hinterfragte, spannte man sie auf die Folter. Aktive religiöse Frauen fielen den Massenmorden zum Opfer: Hugenottinnen, die 1572 in der Bartholomäusnacht niedergemetzelt wurden, deutsche oder schweizerische Wiedertäuferinnen, die sich unter den Hunderten von Opfern befanden, die auf Booten zusammengepfercht und dann an der tiefsten Stelle des Flusses versenkt wurden.

Durch diese Rolle als Märtyrerinnen und durch ihren Tod konnten alt- oder neugläubige Frauen für die Überlebenden zu Quellen spiritueller Kraft und Erneuerung werden wie einst die geheiligten Heldinnen der Urkirche. Besonders unter den Protestanten wurden ihre Lebensgeschichten zu Legenden, die man ebensosehr ehrte wie die Heiligenviten. Dank der Druckerpresse und der zunehmenden Lese- und Schreibfähigkeit konnte jedermann ihr Schicksal vernehmen und ihr ruhmvolles Ende bewundern. Jean Crespin zeichnete die Geschichten vom Tod französischer Hugenottinnen und Hugenotten auf, John Foxe schrieb über die englischen Protestantenverfolgungen unter der Herrschaft von Maria Tudor, und der Niederländer Tieleman van Braght verfaßte *Het bluedig tooneel of martelaarsspiegel* (»Das blutige Schauspiel oder Märtyrerspiegel«, 1660), damit niemand den Tod der überall verfolgten Wiedertäufer vergesse.

In den Lebens- und Leidensberichten dieser Frauen wiederholten sich die frühchristlichen Märtyrertraditionen. Sie wurden als Heldinnen dargestellt, sie zeigten Verstand und Aufrichtigkeit, wenn sie ihren Anklägern antworteten, und sie wankten nicht, wenn sie gepeinigt wurden. Elizabeth Youngs Entgegnungen in den dreizehn Verhören von 1558 schienen so klug, daß einer der Befrager zweifelte, ob da wirklich ein weibliches Wesen spreche. 1556 erklärte sich Joan Waste, eine blinde junge Frau, unschuldig bereit abzuschwören, falls der sie verhörende Bischof versprechen sollte, für sie beim Jüngsten Gericht Fürsprache einzulegen. Er überdachte den Vorschlag und lehnte dann ab. Ähnlich einfallsreich entschuldigte sich Maria Weber, die 1575 verhört wurde, weil sie zwei Jahre lang den Kirchenbesuch verweigert hatte, mit dem Grund, sie hätte jeweils für ihre Familie kochen müssen.[46] Andere setzten sich mit Stärke durch. Die junge Engländerin Rose Allin fuhr fort, ihrem Ankläger zu antworten, während er ihren Handrücken mit einer Kerze verbrannte, und ließ keinen Schrei vernehmen. »Er habe, sagte sie, mehr Grund zu weinen als sie.«[47] Als Katherine Hut im April 1556 über das Sakrament des Altars verhört wurde, erwiderte sie: »Ich leugne, daß es [Brot und Wein] Gott ist, denn es ist ein stummer Gott und von Menschenhand gemacht.«[48] Eine Witwe aus Tours erklärte: »Ich bin eine Sünderin, aber ich brauche keine Kerzen, um Gott um Vergebung für meine Sünden zu bitten. Ihr, die im Dunkeln wandelt, seid es, die sie brauchen.«[49]

Die holländische Wiedertäuferin Elizabeth Dirks, eine ehemalige Nonne, die im Kloster Latein gelernt hatte, wurde 1559 gefangengenommen. In ihrem Verhör zitierte sie die Bibel, um das Sakrament, die Messe, die Taufe und die Macht der Priesterschaft abzustreiten. Nicht einmal die Tortur mit Daumen- und Beinschrauben brachte sie dazu, zu widerrufen oder den Namen eines Glaubensgenossen zu verraten. Als die Kleriker sie tadelten, sie spreche mit überheblicher Zunge, entgegnete sie: »Nein, meine Herren, ich rede mit freier Zunge.«[50] Ihre Antwort galt für alle Märtyrerinnen.

Wie ihre Vorgängerinnen frohlockten diese Frauen über ihren neuen Glauben und über die Errettung, die ihnen durch die Verfolgung sicher war. Die Wiedertäuferin Elizabeth Munstdorp begrüßte die Aussicht auf ihren Tod:

> Ich muß nun durch diesen engen Pfad, den auch die Propheten und Märtyrer Christi gegangen sind und die vielen tausend, die das sterbliche Kleid abgelegt haben, die für Christus gestorben sind und nun unter dem Altar warten, bis ihre Zahl erfüllt sein wird.[51]

Die Frau eines französischen Protestanten in Langres rief ihrem Mann vom brennenden Scheiterhaufen aus zu: »Mein Freund, wenn wir durch die Ehe im Fleisch verbunden worden sind, denke, daß dies nur wie ein Heiratsversprechen ist ... Der Herr Jesus Christ wird uns am Tage unseres Martyriums verheiraten.«[52] Hellen Stirke, die zusammen mit ihrem Gatten sterben wollte und ihr neugeborenes Kind verlassen mußte, rief: »Ehemann, freue dich, denn wir haben manchen freudigen Tag zusammen verlebt, doch dieser Tag, an dem wir sterben, soll uns beiden der freudigste sein, weil wir für immer Freude haben werden; deshalb werde ich dir nicht gute Nacht wünschen, denn wir werden uns im himmlischen Königreich plötzlich in Freude treffen.«[53] Nach dem Bericht von Foxe sagte Lady Jane Grey zu ihrer Schwester Catherine:

> Und was meinen Tod angeht, so freue dich wie ich es tue, gute Schwester, daß ich von dieser Verderbnis erlöst werde und Unverweslichkeit annehme. Denn ich bin ganz gewiß, daß ich für den Verlust des sterblichen Lebens das unsterbliche Leben gewinnen werde.[54]

Elizabeth Munstdorp war erst seit einem halben Jahr verheiratet und schwanger, als sie und ihr Mann in Antwerpen ergriffen wurden. Sie gebar das Kind im Gefängnis und übergab es mit 30 Gulden und einer Goldmünze der Obhut ihres Vaters und ihrer Stiefmutter.[55] Aus dem Kerker heraus richtete sie an das einmonatige Töchterchen Janneken einen Brief, in dem sie es »in dieser schlechten, bösen, verkehrten Welt« dem Schutz Gottes empfahl.[56] Sie ermutigte das Mädchen, sich einmal seiner Eltern nicht zu schämen und den Brief zur Erinnerung aufzubewahren.[57] Ihre größte Sorge galt der Seele der Tochter, da sie vielleicht nicht die Wahrheit erfahren werde, wenn sie zu Verstand gekommen sein werde. Ihre größte Hoffnung andererseits war es, Janneken werde die »Glorie« des Märtyrertums erleben. »Folge auch du uns, mein liebes Lämmchen, damit auch du dahin kommst, wo wir sein werden, damit wir uns dort wiederfinden.«[58] Für Elizabeth Munstdorp brachten Verfolgung und Tod die Vereinigung mit ihren Lieben und die Gleichheit der Gläubigen. Ebenso wie Männer vermochten Frauen von außerordentlicher Glaubensstärke für ihre Religion zu sterben.

Rolleneingrenzung: Der eigentliche Platz der Frau

Die Wiedertäuferinnen erfuhren im 16. Jahrhundert zuerst, was auch die Frauen der anderen protestantischen Sekten bald lernen sollten: daß die neuen christlichen Glaubensrichtungen wohl ihre Begeisterung und ihre frommen Taten willkommen hießen, aber nur ganz zu Beginn. Schon 1529 wandte sich einer der Führer der Wiedertäufer dagegen, daß Frauen lehrten oder predigten; ein anderer fand nichts dabei, wenn ein Gatte seine Frau prügelte, ein dritter verlangte, die Frauen hätten überhaupt zu schweigen. Die Wiedertäufer von Münster bestimmten in den 1530ern den Tod als die angemessene Strafe für eine ungehorsame Ehefrau und erlaubten den weiblichen Gläubigen nicht, an der Wahl ihrer Geistlichen teilzunehmen.

Wie im 2. und 3. Jahrhundert, als die Christenheit um Anhänger und Anerkennung kämpfte, wie im 7. und 8. Jahrhundert, als Rom den christlichen Glauben in den germanischen und keltischen Königreichen verbreiten wollte, so erlebten auch im 16. Jahrhundert die Christinnen eine kurzes Zwischenspiel von »Gleichheit«, während dem sie Rollen einnehmen durften, die über die ererbten Traditionen der europäischen Kultur hinausreichten. Nur zu bald aber stritten sich die männlichen Führer der neuen protestantischen Sekten um die Autorität und erhoben Anspruch auf die Ausschließlichkeit der einen oder anderen Wahrheit. Sie riefen nach Konformität und nach hierarchischen Führungsstrukturen, wobei sie die althergebrachten Verlautbarungen über die eigentlichen Rollen und Funktionen der Frauen wiederholten. Wie in den früheren Jahrhunderten wurde den weiblichen Gläubigen zuerst etwas Macht gegeben und dann wieder weggenommen.

Im 16. und 17. Jahrhundert etikettierten die Katholiken zuerst in der einen, bald in der anderen Stadt, zuerst im einen, bald im anderen Königreich abweichende Doktrinen und Rituale als Ketzereien; die protestantischen Richtungen erklärten sie zu Unwahrheiten und Fallstricken des Teufels. Verhalten, das einst geduldet gewesen war, erwies sich nun als lehrwidrig und gefährlich, wurde mit Ächtung, Verbannung, Exkommunikation und Tod bestraft. Bald merkten die Frauen, ob katholisch oder protestantisch, daß sie, wenn sie unter den neuen Umständen zu den Gläubigen gerechnet werden wollten, den traditionellen, eng begrenzten weiblichen Kompetenzbereich als Bedingung anzuerkennen hatten. Wieder einmal kamen die alten Prämissen zum Vorschein. Ordnung und Gleichförmigkeit hieß: die Frauen auf den ihnen zukommenden Platz zu verweisen, säuberlich den Männern untergeordnet. Egal, in welchem Jahrhundert und bei welcher Glaubenspartei, das Christentum blieb stets die Religion der Väter, in der das Naturell, die eigentliche Funktion und die Rollen der Frau klar abgesteckt waren, definiert im Verhältnis zu einem Mann entweder in der patriarchalischen Familie oder unter Schutz und Aufsicht ihres klerikalen Äquivalents.

Bei allen christlichen Sekten des 16. und 17. Jahrhunderts wurde diese Verengung und Begrenzung der Autorität am augenscheinlichsten im Verhalten gegenüber den Seherinnen, jenen Frauen, die von sich selbst glaubten, über mystische Verbindungen zu Gott zu verfügen. Zuerst waren den Protestanten, wie zuvor den Katholiken, die weiblichen Visionärinnen und Prophetinnen durchaus willkommen, da man sie der direkten Kommunikation mit der Gottheit für fähig hielt. Die Offenbarungen dieser Frauen konnten den Glaubenslehren und Ritualen einer neuen Bewegung Autorität verschaffen und entsprachen so dem Wunsch nach einer Bestätigung der religiösen Rebellion und der alternativen Doktrin. Bei den radikalsten Sekten in Deutschland und England – den Wiedertäufern, den *Fifth Monarchists* und den Quäkern – traten weit mehr Frauen als Männer vor und behaupteten, ihr Bewußtsein sei von der Macht und dem Geist Gottes erfüllt. Diese Empfindung verlieh ihnen, wie ihren Vorgängerinnen in früheren Jahrhunderten, den Mut, öffentlich zu reden, und sie ließ sie auf ihre Fähigkeiten vertrauen, Unheil vorzubeugen oder Kranke zu heilen. Elizabeth Hooton (geboren um 1600), die von Fox in der Frühzeit seines Wirkens zum Quäkertum bekehrt worden war, trat sowohl dem Lordprotektor Cromwell als auch dem englischen König Karl II. unerschrocken entgegen. Sie erinnerte sich selbst an die Wirkung, die es auf die Beobachter hatte, als sie sich weigerte niederzuknien, um dem König eine Bittschrift zu übergeben:

> Und die Macht des Herrn hat sich in mir erhoben, und das Zeugnis Gottes erhob sich in vielen und antwortete mir. Einige Anwesende gaben Antwort und sagten, sie wollten, sie hätten diesen Geist. Und dann sagten sie, sie seien meine Schüler. [...] Und die Macht des Herrn war über ihnen allen.[59]

Ihr Mut und ihre Überzeugung zeitigten ähnliche Wirkungen, als sie mit über sechzig Jahren als Missionarin nach Boston und mit über siebzig nach Jamaika ging.

Wie ihre katholischen Vorgängerinnen erfuhren die Protestantinnen. daß sie Verfolgungen entgingen und ihre Prophezeiungen etwas galten, wenn sie die Unterlegenheit ihres Geschlechtes anerkannten, sich selbst als Gefäße des Göttlichen bezeichneten und die Ansichten der Kirchenführer wiedergaben. Elizabeth Poole, die wie Cromwell zu den Independenten gehörte, hatte eine derart musterhafte Haltung. Sie beschrieb sich selbst als Frau »voller Unvollkommenheit, unehrenhaft, schwach, kränklich, unvollkommen«; Gott benutze sie lediglich.[60] Auch Anne Wentworth hätte sich nie eingebildet, in eigenem Interesse zu sprechen:

> Nicht um zehntausend Welten würde ich mich erkühnen vorzugeben, ich käme im Namen Gottes oder hätte diese Arbeit angefangen in der Überhebung und Voreiligkeit meines eigenen Geistes, ohne seinen [Gottes] ausdrücklichen Befehl, [...] da ich gelernt habe, wie gefährlich und hoffnungslos der Versuch ist, die Träume und Visionen des eigenen Herzens mit der Vollmacht und der Autorität Gottes auszustatten ...[61]

Mary Cary (Rande), ein Mitglied der *Fifth Monarchists*, die in ihren Glaubensäußerungen freimütig und aggressiv war, umging doch alle die Risiken, die einer religiösen Frau drohten. Zwischen 1647 und 1653 schrieb und redete sie, verdammte den Papst, den Zehnten, die Rechtsgelehrten. Sie beharrte auf ihrer Prophezeiungsgabe, machte jedoch die gehörigen Zuschreibungen:

> Laßt sie den Herrn loben dafür, von dem allein ich kam: Denn ich bin sehr schwach, eine unwürdige Frau, und mir ist oft spürbar geworden, daß ich von mir aus nicht mehr hierin vermöchte als ein Bleistift oder eine Feder, wenn keine Hand sie führt …[62]

Der Puritaner Hugh Peter verfaßte zu ihren Schriften das Vorwort, in dem er Unvollkommenheiten durch die simple Tatsache ihres Geschlechtes entschuldigte und ihre Tugend und Bescheidenheit als Vorbild für andere Frauen empfahl.

Weniger orthodoxe protestantische Visionärinnen wurden dagegen geächtet oder verlacht. Als Anna Trapnell, eine mystische englische Dichterin, 1654 Verse gegen Cromwell sang, ließ er sie kurzerhand einkerkern. Wegen ihrer Bibelauslegungen und ihrer Prophezeiungen mochten weder Anglikaner noch Independenten Lady Eleanor Davies leiden; die Protestanten steckten sie zu den Verrückten und Geisteskranken in Bedlam. Als um 1670 Jane Lead (1624–1704) von ihren Trancezuständen und Visionen zu reden und schreiben begann, wurde sie von keiner der etablierten Sekten anerkannt, da diese ihre Ansichten zu unorthodox fanden. Sie wurde daher zur Anführerin einer eigenen Sekte, der *Philadelphia Society* (später »Theosophisten« genannt). Die Visionärin, die mit den Ideen des deutschen Mystikers Jakob Boehme vertraut war, sah in ihrer inneren Schau eine Seele, die mit der Sophia, der weiblichen Weisheit, vereinigt war, und diese Einigung flößte mehr heiligen Schrecken ein als alles, was von anderen Religionen versprochen wurde. Ähnlich wie die Gnostiker machte Lead Eva zu ihrer Heldin und erhob sie zur Gefährtin der Sophia.

Die Rollen, welche die Protestantinnen sonst noch innegehabt hatten – Teilnahme an Aufruhr, Abhalten von Gottesdiensten, Predigen, alles Handlungen, die von der spirituellen Gleichheit der frommen weiblichen Gläubigen kündeten –, wurden von den männlichen Reformern eine nach der andern verboten. Sobald sich der neue Glauben öffentliche Anerkennung und Rechtmäßigkeit verschafft hatte, wurden die Leistungen der Frauen überflüssig und zogen nicht mehr Lob, sondern Tadel auf sich.

Im lutheranischen Deutschland mußte die offen antikatholische Argula von Grumbach zweimal ins Gefängnis; als man sie wieder freiließ, betrachtete man sie als alternde Exzentrikerin. Luther kritisierte Mädchen und

Frauen, die, in welchem Zusammenhang auch immer, redegewandt erscheinen wollten: Es zieme ihnen besser, zu stammeln oder schlecht zu sprechen.[63] Calvin hielt genau wie Luther dafür, Frauen könnten im Gottesdienst keine Aufgaben wahrnehmen. Er befürchtete, seine Glaubensrichtung könnte deswegen ins Lächerliche gezogen werden: »Unser Konsistorium wird zum Gespött der Papisten und Wiedertäufer werden, die sagen werden, daß wir uns von Frauen regieren lassen.«[64] Im Verlauf des 16. Jahrhunderts wurden in den calvinistischen Gebieten Frankreichs und der Schweiz stillschweigend alle Möglichkeiten für Frauen verschlossen. Nach der Publikation von Marie Dentières Brief an die Königin von Navarra (1538), der eine Verteidigung der Frauen enthielt, erschienen in diesem Jahrhundert keine Schriften mehr von weiblichen Autoren. Die Genfer Geistlichkeit nahm Anstoß an Dentières scharfer Kritik an den Pastoren; überdies hatte sie das Recht der Frauen auf die Auslegung der Heiligen Schrift vertreten. Nach den Vorstellungen des Calvinisten Pierre Viret hatten in Frankreich um 1560 selbst die reinsten und frommsten Frauen im Gottesdienst zu schweigen; immerhin durften sie die kleinen Mädchen unterrichten. Als 1562 Jean Morély anregte, weibliche Diakone einzusetzen, wurde seine Abhandlung in Frankreich und der Schweiz rundweg verdammt. Im 17. Jahrhundert saßen in verschiedenen protestantischen Gemeinden die Frauen und Männer in der Kirche getrennt und nahmen auch das Abendmahl getrennt ein, die Männer zuerst.

Die radikalen englischen Sekten waren nicht besser. Der Puritaner William Gouge hielt fest, alle Männer besäßen die speziellen Eigenschaften zum Priestertum, sicherlich aber, das folgte stillschweigend daraus, keine Frau. Schmähschriften der Independenten griffen Gemeinden an, in denen Frauen predigten, und im Dezember 1646 wurde ein Gesetz gegen lehrwidriges Predigen gegen sie erlassen. Die Petition der Frauen von 1649 zugunsten der Leveller erntete die Verachtung der Mitglieder des Unterhauses, die den Bittstellerinnen anrieten, sie sollten sich um ihre eigene Sache kümmern und sich mit ihren Hausfrauenpflichten befassen, »spinnen oder stricken und sich nicht in Staatsangelegenheiten mischen«.[65] Ihre Ehemänner seien zu tadeln, meinten die Parlamentsabgeordneten, daß sie ihren Frauen solches Verhalten erlaubt hätten: »Es ist euch angemessener, euer Geschirr zu spülen und euch mit Spinnrad und Kunkel zu beschäftigen.«[66] Selbst die Leveller gestanden den Frauen kein Stimmrecht zu.

Die Haltung der Quäker bildete sich erst allmählich heraus, doch mit demselben Resultat, daß die Aktivitäten der Frauen ausgesondert und eingeschränkt wurden. Mitte des 17. Jahrhunderts hielt man jene vier Frauen – *ranters*, »Großsprecherinnen«, wurden sie verächtlich genannt –, die frei heraus redeten und sich als die Fox Ebenbürtigen bezeichneten, für der »Zucht« bedürftig. Um 1685 sprach man in der Versammlung von London über die

Kontrolle von Seherinnen und davon, ältere Quäker aufzufordern, sie sollten die jüngeren Frauen lehren, nicht so viel zu reden. Um 1698 waren Frauen in der Tat von der Verwaltung der Sekte und damit von der Leitung ausgeschlossen. Die Ausschließung vollzog sich schrittweise. 1660 hatte Fox separate Frauenzusammenkünfte genehmigt, die in der Periode der Verfolgungen helfen sollten; in Swarthmoor, Lancashire und London trafen sich Quäkerinnen, um die Glaubensgenossen in den Gefängnissen wie außerhalb zu unterstützen. 1674 war die Unterstützung und Betreuung der »Hilflosen«, wie die Frauen der Versammlung von London erklärten, zu ihrer Hauptaufgabe geworden.

Die Rolle der Frau im Quäkertum wurde definiert und eingegrenzt. Obwohl die autonomen Gruppierungen den Frauen ein Gefühl der Nützlichkeit vermittelten, das demjenigen anderer Protestantinnen und Katholikinnen, die sich in karitativem Sinne betätigten, ähnlich war, handelte es sich doch nur um Ausweitungen der traditionell weiblichen Funktionen, nicht um Anzeichen einer neuen Qualität. In Wahrheit kümmerten sich die Männer der Quäker nicht um die Armen und sperrten die Frauen von den Versammlungen aus, die sich mit allen anderen Belangen der Sekte befaßten. Zur Jahresversammlung von 1698 in London wurde keine einzige Frau eingeladen. 1701 mußten jene, die teilnahmen, es zuvor ankündigen, wenn sie zu sprechen gedachten.[67]

Die einschränkendste der protestantischen Definitionen von der geziemenden Frauenrolle innerhalb der Kirche entsprang ihrem lauten Haß auf das Klosterleben. Nach der Auffassung der neuen Konfessionen sollten Frauen nicht nur keine öffentliche Rolle spielen, sie durften auch nicht einer eigenen religiösen Berufung folgen und in einen Orden eintreten. In England lösten im 16. Jahrhundert die königlichen Beamten die religiösen Frauengemeinschaften auf. Alles wurde verkauft, einschließlich des Mobiliars und der Kleider; die vormaligen Nonnen erhielten einen Teil des Erlöses, nie viel. In Deutschland blieben einige der frommen Frauen zusammen, einige als Lutheranerinnen, andere als Katholikinnen, bis die letzten der Gemeinschaft verstorben waren. Aggressivere Reformer trieben selbst diese Grüppchen auseinander; einige mußten in den Wirren des Bauernkrieges fliehen.

Möglicherweise empfanden die protestantischen Führer wie Martin Luther, Matthias Zell, Huldrych Zwingli und Martin Bucer deshalb eine besondere Abneigung gegenüber der regulierten, geweihten Geistlichkeit, ob weiblich oder männlich, weil sie selbst Mönche gewesen waren. Sie sahen nichts als Korruption, verspotteten den vorgeblichen Zölibat der katholischen Priester und verhöhnten die behauptete Keuschheit der katholischen Nonnen. Das 16. Jahrhundert war eine Zeit des besonderen Antiklerikalismus, und in zahllosen weltlichen und geistlichen Satiren wurden dieselben

Themen aufgegriffen, welche die Reformer in ihren Erklärungen hervorhoben: Verführerische Nonnen lockten junge Männer in die Falle, junge Frauen, die gegen ihren Willen ins Kloster verbracht wurden, verzehrten sich nach Liebe, Nonnen trieben verbotenerweise Geschlechtsverkehr mit ihren Beichtvätern.

Visitationsberichte aus dem 13. bis 16. Jahrhundert waren nach dem Urteil der Zeitgenossen ganz dazu angetan, das ungünstige Bild vom Leben der klausurierten frommen Frauen zu bestätigen. Wie die großen Kirchenfürsten – die Äbte, Bischöfe und Kardinäle – lebten auch die adeligen Damen in ihren reich ausgestatteten Nonnenklöstern anders, als es die Ordensstifter einst vorgesehen hatten. Prinzessinnen und Aristokratinnen befolgten weniger strenge Vorkehrungen, bewohnten getrennte Zimmer, genossen regelmäßige Mahlzeiten, besaßen das Recht auf Konversation, durften Besuch empfangen und konnten kommen und gehen, wie es ihnen beliebte. Englische Nonnen in Sion verspeisten Delikatessen wie Pfau, Lachs und Zucker und würzten mit Ingwer, Muskat, Saffran und Nelken. Die Priorin von Sopwell hatte, laut Überlieferung, Muße und Neigung, das *Boke of St. Albans* niederzuschreiben, eine Wegleitung zu Jagd, Falknerei und Rüstungswesen, die 1486 gedruckt wurde.

Die gleiche Tendenz zum Luxus entwickelte sich in Frankreich. Seit ihrer Gründung im 12. Jahrhundert war die Abtei Fontevrault eine Stätte für Prinzessinnen und Königinnen gewesen. 1471 bezahlte Katherine de la Trémoille 200 Ecus für das Kleid und den Putz, die sie für ihre Einsegnungszeremonie benötigte, und weitere 200 Ecus für den Ring, das Festmahl und die Abgabe an den Bischof, der ihre Gelübde auf die Benediktinerregel empfing.[68] Um 1400 beschrieb Christine de Pisan in einem Gedicht ihren Besuch bei ihrer Tochter in Poissy, einer hundertjährigen dominikanischen Priorei, die zu einem exklusiven Etablissement geworden war. Der König begünstigte die Abtei, und seine Tante war ihre Vorsteherin. Es war eine bedeutende Leistung für die höfische Dichterin, daß sie ihrer mitgiftlosen Tochter zu dieser abgesicherten und müßigen Welt hatte Zugang verschaffen können. Während ihres Besuches in Poissy staunte Christine über die Gesellschaft, die für die Gäste gegeben wurde, und das verschwenderische, auf goldenen und silbernen Platten aufgetragene Essen. Ihr gefielen auch die Spaziergänge durch den ummauerten Hain von Obstbäumen, die Teiche, das auf dem Grundstück herumziehende Wild und der angenehme Abend, den sie im Gespräch mit den Nonnen verbrachte.[69]

Während protestantische Führer auf solche Bilder mit Ekel reagierten und jeden religiösen Frauenorden ablehnten, hofften katholische Kirchenvertreter dagegen, eine Reform durchsetzen zu können. Visitationen, Kontrollbesuche wie jene des päpstlichen Gesandten Johann Busch in Sachsen, zogen Verurteilungen von Abkommen über separate Wohnverhältnisse, Privatbesitz, Unterhaltungen, unangemessene Kleidung und Nachlässigkeiten im Gottesdienst nach sich.[70] Die Priorinnen stimmten Buschs Anordnungen nicht überall zu. In Sonnenburg, einem der wohlhabendsten und mächtigsten Benediktinerinnenklöster im Tirol, fochten die Äbtissin und ihre sieben Nonnen sechs Jahre lang gegen den Legaten des Papstes. Beide Seiten gingen so weit, bewaffnete Männer anzuwerben. Schließlich gelang es, den Widerstand der Frauen zu brechen; sie wurden exkommuniziert und so strikt von der Umwelt abgeschnitten, daß sie weder Zehnten noch Vorräte erhalten konnten. Sie standen vor der Alternative, sich zu ergeben oder zu verhungern. Die Nonnen von St. Martin in Erfurt lobte Busch hingegen als Vorbilder: »...sehr einfach und bescheiden, aber gutwillig und bereit zu allen guten Taten, denn sie befleißigten sich sogleich der Gehorsamkeit und der Befolgung ihrer Regel.«[71]

Das Konzil von Trient (um 1560) hoffte, mit seinen Erlassen dieses Ideal in allen Frauenhäusern durchsetzen zu können. Die katholischen Prälaten führten uniforme Regelungen für das Noviziat und die Gelübde ein. Eine Anwärterin mußte mindestens sechzehn Jahre alt sein, freiwillig den Entschluß gefaßt haben und vor dem endgültigen Eintritt einen einjährigen Aufenthalt in der Gemeinschaft absolvieren. In Dekreten wurde festgelegt, wie die Nonnen Eigentum besitzen konnten, wie sie leben sollten, wie die Wahl einer Äbtissin vonstatten gehen mußte und welches Alter sie haben sollte – sie mußte über acht Jahre Ordensmitglied sein und über vierzig Jahre zählen –; überdies wurden Vorschriften erlassen über die Observanz und den Kontakt mit der Außenwelt.[72] Um die Einhaltung der Regel und die Unterordnung unter die kirchliche Autorität zu gewährleisten, ordnete das Konzil die Visitation durch einen männlichen Ordensangehörigen an und unterstrich in allen Belangen die Oberhoheit des lokalen Bischofs.

Als im späten 16. und im 17. Jahrhundert den älteren katholischen Orden uniforme Anordnungen auferlegt wurden, gerieten auch die Regelbefreiungen für neuere Vereinigungen wie die Ursulinen in Vergessenheit oder wurden stufenweise wieder rückgängig gemacht. Jede individuelle Zurückweisung der Autorität der männlichen Kirchenspitze, jeder Anspruch auf ein spirituelles Recht auf unabhängiges Handeln wurden getadelt, kontrolliert oder, wenn nötig, verdammt. Zu Lebzeit der heiligen Angela Merici und bis in die achtziger Jahre des 16. Jahrhunderts hatte die Kirche die Arbeit der Ursulinen als Lehrerinnen nötig gehabt, und der Erzbischof von Mailand hatte ihnen seinen Schutz angedeihen lassen. Schon um 1540 hatte die Kirche jedoch verlangt, die Schwestern sollten ein Habit tragen. Unter Papst Paul V. wurde 1612 die Ordensregel, die von Angela Merici geschrieben worden war, beiseite gelegt; statt dessen forderte man von den Nonnen, der Augustinerregel zu folgen und Klausur zu halten. Sie durften weiterhin lehren – dieser Dienst war zu wertvoll, als daß die Kirche darauf hätte verzichten wollen –, doch fortan mußten die Nonnen im Konvent bleiben, die Schülerinnen lebten bei ihnen und studierten hinter Mauern.

Als 1610 die Engländerin Mary Ward (1585–1645), die in Frankreich den Klarissinnen beigetreten war, einen Schulorden plante, konnte die Kirche ihre eigenen Bedingungen stellen. Mary Ward wollte ihr »Institut« als Gegenstück zu einem Kollegium, ihre Nonnen sollten nicht der Klausur unterstellt sein und vergleichbar den Jesuiten ein apostolisches Leben führen. Wie die Gesellschaft Jesu wollte sie keine Autorität über sich wissen ausgenommen den Papst, denn sie bestand darauf, daß

> es keinen Unterschied zwischen Männern und Frauen gibt, der so geartet wäre, daß Frauen nicht große Dinge vollbringen könnten; [...] denn was soll man von der Redensart »nur Frauen« halten? Als ob wir in allen Dingen irgendeinem anderen Geschöpf, das zufällig ein Mann ist, unterlegen wären![73]

Zu einem Zeitpunkt, da die Kirche gerade erst die Macht ihrer Hierarchie wieder gefestigt hatte, unterstützte kein männlicher Kleriker solche Pläne oder solche Behauptungen. William Harrison, der Erzpriester Englands, meinte in einer Stellungnahme zu Wards Kongregation, das Geschlecht der Frauen »hat kein Rückgrat, ist wankelmütig und dem Irrtum verfallen, es strebt stets nach neumodischen Änderungen und ist tausenderlei Gefahren ausgesetzt«.[74] Papst Urban VIII. prüfte Mary Wards Ansuchen, traf sich mit ihr und wies sie ab. Als sie die Aufhebungsverfügung, die 1629 erlassen wurde, mißachtete, wurde sie verhaftet und in den Konvent der Klarissinnen gesandt, etikettiert als Häretikerin und Schismatikerin. Die offizielle Verbotsbulle von 1631 verurteilte die »Jesuitinnen«, denn sie hätten »Werke verrichtet, die keineswegs der Schwäche ihres Geschlechts, der weiblichen Bescheidenheit und jungfräulichen Reinheit zu Gesicht stehen«.[75]

Im 16. Jahrhundert machte Johann Busch in seinem Visitationsbericht den Nonnen von Ercherde Komplimente: »Diese Jungfrauen waren schön gehorsam, fromm und lenkbar [...] gegenüber uns und untereinander betrugen sie sich freundlich und liebevoll in Wort und Tat.«[76] Solche weibliche Qualitäten wurden von der katholischen Kirche bis ins 20. Jahrhundert gehätschelt und gelobt. Die Vinzentinerinnen, wiewohl sie durch das Fehlen der Klausur ungewöhnlich waren, fanden weiterhin Billigung, teils weil man ihre Dienste dringend brauchte, teils aber auch, weil nichts in ihrer Ausbildung oder ihrem Verhalten dem Ideal einer Nonne im 16. Jahrhundert zuwiderlief. Vincent de Paul gestand den Frauen Bildung zu, doch war es, wie er in seiner formellen Anweisung erläuterte, nicht um der bloßen Gelehrsamkeit willen, sondern: »Lernt [...], um den Weg zu erleichtern, euern Regeln zu gehorchen [...], damit ihr korrekt Rechnung führen könnt über eure Ausgaben, Bücher und Einnahmen, um euren Vorgesetzten aus der Ferne zu schreiben [...], um ihnen euren Respekt und euer Vertrauen auszudrücken und, vor allem, um die armen Dorfmädchen zu unterweisen – in einem Wort, damit ihr Gott besser dienen mögt.«[77] Selbst bei der Krankenpflege sollten sie sich nicht Wissen anmaßen oder selbständig Verantwortung übernehmen, statt dessen ihre Anerkennung der kirchlichen Autorität auf die absolute Autorität jener Männer übertragen, unter denen sie arbeiteten: »Ihr solltet, meine Schwestern, mit großem Respekt und Gehorsam gegenüber den Doktoren handeln und sorgfältig darauf achten, ihre Anordnungen nie zu verwerfen oder ihnen zu widersprechen.«[78]

Die außerordentlich frommen Katholikinnen der Folgezeit fanden Anerkennung oder wurden gar heiliggesprochen, eben weil sie sich gehorsam und ehrerbietig zeigten. Barbe Acarie (1566–1618), die später als Marie de l'Incarnation bekannt wurde, lebte ein mustergültiges Leben als Gattin eines französischen Edelmannes, half dann mit, die Ursulinen in Frankreich zu etablieren und König Heinrich IV. zu überzeugen, den Orden ihrer Heldin, die Unbeschuhten Karmeliter der heiligen Teresa von Ávila, zuzulassen. Die heilige Thérèse von Lisieux (1873–1897) kam aus einer sehr glaubensstrengen französischen Familie – vier ihrer älteren Schwestern waren Nonnen. Sie verlangte derart dringlich nach einem geistlichen Leben, daß sie zunächst an ihren Bischof, dann an den Papst ein Gesuch richtete, um die Erlaubnis zu erhalten, bereits mit fünfzehn Jahren den Karmelitinnen beizutreten. Ihr Leben zwischen siebzehn und ihrem frühen Tod an Tuberkulose mit vierundzwanzig beschrieb sie in einer Autobiographie mit dem Titel *Histoire d'une Ame* (»Die Geschichte einer Seele«, 1898). Das Buch wurde so populär, daß bis 1920 Hunderttausende von Exemplaren verkauft worden waren. Überaus anrührend war ihr Bild von den »kleinen Blumen«, denen Gott »seine unendliche Größe zeigt«. Gott wende sich, erläuterte sie, in seiner »Leutseligkeit« nicht allein an die hohen Doktoren der Kirche, sondern zu den Kindern, den Unbehüteten, deren »Heiligkeit Ihn entzückt«.[79]

Thérèse von Lisieux und ihre Landesgenossin, die heilige Bernadette von Lourdes (1844–1879), verkörperten alles, was die Kirche von ihren Frauen wollte. Sie wurden beide kanonisiert, nicht wegen ihrer Visionen, sondern wegen ihres exemplarischen Lebens in Unterwürfigkeit, Gehorsamkeit und äußerster Demut. Im Alter von vierzehn Jahren erlebte die heilige Bernadette, die als Marie Soubirous aus einer Bauernfamilie geboren worden war, nach der Überzeugung ihrer Zeitgenossen zahlreiche Visionen der Jungfrau Maria. Die Glaubensbegeisterung des Volkes zwang die Kirche, ein Heiligtum zu errichten und die Heilungen bei der dortigen Quelle als Werk Gottes anzuerkennen. Die Würdenträger zweifelten an Bernadettes mystischen Erfahrungen, und die Kirche ehrte sie schließlich als Mitglied der *Sœurs de la Charité*, das sich vorbildlich der Krankenpflege aufopferte, angesichts ihrer Tuberkulose äußerste Selbstverleugnung übte und sich den Befehlen der Kirche unterwarf.[80]

Mit den Frauen, die zur Ehre der Altäre erhoben wurden, bot die Kirche Modelle angemessenen Verhaltens an. Eine andere, noch mächtigere Figur war ebenfalls stets vorhanden, um gepriesen zu werden: Maria, die jungfräuliche Mutter Gottes, Vollbringerin der wundersamen Geburt Jesu und Himmelskönigin. In der Epoche der Gegenreformation und später in Reaktion auf die Bedrohungen einer zunehmend säkularisierten Welt im 19. und 20. Jahrhundert gewannen die idealen Züge eines vollkommenen Wesens gegenüber den mehr menschlichen Aspekten im Bild der Mutter und ihres Kindes den Vorrang. Marias absolute Reinheit, in gewissem Sinne auch ihre Unmenschlichkeit, wurde in den Vordergrund gerückt. In der populären und kirchlichen Phantasie erschien sie als Maria Immaculata, die Unbefleckte, deren Reinheit sich zurück erstreckte bis zum Punkt ihrer eigenen Empfängnis. Die unbefleckt Empfangene war vom Sündenfall unberührt, ohne Sünde, ohne Fluch, eine ewige Jungfrau, die wiederum ihr Kind ohne Sünde empfangen hatte. Mit diesem 1854 dogmatisierten Glaubenssatz wurde Maria zum perfekten menschlichen Wesen. Die Jungfrau stellte so ein widersprüchliches Vorbild dar: eine Frau aus dem Menschengeschlecht, die mehr als alle anderen Sterblichen verehrt wurde und an die sich die Gläubigen wenden konnten, andererseits aber ein unwirkliches Geschöpf, dessen einzigartige Erfahrungen die Verdammung weiblicher Sexualität implizierte und das Leben der Frauen mit Verboten im Namen der Reinheit umstellte.

Wie bei den Bildern der heiligen Jungfrau in früheren Jahrhunderten schuf eine Kombination aus den Bedürfnissen der Gläubigen wie der Kleriker die neue Inkarnation Marias. Zuerst bestimmten die populäre Phantasie und die theologische Logik die Geburt von Jesus als »unbefleckt«. Die bildhafte Beschreibung der Mystikerin Mechthild von Magdeburg kam von Deutschland nach England und wurde zum Text eines Liedes:

> He came also still
> Where his mother was,
> As dew in April
> That falls on the grass.[81]
>
> (Er kam so still,
> Wohin seine Mutter war,
> Wie Tau im April,
> Der auf das Gras fällt.)

Daß auch Marias eigene »unbefleckte« Empfängnis ohne Sünde geschehen sein sollte, wurde im 15. Jahrhundert durch Nicolette Boylet (1381–1447), eine leitende Klarissin, verbreitet. Besonders populär wurde der Kult der *Immaculata* in Frankreich, Deutschland und Belgien.

Während Jahrhunderten ergriff der Papst weder für noch gegen die Idee Stellung.[82] 1854 beugte er sich den Forderungen und dem gläubigen Enthusiasmus: Marias besondere Empfängnis wurde durch päpstlichen Erlaß zum Glaubensartikel. In ihr, der »unbefleckten«, perfekten Frau, konzentrierte sich das Ideal der katholischen Kirche. Ein nicht weniger begrenzendes Bild der idealen Christin entwickelte sich aber auch in den Köpfen der protestantischen Führer und ihrer Gläubigen.

3.5 Alte Klischees von neuem

Die Natur der Frau

Im Verlauf der protestantischen und katholischen Reformation nahm das Christentum seinen weiblichen Gläubigen im nächsten Zeitabschnitt wieder weg, was es ihnen im vorhergehenden gewährt hatte. Die Frauen fanden durch ihre Kirche keine dauerhafte Gleichberechtigung. Als die männlichen Konfessionsführer im 17. Jahrhundert ihren Glauben befestigten und die Beziehungen zu ihren Gefolgsleuten institutionalisierten, wiederholten sie die Reaktionsmuster früherer Konsolidierungs- und Institutionalisierungsbewegungen. In den neuen Kirchen wurden, wie in den alten, Unabhängigkeit und Vielfalt durch Machtstrukturen und Konformität ersetzt. Mit den weiblichen Gläubigen befaßte man sich besonders, da man die Frau, die sich von ihrem Platz entfernte und außerhalb ihrer traditionellen Rolle agierte, neuerdings als Symbol gesamtgesellschaftlicher Unordnung definierte.

Frauen ohne Aufsicht wurden als Gefahr für die Männer empfunden – eine Sichtweise, die ebenso alt ist wie die europäische Geschichte. Den religiösen Gelehrten des 16. und 17. Jahrhunderts, ob katholisch oder protestantisch, flößte die Vorstellung solcher Frauen Furcht ein. Obwohl durch die Spaltung der Kirche eine Vielzahl von Meinungen und Glaubensvariationen zutage traten, widerhallten die Botschaften, die von Europas Kanzeln erklangen, wegen dieser universellen Frauenfurcht doch in einer verheerenden Einförmigkeit. Es war nicht von Belang, ob der Geistliche die Worte der Evangelisten, der Kirchenväter, der Scholastiker, der antirömischen Reformatoren oder der gegenreformatorischen Päpste verbreitete, denn die Kleriker, uneins über so viele andere Punkte, stimmten überein in der Verdammung jener Frauen, die nicht in dem ihnen zugewiesenen Bereich verbleiben wollten. Sie fürchteten die, wie ihnen schien, latente Herrschsucht der Frau, die sie durch ihre Herrschaft zugrunde richten würde. Noch schlimmere Ängste erregte der weibliche Körper mit seiner unersättlichen Wollust und der Wollust, die er provozierte. In ihrem Bemühen, die potentiell gefährliche weibliche Natur zu entwaffnen, ertönten die Stimmen der Männer unisono. Sie erklärten, daß die Natur der Frau der männlichen per Definition unterlegen sei, daß folglich die Frauen sich unterwerfen müßten. Es gab keine logische Deduktion, keine vernünftige Argumentation, der zufolge die katholischen oder protestantischen Theologen, Priester und Pastoren zu diesem übereinstimmenden Schluß kamen. Es brauchte auch weder Logik, Vernunft noch Beweise – man hielt solche Schlüsse für selbstverständlich.

Jeder sehende Mann konnte in der grundlegenden weiblichen Unterlegenheit und Kontrollbedürftigkeit die göttliche Hand wahrnehmen. In der Physiologie der Frau enthüllte sich nach Gottes Plan ihre Zweitrangigkeit gegenüber dem höherwertigen Mann, sie mußte ihm deshalb unterstellt werden. Erklärungen und Rechtfertigungen folgten aus einander, wie bei den scholastischen Gottesbeweisen, den protestantischen Abhandlungen über die Doppelnatur der Sakramente und die Vorherbestimmung der Seelen. Im 13. Jahrhundert hatte Thomas von Aquin argumentiert,

> [...] gute Ordnung hätte in der menschlichen Familie gefehlt, wenn nicht die einen durch solche regiert würden, die weiser sind als sie selbst. Durch eine solche Art von Unterwerfung ist die Frau dem Mann natürlicherweise untertan, da im Mann von Natur aus die vernünftige Einsicht vorherrscht.[1]

Thomas, der wie Gratian und Abaelard bei Aristoteles Anleihen machte, sah die Konsequenzen des Sündenfalles lediglich in einer Bestärkung der natürlichen Ordnung und der weiblichen Unterlegenheit. Das Aktive, der Intellekt und die Vernunft sei Mann; das Mindere, das Passive, das Materielle, der Körper sei Frau. Dreihundert Jahre später rollten die führenden Reformatoren dieselben Beweismittel wieder auf und zitierten dieselben Quellen, um dieselben Folgerungen auszusprechen. In seinen Vorlesungen zur Genesis (1535/1536) erläuterte Martin Luther:

> Es ist daher augenscheinlich, daß die Frau ein anderes Lebewesen ist als der Mann, nicht nur, weil sie andere Glieder hat, sondern auch, weil sie im Verstand weit schwächer ist. Aber obwohl Eva wie Adam ein höchst edles Geschöpf war, was das Bild Gottes angeht, das heißt nach Gerechtigkeit, Weisheit und Errettung, so war sie doch nichtsdestoweniger eine Frau. Denn so wie die Sonne leuchtender ist als der Mond [...], so kommt doch die Frau, wenn sie auch das schönste Werk Gottes ist, dem Mann an Würde und Ehre nicht gleich.[2]

Johannes Calvin glaubte wie Thomas von Aquin, die Frau sei dem Mann nie ebenbürtig gewesen, sondern aufgrund der Verfluchung nach dem Sündenfall von der Dienerin zu Sklavin geworden. Selbst die Quäker nahmen die Heilige Schrift in diesem Punkt wörtlich: »Mann und Frau waren Gehilfen [...] vor dem Sündenfall; doch in der Übertretung nach dem Fall war es am Mann, über seine Frau zu herrschen.«[3] (Die Quäker glaubten, durch Jesu Tod sei der eher gleichberechtigte Status wiederhergestellt worden.)

Wenn eine Frau durch Zufall Autorität über Männer gewann, folgte unmittelbar die Katastrophe. So wie Eva Adam in den Sündenfall manövriert hatte, so konnten alle Frauen den Männern Schaden zufügen. Der englische Protestant Hugh Latimer bestätigte im 16. Jahrhundert die alte Ansicht: »Eine Frau ist zerbrechlich und allen Übeln zugeneigt; eine Frau ist ein sehr schwaches Gefäß, und sie kann einen Mann leicht täuschen und ihn ins Übel bringen.«[4] Calvin und sein schottischer Schüler John Knox hatten sich mit Frauen zu befassen, die in der Tat herrschten und politische Macht innehatten. Calvin war empört, als Renée von Ferrara an der Presbyterianischen Synode teilnehmen wollte. In seinem *First Blast Against the Monstrous Regiment of Women* (»Erster Stoß gegen das monströse Regiment von Frauen«) von 1558 bezeichnete Knox Herrscherinnen als »Heimsuchungen von Gottes Zorn«, ihr Regiment als »Umkehrung der gerechten Ordnung«, als verunreinigenden, besudelten und gotteslästerlichen Zustand. Die Männer, die weibliche Herrschaft anerkannten, seien nichts als »rohe Tiere«.[5]

Die Kleriker überlegten, wie denn Frauen mit solch schrecklichen Folgen an die Regierung hatten kommen können. Sowohl Katholiken als auch Protestanten fanden zur selben Erklärung: Die Männer erlagen dem weiblichen Körper, der Sexualität, der Begierde, die er in ihnen erweckte. Eine aus dem 12. Jahrhundert stammende Anleitung für Einsiedlerinnen, *The Ancren Riwle*, richtete an die Adresse der Frau die Warnung, daß ein Mann »deinetwegen in jeder Hinsicht in tödliche Sünde fällt, selbst mit dem Verlangen nach dir [...]. Sei deines Urteils versichert: Du mußt für das Tierische bezahlen, weil du die Grube gegraben hast.«[6] Religiöse Frauen wurden bei ihrem Messebesuch Tag für Tag an diese Ansicht erinnert, da die Bildhauereien und Schnitzereien der großen Kathedralen die Wollust stets als weibliche Figur personifizierten.

Die Führer der Reformorden hatten im 12. und 13. Jahrhundert versucht, ihre Männer vor der stets drohenden Gefahr der weiblichen Geschlechtlichkeit zu schützen. Abaelard wollte, daß die Frauen ihren Kopf bedeckten, um zu verhindern, daß sie »unzüchtiges Begehren« erregten.[7] Der heilige Bernhard wünschte überhaupt keine Berührung mit Frauen zu haben, nicht einmal mit seiner eigenen Schwester, denn er glaubte, »immer mit einer Frau zu sein und keine geschlechtliche Beziehung zu ihr zu haben ist schwieriger, als die Toten aufzuwecken«.[8] Dieselben Ängste suchten den heiligen Ignatius von Loyola gegen 1530 heim. Einem seiner Gefährten riet er:

> Ich würde nicht auf spirituelle Gespäche mit Frauen eintreten, die den niedrigeren Volksschichten zugehören, ausgenommen in Kirchen oder an Orten, die für alle sichtbar sind. Denn solche Frauen sind leicht zu gewinnen, und durch solche Gespräche, ob recht oder nicht, entsteht böse Unterhaltung.[9]

Diese Sicht der Frau als sexueller Verführerin gewann spezielle Bedeutsamkeit, wenn Katholiken wie auch Protestanten für ihre Geistlichkeit die Regeln definierten, für jene Männer also, die auf populärem Niveau die Strenge und Reinheit des Glaubens repräsentierten. Nach katholischem Dogma wurde die Fähigkeit des Priesters, dem Verlangen zu widerstehen, rein und ledig zu bleiben, zum wichtigsten Kennzeichen, das ihn von der Laienschaft trennte und abhob. Seit den frühesten Tagen des Christentums hatten die meisten Theologen Geschlechtsverkehr und Ehe für geweihte Männer abgelehnt. Mit Abscheu beschworen sie das Bild einer Priesterschaft, die sich in der materiellen Welt der Sexualität beschmutzte und sich in Wollust suhlte, was ihnen als der äußerste Akt von Vernunftwidrigkeit erschien.[10] Obwohl diese Ansicht einhellig geteilt wurde, gab es bis ins 16. Jahrhundert in der Westkirche doch eine Ungleichheit zwischen Theorie und Praxis: Die höchsten katholischen Kleriker neigten dazu, das Verbot zu respektieren und keine Ehefrauen zu nehmen. Anders jedoch die niedrigere Geistlichkeit: Priester nahmen sich weiterhin Gattinnen als Gehilfinnen und pflegten Beischlaf sowohl in als auch außerhalb der Ehe. Erst als während der Krise der Reformation lauthals die protestantischen Vorwürfe wegen Korruption und Laxheit ertönten, gelang es der katholischen Kirche, den Zölibat für alle ihre Priester durchzusetzen. Das Konzil von Trient 1563 verbot allen geweihten Männern die Verheiratung, den Beischlaf und jeden sexuellen Kontakt; die Geistlichen dürften nicht »im Schmutz von Unreinheit und unsauberer Knechtschaft leben«. Wenn sie ledig blieben, werde das Volk sie desto mehr verehren, als man wisse, daß sie ein reineres Leben führten.[11] Protestantische Theologen fanden an dieser Argumentation nichts auszusetzen. Auch sie betrachteten die Ehelosigkeit als Ideal; Calvin sprach von einem »Segen«, einer »Gabe Gottes«.[12] Im Kontrast dazu schrieb er vom »schrecklichen Wahnsinn der Wollust«, die er mit der Epilepsie verglich.[13]

Trotzdem anerkannten sowohl Katholiken als auch Protestanten, daß nicht alle Männer ledig bleiben konnten. Alle christlichen Glaubensrichtungen boten ihren männlichen Gläubigen dasselbe Heilmittel an, die Ehe. In der Ehe fand der Beischlaf in geregelten Umständen statt, in erlaubter Weise und zu vernünftigem Zweck, nämlich zur Zeugung von Kindern. Luther bezeichnete den ehelichen Stand als »Spital der Siechen«; von der Sexualität in der Ehe sei Gebrauch zu machen, um zu verhindern, daß Frau und Mann in schwere Sünde fallen.[14] Calvin erteilte ganz ähnliche Anweisungen: »Laßt jeden Mann nur so lange sich der Ehe enthalten, wie er Keuschheit befolgen kann«; wenn »seine Kraft, die Lust zu zähmen, schwindet«, müsse es Gottes Wille sein, daß er heirate.[15] Da die protestantische Kirche mit der Unvollkommenheit der menschlichen Natur rechnete, erlaubte sie ihrer Geistlichkeit zu heiraten.

Katholische und protestantische Geistliche mahnten jedoch, daß selbst in der Ehe die Wollust vermieden werden müsse. Calvin erklärte: »Denn selbst wenn die Ehrenhaftigkeit der Ehe die Niedrigkeit der Unenthaltsamkeit verhüllt, sollte sie nicht deshalb dazu Anlaß geben.«[16] Der Geschlechtsakt durfte kein Vergnügen bewirken. Im Katechismus des französischen Dominikaners Jean Benedicti von 1584 fanden die Erörterungen von Thomas von Aquin und die kanonischen Gesetze des Konzils von Trient ein Echo:

> Der Ehemann, der, durch ungezügelte Liebe entflammt, zur Befriedigung seiner Leidenschaft mit seiner Frau derart hitzig Geschlechtsverkehr hat, daß er selbst dann, wenn sie nicht seine Ehefrau gewesen wäre, mit ihr hätte schlafen wollen, der begeht eine Sünde. [...] Ein zügelloser Liebhaber seiner Gattin ist eher ein Ehebrecher als ihr Mann; das heißt, daß der Mann seine Ehefrau nicht als Hure brauchen soll, noch soll sich die Frau gegenüber ihrem Mann als einem Liebhaber verhalten, denn mit dem heiligen Sakrament der Ehe muß mit aller Redlichkeit und Ehrerbietung umgegangen werden.[17]

Die christliche Familie

Für die gebildeten katholischen und protestantischen Kirchenvertreter des 16. und 17. Jahrhunderts bedeutete die Ehe aber noch mehr als nur das Mittel, sich selbst und ihre Gläubigen vor den abscheulichen Kräften der Wollust und der weiblichen Sexualität zu bewahren. Die Ehe symbolisierte das traditionelle Verhältnis zwischen Frauen und Männern, und durch sie wurden die Frauen in Unterordnung und Gehorsam gehalten. Denn während Königinnen und Könige miteinander im Streit lagen, Parlamente und Höfe aufgelöst oder geteilt wurden, während sich ökonomische Veränderungen einstellten, die die Fassungskraft des einzelnen überstiegen, und die Einheit von Glaubenslehre und -praxis verlorenging, setzten Europas Männer auf das Altvertraute, Familiäre. Sie wollten Begrenzung, Gewißheit und unanfechtbare Autorität in der Religion wie in vielen anderen Lebensbereichen. Frauen am unrechten Platz und ohne Kontrolle verkörperten dagegen Unordnung. Thomas Edwards, ein englischer Protestant des 17. Jahrhunderts, zog sogleich die Verbindungslinie von predigenden Frauen zu einem Zustand, in dem die Männer das Kommando über Gattinnen, Kinder und Dienerschaft verloren.[18]

Edwards Gedankengang war typisch für seine Zeit. Die Protestanten bezogen sich auf das Alte Testament und fanden in den Metaphern der patriarchalischen Familie jene Ordnung, die sie suchten. Der König oder der Staat spielte die Rolle des Vaters, die Untertanen waren wie umsorgte und untergeordnete Kinder. Das Ganze wurde durch gegenseitige Verpflichtung und Loyalität zusammengehalten und beruhte auf der familiären Zelle der Gesellschaft, der Verbindung von Frau und Mann durch die Ehe. Auf der wesentlichen Ebene im Verhältnis eines Paares fungierte der Mann als Patriarch, die Frau als Musterkind, das sich willig seinem natürlichen Beherrscher fügte. Es sollte eine Hierarchie der Väter sein, in der sich die Ordnung der niedrigsten Gesellschaftsebene auf der höchsten Ebene spiegeln ließ, wo der König als Patriarch über der vielköpfigen Familie seiner Untertanen thronte.

Diese Ansicht hatte für die Männer den Effekt, daß viel potentiell demokratisches Gut der Reformation vernichtet wurde. Für Frauen wirkte sie sich verheerend aus. Protestanten und Katholiken hielten den Mann für tauglich, sowohl innerhalb als auch außerhalb der Familie Funktionen zu übernehmen, nicht so aber die Frau. Ende des 17. Jahrhunderts war die bevorzugte weibliche Rolle, egal in welcher christlichen Sekte oder Gemeinschaft, diejenige der Gattin und Mutter. In der Sicherheit und den Einschränkungen dieser Gesellschaft von männerdominierten Familien wurde die Frau genauer als je zuvor durch ihr Verhältnis zu einem Mann definiert. Man beurteilte sie nach ihren Leistungen in den vorgeschriebenen Aufgaben und Pflichten innerhalb der Familie; außerhalb dieser Beziehung erhielt sie keine Identität. Die kirchlichen Stimmen sprachen wie aus einem Mund, und die Frauen wurden neuerdings im Dienst der christlichen Familie unterworfen.

Seit dem 11. Jahrhundert hatten katholische Gelehrte wie Thomas von Aquin und Bonaventura auch über eine theoretisch gleichwertigere Partnerschaft in der Ehe geschrieben. Am Anfang erschienen auch die Ansichten der protestantischen Führer egalitär. Martin Luther zählte unter den Zwecken der Ehe das Zusammenleben noch vor dem traditionellen Grund der Fortpflanzung auf. Calvin folgte den Auslegungen von Humanisten, die die Frau als Abkömmlinge Evas betrachteten, aus Adams Seite geformt und daher bestimmt, des Mannes Gefährtin und Ergänzung zu sein. Andere protestantische Führer verwendeten ähnliche Aussagen und Schlußfolgerungen. Der Puritaner Robert Bolton sprach im 17. Jahrhundert von der Ehe als der »liebenden Zufriedenheit miteinander«.[19] Einige Puritaner beschrieben das Eheverhältnis in Analogie zur merkantil-kapitalistischen Welt, in der sie lebten: In einer Predigt von William Gouge im Jahr 1627 war die Rede von einer »Aktiengesellschaft«, in welcher der Ehemann die Frau neben ihm selbst zur Mitregentin der Familie ernannte.[20] Obwohl in den Schriften der katholischen Reformbewegung die reproduktiven und sexuellen Gründe für die Vereinigung weiterhin an erster Stelle standen, wurde da doch ebenfalls die Kameradschaft erwähnt. Der römische Katechismus von 1566 sprach von der »Gemeinschaft der verschiedenen Geschlechter, die durch natürlichen Instinkt angestrebt und in der Hoffnung auf gegenseitige Hilfe geschlossen wird«.[21]

Bei den Mitgliedern der radikalen protestantischen Sekten übertrug sich das Verständnis der Kameradschaft aus der Lehre zuweilen ins wirkliche Leben. Matthias Zell war damit einverstanden, daß die Frau für den Mann erschaffen worden war, doch glaubte er, daß der Mann die Ehe brauche, um vollständig zu sein. Katherine Zell, seine Frau, beschrieb sich umgekehrt in der traditionellen Bildersprache als »Splitter aus der Rippe jenes gesegneten Mannes«, doch mit einem Unterschied:

> Mein Mann und ich haben nie eine unerfreuliche Viertelstunde gehabt. Wir könnten keine größere Ehre haben, als von den Menschen verworfen zu sterben und von zwei Kreuzen uns gegenseitig Worte des Trostes zu sagen.[22]

Solch gegenseitige Liebe wurde nahezu zu einem Bestandteil des wiedertäuferischen Martyrologiums. Hendrik Verstralen schrieb vor seiner Hinrichtung an seine Frau:

> Meine vertrauensvolle Helferin, meine getreue Freundin. Ich lobe Gott, daß er Dich mir gegeben hat, Du, die Du mich in all meiner Versuchung gestützt hast.[23]

Von den führenden Reformatoren hat sich Martin Luther am ausführlichsten über die ideale Beziehung zwischen einer Frau und einem Mann und über die Welt, die dadurch geschaffen werde, geäußert. Einem Freund schrieb er:

> Das wertvollste Leben ist es, mit einem guten, willigen, gehorsamen Weib in Frieden und Einigkeit zu leben. Fleischliche Einheit tut nichts. Es muß auch Einheit in Gesittung und Gesinnung sein.[24]

»Einheit in Gesittung und Gesinnung« hatte für die protestantischen Führer eine ganz spezifische Bedeutung, die allen christlichen Theologen vertraut sein mußte. Denn es existierten unausgesprochene traditionelle Prämissen selbst für eine solche Beziehung, wie der Wittenberger Reformator sie definierte. Diese Voraussetzungen waren stärker als jedes momentane Bedürnis nach einer Partnerschaft von Gleichberechtigten, und sie hatten gegenüber der Freude an Kameradschaft Priorität. Nach seinem ersten Ehejahr schrieb Luther über Katharina von Bora: »Meine Frau ist fügsam, gefällig und freundlich über alles hinaus, was ich zu hoffen wagte.«[25] Calvin sprach von der Gattin als der »Ergänzung« des Gatten, doch handelte es sich um eine Komplementarität von Ungleichen. Er benutzte die Analogie der Kirchenväter: Der Mann war das Haupt und die Frau der Rumpf; ihre höchste Aufgabe war es, »ihren Gatten zu erfreuen« und »ergeben zu sein, was auch immer geschieht«.[26] Selbst die ansonsten radikalen Wiedertäufer sahen es schließlich so, daß der Gehorsam einer Frau ihren Glauben übersteigen sollte: Wenn sie ihren Mann verließ, war das durch nichts zu rechtfertigen, nicht einmal durch seinen Ausschluß aus der Glaubensgemeinschaft.[27]

Innerhalb der christlichen Familie fielen alle Gleichheitsideale dahin. Die protestantische Führung verlangte statt dessen, die Frauen sollten sich der Herrschaft der Väter und dem Ausschluß von allen traditionell männlichen Tätigkeiten willig unterwerfen. Luther sah das Heim als eigenen Ort, als eigenen Bereich, in dem der Mann, der Gatte und Vater, aus- und eingehen konnte, auf den jedoch die Frau, die Gattin und Mutter, ausschließlich beschränkt wurde: »Die Frau mache, daß der Mann gerne nach Hause kommt, und er mache, daß sie es bedauert, ihn weggehen zu sehen.«[28] Luther beschrieb auch die Beziehungen innerhalb der idealen Familie und die Tätigkeiten, die jedem ihrer Mitglieder angemessen waren:

> Die Herrschaft bleibt beim Gatten, und das Weib ist durch Gottes Gebot gehalten, ihm zu gehorchen. Er regiert das Heim und den Staat, führt Krieg, verteidigt sein Besitztum, bestellt den Acker, baut und pflanzt und so fort. Die Frau andererseits ist wie ein Nagel, der in die Wand getrieben wird [...] so sollte die Gattin zu Hause bleiben und die Angelegenheiten des Haushalts besorgen, als eine, die der Fähigkeit entbehrt, jene Angelegenheiten zu erledigen, die außerhalb liegen und den Staat betreffen. Sie geht nicht über ihre ganz persönlichen Aufgaben hinaus.[29]

In ihren Handbüchern für geziemendes Verhalten und richtigen Glauben priesen die englischen Puritaner und Anglikaner die willige Einordnung der Frau in diese begrenzte, patriarchalische Welt. Robert Cleaver hob die Gattin in seinem Büchlein *A Godly Form of Household Government* (»Eine göttliche Art des Hausregiments«, 1598) vorteilhaft von den anderen Gehilfen des Mannes ab: Die Frau sei besser als die Pferde, die Ochsen und die Diener, »eine kameradschaftliche Trösterin aller Sorgen und Gedanken«, die nicht aus Furcht oder um Geld diente, sondern »allein wegen der Liebe«.[30] In einer Hochzeitspredigt von 1607 verglich Robert Wilkinson die gute Ehefrau mit einer Schnecke, »nicht nur wegen ihrer Schweigsamkeit und ihrer ununterbrochenen Haushaltung, sondern auch aufgrund einer gewissen löblichen Furchtsamkeit ihrer Natur«.[31]

Nach der Theorie sollte die Unterordnung der Frau in der Ehe nicht absolut sein. Der eine oder andere katholische oder protestantische Kleriker zog Grenzen. Ein französischer Geistlicher des frühen 17. Jahrhunderts meinte beispielsweise, das Erdulden von erzwungenem Geschlechtsverkehr, womit das Leben der Frau gefährdet werde, übersteige den Gehorsam und sei nicht zu tolerieren.[32] Ein Gatte durfte seine Frau auch nicht zum Glaubenswechsel zwingen. Sonst aber war seine Oberaufsicht über ihr Leben allgemein anerkannt; von weiblicher Seite erwartete man fügsame Ergebung und entschuldigte männliche Gewalttätigkeit, falls die Frau sich nicht schicken wollte. William Whately, ein englischer Geistlicher, rechtfertigte 1619 in seiner Schrift über die Aufgaben der Ehegatten das Prügeln, wenn

> [...] sie mit den vorwurfsvollsten Schmähungen über ihn herzieht, wenn sie ihm dreist und schamlos Widerstand bietet, wenn sie ihm trotzig entgegenredet, sie kümmere sich nicht um ihn und sie werde unbesehen um ihn tun, wie es sie gelüste; wenn sie mit Gewalt auf ihn losgeht [...] oder derart unweibliches Sprechen oder Verhalten an den Tag legt.[33]

Im Jahr 1713 stellte Antoine Blanchard, der Prior von Saint-Mars-le-Vendôme, Fragen für den Beichtvater zusammen, die klar verrieten, daß auch die katholische Kirche der Überzeugung war, eine Frau ziehe sich die Prügel stets aus eigener Schuld zu:

> Hast du die Harmonie mit deinem Gatten aufrechterhalten und seine Unzulänglichkeiten mit Geduld und mit Nächstenliebe ertragen? Hast du ihm nicht Anlaß gegeben, ärgerlich zu werden und Wutanfälle zu bekommen wegen deiner Arroganz und deines Eigensinns? Warst du ihm gegenüber nicht unzureichend dienstfertig?[34]

Die untergebene Dienstbarkeit stellte bloß eine der ehelichen Funktionen der Frauen dar. Weit wichtiger war die Mutterrolle mit ihrem Auftrag, Kinder zur Welt zu bringen und aufzuziehen. Luther versicherte, daß, wie schwach und sündenbehaftet die Frau auch sein mochte, ein Gutes doch alles überdeckte und verbarg: das Kinderzeugen und Kindergebären.[35] Sowohl Luther als auch Calvin hatten, ganz wie ihre katholischen Vorgänger, einen Abscheu vor Schwangerschaft und Geburt, trotzdem bewerteten sie diese Erfahrung für Frauen höher als alles andere. Luther schilderte es als göttlichen Plan:

> In der Zeugung, im Ernähren und Aufziehen ihrer Nachkommenschaft sind sie Meister. Auf diese Weise ist Eva bestraft, doch ist es eine fröhliche Bestrafung, wenn man die Hoffnung auf das ewige Leben bedenkt und die Ehre der Mutterschaft, die ihr geblieben sind.[36]

Laut Calvin symbolisierten die Wehen, die Schmerzen und das Stöhnen der Kreißenden für Gott den Gehorsam der Frau gegenüber seinem Willen und boten ihr das Mittel zu ihrem Seelenheil. Nicht durch ihren Glauben tilgte eine Frau ihre Sünde, sondern durch das Kindergebären. Indem sie ihre biologische Funktion erfüllte, rückte sie dem Göttlichen näher. In ihrem Schmerz sollte sie zu Gott gelangen. Elizabeth Clinton erläuterte es ihren puritanischen Schwestern:

> Wir sind Eva in die Übertretung gefolgt, laßt uns ihr auch im Gehorsam nachfolgen. Als Gott ihr die Kümmernis des Empfangens, Austragens, Gebärens und des Aufziehens ihres Kindes auferlegte – und damit auf uns in ihren Lenden –, sagte sie da ein Wort dagegen? Nicht ein Wort. Um dasselbe bitte ich auch euch.[37]

Sollte die Frau einen Teil der göttlich angeordneten Berufung ablehnen, übertrat sie das Gebot. Jede Behinderung der Empfängnis kam der Ablehnung ihrer eigenen Errettung gleich. Calvin beurteilte den *Coitus interruptus* als monströs. Wie der Kirchenvater Hieronymus im 4. Jahrhundert nahm der Reformator an, daß die Sünderin dadurch noch vor der Geburt den erhofften Sohn tötete.[38] Die Puritaner verlangten zusätzlich, daß die Mutter selbst dem Kind die Brust reiche; andernfalls begehe sie eine Sünde gegen Gott und verschmähe das Kind, versicherten Robert Cleaver und William Gouge zu Beginn des 17. Jahrhunderts. Wozu sonst hatte die Frau Brüste?

Auch Luther stellte sich diese Fragen nach der Funktion der Frau auf Erden. Er staunte, wie der weibliche Körperbau die Funktionen und Rollen rechtfertigte, die er und seine kirchlichen Zeitgenossen dem schwächeren Geschlecht zuwiesen, und es schien ihm göttliche Vorsehung: »Es ist mir oft eine Quelle von großem Vergnügen und Verwunderung zu sehen, wie der ganze weibliche Körper dazu geschaffen wurde, Kinder aufzuziehen.«[39] Und nicht nur das: »Frauen [. . .] haben nur einen schmalen und engen [Brustkasten] und breite Hüften, zu dem Zwecke, daß sie zu Hause bleiben, stillsitzen, haushalten und Kinder tragen und aufziehen sollen.«[40]

In ihren eigenen Ehen versuchten die protestantischen Reformatoren, ihre ideale Beziehung zwischen einer Frau und einem Mann zu leben. Vorbildliche Gattinnen schafften vorbildliche Haushaltungen, Zufluchtsstätten und sichere Häfen für ihre Gatten. Es war ganz, wie es der Puritaner William Gouge im 17. Jahrhundert in seiner Schrift *Of Domesticall Duties* (»Über die häuslichen Pflichten«) schilderte: Die perfekte Frau umsorgte ihren Mann »als eine Art von Heiland«, als »einen König, der sie regiert und ihr hilft, einen Priester, der mit ihr und für sie betet, einen Propheten, der sie lehrt und unterweist«.[41] Die Gattinnen der Reformatoren setzten ihre beträchtlichen Energien und Talente als getreue Untergebene in ihrer sicheren und beschränkten Sphäre willig ein.

Obwohl Luther in seinen Schriften die Ansicht vertrat, der Mann solle in der Familie eine aktive Rolle spielen, heiratete er selbst mit zweiundvierzig Jahren, um Ordnung in sein Leben bringen zu lassen. Er überbürdete die Sorge für die Seinen ganz seiner Frau Katharina von Bora (1499–1550), und die sechsundzwanzigjährige vormalige Nonne fand geschickt Mittel und Wege, den Hauhalt zu erhalten und zu stärken. Luther hatte keine andere Möglichkeit gesehen, um für die neun Nonnen zu sorgen, die er zur Flucht aus dem Zisterzienserkloster von Marienthron ermutigt hatte, als für sie Ehen zu arrangieren. Katharina regte an, er selbst oder einer seiner Ratgeber (Nikolaus von Amsdorf) solle ihr Gatte werden. Verwirrt schrieb Luther einem Freund: »Während ich an andere Dinge dachte, hat mich Gott plötzlich zur Ehe gebracht ...«[42]

Luther heiratete als erster Reformator, und Katharina wurde für die neuen Konfessionen zum Muster einer Ehefrau und Mutter. Sie gebar zwischen 1525 und 1534 sechs Kinder: Hans, Elisabeth, Magdalena, Martin, Paul und Margaretha. Sie mußte mit ansehen, wie Elisabeth noch vor dem ersten Geburtstag starb, Margaretha mit dreizehn. Außerdem zog Katharina acht von Luthers Nichten und Neffen auf. Sie verwandelte das »Schwarze Kloster«, das aufgelöste Wittenberger Augustinerkloster, das man dem Reformator zur Verfügung gestellt hatte, in ein Zuhause und eine Quelle von Schutz, Pflege und Unterstützung für ihre große Familie und die zahlreichen Besucher, die bei Luther Unterschlupf suchten. Die vierzig Zimmer waren mit Kostgängern belegt: Studenten der Universität, Nonnen und Mönche, die ihrem Glauben abgeschworen hatten. Katharina besorgte Obst- und Gemüsegarten, kaufte Land, verwaltete das Bauerngut in Zöllsdorf, beaufsichtigte Anpflanzung und Ernte, Kauf und Verkauf von Vieh. Diese Güter und Einkünfte wie auch die zweihundert Gulden jährlich vom Kurfürsten von Sachsen streckte sie, so gut sie konnte, um damit die Ausgaben zu decken.[43] Inzwischen saß Luther am Eßtisch und redete; er predigte, schrieb und reiste. Als er 1546 starb, wurde sie damit fertig, wie sie auch bisher alles bewältigt hatte. Die Flucht vor dem Heer Karls V. 1546 und wiederum 1547 stürzte sie zweimal in den Ruin, doch sie baute wieder auf und machte weiter. 1550 starb sie unvermittelt: Ihr Pferdegespann scheute, sie sprang aus der Kutsche, um die Tiere zu bremsen, fiel dabei aber in einen Graben am Wegrand. Durch die Nässe und Kälte wurde sie krank, und sie überlebte diese letzte Anstrengung zugunsten ihrer Familie nicht.

Andere deutsche und schweizerische Reformatoren erwarteten nicht weniger von ihren Frauen. Anna Adlischwyler (1504?–1564), die wie Katharina von Bora seit ihrer Kindheit im Kloster lebte, verblieb da, um ihre Mutter zu pflegen, auch nachdem alle anderen Nonnen weggegangen waren. Heinrich Bullinger war ihr Kaplan. Er bot ihr die Heirat an und versprach, er wolle ihr seine »Gottesfurcht, Frömmigkeit, Treue und Liebe« beweisen.[44] Er verfaßte für sie auch eine Wegleitung zu rechtem Verhalten. Vielleicht weil sie keinen anderen Ausweg sah, willigte sie 1529, nach dem Tod ihrer Mutter, ein, seine Frau zu werden. Sie schenkte ihm elf Kinder und verstarb 1564, nachdem sie ihren Haushalt in einer Pestepidemie gepflegt hatte.

Widbrandis Rosenblatt (1504–1564) entstammte einer vornehmen Basler Familie und pflegte eine ganze Reihe von Reformatoren. Zwei Jahre war sie mit dem Humanisten Keller verheiratet, nach dessen Tod drei Jahre mit Johannes Oecolampadius. Danach schlugen Bekannte vor, der Straßburger Wolfgang Capito solle die Witwe mit ihren vier Kindern übernehmen; fünf Kinder später wurde sie durch die Pest von 1541 erneut zur Witwe gemacht. Als die Gattin des Straßburger protestantischen Reformators Martin Butzer auf dem Sterbebett lag, bat sie Widbrandis, sie möge sich ihrer Familie und ihrer Kinder annehmen; es folgte also eine vierte Ehe mit zwei weiteren Kindern. Trotz der Todesfälle ihrer Familienangehörigen wie auch dem Exil in England an der Seite Butzers kam Widbrandis immer zurecht. Als ihr letzter Mann 1551 starb, bat sie englische Amtsgenossen um Gaben für die Überfahrt von ihr selbst und ihren Kindern zurück auf den Kontinent.

Obwohl Luther, Calvin und ihre Nachfolger in wichtigen Glaubenspunkten verschiedener Ansicht waren, trübte nichts die Übereinstimmung ihrer Auffassung von ihren Ehen. Auch Calvin kam zum Schluß, er sollte heiraten, als Freunde ihn dazu drängten. Wie Luthers Nachfolger wählte er eine Witwe, Idelette de Bures (gestorben 1549). Sie heirateten 1540 in Straßburg. In Genf richtete Idelette 1541 ihren Haushalt ein, nahm Flüchtlinge auf, pflegte Calvin während seiner periodischen Kopfschmerzen. Sie gebar fünf Kinder, die jedoch alle noch im Säuglingsalter verstarben. Seit dem Tod ihres ersten Jungen 1542 kam sie nie wieder vollständig zu Kräften; ihr Ableben im April 1549 war für Calvin ein schmerzlicher Verlust:

> Sie ging so ruhig dahin, daß man kaum den Unterschied zwischen Leben und Tod bemerkte. [...] Du weißt, wie empfindlich oder eigentlich wie schwach ich bin. Wenn ich mich nicht selbst streng in die Hand nähme, könnte ich nicht aufrecht stehen. Ich habe meinen besten Lebensgefährten verloren. [...] Als sie lebte, war sie mir eine getreue Helferin in meinem Amt. Nie stand sie in irgendeiner Hinsicht im Weg. Während ihrer Krankheit sprach sie nie von sich selbst und störte mich nie wegen ihrer Kinder. [...] Nun stürze ich mich in die Arbeit, um meine Sorgen zu ertränken.[45]

Die Presbyterianer in England und Schottland erwarteten und fanden von ihren Ehegattinnen gleichen Trost. John Knox heiratete in traditionellster Weise: Er wählte 1555 die um dreißig Jahre jüngere Margery Bowes (1538?–1560); ihre Mutter Elizabeth, die zum Kreise der weiblichen Gläubigen um den Reformator gehörte, hatte die Partie arrangiert. Im Genfer Exil zwei Jahre später kümmerte sich Margery um ihn, um ihre Mutter sowie um eine andere Witwe, Anna Locke, die sich der Familie hinzugesellt hatte. Sie gebar ihrem Gatten zwei Söhne und starb erschöpft mit zweiundzwanzig Jahren. Margaret Stuart war gerade erst siebzehn, als Knox, der nunmehr fast Sechzigjährige, sie 1564 zu seiner zweiten Frau machte. Elizabeth Bowes, die vorherige Schwiegermutter, gehörte noch stets zum Haushalt.

Was die angemessenen Rollen und Funktionen der Frau anging, widersprachen protestantische Theologie und Praxis in nichts katholischer Tradition und Brauch. Zwar bot das Kloster noch eine alternative Lebensform, die jedoch von den katholischen Priestern, Bischöfen und Päpsten zunehmend weniger als bevorzugter Pfad für ihre weiblichen Gläubigen gepriesen wurde. Statt dessen lobten und heiligten auch die Katholiken, gleich wie die Protestanten, Ehe und Mutterschaft. Selbst die Jungfrau Maria, einst das Ideal eines einzelnen frommen weiblichen Wesens, wurde nun als Mitglied der Heiligen Familie porträtiert.

Im 15. Jahrhundert wandten einfache und gelehrte Gläubige erstmals ihre Aufmerksamkeit Joseph, Marias Gatten, zu. Schriften aus früherer Zeit wußten nur wenig über ihn zu berichten, sie stellten ihn als verwirrten alten Mann dar, dem die Reinheit seiner schwangeren Frau bestätigt werden mußte. Seine Anwesenheit wurde von Theologen wie dem heiligen Bernhard damit begründet, er sei notwendig gewesen, um Marias guten Ruf zu schützen. Als aber die ersten Geschichten über Joseph in Umlauf kamen, vermehrten sie sich schnell und stilisierten ihn zum Gatten und Vater der Heiligen Familie. Die Künstler bildeten nicht mehr nur die Mutter mit dem Kind ab, sondern alle drei: Joseph schaute in die Krippe, er führte den Esel auf der Flucht nach Ägypten oder arbeitete Seite an Seite mit seinem göttlichen Sohn in der Zimmermannswerkstatt. In den Bildwerken des 16. und 17. Jahrhunderts wurde Maria, das stets formbare Modell, neuerdings umgestaltet: Vormals die perfekte Fürbitterin und perfekte Mutter, wurde sie nun zur perfekten Ehefrau – die Jungfrau Maria, eine gehorsame, schweigsame Gattin, eine passende Gefährtin für Joseph, ihren Beschützer, der für ihren und ihres Sohnes Unterhalt arbeitete.

3.6 Das Vermächtnis der protestantischen Reformation

Auf der Ebene der Einstellung und des Verhaltens gegenüber Frauen setzte sich nur eine der protestantischen Neuerungen durch, eine Neuerung, die schließlich auch von den Katholiken begrüßt wurde: Um ihre Kinder zu erziehen und eine vorbildliche christliche Gattin zu sein, mußte die Frau lesen können. Ende des 17. Jahrhunderts hatte die Christenheit, welcher Glaubensrichtung auch immer, das Ideal der weiblichen Lese- und Schreibfähigkeit anerkannt. Wie Foxe in seinem *Book of Martyrs* (»Märtyrerbuch«) beschrieben die führenden Kleriker jene Angehörigen des weiblichen Geschlechts, die weder lesen noch schreiben konnten, als »dumme Frauen«.[1] Luther versprach seiner Frau Katharina von Bora eine Belohnung, wenn sie die Bibel ganz durchlese. Im hugenottischen Frankreich lehrten Ehemänner ihre Angetrauten, und die Versammlungen gaben Unterricht für Frauen. Schulen für Mädchen wurden gefördert; Protestanten wie Katholiken brachten ihnen das Lesen und Grundbegriffe im Rechnen bei – keine Gelehrsamkeit, doch immerhin einige Grundkenntnisse.

An dieser Bildungsförderung schien nichts revolutionär. Die kleinen Mädchen lernten in ihren Schulen auch die traditionellen häuslichen Fertigkeiten, die zu ihren zukünftigen anerkannten Funktionen und Rollen gehörten. Nur wenige sahen darin einen Widerspruch. Nur wenige hinterfragten die Vorschriften und Lehrsätze des Glaubens, die Ansichten über die weibliche Inferiorität und den untergeordneten Platz in der Familiensphäre. Die weitaus meisten Frauen hatten die Erwartung, wie ihre Vorgängerinnen zu heiraten, Kinder auf die Welt zu bringen und als pflichtgetreuer Anhang des Mannes ein Leben in Gehorsamkeit und Dienstbarkeit zu führen. Elisabeth von Braunschweig, eine hohe protestantische Adelige, erteilte ihrer Tochter bei der Heirat den Rat, ihrem Gatten zu gehorchen. Protestantinnen, die sich in England betätigten, gingen von den gleichen traditionellen Prämissen aus.

Catherine Chidley von den Levellern forderte Thomas Edwards zu einer Debatte auf, entschuldigte aber zum vornherein ihr mögliches Versagen ganz folgewidrig mit den Worten: »...denn ich bin eine arme Frau und nicht fähig, mit Euch umzugehen.«[2] Zusammen mit den anderen leitenden Protestantinnen, die dem Parlament Petitionen einreichten, gab sie 1653 zu, daß solche Aktionen »seltsam und unserem Geschlecht unziemlich« scheinen möchten.[3] 1642 hatten ihre Vorgängerinnen in einer Petition schon eingestanden, daß Frauen »zerbrechlich« und »schwächer« seien, und beschworen, daß sie durch ihre Tat nicht beabsichtigten, *to equal ourselves to Men, either in Authority or Wisdom* (»uns selbst den Männern anzugleichen, sei es nach Machtbefugnis oder nach Weisheit«).[4] Anna Maria van Schurman (1607–1678), eine gelehrte holländische Protestantin, brachte ungeachtet ihrer klassisch beeinflußten Argumente für die weibliche Bildung den größten Teil ihrer Jugend damit zu, zwei alternde Tanten zu umsorgen, und schrieb von dem »festen und süßen Band der Liebe«.[5] In ihren späteren Jahren wurde sie eine Jüngerin von Jean de Labadie, in dessen Gemeinschaft im Exil sie bis zu ihrem Tode lebte, ganz der Begründung einer reineren Kirche und einem reineren Glauben verpflichtet. Es scheint, als ob sie alles verworfen habe, was sie in ihren früheren Schriften angeregt und was sie mit ihrem Geist und ihrer Vernunft erreicht hatte.

Obwohl die meisten der Frauen im 16. und 17. Jahrhundert die Verleugnung und Unterwerfung hinnahmen, konnte doch ihre Situation nie mehr ganz die gleiche sein, sobald sie einmal lesen gelernt und dieses Privileg für ihre Töchter etabliert hatten. Denn andere Frauen fanden in den – aus dem Latein in die Volkssprache übersetzten – Schriften der Anna Maria van Schurman nicht die frommen Ansichten ihrer Spätzeit, sondern ergötzten sich an ihrer ungewöhnlichen Gelehrsamkeit und Kühnheit: Anna hatte als junges Mädchen inkognito Vorlesungen an der holländischen Universität besucht. Ihre Abhandlung von 1638, »Ob das Studium der Wissenschaften für eine christliche Frau geeignet sei?«, die in den Niederlanden, in Frankreich und England publiziert wurde, weckte in den Köpfen ihrer Leserinnen Zweifel an der traditionellen Ansicht über die beschränkten Frauenrollen und bewies durch ihre bloße Existenz, zu welchem Bildungsstand eine Frau aufsteigen konnte. Daß sich die Autorin später ganz quietistisch der Selbstkritik ergab und nur noch ihrer religiösen Berufung lebte, veranschaulichte die den Botschaften des Protestantismus inhärenten Widersprüche.

Denn die protestantischen Geistlichen predigten den Frauen einerseits von ihrer untergeordneten Rolle, ihrer natürlichen Minderwertigkeit und dem geziemenden Verhalten. Andererseits werteten sie eifrige, tätige Frömmigkeit und weltlichen Erfolg hoch und priesen dies als das wahre Testament des Glaubens. Im Protestantismus waren es nicht die Demütigen und Gehorsamen, welche das himmlische Königreich erbten, sondern die Raschen, die Starken und die Kecken. Es war, als ob den mustergültig frommen Frauen per Definition der Zugang zum Heil verwehrt werde. Eine Frau, die lesen durfte, mochte am Ende diesen Widerspruch für sich selbst entdecken.

Das katholische Dogma enthielt keine gleichermaßen grellen Widersprüche. In den Nonnenklöstern war stets ein Platz vorhanden gewesen für unkonventionelle Frauen, die lesen wollten. Mit der Verehrung von Demut, Leidensbereitschaft und guten Werken wurde gleichzeitig immer auch die Ehefrau und Mutter geehrt. In ihrer untergeordneten Stellung verkörperte sie das Leben einer vorbildlichen katholischen Gläubigen viel eher als etwa ihr Ehemann oder Vater. Die Männer, welche die Oberherrschaft über sie ausübten, waren aktiv in der äußeren Welt der Versuchungen, stets in Gefahr, der Sünde des Stolzes und der Hoffart anheimzufallen.

Möglicherweise wegen dieses Unterschiedes in der Glaubensbotschaft erreichten im 18. und 19. Jahrhundert jene Gruppen, welche für Frauenrechte kämpften, ihre größten Erfolge in den protestantischen Nationen. Keine der Konfessionen befürwortete solchen Wandel, doch der Protestantismus förderte, mehr als der Katholizismus, Umstände und Haltungen, die es den Frauen möglich machten, sich selbständig zu organisieren, ihren Platz als Gleichberechtigte zu verfechten und ihre errungenen Siege zu wahren. Unabsichtlich trug der Protestantismus zu dem langen Prozeß bei, durch den die europäischen Frauen sich von jenen verleumderischen und entwertenden Prämissen zu befreien begannen, die durch so lange Jahrhunderte hindurch im Namen der religiösen Wahrheit gehegt und formalisiert worden waren.

4 Frauen der Schlösser und Gutshöfe Hüterinnen von Land und Stammfolge

4.1 Von der Kriegerfrau zur Adeligen (9. bis 17. Jahrhundert)

Eleonore von Aquitanien (1122–1204), die bedeutende Grundherrin und Königin des 12. Jahrhunderts, wollte in der Abtei Fontevrault in Anjou begraben werden, in jenem Doppelkloster, das sie zu Lebenszeit durch ihr Patronat begünstigt hatte. Das bemalte Steinbildnis auf ihrem Sarkophag zeigt eine jüngere Frau, als es Eleonore bei ihrem Tod mit zweiundachtzig Jahren war. Eine glatte, einfache Haube, die die Haare verdeckt und durch ein Stoffband unter dem Kinn befestigt ist, unterstreicht die Rundlichkeit ihres Gesichtes; ihre Lippen scheinen zu lächeln. In den nach oben gewendeten Handflächen hält sie ein aufgeschlagenes Buch, als ob sie gerade von ihrer Lektüre aufblicke. Ein blauer Mantel ist lose um das in Falten drapierte rote Kleid gelegt, um ihre Beine warm zu halten, während sie ruht. Eine kleine Krone nur deutet auf ihren königlichen Stand hin.

Der Platz von Eleonores Grabmal zwischen demjenigen ihres zweiten Gatten, König Heinrich II. von England, und demjenigen ihres Lieblingssohnes Richard Löwenherz symbolisiert ihren Platz in der europäischen Kriegergesellschaft des 12. und 13. Jahrhunderts. Denn obwohl sie Ländereien besaß und verwaltete, die einem Drittel des heutigen Frankreich entsprechen, obwohl sie einen eigenen Hof etablierte, an einem Kreuzzug teilnahm, ihre zweite Ehe selbst in die Wege leitete, als königliche Regentin das Zepter führte und sogar gegen ihren Gemahl, den englischen König, rebellierte, beruhten ihre ganze Macht und die von ihr wahrgenommenen männlichen Rollen auf ihrer Stellung innerhalb eines Familienverbandes und auf der Zustimmung der Männer, die dieser Familie vorstanden. Wilhelm von Aquitanien hatte seiner Tochter mangels eines männlichen Erben die Rechte auf die weiten Ländereien der Dynastie übertragen. Autorität und Anspruch auf ihre Erbschaft blieben Eleonore nicht nur als lediger Dame erhalten, sondern gingen ihr auch als Gemahlin von zwei Königen und Mutter von zwei weiteren nicht verlustig. Sie herrschte und führte Kriege wie ein Mann, trotzdem aber blieb sie physisch verwundbarer und gewissen Begrenzungen unterworfen, eben weil sie eine Frau war. Ihre erste Ehe war von ihrem Vater arrangiert worden, und um ihre Ansprüche auf Toulouse verfechten zu können, brauchte sie ihren Gatten, den französischen König Ludwig VII. Als sie in der Auseinandersetzung mit ihrem zweiten Mann unterlag, verzieh er zwar seinen Söhnen, hielt die Mutter jedoch während fünfzehn Jahren gefangen. Letzten Endes blieben, wie in den Kriegerkulturen der Zeit vor 800, selbst Königinnen von ihren Vätern, Gatten und Söhnen abhängig, ja ihnen unterworfen.

Zwischen dem 9. und dem 17. Jahrhundert wurde das Leben aller Frauen, die der kriegführenden und landbesitzenden Elite Europas angehörten, durch die Erfahrungen Eleonores charakterisiert: durch diese Mischung aus Macht und Verwundbarkeit innerhalb ihres Familiengefüges. Die edlen Damen fungierten gleichzeitig als aktive Teilnehmerinnen wie als Pfandstücke in den Kriegen ihrer Männer. Sie handelten als Vertreterinnen für ihre Gatten und Väter oder, falls sie selbst Land besaßen, auch auf eigene Rechnung. In Kriegszeiten, wenn die Männer sich hauptsächlich mit dem Kampf beschäftigten, hoben die Frauen Truppen aus, litten unter den Belagerungen oder leiteten selbst die Verteidigung von Ländern und Burgen; sie wurden gefangengenommen, losgepreßt, getötet. Außerdem hatten die Frauen während der ganzen Epoche vom 9. bis zum 17. Jahrhundert die Ländereien zu beaufsichtigen, von welchen der Unterhalt und die politische Macht des Familienclans abhingen. Sie führten die Hauswirtschaft, und schließlich brachten sie die Nachkommen zur Welt, die ihr eigenes und das Geschlecht ihrer Gatten fortführten.

Eleonore von Aquitaniens Grabbildnis porträtierte sie mit einem Buch. Wie viele andere Edelfrauen – *ladies*, *gentlewomen*, *châtelaines* wurden sie von ihren Zeitgenossen genannt – beherrschte sie die Kunst des Lesens und Schreibens. Die gebildeten Damen durften ihren Töchtern und Söhnen zusammen mit den ersten Gebeten auch das Alphabet beibringen. Ihre eigenen, zwar seltenen Schriften erzählen manches von ihrem Leben. In den adeligen Haushaltungen wurden Aufzeichnungen und Rechnungen auf Pergamentrollen geführt; auch Anweisungen für Vögte und Hausmeier, die die Arbeiten auf den von ihnen verwalteten Gutshöfen beaufsichtigten, sind erhalten. Die adeligen Frauen verfaßten Handbücher und Ratgeber für ihre Kinder und Briefe an ihre Gatten, um diese in ihrer Abwesenheit über Entscheidungen zu unterrichten. Mit Liedern und epischen Gedichten, die sie zur Unterhaltung ihrer Freunde und ihres Gefolges schrieben, trugen die Frauen auch zur Poesie des Mittelalters bei.

Da aus der Zeit vor 1400 nur wenige persönliche Dokumente existieren, müssen auch die literarischen Werke der Männer als Quellen dienen, um die Tätigkeiten des kriegerischen, landbesitzenden Adels zu beschreiben. In *Njal's Saga* reitet die frischgetraute Braut mit ihrem Wikingergatten und seinen Männern von ihrem Vaterhause fort in ihr neues Heim. Wie die Frauen und Töchter der anderen Sagas, Epen und *chansons de geste* – den wichtigsten literarischen Gattungen vom 9. bis 12. Jahrhundert – trägt sie den Kriegern, die sich an langen Holztischen um die offenen Herdfeuer der großen Hallen scharen, Fleisch und Getränke auf.

Die Damen in den *lais* und in den höfischen Romanen des 12. und 13. Jahrhunderts, zum Beispiel in *Tristan und Isolde*, warten den Bewaffneten auf, verbinden ihre Wunden, schenken ihren auserwählten Rittern und Kriegern Zeichen ihrer Gunst und schauen den ritualisierten Turnierkämpfen zu Pferd, Tjost genannt, zu.

Die literarischen Zeugnisse dieser Epoche beschreiben nicht allein die weiblichen Tätigkeiten, sondern enthüllen auch die Einstellungen ihrer Autoren gegenüber den Frauen. Die Troubadoure und Minnesänger des 12. Jahrhunderts erhoben die edle Herrin zum Inspirationsquell und zum verherrlichten Objekt ihrer Liebe. Als Könige und ihre Gefolge den Kodex der Ritterlichkeit ersannen, der das Verhalten der Kriegerkaste regeln sollte, idealisierten sie die Frau als diejenige, die des Schutzes bedarf.[1]

Vom 9. bis zum 17. Jahrhundert gewährten die Umstände diesen Damen der europäischen Führungsschichten ungewöhnliche Chancen und große Machtbefugnisse. In gewissen Gebieten Europas übten sie durch Kampf und Herrschaft eine faktische Macht aus, die derjenigen eines Mannes durchaus gleichkam. Doch sie gewannen auch symbolische Macht: In der Dichtung dieses Zeitalters werden die adeligen Damen als geehrte und bewunderte Richterinnen über das durch den höfischen Moralkodex geleitete Verhalten der Ritter beschrieben. Beiden Formen von Macht wohnte jedoch auch Verletzbarkeit inne. Die Frau, die wie ein Mann agierte, blieb stets eine Ausnahme und konnte in einer Kultur, die Kraft und physische Stärke sehr hoch bewertete, jederzeit unterworfen werden. Überdies fürchteten die Dichter, die in der Anbetung ihrer Herzensdame schwelgten, gleichzeitig die Macht, welche die Liebe einer Frau verlieh. Wie für die Männer der Kulturen von 800 bedeutete auch für sie die Liebe jene Macht, die einen Mann verführen, ködern und auch gegen seinen Willen handeln lassen konnte. Die kriegerische und höfische Kultur Europas hielt dieselben Vorurteile gegenüber Frauen und der weiblichen Natur aufrecht wie einst die Griechen, die Römer, die Hebräer und die frühchristlichen Autoren. Die alten Frauenbilder und die in ihnen widerspiegelten Ambivalenzen herrschten auch in späteren Jahrhunderten vor. Wenn sich adelige Väter des 9. bis 17. Jahrhunderts überlegten, wie sie ihre Töchter erziehen sollten, so entschieden sie, ihr nicht das Bild der unabhängigen, jungfräulichen Kriegerin vorzugeben, sondern dasjenige der keuschen, gehorsamen, untergeordneten Ehefrau. Die Haltungen und Vorbilder blieben die gleichen wie in den Kriegerkulturen der Zeit vor 800. Die althergebrachten Ängste und Ideale wurden wieder für neue Generationen nachgezeichnet.

4.2 Konstanten im Leben der adeligen Frau

Krieg

Vom 9. bis zum 17. Jahrhundert war die Welt der adeligen Europäerin durch den Krieg geprägt. Über diesen Zeitraum hinweg veränderten sich seine sämtlichen wesentlichen Gesichtszüge (die Anlässe zum Kampf, die Bewaffnung, die Taktik, die Beziehungen zwischen den Kriegern und ihren Anführern), zugleich jedoch blieben die Rollen, die in der Oberschicht den Gattinnen von Kriegern und Grundeigentümern eingeräumt wurden, bemerkenswert unverändert. Nur unter seltenen Umständen agierten sie wie Männer und übten politisches Herrschaftsrecht in ihrem eigenen Namen aus. Üblicherweise waren Edelfrauen dieser Jahrhunderte die Gefährtinnen und treuhänderischen Stellvertreterinnen ihrer kriegführenden Väter, Gatten oder Söhne.

Im 9. und 10. Jahrhundert überwog die Kriegführung nach Art der germanischen und keltischen Völker: Die Männer bestellten in der einen Jahreszeit das Land, in der nächsten zogen sie in den Krieg. Sie zählten zur Kriegerschar der Lehnsmänner, die durch Verwandtschaftsbande oder durch Eid einem Häuptling zur Gefolgschaft verpflichtet waren. Diese Männer fochten um Beute, um Land oder, wie der spanische Held *Cid*, um der reinen Ehre willen. Ein erfolgreicher Anführer vom Format Karls des Großen kommandierte den Verbund vieler solcher Krieger und vermochte sich derart ein umfangreiches feudales Imperium aufzubauen. Eine adelige Frau des 9., 10. oder 11. Jahrhunderts erlangte in ihrer Stellung als Tochter oder Gemahlin eines solchen Lehnsherren Geltung.

Die Damen der Oberschicht hörten zahlreiche Geschichten von heldischen Großtaten und schrecklichen Kämpfen, vorgetragen von Spielmännern oder Sängern, die die Gesellschaft während Banketten in den hohen, weiten Sälen unterhielten. Im französischen Heldenepos *Raoul de Cambrai* brach ein Krieger den kaiserlich gebotenen Waffenstillstand, indem er seinem Feind mit der Wildbretkeule, die ihm die Damen eben serviert hatten, auf die Stirne schlug.[1] In den Epen und *chansons de geste* (altfranzösischen epischen Heldenliedern) kämpften die Recken von Angesicht zu Angesicht mit Streitäxten und schweren Schwertern, bis sich die Flüsse vom vergossenen Blut rot färbten.[2] »Die Felder waren von den Leinenhemden der Toten so weiß, wie sie es im Herbst von Vögeln hätten sein können«, erinnerte sich ein Zeitgenosse nach der Schlacht von Fontenoy-en-Puysage, Mitte des 9. Jahrhunderts, in der sich die Rivalen um das Reich Karls des Großen schlugen.[3]

Zwischen dem 11. und 13. Jahrhundert entwickelte sich der Waffendienst von einer gelegentlichen, festgesetzten Pflicht, die der Gefolgsmann seinem Häuptling oder Lehensherrn schuldete, zum dominierenden Lebenszweck der Oberschicht. Die adeligen Familien führten wechselseitig Krieg. In dieser Blütezeit des Feudalismus verfügten die Lehnsherren über die Lehnspflicht ihrer Vasallen; sie riefen die ihnen verpflichteten Ritter zu den Waffen, um zusätzliche Ländereien zu erobern und damit das Prestige und die wirtschaftlichen Mittel dazuzugewinnen, noch mehr berittene und gerüstete Krieger zu unterhalten und zu befehligen. In dieser Epoche der Hegemonie einzelner Familien wurde Eleonore von Aquitanien zur Erbin und Hüterin der Ländereien und der Stammfolge ihres Vaters. Sie führte, wie andere Gebieterinnen auch, im Namen ihrer Familie Krieg und regierte eigenständig.

Seit dem Beginn des 12. Jahrhunderts wandten sich die Männer ab vom Handgemenge auf dem Schlachtfeld und kultivierten die regelhaftere Kampfform des Turniers auf Herausforderung, der Tjost, die vor den Augen ihrer Damen ausgetragen wurde. Die Rolle der Edelfrauen wurde wieder einmal neu umschrieben. Während die Männer der kriegführenden Elite begonnen hatten, sich durch Abstammung, Ausbildung und Ritual als spezielle Kaste, als Aristokratie, zu definieren, wurden ihre Frauen, die nun nicht mehr kämpften und herrschten, zu den Hüterinnen dieses privilegierten Status. Nach übereinstimmender Verfahrensweise wurde der eine Mann als ritterlich, der andere als bäurisch gekennzeichnet, und die Frauen brachten die Kinder zur Welt, welche den Stamm und den Rang der Familie weitertrugen.[4]

Zu Beginn des 13. Jahrhunderts änderten sich die Gegebenheiten in der Umwelt der adeligen Kriegerschicht und die Rollenvorgaben von neuem. In den Kämpfen zwischen einzelnen Adelsfamilien gelang es einigen, mehr Macht um sich zu versammeln als die übrigen und breitere Herrschaftsrechte geltend zu machen. Königsgeschlechter verwandelten ihre feudalen Domänen in dynastische Besitzungen und hielten dank ihrer neuen, zentralisierten

Regierung die Ordnung nicht mehr durch bloße Gewalt und private Eidesleistung von Vasallen aufrecht, sondern durch die Kodifizierung des Gewohnheitsrechts, die Einführung des römischen Rechts und die Durchsetzung des Gesetzesrechts. Das Justizwesen wurde neu von einer Beamtenschaft verwaltet und vollstreckt, die der Dynastie und dem königlichen Hof treu ergeben war, nicht wie in der Vergangenheit durch gutsherrliche oder feudale Vertreter. Zusätzlich zum »Bann« des Grundherrn (der Garantie für Ordnung auf seinen Ländereien) entstand die königliche Landfriedensordnung. Im Lauf der Zeit paßten sich die Frauen der veränderten Wirklichkeit an. Ehefrauen der Familie Paston im England des 15. Jahrhunderts datierten ihre Briefe mit der Jahreszahl der königlichen Herrschaft, ein Symbol für eine Welt, die durch die Königsdynastie beherrscht und abgesteckt wurde.[5] Vom 14. bis ins 17. Jahrhundert kämpften weiterhin Männer der landbesitzenden Aristokratie, nun jedoch wurden sie die mächtigen Stellvertreter ihrer Monarchen. Könige führten Krieg gegen andere Könige, dazu beriefen sie die Mitglieder des Adels ein, welche Truppen von Gefolgsleuten um sich scharten, die nicht durch Eid, sondern durch geschriebene Dienstverträge verpflichtet und nach Entlöhnung in Dienstgrade eingeteilt waren. Es gab Kriege mit Massenschlachten von Fußsoldaten, Artilleriesperrfeuer und Belagerungen, die mit Plünderungen endeten. Ebensogut wie Könige konnten auch Königinnen solche Kriege führen. An der Spitze von Dynastien des 14. und 15. Jahrhunderts, als Erbinnen von Königsgeschlechtern, nahmen Frauen ein zweites Mal im Mittelalter die traditionell männliche Macht des Herrschens und Kämpfens in eigenem Namen in Anspruch.[6]

Gefährtin und Stellvertreterin

Inmitten der vielseitigen und dramatischen Veränderungen, die sich in der Welt von Kriegern und Königen einstellten – politische Gewalt ging von Sippen auf Familien und schließlich auf Dynastien über, Kriegsdienst wandelte sich von einer gelegentlichen Pflicht zu einem bezahlten Beruf –, blieb die üblichste Rolle für weibliche Angehörige des europäischen Adels diejenige der Gefährtin und Helferin. Die Frauen, ob Gemahlin eines einfachen Ritters oder Mutter eines Königs, dienten den Bedürfnissen ihrer Männer in Friedenszeiten und vertraten sie während ihrer Abwesenheit in Kriegszeiten.

Die literarischen Quellen malen ein lebhaftes Bild davon, wie die adeligen Damen ihre Männer unterstützten und erquickten. Guiburc, die Gemahlin des Titelhelden in *Guillaume d'Orange*, versorgte den Boten, der zu ihr abgesandt war, um von der ihrem Neffen drohenden Gefahr zu berichten, mit Handtüchern, Speise und Trank, und nach dem Sieg in der Schlacht hielt sie für fünfhundert Ritter ein Festmahl bereit.[7] In einer anderen Fassung der

Erzählung unterhielt sie die Krieger mit *lais* (französischer oder provenzalischer Lyrik) und Fabeln.[8] Kriemhild, eine der Heldinnen aus dem deutschen *Nibelungenlied*, fertigte für den Recken Siegfried und seine besten Freunde Kleider an. Die Schloßfrauen in Chrétien de Troyes' Roman *Lancelot* erwarben sich ein besonderes Lob des Dichters für ihre wohlgeordnete Haushaltsführung mit den sorgfältig geschulten Töchtern, Söhnen und Gefolgsleuten.

> Selbst der Geringste von ihnen war vorbereitet, seine besondere Aufgabe wahrzunehmen. Während einige eilten, das Mahl zu bereiten, entzündeten andere Kerzen in Hülle und Fülle, wieder andere holten Handtücher und Waschbecken und boten Wasser für die Hände. [...] Nichts, was getan wurde, schien irgend mühselig oder beschwerlich zu sein.[9]

Die adeligen Frauen und Töchter sorgten nicht nur für die Feste und Unterhaltungen bei der Rückkehr der Krieger, sondern halfen schon bei den Vorbereitungen zum Kampf und erlitten die blutigen Folgen der Schlacht. In *Raoul de Cambrai* bereitete die Mutter die Kleider vor, die der künftige Ritter zu Anlaß seines Ritterschlages, seiner Einführung in die Rituale der Krieger, tragen sollte. Isolde überprüfte Tristans Ausrüstung, als er aus dem Kampf zurückgekehrt war. Im *Parzival* halfen die Frauen den Männern beim Ausziehen der Rüstung und brachten ihnen Wasser, um den Rost von Händen und Gesicht zu waschen.[10] Chrétien de Troyes erwähnte in seinem Roman *Erec et Enide* eine Jungfrau, die sich ganz ausgezeichnet um das Pferd des Ritters kümmerte.[11]

Die Frauen in den adeligen Haushalten verfügten auch über besonderes Heilwissen. Sie pflegten die Verletzten und Kranken. Heldinnen in den *chansons* und *lais* verbanden Wunden, badeten die erschöpften Helden und überwachten ihre Kost. Im *Erec* reinigten zwei Schwestern die Wunde von »totem Fleisch«, wuschen und verbanden sie.[12] Jungfrauen mit »weichen weißen Händen« säuberten und linderten die Quetschungen Parzivals.[13] Nicolette ging sorgfältig mit Aucassins ausgerenkter Schulter um, »und sie bewegte sie mit ihren weißen Händen und bewirkte mit ihrer Behandlung, daß sie durch Gottes Wille [...] zurück an ihren Platz kam«. Danach bereitete Nicolette einen Kräuterumschlag, den sie ihm mit einem Stoffstreifen von ihrem Faltenhemd umband, »und er war ganz geheilt«.[14] Wie Königin Isolde, die gleichnamige Mutter der Heldin im Roman *Tristan und Isolde*, waren Damen der kriegführenden und landbesitzenden Eliten berühmt als »Ärztinnen« und für die »wunderbare Wirksamkeit« ihrer Heilmittel.[15] Sowohl Beatrice von Savoyen, die Schwiegermutter des französischen Königs Ludwig IX. im 13. Jahrhundert, als auch Elizabeth Grey, die englische Herzogin von Kent im 17. Jahrhundert, besaßen beide Schriften über Kräuterheilkunde und

Medizinbücher, auf die sie sich abstützten, wenn sie Kranke pflegten. Wenn Männer starben, waren es die Frauen, die ihren Tod rituell beklagten und betrauerten. Im spanischen Epos *El Cid* schrieen sie und zerkratzten sich die Wangen, um ihrer Verzweiflung Ausdruck zu verleihen.

Die Geschlechterchroniken der bedeutenden Kriegerfamilien und der Königsdynastien sowie die Aufzeichnungen weltlicher und kirchlicher Gerichte berichten noch von anderen Seiten des Lebens, das die adeligen Damen führten: von den Gefahren in Kriegszeiten. Im Jahr 1199 hob Johanna, die Tochter Eleonores von Aquitanien, Truppen aus, um einen Aufstand niederzuschlagen, der sich erhoben hatte, derweil sich ihr Gatte Raymond auf einen Kreuzzug nach dem Heiligen Land begeben hatte. Die schwangere Dame entkam nur knapp, als der Feind ihr Lager einnahm und es in Brand steckte. Wegen der Anstrengungen setzten die Wehen ein; möglicherweise verschuldeten sie auch ihren Tod bald nach der Geburt des Kindes. In der Nähe von Soissons (Frankreich) schändeten und töteten die wütenden Angreifer aus benachbarten Distrikten 1358 die Gattinnen und Töchter der Ritter, von denen sie sich verraten fühlten. In dem durch Rivalitäten zwischen adeligen Familien geschürten Haß wurden, wie zeitgenössische Geschichten belegen, nicht einmal die geweihten Stätten der Nonnenklöster respektiert. Ein Chronist von St. Alban in England erzählte, wie im 14. Jahrhundert die Männer von Sir John FitzAlan, als ihnen die Äbtissin die Gastfreundschaft verweigerte, systematisch die Einwohnerinnen des Nonnenklosters vergewaltigten, zuerst die Novizinnen, danach die Witwen, die verheirateten Frauen und die Nonnen.[16]

Frauen konnten ebensogut durch ihre eigenen Familien in Gefahr gebracht werden. Die kriegführenden Könige und Ritter benützten ihre Schwestern, Gattinnen und Töchter als Pfänder, als Bestandteil eines ausgehandelten Waffenstillstandes oder Friedensvertrages. Adelheid, die Schwester des zukünftigen Kaisers Otto III. vom Heiligen Römischen Reich im 10. Jahrhundert, zählte erst gerade sieben Jahre, als sie samt ihrem Bruder als Geisel verpfändet wurde.[17] König Heinrich I. von England erlaubte einem seiner Vasallen, aus Rache die Tochter von Eustace de Breteuil zu blenden – dieser hatte dem Sohn des Betreffenden die Augen ausgestochen.[18] 1340 blieb, nach dem Chronisten Froissart, die Gemahlin Philippa des englischen Königs Eduard III. »als Bürgschaft für seine ehrenhaften Absichten« in Gent zurück.[19] Und noch im 15. Jahrhundert bürgte in Rußland ein Mann, der dem Großprinzen von Moskau ein Pfand zu stellen hatte, mit seiner Frau und deren Eigentum für die Sicherheit seines Wortes.[20]

Eine Dame der Oberschicht war stets in Gefahr, wenn sie sich auf eine Reise begab. Sowohl ihr Eigentum als auch ihr Körper waren eine verlokkende Beute, mit der sich ein unternehmungslustiger Ritter oder Fürst wohl zu Reichtum verhelfen mochte. Im *Cid* und im *Nibelungenlied* reisten vornehme Damen nur unter dem Schutz von Hunderten von Bewaffneten. Die Epen widerspiegelten die tatsächliche Gefahr. Im 6. Jahrhundert ruinierte sich der fränkische König Chilperich, um seine Tochter Riguntha mit einer angemessenen Mitgift für ihre Heirat nach Spanien auszustatten. Unterwegs zu ihrem Bräutigam wurde sie von ihrem Gefolge, von den Männern also, die sie beschützen sollten, ausgeraubt. Sie hatten vom Tod des Vaters gehört und ließen die Tochter daraufhin in der Nähe von Toulouse sitzen, aber nicht ohne alles mitzunehmen, was von den fünfzig Wagenladungen an Gütern, die sie zur Hochzeit erhalten hatte, übriggeblieben war.[21] Sechshundert Jahre später drohten noch dieselben Gefahren. Fünfhundert Ritter begleiteten den Sohn des französischen Königs Ludwig VI., als er die fünfzehnjährige Eleonore von Aquitanien in den Norden holte, um sie zu seiner Braut zu machen.[22] Diese bedeutende Erbin des 12. Jahrhunderts wäre ein höchst wertvoller Gewinn gewesen, der leicht entführt und zu einer Heirat hätte gezwungen werden können. Bis ins 15. Jahrhundert drohten europäischen Edelfrauen derartige Angriffe. Als die Gemahlin von René von Anjou auf eine Pilgerfahrt ging, wurde ihr bei der Durchreise durch das Territorium eines Adeligen, bei dem ihr Gatte verschuldet war, alles gestohlen, was sie mit sich führte.[23]

Seit den Anfängen der europäischen Geschichte vertraten Ehefrauen, Töchter und Mütter von königlichen und adeligen Familien die Stelle der abwesenden Männer. Sie nahmen dann die Machtbefugnis eines Kriegs- und Grundherrn wahr, verteidigten Besitztum und Rang der Familie und wurden als »Männer« geehrt, wenn sie Erfolg hatten. Im 8. Jahrhundert sanktionierte der Frankenkönig Pippin als erster offiziell die Autorität der Königin, indem er seine Gattin Bertha krönen und salben ließ wie sich selbst. Dieser von ihm eingeführte Brauch hielt bis in spätere Jahrhunderte an. Judith (gestorben 840), die zweite Gemahlin von Ludwig dem Frommen, regierte gemeinsam mit diesem, auch Ludwigs Nachfolger Karl der Kahle teilte die Regierung mit seiner Gattin Richilda, und noch die nächsten Generationen der fränkischen Könige behielten die Tradition bei. Engelberga (gestorben 891), die mit dem Enkel Karls des Großen, Ludwig II., verheiratet war, stand dem Hof ihres Gatten in Ravenna vor, begleitete ihn auf Feldzügen, verhandelte mit seinen Onkeln um Ländereien und arrangierte seine Aussöhnung mit dem Papst. Im 10. Jahrhundert regierten Adelheid (ungefähr 931–999) und ihre Schwiegertochter Theophanu (gestorben 991) als Kaiserinnen des Heiligen Römischen Reiches zusammen mit ihren Söhnen und behaupteten ihre eigenen Machtansprüche. Otto II. schloß Adelheid in seine Verordnungen mit ein und formulierte, er sei »mit dem Rat meiner frommen Herrin und liebsten Mutter« zu seinen Entschlüssen gekommen.[24] Als er 983 starb,

1. Adelige bei der Verteidigung einer Burg.
Mittelalterliches Handbuch der Ritterlichkeit.

2. Edelfrau verteilt Almosen.
Holländisches Stundenbuch, um 1440.

3. Edelfrau bewaffnet ihren Ritter,
während andere von oben zusehen.
Deutsches Manuskript, 13. Jh.

4. Uta von Meißen.
Schirmherrin des Naumburger Doms.
Skulptur des Meisters von Naumburg
im Westchor, um 1250.

5. Königin beim Schachspiel.
Holländisches Manuskript,
1405–1410.

6. Adelige beim Sticken.
Wandteppich aus dem 16. Jh.

7. Isabella von Bayern.
Königin von Frankreich und Frau König Karls VI.,
14. Jh.

8. Hochzeitszeremonie.
Manuskript aus dem 15. Jh.

nahm seine Witwe Theophanu den Titel eines *imperator augustus* (»erhabener Kaiser«) an und verteidigte den Titel ihres Sohnes Otto vor Herzögen und Fürsten, die einen anderen Anwärter auf den Kaiserthron unterstützen wollten, und vor Angriffen der Slawen und Dänen. Der Chronist Thietmar von Merseburg bestätigte ihre Erfolge mit den Worten: »Sie war eine Frau von umsichtigem und standhaftem Charakter. [...] mit wahrhaft männlicher Stärke bewahrte sie das Kaiserreich für ihren Sohn.«[25]

Die hochadeligen Frauen der germanischen Königreiche wirkten gelegentlich ebenfalls als stellvertretende Herrscherinnen und kämpften an der Seite ihrer Männer. Im frühen 10. Jahrhundert übernahm Aethelfled (gestorben 918), die Tochter von Alfred dem Großen, nach dem Tod ihres Gatten die Herrschaft in Mercia; zusammen mit ihrem Bruder verwirklichte sie den Traum des Vaters, das von den Wikingern besetzte Land zurückzuerobern. Der Chronist der angelsächsischen Königshäuser hielt ihre Siege bei Bridgenorth, Tamworth und Stafford fest.[26] Sie nahm Derby und Leicester ein und unterwarf noch kurz vor ihrem Tod den Adel im Norden.[27] Die Wikingerkönige verboten Frauen die Anwesenheit in ihren Feldlagern; in England jedoch erlaubten sie ihren Gattinnen und Müttern, für sie und ihre Söhne zu regieren. Aelfgifu von Northampton schenkte dem Eroberer Knut im 11. Jahrhundert zwei Söhne; als er starb, führte sie als Regentin für den einen (den zukünftigen König von Norwegen) die Herrschaft, für den anderen, Harald Hasenfuß, erzwang sie kurzfristig Anerkennung als König von England.[28]

Aus der Epoche zwischen dem 11. und dem 14. Jahrhundert bietet die Geschichte von einander bekämpfenden Familien und sich herausbildenden Dynastien verschiedene Beispiele von edlen Gattinnen und Müttern, die ihren Männern halfen und beistanden, Territorien hielten und Ansprüche gegenüber ehrgeizigen Rivalen verteidigten. Zum Teil kontrollierten große englische und französische Familien derart weite Ländereien, weil sie sich auf ihre Frauen als vertrauenswürdige Platzhalterinnen verlassen konnten. Mathilda, die Gattin von Wilhelm dem Eroberer, regierte für ihn die Normandie, während er 1066 England angriff. Und obwohl eigentlich ihr Schwiegersohn Stephan von Blois das Herzogtum erbte, regierte faktisch ihre Tochter Adela. Wenn die Ritter zu den Kreuzzügen aufbrachen, herrschten ihre Frauen an ihrer Statt. Ende des 11. Jahrhunderts regierte Adelaide von Monserrat für ihren Sohn Roger II. von der Normandie. Als Philipp August, der erste der starken dynastischen Könige Frankreichs, am dritten Kreuzzug teilnahm, behielt seine Mutter Adele von Champagne den Titel einer Königin, herrschte über ihre eigenen Gebiete und trat als seine Regentin auf. 1338 verteidigte die Gräfin Agnes von Dunbar ihr Schloß während einer fünf Monate dauernden Belagerung durch den englischen König, der Schottland gerne seiner Hausmacht einverleibt hätte. Und 1433 schloß die französische Herzogin von Bar einen Vertrag ab mit Jean de Vergy, damit er die Engländer bekämpfe und sie aus Bar und der Lorraine hinaustreibe.[29]

Margarete von Anjou (1429/30–1482), die Gattin Heinrichs VI. von England, war in einer Umgebung aufgewachsen, in der kompetente Frauen für die Männer der Familie die Regierungsgeschäfte geführt hatten. Sowohl ihre Mutter als auch ihre Großmutter hatten ihre eigenen Ländereien regiert. Als 1453 das Anrecht ihres Mannes auf den englischen Königsthron bedroht wurde, erwies sie sich als angriffslustiger und erfolgreicher als Heinrich selbst. Sie handelte für ihn, als er vom französischen König und dann von rivalisierenden Familien innerhalb Englands attackiert wurde: Sie trieb Geld auf, mobilisierte Unterstützung und stellte Truppen auf die Beine, bis sie 1471 endgültig unterlag.[30]

In den Kriegen des 16. und 17. Jahrhunderts in England und Frankreich, die sowohl durch religiöse als auch weltliche Machtkämpfe zwischen den neuen, konsolidierten Monarchien und den alten landbesitzenden Familien charakterisiert wurden, stritten, verteidigten, verhandelten die Edelfrauen zugunsten ihrer Männer und hatten auf alle möglichen Arten teil. Im englischen Bürgerkrieg verteidigten Frauen ihre Landgüter gegen angreifende Truppen, zogen Geld ein und reisten aus der Verbannung zurück, um für die Rückgabe von konfisziertem Familienbesitz einzutreten. Anne Murray, Jane Lane und Judith Coningsby halfen, die beiden Stuartprinzen Jakob und Karl aus England herauszuschmuggeln. Henrietta Maria, die Königin von Karl I., war unermüdlich im Interesse ihres Gatten tätig. Als man ihr erlaubte, das Land im Februar 1642 zu verlassen, verkaufte sie in den Niederlanden Geschmeide, um Truppen bezahlen zu können, und sie passierte, selbst noch, als sie mit ihrer Tochter Henriette schwanger ging, mehrmals die englische Grenze, um Rat und Trost zu spenden.[31]

Auch in Frankreich leisteten adelige Frauen in den Religionskriegen des 16. und 17. Jahrhunderts ihren Männern wichtige Unterstützung. Eléonore de Roye war mit sechzehn Jahren mit Ludwig von Bourbon, dem Prinzen von Condé, verheiratet worden, der zu den Anführern der protestantischen Seite zählte. Als ihr Mann wegen eines Anschlages auf die Krone ins Gefängnis geworfen wurde, ging Eléonore zum König, um ihn um die Freilassung des Gefangenen zu bitten. Sie verschaffte ihrem Mann auch Geld und Rückhalt, als er später gegen die Regentin, die Königin Katharina von Medici, kämpfte, und handelte wiederum seine Befreiung aus, als er gefaßt wurde. Nach ihrem Tod im Alter von achtundzwanzig Jahren schrieb ihr Mann den Söhnen: »Üblicherweise erwartet man von Jungen, sie sollten versuchen, so zu werden wie ihre Väter. Ich aber möchte Euch dazu drängen, zu versuchen, so zu werden wie Eure Mutter.«[32] Anne-Geneviève de Bourbon-Condé,

Herzogin von Longueville und Schwester eines der Anführer der Fronde (jener Partei, die der königlichen Familie entgegenstand), herrschte gleich einer Königin, als die Fronde 1649 Paris eingenommen hatte. Nach der Inhaftnahme ihres Gatten und ihres Bruders kehrte sie in die Normandie zurück, um Truppen auszuheben, und sie war es auch, die eine Allianz mit Spanien anregte. Anne-Marie-Louise d'Orléans, die Herzogin von Montpensier, die ihren Zeitgenossen als *La Grande Mademoiselle* bekannt war, handelte für die Familie, als der Herzog, ihr Vater, sich als zu feige erwies. Sie schloß mit dem Führer der Opposition ein Bündnis gegen den König, marschierte in Orléans ein und gewann die versammelten Stadtnotabeln durch eine Rede für ihre Sache. Als sie während des Angriffs auf Paris 1652 ihren Vater in seinem Zimmer versteckt fand, ging sie zur Festung Bastille und befahl ihren Männern, auf die königlichen Truppen zu feuern. Als die Königin Anna von Österreich und ihr Ratgeber Kardinal Mazarin die Fronde endlich unterworfen hatten, zollten sie dem Mut und der Initiative der Herzogin insofern Anerkennung, als sie nicht ihren Vater, sondern sie ins Exil sandten.[33]

Das Leben der europäischen Edelfrauen war von Kriegen erfüllt und geformt. Gleich welche Art von Kampf, gleich welche Ursache – die Frauen der kriegerischen und landbesitzenden Elite wurden stets in die Konflikte mit hineingezogen. Sie stärkten und berieten ihre Männer. Auch sie litten unter der Gewalt. Sie wirkten als Stellvertreterinnen, verwalteten eroberte Territorien, verteidigten Ländereien und Privilegien, verhandelten über die Rückgabe von Land, über die Freilassung von Gefangenen und über Waffenstillstände. Vom 9. bis zum 17. Jahrhundert diktierte der Krieg die verschiedensten Rollen für adelige Damen, von gefährdeten Beobachterinnen bis zu aktiv im Dienst ihrer Familien Tätigen.

Ehe

In dieser Welt von Kriegern, Herren und Königen lebten und fungierten die Edelfrauen über die ganze Zeitspanne hinweg, von den Anfängen im 9. bis zum Niedergang im 17. Jahrhundert, als Glieder einer Familie. Eine vornehme Dame wurde immer durch ihre verwandtschaftlichen Beziehungen zu den Männern des Geschlechtes definiert und identifiziert: als Tochter ihres Vaters, Gattin ihres Gatten, verwitwete Mutter ihres Sohnes. Ausgenommen die wenigen, welche die Gelegenheit oder die Berufung zu einem Leben als Nonne hatten, lebten alle Frauen der kriegführenden, landbesitzenden Eliten in Abhängigkeit von ihrer männlichen Verwandtschaft.

Wie in der Zeit vor 800 blieb die Heirat das bedeutsamste Ereignis im Leben einer Frau. Durch Verlobung und Vermählung ging sie aus dem

Schutz und dem Machtbereich der einen Sippe in eine andere über, aus der Vormundschaft ihres Vaters in diejenige ihres Ehemannes. Die beiden Zeremonien signalisierten, ähnlich wie bei Bäuerinnen und Bauern, auch den Anfang eines neuen Haushaltes und die Aussicht auf eine neue Familie. Anders als in bäuerlichen Schichten waren die adeligen und königlichen Bräute jedoch in der Regel fünf bis zehn Jahre jünger als ihre Gatten. Vom 13. bis zum 16. Jahrhundert heirateten sie typischerweise mit zwanzig Jahren oder jünger, der Bräutigam dagegen ging auf die Dreißig oder hatte sie schon überschritten.[34]

Ehen zwischen vornehmen Partnern boten stets Anlässe zu Feiern, die durch althergebrachte Bräuche und Rituale gekennzeichnet waren. Die Heiratsfeste in den Sagas und Heldenepen ähneln den germanischen Hochzeiten, wie sie in Europa vor dem 9. Jahrhundert üblich waren, mit Festmählern, Geschenken von Burgen und Ländereien an die junge Frau, einer aus Gold und Silber bestehenden Mitgift als Gabe für den Bräutigam und einem öffentlich abgelegten Ehegelöbnis zwischen der Jungfrau und ihrem Verlobten. Die Wirklichkeit war wenn möglich noch glänzender. Im frühen 13. Jahrhundert, als die dreizehnjährige Marguerite de Provence König Ludwig IX. von Frankreich heiratete, begannen die Festlichkeiten im Februar und endeten erst Anfang Juni. Der Bräutigam wandte allein für Kleidung mehr als zehnmal soviel auf, wie die Tagesausgaben seines Haushaltes normalerweise betrugen.[35]

Manchmal mußte die junge Frau auf ihr neues Leben eigens vorbereitet werden. 1385 weihte die Herzogin von Brabant die junge Isabella von Bayern, die Verlobte des französischen Königs Karl VI., in die Verhältnisse am Hof ein. Der Chronist Froissart erläuterte, die Herzogin sei deswegen für diese Aufgabe ausersehen worden, weil sie »sehr erfahren war in solchen Dingen«.[36] Nach der kirchlichen Zeremonie folgte ein Bankett. Karl hatte von der ersten Begegnung an erkannt, »daß sie jung und schön war, und war von großem Verlangen erfüllt, sie zu sehen und zu besitzen«.[37] Vielleicht vollzog das königliche Paar, wie es im Roman *Tristan und Isolde* beschrieben wird, den symbolischen Brauch, zusammen Wein zu trinken, bevor es sich in sein Gemach begab, um die Ehe zu vollziehen. Selbst in diesem Moment noch beherrschten Rituale das Geschehen:

> Am Abend legten die Damen die Braut zu Bett, denn diese Aufgabe gehörte ihnen zu. Dann kam auch der König, der so sehr begehrte, sie in seinem Bett zu finden. Sie verbrachten die Nacht in großer Wonne, wie ihr wohl glauben mögt.[38]

Die Kirche nahm eine zunehmend stärker verankerte Rolle in den Ritualen rings um die Vermählung des Paares ein. Insbesondere stärkte sie das Eheversprechen, das die Partner sich gaben, mit dem Gewicht ihrer Autorität und Bürgschaft. Eine Chronik der französischen Adelsfamilie Guines aus dem 12. Jahrhundert schilderte, wie der Priester beim Ablegen des Gelöbnisses seines Amtes waltete und wie er danach, zusammen mit dem Bräutigamsvater, das Ehebett segnete. In anderen französischen Adelsgeschlechtern des 12. Jahrhunderts war der Priester beim Austausch von Geschenken anwesend, bei der Übergabe des Ringes und wenn die Braut niederkniete, um die Herrschaft ihres Gatten anzuerkennen.[39] Bei der Hochzeit einer schwedischen Edelfrau im Jahr 1316 – es war die später berühmt gewordene heilige Birgitta – fand zunächst eine kirchliche Zeremonie statt. Der Priester segnete die Ringe des Paares, legte seine Stola über ihre ineinandergefügten Hände und intonierte die Worte, welche die Beziehung der Frau zu ihrem Mann beschrieben: »Laßt das Joch, das sie tragen wird, ein Joch der Liebe und des Friedens sein.« In der großen Halle ihres Vaterhauses unterzog sich das Paar hernach der weltlichen Version des Rituals. Der Vater überreichte dem Gatten die Braut mit den Worten: »Also gebe ich dir diese meine Tochter zu Ehre und Frau und zum hälftigen Anteil an deinem Bett, an Schloß und Riegel, zu jedem dritten Pfennig und all dem Recht, das ihr nach dem Gesetz zukommt.«[40]

Wie in den früheren Jahrhunderten der Christenheit beruhte die Einmischung der Kirche in das Verfahren auf dem Verlangen, die Zustimmung der beiden Partner zu dem nach ihrer Ansicht unauflöslichen Eheversprechen sicherzustellen. In den Dekretalen Gratians, der ersten Kodifizierung der Kirchengesetze Mitte des 12. Jahrhunderts, lautete die Antwort auf die Frage, ob eine Tochter gegen ihren Willen verheiratet werden könne: »Aufgrund dieser Quellen ist es offenbar, daß keine Frau mit irgend jemandem verbunden werden sollte, es sei denn nach ihrem freien Willen.«[41] Gratian faßte ein förmliches Verlöbnis sowie eine Hochzeitszeremonie ins Auge, die beide durch einen Priester abgesegnet werden sollten. Obwohl es der Kirche nie gelang, für ihre Ablehnung gegen das Austauschen von Gaben allgemein Anerkennung zu finden – die Theologen hielten dafür, dies gleiche die Ehe der Knechtschaft an –, setzte sich doch der Wunsch nach einer formalen Garantie für die Zustimmung der Ehegatten und einen Traugottesdienst durch einen Priester durch. Mitte des 16. Jahrhunderts wurde die Ehe auf dem Konzil von Trient zum Sakrament erklärt. Die Zeremonie erweiterte sich vom einmaligen öffentlichen Austausch des Eheversprechens zu einer Verlobung, die mehrmals aufeinanderfolgend angekündigt werden mußte (üblicherweise dreimal, sowohl bei Katholiken als auch bei Protestanten), oder einer schriftlichen Vereinbarung sowie einer Hochzeitsfeier in Anwesenheit von Priester und Zeugen.[42]

Die Worte und Gesten, die – beispielsweise – bei der Vermählung der heiligen Birgitta ausgesprochen und vollzogen wurden, symbolisierten bedeutsame Aspekte der Vereinigung. Am wichtigsten war für die Elite der europäischen Krieger und Landeigentümer das Überreichen und Empfangen der Ringe. Die Ringe veranschaulichten den Austausch von Gaben und Leistungen: Von der Seite des Mannes kam das Versprechen, daß er für die Braut sorgen werde, wie es ihr Vater getan hatte, während sie den Beitrag einbrachte, den ihre Familie an das materielle Wohlergehen der jungen ehelichen Gemeinschaft leistete.[43] Zur Vorsorge gab die Familie des Bräutigams üblicherweise ein Stück von dem Land, worauf er Anspruch hatte, das die Frau, falls er vor ihr starb, gemäß der Tradition zu zwischen einem Drittel bis zur Hälfte behalten konnte. Ein angelsächsischer Heiratsvertrag von Kent aus dem frühen 11. Jahrhundert hielt fest, Godwine gebe seiner Braut »Gold im Gewicht eines Pfundes im Austausch dafür, daß sie seinen Heiratsantrag annahm, und er übertrug ihr das Land in Street mit allem, was dazugehört, und 150 Morgen in Burmarsh und zusätzlich 30 Ochsen und 20 Kühe und 10 Pferde und 10 Leibeigene«.[44] Die Geschenke eines Kaisers überstiegen das Ausmaß von einigen Aaren Land und dem dazugehörigen lebenden Inventar bei weitem. Die Gabe des Kaisers Otto II. vom Heiligen Römischen Reich an seine Braut Theophanu umfaßte die drei Provinzen Istrien, Walcheren und Wicheln, die Stadt Pescara, die Abtei von Nivelles und vier Rittergüter.[45] Seit Beginn des 13. Jahrhunderts war es Brauch, daß eine Frau zu Beginn ihrer Ehe eine »Morgengabe« oder beim Tod ihres Gatten ein »Leibgedinge« oder »Wittum« erhielt. Sie konnte davon Gebrauch machen, bis sie wieder heiratete und in die Fürsorge eines anderen Mannes überging oder bis sie starb, worauf es an die Erben zurückfiel. Im römischen Imperium war bereits auch die Mitgift als Beitrag der Braut an die eheliche Verbindung gebräuchlich gewesen. Diese Mitgift blieb nach 800 bestehen und war Mitte des 12. Jahrhunderts überall in Europa üblich; die Familien befolgten die Vorgaben des erneuerten Rechtskodex von Justinian, um die Höhe des Betrags festzusetzen. Bei den meisten Verlobungen entsprach die Mitgift in ihrem Umfang der Gabe, welche von der Familie des Bräutigams gestellt wurde.[46]

Je höher die Familien in der feudalen Hierarchie standen, desto wichtiger waren die Verhandlungen, und desto weniger Aufmerksamkeit wurde den Wünschen der beiden Individuen geschenkt, die verheiratet werden sollten. Ehearrangements wurden um so offensichtlicher geschäftliche Angelegenheiten, die auch dem höhergestellten Feudalherrn unterbreitet werden mußten, da seine Zustimmung notwendig war. Später, in der Epoche des königlichen Justizwesens, entwickelten sie sich zu einer Materie von gesetzlichen Dokumenten, die von Notaren ausgestellt und von Familienangehörigen bezeugt wurden.[47]

Die so bedeutsamen Übertragungen von Grund und Boden durch Familienabsprache wurden von den religiösen oder weltlichen Behörden selten in Frage gestellt. Obwohl zuerst die katholische, danach auch die protestantische Lehre für die Achtung der individuellen Partnerwünsche Partei ergriffen, stimmten die kirchlichen Vertreter in der Praxis, wenn es zu einem Appell an ihre Gerichte kam, üblicherweise dem elterlichen Vertrag zu. Fälle, die vor englischen Kirchengerichten des 14. und 15. Jahrhunderts verhandelt wurden, zeigen, daß die Kleriker kaum je der Klage einer Frau auf erzwungene Heirat stattgaben. Nur handgreifliche Schläge, nicht die bloße Androhung von Gewalt oder die Verweigerung des Erbes, vermochten offenbar ihr Verständnis für die Gesuche von Frauen zu wecken. Als sich die weltlichen Behörden im 16. und 17. Jahrhundert zunehmend um die Ehe kümmerten, stützten die königlichen Gesetze und Gerichte stets das primäre Recht der Eltern, einer Verbindung ihre Zustimmung zu gewähren beziehungsweise zu verweigern. Zum Beispiel bekräftigten dänische, russische und französische Gesetze des mittleren und späteren 16. Jahrhunderts das wesentliche Genehmigungsrecht der Eltern, forderten aber gleichzeitig auch eine bestimmte Verlobungszeit, durch welche die Willigkeit des Paares abgesichert werden sollte, sowie eine kirchliche Zeremonie. Die Befehlsgewalt der Eltern ging den Wünschen des Paares vor. In den aristokratischen Familien Europas blieb dieser Grundsatz bis ins 18. Jahrhundert die Norm.[48]

Neben der Übertragung von Eigentum bedeutete die Heirat einer jungen Frau zusätzlich die Übertragung ihrer eigenen Person samt ihrer Reproduktionskapazität. Die sexuelle Vereinigung der Gatten und die Kinder, welche die Frau zu Welt bringen würde, garantierten den beiden Elternpaaren den Fortbestand ihrer Geschlechter und ihrer Familiennamen. Zukünftige Bräute dachten in ganz praktischen Begriffen an diesen Aspekt der Heirat. Drei Dichterinnen des 12. Jahrhunderts, die *trobairitz* (weibliche Troubadoure) Dame Caranza, Dame Alais und Dame Iselda, rieten in einem Lied den anderen Frauen gemeinsam, einen Mann zu wählen, der »guten Samen pflanzt«.[49] Majestäten verwandten auf die Auslese potentieller Königsmütter besondere Sorgfalt. Eduard II., König von England im frühen 14. Jahrhundert, sandte den Bischof Stapeldon, um Philippa von Hainaut zu besichtigen, die als Braut für seinen Sohn in Frage kam. Sie zählte erst acht Jahre, erhielt jedoch ein gutes Zeugnis: »...recht wohlgeformt, alle ihre Glieder sind gut plaziert und unverkrüppelt und, soweit man sehen kann, ist nichts verkehrt.«[50] Froissart erzählte, wie für den französischen König Karl VI. 1385 eine Braut ausgewählt wurde. Der Vater der zukünftigen Braut Isabella von Bayern stimmte dem Verfahren erst zu, nachdem ihn die Herzogin von Brabant beruhigt hatte. Ihm mißfiel die Unwürdigkeit des Vorgehens wie auch der Gedanke, seine Tochter so fern von zu Hause zu verheiraten. Wahrscheinlich überwachte die Herzogin die Inspektion des jungen Mädchens, das nackt untersucht wurde, um festzustellen, daß sie »geeignet und passend gebaut« war, Nachkommen auf die Welt zu stellen.[51]

Die Heirat einer Tochter konnte einer unternehmungsfreudigen Familie durchaus Vorteile bringen, besonders den Aufstieg in einen höheren gesellschaftlichen Rang dank ihrer Verbindung mit einem wohlsituierten jungen Mann. Im 12. Jahrhundert stellten sich die angelsächsischen Eltern der Christina von Markyate (der späteren heiligen Christina) dem religiös motivierten Wunsch des Mädchens entgegen, unverheiratet zu bleiben, weil »sie fürchteten, daß sie es und alles, was sie durch es zu erreichen hofften, verlieren würden«.[52] Christinas zeitgenössischer Biograph berichtete, die Eltern hätten von ihr verlangt, daß sie ihren frommen Gelübden entsage und sich gut verheirate, damit sie nicht allein sich selbst und ihre Familie reich und adelig mache, sondern ihre ganze Verwandtschaft.[53] Im 16. und 17. Jahrhundert benutzte der Landadel die Ehen seiner Söhne oft dazu, den Reichtum der städtischen Kaufleute und Handwerker anzuzapfen. Die Töchter der Stadtbürger brachten das Bargeld ein, um die Landgüter wieder in Schwung zu bringen, die Söhne der Adeligen das vornehme Blut, um die soziale Position der Brautfamilie zu heben.[54]

Königsfamilien konnten mit der Verheiratung ihrer Töchter noch mehr erreichen, indem sie sie als Mittel brauchten, ihre politische Macht zu erhalten, zu festigen oder durchzusetzen. Mittels Kontrolle über Eheschließungen konnten potentielle Feinde neutralisiert werden. Im 9. Jahrhundert fürchtete Kaiser Karl der Große, wenn seine Töchter heirateten, könnten seine Schwiegersöhne seine Vorherrschaft in Gefahr bringen. Deshalb erlaubte er ihnen sexuelle Verbindungen, sorgte für ihre illegitimen Söhne, untersagte ihnen jedoch die Heirat. Andere fürstliche Väter schickten aus denselben Gründen ihre Töchter ins Kloster.[55] Im üblichen Fall nahmen Königinnen und Könige aber eine positivere Haltung ein. Die Ehen von Töchtern konnten ja auch als Bündnisse geknüpft werden, welche die Dynastie stärkten, ihre Besitzungen um neue Ländereien vermehrten und die königliche Domäne vergrößerten. Nach der angelsächsischen Chronik arrangierte im 12. Jahrhundert König Heinrich I. von England die Ehe seiner Tochter Matilda, »um die Freundschaft des Grafen von Anjou sicherzustellen und den Beistand gegen seinen Neffen William (Sohn von Robert, Herzog der Normandie)«.[56] Königin Eleonore von Aquitanien und König Heinrich II. fädelten die Ehen all ihrer Töchter mit Bedacht ein und verbanden sie mit den mächtigsten Oberlehnsherren Europas: Matilda heiratete Heinrich von Sachsen, Eleonore Alfonso von Kastilien und Johanna Wilhelm von Sizilien. Am Ausgang des 15. Jahrhunderts bewiesen Isabella von Kastilien und Ferdinand von Aragón eine außerordentliche Geschicklichkeit in dieser Art von Diplomatie. Nachdem sie erst kürzlich ihre Kontrolle über Spanien gefestigt hatten, verheirateten sie ihre vier Töchter je an eine der großen europäischen Dynastien: Johanna ehelichte den habsburgischen Erben Philipp den Schönen, Katharina den englischen Erben Arthur (und, als Arthur starb, seinen Bruder Heinrich), Isabella und, nach ihrem Tod, ihre Schwester Maria den König von Portugal, Manuel I.[57]

Bei dem Wert, den eine junge Edelfrau in verschiedener Hinsicht verkörperte, verwundert es nicht, daß all die traditionellen Maßnahmen gegen Entführung oder Schändung und die anschließende Forderung des Opfers zur Braut im mündlichen, schriftlichen und kirchlichen Recht fortlebten. Nach den Erlassen von Königen, Kaisern und Kirchenkonzilen hatten Entführer eine breite Palette von Strafen zu gewärtigen, von Buße und Auspeitschung bis zu Verbannung und Tod.[58] In Wirklichkeit jedoch wehrte sich eine Familie nicht und es nützten ihr alle Gesetze nichts, wenn sie nicht an eine Macht appellieren konnte, die ebenso stark war wie der Entführer, besser noch stärker. Zum Schutz der russischen Prinzessin Rogneda im 10. Jahrhundert reichte jedenfalls keine erreichbare Macht aus: Sie hatte einen Bewerber, den Prinzen Wladimir von Kiew, wegen seiner niederen Geburt abgewiesen, worauf er die Besitzungen ihres Vaters plünderte und brandschatzte und ihn samt ihren Brüdern tötete; sie selbst wurde dann der Schar seiner vielen Ehefrauen und Konkubinen einverleibt. Im 12. Jahrhundert verließ Eleonore von Aquitanien mitten in der Nacht ihre Unterkunft, um dem Grafen Thibaut von Blois zu entgehen. Ein zweites Mal mußte sie den Hinterhalt eines anderen Adeligen, Gottfrieds von Anjou, vermeiden – er war der Bruder von Heinrich Plantagenet, dem künftigen König Heinrich II. von England, den zu heiraten sie unterwegs war. Jeder der beiden Angreifer plante, Eleonore, die Erbin eines riesigen Besitztums, zu entführen und dazu zu zwingen, ihn selbst zum Gatten zu nehmen.

Man erwartete allgemein, daß Einwände gegen derlei Praktiken schwinden würden, sobald eine Buße bezahlt, ein Wittum angeboten und die Hochzeitszeremonie durch einen Priester abgesegnet werde. In diesem Punkte zehrte das Hochmittelalter von den Traditionen der Kulturen vor 800, denen die Verheiratung der entehrten Frau wichtiger war als die Bestrafung des Mannes. Noch das Konzil von Trient Mitte des 16. Jahrhunderts folgte diesem Brauch, da es nicht ausschloß, daß die Frau an einem »sicheren und freien Ort« einwilligen könne, ihren Verfolger zu ehelichen (obwohl der Entführer exkommuniziert wurde und ihr das Wittum entrichten mußte).[59] Gesetze aus früheren Jahrhunderten reflektierten die tatsächliche Haltung, besonders in den kriegerischen spanischen Enklaven wie Cuenca und Sepulveda vom 10. bis zum 13. Jahrhundert: Sie bestraften den Raub ihrer eigenen Frauen; jene Ehen jedoch, die ihre Bürger mit aus anderen Siedlungen entführten Töchtern schlossen, anerkannten sie als Konsens-Ehen.[60]

Wenn Väter, Mütter oder Oberlehnsherren eine Verbindung wollten, zwangen letzten Endes sie selbst die Töchter zu heiraten. In England im 12. Jahrhundert schlug die Mutter Christinas von Markyate ihre Tochter, drohte ihr und versuchte sogar eine Vergewaltigung herbeizuführen, damit sie ihr Jungfräulichkeitsgelübde brechen müsse. In Irland im selben Jahrhundert ließ Isabella Herons Vater sie von drei Männern zur Kirche schleifen und schlug sie, um sie zum Eintreten und zum Ablegen des Eheversprechens zu bringen. Katherine Dowdall wurde von ihrer Mutter geschlagen, und der Vater drohte, ihr alle Knochen zu brechen, um sie ins Ehebett zu zwingen.[61] In England im 15. Jahrhundert wurde in der Familie Paston die Tochter Elizabeth geprügelt und eingesperrt, um ihr die Zustimmung zur Ehe mit einem fünfzigjährigen Witwer abzupressen. Sie gab nach und blieb lediglich deshalb verschont, weil die Verhandlungen scheiterten.[62]

Um Widerstand zu unterbinden und abzusichern, daß ihre Pläne Früchte tragen würden, knüpften die Eltern – besonders die europäischen Monarchen – die Heiratsbande für ihre Töchter und Söhne, wenn diese noch sehr jung waren, manchmal schon vor dem Erreichen des von der Kirche festgelegten Mündigkeitsalters, das Ende des 13. Jahrhunderts für Mädchen zwölf, für Jungen vierzehn Jahre betrug.[63] Um 1200 vermählten Eleonore von Aquitanien und ihr Gatte Heinrich II. von England ihr neunjähriges Töchterchen Eleonore mit dem Herrscher von Kastilien; der Bräutigam zählte zwölf Jahre. Als man Heinrich eine Provinz, nämlich Vexin, als Mitgift für die dreijährige französische Prinzessin Margarete anbot, griff er zu, holte sie auf seine Ländereien in der Normandie und vermählte sie mit seinem fünfjährigen Sohn. Ein weiterer Sohn, Gottfried, war erst acht, als ihn die Eltern mit der fünfjährigen Erbin der Bretagne verlobten. Der russische Adel verheiratete seine Nachkommen ganz ähnlich; vom 14. bis zum 17. Jahrhundert betrug das mittlere Heiratsalter in jenen Schichten, die Land und Leibeigene besaßen, für Mädchen zwölf und für Jungen vierzehn bis fünfzehn Jahre.[64]

Eleonores Zeitgenosse Philipp II. August, der Ende des 12. Jahrhunderts als König von Frankreich regierte, mißbrauchte die Ehe selbst nach den unbarmherzigen Maßstäben seiner Zeit. Ohne Skrupel machte er von Gewalt und Gesetz Gebrauch, um seinen Besitz und seine Autorität zu vergrößern. Keine auch noch so geringe Lehnserbin entging seiner Aufmerksamkeit. Den Bürgern von Falaise und Caen in Nordfrankreich versicherte er: »Wir werden die Witwen und die Mädchen nicht gegen ihren Willen verheiraten, [...] es sei denn, sie haben ganz oder teilweise von uns ein *fief de haubert* inne.«[65] *Fief de haubert* bedeutete: genügend Land, um einen Ritter zu ernähren und zu erhalten – und selbst ein so kleines Grundstück und einen einzelnen Bewaffneten wollte sich der König nicht entgehen lassen. Seine eigenen Familienangehörigen behandelte Philipp August nicht besser als die anderen Edelfrauen.

Seine Schwester Alais sandte er als Versöhnungsgeschenk an König Heinrich II. Als sie 1196 mit fünfunddreißig Jahren unverheiratet und mit dem Ruf einer entlassenen Mätresse des englischen Königs nach Frankreich zurückkehrte, verschacherte der Bruder sie kurzerhand an einen seiner Anhänger. Mit seinen eigenen Ehefrauen sprang er ebenso gefühllos um. Er nahm wegen der Mitgift von 10000 Silbermark Ingeborg von Dänemark zur Braut; einen Tag nach der Hochzeit im Jahr 1193 verstieß er sie wieder. Zwanzig Jahre hielt er sie gefangen, während er selbst in offener Bigamie mit einer anderen Frau lebte, obwohl der Papst deswegen über sein ganzes Königreich das Interdikt ausgesprochen hatte. Erst als 1213 seine Favoritin Agnes starb und ihre beiden Kinder als legitim anerkannt worden waren, ließ Philipp August Ingeborg frei und bekannte sich zu dieser Ehe.[66]

Für Ingeborg von Dänemark brachte die Ehe Hilflosigkeit und Schande, für Agnes, die bevorzugte Frau des Königs, dagegen Schutz und Vorsorge, wie sie die Institution den Frauen eigentlich bieten sollte. Ob die Heirat sie zum Pfand ihrer Familie machte oder zu deren Anführerin – eine Edelfrau sah keine wirkliche Alternative. Als Tochter akzeptierte sie die Pläne, die ihre Familie für sie schmiedete. Wenn sie überhaupt das Erwachsenenalter erreichte, wurde sie Ehefrau, und als Ehefrau akzeptierte sie die Ehe samt ihren Vor- und Nachteilen.

Land, Glauben und Kinder

Nach der Heirat nahm die Edelfrau, die *châtelaine* oder *lady* Aufgaben wahr, die für die Erhaltung des Feudalismus ebenso wichtig waren wie der Waffendienst und die berittenen Krieger, die ihr Gemahl seinem Lehnsherrn schuldete. In der feudalen Epoche wie auch in den relativ friedlicheren Zeiten der zentralisierten Monarchien waren es oft die Ehefrauen der adeligen Grundbesitzer und Burgherren, welche hauptsächlich die Ländereien überwachten, von denen der Unterhalt und das Einkommen der Familie abhingen. Auch noch weitere Pflichten erfüllten die Herrinnen: Mehr als ihre Gatten kümmerten sie sich um das spirituelle Wohlergehen des gesamten Haushaltes und schützten die Familie mit ihrem Glauben und ihren Gebeten. Sie brachten die Nachkommen zur Welt und überwachten die ersten Jahre der Kinder und sicherten dadurch den Fortbestand der Familie für eine nächste Generation.

Die Edelfrau nahm ihre Rollen und Funktionen von der Festung ihres Gatten aus wahr, vielleicht von einem Schloß wie demjenigen der französischen Gräfinnen und Grafen von Matignon. Fort la Latte thront noch heute über den Klippen der Bretagne und blickt auf die See hinaus. Die Festung ist zwar klein, wirkt aber unbezwingbar. Lediglich ein schmaler Damm, der durch einen Wachtturm mit Zugbrücke gesichert wird, verbindet sie mit dem Festland. Mauern umgeben den inneren Komplex von Steingebäuden, und dreißig Fuß tief unter dem Wall liegen der Kiesstrand und das Meer.

Im Falle eines Angriffs suchten die Insassen im runden Hauptturm Schutz, einem dreigeschossigen Bauwerk von nicht mehr als 6 Metern im Durchmesser. Jedes Geschoß bildete einen einzigen Raum. Das Dach des obersten Stockwerks bestand aus einem einfachen Ziegelsteingewölbe. Die schmalen Fenster waren unten durch Spalten verlängert, die der Verteidigung zu Kriegszeiten dienten. Bei einer Belagerung verbarrikadierte sich die Familie hier und versuchte, von den Erzeugnissen des Pflanzgartens zu überleben, eines nahe beim Rundturm gelegenen, nicht überbauten Grundstücks zwischen den Nebengebäuden, in denen Haustiere und Vorräte untergebracht waren. Im 17. Jahrhundert hatten die Matignons vermutlich die steinernen Aussenmauern mit Erdwällen verstärkt und die Türme an der Meeresseite abgerundet, um die Befestigungen für die Artillerie weniger verwundbar zu machen.

In ihrer Schlichtheit und Größe ist diese bretonische Burg weit typischer für die normalen Behausungen, in denen die Gattinnen, Töchter und Mütter von feudalen Adeligen lebten, als die vieltürmigen, von kunstvollen Schießscharten gekrönten Schlösser, wie sie in den Stundenbüchern des 15. Jahrhunderts abgebildet oder von Schriftstellern und Künstlern des 19. und 20. Jahrhunderts ausgedacht wurden. Bis zum Ende des 12. Jahrhunderts lebten besitzende Frauen und Männer in steinernen Burgen wie dem Fort la Latte, in einem zentralen Wohnturm, der mit Holz, Stroh oder Schindeln gedeckt und von Holzgebäuden für Küche, Vorräte und Vieh umgeben war. Erdwälle, Zäune und Gräben hatten den Schutz der Familie und ihrer Gefolgsleute zu gewährleisten. Die Familien der Ritter und der Angehörigen des niederen Adels *(gentry)* lebten in befestigten Ritterhäusern, einfachen Holz- und Steinbauten mit Portalen aus behauenem Naturstein. Um die zum Schutz notwendige Dicke der Wände zu erreichen, wurden die Mauern mit Schotter aufgefüllt. Die größten Landbesitzer, wie die Grafen von Guines in Nordfrankreich, hatten in ihrem steinernen Hauptturm drei Etagen: Der Keller und das erste Stockwerk wurden für die Vorratshaltung gebraucht, auf dem zweiten Stockwerk befand sich der große Saal mit dem gekachelten Boden, der mit Binsen belegt wurde, welche die Abfälle aufsaugen und einen angenehmen Duft ausströmen sollten.[67]

Die meisten Tätigkeiten spielten sich rund um die zentrale Herdstelle ab, wo ein Loch im Dach den Rauch entweichen ließ und die Decke vom Feuer geschwärzt war. Die Fenster waren klein und von Balken versperrt, nur die obersten wurden vielleicht mit geöltem Pergament oder Horn abgedeckt, um doch etwas Licht einzulassen und gleichzeitig die Kälte abzuhalten. Trotz der gekalkten Wände blieb der Raum, auch wenn er hoch war, selbst tagsüber dunkel. Die meisten Frauen brauchten in Tierfett getränkte Binsen als Dochte in Metallständern. Mahaut, eine burgundische Gräfin im 14. Jahrhundert, hatte sogar in ihrer abgeschlossenen Bettstatt eine Hängelampe, in der ein in Öl schwimmender Docht brannte.

Im 11., 12. und 13. Jahrhundert war alles karg und auf Nützlichkeit ausgerichtet. Für unterschiedliche Aktivitäten wie kochen, schlafen, essen oder Kinder gebären existierten keine separaten Räume. Eine eigentliche Privatsphäre gab es nicht. Familie, Gefolgsleute und Dienstpersonal lebten alle zusammen und verbrachten, wenn sie sich drinnen aufhielten, die meiste Zeit im großen Hauptraum. Die Herrin deckte in einem allnächtlichen Ritual abends das Herdfeuer mit einem tönernen Deckel ab, gerade so, daß die Luftzufuhr ausreichte, um die Asche glimmend zu erhalten.[68] Aus Kisten und Truhen, die an den Wänden standen, holten die Bewohnerinnen und Bewohner ihre Matten heraus und legten sie auf den Fußboden. Die Dame und der Herr zogen sich in ihr Bett zurück, eine von Holzrahmen eingefaßte, bühnenähnliche Konstruktion, die mit Decken behängt und belegt war, um einen – vergleichsweise – intimen Raum abzugrenzen. Manchmal schliefen die Herrschaften auch in einer abgetrennten Neben- oder Dachkammer.

In dieser frühen Epoche war die Ausstattung mit Möbeln spärlich, und alles war tragbar: die Wandbehänge, Hocker, Tische, Stohmatratzen, Schiebebetten, Truhen, der hölzerne, mit Stoff umspannte Bottich fürs Bad, die Fensterscheiben, ja selbst das herrschaftliche Bett war ein Holzrahmen, der leicht zerlegt und wieder zusammengebaut werden konnte. Das waren die »Mobilien«, die »beweglichen Güter«, von denen in den Erbschaftsverträgen und Ehevereinbarungen jeweils die Rede war. Tragbar mußten die Ausstattungsgegenstände deshalb sein, weil die Edelfrau aus Gründen der Ökonomie, der Sicherheit oder Verwaltung unter Umständen den Umzug von einer Behausung in eine andere anordnete und überwachte.

Haus- und Landwirtschaft

Für alle Familien außer den allermächtigsten hatte die eigene Burg – wie beispielsweise die der Grafen von Guines – alle Bedürfnisse abzudecken. Für die bretonische Gräfin von Matignon und für ihre Standesgenossinnen aus dem Landadel war die Burg einerseits ein Zufluchtsort, eine mindestens theoretisch sichere Verteidigung gegen die Angriffe anderer Familien. Andererseits war es der Stützpunkt, von dem aus die Männer ausschwärmten, um ihre eigene Macht unter Beweis zu stellen, zu plündern und morden. Bedroht und beschützt zugleich lebten die edlen Damen in der feudalen Welt, in einem politischen System, das von der Annahme ausging, Frieden und Ordnung könnten durch den Eid einzelner und durch latente beziehungsweise tatsächlich ausgeübte Gewalt aufrechterhalten werden.

Im Feudalismus hatte eine Familie das Land nicht zu Eigentum, sondern besaß es als Lehen von einem anderen, mächtigeren Herrn und Familienvorstand. Wer ein Grundstück zu Lehen besaß, hatte die Befugnis, es samt seiner bäuerlichen Bevölkerung zu nutzen zum Unterhalt der eigenen Familie. Als Gegengabe leistete ein Mann wie der Graf von Matignon seinen Lehnseid, huldigte dem höhergestellten Herrn und verpflichtete sich zu kämpfen, wenn er aufgerufen wurde, und auf dem ihm geliehenen Land Frieden zu wahren. Die Größe des Grundstückes wurde zu einer entsprechenden Anzahl von Kriegern in Beziehung gebracht; ein Morgen Land ernährte eine bestimmte Zahl von Kämpfern. Vom 12. bis zum 17. Jahrhundert brauchte es die Arbeit von fünfzehn bis dreißig Bauernfamilien, um einen Ritter, einen einzelnen bewaffneten und berittenen Krieger samt seiner Familie mit Lebensmitteln zu versorgen und die Einkünfte zu erwirtschaften, die zur Anschaffung seines Pferdes und seiner Rüstung notwendig waren.[69] Im Hochmittelalter waren die locker definierten Verpflichtungen, wie sie den Frühfeudalismus charakerisiert hatten, durch spezielle Auflagen und Zahlungen in Form von Dienstleistungen verfeinert worden. Zwistigkeiten wurden nach feudalen Gewohnheitsrechten abgeurteilt; wer seinen durch den Lehnseid beschworenen Pflichten nicht nachkam, wurde bestraft. Als das Bargeld vom 13. Jahrhundert an in diesem Herrschaftssystem und in der Kriegführung zunehmend eine zentrale Rolle einnahm, wurden die Bedingungen der feudalen Verhältnisse angepaßt, um den neuen monetären Bedürfnissen zu entsprechen.

Durch all die Veränderungen und die Jahrhunderte feudaler Kriegführung hindurch hielten die Frauen der Adelsschicht bei der Erhaltung des ganzen Systems eine Schlüsselstellung inne. Im Mittelpunkt der feudalen Ordnung standen die Burg und der Boden, die dem Krieger den Unterhalt garantierten. Während seiner Abwesenheit war es die Herrin des Rittergutes, die Kastellanin des Schlosses, die die Verantwortung für das Auskommen, für das Land und seine Produkte, übernahm. Sie verwaltete die Mittel, von denen der Krieger ausgerüstet und bewaffnet werden konnte; das ging vom Ernten des Hafers zur Fütterung seiner Pferde bis zum Verkauf von Weizen, um seinen Kettenharnisch zu bezahlen.

Die Komplexität ihrer Aufgabe stand in direkter Beziehung zur Größe des Grundstückes und damit zur Größe des Hauswesens. Die Burgherrin von Fort la Latte arbeitete vielleicht selbst im Garten und überwachte daneben die Bäuerinnen und Bauern ihres Besitzes, die zu speziellen Aufgaben, beispielsweise zum Schneiden und Bündeln des Getreides, angeheuert wurden.

Damen, die auf größeren Lehen lebten, verrichteten selbst keine körperlichen Anstrengungen, sondern stellten andere dazu an. Mahaut, die wohlhabende Gräfin von Artois, gebot über ein Gefolge von Dienstboten, die mit ihr von Schloß zu Schloß reisten: ein Schuhmacher, eine Wäscherin, ein Kaplan, ein Arzt, ein Sekretär, ein Schatzkämmerer, ein Haushofmeister und ein Koch.[70] Zweimal jährlich, zu Ostern und zu Allerheiligen, gab sie der Dienerschaft und allen ihren Hofdamen (den Fräuleins von edler Abstammung, die ihr Gesellschaft leisteten und ihr aufwarteten) Geschenke. Solche Geschenke waren etwa goldene Kränze, gold- oder silbergewirkte Borten für Kleider oder Pelze.[71] Die Rechnungsbücher der Eleonore von Montfort, Schwester des englischen Königs Heinrich II. und Gattin des erfolgreichen Eroberers Simon von Montfort, belegen, daß sie zahlreiches Personal beschäftigte, wie es ihrer königlichen Abkunft und ihrem wie ihres Mannes reichem Landbesitz entsprach.[72] Zusätzlich zu den Angestellten, die bei der Gräfin Mahaut aufgezählt wurden, hatte Eleonore auch Leute für das Anwesen und den Haushalt. Zum Beispiel beaufsichtigte ein Hofverwalter die Knechte für den Stall, die Pferde und die Hunde, während der Haushofmeister jenen auf die Finger schaute, die für das Geschirr, die Vorbereitung der Tischwäsche und die Kerzen zuständig waren. Schneider fertigten die Kleider an; ein Almosenier verteilte Essen und hie und da einen Pfennig an die Armen; ein Kaplan las mit seinen Gehilfen für das gesamte Hauswesen die Messe.[73] Als der König für das Osterfest im April 1265 zu Besuch kam, war Eleonore von Montfort auch für die Speisung und Unterbringung seines Gefolges verantwortlich.

Diese Verantwortlichkeiten wandelten sich bis ins 17. Jahrhundert und bis in die Epochen der zentralisierten dynastischen Herrschaft nicht. Eher stiegen mehr Familien in die Elite auf, wodurch mehr Edelfrauen zu größeren Haushalten kamen, die verpflegt und versorgt werden wollten. Im England des 17. Jahrhunderts nannten sich die neuen Angehörigen der ländlichen Oberschicht selbst *gentry*. Zusammen mit dem älteren Hochadel stellten sie 2 bis 3 Prozent der Bevölkerung.[74] 1684 hatte die Gattin des Baronets Sir Richard Newdigate sieben Töchter, alle unter sechzehn Jahren, und achtundzwanzig Dienstboten, für die gesorgt und auf die geachtet werden mußte.[75] Typisch für die Frauen aus dem niederen Landadel war Margaret Fell, die Gattin eines lokalen Richters, die einem Haushalt von bescheidenen Ausmaßen vorstand: ihre Kinder, ein Dienstmädchen, ein Begleiter für ihren Sohn, sein Hauslehrer, ein Schreiber und ein Gutsverwalter.[76]

Als Birgitta von Schweden zu Beginn des 14. Jahrhundert heiratete, hatte ihr Vater von »Schloß und Riegel« gesprochen. Mit diesem Begriff waren die Rechte und Pflichten symbolisiert, die ihr als Ehefrau zukamen. Möglicherweise trug sie ihren Schlüsselbund an der Taille festgebunden. Birgitta und die anderen Damen der kriegführenden und landbesitzenden Elite übernahmen innerhalb der Burg- oder Schloßmauern die Verantwortung für alles. Im 13. Jahrhundert waren diese Aufgaben und die Aufsicht über die Ländereien so schwierig, daß der englische Bischof Robert Grosseteste für die verwitwete Gräfin von Lincoln, Margaret Lacy, eine Anleitung zur Haus- und Gutswirtschaft schrieb. Anfang des 15. Jahrhunderts bot Christine de Pisan, die französische Hofdame und Schriftstellerin, mit ihrem *Livre des trois vertus* (»Buch der drei Tugenden«) ähnliche Hilfestellung. Beide Werke instruierten adelige Damen in den Aufgaben, die rundum auf einem Gutswesen anfallen konnten, von der Überwachung von Dienstboten und Landarbeitern, der Berechnung der jährlichen Einkommen und Abgaben, der Kontrolle über die Ernte, dem Anschaffen und Verkaufen von Gütern bis zum Aufziehen und Schlachten des Nutzviehs. Grosseteste gab der Gräfin sogar Ratschläge, wie sie die verschiedenen Residenzen ihres verstorbenen Mannes abwechselnd benutzen könnte, und sparte nicht mit praktischen Hinweisen, wie die dadurch herbeigeführten Umzüge zu bewerkstelligen wären.[77]

Die von Frauen selbst geschriebenen Berichte und Briefe zeigen, daß die Wirklichkeit in der Tat so komplex war, wie es die Handbücher andeuteten. Einige Eintragungen aus den Rechnungsbüchern der Gräfin von Leicester aus den Frühlings- und Sommermonaten des Jahres 1265 (19. Februar bis 29. August) verweisen auf die Reichweite ihrer Pflichten und die Vielfalt der mit der Besorgung eines großen Haushalts und der Verwaltung eines umfangreichen Grundbesitzes verknüpften Einzelheiten. Die Gräfin ließ die neuen Fohlen in einen Stall bringen, einen Wagen schmieren, andere Karren reparieren und zudem einen neuen anschaffen. Sie bezahlte den Bader, der ein Mitglied des Haushaltes zur Ader gelassen hatte. Sie kaufte Wein, Schuhe und Beinkleider; sie warb einen Boten an, der ihrem Mann und anderen Adeligen ihre Briefe überbrachte. Im 15. Jahrhundert führte, solange sie lebte, mehr oder weniger Margaret Paston die Anwesen der Familie. Ihr Gatte John diente im Parlament und war dreimal eingekerkert; 1466 starb er, und von da an mußte sie sowieso alle Schwierigkeiten selbständig meistern. Auch ihr Sohn überließ ihr die Verantwortung. 1465 verteidigte sie den Besitz gegen einen bewaffneten Angriff des Herzogs von Suffolk, auch nahm sie aktiv an Gerichtsfällen teil, an denen Rechtsansprüche auf Familiengrund verhandelt wurden. Alles dies kam zusätzlich zu den regulären Arbeiten: zum Schlichten von Streitigkeiten unter ihren Pächtern, dem Anheuern von Tagelöhnern, dem Überwachen des Vogtes, der Vermarktung der Ernten, dem Einkauf der Waffen, dem Verkauf von Bauholz und Vereinbarungen über Geldanleihen. 1476 hatte Elizabeth Stoner den Eindruck, von ihren Aufgaben in Abwesenheit ihres Ehemannes fast erdrückt zu werden, und sie beschwichtigte ihn: »Als Du mir schriebst, hatte ich keinerlei Zeit; wahrhaftig, ich war krank oder beschäftigt, sonst hätte ich dir früher geschrieben.«[78]

Eine Gelegenheit, bei der alle Fertigkeiten der adeligen Hausfrau ins Spiel kamen, war vom 10. bis ins 17. Jahrhundert die Zubereitung der Hauptmahlzeit, die gewöhnlich mitten am Tag serviert wurde. Die Angehörigen des Haushaltes versammelten sich im großen Saal, um die drei oder vier Gänge zu verspeisen, für die sie die Verantwortung trug. Sie überwachte die Zusammenstellung der einzelnen Zutaten, ob gekauft oder selbst gezogen, und kontrollierte die Zubereitung der Speisen in der Küche wie auch das Auftragen. Die Mahlzeit begann mit Brühe oder Fleischsuppe, gefolgt von einem zweiten Gang von gesottenem Rindfleisch, gebratenem Schaf, hafergemästetem Kapaun oder Tauben aus dem eigenen Taubenschlag. Das Fleisch wurde auf Brotscheiben, die den Saft und die Sauce aufsaugten, zum Mund geführt. Danach wurde frischer oder gesalzener Fisch aus einem nahen Teich oder auf dem Markt erstandener Hering serviert. Als Abschluß und Nachspeise folgten Hart- oder Weichkäse – zum Beispiel Brie – sowie Früchte und Backwerk. Dazu gab es Bier oder mit Wasser verdünnten Wein zu trinken. In reichen Haushalten wurde Weißbrot gereicht, und jene, die oben am Tisch saßen, aßen von Tellern. Die Burg- oder Gutsherrin servierte noch zwei weitere Mahlzeiten: Das Frühstück am Morgen setzte sich aus Brot, Fleisch und Marmelade zusammen, das Abendessen bestand aus Getreidebrei oder einem Eintopf von Getreide, Wurzelgemüsen und Hülsenfrüchten.[79]

Je mehr Land eine Familie besaß, desto größer waren die Einkünfte, desto vielfältigere Mahlzeiten konnte eine adelige Frau auftragen. Auf dem Markt erwarb sie Produkte, die die Familienbesitzungen nicht hervorbrachten. Als der Handel sich ausdehnte und Märkte und Messen sich überall in Europa etablierten, vergrößerte sich die Auswahl an speziellen Nahrungsmitteln wie etwa Orangen. Im 13. Jahrhundert sandte Margaret, die Gräfin von Lincoln, Bier und Brot auf den nächsten Jahrmarkt und wollte Wein, Wachs und Kleider dafür kaufen. Reiche Familien leisteten sich Gewürze und Früchte. Die Gräfin von Leicester notierte in ihrem Haushaltbuch den Ankauf von getrockneten Früchten, Salz, Senf, Pfeffer, Ingwer, Zimt und Nelken. In sieben Monaten verbrauchte sie 53 Pfund Pfeffer. Alle Gewürze waren teuer, von 10 Pence bis zu 2 Schilling, zu einer Zeit, da der Tageslohn eines Landarbeiters 1 Pence betrug und eine Kuh 6 Schilling und 8 Pence kostete.[80] Der gräfliche Haushalt war so groß, daß auch zahlreiche Hauptprodukte zugekauft werden mußten: An einem Sonntag erwarb die Herrin 6 Schafe, 1 Ochsen, 3 Kälber, 8 Pfund Fett, 6 Dutzend Hühner und 10 Gänse. An einem Maisamstag kaufte sie 600 Eier für 22½ Pence, an einem anderen Samstag Brot, Wein, Gras und Hafer für 52 Pferde. Für die Kerzenbeleuchtung in der Kapelle brauchte sie 13 Pfund Wachs.[81]

Vom 15. Jahrhundert an deckten sich die Damen der gesamten Krieger- und Grundbesitzerschicht auf den lokalen Märkten mit Grundbedarfsgütern wie auch mit speziellen Luxusartikeln ein. Die Pastons, eine Familie des englischen Landadels im 15. Jahrhundert, kauften Datteln und Orangen, Tuch, Waffen und Zucker ein. Königin Katharina, die zur selben Zeit lebte, Gattin von Heinrich V., war so vom Handel abhängig, daß sie mitten in den Kämpfen des Hundertjährigen Krieges in Frankreich für sicheres Geleit der Kaufleute sorgte, damit diese ihre Güter zu ihr an den Hof bringen konnten. Im 16. Jahrhundert sandten Damen wie Philiberte von Luxemburg Bedienstete auf den Markt nach Lyon, um Gewürze, feine Gewänder und Gewebe, Spitzen, Faden und Nadeln zu besorgen. Die bescheidenere Sarah Fell (Tochter von Margaret Fell) im 17. Jahrhundert produzierte alles, was sie konnte, auf ihrem eigenen Anwesen Swarthmore Hall, sogar den Hanf für Seile und Haushaltstücher. Und doch mußte sie Gemüse und Käse verkaufen, damit sie Wein, Zucker, Lederhandschuhe, Schuhe, Handwerkszeug und Kleiderstoff besorgen konnte.[82]

Glauben

Die Verantwortung der Edelfrau für ihren Haushalt schloß auch die Verantwortung für das spirituelle Wohlergehen der ganzen Familie mit ein. Die christliche Religion war für die Burgherrin ebenso wichtig wie für die Bäuerin, die auf den Feldern arbeitete. Die Frauen der Krieger- und Grundeigentümerschicht, ob katholisch oder protestantisch, demonstrierten ihre Frömmigkeit durch gute Werke, die jenen zugute kamen, die auf ihren Ländereien lebten, und durch Schenkungen an die Kirche. Sie glaubten daran, daß solche Taten der Erlösung ihrer Seelen förderlich seien. Im 13. Jahrhundert war die Gräfin von Leicester als Herrin des Rittergutes die wichtigste Wohltäterin für die lokale Ansiedlung. 4 Pence pro Tag, notierte sie in ihrer Buchhaltung, hatte ihr Almosenier den Armen ausgeteilt, dazu kamen die Überreste von den Mahlzeiten in der großen Schloßhalle.[83] Im selben Jahrhundert in Frankreich achtete Mahaut, die Gräfin von Artois, darauf, daß den Bedürftigen zu Beginn des Winters Decken, Kleider und Schuhe gegeben wurde. Sie plante die Verteilung so genau, daß niemand zwei Jahre nacheinander die gleiche Gabe erhielt.[84] Im späten 16. und frühen 17. Jahrhundert kauften einige Frauen aus der Oberschicht Getreide, um es in Mangelzeiten auszuteilen. Andere, wie die Engländerinnen Lady Alice Lucy, Lady Warwick und Lady Arundell, verwandten ihre Geschicklichkeit darauf, die Kranken in der Nachbarschaft zu pflegen.[85] Leider aber linderten solche Bemühungen das allgemeine Leiden der Armen nur geringfügig.

Wie adelige Männer machten auch adelige Frauen Schenkungen von Land und Geld zum Gebrauch der Kirche, zur Einrichtung notwendiger Dienstleistungen und für Gebete zugunsten ihres eigenen Seelenheils wie demjenigen der anderen. Eine spanische Gräfin formulierte die Gefühle, die sie zu ihrer Wohltätigkeit bewegten:

> Ich fürchte mich vor der Pein der Hölle, und ich möchte die Freuden des Paradieses erlangen, und aus Liebe zu Gott und seiner glorreichen Mutter und für die Errettung meiner Seele und der Seele meiner Eltern gebe ich Gott, der heiligen Maria und allen Heiligen meine ganze Erbschaft in Retoria.[86]

Urkunden belegen, daß vom 8. bis 12. Jahrhundert in Spanien, Italien, Frankreich und Deutschland Edelfrauen allein oder zusammen mit ihren Erben 7 bis 18 Prozent des Landes als Schenkungen der Kirche vermachten.[87] In Anjou zeichnete sich bei den Vergabungen an drei religiöse Einrichtungen zwischen 1000 und 1249 folgendes Muster ab: Von insgesamt 833 Schenkungen stammten 11,8 Prozent von Ehefrauen allein und 31,4 Prozent von Ehefrauen gemeinsam mit ihren Ehemännern.[88]

Adelige Damen gründeten Klöster, Armenhäuser und die ersten Krankenhäuser Europas. Im frühen 11. Jahrhundert wandte Agnes von Burgund 1100 Pfund auf für die Gründung der zwei Abteien *La Trinité* und *Notre-Dame des Saintes*.[89] An Mahaut, die Gräfin von Artois, erinnerten sich ihre Untertanen nicht allein wegen ihrer jährlichen Liebesgaben, sondern auch wegen des Hospitals, das sie in Hesdin errichtet hatte. Es besaß einen geschlossenen Hof mit Garten – wie ein Kreuzgang –, eine Kapelle und kleine Zimmer für die Vorsteherin und die Dienenden. Die Patienten lagen in einem rund 50 Meter langen Raum mit einem fast 5 Meter hohen Giebelkamin und zehn breiten Fenstern auf der einen Seite.[90] Auch Damen aus Europas Königsfamilien gründeten Krankenhäuser: Margarete von Burgund, die Königin Siziliens, Blanche von Kastilien, die Königin Frankreichs, Elisabeth von Aragonien, die Königin Portugals, Isabella, die Königin Spaniens, und Margaret Beaufort, die Mutter von König Heinrich VII.

Einige Adelige gaben enorme Summen aus, damit für sie und andere gebetet werde. 1155 stiftete Avice, die Tochter des Sheriffs von Nottinghamshire, »Almosen für die Erquickung der Mönche am Jahrestag meines Begräbnisses, damit durch ihre Fürbitte meine Seele im Himmel mit himmlischer Speise und Trank erquickt werden möge«.[91] Eleonore von Aquitanien bezahlte dem von ihr unterstützten Kloster Fontevrault Geld, damit Messen für das Glück der Familie gelesen würden, und 1199 dann für Gebete, die ihrem toten Gatten und dem Sohn Richard Heil bringen sollten. Königin Margarethe von Dänemark gab in einer imposanten Geste der Frömmigkeit 26 000 Mark zu einem Seelenamt (einer Stiftung, die das Lesen von Messen zugunsten von Verstorbenen finanzierte) für alle Männer, die in den Kriegen ihres Landes umgekommen waren.[92]

Andere Damen des Adels hofften durch besondere Taten persönlicher Devotion ihren religiösen Eifer zu demonstrieren. Am Ende des 15. Jahrhunderts gab Königin Isabella von Spanien ihrem ganzen Hof ein religiöses Gepräge: Sie trug das Gewand einer Franziskanertertiarierin, betete die kanonischen Stundengebete wie eine Nonne und bestickte mit ihren Hofdamen Altartücher für die Kirche. Die englische Puritanerin Lady Mary Hoby gönnte sich 1599 nicht einmal Spaziergänge mit ihrem Gatten, da sie keinen Nutzen brächten, und sie bat Gott: »Vergib meine Unterlassungen und Verfehlungen, und gib mir den Geist, wachsam meine Zeit einzuschränken.« Die Zeit richtig zu nützen hieß für sie, ihre Aufgaben zu erfüllen: zu beten, die Mahlzeiten zuzubereiten, zu waschen, sich um Pächter und Ernte zu kümmern und die Sonntagsschule zu beaufsichtigen, die sie für die Kinder ihrer Kirchgemeinde eingerichtet hatte.[93]

Religiöser Eifer konnte sich auch in einer Förderung des Lernens äußern. Andachtsliteratur wurde in Auftrag gegeben, um religiöse Dichtungen und Gedanken von einer Ecke Europas bis zur anderen zu verbreiten, einzelne Kleriker wurden in ihren Studien unterstützt, und in England wurden höhere Schulen errichtet. Im 11. Jahrhundert nahm Judith, die Schwester des Grafen von Flandern, die Evangelienbücher, die zur Feier ihrer Hochzeit mit dem angelsächsischen Edelmann Tostig angefertigt worden waren, mit sich, als sie in zweiter Ehe den Herzog von Bayern heiratete. So brachte sie das angelsächsische illuminierte Manuskript auf das europäische Festland, wo Mönchskünstler die Techniken kopieren konnten. Im 14. Jahrhundert besaß die Königin von Richard II. von England, Anna von Böhmen, sowohl lateinische als auch deutsche und tschechische Bibeln. Möglicherweise über ihre geistlichen Berater erreichten die Schriften des englischen Glaubensreformers Wyclif sein tschechisches Gegenstück Jan Hus.[94] Margaret Beaufort, die Mutter des englischen Königs Heinrich VII., unterstützte den Kleriker John Fisher, sie ermutigte ihn zum Schreiben und sorgte für Veröffentlichung. Auch übersetzte sie einen Teil der Werke des Mystikers Thomas à Kempis, stattete zwei Lehrstühle für Theologie aus und gründete zwei höhere Schulen in Cambridge, an denen Männer studieren konnten, das *Jesus College* und das *Christ's College*.[95]

Kinder

Im 17. Jahrhundert gründete die englische Puritanerin Lady Hoby auf ihren Gütern eine Sonntagsschule, die die Kinder der Bauernfamilien im Glauben unterwies. Wie alle Edelfrauen überwachte sie auch die religiöse Erziehung ihrer eigenen Kinder. Begüterte Mütter sprachen oft ihren Nachkommen die ersten Gebete vor, lehrten sie lesen, schreiben und einfache Rechnungen ausführen. Berühmte Söhne priesen die Bemühungen ihrer Mütter. Petrus Damianus, der gelehrte Kleriker des 12. Jahrhunderts, erinnerte sich an belehrende Spiele und an Alphabetkärtchen, mit denen er sich zu beschäftigen hatte.[96] Im 16. Jahrhundert sparte sich Suzanne de la Porte neben der Verwaltung der Familienbesitztümer Zeit ab, um ihren Sohn, den zukünftigen Kardinal Richelieu, zu unterrichten.

Töchter lernten von ihren Müttern wie auch von den Damen, in deren Haushalt sie eintraten. Bis ins 17. Jahrhundert war es Brauch, Mädchen in die Obhut einer anderen Frau zu schicken. Wie die Knaben, die zur Ausbildung als Ritter in die Aufsicht eines ehrwürdigen Kriegers gegeben wurden, gingen auch die Mädchen von zu Hause weg, in den Haushalt einer anerkannten *lady*. Im 13. Jahrhundert behielt die Gräfin von Leicester ihre Töchter, bis sie fast dreizehn Jahre alt waren – das war aber eher ungewöhnlich. Üblicherweise zog eine Tochter, selbst in Ritterfamilien, mit sechs oder sieben Jahren zu einer anderen adeligen Familie.

Die Familie Paston, die im 15. Jahrhundert dem englischen Landadel angehörte, hatte einige Schwierigkeiten, einen Platz für ihre Tochter zu finden. Zuletzt mußten sie der Lady Pole 26 Schilling und 8 Pence entrichten, damit sie Elizabeth in Kost nahm.[97] Ein großer adeliger Haushalt konnte dagegen ohne Schwierigkeiten zahlreiche Mädchen unterbringen. Die Herzogin von Hamilton nahm im 17. Jahrhundert Kinder aus drei anderen Familien auf und gab ihnen Gelegenheit, unter ihrer Aufsicht die adeligen Sitten und Fertigkeiten einzuüben.

In mancher Hinsicht wichtiger als die Pflege und Ausbildung von Töchtern und Söhnen waren Schwangerschaft und Geburt. Denn ein Hauptzweck der Ehe, der Verbindung von zwei vornehmen Geschlechtern, lag in der erhofften Fruchtbarkeit der Frau. Sie brachte nicht nur ihre Mitgift in die Ehe ein, sondern auch ihren Körper und damit ihr Vermögen, die Geschlechterfolge fortzupflanzen. In England wurden im 15. Jahrhundert schwangere Edelfrauen zum Teil mit besonderen Speisen, etwa Datteln oder Orangen, verwöhnt. Umständliche Rituale und Bräuche flankierten die Niederkunft in einem königlichen Haushalt. Königin Elisabeth, die Gemahlin des englischen Königs Heinrich VII., gab einem Ordenshaus Geld, um den Gürtel benutzen zu dürfen, der angeblich von der Jungfrau Maria getragen worden war; er sollte ihre Wehen erleichtern.[98] Wie die anderen Christinnen unterzogen sich auch Königinnen dem Ritual der Aussegnung, bei der die Mutter für ihren ersten Kirchgang nach der Geburt vom Priester gesegnet und gereinigt wurde. Nach der populären Überlieferung war die heilige Elisabeth, Königin von Ungarn im 13. Jahrhundert, jeweils nach der Geburt ihrer Kinder zum Altar gegangen, wie die Jungfrau Maria in einfachen Kleidern und mit den symbolischen Opfergaben von einer Kerze und einem Lamm. Die Taufe, die zweite wichtige christliche Geburtszeremonie, fand entweder am Geburtstag selbst oder bis zu sechs Wochen später statt.

Weder der Fortschritt der Jahre noch die Anhäufung von mehr oder weniger Besitztümern konnte eine sichere Entbindung für Mutter und Kind garantieren. Königinnen nicht anders als einfache Frauen setzten jedesmal ihr Leben aufs Spiel. Auf dem Kreuzzug von 1270 stürzte die schwangere Isabella von Aragón, die ihren Gatten Philipp III. begleitete, beim Durchwaten eines Flusses vom Pferd; sie erlitt eine Fehlgeburt und starb wenige Tage danach. Jeanne de Bourbon, die mit König Karl V. von Frankreich verheiratet war, brachte vier Kinder zur Welt, doch 1378 starb sie an den Komplikationen der letzten Geburt.

Man hat versucht, die Sterblichkeitszahlen für Frauen des englischen Adels im 17. Jahrhundert zu errechnen. 45 Prozent der adeligen Damen starben, bevor sie fünfzig Jahre alt waren, und von diesen starb ein Viertel im Kindbett.[99] Eine kräftige Frau hatte eine lange Periode der Fruchtbarkeit durchzustehen. Einige Edelfrauen des 17. Jahrhunderts haben ihre Erfahrungen aufgezeichnet. Alice Thornton, eine Angehörige des englischen Landadels, hielt Einzelheiten von allen ihren Entbindungen fest. Das erste Mal empfing sie sieben Wochen nach der Hochzeit. In jeder Schwangerschaft hatte sie mit Schwierigkeiten zu kämpfen, doch stellte sie jedes Jahr, von 1654 bis 1657, ein Kind auf die Welt. Der Sohn, der im Dezember 1657 mit den Füßen voran geboren wurde, verursachte wochenlange Blutungen.[100]

Margaret Fell, eine andere niedrige Adelige, heiratete 1632 mit siebzehn Jahren und hatte neun Kinder und zwei Fehlgeburten. Ihre Tochter Bridget dagegen starb im Winter 1662/1663 im Kindbett. Sarah, eine andere Tochter, berichtete ihrer Mutter im Mai 1684 von einer leichteren Entbindung: »Ich lag etwa sechs Stunden in den Wehen, und obwohl es hart war, war mir der Herr gnädig und gab mir die Stärke, es zu überleben und durchzustehen, und gab mir zum Zeitpunkt, da es ihm richtig schien, die Entbindung von einem süßen Kindchen.«[101]

Höchst brutal und schmerzhaft war der Tod infolge des unbeabsichtigten Blutbads, das angerichtet wurde, wenn die Mutter das Kind nicht auspressen konnte. Die Engländerin Elizabeth Tufton beschrieb im 17. Jahrhundert den Tod ihrer Freundin Frances Drax. Die Wehen setzten am Samstag ein, doch das Fruchtwasser kam nicht vor Montag. Am Dienstag stellte die Hebamme, Mrs. Baker, fest, daß das Kind tot war. Man rief einen Chirurgen, der versuchte, den Fetus aus dem Mutterleib zu ziehen. »Er fuhr mit seinen Bemühungen bis 10 Uhr nachts fort, und wir mußten ihr fast jede Minute stärkende Mittel reichen. [...] Der Mann behauptete, er habe es auf alle erdenklichen Arten versucht, doch vergeblich, und sie wurde schwach und benommen, bat den Doktor um Gottes willen, er solle sie in Ruhe sterben lassen.« Ihre Freundinnen legten sie zurück ins Bett und saßen bei ihr, bis sie verblutet war.[102] Selbst Frauen aus den höchsten Schichten machten erst im 19. Jahrhundert weniger gefährliche Geburtserfahrungen.

Die edlen Damen in den Burgen und Schlössern wickelten ihre Säuglinge, wie es die Bäuerinnen auch machten, indem sie sorgfältig erst Glied um Glied und dann das ganze Körperchen mit Stoffbändern umwickelten. Urkunden schon aus dem 11. Jahrhundert beweisen, daß die Edelfrauen ihre Kinder nicht immer selbst stillten. Sie heuerten eine Bäuerin an, zumeist eine, deren eigenes Kind gestorben war, die dann als Amme auf das Gutsschloß kam. In glänzenden Haushaltungen gab es zusätzlich Kinderfrauen, die die Sprößlinge nicht stillten. Eleonore, die Gräfin von Leicester, hatte im 13. Jahrhundert für jedes ihrer Kinder eine Kinderwärterin. Und die wohlhabende Gräfin von Hamilton beschäftigte im 17. Jahrhundert einen ganzen Stab von Personal für die Kinder: Ammen, Wärterinnen, ein Kammermädchen und eine Wäscherin.

Sowenig wie die Kinder der Landfrauen verschonte der Tod die Nachkommen der Krieger- und Grundbesitzerelite. Unfälle und Krankheiten rafften ungefähr die Hälfte der Kinder dahin, bevor sie erwachsen geworden waren. Alice Thorntons Junge William starb bald nach der Geburt an Pokken, ein anderer Sohn, Robin, mit vier Jahren, und Christopher lebte nur gerade drei Wochen. Die Mutter bat darum, »daß meine Seele durch alle diese Züchtigungen gebessert werde«.[103] Margaret Fell verlor zwei ihrer Kinder im Säuglingsalter. Ihren Töchtern ging es noch schlechter: Isabel verlor drei ihrer vier Kinder, Mary fünf von zehn, Rachel drei von vier schon als Säuglinge.[104] Auch die ganz Reichen mußten dieselben Erfahrungen machen. Lady Mary Fielding, Herzogin von Hamilton, brachte in acht Jahren sechs Kinder zur Welt. Vier davon starben vor dem siebten Geburtstag. Die Geburt von William im Jahr 1638 ließ die Mutter derart geschwächt zurück, daß sie bald danach starb. Ihre Tochter Anne war zäher, sie gebar zwischen 1657 und 1671 dreizehn Kinder, von denen zehn erwachsen wurden, eine bemerkenswert hohe Zahl für jene Zeit.

So vieles stand auf dem Spiel, so vieles änderte sich vom 9. bis zum 17. Jahrhundert – die Konstanten im Leben der adeligen Frauen blieben. Obwohl die Damen das Land nur selten in ihrem eigenen Namen besaßen, erteilten sie den Vögten und Hausmeiern, den Verwaltern der familieneigenen Gutshöfe, Anweisungen. Sie beaufsichtigten die Arbeiten auf den Grundstücken und im Haushalt. Ihnen fiel die Verantwortung für die Stammfolge zu, da sie die Kinder gebaren, die den Namen der Familie samt den Rechtsansprüchen auf ihre Ländereien weitertrugen. Die Frauen waren für das feudale System und die Ordnung des Königreiches ebenso wichtig wie ihre Männer.

4.3 Macht und Verletzbarkeit

Ehefrauen und Töchter in der Welt des Feudalismus (9. bis 12. Jahrhundert)

In der Welt des europäischen Feudalismus vom 9. bis zum 12. Jahrhundert war den Interessen des Krieges durch weibliche Landbesitzer nur schlecht gedient. Nach der Theorie konnten die Frauen nicht kämpfen, und in der Praxis waren sie dazu nicht ausgebildet. Deshalb leisteten sie selbst keinen Waffendienst und konnten die grundlegende Pflicht, auf welcher die feudale Beziehung zwischen Herr und Vasall beruhte, nicht erfüllen. Aber die realen Umstände setzten sich manchmal über die Theorie hinweg. Nach dem Tod Karls des Großen im 9. Jahrhundert bildeten sich Bedingungen in einer Kombination heraus, die den Umsturz dieser grundlegenden Voraussetzung einer Kriegerkultur ermöglichte, und wie im römischen Imperium und den frühen germanischen Königreichen kämpften doch einige Frauen für ihre eigenen Angelegenheiten und herrschten in ihrem eigenen Namen.

Die politischen Verhältnisse des 11. und 12. Jahrhunderts ähnelten denen gewisser Epochen vor 800. Es war eine Übergangszeit, wo eine Form der politischen Autorität in eine andere überging. Die Herrschaft eines Stammes, zum Beispiel der Franken oder der Angelsachsen, wurde abgelöst durch die Herrschaft von vielen, durch eine Epoche, in welcher zahlreiche verschiedene Familien um die Macht konkurrierten. In dieser Umbruchszeit erwarben einige Frauen Land und führten wie die Männer Krieg. Obwohl Kriegerinnen und Feudalherrinnen der Logik des Systems offenbar widersprachen, spielten Damen in dieser Periode des Feudalismus entscheidende Rollen, nicht allein als Stellvertreterinnen ihrer Väter oder Gatten, sondern als selbständige feudale Lehnsherrinnen und Vasallinnen, die eigene Ländereien und Privilegien verteidigten.

Daß es Frauen aus der kriegführenden und landbesitzenden Elite gelang, solche Macht zu erringen, war einer Reihe von Veränderungen im europäischen Feudalismus zu verdanken. Als das Kaiserreich Karls des Großen mit seiner zentralisierten Regierungsmacht aufgeteilt wurde, fanden einzelne Adelsfamilien die Möglichkeit, die frühere Autorität ihrer Stammesoberhäupter und Könige zu schwächen. Sie wirkten auf die Vererbbarkeit der Lehen – der Übertragung von Hoheits- und Nutzungsrechten über Land und Leute – hin, bis schließlich Ende des 11. Jahrhunderts die Lehen beim Tod der Belehnten nicht mehr automatisch in die Verfügungsgewalt des Feudalherrn zurückfielen; statt dessen hatten die Familien ihren Kindern das Erbrecht gesichert.

Der Vorrang und die relative Unabhängigkeit der Familienclans wurden zwischen dem 9. und 12. Jahrhundert noch in einer anderen Weise verankert, die sich letztlich zum Vorteil der Frauen auswirkte: Während dieser Epoche entstand das Konzept der »Stammfolge« *(lignage)*, des Adels durch Abstammung. Das Tragen eines gemeinsamen Familiennamens und der Bezug auf die Abstammung von männlichen und weiblichen Vorfahren ersetzte die Identifikation durch den Stamm oder durch die Region. In der zweiten Hälfte des 11. Jahrhunderts begannen Kinder, die von denselben Eltern abstammten, einen gemeinsamen Zunamen zu verwenden. Wenn Söhne fehlten, konnten auch Töchter als Hüterinnen des neu etablierten Familiennamens und des Geschlechts auftreten.[1]

Auch ökonomische Veränderungen trugen im 11. und 12. Jahrhundert zu den Bedingungen bei, die Frauen das Ausüben traditionell männlicher Macht gestatteten. Als sich die Handelswirtschaft entwickelte und Geld die traditionellen Tauschmittel (Güter und Dienstleistungen) zunehmend ersetzte, mußten die Familien neu definieren, auf welche Weise ihre Besitztümer auf die nächste Generation übertragen wurden. Vom 11. Jahrhundert an mußte ein Grundherr mehr als nur kämpfen und herrschen können. Er brauchte Geld: Geld, mit dem er seinen Feudalherrn unterstützen mußte, Geld für die Gastfreundschaft, für die Repräsentation und den Prunk der herrschenden Klasse und, vor allem, Geld für die Ausrüstung des berittenen und bewaffneten Kriegers.[2] Herren und Vasallen betrachteten ihre Ländereien als die wichtigsten Einkunftsquellen. Wenn nun der Boden durch das Erbrecht in die Hände zahlreicher Söhne und Töchter überging, splitterte sich der hart errungene Reichtum in immer kleinere Einheiten auf, bis schließlich die einzelnen Stücke zu klein wurden, um für die Verpflichtungen aufzukommen, welche den Fortbestand von Macht und Status der Familie garantierten.

Als sich der Adel mit diesen ökonomischen Gegebenheiten konfrontiert sah, traf er zum Teil dieselben Entscheidungen wie die Bauernschaft. Die adeligen Familien verringerten ihre Nachkommenschaft durch spätere Heirat und begrenzten die Zahl jener Söhne, die sich verehelichen durften.[3] Entscheidend für die Töchter war es, daß die Familien in den meisten Regionen Europas jeden Anschein von gleichberechtigter Erbschaft aufgaben und statt dessen einen Teil ihres Besitztums zum unveräußerlichen »Patrimonium« erklärten, das sie einem einzigen Erben (in der Regel einem Mann, der gemäß Definition dem Feudalherrn den geschuldeten Waffendienst leisten konnte) weitergaben. Verstreute Grundstücke wurden zu größeren Besitztümern zusammengefügt. Im 11., 12. und 13. Jahrhundert hatten die größten der feudalen Magnaten durch Erbschaften riesigen Landbesitz angehäuft; sie regierten über ganze Provinzen als über ihre Lehen und setzten den Ertrag, den diese hervorbrachten, dazu ein, die Zentralisierungsbemühungen von Königen und Kaisern zu vereiteln.[4]

Diese Kombination aus politischen und ökonomischen Faktoren sowie die neuen Entscheidungen, die die Familienmacht steigern und stärken sollten, wirkten sich zum Vorteil einiger weniger Damen aus. Die Stärke und der Ehrgeiz der Familien hatten das Recht auf Vererbung und die Tradition, Grundstücke in der Hand eines Haupterben zusammenzulegen, etabliert. Die Stärke und der Ehrgeiz der Familien führten nun gleichfalls dazu, daß, wenn Söhne fehlten, Töchter vorrangig durch ihre Abstammung definiert wurden und erst sekundär nach Geschlechtszugehörigkeit. Das Recht der Thüringer im 9. Jahrhundert besagte, die Erbschaft gehe eher »vom Speer an die Kunkel« über, als daß das Land in andere Hände komme.[5] Überall in Europa, in Rußland wie in Frankreich, in Italien wie in Norwegen, setzten sich Väter über die gebräuchlichen Verbote, weiblichen Nachkommen das Patrimonium zu vererben, hinweg und übertrugen es einer bevorzugten Tochter, nicht anders als wäre sie ein bevorzugter Sohn. Dadurch konnten adelige Familien ihr Erbschaftsrecht aufrechterhalten, ihr Geschlecht fortpflanzen und den Familienbesitz behalten oder vergrößern.[6]

Wo Söhne fehlten, wurden Töchter zu Alleinerbinnen, besaßen Land in eigenem Recht und erfüllten wie Männer den Auftrag der Familie, zu kämpfen und herrschen.[7] Nur dank der wirtschaftlichen Veränderungen wurden solche »Anomalien« eher möglich, da ein bezahlter männlicher Ersatz oder ein bestimmter Geldbetrag der feudalen Verpflichtung zum Waffendienst Genüge leistete. Eine Gebieterin brauchte so nur genügend Einkommen zu erwirtschaften, um den alten Kriegerverpflichtungen nachzukommen. Im 12. Jahrhundert hinterließen zwei Väter, König Heinrich I. von England und Herzog Wilhelm X. von Aquitanien, ihre Länder ihren Töchtern. Mathilde wurde dadurch Königin von England, und Eleonore von Aquitanien stieg zur bedeutendsten Vasallin des französischen Monarchen auf, die mehr als ein Drittel allen Landes besaß, welches unter seiner Oberlehnsherrschaft stand.[8]

Obwohl die normannischen Könige von England den Thron durch Eroberung in Besitz genommen hatten, war ihre Macht so groß, daß sie die Herrschaft fortan unbestritten von Vater auf Sohn weitergaben. Doch dann wurde die männliche Linie unterbrochen. Als 1120 sein Sohn William starb, rief König Heinrich I. seine verwitwete Tochter Mathilde (1102–1167) aus Deutschland zurück – sie war mit dem Kaiser des Heiligen Römischen Reiches verheiratet gewesen –, mit der Absicht, sie auf den Thron nachfolgen zu lassen. 1127 hielt er zu Neujahr eine Hofversammlung in Windsor ab, wo er sie zu seiner Erbin ernannte und seine Kronvasallen ihr huldigen und Gefolgschaft schwören ließ. Um die mächtigen Grafen von Anjou zu neutralisieren, arrangierte der König die Heirat der fünfundzwanzigjährigen Mathilde mit dem vierzehnjährigen Erben Anjous, Gottfried Plantagenet. Sie gebar ihm drei Söhne, und das Geschlecht von Wilhelm dem Eroberer schien gesichert. 1137 starb Heinrich I. Nun mußte sich erweisen, ob Mathilde ihr Erbrecht auf Land und Herrschaft durchsetzen konnte. Es war eine Ironie der Geschichte, daß auch ihr Hauptrivale Stefan, ihr Vetter, nur über die weibliche Linie Anspruch auf die Krone erhob, nämlich über seine Mutter Adela, die eine Schwester Heinrichs I. gewesen war. Oberhäupter der großen Adelsgeschlechter erblickten in den rechtswidrigen Ansprüchen der beiden Anwärter und ihrer Rivalität die Chance, ihre eigene Unabhängigkeit gegenüber der stark zentralisierten Dynastie zu betreiben. Während Mathildes Gatte in die Normandie ging, um das Gebiet dort unter Kontrolle zu behalten, blieb sie selbst in England. Sie führte eigene Heere an, wobei sie von ihrem schottischen Onkel, einem Vetter, dem Earl von Northumberland, und den beiden illegitimen Söhnen ihres Vaters, den Earls von Gloucester und Cornwall, unterstützt wurde. Sie gewann Schlachten und verlor Burgen. Es gab keinen eindeutigen Sieg, und sie war nie beliebt. Sie schaffte Ordnung, doch ihre Zeitgenossen beschrieben sie als arrogant und zu direkt. Letzten Endes war es nicht ihre Geschicklichkeit als Kriegsherrin oder Herrscherin, die ihr den Thron gewann, sondern ihr weiblicher Körper und ihre Fruchtbarkeit. Durch ihre Kinder war sie gegenüber Stefan im Vorzug, denn dessen Erbe Eustace starb. So war es 1154 Mathildes Sohn, Heinrich Plantagenet, der als Heinrich II. König von England wurde.

Unter ähnlichen Umständen kam die Tochter des Herzogs Wilhelm X. von Aquitanien in den Besitz von Land und Macht. Eleonore von Aquitanien (1122–1204) stammte aus Südfrankreich, wo große Familien erbliche Lehnsinhaber über riesige Territorien geworden waren. Dem König, ihrem eigentlichen Oberherrn in der feudalen Hierarchie, schenkten sie nur beiläufig Aufmerksamkeit. Wie Mathilde kam auch Eleonore über eine Reihe von Todesfällen zu ihrem Besitz: Als sie acht Jahre zählte, starben sowohl ihre Mutter als auch ihr Bruder.[9] Sieben Jahre später verstarb ihr Vater auf einer

Pilgerfahrt nach Spanien. Vor seiner Abreise hatte er jedoch noch Vorkehrungen getroffen, um sie zu schützen und den Landbesitz unversehrt zu halten, obwohl ein Sohn fehlte. Der französische König Ludwig VI. sollte ihr Vormund sein. Die königliche Autorität brauchte es, um das Territorium gegen Seitenlinien des Geschlechtes zu verteidigen; sie sollte andere Magnaten einschüchtern, die allenfalls hätten versuchen wollen, sich den Grundbesitz oder die Tochter, in der alle Ansprüche verkörpert waren, oder auch beides anzueignen. Im Austausch für seinen Schutz konnte der König als ihr Vormund auch darüber befinden, wen sie zu heiraten hatte. Eleonore brachte in einem Maß Land und Reichtum in eine Ehe ein, das der Macht und dem Besitz seiner eigenen königlichen Familie Konkurrenz machte: Ihr gehörten die Provinzen von Poitou, Guienne (Aquitanien) und Gascogne, nahezu ein Drittel des heutigen Frankreichs. Als Eleonore fünfzehn war, verband Ludwig sie gerade noch vor seinem Tod früh im August des Jahres 1137 mit seinem eigenen siebzehnjährigen Sohn und sicherte auf diese Weise ihre Ländereien und die Lehnspflicht ihrer Vasallen der französischen Königsdynastie.

Eleonores junger Gemahl, nun König Ludwig VII., wandte sich um Rat an andere: an den Abt Suger von Saint-Denis und an seine Mutter, die Königinwitwe Adelaide von Maurienne. Dies machte Eleonore nicht irre. Schon mit fünfzehn trat sie ganz wie eine Königin auf und machte von ihrer eigenen Machtbefugnis als Feudalherrin Gebrauch. Sie richtete einen festlichen und prunkvollen Hof ein. Über die Abstammung ihrer Mutter erhob sie Anspruch auf Toulouse. Sie drängte, trotz der Opposition ihrer Lehnsmänner und des Papstes, auf die Heirat ihrer Schwester mit einem Ratgeber von Ludwig. 1145 schloß sich die Fürstin samt den weiblichen Gefährtinnen ihres Hofes begeistert dem Kreuzzug an, um den Türken das Heilige Land abzuringen.

Im Nahen Osten griff Eleonore die Frage einer Scheidung von Ludwig auf; darin äußerten sich die Unabhängigkeit und der Mut, über die sie dank ihrer Erbschaft verfügte. Ludwig hatte sie als Verbündeter wie als Ehemann enttäuscht: Weder hatte er ihr Toulouse zurückgewonnen, noch hatte er ihr in seinem eigenen Land nennenswerten Einfluß eingeräumt. In einem Zeitalter, da man fest glaubte, das Geschlecht eines Kindes werde durch den Vater bestimmt, hatte sie von ihm nur eine Tochter empfangen. Als Hüterin ihres Familiengeschlechtes brauchte Eleonore aber Söhne, welche die Ländereien, die ihr vermacht worden waren, erben und regieren konnten. Ohne Söhne wäre das väterliche Erbteil den königlichen Besitztümern einverleibt und des Königs Eigen geworden, um dann als Belohnung an die Söhne anderer Familien verteilt zu werden.[10] Als Eleonore nun von Scheidung sprach, mußte sie die Grenzen ihrer Macht erkennen. Ludwig verweigerte seine

Einwilligung, und als sie diskutieren wollte, ließ er sie gewaltsam auf seinem Feldzug zur Wiedereroberung Jerusalems mitführen.[11] Sein Angriff schlug fehl, und während der Rückfahrt nach Frankreich überredete Eleonore den König, die Reise in Italien zu unterbrechen und den Papst zu konsultieren. Das Oberhaupt der Kirche persönlich gab dem Paar das Geleit zum Bett und zu einer Erneuerung ihrer ehelichen Pflichten.

Eleonore jedoch fuhr in ihrem Bestreben nach der Auflösung der unerwünschten Vereinigung beharrlich, eigensinnig und geduldig fort. Die Geburt einer weiteren Tochter im Jahr 1150 half ihrer Sache, ebenso ein Jahr danach der Tod des Abtes Suger, der einer der hartnäckigsten Scheidungsgegner gewesen war. Sie bewog Ludwig, seine Truppen nach und nach von ihrem Territorium abzuziehen. Im März 1152 gewährte der Papst die Annullation. Der letzte Teil von Eleonores Projekt war es, einen neuen Partner und Beschützer zu gewinnen, einen Krieger, der einer Erbin ihrer Größenordnung würdig war. Im Sommer 1151 hatte sie Heinrich Plantagenet, den Sohn Mathildes von England, kennengelernt. Sie war zu diesem Zeitpunkt dreißig Jahre alt, er achtzehn. Möglicherweise begingen sie Ehebruch.[12] 1152 ließ Eleonore ihre beiden jungen Töchter Marie und Alix in der Obhut des Vaters zurück (dies war eine Bedingung der Annulationsvereinbarung) und zog eilig südwärts, ihrer Hauptstadt Poitiers und der Ehe mit Heinrich entgegen. Er war der Erbe des englischen Throns und der französischen Provinzen Maine, Touraine, Anjou und Normandie. Zusammen herrschte das Paar über mehr als die Hälfte Frankreichs und, nach 1154, über ganz England. Ehrgeiz und Tatkraft Heinrichs II. kamen denjenigen von Eleonore gleich. Überdies war er jung und stark, ein Mann, von dem die Zeitgenossen glaubten, daß er Söhne zeugen werde.

In den ersten Jahren ihrer Ehe erwiesen sich Eleonores Annahmen als richtig. Die beiden herrschten gemeinsam. Sie war zusammen mit ihm unterwegs; in den Jahren 1157 und 1158 legte sie über 3500 Meilen zurück, um ihre Ländereien zu verwalten.[13] Neben Heinrich saß sie den periodischen feierlichen Hoftagen vor und trat als Regentin in seinen französischen Territorien auf. Während er in Frankreich war, regierte sie umgekehrt in England. Ab 1154 erhob sie eine eigene Steuer von Heinrichs englischen Untertanen, die *the queen's gold* (»das Gold der Königin«) genannt wurde. Eleonore von Aquitanien war so mächtig, wie eine feudale Edelfrau nur sein konnte. Überdies gebar sie fast jedes Jahr zwischen 1152 und 1166 ein Kind – acht Schwangerschaften insgesamt, wovon vier Söhne und drei Töchter bis ins Erwachsenenalter überlebten.[14]

Das Königspaar behielt seine tatsächliche Partnerschaft bei, bis seine Söhne volljährig wurden. Danach gerieten alle Wünsche und Ambitionen von Eleonore als einer eigenständigen Feudalherrin mit dem Bestreben Heinrichs, als Monarch die Autorität in seinen Händen zu festigen und zu zentralisieren, in Konflikt. Eleonore bewertete Dynastie und lokale Hegemonie hoch. Sie wünschte jeden Sohn auszustatten, indem sie ihm Land vermachte, wann und wie sie es für gut befand. Heinrich dagegen wollte den Grundbesitz beisammenhalten, um Ressourcen sicherzustellen, die groß genug waren, um dem französischen König Widerpart zu bieten. Als die dritte Gattin Ludwigs VII. 1165 einen männlichen Erben zur Welt brachte, gingen sowohl Eleonore als auch Heinrich noch entschlossener daran, ihren je eigenen Weg zu verfolgen.

Eleonore wollte, daß ihre Söhne Rechtstitel auf die ihnen gehörenden Ländereien und deren Einkünfte besaßen, damit sie bereits auf sicheren Füßen standen, während der künftige französische König noch ein Kind war. Theoretisch stimmt Heinrich mit ihr überein; im Januar 1169 teilte er ihnen Land zu, behielt jedoch die Einnahmen und die Befehlsgewalt bei sich. An der Hofversammlung an Weihnachten 1172 in Chinon stellte sich der älteste, gerade siebzehnjährige Sohn Heinrich, ermutigt durch Eleonore, seinem Vater entgegen. Als der König nichts von seiner Macht abtrat, schlug sich die Mutter auf die Seite der rebellierenden Jungen und deren Verbündetem, des französischen Königs. Der Feldzug geriet zu einer Katastrophe. Die Söhne entkamen nur knapp und flüchteten sich zu Ludwig. Eleonore selbst hielt sich zu lange in Aquitanien auf; als Heinrich II. mit seinen Truppen südwärts zog, um ihre Ländereien zu plündern und zu verwüsten, ergriff er sie. Sie ritt, nur von einigen wenigen Rittern beschützt, in Männerkleidern und nach Männerart.

Heinrich vergab allen außer seiner Gattin. Sie war zu wichtig, als daß er sie hätte töten, zu wichtig aber auch, als daß er sie einfach hätte freilassen können. Nach den feudalen Spielregeln besaß sie zuviel Macht und doch nicht genug. Als Lehnsherrin gebot Eleonore über die Gefolgschaft ihrer Vasallen, aber diese wären nicht stark genug gewesen, ihr den Sieg zu erringen. Andererseits hätte Heinrich, falls er angeordnet hätte, die Gebieterin umzubringen, ihre Lehnsleute seiner Autorität gegenüber nur noch feindseliger gemacht. Als Lösung des Problems schlug der König möglicherweise vor, Eleonore solle sich im Nonnenhaus von Fontevrault, jenem von ihr begünstigten Doppelkloster, in den Ruhestand begeben.[15] Sie lehnte dies ab, und Heinrich griff nach der einzigen Alternative, die ihm zu bleiben schien: Er hielt sie, isoliert von ihren Anhängern, fünfzehn Jahre in der Burg von Salisbury als seine Gefangene fest. Über Jahre hinweg verweigerte sie alle Anregungen zu einer Versöhnung. Gelegentlich gestattete ihr der Gatte, öffentlich aufzutreten: Aus Anlaß der Hochzeit ihrer Töchter und beim Tod ihres ältesten Sohnes im Jahr 1183. Wie schon früher einmal mit einem anderen König und Ehemann wartete sie ab und schmiedete ihre Pläne. Sie trieb ihren Lieblingssohn Richard dazu an, in ihrem Namen Toulouse zu fordern und wiederum zu rebellieren. Diesmal, im Frühjahr 1189, überwand der Sohn den erschöpften und vielleicht entmutigten alten Mann. Heinrich II. starb noch im selben Jahr.

Als Richard den Thron bestieg, fanden alle Konflikte zwischen Geschlecht und Loyalität ein Ende. Eleonore billigte alles, was ihr Sohn verlangte. Als seine Mutter und Königinwitwe half sie, alle seine Anordnungen abzustützen. Ihre erste öffentliche Handlung bestand darin, sich selbst aus der Haft zu befreien und eine Amnestie zu erlassen, mit den Worten, daß sie »aus ihrer eigenen Erfahrung« wisse, »daß Gefängnisse für Menschen bedrückend und daß die Befreiung daraus eine sehr köstliche Erfrischung für die Seele sind«.[16] Der englische Chronist Richard von Devizes beschrieb sie um diese Zeit (rund 1190), da sie etwa sechzig Jahre zählte, als »unvergleichlich«, »schön und doch tugendhaft, mächtig und doch sanft, bescheiden und doch scharfsinnig – Eigenschaften, die höchst selten in einer Frau gefunden werden«.[17]

Sie benutzte alle diese Eigenschaften, machte von ihrer Intelligenz und ihrer feudalen Autorität Gebrauch, um Richards Macht und danach die seines Bruders Johann zu stützen, als zuerst der eine, dann der andere Sohn an die Herrschaft kam. Eleonore war nunmehr zur Hüterin beider Geschlechter geworden, sowohl desjenigen ihres Vaters wie desjenigen ihres Gatten. Noch mit über siebzig Jahren half sie, die Länder und Titel der Familie zu sichern. Sie kämpfte für Richard, als der jüngste Sohn Johann die Abwesenheit seines Bruders auf einem Kreuzzug zu seinem eigenen Vorteil ausnützen wollte. Sie trieb die fünfunddreißig Tonnen Silber auf, die 1173 notwendig waren, um Richard aus der Gefangenschaft freizukaufen.[18] Bei Richards Rückkehr versöhnte sie die Brüder. Während sie 1199 den sterbenden Richard pflegte, schickte sich der Sohn Ludwigs VII., der nun als König Philipp August auf dem französischen Thron saß, an, ihre Territorien an sich zu reißen. Mit siebenundsiebzig Jahren hob Eleonore eine Armee aus, eroberte Anjou und Maine zurück und übergab Johann den Rechtsanspruch auf Aquitanien. Sie half auch mit, den Friedensschluß zu arrangieren, in dem Philipp August ihren Sohn Johann als König von England anerkannte.

Sie stand ihrem jüngsten Sohn trotz seiner Untaten bei und kämpfte für ihn, obwohl er seinen Oberlehnsherrn verhöhnt hatte. 1202 hatte Johann die Verlobte eines seiner Vasallen selbst zur Ehe genommen und Philipp August damit einen Anlaß gegeben, sein Land anzugreifen. Eleonore verließ Fontevrault, um nochmals Aquitanien zu verteidigen. Doch sie hatte die Grenzen ihrer physischen Kraft und ihrer Macht erreicht. Nur ein Gewaltmarsch von Johann errettete sie vor der Gefangenschaft, als sie im Juli 1202 in ihrer Burg in Poitiers belagert wurde. Sie erholte sich nie mehr ganz und starb im April 1204.

Eleonore blieb es erspart, die ganze Serie von Katastrophen mit anzusehen, die den Rest der Herrschaft ihres Sohnes bestimmten. Er verlor fast sämtliche Ländereien, die sie so sorgsam verwaltet und verteidigt hatte. Doch auch wenn Johann sich umsichtiger verhalten hätte, neigte sich doch die Ära der großen Feudalmagnaten samt den Möglichkeiten, die sie aristokratischen Damen geboten hatte, dem Ende zu.[19] Der politische und wirtschaftliche Wandel des 12. und 13. Jahrhunderts untergrub alle ihre Macht. Dynastische Monarchen wie Philipp August von Frankreich, nicht Lehnsherrinnen wie Eleonore, konnten der europäischen Gesellschaft die relative Ordnung und den Frieden bieten, nach denen sie verlangte. Dank der eigenen Besitzungen, die sich die Königsgeschlechter anhäuften, verfügten sie über die notwendigen Einkünfte, um Macht und Autorität aufrechtzuerhalten. Nur in Italien und Deutschland hatte das Muster der feudalen Geschlechter und der aufgesplitterten Besitztümer vom 13. bis zum 17. Jahrhundert noch Bestand.

Ungewöhnliche Umstände hatten Eleonore von Aquitanien Zugang verschafft zu politischer Macht, die weit über das Maß hinausreichte, das einer Frau üblicherweise gestattet war. Trotzdem konnten in einer kämpfenden Welt nur die stärksten Persönlichkeiten, die stärksten Gebieter oder Gebieterinnen mit klaren und abgestützten territorialen Ansprüchen, wodurch das Führen eines Krieges wirtschaftlich überhaupt erst ermöglicht wurde, ihre Macht gegenüber anderen Vasallen oder gegenüber den zunehmend wachsenden Befugnissen der Könige behaupten. Dies war keineswegs ein »Goldenes Zeitalter« für die Damen der europäischen Oberschicht. Wie günstig die Umstände auch sein mochten – stets blieben die Frauen doch verletzbar und untergeordnet. Die Ehen der Königin Mathilde wurden von ihrem Vater arrangiert; Eleonore von Aquitanien wurde von ihrem Gatten gefangen gehalten. Auch wenn die Damen männliche Rollen wahrnahmen und großen Landbesitz in ihrem eigenen Namen innehatten, vertraten sie die Interessen ihrer Familien nicht als Kriegerinnen am besten. Längerfristig war statt dessen damals wie in anderen Epochen ihre traditionelle Funktion und Rolle die entscheidende: Sowohl Mathilde als auch Eleonore brachten Söhne zur Welt. Diese Söhne erbten die Länder und gaben sie samt der Macht, die sie repräsentierten, an die nächste Generation weiter. Als Mütter und Gebärerinnen der legitimen Nachkommen dienten daher selbst die unternehmendsten und mutigsten Frauen der kriegführenden und landbesitzenden Elite Europas am besten.

Höfische Liebe und ritterlicher Verhaltenskodex

Der Künstler, der Eleonore von Aquitaniens Grabmal herstellte, bildete die Königin mit einem Buch ab. Eleonore hatte, wie Königinnen und Edelfrauen vor ihr, Berühmtheit erlangt durch ihre Belesenheit und ihr Patronat über eine Welt der friedvollen, müßigen Aktivitäten. Bis ins 14. Jahrhundert wurden die traditionelle Bildung und die intellektuellen Leistungen von Königstöchtern und -gattinnen in Chroniken, in denen Geistliche die Herrschaft ihrer Könige aufzeichneten, gepriesen. Im 9. Jahrhundert waren die Töchter Karls des Großen zusammen mit seinen Söhnen ausgebildet worden. Ihr Lehrer Alkuin berichtete von Giselas ungewöhnlichen Interessen: Sie liebte es, »die Sterne in der Stille der Nacht« zu studieren.[20] Der *Sachsenspiegel*, ein sächsischer Gesetzeskodex aus dem 13. Jahrhundert, bestimmte: »Da nur Frauen Bücher lesen, sollen diese von ihnen geerbt werden.«[21]

Im 12. Jahrhundert hatten sich die geistigen Interessen mancher Edelfrauen verbreitert, und die Zahl der Bücher, die ihnen zur Verfügung standen, hatte zugenommen. Jene, die lesen konnten, waren nicht nur auf lateinische Texte angewiesen, sondern fanden auch in die Volkssprache übersetzte oder in der Volkssprache verfaßte Werke. Mahaut, die Gemahlin des Grafen von Burgund, besaß unter ihren Manuskripten die üblichen religiösen Schriften, die meisten in der Landessprache, nicht in Latein. Sie hatte eine Bibel, Gebetbücher – den Psalter, ein Stundenbuch –, die Lebensbeschreibungen der Heiligen und Kirchenväter, eine Mirakelsammlung von »Unserer Lieben Frau« und die Werke des römischen Philosophen Boethius, alles dies in Französisch. Weitere Manuskripte aus Mahauts Besitz widerspiegeln auch andere, weniger fromme Interessen: Eine Versübersetzung der Gesetze der Normandie, Chroniken über die Könige von Frankreich und eine Version der Reiseberichte von Marco Polo bekunden ihre Anteilnahme an Politik und Handel. Zu ihrer Erheiterung und Unterhaltung las sie außerdem Abenteuer- und Liebesromane, die für die verfeinerte höfische Gesellschaft gedichtet wurden, deren Damen – etwa Eleonore von Aquitanien – nicht nur die Kleriker, sondern auch die Poeten unterstützten.[22]

Vom 10. bis zum frühen 14. Jahrhundert hatten die Wechselwirkungen zwischen dem Abendland und dem Osten die Entstehung solcher weltlichen Interessen und der neuen höfischen Kultur befördert. An den Höfen der Kreuzfahrerkönige wurden die europäischen Adeligen mit müßigen und eleganten Beschäftigungen vertraut, von denen sie viele von ihren muslimischen Feinden kopierten oder adaptierten und in ihre eigenen Länder zurückbrachten. Mit dem Osthandel kam der erste Luxus. Alles änderte sich: die Kleider, welche die Edelleute trugen, die Art und Weise, wie sie ihre Tage zubrachten, die Rollen und Aufgaben, die sie sich selbst vorgaben. Die Frauen und Männer der kriegführenden und landbesitzenden Elite begannen Bequemlichkeit und friedvolle Aktivitäten zu schätzen. Sie bekamen Freude am Lesen und Schreiben in ihrer eigenen Sprache, und sie taten es zunehmend eher zum Vergnügen als zur spirituellen Vervollkommnung. Die Versammlungen in den prächtigen Sälen ihrer Schlösser nahmen eine andere Gestalt an. Die Ideale und Bräuche der Kreuzfahrer und Krieger erhielten eine neue Bestimmung. An den höfischen Zusammenkünften verteilten nicht nur die Männer Ehre und Preis für Tapferkeit auf dem Schlachtfeld, sondern auch die Damen für den Erfolg in der Liebe, und mit »Huldigung« umschrieb man fortan nicht nur die Beziehung zwischen Vasallen und Herren, sondern auch zwischen Männern und Frauen. Der Hof wurde zu einem Ort, wo man nicht allein gutsherrliche und feudale Streitfälle gerichtlich verhandelte, sondern wo auch über die Forderungen von Verliebten geurteilt wurde.

Im späteren 12. und frühen 13. Jahrhundert leiteten die Angehörigen der Höfe von König Heinrich II., von Eleonore von Aquitanien und besonders von ihrer Tochter Marie, der Gräfin der Champagne, diese Umwandlung ein.[23] Sie wirkten als Mäzene auf den Gebieten der Musik, des Gesangs und für die Erschaffung einer neuartigen, volkssprachlichen Literatur.[24] Die Dichter-Sänger (die Troubadoure, Minnesänger und Spielleute) zogen von Schloß zu Schloß. Die Schöpfer der höfischen Romane (langer epischer Gedichte), beispielsweise Chrétien de Troyes, unterhielten ihre edlen Gönner. In der Widmung des *Lancelot* an Eleonores Tochter Marie bekannte Chrétien, er sei bloß der Ausführende, seine Herrin der Champagne habe ihm den Stoff und die Bearbeitung *(matière et sens)* vorgegeben.[25] Ähnliche Höfe blühten bis ins 15. Jahrhundert an manchen Orten Europas: in Aragón, in Andalusien, in Blois, im Burgund und in Flandern. So wie Königinnen einst durch ihre Ehen dem Christentum zur Verbreitung verholfen hatten, so brachten sie nun kulturellen Wandel. Als Anna von Böhmen 1382 als Braut Richards II. in England ankam, war sie begleitet von einem Gefolge von Dichtern und Spielleuten.

In der eleganteren und luxuriöseren Welt begannen sich die adeligen Damen und Herren auch neuartig zu kleiden. Im 12. Jahrhundert gesellten sich zu den rauhen Woll- und Leinenstoffen ihrer Garderoben auch Seide und Satin aus den arabischen Gebieten Spaniens und den türkischen Ländern des östlichen Mittelmeerraums. In Liedern und Erzählungen wurden die neue Farbenpracht in leuchtendem Purpur und Scharlach, die Edelsteine, die Rubine, Diamanten und Saphire, das Goldgeschmeide der filigranen Armspangen und Haarreifen, dazu die zobel- oder hermelingesäumten Mäntel und Umhänge besungen.

Die Angehörigen der Adelsschichten trugen nicht mehr die geraden, lose gegürteten langen Hemden, die früher Frauen wie Männern in etwa das gleiche Aussehen verliehen hatten. Statt dessen wurde nun das Männergewand um Brust und Schultern voller gearbeitet und kürzer geschnitten, um die Beine und die Beinkleider in hellem Grün, Blau oder Orange zu enthüllen. Das Unterhemd der Damen ließ die Konturen ihrer Brüste durchschimmern und war in der Taille geschnürt; die Ärmel liefen spitz zu und konnten am Handgelenk zugeknöpft werden. Das Übergewand blieb lang, schmiegte sich nun aber oft dem Körper an und hatte gefütterte Ärmel. Der Umhang wurde nur am Hals befestigt und fiel lose von den Schultern herab.[26]

Frauen und Männer vertrieben sich ihre Zeit unterschiedlich. Die Bilderwelt ihrer Dichtung – der Gedichte, der *chansons*, *lais* und Romane – illustrierte die friedlichen Tage der edlen Damen und ihrer Ritter. Sie ritten und jagten zusammen, spazierten und plauderten in den eingezäunten Obstgärten mit Quitten- und Birnbäumen, wo in der Wärme der Nachmittagssonne Nachtigallen, Lerchen, Goldfinken und Drosseln sangen. Die Lieder und Geschichten verherrlichten den Frühling als die Jahreszeit, in der die jungen Frauen und Männer sich verlieben. Chrétien de Troyes beschrieb eine solche Szene auf einer weiten Wiese:

> Jungfrauen, Ritter und Fräuleins spielen verschiedenartige Spiele an diesem vergnüglichen Ort [...] Puffspiel, Schach oder Würfel [...] die meisten beschäftigten sich mit solchen Spielen, andere aber trieben Körperübungen, tanzten, sangen, purzelten, sprangen und rangen miteinander.[27]

Die edlen Damen hatten Muße, über ihren Stickrahmen zu arbeiten, während ein Gedicht oder ein Roman vorgelesen wurde. Ein englischer Dichter des 13. Jahrhunderts lobte Eleonore von Provence, die Königin von Heinrich III., für ihre gestickten Darstellungen von Menschen, Vögeln, Tieren und Blumen, die sie selbst entworfen und genäht hatte, und besonders für die Art, wie sie ihre Farben wählte.[28] Im 14. Jahrhundert kaufte Lady Johanna, die Tochter des englischen Königs Eduard III., für ihre Nadelarbeiten nicht gewöhnliche Wolle oder Leinen, sondern Gold- und Seidenfaden.[29]

Bis ins 15. Jahrhundert wendeten die Damen den Plattstich an, um den Hintergrund abzudecken, die Gestalten auszufüllen und zu umrunden, indem sie den Faden diagonal zum Stofflauf spannten. Die anmutigen Linien ihrer Zeichnungen hoben sie dagegen mit dem Perlstich hervor: Sie fuhren mit der Nadel durch das Gewebe, stachen zurück und unterteilten die erste, längere Linie in eine Reihe von kleinen, geschlossenen Schlaufen.[30] Die adeligen Frauen woben auch größere Stoffstücke an leichten, aufrechten

Webrahmen oder die Bänder, die sie zum Verzieren ihrer Kleider und Mäntel brauchten, an kleineren Tischwebrahmen.

Weibliche Dichter und die courtoisie *(»Höfischkeit«)*

Die höfischen Damen und Herren dachten sich selbst neue Rollen und Funktionen aus. Sie stellten sich nicht mehr länger nur als Ehefrauen und Ehemänner dar, die ihren Pflichten nachkamen, sondern als Liebende, die sich unter der Macht ihrer Leidenschaft beugten. Dichterinnen und Dichter schrieben von diesen neuen Rollen. Schon im 11. Jahrhundert verfaßten in der Provence adelige Damen Lieder und poetische Erzählungen, Gedichte, *chansons* und *lais*. Unter den rund vierhundert bekannten Troubadouren befanden sich zwanzig Frauen, die im Provenzalischen *trobairitz* genannt wurden.[31] Es waren Gattinnen und Töchter von landbesitzenden adeligen Familien, die sich selbst, ihre Freunde und ihre Gefolgsleute unterhielten, indem sie die Gefühle, die Motive und Taten von Liebenden beschrieben. Obwohl die dichtenden Frauen vermutlich nicht von Burg zu Burg zogen wie die Troubadoure, erwarteten sie doch, daß ihnen ihre Verse Ruhm und Ehre eintragen würden. Die *trobairitz* Castelloza aus der Auvergne (geboren um 1200) erläuterte ihrem Publikum, sie unterhalte, damit man gut von ihr denke und um Respekt und Prestige zu erringen.[32] Die Werke der Dichterinnen unterschieden sich in Stil und Themenauswahl von denen ihrer männlichen Kollegen. Sie setzten sich über manchen formalen Schmuck der männlichen Poesie hinweg, verwendeten weniger Sinnbilder und Wortspiele. Der freie, gesprächsartige Ton ihrer Lieder und Tenzonen (provenzalische Wett- oder Streitgedichte) idealisierte weder den Liebhaber noch die Liebesempfindungen; er war eher direkt, angewandt, sinnlich und unmittelbar. Einstudierte Reaktionen vermieden sie und gaben abwechselnd dem Glück, dem Ärger, der Sorge oder der Leidenschaft Ausdruck.

Die *chansons* der Frauen feierten die Wonne und die Innigkeit der Zeit mit dem Geliebten und die Qual bei der Trennung von seiner Umarmung. Tibors (geboren um 1130), Schwester eines Troubadours und Gattin eines mächtigen provenzalischen Herrn und Patrons, schrieb Mitte des 12. Jahrhunderts:

Süßer, schöner Freund, ich sage Euch wahrlich,
daß ich nie ohne Verlangen war,
seit es Euch gefiel, daß ich Euch als meinen höfischen Liebenden habe;
noch kam je eine Zeit, süßer, schöner Freund, da ich Euch nicht häufig zu sehen wünschte;
noch fühlte ich je Bedauern,

noch wäre es je geschehen, wenn ihr böse fortgingt,
daß ich Freude verspürt hätte, bevor ihr zurückgekommen wart ...[33]

In der ersten Hälfte des 13. Jahrhunderts schrieb Clara d'Anduse aus dem Languedoc, sie sei derart in Wut und Furcht, ihren Geliebten nicht zu sehen, daß sie, wenn sie zu singen glaube, jammere und seufze und keine Musik machen könne.[34] In der zweiten Hälfte des 12. Jahrhunderts beschrieb Alamanda in einer Tenzone die Gefühle der verschmähten Liebenden: »Ich bin so zornig, daß mein Körper ganz in Flamme aufgeht.«[35]

Die Gedichte und Lieder der Männer priesen die Verschwiegenheit und genossen die Qualen der Antizipation. Die Frauen dagegen wünschten offene Aussagen, sie zürnten über verpaßte Gelegenheiten und ergötzten sich in Gedanken an die Erfüllung der Leidenschaft. Clara d'Anduse sang, jene, die ihre Liebe tadelten und zu verbieten trachteten, vermöchten weder zu verhindern, daß ihr Herz sich bessere noch daß »das süße Verlangen, die Lust, das Begehren und der Hunger« zunehme.[36] Von Beatriz, der Gräfin von Die (geboren um 1140), sind vier Gedichte erhalten, mehr als von allen anderen *trobairitz*. Mit Ärger schrieb sie über ihr eigenes, zurückhaltendes Gebaren:

Ich bin in großer Pein gewesen
um einen Ritter, den ich gehabt habe;
ich will, daß man für immer wisse,
daß ich ihn über alles liebte.
Aber ich sehe, daß ich betrogen bin,
da ich ihm nicht die ganze Liebe gab;
ich habe einen schrecklichen Fehler begangen,
im Bett und noch angezogen.[37]

Sie stellte sich die Wonne vor, die sie verpaßt hatte:

Wie gerne möchte ich meinen Ritter
eines Abends nackt in meine Arme schließen
und daß er sich aufs höchste erhoben fände,
daß ich ihm als Kissen diene.
[...]
Ich gebe ihm mein Herz, meine Liebe,
meinen Verstand, meine Augen und mein Leben.[38]

Diese phantasierte Wonne mochte – nach dem Sprachgebrauch der Kirche – »unerlaubte« Sexualität vor der Heirat sein oder Ehebruch mit einem Geliebten, den sich die Dichterin »an der Stelle des Gatten« wünschte.[39]

Die *trobairitz* achteten bei ihren Geliebten auf besondere Eigenschaften. Während die Dichter von körperlichen Vorzügen schwärmten, legten die

Dichterinnen Nachdruck auf Charakter und Verhalten des Mannes und verlangten jene Qualitäten, die nun als *courtois* (»höfisch«) bezeichnet wurden. Die Gräfin von Die erzählte: »Ich habe einen feinen und edlen Mann kennengelernt, an dem Vortrefflichkeit glänzt und reift: großzügig, aufrecht und weise, mit Auffassungsgabe und Verstand.«[40] In einer anonymen Tenzone unterrichtet eine ältere Dame eine Jungfrau, die die Sache eines Ritters vertritt:

Jungfrau, wenn er wirklich meine Liebe will,
muß er hohe Gesinnung und Wohlverhalten zeigen,
freimütig und bescheiden sein, nicht mit jedermann einen Streit vom Zaun brechen,
höflich sein mit allen;
denn ich will keinen Mann, der stolz oder bitter ist,
der meinen Wert schmälert oder mich ruiniert,
sondern einen, der freimütig und edel, liebevoll und verschwiegen ist ...[41]

Das wichtigste von allem war, daß der Geliebte seiner Dame die Treue hielt und sie nicht erniedrigte, nachdem sie ihm einmal ihre Zuneigung und ihre Gunst geschenkt hatte. Isabella (geboren ungefähr 1180) formulierte die peinigendste Furcht der edlen Herrin: Ihr Troubadour könnte ihr Lob nicht »aus Liebe, sondern um des Gewinns wegen, den er von ihr haben könnte«, gesungen haben.[42] Andere schätzten an ihren Liebhabern Gehorsamkeit. Die Gräfin von Die verlangte von ihrem Anbeter, wenn er auch bloß »eine einzige Nacht« mit ihrer Liebe verbringen wolle, solle er versprechen, alles zu tun, was sie wünsche.[43] Wenn der Mann sich einer anderen Dame zuwandte, sandten die *trobairitz* böse Verse hinterher. In einem erdachten Zwiegespräch mit einem Troubadour lehnte Alamanda die andere Frau ab, »die neben ihr nichts wert ist, ob bekleidet oder nackt«.[44] Sie meinte, sie wollte ihn am liebsten sitzenlassen, um ihre Härte zu beweisen. Beatriz von Die beschrieb ihre Wut:

Ich muß singen, was ich nicht möchte,
so leide ich Kummer um den, dessen Freundin ich bin.
Ich liebe ihn mehr als jegliches Ding.
Doch ihm gelten weder Gnade noch Höfischkeit,
noch meine Schönheit, noch mein Wert, noch mein Geist.
So bin ich betrogen und verraten,
wie ich es sein müßte, wenn ich häßlich wäre.[45]

Die Dichterinnen trauerten verlorener und nie erwiderter Liebe nach. Die Gräfin von Die klagte, um all ihren Geist und ihre Reize kümmere er sich nicht:

Eine andere hat nun schmeichelnde Worte zu reden,
Eine andere lächelt und bietet Euch heute Willkomm,
Bedenkt die Küsse – das Erwachen unserer Liebesgeschichte – …[46]

Azalais de Porcairagues (geboren um 1140) bekannte in ihrem Lied, ihr Schmerz komme von Orange (möglicherweise war der Troubadour Raimbaut d'Orange gemeint), ihr Herz sei derart enttäuscht, daß sie sich allen anderen gegenüber feindlich verhalte.[47] Mit den Bildern des Winters umschrieb sie ihre Lage:

Nun sind wir in die kalte Jahreszeit gekommen,
durch das Eis und den Schnee und den Schmutz;
und die kleinen Vögel sind stumm,
denn keiner hat Lust zu singen;
die Zweige sind dürr in den Hecken,
weder Blatt noch Knospe sprießen;
keine Nachtigall ruft darin,
deren Gesang mich im Mai erweckt.[48]

So wie die fürstlichen und adeligen Damen einen eigenen Stil herausbildeten und aus ihrer eigenen Perspektive heraus ihre kurzen Gedichte und Gesänge verfaßten, so prägten sie auch den längeren Versepen, den Romanen, eine bestimmte Eigenart auf. Marie de France sang im 12. Jahrhundert zu ihrer Harfe von keltischen und bretonischen Helden – Guigemar, Lanval, Tristan –, ganz wie ihre männlichen Zeitgenossen Chrétien de Troyes und Thomas von Britannien. Unter ihren Händen jedoch geriet der Stoff nicht zu endlosen Abenteuerketten wie bei den Männern, sondern zu kürzeren Episoden, die ein Ereignis, eine Situation oder eine Gefühlslage umrissen. Diese kurzen Versnovellen nannte man *lais*. Nicht nur in der Form, auch in ihrer Blickweise hoben sich die Schriften Maries von denen anderer Dichter des 12. Jahrhunderts, ob männlich oder weiblich, ab, ebenso auch von späteren Romandichtern wie Gottfried von Straßburg, dem Autor des mittelhochdeutschen *Tristan*. Auch Marie de France beschrieb schöne Heldinnen und mutige Helden, die in luxuriöser Umgebung lebten: Die Decke eines Wickelkindes war »ringsum mit Marderpelz besetzt«, es gab Zelte aus purpurfarbenem Taft und Pferde mit seidenen Prunkdecken.[49] Auch sie schrieb von der Minne, von Liebeswerben und Ehebruch, den beherrschenden Romanthemen des 12. und 13. Jahrhunderts. Aber wenn sie die Welt der Liebenden besang, zeigte sie deren Unvorhersagbarkeit, ihre Auswirkungen auf die Individuuen, nicht nur die moralische Lehre, die man daraus ziehen konnte. Sie verweilte eher auf Charakteren und Situationen, als den Ablauf der Erzählung zu betonen. Darin war sie einzigartig, und vielleicht war diese

Eigenart der Grund dafür, daß ihre Verse so allgemeines Gefallen fanden. Jeder der *lais* Maries existiert in einer ganzen Anzahl von handschriftlichen Kopien, sowohl in Mittelenglisch als auch in Mittelhochdeutsch, Französisch, Italienisch und im Altnordischen des 13. und 14. Jahrhunderts. Solche Vielfalt in einer Epoche vor dem Buchdruck bezeugt die andauernde Popularität ihrer Werke.

Die Gelehrten wissen wenig über Marie de France. Möglicherweise war sie die Tochter einer landbesitzenden normannischen Familie und lebte am Hof Heinrichs II. von England, dem sie ihre *lais* widmete (»Euch zu Ehren, edler, tapferer und höfischer König«).[50] Zwischen 1160 und 1215 fertigte sie zum Vergnügen und zur Erbauung des Fürsten und der Damen und Herren seines Kreises Übersetzungen aus dem Lateinischen und möglicherweise auch aus dem Englischen an.[51] Dann entschloß sie sich, lieber *lais* zu dichten, als zu übersetzen, da das erstere schwieriger zu bewältigen war. In ihrem ganzen Werk zeigte sie den gleichen Stolz auf ihre Geschicklichkeit und hielt sich an den gleichen Zweck: zu unterhalten und sachte zu belehren. Die Erzählung von *Milun* eröffnete sie mit der Feststellung:

> Wer verschiedene Geschichten bringen will, muß sie verschieden beginnen und so fesselnd berichten, daß sie den Leuten gefallen.[52]

Mit den Erzählungen des keltischen und bretonischen Sagenkreises wandte sie sich der Versdichtung zu. Sie wollte ihren Geschichten gerecht werden, denn »wer einen guten Stoff behandelt, den bedrückt es, wenn er ihn nicht gut darbietet«.[53]

Um den Stoff »gut darzubieten«, präsentierte sie ihren Zuhörern Frauen und Männer in den ihnen vertrauten Rollen: als Mütter und Gebieterinnen, als Liebende und Krieger, jede einzelne Figur jedoch mit einem realistischen Zug. Der Ritter in *Eliduc* brachte einer jungen Prinzessin das Schachspiel bei; die Pflegemutter in *Milun* drängte ihren Neffen, gute Taten zu vollbringen und versah ihn »reichlich mit Geld«.[54] Die Dichterin zeichnete Liebespaare und rechtfertigte zuweilen den Ehebruch, tadelte aber, wie ihre männlichen Zeitgenossen, Magie oder das besitzergreifende, restriktive Verhalten des Gatten.[55]

Anders als ihre männlichen Kollegen jedoch schilderte Marie de France die unstatthafte Liebe mit phantasievollen und originellen Wendungen der Handlungsstränge und der Charakterzeichnung. Sowohl in *Yonec* als auch in *Guigemar* fürchteten die häßlichen Gatten die Schönheit ihrer Frauen und sperrten sie deshalb ein. In beiden Erzählungen bot die Leidenschaft eines jungen Liebhabers den Damen die Mittel, der Ungerechtigkeit und Widrigkeit ihrer Umwelt zu entkommen. In *Yonec* sprang die verzweifelte Frau aus dem Fenster, dabei kam sie aber nicht ums Leben, sondern wurde in eine silberne Stadt geleitet. Sie brachte den Sohn ihres Geliebten zur Welt, der als Erwachsener zurückkehrte und den bösen Ehemann tötete. In der Geschichte von *Lanval* war der Retter nicht der Ritter, sondern die Dame. Er, der bei König Artus' Vergabe von »Frauen und Ländereien« vergessen worden war, ruhte in Gedanken verloren auf einer Wiese. Als ob er träumte, erschienen zwei Fräulein und führten ihn zu einem wunderbaren Zelt, wo ihm eine junge Herrin versprach:

> Wenn Ihr tapfer und ritterlich seid, so wird kein Kaiser, kein König oder Graf je solches Entzücken und Glück erfahren – denn ich liebe Euch über alles.[56]

Sie ließ ihn schwören, ihre Liebe geheimzuhalten. Doch als Lanval später von der Königin fälschlich angeklagt wurde, er hätte ihr Avancen gemacht, brachte er zur Verteidigung seine Liebe für die mysteriöse Herrin vor. Obwohl er also seinen Eid gebrochen hatte, tauchte sie auf, blendete den Hof mit ihrer Schönheit und wusch seinen Namen von den Anschuldigungen rein.

Marie de France zeigte in ihren Dichtungen das Vergnügen, das Frauen und Männer aneinander fanden. Die Dame, die in *Lanval* König Artus' Hof in Erstaunen versetzte, war das Ideal weiblicher Schönheit – »Da war kein einziger, der sie nicht angestarrt hätte und dem nicht vor hellem Entzücken warm ums Herz geworden wäre.«[57]

> Sie war in ein weißes Hemd und in ein langes weißes Unterkleid aus Leinen gekleidet und solcherart geschnürt, daß beide Hüften sichtbar waren. Sie war von zartem Wuchs, die Hüften flach gewölbt, ihr Hals war weißer noch als Schnee auf Zweigen, leuchtend waren ihre Augen, hell das Gesicht, schön der Mund, die Nase gerade, die Augenbrauen braun und klar die Stirn, und der Kopf war von blonden Locken umrahmt. Goldfäden haben nicht solchen Glanz wie ihr Haar im Licht des Tages.[58]

Als Lanval sie zum ersten Mal erblickte, trug sie nur ein Hemd und einen Überwurf, »doch blieben Hüften, Gesicht, Hals und Brust unbedeckt, sie waren weißer als die Blüten des Weißdorns«.[59] Von der ersten Begegnung an konnte es der Ritter »nicht erwarten, bis er seine Freundin umfangen und küssen, sie in den Armen halten und fühlen würde«.[60] Umgekehrt lösen bei Marie de France die Männer auch entsprechende Reaktionen bei den liebenden Heldinnen aus. Guilladun beispielsweise lädt den Ritter Eliduc zu sich in ihr Gemach.

> Sie hatte seine Hand ergriffen, worauf sie sich auf ein Bett setzten. Sie redeten von mancherlei, und sie schaute ihn genau an, sein Gesicht, seine Gestalt, seine Erschei-

nung, und er gefiel ihr sehr. Innerlich war sie schon höchst eingenommen von ihm.[61]

Die junge Frau in *Yonec* liebte ihren Ritter auf den ersten Blick, denn er war »so schön, wie sie noch keinen gesehen hatte noch je sehen würde«. Nachdem sie an der Seite ihres Geliebten gelegen hatte, als sie »gelacht und gespielt und von ihrem Geheimnis gesprochen hatten«, wollte sie ihn die ganze Zeit um sich haben.

> Oft verlangte sie, ihren Freund zu sehen, um ihre Freude an ihm zu haben. Sobald ihr Gemahl fortgeht, sei's früh oder spät, bei Tag oder Nacht, hat sie den Geliebten ganz für sich nach Herzenslust. Möge Gott ihr lange Freude gewähren![62]

Marie verlangte von den Liebenden dieselbe Ergebenheit und dieselben Charaktereigenschaften wie die *trobairitz*. Nicht Leidenschaft oder unrechtmäßige Liebe war in ihren Augen Sünde, sondern viel eher die Verleugnung der Liebesmacht oder Betrug und Unbeständigkeit des Mannes. Selbst verliebte und entflammte Damen gaben sich erst hin, nachdem die Helden sie ihrer Ergebenheit versichert hatten. Lanval versprach:

> Schönste, wenn es Euch beliebt, mir das Glück Eurer Liebe zu gewähren, dann würde ich alles tun, was Ihr befehlt, sei es nun wahnwitzig oder vernünftig. Was Ihr auch gebietet, will ich nach Kräften tun, für Euch bin ich bereit, alle Menschen zu verlassen. Nur von Euch möchte ich mich nie mehr trennen, das ist das einzige, was ich begehre.

Als das Fräulein das hörte, »schenkte sie ihm ihr Herz und ihre Liebe«.[63] In den *lais* der Marie de France erschien die Liebe als eine Verbindung, die alle anderen Verpflichtungen oder Gesetze übersteigt. In *Milun* wurde die Treue der Liebenden belohnt; über zwanzig Jahre der Trennung hinweg gelang es ihnen, sich gegenseitig Botschaften zu senden. Nach dem Tod ihres Ehemannes konnten sie endlich zusammenkommen, »und so lebten sie nun in Glück und Freude Tag und Nacht«.[64] Nur in einer ihrer Geschichten, in *Equitan*, tadelte Marie die ehebrecherische Minne: Hier handelte es sich jedoch um eine Liebe »ganz ohne Vernunft noch Verstand« zwischen gesellschaftlich nicht Gleichgestellten, nämlich zwischen der Frau eines Seneschalls und einem König.[65]

Marie de France griff alte, bekannte Geschichten auf und erzählte sie neu mit besonderer Gewichtung. Die Geschichte von *Laüstic* (»Die Nachtigall«) existierte in zahlreichen Fassungen, die üblicherweise mit dem Tod des Liebhabers oder des Gatten endeten. Marie richtete ihre Aufmerksamkeit mehr auf die Emotionen der drei Figuren: Wie sich die Dame nachts von ihrem Lager erhob und, in einen Mantel gehüllt, ans Fenster trat,

> [...] und stand dort und wußte ihren Freund nahebei, der es ebenso hielt und die längste Zeit der Nacht durchwachte. Entzücken überkam sie, sich anzuschauen, da sie doch mehr nicht haben durften.[66]

In Maries Version der Erzählung traf der Tod schließlich weder den Freund noch den Ehemann der Frau, sondern den Singvogel, der zu einem Symbol der Liebe des Paares geworden war: Der Gatte tötete die Nachtigall

> [...] im Zorn, bricht ihr mit beiden Händen den Hals, was nur ein ganz gemeiner Mensch tun kann. Dann schleudert er den Vogelleib auf seine Frau, so daß ihr feines Unterkleid ein wenig oberhalb der Brust von Blut befleckt wird ...[67]

Eliduc ist der bekannten Geschichte von Isolde und Tristan verwandt; Marie erzählte jedoch nur das Ende, da Tristan von Isolde getrennt war und durch die Liebe einer anderen Frau versucht wurde. Besonders originell war, daß sie das ganze Geschehen aus dem Blickwinkel der Frauen aufrollte. In ihrem *lai* wurde aus Tristan Eliduc, die »zweite« Isolde hieß hier Guilliadun und war die Tochter eines Königs, dem der Ritter diente, da er aus seinem eigenen Land verbannt worden war. Durch die ganze Erzählung hindurch sind die Frauen, nicht die Männer, die aktiv Handelnden. Guilliadun gesteht zuerst ihre Liebe, und Guildeluëc, Eliducs rechtmäßige Gattin, löst den Konflikt. Sie rettet die Rivalin vor dem Tod und freut sich darüber, daß sie Eliduc das Mädchen zurückgeben kann. »Ich will ihn gänzlich freigeben – und werde den Schleier nehmen«, erklärt sie.[68] Marie führte ihre Geschichte zu einem »gnadenvollen Ende«: Nicht allein Guildeluëc, sondern auch Guilliadun und Eliduc traten schließlich ins Kloster ein.

Daß alle drei Protagonisten in einer der großen Liebesgeschichten jener Zeit ins Kloster gehen, entbehrt nicht einer gewissen Komik, die möglicherweise sogar beabsichtigt war. Anders als ihre männlichen Zeitgenossen spielte Marie de France mit den traditionellen Bildern und Handlungsmustern. Am Schluß von *Lanval* reitet die Heldin, nachdem sie ihren Ritter gerettet hat, davon, und er springt hinter ihr aufs Pferd, damit sie zusammen weggehen und für alle Ewigkeit glücklich leben können. Über die Gattin in *Laüstic* wird etwas spöttisch angemerkt, sie trete mit solcher Würde auf, wie es ihrem gesellschaftlichen Rang entspreche, und sie liebe den Ritter, »weil er ihr dauernd nahe war«.[69] Die schöne und gebildete Dame in *Chaitivel* konnte sich nicht entscheiden, welchen der vier Barone, die um ihre Gunst warben, sie mit ihrem Minnezeichen beehren sollte – »Sie waren alle von solcher Vortrefflichkeit, daß sie den Besten nicht herausfand. Auch wollte sie nicht drei für einen verlieren. So machte sie jedem schöne Miene, gab jedem ihre Liebesunterpfänder und schickte jedem Botschaften.«[70] Als drei der Ritter in einem Turnier starben, betrauerte sie sie, faßte den Plan, ihr Andenken mit einem *lai* zu ehren, und ignorierte den überlebenden vierten. Marie erzählte beliebte, volkstümliche Motive mit einer spezifisch satirischen Wendung. In *Les Deus Amanz* (»Die beiden Liebenden«) behielt der König seine Tochter für sich, indem er ihren Bewerbern unmögliche Aufgaben stellte, beispielsweise sollten sie die Prinzessin einen Berg hochtragen. Unverzagt fastete sie, und ihr Geliebter holte sich in Salerno einen stärkenden Trank. Aber sie beide starben am Ende: Er vor Erschöpfung, da er nie lange genug angehalten hatte, um seinen Trank zu sich zu nehmen, sie an einer Ohnmacht über der Entdeckung, daß er gestorben war.

Ritterlichkeit

Marie de France mochte über die Abenteuer und das Verhalten der Damen und ihrer Ritter spötteln, doch Ende des 12. Jahrhunderts widerspiegelten die Ansichten und Aktivitäten, von denen sie erzählte, die neuen Verhaltensideale für die Männer der kriegführenden und landbesitzenden Oberschicht. Der Begriff der »Ritterlichkeit« hatte sich herausgebildet. Die Dichtung beeinflußte und reflektierte zugleich die neue Definition des ritterlichen Benehmens und seine Auswirkungen auf die Frauen. Die Männer lernten in der friedlichen Welt der höfischen Minne *courtoisie*, »Höfischkeit«, und wurden von den Damen um ihrer Charakterzüge und ihrer Stetigkeit willen entweder belohnt oder gemieden. Aber auch die Kriegführung wurde durch das neue Ideal der Ritterlichkeit und des Verhaltens gegenüber Damen geprägt.

Die Gedichte, *lais* und Romane des 12. und 13. Jahrhunderts umrissen einen wesentlich anderen Heldentyp als die früheren Epen und *chansons de geste*. In der *Njal's Saga*, die in den Siedlungen Islands im späten 10. Jahrhundert gedichtet wurde, erschien Gunnar, der Anführer der Krieger, als großer, mächtiger Mann, der sein Schwert mit jeder seiner beiden Hände zu führen wußte.[71] Rainoart, der Held aus *Aliscons*, einem der vierundzwanzig Epen, die Guillaume d'Orange und seine Familie verherrlichten, war berühmt für seine Schnelligkeit und Größe und da er das »Aussehen eines Bären« hatte.[72]

Von den idealisierten Kriegern der Romane hingegen heißt es, sie seien »edel«, hätten »helles, gelocktes Haar« und einen Mund, der »rot leuchtete wie ein Rubin«.[73] Tristan war bartlos, anmutig und wurde um seiner Hände willen bewundert, die »schneeweiß« gewesen sein sollen.[74] Die ritterlichen Helden bekämpften sich nicht bei einem festlichen Gelage mit Knochen oder hieben ihre Gegner bei einem blutigen Bach nieder, wie es in den *chansons de geste* drastisch geschildert wurde, sondern sie ritten zur Jagd, betrieben Falknerei und erwiesen ihre kriegerische Tüchtigkeit, indem sie ihre Kampfeskunst im Turnier rituell zur Schau stellten.

Die Protagonistinnen der höfischen Romane hatten in diesen Scheingefechten keinen Platz – nach den Geschichten, die von Spielleuten und *trobairitz* vorgetragen wurden, waren sie die bewundernden Zuschauerinnen, die den Siegern ihre Gunst gewährten und die Besiegten trösteten. In den von Dichtern ausgedachten Kriegen traten sie kaum je als Stellvertreterinnen ihrer Männer auf; meist wurden sie als unschuldige, passive und des Schutzes bedürftige Figuren gezeigt.

Die Damen zu ehren und zu beschützen wurde in der Literatur zu einem Hauptbestandteil der Unternehmungen des Helden. Neben edler Abstammung, Erfolg auf dem Turnierplatz und Kriegsruhm zeichnete den Ritter der Dichtungen auch sein Verhalten gegenüber Frauen aus. An diesem letzten Punkt bemaß sich wahrer männlicher Adel, der Überlegenheit über die anderen Männer verlieh. König Marke mahnte Tristan anläßlich der Zeremonie seiner Schwertleite, alle Frauen zu ehren und zu lieben.[75] Chrétiens Lancelot erklärte, wenn ein Ritter, der auf seinen guten Namen halte, eine Dame allein fände, werde er sie ebensowenig unehrenhaft behandeln, wie er sich selbst seine Kehle durchschneiden würde. Falls er sie aber angreife, werde er für ewig und an jedem Hof in Ungnade fallen.[76]

Die literarisch beschriebene neue Art des Kriegertums und die höfischen Sitten, die einen edlen Mann auszeichneten, hatten im wirklichen Leben ihre Entsprechung.[77] Um die Mitte des 12. Jahrhunderts waren Dutzende und dann Hunderte von Rittern in Turniere – in massenhafte Scheingefechte – verwickelt, deren Ziel in der Unterwerfung und Gefangennahme des Gegners lag, nicht im Blutvergießen. Als Preise winkten Pferde, Rüstungen und, den Verlierern, Bußen (entsprechend dem Lösegeld auf dem Schlachtfeld). Niemand hatte die Absicht zu töten. Als Gottfried, der Sohn Eleonores von Aquitanien, bei einem Turnier in Paris zu Tode getreten wurde, beschrieben die Chronisten dieses Ereignis als Unglück und große Tragödie. Im 13. und 14. Jahrhundert entwickelte sich aus den Massenturnieren die Tjost, die ritualisierte Begegnung zwischen zwei berittenen, gerüsteten Kriegern, bei der ein Schiedsspruch über den Ausgang befand und Punkte verliehen wurden für die Bewegungen zu Pferd und den Kampf zu Fuß. Im 15. und 16. Jahrhundert stellten die Zweikämpfe eine beliebte Unterhaltung bei königlichen und adeligen Festivitäten dar, beispielsweise bei der Hochzeit von Prinzessin Katharina von Frankreich mit Heinrich V. von England. Der Tudorkönig Heinrich VIII. und Franz I. von Frankreich wetteiferten im Glanz ihrer Rüstung, bevor sie auf dem Güldenen Feld bei Calais ihre Tjost austrugen. Genau wie in den Romanen spielten die Frauen bei diesen bühnenmäßigen Begegnungen nur die Rollen von Zuschauerinnen. Froissart berichtete von einem Turnier in Windsor Castle im Jahr 1344, dem die Königin, dreihundert Herrinnen und Mädchen beiwohnten.[78]

In diesen Jahrhunderten wurde der Krieg zu einem Handwerk, das nur Auserwählten offenstand. Die Könige unterstützten dieses Streben nach Exklusivität. Zwischen dem 12. und 13. Jahrhundert erreichten Familien in Italien, Deutschland, Spanien, Frankreich und England etwa gleichzeitig in Vereinbarungen mit ihren Königen, daß der Zugang zu Waffen und zur Waffenübung eingeschränkt wurde (Roger II. von Sizilien um 1140, Friedrich Barbarossa 1152, in Aragón 1234, in Kastilien 1260 und Ludwigs IX. Hofgerichte 1226–1270). Mitte des 13. Jahrhunderts war das Recht der Ritterschaft und damit die Zugehörigkeit zur kriegführenden Oberschicht erblich geworden, genau wie der Landbesitz. Im 14. und 15. Jahrhundert formalisierten die Monarchen dann sowohl die höchsten Ränge dieses Erbadels als auch die angemessenen Verhaltensmuster durch die Gründung der weltlichen Ritterorden.[79]

Die Ehefrauen und Töchter des 12. bis 15. Jahrhunderts profitierten von den veränderten Gewohnheiten. Im wirklichen Leben wie in den Romanen boten die Frauen den Männern Anlaß, sich zu bewähren. Bei den müßigen Zusammenkünften in den Rittersälen entschied die Art und Weise, wie ein Mann mit Frauen umging, über die Schlüsselaspekte der *courtoisie*, der »Höfischkeit«, und den Ruf als *gentilhomme*, als Edelmann. Außerhalb des Palas galt dasselbe: Ein Ritter konnte nach seinem Verhalten gegenüber Damen beurteilt werden. Besonders wenn durch Krieg oder Unglück Gefahr drohte, erwartete man, daß er die Frauen beschützte. Gemäß den Idealen des neugeschaffenen ritterlichen Verhaltenskodex warf es ein schlechtes Licht auf einen Krieger, wenn er gegen Frauen focht.[80] Als Johann, Herzog von Bourbon, während des Hundertjährigen Krieges 1415 eine Gruppe von sechzehn Rittern organisierte, ließ er sie schwören:

> [...] jeder einzelne von uns wird alles Mögliche tun, um die Ehre der Damen und Frauen von hoher Abstammung hochzuhalten; und wenn wir uns in Gesellschaft finden, wo schlechte und böse Dinge über Damen gesagt werden, sind wir gehalten, die Ehre des Frauenstandes zu verteidigen, wie wir unsere eigene verteidigen würden, und wir werden mit unserem Leib dafür einstehen, falls es notwendig sein sollte.[81]

Wie die Chronisten berichten, eskortierte Herzog Johann seine Gegnerin, die Herzogin der Bretagne, zu ihrer nächsten Burg, die von ihren Leuten verteidigt wurde, statt sie zu seiner Gefangenen zu machen, mit der Begründung:

»Wir führen keinen Krieg gegen Damen.«[82] Zwei von den Rittern König Eduards III. retteten zwei junge Frauen vor der Vergewaltigung durch die Bogenschützen. Der englische König ordnete Patrouillen von Rittern in eroberten Städten an, um Frauen von Rang vor den Soldaten zu beschirmen.[83] Im 15. Jahrhundert soll der französische Adelige Marschall Boucicaut, als man ihm mitteilte, die beiden Frauen, denen er huldigte, seien Prostituierte, mit beispielhafter Ritterlichkeit erwidert haben: »Oh, ich wollte lieber zehn Dirnen meinen Gruß entboten haben, als daß ich ihn einer ehrenhaften Frau versagt hätte.«[84]

Die Edelfrauen des 11. und 12. Jahrhunderts bereicherten das literarische Leben ihrer Häuser. Sie inspirierten männliche Künstler und wirkten als Gönnerinnen. Sie schrieben und sangen selbst mit Gefühlstiefe, Kunstfertigkeit, Originalität und Humor. Sie geboten in der literarischen Welt der höfischen Minne über Macht mittels der Leidenschaft, die sie weckten und teilten. In der Welt außerhalb der großen Rittersäle kam ihnen eine andere, neue Art von Autorität zu. Ihre Gatten, Väter und Söhne, die nach Möglichkeiten suchten, sich von anderen Männern zu unterscheiden und abzuheben, definierten die Kriterien des Adels: Abstammung und Fertigkeit nicht allein in der Kriegskunst, sondern auch im Umgang mit dem weiblichen Geschlecht. Alle diese Punkte wurde in den Regelwerken des 14. und 15. Jahrhundert festgeschrieben, mit welchen in ganz Europa die Ritterorden geschaffen wurden. Als »ritterliches« Benehmen überlebten sie auch noch in künftigen Jahrhunderten, lange nachdem die Burgen, die Edelfrauen und Ritter verschwunden waren.

Ehefrauen und Töchter in der Welt der zentralisierten Monarchien (13. bis 17. Jahrhundert)

Zwischen dem 13. und 17. Jahrhundert änderten sich die politischen und wirtschaftlichen Umstände für die Edelfrauen der europäischen Schlösser und Gutsbetriebe erneut. Wie in den vorangegangenen Jahrhunderten bestimmten diese Veränderungen, welche Macht privilegierten Frauen zugestanden wurde und in welcher Hinsicht sie in einer sich immer wieder im Kriegszustand befindenden Kultur verletzbar blieben. Im Verlauf dieser Epoche verloren ihre Männer den Großteil ihrer feudalen Bindungen, da die königlichen Dynastien und Bürokratien ihre Vorherrschaft befestigten und über Krieg oder Frieden entschieden. Im 15. Jahrhundert konnte eine Familie bereits Land besitzen, ohne irgendwelchen feudalen Verpflichtungen unterworfen zu sein. Die Rolle des Edelmannes als feudaler Krieger und als

Grundherr verlor an Bedeutsamkeit. Statt dessen konkurrierte die königliche Befehlsgewalt mit den älteren Rechten und Bräuchen und obsiegte schließlich, zuerst in Frankreich und England, später im übrigen Europa. Ab dem 14. Jahrhundert basierten Gesetze und Verordnungen auf der Autorität des Königs, nicht des Adels, und königliche, nicht feudale Gerichte sorgten für ihre Durchsetzung und erhoben Bußen.

Während die Abenteuerromane noch von jungen Glücksrittern erzählten, die einander auf Waldpfaden zum individuellen Zweikampf forderten, hatte sich in der Wirklichkeit der Charakter der Kriegführung in ganz Europa gewandelt. Das Gewicht verlagerte sich auf die Aufrechterhaltung von Ordnung und die Durchsetzung des Königsfriedens. Zuerst die Kirche und dann, falls sie mächtig genug waren, die dynastischen Herrscher bestimmten, wann, wo und warum die Männer kämpfen durften. Die Kirche diktierte Zeiten des Gottesfriedens, Tage, da Waffenruhe vorgeschrieben war. Schon 1130 ächtete sie Massen- oder Einzelkämpfe, die zum Tod führten. Ende des 13. Jahrhunderts hatten die englischen und französischen Könige aus den Dynastien der Plantagenet und der Valois bei Gerichtsfällen den Zweikampf als Mittel zur Rechtsfindung verboten. Wie und weshalb die Männer kämpften, war nicht mehr länger mit Ehre, Blutvergießen und Tod zu umschreiben. Die Männer schlugen sich nun in »gerechten« Kriegen, wobei die Könige festsetzten, was »gerecht« war und was nicht.[85] Bis ins 15. Jahrhundert gelang es den Monarchen, alle Kriege außer jenen in ihrem eigenen Namen zu unterbinden.

Kriegführung war zu einem Beruf geworden. Wie eine Erzählung aus dem späten 15. Jahrhundert erläuterte, war »Krieg [...] eine angemessene und nützliche Laufbahn für junge Männer«.[86] Noch stets wurden die Kriegszüge saisonal ausgeführt, doch die in früheren Zeiten festgesetzte Verpflichtung auf vierzig Tage dauernden Kriegsdienst genügte den Anforderungen der Befehlshaber nicht mehr. Mit den neuen Strategien der Belagerungskriege und der Massenschlachten mit Fußsoldaten, Bogenschützen und Artillerie wurde die alte Pflicht des Ritters, für seinen Herrn zu kämpfen, durch eine Geldzahlung abgelöst, genau wie die Pflicht des Bauern zu Fronarbeit. Die Summe wurde in bar bezahlt, so daß andere gegen Entlöhnung die alte Militärpflicht erfüllen konnten. Die Ritter in den *lais* der Marie de France verdingten sich gegen Bezahlung selbst als Krieger. Im wirklichen Leben leisteten jene Vasallen, die Krieger sein wollten, noch stets den alten Huldigungseid, doch kämpften sie weniger um der Loyalität willen, als um Reichtum und Beute zu erringen und auch die Ausrüstungen und Lösegelder der Gefangenen einzuheimsen. Treue mußte nun durch Geschenke, Vorteile und Pensionen abgesichert werden.

Die letzten Spuren der alten Kampfweisen verschwanden in den letzten

Jahren des Hundertjährigen Krieges am Anfang des 15. Jahrhunderts. Danach bestand der Krieg aus Belagerungen von befestigten Städten mit Artillerie oder aus großen Schlachten im offenen Feld mit Pikenträgern und Bogenschützen. Landesherren und Fürstengeschlechter führten Kriege, um Königreiche samt den königlichen Beamtenschaften, die sie verwalteten, in ihre Hand zu bekommen. Edelmänner, die den Kampf als Beruf gewählt hatten, wurden die privilegierten Offiziere in diesen Kriegen. Sie sammelten Soldatenkompanien um sich und boten sich mit ihren Truppen für Geld den gegnerischen Parteien in Konflikten wie dem Rosenkrieg, der Fronde, den französischen Religionskriegen und dem englischen Bürgerkrieg feil. Königin Isabella von Kastilien bediente sich in den Kämpfen gegen die Mauren im Süden Spaniens der neuen Methoden der Kriegführung; dabei behielt sie ein Fünftel der Beute für die Krone, den Rest teilten die siegreichen Truppenkommandanten untereinander auf.[87] Isabella und ihr Gatte verwendeten die Zahlungen aus den feudalen Abgaben von Ländereien und Städten, um 50000 Fußsoldaten und 10000 Berittene als stehende Armee anzuheuern, die der Königin auch in Friedenszeiten zu Gebot stand.[88]

Unter den veränderten politischen Gegebenheiten wandelte sich auch das Verhältnis der adeligen Frauen und ihrer Familien zu ihrem Land. Falls der Ehemann selbst in den Kampf ziehen wollte, brauchte es Geld, um das Streitroß und die Geschicklichkeit des Waffenschmieds zu bezahlen, um die feudalen Zahlungen und Abgaben zu entrichten. Nur Geld konnte dem gefangengenommenen und gegen Lösegeld festgehaltenen Krieger wieder zur Freiheit verhelfen. Ein französischer Herzog des 14. Jahrhunderts erklärte, weshalb seine Ehefrau ihn nur widerwillig in den Kampf ziehen ließ: Das Paar hätte mit so viel Lösegeld rechnen müssen, daß sie ihn bat, daheim zu bleiben.[89] Das Geld konnte nur aus dem Grundbesitz erwirtschaftet werden. Seit dem Anfang des 13. Jahrhunderts nutzten Oberschichtfamilien ihre Ländereien nicht nur zur Selbstversorgung, sondern auch um Einkommen zu erzeugen. Die Landwirtschaft entwickelte sich von der Subsistenzwirtschaft zur kommerziellen, profitorientierten Produktion. Um diese Zeit begannen Handel und Kapital die Tauschwirtschaft und den lokalen Austausch von Gütern und Dienstleistungen in weiten Teilen Europas zu ersetzen. Effizientere Landnutzung, Verbesserungen in Technologie und Krafterzeugung hatten die Produktion vermehrt, spezialisierten Anbau ermöglicht und den Verkauf von Überschußware auf Messen und Märkten erlaubt.[90]

Die Gebieterin, die Schloßherrin, die Ehefrau des Adeligen und Grundherrn paßte sich der Evolution der Handelswirtschaft an und partizipierte daran. Sie lernte, die Güter und Dienstleistungen, welche die Bauernfamilien ihres Gutes schuldeten, in Geld zu verwandeln. Dieses wurde von der Familie benötigt, um den Krieger auszustatten, die feudalen Abgaben zu entrichten und sich in Friedenszeiten selbst zu erhalten. Gebühren und Renten ersetzten allmählich die Frontage, an denen die Bauern früher auf den Feldern des Herrn hatten pflügen und schleppen müssen. Die Pflichten der Edelfrau glichen mehr und mehr denjenigen einer Unternehmerin. Sie überwachte die Ländereien strikter, um höhere Einkünfte zu erzielen. Unter Umständen reiste sie selbst auf die Messen, um einzukaufen oder den Verkauf der Erzeugnisse zu beaufsichtigen. 1265 unternahm die Gräfin von Leicester solche Reisen; mitten im Winter ließ sie sich in einem groben, geschlossenen Pferdewagen wahrscheinlich rund fünfzehn Meilen pro Tag über verschlammte Wege ziehen. Die Gutsherrin überwachte teilweise auch den Verwalter beim Verpachten der Felder des Hausgutes, der Domäne. Gebühren, die auf die Benutzung von Weinpressen, Backofen, Getreide- und Walkmühlen erhoben wurden, stellten eine weitere Möglichkeit dar, zusätzliches Einkommen aus dem Land und seiner Bauernschaft herauszupressen. Als sich im 15. und 16. Jahrhundert die Preise von fertigen Erzeugnissen verdrei- bis verfünffachten, hoben die Grundbesitzer ihre Pachtzinsen an und versuchten, alte grundherrschaftliche Verbindlichkeiten in Kraft zu setzen, um an das Geld zu kommen, das sie brauchten.[91]

Die veränderten wirtschaftlichen und politischen Verhältnisse betrafen das Leben der privilegierten Gattinnen und Töchter praktisch und handgreiflich. Schon im 14. Jahrhundert verlagerte sich das Kampfgeschehen weg vom Streit um Burgen und Ländereien hin zum Krieg um die reichen Prämien, die Städte. Öfter als nicht konnte die adelige Gebieterin oder Burgherrin ihren Haushalt ohne Furcht vor Angriffen pflegen; ihre Burg konnte die Züge einer Festung ablegen und gestaltete sich wohnlicher. Der vermehrte Handel brachte ihr Bequemlichkeiten und eine breitere, reichere Auswahl an Besitztümern. Dieser Wandel im Lebensstil der Edelfrauen setzte sich ab Ende des 12. Jahrhunderts langsam durch, bis die einfachen Steingebäude schließlich kunstvollen Schlössern und Palästen gewichen waren.[92]

Im 16. Jahrhundert hatte sich der ganze Lebensstil der adeligen Frauen und ihrer Familien verändert. Sie zogen nicht mehr so oft von einem Wohnsitz zum anderen. In England beließ die Herrin das Glas in den Fensterrahmen.[93] Als sich die Pastons aus Norfolk, die den niederen englischen Grundbesitzern zugehörten, entschlossen, ihr Herrschaftshaus zu verbessern, verlegten sie den Platz des Feuers an die Wand und bauten einen Kamin, der den offenen Herd ersetzte. Durch diese Bauweise wurde die Hitze wirksamer gespeichert und abgegeben. Dank Feuerstellen mit Steinmauern und Kaminen konnten einzelne Räume abgetrennt und doch beheizt werden. Woburn Abbey, das Heim der Herzogin von Bedford, hatte im 17. Jahrhundert neunzig einzelne Zimmer, von denen zweiundachtzig eine eigene Feuerstelle besaßen.[94] Die großen Hallen hatten nun an den Enden zweigeschossige

Bereiche mit den Privatgemächern der Herrschaften: mit Vorzimmern, einem Schlafzimmer und einem Treppenaufgang.

Ab dem 15. Jahrhundert mußte die Adelsfamilie die Architektur nicht mehr so sehr der Verteidigung anpassen, statt dessen kamen Komfort und Bequemlichkeit ins Spiel. Unter Umständen gab es fließendes kaltes Wasser anstelle der hölzernen Zisterne und nach unten geöffneten Steinleisten in den Festungsgraben, die das verbrauchte Wasser ableiteten. Noch stets gab es wenig Privatsphäre, da die Räume untereinander verbunden waren und viele der alltäglichen Verrichtungen gemeinsam vorgenommen wurden. Doch existierten speziell bezeichnete und abgetrennte Räume für die Nahrungszubereitung, die Vorratshaltung und die Nachtruhe. Bedeutende Familien erbauten großartige, mit Türmchen gekrönte Schlösser wie beispielsweise Vincennes, Saumur oder Windsor.

Die Innenräume wurden im 15. Jahrhundert mit Sorgfalt ausgestattet, und man verwandte Findigkeit darauf, die Räume nicht nur bequem, sondern auch hübsch anzusehen zu gestalten. Die Zimmer des Schlosses von Mahaut, der Gräfin von Burgund im 15. Jahrhundert, waren mit verschiedenen Motiven geschmückt: Rosen, Wappenschilder und Vögel zierten die Wandbehänge und Möbel. Frauen tapezierten die Wände mit Leder, umhängten das Bett mit farbigen, lebhaft gestreiften Decken, heuerten Handwerker an, um die hölzernen Wandtäfelungen zu schnitzen. Auch die Möbel wurden geschnitzt und reich verziert, wie etwa der Abtritt der Königin in Hampton Court Ende des 16. Jahrhunderts; der königliche Nachtstuhl mit vergoldetem Schnitzwerk war von rotem Samt und Spitzen bedeckt.

In den Heiratskontrakten listeten die Edelfrauen ihre wertvollen Habseligkeiten auf, die sie in die Ehe einbrachten, vor allem die Textilien: Wandbehänge, Bettzeug und Decken. Das Schlafgemach der französischen Gräfin Adele im 12. Jahrhundert war behängt mit gestickten Abbildungen des Paradieses, der Sintflut, der Stadt Troja und der Schlacht von Hastings.[95] Die Gräfin von Leicester schätzte ihr massives Bett mit Seil- und Lederriemen, Leinenbehängen, einer grauen Pelzdecke und einem scharlachroten Wollüberwurf hoch.[96] Prinzessinnen besaßen noch reichhaltigere Schätze. Eduard III. von England sandte 1348 dem König von Kastilien seine dreizehnjährige Tochter Johanna als Braut samt der Ausstattung für Küche, Butter-, Vorrats- und Gewürzkammer komplett mit Gewürzen sowie dem Mobiliar für eine Kapelle.[97] Die Besitztümer der Damen konnten tatsächlich so verschwenderisch werden, wie in den Romanen der Zeit geschildert wurde. Ende des 17. Jahrhunderts führte Agrafena Mixailov, die Tochter eines russischen Prinzen, ihre Mitgift auf einer Liste von mehr als zwei Seiten auf: Handtücher, seidene Kissenbezüge, Bettzeug, Wolldecken, Küchengerätschaften aus Kupfer, seidengefütterte Zobel- und Hermelinkleider, Jacken aus Silber- und Goldbrokat, helle rote und blaue Satinstoffe, Geschmeide von goldgefaßten Rubinsplittern und Samaragden, dazu Perlen, Diamanten, Saphire – der Gesamtwert wurde auf 2000 Rubel taxiert.[98]

Daß die Mitgift der russischen Prinzessin fast ausschließlich aus Gütern für ihren neuen Haushalt und ihre Ausstattung mit Kleidern und Schmuck bestand, widerspiegelte noch einen weiteren Aspekt der veränderten Lebensumstände von Oberschichtfrauen. Durch den politischen und ökonomischen Wandel war es unüblicher geworden, den Töchtern ihren Anteil am Familieneigentum in Form von Grundstücken abzutreten. Im 11., 12. und 13. Jahrhundert blieb die Erbberechtigung der weiblichen Nachkommen zwar bestehen, doch wurde dieses Erbteil nicht in Land, sondern zunehmend in Mobilien und Geldsummen ausgehändigt. In den Fällen, in denen eine Tochter trotzdem Land bekam, erhielt sie es üblicherweise nicht von ihrem Vater, sondern von ihrer Mutter oder einer anderen weiblichen Verwandten.[99]

Diese Umwandlung des Erbteils läßt sich erklären durch die Evolution der Handelswirtschaft samt den mit ihr einhergehenden Veränderungen in der Kriegführung und den steigenden Kosten für die Ausrüstung und Abgeltung des dem Feudalherrn geschuldeten Ritterdienstes. Unter den neuen ökonomischen und politischen Verhältnissen mußten die Familien ihre gewinntragenden Ländereien in ganzem Umfang zusammenhalten. Schon im 12. und 13. Jahrhundert hatten Familien in Frankreich und England damit begonnen, ihr gesamtes Land als Patrimonium blockweise einem Sohn und danach dessen Sohn zu übergeben, um so genügend Einnahmen zu sichern und damit das Weiterbestehen der Familienmacht von einer Generation zur nächsten. Dieses unveräußerliche Erbgut hieß im Englischen *entail*, und wo das Erbrecht nur dem ältesten Sohn zufiel, spricht man vom Primogenitur. Diese Bräuche hatten zur Folge, daß die übrigen Söhne anders erbten; die Familien wiesen ihnen allenfalls randständige oder weiter entfernt liegende Grundstücke zu sowie Geld oder Mobilien wie ihren Schwestern. Auch die vom 13. bis zum 15. Jahrhundert wachsende Macht der Könige und ihre Ansprüche hielten von der Vererbung von Landbesitz an Töchter ab, da jedes Anzeichen von Verletzbarkeit, wie sie zum Beispiel durch eine weibliche Grundherrin gegeben war, einen Übergriff auf den Familienbesitz und seine Einverleibung in das expandierende königliche Herrschaftsgut zur Folge haben konnte. Wenn ein Vater seiner Tochter Land vermachte, wie es etwa im Mâconnais im 12. Jahrhundert geschah, dann gab er es ihr aus Anlaß ihrer Hochzeit, wenn er noch am Leben war und ihren Anspruch notfalls verteidigen konnte.[100]

Beispiele für diese Verfahren, Macht und Prestige der Familie zu erhalten, findet man schon im 9. Jahrhundert. Lokale Bräuche, nach denen der

Erbteil einer Tochter demjenigen ihrer Brüder gleichwertig sein konnte, wurden weiterhin beachtet – zum Beispiel in Nordspanien, wo zu Beginn des 12. Jahrhunderts dem westgotischen Gesetz der gleichen Erbschaft Folge geleistet wurde –, doch erhielt das Mädchen seine Teilhabe nicht in Land. Statt dessen stattete der Sohn der Familie Vivas seine Schwestern bei ihrer Verheiratung mit Kleidern, Hausrat und Gold aus.[101] Als der französische König Ludwig IX. 1279 sein Testament aufsetzte, bevor er zum Kreuzzug aufbrach, sah es ganz ähnlich aus: Er legte fest, daß im Falle seines Todes jede Tochter Geld erhalten sollte, aber kein Land.[102] Englische Familien des 17. Jahrhunderts, die Verneys und die Fells, gaben ihren Töchtern Nebengrundstücke und Geld.[103] Oliver Cromwell, der Lord Protector von England, hielt die landwirtschaftlich genutzten Grundstücke beisammen und übergab einer Tochter eine Saline in Yarmouth. Einige Väter verlangten Eidschwüre, um das Exklusivrecht des Sohns auf die Ländereien sicherzustellen. Am Ausgang des 14. Jahrhunderts verzichtete die Tochter des Grafen von Armagnac im Austausch für 20000 Livres auf ihre Landansprüche.[104]

Noch in anderer Hinsicht verlor eine adelige Tochter mit der politischen und wirtschaftlichen Lageveränderung ihren Zugang zu den Familienreichtümern. Ab dem 11. und 12. Jahrhundert wurde ihre Auszahlung nicht mehr beim Tod ihrer Eltern vorgenommen, sondern wenn sie heiratete. Infolgedessen fielen ihre Mitgift und ihr Erbe zusammen in einer Abfindung, die tendenziell geringer war, als es der Brauch gewollt hätte, falls die beiden Ansprüche als Heiratsgabe und Erbanteil gesondert ausbezahlt worden wären.[105]

Obzwar geringer, war die Summe an Geld und Gütern doch bedeutsam genug, um zwischen den Familien langwierig ausgehandelt zu werden, wie es immer schon gewesen war. Verträge des 15. und 16. Jahrhunderts aus ganz Europa zeigen, welche Vielfalt an Vereinbarungen bestand und wie geschäftsmäßig das Vorgehen geworden war. Im Dezember 1463 traf sich Jehan D'Argenteau, Seigneur d'Ascency, mit einem Notar, einem Priester und dem Vater von Marie de Spontin auf der Straße zwischen ihren Dörfern, wo in Anwesenheit von Zeugen die Mitgift der Braut festgemacht wurde – ein Teil des Ertrags von zwei Landgütern – und ihr Erbe als Witwe. Falls sie Kinder zur Welt brachte, sollte sie auf Lebenszeit die Hälfte des Eigentums ihres Gatten bekommen.[106] Ein russischer Vertrag aus dem Jahr 1529 zwischen den Vormündern von Orina und dem Vater ihres Bräutigams zählte neben ihrer Erbschaft sogar eine Buße von 200 Rubeln auf für den Fall, daß der Vertrag gebrochen werden sollte.[107]

Englische Väter fanden ab dem 15. Jahrhundert Wege, die Last der Zahlungen zu erleichtern. Im Cambridgeshire zogen sie im 16. Jahrhundert Vorteil aus den neuen kommerziellen Praktiken, um für ihre Töchter zu sorgen. Mitglieder der *gentry*, der kleineren Grundbesitzer, stellten eher Grundpfandbriefe aus, um flüssiges Geld zu beschaffen, als daß sie ihr Land veräußert oder Ersparnisse aufgebraucht hätten.[108] Nicht immer entrichteten sie die ganze Mitgift auf einmal; diese *marriage portions* lasteten als Schulden auf ihren Landgütern. Die englische Wendung *to pay court* (»den Hof machen«) datiert aus dem letzten Jahrzehnt des 16. Jahrhunderts und weist auf die finanziellen Implikationen des Vorgangs hin (*to pay*: »zahlen«). Die Briefe der Familien Paston und Stoner aus dem 15. Jahrhundert zeigen, wie die Eltern junge Frauen nach ihrem Wert abschätzten und wie Verhandlungen scheiterten, weil keine ausreichende Mitgift vorhanden war.

Diese Vererbungspraktiken wurden fester Bestandteil der europäischen Kultur und herrschten bis ins 19. Jahrhundert vor. Immerhin konnten auch hier, wie in so vielen anderen Punkten, die das Leben der adeligen Frauen bestimmten, die neuen Bräuche umgangen und der Grundsatz weiblicher Erbberechtigung wiederhergestellt werden, wenn es den adeligen und königlichen Familien gerade in die Taktik paßte. Besonders wenn keine Söhne da waren, strebten die Familien eher danach, das Patrimonium ihren Töchtern zu übergeben, als ihre Ländereien zu verlieren. So wirkte sich vom 13. bis zum 16. Jahrhundert – wie zuvor in der Ära des Feudalismus – die Konzentration von unveräußerlichem Erbgut manchmal überraschend zum Vorteil einer Tochter aus, die als einziges Kind bis ins Erwachsenenalter überlebt hatte. Sie wurde unter diesen Umständen zu einer potentiell mächtigen Erbin, der Mittlerin, durch welche das Adelsgeschlecht seine Ländereien und Einnahmen in eigenen Händen behielt. Die Gesetzeskommentare des englischen Juristen Bracton aus dem 13. Jahrhundert widerspiegeln die Existenz solcher Ausnahmen. Er bekräftigte das Recht der Frau, Land zu besitzen, auch wenn sie unverheiratet war, ihr Recht, vor Gericht ohne Vormund Klage einzulegen und ihr Eigentum testamentarisch zu vermachen. Battle Manor in Sussex (Südengland) listete 1240 sechsunddreißig Frauen als *burgesses*, als Landbesitzerinnen, auf.[109] Robert, Earl von Leicester im 13. Jahrhundert, der keine männlichen Erben hatte, teilte sein Land auf seine zwei Schwestern auf.[110] In Frankreich konnte vom 14. Jahrhundert an ein Vater seiner Tocher Eigentum übertragen und dabei verlangen, daß ihr Gatte ihren Namen und ihr Wappen annehme, wodurch er sein Geschlecht lebendig erhielt.[111] Im 15. und 16. Jahrhundert kam es vor, daß solche Ehen mit männlichen Angehörigen einer Nebenlinie der Familie geschlossen wurden, um derart Männer zu neutralisieren, die sonst umgekehrt eigene Anforderungen hätten erheben können. Im 16. Jahrhundert wurden die Ländereien des Barons du Vigean während drei Generationen über die weibliche Linie vererbt, jeweils von der ältesten Tochter an die älteste Tochter, danach an einen Sohn, der den Titel wieder fortführte.[112]

Auch die Interessen der königlichen Dynastien wurden unter Umständen durch weibliche Erbschaft gewahrt. Englische Könige hielten während des Hundertjährigen Krieges über Frauen ihren Anspruch auf den französischen Thron aufrecht. Außergewöhnliche Verhältnisse bewogen im 15. Jahrhundert in Spanien mächtige Männer dazu, die Rechte von Töchtern zu begünstigen, so daß es einer Frau möglich wurde, in eigenem Namen Anspruch auf die Krone zu erheben. Durch solche Umgehungen von Brauch und Gewohnheit und dank ihrer politischen Geschicklichkeit wurde Isabella von Kastilien (1451–1504) Königin Isabella von Spanien.

Isabella war das älteste Kind aus der zweiten Ehe des kastilischen Königs Johann II. Nachdem ihr Halbbruder Heinrich IV. auf den Thron gekommen war, wuchsen sie und ihr jüngerer Bruder Alfonso bei ihrer Mutter fern vom Hof auf. Als Alfonso 1468 gestorben war, blieben nur Isabella und die – allerdings illegitime – Tochter Heinrichs IV. als mögliche Erbinnen übrig. Die Herrschaft Heinrichs war durch Bürgerkriege geprägt. 1474 starb er; die dreiundzwanzigjährige Isabella bemächtigte sich des Staatsschatzes, rief sich selbst zur Königin aus und zog durch ihr Versprechen, die Ordnung wiederherzustellen, die einflußreichen Adelsfamilien auf ihre Seite. Einen dritten Thronbewerber, Ferdinand von Aragón, hatte sie bereits 1468 geheiratet. Die zwischen ihrer und Ferdinands Familie zustandegekommene Allianz machte das Paar zur stärksten Kraft in Spanien, und durch die Vereinigung von Kastilien und Aragón begründeten Isabella und Ferdinand eine Dynastie, welche über ausreichende Ressourcen verfügte, um den Frieden zu sichern, und genügend stark war, das vereinigte Königtum weiterzugeben – wiederum über die weibliche Linie – an den Sohn ihrer Tochter, den künftigen Karl I. von Spanien (zugleich Kaiser Karl V. des Heiligen Römischen Reiches).[113]

Die Zeitgenossen bescheinigten Isabella Frömmigkeit und Stolz darauf, eine musterhafte Ehefrau zu sein. Sie betete die Stundengebete wie eine Ordensangehörige und nähte eigenhändig Ferdinands Hemden. Ihr Porträt zeigt ein rundliches, glatthäutiges junges Gesicht; auf dem Kopf trägt sie eine leichte weiße Haube. Ihr Mund ist klein, ihr Blick geradeaus. Die Ruhe des Bildes straft die Tatkraft, die Unabhängigkeit und feste Entschlossenheit, die ihre Regierung charakterisierten, Lügen. Isabella wollte sowohl Königin in eigenem Recht als auch Begründerin einer neuen Dynastie sein. In ihrem Heiratsabkommen mit Ferdinand von Aragón behielt sie sich die volle königliche Befehlsgewalt über ihr eigenes Königreich Kastilien vor; sie teilte ihre Macht nie mit ihrem Gatten. Sie unterhielt ein eigenes Schatzamt, erließ alle Dekrete und nahm allein den feudalen Huldigungseid der kastilischen Adeligen in Empfang. Dagegen erlaubte ihr der Ehemann, zusammen mit ihm in seinem Reich zu regieren.[114]

Zusammen mit Ferdinand wie in eigener Sache führte sie Krieg gegen Portugal, schlug Revolten nieder in Städten wie Segovia und Sevilla und überwachte den »Kreuzzug« gegen Granada, die letzte Festung der Araber in Europa. Nur einmal schob sie einen militärischen Feldzug auf, nämlich als ihre zweite Tochter Katharina zur Welt kam, die später einmal eine der Gattinnen von König Heinrich VIII. von England wurde. Isabella und Ferdinand brachen vereint die Macht der adeligen *Cortes* (Ständeversammlung) und regierten mittels ihrer eigenen Räte und durch eine neu geschaffene königliche Beamtenschaft. Zusammen mit ihrem Beichtvater, dem Franziskaner Ximenes de Cisneros, nahm die Königin auch die spanische Kirche unter Kontrolle. Sie ernannte selbst Würdenträger, lehnte Berufungen in Rom gegen ihre Entscheidungen ab und auferlegte ihrem Königreich strenge Befolgung der christlichen Doktrin und Praxis. In ihrem Testament rief sie zur Kodifizierung der Gesetze auf und verewigte derart ihren Einfluß noch über ihre Lebenszeit hinaus.[115]

Wie in anderen Zeitaltern zeitigten Veränderungen in der Kriegführung, in Wirtschaft und Regierung Auswirkungen auf die Art und Weise, wie privilegierte Frauen lebten und wie sie an der Kultur der ritterlichen und grundbesitzenden Elite teilhatten. Die Veränderungen, die zwischen dem 13. und 17. Jahrhundert stattfanden, verringerten die Verletzbarkeit der adeligen Damen im Krieg und erleichterten ihre Lebensumstände. Dieselben Veränderungen beschränkten andererseits den Zugang von Frauen zu Grundbesitz und damit zu Macht. Für ganz wenige, außergewöhnliche Frauen, wie zum Beispiel Isabella von Kastilien, machten sie ihre Stellung in der Geschlechterfolge signifikanter. In Abwesenheit von Söhnen kamen die Einschränkungen aufgrund des Geschlechts nicht länger zur Anwendung, und die Töchter fungierten als Mittlerinnen, welche die Ansprüche der adeligen oder königlichen Familien auf Besitz und Macht aufrechterhielten. Sie wurden Lehnsherrinnen und Monarchinnen in eigenem Recht und waren an Macht sogar den meisten adeligen Herren überlegen.

Witwen und Mütter (9. bis 17. Jahrhundert)

Mißachtung von Witwenrechten

Isabella von Kastilien lebte nie als Witwe. Wenn sie ihren Gatten Ferdinand überlebt hätte, wäre sie aller Wahrscheinlichkeit nach weiterhin eine Ausnahme gewesen, die ihre Herrschaft über das Land und die zusammen mit ihrem Mann selbstgeschaffenen Institutionen genutzt hätte, um die großen landbesitzenden Familien Spaniens unter ihrer Kontrolle zu halten. Für die meisten Edelfrauen vom 9. bis zum 17. Jahrhundert aber bedeutete der

Tod ihres Gatten, daß sie fortan allein standen und somit angreifbarer wurden. Theoretisch hatte die Familie des Ehemannes bei der Heirat für sie Verantwortung übernommen, die Verpflichtung, ihre Person zu schützen und sie zu versorgen. Bei den Verhandlungen, die der Verlobung vorausgegangen waren, hatte man ausgemacht, daß die Mitgift der Braut durch Rechte auf einen Teil der Besitztümer des Gatten aufgewogen werden sollte, für den Fall, daß er vor ihr starb.

In der Wirklichkeit jedoch wurde eine Witwe nur zu leicht zu einem Spielball der Interessen ihrer angeheirateten Verwandtschaft oder eines stärkeren Kriegers, wenn nicht sogar des Königs. Herren und Gebieter betrachteten Witwen als Freiwild. Es kam vor, daß sie den Rechtsanspruch auf allen Besitz, selbst ihre Mitgift, verloren oder daß sie zur Wiederverheiratung gezwungen wurden. Wenn größere Besitztümer auf dem Spiel standen, konnte ihnen das Sorgerecht für die eigenen Kinder entzogen werden, da andere die Kontrolle über das Leben der Erben und die zukünftigen Güter erlangen wollten. Eine angelsächsische Witwe im 10. Jahrhundert, deren Mann ohne Schwierigkeit Ländereien beansprucht und ungesetzlicherweise gehalten hatte, erlebte bei seinem Tod, daß seine Verwandten die Grundstücke zurückforderten und sie samt ihren Kindern ohne Eigentum stehenließen. In der Lorraine (Nordostfrankreich) suchte eine Witwe im 11. Jahrhundert Schutz im örtlichen Kloster, als ihr Nachbar sie zwingen wollte, ihm Ablösegeld zu zahlen und Lehnstreue zu schwören.

Das Gewohnheitsrecht wie auch das königliche Gesetzesrecht unterstellte die Witwen dem Schirm des Königs. Gesetze der Angelsachsen und der Wikinger aus dem späten 10. und dem 11. Jahrhundert sicherten ihnen königlichen Schutz zu und garantierten, daß eine Frau über ihre Wiederverheiratung selbst bestimmen könne, wie es ihr gefalle.[116] Wenn es ihren eigenen Bedürfnissen gelegen kam, setzten sich die Könige jedoch über ihre eigenen Gesetze hinweg. Selbst königliches Blut vermochte eine Witwe nicht davor zu bewahren. Im 12. Jahrhundert wurde Johanna, die Witwe von König Wilhelm II. von Sizilien, von dessen Nachfolger Tankred eingesperrt und erhielt ihr Wittum nicht. Solcher Mißbrauch kam in Europa bis ins 17. Jahrhundert immer wieder vor. Sir Richard Verneys Schwester Cary gebar nach dem Tod ihres Gatten ein Mädchen. Seine Familie weigerte sich, ihr das einträgliche Besitztum, ihr Leibgedinge, zu übergeben, obwohl dies zu den Abmachungen gehörte, die bei den Verhandlungen zum Zeitpunkt der Eheschließung festgelegt worden waren.[117] Im Jahr 1669 klagte die verwitwete Marica Usakova beim Zaren gegen ihre Neffen, die sie und ihre Leibeigenen angegriffen hatten, möglicherweise in der Absicht, sie so einzuschüchtern, daß sie ihre Ländereien mit ihnen teilte.

Diesen Witwen wurden ihre Rechte verweigert, weil sie über viel Eigentum verfügten. Andere Probleme traten auf, wenn es zuwenig war. Englische Aufzeichnungen aus dem 12. Jahrhundert berichten von Frauen wie Alice de Bidun, deren Land nur gerade 10 Pfund pro Jahr abwarf, die aber vier Kinder erhalten mußte, oder Alice de Beaufow mit einem Grundertrag von 5 Pfund pro Jahr, etwas lebendem Inventar und 36 Schilling Zinsen von ihren Pächtern.[118] Im 13. Jahrhundert war die verwitwete Gattin eines Ritters von Metz in Frankreich gezwungen, Boden zu veräußern, um die Schulden ihres Mannes im Wert von 33 Livres zu tilgen. Es wäre ihr unmöglich gewesen, sie aus den jährlichen Einkünften von 19 Livres zu bezahlen oder aus dem Verkauf ihrer Mobilien, die auf 30 Livres geschätzt wurden.[119]

Wenn sie jung genug war, rechnete eine Witwe darauf, sich wieder zu verheiraten. Eine Frau aus guter Familie konnte ihrer Familie vertrauen, die einen neuen Gatten für sie aussuchte und derart für den Fortbestand ihrer Bequemlichkeit und Sicherheit sorgte. Im 16. Jahrhundert schrieb die sechsundzwanzigjährige französische Witwe Charlotte d'Arbaliste sowohl ihren eigenen als auch den Verwandten ihres verstorbenen Gatten, um sie über den Heiratsantrag von Philippe du Plessis zu unterrichten, »denn ich möchte ohne Ihre Erlaubnis in dieser Angelegenheit nicht weiter vorangehen«.[120]

Wie schon bei der ersten Heirat beeinflußten der Besitz der Verwitweten und das Adelsgeschlecht, das sie verkörperte, ihre Entscheidungen und die Verhandlungen. Vom 9. bis zum 17. Jahrhundert galt: Je besser ihre Verhältnisse waren, je erhabener ihr Stammbaum, desto wichtiger war ihre Wiederverheiratung und desto wahrscheinlicher waren die Anlässe für Übergriffe. Der wikingische Eroberer Knut zementierte im 11. Jahrhundert seinen Sitz auf dem englischen Thron, indem er die Witwe des Mannes heiratete, den er besiegt hatte. So hatten es bereits Knuts germanische Vorgänger in der Epoche vor 800 gehalten. Im 15. Jahrhundert zeigte sich am Beispiel von Anne, der Herzogin der Bretagne, welchen Wert eine Witwe verkörpern konnte, die in eigenem Namen über ein Territorium gebot. Ihre erste Ehe mit Maximilian von Österreich wurde annulliert, als er nicht imstande war, ihr Herzogtum zu beschützen. Ihr zweiter Gatte, König Karl VIII. von Frankreich, starb, doch ihre Ländereien waren so kostbar, daß sich Karls Nachfolger Ludwig XII. von seiner Frau scheiden ließ, um Anne heiraten zu können.

Die englischen Könige Heinrich II., Richard und Johann im 12. und 13. Jahrhundert mißachteten schamlos die Rechte von Witwen. Heinrich II. plante, Witwen als Einkommensquelle zu benutzen, und ließ 1185 eine Liste aufstellen mit allen wohlgeborenen verwitweten Damen, über die er sich die Vormundschaft anmaßte und die unter dem Verleihungsrecht des Königs stehen sollten.[121] Seine Söhne Richard und Johann nahmen Geld von Witwen an sich und zwangen sie zur Wiederverheiratung. Richard arrangierte für Hawisa, die Gräfin von Aumale, als sie zum erstenmal verwitwet war, eine Ehe mit einem seiner Flottenkommandanten. Als sie wiederum Witwe wurde, preßte ihr Richards Nachfolger Johann 5000 Mark ab, damit sie unverheiratet bleiben konnte.[122] 1216 verheiratete Johann die verwitwete Tochter eines seiner Kammerherren mit seinem Söldner Faukes de Breauté, um die Ländereien dieser Erbin nicht an einen Fremden zu verlieren. Der Chronist Matthew Paris erinnerte mit folgenden Versen an diese Verbindung:

> Das Gesetz verband sie, die Liebe und die Eintracht des Bettes.
> Doch welche Art von Gesetz? Welche Art von Liebe? Welche Art von Eintracht?
> Gesetz, das kein Gesetz war. Liebe, die Haß war. Eintracht, die Zwietracht war.[123]

Johanns Nachfolger im 15. Jahrhundert, Eduard IV., benutzte Parlamentsakte, um Witwen zu enterben und dadurch seine eigene Familie mit Land zu bereichern. Die Edelmänner protestierten gegen solche Behandlung ihrer Frauen. 1215 untersagte der achte Artikel der Magna Charta die erzwungene Verehelichung von Witwen. Die normannischen Untertanen von Philipp August ließen ihn sein Ehrenwort abgeben, daß er die Frauen, die seinem Schutz anvertraut waren, nicht nötigen werde. Die Kirche hatte sich solchen Praktiken schon immer widersetzt, da sie an die gegenseitige Einwilligung der Ehegatten glaubte und da bei den erzwungenen Verbindungen die Partner oft in zu naher Blutsverwandtschaft standen. Doch letzten Endes mußten die Adelsfamilien der jeweils höheren Gewalt nachgeben, und die Kirche fand sich damit ab, daß ihre Rechte nicht im Verbot, sondern nur in der Schlichtung von Streitfällen und in der Erteilung von Dispensationen lagen.

Der gleichen Art von faktischen Erwägungen unterlag das Verhältnis der Witwe zu ihren Kindern. Auch hier änderten Herren und Könige vom 9. bis ins 17. Jahrhundert ihre eigenen Bräuche und brachen ihre eigenen Gesetze. Gemäß der Tradition hatte die verwitwete Mutter die Vormundschaft über ihre Kinder inne, gewöhnlich unter dem Schutz von männlichen Familienmitgliedern. Dies bedeutete, daß die Verfügungsgewalt über das Erbe, die Einkünfte aus ihrem Land und die Vereinbarungen, die ihre Verheiratung betrafen, in den Händen der Mutter lagen. Schon ab dem 9. Jahrhundert aber führte die Unfähigkeit der Witwe zum Kriegsdienst und zur Erfüllung der grundlegenden feudalen Verbindlichkeiten, die auf dem Land ruhten, das sie im Namen ihres Kindes besaß, dazu, daß Männer die Wirksamkeit ihrer Verfügungsgewalt in Frage stellten und Wege fanden, ihre Macht in Abrede zu stellen. In England stellten Könige und königliche Gerichte zwischen dem 12. und 14. Jahrhundert den Ritterdienst und den Zugang zu den dazu erforderlichen Einkünften sicher. Die Vormundschaft über den Erben wurde aufgeteilt einerseits in die Aufsicht über die Person des Kindes, die auch die Auswahl des Heiratspartners mit einschloß und üblicherweise der Witwe zugestanden wurde, andererseits in die Aufsicht über die Ländereien und die Kontrolle über deren Einkünfte, die jemand anderem, einem Mann, zugesprochen wurde.[124]

Besonders skrupellos erzwangen Könige den Austausch von Aufsichtspersonen, verliehen die Kinder wie Prämien oder verkauften sie sogar. Im späten 12. Jahrhundert stritten sich König Richard von England und der Abt von Bury St. Edmunds um ein drei Monate altes Mädchen. Der Abt verkaufte seinen Anspruch für 100 Pfund dem Erzbischof von Canterbury, der ihn seinerseits für 333 Pfund weitergab.[125] Die Mißbräuche, die König Johann mit seinem Vormundschaftsrecht getrieben hatte, waren mit ein Grund für den gegen ihn gerichteten Aufstand von 1215. Sein Sohn Heinrich III. befahl Mabel, der Witwe von Roger Torpell, sie solle ihre Tochter Acelota dem Bischof von Chicester ausliefern, sonst würden ihre Güter und Grundstücke konfisziert.[126]

Sagas und Heldenepen aus dem 9. bis 12. Jahrhundert erzählen von alleinstehenden und schutzbedürftigen Witwen aus der kriegführenden und landbesitzenden Oberschicht. Auch als Mütter und unerschütterliche Verteidigerinnen ihrer Söhne werden sie dargestellt. In der *Njal's Saga* bietet eine Witwe ihre Tochter und etwas von ihrem Besitz, um von einem jungen Lehnsmann Schutz zu erhalten. In *Raoul de Cambrai* trägt die von ihrem Liebhaber verlassene Aalais ihren Sohn aus, und als er erwachsen ist, unterstützt sie ihn bei der Rückgewinnung seines Landes. Neben den Geschichten der Dichter blieb auch die Schrift einer Edelfrau und Mutter eines Kriegers erhalten. Dhouda, die Gattin von Bernhard von Septimanien und Aquitanien (Südfrankreich), lebte, während ihr Mann in der Ferne oder in der Verbannung weilte, wie eine Witwe. Zwischen November 841 und 843 stellte sie für ihren ältesten Sohn Wilhelm, der damals rund sechzehn Jahre zählte, ein Handbuch zusammen. (Dhoudas Schrift ist übrigens das einzige erhaltene Werk von einer europäischen Frau aus dem 9. Jahrhundert.) In dieser Anleitung für den Jüngling zitierte sie die Kirchenväter und lehnte sich in ihrer Ausdrucksweise an die didaktische Literatur ihrer Epoche an. Und doch scheint ihre Liebe und ihre Sorge um den Sohn durch die traditionellen Formen und Verweise hindurch.

Sie schrieb, obwohl sie weit entfernt von ihm weile, sorge sie sich und sehne sich danach, ihm zu helfen. Sie sende ihm diese Worte in der Gewißheit, daß er wissen werde, was er zu tun habe, wenn er sie lese, auch wenn sie nicht von Angesicht zu Angesicht mit ihm reden könne.[127] Und sie warnt ihn:

> Wir leben in üblen Zeiten, mein Sohn; ich fürchte, Unheil treffe dich und deine Soldaten, wenn sie kämpfen. Du wirst oft Männern begegnen, die ehrgeizig ihre eigenen Ziele verfolgen, die gierig, arrogant, ungehorsam sind, die lieber der Welt gefallen als dem Herrn über alles.[128]

Dhouda berichtete auch von ihrer eigenen Schwachheit und ihren Ängsten um die eigene Sicherheit. Sie starb noch im selben Jahr, ihr Gatte wurde im nächsten hingerichtet, und weder William noch ihr anderer Sohn lebten lange: William wurde wegen Rebellion 850 exekutiert, Bernard mußte fliehen und starb 872 im Alter von einunddreißig Jahren.

Behauptung von Witwenrechten

Es war durchaus typisch, daß Dhouda sich als alleinstehende, besitzende Frau schwach und verletzbar fühlte. Unter günstigen Umständen konnte eine ungewöhnliche Herrin ihre Witwenschaft aber auch ausnützen, um Unabhängigkeit und Macht zu erringen. Die Engländerin Alice Thornton im 17. Jahrhundert nannte den Witwenstand »den dritten ehrenhaften Stand«, und die Wege zur Macht lagen für eine unternehmende Frau aus der Oberschicht innerhalb der gesellschaftlich tolerierten Sitten des 9. bis 17. Jahrhunderts.[129] Der traditionelle Unterhaltsanspruch einer adeligen Witwe bis zu ihrer Wiederverheiratung beziehungsweise bis zu ihrem Tod war theoretisch garantiert. Meistens hatten diese bei der Verlobung abgesprochenen Vorsorgeleistungen für die Frau den Charakter von Geldzahlungen oder Grundbesitz. Was als Brauch begonnen hatte, erlangte schließlich die Kraft eines Gesetzes. Ein fester Anteil des männlichen Besitzes – zwischen einem Drittel und der Hälfte seines Wertes – wurde für den Unterhalt der Witwe bestimmt, je nachdem in Form von Grundstücken, mobilen Gütern, Geld oder kombiniert. Üblicherweise gehörte der Anteil nicht eigentlich ihr, und sie durfte ihn nicht vererben; ihr stand lediglich die Nutznießung zu, bis sie wieder einen neuen Mann nahm oder starb. Derart war für sie gesorgt, doch fiel der Besitz als ganzer wieder an die Familie des verstorbenen Mannes zurück, aus der er ursprünglich gekommen war, und nicht an die Kinder aus einem anderen Geschlecht. Im 12. und 13. Jahrhundert hielten Gesetze für Norwegen, Irland, Rußland, Dänemark, die Schweiz, Spanien, England und Frankreich solche Vorsorgeleistungen fest. Dänische und spanische Gesetze gewährten der Witwe sogar einen Teil dessen, was während der gemeinsam verbrachten Jahre zusätzlich erworben worden war. Veränderungen in den englischen und französischen Gesetzen reflektierten den Einfluß des wirtschaftlichen Wandels in Europa: In Frankreich wurde das Wittum in späterer Zeit von den Mobilien abgezweigt, nicht vom Land, und in England wurde es in eine Jahresrente, *jointure* (»Leibgedinge«) genannt, umgewandelt.[130]

Tapfere Frauen lernten, selbst von den Gesetzen und Gerichten Gebrauch zu machen, um gegen Mißachtungen ihrer Person und ihrer Rechte zu protestieren. Die englischen Gerichtsurkunden aus dem 13. und 14. Jahrhundert sprechen von vielen solchen Witwen. Isabella, die Gräfin von Arundel (gestorben 1282), wandte sich direkt gegen den König selbst, als er die Vormundschaft über einen ihrer Vasallen verlangte. Juliana, der Witwe von Robert Underburgh, gelang es 1329, ihr Witwengut in drei verschiedenen Prozessen erfolgreich zu verteidigen.

Englische Witwen gingen auch vor Gericht, um die Ansprüche ihrer Kinder durchzusetzen. In den Aufzeichnungen erscheinen Frauen, welche sich gegen Vereinbarungen wehrten, die von Oberlehnsherren getroffen worden waren, indem sie ihre Kinder zurückholten und die Erben dem vormundlichen Zwang entzogen. 1303 wurde die Witwe von Adam de Lorymer, Johanna, mit der Obhut für ihren Sohn Walter betraut. Die Richter stimmten darin überein, daß der Vormund kein Recht auf ihn hatte und daß sie, als sie ihn zu sich nahm, den Erben nicht »entführt« hatte.[131] In anderen Fällen, in denen die Mutter angeklagt war, dem Vormund den Erben entzogen zu haben, wurde ihr wenigstens das Pflegerecht für das Kind zugesprochen, solange sie keine Ansprüche machte auf die Vormundschaft, auf die Befehlsgewalt über sein Land und dessen Ertrag. Falls die Kinder der Verfügungsmacht des Königshofes unterstanden, konnte eine unerschrokkene Mutter immerhin versuchen, sich die Vormundschaft zu erkaufen. Margary, die Witwe von Henry La Pringe, erwarb so in der Frühzeit der Herrschaft Heinrichs III. im 13. Jahrhundert die Vormundschaft über den Erben ihres Gatten.

Eine starke Frau, die vergleichsweise einfach zu ihrem Geld oder ihrem Besitz gekommen war, mochte dadurch ermutigt werden, ihre Unabhängigkeit geltend zu machen. Zumindest konnte eine selbstsichere Adelige darauf beharren, ihren zweiten Gatten selbst auszusuchen. Eleanor, die Gattin des Earl of Pembroke, vermählte sich 1228 gegen den Wunsch ihres Bruders, König Heinrichs III. von England, insgeheim mit Simon de Montfort. Als der Monarch versuchte, ihr das Vermögen zu entziehen, prozessierte sie und gewann. Andere Damen machten von ihrem Geld Gebrauch, um sich das Gattenwahlrecht zu erwerben. Während der Herrschaft Eduards I. Ende des 13. Jahrhunderts kauften sich Witwen dieses Recht sowohl für sich selbst als auch für ihre Söhne. Gena, die Witwe von Roger de Caleston, bezahlte für die beiden Bewilligungen 40 Pfund.[132]

Andere privilegierte Engländerinnen des 15. bis 17. Jahrhunderts konnten das Vermögen ungestört genießen, das ihnen als Witwen zukam. Agnes Paston behielt die Aufsicht über das Besitztum auch noch, nachdem ihr ältester Sohn volljährig geworden war. Die 1518 geborene Elizabeth Talbot, die ihren Zeitgenossen als Bess of Hardwick bekannt war, überlebte vier Ehemänner und beendete ihr Leben als Gräfin mit einem Leibgedinge, das ihr ein jährliches Einkommen von 60000 Pfund garantierte. Mit ihrem Besitz, zu dem Wälder und Zechen gehörten, und ihren Geschäftsunternehmungen – sie handelte mit Bauholz, Blei und Kohle – fuhr sie sehr gut.[133] Die Witwe Margaret Poultney, Tante von Sir Ralph Verney, brachte es für alle ihre Schicksalsgenossinnen auf den Punkt, als sie 1639 darauf beharrte, sich nicht wieder verheiraten zu wollen, obwohl es den Bruch mit ihrer Familie zur Folge hatte: »Eine Witwe ist frei«, erklärte sie.[134]

Diese »Freiheit« bedeutete für manche Frauen mehr als Besitz. Sie nahmen die vollen Rechte einer feudalen Landbesitzerin wahr. In Sachsen unterstützte im 12. Jahrhundert Sophia, die Witwe von Berchtold von Zähringen, mit ihren Rittern ihren Bruder Heinrich den Stolzen bei der Belagerung einer feindlichen Burg. Sie behielt die Führung, als er zu seinem Schwiegervater, König Lothar, gehen mußte, um diesem beizustehen. Gertrud, die Schwester von Ekbert, dem Markgrafen von Neisse, überlebte drei Ehemänner und wurde von einem Chronisten »Sachsens allmächtige Witwe« genannt.[135] Sie bediente sich ihrer Vasallen, um gegen den Schwiegersohn von Kaiser Heinrich V. eine Verschwörung anzuzetteln, die sie selbst anführte.

Auch Königswitwen handelten unabhängig. Sie benutzten ihre eigenen Ländereien und ihre Geschicklichkeit, um die Interessen ihrer Söhne zu schützen oder voranzutreiben. Blanca von Kastilien (1187–1252) erfüllte ihre erste Pflicht als Ehefrau eines Königs, indem sie zwölf Kinder zur Welt brachte; fünf überlebten. Ihrem ersten Sohn, dem zukünftigen König Ludwig IX. brachte sie das Lesen bei und wirkte, solange er noch ein Kind war, von 1226 bis 1252 für ihn als Regentin. Konflikte mit dem Adel schlug sie erfolgreich nieder, wehrte einen Einfall des englischen Königs Heinrich III. ab und trug in einem Disput mit den französischen Bischöfen den Sieg davon. Ein zeitgenössischer Chronist beschrieb sie als »die weiseste aller Frauen ihrer Zeit, und alle guten Dinge kamen ins Königreich von Frankreich, während sie am Leben war«.[136]

Im 15. Jahrhundert erwarb Lady Margaret Beaufort (1444–1509), die Mutter des späteren Königs Heinrich VII. von England, Eigentum für ihn, während er im Exil war, und sie beteiligte sich daran, einen Aufstand gegen den herrschenden König zu schüren, um damit ihrem Sohn auf den Thron zu verhelfen. Als Heinrich König geworden war, belohnte er sie mit eigenen Ländereien. Das Parlament gestattete ihr, wie ein Mann zu herrschen: *as anie other sole person not covert of anie husband* (»wie jede andere alleinstehende Person, die von keinem Gatten geschützt ist«).[137]

In Skandinavien erreichte die Witwe eines Königs im 14. Jahrhundert noch mehr als Grundbesitz und Lobpreis von ihren Zeitgenossen. Margarete von Dänemark (1353–1412) manövrierte und handelte unter den speziellen Umständen ihrer Epoche in ihrem persönlichen Interesse, so daß sie von der Königswitwe zur Regentin und schließlich zur Königin in eigenem Recht aufstieg. Geschickt wußte sie sich der Erbschaftsregeln und des Friedenswunsches ihrer Zeitgenossen zu ihrem eigenen Vorteil zu bedienen. Als Königin behauptete sie das Recht, nicht nur eines, sondern drei Königreiche – diejenigen ihres Vater, ihres Gatten und ihres Sohnes – zu vereinigen und zu regieren.

Die Vererbung königlicher Macht und der Begriff des Patrimoniums waren in Dänemark bereits eingeführt, als König Waldemar IV. im 14. Jahrhundert ohne Söhne, nur mit zwei überlebenden Töchtern dastand. Er vermählte die siebenjährige Margarete mit König Håkon von Norwegen; diese Verbindung gehörte zu einem Bündnis zwischen den beiden Ländern. Der Plan war, daß ihr Nachkomme dereinst beide Königreiche erben sollte. Ab dem Alter von zehn Jahren lebte Margarete als Frau Håkons in Oslo; Marta Ulfsdotter, die Tochter der schwedischen Adeligen und Heiligen Birgitta, war ihre Erzieherin. 1370 brachte Margarete einen Sohn zur Welt. Ihren Ehemann sah sie jedoch nur selten; sie lebte in einem getrennten Haushalt und mußte vom Münzmeister Geld leihen lassen, um für sich selbst und das Kind aufzukommen. Als ihr Vater 1375 starb, gab es vier Anwärterinnen und Anwärter auf den dänischen Thron: sie und ihr Sohn, ihre Schwester Ingeborg und ihr Neffe Albert. Als die höchsten Grundherren Dänemarks im Mai 1376 in Odense zusammentraten, wählten sie Margarete als Regentin für ihren Knaben Olaf, weil sie darin den Weg zu einer Vereinigung der Königreiche von Dänemark und Norwegen sahen. Der mächtige Städtebund der Hanse, der auf vermehrte Handelsprivilegien erpicht war, gab ebenfalls seine Zustimmung.

Vom Beginn ihrer Regentschaft an setzte Margarete durch, daß ihre Zeitgenossen sie als entschlossene, fähige Herrscherin anerkannten. Weder der Tod ihres Mannes noch derjenige ihres Sohnes im August 1387 konnten ihre Macht gefährden. Auf dem Grabstein des Sohnes wurde vornehmlich an sie, nicht an ihn erinnert: »Hier ruht Olaf, Sohn der Königin Margarete, den sie Norwegens König Håkon gebar.«[138] Ein Adelsrat nach dem anderen wählte ihre Herrschaft: Eine Woche nach Olafs Tod ernannten sie die Dänen zu ihrer »Herrin und Herrscherin mit voller Befehlsgewalt als Hüterin des Reiches«.[139] Im Februar 1388 bestimmten die Norweger, sie, »die mächtige Dame des norwegischen Königreiches und rechtmäßige Gebieterin«, solle auf Lebenszeit regieren.[140] Sie selbst erhob Rechtsanspruch auf die Krone von Schweden und besiegte 1389 ihren Rivalen Albert. Sie war erfolgreich, da sie Ordnung verbürgte, unbestreitbaren Anspruch auf den Thron hatte und zwei, später drei Königreiche zusammenführte. Sie begründete die Kalmarer Union und ein glorreiches, vergleichsweise friedliches Zeitalter für Skandinavien, das von 1397 bis 1523 andauerte.

Dieses Bündnis hielt sich, weil Margarete während ihrer Regierungszeit dieselbe Form der zentralisierten Monarchie eingeführt hatte, die zwei Jahrhunderte früher Heinrich II. in England und Philipp II. August in Frankreich durchzusetzen begonnen hatten; dieselbe Form, die Isabella und Ferdinand später im 15. Jahrhundert in Spanien errichten sollten. Margarete brachte die Macht des Adels und des Hansebundes in ein Gleichgewicht. Sie ernannte selbst Kanzler, gestand ihnen dann aber niemals zu viel Autorität zu. Einer Wiederverheiratung widersetzte sie sich. Sie wählte ihren Nachfolger, ihren Großneffen Erich von Pommern, gab ihm jedoch von ihrer Macht nichts ab. Auf ihr Drängen hin mußte die schwedische Aristokratie auf Steuerbefreiung und das Recht, neue Burgen ohne Zustimmung des Monarchen erbauen zu dürfen, verzichten. Als ihr Neffe Albert die Verfügungsgewalt beanspruchte, nahm sie die verlorenen Kronländereien zurück; dasselbe tat sie in Dänemark, wo sie Boden zurückforderte, der unter ihres Vaters Herrschaft verlorengegangen war. Norwegen wurde zu einem dänischen Lehen. Margarete starb mit neunundfünfzig Jahren mitten in einem Feldzug, mit dem sie Holstein für die Krone zurückerobern wollte. Während ihres ganzen Lebens hatte sie die Erbschaftsbräuche und Zeitumstände ausgenützt, so daß sie sich zum Vorteil einer Witwe auswirken konnten.

Frauen wie Eleonore von Aquitanien, Isabella von Kastilien und Margarete von Dänemark wußten die Gesetze und die ihnen gebotenen Gelegenheiten zu nutzen, um das Zepter zu führen, doch blieb es die Macht von Männern, benutzt zu Zwecken, die von Männern hochgeschätzt wurden. Nichts von den Handlungen, Zielsetzungen und Erfolgen dieser Herrinnen veränderte die Institutionen und die Haltungen, welche die Edelfrauen auch der höchsten Ränge für den Verlust von Vorrechten und für Mißbrauch anfällig machten. Nichts in ihrem Leben sicherte den Frauen allgemein eine bessere Position, die sie unabhängig von den Umständen zu beschirmen und zu stärken vermocht hätte. Die überkommenen Lebensformen und die überkommenen Frauenbilder waren lediglich überlistet, nicht bestritten worden. In den kommenden Jahrhunderten lebten auch die höchstprivilegierten europäischen Frauen weiterhin in einer Welt, in der sie nur durch Zufall Macht erlangen konnten, nicht durch Gleichberechtigung oder Plan, eine Welt, in der sie diese Macht nur innehatten, solange es den Bedürfnissen der männlichen Oberschicht von Kriegern und Landbesitzern entgegenkam.

4.4 Neue Blüte alter Traditionen

Vom 9. bis zum 17. Jahrhundert blieben Frauen, die Macht und Autorität ausübten, Ausnahmen; ihre Stellung wurde ermöglicht durch eine ungewöhnliche Kombination von Umständen. Im 11. und 12. Jahrhundert mit seinen rivalisierenden Feudalherren und wieder im 15. und 16. Jahrhundert mit seinen aggressiven Königsdynastien erbten einzelne Töchter, Gattinnen und Witwen Eigentum und besaßen es in eigenem Namen. Diese adeligen und königlichen Herrinnen nahmen Rollen wahr, die üblicherweise den Männern reserviert blieben. Ihr Erfolg bewirkte für die europäischen Frauen jedoch keine dauerhafte Statusveränderung, weder in der Familie noch im politischen oder wirtschaftlichen Bereich. Die Gesetze der ganzen Epoche hielten daran fest, daß Edelfrauen in einer Familie leben und durch ihre Beziehungen zu Männern definiert werden sollten. Das den jungen Mädchen vorgehaltene Verhaltensideal pflanzte die Attitüden der Kulturen vor 800 fort: Die ideale Frau war abhängig, beschützt und umsorgt, eine pflichtgetreue, keusche und gehorsame Tochter, Ehefrau oder Mutter.

Dichtung

Die Dichtung dieser Jahrhunderte – die Erzählungen und Gedichte, die Heldenepen und Romane – bot dieselben divergenten Bilder dar wie in früherer Zeit und hatte aufs Ganze gesehen auch denselben Effekt. Auf der einen Seite gab es das positive Porträt der schönen Dame und die Verherrlichung der Liebe, andererseits aber existierte das negative Bild von der Frau als bloßem Objekt, als Trägerin von Kräften, die Schmerzen oder gar Tod über die Männer brachten. Auch an den glanzvollen Höfen mächtiger Gräfinnen wie Marie de Champagne oder Königinnen wie Eleonore von Aquitanien hielten Minnesang und Ritterromane nicht allein die traditionellen Bilder von weiblicher Schönheit und den Freuden der Liebe lebendig, sondern auch die ebenso starken negativen Bilder der weiblichen Natur und der traditionellen Ängste vor der Macht der Frauen über die Männer. Weder in der fiktiven Welt der Dichtung noch in der realen Welt von Kriegertum, Besitz und Stammfolge konnten die Frauen Europas den Traditionen entgehen, welche die griechischen, römischen, hebräischen und frühchristlichen Kulturen als Erbe hinterlassen hatten.[1]

Das positive Vermächtnis

Bei der Beschreibung der Geliebten zeichneten Spielmänner und Troubadoure ein weibliches Schönheitsideal, das demjenigen der frühen griechischen Dichter auffallend glich. Die Stimme der Frau »ist rein wie Gold und wie Saitenklang«, ihr Körper »schön, schlank und fein«, ihre Augen »hell und haselnußbraun«. Die Haut schimmert weiß »wie eine Maiblume«, ihre Haare sind »hell und glänzend«.[2] Die Liebe feuerte zu exemplarischer Aufopferung an. Im *Nibelungenlied* erklärte Siegfried dem Bruder von Kriemhild, sie sei ihm wie seine Seele und sein Körper, und er werde alles tun, um dessen würdig zu sein, daß sie seine Frau werde.[3]

Die in den Gedichten und vor allem in den Romanen dargestellten Frauen und Männer genossen die ganze Sinnlichkeit ihrer Liebe. Bei Chrétien de Troyes streckte Königin Guinevra ihre Arme aus und zog Lancelot »in das Bett, das neben ihr steht, und erweist ihm jede mögliche Befriedigung; ihre Liebe und ihr Herz fühlen sich zu ihm hingezogen. [...] Ihr Zeitvertreib ist so angenehm und süß, wie sie sich küssen und liebkosen, daß wahrhaftig so wunderbare Freude über sie kommt, wie sie nie vernommen oder erlebt worden ist.«[4] Gottfried von Straßburg teilte im *Tristan* das wechselseitige Entzücken des Paares am Körperlichen und am Liebesspiel mit. Isolde, die gesandt war, den verletzten Tristan zu pflegen, besah sich seinen Körper und seine gesamte Erscheinung mit ungewöhnlichem Interesse. »Sie betrachtete ihn von oben bis unten, und was immer ein junges Mädchen an einem Mann begutachten kann, gefiel ihr an ihm wohl ...«[5] Als Isoldes Ehemann, König Marke, das ehebrüchige Paar fand, schliefen die beiden,

mit den Armen einander
fest und eng umschlungen.
Ihre Wange an seiner Wange,
ihr Mund an seinem Mund.
[...]
Ihre Arme und ihre Hände,
ihre Achseln und ihre Oberkörper,

die waren so nahe aneinander
gepreßt und geschlossen,
daß sie, wenn sie ein gegossenes Werkstück
von Bronze oder Gold gewesen wären,
nicht perfekter aneinandergefügt
hätten werden können.[6]

Die Troubadoure beschrieben die körperliche Vereinigung mit der Geliebten sogar als Quelle spiritueller Verzückung. Raimbaut d'Orange formulierte, indem er sie umfasse, fühle er, daß er Gott umfasse.[7] Gottfried von Straßburg bereicherte die Begegnungen zwischen Isolde und Tristan ebenfalls mit dieser Dimension: Ihre Vereinigung war mehr als nur körperlich, sie war einer mystischen Union mit Gott ähnlich:

Sie hatten beide ein Herz:
Ihre Trauer war sein Schmerz,
sein Schmerz ihre Trauer;
sie beide waren eins
in Liebe und in Leid.[8]

Negative Traditionen

Wie für die Dichter der antiken Kulturen hatten das ideale Bild der Geliebten und die Verherrlichung der körperlichen Vereinigung für die meisten Spielmänner und Troubadoure jedoch auch ihre negativen Kehrseiten. Die Lyriker, besonders die bayerischen Minnesänger des 12. und 13. Jahrhunderts, idealisierten die Dame, die sie anbeteten, ganz ähnlich wie es die griechischen und römischen Autoren getan hatten. In ihren Versen aber stilisierten sie die Geliebte derart, daß ihre individuellen Züge neben den Gefühlen, welche sie entfachte, verlorengingen. Die Frau war Liebesobjekt und nichts weiter.[9] Walther von der Vogelweide zog von Burg zu Burg und besang nicht individuelle Edelfrauen oder deren individuelles Leben, sondern die Vielfalt seiner eigenen Gefühle und die Wirkungen der Minne auf ihn, den Dichter. Auch in den Epen, *chansons de geste* und Versromanen wurden Frauen als Liebesobjekte dargestellt. Die Liebe, nicht eigentlich die Frau, stachelte den Helden zur Tat, zur Erprobung und Bewährung seiner selbst an. In Chrétien de Troyes *Lancelot* zum Beispiel macht die Liebe die Ritter »reich, kräftig und mutig zu jedem Unternehmen«.[10]

Nachteiliger noch für die Frauen: Die Liebe und das Verlangen, das sie entfachten, verschafften nicht nur Lust und Glück, sondern auch Leid, Unglück und manchmal Tod. Die Heldinnen des 12. und 13. Jahrhunderts konnten den Rittern ebenso verderblich werden wie einst Kirke, Dido oder

Eva. Um die Macht der Frauen anzudeuten, benutzten manche Dichter die Bilderwelt der Schlacht und des Kampfes, wobei der Mann als Opfer erschien. Bernart de Ventadorn schrieb, seine Dame führe Krieg gegen ihn. Giraut de Bornelh stellte sich selbst als belagerte Festung dar, mit Maschinen, die Türme zum Einstürzen brachten, Katapulten und angreifenden Kriegern – und er flehte um Gnade.[11] Heinrich von Morungen empfand Haß gegen die Dame, die ihn zutiefst in seiner Seele verletzt hatte.[12] In den Romanen verschafften sich die Frauen Macht und fügten ihren Liebhabern Leid zu, indem sie mit Plan und List vorgingen. Sie schlugen die Phantasie der Männer in Bann, sie »stahlen« ihre Liebe. Isolde Weißhand verführte Tristan mit ihrem »Lächeln und Lachen, mit Plaudern und Tändeln, mit Schmeicheln und Freundlichkeit«, bis er in Liebe entzündet war.[13] Sowohl Guinevra als auch Isolde überlisteten ihre Gatten und verhehlten derart ihren Ehebruch. Isolde nahm zu traditionellen Mitteln Zuflucht, um König Markes Verdacht einzuschläfern:

> Des Nachts, als die Königin
> wieder zu ihrem Herrn schlafen kam,
> nahm sie ihn in ihre Arme:
> sie umhalsten sich, sie küßten sich;
> an ihre sanften, weichen Brüste
> zog sie ihn ganz nahe
> und begann dann wieder
> ihre verfängliche Rede
> mit Frage und Antwort.[14]

In manchen Geschichten der Minnesänger und Dichter vermochte die Liebe einer Frau den Helden gar zu verderben. Der Zaubertrank einer Jungfrau verhexte im *Beowulf* den Krieger Hedin und machte ihn zum Mörder.[15] In der einen Fassung des Epos *Guillaume d'Orange* quälte die Liebe einen jungen Liebhaber derart, daß er »tollkühn und zu einem Narren« wurde, und einen alten Ehemann trieb sie in den Wahnsinn.[16] Liebe bewirkte, daß die Romanhelden die Regeln der Ritterschaft vergaßen: Die Minne entfremdete Erec in Chrétien de Troyes' gleichnamiger Geschichte seiner angemessenen Rolle und Aufgabe als Ritter, da er sich »mit ganzem Herzen und Sinn dem Liebkosen und Küssen ergab, und kein Ergötzen in anderem Zeitvertreib suchte«.[17] Lancelot war von der Liebe zu Guinevra so verzückt, daß er sich selbst vollständig vergaß.[18] Die Leidenschaft hielt ihn von seinen Zielen ab: Er unterlag seiner Begehrlichkeit und konnte deshalb den heiligen Gral nicht mehr erblicken. Im *Tristan* zerstörte die Liebe sowohl den Helden als auch die Heldin; der Tod war die einzige Lösung für ihre ungesetzliche Passion.

Zusätzlich zu diesen negativ gefärbten Bildern von Frauen und der Art und Weise, wie die Liebe das Leben der Männer gefährdete, enthielt die Literatur dieser Jahrhunderte auch Beispiele für eigentliche Misogynie. Selbst bei den höfischsten der männlichen Dichter konnten die traditionellen frauenfeindlichen Ängste und Urteile ein Echo finden. Im *Tristan* von Gottfried von Straßburg kommen die altüberlieferten Vorurteile aus dem Mund eines verschmähten Freiers: Frauen seien

> alle so gestaltet an Körper, Natur und Gefühl, daß du glauben mußt, die schlechten seien gut und die guten schlecht. [...] Du liebst diejenige, die dich haßt, du haßt diejenige, die dich liebt. [...] Von allen Spielen, die man spielen kann, bist du das irreführendste. Der Mann, der sein Leben ohne Sicherheit für eine Frau aufs Spiel setzt, ist von Sinnen.[19]

Die Sagas und Epen berichteten ihren Zuhörern die altbekannten Schändlichkeiten: In *Njal's Saga* rächte sich Hallgerda an Gunnar, indem sie sich weigerte, ihm bei der Abwehr eines Angriffs auf die Festung zu helfen. Gattinnen von Kriegern lösten Blutfehden aus. Im *Nibelungenlied* führte die Rivalität zwischen Kriemhild und ihrer Schwägerin Brunhild zum Krieg – »wegen des Streits von zwei Frauen verloren viele Helden das Leben«, heißt es lapidar.[20] Es war Siegfrieds Gattin, die den einen verwundbaren Fleck auf dem Körper ihres Mannes offenbar und so seine Ermordung möglich machte.

Nach einigen der männlichen Dichter wurde Eva, die erste Betrügerin, in allen späteren Frauen von neuem verkörpert. Wie Eva gegen Gottes Gebot verstoßen habe, so täten Frauen manche Dinge einfach deshalb, weil sie verboten seien, meinte beispielsweise Gottfried von Straßburg.[21] Und wie Eva verschuldeten die Frauen den Fall ihrer Männer. Tristan, der wiederholt mit Isolde Ehebruch beging, »tat ganz, wie Adam tat: Die Frucht, die ihm seine Eva bot, nahm er und aß mit ihr den Tod«.[22] In einem Gedicht im Stil der anmutigen Liebeslyrik häufte ein keltischer Dichter alle Übel der Welt auf die erste Frau, und er malte aus, wie sie das Leben beschrieben hätte, wenn sie nicht den Apfel vom Zweig gepflückt hätte:

> Es gäbe keinen eisstarrenden Grund,
> Es gäbe keinen glitzernden, windgepeitschten Winter,
> Es gäbe keine Hölle, es gäbe keinen Kummer,
> Es gäbe keine Furcht, wenn nicht durch mich.[23]

Die Spielmänner und Troubadoure übernahmen die traditionellen Auffassungen über das weibliche Geschlecht und seine Macht über die Männer. Auf den höfischen Versammlungen in den großen Ritterhallen wurden in einen neuen Rahmen wieder die alten Heldinnen projiziert und die alten Ängste geschürt. Die Wirkung war dieselbe wie in der Literatur der älteren Kulturen: ein widersprüchliches, zweideutiges Bild des weiblichen Geschlechts und eine Warnung, sich vor den Kräften der Frauen zu hüten.

Recht und Brauch

Vom 9. bis zum 17. Jahrhundert kamen einige privilegierte Damen dank außergewöhnlicher Umstände in die Lage, daß sie Zugang zu bedeutendem Grundbesitz und derart die Mittel zu unabhängiger Autorität erlangten. Eine adelige Familie oder eine Königsdynastie konnte einer Tochter, wie beispielsweise Eleonore von Aquitanien oder Isabella von Spanien, als der einzigen überlebenden Erbin die Macht übertragen. Es kam vor, daß einer Witwe, wie etwa Königin Margarete von Dänemark, die Hegemonie zugestanden wurde, um einen Krieg im Inneren zu vermeiden. Königinnen und Herrscherinnen, die die Macht in ihrem eigenen Namen ausübten, blieben jedoch Ausnahmeerscheinungen. Sobald sich die Verhältnisse änderten, sobald die Ordnung wiederhergestellt war, brachen die traditionellen Haltungen gegenüber dem weiblichen Geschlecht wieder durch, und die traditionellen Modelle von Familienverhältnissen wurden wieder in Kraft gesetzt. Die Überzeugungen der alten Kulturen vor 800 von der Unterlegenheit der Frau waren keineswegs ausgestorben. Viel eher waren sie inmitten der alternativen höfischen Idealbilder von Frauen und Männern als liebenden Partnern vorübergehend unhörbar geworden. Der alte Wunsch, die unterworfene Position der Frauen zu sichern, war nicht verschwunden, sondern war, um politischen Notwendigkeiten zu genügen, für eine Weile ignoriert worden. Mit der Ordnung kehrten auch Gesetz und Praxis zurück, welche die Ehefrauen und Töchter von Kriegern wieder von ihren männlichen Beschützern und Versorgern abhängig machten. Könige und Grundherren unterwarfen den Zugang zu Eigentum strengen Regeln und vereinheitlichten die Einschränkungen, wer überhaupt Besitz haben durfte und wie die Verfügungsgewalt ausgeübt werden konnte. Die Frauen, die als so schwach und verletzbar angesehen wurden wie Kinder, fanden sich aller Möglichkeiten und Ansprüche wieder beraubt, rechtlich beschnitten wie in vorangegangenen Kulturen.

Die Rekonstituierung der unterordnenden Haltungen und Modelle kann an der veränderten Rolle der Königsgemahlinnen in Frankreich verfolgt werden. Zwischen dem 10. und dem 14. Jahrhundert verloren diese Frauen allmählich die Macht und Autorität, die ihnen einst gewährt worden war und die sie als Gattinnen und königliche Gehilfinnen des Königs wahrgenommen hatten. Im 10. und 11. Jahrhundert hatten die Königinnen von Frankreich den gesamten königlichen Haushalt unter Kontrolle gehabt, was der Rolle eines Schatzmeisters nahe kam, da es zwischen den Einnahmen des Königs in seinen Funktionen als Monarch und als Familienoberhaupt keine Trennung gab. Mitte des 14. Jahrhunderts hatte sich alles geändert – Erbschaft konnte nun nicht einmal mehr über die weibliche Linie weitergegeben werden.

Die französische Königsgattin Jeanne de Bourbon (1338–1378) kann als Beispiel dafür dienen, wie die Macht der Königsgemahlin in dieser Zeit der Ordnung und der wiederbelebten Überzeugungen von weiblicher Unfähigkeit schwand. Sie war die letzte Königin Frankreichs, die in einer eigenen Zeremonie gekrönt wurde. Obwohl sie bei offiziellen Gelegenheiten zur Rechten ihres Gatten Karls V. saß und der Versammlung seiner Räte beiwohnte, half sie ihm doch nicht bei den Regierungsgeschäften. Man erinnerte sich ihrer später nicht eigentlich als Königin, sondern wegen der Eleganz ihres Hofes, ihrer Frömmigkeit, ihrer Mildtätigkeit und ihrer Freundlichkeit gegenüber Bittstellern. Ihre Chronistin, die Hofdame und Schriftstellerin Christine de Pisan, schilderte sie als ideale Gattin, deren Mann oft in ihrer Gesellschaft weilte und die ihm »nichts als Ehre und Verehrung« einbrachte.[24]

Die Königinnen und Prinzessinnen in der Chronik des Hundertjährigen Krieges von Froissart werden dargestellt als mustergültige Ehefrauen, aber nie als Herrscherinnen. Philippa von Hainaut (1314?–1369), die Gattin von Eduard III., war die nahezu perfekte Königsgemahlin. Sie schenkte ihrem Gatten zwölf Blutserben. Wenn der König von England abwesend war, vertrat sie ihn nie als Regentin, sondern wurde vom Vetter des Königs, dem Earl von Kent, in Obhut genommen. Auf dem Kontinent wartete sie bange auf Nachrichten von den Schlachten, die ihr Mann führte, und wurde gerühmt, da sie »große Besorgnis gelitten hatte«.[25] Wenn sie einmal bei königlichen Pflichten mithalf, so plante sie Feierlichkeiten oder verteilte Geschenke. Wo sie sich selbst zur Geltung brachte, geschah es mit gebührender Demut. Falls sie Macht besaß, war sie indirekt und dem Willen ihres Mannes unterworfen. Bei einer Gelegenheit flehte sie den König um Gnade an – »im Namen des Sohnes der gesegneten Jungfrau Maria und bei der Liebe, die Ihr zu mir habt« – für die Anführer einer Stadt, die sich kurz zuvor ergeben hatten.[26] Er ließ sich, »obzwar ich das gegen meinen Willen tue«, höchst ritterlich besänftigen. Denn als er sein zartes Weib schwanger und in Tränen vor sich knien sah,

> [...] erweichte sich sein Herz, da er sie in dem Zustand, in dem sie sich befand, nicht absichtlich in Not bringen wollte, und endlich sagte er: »Meine Herrin, ich wünschte, Ihr wäret anderswo als hier. Euer Appell hat mich derart gerührt, daß ich ihn nicht abschlagen kann.«[27]

Als die Gesetze zusammengetragen und kodifiziert wurden, als königliche Statuten und Edikte erlassen wurden, erfuhren alle Edelfrauen, nicht nur die Gattinnen von Königen, dieselbe Art der Schmälerung von Chancen und Autorität. Die Möglichkeiten privilegierter Frauen zu unabhängigen Handlungen dank der Kontrolle über ihr eigenes Land schwanden. Die rechtlichen Institutionen, die den Zweck hatten, die Frauen zu beschützen, setzten die ererbten Traditionen aus der Epoche vor 800 wieder in Kraft: das Prinzip der rechtlichen Inkompetenz von Frauen, die weibliche Unterordnung und die Errichtung männlicher Vormundschaft. Mit dem Akzeptieren dieser Traditionen gaben die Frauen auch ihren Anspruch auf ihren eigenen Familienstamm *(lignage)* auf. Die französischen Damen übernahmen bereits im 14. Jahrhundert den Zunamen ihres Gatten, bis im 17. Jahrhundert war dies auch in England allgemein Brauch geworden.[28]

Die Zusammenstellungen von lokalen Gepflogenheiten und die Gesetzeskommentare, die zwischen dem 13. und 17. Jahrhundert niedergeschrieben wurden, nannten die Prämissen und die Argumente, weshalb Frauen das Recht verloren, Entscheidungen zu treffen über die Ländereien, die sie geerbt oder erworben hatten. Da eine Frau nicht kämpfen konnte, konnte sie, so nahm man an, nicht in eigener Person den Pflichten eines Grundstückinhabers gerecht werden. Daraus folgte, daß sie von Natur aus besitzunfähig war. Deshalb konnte sie sowohl nach dem Gesetz als auch im wirklichen Leben keine Verfügungsgewalt einnehmen, und der Mann mußte an ihrer Statt handeln.[29] Französische Rechtsweistümer (formale Sammlungen von lokalen oder regionalen Bräuchen) des 16. Jahrhunderts beschrieben Frauen als rechtsunfähig. Die damalige Wiederbelebung des römischen Rechtes und die Glossen von Justinians Gesetzeskodex wirkten sich noch zusätzlich nachteilig aus. Die Beschreibung eines humanistischen Gelehrten aus dem frühen 16. Jahrhundert widerhallte von den traditionellen Ansichten aus den Zeiten vor 800: »Die Frau steht in der Gewalt ihres Gatten und steht nicht mehr länger in der Gewalt ihres Vaters [...] und kann, ohne die Vollmacht und Zustimmung des genannten Ehemannes, keine gültigen Verträge abschließen [...] und weder öffentliche Güter verwalten noch ihre eigenen.«[30] Englische Juristen des 17. Jahrhunderts gingen in diesem Grundsatz noch einen Schritt weiter: In seinen *Institutes* (»Satzungen«) definierte Coke Ehemann und Ehefrau als *eine* Person, als eine *männliche* Person. *The Law's Resolutions of Women's Rights* (»Die Gesetzesbeschlüsse der Rechte von Frauen«) von 1642 hielten fest, Frauen seien entweder bereits verheiratet oder noch zu verheiraten und seien ihren Gatten untertan; sie »haben keine Rechte im Parlament, sie machen keine Gesetze, sie stimmen keinen zu, sie heben keine auf«.[31]

Das Beispiel von Rußland im 15. Jahrhundert zeigte, wie weit solche Einschränkungen gehen konnten. Wiewohl die formalen und legalen

Rechtsdefinitionen der Ehefrau die Vollmacht über ihr Eigentum und die unabhängige Verfügungsgewalt darüber zusprachen – selbst vor Gericht durfte sie gehen –, nahm sie diese Autorität doch kaum wahr. Statt dessen wurde sie vom 13. bis zum 17. Jahrhundert (vielleicht als Reaktion auf die ständigen Invasionen durch fremde Völker) vollständig der Autorität ihres Mannes untertan gemacht: Sie übernahm seinen Namen, lebte abgeschieden in einem Bereich der Wohnung wie eine muslimische Frau und wurde, falls es zur Deckung seiner Schulden nötig werden sollte, selbst in die Sklaverei verkauft. Wenn er verbannt wurde, mußte auch sie ins Exil – wenn sie verbannt wurde, war er hingegen berechtigt, sie zu enteignen. Im 17. Jahrhundert bestätigte Peter der Große ihre eigene, getrennte Vollmacht, doch die Tatsache, daß die Edikte immer wieder neu erlassen wurden, deutet darauf hin, daß sie in der späteren Periode nicht besser befolgt wurden als früher.[32]

Andere Gesetze verstärkten die traditionelle Unterordnung auch für die privilegierten Edelfrauen. Bis weit ins 13. Jahrhundert hinein verteidigten Bräuche und Satzungen das Recht des Mannes, seine Frau zu züchtigen. Im Beauvaisis war es ihm erlaubt, sie »in vernünftigem Maß« zu schlagen.[33] Jedenfalls war er ihr Vormund. Immer und immer wieder wurde erklärt – schon im 12. Jahrhundert in Irland, in den spanischen Gesetzen von Cuenca und Sepulveda im 13. Jahrhundert, in deutschen Gesetzbüchern des 13. Jahrhunderts für Sachsen und Mühlhausen –, daß die Frau, auch wenn sie den Besitz samt den Mobilien, den Stoffen und Kleidern, die sie in die Ehe eingebracht hatte, in eigenem Recht halten durfte, trotzdem unter der Herrschaft des Mannes stand (*under the rod*, »unter der Rute«, hieß es bei englischen Gerichten im 13. Jahrhundert). Sie durfte nicht einmal hinterfragen, was er tat.[34]

In den Kulturen vor 800 waren Frauen ihren Vätern und Ehemännern untertan gewesen. Als die europäische Kultur diese Unterwerfung fortführte und bekräftigte, wurden die Fesseln noch enger geschnürt. Bis im 17. Jahrhundert war durch die Vereinheitlichung der Gesetze und die Konsolidierung der Rechtsprechung an den königlichen Gerichten die Vielfalt an Gebräuchen verschwunden, und Institutionen, die den Edelfrauen zuvor die Möglichkeit geboten hatten, ausgleichende Mächte anzurufen, waren geschwächt worden. Zuerst der Feudaladel, danach die Kirche beugten sich vor den königlichen Dynastien. Nirgends trat dieser Verlust an alternativen Machtpotentialen und der Unabhängigkeit, zu der sie den Frauen unter Umständen unbeabsichtigt verholfen hatten, klarer vor Augen als in den Veränderungen von Gesetz und Praxis betreffend Eheschließung, Scheidung sowie außereheliche Beziehungen.

Vom 12. Jahrhundert an wurden Nichtigkeitserklärung und Scheidung einer Ehe Angelegenheiten, die weniger von den persönlichen Beziehungen als von den Eigentumsverhältnissen abhingen; ähnlich wirkte sich die Untreue der Gattin zu einem Problem der *lignage*, der Familienstammfolge, aus. In beiden Situationen war das Überleben der Familie des Landbesitzers gefährdet, weil eine Frau, die aus der Ehe ging, ihre Mitgift zurückverlangte und weil bei einer untreuen Gattin ein illegitimer Nachkomme zu befürchten war. Wo sich eine verheiratete Frau in solcher Lage früher um Vermittlung, Beistand oder Rache an ihre Familie, an die Kirche oder an lokales Gewohnheitsrecht hatte wenden können, sah sie sich im Verlauf der Jahrhunderte mehr und mehr der Gewalt ihres Gatten ausgeliefert. Die Kirche übertrug viel von ihrer Autorität in diesen Belangen an die Monarchie, und deren Gerichte wahrten die Interessen des Ehemannes.

Die römischen, hebräischen, germanischen und keltischen Bräuche hatten die Auflösung der Ehe in der Oberschicht relativ leicht gemacht, speziell wenn der Anstoß vom Mann ausging. Das Paar hatte vor Zeugen seine Absicht zu bekunden; bei der Aufteilung der Güter folgte man den gebräuchlichen Regeln. Die Frühkirche hatte sich jeder Lösung des Ehegelübdes widersetzt und hatte Trennung nur bei Ehebruch gestattet, eine weitere Verbindung mit einem anderen Partner jedoch untersagt. Kaiser Karl der Große hatte dann versucht, die Bräuche der germanischen Völker mit der Haltung der Kirche zu versöhnen. Er und sein Nachfolger Ludwig der Fromme folgten den Grundsätzen, welche Hinkmar, der Erzbischof von Reims, um 860 im Namen der Kirche formuliert hatte: Ein Ehepaar konnte Trennung oder Annullierung nur bei der Kirche, nicht bei ihren Familien oder dem weltlichen Herrscher, beantragen. Trennung wurde bei einer ganzen Anzahl von Gründen erlaubt. Aber nur wenn eine eigentliche Annullation, die die Tatsache der Verbindung buchstäblich tilgte, ausgesprochen wurde, war es Frau und Mann möglich, sich wieder zu verehelichen.[35]

Die Nichtigkeitserklärung wurde nur bei einigen wenigen Gründen gewährt, die alle im Zusammenhang standen mit dem Versagen des Paares, den Zweck der Verbindung zu erfüllen. Da die Kirche die Ehe als das Mittel zur Zeugung von legitimen Kindern definierte, konnte sie folglich im Falle von Impotenz oder wegen Inzest, das heißt bei einer Heirat zwischen Blutsverwandten (bis zum siebten Grad), annulliert werden. Dies blieb die offizielle Haltung der Kirche bis ins 17. Jahrhundert, als das Konzil von Trient die Politik insgesamt bekräftigte und dem Ehegelübde, indem die Ehe zum Sakrament erklärt wurde, sogar noch mehr Bedeutung und Festigkeit verlieh.[36]

Solche Rigidität stimmte mit den Bedürfnissen und Neigungen der Könige und Feudalherren jedoch schlecht überein. Eine unfruchtbare Königin brachte keine Söhne für die Dynastie hervor. Eine reichere Erbin mochte einem edlen Geschlecht noch größere Macht zuführen. Ehen zwischen Geschwisterkindern innerhalb der verbotenen Grade, wie etwa diejenige zwischen Eleonore von Aquitanien und Ludwig VII., stellten unter Umständen eine Allianz dar, die sich für beide ehrgeizigen Zweige einer Familie zum Vorteil auswirkte. Aufgrund solcher Erwägungen ignorierten weltliche Herrscher die Grundsätze der Kirche oder stellten sich ihr geradezu entgegen. All seinen Edikten zum Trotz verstieß Karl der Große seine erste Gattin, um sich eine zweite zu nehmen. Bischof Hinkmar opponierte gegen die Bestrebungen Lothars II. von Lothringen, Königin Theutberga loszuwerden, damit er seine Geliebte Waldrada heiraten könne, die ihm einige Erben geboren hatte. Lothar setzte Theutberga gefangen und bestach päpstliche Legaten, erreichte vom Papst jedoch nur das Recht auf eine Trennung. Im 11. Jahrhundert verurteilte Bischof Ivo von Chartres den französischen König Philipp I., der seine Gemahlin Bertha um der möglicherweise fruchtbareren Betrada willen verstoßen hatte. Philipp August wurde zu Beginn des 13. Jahrhunderts exkommuniziert wegen seines Verhaltens gegenüber Ingeborg von Dänemark, trotzdem hielt er sie weiterhin eingesperrt, um ihr die Zustimmung zur Auflösung ihrer Ehe abzupressen.[37]

Zu Kompromissen kam es zu Anfang des 13. Jahrhunderts als Teil der Beilegung des Disputes zwischen Kirche und Staat, die mit Papst Innozenz III. in Zusammenhang gebracht wird.[38] Das Laterankonzil von 1215 reduzierte die Definition von Inzest vom siebten auf den vierten Blutsverwandtschaftsgrad und legitimierte dadurch mehr Ehen der Art, wie sie von Adel und Königen gewünscht wurden. Die Kanones regelten auch die Verfahrensweisen, durch welche Ehen annulliert werden konnten. Nur eine Angehörige aus sehr mächtiger Familie konnte diesen Apparat jedoch zu ihren Gunsten in Betrieb setzen. Die Kirche hatte sich den politischen Realitäten angepaßt, und von 1215 an handelten geistliche und weltliche Macht in Grundsatz und Wirklichkeit übereinstimmend. Könige und einflußreiche Landbesitzer genossen forthin ihr Recht, sich von ihren Frauen zu trennen, nur beharrte die Kirche darauf, daß sie als Schiedsrichter darüber befand, derartigen Ausnahmen zustimmte und Dispens erteilte. Die Ehebande konnten also gelöst werden, doch war der Konsens des Papstes oder seines Vertreters erforderlich. Mehr und mehr war die Frau nur noch das bloße Objekt der Verhandlungen.[39]

Trotz der offiziellen Verurteilung durch die Kirche behielten Könige, Fürsten, Ritter und reiche Männer vom 9. bis zum 17. Jahrhundert noch ein weiteres männliches Vorrecht: Sie hatten gewöhnlich noch andere Sexualpartner als nur ihre Gattinnen. Die frühe Kirche hatte Untreue sowohl des Ehemannes als auch der Ehefrau als ungesetzlichen Geschlechtsverkehr, der mehr der Lust als der Fortpflanzung diente, verdammt.

Die einzigen Gründe, die Theologen vorbrachten, betrafen die relative Schwere der Sünde für beide Geschlechter. Ivo von Chartres vertrat Ende des 11. Jahrhunderts die Ansicht, ein Mann, der eine unzüchtige Frau heirate, gebe ihr ihre Keuschheit zurück. Das Laterankonzil von 1215 erlaubte die Heirat zwischen Ehebrüchigen, nachdem einer der Ehegatten gestorben war. Ähnliches galt schon nach dem karolingischen Kapitular, allerdings mit der Einschränkung, daß keine Anzeichen für Mord an dem Ehemann oder der Ehefrau, gegen die sich die Sünde gerichtet hatte, vorliegen durften.[40] Diese Urteile zeitigten jedoch höchstens geringe Auswirkungen auf das Verhalten von Männern aus der kriegführenden und landbesitzenden Oberschicht. Unter arabischem Einfluß hielten in Spanien einige Männer ihre Frauen von der Öffentlichkeit abgesperrt und kopierten die östliche Institution des Harems. Friedrich II., Kaiser des Heiligen Römischen Reiches, befolgte diese Praktik an seinem Hof in Sizilien. Der englische Duke of Lancaster heiratete im 14. Jahrhundert seine Konkubine Catherine Swynford. Philip van Artevelde von Gent entging einem Überraschungsangriff seiner französischen Feinde nur, weil, laut dem Chronisten Froissart, seine junge Bettgefährtin keinen Schlaf finden konnte und »um Mitternacht hinausging, um den Himmel und das Wetter zu betrachten und die Zeit festzustellen«; da wurde sie der gegnerischen Vorbereitungen gewahr.[41]

Mit »Ehebruch« wurde schließlich sowohl im kirchlichen als auch im weltlichen Recht nur die Handlung der verheirateten Frau bezeichnet; eine entsprechende Bedeutung für den verheirateten Mann besaß das Wort nach populärer Auffassung nicht.[42] Obwohl von zwei Ehebrüchigen beide nach der Theorie gleichermaßen schuldig waren, hatte sie die härtere Unschuldsprüfung zu bestehen und mußte mit strengerer Bestrafung rechnen, falls sie für schuldig befunden wurde. Nach den Gesetzen des 10. bis 13. Jahrhunderts von Cuenca hatte sie zwölf Zeuginnen beizubringen, um sich zu entlasten. Die schlimmsten Strafen waren einer Frau vorbehalten, die mit einem Mann von anderer Rasse verkehrt hatte: Verbannung, Verbrennung oder sofortige Tötung, falls sie in flagranti erwischt wurde.[43] Anrufung des Kirchengerichtes konnte Auspeitschung zur Folge haben; nach dem Konzil von Trient (1545) wurde die Sünderin gebannt oder exkommuniziert.[44] Die Ostkirche hielt in Rußland vom 13. bis zum 17. Jahrhundert den Grundsatz der gleichen Bestrafung für beide Delinquenten aufrecht, tatsächlich aber wurde die Frau ins Kloster geschickt, während der Mann das Recht hatte, das Verhältnis mit ihr wieder aufzunehmen oder sie zu verlassen.[45]

Eine verheiratete Frau mußte sich – wie die als Heldin hochgepriesene Susanna aus dem Alten Testament oder Lucretia aus der römischen Legende – unter Umständen gar noch verteidigen, wenn sie in Wahrheit vergewaltigt worden war. Froissart überlieferte die Geschichte der Ehefrau von Sir Jean de

Carrouges, die zu Hause blieb, während ihr Gatte zu einem Feldzug aufbrach, »um ihm bei seinem Vorankommen behilflich zu sein«.[46] Ein Nachbar, Jacques Le Gris, Waffengefährte ihres Mannes, kam zu Besuch und wollte den Burgturm mit ihr allein besichtigen. Nachdem er die Türe geschlossen hatte, »umfaßte er sie mit seinen Armen und sagte: ›Herrin, ich schwöre Euch, daß ich Euch mehr liebe als mein Leben, aber ich muß von Euch meinen Willen haben.‹« Als sie zu schreien versuchte, stopfte er ihr einen Handschuh in den Mund »und stieß sie zu Boden. Er schändete sie und hatte seine Lust an ihr gegen ihren Willen«.[47] Er drohte ihr, sie zu entehren, falls sie je darüber sprechen würde, was er getan hatte. Obwohl sie ganz von Sinnen war, erzählte sie der Dienerschaft nicht, was passiert war, sondern gestand es erst ihrem Gatten nach dessen Rückkunft. Nach dem Rat von Freunden appellierte er an seinen Oberherrn. Dieser jedoch, der Graf von Alençon, glaubte mehr der Darstellung von Le Gris, der auf seiner Unschuld bestand und sich verwunderte, »weshalb die Dame ihn haßte«.[48] Nur die Hartnäckigkeit ihres Gatten rettete sie schließlich: Er gelangte an den König, dessen Gericht ein Duell zum Tode verordnete, um Schuld oder Unschuld festzustellen. Le Gris sollte, wenn er unterlag, in der Schlacht oder durch Erhängen das Leben verlieren. Falls er hingegen gewann, sollte die Frau verbrannt werden. Ihr Gatte besiegte Le Gris und ersparte ihr dieses Schicksal.[49]

Was sich zwischen einer verheirateten Frau und ihrem betrogenen Gatten abspielte, hing letzten Endes von ihm ab. In manchen Regionen Europas hatten die Männer immer das Recht, ein Paar umzubringen, das bei der Tat ertappt worden war. Im Jahr 1000 verbrannte Graf Fulk Nerra von Anjou seine Gattin Elisabeth. Philippe de Beaumanoir, ein französischer Schriftsteller aus dem 13. Jahrhundert, erläuterte in seinem Gesetzeskommentar, der Ehemann dürfe den Rivalen umbringen, wenn er den anderen gewarnt hatte und das Paar danach beisammen fand, sofern er es gerade auf der Stelle tue.[50]

Unter den Adeligen wurde die Auflösung der Ehe und die Untreue einer Gattin, wenn sie als Grund zur Trennung benutzt wurde, mehr als bloße Ehrensache. Annullation und Scheidung bedeuteten gleichzeitig den Gewinn oder den Verlust von Besitz. Weltliche und geistliche Gerichte dienten als Verhandlungsorte. Wenn die Kirche die Trennung überwachte und keiner Seite Fehltritte gemäß der Definition der Dekretalen von Papst Gregor IX. (13. Jahrhundert) vorgeworfen werden konnten, mußte der Frau zurückerstattet werden, was sie in die Ehe eingebracht hatte. Englische Kirchengerichtsakten aus dem 13. und 14. Jahrhundert deuten darauf hin, daß die Kirche die Rückgabe der Mitgift, zumindest der beweglichen Habe, förderte, ebenso Unterhaltszahlungen für die Kinder.[51] In Frankreich ging im 17. Jahrhundert die Frau des Marquis de Saint Germain-Beaupré vor Gericht und erhielt die Trennung und eine Pension von 8000 Livres zugesprochen.

Ihr Mann hatte sie geschlagen und ihr ungewöhnliche sexuelle Praktiken zugemutet.[52] Margaret Verney, die sich 1646 verheiratet hatte, klagte bald danach, sie sei unglücklich und ihr Mann habe sie geschlagen. 1650 lehnte sie eine Aussöhnung ab. 1658 konnte eine Trennungsvereinbarung erzielt werden, und sie erhielt 160 Pfund zu ihrem »separaten Unterhalt, als ob sie alleinstehend und unverheiratet wäre«.[53]

Falls die Frau erwiesenermaßen untreu gewesen war, verlief der Handel erheblich anders. Germanisches Gewohnheitsrecht, etwa das des Wikingers Knut im 11. Jahrhundert, erwartete eine Form der Genugtuung für den ins Unrecht gesetzten Ehemann und für die Schuldige die Verwirkung ihres Eigentums. Untreue Gattinnen verloren nach den im 13. Jahrhundert in England, Frankreich und Spanien niedergeschriebenen Gesetzen ihren Erbanspruch auf das Wittum beim Tod ihres Mannes und selbst auf eine Erbschaft von ihren Vätern. Wenn eine Dame über großes Eigentum gebot, konnten sich Anklagen wegen Ehebruchs als überaus lohnend erweisen und sekundäre Vorteile nach sich ziehen. König Philipp IV. von Frankreich ließ im 14. Jahrhundert zwei seiner Schwiegertöchter unter Arrest stellen: Margarete von Burgund und Mahauts Tochter Blanche. Margarete starb im Gefängnis, Blanche überlebte die Zeit im Château Gaillard und starb später in einem Konvent.[54] Daraufhin zog der König ihre Ländereien ein. Frances Villiers, die Tochter des englischen Oberrichters Coke im 17. Jahrhundert, floh mit ihrem Geliebten nach Frankreich, um einer ihr aufgezwungenen Ehe zu entgehen. Vor dem obersten Kirchendisziplinargericht wurde ihr Ehebruch zur Last gelegt, und sie lebte als Ausgestoßene und Verbannte, während ihr ganzes Eigentum dem verschmähten Ehemann anheimfiel.[55]

Eine Frau wie Frances Villiers brach religiöses wie weltliches Gesetz und verkörperte, was die Männer an der weiblichen Natur immer gefürchtet hatten: Sie gehorchte ihrem Vater nicht, war unkeusch und trotzte sowohl ihrem Gatten als auch der weltlichen Autorität. Die frisch verbündeten Institutionen von Kirche und Monarchie verurteilten solches Tun einhellig und entzogen Zuwiderhandelnden ihren Schutz. Eine solche Frau verlor jeglichen Anspruch auf ihr Eigentum und ihre Familie. Nach der Einstellung ihres Zeitalters wie derjenigen der früheren Jahrhunderte hatte Frances Villiers nicht allein das Gesetz verletzt und gegen den Brauch verstoßen, sondern durch ihre Unbotmäßigkeit zugleich jedes Ideal weiblichen Verhaltens verworfen. Den privilegierten Männern des 17. Jahrhunderts erschien sie nicht zufällig als wahrhaft gefährlich. Enterbung und Verbannung sollten sie fernhalten und anderen Frauen die Konsequenzen vorhalten, welche die Nichtbefolgung der traditionellen Verhaltensmuster nach sich zog. Sie war aus dem schützenden Beziehungsgeflecht ausgebrochen und war nicht mehr die pflichtergebene, keusche und gehorsame Gattin und Tochter.

Frauenideal

Zwischen dem 9. und dem 17. Jahrhundert ermöglichten die Umstände einigen königlichen und adeligen Frauen, zu ungewöhnlicher politischer Macht aufzusteigen in einer Umwelt, die Krieg, Eigentum, feudale und dynastische Autorität hoch bewertete. In der Liebe spielten einige adelige Damen den Männern ebenbürtige Rollen. Die Dichtung der höfischen Kultur idealisierte die Frau um ihrer Schönheit willen und wegen der Macht der Minne, die den Mann zu großen Taten beflügelte. Aber selbst so gaben die gelehrten Männer dieser Jahrhunderte, die Dichter und die adeligen Eltern die traditionellen Ansichten über die Frau und ihr untergeordnetes Verhältnis zum Mann nicht auf. Die traditionellen Definitionen der angemessenen weiblichen Rollen und der weiblichen Wesensart blieben bestehen.

Die Troubadoure und Spielmänner erzählten in den Ritterburgen von wunderhübschen und trügerischen Schurkereien, präsentierten aber auch die älteren, positiven Ideale, die den Kulturen vor 800 schon vertraut gewesen waren: die bescheidene, pflichtgetreue, jungfräuliche Tochter und die liebende, gehorsame, keusche Gattin. Walther von der Vogelweide beschrieb die Reaktion einer jungen Frau, als er ihr eine Blumengirlande schenkte:

> Sie nahm, was ich ihr bot,
> ganz so, wie es ein edles Fräulein tut.
> Ihre Wangen wurden rot
> gleich einer Rose, wenn sie bei der Lilie steht,
> Scham verdunkelte ihre hellen Augen:
> doch verneigte sie sich sanft im Gruß zu mir.[56]

In der Geschichte von der vorbildlichen Tochter des Grafen von Pontieus wollte sie, wie ihre römische Vorgängerin Lucretia, sich selbst das Leben nehmen, als sie von Räubern auf einer Pilgerfahrt nach Santiago de Compostela vergewaltigt worden war, um so die Schande ihres Vaters zu mindern.

Die Sagas und Heldenepen betonten die Pflicht der Gattin gegenüber ihrem Gebieter und priesen die Opfer, die sie seinetwegen erbrachte. Daß Begthora zusammen mit Njal starb, gehörte ebenfalls zu diesen Pflichten: »Ich wurde Njal zur Ehe gegeben, als ich jung war, und ich habe ihm versprochen, daß wir dasselbe Schicksal teilen werden«, erläuterte sie.[57] Alde im *Rolandslied* und Doña Jimena, die Gemahlin des Cid, agierten als glänzende Vorbilder weiblicher Treue: Die eine starb, als sie den Tod ihres Gatten Roland vernahm, die andere verbrachte Stunden im Gebet für ihren Mann, akzeptierte, daß er schon wieder auf einen Kriegszug aufbrach, und küßte ihm die Hand wie eine Bittstellerin.

In den Romanen gewannen die Damen um ihrer Schönheit willen hohen Preis, ebenso wenn sie sich als »wertvoll, beständig, keusch« erwiesen.[58] Wie die Kirchenväter stellte Gottfried von Straßburg solchen Frauen höchste Belohnung in Aussicht:

> Denn die Frau, die gegen ihre natürliche Art tugendhaft ist,
> die gegen ihre natürliche Art bereitwillig ihren Ruf,
> ihre Ehre und ihre Person bewahrt,
> die ist nur mehr dem Namen nach eine Frau
> und ist der Gesinnung nach ein Mann.[59]

Die von Chrétien de Troyes geschilderte Heldin Enid hatte alle wünschenswerten Eigenschaften. Sie war »sanft und ehrenwert, von kluger Rede und liebenswürdig, mit gefällig freundlicher Miene. Keiner, und hätte er auch noch so genau beobachtet, hätte an ihr je eine Torheit oder einen Hauch von Übel oder Boshaftigkeit entdecken können«.[60] Trotz ihrer ausgezeichneten Qualitäten gewann sie die Liebe und das Vertrauen ihres Gebieters aber nur durch eine ganze Reihe von verzweifelten Prüfungen. Er verbot ihr zu sprechen. Einige Male tat sie es doch, meist um ihn zu schützen. Als Erec tot geglaubt wurde, fiel sie als Gefangene an einen Grafen, der sie nach Belieben mißhandelte. Doch weigerte sie sich standhaft, mit ihm zu schlafen und wurde schließlich von ihrem Gatten zurückgefordert, der nun nicht mehr länger an ihr zweifelte und verkündete: »Meine süße Schwester, ich habe Euch vollkommen auf die Probe gestellt.«[61]

Selbst die Charakterisierungen der starken Frauengestalten in den Heldenepen und Ritterromanen ließen manchmal die älteren, negativen Ansichten über die weibliche Wesensart durchscheinen und lehrten dieselben Verhaltenslektionen. Selbst diese sonst so fähigen Frauen verrieten angeborene weibliche Schwäche und mußten gezüchtigt und zu Gehorsam gebracht werden. Guiburc, die Gemahlin des Guillaume d'Orange, wollte die Aufgabe auf sich nehmen, die Burg wiederherzustellen.[62] Sie legte Panzerhemd, Helm und Schwert an, um das Bollwerk zu verteidigen, doch als sie meinte, ihr Mann sei getötet worden, fiel sie in Ohnmacht, und als der Priester sie tröstete, begann sie zu weinen. Raoul de Cambrais Mutter, die den Helden stets beschützt, ermutigt und beraten hatte, blieb bei einer bestimmten Gelegenheit ein ganz traditionelles Frauenschicksal nicht erspart: Sie wurde von ihrem Sohn verspottet, verachtet und weggeschickt. »Der Ritter soll verwünscht sein und als Feigling betrachtet werden, der von einer Frau Rat annimmt«, äußerte Raoul großspurig und erteilte ihr Anweisungen, die ganz an Homer erinnern:

> Geht in Eure Gemächer, Frau, und macht es Euch bequem; trinkt einen guten Schluck, um Euren Körper zu nähren. Denkt an Euren Haushalt, was man essen und trinken soll, und mischt Euch nicht in andere Dinge.[63]

Letzten Endes konnte selbst die stärkste Heldin dazu gezwungen werden, im Verhältnis zu einem Mann einen untergeordneten Platz zu akzeptieren. Brunhild im *Nibelungenlied* wurde um ihrer Schönheit und Tapferkeit willen gelobt, und sie besiegte zahlreiche Ritter in deren Geschicklichkeits- und Kraftproben. Nachdem sie ihren Bräutigam in der Hochzeitsnacht abgewiesen und gedemütigt hatte, beschloß jedoch Siegfried, sie zu vergewaltigen. Er drückte sie auf das Bett, hielt sie »in solcher Weise, daß ihre Glieder und ihr ganzer Körper krachten« und daß sie klein beigeben mußte. Wie er erklärte, behandelte er sie so, um ein Exempel zu statuieren, »danach wird manche Frau nicht so unverschämt zu ihrem Gatten sein«.[64]

Die Damen und Herren auf ihren Schlössern und Rittergütern hörten diese Lieder und Geschichten. Sie glaubten, das seien die Lehren für angemessenes Betragen, und trugen so zum Überleben der alten Einstellungen und Ideale bei. Vom 12. bis zum 15. Jahrhundert verfaßten Edelmänner und ihre gelehrten Kaplane aber nicht nur Dichtungen, sondern auch lehrhafte Abhandlungen, welche die traditionellen Prämissen über die weibliche Natur verbreiteten und den idealen Rollen und Funktionen vergangener Zeiten das Wort redeten. Die antiken griechischen, römischen, hebräischen und frühchristlichen Haltungen und Beziehungen gediehen im Gewand der Formulierungen und Bilder der neuen Zeit. Nach der Erfindung der Druckerpresse Mitte des 15. Jahrhunderts wurde diese didaktische Literatur allgemein verbreitet. Die männlichen Autoren in ihrer rechtschaffenen Sorge erklärten ihren Lesern die Aufgabe: Ebenso wie die Väter und Ehemänner die Verantwortung für die Person und das Eigentum der Frauen getragen hatten, so mußten sie nun die Verantwortung auch für das Verhalten der Frauen übernehmen. Isolde habe sich unter Tristans Leitung »stark gebessert«, sei »höfisch, heiter und bezaubernd« geworden, und ganz ähnlich könnten unter der Führung eines Vaters oder Gatten alle Frauen transformiert und fortgebildet werden.[65] Ein guter Lehrer vermöge das potentiell zerstörerische, wollüstige Weib in eine vorbildliche Jungfrau und eine willige, keusche Gattin zu verwandeln.

In ihren Traktaten beschrieben diese Autoren die Mängel der weiblichen Natur und boten mit Erziehungsplänen Abhilfe.[66] Philipp von Novara, ein lombardischer Kreuzfahrer des 13. Jahrhunderts, porträtierte die Frauen in seiner Abhandlung über die »Vier Menschenalter« *(Quatre tenz d'aage d'ome)* als schwach und leicht verführbar. Ludwig IX., König von Frankreich im 13. Jahrhundert, glaubte, da das Gute nicht von Natur aus in das weibliche

Geschlecht komme, müsse es durch Übung und Reflex eingeimpft werden. Von seinen Töchtern verlangte er, sie sollten ihre Mußestunden mit Lektüre und Gebet zubringen, um dadurch die Verführung zu meiden. Vor dem Schlafengehen kamen die Mädchen zusammen mit seinen Söhnen in sein Gemach, um die exemplarischen Geschichten zu vernehmen von Helden, die sie entweder nachahmen oder sich als abschreckende Beispiele einprägen sollten. In einem Brief an eine Tochter, die eben geheiratet hatte, unterstrich der König die Wichtigkeit von Frömmigkeit, guten Werken und Gehorsam gegenüber dem Gatten, »wonach man urteilen kann, daß Ihr eine kluge junge Dame und wohlgebildet seid«.[67] Vinzenz von Beauvais verwandte ein Fünftel der Predigt, die er für Ludwigs Gattin Margarete schrieb, auf die Erziehung ihrer Töchter. In *De eruditione filiorum nobilium* (»Über die Erziehung adeliger Kinder«) erläuterte er die unterschiedliche Erziehungshaltung gegenüber den beiden Geschlechtern:

> Habt Ihr Söhne? Übt sie und sorgt für sie von klein auf. Habt Ihr Töchter? Wacht über ihren Körper, und zeigt ihnen keine freudige Miene.[68]

Vieles von dem, was Vinzenz von Beauvais empfahl, lief darauf hinaus, die Sexualität der Mädchen unter Kontrolle zu halten und ihre Jungfräulichkeit zu bewahren. Seine Rezepte holte er bei den Kirchenvätern Hieronymus, Ambrosius und Augustinus: warme Bäder, Fasten, Psalmen singen und mitten in der Nacht beten, Überwachung ihrer Kleidung, Bücher und Handarbeiten, um sie beschäftigt zu halten. Alle diese Maßnahmen hatten den Zweck, die Töchter in Keuschheit und Enthaltsamkeit zu üben und ihnen beizubringen, daß körperliche Schönheit per Definition schlecht sei. Jede Übertretung sollte mit Gewalt bestraft werden. Wie in den Jahrhunderten vor 800 hatte sich die junge Frau immer daran zu erinnern, daß jede Aufreizung anderer von ihren Handlungen, ihrer Kleidung, ihrem Benehmen ausging. Robert von Blois, ein Dichter um die Mitte des 13. Jahrhunderts, gab in seinem *Châtoiement des dames* (»Frauenzucht«) detaillierte Anweisungen, wie eine Dame zur Kirche schreiten sollte oder wie sie Männer ansehen durfte, wer ihre Brust berühren oder sie auf den Mund küssen konnte beziehungsweise wer nicht.[69]

Der französische Chevalier Geoffroy de la Tour Landry von Anjou verfaßte das populärste und einflußreichste dieser Verhaltenslehrbücher. In hohem Alter schrieb er um 1371 eine Reihe von Lektionen für seine Töchter nieder, genannt *Le Livre du chevalier de la Tour Landry pour l'enseignement de ses filles* (»Das Buch des Ritters de la Tour Landry zur Erziehung seiner Töchter«). 1483 wurde das Werk von William Caxton ins Englische, 1493 von Marquard vom Stein ins Deutsche übersetzt; Übertragungen in andere Sprachen und Druckausgaben in allen großen Städten Europas folgten. 1538 gab es bereits acht Editionen in drei verschiedenen Sprachen.[70] Seite um Seite dieser Erziehungslehre präsentierte die traditionellen Ansichten über die natürlichen Schwächen der Frau und propagierte die ebenso traditionellen Gegenmittel und Verhaltensmodelle. An allerlei weiblichen Figuren aus dem Fundus der alten beispielhaften Erzählungen wurde die üble Natur der Frau exemplifiziert: Venus, Helena, Lots Töchter und sogar eine Zeitgenossin, die Königin von Neapel. Der Autor hielt jede Frau für potentiell liederlich, denn »euer junges Fleisch, wenn es erregt wird, ist leicht zu versuchen«.[71] Seinen Töchtern schärfte er ein, zu beten und drei Tage pro Woche zu fasten bis zu ihrer Hochzeit, um »Euer Fleisch niederzuhalten, damit Ihr in Gottes Dienst keusch und rein bleibt«.[72]

Als Ideal faßte der alte Ritter seine Ehefrau, Jeanne de Rouge, eine Tochter des königlichen Kammerherrn, ins Auge: ». . . sowohl schön als auch gut, mit allem Wissen von allen Ehren, allem Guten und redlichem Unterhalt.«[73] Neben seiner Frau empfahl er seinen Töchtern auch Modellgestalten aus der Bibel, wie Ruth und Deborah, und aus der Geschichte, beispielsweise Königin Blanche aus dem 13. Jahrhundert, die um ihrer Werke der Nächstenliebe willen in die Reihe der Vorbilder aufgenommen wurde. Nach seiner Ansicht gab es nur *eine* Lebensform für Frauen: die Ehe, in der sie für den Unterhalt und die Harmonie innerhalb des Haushalts verantwortlich zeichneten. Die ideale Edelfrau dankte Gott für ihre Kinder und erzog sie, wie es sich gehörte. Von ihrem Gatten erwartet sie nichts und war selbst dazu bereit, seine Bosheit mit ihrer Güte auszubalancieren, ihm gefällig zu sein und ihn »von seinem Zorn« abzubringen.[74]

De la Tours Ansicht über die weibliche Natur war derart, daß er selbst Erziehung, Ermahnung und Beispiel nicht für ausreichend hielt. Er lobte Esther als eine vollkommene Ehefrau, doch meinte er, sie habe eigentlich nicht nur aus Liebe zu ihrem Gatten richtig gehandelt, sondern auch wegen der Furcht, die sie vor ihm empfand, und aus Sorge vor Beschämung.[75] Die Lektion, die seine Töchter letztlich zu lernen hatten, war deshalb die Furcht – Furcht vor den unvermeidlichen Konsequenzen unziemlichen Betragens. Seine Geschichten berichteten von Strafen für die verschiedensten Arten von üblen Taten und Einstellungen: eine gebrochene Nase als Strafe für Eifersucht, Verspottung für Eitelkeit, Wahnsinn für Nachlässigkeit bei der Befolgung religiöser Vorschriften.

Das Ideal, das der Chevalier präsentierte, war die Frau, die, ohne zu fragen, gehorcht. Es überrascht nicht, daß er Eva als klassisches Beispiel der aufsässigen und eigensinnigen Frau wählte. Eva habe »alle Verehrung, Reichtum, Bequemlichkeit und Segen, auch die Huldigung aller Kreaturen verloren wegen der Sünde des Ungehorsams«.[76] »Durch ihren lüsternen Blick verfiel sie in die schmutzige und schreckliche Sünde, Gottes Befehl zu brechen, wodurch über die ganze Welt und ihre Nachkommenschaft Tod, Verlorenheit und Verdammung kam.«[77]

Obwohl es die gelehrten und vornehmen Männer waren, die solche Abhandlungen und Predigten verfaßten, waren es in Wirklichkeit die Mütter, nicht die Väter, welche die alltägliche Erziehung der adeligen Töchter überwachten. Doch an den Lektionen änderte sich dadurch nichts. Sowenig wie Eleonore von Aquitanien, Margarete von Dänemark und Isabella von Kastilien die Institutionen ihres Zeitalters in Frage gestellt hatten, wie einschränkend sie auch sein mochten, so selten traten die adeligen Damen mit Besitz und Bildung den Lehren über die weibliche Natur, Rolle und Funktion entgegen. Statt dessen akzeptierten die Mütter die traditionellen Prämissen und Haltungen und reichten die alten Verhaltensmuster weiter. Denn nur durch gehorsames, keusches Betragen konnte die stets verletzbare Tochter versorgt werden und einen Ort der Sicherheit und des Auskommens finden.

Mütter flößten ihren Töchtern Frömmigkeit ein. Blanca von Kastilien, im 13. Jahrhundert Königin von Frankreich, verlangte als erstes Lesebuch für ihre Kinder einen Psalter. Traditionellerweise besorgten die Mütter für ihre Töchter ein Stundenbuch.[78] Sie sahen nur *eine* zukünftige Rolle und Aufgabe für die jungen Mädchen. Als Margaret Paston noch klein war, nahm ihre Mutter sie mit ins Kloster von St. Paul und St. Saviour, *to prey that she may have a good husband* (»um zu beten, daß sie einen guten Gatten erhalte«).[79] Sir Edmund Molineux sandte seine Tochter Katheryn 1551 in die Familie eines Kusins, damit sie dort in Tugenden und guten Sitten unterrichtet werde, *learning to playe the gentlewoman and good huswyffes, to dress meat and oversee their households* (»lerne, als eine Edelfrau und gute Hausfrau aufzutreten, Fleisch zuzubereiten und ihre Haushaltung zu überwachen«).[80]

Französische und englische Ehefrauen des 17. Jahrhunderts fanden Befriedigung in den Aufgaben ihres Haushalts und darin, die Angelegenheiten ihrer Männer in Ordnung zu bringen. Suzanne de la Porte, die Gattin von Henri de Richelieu und Mutter des späteren Kardinals und Beraters des französischen Königs, behielt ihre gute Laune, »obwohl ein Durcheinander von Geschäften auf ihr lastete, die sie mit so großer Ordnung und Vorsicht besorgte«.[81] Die Frau des Comte de Souvigny besorgte seine gesamte Korrespondenz, wobei sie nur die guten Nachrichten an ihn weiterleitete und alles andere selbst erledigte. Diese Frauen leisteten absoluten Gehorsam. Mary Verney fand sich ohne Frage damit ab, daß ihr Gatte einen Teil ihres Erbes verkauft hatte, wiewohl sie eigentlich gehofft hatte, einiges von dem Land ihren jüngeren Kindern zu vermachen, doch, wie sie meinte, *thou mayest as freely dispose of that as of myself* (»Ihr mögt darüber so frei verfügen wie über mich selbst«).[82]

Wenn Damen aus dem Adel oder der Königsdynastie ihre eigenen didaktischen Werke schrieben, stellten nur wenige die Sichtweise der Männer in Frage oder befürworteten andere weibliche Tugenden und Funktionen als die überlieferten. Im frühen 15. Jahrhundert strafte die französische Witwe Christine de Pisan durch das Beispiel ihres Lebens als Schriftstellerin und erfolgreiche Angehörige des königlichen Hofes das tradierte Bild der abhängigen Frau, die Schutz und Fürsorge brauchte, Lügen. Und doch vertrat ihre Abhandlung *Livre des trois vertus ou Le trésor de cité des dames* (»Buch der drei Tugenden oder der Schatz der Stadt der Frauen«) dieselben Meinungen, die schon die Kulturen vor 800 propagiert hatten.[83] Sie verfaßte das Buch, wie sie ihren Lesern mitteilte, damit alle Frauen, von den großen Königinnen, Damen und Prinzessinnen bis zu den Bäuerinnen, wüßten, wie sie tugendhaft sein könnten. Wo es aber lediglich darum ging, Tugend anzuerziehen, konnte die Anleitung einer Tochter durch die Mutter nur in das alte Schema fallen. Christine de Pisan betonte folgerichtig das Verhalten, nicht die intellektuellen Kenntnisse. Die »Jungfrauen« sollten »rein«, »bescheiden« in ihren Sitten, »umsichtig«, still, ernsthaft, ihren Eltern gehorsam und in jeder Hinsicht »mäßig und keusch« sein.[84] Der Lesestoff einer Tochter mußte sorgfältig ausgesucht werden, damit den jungen Unschuldigen nicht »irgendwelche eitlen Dinge, Verrücktheiten, Ausschweifungen« in die Hände gerieten.[85] Das Ziel solcher Lehren und Ermahnungen blieb dasjenige der Vergangenheit. Die Mütter sollten den Mädchen beibringen, »sich selbst zu beherrschen«, das heißt, die unterstellten unkeuschen und unmäßigen Triebe der weiblichen Natur zu kontrollieren, welche Schande über die Frauen und ihre Familien bringen konnten.[86]

Als Erwachsene hatte eine Edelfrau die ebenso traditionellen Eigenschaften der Demut, Geduld, Standhaftigkeit, Frömmigkeit, Bescheidenheit und, vor allem, der »Diskretion« zu kultivieren.[87] Pisan ging von der Voraussetzung aus, daß die meisten Damen aus vornehmer Familie heiraten würden. Als Ehefrau wurde sie, wie die junge Tochter auch, an ihren guten Sitten und ihrem Betragen gemessen; und wie in den voreuropäischen Kulturen war ein makelloser Ruf ihr wichtigstes Kapital.[88] Die vorbildliche Ehefrau verwandte ihre Hauptsorge und Aufmerksamkeit darauf, ihrem Gatten zu Gefallen zu sein.[89]

Auch eine weniger konventionelle Erziehung veränderte nicht notwendigerweise die Ansichten einer begüterten Dame. Lucy Apsley Hutchinson, die Tochter eines englischen Leutnants im Tower (17. Jahrhundert), hatte einzigartige Chancen. Sie erhielt eine klassische Ausbildung samt Latein, Griechisch und Hebräisch, die derjenigen eines Sohnes gleichwertig war. Schon mit vier Jahren konnte sie lesen, und obwohl sie auch in den traditionelleren Frauenbeschäftigungen wie Tanz, Musik und Näharbeiten unterrichtet wurde, war ihr Geist, wie sie sich selbst erinnerte, »allem außer meinem Buch ziemlich abhold«.[90] Ihre Gelehrsamkeit gefiel ihrem Vater sehr wohl, verstörte jedoch die Mutter, die befürchtete, das Mädchen sei so ganz den Studien ergeben, daß es seine anderen Eigenschaften vernachlässige, jene Eigenschaften nämlich, die für eine Ehe notwendig waren.[91] Die Sorgen ihrer Mutter erwiesen sich als unbegründet, denn Lucy Apsley war keine Rebellin. Sie heiratete Colonel John Hutchinson, der im englischen Bürgerkrieg als puritanischer Offizier diente. Mit sechzehn schenkte sie ihrem Gatten das erste Kind, dem im Verlauf der Ehe noch sieben weitere folgten. Nachdem ihr Mann während der Restauration 1660 im Gefängnis gestorben war, verwandte sie ihre beträchtliche intellektuelle Energie darauf, die Memoiren seines Lebens anzufertigen. In bester Tradition der musterhaften Ehefrau verwandelte sie diesen unauffälligen Edelmann in ein Vorbild. Sie bewunderte seine Aufmerksamkeit für ihre Landgüter, beschrieb sein Leben als »nichts anderes als ein Fortschreiten von einer Stufe der Tugend zur nächsten«. Selbst sein Äußeres war außergewöhnlich: »... eine schöne und wohlausgestattete Behausung, die zur Aufnahme dieses Prinzen vorbereitet war.«[92]

Sie hatte sich ihm gerne untergeordnet und erklärte, er habe ihre Angelegenheiten »mit solcher Voraussicht und Hingabe« geregelt, »daß derjenigen, die von einer so ehrenvollen und vorteilhaften Unterwerfung nicht erfreut gewesen wäre, eine vernünftige Seele gefehlt haben müßte«.[93] Für Lucy Hutchinson wäre es unvernünftig gewesen, anders zu handeln, weil sie alle die traditionellen Ansichten über den Charakter der Frau akzeptierte. Die alten Vorurteile flossen so leicht aus ihrer Feder, als wäre es diejenige eines Mannes: Das weibliche Geschlecht sei wegen »Unwissenheit und Schwäche im Urteil« von Natur aus »unterlegen«; der schlimmste Fehler sei die Neigung, »Phantasiegebilde hervorzubringen und hartnäckig daran festzuhalten«. Die Autorin warnte: »Wir sollten auf uns selbst aufpassen [...] und nichts übereilt anpacken.«[94]

Selbst eine Frau von der Intelligenz und Bildung einer Lucy Apsley konnte kaum Unterstützung für anderslautende Ansichten finden. Und überdies, das zeigen ihre Worte, empfanden die Damen der Oberschicht offenbar mehr als bloße Ergebung. Die Mädchen, die in der Maiensonne spazieren gingen, die Gebieterinnen, die an ihren vornehmen Festtafeln den Vorsitz führten, Königin Isabella, die die Hemden ihres Gemahls nähte, Lucy Apsley, die auf ihren Colonel Hutchinson Lobreden hielt – alle diese Figuren nährten die Stereotypen, die subtile Anschwärzung der Frauen und die Bereitschaft, sich mit ihrer Unterordnung abzufinden.

Christine de Pisan hatte zu Beginn des 15. Jahrhunderts erklärt, eine kluge Frau wisse, wie sie mit ihrem Gatten umzugehen habe. In einer unglücklichen Ehe solle sie Geduld zeigen, sich verstellen und standhaft ausharren.[95]

Die Autorin wußte um die Verletzbarkeit der Frau in dieser kriegführenden und landbesitzenden Kultur, und wie ihre weiblichen und männlichen Zeitgenossen fürchtete sie bei anderen Reaktionen die Konsequenzen für die Betroffene:

> Wenn Ihr barsch zu ihm sprecht, werdet Ihr nichts gewinnen, und wenn er Euch ein schlechtes Leben bereitet, werdet Ihr nur gegen den Stachel reizen; vielleicht wird er Euch verlassen, und die Leute werden um so mehr über Euch spotten und an Schande und Unehre denken, und es kann noch viel ärger für Euch sein.

Christine zog den Schluß: »Ihr müßt mit ihm leben und sterben, wie er auch ist.«[96] Vom 9. bis zum 17. Jahrhundert konnte die große Mehrheit der vornehmen, adeligen Frauen für sich selbst wie für ihre Töchter keine Alternative wahrnehmen.

5 Frauen innerhalb der Stadtmauern Fürsorge und Partnerschaft

5.1 Das Alltagsleben der Städterin (12. bis 17. Jahrhundert)

Gassen, Straßen und Plätze

Die europäischen Städte des 12. bis 17. Jahrhunderts hatten im Erscheinungsbild, in der Bevölkerungszahl und in den Tätigkeiten der Einwohner wenig Ähnlichkeit mit den modernen Metropolen. Der Kontrast zwischen Stadt und Land war geringer; die ärmeren Städter bepflanzten Felder, die außerhalb der Wälle lagen, die wohlhabenderen besaßen Obst- und Gemüsegärten neben ihren Stadthäusern. Und obwohl die spätmittelalterlichen Städte dicht bevölkert waren, erreichten die Einwohnerzahlen doch keine Millionen wie im 18., 19. und 20. Jahrhundert. Köln, die größte Stadt Deutschlands im 15. Jahrhundert, zählte eine Bevölkerung von rund 20000.[1] Florenz begann im 14. Jahrhundert die umliegenden Gemeinden in seinen Bereich zu inkorporieren, so daß im 15. Jahrhundert etwa 40000 Frauen und Männer innerhalb der Stadtmauern oder gerade außerhalb lebten. Zu Beginn des 16. Jahrhunderts bewegten sich die Bevölkerungszahlen von Genua, Mailand, Venedig, Neapel, Sevilla und Paris zwischen 60000 und 100000. Eine überaus große Stadt war London, wo immer neue Kirchspiele gegründet werden mußten: Im Jahr 1695 waren es siebenundvierzig innerhalb der Stadtmauern, vierundfünfzig außerhalb, um die 400000 Einwohner unterbringen zu können.[2]

Selbst die dichtestbevölkerten städtischen Zentren boten ein kleinräumigeres, ländlicheres und stärker kontrolliertes Umfeld als später die ausgedehnten Viertel und Menschenmassen der modernen Städte. Alltagsarbeiten, wie sie auch einer Landfrau vertraut waren, Kleingewerbe und Detailhandel, zünftische Schutz- und Einschränkungsmaßnahmen prägten die Beschäftigungen der Stadtbewohner. Ein Holzschnitt des späten 15. Jahrhunderts von Köln zeigt, wie die Straßen aus den Bergen und von entlang des Rheins hier zusammenliefen; die ziegelgedeckten Häusergiebel und die Turmspitzen der Kirchen reichten gerade über die mit Schießscharten bewehrten Wälle und Festungstürme hinaus. Die Landedelfrau in ihrem gedeckten Gefährt, das Bauernmädchen mit seiner Mutter aus dem nahen Gutshof und die anderen Frauen und Männer, welche in der Stadt Güter verkaufen oder einkaufen oder für einige Stunden Lohnarbeit verrichten wollten, warteten bei Tagesanbruch außerhalb der Tore.

Diese ganze Szenerie war der Städterin, die innerhalb der Mauern wohnte, wohlbekannt. Bei Hahnenschrei in der ersten Dämmerung läuteten die Glocken der Kathedrale, und die Tore wurden geöffnet. Ein nächster Markttag kündigte sich an. Die Straßen, Gassen und Plätze füllten sich mit Wagen, Tieren und Menschen. Zeitgenossen beschrieben die Karren, die sich im 15. Jahrhundert in Wien drängten, beladen mit Mehl, Eiern, Brot, Fleisch, Flußkrebsen und Geflügel. Zur Zeit der Weinlese führten 1200 Pferde täglich die Fässer mit dem neuen Wein herein.[3] Mit Gütern angefüllte Gondeln kreuzten im 16. Jahrhundert auf dem Canale Grande in Venedig; 25 Segelboote brachten allein die Melonen.[4] Die Rialtobrücke war ein Markt im kleinen: eine geschäftige Passage, links und rechts von Handwerkerläden und Warenlagern gesäumt.

Die größten Städte wie etwa London hatten zahlreiche Märkte, von denen sich jeder auf eine bestimmte Art von Produkten spezialisierte: Fisch gab es beispielsweise am Billingsgate, Leder bei Leaden Hall.[5] Es wimmelte von Leuten: Städterinnen, die sich gegenseitig ihre Körbe voller Kohl, Orangen oder gebrauchter, geflickter und wieder zu Markt getragener Kleidungsstücke in den Rücken stießen, eine Kaufmannsgattin, die zur Frühmesse eilte, die Wäscherin und der Ziegelsteinträger auf dem Weg zur Arbeit, eine Kräuterhändlerin, die vom Pflücken ihrer Arzneipflanzen bei Sonnenaufgang zurückkehrte, die Lehrtochter einer Seidenspinnerin, die für ihre Meisterin einen Botengang besorgen mußte, Straßenverkäufer, die von ihren Ständen ringsum und mitten auf dem Platz ihre Waren und Preise ausriefen, wie etwa die Bäckerin, die ihre Fleisch- und Käsefladen feilbot.

Aber auch abseits der wimmelnden Marktplätze waren die Städte eine bevölkerte, laute und dunkle Welt im Vergleich mit dem Licht und dem Raum der freien Felder und der Landschaft in der Umgebung. Obwohl die Leute, die in Städten lebten, vom 12. bis ins 18. Jahrhundert nur rund 10 Prozent der Gesamtbevölkerung Europas ausmachten, drängten sich in den ältesten Stadtbezirken etwa in London oder Paris 300 bis 500 Menschen auf einem Hektar.[6] Durch den Einfluß der Städte nahmen unter Umständen ganze Regionen einen urbanen Charakter an. In der Toskana waren zu Beginn des 14. Jahrhunderts 26,3 Prozent der lokalen Bevölkerung in die zehn wichtigsten Städte gezogen.[7] In und um Florenz war der Zustrom so stark, daß die Bevölkerungsdichte im 14. Jahrhundert höher war als im 20. (85 pro Quadratkilometer).[8]

Die Ärmsten lebten in den ältesten, übervölkertsten Bezirken. Ende des 14. Jahrhunderts waren die Gassen meist schon gepflastert und dadurch weniger verschlammt, aber nicht weniger schmutzig. Abfälle wurden aus den Türen und Fenstern der hölzernen Behausungen, welche die engen Straßen säumten, geschüttet. Bis ins 15. Jahrhundert taten sich Schweine und andere Tiere, die sich wie in den Gutswäldern draußen vor der Stadt frei tummelten, an dem Unrat gütlich.

In London lebten im 15. und 16. Jahrhundert Stückwerkerinnen oder Tagelöhnerinnen mit ihren Familien in einem einzigen, gemieteten Zimmer zur Gasse mit einer Grundfläche von vielleicht zwei mal drei Metern. 1580 war vom Stadtrat die Errichtung neuer Gebäude verboten worden, um die Übervölkerung zu mindern; doch die ärmsten Frauen und Männer fuhren fort, sich Unterstände zusammenzuflicken aus irgendwelchen Materialien, die sie gerade auftreiben konnten.[9] In seiner Beschreibung des Feldzugs von 1381/1382 schilderte Froissart, der Chronist des Hundertjährigen Krieges, eine solche Behausung in Brügge (Belgien), wo sich der Graf von Flandern auf der Flucht versteckt hatte: ein »elender, scheußlicher Schuppen, vom Rauch des Torffeuers geschwärzt«. Ein »altes, rauchbeflecktes Tuch« schirmte das Feuer ab. Eine Leiter mit sieben Sprossen führte hinauf in eine »enge kleine Dachkammer«, wo die Kinder schliefen, unten neben dem offenen Feuer säugte die Frau ihr Kleinstes.[10] In Madrid wohnten die Tagelöhnerinnen außerhalb der Mauern bei den Obstgärten und Feldern, die sie bearbeiteten, in eingeschossigen Schuppen, die sie mit ihren Familien aus Lehm und Dreck errichtet hatten.[11]

Wenn die Städte ihre Einwohnerschaft zählten, waren diese Frauen zu arm, als daß man sie in die Verzeichnisse der häuslichen Feuerstellen aufgenommen hätte. Das galt jedoch nicht für alle Frauen. Jene, die sich mit den Handwerkern und deren Zünften verbanden, entweder durch Heirat oder in eigener Sache, tauchen auch in den historischen Quellen auf. Denn in diesem Fall wurden sie unter den oberen Schichten der Stadt verzeichnet, zusammen mit den Mitgliedern jener Familien, die Steuern entrichteten: den 135 Krämern, 150 Goldschmieden und 170 Kürschnern der Steuerlisten von London im letzten Viertel des 14. Jahrhunderts oder den 169 Bäckern, 75 Fischverkäufern und 110 Badern von Antwerpen in der zweiten Hälfte des 16. Jahrhunderts.[12]

Die Häuser von Handwerkerinnen lagen in den neueren Teilen der Stadt. Es waren solide, zwei- bis dreigeschossige Gebäude mit drei bis vier Metern Straßenfront, etwa sechs Meter tief und mit einem Haushaltsgarten hinten hinaus. Meistens waren die Häuser aus Holz; in Rouen bestanden sie aus Fachwerk und Verputz, in Amsterdam aus Backsteinen. Das zweite Stockwerk ragte, um etwas Platz zu gewinnen, zur Straße hin üblicherweise einige Fuß weit über das Erdgeschoß hinaus; hier befand sich der Hauptwohnraum der Familie, wo geschlafen, gekocht und gegessen wurde. Vorhänge oder Wände trennten im Innern die Bereiche ab, wo die Ehefrau des Handwerkers ihren Haushaltspflichten nachging und über dem zentralen Steinherd die Mahlzeiten zubereitete. In deutschen und holländischen Städten wurden die Räume im Winter mit einem Kachelofen, in Südfrankreich mit Kohlenpfannen geheizt. Wenn eine wohlhabende Familie noch über ein drittes Stockwerk verfügte, konnten die Meisterin und der Meister eine eigene Kammer für sich belegen und schickten die Gesellen und Dienstboten hinauf in die Dachkammern. Das Erdgeschoß wurde ganz als Gewerberaum genutzt. Von den zweigeteilten hölzernen Fensterläden zur Gasse diente die obere Hälfte als Sonnenschutz, die untere Hälfte konnte, in die Waagrechte gekippt, als Ladentisch verwendet werden, von dem aus die Frau die im Haus angefertigten Waren verkaufte.[13]

Die reichsten Städterinnen, Angehörige der regierenden Kaufmanns- und Bankiersgilden, wohnten in noch stattlicherer Umgebung und genossen Komfort und Bequemlichkeiten in einem Größenverhältnis, das den Frauen in anderen Teilen der Stadt völlig fremd war. In Genua lebte im 14. Jahrhundert die Familie des Kaufmanns Andrea Doria zusammen mit ihrer Verwandtschaft im Viertel San Matteo. Es handelte sich um einen Komplex von gemeinsam bewohnten Häusern, die sich um einen eigenen Platz gruppierten mit einer von der Familie gestifteten Kirche, die ihren religiösen Bedürfnissen diente. Ursprünglich, in den Städten des 12. und 13. Jahrhunderts, waren die Häuser mit Türmen und dicken Außenmauern befestigt gewesen, gleich wie die Schlösser und Gutshöfe auf dem Land. Die vornehmen Familien stritten sich um die Macht und erbauten ihre Häuser deshalb als schützende Zufluchtsstätten. Als das Kriegen ein Ende fand – in Venedig im 14., in Florenz im 15. Jahrhundert, dann allmählich in ganz Europa, in Bourges, Nürnberg, London, Paris und Madrid –, bauten sich die sieghaften Familien ihre stattlichen Paläste, die ihre eigenen Namen trugen.

Ordnung und wirtschaftliche Prosperität hatten bisher ungekannten Luxus der Wohnverhältnisse zur Folge. Geschäfts- und Wohnräume wurden auf verschiedene Stockwerke aufgeteilt; mehrere Zimmer gewährleisteten den Gruppen der Familie eine gewiße Privatsphäre und dienten den öffentlichen und familiären Tätigkeiten der Ehefrau und ihres Gatten. Als der Wollkaufmann Francesco Datini Ende des 14. Jahrhunderts für seine Gattin und sich selbst ein neues Haus erbaute, ließ er das Warenlager am anderen Ende des Gartens anlegen, separat vom Wohnhaus. Die florentinischen Palazzi aus dem 14. und 15. Jahrhundert, beispielsweise derjenige von Cosimo de' Medici, waren noch einmal eine Nummer größer. Das Erdgeschoß bestand aus Büros und Lagerräumen, die Gemächer oberhalb aber waren ganz der Schönheit und dem Komfort geweiht, mit hohen Decken und freskobemalten Wänden. Der Palazzo Medici besaß auch eine Reihe von breiten Glasfenstern, die den Blick hinaus auf den Garten freigaben.[14]

Die Kaufmanns- und Bankiersfamilien der Elite in anderen Städten nahmen dieselben Veränderungen vor. Die Familie Runtinger in Regensburg übernahm in den späten siebziger Jahren des 14. Jahrhunderts drei aneinandergrenzende Häuser in der Keplerstraße (so der heutige Name) und baute sie dergestalt um, daß Kontor und Küche im Erdgeschoß lagen, die öffentlichen Räume auf dem zweiten, der familiäre Bereich und besondere Zimmer für die Frauen auf dem dritten Stockwerk. Anstelle von Lagergebäuden am einen Ende des Hofes wurden das vierte und fünfte Stockwerk zum Lagern von Waren genutzt, ähnlich wie in den Kaufmannshäusern von Amsterdam, wo man die vorgezogenen Dachgiebel mit den Seilwinden, die zum Aufziehen der Güter von der Straße gebraucht wurden, noch stets sehen kann. Das um 1440 erbaute Haus des Bankiers Jacques Cœur in Bourges (Frankreich) gab sich auf der einen Seite wie eine Festung – vielleicht eine Huldigung an den alten Stil –, die andere Seite jedoch hatte eine kunstvoll behauene und bemalte Fassade aus weichem Stein. Ein Innenhof verschaffte auch allen jenen Räumen Licht, die nicht zur Straße hinausgingen. Die Innengestaltung verband öffentlichen und privaten Bereich in vierzehn großen Gemächern, von denen jedes mit einem Kranz von kleineren Kammern umgeben war, die als Ankleideräume oder Vorzimmer dienten. Anfang des 17. Jahrhunderts hatten die Häuser der Wohlhabenden in Madrid alles Verteidigungsähnliche verloren; Balkone zogen sich längs des dritten Stockwerkes, von wo aus die Familien die öffentlichen Ereignisse auf der Plaza Mayor verfolgen konnten.[15]

Die Städte schufen für Frauen eine vitale neue Welt. Bauerntöchter immigrierten in großer Zahl. Während junge Männer von ferne zuwanderten – Tagelöhner, die Arbeit suchten, Handwerkergesellen, die ihre Ausbildung abschließen mußten, bevor sie in ihrem Gewerbe selbst Meister werden konnten –, kamen die Frauen im allgemeinen aus benachbarten Dörfern und näher gelegenen Regionen. Eine Studie über Weißenburg (Bayern) im 17. Jahrhundert ergab, daß zwei Drittel der Zuzügerinnen aus einem Bezirk von rund vierzig Meilen Radius stammten.[16]

Möglicherweise waren sie als kleine Mädchen auf dem Karren ihres Vaters zum ersten Mal in die Stadt gekommen, wenn er Pflichten des Gutskontrakts zu erfüllen hatte. Wenn die Frauen einmal zugewandert waren, blieben sie für immer. Sie kehrten auch nicht zurück, wenn sie in ihren letzten Lebensjahren verwitweten. In den Städten fanden sie Arbeit, konnten Besitz erwerben, vielleicht sogar die Mitgliedschaft in einer Zunft. Einige mochten darauf hoffen, ihren Weg allein zu machen, ohne von einem Ehemann oder dem Vater abhängig zu sein.

Die Steuerlisten von Städten wie Florenz aus dem frühen 15. Jahrhundert zeigen, daß Frauen fast unabhängig werden konnten (»herrenlos« in der Sprache der deutschen Stadtverordnungen). 1427 waren 15,6 Prozent aller Haushaltsvorstände von Florenz Frauen.[17] Kirchengemeindeakten des frühen 15. und späten 17. Jahrhunderts in London weisen dieselben Möglichkeiten für ledige und verwitwete Frauen auf; vermögende Frauen sind als Vorsteherinnen von Haushaltungen, als *freeholders* (»Grundbesitzerinnen, Freisassen«), verzeichnet.[18] Immer mehr Frauen wanderten zu und blieben, so daß es zu einer in der europäischen Geschichte einmaligen Bevölkerungsstruktur kam: In den Städten lebten vom 14. bis ins 17. Jahrhundert 20 bis 30 Prozent mehr Frauen als Männer. Beispielsweise betrug in Bologna um 1395 das Verhältnis zwischen weiblichen und männlichen Einwohnern 100:95,6, in Nürnberg um 1449 100:84. Die Zahlen für Florenz im gleichen Jahrhundert zeigen, daß das Mißverhältnis vor allem in bestimmten Altersgruppen auftrat. Der Anteil der Frauen übertraf denjenigen der Männer vor allem bei den Dreizehn- bis Siebzehnjährigen, was die stärkere Zuwanderungsrate von jungen Frauen nahelegt, und dann wiederum bei den Endvierzigern bis Endfünfzigern. Diese letzten Unterschiede verweisen auf das niedrigere Sterblichkeitsalter bei Männern und auf die höhere Lebenserwartung von Frauen, die schon über die gebärfähigen Jahre hinaus waren.[19]

Die europäischen Städte boten mutigen jungen Frauen, die das Wagnis nicht scheuten, einzigartige Gelegenheiten. Schon im 13. Jahrhundert konnten Leibeigene in England ihr durch Geburt ererbtes Joch abwerfen, indem sie ihren Herrenhof verließen und in die Stadt flohen. Wenn sie es schafften, ein Jahr lang in einem mit königlichen Rechten ausgestatteten Stadtbezirk zu überleben, wurden sie laut Gesetz rechtlich frei. 1303 lebten Matilda Siggeword und Alice White in Lincolnshire auf dem Herrenhof von Ingoldmalls. In den Aufzeichnungen des Grundherrn ist von ihrem Entweichen, nicht jedoch von ihrer Rückkehr die Rede.[20] Wie andere junge Bäuerinnen waren sie vermutlich in die nächste Stadt weggelaufen, wo sie bessere Lebenschancen für sich erhofften als auf dem Land. Sie konnten arbeiten, heiraten und mit ihren Anstrengungen und Fertigkeiten zur ökonomischen Umgestaltung Europas von einer vorherrschend ländlichen zu einer vorherrschend städtischen Welt beitragen.

Die Armen

Junge Stadtbewohnerinnen, wie die zwei von Ingoldmalls Entlaufenen, lebten meist in einer Familie, auch wenn sie selbst nicht verheiratet waren. Mehr als die Hälfte der jungen Frauen, die Lohnarbeit verrichteten, verdingte sich als Dienstmädchen in die Häuser der Reicheren. Am Ende des 15. Jahrhunderts war dieser Prozentsatz auf 60 Prozent angestiegen, und die Dienstbotentätigkeit blieb bis ins vierte Jahrzehnt des 20. Jahrhunderts der wichtigste Arbeitsbereich für die europäischen Städterinnen, also noch lange nach der Umwandlung der alten, mauerumkränzten Städte in moderne Geschäftszentren.[21] Schon im 14. Jahrhundert rekrutierten und vermittelten geschäftstüchtige Frauen und Männer in Paris und London Dienstboten, die gute Referenzen aufzuweisen hatten. Eine englische Verordnung aus dem Jahr 1351 setzte für die Vermittlung eines Kammermädchens eine Gebühr von 1 Schilling 6 Pence und für eine Kinderwärterin von 2 Schilling fest.[22] Im 15. und 16. Jahrhundert nahmen junge Frauen in Nürnberg, München und Straßburg ebenfalls die Dienste solcher Maklerinnen und Makler in Anspruch.[23]

Die Plazierung war nicht schwierig. Wie auf dem Land war es auch in den Städten vom 13. bis zum 17. Jahrhundert so, daß, wenn sich eine Familie überhaupt eine Hilfe leisten konnte, eine junge Frau eingestellt wurde. Selbst in Haushaltungen mit zahlreicherer Dienerschaft war die Mehrheit weiblichen Geschlechts. Im 16. Jahrhundert hatte in Romans (Frankreich) durchschnittlich eine von sieben Familien eine *chambrière*, ein Mädchen für alles.[24] In Aix-en-Provence dienten um die Wende zum 17. Jahrhundert, wie den Stadturkunden zu entnehmen ist, 56 Prozent der als Dienstboten aufgeführten Frauen allein. Wenn eine Familie mehr Personal beschäftigte, beispielsweise in gewerblichen oder adeligen Haushalten, betrug der Prozentsatz weiblicher Angestellter weit über 60 Prozent: 94 Prozent in gewerblichen Haushalten, 67 Prozent in Familien der *noblesse d'épée* (des alten Kriegeradels).[25]

Eine Dienstmagd arbeitete üblicherweise allein, von der Morgendämmerung, bis sich die Familie zur Ruhe legte. Die Meisterin betrachtete sie einerseits als Teil ihres Hauses und ihrer Familie und spürte ihr gegenüber eine gewisse Verantwortlichkeit; andererseits sah sie für ihre Befehlsgewalt über die Angestellte keinerlei Grenzen.[26] Ein aus dem 14. Jahrhundert stammendes französisch-flämisches Buch mit Redewendungen half der Meisterin, dem in ihrem Dienst stehenden unwissenden Bauernmädchen, das eine andere Sprache sprach, Befehle zu erteilen. »Janet« – so wurde die Magd gerufen – sollte Möbel, Kissen und Vorhänge zurechtrücken, das Feuer unterhalten, den Tisch decken, die Hauptmahlzeit auftragen, das Geschirr und die Töpfe schrubben und spülen, Wein kaufen.[27] Wo ein Lehrling fehlte, nahmen die

Familien oft ebenfalls eine junge Frau in Dienst, um die Arbeit zu erledigen. In anderen Haushaltungen, beispielsweise in London im 17. Jahrhundert, halfen die Gattinnen der Ladenbesitzer und Handwerker im Gewerbe mit und überließen dagegen die häuslichen Verrichtungen dem Dienstmädchen.

In Südfrankreich, Italien, Spanien und Portugal arbeitete die Hausangestellte möglicherweise Seite an Seite mit einem gekauften und versklavten Mädchen. Berichte über Versklavungen sind klar, aber knapp. Eine florentinische Liste von 1363 zählte 119 Personen weiblichen Geschlechts auf, alle weniger als 18 Jahre alt. Der städtische *catasto* von 1427 (eine frühe Steuereinschätzung) listete 301 Sklaven auf, die meisten von ihnen Frauen.[28] In derselben Stadt brachten im 14. Jahrhundert Bräute ein Sklavenmädchen in die Ehe ein. Der Kaufmann Francesco Datini von Prato schlug einigen Gewinn aus dem Sklavenhandel, und er kaufte auch Sklavinnen für den eigenen Haushalt, da er überzeugt war, das käme auf die Dauer billiger zu stehen als freie Dienstboten. Für eine erwachsene Frau bezahlte er einmal die hohe Summe von 87 Gulden, das war dreimal so viel wie für ein Reitpferd.[29] Ein charakteristischer Brief aus dem Jahr 1392 verlangte, die Sklavinnen sollten zwischen zwölf und fünfzehn Jahre alt sein, keine aber jünger als zehn. Der potentielle Käufer fuhr fort: »Es ist mir gleich, ob sie hübsch oder häßlich sind, solange sie gesund sind und harte Arbeit verrichten mögen.«[30]

Da die Kirche die Versklavung von Christen ablehnte, waren die jungen Frauen meist von einer anderen Rasse. Von ihrer Heimat weit entfernt, ohne Schutz und Zuflucht, blieb ihnen kaum eine andere Wahl, als ihrer Herrin und ihrem Herrn zu gehorchen. Verkaufsurkunden garantierten in der Regel, daß die Sklavin »gesund und unversehrt an allen Gliedern, sichtbar und unsichtbar« war; dem Eigentümer stand das Recht zu, »für alle Zeit mit ihr zu verfahren, wie es ihm oder seinen Erben beliebt, ohne daß irgendwer Einspruch erheben kann«.[31] Rebellion wurde rasch und unbarmherzig bestraft – in Florenz wurde im 14. Jahrhundert einer Sklavin mit glühenden Zangen die Haut in Stücken heruntergerissen, weil sie ihren Herrn vergiftet hatte.

Die jungen Dienstmädchen waren, ob versklavt oder frei, von körperlichem und sexuellem Mißbrauch besonders bedroht. Samuel Pepys, Sekretär der englischen Admiralität im 17. Jahrhundert, ließ seine Frau ihr Hausmädchen zur Strafe auspeitschen und in den Keller sperren. Alle Arbeitgeber glaubten, sie trügen für den gutwilligen Charakter, die Gehorsamkeit, Bescheidenheit und Keuschheit der jungen Frauen Verantwortung. Bei dieser Einstellung mutet es besonders paradox an, daß sie oft den sexuellen Lüsten des Meisters beziehungsweise der Söhne des Hauses zur Beute fielen. Selbst wenn sich die Angestellte aus freien Stücken dazu entschieden hatte, Geschlechtsverkehr einzugehen – vielleicht in der Hoffnung, bei ihrem Herrn

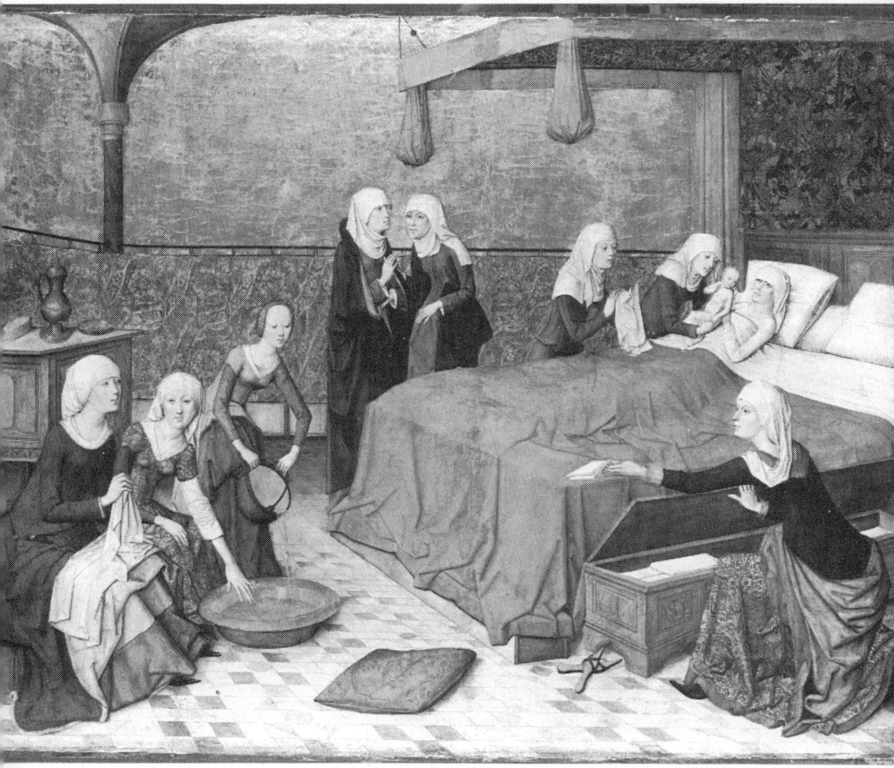

1. Hebammen im Dienst der heiligen Anna
bei der Geburt der Jungfrau Maria.
Meister des Marienlebens. Köln, 15. Jh.

2. Bettlerin außerhalb der Stadtmauern.
Stich, Jacques Callot, 17. Jh.

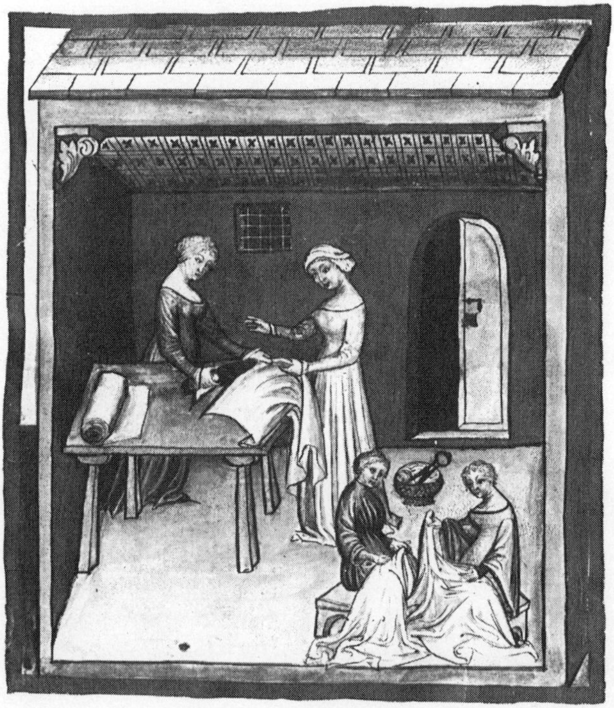

3. Städterinnen bei der Fertigung von Leinen.
Italienisches Manuskript, 14. Jh.

4. Holländische Städterin mit ihrer Dienstmagd vor dem Wäscheschrank.
Gemälde von Pieter de Hooch, um 1663.

5. Die Jungfrau Maria als Beschützerin
von Städterinnen und Städtern.
Skulptur von Michel Erhart.
Deutschland, um 1480.

6. Jüdinnen richten das Haus für das Passahfest her.
17. Jh.

7. Fischhändlerinnen. Italienisches Manuskript, 14. Jh.

8. Dienstmädchen baden ihren Herrn. Mittelalterliches Manuskript.

9. Selbstporträt der italienischen Malerin
Artemisia Gentileschi, 17. Jh.

besondere Gunst zu erlangen, vielleicht auch aus einer genuinen Zuneigung für den jungen Lehrling oder einen anderen Diener, der ihr die Heirat versprochen hatte –, war sie im Falle einer Schwangerschaft entehrt und mußte Strafe und Ächtung gewärtigen.[32] Die kirchlichen und städtischen Behörden fürchteten, Frau und Kind würden ihnen zur Last fallen, da man von der Annahme ausgehen konnte, daß ihr Arbeitgeber sie entlassen werde. Verordnungen suchten die Identifizierung des Schwängerers und eine minimale Unterstützung von seiner Seite sicherzustellen. Doch selbst wenn materiell vorgesorgt sein sollte, war das Kind stets im Nachteil. Fast alle europäischen Gesetze und Bräuche definierten den Säugling als »illegitim«: ohne Familie, ohne garantierte Erbschaftsrechte, sogar ohne Familiennamen.[33]

Das beste Durchkommen für Mutter und Kind war, wenn sie bei den Arbeitgebern bleiben konnten. Familienaufzeichnungen aus dem 14. und 15. Jahrhundert in Jugoslawien und Italien belegen, daß einige Herren für ihren Mißbrauch der Dienstboten die Verantwortung übernahmen. Handelsherren aus Dubrovnik statteten ihre illegitimen Töchter mit einer Mitgift aus, florentinische Väter zahlten für sie in den städtischen Mitgiftenfonds ein. Cosimo und Piero aus der bedeutenden Bankiersfamilie der Medici ließen ihre illegitimen Nachkommen zusammen mit ihren ehelichen Kindern aufziehen. Cosimos Sohn Carlo wurde Priester; Piero arrangierte für seine Tochter Maria eine vorteilhafte Ehe. Leonardo da Vincis Mutter Caterina war von einem Sohn der Familie verführt worden, für die sie arbeitete. Sie erlaubten der Schwangeren, bei ihnen zu bleiben, und der Vater, ein Notar, sorgte dafür, daß der Junge mit vierzehn Jahren bei einem Künstler in die Lehre eintreten konnte.[34]

Meist heiratete das »Mädchen für alles« einen Genossen aus der Dienerschaft oder vielleicht einen Tagelöhner oder Lehrling, den es bei der Erledigung seiner Haushaltsaufgaben kennengelernt hatte. Frau und Mann hatten im Lauf der Jahre etwas von ihren Löhnen beiseite gelegt, und nun, da beide schon auf die Dreißig zugingen, begründeten sie eine eigene Familie. Ohne besondere Fertigkeit oder Ausbildung gehörten sie jedoch zu jenen 50 bis 80 Prozent der städtischen Bevölkerung ohne Privilegien, die an der Existenzgrenze lebten, so etwa wie das belgische Paar, dessen Behausung oben von Froissart geschildert worden ist.[35] Als kleine Familieneinheit lebten sie in den ärmsten und elendesten Stadtbezirken; für die Unterstützung von Schwestern, Brüdern oder alternden Eltern blieb nichts übrig, es reichte nur gerade für sie selbst und ihre Kinder.

Wie ihre ländlichen Pendants, die Bäuerinnen und Bauern, die zurückgeblieben waren, um das Land zu bebauen, handelten auch die Paare aus der städtischen Unterschicht partnerschaftlich: Sie nahmen jede Art von Arbeit an, um das notwendige Geld für Unterkunft, Bekleidung und, der wichtigste

Punkt, für das Essen zusammenzubringen. Die Ehefrauen zeigten sich besonders findig. Wenn die eine Einkommensquelle versiegte, bohrten sie eine andere an. Boccaccio erzählte die Geschichte von der Gattin eines Maurers, die mit Spinnen das Einkommen der Familie aufbesserte und ihre Kleider verpfändete, als alles andere fehlschlug. Frauen verrichteten Handarbeiten oder verdingten sich als Saisonarbeiterinnen, sie gingen hausieren von Tür zu Tür, verhökerten Waren auf der Gasse, nahmen Stückwerk jeder Art an, und doch lebten sie und ihre Familien am Rande des Existenzminimums. In Florenz kostete im 14. Jahrhundert ein Scheffel Weizen 15 Soldi, und die Jahresmiete für das kleinste Haus betrug 375 Soldi, während eine ungelernte Arbeiterin nur auf 7 Soldi pro Tag kam.[36] In Sevilla in Südspanien verdiente im 16. Jahrhundert eine Frau, die die Flotte verproviantierte, in einem Tag 1 Real (eine Silbermünze); zur gleichen Zeit kostete Brot 5 Reals.[37] Untersuchungen über Löhne und Kosten in Speyer im 16. Jahrhundert zeigen, daß zwar die Löhne für Frauen und Männer um das Doppelte bis Dreifache anstiegen, Roggen sich jedoch gleichzeitig fünfzehnfach verteuerte, Weizen dreizehnfach, Fleisch sechsfach und sogar Salz ebenfalls sechsfach.[38]

Für beide, Frau wie Mann, war es hart, den Lebensunterhalt zu verdienen, doch litten die Lohnarbeiterinnen noch unter speziellen Benachteiligungen. Wie schon in den Epochen vor 800 und wie auch auf dem Land erhielten sie weniger Geld als die Männer; die Stellen, die ihnen offenstanden, waren weniger einträglich und für ökonomische Schwankungen besonders anfällig. Diese alten Traditionen im Zusammenhang mit der Frauenarbeit überlebten auch in der Welt der aufblühenden Städte.[39] Ein Beispiel: Bei ungelernten Arbeitern im späten 14. Jahrhundert in Florenz erhielt eine Ehefrau 7 Soldi, ihr Mann 15 Soldi für ein Tagwerk.[40] In Bristol kam in den Jahrzehnten nach dem Schwarzen Tod von 1348 eine Frau auf 75 Prozent des Lohnes eines Mannes – vor der Pest waren es gerade 68 Prozent gewesen.[41]

Die vertrautesten Frauenarbeiten waren jene, die sich aus der Nähe der Landschaft zur Stadt ergaben. Manches war innerhalb der Mauern nicht anders als auf den Gutshöfen, welche die jungen Bäuerinnen und Mägde verlassen hatten. Im 12. Jahrhundert glichen die reichsten Viertel von Paris einer Ansammlung von Schlössern mit Gärten und Obsthainen. Nürnberg war trotz seiner engen Gassen und den vier- bis fünfstöckigen Gebäuden mit offenen Flächen durchsetzt, wo Lindenbäume wuchsen und Tiere auf den Wiesen grasten. Noch im 16. Jahrhundert besaßen die wohlhabendsten Nürnberger Bürger außerhalb der Wälle in einem Umkreis von 60 Quadratkilometern Grundstücke samt Dörfern, Feldern und Wäldern.[42] Die ärmsten Stadtbewohnerinnen hüteten vor den Mauern das Vieh, jäteten und halfen bei der Ernte mit, so wie sie es früher in ihren Dörfern getan hatten. Ein Stundenbuch aus dem 15. Jahrhundert zeigt eine Szene im Oktober, gerade außerhalb der Umfriedung einer burgundischen Stadt: Frauen arbeiten neben dem Fluß, während auf den Feldern geeggt und ausgesät wird; im Hintergrund erheben sich die Türme des königlichen Palastes.

Innerhalb der Stadt selbst verrichteten die Frauen alle möglichen Lohnarbeiten, wovon einige traditionellerweise weibliche Beschäftigungen waren, andere eher männliche. In Aix-en-Provence verdiente eine Frau, wenn sie auf den Feldern außerhalb der Stadt arbeitete, 8 Sous in einem Tag, als Wäscherin hingegen 12 Sous.[43] In Paris Ende des 14. Jahrhunderts handelten die Frauen, welche spezielle Aufgaben auf Tagelohnbasis ausübten, ihren Ansatz jeweils selbst aus. Wäscherinnen scheinen besonders zahlreich gewesen zu sein und tauchen auch in den Stadturkunden von Brüssel und London auf, wo zwischen 1488 und 1493 eine Beatrice le Wimplewasher (»die Kopftuchwäscherin«) und eine Massiota la Lavendere (»die Waschfrau«) bezeugt sind.

So wie Frauen in ländlichen Gebieten Schwerarbeit leisteten – zum Beispiel in den deutschen und böhmischen Zechen metallhaltiges Gestein auswuschen, förderten und das Erz aussortierten –, so auch in der Stadt auf den Bauplätzen. Frauen schleppten Steine, trugen für die Mörtelmischer Wasser herbei, bündelten Stroh für die Dächer, sammelten Moos und Farnkraut, um die Ziegel zu polstern. Die Arbeiterinnen, die bei der Errichtung des Doms von Siena 1336 Sand trugen, wurden mit 2 Soldi pro Tag entlöhnt.[44] Frauen halfen auch beim Bau des Kollegiums von Périgord in Toulouse zwischen 1365 und 1371 mit; sie transportierten Steine, reinigten die Latrinen und legten Gräben an. Im Juli 1562 konnten Frauen in den Städten des Rhonetales mit solchen Arbeiten zwischen 1 Sou 6 Pence und 2 Sous verdienen.[45]

Dank ihrer Tatkraft und Erfindungsgabe verrichteten die bedürftigen Frauen alle erdenkbaren Arten von Dienstleistungen. Sie spannen, krempelten Leinen oder Wolle, stickten, arbeiteten im Stückwerk für Stoffverkäufer, die in einem anderen Stadtviertel wohnten.[46] Sie nahmen Kostgänger auf, verwandelten ein Zimmer in eine Schankstube, führten eine Herberge. Sie stellten Nahrungsmittel her, mit denen sie auf den Straßen oder an den Haustüren hausieren gingen, wenn ihnen der Marktplatz untersagt war. Sie zogen übers flache Land auf der Suche nach gebrauchten Kleidern, Talg, Weizen, Bier, Fisch oder was auch immer sie in die Stadt zurückbringen und vermarkten konnten. In Brüssel pendelten im 15. Jahrhundert Frauen zwischen der Stadt und der Landschaft hin und her, verkauften hier wie dort und wurden schließlich gebüßt, weil sie gegen die Rechte der Zunftmitglieder verstießen. Florentinerinnen setzten ihren Kleinhandel auch im 16. Jahrhundert fort, allen Bemühungen der Zünfte, sie daran zu hindern, zum Trotz. Eher als die Männer, eher als die Bürger mit ihren Geschäften und Marktständen, befriedigten diese Krämerinnen die alltäglichen Bedürfnisse der großen Mehrheit der städtischen Bevölkerung.[47]

Eine Frau konnte auch alle die genannten Tätigkeiten verbinden – von der Dienstmagd zur Bauarbeiterin bis zur Krämerin – und Marketenderin einer Söldnerarmee werden. Die europäischen Armeen, die zwischen dem 14. und 17. Jahrhundert über Land und von Stadt zu Stadt zogen, bestanden nur zur Hälfte aus Soldaten, zur anderen Hälfte hingegen aus den Frauen und Männern, die deren tägliche Bedürfnisse stillten. Bei der Belagerung von Neuß (1474/1475) kam in der Armee des Grafen von Burgund auf je vier Männer eine Frau.[48] Diese Ehefrauen, Töchter und Gefährtinnen errichteten die Feldlager, sammelten Brennmaterial, kochten, wuschen und sorgten für die Krieger. Vor den Schlachten hoben sie Gräben aus, danach pflegten sie die Verwundeten und bestatteten die Toten. Oft mußte die Familie von dem Geld unterhalten werden, das die Söldnerfrau für ihre Dienstleistungen einnahm, bis wieder eine Stadt gestürmt wurde und sich Gelegenheit zu Beute und Plünderung bot. Ein deutsches Handbuch aus dem 16. Jahrhundert bestimmte einen Hauptmann mit zwei Leutnants zur Beaufsichtigung der Marketenderinnen eines Regiments, um sicherzustellen, daß sie sich richtig verhielten und ihre Pflichten vollständig erfüllten. Um ihr Einkommen zu ergänzen, gingen einige Frauen in den Truppenlagern auch der Prostitution nach. Das erwähnte Lehrbuch wies den Dirnen die Aufgabe zu, die Latrinen zu reinigen.[49] Im 16. und 17. Jahrhundert nahmen die Einwohnerinnen von Sevilla manche ähnliche Aufgaben für die Schiffsbesatzungen der Flotten des Atlantikhandels wahr.

Die Buhlerin, die die sexuellen Bedürfnisse der Soldaten befriedigte, hatte auch außerhalb der militärischen Truppenlager ihr Gegenstück. In den Städten war die Prostitution eine gängige Option für eine elende Frau und Mutter, die keine Stückarbeit und keinen Arbeitsplatz finden konnte, oder für eine junge Dienstmagd, die wegen ihres Lebenswandels aus ihrer Stellung entlassen worden war. Wie schon vor 800 ergab sich in der Stadt für eine Frau immer die Möglichkeit, ihren Körper zum sexuellen Gebrauch zu verkaufen. In Florenz boten im 14. Jahrhundert die Nachbarn der Dirne Angela, der Ehefrau von Nofri de Francesco, einen Korb Brot pro Woche an, um sie vom Betreiben ihres Gewerbes abzubringen. Die Frau erwiderte ihnen aber, daß sie trotzdem, ja selbst wenn sie sie gerichtlich verfolgen ließen, mit ihrer Arbeit fortfahren werde. Oder konnten sie ihr etwa 2 Gulden geben? Sonst nämlich, erläuterte sie, verdiene sie viel mehr Geld, wenn sie ihren Körper verkaufe.[50] Denn auch diese Tradition blieb bestehen: Prostitution war die eine Tätigkeit, bei der Frauen mehr verdienten als Männer.

Im 13. und 14. Jahrhundert boten Frauen auf mancherlei Art und Weise ihre Gunst feil, meist allein in einem gemieteten Zimmer oder zusammen mit anderen Dirnen in einem Bordell oder einem Badhaus. In italienischen Städten promenierten sie hinter dem Dom, in Deutschland außerhalb des Stadtwalls, um ihre Bereitschaft zu sexuellen Kontakten zu signalisieren. Auch als selbständige Arbeitstätige tendierten die Prostituierten dazu, sich zusammenzuschließen und einen Gasthof, ein Wohnhaus oder mehrere Zimmer zur Straße hinaus ausfindig zu machen, die ein williger Vermieter ihnen überließ. In Florenz vermietete ein Gastwirt 1427 die unteren Räume eines Hauses, das ihm gehörte, für 10 bis 13 Lire pro Monat an Prostituierte. Zur selben Zeit konnte eine Frau für ihre Dienste jedoch nur 19 Quattrini von einem Kunden heischen.[51] Unter den Florentiner Dirnen befanden sich Spanierinnen, Araberinnen, Französinnen, Deutsche und Griechinnen. In den Städten von Somerset arbeiteten die Prostituierten von einer Schenke oder vom lokalen Gasthaus aus. Ann Morgan von Wells hatte abgestufte Preise; für Soldaten wurden die Tarife verdoppelt.[52]

Männer aller Gesellschaftsschichten mieteten die Dienste dieser Frauen, Männer aller Gesellschaftsschichten schlugen Profit aus der Arbeit der Dirnen. Wie in den früheren Kulturen wurden manche Frauen durch andere in die Prostitution hereingezogen. Wiederum in Florenz im 14. Jahrhundert verführte Niccolo di Giunta Frauen, verkuppelte sie dann mit anderen Männern und nahm ihren Verdienst an sich, oder er verkaufte sie an ein Bordell in Bologna. Ein Florentiner Gericht von 1417 förderte zutage, daß einige Ehegatten dasselbe mit ihren Frauen anstellten. In Venedig wurden im 16. Jahrhundert ältere Frauen gerichtlich belangt, die junge Mädchen in das Gewerbe gelockt hatten, indem sie ihnen Kleider und Putz versprachen. Diese Praktiken konnten jedoch nicht abgestellt werden. Ein Franzose, der im 17. Jahrhundert eine Frühjahrsmesse in Venedig besuchte, sah, wie Mütter ihre Töchter zur Schau stellten, wie Käufer die »Ware« begutachteten und für eine Jungfrau 150 Goldécus zusätzlich Unterkunft und Verpflegung für ein Jahr boten. Von einem Mädchen, das in Sevilla im 16. oder 17. Jahrhundert für 10 bis 20 Dukaten verschachert wurde, erwartete man, daß es an einem Arbeitstag 4 bis 5 Dukaten anschaffte und zwanzig Jahre im Gewerbe blieb.[53]

Für manche mittellose Frau war die Prostitution nur eine von mehreren Erwerbstätigkeiten. Der französische Dichter François Villon kennzeichnete die Dirnen in seinem »Testament« anhand ihrer zusätzlichen Beschäftigungen: *Blanche la Savetière* (die Schuhflickerin), *Guillemete la Tapicière* (die Teppichwirkerin), *Jeanneton la Chapperonnière* (die Haubenmacherin), *Catherine la Bourcière* (die Beutelmacherin). La Grosse Margot, Villons Favoritin, führte ein Freudenhaus neben Notre-Dame. Der Dichter wollte glauben, sie liebe ihn. Wie auch immer: Er hatte an ihrem Gewinn teil und prügelte sie, wenn ihm danach war. Die römische Volkszählung von 1517 brachte noch ein weiteres traditionelles Charakteristikum des Prostituiertenlebens zutage: Die Frauen lebten selten allein, meist waren sie Mutter und hatten Kinder zu unterhalten.

François Villon nahm sich das Geld der Grosse Margot. Wie unterschiedlich die Arbeitsverhältnisse der Prostituierten auch sein mochten, sie mußten jedenfalls ihre Einkünfte mit anderen teilen. Ein Vertrag zwischen einer Frau und einem Bordellhalter in Perugia im 14. Jahrhundert garantierte ihr nur gerade Nahrung und Kleidung.[54] Die selbständig arbeitenden Dirnen von Venedig im 16. und 17. Jahrhundert gaben mehr als ein Fünftel ihrer Einnahmen an jene Leute ab, die ihnen die Betten, die Wäsche und das Essen lieferten. Falls die Frauen mehr für sich forderten, waren die Männer mit Strafen schnell zur Hand. In Rom existierte das »Gericht« der *trentuno* (»einunddreißig«), das jene Prostituierten verfolgte, welche einen Kunden betrogen oder ausgeraubt haben sollten. Es handelte sich um eine Bande von einunddreißig Männern, die der Delinquentin eine Massenvergewaltigung androhten; sogar eine Bande der *trentuno reale* (»königliche einunddreißig«) gab es, der neunundsechzig Männer angehörten.[55] In London ging das Gerücht um, einige Bordelle gehörten dem Oberbürgermeister. Wegen der Einkünfte erbaute 1309 der Bischof von Straßburg ein Freudenhaus. 1390 war das wichtigste Bordell Wiens im Besitz des Herzogs Albrecht IV. von Österreich. In französischen Städten des 14. und 15. Jahrhunderts bemühten sich Mitglieder der Handwerkerzünfte und Berufsvereinigungen um die Lizenzen für die lokalen Bordelle, die sich zu lukrativen Monopolbetrieben entwickelt hatten.[56] In der zweiten Hälfte des 16. Jahrhunderts besteuerte Papst Pius V. die Verdienste der Prostituierten selbst noch, nachdem er sie offiziell aus der Stadt verbannt hatte, mit der Begründung, die Steuer werde die Anzahl der im Gunstgewerbe Tätigen senken; die Einnahmen dienten für Straßen- und Brückenbau. In Venedig wurden die Steuern der Dirnen angeblich für die Bezahlung der Galeeren aufgewendet.[57]

Zunächst wurden den Prostituierten spezielle Stadtbezirke zugewiesen: im 13. Jahrhundert außerhalb der Stadtmauern in Toulouse, jenseits der Themse in Southwark in London; und nur auf der Carriera Calida (»heiße Straße«) genossen sie 1285 in Montpellier (Frankreich) königlichen Schutz.[58] Schon im 12. Jahrhundert hatte der englische König Heinrich II. solche Verordnungen noch einen Schritt weiter vorangetrieben: Er stattete die Bordelle oder *stewes*, wie sie genannt wurden, mit Lizenzen aus und beauftragte den Bischof von Winchester, dafür zu sorgen, daß gewisse Regelungen betreffend Leben und Arbeit der Dirnen durchgesetzt wurden. Der König bestimmte Entlöhnung und Mieten, ebenso die Tage, an denen die Frauen ihrem Gewerbe nachgehen durften; außerdem forderte er eine wöchentliche Gesundheitsuntersuchung.

Im 14. und 15. Jahrhundert setzte sich Heinrichs Vorstellung des legalen, städtisch oder königlich überwachten Bordells als Muster für ganz Europa durch. Die meisten Prostituierten mußten dort arbeiten. Bis 1415 hatte der

Stadtrat von Florenz drei Bordelle genehmigt; zwei waren für 1000 Gulden auf Stadtkosten erbaut worden.[59] Lissabon erstellte ebenfalls ein städtisches Freudenhaus und verfolgte damit ein doppeltes Ziel: die anderen Frauen vor den Nachstellungen der Männer zu bewahren und Steuern einzuziehen. Die »freien Töchter« des Nürnberger Bordells im 14. und 15. Jahrhundert wurden den selbständig und allein arbeitenden Dirnen vorgezogen, doch wurde ihre Lebensführung samt Kleidung und Körperpflege genau geregelt, bis hin in die Kirche, wo sie abgesondert zu sitzen hatten. Einen Teil ihres Einkommens mußten sie ihren Meistern abgeben, und ein Pfennig von jedem Handel ging an den »Abt«, den Mann, der über das Bordell die Oberaufsicht führte. In Toulouse wurde das Privileg, das »öffentliche Haus« zu führen, jedes Jahr am Feiertag der heiligen Luzia versteigert. Wie in Nürnberg lebten die Prostituierten auch hier unter strenger Überwachung, fast wie Nonnen. Obwohl sie sich 1462 beim lokalen königlichen Gericht beschwerten, sie seien »nicht frei«, bestrafte die Stadt weiterhin jede Frau, die Männer außerhalb des autorisierten Bordells bediente, mit Bußen und Auspeitschung.[60]

Die epidemische Ausbreitung der Syphilis, gekoppelt mit der religiösen Begeisterung, machte es im 16. Jahrhundert eine Zeitlang unmöglich, daß Frauen überhaupt noch als Prostituierte arbeiteten. Als sich die Lustseuche von Italien her nach West- und Nordeuropa verbreitete, machten die Stadtherren bald die Frauen als die alleinigen Krankheitsträgerinnen aus. Die weltlichen und kirchlichen Obrigkeiten versuchten die Männer zu schützen, indem sie allen Kontakt untersagten. 1520 befahl Papst Leo X. den Kurtisanen, Rom zu verlassen. 1536 verbot der Reichstag des Heiligen Römischen Reiches Geschlechtsverkehr außerhalb der Ehe. Italienische, englische, französische und deutsche Städte ordneten aus gesundheitlichen oder moralischen Gründen die Schließung sowohl der öffentlichen als auch der privaten Bordelle an. Die Gesetze von Toulouse drohten Prostituierten an, sie in einem eisernen Käfig ins Wasser zu versenken. Einige deutsche Stadtverordnungen schrieben Auspeitschung, Verstümmelung oder Verbannung vor.[61]

Ende des 16. Jahrhunderts konnten Frauen jedoch von neuem in dem Gewerbe arbeiten. Stadträte und Könige waren zum Entschluß gekommen, daß sie die Prostitution erlauben mußten. 1537 waren in Ulm die Bordelle geschlossen worden; auf Forderung der Zünfte öffnete man sie 1551 wieder, »um schlimmere Unordnung zu verhüten«, wie es in der Verordnung hieß.[62] Ein katholischer spanischer Kleriker des 16. Jahrhunderts erläuterte die Funktion des Bordells folgendermaßen:

> Es ist wie der Stall oder der Abort für das Haus. Denn gerade wie die Stadt sich selbst sauber hält, indem sie einen separaten Platz zur Verfügung stellt, wo Schmutz und Mist gesammelt werden etc., so [...] wirkt das Bordell, wo der

> Schmutz und die Widerwärtigkeit des Fleisches gesammelt werden wie der Abfall und der Mist der Stadt.[63]

Prostitution mußte sein, überlegten die Stadtbürger, aber nur, indem sie noch mehr Einschränkungen unterworfen wurde. Um die öffentliche Ordnung sicherzustellen, legten die Stadtbehörden über Tarife und Arbeitsplätze hinaus auch fest, wer Kunde sein durfte, wer Prostituierte und wann die Dienste abgeboten werden konnten.[64] Um sich vor der Syphilis zu schützen, verlangten die Städte strengere körperliche Kontrolluntersuchungen an den Dirnen. In der zweiten Hälfte des 16. Jahrhunderts überwachte Philipp II. von Spanien dieses Problem in seinem Reich ebenso sorgfältig wie die Vorbereitungen für die Armada. Zunftähnliche Vorschriften schlossen jene Frauen von dem Gewerbe aus, die dem König ungeeignet schienen, so die verheirateten und die verschuldeten. Eine »Mutter« und ein »Vater« überwachten die Dirnen, versperrten das Bordell an kirchlichen Festtagen und drangen auf die wöchentliche Gesundheitsinspektion.[65] Wenn sich die Frauen Syphilis einfingen, konnten sie an weltliche oder geistliche Spitäler weggeschickt werden. In Paris wurde 1654 das *Hôpital de la Salpêtrière* erbaut, um erkrankte Prostituierte zu verwahren. Die Hausordnung von 1684 schrieb täglich drei Gebete vor, rauhe Wollkleidung, eine Diät von Brot und Suppe, Strohbetten. Für die Frauen galt:

> Sie sollen, nach Ermessen des Direktors, zur härtesten Arbeit gezwungen werden, solange es ihre Kräfte zulassen. [...] Fluchen, Faulheit, Übellaunigkeit und andere Fehler sollen bestraft werden, indem die Missetäterin ohne Suppe gehen muß, mit dem eisernen Kragen oder mit Arrest in den *malaises* [ein Loch oder Gelaß, in dem die Eingeschlossene weder sitzen noch stehen, noch sich niederlegen konnte] oder mit anderen Mitteln, welche die Direktoren für notwendig erachten.[66]

Die Städter zeigten gegenüber den Frauen, die sich mit Prostitution ihr Geld verdienten, noch weitere widersprüchliche Haltungen. Schon seit dem 7. Jahrhundert, als der oströmische Kaiser Justinian und Kaiserin Theodora die ersten Klöster für Dirnen eingerichtet hatten, nahmen weltliche und geistliche Obrigkeiten an, daß die Frauen, wenn ihnen die Möglichkeit geboten werde, ihr »sündiges Leben« aufgeben würden, um zu heiraten oder, wie die biblische Maria Magdalena, um ihre Tage in Buße und Zurückgezogenheit zu beschließen. 1227 genehmigte Papst Gregor IX. den Orden der heiligen Maria Magdalena, von dem im 13. und 14. Jahrhundert Niederlassungen in Paris, Wien und Neapel gegründet wurden. In Florenz gab es im 15. Jahrhundert einen Konvent der Büßerinnen. 1520 autorisierte Papst Leo X. die augustinische Regel der Konvertitinnen in Rom, die teilweise durch eine Erbschaftsbesteuerung der Kurtisanen unterstützt wurden.[67]

Die religiöse Begeisterung des 16. Jahrhunderts intensivierte die Bestrebungen der Männer. In der ersten Jahrhunderthälfte wurden die römischen Bettelmönche berühmt für ihre Anstrengungen, die Kurtisanen zur Reue zu bewegen. 1555 ließ sich eine der bekanntesten von ihnen, Angela Greca, unter dem Applaus der Kirchenführer zur Nonne bekehren. Ignatius von Loyola und der von ihm begründete Jesuitenorden widmeten sich den Prostituierten mit besonderer Aufmerksamkeit. Mit Geld von adeligen Anhängerinnen wurde das Haus von Sankt Martha für Dirnen unterstützt. 1543 wurde die Institution vom Papst erstmals gutgeheißen; sie zählte rund achtzig Insassinnen. Vergleichbare Gruppierungen existierten bald auch in Florenz, Bologna, Modena, Trapani, Messina und Palermo.[68] Italienische und französische Stadtherren versuchten zu verhindern, daß junge Mädchen überhaupt in das Gewerbe hineinrutschten. Aix-en-Provence im 17. Jahrhundert ging in dreierlei Weise mit dem Problem um: Für Reumütige wurde das Haus der *Filles du Bon Pasteur* (»Töchter des guten Hirten«) eingerichtet, außerdem gab es ein Refugium für verhaftete Frauen und eines für Mädchen, die von ihren Eltern verstoßen worden waren und deshalb als prädisponierte Kandidatinnen für das Gewerbe betrachtet wurden.[69]

Keine dieser Maßnahmen verbesserte die Lage der Frauen wirklich oder veränderte die Umstände, durch welche sie gezwungen waren, einer Tätigkeit nachzugehen, die Verachtung und Mißbrauch durch die Männer implizierte. Es war die Kurtisane Veronica Franco, eine Frau, die die höchstmögliche Stufe in ihrem Beruf erreicht hatte, die im Jahr 1577 frei heraus sprach und realistischere Maßnahmen zur Hilfe der Prostituierten forderte. Sie richtete an den Senat von Venedig eine Petition für ein Refugium, eines, in das die Frauen jedoch auch ihre Kinder mitbringen durften. Sie wußte, daß die Zahl der Frauen im Gunstgewerbe in die Tausende ging, daß sie Kinder hatten, daß sie diese Arbeit verrichteten, weil sie mußten, und daß die wenigen öffentlichen Bordelle, die öffentlichen Hospitäler, Schutzhäuser und Klöster den Bedürfnissen nicht genügten. In ihrer eigenen Art versuchte Veronica Franco darzulegen, was den Prostituierten selbst immer schon bekannt gewesen war: daß sie nicht eine andere Spezies weiblicher Wesen darstellten, die je nach den Bedürfnissen und Launen der Männer einerseits vergewaltigt und bestraft, andererseits keusch gehalten und errettet werden konnten. Nein, die Prostituierten waren wie andere Stadteinwohnerinnen auch: Sie arbeiteten, unterhielten ihre Familien und überlebten, so gut sie konnten.

Unter dem Diktat der Not verstießen arme Frauen auch gegen andere Gesetze. Im 17. Jahrhundert stahlen Bewohnerinnen englischer Städte, um zu überleben, so beispielsweise Sarah Young in Herford, die 1683 wegen Taschendiebstahls angeklagt wurde. Obwohl die Strafen für Raub auf dem

Papier hart ausfielen, scheinen die Gerichte gegenüber Frauen in Wirklichkeit ziemlich nachsichtig gewesen zu sein. Sarah Young wurde freigesprochen. Aus der Diebin Mary Frith (1584–1659) machten die Engländer eine Volksheldin. Nach einer anonymen Lebensbeschreibung, die im 17. Jahrhundert publiziert wurde, war sie die Tochter eines Schuhmachers, die aus ihrer Stellung als Dienstmädchen entlief und kriminell wurde. Ihr Haus wurde zu einem Treffpunkt für Diebe. Mary trug Männerkleider und soll sich für 2000 Pfund aus dem Newgate-Gefängnis freigekauft haben.[70] Die Gesetze von italienischen und englischen Städten gingen tendenziell von der Annahme aus, eine Diebin sei nicht eigentlich verantwortlich zu machen und müsse durch einen Mann beeinflußt worden sein. Das römische Recht unterstellte, sie sei zum Stehlen weder stark noch klug genug.[71] Das englische Gesetz im 17. Jahrhundert verurteilte die Frau, wenn sie allein gehandelt hatte; sonst jedoch galt, wie früher im Gewohnheitsrecht der germanischen Völker, der tradtionelle Glaube, sie könne nicht als schuldig erachtet werden, wenn sie mit ihrem Gatten oder einem Mann zugange gewesen war, »da ihr durch Gottes Gebot untersagt ist, ihn zu verraten«.[72]

Wenn man die Umstände in Betracht zieht, ist es bemerkenswert, daß nicht mehr Städterinnen zu Verbrecherinnen – zu Dirnen ohne Konzession oder zu kleinen Diebinnen – wurden. Denn die große Mehrheit von ihnen war arm. Sie kamen als junge Mädchen in die Stadt, um da als Dienstboten zu arbeiten. Sie heirateten, bauten mit einem Mann eine Gemeinschaft auf, lebten von einem Tag zum nächsten und waren froh um jede Art von bezahlter Tätigkeit. Dank ihrer Stärke, Hartnäckigkeit und Findigkeit konnten sie und ihre Kinder überleben.

Zünfterinnen

Die vom Land zugewanderte junge Frau, die eine Stelle als Dienstmädchen in einem stattlichen Haushalt gefunden hatte, oder die auf eigene Mittel angewiesene Witwe, die eine Anstellung bei anderen erhalten hatte, konnten unter Umständen innerhalb der Dienerschaft der wohlhabenden Familie aufsteigen. Im Haushalt eines Londoner Krämers wurde 1410 eine Margery als oberste Angestellte angeführt, die vermutlich mit der Führung der anderen betraut war. Der Pariser *Ménagier* Ende des 14. Jahrhunderts empfahl seiner jungen Ehefrau die Witwe Agnes, die das Personal einstellte und in seinen Aufgaben unterwies. Der berühmte Goldschmied Benvenuto Cellini notierte um die Mitte des 16. Jahrhunderts, seine Haushälterin, Mona Fiora da Castel del Rio, sei eine sehr bemerkenswerte Verwalterin und nichtsdestotrotz warmherzig.[73] Sie pflegte ihn auch, als er an Fieber litt.

Der Traum jedes Dienstmädchens war es jedoch, seine Stellung zu quittieren und zu heiraten – wenn möglich nicht nur einen anderen Diener, sondern einen Gesellen, einen jungen Mann, der bald Mitglied einer Handwerkerzunft werden konnte. Als Ehefrau eines Handwerkers und Zunftmitgliedes würde sie fortan der Oberschicht der Stadt angehören.

Was im 12. und 13. Jahrhundert begonnen hatte als informelle Verbindung von Frauen und Männern, die im selben Gewerbe arbeiteten und im selben Stadtviertel wohnten, entwickelte sich im Verlauf des 14. und 15. Jahrhunderts zu den formellen Organisationen der Handwerkerzünfte und Kaufmannsgilden. Die frühen Gruppen hatten Prozessionen zum Feiertag des heiligen Schutzpatrons des betreffenden Handwerks organisiert und in Notzeiten Almosen gesammelt. Auch die späteren Gilden nahmen diese Aufgaben noch wahr, dazu vieles mehr. Handwerker, Einzelverkäufer und Händler schlossen zusammen Verträge ab, um die Ausbildung und die Zulassung von Mitgliedern zu regulieren, die Arbeitszeit und die Arbeitsbedingungen, Qualitätsanforderungen, Preise, Gewinnspannen und Marktzulassung. In Zeiten der Not sicherte die Zunft die Wohlfahrt ihrer Mitglieder; in Härtefällen sammelte sie Geld für die Mitgift einer Tochter, für ein Begräbnis oder wenn ein Mitglied krank wurde. In einigen Städten erlangten die Zünfte sogar die Aufsicht über die politischen Angelegenheiten. Mit den beruflichen Vorschriften und den Stadtverordnungen schützten sich die Mitglieder vor Konkurrenz und Einkommensverlusten, definierten die Rechte der Bürgerschaft und entwickelten sich zur anerkannten Führungsschicht.

Um die Gattin eines solchen Mannes zu werden, mußte eine Dienstmagd einen schönen Teil ihres Lohnes für die Mitgift beiseite legen, damit sie für einen Handwerker denn auch eine lohnende Partnerin darstellte. Doch eine Hausangestellte verdiente weniger als ihr männlicher Kollege, und keiner der beiden bekam viel. Das Sparen auf eine Heirat verlangte daher eine eiserne Entschlossenheit. In Prato (Italien) lag die angestrebte Sparsumme im 14. Jahrhundert bei 14 oder 15 Gulden. Die Kaufmannsfamilie Datini entlöhnte ihre Magd mit 10 Gulden jährlich.[74] In Lyon erhielten um 1500 junge, vom Land zugezogene Frauen 2 bis 5 Livres pro Jahr zuzüglich *bouche et couche* (Verpflegung und Unterkunft) für die Arbeit in einer Familie. Die jungen Gesellen, auf welche die Mädchen ihre Hoffnungen richteten, verdienten um 1540 8 Sous im Tag (20 Sous ergaben 1 Livre) und erschienen von daher als begehrenswerte Partien, die Anstrengung und Entbehrung wohl wert waren.[75]

Aufzeichnungen von Anfang des 18. Jahrhunderts über die Gehälter junger französischer Dienstboten und Heiratsdokumente zeigen, wie es Frauen anstellten, um ihre Mitgift zusammenzusparen. Angélique Simon arbeitete 1715 im Haushalt des Arztes in Aix-en-Provence und erhielt dafür

21 Livres im Jahr. Ihr Ziel war eine Aussteuer von 200 bis 300 Livres in bar oder in Waren. Sie benötigte also rund zehnmal ihr vollständiges Jahresgehalt, das sie ja aber nicht zur Gänze beiseite legen konnte. Denn im April brauchte sie beispielsweise einen Vorschuß von 1 Livre 8 Sous für Schuhe, im Juli mußten diese geflickt werden, und im August borgte sie 6 Sous für Stoff und Nähutensilien, um sich selbst Kleider anzufertigen. Am Jahresende erhielt sie schließlich nur noch 2 Livres 17 Sous.[76] Um das Problem zu lösen, nahmen die Dienstmädchen zusätzliche Arbeiten an. Anne Auvray in Bayeux beispielsweise mühte sich neben der Erfüllung ihrer Pflichten im Haushalt noch als Näherin ab.[77]

Durch ihre Ehe mit einem Zünfter wurde eine Frau seine Partnerin im Beruf, Mutter der gemeinsamen Kinder und Meisterin ihres Haushaltes. Zunftmitglieder und ihre Ehefrauen hielten ihre Familien klein. Der *catasto* von Florenz aus dem Jahr 1427 belegt, daß die Familiengröße weitgehend von der wirtschaftlichen Lage abhing. Jene Familien, die die geringsten Steuern entrichteten, waren am kleinsten, während die wohlhabenden gleichzeitig die größten Haushalte hatten. Urkunden aus Deutschland im 15., Frankreich im 16. und England im 17. Jahrhundert zeigen dasselbe Muster. Die Durchschnittsfamilie bestand aus Mutter, Vater und zwei oder drei Kindern.[78]

Die meisten Zünfterfamilien lebten bescheiden und einfach, aber bequem. Der Boden des Ladens im Erdgeschoß und des Wohnraums im Obergeschoß war mit Binsen bestreut; die Wände waren getüncht und nur in den wohlhabendsten Handwerkerfamilien mit Holztäfelung oder Glasfenstern versehen. Holländische Familien, die einen wirtschaftlichen Aufschwung genommen hatten und ihre Häuser vergrößern ließen, gaben die kleineren, älteren Räume an Kostgänger in Untermiete.[79]

Sie besaßen alle notwendigen Einrichtungen und Gerätschaften, aber kaum Luxusgüter. Das Verzeichnis der Wertsachen einer Metzgersfamilie aus Colchester (England) listete Ende des 13. Jahrhunderts zwei Betten, einen Tisch, Tischwäsche, Handtücher, zwei silberne Löffel und einen Silberbecher, einige Eisen- und Messingtöpfe für die Küche, zwei Fässer sowie drei Pfund Wolle auf.[80] Abbildungen aus zeitgenössischen Manuskripten zeigten Zimmer mit hölzernen Bänken, behängten Holzbetten, Truhen, einfachen Holzstühlen und Tischen, Schalen und Löffeln aus Metall oder Holz und geflochtenen Körben. Als Heiratsgeschenk erhielt eine typische Florentiner Handwerkersfrau Bänder und Stoffe, die ihr zur Verzierung ihrer Kleider dienten. Der Pariser Bürger *(Ménagier de Paris)*, der im 14. Jahrhundert zum Nutzen seiner jungen Braut schrieb, ging davon aus, daß Kleider über Generationen hin im Besitz der Familie blieben, und hielt Rezepte fest, wie Flecken entfernt oder Pelze vor Motten bewahrt werden konnten.

Eine vom Glück begünstigte Frau konnte sogar selbst und in eigenem Recht Mitglied einer Handwerkszunft werden. Die verschiedenen Handwerkszweige, in Frankreich *métiers* genannt, hatten sich seit dem 12. und 13. Jahrhundert allmählich herausgebildet. Unternehmende Frauen oder Männer, die sich mit der Herstellung eines bestimmten Artikels beschäftigten, hatten sich mit anderen, in derselben Produktion Tätigen zusammengeschlossen und mit einer Urkunde das Recht auf die Ausübung dieses Gewerbes begrenzt. Die meisten Zunftbriefe sprachen nur von männlicher Mitgliedschaft; einige gestatteten jedoch auch die Aufnahme von Frauen, und andere – speziell im Textil- und Kleidergewerbe – waren sogar ausschließlich weiblich.[81]

Manche Listen von Ausübenden eines Handwerkes führten nur wenige Frauen auf. Die Historikerinnen und Historiker nehmen an, daß es sich dabei um Witwen handelte, die das Recht auf Zunftprivilegien beim Tod ihres Gatten geerbt hatten. Verschiedene Zünfte räumten einer Witwe gleiche Rechte ein wie einem männlichen Mitglied. In Lübeck im 13. Jahrhundert konnte sie sogar die Mitgliedschaft auf einen neuen Gatten übertragen.[82] In Köln führten einzelne Witwen im 14. Jahrhundert das Handwerk ihres verstorbenen Mannes als Schuhmacherinnen, Gerberinnen, Sattlerinnen, Zinngießerinnen, Kupfertreiberinnen, Hufschmiedinnen, Hutmacherinnen, Färberinnen und als Barchentweberinnen weiter. Andere Handwerkervereinigungen schlossen Frauen und Witwen explizit oder implizit aus, so die Harnischmacher, Stiefelmacher, Dachdecker, Bronzegießer, Seilmacher, Schwertmacher und diejenigen, die mit Bauholz und Stein arbeiteten.[83] Im Druckereigewerbe erbten Witwen in Straßburg im 16. und in London im 17. Jahrhundert sowohl die Pressen als auch die Rolle des Verlegers von ihren Gatten. Margarethe Prüß, eine zweifache Witwe, führte in Straßburg eine Druckerei, in der sie radikale wiedertäuferische Flugschriften publizierte. Zwischen 1553 und 1640 waren 10 Prozent der Londoner Verleger Frauen.[84] Verschiedene Zünfte behandelten die Zunftmitgliedschaft einer Witwe wie das Wittum, das Grundstück, das eine Frau auf dem Land erbte: Sie durfte die Privilegien nur so lange genießen, bis sie wieder heiratete.[85]

Während der gemeinsam verbrachten Jahre nahmen die Handwerkersfrauen an der Berufstätigkeit ihres Gatten teil und erwarben indirekt Zugang zu den Privilegien der Zünfte, da sie in der Güterproduktion mithalfen und die Lehrlinge, Dienstboten und Gesellen überwachten. Ein Weber war auf die Mithilfe seiner ganzen Familie angewiesen, denn die Frau und die Töchter spannen den Faden, den er auf seinem Webstuhl verarbeitete. Oft übernahmen die Ehefrauen auch den Verkauf der Güter. Üblicherweise hatte das Erdgeschoß des Hauses mit Holzläden versehene Fensteröffnungen zur Straße, so daß vom Laden aus verkauft werden konnte. In anderen Fällen wurden die Waren zu Markt getragen oder im Straßenverkauf oder von Haustür zu Haustür feilgehalten. In Nürnberg war im 16. Jahrhundert der Markt am Vormittag für drei Stunden geöffnet, theoretisch um es den Frauen zu erleichtern, den Verkauf neben ihren vielen anderen Arbeiten zu erledigen. Dort veräußerte Albrecht Dürers Gattin Agnes die Holzschnitte ihres Mannes. Das Kaufen und Verkaufen von Produkten verhalf zahlreichen Frauen zu einem eigenen Einkommen und manchmal auch in eigenem Recht zur Aufnahme in eine Krämerzunft.[86]

Schon die frühen Quellen über die Aktivitäten von Frauen in den Städten – aus Paris im 13. und 14. Jahrhundert, aus Arles vom 15. bis 17. Jahrhundert, aus London und vielen anderen englischen Städten im 16. und 17. Jahrhundert – belegen, daß sie in den Körperschaften des Einzelhandels vertreten waren. Sie bezahlten Verkaufslizenzen, erwarben das Recht, die besten Standplätze auf dem Markt zu benutzen, oder eigneten sich das Vorkaufsrecht von den Großhändlern an. Diesen Zünften oder Gilden gehörten die Frauen in allen ihren Lebensphasen an, als Ledige, Verheiratete wie als Verwitwete. Ihre Namen erscheinen auf den Steuerlisten und bescheinigen die Gewinne, die sie erhandelten. Frauen verkauften Fische in den Markthallen von Paris und Gewürze auf dem Markt von Gent. In Arles schloßen Bäckerinnen mit Bauern vom Land Verträge ab über Kornlieferungen und verkauften ihre Backwaren in der Stadt. Sie boten Brot auf drei Qualitätsstufen an: Brot für die Hausväter, für die Tagelöhner und zuletzt für die Hunde der Meister. In der Stadt Reading erwarb Steven Foordes Ehefrau das Monopol auf den Verkauf von grobem Halbwollzeug. Auf dem Kleidermarkt von Gent besaßen die Frauen, nicht die Männer, die Standrechte. In ganz Europa vertrieben Frauen auch Waren, die mit dem Beruf ihres Gatten in keinerlei Zusammenhang standen. In Lyon verkauften viele Händlerinnen Zubehör zu Kleidern; Pernette Moilier, die Gattin eines Goldschmieds, spezialisierte sich auf Kopftücher und Schleier. Die Frau des Kölner Zimmermanns Gotschalk von Weinsberg setzte auch nach ihrer Heirat den Verkauf von Fisch, Butter und Käse fort.[87]

Neben dem Erwerb von Zunftprivilegien machten Frauen noch andere Mittel ausfindig, um den Wettbewerb zu umgehen oder abzumildern. Eßwarenverkäuferinnen in Manchester zogen im 17. Jahrhundert an Markttagen von Haus zu Haus und verlangten für ihre Produkte weniger als die Männer, die an den offiziellen Ständen verkauften. Akten aus dem 17. Jahrhundert belegen für London und Dorcester, daß die Frauen weiterhin als Kleinhändlerinnen tätig waren, selbst außerhalb der Gilden und auch wenn sie die notwendigen Lizenzen nicht erwerben konnten und die verlangte Gebühr nicht entrichtet hatten. So verkaufte Elizabeth Beaseley illegal Tabak und die Frau von Richard Morton Manschetten und Taschentücher.[88]

Um Mitglied einer Zunft zu werden, war es für eine Frau gleich wie für einen Mann das einfachste, wenn sie als Kind schon in eine Lehre kam. So wie die begüterten und privilegierten Familien auf dem Land ihre Töchter zur Ausbildung in einen anderen Haushalt schickten, so gaben die Krämer- und Handwerkerfamilien die ihren weg, damit sie ein Gewerbe erlernten. In Paris begannen Mädchen und Jungen vom 12. bis 14. Jahrhundert ihre Lehre im Alter von acht bis zehn Jahren. Im 13. Jahrhundert betrug die Lehrzeit für Mädchen, die Haubenstickerin lernen wollten, sechs Jahre.[89] Ende des 14. Jahrhunderts mußten Lehrtöchter in den ausschließlich weiblichen Seiden- und Fadenmacherinnenzünften mindestens elf Jahre alt sein und eine vierjährige Lehre durchlaufen.[90] In einigen Gewerben hatten die Eltern, in anderen der Meister oder die Meisterin für den Lehrling eine Gebühr zu bezahlen. Am deutschen Mittelrhein mußte im 15. Jahrhundert ein Meister für seine junge Näherin drei Pfund Wachs für die Kirche entrichten. Englische Seidenweberinnen des 15. und 16. Jahrhunderts forderten eine Zahlung von 5 Pfund und bildeten die weiblichen Lehrlinge von ihrem siebten bis zum fünfzehnten Jahr aus.[91] Die Eltern von Mädchen, die in Caen im 17. Jahrhundert die Stickerei erlernten, bezahlten in den ersten beiden Monaten Unterkunft und Verpflegung für ihre Töchter (das war die Zeitspanne, in der sie genug lernen sollten, um sich nachher ihren Unterhalt selbst zu verdienen).[92]

Meist blieben die Mädchen bei ihrer Meisterin, bis sie mit gegen dreißig Jahren heirateten. Während der Lehre schuldeten sie ihren Vorgesetzten Gehorsam, diese stellten ihnen dafür Kleider, Schuhe, ein Bett und Verpflegung. Schläge waren erlaubt, wenn sie zur Züchtigung für notwendig gehalten wurden. Einige junge Seidenwirkerinnen stritten sich mit ihren Meisterinnen über die Entlöhnung, während andere im Testament ihrer Meisterin großzügig bedacht wurden. So vermachte Isabel Fremely 1456 ihrer pflichtgetreuen Lehrtochter einen grünen Seidengürtel und ein Paar Schuhe.[93]

Wenn die junge Frau ihre Lehrzeit durchlaufen und einige weitere Erfordernissse erfüllt (beispielsweise ihr »Meisterstück« vorgelegt) hatte, wurde sie, wie ein junger Mann in ihrer Situation auch, Mitglied ihrer Handwerkerzunft. Städtische Urkunden unter anderem aus Paris und Florenz zeigen, daß Frauen vom 13. bis zum 17. Jahrhundert sowohl in vorwiegend männlichen Vereinigungen Aufnahme fanden als auch ihre eigenen, exklusiv weiblichen Zünfte schufen. Sie arbeiteten in einer weiten Palette von Berufen. Die Pariser *taille* (ein Verzeichnis zu Steuerzwecken) des Jahres 1300 listete bei insgesamt 200 Gewerben deren 80 bis 90 auf, die Arbeitstätige beiderlei Geschlechts hatten, und deren 12, die nur aus Frauen bestanden.[94] 1321 gehörten acht Frauen der Zunft der Spielleute an.[95] Auch die Stickerinnen, die Nadelmacherinnen und die Hutmacherinnen hatten sich organisiert. Bis im 15. Jahrhundert war die Fertigung von Frauenkleidung und Tischwäsche fast ganz in die Hände von Handwerkerinnen übergegangen, die sich als *lingères* (Wäschemacherinnen oder Näherinnen) gruppierten. Als 1397 die Stadt Köln ihre vierzig verbrieften Zünfte aufzählte, hatten drei, die mit der Garn- und Seidenmanufaktur befaßt waren, nur weibliche Mitglieder; achtundzwanzig Zünfte (darunter auch metall-, woll- und lederverarbeitende Berufe, Nadelmacher und Schmiede) waren für selbständige Frauen oder für Witwen zugänglich. 1500 wurde die Goldschmiedin Drutgin van Caster als Handwerkerin für Maximilian, den Kaiser des Heiligen Römischen Reiches, tätig.[96] Urkunden aus anderen Städten – Brüssel, Gent, London, Southampton, Bristol – weisen sogar eine noch größere Vielfalt an weiblichen Berufstätigkeiten auf: Sattlerinnen, Sporenmacherinnen, Schneiderinnen, Fuhrfrauen, Brauerinnen, Kerzengießerinnen, Lohgerberinnen, Küferinnen. Obwohl die Namen von Frauen also in einer ganzen Reihe von Gewerben auftauchten, überwogen sie doch stets in jenen Zweigen, die mit der Verarbeitung und Verschönerung von Textilien zu tun hatten. Dies waren üblicherweise die Zünfte, die gar keine männlichen Mitglieder aufnahmen. Im 17. Jahrhundert verfügten die Frauen von Florenz in fast allen Bereichen der Stoffmanufaktur über das Monopol. Sie färbten, sortierten und packten die Wolle, woben und stickten.

Die Seidenweberei samt ihren Zünften wurde im Lauf der Zeit fast ausschließlich von Frauen besetzt; sie brachten die Sorgfalt, die Geduld und den Fleiß mit, die für das Aufdrehen und Vorbereiten der zarten Fäden erforderlich waren. Seide tauchte im 12. Jahrhundert zuerst in Sizilien und Norditalien auf; bald danach hatten Frauen in Florenz, Paris und London Zünfte für Seidenwirkerinnen gegründet mit eigenen Regelwerken und körperschaftlichem Status von der Stadt. Das *Livre des métiers* (»Buch der Handwerke«), das der Propst Etienne Boileau von Paris um 1270 zusammenstellte, unterschied siebenerlei Seidengewerbe. Die Spinnerinnen, die Bänder- und Haubenmacherinnen nahmen nur Frauen in ihre Zunft auf. Sowohl Frauen als auch Männer konnten Mitglieder werden bei jenen, die Seiden- und Metallfaden herstellten (mit Fäden aus Metall wurden Hüte, Harnische, Rüstungen, Kissenbezüge und Dekorationsstoffe für die Kirche geschmückt).[97] In London waren die Seidenfrauen Mitte des 14. Jahrhunderts wirksam genug organisiert, daß sie beim Oberbürgermeister eine Petition einreichten, in welcher sie sich gegen die Gewährung eines Verkaufsmonopols auf Rohseide an lombardische Kaufleute aussprachen. In der zweiten Hälfte des 15. Jahrhunderts gelangten sie wegen ausländischer Konkurrenz noch zweimal – 1455 und 1482 – an das Parlament. Zu dieser Zeit spannen die Londoner Seidenarbeiterinnen den Faden, woben Bänder und Borten, fertigten Quasten und Spitzen und verkauften die fertigen Produkte. Angesichts der in der Petition vorgebrachten Klagen kann man vermuten, daß manche der

Frauen mit ihren Ehemännern zusammen am Import von Rohseide beteiligt waren und sich mit mehr als nur einem Aspekt ihres Gewerbes beschäftigten.[98]

Unter dem Schutz der Zünfte konnten sich Städterinnen vom 13. bis 17. Jahrhundert in eine vorteilhafte Lage bringen. Durch Heirat mit einem Zünfter verbesserten sie ihren gesellschaftlichen Status und erlangten ein gewisses Maß an wirtschaftlicher Sicherheit. Sie nahmen am Handwerk ihres Gatten teil, oder sie übten eine selbständige Tätigkeit aus. Frauen in rein weiblichen Zünften genossen eine Art Unabhängigkeit: Sie verfügten über eigenes Einkommen und ein eigenes, geschütztes Gewerbe. Dieses Bild von relativem Erfolg lockte die jungen Frauen in die Stadt und hielt sie davon ab, wieder zu dem vorhersehbareren, aber weniger einträglichen Leben auf dem Land zurückzukehren.

Kaufmannsgattinnen

Die Töchter erfolgreicher Zünfter, ob aus der Familie eines spezialisierten Handwerkers oder eines Einzelhändlers, konnten ihren Ehrgeiz darauf richten, als Gattin eines Mannes aus den Kaufherren- und Bankiersgilden Mitglied der privilegiertesten aller Gruppen zu werden. Diese vornehmsten berufsständischen Korporationen kontrollierten den Handel, die Finanzen und meist auch das politische Leben der Stadt. Die zugehörigen Familien bildeten mächtige Handels- und Finanzgesellschaften, deren Vertreter in den Städten von ganz Europa wohnten und aktiv waren. Das waren die großen Unternehmerfamilien des neuen Handelskapitalismus, der sich zwischen dem 13. und 15. Jahrhundert herausbildete. Sie hatten allmählich von den alten feudalen Adeligen die Oberaufsicht über die Städte übernommen, ihre Reihen geschlossen, ihren Status definiert und den Zugang zu ihren Vorrechten limitiert. In Ragusa (Dubrovnik) in Jugoslawien lag 1442 bei einer Bevölkerungszahl von insgesamt 40000 bis 60000 der Anteil der Handelselite bei rund 1100. Als die Nürnberger Patrizier 1521 ihre Kaste abriegelten, zählten sie 43 Familien zur Führungsspitze. Im selben Jahrhundert wurde in London mit seiner weit größeren Bevölkerung von rund 400000 die männliche Oberschicht auf 1200 Mitglieder veranschlagt.[99]

Als Gattinnen solcher begüterter und einflußreicher Männer fielen den Frauen der Handelselite zahlreiche Annehmlichkeiten wie auch zahlreiche Verpflichtungen zu. Größerer Reichtum und aufwendigeres Leben bedeuteten mehr Besitztümer und mehr Angestellte; gewichtigere Erwartungen lasteten auf den Fähigkeiten der Hausherrin, alles zu überwachen und ihrem Gatten ein gefälliges Heim und einen standesgemäßen Repräsentationsraum zu schaffen. Die Häuser solcher Familien, ob in Florenz, Regensburg, Paris, Bourges oder London, zeichneten sich aus durch Licht, lebhafte Farben, Wärme, Geräumigkeit und eine Anzahl von Zimmern, in denen Wasser zur Hand war. Diese Umgebung war weitaus komfortabler und luxuriöser als die auf einer Burg oder einem Gutshof selbst der mächtigsten Adeligen und Gebieter. Die Helligkeit war den Fenstern aus durchscheinendem Glas oder geöltem Pergament zu verdanken, die zusätzliche Isolation boten. Zur Tageszeit wurden die hölzernen Fensterläden aufgestoßen, um das Sonnenlicht einzulassen. 1321 übergab ein Vater in London seiner Tochter ein an sein eigenes Haus angrenzendes Grundstück mit der Auflage, sie müsse zwischen den Gebäuden auf jeden Fall einen Abstand von zehn Fuß einhalten, um ihm nicht das Licht abzuschneiden.[100]

Kohlepfannen, gekachelte Öfen, Feuerstellen mit Heizrohren und Kamine, durch die der Rauch abziehen konnte, wärmten die nun separaten und unterteilten Räume. Das Geschäft lief im Erdgeschoß ab; der Wohn- und Schlafbereich der Familie lag oberhalb. Die *signora* einer norditalienischen Bankiersfamilie hatte zwölf Privatzimmer und einen größeren öffentlichen Raum im mittleren Stockwerk ihres *palazzo*. In Florenz, in Paris, in Amsterdam, überall in Europa wurden die Wände ringsum mit Teppichen behängt, nicht nur gerade links und rechts vom Bett des Hausherrn. Künstler wurden beauftragt, die Gemächer auszuschmücken; sie täfelten und bemalten die Wände, überzogen die Decken mit hellem Tuch, legten Parkett auf den Fußboden oder verwendeten Keramikfliesen. Die Wohnräume waren in hellen Farben gehalten. Wie die Bäuerinnen auf dem Land bestreuten die Frauen der Patrizier den Boden im Sommer mit wohlriechenden Kräutern und Blumen, im Winter mit Stroh. Ab dem 16. Jahrhundert konnten die familiären Beschäftigungen auch nach Einbruch der Dunkelheit noch fortgesetzt werden, da die Häuser der Reichen mit Talglichtern, Öllampen in Wandhaltern oder von der Decke herabhängenden Kerzenleuchtern ausgerüstet waren. Der eigene Brunnen im Hof spendete der Familie Wasser, das für Bäder erhitzt und parfümiert wurde.[101]

In den Zimmern waren wesentlich mehr Möbel und Gerätschaften plaziert als in einer Burg oder in einem Gutsschloß. Anders als die Edelfrau auf dem Land, die nur begrenzten Raum hatte und von einer Wohnstätte zur nächsten ziehen mußte, lebte die Gattin des Bürgers durchs ganze Jahr am selben Ort. Sie mußte ihre Möbel nicht länger zusammenlegen und einlagern. Der breite, rechteckige Tisch hatte seinen festen Platz vor der Feuerstelle. Längs der Wände waren Kisten, Schemel, Stühle und Bänke angeordnet. Der Meister machte es sich in einem geschnitzten Sessel mit Kissen bequem. Im 16. Jahrhundert hatten sich die Truhen zu eigentlichen Schränken ausgewachsen, in denen Weißwäsche und Kleidung aufbewahrt wurden. Zum Eßgerät gehörten nunmehr auch Teller, Becher oder Pokale, Gabeln und Löffel. Im 15. Jahrhundert wurden in Italien Glas und Keramik billiger als Metall, und verschiedene Sorten von Tischgeschirr begannen sich zu verbreiten.

Beim Reichtum dieser Familien konnten sich die Frauen eine Fülle verschiedenartiger Kleidungsstücke leisten. Margherita Datini, die Ehefrau eines Kaufmanns von Prato im 14. Jahrhundert, war in allen ihren haushälterischen Besorgungen sparsam, für ihre Kleider jedoch gab sie gerne Geld aus. Sie besaß Unterhemden, feine weiße Untersocken aus Leinen, lange Strumpfhosen aus Seide oder Tuch, leinene Schlafhauben, zwei Wollkleider für den häuslichen Gebrauch und einige langärmlige für öffentliche Gelegenheiten. Vieles war miteinander kombinierbar oder austauschbar: Futter und Besätze konnten mit dem einen oder anderen Mantel verwendet, separate Ärmelpaare dem einen oder anderen Rock angeheftet werden. Ihr kostbarster Besitz waren elf Übergewänder, eines aus blauem Damast mit Hermelin eingefaßt, ein anderes »aschgrau mit Fehsäumen«. 1392 bestellt ihr Gatte für sie Stoff zu einer *roba* aus kostbarem rumänischem Seidensamt. Margheritas Stoffhauben paßten zum Teil genau zu ihren Kleidern, dazu kamen zwei Strohhüte und eine Biberfellmütze. Überdies gehörten ihr zwei vergoldete Gürtelspangen und zwei Beutel. Ihr Geschmeide bestand aus einigen Halsketten, Schnallen und Ringen mit Edelsteinen oder Gemmen, alles zusammen auf 143 Gulden geschätzt und von ihrem Mann in einer Truhe in seinem Schlafgemach sicher aufbewahrt.[102] Das Kleiderinventar von Lucrezia de' Medici, der Frau von Piero de' Medici, aus dem Jahr 1456 zählte noch herrlichere Stoffe auf: »karmesinroter und goldener Brokatdamast, gefüttert mit Hermelin«, »schwarzer Damast unterlegt mit rotem Taft«, ein blauer Taftmantel mit silbernen Brokatmustern, Ärmelpaare aus Goldbrokat.[103]

Am deutlichsten weisen vielleicht die aufwendigen Mahlzeiten, die die reichen Städterinnen in ihrem Haushalt auftragen ließen, auf ihr luxuriöses Leben hin. Margherita Datini überwachte die Herstellung von zwei Mahlzeiten täglich. Die erste bestand aus einer Brühe, die mit Brot und Käse serviert und von Früchten und Nüssen, beispielsweise Datteln und Mandeln, ergänzt wurde. Am Mittag nahm die Familie die Hauptmahlzeit zu sich mit nicht weniger als drei Gängen. Man begann wiederum mit einer Suppe oder Teigwaren, danach folgten gebratenes oder gesottenes, reichhaltig gefülltes Fleisch, Fisch oder Geflügel – auch in Pasteten mit Bohnen, Erbsen und Zwiebeln –, alles von dicken Soßen begleitet. Der dritte Gang bestand aus Süßigkeiten, manchmal auch aus einem Fleischkuchen.[104] Der *Ménagier de Paris*, der im 14. Jahrhundert eine Anleitung für seine junge Ehefrau niederschrieb, hielt verschiedene Rezepte und Speisepläne fest. Einige Gerichte, wie beispielsweise gefüllten Pfau, wies er als unpassend für die Küche eines Bürgerlichen zurück, andere, etwa »falschen Igel«, der aus Schafskutteln bereitet wurde, tadelte er als zu arbeitsaufwendig.[105] Bei einem Bankett, wenn die Hausherrin vierzig Gäste zu verpflegen hatte, überließ er nichts dem Zufall, sondern wies sie genau an, was sie woher bestellen sollte, legte die Speisefolge fest und zählte die Bediensteten auf, die sie zur Zubereitung und zum Auftragen des Mahls benötigte. In bescheideneren Haushaltungen des 15. Jahrhunderts wäre zu solchen Gelegenheiten typischerweise ein Eintopf serviert worden, eine dicke Mischung aller greifbaren Zutaten, die teilweise separat beigefügt und nur für eine bestimmte Kochzeit mitgegart wurden. Hauptbestandteile des Speiseplanes waren Fisch, Eier, Bohnen und Lauch.[106] Mit der Verbreitung des Buchdrucks im 16. Jahrhundert erschienen in England verschiedene Haushaltskochbücher. Im 17. Jahrhundert konnte eine Londoner Hausfrau manches Wissenswerte über die Kochkunst auch den – meist von Männern geschriebenen – Kräuterbüchern und Kalendern entnehmen.

Bei der Wahl vieler Lebensmittel war die Kaufmannsgattin abhängig von den Gemüse- und Obstgärten, die ihr Stadthaus umgaben. Die Frau des *Ménagier* hatte Kirsch- und Pflaumenbäume, Stachelbeer- und Johannisbeerbüsche und Weinreben. Sie zog Spinat, Lattich, Lauch, Kohl, Petersilie, Bohnen, Erbsen, Rüben, Rettich, Pastinaken und Kürbis, und in ihrem Kräuterbeet wuchs alles, von Lavendel, Borretsch, Ysop, Bohnenkraut, Salbei, Minze und Basilikum bis zu Majoran. Weitere Küchen- oder Medizinalkräuter und Gewürze (Kamille, Polei, Fenchel, Safran, Koriander, Gänserich und Raute) wurden gekauft. Auf dem Markt wurden auch Datteln, Feigen, Weinbeeren, Äpfel, Birnen, Pfirsiche, Granatäpfel und Apfelsinen erstanden, dazu die in der damals praktizierten Küche besonders häufig verwendeten Mandeln, eine Delikatesse. Francesco Datini brachte selbst die Gewürze nach Hause, nach denen seine Gattin verlangte: Pfeffer, Zimt und Muskatnuß. Bei Fleisch, Geflügel, Fisch, Eiern und Milchprodukten verfügte die wohlhabende Hausfrau über eigene Vorräte, kaufte aber auch dazu. Würste wurden selbst hergestellt, Fleisch und Fisch eingesalzen. Der Markt von Nürnberg bot im 16. Jahrhundert eine Fülle von Fisch und Wildbret an; es gab Hasen, Pfauen, Wildenten, Hecht und Forelle. In England führten Bauern oder Bäuerinnen ihre Kuh in die Stadt und verkauften frische Milch an der Haustüre.[107]

Die Gattin eines Kaufmanns trug den Schlüsselbund mit den Schlüsseln zu Truhen, Türen und Außengebäuden festgebunden an ihrem Gürtel, denn ihre Überwachungspflicht erstreckte sich über die Küche hinaus. Der *Ménagier de Paris* instruierte seine Gattin, wie sie die gemeinsamen Besitztümer zu beaufsichtigen hatte. Über die Haushälterin, Dame Agnes, mußte sie sicherstellen, daß Kissen und Bettinhalt ausgeschüttelt und Fußböden gewischt wurden. Das Stundenglas war mit Marmorsand zu füllen und Rosenwasser für die Waschbottiche zuzubereiten. Ein *maître d'hôtel*, Meister Jehan le Dispensier, half bei der Führung des Gemüse- und Obstgartens und überwachte die Lagerung von Getreide und Wein. Die Hausherrin selbst war verantwortlich für Schafe und Kühe und hatte die Aufsicht über das Milchmädchen und das Bauernpaar, das sich um die Tiere kümmerte. Gemäß den seitenlangen Belehrungen und Anweisungen des *Ménagier* wurde erwartet, daß die Frau sich auch um den Hausgarten kümmerte, bis hin zum Pflanzen, Ernten und Pfropfen.

Andere Ehefrauen aus der Oberschicht hatten zusätzliche Aufgaben, die über Hauswirtschaft, Hausgarten und Obsthain noch hinausreichten. Schon im 13. und 14. Jahrhundert war es in Italien und in Deutschland Brauch, daß reiche Stadtbürger Grundstücke außerhalb der Stadtmauern erwarben: landwirtschaftlich genutztes Land, Weinberge, Wiesen, Olivenhaine und unbestellte Felder. Auch dieser Bereich blieb der Hausherrin zur Aufsicht überlassen, wenn sich der Ehemann auf Geschäftsreisen zu Messen und Märkten befand oder in seinem Kontor arbeitete. Francesco Datini lebte die meiste Zeit in Florenz oder Pisa und schrieb ein- oder zweimal wöchentlich an seine Margherita zu Hause in Prato. Seine Briefe gaben von 1407 an minuziöse Anweisungen, wie, wann und was zu tun war mit den gut zweieinhalb Hektar Land, das er gekauft hatte und das sie nun verwalten sollte.[108] Sie kümmerte sich um das Beschlagen der Pferde, die Bewässerung der Apfelsinenbäume, das Mahlen des Getreides; daneben versorgte sie ihren Gatten mit Lebensmitteln, wo immer er sich gerade befand. Gehorsam organisierte sie alles, ließ von Frischprodukten bis zu Konserven und Wein, Öl, Fleisch, Eiern und sogar Brot alles sorgfältig einwickeln, verpacken und ihm zuschicken. In Florenz überwachte im 16. Jahrhundert Isabella Guicciardini, die mit dem jüngeren Bruder des Renaissance-Geschichtsschreibers verheiratet war, die Landgüter ihres Mannes, während er bis zu sechs Monate als Provinzgouverneur unterwegs war. Sie unterhielt Kanäle und Gebäude, führte die Buchhaltung und tilgte seine Schulden.

Im 16. und 17. Jahrhundert lernten die Frauen von Kaufherren und Bankiers in Städten Italiens, Deutschlands, Englands und der Niederlande lesen und schreiben und Buchführung, da sie sich nur so über alle die Transaktionen auf dem laufenden halten konnten, die sie überwachen mußten. Im 17. Jahrhundert unterwies Samuel Pepys seine Frau in den Grundrechnungsarten, aber mit arabischen Ziffern. Vorher hatten Städterinnen einfache Rechnungen mit römischen Ziffern angestellt, wobei sie die Beträge mit Hilfe eines Rechenbrettes oder Kalkulationstuches zusammenzählten: Auf diesem viereckig gemusterten Tuch wurden Rechenmünzen aus Kupfer oder Eisen auf die entsprechenden Felder gelegt, die Kolonnen addiert, und die Summe wurde in das Rechnungsbuch eingetragen.[109]

Viele Patrizierinnen wurden von ihren Männern treuhänderisch mit der

Stellvertretung für die Geschäfte betraut. In Gent erhielt im 14. Jahrhundert Clare van der Ponten von ihrem Gatten die gesetzliche Vollmacht, so daß sie für ihn Wolle verkaufen und Land erwerben konnte. Mitte des 15. Jahrhunderts brauchte Contessina, die Frau von Cosimo de' Medici (dem Begründer der berühmten Florentiner Dynastie), einen Schreiber, der ihr behilflich war, die umfangreiche Korrespondenz zu führen. Sie erteilte nicht nur Söhnen und Schwiegertöchtern brieflich Rat und dirigierte die Dienerschaft im Palazzo von Florenz und in der Sommervilla, sondern schrieb auch ihrem Mann. Sie übermittelte Informationen aus seinem geschäftlichen Briefwechsel, gab Vorschläge von anderen bekannt und leitete die Anweisungen des Hausherrn weiter. Deutsche Ehefrauen des 16. Jahrhunderts taten dasselbe für ihre Kaufmannsgatten. Die meisten Einträge in Matthäus Runtingers Rechnungsbüchern stammen von seiner zweiten Frau Margarete. Andere Städterinnen übernahmen sogar noch mehr Verantwortung. Im Jahr 1622 schrieb der Engländer James Howell bewundernd über die holländischen Frauen:

> In Holland sind die Frauen in Geschäftsdingen, Rechnen und Schreiben so versiert, daß sie den Handel zu Hause betreiben, während ihre Männer auf langen Seereisen abwesend sind, und ihren Worten wird ebensoviel Kredit zugemessen.[110]

Die Frauen der großen Handelsunternehmer, Handwerker und Bankiers lebten komfortabel in den Städten. Mehr Reichtum brachte jedoch auch mehr Verantwortung mit sich. Ihr Haushalt, der Grundbesitz der Familie und oft die Geschäfte ihrer Gatten forderten ihre ganze Zeit und Tatkraft. Aber nur selten handelten sie selbständig oder in eigenen Angelegenheiten. Sie akzeptierten die Rolle der willigen Gehilfin, wie sie die männlichen Schriftsteller der Zeit propagierten.

5.2 Gefahren und Heilmittel

Naturkatastrophen und Krieg

Nur die am besten gestellten Städterinnen konnten darauf hoffen, sich selbst und ihre Familien von den Auswirkungen der Naturkatastrophen, welche die städtischen Siedlungen ebenso heimsuchten wie die Landschaft, einigermaßen abzuschirmen. Alle waren bedroht von extremer Kälte und außerordentlichen Regenfällen. In den kältesten Wintern froren die Flüsse zu, die Wassermühlen standen still, Pumpen versagten, und die immer schon spärliche Wasserversorgung wurde noch ungewisser. Ein Pariser Bürger machte in seinem Journal Aufzeichnungen über den kalten Winter von 1427 mit Frost und Hagelstürmen, die bis in den Mai andauerten. Im Dezember 1439 drangen Wölfe bis in die Straßen vor und töteten vier Hausfrauen. Und selbst im verhältnismäßig milden Dezember von 1421 kam es zu Regen, Frösten und Eis, und die Seine trat über die Ufer.[1] In den Niederlanden starben im 13. Jahrhundert infolge eines Deichbruches 50000 Menschen.[2] Auch die Frühlings- oder Sommerregenfälle konnten zu Überschwemmungen führen. 1333 setzte der Arno in Florenz seine Ufer unter Wasser und bemächtigte sich der Gebäude entlang des Flußlaufes.

Rauhe Winter hatten oft Nahrungsmittelknappheit zur Folge. Die Städte, vor allem in Norditalien, versuchten in solchen Fällen die Preise zu regulieren und gegen ungleichmäßige Verteilung Vorsorge zu treffen. Trotzdem bestand stets die Gefahr, daß bei unausgewogener Produktion, Naturkatastrophen, Mißernten und Transportschwierigkeiten die mittellosen Frauen samt ihren Familien verhungerten. Zwischen 1375 und 1791 verzeichnete die *signoria*, der Rat der Stadt Florenz, 111 Familien, die auf diese Weise starben.[3] Im Winter 1438 hatten die Armen in Paris kein Brot und begannen, Rüben- und Kohlstrünke zu essen. Der erwähnte Tagebuchschreiber notierte:

»Den ganzen Tag und die ganze Nacht schrieen kleine Kinder und Frauen und Männer: ›Ich sterbe! Ach, lieber Gott, ich sterbe vor Hunger und Kälte!‹«[4] Selbst zu den besten Zeiten vermochte die Landschaft rund um Florenz nur so viel Getreide zu produzieren, daß es den Bedarf der Stadt für fünf Monate deckte.[5] Knappheiten, was auch immer ihr Grund sein mochte, trieben den Preis für Korn, das Hauptnahrungsmittel der Stadtbewohner, sofort steil in die Höhe. 1316 zahlten die Einwohnerinnen von Straßburg zunächst 30 Schilling für einen Viertelzentner Weizen, dann 40 Schilling. Im selben Winter kauften die Frauen in Löwen ein Maß Weizen Anfang November für 5 Pfund, Ende des Monats für 7 Pfund, zu Weihnachten für 10 Pfund und zu Ostern schließlich für 12 Pfund.[6]

Das Feuer, das in der Stadt für so viele Dinge unentbehrlich war – für Wärme, Licht, für die Zubereitung der Speisen und auch für die Ausübung zahlreicher Handwerke –, war zugleich einer der gefährlichsten Feinde. Vom 12. bis ins 17. Jahrhundert gab es in den dicht bevölkerten Holzbauten überall offene Feuerstellen: in den Privathaushalten, in den Geschäften, in den Gerbereien und Färbereien. Die großen Feuersbrünste wie diejenige von London im Jahr 1666 zerstörten ganze Stadtviertel. Wegen der Feuergefahr verwendeten die Stadtbewohner für den Wiederaufbau schließlich Steine und Ziegel und gaben den Holz- und Strohbau der früheren Jahrhunderte auf.

In Kriegszeiten kamen Feuer, Mangel und Hungersnot zugleich über die Frauen in der Stadt wie über die Frauen auf dem Land. Während die Bäuerin mit ihrem Mann und den Kindern in den nächsten Wald wegrennen konnte, um den Soldatenbanden zu entfliehen, während die Edelfrau oder Burgherrin die Verteidigung ihres Rittergutes oder ihrer Burg anordnete, hatten die Frauen und Männer in der Stadt keinen offenen Fluchtweg und keinen sicheren Rückzugsort. Mit dem Aufkommen von Handel und Kapital entwickelten sich die Städte zur begehrten Beute für die adeligen oder königlichen Truppenführer, und die Belagerung wurde zur anerkannten und allgemein praktizierten Strategie, um einen Sieg zu erringen. Schon im 11. Jahrhundert genehmigten Stadtregierungen deshalb Geld für Wälle, Türme, Tore und Ziehbrücken, um die Siedlung wie eine Burg mit ihren Befestigungen uneinnehmbar zu machen. Wien war um 1458 von Stadtgräben umgeben, welche mit Wasser aus der Donau gespeist wurden. Nur selten kämpften die Stadtbürger selbst; statt dessen heuerten die Räte der Zunftmitglieder und die Bürgermeister Berufssoldaten an, wie es bereits im 12. Jahrhundert in kleinen italienischen Bergstädtchen der Fall war. Im 14. und 15. Jahrhundert wurden die Städterinnen von Nürnberg und Köln von stadteigenen Soldaten und stadteigener Artillerie beschützt. Die Hansestädte in Nordeuropa verfügten über eine eigene Flotte. Die Söldner führten den Kampf, die Truppenführer und Stadtregierungen handelten Waffenstillstand und Frieden aus.

Frauen mochten mithelfen, den Bedarf an unqualifizierten Arbeitskräften zu stillen: Sie hoben in London während des Bürgerkriegs im 17. Jahrhundert Gräben aus, wie sie es schon im vorigen Jahrhundert getan hatten, als die Stadt von einem Einfall Spaniens bedroht gewesen war. Frauen stellten auch Eimer voller Wasser bereit, um gegen die unvermeidlichen Brände gerüstet zu sein, sie stellten ölgetränkte Fackeln her, versperrten die Straßen mit schweren Ketten oder übernahmen für eine Runde die Wache.

Meistens kümmerten sich die Städterinnen, ob Tagelöhnerinnen, Handwerkerinnen oder Kaufmannsgattinnen, zuerst darum, daß das Überleben ihrer Familie gesichert war. Das hieß hauptsächlich, daß genügend Eßwaren aufgetrieben werden mußten. Ende des 14. Jahrhunderts erhielt Margherita Datini von ihrem Gatten die Anweisung, sie möge, so viel sie könne, von dem Bauerngut außerhalb der Stadt nach Prato, wo die Familie lebte, mitbringen. Bauern von ihren Ländereien begleiteten sie, da sie glaubten, sie seien innerhalb der Mauern sicherer. Im Juni 1419 drängten sich Zuflucht suchende Frauen durch die Stadttore von Paris; der zeitgenössische Journalschreiber beobachtete, daß sie in der Hitze ohnmächtig wurden und vom Tragen ihrer Kinder völlig erschöpft waren.[7] Während der fünf Belagerungen von Paris durch die Engländer zwischen 1410 und 1431 fiel der Nachschub von Grundnahrungsmitteln sehr unregelmäßig aus, und die Preise schwankten heftig. Während der Kampfperioden wurden Fleisch, Käse, Eier, Mehl, Wein, Fisch, Kohle, Brennholz und sogar Knoblauch unerschwinglich teuer, selbst für die Wohlhabenden. Bei Waffenstillständen fielen die Preise ebenso dramatisch wieder ab. Einige verzweifelte Frauen wagten sich im Mai 1418 aus den Stadtmauern hinaus, um auf dem Land Proviant aufzutreiben, dabei wurden sie von feindlichen Soldaten gefaßt und vergewaltigt.

Wenn es den Angreifern gelang, eine Stadt einzunehmen, waren Frauen und Kinder meist die hauptsächlichen Opfer. Die Eroberer rechneten damit, stehlen, Aufruhr anzetteln, plündern und sich an der Stadtbevölkerung rächen zu können. Im Hundertjährigen Krieg nahm der englische Schwarze Prinz 1370 Limoges ein und ließ, nach dem Bericht des Chronisten Froissart, schätzungsweise 3000 Frauen, Männern und Kindern die Kehle durchschneiden. Wie Froissart meinte, seien die Frauen »zu unwichtig gewesen, als daß sie Verrat begangen hätten«, trotzdem fielen sie dem Massaker zum Opfer. Ein italienischer Seidenhändler, der sich gerade in Mons befand, als die Truppen des Herzogs von Burgund 1383 die Stadt eroberten, konnte den »wahrhaft schrecklichen Anblick« einer Frau kaum fassen: Sie

> [...] saß, mit einem zweijährigen Kind auf dem Arm, einem dreijährigen, das sich an ihren Schultern festklammerte, und einem fünfjährigen, das ihre Hand hielt, neben der Türe eines lichterloh brennenden Hauses. Man zog sie auf und brachte

> sie etwas weg, um sie und die Kinder vor Schaden zu bewahren, doch sobald man sie losließ, stürzte sie zur Haustür zurück, trotz der großen Flammen, die da herausschlugen, und verbrannte schließlich darin samt ihren drei Kindern.[8]

In den Religionskriegen Frankreichs und Deutschlands ging es im 16. Jahrhundert ebenso grausam zu. Als die Humanistin Olympia Morata mit ihrem Gatten aus Schweinfurt floh, wurde er auf der Landstraße aufgegriffen, und sie hatte nichts bei sich, womit sie ihn hätte freikaufen können. Die Umstehenden nahmen ihr die Kleider weg.

> Mir blieb nichts als ein Unterhemd. Meine Kopfbedeckung und meine Schuhe verlor ich [...] am ersten Tag. Ich sagte zu mir selbst: »Mehr kann ich nicht ertragen.«[9]

Einmal hoffte sie, sie könne sich einfach hinlegen und sterben. Geschwächt von den Heimsuchungen, zog sie sich Malaria zu, doch bevor sie starb, erlangte die unverzagte Frau noch die Freilassung ihres Mannes und verhalf ihm zu einer Stelle an der Heidelberger Universität.

Als während des Dreißigjährigen Krieges im 17. Jahrhundert Söldner und Soldatenheere zu Zehntausenden durch Mitteleuropa zogen, erreichten Not und Verwüstung bisher ungekannte Ausmaße. Zeitgenossen berichteten, 33 Prozent der Städte seien zerstört oder verlassen. Hameln, Göttingen und Magdeburg lagen in Schutt und Asche, die Bevölkerung anderer Städte war dezimiert.[10] Aus den dreißiger Jahren des 17. Jahrhunderts sind Schreckenszeugnisse aus allen Regionen erhalten geblieben: Frauen wurden aus den Fenstern des zweiten Stockwerks gestoßen, die Kinder toter Mütter verbargen sich in Kellern, während die Häuser über ihnen bis auf die Grundmauern niederbrannten, Zehntausende von Flüchtlingen wurden in einem Winter aus Straßburg hinausgetrieben. Ein Zeitgenosse malte eine Szene aus einer polnischen Stadt im Winter 1634: Auf der Straße liegt ein totes Pferd, Raben und ein Hund machen sich darüber her, auch eine verhungernde Frau nagt am Kadaver.[11] Bis zum Ausgang des 17. Jahrhunderts stellten die Städte eine begehrte Kriegsbeute dar, und ihre Frauen und Männer waren von Plündereien, Mißhandlung und Hungertod bedroht.

Krankheit und Schwangerschaft

Im schlimmsten Fall führten Kriege für die Städterin und ihre Familie zu Peinigungen oder gar zum Tod; im glimpflichsten Fall brachten sie Mangel mit sich. Oft wurden auch Krankheiten durch den Krieg verbreitet, beispielsweise ließen die Soldaten des Dreißigjährigen Krieges in den eroberten Städten Typhus zurück. Aber selbst in Friedenszeiten machten die Überbevölkerung und die ungenügenden sanitären Bedingungen jede und jeden, von den Ärmsten bis zu den Reichsten, anfällig für Infektionskrankheiten. In York erreichten im 16. Jahrhundert nur 11 Prozent der Bevölkerung das vierzigste Lebensjahr, und das war für das Stadtleben jener Zeit durchaus typisch.[12] Die Städter lebten zum größten Teil dicht aufeinander und holten das Wasser aus einem gemeinschaftlichen Brunnen auf dem Platz am Ende einer ausgefahrenen Gasse. Der Abfall war immer und überall ein Problem. Die Städte versuchten wohl, sauberes Wasser zu sichern und die sanitären Einrichtungen zu kontrollieren. In Venedig wurde vom 15. bis 18. Jahrhundert jeden Tag an verschiedenen Stellen der Stadt Wasser ausgeliefert. Manche Orte verboten, Schutt und Abfall in Flüsse oder Kanäle zu werfen. Sowohl in London als auch in Nürnberg existierten öffentliche Aborte, wohin die Frauen die Abwässer der Familie bringen sollten. Die Behausungen der Reichen verfügten über eigene Senkgruben.[13] In Madrid verordneten die Stadtbehörden, Kloakenwasser dürfe nicht aus den Fenstern geschüttet, sondern solle abends um zehn Uhr im Winter und um elf Uhr im Sommer zum Einsammeln hinausgestellt werden.

In den begütertsten Familien trug das Gesinde das Wasser ins Haus und erhitzte es, damit Herrin und Herr baden konnten. Alle anderen Stadtbewohner besuchten die öffentlichen Badehäuser. In den Pariser Steuerverzeichnissen von 1292 erscheinen sowohl weibliche als auch männliche Betreiber von Badehäusern.[14] Als Jeanne d'Arc in der ersten Hälfte des 15. Jahrhunderts in Bourges weilte, ging sie zusammen mit Marguerite La Touroulde, der Gattin eines königlichen Beamten, in eines der öffentlichen Bäder. Als sich im 16. Jahrhundert die Syphilis ausbreitete, schlossen die Stadtregierungen die Badehäuser. In Frankfurt am Main verringerte sich ihre Zahl von neununddreißig im Jahr 1387 auf neun im Jahr 1530. In den Augen von protestantischen Stadtvätern glichen die Badehäuser Bordellen, was sie noch zusätzlich in Verruf brachte.[15]

In diesen Jahrhunderten war es noch keine leere Formel, einen Brief mit der Frage: »Wie geht es Dir?« zu eröffnen. Lorenzo de' Medicis Mutter, Contessina, schrieb ihm oft und in den verschiedensten Angelegenheiten, doch fast immer erkundigte sie sich ausdrücklich nach seiner Gesundheit. Besonders wegen der Pest machte sie sich Sorgen. Bis weit ins 17. Jahrhundert hinein kehrte die Beulenpest, der Schwarze Tod genannt, alle Jahrzehnte wieder und forderte Opfer unter den Einwohnerinnen und Einwohnern. Ein Drittel bis die Hälfte der städtischen Bevölkerung verlor beim ersten Ausbruch im Sommer und Herbst 1349 das Leben, als sich die Seuche von den italienischen Häfen von Messina, Genua und Venedig entlang der Handelsrouten von Marktort zu Marktort ausbreitete, nach Pisa, Florenz, Marseille, dann quer über ganz Nord- und Osteuropa. Zeitgenössische Zeugen schätzten, daß in Frankfurt am Main in zweiundsiebzig Tagen 2000 Tote zu beklagen waren, in Wien 5000 bis 6000. Die Zahlen für das 16. und 17. Jahrhundert fielen nicht weniger dramatisch aus. Der Historiker Henry Kamen schätzt, daß die Stadtbevölkerung bei jedem Auftreten der Pest um mindestens ein Achtel dezimiert wurde.[16] Während der Epidemien von 1575 bis 1578 wurden in Messina (Sizilien) 40000 Menschen dahingerafft, in Venedig ein Viertel bis ein Drittel der Einwohnerschaft. Die kleine französische Stadt Romans verlor 51 Prozent ihrer Bevölkerung. Im 17. Jahrhundert erlitten Amsterdam und bayerische Städte ein ähnliches Schicksal. In Paris trat die Pest sechsmal auf, in London fünfmal. Die Engländer versuchten für die Jahre von 1593 bis 1665 Buch zu führen und notierten 156463 Tote.[17]

An der Pest wie an anderen Krankheiten – Grippe, Typhus, Ruhr, Masern, Windpocken – litten und starben zum größten Teil die armen, bedürftigen Frauen, Männer und Kinder. Die städtischen Obrigkeiten versuchten Quarantänemaßnahmen durchzusetzen, stellten Stadtärzte an, bestimmten Verfahren, um verseuchte Kleidung zu vernichten, die Toten einzusammeln und zu beseitigen. Doch die ungeheuerliche Zahl der Opfer machte ihre Anstrengungen zunichte. Boccaccio beschrieb im *Decamerone* Florenz im Jahr 1348: Arme verstarben in ihren Hütten, und erst durch den verfaulenden Leichnam wurden die Nachbarn auf den Tod aufmerksam; die Kadaver wurden von Fremden zusammengelesen und in Gruben auf den Kirchhöfen geworfen; es gab keine Frauen, die sich um die Sterbenden kümmerten oder die Toten beklagten.[18] Ein Zeitgenosse berichtete, daß in Paris um 1418 innerhalb von fünf Wochen 50000 Menschen an einem nicht näher benannten Fieber starben.

> Man mußte in den Friedhöfen von Paris große Gruben ausheben und dreißig oder vierzig auf einmal hineinlegen, in Reihen wie Speckseiten, und dann etwas Erde darüber streuen.[19]

»Die Ansteckung trifft immer nur die armen Leute [. . .] Gott in seiner Gnade will es so«, schrieb ein Bürger von Toulouse 1561 in sein Journal und erklärte: »Die Reichen schützen sich selbst dagegen.«[20] Doch während der großen Epidemien erlagen alle der Panik. 1450 beschwor Contessina de' Medici, die vernommen hatte, daß die Pest in Rom »selbst unter den besseren Klassen des Volkes« wüte, Lorenzo und seinen Bruder Giovanni, sich durch Flucht der Gefahr zu entziehen.[21] Ende des 17. Jahrhunderts verließ Glückel, die Frau eines jüdischen Kaufmanns, samt ihrer Familie Hamburg und zog nach Hameln, in der Hoffnung, der Ansteckung zu entgehen. Doch die Angst vor der Seuche hatte bereits um sich gegriffen. Als sie die Reise unterbrachen, um zu übernachten und die Feiertage von Yom Kippur zu begehen, bemerkten Frauen des Hauses, in dem sie abgestiegen waren, daß Glückels vierjährige Tochter Zipporah ein Geschwür unter dem Arm hatte. Da hörte niemand auf die Mutter, die alle davon zu überzeugen versuchte, das Kind sei gesund: »Seht, mein Kind läuft doch auf der Gasse herum und ißt ein' Stuten [Brötchen] aus der Hand.«[22] Es half nichts; Zipporah wurde mit einer Magd, die sich um sie kümmern sollte, in ein anderes Dorf weggeschickt, während Glückel mit ihren beiden jüngeren Kindern dablieb.

Die Einwohnerinnen der Städte starben noch an anderen Ursachen. Der Florentiner *catasto* von 1427 enthüllt unterschiedliche Sterblichkeitsmuster für Frauen respektive Männer. In zwei Alterskategorien übertrafen zahlenmäßig die männlichen Einwohner die weiblichen: zwischen 0 und 4 Jahren (124,57 : 100) und zwischen 22 und 27 Jahren (117,61 : 100).[23] Diese Daten legen nahe, daß weibliche Säuglinge in größerer Zahl starben als männliche, vielleicht, weil sie weniger zu essen bekamen.[24] Bei den Mittzwanzigern reflektiert sich in der höheren Frauensterblichkeit die Gefährdung durch das Gebären von Kindern. Selbst bei problemloser Schwangerschaft und Niederkunft konnten sowohl bei reichen als auch bei armen Wöchnerinnen Infektionskrankheiten (z.B. Beckenentzündungen) langwierige Schwächezustände verursachen, und häufiges Gebären führte unter Umständen zu Unterernährung oder zu Tuberkulose.

Wie lange die gebärfähige Periode der Frauen andauerte, ist für die wohlhabenderen Familien am besten bezeugt. Diese Frauen brachten ungefähr alle zwei Jahre ein Kind zur Welt. Familien mit sieben, zehn, ja vierzehn lebenden Kindern scheinen üblich gewesen zu sein. Manchmal stammten sie von einer einzigen Ehefrau ab, machmal auch von mehreren hintereinander. Wenn die eine starb, wurde sie durch die nächste ersetzt. Gregorio Dati, Seidenkaufmann in Florenz im 14. Jahrhundert, trug Geburten und Todesfälle in seine Rechnungsbücher ein. Er begann im März 1393 mit seiner Verlobung mit Berta, seiner zweiten Gattin. Im Juni fand die Hochzeit statt, und bis im Juli 1402, also neun Jahre danach, hatte sie fünf Söhne und drei Töchter hervorgebracht (die erste wurde nach seiner verstorbenen ersten Frau benannt). Berta, die drei Monate nach der Geburt des letzten Knaben starb, wurde bald durch Ginevra ersetzt, die vier Töchter und drei Söhne gebar. Sie starb im Juli 1420 an der Geburt eines Mädchens. Datis vierte Frau schließlich schenkte ihm in Abständen von zwölf, dreizehn und fünfzehn Monaten (wie ihre Vorgängerinnen) fünf Kinder innerhalb von zehn Jahren.[25] Die Familie Dati war nun freilich ungewöhnlich groß; aber andere Frauen aus der begüterten Schicht der Kaufherren und höheren Berufsklassen brachten doch auch durchschnittlich sieben, acht oder elf Kinder zur Welt.[26]

Um derart zahlreiche Nachkommenschaft zu produzieren, mußten die Oberschichtfrauen schon jung Kinder gebären und fortfahren, bis sie in den Vierzigern waren.[27] Als Glückel, die Frau eines jüdischen Kaufmanns, nach Hamburg reiste, um ihrer Tochter im Wochenbett beizustehen, kam sie acht Tage später selber nieder. Eine Kaufmannsgattin aus Toledo im frühen 16. Jahrhundert, Doña Beatriz de Ahumada, Mutter der heiligen Teresa von Ávila, war die zweite Ehefrau ihres Mannes und hatte mit vierzehn Jahren geheiratet. Sie brachte zehn Kinder zur Welt – drei Mädchen und sieben Jungen –, bis sie im Alter von dreiunddreißig Jahren starb. Nach den Erinnerungen Teresas war die Mutter stets krank gewesen.[28] Andere Frauen litten ähnlich: Die Gattin des engsten Freundes von Margherita und Francesco Datini beispielsweise, die vierzehnmal niederkam, kränkelte andauernd.[29]

Wie in den Burgen, den Gutshöfen und den ärmlichen Bauernhütten auf dem Land starben auch in allen Teilen der Stadt Frauen an der Geburt selbst. Angehörige aus den bedeutenden italienischen Kaufmanns- und Bankiersfamilien wie Clarice Orsini (Gattin von Lorenzo de' Medici), Lucrezia Borgia und Beatrice D'Este starben alle im Wochenbett. Begüterte Venezianerinnen des 14. und 16. Jahrhunderts erstellten typischerweise bei ihrer ersten Schwangerschaft ein Testament. Der Seidenkaufmann Dati verlor seine erste Frau Bandecca 1390 wegen einer Krankheit neun Monate nach einer Fehlgeburt. Seine dritte Gattin Ginevra starb »nach langwierigem Leiden«; er erwähnte ihre »Stärke und Geduld« während ihrer letzten Tage.[30] Eine französische Handwerkersfrau des 17. Jahrhunderts schrieb, nachdem ihre sechzehnjährige Tochter in ihren Armen verschieden war: »Hätte Gott doch mich an ihrer Stelle in den Sarg gelegt; ich werde sie bis zu meinem letzten Atemzug nie vergessen.«[31] 1388 berichtete ein Freund dem Kaufmann Francesco Datini:

> Eure Magd liegt seit Dienstag abend in den Wehen, und es ist zum Erbarmen, das mit anzusehen; keiner kann so hartherzig sein, daß er bei ihrem Anblick nicht weint. Man muß sie festhalten, sonst würde sie sich umbringen; und es sind sechs Frauen, die abwechselnd bei ihr wachen. Heute früh sagen sie, sie fürchten, daß das Kind in ihrem Leib tot ist.[32]

Bei der Geburt waren in armen wie in reichen Haushalten eine Hebamme, Familienangehörige und Freunde anwesend. Wenn das Kind vermutlich gestorben war, wie es bei der Magd Datinis der Fall war, wurde ein Bader oder Scherer herbeigerufen, um den Fetus herauszuziehen. Durch Verletzungen mit den chirurgischen Instrumenten entstanden leicht Blutstürze oder Infektionen. Lange Wehen führten zum Tod durch Dehydration und Erschöpfung oder, wenn die Gebärmutter riß, durch innere Blutungen.

Zwar konnte der Reichtum nicht das Überleben der Mutter sicherstellen, doch verbesserte er die Aussichten des Säuglings. Je ärmer die Mutter, desto weniger wahrscheinlich war eine große Familie. In italienischen, französischen und spanischen Städten hatten Neugeborene im 15., 16. und 17. Jahrhundert eine Chance von 50 Prozent, das Erwachsenenalter zu erreichen. Von 1538 bis 1812 fielen die meisten Geburten in York in die Monate April und Oktober, wobei die Säuglingssterblichkeit im September und im April am höchsten war, gerade bevor die neuen Ernteerträge die Städte erreichten. Selbst bei den Reichen war die Säuglingssterblichkeit hoch. Von der zweiten Gattin des Seidenkaufmanns Gregorio Dati starben drei von acht Kindern an der Pest, eines an einer Entzündung der Atemwege. Aus Datis dritter Familie überlebten sogar nur zwei Kinder. Von den elf Nachkommen des Tuchherstellers Buonaccorso Pitti wurden sieben erwachsen.[33] Daß unter der ärmeren Bevölkerung der Städte und Kommunen die Sterblichkeit höher lag, galt durchgehend; sonst aber sind die Statistiken schwankend und bieten keine Erklärung für die Veränderungen in den Säuglingssterblichkeitsraten an.[34]

Glaube, Buße und die Heiligen

Wie die Frauen auf dem Land erklärten sich die Städterinnen alle diese Katastrophen, die ständige Anwesenheit von Tod und Ungewißheit mit ihrer Religion. Als in Lyon 1504 und 1529 das Getreide knapp wurde, zogen Frauen und Männer, mit weißen Büßergewändern angetan, in Prozessionen durch die Straßen und beteten um Vergebung. Margherita Datini schrieb ihrem Gatten im November 1398: »Diese Seuche scheint mir wie das Jüngste Gericht im Evangelium, von dem wir nicht wissen, ob es des Tags oder des Nachts kommt.«[35] Diese Sicht Margheritas ist typisch. Ende des 17. Jahrhunderts kommentierte Glückel von Hameln den Tod ihres Mannes Chajim und den Verlust ihrer früheren Annehmlichkeiten mit den Worten: »Meine Sünden haben dies bewirkt; ich Sünderin bin es nicht wert gewesen.«[36] Die finanziellen Schwierigkeiten in ihrer zweiten Ehe empfand sie als Prüfung Gottes und eine Lektion in Geduld, und sie war dankbar, daß das Schicksal sie nicht noch ärger beutelte. Glückel war Jüdin, Margherita Datini Christin.

Alle Einwohner der Städte, Frauen wie Männer, teilten diesen Glauben an die Sündhaftigkeit des Menschen, an die Wirklichkeit von Gottes Urteil und die drohende Bestrafung zu Lebenszeit. Die Christinnen fürchteten auch die Strafe im Jenseits. Der Tod hatte für die Frauen eine besondere Bedeutung, da sie, wie ihre bäuerlichen Schwestern, die Leichname ihrer Angehörigen zum Begräbnis vorbereiteten, sie wuschen und in schlichte weiße, unten und oben zusammengeknüpfte Leichentücher wickelten. Oft übernahmen die Frauen die Verpflichtung zum Gebet. Christliche Familien bezahlten Geld, damit

Messen gelesen wurden. Bei den Reichen richteten unter Umständen Nonnen oder Mönche die Toten her und beteten für ihr Seelenheil in eigens dazu gestifteten Kapellen. Matilda Tody, die Witwe eines Londoner Wollkaufmanns aus dem 14. Jahrhundert, unternahm eine Pilgerfahrt nach Rom, um für ihren Gatten zu beten und sich auf ihren eigenen Tod vorzubereiten.

Die Vorbereitung auf das Sterben und die Fürbitte für die Verstorbenen gewannen im späten 13. Jahrhundert an Wichtigkeit, als die Einwohner der Städte ringsum Bilder von Himmel und Hölle sahen. Über den riesigen Portalen der Kathedralen von Amiens, Chartres, Bourges, Bordeaux, Rouen, Poitiers oder Paris erblickten die Städterinnen Steinreliefs von Jesus Christus als thronendem Richter, mit dem Himmel auf der einen, der Hölle auf der anderen Seite. In Reims halten gehörnte Teufel die Verdammten in Ketten gefangen, bereit, sie in einen großen Heizkessel zu werfen. Abraham auf der Gegenseite versammelt die Geretteten in seinem Schoß, und von ihren Gesichtern lächelt das Glück des Paradieses. An der Kathedrale von Bourges war die höchste christliche Belohnung abgebildet, der Tag der Auferstehung, an dem die reinen, nackten, jugendlichen Körper von den Toten auferstehen; eine junge Frau betet in Verwunderung, ein junger Mann steht und hebt den Deckel eines Sarges.

Was die Frauen in den Fassadenreliefs der Kathedralen oder in den bunten Darstellungen der Glasfenster noch vermissen mochten, das sahen sie in den Mysterienspielen, die an zahlreichen städtischen Festtagen zur Unterhaltung aufgeführt wurden. In den Spielen traten Eva und Adam und Noah auf, man erlebte die Sintflut, erschrak vor dem schwarz oder grün gewandeten Teufel, der die Schuldigen in einen schwarzen, höhlenartigen Höllenschlund trieb, oder vor dem riesigen Kopf und Leib Luzifers, der von Schlangen umringelt aus den Flammen emporstieg. Große Wagen, die auf den Marktplatz gezogen wurden, dienten als Bühne und Kulisse; einige waren zwei Stockwerke hoch und mit Türen, Erkern und Türmen ausgerüstet.[37]

Wie konnte man seine Sünden tilgen und seine Übeltaten sühnen? Wie konnte man den Folgen von Evas und Adams Übertretung entgehen, den schrecklichen Strafen, die jedem im Leben und nach dem Tod zugemessen waren? Jüdinnen wie Glückel von Hameln fanden Trost und Zuversicht in der traditionellen Sabbatfeier; an Passah und Rosch-ha-Schana bewahrten sie ihr Heim und sich selbst rituell sauber und rein. Die Christinnen fanden Sinn und Stärkung, wenn sie in den Domkapellen knieten oder mit anderen zusammen auf dem Stadtplatz einem der reisenden Bußprediger zuhörten. Im 13. Jahrhundert begannen Franziskaner- und Dominikanermönche von Stadt zu Stadt zu ziehen, von Glaubenseifer angefeuert und begierig, Heil zu bringen. Sie erzählten von den Heiligen. Es gab Städterinnen, unter Umständen sogar Handwerkersfrauen, die fähig waren, selbst in der *Legenda aurea* zu lesen, einer populären, weit verbreiteten Sammlung von Heiligenlegenden, die der Dominikanerprediger Jacobus de Voragine zusammengestellt hatte. Eine Frau konnte ihr Leben nach einem der heiligen Vorbilder gestalten, oder sie konnte eine Heilige bitten, ihr bei der Erlangung von Gnade und Vergebung behilflich zu sein. Eine Magd aus Lucca aus dem 13. Jahrhundert, die heilige Zita, wurde berühmt für ihre Selbstlosigkeit im Dienste der Familie, zu der sie mit zwölf Jahren gesandt worden war; ihr Leben war ausgefüllt mit freigebiger Nächstenliebe und Fürsorge für die Kranken. Bis ins 17. Jahrhundert ehrten die Pariser ihre Stadtpatronin, die heilige Geneviève, mit Prozessionen; im 15. Jahrhundert glaubte man, sie halte Angreifer fern, später, sie gebiete Regenfällen Einhalt.

Die Frauen baten die Heiligen um Führung, um Kraft in speziellen Lagen, um Vergebung. Besonders Maria Magdalena vermochte den christlichen Gläubigen Trost zu spenden, da sie bewies, daß Buße und Errettung allen zukamen, die rechten Glaubens waren, wie sündig sie zuvor auch gelebt hatten. Ihr, die als Dirne, als Ehebrecherin dargestellt wurde, hatte Jesus nach dem Evangelium nicht nur vergeben, sondern sogar Ehre erwiesen. Die *Legenda aurea* aus dem 13. Jahrhundert berichtete, nach der Auferstehung sei Jesus ihr als erster erschienen, um anzuzeigen, daß er für die Sünder gestorben sei.[38]

Die Figur der Maria Magdalena trat zuerst in den lateinischen Einschüben, kurzen Szenen oder Dialogen auf, die an populären Feiern als Teil der Osterliturgie dargeboten wurden. In einem Spiel des 13. Jahrhunderts aus Orléans zeigte die typische Szene jenen Moment, da sie irrtümlicherweise den auferstandenen Jesus für den Gärtner hielt. Diese Begegnung wurde zum Bestandteil der Auferstehungsschauspiele, wie sie außerhalb der Kirchen auf den Marktplätzen ganz Europas dargestellt wurden. Darüber hinaus trat Magdalena in vielen anderen Szenen aus Jesu Leben auf, so daß ihre Rolle sich aus verschiedenen Zügen zusammensetzte, die allen vor Augen führten, wie Glaube, Demut und Buße zur höchsten Gunst gelangten. So wurde die Frau, die Jesu Füße mit ihren Haaren trocknete und salbte, mit Magdalena identifiziert, ebenso die Schwester von Martha, die ihm zu Füßen saß, um zu lernen, und deren Bruder Lazarus er von den Toten auferweckt hatte. Sie war auch die Maria von Magdala, von der Jesus sieben Dämonen ausgetrieben, und die Ehebrecherin, die er gerettet hatte. Unter dem Kreuz tröstete sie die Jungfrau Maria und bezeugte als erste, daß Jesus von den Toten auferstanden war.[39] Nicht einmal die rationalen Untersuchungen der katholischen Humanisten oder der Skeptizismus der protestantischen Reformation konnten diese Kombination von Marien auflösen oder ihre Bedeutung schmälern. Der Humanist Jacques Lefèvre d'Etaples behauptete wohl, Magdalena sei aus mehreren Frauenfiguren zusammengesetzt; nichtsdestoweniger faßte im 16.

und 17. Jahrhundert unter Protestanten und Katholiken erneut eine populäre Verehrung für dieses perfekte Modell der trauernden, bereuenden Sünderin Fuß. Die Geschichten von ihrem Leben gingen weit über das hinaus, was in der Bibel erwähnt war, zum Beispiel, daß sie mit Johannes verheiratet gewesen sei und in Frankreich gepredigt habe. Sie genoß eine spezielle Bedeutung für die Katholiken; von allen Heiligen wurde nur an ihrem Feiertag das apostolische Glaubensbekenntnis rezitiert.[40] Die Theologen und die gelehrten Kommentatoren sprachen ihr, indem sie sie mit der Kirche selbst verglichen, hohen symbolischen Wert zu. Die Dominikaner und Franziskaner des 13. Jahrhunderts versenkten sich in ihre Tränen, in ihre Verbindung zu Jesus und in ihre Vision; sie erblickten in ihr das Sinnbild ihres eigenen Weges zu Gott. Mystikerinnen schöpften aus ihrem Vorbild Trost.[41]

In ganz Europa trösteten und erleichterten sich die christlichen Städterinnen mit dem Heiligenkult. Auch in anderer Hinsicht bestimmten und leiteten der Glaube und die Rituale der Kirche ihr Leben. Die Kirchen setzten den Kalender und die Festtage fest. Religiöse Zeremonien begleiteten die wichtigen Lebensereignisse der Frauen in der Stadt: die Hochzeiten, die Geburten, den Tod. Überdies bot ihnen die katholische Kirche mit Maria, der jungfräulichen Mutter Jesu, noch ein weiteres, mächtiges weibliches Bild an. Diese Maria war einzigartig, Himmelskönigin und gleichzeitig doch eine menschliche Frau mit Kind wie die Gläubigen selbst.

Mariengebete

Im 14. Jahrhundert besaßen Städte wie Nürnberg eine mechanische Uhr, welche vom Marktplatz oder vom Rathaus die Stunden schlug. Trotzdem waren es für die Mehrheit der Frauen und Männer noch stets die Kirchen, die den Ablauf der Zeit markierten. Der *Ménagier de Paris* verwies im 14. Jahrhundert in einem der Rezepte, die er seiner jungen Ehefrau aufschrieb, auf die Dauer des Psalms *Miserere*, um die Kochzeit für Nüsse abzumessen. Die Glocken der Kathedrale läuteten zu den kanonischen Stunden, jenen Zeitabschnitten, die für Gebete bestimmt waren. Der Kirchenkalender unterteilte die Wochen, die Monate, Ruhezeit und Arbeitszeit. Noch im Jahr 1600 feierten die Pariser neunundfünfzig Festtage.[42]

Bis ins 17. Jahrhundert waren diese Festtage vorschriftsgemäß Zeiten der Heiligung und der religiösen Feiern, der Buße und der Lustbarkeit. Gilden, soziale und berufliche Bruderschaften, Vereinigungen von Frauen und Männern organisierten Prozessionen, Tänze und Schauspiele. In Madrid wetteiferten im 16. Jahrhundert die Zünfte mit ihren Heiligen und Prozessionen im Prunk ihrer Schaustellungen und der Zahl ihrer Büßer. Die Feiern von

Corpus Christi (Fronleichnam) zu Ehren des Sakraments der Eucharistie waren von Maskeraden, Theateraufführungen, Turnieren auf der Plaza Mayor, Stierkämpfen und Freudenfeuern begleitet.[43]

Diese Festivitäten, die Jesus als Erlöser feierten, wie auch die populären Geschichten von Maria Magdalena trafen mit einer sichtbaren Veränderung in der Haltung der Kirche gegenüber sündigen Frauen und Männern zusammen. Die Kirche begann, weniger das vorbildliche und sündenlose Individuum in ihren Brennpunkt zu stellen als vielmehr den Rest der Menschheit, der dem Irrtum unterlag und der Mittel bedurfte, um die Konsequenzen unbedachter Handlungen zu mildern. Ein neues Konzept tauchte auf: das Fegefeuer als Ort, wo die Toten Buße tun und unter Umständen zum Aufstieg in den Himmel geläutert werden konnten. Der Zisterzienser Bernard von Clairvaux glaubte im 12. Jahrhundert, das Fegefeuer bestehe halb aus Flammen, halb aus Frost. Im 12., 13. und 14. Jahrhundert wurde Jesus in den Bildwerken zunehmend seltener als thronender Himmelskönig dargestellt; statt dessen sahen ihn die Städterinnen am Kruzifix, als leidenden und sterbenden Menschen. Vom Richter war er zum Erlöser geworden. Gleichzeitig erschien seine Mutter, die Jungfrau Maria, nicht mehr nur im Bild einer Himmelskönigin, sondern ebenfalls als menschliches Wesen, als erreichbare Mutter, die bei ihrem wirklichen Sohn zugunsten ihrer spirituellen Töchter und Söhne Fürsprache einzulegen bereit war.

Maria als Mutter

Für die Theologen der Epoche wurde Maria zur Versinnbildlichung dieses Aspektes in der Rolle der Kirche – der Fürbitterin für die gebrechlichen Sünder – und zur Verkörperung der idealen christlichen Gläubigen. Das französische Mysterienspiel von Adam stellte Maria als die Erfüllung einer heiligen Prophezeiung dar: Eine Frau werde die größte Feindin der Schlange sein, denn

> Sie wird sich einst an dir rächen [...]
> Sie wird dir einst den Kopf tief beugen;
> Von ihr wird einst eine Wurzel entspringen,
> Die all deine Arglist zum Schweigen bringt.[44]

Die Menschheit, die um einer Frau willen verdammt worden war, sollte durch eine zweite Frau erlöst werden. Nach Ansicht der katholischen Schriftsteller traten Marias besondere Eigenschaften und Qualitäten in ihrem ganzen Leben zutage. Der Ungehorsam Evas fand sein Gegenstück in Marias rückhaltloser Schickung, ihrem absoluten Gehorsam gegenüber Gottes Willen. Der *Ménagier de Paris* empfahl seiner Gattin die Jungfrau Maria als

Demut. Für den Mystiker und Reformer Bernard von Clairvaux im 12. Jahrhundert war Maria die heiligste aller Sterblichen, denn ihr war es vergönnt gewesen, in ihrem Leib den Erlöser der Menschheit zu tragen.

> Allen öffnete sie den Schoß der Barmherzigkeit, damit alle von ihrer Fülle empfingen: der Gefangene Befreiung, der Kranke Genesung, der Betrübte Trost, der Sünder Vergebung, der Gerechte Gnade, der Engel Freude, die ganze Dreifaltigkeit Ehre, die Person des Sohns die menschliche Natur [...].[45]

Obgleich die Evangelien über Jesu Mutter nur wenige Äußerungen machten, die über die Ereignisse rund um seine Empfängnis und Geburt hinausreichten, wurden die Lücken ihrer Biographie von der Phantasie der Theologen und Laien ausgefüllt. Maria wurde porträtiert wie andere Frauen, die Freude und Schmerz kannten und das Seelenheil fanden.[46] Jedes Ereignis ihres Lebens wurde zu einem potentiellen Festtag ausgestaltet, und ihr Kult begann mit demjenigen ihres Sohnes zu rivalisieren. Seit dem 5. Jahrhundert schon fertigten Gläubige Bilder an von der Verkündigung, jenem Augenblick, in dem die Jungfrau erfuhr, daß sie ein Kind gebären werde. Die Begegnung zwischen dem Engel Gabriel und Maria wurde vielfältig ausgestaltet; manchmal las sie, manchmal spann sie, bald war sie demütig, bald erstaunt, bald erschrocken. Alle möglichen Situationen und Reaktionen wurden in den Reliefs über den Kirchenportalen und in den Gemälden der bedeutenden Künstler des 15. und 16. Jahrhunderts dargestellt. Auch die Schwangerschaft und die Geburt des Kindes wurden legendenmäßig ausgeschmückt. Die Franziskaner popularisierten die Geburtsszene in einem Stall in der Gesellschaft von Tieren. Die Frauen und Männer in der Stadt glaubten, zwei Hebammen seien herbeigerufen worden, um Maria beizustehen. Als die eine die Jungfräulichkeit der heiligen Mutter anzweifelte, verdorrte ihre Hand und genas erst wieder, als sie das Christkind anbetete.

Eine besorgte Frau mochte aus dem Bild der sanften Mutter, die ihr Kind zur Welt brachte und stillte, Trost schöpfen. Noch mächtiger wirkte jedoch Marias Bild in der Todesstunde ihres Sohnes. Städterinnen und Städter errichteten diesem Bildtypus, der *Mater Dolorosa*, Kapellen, und im 15. Jahrhundert wurden Bruderschaften und Festtage zu Ehren der Schmerzensreichen Mutter gegründet. In Sevilla im 17. Jahrhundert war die Marienstatue mit dem von einem Schwert durchbohrten Herzen und mit goldener Krone und Diamanten, welche die Tränen bedeuteten, die wichtigste Figur in den Prozessionen der heiligen Woche, nicht das Bild ihres gekreuzigten Sohnes.[47] Von der trauernden Mutter Gottes wurde Maria allmählich zur mitfühlenden Mutter aller Gläubigen, der *Mater Misericordiae* (Mutter der Barmherzigkeit). Da sie selbst so viel gelitten hatte, stellten sich die gläubigen Frauen und Männer vor, sie verstehe die Bürden und Beschwernisse aller Töchter und

Söhne. Sie vertrauten darauf, daß Maria dank ihrer besonderen Verbindungen ihre Anliegen vor der Gottheit am wirksamsten vertreten könne, deshalb wählten sie die Jungfrau zu ihrer meistbeanspruchten Fürsprecherin. Frauen wie Männer beteten zu ihr um Vergebung; die Gläubigen und die Theologen nannten sie die »Mittlerin der Gnade«.[48]

Als im 12. Jahrhundert die Kreuzfahrer und Pilger vom Heiligen Land zurückkehrten, erreichte die volkstümliche Verehrung der Jungfrau Maria in den Städten neue Größenordnungen. In den Kapellen, die in ihrem Namen errichtet wurden, tauchten Reliquien auf. Spezielle Gebete und Feiern verherrlichten ihre verschiedenen Funktionen und riefen die Ereignisse ihres Lebens in Erinnerung. Östliche Kirchen prahlten mit Stoffresten von ihrem Gewand, während im Westen Frauen und Männer auf die Kraft ihres – angeblichen – Eheringes, auf eine Haarsträhne oder Überreste ihrer Fingernägel, ja sogar auf die Erscheinung ihres Hauses in Loreto im Jahr 1296 vertrauten. Seit dem 10. und 11. Jahrhundert rezitierten Mönche in den Klöstern über den Tag verteilt die Gebete des Offiziums der Heiligen Jungfrau (*Officium parvum Beatae Mariae Virginis*, marianische Tagzeiten). Im 13. Jahrhundert wurden von den großen religiösen Gemeinschaften Stundenbücher für die Laienschaft mit den Mariengebeten ausgeschmückt; diese Gebetbücher gehörten zu den begehrten und geschätzten Besitztümern reicher Damen. Die Frömmigkeitsübungen von Gebildeten und Ungebildeten, von Geistlichen und Laien vervielfältigten sich. König Alfonso V. von Kastilien dichtete im 13. Jahrhundert Hunderte von Liebesgedichten an Maria.

Im 16. Jahrhundert hatten sich bis auf ein paar wenige Ausnahmen alle besonderen Feiertage und Bräuche zur Verehrung der Jungfrau Maria herausgebildet. In einer spanischen Stadt feierten Frauen und Männer am 2. Februar die Reinigung (Mariä Lichtmeß), am 25. März die Verkündigung, am 2. Juli die Heimsuchung und am 21. November die Darstellung. Eine Städterin konnte ein eigenes, persönliches Gebet zur Jungfrau sprechen, öfter aber wiederholte sie das *Ave-Maria*, Marias eigenstes Gebet:

Gegrüßet seist du, Maria,
voll der Gnade.
Der Herr ist mit dir.
Du bist gebenedeit unter den Frauen,
und gebenedeit ist die Frucht deines Leibes, Jesus.

Heilige Maria,
Mutter Gottes,
bitte für uns Sünder
jetzt und in der Stunde unseres Todes.
Amen.

Die Dominikaner propagierten das wiederholte Rezitieren des Mariengrußes im Rosenkranz als Bußübung. Margherita Datini im späten 14. Jahrhundert besaß drei kostbare Rosenkränze: einen aus Korallen, einen vergoldeten und einen aus schwarzem Bein. Mit den Fingern zählte sie an den Perlen des Kranzes die Gebete ab, die ihr vom Beichtvater als Bußleistung vorgeschrieben worden waren.

Jede und jeder glaubte an die wunderbare Wirksamkeit solcher Gebete. Kleriker sammelten und tradierten die Berichte über Mirakel der Heiligen Jungfrau.[49] Städterinnen aller gesellschaftlichen Ränge – eine junge Lehrtochter, eine Austernverkäuferin, eine Damastweberin, die Gattin eines Zimmermanns – vernahmen die Geschichten in den Predigten, die im Freien, auf den Plätzen der Stadt, gehalten wurden, oder sie sahen sie in den Mysterienspielen dargestellt. Immer durchkreuzte Maria die Anschläge des Teufels auf die Seelen; sie verscheuchte Dämonen, welche die Gläubigen verführen wollten, und aus ihren Reliquien schlugen Flammen. Immer errettete sie diejenigen, die ihr mit ihren Gebeten Treue erwiesen hatten. Insbesondere wandten sich die Frauen der Städte an Maria, wenn es sich um Mutterschaft, Schwangerschaft und Geburt oder um den Schutz der bereits zur Welt gebrachten Nachkommen handelte. In einer besonders beliebten Wundergeschichte aus Nordfrankreich rettete die Jungfrau einer schwangeren Frau das Leben, die bei einem Sturm von Bord eines Schiffes gerissen worden war, und verschaffte ihr die schmerzfreie Geburt eines Kindes. Im 14. Jahrhundert glaubte man in Paris, wenn man einer Gebärenden das Buch mit den Marienmirakeln auf den Bauch lege, beschleunige das die Niederkunft. Bis weit ins 16. Jahrhundert beteten selbst Fürstinnen, etwa die französische Königin Anna von Österreich, zur Jungfrau um Fruchtbarkeit in ihrer Ehe. Als Anna nach zweiundzwanzig kinderlosen Ehejahren schwanger wurde, betrachteten es ihre Zeitgenossen als ein weiteres Marienwunder.

Maria als Himmelskönigin

Die Historikerinnen und Historiker debattieren noch stets darüber, welche Bedeutung die Verehrung der menschlichen Seite Marias für die europäischen Frauen hatte. Einige sind der Ansicht, daß sie ihre traditionellen Rollen und Funktionen im Porträt der Jungfrau als leidender Mutter und barmherziger Mittlerin glorifiziert wiederfinden konnten. Das ältere, entrücktere Bild von Maria verschwand derweil nicht. Zu Ehren der Himmelskönigin Maria erbauten Kirchenmänner, Adelige, Frauen und Bürger der Städte in ganz Europa herrliche Kathedralen und Kapellen. Zwischen 1150 und 1250 wurden allein in Frankreich achtzig Gotteshäuser *Notre-Dame* (Unserer Lieben Frau) geweiht.[50]

So wie sich Geschichten um Maria als Mutter rankten, so entwickelten sich Überlieferungen rund um die Jungfrau als majestätische, allegorische Königin. Während die Erzählungen von ihrer Mutterschaft Maria mit den Frauen des Menschengeschlechtes zu verbinden schienen, wurde sie durch ihren traditionellen Platz im Himmel von anderen Frauen und von allen anderen Sterblichen getrennt. Es ist höchst charakteristisch, daß man glaubte, Maria, der Mutter von Jesus, dem Erlöser, sei ein Vorrecht zugestanden worden, das allen anderen Christen für die Zukunft verheißen war, nämlich die körperliche Auferstehung. Seit dem 9. Jahrhundert feierte die westliche Kirche am 15. August ihre Auferstehung und die Auffahrt der Gottesmutter in den Himmel (Mariä Himmelfahrt). Albrecht Dürer beobachtete im 16. Jahrhundert die festlichen Prozessionen, die zu Mariä Himmelfahrt in Antwerpen stattfanden: Alle Zünfte, selbst die Lohnarbeiter, die Herren, die städtischen Behörden, die geistlichen Orden und die Witwen zogen wohlgeordnet zusammen vorbei, alle in Weiß gekleidet, um ihre Trauer über Marias Tod auszudrücken.[51]

Über Jahrhunderte hinweg sprachen Frauen und Männer auf beide Aspekte des Marienbildes an. Der populäre Kult und die offizielle kirchliche Verehrung dieser weiblichen Gestalt boten Trost und versprachen Heil. Die Verherrlichung Marias bewirkte jedoch weder eine wirkliche Verbesserung der gesellschaftlichen Stellung der europäischen Frauen, noch bedeutete sie irgendeine Veränderung des religiösen oder weltlichen Frauenbildes. Selbst als Mutter stand Maria stets abseits von anderen Müttern, als ein anderes, ein jungfräuliches und mächtiges Wesen.[52]

5.3 Die Welt des Handelskapitalismus (13. bis 17. Jahrhundert)

Beschützt und versorgt

Die Bedeutung der Städte vom 13. bis zum 17. Jahrhundert war weit höher, als es der bloßen Zahl ihrer Einwohner oder dem Territorium, das sie einnahmen, entsprochen hätte. Bis ins 18. Jahrhundert wohnten nur rund 10 Prozent der weiblichen und männlichen Bevölkerung Europas in diesem geschäftigen, von Mauern umgebenen Lebensbereich.[1] Die Städte expandierten, und ihre Bedeutung nahm zu im Gleichschritt mit der Umgestaltung der europäischen Wirtschaft von Subsistenz und Tauschhandel hin zu Spezialisierung, Fernhandel und Geldverkehr. Das neue System ökonomischer Beziehungen, der Kapitalismus, förderte und erforderte größere Wirtschaftszentren.

Zusammen mit dem Kapitalismus wuchsen die Städte. Schon in den letzten Jahrzehnten des 11. Jahrhunderts begann auf den städtischen Marktplätzen neben dem Austausch von lokalen Erzeugnissen, von gelegentlich anfallenden Nahrungsmitteln oder Stoffballen aus anderen Regionen der Fernhandel Fuß zu fassen; die Verkehrs- und Transportverhältnisse entwickelten sich weiter.[2] Im 13. Jahrhundert waren die Städte zu Produktions- und Verarbeitungszentren für den lokalen und regionalen Bedarf geworden. Kaufleute, Waren und Kapitalien durchquerten den Mittelmeerraum und die Alpen, zogen von Markt zu Markt, damit Damen wie die Gräfin von Leicester oder Margherita Datini ihre Gewürze kaufen konnten und Herren wie der Graf von Leicester oder Francesco Datini zu ihren Rüstungen und ihren Profiten kamen. Unternehmer beispielsweise in Norditalien, teilweise auch in Belgien und Nordfrankreich, spezialisierten sich auf bestimmte Manufakturbereiche, bildeten Korporationen, Handelskompanien und Teilhaberschaften, finanzierten die Unternehmen anderer und sandten eigene Geschäftsvertreter in ferne Städte.

Die wirtschaftlichen Veränderungen eröffneten allen Städtern mehr Chancen, sowohl wagemutigen Frauen als auch Männern. Bereits im 15. Jahrhundert entwickelten sich die Handelsstädte jedoch zu einem Lebensbereich, in dem Frauen auch neuen Formen der Behinderung und Verletzung ausgesetzt waren. Zunächst stand den Städterinnen der Eintritt in die Handwerkerverbindungen, die Arbeit in den neuen Berufen wie auch in den Handelsunternehmungen offen. Allmählich aber wurde ihnen der Zugang versperrt zu den Möglichkeiten, welche die sich verändernde und expandierende Wirtschaft bot. Wiederum wurde der weibliche Lebensbereich Stück für Stück eingeengt. Auch die größere gesetzliche Autonomie, die den Frauen zugestanden worden war, wurde wieder rückgängig gemacht. Zum Beispiel wurden nach der »demokratischen« Revolution im 14. Jahrhundert, als die Handwerker- und Kaufmannszünfte die Stadtregierung dem alten Flickenteppich feudaler Autorität entrissen und unter ihre Kontrolle genommen hatten, einige (zuvor anerkannte) Männer und alle Frauen aus den Bürgerrechtsdefinitionen ausgeschlossen. Unter dem alten Regiment hatten in der Tat einige Frauen die Bürgerschaft besessen, wenn sie auch nie in ein Amt gewählt worden waren.[3]

Die Damen aus der Oberschicht der Kaufleute und Bankiers verloren noch in anderer Hinsicht gesetzliche Vorrechte. Unter den veränderten ökonomischen Bedingungen wurde die erwartete Verheiratung einer Familienangehörigen zu einem Teil des familiären Geschäftskalküls. Die Ehe bedeutete unter Umständen ein finanzielles Bündnis, den Zugang zu einem Handwerk, den Gewinn einer Mitgift und des Witwenteils – alles schlug sich als Soll oder Haben in der Buchhaltung nieder. Als die königliche Rechtsprechung die gewohnheitsrechtlich ausgehandelten Freibriefe zwischen den Städten und ihren Herren überlagerte, veränderte sich auch die politische Situation. Kapital und Besitz wurden zum Gegenstand der königlichen Gesetze, und selbst wohlhabende Damen, ob verheiratet oder verwitwet, verloren außer in ganz bestimmten Fällen die Fähigkeit, rechtlich selbständig zu handeln.

Dieselbe Art von Kodifizierung schädigte auch die Zünfterinnen. Um den eigenen Lebensunterhalt zu garantieren, begrenzten die Handwerker die Mitgliederzahl ihrer Zünfte und ihrer Privilegien. Die Teilnahmebedingungen für Ehefrauen und Töchter, deren Arbeit früher willkommen gewesen war, wurden erschwert, männlichen Verwandten der Vorzug gegeben. Bei vielen der typisch weiblichen Handwerke, vor allem in der Textilmanufaktur, umgingen die Unternehmer die Zünfte und Handwerkervereinigungen überhaupt; statt dessen teilten sie die Arbeit auf und nutzten die billigere Arbeitskraft auf dem Land.[4] Selbst in den sich neu entwickelnden Berufen wurden die Frauen mehr und mehr in die am wenigsten qualifizierten, am wenigsten lukrativen und am wenigsten angesehenen Sparten abgedrängt. Bedürftige Frauen und Lohnarbeiterinnen litten außerdem darunter, daß die weltlichen Obrigkeiten Aufgaben übernahmen, die zuvor im Zuständigkeitsbereich der Kirche gelegen hatten. Hauptsächlich die Städte kümmerten sich nun um die Armenfürsorge, und ihre geregelte Ausgabenpolitik nahm gegenüber den mittellosen und elenden Frauen, die außerhalb des Schutzes und der Fürsorge einer Familie lebten, eine strafende Haltung ein.

In der Handelswelt der Städte definierten die Männer für sich neue Funktionen und Rollen, die für die Frauen nachteilige Folgen zeitigten. Männer konnten nicht mehr länger als Krieger und »Beschützer« im überlieferten Wortsinn agieren. Während Belagerungen litten Städterinnen und Städter zusammen unter Mangel und Hilflosigkeit. Beide litten, wenn Breschen in die Mauern geschlagen und die Stadt eingenommen wurde; kein Gatte konnte seine Gattin, kein Vater seine Töchter vor den siegreichen Söldnern beschützen, wenn sie in den Straßen wüteten. Mit den Umständen änderte sich auch die männliche Wahrnehmung der eigenen Rolle. Von »Beschützern« verwandelten sie sich selbst in »Versorger«. In der neuen Rolle sahen die Städter das Leben noch stets als Krieg und Wettstreit, nur mußte der Kampf nun eher auf dem städtischen Marktplatz als auf dem schmutzigen Schlachtfeld oder dem höfischen Turnierplatz ausgetragen und gewonnen werden.

Am Ausgang des 14. Jahrhunderts charakterisierte sich der *Ménagier de Paris*, der Stadtbürger, gegenüber seinem ländlichen Zeitgenossen mit der Beobachtung, der Gutsherr auf dem Land suche Lob und Ehre in der Welt zu gewinnen, während er selbst Auszeichnung finde als Bürger, der »für sich selbst und seine Kinder nach Reichtum strebt«.[5] Geschichten und Erzählungen porträtierten diesen neuen Heldentyp. Tristan verkleidete sich als Kaufmann und war siegreich aufgrund seiner Schlauheit, nicht nur dank seiner Kampfkraft. Einer der Protagonisten in Giovanni Boccaccios *Decamerone* wurde König, obwohl er einst als Geldverleiher seinen Lebensunterhalt verdient hatte, aber er war eben ein scharfsinniger und fähiger Mann.[6] Im volkstümlichen *fabliau* (einer kurzen Verserzählung) von einer Witwe pries diese ihren einstigen Mann: »Eins muß man meinem Gatten lassen, er war ein guter Versorger; er wußte, wie man Geld zusammenrafft und wie man es spart.«[7] Mitte des 15. Jahrhunderts wurde das englische Wort *husband* (»der Ehemann«) als Verb verwendet mit der Bedeutung »unterhalten«, »sparen«. Im 17. Jahrhundert wurde ein Mann von seiner Gattin um dieser Tugenden willen gepriesen. Glückel, die Witwe eines deutsch-jüdischen Kaufmanns, stellte ihren Söhnen den Verstorbenen als Vorbild vor Augen und mahnte: »Danach muß man regelmäßig ein Stück aus der Thora lernen [...] und alsdann fleißig auf seine Nahrung bedacht sein, daß man Weib und Kinder ehrlich ernährt, was auch ein wichtiges Gottesgebot ist [...].«[8]

Die Erschaffung dieses neuen heroischen Männerbildes hatte tiefe Auswirkungen auf das Leben der Frauen, zunächst in den Städten, bis im 19. Jahrhundert dann schließlich in ganz Europa. Als Versorger und Erhalter der Familie übernahm der Mann der Familie neue Verantwortlichkeiten. Um ihnen nachzukommen, traten die Städter für Maßnahmen ein und unterstützten Gesetze, welche ihre Unterhaltsmittel schützten. Schutz hieß in den meisten Fällen Beschränkungen und Reglementierungen, die weit mehr die Frauen als die Männer trafen. Die alten Traditionen, welche über die ökonomischen und politischen Fähigkeiten und die Teilnahmeberechtigung der Frauen bestimmten, wurden vertieft. Ohne spezialisierte Ausbildung, ausgeschlossen vom Bürgerrecht und von eigenständiger gesetzlicher Autorität außerhalb der Familie, fielen die Frauen den jahrhundertealten Vorurteilen weiblicher Inkompetenz und ihrem traditionellen Folgesatz, dem Ruf nach männlicher Vormundschaft, zum Opfer. In der Welt des Handelskapitalismus wurden die Städterinnen nach Gesetz und Praxis beschützt und versorgt von den Männern, doch zu einem schrecklichen Preis: dem Verlust ihrer potentiellen und tatsächlichen Autonomie.[9]

Das Geschäft der Ehe und der Nächstenliebe

Wie auf dem Land gingen auch in der Stadt die jungen Frauen aus allen Schichten und Berufen davon aus, daß sie heiraten würden. Eine Magd, die im 16., 17. oder 18. Jahrhundert im Haus einer Handwerkersfrau arbeitete, sparte von ihrem Lohn, um zu etwas Gut und Geld zu kommen, das sie mit ihrem Ehegenossen teilen konnte. Für eine arbeitende Frau mit einer Mitgift, für eine Lehrtochter, die ein eigenes Gewerbe erlernte, bedeutete die Ehevereinbarung den Beginn einer Partnerschaft. Auch wenn zwischen dem Paar von Liebe die Rede war, wurde doch vor einem Notar ein Heiratskontrakt ausgehandelt. Sowohl Frau als auch Mann gingen in der Regel schon gegen die Dreißig, zwei fähige Arbeiter, die sich zusammentaten, um einen Hausstand zu gründen.[10] Manchmal waren die Eltern der Braut an den Vereinbarungen beteiligt. Genueser Verträge aus der Mitte des 13. Jahrhunderts verzeichnen die Zustimmung der Eltern. Typischer sind Dokumente, etwa aus Avignon im 15. Jahrhundert, welche die Frau mit ihrem eigenen Namen aufführen, ohne ihre Familie zu erwähnen.[11]

Die Töchter von Handwerkern brauchten sich ihre Mitgift nicht unbedingt selbst zu verdienen, da diese teilweise, wenn nicht sogar ganz, von ihren Familien gestellt wurde. Dieselben Bräuche wie auf dem Land setzten sich auch in der Stadt durch: Die Eltern gaben der Tochter ihren Erbteil aus Anlaß ihrer Hochzeit, nicht wenn sie starben. In Genua bestimmten im 12.

Jahrhundert ein Hufschmied und seine Ehefrau die Hälfte ihres Vermögens, das auf 12 Genueser Pfund geschätzt wurde, zur Mitgift. Als Gegenleistung wohnten Tochter und Schwiegersohn bei ihnen und sorgten für sie (ähnlich wie es bei den Bauern der Fall war, nachdem eine Tochter oder ein Sohn Haus und Hof der Familie übernommen hatte).[12] Heiratskontrakte aus französischen Städten des 15. und 16. Jahrhunderts verzeichnen alle möglichen Mitgiften. Jacommette, die zukünftige Gattin eines Hufschmieds in Avignon im 15. Jahrhundert, brachte Kochtöpfe und ihre Kleider in die Ehe ein; ihre Zeitgenossin Perrenette Pastoris heiratete den Weber Rostan Bengier und vereinbarte eine Mitgift von 24 Pfund, einer Matratze, Bettzeug, sechzehn Leintüchern, Tischwäsche und drei neuen Kleidern.[13] Ein Heiratsvertrag aus Bayeux, Ende des 16. Jahrhunderts, deutet auf Verbindungen zum Land und zur Bauernschaft hin: Die Mitgift der Braut bestand aus Möbeln, Leinen, Kleidern und passend ausgewählten Haustieren, nämlich einer Kuh, einem einjährigen Kalb und über einem Dutzend Schafen.[14]

So wie Herren und Fürsten die Ehe benutzten, um die Familieninteressen zu befördern, so handelten auch die reichen Kaufleute und Gewerbetreibenden. Schon im 12. Jahrhundert wurden in Norditalien mit Ehen Handels- und Produktionsverbindungen angekurbelt, Konkurrenten ausgeschaltet, politische Bündnisse zementiert und Familien aus der Kaufherrenschicht und dem Patriziat verknüpft. Seit dem 13. Jahrhundert spannten sich die Ehebündnisse der reichsten italienischen Familien kreuz und quer durchs ganze Land: zwischen den Orsini in Rom, den Visconti in Mailand, den Este in Ferrara und den Medici in Florenz. Die Familie Este strebte gar nach königlicher Würde und arrangierte 1234 die Heirat ihrer Tochter Beatrice mit Andreas, dem König von Ungarn. Väter von Ragusa (Dubrovnik) knüpften in derselben Epoche durch die Verheiratung ihrer Kinder Kontakte nach Venedig sowie nach den nördlichen und südlichen Städten der dalmatinischen Küste.[15]

Die Arrangements, die Buonaccorso Pitti, ein Florentiner Tuchfabrikant, traf, enthüllen die Überlegungen eines schlauen Geschäftsmannes. Er bewahrte die Urkunden seiner Ehevereinbarung in seinen Rechnungsbüchern von 1391 auf. Er hatte das Mitglied einer führenden Familie der Stadt gebeten, unter seinen Verwandten eine Braut für ihn zu suchen, indem er meinte, »eine Verwandte von ihm könnte sein Wohlwollen erregen«. Pitti hoffte, die einflußreiche Verbindung werde ihm in einem Streitfall mit einer anderen Familie helfen. Die Tochter eines Vetters entsprach genau dem, was er brauchte, und zwischen den Einnahmen und Ausgaben seiner Buchhaltung notierte er, er habe ausrichten lassen, »daß ich sehr glücklich und geehrt und so fort sein werde«. Bis zum ersehnten Erfolg mit Verlöbnis und Hochzeit vergingen viereinhalb Monate.[16]

Auch die Medici nutzten die Ehe im späten 15. und frühen 16. Jahrhundert, um ihre Interessen zu schützen und voranzutreiben. Im letzten Viertel des 15. Jahrhunderts vermittelte Lorenzo de' Medici eine Partie für die Familien Salviati und Valori, verhinderte eine Ehe mit der verfeindeten Familie Pazzi und eroberte den Medici nach den Aufständen der 1490er Jahre dank der Heirat seiner Tochter Clarice mit Filippo Strozzi, 1508, wieder ihre frühere Bedeutung zurück. Im 16. Jahrhundert heirateten die Medici in die Königshäuser von Frankreich und Spanien ein.

In englischen und französischen Städten wurde die Heiratspolitik zu einem Instrument, die politische Macht in den Händen einiger weniger Familien zu bewahren. Eine Liste des Londoner Ratsherrengerichts von 1580 verzeichnete Väter, Söhne, Schwiegersöhne, Brüder, Schwäger und Witwer, die alle in der Stadtregierung saßen.[17] In Vraiville (Frankreich) brachten die Bürgermeister über zehn Generationen hinweg ihre Töchter durchweg innerhalb von dreizehn Elitefamilien unter die Haube.[18]

Frauen aus dem Landadel verhalfen ihren Ehepartnern zu Besitz. Ebenso die Städterinnen: In der Kaste der Händler und Patrizier war der Austausch von Geld und Gütern so wichtig wie der Austausch von Personen und die Familienbindungen. Wie auf dem Land hatte sich das Hauptgewicht in den Heiratsvereinbarungen von dem germanisch-keltischen Brauch, daß die Familie des Bräutigams Geschenke machte, dahin verlagert, daß die Eltern der Braut Gaben bereitstellten. Die Braut brachte eine Aussteuer in die Verbindung ein, worin sich gleichzeitig ihr Erbe, ihr Anteil am Besitz ihrer Familie, erschöpfte.[19] Diese Gewohnheit setzte sich in den Städten des 12. und 13. Jahrhunderts durch in Reaktion auf dieselben ökonomischen und politischen Veränderungen, welche die adeligen, landbesitzenden Väter beeinflußt hatten. In der modernen, kommerziellen Wirtschaft konsolidierten privilegierte Städter ihre Besitzungen, um den Hauptteil des Kapitals und der Güter auf nur wenige Nachkommen zu übertragen. Sie wollten verhindern, daß zuviel von dem Besitz und dem Geld an ihre Töchter ging, die dann heiraten und das Familiengut in andere Hände bringen würden. Jede Kaufmanns- oder Manufakturdynastie glaubte, sie hätte nicht lange Bestand, falls sie den älteren Gebräuchen folgte und gleichberechtigte oder wenigstens gleichberechtigtere Erbschaftsregeln anwendete. »Jedermann weiß, daß die Männer die Familien fortführen«, argumentierte ein venezianischer Anwalt im 16. Jahrhundert.[20] Florentiner des 14. Jahrhunderts vermachten Ländereien, die sie außerhalb der Stadtwälle besaßen, als unveräußerliches Erbgut. In Paris schufen im 16. Jahrhundert die reichen Städter ansehnliche Patrimonien, während sie ihre Töchter mit peripheren Besitzungen abspeisten.

Auch wenn die Mitgift einer Braut nur ein verhältnismäßig geringes Guthaben darstellte, konnten damit gegebenenfalls doch die finanziellen

Geschicke des Bräutigams und seiner Familie in eine günstige Bahn gelenkt werden. Die Historikerin Susan Mosher Stuard hat darauf hingewiesen, daß Mitgiften eine Gelegenheit boten, Kapital zu akkumulieren, und eine Möglichkeit, Vermögen neu zu verteilen, wenn das Erbrecht die Zahl der Erbberechtigten einschränkte. Jüngere Söhne, denen der Zugang zum Reichtum des Vaters versperrt war, konnten sich an das Geld ihrer frisch angetrauten Frau halten. Der Unternehmer konnte es sich leisten, seine Handelsaktivitäten auszudehnen, und der Bankier finanzierte irgendein neues Geschäft. Am Beispiel des Seidenkaufmanns Gregorio Dati im späten 14. Jahrhundert sieht man, welch wichtige Rolle die Mitgiften für den guten Geschäftsgang spielen konnten. Dati heiratete viermal. Immer wenn eine Gattin starb und er die nächste ehelichte, wurde neues Kapital eingebracht, das einmal gestohlenes Gut ersetzte, ein zweites Mal zur Tilgung von Schulden verwendet wurde und ein drittes Mal Reinvestition und Expansion ermöglichte.[21]

In Nordeuropa handelten Mütter und Väter gleicherweise um Kapital und wirtschaftliche Verbindungen. In manchen Städten arrangierten Makler, die auf Kommissionsbasis arbeiteten, die Verlöbnisse. Die Familie Cely, Mitglied der englischen Kaufherrengilde von Calais, welche den Wollhandel zwischen England und den Niederlanden kontrollierte, schrieb in den 1480er Jahren wegen Heiratsprojekten hierhin und dorthin, nicht minder eifrig, als sie die anderen Sparten ihres Geschäfts betrieb.[22] Aus den Briefen der englischen Kaufmannsfamilie Verney aus dem 17. Jahrhundert geht hervor, daß die Tochter Susan zusammen mit ihren Eltern tätig Ausschau hielt nach einer passenden Partie. In einem Brief an ihren älteren Bruder im November 1644 beschrieb Susan einen Witwer mit einem Einkommen von 500 Pfund pro Jahr als einen Mann mit »guten Empfehlungen«.[23] In Avignon brachten im 15. Jahrhundert Frauen wie Madeleine Cocorde und Hélène Cambi Geld, Kreditbriefe, Getreide, ja sogar ein Haus in ihre Ehen ein.[24] In Hameln gelang es der jüdischen Kaufmannswitwe Glückel im 17. Jahrhundert, ihre Tochter Zipporah an einen der wichtigsten jüdischen Finanzmänner in Amsterdam zu verheiraten, indem sie ihr 2000 Reichstaler, ein kleines Vermögen, als Mitgift auszahlte.[25]

Eine solche Geldmenge anzuhäufen belastete die Mittel selbst der wohlhabendsten Familien. Ende des 14. Jahrhunderts erreichte einer von Gregorio Datis Schwiegervätern, daß er ihm die vereinbarte Summe im Laufe eines Jahres abzahlen konnte. Als Datis eigene Töchter volljährig wurden, mußte er für jede mindestens 500 Goldgulden zur Mitgift aufbringen.[26] Um bei der Finanzierung behilflich zu sein, etablierten englische Handwerkergilden Notfonds, aus denen Väter abheben konnten, wenn ihre Töchter ins heiratsfähige Alter kamen oder in ein Kloster eintreten konnten (was ja ebenfalls eine Mitgift erforderte). In Florenz und Venedig trugen oft Mütter, Großmütter, Onkel und Tanten etwas bei. Von 1425 bis 1525 unterhielt die kaufmännische Oberschicht von Florenz eine Aussteuerstiftung *(monte delle doti)*, in welche die Väter bei der Geburt einer Tochter einzahlten und von der sie anläßlich ihrer Verehelichung wieder abheben konnten. Finanziell gesehen war es für die Stadt ein Verlustgeschäft, doch die Führungsschicht hielt an der Einrichtung fest und unterstützte sie mit Steuereinkünften, da sie ihnen derart wertvolle Dienste leistete.[27] In Venedig schuf die Laienbruderschaft der *Scuole Grande di San Rocco* von 1551 bis 1620 ebenfalls einen Aussteuerfonds, von dem verarmte Mitglieder profitieren durften. Die Institution war derart populär, daß sie im 17. Jahrhundert wie eine Lotterie geführt werden mußte.[28]

Die Städter versuchten, mit anderen Mitteln die Auslagen bei Heiraten zu begrenzen. Norditalienische Kommunen reglementierten die Hochzeitskosten. Seit 1299 und von da an bis ins 15. Jahrhundert setzte Venedig Grenzen fest für den Wert der Geschenke, die Zahl der Eingeladenen, die Kosten für das Brautkleid. Ein Gesetz von Prato beschränkte sogar die Art und Anzahl der Gänge und Gerichte, die beim Festmahl serviert wurden. So wie spanische Stadtbürger die Beträge begrenzt hatten, die zukünftige Ehemänner für ihre Bräute bezahlen mußten, limitierten nun italienische Städte umgekehrt den Umfang von Mitgiften. In Ragusa (Dubrovnik) wurde 1235 ein Höchstbetrag für die Mitgift festgelegt. 1420 beschloß der Senat von Venedig Bußen für jene, welche eine Mitgift von über 1600 Dukaten ausrichteten. Solche Reglemente sollten die Familien davor bewahren, ihr Patrimonium, den unveräußerlichen Erbteil des meistbegünstigten Sohnes, zu schmälern. Gleichwohl setzten sich Väter, wenn es ihnen paßte, über entsprechende Anordnungen hinweg. Sie wollten ihre Töchter vorteilhaft verheiraten, und wenn, wie im 13. Jahrhundert oder zu Beginn des 16. Jahrhunderts, wegen Inflation und eines relativen Mangels an jungen Männern die Preise von Mitgiften in die Höhe stiegen, so setzten sie sich allen Gesetzen zum Trotz darüber hinweg.[29]

Seit langer Zeit hatte die Kirche versucht, die Verlobung und die Heirat unter ihre Autorität zu bringen. Die Verbindung von zwei Familien samt ihren gesellschaftlichen und finanziellen Implikationen war den Betroffenen jedoch zu wichtig, als daß sie alles einfach der Kirche, ob katholisch oder protestantisch, überlassen hätten. Statt dessen unterstellten die wohlhabenden und politisch mächtigen Stadtbürger, wie der landsässige Adel, sowohl Verlobung als auch Eheschließung der weltlichen Autorität. Insbesondere wischten sie die hartnäckige Forderung der Kirche nach dem Konsens des Paares beiseite und machten dagegen das Recht der Eltern, die Ehepartner für ihre Kinder, vor allem für ihre Töchter, bestimmen zu können, zum Gesetz. Nach Florentiner Recht lag das Mündigkeitsalter für eine Tochter bei sechzehn, für einen Sohn bei zwanzig Jahren. Französische Gesetze von 1639 schrieben sogar fünfundzwanzig Jahre für die junge Frau und dreißig Jahre für den jungen Mann vor, und doch war es ihnen danach verboten, eine unabhängige Wahl zu treffen. Königliche und bürgerliche Verordnungen sahen den Verlust von Gütern, selbst Enterbung als Strafe für Kinder vor, die ohne Einwilligung der Eltern heirateten.

Protestantische Stadtväter trafen ähnliche Regelungen. Genf setzte im 16. Jahrhundert gleiche Altersgrenzen fest und forderte die Einwilligung der Mutter, eines Vormundes und eines weiteren Familienmitgliedes, wenn der Vater eines Mädchens gestorben war, bevor Arrangements für ihre Verlobung getroffen worden waren. Das Genfer Konsistorium exkommunizierte eine junge Frau und ihre Tante, weil sie ohne die Zustimmung des Onkels eine Ehe vereinbart hatten. Aus Furcht vor heimlichen Eheschließungen verlangten die katholischen und protestantischen Stadtbehörden im 17. Jahrhundert, die Verlobung müsse wiederholt öffentlich verkündet (Heiratsaufgebot) und das Ehegelübde öffentlich abgelegt werden.[30]

Zusätzlich zu diesen Gesetzen entwickelten sich andere Bräuche, durch welche die elterliche Billigung sichergestellt wurde. Begüterte Väter ordneten in ihren Testamenten Vormundschaften an oder handelten Verlobungen bereits aus, während ihre Töchter noch sehr jung waren. Im 15. Jahrhundert knüpften Väter in Florenz, Avignon, Pisa, Venedig, Toulouse und London die Eheverbindungen für ihre vierzehn- oder fünfzehnjährigen, selten für ihre siebzehn- oder achtzehnjährigen Mädchen. Besondere Umstände, Reichtum oder gesellschaftliche Stellung mochten dazu führen, daß eine Verlobung schon für eine Neun- oder Elfjährige ausgesprochen wurde; die Hochzeitszeremonie wurde dann gefeiert, nachdem sie die Pubertät erreicht hatte. Ende des 17. Jahrhunderts verlobte Glückel aus Hameln ihre eine Tochter Zipporah mit zwölf, eine andere, Hannah, mit elf Jahren. In diesem Fall war es der Tod des Gatten, der die Mutter bewog, so früh für ihre Töchter vorzusorgen.

Aus der Perspektive der Eltern erschöpfte sich die Ehe nicht nur in Bündnissen und Mitgiften. Die Wahl eines Schwiegersohnes mußte wohl erwogen werden, da er das Mittel zum künftigen Glück und zur Sicherheit der Tochter war. Deshalb suchten die Eltern aus den städtischen Oberschichten einen wirtschaftlich gutgestellten Mann, der sieben, zehn oder noch mehr Jahre älter war als ihr Kind. Ein solcher Bräutigam war erwartungsgemäß im Geschäftsleben bereits etabliert und konnte deshalb angemessen für die junge Braut aufkommen. In Florenz ehelichten im 15. Jahrhundert achtzehnjährige oder jüngere Töchter Männer in den frühen Dreißigern. Die letzte der Gattinnen des Seidenfabrikanten Dati war dreißig Jahre jünger als er. Auch im Protestantismus änderte sich an diesen Verhältnissen nichts. Die Bräute waren meist in den Zanzigern, doch der Bräutigam zählte weiterhin sechs oder sieben Jahre mehr.[31]

In der Elite der Kaufherren und Manufakturbesitzer nahmen die Familien die Hochzeiten zum Anlaß, ihren Reichtum und ihren Rang vor der ganzen Stadt zur Schau zu stellen. Der Austausch des Ehegelöbnisses fand in einer einfachen Zeremonie vor dem Priester oder Geistlichen an der Kirchentür oder vor dem Altar statt. Alle anderen Momente des Ereignisses boten den Eltern jedoch Gelegenheit zu Feier und Prunk. 1466 ließ sich der Bräutigam Bernardo Rucillai in Florenz die Festlichkeiten zu seiner Heirat mit Giovanna, der Enkelin von Contessina und Cosimo de' Medici, fast 6000 Goldgulden kosten. Die Braut revanchierte sich mit einer Aussteuer von 2500 Goldgulden und vierzehn Kleidern, die mit Goldfäden, Perlen und Edelsteinen bestickt waren. Hauben, ein Diamantkollier, Rubine, Perlen und zwanzig Fingerringe vervollständigten ihre Mitgift.[32] Andere Männer schenkten ihrer Verlobten das Hochzeitskleid. Marco Parente überreichte Caterina Strozzi zur Hochzeit im Jahr 1458 Juwelen im Wert von 165 Goldgulden.[33]

Die Hochzeit zwischen Clarice de Jacopo Orsini und Lorenzo de' Medici im Juni 1469 war ein großartiges Schauspiel. Seine Familie hatte die damals fünfzehn- oder sechzehnjährige Clarice im Juni 1467 ausgewählt, als Lorenzo zwanzig war. Seine Mutter Lucrezia de' Medici war nach Rom gereist, um die junge Frau in Augenschein zu nehmen. Sie beobachtete sie zunächst auf dem Weg in die Messe im Petersdom, danach bei einem Besuch im Haus der Orsini. Ihrem Gatten Piero de' Medici erstattete sie Bericht, das Mädchen sei von guter Größe, mit langen, feinen Fingern, reichem rötlichem Haar, vornehmen Manieren und hübschem Teint. Ihr Gesicht habe ihr »nicht schlecht gefallen«.[34] Und sie schloß: »Es gibt zur Zeit in Florenz kein schöneres Mädchen, das nicht verheiratet ist.«[35] Das wichtigste war vielleicht, daß Clarices Bescheidenheit vermuten ließ, daß sie sich leicht an den Haushalt und die Gewohnheiten der Medici anpassen werde. Lorenzo selbst sah die Auserwählte einmal in der Kirche, doch er hatte seiner Mutter bereits zuvor versichert, er werde jede akzeptierten, die seine Eltern auswählten. Die Verhandlungen erstreckten sich über ein Jahr. Die zukünftige Braut brachte eine Mitgift von 6000 Goldgulden und eine Allianz mit einer der einflußreichsten Familien Roms.

Nachdem in Rom eine Hochzeit per Stellvertreter durchgeführt worden war, zog Clarice nach Florenz, wo die Zeremonien und Feierlichkeiten durch die Familie des Bräutigams organisiert und bezahlt wurden. Es war eine Zusammenkunft der Fürsten des Handels, so bedeutend und großartig wie eine Gesellschaft der landbesitzenden Aristokratie. Die Feste dauerten eine ganze Woche an. Es begann am Sonntag, 4. Juni, mit einer von Trompetern und Pfeifern begleiteten Prozession zu Pferd durch die Straßen zum Palazzo der Medici. Junge Leute tanzten vor dem Haus. Die Briefe der Medici beklagten das regnerische Wetter, das am Montag die wunderschönen Kleider durchnäßte, und bestaunten die »Robe aus weißem und goldenem Brokat mit der herrlichen Haube«, die Clarice am Dienstag trug.[36] Insgesamt wurden fünf Bankette abgehalten, an denen je 200 Menschen bewirtet wurden – jedesmal eine andere Gruppe von Bürgern –, entweder im Innern des Hauses oder im Garten oder im Hof. Die Gäste tanzten auf einer Bühne im Freien, genossen Zweikämpfe und Schauturniere, besuchten die Messen in den Kirchen und das eigentliche Heiratszeremoniell.[37]

Nach den Traditionen, die so alt waren wie die Gesetze und Gebräuche der römischen, hebräischen, keltischen und jüdischen Völker, ging eine junge Frau durch die Heirat aus der Vormundschaft des einen Mannes in diejenige eines anderen über. Eine Tagelöhnerin und ihr Gatte konnten sich den Luxus einer derartigen Beziehung nicht leisten; am anderen Ende des ökonomischen Spektrums dagegen wurden die reichsten Städterinnen in der Tat ihren Männern rechtlich untergeordnet. Die Frau eines Handwerkers konnte als Teilhaberin fungieren oder ihr eigenes Handwerk ausüben. Die Frau eines Kaufmanns konnte während der Abwesenheit ihres Gatten das Geschäft betreiben. Trotzdem übertrugen die städtischen und neuen königlichen Gesetze vom 13. bis zum 17. Jahrhundert zunehmend mehr und mehr Befugnisse auf den Mann, auch die Verfügungsgewalt über Geld oder Besitz, die der Frau gehörten oder die das Paar gemeinsam erworben hatten. Eine Pariser Händlerin durfte laut dem Edikt von Ludwig IX. aus dem Jahr 1270 nur mit Einwilligung ihres Gatten ihr Geschäft ausüben, und bei Zivilklagen mußte er für sie vor Gericht erscheinen. In Ragusa (Dubrovnik) kontrollierte der Ehemann im 13. Jahrhundert sämtliches in die Ehe eingebrachte Kapital; die Aufsicht über ihre Mobilien und Grundstücke blieben der Frau überlassen. Venezianische Gesetze des 14. und 15. Jahrhunderts sprachen die Kontrolle über den Geldanteil der Mitgift ebenfalls dem Gatten zu. Da die Mitgiften zunehmend häufiger aus Kapital bestanden als aus Sachgütern oder Grundstücken, verringerten solche Satzungen wirksam die Verfügungsgewalt einer Frau über ihren Reichtum. In deutschen Städten wie Lübeck und München besaßen Frauen im 13. Jahrhundert das Recht, Eigentum zu besitzen und Güter zu kaufen und verkaufen. Um 1500 jedoch konnte der Ehemann in solchen Angelegenheiten das letzte Wort sprechen. In Frankreich im 16. und 17. Jahrhundert spiegelte sich das Ideal des Königs und seiner Untertanen im Bild des Ehemannes und seiner Familie. Der französische Rechtsbegriff *femme couverte* (eigentlich »bedeckte Frau«) für eine verheiratete Frau bezeichnete sowohl buchstäblich als auch figürlich treffend ihre Situation: eine Frau, die schützend »be-(oder ge-)deckt« wird von den Rechten und Verpflichtungen ihres Vormundes.[38]

Die zunehmende rechtliche Unselbständigkeit und Unmündigkeit machten es für eine Frau noch schwieriger, sich von ihrem Mann zu trennen oder scheiden zu lassen, aus dem Schutz und der Versorgung des Ehebundes herauszutreten. Die katholische Kirche billigte die Trennung nur unter sehr eingeschränkten Bedingungen (Ehebruch der Frau, Impotenz des Mannes). Eine neuerliche Eheschließung war dann aber problematisch und erforderte einen päpstlichen Dispens. Die Verordnungen protestantischer Städte und die königlichen Gesetze nahmen weitgehend dieselbe Haltung ein. Nürnberg erlaubte im 16. Jahrhundert die Scheidung, wenn einer der Gatten untreu oder davongelaufen war. Während in Zürich die Gerichte für Ehebruch Geldstrafen verhängten und eine Wiederverheiratung gestatteten, setzte das calvinistische Genf ganz auf die Versöhnung des Paares. Anglikanische Satzungen des 17. Jahrhunderts anerkannten Blutsverwandtschaft und Impotenz als Gründe für eine Trennung, hießen es aber nicht gut, wenn die Betreffenden sich wieder verheiraten wollten.[39]

In der Praxis gab es in der Tat Frauen und Männer, die ihren gemeinsamen Haushalt auflösten, doch wie beim Adel auch war die Trennung Gegenstand von zähen Verhandlungen. Aufzeichnungen des 13. Jahrhunderts aus Ragusa zeigen, daß der Frau Land und Güter zurückerstattet wurden, während der Mann das Kapital, das sie in die Verbindung eingebracht hatte, einbehielt. In Avignon ging das scheidungswillige Paar zu einem Notar. Nach den erhalten gebliebenen Verträgen erhielt die weibliche Seite etwas Geld und vielleicht Schmuck, Wäsche und Mobilien, etwa entsprechend dem Anteil, den sie als Witwe erhalten hätte. Die sicherste aller Alternativen war, wie in italienischen Familiengeschichten bezeugt ist, daß die Gattin nach der Trennung zu ihren Eltern zurückkehrte.[40] Denn außerhalb aller Familienbande zu leben blieb, auch in der chancenreichen städtischen Umgebung, für Frauen allein schwierig. Meist waren sie in einer solchen Lage kaum überlebensfähig, vor allem wenn sie keine speziellen Fertigkeiten besaßen und Kinder versorgen mußten. Über Jahrhunderte hinweg war der weibliche Anteil an den Armen in den Städten unverhältnismäßig hoch. Nach einer Abrechnung aus Segovia (Spanien) im Jahr 1561 waren 60 Prozent der mittellosen Erwachsenen Frauen. Eine Zählung der Bedürftigen in Norwich (England) im Jahr 1570 erbrachte 832 Frauen und 461 Männer. Aus den Urkunden eines Pariser Hospitals ergibt sich, daß in der gesamten Zeitspanne zwischen 1612 und 1661 nur für acht Männer, sonst immer für Frauen der verschiedensten Altersstufen gesorgt wurde.[41]

Auf dem Land wandten sich bedürftige Frauen und Männer um Beistand an die Kirche und an Einzelpersonen. Die reichen Stadtbewohner verrichteten ebenfalls individuell Werke der Nächstenliebe, ähnlich wie die adeligen Damen und Herren. In Florenz im 15. Jahrhundert machte zum Beispiel

Contessina, die Gattin von Cosimo de' Medici, dem Konvent von Santa Lucia eine besondere Schenkung. Kaufmannsfamilien von Florenz und Venedig versorgten oft verarmte junge Frauen und Witwen mit Aussteuern.[42] 1401 sorgten die Frauen von Nürnberger Bürgern während der Karwoche für die Speisung, Kleidung und Unterbringung von Leprakranken. Wie der landbesitzende Adel stifteten auch die wohlhabenden Städter bereits im 12. Jahrhundert Hospitäler, Refugien für die Alten und Kranken und Findelhäuser für verlassene Kinder, die die Eltern auf der Straße ausgesetzt hatten, da sie nicht für sie aufzukommen vermochten. In London gab es das Hospital von St. Giles, in Paris das Hôtel Dieu, wo im 15. Jahrhundert fünf Wärter mit vierzehn Nonnen, zwölf Priestern, sechs Angestellten und zwei Kaplanen tätig waren, um die Insassen zu versorgen.[43] Im 17. Jahrhundert widmeten sich Orden wie die Klarissinnen und die Vinzentinerinnen *(Filles de la Charité)* eigens solchen Aufgaben. Schon ab dem 15. Jahrhundert wurde die Unterstützung wohltätiger Institutionen auch eine Geschäftssache. Die Firma Banchi beispielsweise, eine Seidenmanufaktur in Florenz, zog von den Löhnen der Zunftmitglieder nicht nur Beiträge an Handwerkerfamilien für Geburtskosten und für Aussteuern ab, sondern auch für das städtische Findelheim.

Die Vorkehrungen von frommen Individuen, Laienbrüderschaften und Geschäften wurden im 16. und 17. Jahrhundert zunehmend als unzureichend erachtet. Mehr und mehr übernahmen Stadtvertreter, Ratsmitglieder und Bürgermeister die Verantwortung. Private Schenkungen und kirchlich verwaltete Wohltätigkeit wichen der öffentlichen Betreuung und kommunalen Institutionen. Die Stadtväter kamen nun für die Bedürftigen auf, doch nicht mehr im selben Geist wie früher. Diese erfolgreichen Berufsmänner hatten wenig Erbarmen mit den Armen und ihren Bedingungen. Die traditionelle, mitfühlende Definition der Armen als der Elenden und Unglücklichen wurde ersetzt durch Bilder von faulen, liederlichen, sündigen Frauen und Männern. Theologen begrüßten und unterstützten diesen Einstellungswandel. Der spanische Kirchenmann Juan Luis Vives schrieb 1526, man solle keinen Armen müßig lassen. Allen solle Arbeit gegeben werden, und Schwindler seien zu bestrafen.[44] Im 17. Jahrhundert befand der heilige Vincent de Paul, die Armen müßten gesündigt haben und die Hospitäler und Korrektionsanstalten seien eine angemessene Buße für sie.

Die Elite der Städte schalt und fürchtete die Armen, und ihre Haltung widerspiegelte sich in ihren Handlungen. Bei der Verwaltung der Fürsorgeeinrichtungen, bei der gesetzlichen Festlegung, wer von den Gaben empfangen beziehungsweise wer davon ausgeschlossen sein sollte, gingen die Stadtväter eher nach strafenden denn nach schützenden Gesichtspunkten vor.[45] Die Armengesetze von Venedig aus den Jahren 1529 und 1545 verlangten von Mittellosen, die um Almosen bettelten, eine Lizenz und deklarierten: »Arme Bettler und Bettlerinnen, die gegenwärtig ihre Zeit vertun, müssen informiert werden, daß sie keine Almosen bekommen werden, sondern Arbeit verrichten müssen.«[46] Dieses Mißtrauen und diese Ungeduld charakterisierten die Reglementierung und Institutionalisierung der Armenversorgung überall in den Städten Europas. Lyon war typisch. Ab 1520 und 1530 wurden die ausgewählten Armen abgezählt; man verlangte, daß sie einen Wohnsitz nachwiesen, teilte sie nach Kategorien ein, wies ihnen Unterkunft zu und einen bestimmten Geldbetrag, dessen Höhe nach einer buchhalterischen Definition ihrer Bedürfnisse festgelegt wurde. Die Jungen erhielten eine Ausbildung. Arme Mädchen lernten von Frauen, die von der Stadt bezahlt wurden, Baumwolle zu spinnen, zu nähen und Seidenkokons abzuwickeln.[47] Solche Vorkehrungen kamen den Zielen der Wohlhabenden entgegen. Das ungesteuerte Verteilen von Almosen und anderen Werken der Nächstenliebe, wie es in der Vergangenheit Brauch gewesen war, verschwand. Wie eine Flugschrift aus dem späteren 17. Jahrhundert aus Aix-en-Provence erläuterte, wurden durch solche Maßnahmen die Bettler von den Hauseingängen ferngehalten, Simulanten und Schwindler entlarvt, während die wahren Armen erkannt und wirksam unterstützt werden konnten.[48]

Die armen Stadtbewohnerinnen hielten sich über Wasser, so gut sie konnten, und baten um Hilfe, wenn sonst alles schiefging. 1356 gaben die Florentiner Monna Francesca Almosen, einer Mutter mit vier Kindern, die wegen eines gebrochenen Armes nicht arbeiten konnte, sowie drei anderen Frauen, weil sie schwanger und krank oder allein waren: der »alten und kranken« Nexetta und Monna Lippa, »einer armen und kranken Marktfahrerin«.[49] Die Stadtaufzeichnungen von Aix-en-Provence zeigten Frauen in vergleichbaren Umständen: Sie lebten am Rande der Gesellschaft und waren durch unvorhergesehene Ereignisse in die Armut abgedrängt worden. Weder konnten Lohnarbeiterinnen ihre Familien allein durchbringen, wenn ihre Männer weggelaufen waren, noch konnten die Alten, die Kranken oder die ganz Jungen genug verdienen, um davon zu leben.[50]

Städtische Urkunden belegen, daß Frauen und Männer, denen es in Notzeiten unmöglich war, ihre Kinder zu ernähren, sie den Findelhäusern überließen, welche die weltlichen und geistlichen Obrigkeiten errichtet hatten. In Aufzeichnungen von Florenz ist die Rede von einem Mädchen, daß im Januar 1445 nackt bei San Gallo abgelegt worden war:

> [...] ein neugeborenes Kind ganz voll von Blut am Kopf und am Rücken. Die Nabelschnur war nicht abgebunden, und wir konnten weder sehen noch erfahren, wer es gebracht hatte [...]

Die Mönche banden die Nabelschnur ab, wuschen den Säugling in weißem Wein und versuchten ihn zu wärmen. Am nächsten Morgen tauften sie ihn Smeralda.[51] In den Urkunden werden auch die Geschichten von Müttern erzählt. Eine junge Frau gab ihr Kind weg, damit sie als Magd arbeiten konnte, eine andere, damit sie sich mit ihrer Milch als Amme verdingen konnte. Dies war die einzige Möglichkeit für sie, etwas Geld zu verdienen, und »sie starb fast vor Hunger«.[52] Die Mehrheit der ausgesetzten Säuglinge ging zugrunde.[53] Ältere Kinder wurden auswärts in Dienst gegeben oder arbeiteten im Findelheim. Dies war vielleicht das Schicksal der drei Mädchen im Alter von vier, fünf und sechs Jahren, die ihr Vater, der Weber Antonio di Tommaso de Jacopo, nach dem Tod ihrer Mutter den Mönchen von San Gallo brachte. Verängstigte, notleidende Frauen brachten ihre Neugeborenen auch um. Akten aus der Stadt Nürnberg belegen für die Jahre zwischen 1533 und 1599 55 Kindsmorde: Ein Säugling wurde erstochen, einer erwürgt, einen anderen ließ die Mutter mit offener Nabelschnur verbluten. Protokolle des Grafschaftsgerichts von Essex aus dem Jahr 1579 berichteten von einer verzweifelten Frau, die ihrem Kind die Kehle durchschnitt, von einer zweiten, die das ihre in einem Graben zurückließ, und von einer dritten, die das ihre ertränkte. Eine Dienstmagd steckte ihren Säugling in eine Kiste, damit er sterbe, und der Vater riet, man solle ihn im Misthaufen begraben.[54]

Die meisten Frauen, die mit einem unehelichen Kind zurechtkommen mußten, stammten ursprünglich vom Land; sie waren entweder zur Hausarbeit oder vielleicht für eine Lehre in die Stadt gegeben worden. Ihr Partner mochte ein Kostgänger sein, ein anderer Dienstbote oder Lehrling, ein Soldat oder ein Student, der Hausherr oder dessen Sohn. Nach den Abklärungen von Gerichten und Notaren handelte es sich üblicherweise um eine flüchtige Verbindung ohne viel Zeit für zärtliche Worte oder Gesten. Unter gesellschaftlich Gleichgestellten vertrieben möglicherweise Heiratsversprechungen und Gespräche über eine gemeinsame Zukunft die Angst der jungen Frau vor einer Schwangerschaft. Das Kirchengericht von Somerset hielt im 17. Jahrhundert den Fall von Hannah und ihrem Liebhaber fest, die beim Beischlaf ertappt worden waren. Die Ankläger hatten gehört, wie die Frau sich aus Angst vor einem Kind widersetzte, dann aber nachgab, als John versprach, er werde sie am nächsten Tag heiraten.[55] Die Aussagen von jungen Müttern bezeugten, daß sie auch gegenüber bessergestellten Männern ähnliche Erwartungen hegten. Der einen hatte man Arbeit versprochen, einer anderen die Hochzeit nach dem Tod der Ehefrau, einer dritten die Einrichtung eines Geschäftes. Die Frauen erklärten, auch wenn die Versprechen nicht gleich eingelöst worden seien, hätten sie ihre Gunst weiterhin gewährt, da sie auf einen Gesinnungswandel der Männer hofften.[56]

Vor dem 16. und 17. Jahrhundert war das Urteil über solche Frauen den kirchlichen und gutsherrlichen Gerichten anheimgestellt gewesen. Die Kirchenmänner hatten die Sünde der fleischlichen Vereinigung und die Geburt eines Kindes außerhalb der Ehe vergeben. Schlimmstenfalls hatten die Behörden die beiden Beteiligten mit einer Buße belegt und manchmal prügeln lassen.[57] Gewohnheits- und Kirchenrecht hatten auch gegenüber der Mutter, die ihr illegitimes Kind tötete, eine nachsichtige Haltung eingenommen. Kindstötung wurde nur in isolierten Fällen als Mord definiert und bestraft.[58] In den Dörfern auf dem Land war der Druck der Familie und der ganzen Umgebung gemeinhin so stark, daß der Mann die Frau heiratete, wenn er sie geschwängert hatte. Nach Ansicht der Bevölkerung war die geschlechtliche Vereinigung überdies einer privaten Verlobung vergleichbar und galt deshalb als bindend. In einigen Regionen leistete der lokale Brauch dem Schwangerwerden vor der Hochzeit geradezu Vorschub, weil damit die Fruchtbarkeit der jungen Frau bewiesen war.[59]

In der relativen Anonymität der Städte griffen die alten Druckmechanismen und Haltungen nicht mehr. Das Paar mochte sogar in Wahrheit eine Heirat vorgesehen haben, doch wurde sie durch wirtschaftliche Veränderungen verunmöglicht. Vielleicht hatten sie nicht genug gespart, so daß sie sich die Einrichtung eines eigenen Betriebs oder Haushaltes nicht leisten konnten. In dieser Situation konnte ein junger Geselle oder ein Hausknecht immer in eine andere Stadt ziehen und die Braut zurücklassen.[60]

Ohne feste Unterhaltsmittel, ohne Familie als Rückhalt und mit einem unehelichen Kind war eine Frau zum Überleben auf die begünstigteren Mitbürger angewiesen. Selbst wenn Städterinnen die Sorge für solche Frauen und deren Nachwuchs als Bürgerpflicht betrachteten, so wurde die Haltung der Männer doch zunehmend mißbilligender. Als der Kaufmann Francesco Datini von Prato Ende des 14. Jahrhunderts in einer solchen Situation um Rat gebeten wurde, empfahl er, das »Geschöpf« – das Kind einer geschwängerten Sklavin – ins Findelhaus zu stecken.[61] Andere Väter rieten zu Abtreibung oder ließen das Kind an einem anderen Ort zur Welt bringen. Die Unglückliche selbst konnte in eine andere Stadt fliehen und versuchen, jemanden zu finden, der ihr beistand. Englische Parlamentsgesetze trachteten nach Bestrafung. Eine Satzung von 1609 ordnete ein Jahr Besserungsanstalt *(House of Correction)* an für die Geburt eines unehelichen Kindes.

Katholische wie protestantische Theologen brachten Armut mit Sündhaftigkeit in Verbindung. Die junge, schwangere Frau ohne Ehegatten personifizierte die Sündige. In den Augen der männlichen religiösen und weltlichen Behörden vergrößerte sie ihre Übertretung, wenn sie den Säugling umbrachte; sie war eine »Hure«, die die Konsequenzen ihres üblen Tuns zu vermeiden suchte. Die Rechtsprechung und die Maßnahmen der Stadtregierungen reflektierten die Verachtung und den Ekel, den die Ratsherren empfanden. Verordnungen des 16. Jahrhunderts aus Deutschland, Frankreich, der Schweiz und England gewährten nur eine minimale Hilfe während der Zeit der Geburt, versuchten nicht, auf eine Heirat hinzuwirken, sondern richteten ihr Augenmerk auf das Überleben des Neugeborenen. In der *Carolina*, der Kodifizierung des deutschen Strafrechts, die Kaiser Karl V. des Heiligen Römischen Reiches 1532 anordnete, zeigte sich die neue Haltung gegenüber Kindstötung: Einen Säugling umzubringen wurde nun als Mord geahndet und mit dem Tod bestraft.[62]

Ein Edikt des französischen Königs Heinrich II. unterstellte, daß die unverheiratete Mutter versuchen werde, ihr Kind aus der Welt zu schaffen. Um dies zu verhindern, sollten eine Hebamme und Zeugen anwesend sein. Der Hebamme wurde darüber hinaus noch eine weitere Aufgabe auferlegt. Das königliche Edikt zielte nämlich, wie zahlreiche Verordnungen von Stadtregierungen oder anderen Königen, darauf ab, der Öffentlichkeit die finanzielle Verantwortung für Mutter und Kind zu ersparen. Deshalb war die Hebamme angewiesen, ihr während der Wehen, wenn die Gebärende zur Kooperation am ehesten bereit war, Informationen für die *déclaration de grossesse* (»Schwangerschaftserklärung«) zu entlocken, besonders den Namen des Schwängerers und ihren eigenen Herkunftsort. Der Vater konnte, falls man ihn auffand, zu Unterhaltszahlungen für das Kind angehalten werden; wenn nicht, wurde die Mutter in ihren Heimatort zurückgeschickt. So oder so, dies die Argumentation der Urheber solcher Verordnungen, blieben der Stadt die Auslagen erspart.

Englische Gesetze verfolgten dieselbe Strategie und etablierten dieselben Maßnahmen. Nur selten jedoch konnte der Vater für das Kind zur Verantwortung gezogen werden. Die Erlebnisse von Joan Sage, einer Frau des 17. Jahrhunderts aus Somerset, waren typisch. Sie hatte sich in eine unbekannte Gemeinde durchgeschlagen. Während der Wehen vertraute sie sich den anwesenden Frauen an. Da sie den Namen des Ortes genannt hatte, wo das Kind empfangen worden war, wurde sie fortgeschickt. Sie blieb da »nur ganz kurze Zeit, und seither zieht sie bettelnd durchs Land«.[63] Bis ins 19. Jahrhundert verbesserten sich die Haltungen und Gesetze nicht.

Tagelöhnernde und mittellose Frauen hatten während der besprochenen Epoche vom 13. bis zum 17. Jahrhundert das härteste Leben – im besten Fall waren sie ihren Männern Gefährtinnen im Kampf ums Überleben, im schlimmsten Fall standen sie allein da, verurteilt und verlassen, wenn ihnen die Umstände eine Anstellung versagten. Die begüterten Städterinnen dagegen konnten auf ein geschütztes und umsorgtes Leben im Kreis einer Familie hoffen. Väter und Gatten trafen aber die wesentlichen Entscheidungen in ihrem Leben und verfügten über ihren Besitz und ihr Kapital. Nur zwischen

Handwerkerinnen und Handwerkern bestand ein gewisses Maß an Gleichheit und ein nahezu partnerschaftliches Familienverhältnis.

Alte Handwerke

Tagelöhnernde Frauen und Stückwerkarbeiterinnen lebten oft am Rande des Existenzminimums. Im Gegensatz dazu genossen jene Frauen, die die Fertigkeiten eines Handwerks erlernt hatten und Mitglied einer Zunft wurden, relativen Wohlstand und Sicherheit. Doch selbst in den schützenden und geschützten Handwerkerorganisationen waren Frauen benachteiligt und verwundbarer als ihre männlichen Kollegen. Vom 13. bis zum 17. Jahrhundert wurden in den Städten Europas weniger Frauen zur Zunftmitgliedschaft zugelassen, und von allen Aufgenommenen erreichten wiederum weniger Frauen die vollberechtigte Mitgliedschaft und die Privilegien eines Meisters. Einige Historikerinnen, als bekannteste von ihnen Alice Clark, spekulierten, daß es ein »goldenes Zeitalter« für Zünfterinnen gegeben habe und daß sie erst mit der Evolution des kommerziellen Kapitalismus in den Nachteil geraten seien.

In Wirklichkeit enthüllen jedoch die bis anhin durchgeführten Untersuchungen über einzelne Handwerke, daß die traditionellen Muster weiblicher Arbeitstätigkeit nie ernstlich in Frage gestellt waren. Schon im 14. Jahrhundert, einer ersten Blütezeit der zünftischen Macht, wie auch im 16. und 17. Jahrhundert, da wiederum Akten in großer Zahl vorliegen, scheinen die Bedingungen für Frauen in etwa gleich gewesen zu sein: Sie hatten weniger Zugang zu Ausbildung und geschütztem Status als die Männer.[64] Zunftlisten und Steuerverzeichnisse aus Paris und Oxford aus dem späten 13. und frühen 14. Jahrhundert bezeugen die ungleiche Situation. Von zwanzig Beschäftigungszweigen in Paris hatten nur deren neun zehn oder mehr weibliche Mitglieder. Bei den Stickern waren am meisten Frauen zu verzeichnen, aber doch nur achtzig im Vergleich zu den Hunderten Männern bei den Hutmachern, Webern, Kürschnern und selbst bei denjenigen Handwerken, die man eigentlich für weiblich halten könnte, beispielsweise in der Fertigung von seidenen Hauben und Frauengewändern.[65] Der Oxforder Kopfsteuerbericht von 1380 verzeichnete dreiundneunzig Gewerbe insgesamt, von denen nur zwölf Frauen beschäftigten. Sie arbeiteten als Wäscherinnen, Hausiererinnen, Schuhmacherinnen, Schneiderinnen, Gastwirtinnen, Brauerinnen, Netzmacherinnen, Kerzengießerinnen und, typischerweise, als Spinnerinnen oder Wollkremplerinnen.[66] Nach Aufzeichnungen aus dem späten 16. Jahrhundert in London erreichten Handwerkerinnen da, wo die Männer routinemäßig vom Lehrling zum Gesellen und schließlich zum Meister aufstiegen, nur zu 10 bis 15 Prozent den Meistergrad. Gesamtschätzungen über die Mitgliedschaft von Frauen in Zünften setzten die Zahlen weit niedriger an, bei 2 bis 3 Prozent; überdies handelte es sich meist um Witwen. Die Mehrheit der gewerbsmäßig arbeitenden Frauen gehörte gar keiner Zunft an. Statt dessen entrichteten sie der Korporation eine Gebühr, so wie die Florentiner Schneiderinnen im Jahr 1578, oder sie nahmen die Reglemente überhaupt nicht zur Kenntnis und arbeiteten illegal in ihrem Gewerbe.

In den überwiegend männlichen Zünften waren die Frauen zuerst nur als Ehefrauen oder Töchter von Mitgliedern zugelassen worden. Wie die Frauen des ländlichen Adels kamen Städterinnen zu Privilegien dank ihres Verwandtschaftsverhältnisses zu einem Mann, nicht aufgrund eigener Berechtigung. In den genannten Quellen von Paris und Oxford aus dem 13. und 14. Jahrhundert zählten jene Gewerbe mit weniger als zehn Frauen Ehefrauen, Töchter und Witwen auf, die ihren Gatten oder Vätern halfen; sie genossen in der Zunft nicht den vollgültigen Rang des Meisters. Während einem Ehemann beim Tod seiner Frau mehr oder weniger selbstverständlich ihre Rechte und Privilegien zufielen, galt dieser Grundsatz nicht umgekehrt für die hinterbliebene Frau eines Meisters. Die Lebensmittelhändler von Köln gestatteten einer Witwe im 14. Jahrhundert zwar die vollen Rechte zu, schränkten sie jedoch ein, wenn sie wieder heiratete. Die Zünfter argumentierten, in diesem Fall solle der neue Ehemann aus eigenen Mitteln für sie sorgen.

In wirtschaftlich florierenden Zeiten wurden Einschränkungen nicht durchgesetzt, und Frauen, die bereit waren, billiger zu arbeiten, wurden akzeptiert. Sobald jedoch die ökonomischen Bedingungen schwieriger wurden, ergriffen die Handwerker Maßnahmen, um sich und ihre Vorrechte zu behaupten. Ausgebildete Frauen wurden dadurch in den Nachteil gesetzt. Die Zünfter verstärkten ältere Reglemente oder führten neue ein, welche den Zugang von Frauen zur Mitgliedschaft und zu den Märkten erschwerten oder geradewegs untersagten. Als in Bristol im späten 15. Jahrhundert in der Tuchindustrie große Arbeitslosigkeit herrschte, verbot eine Weisung die Einstellung oder Aufnahme von Frauen mit der Behauptung, sie nähmen den Männern die Stellen weg. Die Seidenbrüderschaften in Lyon im späten 16. Jahrhundert ließen nur zwei Lehrlinge pro Meister zu und präzisierten, daß sie, wenn es sich um Mädchen handle, Töchter oder Schwestern von Mitgliedern sein müßten.[67]

Dieselben Motive bestimmten die Reaktionen gegen neue Gewerbe im 17. Jahrhundert. Die Londoner Buchhändlergilde und die Genfer Uhrenmacherzunft sperrten die Frauen mehr und mehr von ihren Vereinigungen aus. Zwischen 1553 und 1640 waren noch fast 10 Prozent der in der *Stationers Company* zusammengefaßten Beschäftigten im Verlagswesen weiblich gewesen: Buchdruckerinnen, Buchbinderinnen und Buchhändlerinnen.[68] Zuerst verbot die Gilde Lehrtöchter, dann verschloß sie 1676 das Gewerbe überhaupt allen, außer den legitimen Söhnen von Mitgliedern. Die Genfer Uhrmacher schrieben ihre Reglemente erstmals 1601 nieder. Bis zum Ende des Jahrhunderts war es soweit, daß Mitglieder, die ihren Frauen oder Töchtern das Handwerk beibrachten, gebüßt wurden.

Bezeichnenderweise waren Handwerkerinnen selbst da, wo sie eigene Zünfte besaßen, im Nachteil. Ausschließlich weibliche Gewerbe waren auf einige wenige Bereiche der Herstellung und des Vertriebs, vorzugsweise von Stoffen, Kleidern und Zubehör, beschränkt. In diesen Bereichen herrschten die alten Traditionen der Frauenlohnarbeit: Wie vor 800 befanden sich die Arbeiterinnen in den unqualifiziertesten und niedrigsten, schlechtestbezahlten Produktionszweigen, die auf wirtschaftliche Krisen am anfälligsten reagierten. Die neue Welt des kommerziellen Kapitalismus änderte das alte Muster keineswegs, vielmehr wurde es neu belebt und intensiviert.

Der Übergang von der örtlich gebundenen Subsistenzproduktion zu Manufakturzentren und Fernhandel verursachte eine Reihe von ökonomischen Zwängen. Die neuen Unternehmensformen, die engere Spezialisierung in Herstellung und Verkauf und die neuen Technologien unterhöhlten die Zünfte mit ihren wirtschaftlichen Vorrechten und ihrem besonderen Status. Jede Neuerung und jede protektive Reaktion der Stadtbürger wirkte sich zum Nachteil der Handwerkerinnen aus und schädigte sie mehr als ihre männlichen Berufsgenossen.[69]

Die Erfahrungen von Frauen im Textilgewerbe illustrieren dramatisch ihre Lage und die Auswirkungen der wirtschaftlichen Transformation Europas. Vom 14. bis zum 17. Jahrhundert arbeitete die Mehrheit der in Zünften organisierten Frauen in den Städten Frankreichs, Deutschlands, Italiens, Englands, Belgiens und der Niederlande in der Tuch- und Kleiderbranche. In Paris, London und Florenz besaßen sie im Grunde genommen ein Monopol auf allen Tätigkeiten, die mit der Seidenherstellung im Zusammenhang standen. Selbst in diesen geschützten und privilegierten Handwerken waren die alten Traditionen in bezug auf Frauenarbeit sowohl vor als auch nach der Entwicklung des kommerziellen Kapitalismus unerbittlich wirksam. In der Londoner Seidenindustrie besaßen die Seidenarbeiterinnen nie das Recht, die kostbarste Tuchart zu fabrizieren; männliche Weber übernahmen diesen Arbeitsschritt. Die meisten Seidenarbeiterinnen arbeiteten nicht selbständig oder unter weiblicher Leitung, sondern als Stückwerkerinnen für einen männlichen Unternehmer. Die Pariser Zunftstatuten führten männliche Aufseher auf, und wie die in anderen Bereichen der Stoffproduktion Beschäftigten arbeiteten auch die Seidenfrauen im Verlagssystem: Händler brachten ihnen die Rohseide und entlöhnten die Arbeiterinnen nach der Menge der fertig gezwirnten Seide. Stückwerk konnte beliebig begonnen und entzogen werden; die Stückwerkerinnen waren nicht für eine festgelegte Anstellungszeit, sondern pro Einheit bezahlt, und es war für sie zunehmend schwieriger, sich zu organisieren. Ihre Tätigkeit war gegen die Anforderungen des freien Marktes besonders schlecht gewappnet, wo um so weniger bezahlt wurde, je mehr produziert wurde.[70]

Unter solchen Umständen konnte auch eine Zunft nur wenig ausrichten, um ihre Mitglieder zu schützen. 1285 brachten in Douai in Flandern zwanzig Frauen – Spinnerinnen, Weberinnen, Kremplerinnen, Kämmerinnen von Rohwolle – Klagen vor gegen den Unternehmer Jehan Boinbroke. Er hatte eine ganze Reihe von Möglichkeiten ersonnen, um die Frauen zu betrügen, die für ihn Stückarbeit erledigten. Er belastete Schulden für Material mit hohen Zinsen, zog Bürgschaften ein, bevor die Schuld fällig war, bezahlte in Naturalien mit überbewerteter oder verrotteter Wolle, richtete niedrigere als marktübliche Beträge aus für fertige Erzeugnisse, betrog mit dem Gewicht oder der Qualität des gelieferten Materials. Als die Frauen gefragt wurden, weshalb sie solche Behandlung geduldet hätten, erklärten sie, ihre Proteste seien nicht zur Kenntnis genommen oder lächerlich gemacht worden. Einigen waren von der städtischen Obrigkeit gar Bußen oder Scherereien angedroht worden. Boinbroke konnte mit seinen Aufträgen stets anderswohin ausweichen; er war auf die einzelne Arbeiterin nicht angewiesen. So wagten die Frauen ihre Angelegenheit erst vorzubringen, nachdem er gestorben war.[71]

Schon im 14. Jahrhundert wirkten sich in den Städten Norditaliens die neuen technischen Errungenschaften und die für den kommerziellen Kapitalismus typische Spezialisierung zuungunsten der Arbeiterinnen in den Textilmanufakturen aus. Englische Zunftreglemente aus dem 15. und 16. Jahrhundert untersagten Frauen die Anfertigung von bestimmten Gewebearten und die Ausbildung an neuen Maschinen. Die Kammgarnweber von Norwich behaupteten 1511, die neuen Webstühle, die Tuchbahnen von 20 bis 40 Yards Länge und über 1 Yard Breite herstellten, erforderten mehr Kraft, als eine Frau sie aufbringe. Die Seidenwirkerei wurde mehr und mehr zu einer Angelegenheit der Männer, die nur die Fertigung von Bändern und Borten an kleinen Webstühlen den Frauen überließen. Ähnlich wurde ab Ende des 13. Jahrhunderts auch die Fertigung von »orientalischen Tapisserien« (wie die Pariser Zünfte es nannten) als zu mühsam für Weberinnen erachtet. Technische Erfindungen nahmen den Frauen weitere Handarbeiten weg, die sie in früheren Zeiten ausgeführt hatten. 1598 wurde der Strickrahmen entwickelt, 1604 ein Bortenwebrahmen, auf dem zwölf Bänder auf einmal hergestellt werden konnten. Die Frauen protestierten dagegen, doch die Erfindungen verbreiteten sich dessen ungeachtet im Verlauf des 17. Jahrhunderts.

Die Florentinerinnen konnten sich in der Weberei behaupten, wurden aber in die wenig geachteten Bereiche der Manufaktur abgedrängt, selbst in ihrem Spezialgebiet, der Seidenindustrie. Die Rechnungsbücher des Seidenkaufmanns und Unternehmers Andrea Banchi aus den Jahren 1458–1462 legen offen, daß Frauen trotz ihrer Zunftzugehörigkeit nicht so gut wegkamen wie Männer. Banchi beschäftigte Schreiber und Ladenjungen für sein zentrales Kontor und stellte so viele Haspler, Seidenspinner, Heizer, Färber und Weber an, sowohl Frauen als auch Männer, daß dreißig Webstühle in Gang gehalten wurden. Obwohl die Löhne durch Zunftbriefe geregelt waren, verdienten die Weberinnen in allen Kategorien weniger, als es den Satzungen entsprach, während die Männer den festgesetzten Betrag oder mehr erhielten.[72] Banchi fabrizierte und verkaufte alle Arten von Stoff, von Satin und Taft bis zu kostbarstem Samtbrokat – Frauen arbeiteten aber nur mit den weniger wertvollen Stoffen. Monna Antonia, eine Witwe und typische Seidenweberin, stellte karmesinroten Taft her. In vier bis fünf Wochen schaffte sie 50 *braccia* (»Ellen«, zwischen 40 und 60 cm) und verdiente 32 Goldgulden im Jahr. Ein Mann, der den schweren Brokatsamt wob, brauchte für 50 *braccia* ein halbes Jahr, verdiente in einem Jahr aber 171 Goldgulden, was tatsächlich dem Einkommen eines Bankverwalters der Medici entsprach.[73]

Wenn die Konkurrenz des Fernhandels den Gewinn der Firma schmälerte, litten die Frauen an ihren exponierten Arbeitsstellen am meisten. 1458 bis 1462 verringerte Banchi die Löhne der Weber. Die Bezahlung der Frauen ging um ein Viertel zurück, die der Männer freilich fiel weniger drastisch.[74] Dieselben widrigen Auswirkungen trafen Frauen in der Textilmanufaktur überall in den Städten. Um die Mitte des 17. Jahrhunderts war die Herstellung der gewinnträchtigeren Luxusgewebe in die Hände der Männer übergegangen, während Frauen mit Wolle, den gröberen Baumwollstoffen und Taft arbeiteten, mit allen jenen Stoffen also, die geringere Löhne abwarfen.[75] Die gleichen Erscheinungen führten im 16. und 17. Jahrhundert dazu, daß die Frauen in Leiden nur noch Leinenweberei betrieben und in Genf als Näherinnen arbeiteten.[76]

Die Spezialisierung und Technisierung des Textilgewerbes beschränkte die Frauen zunehmend auf nur noch einen Produktionsbereich: Sie wurden mehrheitlich Spinnerinnen, die im Stückwerk für Unternehmer arbeiteten und den Schwankungen des Marktes und den willkürlichen Praktiken ihrer Lieferanten und Arbeitgeber ganz besonders ausgesetzt waren. Die Verbesserungen des Spinnrades durch das Schwungrad im 15. und das Pedal im 16. Jahrhundert verstärkten das traditionelle Muster. Die Frauen konnten mehr und immer noch mehr spinnen und mehr Webern, meist Männern, Nachschub liefern.

Die Unternehmer vergrößerten ihre Profite auf Kosten dieser Handwerkerinnen, die nun aufs Spinnen reduziert waren. Schon im 14. Jahrhundert hatte der Wollkaufmann Francesco Datini erkannt, daß die Frauen auf dem Land billiger arbeiteten. Zwar dauerte es länger, bis die englische Rohwolle zu Tuch verarbeitet war – sechs Monate –, doch das Geld, das er durch die Umgehung der Zunftreglemente einsparen konnte, war ihm den Zeitverlust wert. Auch andere Kaufleute fanden heraus, daß sie auf dem Rücken der Städterinnen solche Einsparungen machen konnten. Um dieser Tendenz gegenzusteuern, verlangte der Stadtrat von Reading (England) im 17. Jahrhundert, Unternehmer müßten eine festgesetzte Anzahl Frauen pro Woche anheuern, doch wurden solche Bestimmungen einfach übergangen.[77]

Die ungünstigen Konsequenzen und die durch den Wandel verursachte Not wurden von Handwerkerinnen wie von Handwerkern nicht widerstandslos hingenommen. Urkunden aus dem 14. Jahrhundert bezeugten bereits, daß gelernte und ungelernte Arbeiterinnen an Aufruhr und Protestaktionen gegen die Handelsoligarchien, gegen die nachteiligen wirtschaftlichen Bedingungen ganz allgemein und gegen Nahrungsmittelknappheit teilnahmen. Die Seidenfrauen richteten im 15. Jahrhundert Petitionen an ihre Stadtregierungen. In Köln erreichten sie 1456 Einschränkungen gegen Spinnerinnen ohne Lizenz (zum Beispiel gegen die Beginen, fromme Frauen, die in Gemeinschaft lebten und arbeiteten). Frauen beteiligten sich am Kornaufstand von Lyon im Jahr 1529; 1649 protestierten sie in Neapel gegen eine Salzsteuer, indem sie das Haus des Steuereinnehmers stürmten und seine Sachen in Brand setzten. Früh im Mai 1652 entstanden in Córdoba rund um eine Frau, die mit dem Leichnam ihres verhungerten Jungen durch die Straßen zog, Aufruhr und Plünderei, die eine Woche lang anhielten.[78] Während des englischen Bürgerkrieges in den 1640er und 1650er Jahren gingen manche Städterinnen in London über bloßen Protest hinaus. Sie drangen darauf, daß ihnen dieselben Rechte wie den männlichen Bürgern zukämen.

Seit 1641 waren Frauen bei den politischen Demonstrationen dabeigewesen. Im Februar 1642 präsentierten vierhundert Frauen, angeführt von der Brauersgattin Anne Stagg, eigene Bittschriften: eine den Mitgliedern des *House of Commons* (Unterhaus) und zwei dem *House of Lords* (Oberhaus). Es handelte sich bei diesen Frauen nicht um politische Radikale; sie beklagten sich nur über den Niedergang des Gewerbes und den Geschäftsverlust, der eingetreten war, seit die Königin nicht mehr in London weilte. Sie erklärten, sie seien nicht in der Lage, Mieten zu bezahlen und sich selbst samt ihren Familien zu unterhalten.[79] Im August 1643 reichte eine andere Gruppe, die weiße Seidenbänder trug, um ihre Loyalität mit dem König zu bekunden, den *Commons* neuerdings eine Petition ein wegen der wirtschaftlichen Zustände. Sie riefen nach den »Ärzten, [...] welche diese darniederliegende Nation wiederherstellen können« und die »Erneuerung des Gewerbes« herbeiführten. Am nächsten Tag versammelten sich zweitausend bis dreitausend

Frauen, die nach »Frieden und unserem König« riefen, schimpften, gegen republikanische Parlamentsmitglieder tätlich wurden und den Ausgang des Unterhauses blockierten. Daraufhin zerstreute Militär die Frauen. Männliche Demonstrationsteilnehmer blieben unbelästigt, während drei oder vier Frauen getötet und anderen die Gesichter zerschlagen wurden.[80]

Von 1647 bis 1649 reichten Anhängerinnen von radikaleren Sekten und Führern – beispielsweise John Lilburne von den Levellern – Petitionen ein. Sie protestierten ebenfalls gegen die ökonomischen Bedingungen, erhoben darüber hinaus aber auch politische Forderungen. Als sie von Abgeordneten zurückgewiesen wurden, beharrten sie auf ihrem Petitionsrecht und damit auf ihrem Anrecht auf eine politische Freiheit, die derjenigen der Männer gleichwertig war. Zehntausend Frauen unterzeichneten im April 1649 eine Petition an das *House of Commons*, in der die Rede war von der »großen Menge derer, die am Verhungern und Zugrundegehen sind, da Arbeit, Anstellung, Notwendigkeiten und Unterhaltsmittel fehlen«. Die Frauen rechtfertigten ihr unorthodoxes Verhalten:

> Wir sind so überbürdet, so von Betrübnis überwältigt, daß wir nicht in unseren Schranken bleiben und an die Sitten unseres Geschlechtes gebunden werden können [...] in Anbetracht dessen, daß wir am Gemeinwohl gleichen Anteil und gleiches Interesse mit den Männern haben.[81]

Der Parlamentsbeamte des Unterhauses nahm die Schrift unwillig an und meinte, Frauen könnten solche Dinge nicht verstehen, die Antwort gehe, wie es sich gezieme, an die Männer ihres Haushalts; zuletzt kam die Aufforderung, »you are desired to goe home, and looke after your owne businesse, an meddle with your huswifery« (»Ihr seid ersucht, nach Hause zu gehen und euch um eure eigenen Angelegenheiten zu kümmern und euch mit eurer Hauswirtschaft zu beschäftigen«).[82]

Als Lilburnes Anhängerinnen im Mai 1649 gegen das Kriegsrecht Einspruch erhoben, doppelten sie nach: »Haben wir nicht ein gleiches Interesse wie die Männer dieser Nation an jenen Freiheiten und Sicherheiten, welche in der *Petition of Right* [Erklärung der konstitutionellen Rechte] enthalten sind [...]? Darf uns eher als den Männern irgend etwas von unserem Leben, unseren Gliedern, Freiheiten oder Gütern weggenommen werden, es sei denn nach dem gehörigen Rechtsverfahren [...]?«[83] Sie wurden überhört. Mit der durch Cromwells Protektorat aufgezwungenen Ordnung endeten die Proteste der Handwerkerinnen gegen wirtschaftliche Bedrängnis und die Bekräftigungen ihrer Rechte als Bürgerinnen. Solche Forderungen wurden von Frauen bis zum Ende des 18. Jahrhunderts nicht mehr erhoben.

Die Aneignung beruflicher Fertigkeiten und der Schutz einer Zunft ermöglichten einigen Frauen einen gewissen Wohlstand. Weder diese Bedingungen noch die Entwicklung des kommerziellen Kapitalismus vermochten die Frauen jedoch von den traditionellen, benachteiligenden Mustern weiblicher Arbeitstätigkeit zu befreien oder ihnen auf die Dauer einen gleichberechtigten Status zu verschaffen. Bis ins 20. Jahrhundert nahm die große Mehrheit der europäischen Städterinnen ihre Funktionen wahr, ohne über die vollen Bürgerrechte zu verfügen, und verdiente ihren Lebensunterhalt in den prestigeärmsten, schlechtestbezahlten, unsichersten und unqualifiziertesten Tätigkeiten.

Neue Berufe: Kunst und Medizin

Frauen der traditionellen Handwerke und Produktionszweige, Frauen der Oberschicht, die den Zünften angehörten, waren nicht imstande gewesen, die überlieferten Muster weiblicher Arbeitstätigkeit aufzubrechen. Seit dem Aufkommen des kommerziellen Kapitalismus hatten sie weitere Verringerungen ihrer Privilegien und Chancen hinnehmen müssen. Leider erging es Frauen in den neuen Gewerben und Berufen des 16. und 17. Jahrhunderts nicht besser. Die Bereiche von Kunst und Medizin kamen den anerkannten Begabungen der Frauen entgegen, und beide verletzten nicht die überlieferten Ansichten über die angemessenen Sphären weiblicher Beschäftigung. Beide konnten sie als Erweiterungen von traditionellen Frauenaufgaben angesehen werden. Und doch war es den Frauen auch hier in keinem Feld möglich, Fachwissen und Status zu erhalten, die demjenigen der männlichen Künstler und Ärzte gleichgekommen wären. Statt dessen wurden ihnen die Zulassung zu Ausbildung und Mitgliedschaft in den Berufsorganisationen zunehmend verweigert, und die einträglichsten Aspekte der neuen Berufe blieben ihnen untersagt.

Kunst

Vor dem 16. Jahrhundert arbeiteten Frauen in der Kunst ähnlich wie Männer, innerhalb der Kirche oder durch Teilnahme am Familienhandwerk. Ihre künstlerische Tätigkeit bestand im 13., 14. und 15. Jahrhundert hauptsächlich in der Illuminierung von Manuskripten. Das Berufsverzeichnis von Paris aus dem Jahr 1292 enthielt acht Illuminatorinnen.[84] Urkunden aus belgischen, deutschen und italienischen Städten verraten die Namen von weiteren Frauen, zum Beispiel der heiligen Katharina von Bologna, einer Miniaturenmalerin und Kalligraphin des 15. Jahrhunderts, oder Elizabeth Scipens, einem selbständigen Mitglied der Schreibergilde von Brügge. 1521 begegnete Albrecht Dürer Susanna Horenbout (1503–1545), die von ihrem Vater die Kunst der Illuminierung gelernt hatte. Obwohl sie erst achtzehn war, kaufte Dürer ihr Bild von Jesus und staunte, daß eine Frau so viel konnte.[85] Die Tochter des Künstlers Uccello, Antonia (1456–1491), malte für ihr Karmelitinnenkloster. Einige wenige Frauen halfen als Bildhauerinnen und erschienen bereits im späten 13. Jahrhundert auf den Pariser Steuerlisten. Von Sabina Steinbach nimmt man an, sie habe im 13. Jahrhundert das Werk ihres Vaters an der Fassade des Straßburger Münsters zu Ende gebracht. Die Zeitgenossen der Bildhauerin Properzia de' Rossi (ungefähr 1500–1530), zum Beispiel Vasari, nahmen anerkennend Notiz von ihrem Relief für die Kirche Sankt Peter in Bologna.

Seit dem 15. Jahrhundert beschäftigte die städtische Elite Maler und Bildhauer, um ihre Häuser und Paläste zu schmücken und ihre Familien in Öl und Stein zu verewigen. Auf allen Stufen der neuen Kunsthandwerke waren Frauen tätig: im Buchdruck, in der Gravierkunst, der Malerei und der Bildhauerei. Doch selbst in der günstigen Umgebung der Städte, vor allem in Italien, wo Männer wie Leonardo da Vinci, Michelangelo, Caravaggio und Tizian um Aufträge rivalisierten, trat allein eine Frau hervor, die sich mit ihnen an Talent und Ansehen messen konnte: Nur Artemisia Gentileschi (1593–1652?) fand die Möglichkeit, in großem Stil zu malen, und genoß die Anerkennung, die ihr gebührte.

Wie die meisten Künstlerinnen erhielt Artemisia Gentileschi die erste Ausbildung und Ermutigung von ihrem Vater. Orazio Gentileschi, der selbst Maler und ein Anhänger Caravaggios war, hatte bereits einen Ruf als Lehrer und erteilte seiner Tochter vermutlich die ersten Lektionen, als sie noch ein kleines Mädchen war. Von ihrem frühesten erhalten gebliebenen Ölbild nimmt man an, sie habe es mit siebzehn Jahren gemalt. In diesem Gemälde von der biblischen Heldin Susanna mit den Alten enthüllt sich ihr besonderes Talent. Die Darstellung der Figuren ist ungewöhnlich: Susanna sitzt nackt auf einer Bank und dreht sich furchtsam weg, während die beiden Greise hinter ihr über eine Mauer lehnen, sich besprechen und nach ihr hinschielen. Die Szene enthält in der Darstellung der Verletzbarkeit der jungen Frau und der Gemeinheit der Anschläge der Männer eine eigene Aussagekraft, da sie ein Ereignis im Leben der Künstlerin selbst widerspiegelt.[86]

1610 hatte der Vater Artemisia zum Studium der Perspektive zu einem anderen Meister, einem Freund der Familie namens Agostino Tassi, geschickt. Vom ersten Moment an paßte Tassi ihr ab. Den einen Tag im Jahr 1611, den sie allein in seinem Atelier verbrachten, gelang es ihm, sie zu vergewaltigen, obwohl sie sich wehrte. Ihr Vater brachte Tassi vor Gericht, als sie die Sache aufdeckte, da sie Tassis Heiratsversprechungen nicht mehr länger glaubte. Obwohl sie mit Daumenschrauben gepeinigt wurde, beharrte Artemisia das ganze, sich über fünf Monate hinziehende Verhör darauf, sie habe sich gesträubt und Tassi habe ihr einen Ring gegeben und ihr versprochen, sie zu heiraten, wenn sie schweige. Er mußte acht Monate ins Gefängnis, wurde dann aber freigelassen. Als Verteidigung brachte er vor, sie habe bereits andere Liebhaber gehabt, er sei nur einer von vielen gewesen. Einen Monat nach seiner Freilassung heiratete sie einen anderen Künstler des Kreises, Pietro Antonio de Vincenzo Stiattesi, und ging mit ihm nach Florenz.[87]

Eine weniger entschlossene Malerin hätte vielleicht aufgegeben. Die Bildhauerin Properzia de' Rossi war im frühen 16. Jahrhundert als Kurtisane angeklagt und etikettiert worden. Obwohl sie den Auftrag für das Relief von Sankt Peter in Bologna in einem Wettbewerb gewonnen hatte, starb sie, nur vier Jahre später, mit dreißig verarmt in einem kommunalen Hospital. Artemisia Gentileschi dagegen fuhr unter dem Schirm der Ehe in einer anderen Stadt mit ihrer Arbeit fort und hatte Erfolg. 1629 hatte sie Zutritt zur Akademie in Florenz, dem Äquivalent zu einer Künstlerzunft, erhalten. Sie bekam Aufträge für große Gemälde – biblische Szenen und Heldinnen, allegorische Figuren, Porträts – von Mäzenen in Rom, Venedig und Neapel wie auch aus Florenz. 1638 ging sie nach England, um ihrem Vater bei der Fertigstellung der Decke des Queen's House in Greenwich zu helfen.

Die wenigen Quellen zu ihrem Leben zeigen, daß Gentileschi sich darüber im klaren war, was es bedeutete, Frau und Künstlerin zu sein. Briefe an den Auftraggeber Don Antonio Ruffo in Sizilien aus dem Jahr 1649 belegen, wie sie, stolz auf ihre Begabung und auf das, was sie als Frau konnte, über Preise diskutierte (100 Scudi pro Figur).[88] Ihr war bewußt, wie anders ihre Bilder sein konnten, und sie variierte absichtlich die traditionellen Posen und die Darstellung der Figuren, um Frauen stark und heldenhaft zu zeigen. Sie porträtierte Judith, die junge hebräische Witwe, als schöne, kräftige Frau, die mit einem schweren Männerschwert Holofernes den Kopf vom Rumpf trennt, während ihre Dienerin ihn festhält. Gentileschis Selbstbildnis zeigt die alltägliche Wirklichkeit einer arbeitenden Malerin: Sie steht da, stark und schlank, die Ärmel des Kleides hochgestreift, lose braune Haarsträhnen umgeben ihr Gesicht; ihre gesammelte Energie und Konzentration richtet sich auf den Pinsel, die Palette und das Bild, das sie auf der Leinwand erschafft. Im November 1649 schrieb sie Ruffo: »Ihr werdet den Geist Cäsars in der Seele dieser Frau finden.«[89]

Andere Frauen des 16. und 17. Jahrhunderts arbeiteten in Italien, in Belgien und den Niederlanden als Malerinnen, erwarben sich die notwendige Übung, suchten sich Aufträge. Doch nur dank ihrer Findigkeit und ihrer Hartnäckigkeit gelang es einigen wenigen, überhaupt einen professionellen Rang und Anerkennung bei ihren Zeitgenossen zu erreichen. Denn im 17.

Jahrhundert waren Künstlerinnen bereits an die Peripherie der neuen Berufe abgedrängt worden. Immer waren diese Frauen bei ihrer Arbeit im Nachteil. Der Preis für die Ausbildung bestand darin, aus der Norm zu fallen, ein Wunderkind zu sein (meist von einem Künstlervater), das um seiner vollendeten Talente willen exponiert und angeschwärzt wurde. Durch Heirat erhielt die Frau zwar die benötigte Respektabilität, doch oft auch weniger Gelegenheit zu malen, wodurch sie weniger Werke vollbringen konnte. Einige Künstlerinnen starben im Kindbett, andere hinterließen mehr Kinder als Bilder. Da sie nur selten Aufträge für große Gemälde und monumentale Werke erhielten, wie sie von den Mäzenen Europas bevorzugt wurden, malten sie Sujets, die man als »dekorativ«, aber nicht eigentlich bedeutsam erachtete. Sie spezialisierten sich auf die Anfertigung von Miniaturen, auf Stilleben und botanische Illustrationen oder auf Genrebilder, volkstümliche Szenen von der Art der holländischen Künstlerin Judith Leyster im 17. Jahrhundert. Manche kopierten bewußt den Stil ihres Vaters, blieben im Atelier der Familie und fanden deshalb nie eigens Anerkennung für vollendete Werke.[90]

Als Giorgio Vasari in der Renaissance die Biographien von Künstlern beschrieb, nahm er die Bildhauerin Properzia de' Rossi nicht so sehr wegen ihres künstlerischen Könnens auf als wegen ihrer Virtuosität: Sie war »nicht nur in Haushaltsdingen geschickt [...] sondern in zahllosen Wissensgebieten. [...] Sie war schön, und sie spielte und sang besser als jede andere Frau in der Stadt.«[91] Andere italienische Künstlerinnen des 16. und 17. Jahrhunderts fanden aus vergleichbaren Gründen Anerkennung. Für die Männer waren sie ungewöhnlich. Kritiker priesen die religiösen und klassischen Werke von Lavinia Fontanta, »denn sie sind schließlich von einer Frau, die den üblichen Pfad verlassen hat samt allem, was für ihre Hände und Finger schicklich ist«.[92] Die Selbstbildnisse der jungen Frauen gefielen den Männern – einer schrieb an Sofonisba Anguissolas Vater: »Ich möchte nichts lieber als das Bild der Künstlerin selbst, so daß ich in einem einzigen Werk zwei Wunder sehen lassen kann, zum einen das Werk und zum anderen die Künstlerin.«[93]

Lavinia Fontanta (1552–1614) gelang es, über die Stufe der als Wunder Bestaunten herauszukommen, doch erwartete sie ein nächstes Hindernis. Als sie mit gut vierzig Jahren auf der Höhe ihrer Karriere stand, erhielt sie Aufträge für biblische Szenen, Familienbildnisse und ein Altarbild für die Kapelle von Philipp II. von Spanien im Escorial. Es sind von ihr mehr Werke erhalten als von jeder anderen Künstlerin vor 1700. Trotzdem ist der Gegensatz zu einem zeitgenössischen Künstler extrem. Nur etwas mehr als fünfzig Gemälde wurden als die ihren identifiziert, obwohl sie doppelt so viele vollendet haben mußte. Ihre männlichen Kollegen produzierten Hunderte, und deren Werke blieben erhalten, um ihren Ruf zu stärken.

Von allen Künstlerinnen des 17. Jahrhunderts führte die holländische Malerin Judith Leyster (1609–1660) am ehesten ein Leben, das demjenigen eines männlichen Künstlers glich. Als Tochter eines Haarlemer Brauers lernte sie Frans Hals kennen und eignete sich Stilelemente von ihm und von Caravaggio an. Sie wurde in die Malergilde aufgenommen. Wie bei Gentileschi beruht ihr Ruhm als Künstlerin auf der einmaligen Art, wie sie traditionelle Bildthemen variierte. Sie malte Frauen zu Hause, sauber und ordentlich, die sich ihren häuslichen Arbeiten widmeten; exemplarisch dafür ist ihr Bild »Der Antrag«. Der lüsterne Mann, der eine junge Frau umwirbt, war ein übliches Thema. Leyster richtete in ihrer Darstellung die Aufmerksamkeit auf die Weigerung der Frau, die Vorschläge des Mannes überhaupt zur Kenntnis zu nehmen; sie bleibt ruhig und beugt sich über ihre Näharbeit. Der Mann hingegen macht einen schlechten Eindruck, sowohl in seiner äußeren Erscheinung als auch in seiner verstohlen werbenden Gestik. Die Heirat im Jahr 1636 und die Geburt von drei Kindern knickten die Laufbahn von Judith Leyster. Sie malte fortan weniger und ließ von den Szenen ab, die sie berühmt gemacht hatten, und wandte sich statt dessen dem Stilleben zu.

Stilleben und Porträts kamen den eingeschränkten Bedingungen der Frauen entgegen. Während ihnen die Ausbildung in Anatomie verweigert wurde, konnten sie diese Themen nach dem Leben zeichnen. Da sie nur am Rand ihres Berufsstandes fungierten, waren ihnen wichtige und prestigeträchtige Aufträge vorenthalten; durch Stilleben und Porträts konnten sie sich immerhin ihren Lebensunterhalt verdienen. Im 16. und 17. Jahrhundert beauftragten Gönner in Italien und England Künstlerinnen mit der Fertigung von Bildnissen und vor allem Miniaturen, einer neu in Mode gekommenen Kunstform. Nur von wenigen Frauen sind mehrere Werke erhalten. Die Porträtmalerin Joan Carlisle aus dem 17. Jahrhundert, die möglicherweise die erste berufsmäßige Künstlerin Englands war, wurde zu ihrer Zeit vorteilhaft verglichen mit dem anerkannten Meister, Sir Peter Lely. Giovanna Garzoni (1600–1670) blieb ledig und starb dank der Miniaturen, die sie für die großen Familien Venedigs, Neapels und Roms gemalt hatte, als wohlhabende Frau.

Garzoni war auch für ihre Stilleben bekannt, die sie mit Wasserfarbe auf Pergament malte, um sorgfältige Abbildungen von Naturphänomenen zu erstellen. Sie und andere Künstlerinnen schufen viele der Konventionen, die dieses populäre Genre des 17. Jahrhunderts beherrschten. Clara Peters (1594–1657?) von Antwerpen, von der man vierundzwanzig Werke kennt, malte zunächst traditionelle Arrangements von Früchten, Blumen und Gegenständen. Später wählte sie alltägliche Speisen und kontrastierte das natürlich Gewachsene und das vom Menschen Geschaffene; sie spielte mit Spiegelungen auf Metall- und Glasobjekten, in die sie miniaturartige Selbstbildnisse einfügte. Rachel Ruysch (1664–1750), die Tochter eines Professors für Botanik und Anatomie in Amsterdam, wurde zur Gilde von Den Haag zugelassen und gewann Angehörige des Hofes als Mäzene. Sie verlangte die höchsten Preise für ihre Arbeiten und erlangte internationalen Ruf für die Genauigkeit und Originalität ihrer Szenen. Sie fügte ihren Kompositionen Tiere hinzu: eine Eidechse, die ein Vogelei fraß, eine Schlange oder eine Heuschrecke, die neben den üblichen Objekten posierten. Ruysch behielt das Malen bei, obwohl sie heiratete und zehn überlebenden Kindern Mutter wurde. Nach der Anzahl ihrer Werke – achthundert – konnte sie es mit einem männlichen Kollegen aufnehmen, doch wie so häufig bei der künstlerischen Betätigung von Frauen blieb nur wenig davon, nämlich fünfundneunzig Bilder, bestehen.[94]

Rachel Ruysch war in mancher Hinsicht eine glückliche Ausnahme. Die Mehrheit der Stillebenmalerinnen fand wenig Anerkennung. Ihre Werke dienten zur Bebilderung von botanischen Büchern für einen beschränkten Adressatenkreis oder als Vorlagen zu Stoff- und Porzellanmustern. Nur wenige Künstlerinnen konnten in Zünfte eintreten, nur wenige waren so glücklich, die Aufmerksamkeit begüterter städtischer oder adeliger Gönner auf sich zu ziehen. Nicht in der Lage, sich von ihrer Hände Werk zu erhalten, gingen sie als begabte Amateurinnen in die Geschichte der Kunst ein.

Medizin

Anders als in der Bildhauerei, der Malerei und anderen Kunsthandwerken, wo Männer als Meister schon vorher dominierten, hatten die Frauen Europas immer die primäre Verantwortung für die medizinische Versorgung ihrer Familien getragen und das Monopol in Geburtsangelegenheiten besessen. Als im 13. Jahrhundert die medizinisch Tätigen besoldet wurden und sich in Zünften zu organisieren begannen, waren Städterinnen in allen Zweigen und auf allen Stufen der Versorgung aktiv: als universitär ausgebildete Ärztinnen, als Kräuterkundige, als Baderinnen, Wundärztinnen und als Hebammen.

Bis ins 15. Jahrhundert erlaubten die medizinischen Fakultäten der italienischen Universitäten, daß Frauen den akademischen Grad einer Ärztin erwarben. Dorotea Bocchi erlangte die akademische Würde 1390 von der Universität in Bologna und hielt in der Nachfolge ihres Vaters Vorlesungen über Heilkunde und Moralphilosophie. 1423 las Costanza Calenda, die Tochter des Dekans der medizinischen Fakultät von Salerno, Medizin an der Universität in Neapel.[95] Als Ärztin mit dem Doktorgrad einer Universität stand eine Frau weit über den meisten heilkundlich Tätigen. Nur die Reichsten riefen sie zur Diagnose, um eine Krankheitsursache zu beschreiben und eine Kur vorzuschlagen. Die akademisch gebildeten Ärzte berührten ihre Patienten selten und verschrieben kaum Medikamente, sondern sprachen ausgehend von ihrer theoretischen Kenntnis des Körpers, von den *humores* (Körpersäften) und deduzierten Hypothesen über die Heilung; zum Beispiel schlugen sie zur Behebung von Fieber kalte Speisen vor.

Wegen der theoretischen und oft fehlerhaften Ausrichtung der Mediziner ließen die wohlhabenden und gebildeten Städter gerne andere Heilkundige rufen, wenn sie krank waren: Frauen, die durch ihre praktischen Erfahrungen, ihre Pflanzenkenntnis und ihren gesunden Menschenverstand wirksamer als die universitär Gebildeten Schmerzen zu stillen und Krankheiten zu vertreiben vermochten. In einigen Städten taten sich die Kräuterkennerinnen und heilkundigen Empiristinnen und Empiristen in Zünften zusammen; beispielsweise bildeten die Apotheker eine derartige Vereinigung. Oft gehörten die Frauen aber auch keiner berufsständischen Gruppe an und führten ihre Praxis dank ihres Rufs. Die Erfahrungsmedizinerinnen wendeten vom Aderlaß über Purgationen, Umschläge und Salben bis zu Gebeten, astrologischen Sprüchen und Alchemie die unterschiedlichsten Mittel an.

Vom 13. bis zum 16. Jahrhundert fanden Frauen in französischen, italienischen, englischen, deutschen und schweizerischen Städten auch Anerkennung und Mitgliedschaft in den Zünften der Schnitt- oder Wundärzte und Bader. Diese waren darauf spezialisiert, zur Ader zu lassen, Geschwüre und Tumore zu schneiden, Amputationen vorzunehmen und den im Verlauf der Wehen abgestorbenen Fetus aus dem Mutterleib zu ziehen. Schon 1292 erscheinen Frauen in einer Pariser Urkunde als Baderinnen, und bis 1694 gestatteten die französischen Körperschaften den Witwen, diesen Beruf weiter auszuüben, wenn ihr Gatte darin tätig gewesen war.

Unter den siebenunddreißig Wundärztinnen von London, die 1511 als Ergebnis eines Parlamentsbeschlusses die Approbation erhielten, waren Frauen, die sich neben der Chirurgie noch in anderen Sparten der Medizin hervortaten.[96] Es war vom 13. bis zum 17. Jahrhundert mehrfach der Fall, daß Frauen mehr als eine medizinische Spezialität praktizierten; diese wurden von ihren Zeitgenossen »Doktor(in)« genannt. Im 16. Jahrhundert in Bern war Marie Colinet von ihrem Mann als Chirurgin ausgebildet worden; sie richtete auch Knochen, benutzte Magnete, um Metallsplitter aus dem Auge zu entfernen, und arbeitete als Hebamme. Um ihrer Geschicklichkeit willen erhielt sie die Bürgerrechte von Paris, ein seltenes Vorrecht für eine Frau und ein Zeugnis für den Respekt, den ihre Mitbürger ihr zollten. Steuerlisten und andere städtische Urkunden aus Frankreich und Deutschland nannten weitere Doktorinnen; acht standen auf der Pariser Liste von 1292.[97] Einige Städte bevorzugten Frauen mit dieser Erfahrungsbreite, besonders für die Pflege von Patientinnen. In einer italienischen Lizenz des 14. Jahrhunderts für eine Doktorin hieß es, »angesichts der gehörigen Berücksichtigung der moralischen Reinheit« seien Frauen besser geeignet, Frauenkrankheiten zu behandeln.[98]

Frauen mit einer breiten Palette von medizinischen Spezialisierungen standen im Dienst von Monarchen. Hersend (gestorben um 1250) begleitete König Ludwig IX. von Frankreich als Ärztin ins Heilige Land; ihr Gatte fungierte als königlicher Apotheker. Königin Philippa, die Gattin von König Eduard III. von England, stellte Cecilia von Oxford als ihre Wundärztin an. Im 17. Jahrhundert arbeitete Lady Anne Halkett als Wundärztin, Hebamme und Doktorin in der Armee des Königs von Schottland.[99]

Doch nicht anders als in den anderen qualifizierten Berufen und Beschäftigungen veränderten auch in der Medizin die traditionellen Muster, welche die Frauenarbeit beherrschten, ihre Tätigkeit in den neuen Berufen. Die akademisch gebildeten wie die handwerksmäßig organisierten Heilkundigen erließen Reglemente und Zulassungsvorschriften und definierten Spezialisierungen. Frauen wurden von der notwendigen Ausbildung und den Berufsorganisationen ausgeschlossen. Frauen teilten ihr Wissen – Männer nahmen es als Privatbesitz. In ihren Büchern setzten männliche Autoren die praktischen Kenntnisse der Frauen herab und diskreditierten jene, die bei der Behandlung von Patienten davon Gebrauch machten. Bis ins 18. Jahrhundert war es den universitär gebildeten männlichen Ärzten dann gelungen, sich selbst als Experten in allen Zweigen der Medizin zu etablieren, selbst da, wo es sich um Schwangerschaft und Geburt handelte. Männer kontrollierten alle Bereiche, ausgenommen das Hebammenwesen und die Kinderpflege, und selbst da kümmerten sich Frauen nur noch um die Armen oder um die Landbevölkerung, die weitab von männlichen Spezialisten wohnte. Bei bessergestellten Kranken amtierten Frauen nur unter der Oberaufsicht eines Arztes.

Im 13. Jahrhundert begannen italienische Städte, Ärzte zu konzessionieren. Deutsche und französische Städte taten dasselbe im 14., englische und spanische Städte im 16. Jahrhundert. Ab dem Beginn des 17. Jahrhunderts mußte, wer als Doktor, als Chirurg, Apotheker oder Hebamme arbeiten wollte, ein Examen ablegen und eine Bewilligung erlangen. Der Prozeß gegen Jacoba Felicie de Almania im August 1322, den die akademisch ausgebildeten Mediziner der Oberschicht angestrengt hatten, zeigt, wie sich die neuen Verordnungen in Paris gegen weibliche Heilkundige richteten. Die Gelehrten klagten, Jacoba praktiziere ohne Ausbildung und gefährde deshalb das Leben ihrer Patienten. In ihrer Verteidigung versuchte Jacoba zu beweisen, daß sie trotz des Mangels an klassischer Bildung eine erfolgreiche Doktorin sei. Drei ihrer Patienten bezeugten ihre Ehrlichkeit, ihre Geschicklichkeit und ihre Hingabe. Sie erklärten, sie hätten erst bezahlen müssen, nachdem die Pflege angeschlagen habe. Jacoba behandelte sie mit selbstgemischten Arzneien, Abführmitteln, Kräutertränken, speziellen Verbänden und Inhalationen. Jean Faber hatte an »Krankheit im Kopf und in den Ohren« gelitten, Odo de Cormessico hatte von den Magistern nicht geheilt werden können, und die dritte, Jeanne, war von den Universitätsärzten gar schon als tot aufgegeben worden. Ihre Genesung wurde der Tatsache zugeschrieben, daß Jacoba »sich so um sie bemühte, daß sie durch die Gnade Gottes von der genannten Krankheit befreit wurde«. Denn anders als die gelehrten Herren Ärzte, die nur theoretisierten, blieb Jacoba bei ihren Kranken, beobachtete und pflegte sie selbst. Sie befürwortete Reglemente, die Qualifikationen forderten, beharrte jedoch darauf, daß dieses Reglement ihre Praxis nicht beschneiden könne, sondern »gegen unwissende Frauen und unerfahrene Verrückte« gerichtet sei. Und sie argumentierte, Frauen müsse die Ausübung der Medizin gestattet sein, denn »aufgrund der Tugendhaftigkeit des weiblichen Geschlechts und aufgrund der Scham, die eine Frau erleiden würde, wenn sie die Geheimnisse ihrer Krankheit einem Mann anvertraute, möchte sie lieber sterben, bevor sie sie enthüllt«. Das Urteil wurde im November ausgesprochen: Ohne den gehörigen Universitätsgrad wurde Jacoba die Medizin verboten, und das Kirchengericht, das mit der Angelegenheit befaßt war, verhängte die härteste Strafe, Exkommunikation.[100] Andere Prozesse ebenfalls in Paris und in dieser Epoche verurteilten Frauen für das Vergehen, daß sie die Grenzen ihrer amtlich genehmigten Spezialdisziplin überschritten (eine Wundärztin, die wie eine Apothekerin Heilmittel verschrieb, eine Hebamme, die wie eine Ärztin behandelte).

Die Erfahrungen von weiblichen Heiltätigen in England exemplifizieren, wie Frauen allmählich in ganz Europa von den medizinischen Berufen ausgeschlossen wurden. Anfang des 17. Jahrhunderts nahmen nur die eben organisierten Apothekerzünfte weibliche Mitglieder auf. Die Männer hatten den Frauen zuerst den Zugang zur Berufsausbildung, dann zu der Mitgliedschaft in den Berufsorganisationen verweigert. 1390 mußten Meister der Medizin in London ein Examen bestehen, wozu es universitäre Ausbildung brauchte – Frauen aber durften die Universität nicht besuchen. 1421 forderten die Meister in einer Petition an das Parlament, man möge gegen die Mitglieder der Bader- und Wundärztezunft vorgehen, die sowohl Medizin als auch Chirurgie praktizierten. Insbesondere wurden die Frauen angeklagt,

> [...] die weder natürliche Fähigkeit noch professionelles Wissen besitzen, die (dank ihrer Dummheit) die schwerwiegendsten aller möglichen Fehler begehen und sehr oft ihre Patienten umbringen; denn sie arbeiten ohne Weisheit und auf keinem sicheren Fundament, sondern nach einer beliebigen Manier; sie sind auch nicht gründlich vertraut mit den Ursachen oder auch nur den Namen der Krankheiten, von denen sie behaupten, sie könnten sie heilen.[101]

Als König Heinrich VIII. 1540 eine eigene Londoner Wundärztezunft mit Vollmachten ausstattete, wurde den Frauen die Mitgliedschaft verboten.

Dasselbe geschah 1614 in Salisbury. Wundarznei und Chirurgie wurden exklusiv zum Arbeitsbereich der »freien Brüder«, Außenseiter erlaubte die Zunft nicht: »Keine solche Frau, und auch keine andere, soll irgendeine chirurgische Behandlung vornehmen oder sich damit befassen.«[102] Schritt um Schritt hatten die Männer die Frauen zuerst von dem einen, dann von einem anderen Bereich der Heilpraxis abgeschnitten.

Erstaunlich war, daß die Frauen sogar in der Geburtshilfe, die traditionellerweise ihr exklusives Spezialgebiet gewesen war, ihren Status als Expertinnen verloren. Die universitären Mediziner und die Baderzünfte taten sich zusammen, um die Tauglichkeit der Hebammen zu kontrollieren, ihre Aufgaben festzuschreiben und sie unter Umständen geradewegs in Verruf zu bringen.

Holzschnitte und Gemälde aus dem 15. und 16. Jahrhundert mit Geburtsszenen zeigen die Hebamme als matronenhafte Gestalt, als bedachte, kompetente Berufsfrau. Sie trägt eine weiße Schürze und eine weiße Kopfbedekkung, einen Rockzipfel hat sie in den Gürtel geschlagen und die Ärmel hochgerollt. Auch wenn andere Frauen abgebildet sind, ist es doch die Hebamme, die beschäftigt und angespannt aussieht. Auf einem Holzschnitt sitzt die Mutter im Bett, während die Hebamme neben ihr auf einem Schemel ausruht. Sie ist im Begriff, das Neugeborene zu waschen, und überprüft die Wassertemperatur im Holzzuber neben dem Bett mit ihrem nackten Fuß.[103] Um das Recht zu haben, einer Frau im Kindbett beizustehen, legte die Hebamme vor dem örtlichen Bischof einen Eid ab, damit sie das Kind nottaufen konnte, falls sein Überleben gefährdet war. Im 15. und 16. Jahrhundert mußten die Geburtshelferinnen in Städten wie Lille, Paris, Regensburg und Straßburg auch vor den weltlichen Behörden erscheinen, entweder weil es die öffentlichen Hebammen waren, die von der Stadt bezahlt wurden, oder weil die Mediziner, die Wundärzte und Bader sich für ihre Tätigkeiten interessierten. Üblicherweise wurden sie von einem Mediziner und praktizierenden Hebammen befragt, bevor sie die amtliche Genehmigung bekamen. 1460 erhielt Catherine Lemersne, die Frau eines Bäckers, von einem Arzt ein Zeugnis und anschließend von der Stadtverwaltung eine Lizenz. Agnes LeClerc bekam ihre Lizenz 1472 aufgrund des Zeugnisses von anderen Frauen, die in dem Beruf arbeiteten.[104]

Die Art der Examen, wie sie im späten 15. und frühen 16. Jahrhundert durchgeführt wurden, zeigt, daß die Sorge der Autoritäten nicht so sehr dem geburtskundlichen Fachwissen und Können der Hebammen galt. Vielmehr ging es um die Fähigkeit der Frau zu erkennen, wann sie medizinische Experten, den Arzt, den Bader oder den Chirurgen, herbeirufen mußte. Außerdem sollte sichergestellt werden, daß die Hebamme sich in keinem anderen medizinischen Bereich betätigte. Die Stadtverordnungen von Nürnberg, Regensburg und Frankfurt am Main präzisierten, daß sie den Doktor oder den Bader beizuziehen hatte, wenn der Fetus vermutlich tot und die Mutter zu schwach zur Entbindung war. Pariser Vorschriften aus dem Jahr 1560 formulierten ebenfalls diese Regel und hielten darüber hinaus auch fest, daß die Hebamme keine Krankheiten behandeln dürfe und daß sie Anzeige erstatten müsse, wenn jemand ohne Lizenz praktiziere.

In den letzten Dekaden des 16. Jahrhunderts wünschten Ärzte, Chirurgen, Bader, Stadtbehörden wie auch die Hebammen selbst mehr als nur amtliche Zulassung. Sie wollten, daß eine formale Ausbildung erteilt werde – wenn nicht aus anderen Gründen, dann deshalb, um den praktizierenden Frauen zu den neuen Kenntnissen der weiblichen Anatomie zu verhelfen. Die erste Klinik zum Unterricht von Hebammen wurde gemäß Überlieferung im 16. Jahrhundert in Padua errichtet; modellgebend für die Städte in Frankreich und danach in ganz Europa wirkten jedoch die Vorschriften von Paris von 1560 und der von den Wundärzten des Hôtel Dieu entworfene Studienplan. Er sah umfassende Anforderungen für Lehre und Studium und die Examination durch Chirurgen, Universitätsärzte und lizensierte Hebammen vor. Das Muster eines Fragenkataloges für die Hebammenprüfung in Amsterdam um 1700 gibt einen Eindruck davon, welcher Grad an Fachwissen erforderlich war. Es gab Fragen zur Anatomie, zu den verschiedenen Wehenphasen, normalen und abnormalen Positionen und Entwicklungen des Fetus und zu den Maßnahmen, die zu ergreifen waren, falls vor dem Beginn der Wehen Blutungen auftraten.[105]

Qualifizierte Hebammen, oft die Frauen, die in den Hauptstädten Europas an der Spitze ihres Berufes standen, anerkannten die Notwendigkeit von Vorschriften und Ausbildung; sie versuchten, so gut sie konnten, an den Verfahren teilzunehmen, ihre Kenntnisse und Erfahrungen anderen Frauen zugänglich zu machen. Die männliche Berufselite sabotierte ihre Bemühungen. Das Ärztekolleg von London wies 1634 die Petition der wichtigsten praktizierenden Hebammen der Stadt – Elizabeth Cellier, Jane Sharp und Hester Shaw, die pro Entbindung bis zu 1000 Pfund verdienten – ab, sich als Zunft formieren zu dürfen, um die Ausbildung zu gewährleisten und die geltenden Maßstäbe durchzusetzen.[106] 1653 schlug die Pariser medizinische Fakultät ein Lehrangebot der führenden Hebamme der Stadt aus.

Da den Frauen das Recht auf die Erteilung von Unterricht oder auf die Festlegung von selbstregulierenden Maßnahmen verweigert wurde, teilten sie ihr Wissen mit, indem sie medizinische Handbücher verfaßten. Das erste stammte von Trotula, einer sagenumwobenen Ärztin von Salerno, der frühesten medizinischen Schule Europas. Ihre Schrift *De passionibus mulierum* (»Von den Leiden der Frauen«) war bis weit ins 16. Jahrhundert sowohl in Manuskripten als auch in gedruckter Version in Umlauf.[107] Die dreiundsechzig Kapitel bestehen aus einer bewundernswerten Kombination von theoretischen Auslegungen klassischer Autoren wie Galen und Hippokrates und praktischen Schlüssen aus Trotulas eigenen Beobachtungen. Da gibt es Diskurse über die heiße und trockene Natur des Mannes, die durch die kalte und feuchte Natur der Frau gemildert und ergänzt wird, oder über die stärkere Krankheitsneigung der Frau aufgrund ihrer »schwächeren Eigenschaft, [...] besonders in den Organen, die mit dem Werk der Natur in Zusammenhang stehen«.[108] Andererseits gibt Trotula praktische Anweisungen gegen Würmer, Läuse, Taubheit, Zahnschmerzen, Abszesse, Hämorrhoiden und Steinerkrankungen.

Ein bedeutender Teil des Buches ist den weiblichen Unpäßlichkeiten und der Geburt gewidmet. Auch hier kombinierte Trotula den theoretischen Unsinn der klassischen Autoren mit den gesunden Empfehlungen der erfahrenen Praktikerin. Sie glaubte, Aderlaß könne Menstruation herbeiführen, und empfahl, Wieselhoden als Empfängnisverhütungsmittel zu verwenden. Aber sie gab den Frauen auch kluge Ratschläge für Schwangerschaft, Geburt und Kindbett. Sie regte an, Bäder zu nehmen und leichte Kost zu verzehren, wenn der Termin der Niederkunft sich nähere. Sie wußte Tränke, welche die Schmerzen der Wehen linderten, erteilte Anweisungen für eine sanfte Massage (ähnlich wie die *effleurage* im 20. Jahrhundert). Sie beschrieb, wie man die Lage des Fetus ändert, damit er leichter durch den Gebärmutterhals rutscht, und wie man Scheidenrisse mit Seidenfaden vernäht. Gegen Abszesse an der Brust kannte sie Breiumschläge; sie wußte Methoden, um einen Gebärmuttervorfall mit der Hand zu beheben, hatte Salben und Tampons gegen Blutungen und gegen Infektionen des Unterleibes.

1609 wurde Trotulas Werk von dem gesammelten Expertenwissen einer anderen praktizierenden Frau abgelöst: Louise Bourgeois (1563–1636), Hebamme der französischen Königin Maria von Medici, wurde eine europaweit anerkannte Autorität in der Geburtshilfe. Sie war außerhalb von Paris geboren worden, heiratete den Bader und Wundarzt Martin Boursier, der Ambroise Paré, dem leitenden Wundarzt des Pariser Armenhospitals Hôtel Dieu, als Assistent beistand.[109] Mit vierundzwanzig Jahren hatte Louise drei Kinder zur Welt gebracht und ließ die Spitzenmacherei sein, um Hebamme zu lernen. Ab 1593 praktizierte sie in Paris und wurde 1601 Hebamme der Königin.

1609 erschien ihr Buch *Observations diverses sur la stérilité, perte de fruict, fécondité, accouchements et maladies des femmes et enfants nouveaux naiz* (»Verschiedene Beobachtungen über Unfruchtbarkeit, Fehlgeburt, Fruchtbarkeit, Niederkunft und Krankheiten von Frauen und Neugeborenen«). Mit Übersetzungen ins Deutsche und Holländische und von englischen Autoren umfassend plagiiert, wurde Bourgeois' Buch zu einem Grundlagentext für alle, die sich mit Geburtshilfe befaßten. Dank ihrer Anatomiekenntnisse, die sie von den Wundärzten hatte, ihrer praktischen Ausbildung und ihrer Erfahrung durch die Beaufsichtigung von fast zweitausend Geburten stellte sie in ihren fünfzig Kapiteln Erläuterungen und Beobachtungen das Beste zusammen, was das 17. Jahrhundert den gebärenden Frauen anbieten konnte.[110] Sie beschrieb die Symptome der Schwangerschaft, gab Beispiele, erklärte die Ursachen von Fehl- und Frühgeburten. Wie Geburtshelferinnen des 20. Jahrhunderts empfahl sie Ruhe, um Blutungen zu vermeiden, und leitete die Wehen ein, wenn sich die Plazenta vorzeitig von der Gebärmutterwand gelöst hatte. Sie gab Anweisung, wie und wann während der Entbindung eingewirkt werden mußte, und erläuterte zwölf mögliche Positionen des Kindes. Auch für die Pflege der Mutter nach der Geburt und die Wahl einer Amme machte sie Vorschläge. Bourgeois verstand ihr Buch als Hilfe für die Hebammen, besonders für jene, die an anatomischen Sektionen teilnehmen konnten. Sorgfältig vermied sie es, anderen medizinischen Tätigkeiten der Geburtshelferinnen das Wort zu reden.

Auch andere Hebammen von Königsfamilien oder mit einer ähnlich ausgreifenden Erfahrung schrieben Traktate. Justina Dietrich (geboren um 1645), die der Frau Friedrichs I. von Preußen beistand, publizierte ihr Buch von über zweihundertfünfzig Seiten Unterweisung und vierzig Bildtafeln im Jahr 1689.[111] *The Midwives Book on the Whole Art of Midwifery* (»Das Buch der Hebammen von der gesamten Kunst der Geburtshilfe«) der Engländerin Jane Sharp, erschienen 1671, zehrte von der dreißigjährigen Berufserfahrung der Autorin und enthielt Anatomie und Wissenswertes aus den Schriften anderer Hebammen.

Sowohl Bourgeois als auch Sharp sprachen sich gegen Veränderungen in der Geburtspraxis aus, die vor allem in den wohlhabenden und privilegierten Schichten auftraten, nämlich die Beiziehung von »männlichen Hebammen«, wie man im 17. Jahrhundert sagte. Bourgeois schrieb von ihren Fehldiagnosen, ihrer Ungeduld und dem Schaden, den sie Frauen zufügten, besonders von seiten der Wundärzte, die dazukamen, wenn die Wehen schwierig wurden.[112] Sharp hielt wenig von der Universitätsbildung der Ärzte, ihren Vorlesungen oder ihrer Lehre. Sie berief sich auf die Bibel und die tiefere Erfahrung der Frauen, um ihr exklusives Recht auf den Beruf der Geburtshelferin zu rechtfertigen. (Da auch sie den Vorurteilen ihrer Zeit unterstand, gab sie als weiteren Rechtfertigungsgrund allerdings auch an, Geburtshilfe sei des männlichen Geistes nicht würdig.)

Doch indem die Hebammen so ausgezeichnete Texte geschrieben hatten, hatten sie zugleich ihren letzten Vorteil preisgegeben. Da die Frauen ihre Erfahrung und ihr Wissen mitteilten, wurde die Tatsache, daß den Männern das Geburtszimmer außer bei den problematischsten Entbindungen verboten gewesen war, bedeutungslos. Schon im 16. Jahrhundert hatten Männer in Worms, in Zürich und Venedig Bücher verfaßt, in denen sie sich als Experten in Geburtssachen aufspielten und die unwissenden Hebammen aufklären wollten. Das Werk des süddeutschen Apothekers Eucharius Rösslin, *Der Swangern Frauwen und Hebammen Rosegarten* von 1513 (in England *Byrth of Mankynde* genannt) erlebte im 16. und 17. Jahrhundert zahlreiche Auflagen, obwohl der Autor keinerlei praktische Erfahrung besessen hatte.

Französische, niederländische und englische Wundärzte des 17. Jahrhunderts, die über das neue anatomische Wissen verfügten, schrieben ebenfalls Bücher, in die sie sowohl die Werke von Vesalius und Faloppio als auch die Beobachtungen der gelernten Hebammen einarbeiteten. Einige der Autoren, zum Beispiel Hendrik Van Deventer, François Mauriceau und Nicolas Culpepper, wollten den praktizierenden Frauen eine Hilfe bieten, während andere Wundärzte vielmehr die Absicht hatten, sie zu verdrängen. Ambroise Paré, der berühmte Wundarzt am Hôtel Dieu von Paris, veröffentlichte 1551 und 1573 zwei Abhandlungen, die auf die Zukunft der Geburtshilfe wichtigen Einfluß nahmen. Paré wollte die Wehen von Anfang an selbst überwachen, die Frau in die richtige Stellung bringen, die Phasen und etwaigen Schwierigkeiten der Wehen beurteilen. Für die Hebamme blieb da außer der Tröstung und Begleitung der Kreißenden keine Funktion mehr übrig. Generationen von Medizinhistorikern haben Paré die Schaffung des medizinischen Spezialbereichs der Gynäkologie und die Wiederentdeckung von Wissen und seit der Antike vergessenen Geburtshilfetechniken als Verdienst angerechnet. Paré wußte aus seiner Arbeit im französischen Heer und dann am Hôtel Dieu zu seiner Zeit vermutlich mehr als irgend jemand sonst über Anatomie; daraus folgt jedoch nicht notwendigerweise, daß Frauen von wichtigen geburtshilflichen Handgriffen keine Ahnung gehabt hätten. Zum Beispiel war auch den Hebammen das Zurechtrücken des fehlpositionierten Fetus in der Gebärmutter bekannt, ein Verfahren, dessen Wiederentdeckung nun Paré zugeschrieben wurde. Im 13. Jahrhundert hatte Trotula geschrieben:

> Falls das Kind nicht in der Reihenfolge herauskommt, wie es sein sollte, das heißt, wenn die Beine oder Arme zuerst herauskommen, soll die Hebamme mit ihrer kleinen und sanften Hand, die sie in einem Sud von Hanfsamen und Kichererbsen angefeuchtet hat, das Kind in die richtige Lage an seinen Platz zurückstoßen.[113]

Spätere Autoren äußerten sich abfällig über praktizierende Frauen. Der englische Wissenschaftler und Arzt William Harvey tadelte die Hebammen in seinem Traktat über die Fortpflanzung von 1651, da sie durch ihre Unwissenheit und ihre fehlgeleitete Aufmerksamkeit »in Wahrheit große Lebensgefahren eingehen«.[114] In einigen Teilen Europas ging der Aberglauben von den »weisen Frauen« der Dörfer, die mit dem Teufel im Bund stehen sollten, in das Bild der Städter von den Hebammen ein. Um 1558 in London ihre Lizenz zu erlangen, mußte Margett Parry dem Bischof geloben, keine »Zauberei« zu gebrauchen.[115]

Das im 17. Jahrhundert publizierte Buch *The Expert Mid-wife* (»Die kundige Hebamme«) des Engländers James McMath reflektierte alle diese Haltungen. Der Text gab vor zu belehren, ließ anatomische Zeichnungen jedoch als unnötig und potentiell gefährlich aus – sie könnten zu »Liederlichkeit« Anlaß geben. McMath beschrieb die stark reduzierte Rolle der Hebamme, wie sie für ihre Arbeit in der Stadt zunehmend charakteristisch wurde. Sie sollte »sitzen und auf den Gang und den Fortschritt der Natur achten [...] und einige andere Dinge von geringerer Tragweite besorgen, welche Ärzte den Hebammen zu erledigen geben«.[116]

Die neuen Berufe in Medizin und Kunst, die den Frauen anfänglich offengestanden hatten, wurden allmählich den traditionellen und überlieferten Mustern der Frauenarbeit unterworfen. Ohne die spezialisierte Ausbildung, die den Männern verfügbar war, hatten die Frauen nicht auf allen Stufen die Möglichkeit, sich in den neuen Bereichen auszuzeichnen. Männer kontrollierten die Zünfte, die Akademien, die Universitätsgrade, Mäzenatentum und Konzessionierung. Sie schlossen die Frauen systematisch von allen außer den prestigeärmsten Beschäftigungszweigen aus. Erst im späten 19. Jahrhundert sollten Frauen wieder als Berufskünstlerinnen anerkannt werden. Und erst im späten 19. Jahrhundert sollten Frauen wiederum zur medizinischen Praxis zugelassen werden.

Kapitalistische Unternehmerinnen

In den Handwerkszünften wurden Frauen ausgeschlossen, in den Künsten waren ihnen Ausbilung und Aufträge verwehrt, und in der Medizin wurden sie reglementiert und diskreditiert. Aber noch ein weiterer Bereich bot Städterinnen aus der Oberschicht Gelegenheit zu beruflicher Entfaltung: Wie die Männer aus den reichen Manufaktur- und Kaufmannsfamilien hatten auch sie Zugang zu Kapitalien und Märkten. Auch sie konnten als Unternehmerinnen, Kauffrauen oder Bankfachfrauen an der ökonomischen Umgestaltung Europas mitwirken.

Die Umstände begünstigten ihre gleichberechtigte Teilnahme. Der Anfang der ökonomischen Revolution des kommerziellen Kapitalismus lag in der Familiensphäre, in der Welt der Frau. Das Wort »Kompanie« stammte von der lateinischen Wendung *cum pane* ab und bezeichnete die Gemeinschaft derjenigen, die zusammen das Brot brachen. In den Städten waren die Ehefrauen zwar noch untergeordnet, aber doch wichtig. Bei der Verbindung von Familien durch die Ehe verhalfen sie zu Bündnispartnern und Kapital. Wenn Kaufleute reisten, wenn Unternehmer ihren Agenten schrieben, dann vertrauten sie auf ihre Brüder, ihre Söhne, ihre Gattinnen und ihre Mütter. Begüterte Städterinnen konnten in der Regel lesen und schreiben und lernten etwas Rechnen und Buchhaltung, die einzig meßbaren Fertigkeiten in dieser neuen Art wirtschaftlicher Unternehmung. Der Erfolg in der kapitalistischen Welt bemaß sich nach Charaktereigenschaften und Persönlichkeitsmerkmalen, günstigen Umständen und wahrgenommenen Chancen; nichts davon hatte mit Geschlechtszugehörigkeit zu schaffen.

Wie in der Zeit vor 800 hatten auch vom 13. bis zum 17. Jahrhundert Witwen am ehesten Möglichkeiten, sich auszuzeichnen und Macht zu übernehmen. Die Zeitgenossen erwarteten von ihnen, daß sie mit einem gewissen Maß an Unabhängigkeit auftraten. Als älteste Frau besaß die Frau eine wichtige Stellung in der Familie. Bedeutsam war, daß sie auch auf Geld Zugriff hatte. Als die Stadtbürger Verordnungen erließen über die Rechte von Witwen, folgten sie den römischen, germanischen und keltischen Traditionen, welche der Witwe Zugang zu Kapital oder Vermögenserträgen garantierten, um damit ihre Versorgung zu gewährleisten. Vom 12. Jahrhundert an erhielten Witwen in Norditalien, Deutschland, den Niederlanden und Belgien überall zwischen einem Drittel und der Hälfte des Betrags ihrer Mitgift, wenn ihr Gatte starb.[117] In einigen Regionen hatte sie auch Anspruch auf einen Teil des während der Ehe gemeinsam erworbenen, nicht ererbten Gutes. Im 14. Jahrhundert war dies der Brauch in Toulouse, im 16. Jahrhundert in Paris. Die Absprachen zur Verlobung konnten den späteren Witwen auch größere als die gewohnheitsrechtlich oder per Stadtverordnung diktierten Anteile sichern. Im 15. Jahrhundert hatten Witwen über ihre Heiratsverträge ein Recht auf das Leibgedinge, ein garantiertes Einkommen aus dem Eigentum, das dem Barbetrag ihrer Mitgift entsprach. Pariser Verträge des 16. Jahrhunderts räumten Witwen ein Drittel ihrer Mitgift als Jahresrente ein sowie die lebenslängliche Nutzung an der Hälfte des gemeinsam erworbenen Gutes und an der Hälfte des Eigentums ihres verstorbenen Mannes. Heiratsvereinbarungen aus Lyon um 1500 sicherten den Frauen Summen zu, die der eingebrachten Mitgift gleichkamen, und manchmal gar einen zusätzlichen Betrag »für die guten und angenehmen Dienste, welche sie während der Ehe für ihn geleistet hatte«.[118]

In den Städten war es Brauch, daß die Witwen die Vormundschaft über ihre Kinder behielten. Anders als in der landbesitzenden Bevölkerung gab es keine Konflikte um ihre Person oder ihr Eigentum. Im Gegenteil, die Stadtbürger übergaben in ihren Vermächtnissen und Gerichtsentscheiden ihren

Gattinnen die Verfügungsgewalt über den gesamten Rest ihrer Besitzungen, ernannten sie gar anstelle von männlichen Verwaltern, besonders ihren Söhnen, zu Vollstreckerinnen ihres Letzten Willens. Ein deutscher Kaufmann des 13. Jahrhunderts wünschte ausdrücklich, daß die Mutter das Eigentum bewirtschafte, da er befürchtete, der Sohn werde es vergeuden. Gerichte in Exeter und Bristol betrauten im 14. Jahrhundert Witwen mit dem Recht, das gemeinsame Gut zu verwalten, und ernannten sie für das übrige zu Testamentsvollstreckerinnen.[119]

In diesen Jahrhunderten entwickelte sich der Brauch, den Anteil der Witwe in bar auszuzahlen. Dies und ihr Recht, das Eigentum ihres verstorbenen Gatten für sich selbst oder für die Erben zu verwalten, ließen sie in der Welt des kommerziellen Kapitalismus zu einem wertvollen Individuum werden. Die Stadtbürger erkannten die langfristige Bedeutung ihrer Position und ihrer Guthaben. Das Geld in ihren Händen diente möglicherweise nicht den Familieninteressen. Um sie auszuzahlen, mußten unter Umständen Schulden auf das neugeschaffene Patrimonium aufgenommen werden; das für den Aufbau der neuen Handelsdynastie notwendige Kapital wurde abgezogen. So geschah es im 16. Jahrhundert in Familien Italiens, Englands, Frankreichs und Belgiens. Es gab Witwen, zum Beispiel in Siena im 13. Jahrhundert, die das Geld nicht ihren Söhnen, sondern ihren Töchtern und Enkelinnen vermachten.[120] Der schlimmste Fall aber trat ein, wenn sich die Frau wieder verheiratete, wenn also der neue Gatte Kontrolle über das Kapital erhielt und Kinder aus der neuen Verbindung die Erbschaftsrechte der Nachkommen aus erster Ehe bedrohten. Alle diese Vorkommnisse schmälerten die Aktiva der Familie und lösten ihre Guthaben in den Händen anderer auf.

Um solchen Verlusten zuvorzukommen, wurden die Witwen ab dem Ende des 13. Jahrhunderts mit Restriktionen umgeben. Die Einschränkungen äußerten sich zunächst in den Testamenten der einzelnen Bürger, dann in den Stadtverordnungen, schließlich in den Edikten der Könige. Die Letzten Willen von venezianischen Ehemännern aus dem 13. Jahrhundert untersagten eine Wiederverheiratung, um das Erbgut der Kinder zu schützen. 1348 legte Fetto Umbertini von Florenz fest, seine Gattin Pia solle das Haus und ihr jährliches Einkommen verlieren, falls sie sich wieder einen Mann nehme oder falls sie ihre Mitgift aus der Erbschaftsmasse herauslöse. Testamente aus Siena aus dem letzten Jahrzehnt des 13. Jahrhunderts stellten dieselben Bedingungen, um das Kapital in der Familie zu halten. Stadtverordnungen begrenzten den Betrag, den eine Witwe von ihrer Mitgift nach eigenem Willen vererben konnte; Verträge, welche nicht alle Kinder gleichmäßig bedachten, wurden für ungültig erklärt. So konnten Jungen nicht enterbt werden, wenn eine Mutter ihren Reichtum nur an Töchter weitergeben wollte. Französische Stadtverordnungen, die Bräuche des Pariser Parlaments wie auch die königlichen Erlasse limitierten gleichermaßen die Verfügungsgewalt der Witwe über das Eigentum, sobald sie sich nochmals verehelichte und Kinder hatte. Es wurde festgelegt, wieviel sie dem neuen Gatten geben durfte. Witwen, die einen Mann von niedrigerem gesellschaftlichem Rang heirateten, wurden bestraft – eine Maßnahme, die möglicherweise darauf zielte, Mitgiftjäger abzuhalten.[121]

Wenn Witwen jedoch nicht wieder heirateten und selbst für ihre Lebenszeit von dem Kapital Gebrauch machen konnten, haben manche von ihnen, das wird aus den erhaltenen städtischen Urkunden ersichtlich, beachtlichen Unternehmergeist und Tatkraft entfaltet. Sie erwiesen sich als den männlichen Manufakturbesitzern und Kaufleuten durchaus würdige Konkurrentinnen. Infolge der typischen Struktur der Ehen zwischen älteren Männern und jüngeren Frauen gab es vergleichsweise viele jugendliche Witwen, die unabhängig ihren Haushaltungen vorstanden. In der Tat waren weitaus die meisten weiblichen Haushaltsvorstände verwitwet.[122]

In England, Deutschland und der Schweiz verwalteten und vergrößerten Witwen vom 15. bis 17. Jahrhundert die Geschäfte ihrer verblichenen Ehemänner oder stellten eigene Detailhandelsunternehmungen auf die Beine. Mitte des 15. Jahrhundert übernahm Margery Haynes von Castle Combe (Wiltshire) die drei Mühlen, die ihrem Gatten gehört hatten und dehnte die Besitzungen aus auf ein weiteres Haus und einen Laden. Joan Dent, die Witwe eines Webers im 17. Jahrhundert, häufte vor ihrem Tod im Alter von vierundachtzig Jahren 9000 Pfund an, indem sie an den Haustüren Stoff- und Schnittwaren, Strümpfe und Kurzwaren vertrieb. 1630 hatte Edith Doddington die behördliche Genehmigung, in vier südenglischen Grafschaften mit Weizen, Butter und Käse zu handeln. Mary Hall, Barbara Riddle und Barbara Milburne besaßen oder verwalteten Kohlezechen.[123] Als Barbara Uttmanns Gatte um 1560 mit seinen Bergwerken in Annenberg Verluste zu machen begann, nahm sie andere Frauen in Kommission, die Stickereien anfertigten. Nach dem Tod des Mannes organisierte sie fast neunhundert Heimarbeiterinnen und übernahm auch die Oberaufsicht über die Gruben.[124] Die erfolgreichste Unternehmerin ihrer Epoche war Elizabeth Baulacre (1613–1693) von Genf. Mit achtundzwanzig Jahren war sie nach nur vierjähriger Ehe Witwe geworden; es gelang ihr, ein Drittel ihrer Mitgift und das Inventar des Kurzwarenladens ihres Mannes für sich zu behalten. Damit baute sie ein neues Detailhandelsgeschäft auf und verkaufte vor allem Goldverzierungen *(dorure)*. Als sie starb, besaß sie das zweitgrößte Privatvermögen in der Stadt.[125]

Den historischen Quellen ist zu entnehmen, daß sich die Frauen auch im einträglichsten und konkurrenzstärksten Erwerbszweig der neuen Wirtschaftswelt versuchten, im Fernhandel. Schon im 13. Jahrhundert wurde Mabilia Lecavella aus Genua die Weinlieferantin des Königs von Frankreich und so reich, daß sie Land außerhalb der Mauern der Stadt zum eigenen Gewinn kaufen, verpachten und veräußern konnte. Verordnungen von Hansestädten wie Lübeck aus dem Jahr 1294 zeigen, daß Kauffrauen in Nordeuropa das Recht hatten, ihr Eigentum zu verkaufen oder zu belehnen. Witwen in Coventry, London, Bristol, Exeter und Dartmouth erschienen im 14. und 15. Jahrhundert als Kauffrauen und Händlerinnen in den Steuerlisten. Sie stritten Zahlungsforderungen ab, handelten mit Rüstungen und Wolle aus Spanien, mit Wein und Farbstoffen aus Bordeaux und Flandern. 1472 entrichtete die Witwe Alice Chester 41 Pfund für die Benützung des Hafenkrans, mit dem sie ihr spanisches Eisen entlud. Mit dem Gewinn aus dem Eisenhandel und dem Tuchhandel von Portugal und Flandern baute sie sich ein neues Haus. Margaret Greenaway erfüllte den Vertrag ihres Mannes mit der East India Company für Zwieback; Jane Langton verkaufte der königlichen Familie Seide.[126] Im 15. und 16. Jahrhundert waren Witwen auch Teilhaberinnen bei den großen Handelsvereinigungen. Unter den fast dreihundert Mitgliedern der Handelsgesellschaft in Ravensberg waren neununddreißig Frauen.[127] In Calais gehörten der angesehenen englischen Handelskompanie *(Merchant of the Staple)* weibliche Mitglieder an, welche die Rechte ihrer Gatten im Handel mit Wolle, Wein, Hering und Tierhäuten wahrnahmen.[128]

Doch trotz all ihrer Fähigkeiten und ihrer Guthaben gingen die privilegierten Städterinnen auch unter günstigen wirtschaftlichen Voraussetzungen nicht weiter. Sie setzten die ihnen gebotenen Chancen nicht in Kapital um. Sie wurden nie aus eigenem Antrieb die Begründerinnen oder Führerinnen der bedeutendsten Handelsdynastien, sondern zogen es vor, wie schon die Frauen vor 800, wie die Feudalherrinnen und dynastischen Königinnen, die mit Ländereien und Königreichen betraut waren, übergangsweise als Wächterinnen und Verwalterinnen zu fungieren. Selbst die scharfsinnigsten Stadtbürgerinnen stellten nie die alles durchdringende Tatsache der männlichen Vorherrschaft in Frage. Sie machten keine wesentlichen Einwendungen gegen die Gesetze, Institutionen und Haltungen, welche die Unterordnung der Frauen nährten. Auch die erfolgreichsten unternahmen keine Anstrengung, anderen Frauen, nicht einmal ihren Töchtern, den Zugang zu der Macht, die sie genossen hatten, zu sichern.

Vertreterinnen der großen Kaufmannsdynastien Italiens und Deutschlands bewiesen ihre Intelligenz, ihre Geschicklichkeit und Erfindungsgabe in einer breiten Palette kommerzieller Unternehmungen. Aber sie planten, arbeiteten, ersparten und beschützten ein Familienvermögen nur, um es einem neuen Ehemann oder ihren Söhnen zu übergeben. Alessandra Strozzi, Lucrezia de' Medici, Barbara Fugger und Glückel von Hameln, alles erfolgreiche kapitalistische Unternehmerinnen, blieben ergebene Gattinnen und Mütter.

1422 heiratete die fünfzehnjährige Alessandra de Filippo Macinghi (1406–?) Matteo di Simone Strozzi. Sie entstammte einem neuen Kaufmannsgeschlecht, das über die mütterliche Seite mit der Familie des Humanisten und Architekten Alberti verwandt war. Die Familie des Bräutigams hatte sich aus der Wollproduktion zurückgezogen und sich statt dessen Versicherungsgeschäften und Investitionen in Grundstücken und Staatspapieren zugewandt. Matteo wurde mit Regierungsaufgaben betraut und nahm dreimal diplomatische Missionen wahr. Dabei zog er sich die Feindschaft der Medici zu und mußte ins Exil gehen, wo er 1436 starb. Mit ihren vier kleinen Kindern und überdies schwanger kehrte Alessandra nach Florenz zurück. Den Lebensunterhalt für sich und ihre drei Söhne und zwei Töchter bestritt sie aus ihrer Mitgift und dem Einkommen aus dem Grundbesitz ihres verstorbenen Gatten.

Sie begünstigte ihre Söhne, für die sie eine kaufmännische Lehre arrangierte, sobald sie dreizehn Jahre zählten und ins Exil gehen mußten wie ihr Vater: zuerst Filippo, dann Lorenzo, dann Matteo. Dem ältesten Sohn erklärte sie, sie zähle darauf, daß sie einst das Haus der Strozzi wieder in die Höhe bringen würden.[129] Um die Unternehmungen der Söhne zu unterstützen, liquidierte Alessandra Grundstücke und sandte ihnen den Erlös, außerdem kaufte sie ihnen – wortwörtlich – Gattinnen ein. Die künftigen Bräute nannte sie *mercatanzia*, »Ware«, und sah in ihnen schlicht Kapitalbringerinnen für die jungen Männer.[130] Um deren Erbe möglichst groß zu halten, beschränkte sie die Mitgift der Töchter Caterina und Lesandra auf 1000 Goldgulden, das heißt auf das Niveau wohlhabender Handwerker, wie sie selbst es umschrieb. Trotzdem berichtete sie stolz, Caterina sei mit ihrer Mitgift und »über 400 Goldgulden am Leib« zu ihrer Hochzeit aufgebrochen.[131] Bei der Auswahl der Schwiegersöhne hatte sie eine gute Hand bewiesen: Auch sie halfen und berieten sie, so daß das Familienvermögen heil blieb und wuchs. Nach 1464 und dem Tod Cosimo de' Medicis begann sie zu verhandeln und manövrieren, um die *Signoria*, die Regierungsbehörde von Florenz, dazu zu bewegen, den Bann zu lösen. Ihre Bemühungen waren nicht umsonst. Nachdem sie die Medici bei neuerlichem politischem Aufruhr unterstützt hatte, wurde die Familienehre 1466 wiederhergestellt.[132]

Lucrezia Tornabuoni de' Medici (1425–1482) und Barbara Basinger Fugger (gestorben 1497) spielten für ihre Söhne eine ähnliche Rolle. Als Witwe hielt Lucrezia de' Medici die Familiengeschäfte beieinander, verteilte politische Gunstbezeugungen und Ratschläge, während ihr ältester Sohn, Lorenzo *Il Magnifico* (»der Prächtige«) seinen anderen Interessen frönte. Nach der Verschwörung der Pazzi im Jahr 1478 blieb sie mit ihm in der Stadt. Anläßlich ihres Todes 1482 schrieb er dem Herzog Ercole D'Este von seinem »schrecklichen Verlust«:

> Ich bin von Kummer mehr erfüllt, als ich sagen kann, denn außer einer Mutter [...] habe ich auch die Ratgeberin verloren, die mich so mancher Bürde enthob.[133]

Auch Barbara Fugger handelte ähnlich. Sie erhielt das Tuchgeschäft der Familie, nachdem ihr Gatte gestorben war, und mit dem erwirtschafteten Gewinn ermöglichte sie es ihrem zehnten Kind Jakob, größter Bergwerksbesitzer und wichtigster Bankier der Kaiserdynastie der Habsburger zu werden.

Ende des 17. Jahrhunderts schrieb die Kaufmannswitwe Glückel von Hameln (1646–1724) ihre Lebenserinnerungen (»Denkwürdigkeiten«) nieder, eine beachtliche Leistung in dieser Epoche. Bis zum Tod ihres Gatten im Jahr 1689 hatte sie das traditionsreiche Leben einer wohlhabenden jüdischen Frau geführt. Mit zwölf war sie mit Chajim, einem »Ausbund von einem frommen Juden«, wie sie schrieb, verlobt worden, mit vierzehn heiratete sie ihn.[134] Der Ehe entsprossen zwölf Kinder. Als Chajim starb, erfuhr Glückel die doppelte Verwundbarkeit als Witwe und Jüdin. (Schon zuvor war sie mit ihrer Familie aus Hamburg vertrieben worden.) 1689 waren erst vier ihrer Kinder verheiratet, acht mußten noch aufgezogen werden, und das Geschäft, das ihr Mann hinterlassen hatte, war verschuldet. Glückel überwand ihre Trauer, nahm die Geschäfte in die Hand und sorgte für sich und die Ihren.

Glückel hatte schon früher bewiesen, daß sie fähig und stark war. Beim Tod ihres eigenen Vaters übernahm sie für ihre Geschwister Verantwortung, und während der Ehe beriet sie ihren sanften Gatten in Geschäftsdingen. Er verkaufte Gold und handelte mit Perlen. Als die für seinen Beruf erforderlichen Reisen seine Kräfte überstiegen, arrangierte Glückel einen Partnerschaftsvertrag mit einem jungen Mann, der für ihn reiste. Nun, da ihr Gatte tot war, erstellte Glückel eine Geschäftsbilanz, veranstaltete eine Auktion und nahm Darlehen auf, damit sie seine Schulden tilgen konnte.

Zehn Jahre führte sie das Geschäft fort, fuhr selbst zu Messen und Märkten, kaufte und verkaufte. Mit dem einen Sohn arbeitete sie zusammen, die anderen erzog sie fürs Geschäft, den Handel mit Edelsteinen. 1700 heiratete sie Cerf Levy, den reichsten Bankier der Lorraine und Sohn des Vorstehers der jüdischen Gemeinde. Glückel machte eine derartige Partie dank ihrer kommerziellen Erfolge und ihres angehäuften Vermögens. Nach dem jüdischen Gesetz hätte sie in eigenem Namen und selbständig mit ihrem Geschäft fortfahren, Verträge unterzeichnen und Verkäufe tätigen können. Glückel entschied sich jedoch, alles getreulich ihrem neuen Ehemann zu übergeben. Sie hatte keinen Anlaß, daran zu zweifeln, daß er das von ihr Eingebrachte verwalten und unversehrt erhalten werde. »Mein Mann war sehr klug und ein großer Geschäftsmann und bei Juden und Nichtjuden wohlgelitten«, schrieb sie. Aber das Blatt wendete sich, und »seine Kreditoren haben ihn gar sehr gedrängt, so daß er über Bord gehen [Bankrott machen] und ihnen alles Seinige hat überlassen müssen«.[135] Glückel sorgte dafür, daß wenigstens ihre Tochter und ihr Sohn, die Levy ebenfalls Geld gegeben hatten, wieder zu dem ihren kamen; ihr eigenes ganzes Vermögen jedoch und seines waren verloren. Zu Levys Tod im Jahr 1712 äußerte sie: »Er ist zu seiner Ruhe gegangen und hat mich in Elend und Trübsal sitzen lassen.«[136] Da sie nun nur noch auf weniger als ein Drittel dessen Anspruch machen konnte, was man ihr früher als Witwe geschuldet hatte, blieb ihr 1714 nichts mehr anderes übrig, als zu einer ihrer Töchter zu ziehen.

Die Briefe dieser Frauen, die Rechnungsbücher aus jenen Jahren, da sie die Familiengeschäfte besorgten, und ihre Memoiren offenbaren, daß sie sich selbst als Wächterinnen verstanden, die durch ihre Beziehung und ihre Verantwortlichkeit gegenüber den Männern ihrer Familie definiert und motiviert waren. Sich anders zu verhalten oder sich in einer anderen Rolle zu sehen wäre einer Negation all dessen gleichgekommen, was ihre Gesetzgebung, ihre Religion und ihre Erziehung sie gelehrt hatten. Diese Haltungen waren zu zwingend und zu stark selbst für diese außergewöhnlichen Frauen: Nachdem sie das Machtpotential errungen hatten, um das ihre männlichen Gegenspieler konkurrierten, negierten sie seine Bedeutung und gaben es wieder ganz preis. Anders zu handeln wäre Rebellion gewesen, und Rebellion war für die meisten Frauen in den Städten undenkbar.

5.4 Unsichtbare und sichtbare Fesseln der Frauenverachtung

Alte Geschichten

In den Städten, in der von Geld und Handel beherrschten Welt, hatten die Männer ein neues, heroisches Bild von sich entworfen: der Mann als der unermüdliche Versorger seiner Familie. Für das Frauenbild brachten die neuen Umstände keine gleichwertigen Veränderungen. Statt dessen weckte und bekräftigte die städtische Kultur auf tausenderlei Arten die misogynen Traditionen über die Natur der Frau, über die ihr innewohnende Gefahr für Männer und über ihr schickliches Verhalten innerhalb des Familienkreises. Die alten Geschichten wurden wieder hervorgeholt und weitergegeben in den *fabliaux* und Mären, den volkstümlichen Geschichten, die am häuslichen Herd erzählt wurden, in den Predigten der Gemeindepriester von der Kanzel herab oder der wandernden Mönche auf dem Marktplatz. Die Frauen begegneten den ererbten Bildern in den Büchern, aus denen sie lesen lernten, und in den geistlichen Schauspielen, welche die Zünfte und Bruderschaften an Feiertagen aufführten.

Die Männer der Stadt fanden neue Mittel, die alten Ängste auszusprechen. Weltliche und religiöse Wortführer belebten das ganze Panoptikum der traditionellen negativen Frauenbilder mit frischer Kraft und Klarheit. Frauen wurden dargestellt als die Anstifterinnen zum Laster, von Natur aus gefährlich und unbeherrscht, als undankbare Töchter, unersättliche Verführerinnen, ehebrecherische Gattinnen und zänkische Weiber. Die Stadtbürger erließen Gesetze, um die Frauen zu kontrollieren und einzuschränken, und setzten Strafen fest, die von Geldbußen bis zur Exekution reichten. Sie machten die Frauen zur Zielscheibe boshaften Spottes, gaben sie der Lächerlichkeit preis, um das eigene Überlegenheitsgefühl zu bestärken.

Die Stadtbürger präsentierten aber auch Bilder der idealen Frau, auch dies mit der Absicht, die unterstellten weiblichen Instinkte und natürlichen Verhaltensweisen zu zügeln. In den Erzählungen, Predigten und Erziehungstraktaten erschien die perfekte Frau als die liebende Gattin, die den schuldigen Verpflichtungen gegenüber ihrem Mann willig nachkam: Sie schenkte ihm Nachkommen, kümmerte sich um seinen Haushalt und schuf die vollkommene Ehe.

Eine Frau vor allen anderen diente als Symbol des weiblichen Geschlechts: Eva war die erste überhaupt und zugleich auch die erste, die eine Übertretung begangen hatte. In einem Pariser Mysterienspiel aus der Mitte des 12. Jahrhunderts offenbarte Eva die grundlegenden Mängel der weiblichen Natur und die Art und Weise, wie ihre inhärente Schwäche und Sündengeneigtheit den Mann geschädigt hatten. Für die Schlange war es nicht schwierig, ein so leichtgläubiges und eitles Geschöpf zu verführen. Eva ihrerseits verlockte wiederum Adam. Zu spät tadelte er sie für die Sünde des Ungehorsams:

> Wie schnell brachtest du mich in Verderbnis,
> Als du Sinn wie Vernunft in die Flucht schlugst!
> [...]
> Nie mehr kannst du dem Mann Glückseligkeit bringen.
> Doch wirst du ewig der Vernunft entgegengesetzt sein.[1]

Obwohl Eva ihre Sünde bekennt, verdammt Gott das weibliche Geschlecht; das Drama erinnert an den biblischen Text:

> In Schmerzen sollen sie ihr ganzes Leben hinbringen;
> In Kummer werden sie aus dir geboren werden
> Und ihre Tage im Elend enden.
> In solche Trübsal und gräßliche Not
> Hast du dich und deinen ganzen Samen gebracht.[2]

Was die Mysterienspiele in Form einer Geschichte darboten, machten die Predigten der Mönche im 12. und 13. Jahrhundert explizit. In ihren Ermahnungen, Erläuterungen und Exempeln verurteilten sie Eva und ihre weiblichen Nachkommen. So wie Eva gehandelt hatte, so würden alle Frauen von Natur aus ebenfalls handeln, das war ihre Überzeugung. Der Franziskaner Bonaventura – er wurde später heiliggesprochen – und seine Zeitgenossen des 13. Jahrhunderts wiesen alle jene menschlichen Charakterzüge, die ihnen nicht wünschenswert schienen, der Weiblichkeit zu, und auch der Augustiner Jacques de Vitry verfuhr in seinen Predigten nicht anders. Pfründenschacher, Heuchelei, Wucher, Büberei und das Verlangen nach kostbarer und überflüssiger Kleidung ernannte er zu Töchtern – nicht etwa zu Söhnen – des Teufels.

Die Exempelgeschichten, die er und seine Mitbrüder erzählten, brachten die Frauen in Zusammenhang mit Torheit, Weinerlichkeit, Neid, Arglist und Faulheit.[3] Selbst in der bildenden Kunst wurden Frauen in diesen Jahrhunderten zum Synonym alles Sündhaften. Ein Steinhauer des 13. Jahrhunderts bildete an der Kathedrale von Reims Eva ab, wie sie die Schlange in ihren Armen hielt und streichelte. In deutschen und belgischen Kirchen fand sich die Statue der »Frau Welt«, einer Figur, die die Wollust symbolisierte: vorne schön und glatt, hinten verfault und von Gewürm zerfressen, halb Frau, halb Tier.

Wie in den vergangenen Zeiten schien es keinen Weg zu geben, den negativen Bildern Widerpart zu bieten. In den Augen der männlichen Zeitgenossen konnte jede Leugnung schon Rebellion bedeuten, und wenn eine Frau sich widersetzte, mußte sie in den Städten des 12. bis 17. Jahrhunderts genau wie früher immer unter Kontrolle gebracht werden. Zum angemessenen weiblichen Betragen, wie es den Männern schicklich schien, gehörte die Anerkennung des von ihnen diktierten Ideals und die Unterwerfung. So waren die Reaktionen beschaffen, welche die Männer den Frauen abverlangten. Sie bestärkten damit erneut die ältesten europäischen Traditionen, und der Glaube an die Unterordnung der Frauen überlebte und ging in die Neuzeit ein.

Ehebruchs- und Luxusgesetze

Alle die traditionellen Vorurteile über Frauen in der Rolle von Gattinnen tauchten in den Predigten und Geschichten der Städte auf. Bonaventura, der Bettelmönch aus dem 13. Jahrhundert, verkündete, Frauen seien dem Mann ein »Hindernis«, »eine fortwährende Sorge« und »ein Verdruß ohne Ende«.[4] Eine populäre Satire über *Les quinze joies du mariage* (»Die fünfzehn Freuden der Ehe«), verfaßt von einem Kleriker und veröffentlicht in Lyon um 1480, verspottete die Institution der Ehe und warnte vor den vielen Methoden, mit denen Frauen ihre Männer beraubten: von der Ehebrecherin, die das Patrimonium vertat, während er von zu Hause weg war, bis zur jungen Gattin, die sich mit ihrem Sohn gegen den alten Mann verschwor. In den *fabliaux* und Mären, den populären Erzählungen der Herbergen und Zunftstuben, die beim geselligen Beisammensein von Händlern und Handwerkern ausgetauscht wurden, wurden noch skrupellosere Gemeinheiten und Listen feilgeboten. In der spanischen Geschichte »Der widerwillige Mönch« stiftete die Ehefrau ihren Mann, nachdem sie ihn mit Gift nicht umbringen konnte, dazu an, ins Kloster einzutreten, wodurch sie alle seine Besitzungen, Juwelen und ein Haus, an sich brachte.[5]

Die Stadtbürger glaubten, bescheidene Kleidung und ehrerbietiges Verhalten der Frauen ihrer Familie zeigten die richtige innere Haltung an. Der *Ménagier de Paris*, der Pariser Bürger aus dem späten 14. Jahrhundert, erteilte seiner jungen Gattin minuziöse Anweisungen, was ihre Kleider betraf. Sie sollte sich so kleiden, wie sie es sich leisten konnten und wie es ihrem Stand entsprach, auch sollte sie sich »ehrlich« halten, nicht wie »gewisse betrunkene, törichte oder unwissende Frauen«, die aus dem Haus gingen, wobei ihnen »die Haare unter den Kopftüchern hervorhängen und die Krägen ihrer Hemden und Gewänder übereinanderliegen«, die einen unweiblichen Gang an den Tag legten und sich ungehobelt betrugen.[6]

Die geistlichen und weltlichen Autoritäten erließen auch Verordnungen gegen das Tragen von Männerkleidern durch Frauen, doch war dies kein wichtiger Punkt. Lesbische Liebe wurde in diesen Jahrhunderten als sexuell abnorm und überaus ungewöhnlich angesehen; im gegebenen Fall kam sie unter die Rechtssprechung der Kirche. Es gab im 16. Jahrhundert in Frankreich, Spanien und Italien vereinzelt Fälle von Frauen, die wegen »Sodomie«, sexueller Akte mit Gleichgeschlechtlichen, verbrannt oder gehängt wurden.[7] Viel dringlicher kümmerten sich die Stadträte, mit denselben Worten wie der *Ménagier*, um angemessene Kleidung. Luxusgesetze wurden erlasssen, welche der gesellschaftlichen Neigung zum Prunk sowohl bei Frauen als auch Männern einen Riegel vorschieben wollten; manche suchten einen anständigen Kleidungsstil zu erzwingen, indem sie die Freizügigkeit der Dekolletés bei Frauen und die Länge der Röcke bei Männern reglementierten.[8] In den Kleiderverordnungen wurde den Frauen nebenbei angeborene Verschwendungssucht und Unsittlichkeit unterstellt, dazu die Bereitschaft, das Geld ihres Gatten zu verschleudern und durch ihren Putz unschickliche Aufmerksamkeit zu erregen. Zwischen 1229 und 1505 erließ, widerrief und erneuerte der Rat von Venedig Gesetze über die Verwendung von Edelsteinen in Frisuren, über den statthaften Aufwand für Geschmeide, die erlaubte Anzahl von Mänteln, die Länge von Schleppen und Ärmeln, die Zahl der Seidenkleider in einer Aussteuer. Angesichts der horrenden Ausgaben für Stoffe und Gewänder brachte der Senat 1504 das ständige Wechselspiel der Mode als »überaus schädlich für das Vermögen von Edelmännern und Bürgern« in Verruf.[9]

Der Aufwand für Aussteuern und Hochzeiten führte auch in Florenz in den Jahren 1355, 1373, 1430 und 1433 zu Reglementierungen. Laut der Verordnung der *Signoria* von 1433 erließen die Stadtherren solche Gesetze, um sich selbst zu schützen, da sie »das barbarische und unbezähmbare tierische Wesen der Frauen nicht zügeln können, welche nicht die Schwäche ihrer Natur erwägen, vielmehr durch ihre verworfene und teuflische Natur ihre Männer mit honigsüßem Gift bezwingen, ihnen zu Willen zu sein«.[10] Die

Verordnung behauptete, Frauen, die zu etwas Geld gekommen seien, kleideten sich alsbald wie gesellschaftlich Bessergestellte. Das Gesetz gestattete daher nur den Gattinnen von Rittern, Hermelinkrägen zu tragen, während Dienstmägde ausgepeitscht werden konnten, die Hauben oder Schuhe von einer Qualität anzogen, die ihrem sozialen Rang nicht zustand. Als sich in Europa dank der kommerziellen Umgestaltung der Wohlstand verbreitete, vermehrten sich die Kleiderordnungen entsprechend. Im 15., 16. und 17. Jahrhundert, in englischen, deutschen und spanischen Städten schrieben Räte und Könige eine nach Rang abgestufte Kleidung vor.[11] Selbst wo die Stadtbürger im 17. Jahrhundert kaum absichtlichen Ungehorsam oder Verschwendungssucht aufspüren konnten, setzten ihre Gesetze wenig Vertrauen auf die Fähigkeit der Ehefrauen, den Aufwand selbst zu begrenzen. Eine deutsche Verordnung von 1618 widerspiegelte die Haltung, die in ganz Europa vorzuherrschen begann; Frauen seien »etwas schwach und leicht zu übervorteilen«.[12] Englische Satzungen erläuterten, eine Gattin könne, sei es aus unschuldiger Einfalt oder aus Dummheit, durch ihre extravagante Art in Schulden kommen und dadurch ihren Ehemann finanziell haftbar machen.

Die Stadtbürger glaubten, die Kleidung einer Frau reflektiere noch einen anderen Aspekt der weiblichen Natur: In unangemessener Kleidung äußerte sich ihre Bereitschaft zu sexuellen Fehltritten. Im 14. Jahrhundert meinten sowohl der englische Dominikaner John Bromyard als auch der italienische Franziskaner San Bernardino, junge Frauen träten durch ihren Putz wie eine Hure auf, »die elende Aufwieglerin des Teufels«.[13] Trotzdem kleideten sich Stadtfrauen weiterhin in einer Art und Weise, die den Männern anzüglich und unsittlich schien. Die Luxusgesetze enthielten deshalb auch Vorschriften, daß jene Frauen kenntlich gemacht wurden, die als Dirnen arbeiteten. Verordnungen des 13. bis 15. Jahrhunderts aus Siena, Florenz, Leipzig, Bern, Wien, Augsburg, London und Sevilla verlangten, daß sie bestimmte Accessoires als Kennzeichen ihres Gewerbes trugen, sei es einen gelben Umhang mit blauem Saum, ein gelbes Taschentuch, einen grünen Mantel und einen roten Hut oder überhaupt keinen Hut, sondern einen kurzen Schleier. Ein Florentiner Erlaß vom 1388 wollte sogar, daß eine Schelle getragen werde, »damit das Merkmal ihrer Schande ins Auge und ins Ohr dringe«.[14]

Wie in vergangenen Zeiten war das züchtige Kleid einer jungen Frau von Wichtigkeit, da eine Tochter aus der beschützten Sphäre einer guten Familie unschuldig zu sein hatte. Nach traditioneller Meinung durfte sie von Lust nichts wissen. Falls sie in Versuchung geführt wurde, mußte ihr bewußt sein, daß die Jungfräulichkeit ihr kostbarstes Gut war. Eine der Heldinnen in Boccaccios *Decamerone* aus dem 14. Jahrhundert setzte ihre Mädchenschaft mit ihrer »Ehre« gleich, ihrem »einzigen übrigbleibenden Familienerbstück, das zu hüten und erhalten ich fest entschlossen bin [...], solange ich lebe«.[15] Diese Erwartung, die an die Töchter gerichtet wurde, änderte jedoch nichts an der überlieferten Einschätzung der weiblichen Natur, vor allem ihrer gefährlichen Sexualität. Die didaktische Literatur wie die populären Erzählungen verbreiteten die Ansicht, Frauen blieben nur aus Unwissenheit jungfräulich; sobald sie einmal geschlechtliche Lust kennengelernt hätten, offenbare sich ihre wahre Natur, ihre sexuellen Instinkte erwachten und machten sie geradezu unersättlich. Bei Boccaccio verwandelten sich unschuldige Heldinnen, nachdem sie einmal mit einem Mann geschlafen hatten, in Karikaturen der Geilheit. Das vierzehnjährige Mädchen, welches vom Einsiedler Rustico verführt worden war, wurde unermüdlich und trieb ihn schließlich in Erschöpfung und Impotenz, denn all seine Anstrengungen fruchteten gerade nur soviel, »als ob man eine Bohne in den Rachen eines Löwen geworfen hätte«.[16] Dieses Hirngespinst des verschlingenden Mundes, der Hölle eines wollüstigen Frauenkörpers, wurde endlos wiederholt, übertragen, umgestaltet, übersetzt in Geschichten in englischer, deutscher und französischer Sprache. Chaucer im 14. und La Fontaine im 17. Jahrhundert gaben beide die alte Mär von den beiden Klerikern zum besten, die einen Müller bestehlen, seine Frau verführen und seine Tochter noch dazu. Das Mädchen jedoch ist zuviel für die zwei, und der eine muß gestehen: »Ich habe sie nachts siebenmal aufs Kreuz gelegt, aber sie hatte noch immer nicht genug.«[17]

Da sie die Unersättlichkeit des weiblichen Geschlechts für gegeben hielten, nahmen die Stadtbürger in ihren Geschichten an, die Ehefrauen erschöpften auch den kräftigsten Gatten und hielten sich dann an einen anderen Mann. Die Leichtgläubigkeit des Ehemannes und die Schlauheit der lüsternen Ehefrau begründeten den schalen Humor dieser Geschichten.[18]

Zwei Erzählungen, welche die Wollust und Schlauheit der Frauen und die Gefahren ihrer sexuellen Herrschaft über Männer darstellten, kursierten während dieser Jahrhunderte in ganz Europa. In der einen wurde Aristoteles, die Verkörperung der Vernunft, porträtiert, wie er auf allen vieren kroch und eine schöne Frau auf seinem Rücken trug. Es hieß, daß Phyllis, angeblich eine Kurtisane Alexanders des Großen, sich an dem mißbilligenden, schon etwas bejahrten Philosophen rächte, indem sie ihn von seinen Studien ablenkte und ihn als Preis für ihre Gunst zu ihrem Reittier degradierte. Die Botschaft war unmißverständlich: Selbst der weiseste der Männer konnte durch seine Sinne und die hinterlistige Sexualität einer Frau so weit herabgewürdigt werden.[19] In der zweiten Erzählung, die in deutschen und italienischen Versionen erhalten ist, fesselte ein blinder, mißtrauischer Ehemann seine junge Gattin, damit sie keusch bleibe. Eines Nachts machte er sie los, damit sie auf einen Baum steige und dessen Früchte pflücke. Gott und Sankt Petrus beobachteten, wie sie sich dabei mit einem Studenten vergnügte. Petrus, der mit dem alten Mann Erbarmen hatte, schenkte ihm das

Augenlicht wieder. Doch selbst jetzt noch betrog ihn die Frau, da sie ihm nämlich einredete, das Wunder der Wiederherstellung seiner Sehkraft sei nur dank ihrer ehebrecherischen Handlungen eingetreten. In der italienischen Fassung bekannte der junge Liebhaber offen ihre Sünde und brachte den Ehemann zurück in den Garten. Nachdem das Liebespaar den Akt wiederholt hatte, erklärten sie dem Betrogenen, es müsse sich um einen verzauberten Baum handeln, denn weshalb sollten sie vor seinen Augen miteinander verkehren? Überwältigt von ihrer Logik akzeptierte der Mann, was sie sagten.

Wenn Ehefrauen hingegen in Wirklichkeit ihre Gatten betrogen und Ehebruch begingen, war es mit dem Humor sehr schnell vorbei. Die Traditionen der alten Kulturen dauerten fort und wurden wieder einmal in Kraft gesetzt durch die staatlichen und kirchlichen Gesetze, welche die Männer erließen, und durch die Handlungen, die sie außerhalb des Gesetzes billigten. Nach römischem und germanischem Brauch beschmutzte eine ehebrecherische Frau die Ehre ihrer männlichen Verwandtschaft; man hielt es deshalb für gerechtfertigt, sie zu schlagen oder gar zu töten. Die Rechtsprechung der Stadtbürger behielt die strenge Haltung bei und verurteilte die Frauen härter als die Männer. Für Untreue wurde eine Frau immer, der Liebhaber manchmal, der ungetreue Ehemann nur selten bestraft. So blieb es, als den kirchlichen Autoritäten die Gerichtsbarkeit oblag wie auch später im Verlauf des 16. und 17. Jahrhunderts, als die weltlichen Behörden die Ahndung aller sexuellen Vergehen einschließlich Ehebruchs übernahmen. In den französischen und italienischen Städten des 15. Jahrhunderts entschieden die Kirchengerichte über Schuld oder Unschuld, und die weltlichen Gerichte führten die Strafe aus: Sie peitschten Frauen aus oder verbannten sie und büßten die Männer. Das weltliche französische Recht des 16. Jahrhunderts erlaubte den Gerichten, einem Ehemann zu vergeben, der seine ehebrecherische Frau umgebracht hatte.

In einigen Städten wurden durch die Übernahme des Protestantismus im 16. Jahrhundert religiöse und säkulare Autorität verschmolzen, so daß *ein* Gericht aufgrund *einer* Rechtsordnung ermächtigt war, sowohl die Urteile zu fällen als auch zu vollstrecken. Theoretisch sollten Frauen und Männer gleichberechtigt behandelt werden, in der Praxis jedoch gewannen im Verlauf des Jahrhunderts ungleiche Maßstäbe für das Verhalten ebenso wie für die Bestrafung von Frauen und Männern die Oberhand. Anfänglich wurden im calvinistischen Genf Frauen ausgepeitscht und ihre männlichen Mitsünder verbannt. Um 1604 brauchte der Liebhaber nur noch eine Geldbuße zu entrichten, während die untreue Frau geschlagen und, falls sie rückfällig wurde, aus der Stadt verbannt wurde. Auch in Hessen waren im Jahrhundert der Reformation die Strafen auf dem Papier für beide Geschlechter dieselben; wo Hinrichtungen für solche Vergehen in der Tat vollzogen wurden, betrafen sie jedoch allesamt Frauen.[20]

Mißachtung von Frauen: Gewalt und Spott

Die Gewaltanwendung gegenüber Städterinnen, die sich in einer Weise verhielten, die die Männer für unschicklich hielten, blieb in den hier zur Diskussion stehenden Jahrhunderten allgemein üblich. Dirnen wie Ehebrecherinnen lebten außerhalb der Sitten, die die wohlanständigen Gattinnen und Töchter beschützten. Spanische Gesetze des 10. bis 13. Jahrhunderts in Cuenca setzten keine Strafe darauf, eine »schamlose Frau« zu schlagen, zu vergewaltigen oder sogar zu töten. Da gegenüber diesen Frauen Gewalt akzeptiert war, wurde sie auch sonst eher toleriert. Vom Moment der Geburt an war eine Frau deshalb größeren Risiken ausgesetzt als ein Mann. Denn auch eine andere Tradition konnte in den mittelalterlichen Städten weiterbestehen: Wenn ein Paar zum Schluß kam, es könne kein weiteres Kind mehr aufziehen, sei es aus Armut oder aus Scham über eine ungesetzliche Verbindung, so opferte es eher ein Mädchen als einen Jungen. Weibliche Säuglinge waren tendenziell in schlechterer Verfassung und starben in größerer Zahl.[21] Aufzeichnungen aus Florentiner Familien des 15. Jahrhunderts zeigen, daß selbst reiche Eltern ihre kleinen Söhne im Vergleich zu den Töchtern bevorzugten. Nach der Steuereinschätzung *(catasto)* von 1427 betrug das Zahlenverhältnis zwischen Frauen und Männern 100:150, was von dem natürlichen Geburtenverhältnis von 100:105 deutlich abweicht.[22] Manche Familien warteten, bis eine Tochter zwei oder gar fünf Jahre alt war, bis sie für sie in den Aussteuerfonds einzahlten. Die Mädchen, deren Familien nur wenig einbezahlt hatten, starben eher, während jene, für die eine ansehnliche Einlage gemacht worden war, mit größerer Wahrscheinlichkeit das Heiratsalter erreichten.[23]

Wenn sie dem Kindesalter entwachsen waren, bestand für die jungen Städterinnen die Gefahr, vergewaltigt zu werden. Selbst im Schoße der Familie war ein Mädchen unter Umständen nicht sicher. 1412 nahm der Florentiner Antonio di Tome seine verwaiste Nichte Margherita in sein Haus auf. Als sie ihm einmal Essen brachte, als er im Wald Brennholz schlug, zwang er sie, ihm zu Willen zu sein, und als sie sich wehrte, bedrohte er sie mit dem Tod.[24] Die Stadturkunden des 14. bis 17. Jahrhunderts aus Italien, Frankreich und England berichteten von Frauen, die von den verschiedensten Typen Männern geschändet worden waren: von ihren Vermietern, ihren Dienstherren, Soldaten, dem Fährmann, den sie bezahlt hatten, damit er sie über den Fluß setze, von Studenten oder Gesellenbanden. Eine Pariser Zunft forderte, die Stadt möge die aus dem 13. und 14. Jahrhundert stammende Anordnung ändern, daß eine Frau bei Einbruch der Abenddämmerung für ihren Ehemann Bericht erstatten müsse, wenn er nicht zur Nachtwache kommen könne. Denn, so begründeten die Zünfter ihr Anliegen, die Stunde der Dämmerung sei gefährlich für eine Frau, ob allein oder von einem Kind begleitet, »ob schön oder häßlich, alt oder jung, schwach oder stark«.[25]

Obwohl Gesetze, Sitten und Stadturkunden den Vergewaltigern theoretisch Strafen androhten, die von Geldbußen in Venedig bis zur Hinrichtung in Nürnberg reichten, lag die Beweislast in der Praxis wie in früheren Jahrhunderten ganz bei der angegriffenen Frau. Seit dem 13. Jahrhundert konnte ein der Vergewaltigung Angeklagter kontern mit der Anschuldigung, die Frau sei eine Dirne. Im 16. Jahrhundert stand das Wort der jungen römischen Künstlerin Artemisia Gentileschi gegen dasjenige ihres Lehrers und seiner Freunde. In England wurde im 17. Jahrhundert angenommen, daß eine resultierende Schwangerschaft auf die Einwilligung der geschändeten Frau schließen lasse, denn wie in früheren Zeiten argumentierten die Männer, daß eine Empfängnis nur bei Orgasmus stattfinden könne, und damit war die Schwangere überführt. Auch Ehemänner bedrohten und mißbrauchten ihre Frauen. Als die religiöse Eifererin Margery Kempe im 14. Jahrhundert ein Keuschheitsgelübde ablegen wollte, verlangte ihr Gatte, sie solle seine Schulden tilgen und ihre Fastenübungen etwas lockern. Als sie sich damit nicht einverstanden erklären wollte, sagte er, dann werde er wieder mit ihr schlafen.[26]

So wie die Vergewaltigung dem Opfer angelastet und nur selten als Verbrechen bestraft wurde, so schienen körperlicher Mißbrauch und Gewaltanwendung gegenüber der Ehefrau als wohlverdiente Züchtigung und signalisierten nur, daß in dieser Ehe der Gatte das Zepter führte. Erst wenn die Gattin getötet wurde, sahen sich die Zeitgenossen zum Handeln veranlaßt. 1366 verurteilte ein Florentiner Gericht Donato Pellegrino, weil er seine Frau umgebracht hatte, nachdem ein Freund ihm eingeredet hatte, sie sei unehrlich und habe einen schlechten Ruf.[27]

Stadtbewohnerinnen litten noch in anderer Weise unter blinder Gewalt. Die Witwe Giovanna di Baldino starb 1377 an den Mißhandlungen eines Angehörigen der Familie Medici. Als sie sich geweigert hatte, ihm ihre Ländereien abzutreten, »hielt er sie an den Haaren fest und schlug sie unerbittlich mit Sporen, die er in der Hand hielt«.[28] Nur selten konnten sich die Frauen selbst verteidigen. Aus englischen Gerichtsprotokollen kann man einige ihrer Klagen kennenlernen. Im 17. Jahrhundert hängte ein Londoner Handwerksmeister seine Lehrtochter an den Daumen auf, zog ihr die Kleider herunter und peitschte sie aus; sie belangte ihn darauf wegen Gewalttätigkeit. Der englische Erzbischof Laud saß 1639 über einen Fall zu Gericht, den Sarah Westwood vorgebracht hatte, eine kürzlich wiederverheiratete Witwe mit einem Säugling. Ihr zweiter Gatte, der Geselle, den sie zur Mithilfe in ihrem Filzmachergeschäft angestellt hatte, hatte sie aus ihrem eigenen Haus gejagt und mit Mord bedroht. Sie erklärte dem Erzbischof, sie plane, den Mann zu vergiften.[29]

Die Männer der Städte fanden noch weitere Möglichkeiten, Frauen zu verletzen und unter ihre Herrschaft zu zwingen. Wie in früheren Epochen machten sie sie, vor allem in der Rolle der Gattin, zur Zielscheibe jeder Art von Humor, und die Ehe war das Thema unzähliger Witze. »Wenn es dir zu glatt läuft, dann nimm dir eine Ehefrau«, spottete ein Sprichwort des 16. Jahrhunderts.[30] Ein englisches *fabliau* erzählte von einem Mann, der von Petrus in die Hölle geschickt wurde, weil er sich ein drittes Mal verheiratet hatte, obwohl er schon zweimal »befreit« worden war.[31]

Für die Männer wurde die Ehe zu einem Angelpunkt männlicher Herrschaft. Ein Franziskaner des 13. Jahrhunderts definierte in seiner Chronik die Frauenherrschaft als eine Form der Knechtschaft. Der geistliche Autor der »Fünfzehn Freuden der Ehe«, geschrieben gegen Ende des 15. Jahrhunderts, verglich die Ehe mit einem Gefängnis. In sechs der unerfreulichen Situationen, die er in seiner Satire darstellte, herrschten Ehefrauen über ihre Gatten, indem sie disputierten, sich einmischten, sich einen Liebhaber angelten, das Geld des Gatten aus dem Fenster warfen oder ihn überlisteten. In der Ehe gewinne der bessere Spieler, meinte der Autor, und eine Ehefrau »strebt immer danach, im Haus ebensoviel Autorität und Macht zu erlangen wie ihr Mann – oder wenn möglich mehr«.[32] Sogar aus ihren Schwangerschaften würden die Frauen Nutzen ziehen, um über ihre Männer zu regieren: Sie übergaben sich, verlangten besondere Pflege, verlängerten das Wochenbett und verursachten stets unendliche Ausgaben.

Die Straßenspiele und die öffentlichen Lustbarkeiten an Festtagen drehten sich um dasselbe Thema. Die geistlichen Schauspiele in England zeichneten Noahs Frau als ungehorsame, widersetzliche Person, die zum festen Repertoire komischer Charaktere gehörte. Sie wollte nicht an Bord der Arche kommen, Noah fürchtete ihren Zorn und ihre Keiferei, und das Paar balgte sich, als ob sie die Vorgänger von *Punch and Judy* wären. Die Fastnachtspiele von Hans Sachs aus Nürnberg belustigten sich im 16. Jahrhundert mit dem Ehemann, der seinem Weib, das sein Geld verloren hatte, für die nächste Begegnung »zwei blaue Augen« versprach.[33] Die volkstümlichen französischen Frühlingsfeste, die *Charivaris*, zogen vom 15. bis ins 17. Jahrhundert die dominierende Gattin ins Lächerliche. In Lyon verlas 1560 die *Mère Folle* (die »Narrenmutter«, ein als Frau verkleideter Mann) im Spott das Urteil über einen Gerber, der sich kürzlich von seiner Angetrauten hatte schlagen lassen: Er müsse auf einem Esel durch die Straßen reiten, »um die Verwegenheit und Keckheit der Frauen zu bekämpfen, die ihre Männer schlagen, und derer, die das gerne möchten; [...] und wenn Männer es leiden, von ihren Frauen regiert zu werden, dann könnte man sie ebensogut auf die Weide führen«.[34]

In solchem Kontext signalisierten ein paar Ohrfeigen, die ein Ehemann seiner Frau verabreichte, daß hier die Frau in der ihr angemessenen Stellung gehalten wurde. In französischen und englischen Predigten war die Rede von ungehorsamen Gattinnen, die ertränkt, verprügelt, vergiftet wurden, nur weil sie getan hatten, was ihre Herren ihnen untersagten.[35] In einer Erzählung Boccaccios begriff eine Frau ihre Lektion endlich, nachdem Wölfe ihr das Gesicht zerfleischt hatten.[36] Der *Ménagier de Paris* bestrebte sich, seine junge Frau vor den Folgen der Widersetzlichkeit zu warnen. In seinen Instruktionen verwies er auf Eva und auf Lots Frau und mahnte, durch ähnliches Verhalten werde sie ihren Gatten verlieren an »schlechte und unehrliche Frauen, die in allen Dingen gehorchen und Ehre erweisen«.[37] Denn den »Makel des Ungehorsams« könne sie nie wieder ganz abwaschen; sie müsse sich ihrem Gatten immer fügen oder werde »rebellisch, arrogant und verschlagen« geheißen werden.[38] Der Bürger zog alle rhetorischen Register, um sie insbesondere von sexuellen Fehltritten abzuschrecken, denn dies war die schlimmste Form von Ungehorsam, da die Keuschheit einer Gattin von den Städtern so hoch bewertet wurde wie von den Männern in den früheren Epochen Europas. Selbst eine Andeutung von falschem Tun, mahnte der *Ménagier*, könne nie mehr ungeschehen gemacht werden. Wie die lehrhaften Patres und Priester, die für die Töchter der landsässigen Elite schrieben, unterwies der Stadtbürger die junge Frau, wann und wo sie aus dem Haus gehen dürfe – zum Beispiel mit einer Begleiterin zur Kirche, ohne mit jemand anderem zu sprechen –, wie sie sich zu betragen habe, um keine Aufmerksamkeit auf sich zu ziehen – »mit gesenkten Lidern und still, und richte den Blick im Abstand von etwa vier Ruten gerade vor dich auf den Boden«.[39] Von allen männlichen Wesen, ausgenommen ihren Gatten und ihre Verwandten, mußte sie Abstand wahren, sollte keine Bücher lesen, nur seine Briefe, da alles andere sie in Versuchung führen könnte. Zur Abschreckung für den Fall, daß sie vielleicht doch einmal zur Unbotmäßigkeit gereizt sein könnte, erzählte er ihr die scheußliche Geschichte von einer jungen Braut, deren Gatte ihr keine körperliche Erfüllung bieten konnte. Die frischvermählte Ehefrau vertraute ihre Sehnsüchte ihrer Mutter an, welche sie dazu aufstachelte, des Mannes Bereitschaft zur Verzeihung zu prüfen. Die Gattin tat es: Erst hackte sie seinen Lieblingsbirnbaum um, dann tötete sie seinen Lieblingshund, dann verdarb sie beim Weihnachtsbankett alle Speisen. Durch sein Schweigen schien der Gatte alle ihre Handlungen hinzunehmen. Doch am Tag nach der Szene von Weihnachten ließ er nach dem Bader rufen, um sie des »bösen Blutes« zu entledigen, welches sie, wie er suggerierte, wohl zu ihrem seltsamen Verhalten getrieben hatte.

> Da befahl er, ihr rechter Arm solle am Feuer gewärmt werden, und als er gewärmt war, befahl er, sie zur Ader zu lassen, und sie blutete, bis das dicke, rote Blut herausströmte [...] da befahl er, ihr den anderen Arm aus ihrem Kleid zu ziehen. Die Dame flehte um Erbarmen. Es half nichts, denn er ließ den zweiten Arm wärmen und zur Ader lassen, und sie nahmen so viel, daß sie in Ohnmacht fiel, die Sprache verlor und leichenblaß wurde [...].[40]

Man mußte sie zu Bett tragen, so sehr hatte der Aderlaß sie geschwächt. Nach dieser geziemenden Züchtigung gelobte sie, als sie sich wieder erholt hatte und ihre Mutter zum nächsten Mal sah, nie wieder an Untreue zu denken.

Die ideale Ehe und die perfekte Gattin

Die meisten Männer hatten es, wenn sie die angemessene Einstellung und das angemessene Verhalten ihrer Frauen sicherstellen wollten, nicht nötig, zu derart drastischen Maßnahmen zu greifen wie der Gatte aus der Geschichte des *Ménagier*. Statt dessen konnten sie ihren Gattinnen, indem sie sich ebenfalls der altüberlieferten Bilder und Figuren bedienten, positive Modelle zum Nacheifern anbieten. Als Alessandra Strozzi nach einer geeigneten Braut für ihren ältesten Sohn Filippo Ausschau hielt, beschrieb sie eine vorbildliche junge Frau in einem Brief von 1465: »Wir wissen, daß sie freundlich und fähig ist. Sie ist verantwortlich für eine große Familie (da sind zwölf Kinder, sechs Jungen und sechs Mädchen), [denn] ihre Mutter ist immer schwanger und nicht sehr fähig.«[41] »Freundlich«, »fähig«, tüchtig genug, um einen großen Haushalt zu führen, das waren die geschätzten Tugenden. Der Franziskanerbruder San Bernardino erläuterte im 15. Jahrhundert: »So wie die Sonne der Schmuck des Himmels ist, so ist die weise und umsichtige Gattin der Schmuck des Heims.«[42]

Wenn Ehefrauen diesem Ideal entsprachen, wurden sie von ihren Gatten gelobt. Francesco Datini schrieb 1397 an Margherita: »Es freut mich sehr, daß Du das Haus so besorgt hast, daß es Dir zur Ehre gereicht.«[43] Als Elizabeth Withypoll 1537 im Alter von siebenundzwanzig Jahren starb, widmete ihr Gatte, Mitglied der *Merchant Taylors Company of London*, ihr eine Gedenktafel. Die größten Komplimente, die er ihr zu machen wußte, bezogen sich auf ihre Fertigkeiten und Vollkommenheiten in Handarbeiten, Schreiben, Singen, in drei Sprachen einschließlich Latein, in Tugend und Glauben.[44] Kinder auf die Welt zu bringen und aufzuziehen war die andere Pflicht der Ehefrau. Der Florentiner Humanist Alberti empfahl in seinem Traktat über die Familie (1434), man solle eine Gattin nach ihrer Kraft und ihrer Körpergröße auswählen, damit der Gatte zahlreicher und gesunder Nachkommenschaft versichert sein möge. Clarice Orsini, die Gemahlin von

Lorenzo de' Medici, kam ihren Mutterpflichten getreulich nach und schuf eine liebevolle Familienatmosphäre. Der achtjährige Piero schrieb seinem Vater 1479:

> Wir sind alle wohlauf und lernen. Giovanni beginnt zu buchstabieren. [...] Giuliano lacht und denkt an nichts anderes, Lucrezia näht, singt und liest, Maddalena stößt mit ihrem Kopf gegen die Wand [...] Luisa möchte ein paar Worte sagen. Contessina erfüllt das Haus mit ihrem Lärm.[45]

Die Männer beschrieben die Ehe mit der idealen Gattin als Wert, der über die praktische Verbindung von zwei Familien zum Zwecke der Haushaltsgründung und Fortpflanzung hinausreichte. Im 15. Jahrhundert legte San Bernardino in seinen Predigten nahe, die Ehe könne eine »Freundschaft« sein.[46] Der *Ménagier* zitierte die Worte eines flämischen Webers an seine Braut und sprach von »verheirateten Freunden«; die Ehe sei ein Bündnis mit identischen Verpflichtungen für beide, ein Zustand, in dem »alle andere Liebe weit weg gestoßen, vernichtet und vergessen werden soll, ausgenommen die gegenseitige Liebe«.[47] Protestantische Führer und Autoren des 16. Jahrhunderts wie Bucer und Zwingli waren der Auffassung, daß alle Frauen und Männer heiraten sollten, und sie achteten auf eine kameradschaftliche, zärtliche Beziehung. Der Engländer John Milton erachtete die Abwesenheit solcher Gefühle als einen Scheidungsgrund.

Doch Freundschaft und Zuneigung bedeuteten noch nicht Gleichheit. Denn die gelehrten wie die volkstümlichen Beschreibungen der Ehe enthielten all die alten Prämissen über die Unterlegenheit des weiblichen Geschlechts und die Notwendigkeit männlicher Leitung.[48] Die ideale Gattin akzeptierte diese traditionellen Voraussetzungen und unterwarf sich willig, so wie Gott in einem Pariser Mysterienspiel Eva geboten hatte:

> Liebe Adam, halte ihn teurer als das Leben,
> [...]
> Unterwerfe ihm stets dein Herz,
> Und weiche nie von seiner Lehre ab.

Die Folgen abweichenden Verhaltens waren dem Publikum klar: »Falls sie nicht achtgibt, wird sie der Torheit unterliegen.«[49] Margherita Datinis Schwager schrieb über die Beziehung zu seiner Ehegefährtin: »... da ich von Anfang an die Zügel immer fest in der Hand hatte, mußte ich nie mit der Trense nachhelfen.«[50] Und der *Ménagier* verglich die gute Gemahlin mit einem Schoßhund, denn »selbst wenn der Meister ihn schlägt und mit Steinen nach ihm wirft, folgt der Hund, wedelt mit dem Schwanz und legt sich vor seinem Meister nieder, um ihn zu besänftigen. [...] Er richtet immer sein Herz und sein Auge auf seinen Meister.«[51] Nach Giovanni Caldiera, einem italienischen Humanisten des späten 15. Jahrhunderts, begann die Stufenleiter von Staat und Autorität mit dem Ehemann in der Familie. Wie ein Untertan hatte die Gattin zu gehorchen, wie ein Untertan sollte sie ihren Beherrscher als weise und mächtig ansehen.[52] Die populären Erzählungen wiederholten denselben Refrain. Einer von Boccaccios Charakteren erklärte, Frauen seien »durch Natur und Brauch wie auch durch das Gesetz« den Männern unterstellt worden, »von deren Meinung ihr Betragen und ihre Handlungen beherrscht werden müssen. Deshalb ziemt es jeder Frau, die ein ruhiges, zufriedenes und ungetrübtes Leben mit ihren männlichen Angehörigen anstrebt, demütig, geduldig und gehorsam zu sein [...]«[53] Der deutsche Dichterschuster Hans Sachs drückte die Empfindungen der Männer in seinem Stück »Das alte Spiel« etwas einfacher aus. Der Gatte erklärte seiner Frau:

> Wenn du tust, was ich dich heiße, wie ein bescheidenes, williges und gehorsames Weib, dann will ich gerne meine letzte Krume Sauerbrot mit dir teilen und sehen, daß dir weder Kleider noch Putz fehlen. Dann ist es ein Vergnügen, für dich zu sorgen und dir guten Rat zu geben.[54]

Den Gattinnen oblag es, die Verbindung kameradschaftlich und freundlich zu gestalten. Die didaktische Literatur erteilte ihnen Anweisungen, wie sie sich gegenüber einem fordernden oder schwierigen Ehemann zu verhalten hatten. Francesco Barbaro mahnte in seiner Abhandlung von 1428, Wünsche des Gatten freudig und rasch zu erfüllen und seinem Zorn »demütig und scheu« zu begegnen. Wenn er beunruhigt oder schlecht gelaunt sei, solle sie »mit sanfter Stimme und bescheidener Stimme versuchen, ihn glücklich zu machen, ihn zu erquicken und ihn zu trösten«.[55] Der *Ménagier* erwartete von der Frau, daß sie die Fehler des Mannes mildere und ihn vor den Konsequenzen seines eigenen Fehlverhaltens in Schutz nehme. »Durch Geduld und sanfte Worte besiegt Ihr seine stolze Grausamkeit«, erklärte der *Ménagier* weiter. »Fein, vorsichtig und freundlich« sollte die Gattin ihn von den Torheiten und dummen Handlungsweisen, zu denen er sich vielleicht hatte verleiten lassen, zurückhalten.[56] Wie der Chevalier de La Tour Landry, der für seine adeligen Töchter schrieb, brachte auch der Pariser Bürger die Geschichte von Jehanne la Quentine vor als Beispiel einer jungen Ehefrau, die ihren Ehemann dank ihrer Sanftmut zurückgewann.[57] Als Jehanne von seiner Affäre mit einer jungen Frau Kenntnis erhielt, wurde sie nicht etwa zornig, sondern half vielmehr der Geliebten, für ihn zu sorgen. Von ihrer Haltung war der Mann so beeindruckt, als er davon erfuhr, daß er zu ihr zurückkehrte und sie nie mehr hinterging. Solche Großzügigkeit kam auch im wirklichen Leben vor: Margherita Datini arrangierte für eine der Geliebten ihres Mannes Aussteuer und Ehe und zog das Kind aus der Verbindung auf, als wäre es ihr eigenes.[58]

Auch dem Florentiner Humanisten Leone Battista Alberti im 15. Jahrhundert gefiel in seinem Traktat über die perfekte Familie die Aussicht, seine Gattin selbst zu erziehen. Es war dies die ideale Situation, da ein Mann dann ihrer Ausbildung sicher sein konnte und ihr selbst die wünschenswerten und notwendigen Tugenden einimpfte. Alberti sah sogar vor, seiner Braut das Spinnen und Nähen zu lehren und ihr beizubringen, wie sie die Dienstboten für deren Aufgaben vorzubereiten hatte. Der *Ménagier* begann mit der Niederschrift seiner Instruktionen für seine fünfzehnjährige Braut in der Hochzeitsnacht. Auf den ersten drei Seiten setzte er ihr auseinander, daß er auswärts sein werde, um für sie zu arbeiten; sie solle ihr »Geschäft« derart verwalten, daß er »danach verlangt, in sein gutes Heim zurückzukehren und seine gute Hausfrau zu sehen und zu anderen Distanz zu halten«.[59] Stets »freundlich und liebenswürdig und friedlich«, sollte sie ein eigentliches »Erholungsparadies« schaffen. Er versicherte ihr: »Kein Mann kann besser bezaubert werden, als wenn man ihm gibt, was ihm gefällt.«[60] Er entwarf das Bild des beschwerten Familienversorgers, der »hierhin und dorthin« hetzen mußte, »in Regen und Wind, in Schnee und Hagel, bald durchnäßt, bald trocken, bald schwitzend, bald fröstelnd, schlecht genährt, schlecht untergebracht, schlecht gewärmt und schlecht gebettet«. In diesen Prüfungen hielt den erbarmungswürdigen Mann das Bild aufrecht von der

> [...] Pflege, die ihm seine Gattin nach seiner Rückkunft angedeihen lassen wird, von den Bequemlichkeiten, den Freuden und Vergnügen, die sie ihm erweisen oder für ihn in ihrer Gegenwart veranlassen wird. Er wird barfuß vor einem behaglichen Feuer sitzen, mit gewaschenen Füßen und frischen Schuhen und Strümpfen, gutes Essen und Trinken wird ihm vorgesetzt werden, er wird wohl bedient und wohl umsorgt sein, wohl gebettet in weißem Linnen und Nachthauben, gut zugedeckt mit dicken Pelzen und besänftigt mit anderen Freuden und Scherzen, Geplauder, Liebesbezeugungen und Geheimnissen, von denen ich schweige. Und am nächsten Tag frische Hemden und Kleidungsstücke.[61]

Solche Fürsorge, dozierte der *Ménagier* seiner Angetrauten, werde ihrem Gatten ein langes Leben sichern und dadurch ihr selbst Wohlergehen.

Einige Stadtfrauen scheuten vor den Prämissen und Anforderungen solcher Ehen zurück. Im 14. Jahrhundert protestierte Margherita Datini gegen die ständigen Belehrungen und Strafpredigten seitens ihres Gatten. Glückel von Hameln seufzte über die Verpflichtungen, insbesondere der Mutterschaft:

> Ich habe alle zwei Jahre ein Kind gehabt und mich sehr gequält, wie es natürlich ist, wenn man so ein Häuschen voll Kinder – Gott behüte sie – beisammen hat, und ich habe mir immer gedacht, daß kein Mensch eine schwerere Last hätte und sich mehr mit Kindern quälen müßte als ich.[62]

Doch die meisten der privilegierten Frauen akzeptierten das männliche Ideal der pflichtgetreuen, gehorsamen Gattin und Mutter und waren stolz darauf, die geforderten Fertigkeiten und Charaktereigenschaften im Bedarfsfall zu demonstrieren.

Da die Ehefrauen auch die Hauptverantwortung für die Erziehung ihrer Töchter trugen, gaben sie die traditionellen Bilder, Werte und Ermahnungen der nächsten Generation von Gattinnen und Müttern weiter. Geistliche und weltliche Autoren überzeugten die Mütter, daß die Vermittlung von hausfraulichem Können und den Künsten, einem Mann gefällig zu sein, wichtiger sei als akademisches Wissen. Im 15. Jahrhundert empfahl der Franziskaner San Bernardino, das Lesen sei für ein Mädchen nur dann eine ziemende Beschäftigung, wenn es für den Eintritt ins Kloster bestimmt sei. Seit dem 13. Jahrhundert boten die Kirchen in den meisten europäischen Städten eine gewisse Bildung für die bessergestellten Knaben und gelegentlich – in Lesen, Rechnen und Glaubenslehre – auch für Mädchen an. In Paris konnten die Töchter von Handwerkern und Kaufleuten eine Schule besuchen, die von den Beginen geführt wurde, oder später, nach den Dekreten des Trientiner Konzils im 16. Jahrhundert, eine Pfarrschule der Ursulinen, der Vinzentinerinnen oder der Salesianerinnen. Protestantische Städte wie Wittenberg in Deutschland oder Genf in der Schweiz forderten für ihre Mädchen eine Grundschule. Ende des 17. Jahrhunderts war die Ausbildung von Kindern beiderlei Geschlechts beispielsweise in Frankreich und Schweden durch königliche Dekrete vorgeschrieben.[63] Thomas Mulcaster nahm in die *Merchant Taylor's School*, die er 1561 in London gegründet hatte, auch Mädchen auf und entwarf in seinem Erziehungstraktat vergleichbare Lehrgänge für Mädchen und Jungen. Aber auch er sah als Zukunft der Mädchen die Rolle der Ehefrau, wollte daher, daß sie ordentliche Hausverwalterinnen wurden, und schrieb ihnen die primäre Verantwortlichkeit für die Schaffung und Erhaltung einer guten Ehe zu. Die meisten Mütter aus wohlhabenden Familien hätten mit dem *Ménagier* übereingestimmt, der im 14. Jahrhundert seine Braut lehrte, die zwei wichtigsten Tätigkeiten ihres Lebens seien »die Rettung deiner Seele und die Erquickung deines Gatten«.[64]

Wieder und wieder, in ungezählten Abwandlungen und verschiedensten Sprachen, hörten die jungen Mädchen die Geschichte der idealen Gattin Griseldis und arbeiteten Szenen daraus in ihre Stickarbeiten ein. Griseldis verkörperte alle die als erstrebenswert gepriesenen Eigenschaften: bescheidene Herkunft, Schönheit, Demut, Seelenstärke und fraglosen Gehorsam. Ihr galt die letzte Geschichte in Boccaccios *Decamerone*, und der *Ménagier* nahm sie in seine Belehrungen an seine Gattin mit auf. Die Geschichte lautete folgendermaßen: Der Markgraf von Saluzzo wählte das arme Bauernmädchen Griseldis zur Frau. Sobald sie ihre Bauernkleider abgelegt hatte, verwandelte sie sich in ein wunderschönes Geschöpf, das seines Herrn durchaus würdig war. Mit Anmut und Bescheidenheit erfüllte Griseldis ihre Pflichten und Aufgaben, sie gebar zwei Kinder und half bei der Verwaltung der Güter. Ihr Gehorsam ging so weit, daß sie ihren Gatten nicht zur Rede stellte, als er ihr – um ihre unbedingte Ergebenheit auf die Probe zu stellen – zuerst das eine, dann das andere Kind wegnahm, auch nicht als er ihr ankündigte, sie solle fortgejagt werden, um einer anderen Ehefrau Platz zu machen. Dank dieser Duldsamkeit errang sie sein Vertrauen; er brachte die beiden Kinder zurück, und sie durfte seine gehorsame Gattin bleiben.[65]

Die Zeitgenossen nannten die Heldin die »arme« oder »geduldige« Griseldis, vielleicht weil man immerhin die Härte der Prüfungen, die ihr gestellt wurden, anerkannte. Doch kaum jemand kritisierte die Rolle, die Griseldis spielte, oder die Eigenschaften, die sie verkörperte. Statt dessen wiesen die meisten Städterinnen ihre Töchter an, so zu werden wie sie. Sie anerkannten, daß sie zu Glück und Sicherheit kamen, wenn sie sich mit dem geziemenden Verhältnis zu den Männern abfanden. Ungeachtet der physischen, gesetzlichen oder ökonomischen Umstände glaubte die große Mehrheit der Frauen in den Städten, im traditionellen Rahmen der Familie und einer männlich dominierten Gesellschaft als willige Untergebene fungieren zu müssen.

Anhang

Anmerkungen

Einleitung

1 Christine de Pizan: *Das Buch von der Stadt der Frauen*; aus dem Mittelfranzösischen übersetzt, mit einem Kommentar und einer Einleitung versehen von Margarete Zimmermann; Berlin 1986, S. 36.

2 Vgl. *The Invisible Woman*, eine Ausgabe des *UNESCO Courier*, Juli 1980: *Report of the World Conference of the United Nations Decade for Women: Equality, Development and Peace, held at Copenhagen, July 14–30, 1980, A/CONV.* 94/35; S. 7–8.

3 Zitiert nach Amy Kathleen Hackett: *The Politics of Feminism in Wilhelmine Germany, 1890–1918*, unpublizierte Dissertation, Columbia University 1976, S. 249.

4 Nach Bullitt Lowry / Elizabeth Ellington Gunter (Hrsg./Übers.): *The Red Virgin: Memoirs of Louise Michel*; Alabama: University of Alabama Press 1981, S. 139 (Französische Ausgabe: *Mémoires de Louise Michel, écrits par elle-même*. Paris 1976).

5 Joan Kelly: *Women, History and Theory: The Essays of Joan Kelly*; Chicago: University of Chicago Press 1984, S. 19. Siehe da vor allem die Aufsätze: *»The Social Relations of the Sexes: Methodological Implications of Women's History«* und *»The Doubled Vision of Feminist Theory«*.

6 Gerda Lerner: *The Majority Finds Its Past: Placing Women in History*; New York: Oxford University Press 1979, S. 168. Siehe da die Kapitel 1, 10, 12 und die *Autobiographical Notes*.

7 Kathleen Gough: *»The Origins of the Familiy«* in Rayna R. Reiter (Hrsg.): *Toward an Anthropology of Women*; New York: Monthly Review Press 1975, S. 54.

8 *»Dem Reich der Freiheit werb' ich Bürgerinnen«; Die Frauen-Zeitung von Louise Otto*, hrsg. und kommentiert von Ute Gerhard, Elisabeth Hannover-Drück und Romina Schmitter. Frankfurt/Main 1979, S. 39.

1 Das Erbe der Tradition
Die Stellung der Frau bis zum 8. Jahrhundert

1.1 *Verschüttete Spuren – die Frage nach den Ursprüngen*

1 Die Angaben über Dolní Věstonice stammen von B. Klíma: *Dolní Věstonice*; Prag: Nakladatelství Ceskoslovenské Akademie Ved 1963. Die Höhe der Kopfes beträgt 4,8 cm; Abbildungen findet man in J. Jelínek: *The Pictorial Encyclopedia of the Evolution of Man;* London: Hamlyn 1975, S. 361 und 376.

2 N. K. Sanders: *Prehistoric Art in Europe*; Baltimore: Penguin 1938, S. 12–13.

3 *»Das Mutterrecht«* von Bachofen wurde erstmals 1861 publiziert, *»Ancient Society«* von Morgan 1877 und *»Der Ursprung der Familie, des Privateigenthums und des Staats«* von Engels 1884.

4 Nach Marie-Louise Janssen-Jurreit: *Sexism: The Male Monopoly on History and Thought*, translated by Verne Moberg; New York: Farrar Straus Giroux 1982, S. 57 (deutsche Ausgabe: Marie-Louise Janssen-Jurreit: *Sexismus; über die Abtreibung der Frauenfrage*. München: Hanser 1976).

5 Zitiert nach Friedrich Engels: *The Origins of the Familiy, Private Property and the State*, edited by Eleanor Burke Leacock; New York: International Publishers 1973, S. 120 (deutsches Original: *Der Ursprung der Familie, des Privateigenthums und des Staats, im Anschluß an Lewis H. Morgan's Forschungen*. [1884]).

6 Siehe Frances Dahlberg (Hrsg.): *Woman the Gatherer*; New Haven: Yale University Press 1981. Nancy Tanner: *On becoming Human*; Cambridge: Cambridge University Press 1981. Karen Sacks: *Sisters and Wives: The Past and Future of Sexual Equality*; Westport, Conn.: Greenwood 1979. Peggy Reeves Sanday: *Female Power and Male Dominance: On the origins of sexual inequality*; Cambridge: Cambridge University Press 1981.

7 Vgl. Dahlberg: *Woman the Gatherer* (passim) und Jane Beckman Lancaster: *Primate Behavior and the Emergence of Human Culture*; New York: Holt, Rinehart and Winston 1975, S. 80.

8 Die Statuette mißt 11,5 cm in der Länge und ist abgebildet in Jelínek (wie Anm. 1), S. 379 und 403.

9 Karte der Fundstellen in Graham Clark: *World Prehistory in New Perspective*; 3. Aufl., Cambridge: Cambridge University Press 1977, S. 99.

10 Der wichtigste neuere Versuch stammt von Marija Gimbutas: *The Goddesses and Gods of Old Europe: 6500–3500 B.C.*; London: Thames and Hudson 1982. – Für die Angaben über Lepensky Vir folgten wir Gimbutas und Dragoslav Sréjoviě: *Europe's First Monumental Sculpture: Lepensky Vir*; New York: Stein and Day 1972.

11 Alexander Marshak: *The Roots of Civilization: The Cognitive Beginnings of Man's First Art, Symbol and Notation*; New York: McGraw-Hill 1972, S. 244ff. Philip Rawson: *Primitive Erotic Art*; New York: G.P. Putnam's Sons 1973, S. 10–11, 20.

12 Zu Nea Nikomedia siehe Robert J. Rodden: *»Excavations at the Early Neolithic Site at Nea Nikomedia, Greek Macedon (1961 season)«*, in: *Proceedings of the Prehistoric Society* XII (NS, Vol. XXVIII) (1962) S. 267–289 und Robert J. Rodden: *»An Early Neolithic Village in Greece«*, in: *Scientific American* 212, Nr. 4 (April 1965) S. 83–92.

13 Jon-Christian Billigmeier / Judy A. Turner: *»The Socio-Economic Roles of Women in Mycenean Greece: A Brief Survey from Evidence of Linear B Tablets«*, in: Helene Foley (Hrsg.): *Reflections of Women in Antiquity*; London: Gordon and Breach Science Publishers 1981.

14 Farbphotographie der Statuette in Petros G. Themelis: *Mycenae Nauplion* (Athen: Delta o.J., S. 55), schwarzweiß bei H.A. Groenewegen-Frankfort / Bernard Ashmole: *Art of the Ancient World* (New York: Prentice-Hall and Harry N. Abrams o.J., S. 133).

15 Siehe z. B. George Thomson: *Studies in Ancient Greek Society: The Prehistoric Aegean* (London: Lawrence and Wishart 1949) und Ruby Rohrlich-Leavitt: *»Women in Transition: Crete and Sumer«*, in: Renate Bridenthal / Claudia Koonz (Hrsg.): *Becoming Visible: Women in European History* (Boston: Houghton Mifflin 1977).

16 Unzulänglichkeiten der kretischen Archäologie im Hinblick auf Frauen, insbesondere bei Sir Arthur Evans, diskutiert Sarah B. Pomeroy: *»Selected Bibliographie on Women in Antiquity«*, in: John Peradotto / J. P. Sullivan (Hrsg.): *Women in the Ancient World: The Arethusa Papers* (Albany, N. Y.: SUNY Press 1984, S. 347–353).

17 In der kretischen Kunst wurden die Männer mit schmalen Taillen und übertrieben gewölbtem Brustkasten dargestellt, so daß die Torsen männlicher und weiblicher Figuren gleich sind. Die Haut der Frauen wurde eher mit weißer, diejenige der Männer eher mit roter Farbe gemalt, aber manchmal wurde diese Konvention auch gebrochen.

18 Vgl. Manolis Andronicos: *Herakleion Museum and Archeological Sites of Crete* (Athen: Ekdotike Athenon 1977), die erwähnten Objekte sind da abgebildet auf Tafeln 9, 19, 20, 29, 39, 40, 43, 44. Siehe auch Costis Davaris: *Guide to Cretan Antiquities* (Park Ridge, N. J.: Noyes Press 1976) und Sinclair Hood: *The Minoans: Crete in the Bronze Age* (London: Thames and Hudson 1971).

19 Martin P. Nilsson: *The Minoan-Mycenean Religion and Its Survival in Greek Religion*; 2nd ed. rev. (Lund: CMK Gleerup 1950, S. 391); Peter J. Ucko: *Anthropomorphic Figurines of Predynastic Egypt and Neolithic Crete with Comparative Material from the Prehistoric Near East and Mainland Greece*; Royal Anthropological Institute, Occasional Paper No. 24 (London: Andrew Szmidla 1968, Abb. 6.2, S. 316).

20 Sarah B. Pomeroy: *Goddesses, Wives, Whores, and Slaves: Women in Classical Antiquity*; New York: Schocken 1975, S. 15.

21 Sarah Blaffer Hrdy: *The Woman That Never Evolved*; Cambridge, Mass.: Harvard University Press 1981, S. 69, 189.

22 Marshall D. Sahlins: *»The Origins of Society«*, In: *Scientific American* 203, Nr. 3 (September 1960) S. 80.

23 Lancaster (wie Anm. 7), S. 12; Hrdy (wie Anm. 21), S. 187.

24 Psychologische Untersuchungen zur Intelligenz neigen dazu, kulturelle Einwirkungen nicht von »angeborenen« Fähigkeiten zu trennen. Einen Überblick über Untersuchungen des 20. Jahrhunderts bis 1974 gibt Eleanor Emmons Maccoby / Carol Nagy Jacklin: *The Psychology of Sex Differences*; 2 Bde.; Stanford, Calif.: Stanford University Press 1974.

25 John Money / Anke A. Ehrhardt: *Man and Woman, Boy and Girl: The Differentiation and Dimorphism of Gender Identity from Conception to Maturity*; Baltimore: Johns Hopkins University Press 1972, S. 118–123; Nancy Chodorow: *The Reproduction of Mothering: Psychonanalysis and the Sociology of Gender*; Berkeley: University of California Press 1978, Teil 1.

26 Lancaster (wie Anm. 7), S. 82.

27 Michael S. Teitelbaum (Hrsg.): *Sexual Differences: Social and Biological Perspectives*; Garden City, N. Y.: Doubleday 1976.

28 Maccoby/Jacklin (wie Anm. 24), S. 243.

29 Teitelbaum (wie Anm. 27), S. 65–66.

30 Vgl. Sigmund Freud: *»Einige psychische Folgen des anatomischen Geschlechtsunterschieds«* (1925) und *»Die Weiblichkeit«* (1933). Diese Aufsätze sind in zahlreichen Neuauflagen von Freuds Werken enthalten (*»Die Weiblichkeit«* gehört zur *Neuen Folge der Vorlesungen zur Einführung in die Psychoanalyse*). – Das Konzept der psychosexuellen Anfälligkeit des Mannes stammt aus Money/Ehrhardt (wie Anm. 25), S. 117.

31 Chodorow (wie Anm. 25), S. 183.

32 Vgl. dazu Michelle Zimbalist Rosaldo: *»Women, Culture, and Society: A Theoretical Over-*

view«, in: Michelle Zimbalist Rosaldo / Louise Lamphere (Hrsg.): *Women, Culture, and Society* (Stanford, Calif.: Stanford University Press 1974, S. 28) und Bruno Bettelheim: *Symbolic Wounds: Puberty Rites and the Envious Male* (rev. ed. New York: Collier 1968).

33 Eine frühe Darstellung dieser Theorie findet sich bei Karen Horney: »*The Dread of Women*« (1932), in: K.H.: *Feminine Psychology*; New York: Norton 1973, S. 145.

34 William N. Stephens: »*A Cross-Cultural Study of Menstruation Taboos*«, in: Genetic Psychology Monographs 64 (1961), S. 392, 401.

35 Zitiert nach Patricia Martin Doyle: »*Women and Religion: Psychological and Cultural Implications*«, in: Rosemary Radford Ruether (Hrsg.): *Religion and Sexism: Images of Women in the Jewish and Christian Traditions*; New York: Simon and Schuster 1974, S. 27.

36 Vgl. Chodorow (wie Anm. 25), S. 183; Horney: »*The Dread of Women*« und »*The Distrust Between the Sexes*«, in: Horney (wie Anm. 33), S. 107–108. Clara M. Thompson: *On Women*, ed. by Maurice R. Green; New York: Meridian 1986, passim.

37 Chodorow (wie Anm. 25), S. 183.

38 Vgl. dazu Horney: »*The Distrust Between the Sexes*«, in: Horney (wie Anm. 33), S. 115.

39 Sanday (wie Anm. 6) S. 33; Alice Schlegel (Hrsg.): *Sexual Stratification: A Cross-Cultural View*; New York: Columbia University Press 1977, S. 356.

40 Sanday (wie Anm. 6), 4. Kapitel; Marvin Harris: *Culture, Man and Nature: An Introduction to General Anthropology*; New York: Thomas Y. Crowell 1971, S. 581–582.

41 Sanday (wie Anm. 6), S. 209–210.

42 Vgl. Marvin Harris: »*Why Men Dominate Women*«, in: *New York Times Magazine*, 13. November 1977, S. 118ff. Diskussion dazu bei Sanday (wie Anm. 6), S. 172–187.

43 Kathleen Gough: »*The Origin of the Family*«, in: Rayna R. Reiter (Hrsg.): *Toward an Anthropology of Women*; New York: Monthly Review Press 1975, S. 69.

44 Harris (wie Anm. 42), S. 117.

45 Sanday (wie Anm. 6), S. 186–187, 210–211.

46 Richard A. Preston / Sydney F. Wise / Herman O. Werner: *Men in Arms: A History of Warfare and Its Interrelationships with Western Society*; rev. ed.; New York: Frederick A. Praeger 1962, S. 10.

47 Sanday (wie Anm. 6), S. 210.

48 Siehe Marylin Arthur: »*Early Greece: The Origins of the Western Attitude Toward Women*«, in: Peradotto / Sullivan (wie Anm. 16), S. 7-58; Pomeroy (wie Anm. 20), 2. Kapitel; John H. Otwell: *And Sarah Laughed: The Status of Women in the Old Testament*; Philadelphia: Westminster Press 1977.

49 Vgl. Pomeroy (wie Anm. 20), S. 8ff.

50 Die deutsche Übersetzung der Werke Homers folgt der Ausgabe Homer: *Ilias / Odyssee*; in der Übertragung von Johann Heinrich Voss. München: Winkler 1957.

51 *Ilias*, V, 892–893.

52 *Ilias*, XIV, 175–187.

53 *Ilias*, XIV, 353.

54 *Ilias*, XV, 14, 18–24.

55 *Ilias*, XIV, 219–221.

56 Zitiert nach Arianna Stassinopulos / Roloff Berry: *The Gods of Greece*; New York: Harry N. Abrams 1983, S. 168.

57 Die Vestalischen Jungfrauen verfügten über die Macht, Verbrechern zu vergeben, sie selbst aber hatten die Todesstrafe zu gewärtigen, wenn sie ihr Jungfräulichkeitsgelübde brachen. Mehr dazu bei Mary R. Lefkowitz / Maureen B. Fant: *Women's Life in Greece and Rome: A Source Book in Translation* (Baltimore: Johns Hopkins University Press 1982, S. 174, 249–250); J. P. V. D. Balsdon: *Roman Women: Their History and Habits* (New York: Harper & Row 1962, S. 234–243).

58 2. Buch Mose 15,20; 4. Mos. 12 (Zitate nach *Die Heilige Schrift des Alten und des Neuen Testaments*; Zürich: Verlag der Zwingli-Bibel 1966).
59 *Odyssee*, XXIV, 193–197.
60 *Odyssee*, VI, 182–184.
61 *Ilias*, VI, 440–446.
62 *Odyssee*, XXI, 350–353.
63 1. Buch Mose 2,23–24.
64 1. Mos. 12,11. Die Namen lauten zu diesem Zeitpunkt Abram und Sarai.
65 1. Mos. 24,64; 24,67; 29,17; 29,20.
66 1. Mos. 3,20; 17; 18; 30,1 und 23.
67 2. Mos. 20,12.
68 Nahum 3,13; Jeremia 30,6.
69 Balsdon (wie Anm. 57), S. 17; Lefkowitz/Fant (wie Anm. 57), S. 173.
70 Lefkowitz/Fant (wie Anm. 57), S. 175. Max Kaser: *Roman Private Law*, translated by Rolf Dannenbring; Durban, S.A.: Butterworth's 1965, S. 68 (vgl. Max Kaser: Römisches Privatrecht; ein Studienbuch. 15. verb. Auflage. München: Beck 1989).
71 4. Buch Mose 30,1–16; 3. Mos. 27,1–7; 1. Mos. 19,1–8.
72 1. Mos. 1,27; 3,16.
73 1. Mos. 3,17.
74 *Odyssee*, XXII, 462–464. Göttinnen und Nymphen gesellen sich in allen Ehren sowohl zu Göttern als auch zu Männern, und es gibt sterbliche Frauen, die uneheliche Kinder zur Welt bringen (wiewohl von Göttern), die später ohne Beeinträchtigung ihres Ansehens heiraten. Vgl. z. B. *Ilias*, XVI, 175–192.
75 Zu Valerius Maximus: Lefkowitz/Fant (wie Anm. 57), S. 176; zum Gesetz von Romulus ebd., S. 173.
76 In späteren Epochen konnten die römischen Frauen sich ebenfalls scheiden lassen. Zitate nach Lefkowitz/Fant (wie Anm. 57), S. 173, 174 und 202, Anm. 3.
77 5. Buch Mose 24,1–4. Jüdische Frauen errangen das Recht auf Scheidung im Mittelalter.
78 4. Mos. 5,11–31.
79 5. Mos. 22,22–24; 22,21; 22,28–29.
80 1. Mos. 16,1–5; 30,1–24.
81 1. Mos. 20,3; Karl Hermann Schelkle: *The Spirit and the Bride: Woman in the Bible*; Collegeville, Minn.: The Liturgical Press 1979, S. 25–26 (deutsche Ausgabe s. Literaturverzeichnis).
82 Lefkowitz/Fant (wie Anm. 57), S. 174; Pomeroy (wie Anm. 20), S. 78.
83 Diese Strafe gehörte nicht zum biblischen Recht. 1. Buch Mose 38,24; 3. Mos. 21,9.
84 3. Buch Mose 15.
85 3. Mos. 12.
86 Lefkowitz/Fant (wie Anm. 57), S. 88. Zu Plinius vgl. *Pliny the Elder: Natural History II*, translated by H. Rackham; Cambridge, Mass.: Loeb Classical Library, Harvard University Press 1962, S. 547.
87 Für Griechenland und Rom vgl. Marylin Arthur: *»Liberated Women: The Classical Era«*, in: Bridenthal/Koonz (wie Anm. 15); Pomeroy (wie Anm. 20), S. 48, 52. – Für Juden und Christen s. Bernard B. Prusak: *»Woman: Seductive Siren and Source of Sin? Pseudoepigraphal Myth and Christian Origins«* und Rosemary Radford Ruether: *»Misogynism and Virginal Feminism in the Fathers of the Church«*, beide in: Ruether (wie Anm. 35). – Zum Thema allgemein s. Katharine M. Rogers: *The Troublesome Helpmate: A History of Misogyny in Literature*; Seattle: University of Washington Press 1966, Kapitel 1.

1.2 *Das Erbe der Tradition – die wichtigsten Einflüsse*

1 Zu dieser Definition Europas s. Marc Bloch: *Feudal Society*, translated by L. A. Manyon; Chicago: University of Chicago Press 1966, Bd. 1, S. XIX. Pierre Riché: *Daily Life in the World of Charlemagne*, translated by JoAnn McNamara; Philadelphia: University of Pennsylvania Press 1978, S. IX (französische Ausgaben: M. B.: *La société féodale. La formation des liens de dépendence*; Paris: Michel 1939. P. R.: *La vie quotidienne dans l'Empire carolingien*; Paris: Hachette 1973).

2 Viele der nachhomerischen griechischen Schriften gingen verloren, und die überlieferten poetischen, dramatischen, juristischen und prosodischen Werke geben eine verzerrte Sicht auf das traditionelle Frauenbild. Beispielsweise stammen die meisten erhaltenen Schriften aus Athen, wo, wie die Historikerinnen wissen, die Rolle der Frau im 5./4. Jahrhundert vor Christus eingeschränkter war als in allen anderen Stadtstaaten Griechenlands.
Das römische Recht andererseits wurde erst spät in der Kaiserzeit, nach der Annahme des Christentums, kodifiziert und wurde nicht in allen Teilen des Imperiums gleichmäßig angenommen. Römische Gesetze können folglich nur mit Bedacht verwendet werden.
Ähnliches gilt für das keltische und das germanische Gewohnheitsrecht. Es wurde nur zu ausgewählten, umstrittenen Punkten überhaupt niedergeschrieben, zu einem Zeitpunkt, da die germanische und keltische Kultur schon von Rom und vom Christentum beeinflußt worden war. Die ursprünglichen Sitten können daher vielleicht nie mehr vollständig aufgedeckt werden. Germanische Bräuche und Gesetze sind gesammelt und erforscht, einige auch übersetzt worden. In unserem Text nehmen wir Bezug auf die Alemannen, Angelsachsen, Burgunder, Franken, Langobarden, Ripuarier, Westgoten und Wikinger. Auch die Epen dieser Völker haben wir, wo möglich, beigezogen.
Zu den hebräischen Quellen gehören das Alte Testament, Rechtsschriften der babylonischen und palästinischen Mischna (geschrieben um 200 nach Christus) und die schließlich im Talmud einbegriffenen Lehren und Kommentare. Auch zeitgenössische römische Quellen enthalten Informationen über die hebräische, keltische und germanische Kultur.
Das Neue Testament, Briefe und Traktate von Kirchenvätern und Kirchenführern, Konzils- und Papstdekrete, Kommentare und Bußbücher machen das christliche Quellenmaterial aus. Nur ein Bruchteil hat die Jahrhunderte überdauert, manches ist widersprüchlich, und das meiste spiegelt vermutlich nicht die historische Wirklichkeit, sondern die Intentionen der Schreiber. Im Umgang mit allen Primärquellen ist deshalb höchste Sorgfalt angezeigt.

1.3 *Unterordnende Traditionen*

1 Zitiert nach Jack Lindsay: *The Ancient World: Manners and Morals*; New York: G. P. Putnam's Sons 1968, S. 41. – Zu den Papyrusfunden siehe M. I. Finley: *The World of Odysseus*; rev. ed., New York: Viking 1965, S. 11.

2 Katherine Fischer Drew (Hrsg./Übers.): *The Lombard Laws*; Philadelphia: University of Pennsylvania Press 1973, S. 129.

3 Zitiert nach Lefkowitz/Fant (vgl. Literaturverzeichnis), S. 63–64.

4 Durch das Konzil von Trient, das Thomas von Aquins Rückgriff auf die Theorie von Aristoteles bekräftigte, wurde diese Sicht innerhalb der katholischen Kirche noch weit über das 16. Jahrhundert hinaus aufrechterhalten. – Zur Haltung Aristoteles' gegenüber Frauen vgl. Susan Moller Okin: *Women in Western Political Thought* (Princeton, N.J.: Princeton University Press 1979, Teil II) und G.E.R. Lloyd: *Science, Folklore and Ideology:*

Studies in the Life Sciences in Ancient Greece (Cambridge: Cambridge University Press 1983, Teil II, Kapitel 4).

5 Zitiert nach Naphtali Lewis / Meyer Reinhold: *Roman Civilization: The Empire, A Sourcebook II*; New York: Harper & Row 1966, S. 543–544.

6 Donncha O'Corráin: *»Women in Early Irish Society«*, in: Margaret MacCurtain / Donncha O'Corráin (Hrsg.): *Women in Irish Society: The Historical Dimension*; Dublin: Arden House 1978, S. 9.

7 Zitiert nach Constance F. Parvey: *»The Theology and Leadership of Women in the New Testament«*, in: Ruether 1974 (vgl. Literaturverzeichnis), S. 126.

8 Zitiert nach Léonie J. Archer: *»The Role of Jewish Women in the Religion, Ritual and Cult of Graeco-Roman Palestine«*, in: Averil Cameron / Amélie Kuhrt (Hrsg.): *Images of Women in Antiquity*; Detroit: Wayne State Press 1983, S. 284.

9 Aus dem babylonischen Talmud, zitiert nach Raphael Loewe: *The Position of Women in Judaism*; London: Society for the Promotion of Christian Knowledge and the Hillel Foundation 1966, S. 22.

10 Dieses Gebet hat Anlaß zu zahlreichen Debatten gegeben. Der Symmetriemangel verweist auf den untergeordneten Status des weiblichen Geschlechts. Einige jüdische Apologeten argumentierten jedoch, darin zeige sich nur, daß die Frauen wegen ihrer häuslichen Arbeiten, die im Judentum hoch geschätzt wurden, von religiösen Pflichten befreit waren. Vgl. dazu Judith Hauptman: *»Images of Women in the Talmud«*, in: Ruether 1974 (vgl. Literaturverzeichnis), S. 196; Loewe (wie Anm. 9), S. 43; Archer (wie Anm. 8), S. 284.

11 Loewe (wie Anm. 9), S. 18.

12 Thomas Kinsella (Hrsg./Übers.): *The Táin*; Philadelphia: University of Pennsylvania 1970, S. 250–251.

13 Aus dem Abschnitt über die Krankheiten der Frauen, zitiert nach Lefkowitz/Fant (vgl. Literaturverzeichnis), S. 90.

14 Aus der *Historia animalium*. Siehe auch Lloyd (wie Anm. 4), S. 171, Anm. 198.

15 Aus einer Abhandlung über die Träume, zitiert in Lefkowitz/Fant (vgl. Literaturverzeichnis), S. 89.

16 Aus der *Historia animalium*, zitiert in Lloyd (wie Anm. 4), S. 99–102.

17 Aus *Naturalis historia* von Plinius dem Älteren, 2. Buch (zitiert nach der Ausgabe Loeb Classical Library; Cambridge, Mass.: Harvard University Press 1962, S. 547).

18 Aus *De generatione animalium* (zitiert nach der Ausgabe Loeb Classical Library; Cambridge, Mass.: Harvard University Press 1963, S. 175).

19 Aus *De usu partium corporis*, zitiert nach Lefkowitz/Fant (vgl. Literaturverzeichnis), S. 215–216. – Der römische Arzt Soranus (1. Jahrhundert) war in dieser Hinsicht eine Ausnahme; er stützte seine Arbeit eher auf empirische Forschung als auf allgemein akzeptierte Lehren. Zur Haltung Soranus' gegenüber Frauen siehe Lloyd (wie Anm. 4), Teil II, Kapitel 5, und Lefkowitz/Fant, S. 219–225.

20 Aus dem Dialog *Timaios*, zitiert nach *Philebos, Timaios, Kritias*; in der Übertragung von Friedrich Schleiermacher und Franz Susemihl; eingeleitet von H. M. Enders; München: Goldmann 1968, S. 167.

21 Zum Hippokratischen Korpus siehe Lloyd, S. 84, und Lefkowitz/Fant, S. 91, 93. Zu Aretaeus: Lefkowitz/Fant, S. 225. Die Zählebigkeit dieser Meinung, die sich bis ins 19. Jahrhundert hielt, zeigt Ilza Veith: *Hysteria: The History of a Disease*; Chicago: University of Chicago Press 1965.

22 Lloyd, S. 84; Lefkowitz/Fant, S. 87.

23 Aus dem *Timaios* (nach Lefkowitz/Fant, S. 81).

24 Aus *De generatione animalium*, nach Lefkowitz/Fant, S. 83–84.

25 Aus *De usu partium corporis*, nach Lefkowitz/Fant, S. 215.

26 Mark Golden: *»Demography and the Exposure of Girls at Athens«*, zitiert in Sarah B. Pomeroy: *»Infanticide in Hellenistic Greece«*, in: Cameron/Kuhrt (wie Anm. 8), S. 217.
27 J. C. Russell: *Late Ancient and Medieval Population*; Transactions of the American Philosophic Society, NS-XLVIII; Philadelphia: The American Philosophical Society 1958, S. 133.
28 Pomeroy 1975 (vgl. Literaturverzeichnis), S. 91.
29 Es handelt sich um das Geschichtswerk von Cassius Dio, zitiert nach Lewis/Reinhold (wie Anm. 5), S. 500.
30 Zitiert nach Lefkowitz/Fant, S. 11.
31 Zitiert nach Julia O'Faolain / Lauro Martines (Hrsg.): *Not in God's Image: Women in History from the Greeks to the Victorians*; New York: Harper & Row 1973, S. 6. Vgl. auch Pomeroy 1975 (vgl. Literaturverzeichnis), S. 30, 85.
32 Lewis/Reinhold (wie Anm. 5), S. 345.
33 Das frühere Ende der Stipendien hängt möglicherweise mit dem niedrigeren Heiratsalter der Mädchen zusammen. Nach Lefkowitz/Fant (S. 243–244) betrug der weibliche Anteil vier Fünftel, nach Lewis/Reinhold (wie Anm. 5, S. 352) nur drei Fünftel dessen, was Knaben erhielten.
34 Pomeroy 1975 (vgl. Literaturverzeichnis), S. 68.
35 David Herlihy: *»Life Expectancies for Women in Medieval Society«*, in: Rosemarie Thee Morewedge (Hrsg.): *The Role of Women in the Middle Ages*; Albany, N. Y.: SUNY Press 1975, S. 8–9.
36 Vgl. beispielsweise die berühmte »Hymne an den Menschen« von Sophokles (in der *Antigone*, Zeilen 338–370). – Diskussion bei Marylin Arthur: *»Liberated Women: The Classical Era«* (in: Bridenthal/Koonz, S. 65–66) und bei K. J. Dover: *»Classical Greek Attitudes to Sexual Behavior«*, in: Peradotto/Sullivan (vgl. Literaturverzeichnis), S. 148–149.
37 Zitiert nach John H. Finley, Jr. (Übers.): *The Complete Writings of Thucydides: The Peloponnesian War*; New York: Random House 1951, S. 109.
38 Vergil und Juvenal argumentierten ebenso (Bridenthal/Koonz, vgl. Literaturverzeichnis, S. 82–84).
39 Wir danken David Berger in diesem Punkt für seine Hilfe. Archer (wie Anm. 8), S. 286, Anm. 10.
40 Loewe (wie Anm. 9), S. 28–29, 24.
41 Zitiert nach Hauptman (wie Anm. 10), S. 192; siehe auch Archer (wie Anm. 8), S. 282–284.
42 Drew (wie Anm. 2), S. 127.
43 *Táin Bó* (wie Anm. 12), S. 251. Das Kriegerbild des *Táin Bó* wurde beeinflußt durch einen zeitgenössischen christlichen Text, *Cáin Adomnáin*, der dafür plädierte, die Kirche habe Irland verbessert, da sie den Frauen verbot, in einer Schlacht zu kämpfen (Davies in Cameron/Kuhrt, S. 159).
44 Lefkowitz/Fant, S. 104.
45 Drew (wie Anm. 2), S. 92.
46 Zitiert nach Livy [Livius]: *History of Rome*, translated by B. O. Foster; Loeb Classical Library; Cambridge, Mass.: Harvard University Press 1953, S. 62).
47 Homer: *Odyssee*, VI, 286–288.
48 Pomeroy 1975, S. 57.
49 Zitiert nach Roy Arthur Swanson (Übers.): *Odi et Amo: The Complete Poetry of Catullus*; Indianapolis: Bobbs Merrill 1959, S. 62.
50 5. Buch Mose 22,21; für das hebräische Gesetz siehe da das ganze Kapitel 22. – Relevante römische Gesetze aus dem Kodex des Theodosianus sind aufgeführt in O'Faolain/Martines (wie Anm. 31), S. 49–50.
51 5. Mos. 22,23–29. – Nach römischem Recht verlor eine Tochter, die im eigenen Haus

vergewaltigt worden war, zwar nicht ihr Leben, aber ihr Erbe (O'Faolain/Martines, wie Anm. 31, S. 49–50).

52 Jesaja 3,16–17. – Für Rom vgl. Casper J. Kraemer, Jr. (Übers.): *The Complete Works of Horace*; New York: Random House 1936, S. 230–232.

53 Bei den Langobarden siehe Drew (wie Anm. 2), S. 93; Burgunder siehe Katherine Fischer Drew (Hrsg./Übers.): *The Burgundian Code*; Philadelphia: University of Pennsylvania Press 1972, S. 46; Westgoten siehe Heath Dillard: *»Women in Reconquest Castile: The Fueros of Sepulveda and Cuenca«*, in: Stuard (vgl. Literaturverzeichnis), S. 92. Alemannen siehe Riché (vgl. Literaturverzeichnis), S. 53 und 119; Angelsachsen siehe Dorothy Whitelock (Hrsg.): *English Historical Documents*, Bd. I; New York: Oxford University Press 1968, S. 377.

54 Siehe beispielsweise P. G. Foote / D. M. Wilson: *The Viking Achievement*; New York: Praeger 1970, S. 112.

55 Zitiert nach Lindsay (wie Anm. 1), S. 91; vgl. auch Lefkowitz/Fant (vgl. Literaturverzeichnis), S. 120. Sich in dieser Weise vom Spielzeug der Mädchenzeit zu trennen war auch in Rom Brauch (Balsdon, vgl. Literaturverzeichnis, S. 182).

56 *Sappho*; griechisch und deutsch herausgegeben von Max Treu; Neuausgabe, München: Heimeran 1954, S. 93.

57 *Sappho*, S. 51.

58 Zitiert nach Myles Dillon / Nora K. Chadwick: *The Celtic Realms*; London: Weidenfeld and Nicolson 1972, S. 241.

59 Zur Heiratsfähigkeit eines Mädchens mit der Menarche vgl. Pomeroy 1975, S. 68, für Griechenland; Balsdon, S. 173, für Rom; Loewe, S. 22, für die Hebräer; Drew (wie Anm. 2) für die Langobarden.

60 Drew (wie Anm. 2), S. 192.

61 Richard McKeon (Hrsg.): *The Basic Works of Aristotle*; New York: Random House 1941, S. 1302.

62 Dies galt im Aramäischen (Loewe, S. 23).

63 Vgl. Hauptman (wie Anm. 10), S. 185, für die Hebräer; Davies (in: Cameron/Kuhrt), S. 153, für die Kelten; Drew (wie Anm. 2), S. 197, für die Langobarden; Whitelock (wie Anm. 53), Bd. I, S. 151, für die Angelsachsen. Der Einfluß des Christentums verstärkte diese Bestrebungen, vgl. die Gesetze von Knut (Whitelock, Bd. I, S. 429) und Hakon (L. M. Larson: *The Earliest Norwegian Laws*; New York: Columbia University Press 1935, S. 368).

64 In griechischen und römischen Familien war es üblich, der Braut eine Aussteuer zu geben, und dieser mediterrane Brauch verbreitete sich langsam auch in weiten Teilen des übrigen Europa. Diskussion dieses komplizierten Sachverhaltes bei Diane Owen Hughes: *»From Brideprice to Dowry in Mediterranean Europe«*, in: Marion A. Kaplan (Hrsg.): *The Marriage Bargain: Women and Dowries in European History*; New York: Harrington Park Press 1985.

65 Für die griechischen Verhältnisse siehe David Schaps: *The Economic Rights of Women in Ancient Greece* (Edinburgh: University Press 1979) und Pomeroy 1975, S. 62–65; für Rom siehe Balsdon (vgl. Literaturverzeichnis), S. 186–189.

66 Hauptman (wie Anm. 10), S. 186–187; Loewe (wie Anm. 9), S. 34.

67 Zum »Witwenteil« siehe Hughes (wie Anm. 64), S. 22–23; zur Brautgabe (*wittemon*, *meta* oder *dos* genannt) vgl. JoAnn McNamara / Suzanne Wemple: *»The Power of Women Through the Family in Medieval Europe«*, in: Mary Hartman / Lois W. Banner (Hrsg.): *Clio's Consciousness Raised: New Perspectives on the History of Women* (New York: Harper & Row 1974, S. 103–104); Jean Markale: *Women of the Celts*, translated by A. Mygind, C. Hauch, and P. Henry (London: Gordon Cremonesi 1975, S. 32–33; französische Ausgabe s. Literaturverzeichnis).

68 McNamara/Wemple (wie Anm. 67), S. 106–107; vgl. auch Hughes (wie Anm. 64) zur Tradition der Morgengabe und zu dem Recht der Braut auf Eigenbesitz bei den Burgundern, Franken und Westgoten. Die germanischen Gesetzbücher und ihre Einwirkungen auf das Leben der Frauen werden auch noch in den Teilen 2 und 4 unserer Darstellung zur Sprache kommen.

69 Dies wurde zum *trousseau* (»Aussteuer«); siehe Suzanne Fonay Wemple: *Women in Frankish Society: Marriage and the Cloister, 500 to 900*; Philadelphia: University of Pennsylvania Press 1981, S. 47.

70 Zitiert nach Richmond Lattimore: *Themes in Greek and Latin Epitaphs*; Urbana, Ill.: University of Illinois Press 1962, S. 58.

71 Zitiert nach Lewis/Reinhold (wie Anm. 5), S. 285.

72 Zitiert nach Lefkowitz/Fant (vgl. Literaturverzeichnis), S. 136.

73 Zitiert nach Lefkowitz/Fant, S. 15–16.

74 Sprüche 31, 10–13; 25–29.

75 Zitiert nach Richard Hamer: *A Choice of Anglo-Saxon Verse*; London: Faber and Faber 1970, S. 99.

76 Pomeroy 1975, S. 86; Dover (wie Anm. 36), S. 146.

77 5. Buch Mose 22,22.

78 Siehe O'Faolain/Martines (wie Anm. 31), S. 51 und 60.

79 Einen Überblick über die diesbezüglichen germanischen Gesetze gibt J. R. Reinhard: *»Burning at the Stake in Medieval Law and Literature«*, in: *Speculum*, Vol. IV, Nr. 2 (April 1941), S. 196–197. Zu einzelnen Stämmen siehe Drew (wie Anm. 53), S. 68; Drew (wie Anm. 2), S. 93; Whitelock (wie Anm. 53), Bd. I, S. 376, für die Angelsachsen; Katherine Scherman: *The Flowering of Ireland: Saints, Scholars and Kings* (Boston: Little, Brown 1981, S. 32) für die Kelten.

80 Zu Lucretia siehe Livius (wie Anm. 46), S. 99ff. – Die Geschichte von Susanna gehörte lange Zeit als 13. Kapitel zum Buch Daniel; heute wird sie zu den Apokryphen gerechnet.

81 Zu den Hebräern siehe Phyllis Bird: *»Images of Women in the Old Testament«* und Judith Hauptman: *»Images of Women in the Talmud«*, in Ruether 1974 (vgl. Literaturverzeichnis), S. 66 und 198.

82 Zitiert nach Pomeroy 1975, S. 8, und Sarah B. Pomeroy: *Women in Classical Antiquity: Four Curricular Models*; New York: Hunter College 1983, S. 28.

83 Zu Griechenland vgl. Pomeroy 1975, S. 64; zu Rom vgl. Balsdon, S. 210, und Pomeroy 1975, S. 158; zu den Hebräern vgl. Bird (wie Anm. 81), S. 52, 62; zu den Kelten: MacCurtain/O'Corráin (wie Anm. 6), S. 5–6. – Bei den germanischen Völkern konnte die Unfruchtbarkeit Anlaß geben zur Scheidung, doch war es eher eine Auflösung der Ehe ohne Aspekte einer Bestrafung. Das Eigentum der Frau und der Brautpreis wurden zurückerstattet. Auch war Scheidung bei gegenseitigem Einverständnis erlaubt; Beispiele siehe Wemple (wie Anm. 69), S. 42, und JoAnn McNamara / Suzanne F. Wemple: *»Marriage and Divorce in the Frankish Kingdom«*, in: Stuard, S. 99–100.

84 1. Samuel 1,6 und 8.

85 Die Anzahl der Fälle in Athen ist klein, bisher sind nur deren drei bekannt, in denen die Frau die Scheidung einleitete (Pomeroy 1975, S. 64). Spätgriechische Heiratsverträge aus Ägypten (1. Jahrhundert v. Chr.) räumten der Ehefrau das Recht auf Scheidung ein, wenn der Ehemann ihr untreu war; ein Beispiel bringt Sarah B. Pomeroy: *Women in Hellenistic Egypt: From Alexander to Cleopatra*; New York: Schocken 1984, S. 88ff.

86 Vgl. dazu Judith P. Hallett: *Fathers and Daughters in Roman Society*; Princeton, N.J.: Princeton University Press 1984.

87 Elizabeth A. Fisher: *»Theodora and Antonina in the Historia Arcana«*, in: Peradotto/Sullivan (vgl. Literaturverzeichnis), S. 290.

88 Spätere Gesetze stellten sich in einigen Fällen auf die Seite der Ehefrau (vgl. Bird und Hauptman, wie Anm. 81, S. 52–53 und 189–190).
89 Pomeroy 1975, S. 29; Claude Mossé: *The Ancient World at Work,* translated by Janet Lloyd; New York: Norton 1969, Kapitel 1.
90 Odyssee, IV, 131–135.
91 *Ilias*, XII, 433–435.
92 Zitiert nach Xenophon: *Memorabilia and Oeconomicus*, translated by E. C. Marchant; Loeb Classical Library; Cambridge, Mass.: Harvard University Press 1923, S. 153.
93 Lattimore (wie Anm. 70), S. 271.
94 Sprüche 31,19.
95 Mossé (wie Anm. 89), S. 107.
96 Groenewegen-Frankfurt/Ashmole (vgl. Literaturverzeichnis), S. 141.
97 Aus *»Werke und Tage« (»Works and Days«)*, zitiert nach Dorothea Wender (Übers.): *Hesiod and Theognis*; New York: Penguin 1973, S. 173.
98 Aus der *Politika*, zitiert nach McKeon (wie Anm. 61), S. 1277.
99 Aus der *Gynaeciorum libri quattuor* (1. Buch) von Soranus, zitiert nach Lefkowitz/Fant (vgl. Literaturverzeichnis), S. 224–225.
100 Siehe Thomas Africa: *The Immense Majesty: A History of Rome and the Roman Empire*; Arlington Heights, Ill.: AHM Publishers 1974, genealogische Tafel 3, S. 414.
101 P. Munz: *Life in the Age of Charlemagne* (New York: Capricorn 1971); Pauline Stafford: *Queens, Concubines, and Dowagers: The King's Wife in the Early Middle Ages* (Athens, Ga.: University of Georgia Press 1983, S. 60–62); Wemple (wie Anm. 69), S. 90.
102 Die zeitgenössischen Quellen zu Agrippinas Leben nehmen uniform eine feindselige Haltung ein; es sind v.a. die Kaiserbiographien Suetons *(De vita XII Caesarum)* und die *Annalen* von Tacitus (XII–XIV). Moderne Darstellung bei Balsdon (vgl. Literaturverzeichnis), S. 107–122.
103 Nach Alfred John Church / William Jackson Brodribb (Übers.): *Complete Works of Tacitus*, ed. by Moses Hadas; New York: Modern Library 1942, S. 130.
104 Für Beispiele siehe Grace Harriet Macurdy: *Hellenistic Queens: A Study of Woman-Power in Macedonia, Seleucid Syria, and Ptolemaic Egypt*; Baltimore: Johns Hopkins Press 1932.
105 Nach Gregory of Tours: *The History of the Franks*, translated by Lewis Thorpe; Baltimore: Penguin 1977, S. 613. Ausführlichere Darstellung bei Wemple (wie Anm. 69).
106 Pomeroy 1984 (vgl. Literaturverzeichnis), S. 27.
107 Hosea 2,2 und 1,2.
108 Zitiert nach Lefkowitz/Fant, S. 240.
109 Zitiert nach Lindsay (vgl. Literaturverzeichnis), S. 52.
110 Zitiert nach Otto Kiefer: *Sexual Life in Ancient Rome*; London: Abbey Library 1934, S. 55.
111 Jesaja 1,21.
112 Kiefer (wie Anm. 110), S. 63; Balsdon, S. 224.
113 Unter anderem fanden magische Amulette und verschiedene Tränke zur Empfängnisverhütung Anwendung; ausführliche Beschreibung bei Norman E. Himes: *Medical History of Contraception*; Baltimore: Williams and Wilkins 1936, S. 83–92.
114 Zitiert nach Lucian: *Dialogues of the Hetairae*; Loeb Classical Library; Cambridge, Mass.: Harvard University Press 1961, S. 53.
115 Pomeroy 1975, S. 89.
116 Judith Herrin: *»In Search of Byzantine Women: Three Avenues of Approach«*, in: Cameron/Kuhrt (vgl. Literaturverzeichnis), S. 167.
117 Vgl. Charles Diehl: *Byzantine Empresses*, translated by Harold Bell and Theresa de Kerpely (New York: Alfred A. Knopf 1963, S. 57); Joseph Dahmus: *Seven Medieval Queens: Vignettes of Seven Outstanding Women of the Middle Ages* (Garden City: Doubleday 1972, S. 35).

118 Siehe Jennifer S. Uglow (Hrsg.): *The International Dictionary of Women's Biography*; New York: Continuum 1982, S. 464.
119 Zitiert nach Lindsay (vgl. Literaturverzeichnis), S. 294–295.
120 Vgl. Fisher (wie Anm. 87), S. 306–307.
121 Beispiele: Horace [Horaz]: *Satires*, in Kraemer (wie Anm. 52, S. 10); Constance Carrier (Übers.): *The Poems of Propertius*, Vol. II (Bloomington, Ind.: Indiana University Press 1963, S. 92); Marcus Argentarius in Willis Barnstone (Übers./Hrsg.): *Greek Lyric Poetry* (New York: Schocken 1976, S. 214).
122 *Epode 8*, zitiert aus Horaz: *Glanz der Bescheidenheit; Oden und Epoden lateinisch und deutsch*, übersetzt von Christian Friedrich, Karl Herzlieb und Johann Peter Utz, eingeleitet und bearbeitet von Walther Killy und Ernst A. Schmidt; 2. Aufl.; Zürich: Artemis 1987, S. 345. – Ähnliche Dichtungen anderer römischer Autoren bei Amy Richlin: *The Garden of Priapus: Sexuality and Aggression in Roman Humor*; New Haven: Yale University Press 1983, Kapitel 5.
123 Vgl. besonders die sechste Satire gegen die Frauen bei Juvenal, ebenso auch Gedichte von Martial, Catull und Horaz.
124 Zitiert aus Hesiod: *Theogonie*, hrsg., übersetzt und erläutert von Karl Albert; 2. Aufl.; Sankt Augustin: Richarz 1983, S. 97 (Verse 572ff.).
125 Nach *»Werke und Tage«* (bei Wender, wie Anm. 97, S. 62).
126 Im Buch Jesus Sirach (Ecclesiasticus), das heute zu den Apokryphen gehört, Kapitel 25, Vers 24.
127 Ecclesiasticus 42,14; Prediger 7,26–27.
128 Zum Mythos von Lilith vgl. John A. Phillips: *Eve, The History of an Idea* (New York: Harper & Row 1984, S. 39) und Herbert Spencer Robinson / John Knox Wilson: *Myths and Legends of All Nations* (New York: Bantam 1961, S. 24).
129 Nach Wender (wie Anm. 97), S. 33.
130 Siehe Olivia Coolidge: *Legends of the North*; Boston: Houghton Mifflin 1951, passim.
131 Zitiert nach Lefkowitz/Fant, S. 14–16.
132 Hesiod (wie Anm. 124), S. 97.
133 Eubulus, zitiert nach Lefkowitz/Fant, S. 18.
134 Zitiert nach *Titus Maccius Plautus, Lustspiele*; deutsch von Wilhelm Binder. 1. Bändchen: Die Zwillingsbrüder (Menaechmi). 4. Aufl. Berlin: Langenscheidt 1912, S. 116.
135 Zitiert aus Aristophanes: *Ekklesiazusen*, übersetzt von Dieter Bremer und Niklas Holzberg zusammen mit Gerd Udo Feller; München: Verlag Theater der Veröffentlichung 1983, S. 20. – Zu den *Thesmophoria* vgl. unten, Anm. 3 zu Kapitel 1.4.

1.4 *Stärkende Traditionen*

1 Zeugnisse für die Verehrung von Göttinnen bei den frühen Hebräern bei Raphael Patai: *The Hebrew Goddess* (New York: Ktav Publishing House 1967) und Merlin Stone: *When God Was a Woman* (New York: Harcourt Brace Jovanovich 1976, Kapitel 8–10; *Als Gott eine Frau war; die Geschichte der Ur-Religion unserer Kulturen*. München 1989).
2 Vgl. Herbert Spencer Robinson / John Knox Wilson: *Myths and Legends of All Nations* (New York: Bantam 1961), S. 84 und 215; Edith Hamilton: *Mythology* (New York: New American Library 1942), S. 43, 331.
3 Die Athenerinnen feierten im Herbst drei Tage lang die *Thesmophoria*, die mit Ritualen die Fruchtbarkeit des kommenden Jahres garantieren sollten. Das Fest war mit Demeter und ihrer Tochter Kore (Persephone) verbunden, die auch in den Eleusinischen Mysterien im Brennpunkt standen. Von diesem letzteren griechischen Kult ist nur wenig bekannt (vgl.

dazu Pomeroy 1975, S. 77–78). Auch von den »Bacchanalien« sind nur bruchstückhafte Rituale bezeugt, und die entsprechenden Quellen sind aus derart abwehrender Haltung heraus geschrieben, daß sie nicht als zuverlässig gelten können. Die Darstellungen der Mänaden – Frauen, die ganz außer Kontrolle geraten sind – entsprechen so präzis jenen Ansichten und Theorien, die die Frauen der männlichen Überwachung zu unterwerfen trachteten, daß die Übereinstimmung mit der realen Wirklichkeit von Frauen fraglich ist; siehe dazu Lefkowitz/Fant (vgl. Literaturverzeichnis), S. 113–114, 250–253; Ruth Padel: *»Women: Model for Possession by Greek Daemons«*, in: Cameron/Kuhrt (vgl. Literaturverzeichnis), S. 3–19; Sheila McNally: *»The Maenad in Early Greek Art«* und Charles Segal: *»The Menace of Dionysus: Sex Roles and Reversals in Euripedes' Bacchae«*, in: Peradotto/Sullivan (vgl. Literaturverzeichnis), S. 107–142 und 195–212.

4 Zu Diana von Ephesus siehe Michael Grant: *History of Rome* (New York: Charles Scribner's Sons 1978, S. 32–33); für Ceres siehe Pomeroy 1975, S. 214–217.

5 R. E. Witt: *Isis in the Greco-Roman World*; Ithaca, N.Y.: Cornell University Press 1971, Karte 1.

6 Zitiert nach Marylin Arthur: *»Liberated Women: The Classical Era«*, in Bridenthal/Koonz (vgl. Literaturverzeichnis), S. 77; Pomeroy 1975, S. 218, ebd. S. 217–226 zu Isis.

7 Abbildung in John Boardman: *Greek Art*; rev. ed.; New York: Praeger 1973, S. 191, 193.

8 Obwohl ihr Auftreten manchmal mit dem Niedergang der großen Städte der griechisch-römischen Kultur in Zusammenhang gestellt wird, erscheinen die Priesterinnen/Beamtinnen tatsächlich während der Blütezeit dieser Städte. Weiteres zu diesem Thema und eine detaillierte Beschreibung der Priesterin Menodora finden sich bei Riet Van Bremen: *»Women and Wealth«*, in: Cameron/Kuhrt, S. 233–242.

9 T. Sulimirski: *The Sarmatians* (New York: Praeger 1970); Mary R. Lefkowitz: *»Influential Women«*, in: Cameron/Kuhrt, S. 62, Anm. 3.

10 Vgl. dazu Abby Wettan Kleinbaum: *The War Against the Amazons* (New York: McGraw-Hill 1983); Joan Bamberger: *»The Myth of Matriarchy: Why Men Rule in Primitive Society«*, in: Rosaldo/Lamphere (vgl. Literaturverzeichnis), S. 263–280.

11 Zitiert nach Bonnie S. Anderson: *»Early English Periodicals for Women«*, unpubliziert, S. 11.

12 Buch der Richter 4 und 5,1–15.

13 Judith (in den Apokryphen) 13,6–10; 16,25.

14 Zitiert nach Thomas Kinsella (Hrsg./Übers.): *The Táin*; Philadelphia: University of Pennsylvania 1970, S. 208.

15 Graham Webster: *Boudica: The British Revolt Against Rome A.D. 60*; Totowa, N.J.: Rowman and Littlefield 1978, S. 87–89.

16 Kleinbaum, S. 33.

17 Aus Plutarchs Lebensbeschreibung von Marcus Antonius, zitiert nach Lefkowitz/Fant, S. 150–151.

18 Zitiert nach Lefkowitz/Fant, S. 150.

19 Für die Darstellung von Kleopatras Leben folgten wir Michael Grant: *Cleopatra* (New York: Simon and Schuster 1972) und Pomeroy 1984, S. 24–28.

20 Zu Galla Placidia und Pulcheria vgl. Steward Irvin Oost: *Galla Placidia Augusta: A Biographical Essay* (Chicago: University of Chicago Press 1968) und Eleanor Shipley Duckett: *Medieval Portraits from East and West* (Ann Arbor, Mich.: University of Michigan Press 1972).

21 Zu Athen siehe Pomeroy 1975, S. 61; zu den Hebräern siehe Hauptman in Ruether 1974, S. 194–195; zu Rom siehe Balsdon, S. 222; zu den Kelten siehe Markale, S. 291, und David Herlihy: *»The Structure of the Early Medieval Familiy: Evidence from Hagiography«* (unveröffentlichtes Manuskript 1980); zu den germanischen Kulturen siehe Wemple 1981, S. 46; Katherine Fischer Drew (Hrsg./Übers.): *The Lombard Laws*; Philadelphia: University of

Pennsylvania Press 1973, S. 145–146; Katherine Fischer Drew (Hrsg./Übers.): *The Burgundian Code*; Philadelphia: University of Pennsylvania Press 1972, S. 32–33 und 67–69.

22 Aus Livius' Geschichte Roms *(Ab urbe condita libri)*, zitiert nach Lefkowitz/Fant, S. 177.

23 Zu diesen Entwicklungen siehe John Crook: *Law and Life of Rome* (Ithaca, N.Y.: Cornell University Press 1967, S. 114–115); D. G. Cracknell: *Law Students' Companion No. 4: Roman Law* (London: Butterworths 1964, S. 43).

24 Michele D'Avino: *The Women of Pompeii*, translated by Monica Hope Jones and Luigi Nusco (Napoli: Loffredo 1967; S. 21, 85; italienische Ausgabe vgl. Literaturverzeichnis). Zur Kontrolle der germanischen und keltischen Frauen über ihren Besitz siehe Markale, S. 37, und MacCurtain/Corráin; Drew 1973 (wie Anm. 21), S. 32, 92, und Drew 1972 (wie Anm. 21), S. 85; David Herlihy: *»Land, Family and Women in Continental Europe, 701–1200«*, in: Stuard (vgl. Literaturverzeichnis), S. 32. Zu den Wikingern siehe L. M. Larson: *The Earliest Norwegian Laws*; New York: Columbia University Press 1935, S. 118, 339 und 368.

25 Zitiert nach Lefkowitz/Fant, S. 159.

26 Zitiert nach Macurdy, S. 20. Eine buchstabengetreuere Übersetzung, die impliziert, Eurydike hätte lesen gelernt, *weil* sie Mutter von heranwachsenden Söhnen war, findet sich in Lefkowitz/Fant, S. 235.

27 Vgl. Richmond Lattimore: *Themes in Greek and Latin Epitaphs*; Urbana, Ill.: University of Illinois Press 1962, S. 276ff.; Lefkowitz/Fant, S. 161–162.

28 Natalie Kampen: *»Hellenistic Artists: Female«*, in: *Archeologia Classica* XXVII (1975), S. 9–17.

29 Nach Plinius dem Älteren, zitiert in Lefkowitz/Fant, S. 168.

30 Zitiert nach Lefkowitz/Fant, S. 68.

31 Zu den Widersprüchen in Platons Haltung gegenüber Frauen siehe Dorothea Wender: *»Plato: Misogynist, Paedophile, and Feminist«*, in: Peradotto/Sullivan, S. 213–228.

32 Weniger bedeutende Philosophinnen siehe Pomeroy 1984, S. 65–68.

33 Zitiert nach Lefkowitz/Fant, S. 25, Anm. 7, und S. 23.

34 Zitiert nach Sondra Henry / Emily Taitz: *Written out of History: Our Jewish Foremothers*; 2nd ed. rev. (Fresh Meadows, N.Y.: Biblio Press 1983, S. 57); siehe auch Hauptman in Ruether 1974, S. 203. – Beruriahs Tod belegt die Hartnäckigkeit des Frauenhasses: Ihr Ehemann wollte sie prüfen und hieß einen seiner Studenten versuchen, sie zu verführen; Beruriah aber erschrak darüber, daß sie sich angezogen fühlte, und brachte sich um.

35 Zitiert nach W. R. Paton (Hrsg.): *Greek Anthology*; Loeb Classical Library; Cambridge, Mass.: Harvard University Press 1916, S. 79. Diese Gedichtsammlung, *Anthologia Palatina* genannt, erhielt im 10. Jahrhundert n. Chr. ihre endgültige Gestalt; sie enthält Werke von vier Frauen.

36 Nach Platon, S. 87. – Lefkowitz/Fant drucken auch von Anyte und Nossis gedichtete Grabinschriften ab (S. 8–10).

37 Constance Carrier (Übers.): *The Poems of Tibullus*; Bloomington, Ind.: University of Indiana Press 1968, S. 104. Sulpicias Gedichte sind üblicherweise im dritten Buch von Tibullus enthalten. Wortgetreue Prosaübersetzung bei Lefkowitz/Fant, S. 131–132.

38 Nach David A. Campbell (Übers.): *Greek Lyric*; Bd. I; Loeb Classical Library; Cambridge, Mass.: Harvard University Press 1982, S. 49.

39 Zitiert nach *Sappho*; griechisch und deutsch hrsg. von Max Treu; Neuausgabe; München 1954, S. 99.

40 *Sappho* (wie Anm. 39), S. 83.

41 *Sappho* (wie Anm. 39), S. 57.

42 *Sappho* (wie Anm. 39), S. 23.

43 *Sappho* (wie Anm. 39), S. 73.

44 *Sappho* (wie Anm. 39), S. 87.
45 *Sappho* (wie Anm. 39), S. 89.
46 *Sappho* (wie Anm. 39), S. 23.
47 Campbell (wie Anm. 38), S. XI–XII.
48 *Sappho* (wie Anm. 39), S. 51 und 95.
49 *Sappho* (wie Anm. 39), S. 25.
50 *Sappho* (wie Anm. 39), S. 36–37.
51 *Sappho* (wie Anm. 39), S. 57.
52 Campbell (wie Anm. 38), S. 39.

1.5 *Die Wirkungen des Christentums*

1 Johannesevangelium 4,27.
2 Matthäus 5,5; 5,10; Lukas 6,20–26; Markus 3,32–35; Lukas 8,19–21. – Die vier Evangelien sind die bekanntesten Quellen für die frühchristlichen Glaubensvorstellungen und Glaubenspraktiken. Sie wurden im Verlauf des 1. Jahrhunderts nach den selektiven Erinnerungen von Jesu männlichen Jüngern aufgezeichnet. Zusammen mit anderen Büchern, v.a. der Apostelgeschichte und den Apostelbriefen, wurden sie zum »Neuen Testament« zusammengefaßt, als Hieronymus am Ende des 4. Jahrhunderts die lateinische Übersetzung der Bibel, die *Vulgata*, schuf. Diese blieb Grundlage der autorisierten katholischen Bibel bis ins 17. Jahrhundert. – Interpretationen zum geistlichen Amt bei Jesus und zum stärkenden Charakter des Urchristentums in Hinblick auf die Frauen bei Joan Morris: *The Lady Was a Bishop* (New York: Macmillan 1973); Parvey, in: Ruether 1974 (vgl. Literaturverzeichnis); Rosemary Radford Ruether: *New Woman, New Earth: Sexist Ideologies and Human Liberation* (New York: The Seabury Press 1975); Charles Caldwell Ryrie: *The Place of Women in the Church* (New York: Macmillan 1958); George H. Tavard: *Women in the Christian Tradition* (Notre Dame, Ind.: Notre Dame Press 1973).
3 Matth. 21,31.
4 Mark. 12,41–44.
5 Matth. 13,31–33; auch Luk. 13,18–21.
6 Matth. 25,1–13.
7 Joh. 16,20–22.
8 Matth. 9,20–22; Mark. 5,25–26; Luk. 8,43–48. – Wegen ihrer Blutungen galt die Frau nach damaligem hebräischem Brauch als rituell »unrein«.
9 Joh. 8,7.
10 Joh. 11,25–26.
11 Luk. 10,38–42.
12 Matth. 27,55; Mark. 15,40; Luk. 24,10; Joh. 19,25.
13 Mark. 16,9 und 16,14; Luk. 8,2 und 24,1–24.
14 Es ist dies die Epoche der apostolischen Kirche, da die Leitung bei Jesu männlichen Jüngern lag, die die Auferstehung bezeugt hatten.
15 Luk. 8,3; siehe auch Ryrie (wie Anm. 2), S. 35.
16 Apostelgeschichte 9,36–42. Vgl. auch Elisabeth Schüssler Fiorenza: *»Word, Spirit and Power. Women in Early Christian Communities«*, in: Rosemary Ruether / Eleanor McLaughlin (Hrsg.): *Women of Spirit: Female Leadership in the Jewish and Christian Traditions*; New York: Simon and Schuster 1979, S. 35.
17 Galater 3,28.
18 Fiorenza (wie Anm. 16), S. 36.

19 Philipper 4,3; Römer 16,1–2. Vgl. Morris (wie Anm. 2), S. 119–120; Fiorenza (wie Anm. 16), S. 35–36.
20 Römer 16,4; Apostelgeschichte 18,2–3; 18,18–26.
21 Zitiert nach Elaine Pagels: *Versuchung durch Erkenntnis; die gnostischen Evangelien* (aus dem Amerikanischen von Angelika Schweikhart. Frankfurt/Main 1981, S. 102). – Die Haltung der christlichen Gnosis gegenüber den Frauen untersuchen Pagels, besonders im 3. Kapitel; Fiorenza (wie Anm. 16), S. 44–51; Parvey (in: Ruether 1974), S. 121–122.
22 Carolly Erickson: *The Medieval Vision*; New York: Oxford University Press 1976, S. 186.
23 Zitiert nach Fiorenza (wie Anm. 16), S. 41–42.
24 Marina Warner: *Alone of All her Sex; the Myth and Cult of the Virgin Mary*; New York: Pocket Books 1978, S. 69. – Die Kaiser Antoninus Pius, Marcus Aurelius, Septimus Severus und Diokletian wurden besonders bekannt für ihre Verfolgungsedikte.
25 Zitiert bei Lefkowitz/Fant (vgl. Literaturverzeichnis), S. 266.
26 Mit dem Akt der Taufe bekannten sich die Christen definitiv zu ihrem Glauben. Zu dieser Zeit ließen sie sich oft erst gegen Ende ihres Lebens taufen, weil sie glaubten, dadurch würden alle vorangegangenen Sünden abgewaschen.
27 Zitiert nach Lefkowitz/Fant, S. 269–270. Jene, die die Arena überlebten, verließen sie durch das »Tor des Lebens«.
28 Nach W. H. Shewring (Übers.): *The Passion of SS Perpetua and Felicity*; London: Sheed and Ward 1931, S. 38ff.
29 Katherine Scherman: *The Flowering of Ireland: Saints, Scholars and Kings*; Boston: Little, Brown 1981, S. 115.
30 Vgl. Balsdon (s. Literaturverzeichnis), S. 166–170. – Der Historiker Steven Runciman nannte Helena wegen ihrer Verdienste um die Identifikation und Heiligsprechung von Orten im Heiligen Land eine der »erfolgreichsten Archäologinnen der Welt« (vgl. Steven Runciman: *A History of the Crusades*, Bd. 1; Cambridge: Cambridge University Press 1962, S. 39. Deutsche Ausgabe: *Geschichte der Kreuzzüge*. Aus dem Englischen übertragen von Peter de Mendelssohn. 3 Bde. München 1958–1960).
31 Mehr Informationen über diese Kaiserinnen bei Diehl und Duckett (vgl. Literaturverzeichnis), auch bei Rosemary Ruether: *»Mothers of the Church: Ascetic Women in the Late Patristic Age«*, in: Ruether/McLaughlin 1979, S. 71–98.
32 Nach Gregor von Tours (Gregory of Tours: *The History of the Franks*, translated by Lewis Thorpe; Baltimore: Penguin 1977, S. 141–142).
33 Erzählungen über die ersten Christen in England findet man in der *Historia ecclesiastica gentis Anglorum* von Beda Venerabilis. Englische Ausgabe: *A History of the English Church and People*, translated by Leo Sherley-Price; Baltimore: Penguin 1960, S. 68–70, 113–120.
34 Morris 1973, S. 12.
35 Zur Entwicklung der Frauenorden s. Mary Bateson: *Origin and Early History of Double Monasteries (Royal Historical Society Transactions, New Series No. 13, London 1899); Lina Eckenstein: Women Under Monasticism* (New York: Russell and Russell 1963); Penelope Johnson: *»Equal in the Order of Grace«* (unveröffentlichter Artikel).
36 Siehe Jean Daniélou: *The Ministry of Women in the Early Church* (London: Faith Press 1961) und Ryrie (wie Anm. 2).
37 Zu Paula und ihrem Kreis vgl. Ruether (in: Ruether 1974), S. 175–180; Zitat S. 173.
38 Nach Robert P. B. Moynihan: *»Women's Spirituality in the Middle Ages«* (Artikel, eingereicht bei der Yale University, 4. April 1981, S. 11). – Zum Leben von Paula und Eustochium s. auch JoAnn McNamara: *»Cornelia's Daughters: Paula and Eustochium«* (unveröffentlichtes Manuskript) und Rosemary Ruther / Eleanor McLaughlin: *»Women's Leadership in the Jewish and Christian Traditions: Continuity and Change«* (in: Ruether/McLaughlin 1979, S. 15–28).

39 Wemple 1981 (vgl. Literaturverzeichnis), S. 156.
40 Für England s. Eckenstein 1963, S. 117; Franken s. Wemple 1981, S. 156; Sachsen s. Anne Lyon Haight: *Hrotswitha of Gandersheim: Her Life, Times and Works* (New York: The Hrotswitha Club 1965, S. 4). – JoAnn McNamara vertritt die These, diese Stiftungen seien ein Mittel gewesen, Familienbesitz vor Angriffen zu schützen: Das Land ging an die Kirche, konnte aber unter der indirekten Kontrolle von Familienangehörigen bleiben, da diese oft die Führer der Gemeinschaften wählten (JoAnn McNamara: *»Female Monasteries and the Distribution of Wealth in the Early Middle Ages«*; Fordham University, 21. März 1986).
41 Zitiert nach Susan Raven / Alison Weir: *Women of Achievement: Thirty-Five Centuries of History*; New York: Harmony Books 1981, S. 109–110.
42 Zitiert nach Moynihan (wie Anm. 38), S. 8.
43 Zitiert nach *Des heiligen Kirchenvater Eusebius Hieronymus ausgewählte Briefe*; aus dem Lateinischen übersetzt von Ludwig Schade. 1. Briefband. München 1936 (Bibliothek der Kirchenväter, 2. Reihe, Bd. 16), S. 91.
44 Zitiert nach JoAnn McNamara: *A New Song: Celibate Women in the First Three Centuries of Christianity*; New York: Haworth Press 1983, S. 130.
45 1. Korinther 14,34–35. Diese Aussage ist möglicherweise eine spätere Einfügung und stammt nicht von Paulus selbst (persönliche Mitteilung von Rosemary Ruether).
46 1. Korinther 11,7–9.
47 1. Timotheus 2,11–14. Dieser Brief stammt vermutlich nicht von Paulus, sondern von einem späteren Schüler aus dem 1. Jahrhundert.
48 1. Petrus 3,1–2. Auch hier ist die Autorschaft des Briefes umstritten; er ist eher von einem Nachfolger als vom Apostel Petrus selbst geschrieben worden.
49 1. Petrus 3,3–6.
50 1. Timotheus 3; Titus 1,5–9.
51 Zitiert nach Prusak (in: Ruether 1974, S. 103). – Zu Origenes siehe Tavard 1973 (vgl. Literaturverzeichnis), S. 68.
52 Diese Sichtweise wird besonders hervorgehoben in den hebräischen Pseudoepigraphien der Henochbücher, der Himmelfahrt Mosis und den Büchern von Adam und Eva. Vgl. dazu Prusak (in: Ruether 1974), S. 93–96, und Phillips 1984 (vgl. Literaturverzeichnis), Kapitel 3 bis 5.
53 *Texte der Kirchenväter; eine Auswahl nach Themen geordnet*; hrsg. v. Alfons Heilmann. 5 Bde; München 1963–1966; Zitat 3. Bd., S. 614.
54 Nach Duckett 1972, S. 40.
55 Aus Augustinus *Civitas Dei* (nach: Saint Augustine: *The City of God*; edited by Vernon J. Bourke; Garden City, N.Y.: Doubleday 1962, S. 278).
56 Vgl. Joan M. Ferrante: *Woman as Image in Medieval Literature from the Twelfth Century to Dante*; New York: Columbia University Press 1975, S. 2.
57 Matthäus 5,27–28.
58 Matth. 22,30; Lukas 20,35; Matth. 19,12.
59 1. Korinther 7,1.
60 Nach Ruether (in: Ruether 1974, S. 16).
61 Zitiert nach G. G. Coulton: *Life in the Middle Ages*; Bd. 4; New York: Macmillan 1930, S. 11.
62 Nach Morris 1973, S. 111.
63 Siehe Clara Maria Henning: *»Canon Law and the Battle of the Sexes«* (in: Ruether 1974, S. 278) und *»Theodore's Penitential«* (in: John T. McNeill / Helena M. Gamer (Hrsg.): *Handbooks of Penance*; New York: Columbia University Press 1938, S. 205).
64 Zu Isidor s. Morris 1973, S. 111, zu Gregor dem Großen und Beda ebenda, S. 78–79. Vgl.

auch Charles T. Wood: *»The Doctors' Dilemma: Sin Salvation and the Menstrual Cycle in Medieval Thought«*, in: *Speculum* 56 (1981), S. 710–727.

65 Jüdische Frauen durften den Tempel nach sieben beziehungsweise vierzehn Tagen wieder betreten, unrein galten sie jedoch für eine längere Zeitspanne. – Gregor der Große äußerte sich in einem Brief an den englischen Erzbischof Augustinus über den christlichen Brauch, Wöchnerinnen für die angegebene Zeitperiode von der Kirche fernzuhalten; er wollte, daß die Frauen zugelassen würden (siehe Beda, wie Anm. 33, S. 76–77).

66 Die wichtigeren gnostischen Vorstellungen und Bräuche, welche die Frauen betreffen, wurden verschüttet und erst von Frauen und Männern späterer Epochen wiederbelebt (beispielsweise die Darstellung Evas als Heldin, die Verleihung priesterlicher Autorität an weibliche Gläubige und die Verehrung weiblicher Aspekte der Gottheit). Als Häresien wurden sie im 12. Jahrhundert und später wieder ausgegraben. Zur Gnosis vgl. Pagels 1979 und die Zusammenfassungen von Fiorenza (wie Anm. 16) und Parvey (in: Ruether 1974). Pagels beschreibt die Art und Weise, in der die gnostischen Evangelien im 2. und 3. Jahrhundert zu »Apokryphen« gestempelt oder überhaupt verworfen wurden (siehe auch P.R. Ackroyd / C.F. Evans (Hrsg.): *Cambridge History of the Bible*; Bd. 1; New York: Cambridge University Press 1976, S. 297ff.).

67 Aus der Apostolischen Kirchenordnung, zitiert nach Fiorenza (wie Anm. 16), S. 56.

68 Aus den »Lehren der Apostel«, zitiert nach Daniélou 1961, S. 11 und 19.

69 1. Timotheus 2,15.

70 Nach Tavard 1973, S. 107.

71 Zitiert nach Tavard 1973, S. 89, 88, 89.

72 Zitiert nach Wemple 1981, S. 22.

73 Matthäus 19,5–6 und 19,9. – Scheidung war möglich, wenn die Frau untreu war, doch war es dem Ehemann untersagt, wieder zu heiraten. Wenn er es trotzdem tat, wurde er als Ehebrecher angesehen.

74 Siehe Tavard 1973, S. 60, und David Herlihy: *»The Structure of the Early Medieval Family: Evidence from Hagiography«* (unveröffentlichtes Manuskript 1980, S. 3).

75 Beispiele bei *»Theodore's Penitential«*, Kapitel 12 und 14, und *»Judgement of Clement«* (beide in: McNeill/Gamer, wie Anm. 63). Angelsächsische Gesetze in: Dorothy Whitelock (Hrsg.): *English Historical Documents*, Bd. I; New York: Oxford University Press 1968, S. 362. Gesetze von Karl dem Großen bei Wemple 1981, S. 78. Wikingerkodex siehe L. M. Larson: *The Earliest Norwegian Laws*; New York: Columbia University Press 1935, S. 249.

76 Siehe die Bußbücher bei McNeill/Gamer (wie Anm. 63), S. 105, 184–185.

77 Zitiert nach John T. Noonan, Jr.: *Contraception: A History of Its Treatment by the Catholic Theologians and Canonists*; Cambridge, Mass.: The Belknap Press, Harvard University 1965, S. 130.

78 Vgl. McNeill/Gamer (wie Anm. 63), S. 166.

79 Zusammenfassung der kirchlichen Lehren zu diesem Punkt siehe Noonan (wie Anm. 77), S. 114–121. Zur Frage der Abtreibung siehe auch Michel Riquet: *»Christianity and Population«*, in: Orest und Patricia Ranum (Hrsg.): *Popular Attitudes Toward Birth Control in Pre-Industrial France and England*; New York: Harper & Row 1972, S. 26–28.

80 Offenbarung 14,4–5.

81 Zitiert nach John T. Noonan, Jr.: *»Power to Choose«*, in *Marriage in the Middle Ages*, hrsg. von John Leyerle, *Viator* 4 (1973), S. 499. Zu diesem Argument für weibliche Jungfräulichkeit vgl. auch JoAnn McNamara: *»Sexual Equality and the Cult of Virginity in Early Christian Thought«*, in: *Feminist Studies* 3, Nr. 3–4 (1976), S. 153–154, und Ruether (in: Ruether 1974), S. 160.

82 Zitiert nach Ruether (in: Ruether 1974), S. 159.

83 Vgl. dazu Ruether (in: Ruether 1974), S. 165.

2 Frauen auf dem Land. Die Stützen der Familie.

2.1 *Konstanten in der Welt der Bäuerin (9. bis 20. Jahrhundert)*

1 Lynn White, Jr.: *Medieval Technology and Social Change* (New York: Oxford University Press 1973), S. 39. Die Schätzungen variieren je nach Land; sie gehen von nur 65 Prozent für England um 1750 bis zu 76,5 Prozent für Jugoslawien noch um 1930. Im 18. Jahrhundert beginnt die Verlagerung des Lebens vom Land in die Stadt für eine größere Anzahl von Frauen bedeutsam zu werden.

2 Der Analphabetismus unter den Frauen war stets größer als unter den Männern; in entlegenen ländlichen Regionen Griechenlands, Portugals, Spaniens und Jugoslawiens konnten die meisten Frauen noch bis 1960 nicht lesen (vgl. Phyllis Stock: *Better Than Rubies: A History of Women's Education*; New York: G. P. Putnam's Sons 1978), S. 225.

3 Für diesen Teil unseres Buches haben sich die folgenden Werke als besonders nützliche Quellen erwiesen (originalsprachliche Ausgaben und deutsche Übersetzungen vgl. Literaturverzeichnis!):
Für Irland: Conrad Arensberg: *The Irish Countryman*; Garden City: The Natural History Press 1968. Für England: Mary Chamberlain: *Fenwomen: A Portrait of Women in an English Village*; London: Virago Press Limited 1977. Dorothy Hartley: *Lost Country Life*; New York: Pantheon Books 1979. George C. Homans: *English Villagers of the Thirteenth Century*; New York: W. W. Norton & Company 1975. G. R. Quaife: *Wanton Wenches and Wayward Wives: Peasants and Illicit Sex in Early Stuart England*; New Brunswick, N.J.: Rutgers University Press 1979. Für Dänemark: Inga Dahlsgård: *Women in Denmark Yesterday and Today*; Copenhagen: Det Danske Selskab 1980. Für Frankreich: Marie Allauzen: *La paysanne française aujourd'hui*; Paris: Editions Gonthier 1967. Georges Duby: *Rural Economy and Country Life in the Medieval West*, translated by Cynthia Postan; Columbia, S.C.: University of South Carolina Press 1968. Pierre Jakez Hélias: *The Horse of Pride: Life in a Breton Village*, translated by June Guicharnaud; New Haven: Yale University Press 1978. Emmanuel LeRoy Ladurie: *Montaillou: The Promised Land of Error*, translated by Barbara Bray; New York: George Braziller 1978.Martine Segalen: *Love and Power in the Peasant Family: Rural France in the Nineteenth Century*, translated by Sarah Matthews; Chicago: The University of Chicago Press 1983. Für Spanien: William A. Christian: *Person and God in a Spanish Village*; New York: Seminar Press 1972. Für Italien: Ann Cornelisen: *Women in the Shadows*; Boston: Little, Brown and Company 1976. Eliza Putnam Heaton: *By-Paths in Sicily*; New York: E. P. Dutton & Company 1920. Frank McArdle: *Altopascio: A Study in Tuscan Rural Society 1587–1784*; New York: Cambridge University Press 1978. Für Griechenland: Ernestine Friedl: *Vasilika: A Village in Modern Greece*; New York: Holt, Rinehart and Winston 1962. Für Jugoslawien: Vera St. Erlich: *Family in Transition: A Study of 300 Yugoslav Villages*; Princeton: Princeton University Press 1966. Für Rußland: Dorothy Atkinson / Alexander Dallin / Gail Warshofsky Lapidus (Hrsg.): *Women in Russia*; Stanford, Calif.: Stanford University Press 1977. Mary Matossian: *»The Peasant Way of Life«*, in: Wayne S. Vucinich (Hrsg.): *The Peasant in Nineteenth Century Russia*; Stanford, Calif.: Stanford University Press 1968. David L. Ransel (Hrsg.): *The Family in Imperial Russia*; Urbana: University of Illinois Press 1978.

4 Zitiert nach der deutschen Ausgabe von Cornelisen (1978), S. 115.

5 Cornelisen 1978, S. 140.

6 Joan Scott / Louise Tilly: *»Women's Work and the Family in Nineteenth Century Europe«*, in: Charles E. Rosenberg (Hrsg.): *The Family in History* (Philadelphia: University of Pennsylvania Press 1975), S. 159, Anm. 44.

7 Arensberg 1968, S. 57.
8 William Langland: *Piers the Ploughman*, translated by J. F. Goodridge; Baltimore: Penguin Books 1975, S. 83.
9 Langland 1975, Appendix B, S. 260; Hélias 1978, S. 20. – Bei Segalen 1983 findet sich die Beschreibung des Tagesablaufs einer Bäuerin in Tarn-et-Garonne (Frankreich) 1945: Um vier Uhr in der Frühe steht sie mit ihrer Schwiegertochter auf, um Mitternacht geht sie zu Bett (S. 101–102).
10 Antonina Martynova: *»Life of the Pre-Revolutionary Village as Reflected in Popular Lullabies«*, in: Ransel 1978, S. 176.
11 Langland 1975 (wie Anm. 8), S. 125.
12 Cornelisen 1978, S. 114.
13 *»Evas ungleiche Kinder«*, in: Brüder Grimm: *Kinder- und Hausmärchen*; Ausgabe letzter Hand mit den Originalanmerkungen der Brüder Grimm; hrsg. v. Heinz Rölleke (3 Bde., Stuttgart: Reclam 1980), 2. Band, S. 352.
14 Martynova (wie Anm. 10), S. 181.
15 Vgl. die Märchen der Brüder Grimm (wie Anm. 13).
16 Barbara Evans Clements: *»Working-Class and Peasant Women in the Russian Revolution, 1917–1923«*, in: *Signs* 7, Nr. 2 (1982), S. 220.
17 Chamberlain 1977, S. 28.
18 Chamberlain 1977, S. 28.
19 Beispiele bei Fernand Braudel: *Capitalism and Material Life 1400–1800*, translated by Miriam Kochan (New York: Harper & Row 1973), S. 198.
20 Zur Kontinuität des Bauplans siehe z.B. Maurice Beresford / John G. Hurst (Hrsg.): *Deserted Medieval Villages* (New York: St. Martin's Press 1971), S. 104–105; G. G. Coulton: *Medieval Panorama: The English Scene from Conquest to Reformation* (Cambrigde: Cambridge University Press 1939), S. 69; Le Roy Ladurie 1978, S. 40; Matossian 1968, S. 17.
21 Die besten Beschreibungen von der Entwicklung der europäischen Landschaft und der relativen Beständigkeit in den Siedlungsmustern (im Laufe der Jahrhunderte war die Bevölkerungsdichte den stärksten Veränderungen unterworfen) liefert Georges Duby in seinen zwei Büchern *Rural Economy* (wie Anm. 3) und *The Early Growth of the European Economy: Warriors and Peasants from the Seventh to the Twelfth Century*, translated by Howard B. Clarke (Ithaca: Cornell University Press 1974). Die angeführten Beispiele stammen aus Beresford/Hurst (wie Anm. 20), S. 117; Jean-Noël Biraben: *»A Southern French Village: The Inhabitants of Montplaisant in 1644«*, in: Peter Laslett / Richard Wall (Hrsg.): *Household and Family in Past Time* (New York: Cambridge University Press 1974), S. 240; Friedl 1962, S. 7. – Die Anthropologie hat innerhalb des allgemeinen Musters Variationen herausgearbeitet; nützlicher Überblick dazu bei Conrad Arensberg: *»The Old World Peoples: The Place of Old World Cultures in World Ethnography«*, in: *Anthropology Quarterly* 36 (1963), S. 75–99.
22 Duby 1968, S. 375.
23 Hélias 1978, S. 239.
24 Georges Duby zeigt in seinen beiden Büchern über die Landwirtschaft des Mittelalters auf, wie die Bauern den Bodenertrag steigerten. Im 9. Jahrhundert mußte mehr als die Hälfte der Ernte als Saatgut für das nächste Jahr beiseite gelegt werden. Im 13. Jahrhundert belief sich das Verhältnis zwischen Aussaat und Ertrag bereits auf 1:4, d.h. für jedes ausgesäte Korn wurden vier geerntet, so daß sich der Überschuß für die Bäuerinnen und ihre Männer verdoppelt hatte. Die Zunahmen waren verschiedenen Veränderungen zu verdanken: Düngung der Äcker, Dreifelderwirtschaft, ein Metallscharpflug, mit dem man mehr und verschiedene Böden bearbeiten konnte (er zog tiefere Furchen und verbesserte dadurch die Entwässerung), das Pferd als Zugtier mit verbessertem Geschirr, das doppelt

so schnell arbeitete wie ein Gespann von vier Ochsen. Doch noch immer traten Ertragsschwankungen und Hungersnöte auf. Erst durch die wissenschaftlichen und technischen Errungenschaften des 18. Jahrhunderts wurden Risiken minimiert und der Ertrag nochmals – auf das Fünffache früherer Jahrhunderte – gesteigert (vgl. Duby 1968, S. 100–103). Siehe auch Fernand Braudel: *Civilisation matérielle, économie et capitalisme, XVe–XVIIIe siècle. Les structures du quotidien: Le possible et l'impossible*; Paris: Armand Colin 1979 (das ist die überarbeitete und erweiterte Auflage von *Capitalism and Material Life 1400–1800*, wie Anm. 19). Braudel befaßt sich in Kapitel 2 und 3 mit Ackerbau, Nahrungsmitteln und Ernährungsgewohnheiten, in Kapitel 5 und 6 mit technischen Neuerungen.

25 Olwen Hufton: *The Poor of Eighteenth-Century France 1750–1789*; Oxford: Clarendon Press 1974, S. 44.

26 Hélias 1978, S. 241.

27 Coulton (wie Anm. 20), S. 75.

28 Dahlsgård (wie Anm. 3), S. 67.

29 Hélias 1978, S. 245.

30 Homans 1975, S. 358.

31 Duby 1968, S. 29–30.

32 Doris Stenton: *The English Woman in History*; New York: The Macmillan Company 1957, S. 89–90.

33 Siehe Duby 1968, S. 365.

34 Segalen 1983, S. 31.

35 Geoffrey Grigson (Hrsg.): *The Penguin Book of Ballads*; Baltimore: Penguin Books 1975, S. 46–47.

36 Zu Flachsanbau und -verwertung siehe Jane Schneider: *»Rumpelstiltskin Revisited: Some Affinities Between Folklore and the Merchant Capitalist Intensification of Linen Manufacture in Early Modern Europe«*; unpubliziertes Manuskript, New York 1985.

37 Jane Schneider: *»Trousseau as Treasure: Some Contradictions of Late Nineteenth-Century Change in Sicily«*, in: Eric B. Ross (Hrsg.): *Beyond the Myths of Culture: Essays in Cultural Materialism*, New York: Academic Press 1980, S. 335.

38 White 1973, S. 219.

39 Heaton 1920, S. 339.

40 Stenton (wie Anm. 32), S. 82.

41 Stenton (wie Anm. 32), S. 87 und 90.

42 Jean-Louis Flandrin: *Families in Former Times: Kinship, Household and Sexuality*, translated by Richard Southern; New York: Cambridge University Press 1979, S. 102.

43 Matossian 1968, S. 34. Siehe auch G. G. Coulton: *The Medieval Village*; Cambridge: University Press 1926, S. 359.

44 Segalen 1983, S. 87.

45 Gladys Scott Thomson: *Life in a Noble Household*; Ann Arbor: University of Michigan Press 1959, S. 137.

46 Zur Diskussion der früheren These, der Zeitpunkt der Menarche habe variiert, siehe Darrel W. Amundsen / Carol Jean Diers: *»The Age of Menarche in Medieval Europe«*, in: *Human Biology* 45, Nr. 3 (1973).

47 Darrel W. Amundsen / Carol Jean Diers: *»The Age of Menopause in Medieval Europe«*, in: *Human Biology* 45, Nr. 4 (1973).

48 Begründung dieser Schätzungen bei E.A. Wrigley: *Population and History*; New York: McGraw-Hill 1973.

49 Beispiele finden sich in der *Legenda aurea* des Jacobus de Voragine aus dem 13. Jahrhundert (Granger Ryan / Helmut Ripperger [Übers.]: *The Golden Legend of Jacobus de Voragine*, New York: Longmans, Green and Co. 1941, S. 323).

50 Coulton 1926 (wie Anm. 43), S. 182.

51 *Legenda aurea* (englische Ausgabe, wie Anm. 49), S. 323.
52 Cornelisen 1978 (deutsche Ausgabe), S. 121.
53 Die Informationen über Geburtspraktiken stammen von den Hebammen und Schwestern des Maternity Center Associates, 48 E. 92nd Street, New York, N.Y.
54 Mary Chamberlain: *Old Wives' Tales: Their History, Remedies and Spells*; London: Virago Press 1981, S. 240.
55 Wrigley 1973, S. 93.
56 Siehe Roger Mols: *»Population in Europe 1500–1700«*, in: Carlo M. Cipolla (Hrsg.): *The Fontana Economic History of Europe: The Sixteenth and Seventeenth Centuries*; Glasgow: William Collins Sons & Co 1976, S. 68 (*Europäische Wirtschaftgeschichte in 5 Bänden*, deutsche Ausgabe hrsg. v. K. Borchardt, Bd. 2: *Sechzehntes und siebzehntes Jahrhundert*; Stuttgart 1983, S. 41). Siehe auch Quaife 1979, S. 78, und Pierre Goubert: *»Recent Theories and Research in French Population Between 1500 and 1700«*, in: D. V. Glass / D. E. Eversley (Hrsg.): *Population in History*; London: Edward Arnold 1965, S. 470.
57 David Hunt: *Parents and Children in History: The Psychology of Family Life in Early Modern France*: New York: Harper & Row 1972, S. 142.
58 Vgl. James Bruce Ross / Mary Martin McLaughlin (Hrsg.): *The Portable Medieval Reader*; New York: Viking Press 1966, S. 410.
59 Mary Collier: *The Poems of Mary Collier, The Washerwoman of Petersfield.* Petersfield, Hants.: W. Minchin 1739, S. 5.
60 St. Erlich 1966, S. 52.
61 St. Erlich 1966, S. 279.
62 Brüder Grimm (wie Anm. 13), 2. Bd., S. 156.
63 Kate Campbell Hurd-Mead: *A History of Women in Medicine from the Earliest Times to the Beginning of the Nineteenth Century*; Haddam, Conn.: The Haddam Press 1938, S. 400.
64 Chamberlain 1981, S. 164–166.
65 Chamberlain 1981, S. 168.
66 Duby 1974, S. 29.
67 Die Kindersterblichkeit wird diskutiert bei Goubert 1965 (wie Anm. 56); Peter Laslett: *The World We Have Lost* (New York: Charles Scribner's Sohns 1965); J. C. Russell: *»Effects of Pestilence and Plague 1315–1385«*, in: *Comparative Studies in Society and History* 8, Nr. 4 (1966).
68 Grigson (wie Anm. 35), S. 75.
69 Brüder Grimm (wie Anm. 13), 2. Bd., S. 123–124.
70 Pierre Goubert: *»Life and Death in the Peasant Village: A Regional Case Study of the Seventeenth Century Peasantry«*, in: Isser Woloch (Hrsg.): *The Peasantry in the Old Regime: Conditions and Protests* (Huntington, N.Y.: Robert E. Krieger Publishing Company 1977), S. 36, und ebenfalls Pierre Goubert: *»The French Peasantry of the Seventeenth Century: A Regional Sample«*, in: Trevor Aston (Hrsg.): *Crisis in Europe 1560–1660* (New York: Basic Books 1965), S. 165–166.
71 Siehe z.B. in Langland's *Piers the Ploughman* (wie Anm. 8), S. 128.
72 Duby 1974, S. 8.
73 Untersuchungen belegen für die Zeitspanne von 1500 bis 1750 rückläufige Ernteerträge von zwischen 8 und 55 Prozent für ganz Nord-, Zentral- und Osteuropa (vgl. Aldo de Maddalena: *»Das ländliche Europa 1500–1750«*, in: Cipolla [Hrsg.] *Europäische Wirtschaftsgeschichte*, deutsche Ausgabe wie Anm. 56, 2. Bd., S. 212–215).
74 Laslett 1965, S. 115.
75 Vgl. Goubert 1965 (wie Anm. 70), S. 169. – Die Kartoffelkrankheit, die Irland zwischen 1845 und 1849 heimsuchte, löschte die allerärmste bäuerliche Schicht der *cotter* (»Häusler«) aus, und die russische Hungersnot von 1891 forderte 700000 Opfer (Yves-Marie Bercé: *»Peasant Rights and Rural Unrest«*, in: *History Today* [Juni 1982], S. 39).

76 St. Erlich 1966, S. 51.
77 Laslett 1965, S. 112–113.
78 Zitiert nach Segalen 1983, S. 63. – Der Demograph J. C. Russel schätzt, daß die Hälfte aller Todesfälle in dieser Altersgruppe auf Kindbettfieber zurückzuführen sind (siehe J. C. Russel: *Late Ancient and Medieval Population*; Philadelphia: The American Philosophical Society 1958, S. 45).
79 Hélias 1978, S. 245.
80 Nähere Umstände und Hintergründe u.a. bei David Herlihy: *»Population, Plague and Social Change in Rural Pistoia 1201–1430«*, in: *The Economic History Review*, 2nd series, Vol. 18, Nr. 2 (1965), S. 242.
81 William Woods: *England in the Age of Chaucer*; New York: Stein and Day 1976, S. 48.
82 Vgl. Duby 1968, S. 308; Russel 1985, S. 55–56, und ebenfalls J. C. Russell: *»Population in Europe 500–1500«*, in: Carlo M. Cipolla (Hrsg.): *The Fontana Economic History of Europe: The Middle Ages* (Glasgow: William Collins Sons and Co. 1975), S. 41.
83 William H. McNeill: *Plagues and Peoples*; Garden City, N.Y.: Anchor Press 1976, S. 149.
84 Woods (wie Anm. 81), S. 50.
85 Duby 1968, S. 520.
86 Herlihy 1965, S. 71.
87 Gene Brucker (Hrsg.): *The Society of Renaissance Florence*; New York: Harper & Row 1971, S. 105–106. – Beispiele für das 17. und 18. Jahrhundert bei Cissie Fairchilds: *»Female Sexual Attitudes and the Rise of Illegitimacy: A Case Study«*, in: *The Journal of Interdisciplinary History* 8, Nr. 4 (1978), S. 627–667.
88 Nach *De amore et de amoris remedio* von Andreas Cappellanus (Andreas Cappellanus: *The Art of Country Love*, translated by John Jay Parry; New York: W. W. Norton & Company 1969, S. 150).
89 Zitiert nach Fairchilds 1978, S. 646.
90 Vgl. M. H. Keen: *The Laws of War in the Late Middle Ages*; Toronto: University of Toronto Press 1965, S. 191.
91 Zitiert nach James Bruce Ross / Mary Martin McLaughlin (Hrsg.): *The Portable Renaissance Reader*, New York: Penguin Books 1980, S. 214–215.
92 C. V. Wedgwood: *The Thirty Years War*; Garden City, N.Y.: Doubleday & Company 1961, S. 199.
93 Wedgwood 1961, S. 496.
94 Wedgwood 1961, S. 401.
95 Zitiert nach C. P. Gooch: *Maria Theresa and Other Studies*; New York: Longmans, Green and Co. 1952, S. 92.
96 Vgl. beispielsweise Richard Johnson: *»The Role of Women in the Russian Civil War«*, in: *Conflict* 2, Nr. 2 (1980), S. 206.
97 Vgl. Iris Origo: *War in Val D'Orcia, 1943–1944*; Boston: David R. Godine 1984.
98 Zitiert nach Jane Kramer: *Unsettling Europe*; New York: Random House 1980, S. 52.
99 Nach William M. Mandel: *Soviet Women*; Garden City, N. Y.: Doubleday & Company 1975, S. 159.

2.2 *Die Erhaltung der Familie*

1 Marc Bloch: *Die Feudalgesellschaft*; übersetzt von Eberhard Bohm; Frankfurt/Main 1982, S. 173 (französische und englische Fassung siehe Literaturverzeichnis).
2 Segalen (vgl. Literaturverzeichnis), S. 24.
3 Zitiert nach St. Erlich, S. 103.

4 Zitiert nach Schneider, S. 341.
5 Zitiert in Arensberg 1968, S. 62.
6 Jean Scammell: *»Freedom and Marriage in Medieval England«*; in: *Economic History Review*, 2nd Series, Vol. 27, Nr. 4 (1974), S. 533.
7 Vgl. Duby 1968, S. 223, und William Woods: *England in the Age of Chaucer* (New York: Stein and Day 1976), S. 28.
8 Thomas Kinsella (Übers.): *The Táin Bó*; London: Oxford University Press 1969, S. 38.
9 G. G. Coulton: *The Medieval Village*; Cambridge: University Press 1926, S. 467.
10 Coulton 1926 (wie Anm. 9), S. 465.
11 Coulton 1926, S. 467–468.
12 Homans 1975, S. 141.
13 Duby 1968, S. 283–284.
14 Vgl. David Levine: *Family Formation in an Age of Nascent Capitalism* (Toronto: Ontario Institute for Studies in Education 1977), S. 29; Alan Macfarlane: *The Family Life of Ralph Josselin: A Seventeenth Century Clergyman; An Essay in Historical Anthropology* (Cambridge: Cambridge University Press 1970), S. 93.
15 Schneider, S. 232.
16 Hasia R. Diner: *Erin's Daughters in America: Irish Immigrant Women in the Nineteenth Century*; Baltimore: The Johns Hopkins University Press 1983, S. 11–12.
17 St. Erlich, S. 219.
18 Friedl, S. 66.
19 Siehe Flandrin, S. 165; Natalie Zemon Davis: *Society and Culture in Early Modern France*; Stanford, Calif.: Stanford University Press 1975, S. 105 (deutsche Fassung s. Literaturverzeichnis).
20 Vgl. Doris Stenton: *The English Woman in History*; New York: The Macmillan Company 1957, S. 77 und 80.
21 Homans 1975, S. 197.
22 Vgl. Flandrin, S. 78–79; Homans 1975, S. 140–142 und 157; Emmanuel LeRoy Ladurie: *»Family Structures and Inheritance Customs in Sixteenth-Century France«*; in: Jack Goody / Joan Thirsk / E. P. Thompson (Hrsg.): *Family and Inheritance: Rural Society in Western Europa 1200–1800*; New York: Cambridge University Press 1978, S. 53–63.
23 Kinsella 1969 (wie Anm. 8), S. 54.
24 Katherine Fischer Drew (Übers.): *The Lombard Laws*; Philadelphia: University of Pennsylvania Press 1973, S. 96.
25 Zitiert nach Duby 1974, S. 45.
26 Urkunden aus dem fränkischen Dorf Thiais in der Umgebung von Paris belegen diese Entwicklung: Zu Beginn des 9. Jahrhunderts zählte man auf 146 Familienoberhäupter nur 11 Sklaven gegenüber 130 *coloni* (rechtlich Freie), außerdem 19 »beschützte«, abhängige Personen, die Kopfzins schuldeten. Im 13. Jahrhundert waren fast alle zu Unfreien geworden (Bloch, deutsche Fassung 1982, S. 314).
27 Zitiert nach Duby 1968, S. 444.
28 Dahlsgård, S. 60.
29 Vgl. Peter Czap, Jr.: *»Marriage and the Peasant Joint Family in the Era of Serfdom«*, in: Ransel, S. 107; Max Beloff in: Albert Goodwin (Hrsg.): *The European Nobility in the Eighteenth Century* (New York: Harper & Row 1967), S. 183. – Eine vollständige Beschreibung von Varianten der Leibeigenschaft in Rußland findet sich bei Isabel de Madariaga: *Russia in the Age of Catherine the Great*; New Haven: Yale University Press 1981.
30 Die tiefgreifenden Veränderungen in der landwirtschaftlichen Produktionsweise stellten eine eigentliche Revolution dar. In Zeiten relativen Friedens und unter milden klimatischen Bedingungen gelang es der ländlichen Bevölkerung, die Ackererträge zu steigern

durch bessere Nutzung und Düngung, durch den Pflug mit Metallschar und die Verwendung von Pferden statt Ochsen. Zusammen bewirkten diese Faktoren eine wirtschaftliche Expansion von ungeahnten Ausmaßen: Alte Felder wurden ausgeweitet, und Brachland wurde unter den Pflug genommen; die Produktion spezialisierte sich, und neue Methoden der Güterverteilung setzten sich durch.

31 Duby 1968, S. 238.

32 Siehe Z. P. Pach: *»Sixteenth-century Hungary: Commercial Activity and Market Production by the Nobels«*, in: Peter Burke (Hrsg.): *Economy and Society in Early Modern Europe*; New York: Harper & Row 1972.

33 Homans 1975, S. 73.

34 Sylvia Thrupp: *»Medieval Industry 1000–1500«*; in: Carlo M. Cipolla (Hrsg.): *The Fontana Economic History of Europe: The Middle Ages* (Glasgow: William Collins Sons and Co. 1975), S. 263.

35 William A. Christian, Jr.: *Local Religion in Sixteenth-Century Spain*; Princeton: Princeton University Press 1981, S. 13.

36 McArdle, S. 159.

37 W. H. Lewis: *The Splendid Century: Life in the France of Louis XIV*; Garden City, N.Y.: Doubleday & Company 1957, S. 159.

38 Goubert, S. 165–166.

39 Eileen Power: *Medieval English Nunneries*; Cambridge: Cambridge University Press 1922, S. 157.

40 Elda Zappi: *»›If Eight Hours Seem Few to You …‹ Women Workers' Strikes in Italian Rice Fields 1901–1906«*; Vortrag an The Berkshire Conference on Women's History, Vassar College, Poughkeepsie, N.Y. 1981, S. 1–2.

41 Cornelisen 1978 (deutsche Ausgabe), S. 115.

42 Margaret Labarge: *A Baronial Household in the Thirteenth Century*; New York: Barnes and Noble 1966, S. 114.

43 Alice Clark: *Working Life of Women in the Seventeenth Century*; New York: Harcourt, Brace & Howe 1920, S. 63, Anmerkung.

44 Siehe Cissie Fairchilds: *Domestic Enemies: Servants and Their Masters in Old Regime France*; Baltimore: The Johns Hopkins University Press 1984, S. 2.

45 Georges Duby: *The Chivalrous Society*; translated by Cynthia Postan; Berkeley: University of California Press 1977, S. 208.

46 J. B. Ross; unpubliziertes Manuskript zur Geschichte der Frauen im Mittelalter, S. 10.

47 Vgl. Quaife, S. 23.

48 Labarge, S. 68.

49 Isabel Ross: *Margaret Fell: Mother of Quakerism*; New York: Longmans 1949, S. 263.

50 Ross (wie Anm. 49), S. 264. – Französische Bauernfamilien stellten im 19. Jahrhundert üblicherweise ein junges Mädchen ein, bis ihre eigenen Kinder alt genug waren, um bei den alltäglichen und je nach Jahreszeit anfallenden Arbeiten zu helfen (Segalen, S. 63).

51 Heaton, S. 143.

52 Louise A. Tilly / Joan W. Scott: *Women, Work and Family*; New York: Holt, Rinehart and Winston 1978, S. 45.

53 Tilly / Scott, S. 111.

54 Tilly / Scott, S. 45.

55 Bei Segalen (S. 13–14) wird eine französische Variante dieses Arrangements geschildert.

56 Die Literatur zu diesem Punkt ist breit, vgl. den ausgezeichneten Überblick bei Ralph Houlbrooke: *»The Pre-Industrial Family«*, in: *History Today* 36 (1986). – Zum Typus der Kernfamilie mit Beispielen vgl. sein Buch *The English Family, 1450–1700* (New York: Longmans 1984); ferner: Wrigley 1973; Laslett 1965, S. 91; Segalen, S. 57–59; Lutz K.

Berkner: »*The Stem Family and the Developmental Cycle of the Peasant Household: An Eighteenth-Century Austrian Example*«, in: *American Historical Review* 77, Nr. 2 (1972), S. 417. – Ausnahmen bei Michael Mitterauer / Reinhard Sieder: *The European Family: Patriarchy to Partnership from the Middle Ages to the Present*, translated by Karla Oosterveen and Manfred Hörzinger; Oxford: Basil Blackwell 1982, S. 29–30 (deutsche Ausgabe vgl. Literaturverzeichnis); auch St. Erlich, S. 58.

57 Wrigley 1973, S. 93.

58 J. C. Russell: »*Population in Europe 500–1500*«, in: Cipolla (wie Anm. 34), S. 57.

59 Herlihy 1965, Tafel 2, S. 235.

60 Das Verhältnis der Geburten zu den Todesfällen betrug 3,9 Prozent zu 4,1 Prozent (Russell 1958, S. 19).

61 Vgl. Eda Sagarra: *A Social History of Germany: 1648–1914* (New York: Holmes and Meier 1977), S. 10; Hajo Halborn: *A History of Modern Germany 1648–1840* (New York: Alfred Knopf 1969), S. 23. – Allgemeine Diskussion bei Léopold Génicot: »*On the Evidence of Growth of Population in the West from the Eleventh to the Thirteenth Century*«, in: Sylvia L. Thrupp (Hrsg.): *Change in Medieval Society: Europe North of the Alps, 1050–1500* (New York: Appleton-Century-Crofts 1964), S. 29.

62 Jan DeVries: *The Economy of Europe in an Age of Crisis 1600–1750*; New York: Cambridge University Press 1976, S. 110.

63 Die Verhältnisse in Osteuropa unterscheiden sich ab dem 16. Jahrhundert; weitere Informationen für spätere Jahrhunderte werden wir im Kapitel »Frauen in den Städten«, Teil 8 im zweiten Band, geben.

64 Vgl. Wrigley 1973, S. 17–19 und 93.

65 Zappi (wie Anm. 40), S. 7.

66 Russell 1958, S. 18.

67 Laslett 1965, S. 13–14.

68 E. A. Wrigley: »*Family Limitation in Pre-Industrial England*«, in: Orest und Patricia Ranum (Hrsg.): *Popular Attitudes Toward Birth Control in Pre-Industrial France and England*; New York: Harper & Row 1972, Tafel 1, S. 60.

69 McArdle, S. 57–58. – Vgl. auch die Untersuchung über die Region Vallage in der Champagne zwischen 1681 und 1735, wo das Ansteigen des Heiratsalters von 24 auf 26 Jahre ebenfalls mit einem Bevölkerungsrückgang einhergeht (André Burguière: »*From Malthus to Max Weber: Belated Marriage and the Spirit of Enterprise*«; in: Robert Forster / Orest Ranum (Hrsg.): *Family and Society: Selections from the Annales*, translated by Elborg Forster and Patricia M. Ranum; Baltimore: The Johns Hopkins University Press 1976, S. 244).

70 K. H. Connell: *Irish Peasant Society*; Oxford: Clarendon Press 1968, S. 117–118. – Osteuropäische Familien bilden wiederum die Ausnahme: In Rußland wurde mit dreizehn geheiratet, in ungarischen Dörfern mit zwanzig; vgl. Czap (wie Anm. 29), S. 111; J. Hajnal: »*European Marriage Patterns in Perspective*«, in: Glass / Eversley, S. 131; Mitterauer / Sieder, S. 185.

71 Myron P. Gutman: *War and Rural Life in the Early Modern Low Countries*; Princeton: Princeton University Press 1980, S. 185.

72 Flandrin, S. 59; weitere Belege zu diesem Phänomen bei Laslett 1965, S. XI; Russell 1958, S. 58–59.

73 Zitiert bei Quaife, S. 133.

74 Siehe Norman E. Himes: *Medical History of Contraception* (New York: Schocken Books 1970), S. 137–173; John Noonan: *Contraception* (Cambridge: Cambridge University Press 1965), S. 255–256.

75 St. Erlich, S. 257.

76 St. Erlich, S. 295.

77 Zu dieser Praktik vgl. Emily Coleman: *»Medieval Marriage Characteristics: A Neglected Factor in the History of Medieval Serfdom«*, in: *Journal of Interdisciplinary History* 2 (1971), S. 207, 211–212; Emily Coleman: *»Infanticide in the Early Middle Ages«*, in: Susan Mosher Stuard (Hrsg.): *Women in Medieval Society* (Philadelphia: The University of Pennsylvania Press 1976), S. 61 und 64; Russel 1958, S. 22; Flandrin, S. 199.

78 Siehe Russell 1958, S. 14–15. – David Herlihy weist darauf hin, daß die verzerrten Zahlenverhältnisse auch darauf zurückzuführen sein könnten, daß Geburt und Tod von Frauen weniger zuverlässig aufgezeichnet worden sind; siehe beispielsweise seinen Artikel *»Life Expectancies for Women in Medieval Society«*, in: Rosemarie Thee Morewedge (Hrsg.): *The Role of Woman in the Middle Ages*, Albany, N.Y.: SUNY Press 1975, S. 21–22.

79 Russell 1958, S. 15.

80 Barbara A. Kellum: *»Infanticide in England in the Later Middle Ages«*, in: *History of Childhood Quarterly* 1, Nr. 3 (1974), S. 368.

81 Quaife, S. 22.

82 Siehe Russell 1958, S. 15.

83 Vgl. Wrigley 1973, S. 88; Theodore H. Rabb / Robert I. Rotberg: *The Family in History* (New York: Octagon Books 1971), S. 208, 283, 39; Tilly / Scott, S. 91–93.

84 Coleman 1976 (wie Anm. 77), S. 60.

85 R. H. Helmholz: *»Infanticide in the Province of Canterbury During the Fifteenth Century«*, in: *History of Childhood Quarterly* 2, Nr. 3 (1975), S. 381. – Zwar mögen Säuglinge tatsächlich auf solche Art ums Leben gekommen sein; die neuere Forschung hält es jedoch auch für möglich, daß sie nicht erdrückt wurden, sondern am Syndrom des Plötzlichen Kindstodes starben. Die Merkmale dieser Krankheit treffen für das 15. Jahrhundert ebenso zu wie für das 20. (vgl. Kathleen Stassen Berger: *The Developing Person*; New York: Worth Publishers 1980, S. 194; Todd L. Savitt: *»Smothering and Overlaying of Virginia Slave Children: A Suggested Explanation«*, in: *Bulletin of History of Medicine* 49, Nr. 3 [1975], S. 401–403).

86 Iris Origo: *The Merchant of Prato*, London: Jonathan Cape 1957, S. 215 (*»Im Namen Gottes und des Geschäfts«*; Lebensbild eines toskanischen Kaufmanns der Frührenaissance; aus dem Englischen übersetzt von Uta-Elisabeth Trott; München 1985, S. 182). Siehe auch Christiane Klapisch-Zuber: *Women, Family, and Ritual in Renaissance Italy*, translated by Lydia Cochrane (Chicago: The University of Chicago Press 1985), S. 133–156.

87 Origo (wie Anm. 86), zitiert nach der deutschen Ausgabe, S. 182.

88 David L. Ransel: *»Abandonment and Fosterage of Unwanted Children: The Women of the Foundling System«*, in: Ransel 1978, S. 105.

89 Zur Wechselwirkung zwischen äußeren Umständen und inneren Empfindungen siehe Hufton 1974 und William L. Langer: *»Infanticide: A Historical Survey«*, in: *History of Childhood Quarterly* 1, Nr. 3 (1974).

90 Christiane Klapisch: *»Household and Family in Tuscany in 1427«*, in: Laslett / Wall 1974, S. 273; Laslett 1965, S. 78.

91 Siehe Homans 1975, S. 180; Jack Goody: *»Inheritance, Property and Women: Some Comparative Considerations«*, in: Goody / Thirsk / Thompson, S. 31; Berkner, S. 400–401; Atkinson in: Dorothy Atkinson / Alexander Dallin / Gail Warshofsky Lapidus (Hrsg.): *Women in Russia* (Stanford, Calif.: Stanford University Press 1977), S. 32.

92 Zitiert bei Homans 1975, S. 181.

93 George Vernadsky (Übers.): *Medieval Russian Laws*; New York: Norton & Company 1969, S. 77.

94 Homans 1975, S. 183.

95 Coulton 1926 (wie Anm. 9), S. 453.

96 Nach Duby 1968, S. 485–486.

97 Stenton 1957 (wie Anm. 20), S. 84.

98 Homans 1975, S. 188.
99 Homans 1975, S. 182.
100 Homans 1975, S. 152–153.
101 Zitiert nach Homans 1975, S. 145.
102 Rayna R. Reiter: *»Men and Women in the South of France: Public and Private Domains«*, in: Rayna R. Reiter (Hrsg.): *Toward an Anthropology of Women*; New York: Monthly Review Press 1975, S. 262.
103 Lawrence Stone: *The Family, Sex and Marriage*; New York: Harper & Row 1977, S. 25. – Zum selben Brauch in Mitteleuropa im 18. Jahrhundert vgl. beispielsweise Berkner, S. 401.
104 Klapisch 1974 (wie Anm. 90), S. 60.
105 Henry S. Lucas: *»The Great European Famines of 1315, 1316 and 1317«*, in: *Speculum* 5 (1930), S. 362.
106 Zitiert bei Gladys Scott Thomson: *Life in a Noble Household*; Ann Arbor: University of Michigan Press 1959, S. 362.
107 Laslett 1965, S. 31.
108 Hufton, S. 165, siehe auch Anmerkung S. 68; Clark (wie Anm. 43), S. 73.
109 Quaife, S. 134.
110 Homans 1975, S. 185.
111 Barbara A. Hanawalt: *»The Female Felon in Fifteenth-Century England«*, in: Stuard 1976 (wie Anm. 77), S. 133.
112 Hannelore Sachs: *The Renaissance Woman*, translated by Marianne Hertzfeld; New York: McGraw-Hill 1971, S. 48 (*Die Frau in der Renaissance*; Leipzig 1970).
113 Davis 1975, S. 146 (deutsche Ausgabe S. 167–168 und 165).
114 Marion S. Miller: *»Pane e Lavoro: Agrarian Strikes of Women Straw Workers in the Tuscan Contado 1896–97«*; Vortrag an The Berkshire Conference in Women's History, Vassar College, Poughkeepsie, N.Y. 1981, S. 1.
115 Miller (wie Anm. 114), S. 5.
116 Miller (wie Anm. 114), S. 6.
117 Zitiert nach Flandrin, S. 113.
118 *»Das Mädchen ohne Hände«*, in: Brüder Grimm: *Kinder- und Hausmärchen*; Ausgabe letzter Hand mit den Originalanmerkungen der Brüder Grimm; hrsg. v. Heinz Rölleke (3 Bde., Stuttgart: Reclam 1980), Bd. 1, S. 176–183.
119 *»Die kluge Bauerntochter«* (Nr. 94), *»Die wahre Braut«* (Nr. 186), *»Der Trommler«* (Nr. 193) und *»Der Eisenofen«* (Nr. 127) der Grimmschen Märchen variieren das Thema der jungen Frau, die Aufgaben erfüllt, um einen Bräutigam zu gewinnen, im Gegensatz zur vertrauteren Konstellation, bei der der Prinz geprüft wird, bevor er die Braut bekommt.
120 Siehe Jo Ann Melanie Magdoff: *»The Madonna and Work: An Analysis of Women's Identity in an Industrializing Town in Central Italy«*, Vortrag an The Berkshire Conference in Women's History, Mount Holyoke College, South Hadley, Mass., August 1978.
121 Zitiert nach Mémé Santerre: *»A French Working Woman Recalls Her Childhood as a Linen Weaver«*, in: Ena Olafson Hellerstein / Leslie Parker Hume / Karen M. Offen (Hrsg.): *Victorian Women*; Stanford, Calif.: Stanford University Press 1981, S. 39–44.
122 Hélias, S. 35–37.
123 Jeanne Favret-Saada: *Deadly Words: Witchcraft in the Bocage*, translated by Catherine Cullen; New York: Cambridge University Press 1980, S. 7 (französische und deutsche Ausgabe vgl. Literaturverzeichnis).
124 Zitiert bei Dorothy Atkinson: *»Society and Sexes in the Russian Past«*, in: Atkinson / Dallin / Lapidus (wie Anm. 91), S. 24.
125 Christian 1972, S. 31.

126 Katherine Simms: »*Women in Norman Ireland*«, in: Margaret MacCurtain / Donncha O'Corráin (Hrsg.): *Women in Irish Society; The Historical Dimension* (Dublin: Arlen House 1978), S. 20; ebenfalls Flandrin, S. 122.
127 Siehe Segalen, S. 43–46.
128 Flandrin, S. 122.
129 Märchen der Brüder Grimm (wie Anm. 118), 2. Bd., S. 313.
130 Cornelisen 1978 (deutsche Ausgabe), S. 71.
131 Zitiert bei Kellum, S. 373.
132 Dieser und die folgenden Fälle sind entnommen aus Hanawalt 1976 (wie Anm. 111), S. 130–131.
133 Hanawalt 1976, Anmerkung S. 139.

2.3 *Die Außergewöhnlichen*

1 Obwohl alle diese Quellen vorhanden waren, sind die Anklagepunkte gegen Jeanne merkwürdigerweise in Vergessenheit geraten und durch andere ersetzt worden; die populäre Überlieferung hat die historischen Tatsachen umgebogen. In den Erzählungen heißt es, Jeanne sei als vom Teufel angestiftete Hexe verurteilt worden. Das stimmt jedoch nicht, denn die Hexenverfolgungen setzten erst 150 Jahre später ein. Jeanne wurde nie als Anhängerin des Teufels oder als Hexe betrachtet, vielmehr bezeichnete man sie als Schismatikerin, die die Einheit der Kirche bedrohte, da sie deren Autorität nicht anerkannte. Am Schluß bezweifelten ihre Inquisitoren nicht die Orthodoxie ihres christlichen Glaubens, sondern allein ihren Anspruch auf göttliche Inspiration; verschärfend kam dazu ihr unweibliches Verhalten und die Männerkleidung, die sie durch diese Inspiration für gerechtfertigt und notwendig hielt. So machten schließlich dieselben Eigenschaften, die ihren Erfolg bewirkt hatten – Zielgerichtetheit, Mut, Unabhängigkeit –, ihre Hinrichtung möglich.
Für die deutsche Übersetzung dieses Kapitels wurde beigezogen: Georges und Andrée Duby: *Die Prozesse der Jeanne d'Arc*; Berlin 1985 (Originalausgabe: *Les procès de Jeanne d'Arc*; Paris: Gallimard/Julliard 1973).
2 Duby 1985 (wie Anm. 1), S. 23; W. P. Barrett (Übers.): *The Trial of Jeanne d'Arc*; London: Routledge & Sons 1931, S. 55.
3 Barrett 1931, S. 100.
4 Régine Pernoud: *The Retrial of Joan of Arc*, translated by J. M. Cohen; New York: Harcourt, Brace and Company 1955, S. 78 (französisches Original s. Literaturverzeichnis).
5 Régine Pernoud: *Joan of Arc, by Herself and Her Witnesses*, translated by Edward Hyams; London: Macdonald 1964, S. 36 (französisches Original s. Literaturverzeichnis).
6 Zitiert nach Duby 1985 (wie Anm. 1), S. 155. Vgl. Pernoud 1964, S. 35.
7 Nach Duby 1985, S. 153; Pernoud 1955, S. 77.
8 Pernoud 1955, S. 101.
9 Pernoud 1955, S. 101. – Es gibt keine genaue Beschreibung von Jeannes Äußerem, nicht einmal von ihrer Haarfarbe. Die Aussagen derer, die sie kannten, legen nahe, daß sie anziehend, gesund und – man bedenke ihre Taten auf dem Schlachtfeld! – stark war. Von ihrem Haarschnitt erfährt man durch einen der Anklagepunkte des Prozesses (vgl. Barrett 1931, S. 230).
10 Pernoud 1955, S. 136.
11 Zitiert bei John Holland Smith: *Joan of Arc*; London: Sidgwick & Jackson 1973, S. 71.
12 Pernoud 1964, S. 82.

13 Pernoud 1964, S. 90.
14 Zitiert nach Frances Gies: *Joan of Arc: The Legend and the Reality*; New York: Harper & Row 1981, S. 87.
15 Barrett 1931 (wie Anm. 2), S. 147.
16 Pernoud 1964, S. 98–99.
17 Pernoud 1964, S. 93.
18 Duby 1985, S. 159; Pernoud 1955, S. 153.
19 Pernoud 1955, S. 126–127 und 142.
20 Pernoud 1955, S. 139.
21 Pernoud 1964, S. 52.
22 Zitiert nach Duby 1985 (wie Anm. 1), S. 159; vgl. Pernoud 1964, S. 40.
23 Zitiert nach Duby 1985, S. 161; vgl. Pernoud 1955, S. 154.
24 Pernoud 1964, S. 128.
25 Pernoud 1964, S. 137.
26 Pernoud 1955, Anmerkung S. 168.
27 Pernoud 1964, S. 100.
28 Zu Cauchons früheren Verbindungen mit den Engländern s. Gies 1981, S. 14.
29 Pernoud 1955, S. 184; vgl. Duby 1985, S. 136.
30 Pernoud 1964, S. 103.
31 Zitiert nach Duby 1985, S. 29–30; vgl. Pernoud 1964, S. 182.
32 Pernoud 1964, S. 206.
33 Pernoud 1964, S. 203.
34 Barrett 1931 (wie Anm. 2), S. 246.
35 Barrett 1931, S. 257.
36 Barrett 1931, S. 255.
37 Barrett 1931, S. 134. – Das kanonische Recht des 15. Jahrhunderts gestattete Männerkleider für Frauen nur unter mildernden Umständen, zum Schutz beispielsweise oder wegen Armut. In der Schlußanklage hieß es: »Du hast fortwährend männliche Kleidung gebraucht [...], deine Haare kurz getragen [...] und nichts übriggelassen, das zeigen konnte, daß du eine Frau bist.« (Nach Smith 1973, wie Anm. 11, S. 159.)
38 Pernoud 1964, S. 207.
39 Zitiert bei Smith 1973 (wie Anm. 11), S. 164.
40 Zitiert nach Duby 1985 (wie Anm. 1), S. 105. Vgl. Smith 1973, S. 165.
41 Nach Duby 1985, S. 106; Barrett 1931, S. 316.
42 Zitiert nach Duby 1985, 133; Pernoud 1964, S. 218.
43 Pernoud 1955, S. 241. – Einmal ließ der Earl of Warwick die Wächter auswechseln, nachdem sich Jeanne beklagt hatte. Während ihrer Gefangenhaltung in Beaurevoir noch vor dem Gerichtsverfahren war sie einmal von einem siebzig Fuß hohen Turm gesprungen, um zu entkommen, da sie glaubte, die englischen Wächter wollten sie vergewaltigen.
44 Zitiert nach Duby 1985, S. 107–108; vgl. Smith 1973 (wie Anm. 11), S. 169.
45 Zitiert nach Duby 1985, S. 110. Vgl. Daniel Rankin / Claire Quintal (Übers.): *The First Biography of Joan of Arc*; Pittsburgh: University of Pittsburgh Press 1964, S. 53.
46 Pernoud 1955, S. 216.
47 Keith Thomas: *»A Working Girl«*, in: *The New York Review of Books*, 25. Juni 1981, S. 7.
48 Nach dem Wortlaut der Rehabilitation, nach Gies 1981 (wie Anm. 14), S. 233; s. dort auch die Widerlegung der Anklageartikel.
49 Gies 1981, S. 241. Vgl. auch die Auszüge in Charity Cannon Willard: *Christine de Pizan: Her Life and Works*; New York: Persea Books 1984, S. 206–207.
50 Richard Kieckhefer: *European Witch Trials: Their Foundations in Popular and Learned Culture, 1300–1500*; Berkeley: University of California Press 1976, S. 28.

51 Die wichtigsten modernen Historikerinnen und Historiker, die sich mit der Hexerei befaßten (Gustav Henningsen für Nordspanien, Christina Larner für Schottland, Alan Macfarlane für England, Erik Midelfort für Südwestdeutschland, William Monter für die Schweiz, Westfrankreich und Norditalien), haben Übereinstimmungen festgestellt, die das Phänomen in jeweils einer bestimmten Region erklären können. In Spanien beispielsweise machten Heranwachsende einen großen Prozentsatz der 7000 Angeklagten aus. In Schottland wurden in dieser Periode junge Frauen wegen Kindstötung verfolgt, die alten dagegen wegen Hexerei. Wellen von Hysterie verbreiteten sich in Grenzländern, wo verschiedene Kulturkreise aufeinanderstießen, beispielsweise in der Schweiz, in Westfrankreich und Nordspanien; heftige Verfolgungen gab es besonders auch in Gebieten wie Südwestdeutschland, wo die Autorität der Kirche traditionell schwach und Ketzerei eine stets wiederkehrende Erscheinung war. – Mary Martin McLaughlin half uns bei der Formulierung der wichtigsten Fragen und demzufolge indirekt auch bei den Antworten dieses Kapitels.

52 Keith Thomas: *Religion and the Decline of Magic*; New York: Charles Scribner's Sons 1971, S. 272.

53 »Die Alte im Wald«, in: Brüder Grimm: *Kinder- und Hausmärchen*; Ausgabe letzter Hand mit den Originalanmerkungen der Brüder Grimm; hrsg. v. Heinz Rölleke (3 Bde., Stuttgart: Reclam 1980), Bd. 2, S. 179–182.

54 Michael Olmert: *»Points of Origin«*, in: *Smithsonian* 12, Nr. 7 (1981), S. 52.

55 Die heilige Teresa von Ávila (1515–1582) schildert in ihrer Autobiographie, daß sie den Teufel, wenn er ihr erschien, durch das Besprengen mit Weihwasser in die Flucht schlug.

56 Zitiert nach Alan C. Kors / Edward Peters: *Witchcraft in Europe 1100–1700: A Documentary History*; Philadelphia: University of Pennsylvania Press 1972, S. 203.

57 Kors/Peters 1972, S. 198.

58 Die Theologen Nikolaus Aymerich (gestorben 1399), Johannes Gerson (1363–1429) und Johannes Nider (ca. 1380–1438) setzten in ihren Werken Häresie mit Zauberei in Verbindung, die Zauberei wiederum mit dem Teufelspakt.

59 Zitiert in: Jakob Sprenger / Heinrich Institoris: *Der Hexenhammer (Malleus maleficarum)*; aus dem Lateinischen übertragen und eingeleitet von J. W. R. Schmidt [Berlin 1906]; München 1982, Einleitung S. XXXVII.

60 So lautete ein talmudisches Sprichwort, das sich auch die gelehrten christlichen Kleriker angeeignet hatten (zitiert bei Rosemary Radford Ruether: *New Woman, New Earth: Sexist Ideologies and Human Liberation*; New York: The Seabury Press 1975, S. 89).

61 Sprenger/Institoris 1982, Bd. 1, S. 98. Vgl. Kors/Peters 1972, S. 120; vgl. da auch S. 121 und 124 andere traditionelle Urteile. Kors/Peters geben eine englische Übersetzung des *Malleus* in Auszügen.

62 Sprenger/Institoris 1982, Bd. 1, S. 106 und 98; vgl. Kors/Peters 1972, S. 127, 121, 120.

63 Siehe Atkinson in Dorothy Atkinson / Alexander Dallin / Gail Warshofsky Lapidus (Hrsg.): *Women in Russia*; Stanford, Calif.: Stanford University Press 1977, Anmerkung S. 16.

64 Coulton 1939, S. 115–116.

65 Kors/Peters 1972, S. 121 und 127.

66 Siehe Elizabeth L. Eisenstein: *The Printing Press as an Agent of Change: Communications and Cultural Transformations in Early-Modern Europe*, Bd. 1 (New York: Cambridge University Press 1979), S. 439; Geoffrey Parker: *»The European Witchcraze Revisited«*, in: *History Today* 30 (1980), S. 24.

67 Unter den Autoren einschlägiger Traktate waren beispielsweise ein spanischer Bettelmönch, ein deutscher Calvinist; es gab Dämonologien von französischen Richtern, Humanisten, Jesuiten und James I., König von England. Jean Bodin, Berater des französi-

schen Königs, und der flämische Humanist Binsfeld entwarfen das Szenario für das, was künftig als »Hexensabbat« bekannt werden sollte.

68 Zitiert nach H. C. Erik Midelfort: *Witch Hunting in Southwestern Germany 1562–1684: The Social and Intellectual Foundations*; Stanford, Calif.: Stanford University Press 1972, S. 59.

69 Kors/Peters 1972, S. 215.

70 Vgl. Kieckhefer 1976, S. 96; E. William Monter: *»The Historiography of Witchcraft: Progress and Prospects«*, in: *Journal of Interdisciplinary History* 2, Nr. 4 (1972), S. 450.

71 Siehe Midelfort 1972, S. 32, 72 und Tafel 14.

72 Vgl. Ruether 1975 (wie Anm. 60), S. 103; Monter 1972 (wie Anm. 70), S. 32.

73 Vgl. Parker 1980, S. 24. – Daten für Belgien und Luxemburg bei E. William Monter: *»French and Italian Witchcraft«*, in: *History Today* 30 (1980), S. 32.

74 Thomas 1971, S. 451 und 448; Alan Macfarlane: *»Witchcraft in Tudor and Stuart Essex«*, in: Mary Douglas (Hrsg.): *Witchcraft Confessions and Accusations* (New York: Tavistock Publishers 1970), S. 84.

75 Christina Larner: *Enemies of God: The Witchhunt in Scotland* (Baltimore: The Johns Hopkins University Press 1981), S. 60–63; Parker 1980, S. 24.

76 Vgl. Gustav Henningsen: *The Witches' Advocate: Basque Witchcraft and the Spanish Inquisition 1609–1640* (Reno: University of Nevada 1980), S. 216. Für Schweden siehe Julio Caro-Baroja: *The World of the Witches*, translated by O. N. U. Glendinning (Chicago: University of Chicago Press 1964), S. 208.

77 Robert Muchembled: *»The Witches of the Cambrésis«*, in: James Obelkevich (Hrsg.) : *Religion and the People 800–1700*; Chapel Hill, N.C.: The University of North Carolina Press 1979, Tafel 4, S. 233.

78 Nach Kors/Peters 1972, S. 159.

79 Sprenger/Institoris 1982 (wie Anm. 59), Bd. 3, S. 92.

80 Kors/Peters 1972, S. 244.

81 Nach Kors/Peters 1972, S. 161.

82 Siehe Thomas 1971, S. 517.

83 Vgl. Sprenger/Institoris 1982, Bd. 2, S. 53–54.

84 Die Wissenschaft hat versucht, einige der Visionen und Erfahrungen der Hexen rational zu erklären. Haben diese Frauen in der Tat gesehen und gefühlt, was sie den Inquisitoren erzählten? Historikerinnen und Botanikerinnen vermuten, daß jene, die über ein spezielles Pflanzen- und Kräuterwissen verfügten (zum Beispiel die weisen Frauen und die Hebammen), mit Eisenhut, Nachtschatten, Schierling, Bilsenkraut und dem Getreidepilz Mutterkorn experimentierten. Alle diese Substanzen enthalten chemische Wirkstoffe, welche Sinneslähmungen und Delirien, Halluzinationen und Erschöpfung verursachen, den Kreislauf hemmen oder die Empfindung von Verwandlungen in eine andere Gestalt hervorrufen können.

85 E. William Monter: *Witchcraft in France and Switzerland: The Borderlands During the Reformation*; Ithaca, N.Y.: Cornell University Press 1976, S. 156–157.

86 Zitiert bei Hannelore Sachs: *The Renaissance Woman*, translated by Marianne Hertzfeld; New York: McGraw-Hill 1971, S. 50.

87 Viktor von Karwill (Hrsg.): *The Fugger Newsletters, Being a Selection of Unpublished Letters from the Correspondence of the House of Fugger During the Years 1568–1605*; New York: G. P. Putnam's Sons 1925, S. 106–113.

88 Larner 1981, S. 176–177.

89 Johann Weyer, Leibarzt von Wilhelm V. von Jülich-Kleve-Berg, schrieb bereits 1563, es seien nur verrückte alte Frauen, die die Pflege eines Arztes nötig hätten; sie seien vom Teufel getäuscht, befänden sich aber nicht in seiner Gewalt und beteten ihn auch nicht an.

90 Henningsen 1980, S. 37.

91 Zitiert nach Henningsen 1980, S. 350.
92 Nach Henningsen 1980, S. 188.
93 Henningsen 1980, S. 301.
94 Jeanne Favret-Saadas Studie (vgl. Literaturverzeichnis) über ein nordfranzösisches Dorf um 1970 gibt das vollständigste Bild des bis in die Gegenwart andauernden Glaubens an die Macht des Übernatürlichen und an jene, die davon Gebrauch machen können.
95 Heaton 1920, S. 347–348.
96 Arensberg 1968, S. 171.
97 Friedl 1962, S. 77.

2.4 *Relikte der Welt der Bäuerinnen*

1 Im Jahr 1980 machten Frauen in Polen 60 Prozent, in Rumänien 56 Prozent der Landbevölkerung aus (vgl. *Review and Evaluation of Progress Achieved in the Implementation of the World Plan of Action: Employment*, vorbereitet für die Weltkonferenz der Vereinten Nationen zum Jahrzehnt der Frauen: *Equality, Development, and Peace*, Kopenhagen, 14.–30. Juli 1980, A/CONF. 94/8/Rev. 1, S. 44).
2 Beispiele aus der Sowjetunion bei Susan Allott: *»Soviet Rural Woman: Employment and Family Life«*, in: Barbara Holland (Hrsg.): *Soviet Sisterhood*; Bloomington, Ind.: Indiana University Press 1985, S. 203.
3 *Review and Evaluation* (wie Anm. 1), S. 44–45.
4 Zitiert nach Allott 1985, S. 183.
5 Allott 1985, S. 188.
6 Gail Warshofsky Lapidus: *Women in Soviet Society: Equality, Development, and Social Change* (Berkeley: University of California Press 1976), S. 176–177. Vgl. auch Ethel Dunn: *»Russian Rural Women«*, in: Dorothy Atkinson / Alexander Dallin / Gail Warshofsky Lapidus (Hrsg.): *Women in Russia* (Stanford, Calif.: Stanford University Press 1977), S. 174–176.
7 Beispiele bei Ann Cornelisen: *Frauen im Schatten; Leben in einem süditalienischen Dorf*, aus dem Amerikanischen übertragen von Roland Fleissner; Frankfurt/Main: Insel Taschenbuch Verlag 1978.
8 Marie Allauzen: *La paysanne française aujourd'hui*; Paris: Gonthier 1967, S. 15–16.
9 Allott 1985, S. 191.
10 Eine Überprüfung im Bistum Orléans im Jahr 1852 ergab, daß an der Osterkommunion 88,9 Prozent der jungen Mädchen und 31,4 Prozent der erwachsenen Frauen teilnahmen. Bei den Männern betrug die Beteiligung 28,6 Prozent bei den Jungen und nur 6,4 Prozent bei den Erwachsenen (nach J. Michael Phayer: *Sexual Liberation and Religion in Nineteenth-Century Europe*; London: Croom Helm 1977, S. 95).
11 William A. Christian, Jr.: *Person and God in a Spanish Valley*; New York: Seminar Press 1972, S. 138.
12 Maria Rosa Cutrufelli: *Des Siciliennes*, translated by Laura Revelli (Paris: Edition des Femmes 1976), S. 251. – Zur generellen Geringschätzung der Frauen, ihrer Abhängigkeit und Unterordnung gegenüber den Männern vgl. auch Cornelisen 1978 (deutsche Ausgabe), S. 23–35, Chamberlain 1981 (vgl. Literaturverzeichnis), S. 12 und 23; Lapidus 1978, S. 176, Allott 1985, S. 203.
13 Cornelisen 1978 (deutsche Ausgabe), S. 137.
14 Siehe St. Erlich 1966, S. 347.
15 St. Erlich 1966, S. 255.
16 St. Erlich 1966, S. 255.

17 Siehe Renate Bridenthal: »*Something Old, Something New: Women Between the Two World Wars*«, in: Renate Bridenthal / Claudia Koonz (Hrsg.): *Becoming Visible: Women in European History*; Hopewell, N.J.: Houghton Mifflin Company 1977, S. 427.
18 Zitiert nach Allott 1985, S. 185 und 201. Vgl. auch Lapidus 1978, S. 179–180, zur Landflucht der sowjetischen Bevölkerung.
19 Allauzen 1967, S. 187.
20 Rayna R. Reiter: »*Men and Women in the South of France: Public and Private Domains*«, in: Rayna R. Reiter (Hrsg.): *Towards an Anthropology of Women*; New York: Monthly Review Press 1975, S. 258.
21 Jane Kramer: *Unsettling Europe*; New York: Random House 1980, S. 50.

3 Frauen in der Kirche
Die Macht der Gläubigen

3.1 *Die Muster von Macht und Beschränkung (10. bis 17. Jahrhundert)*

1 Dieser dritte Teil (»Frauen in der Kirche«) beschreibt die Aktivitäten von Christinnen, die durch ihren Glauben Macht und Einfluß gewannen. Obwohl bedeutsam, nahm das Judentum im Glauben und in den Institutionen der europäischen Kultur keine zentrale Stellung ein, und im Gegensatz zum Christentum bot es seinen frommen Frauen auch keine eigene Lebensform außerhalb der traditionell weiblichen Rollen und Funktionen an. Zur Beschreibung des Lebens einer jüdischen Frau vgl. Teil 5, »Frauen innerhalb der Stadtmauern«.

3.2 *Autorität innerhalb der institutionellen Kirche*

1 Der Begriff »Doppelkloster« ist etwas irreführend, da er an ein ausgewogenes Verhältnis zwischen weiblichen und männlichen Mitgliedern denken läßt. In der Regel waren Doppelklöster jedoch primär entweder für Frauen oder Männer gegründet worden. Wenn es eine Nonnengemeinschaft war, wohnten da ebenfalls ordinierte Priester als Mönche, um für die geistlichen Bedürfnisse der Frauen zu sorgen. Wenn es sich überwiegend um eine Mönchsgemeinschaft handelte, bei der auch einige Frauen lebten, die der Ordensregel folgten, konnte trotzdem eine Äbtissin dem Kloster vorstehen (vgl. Penny Schine Gold: *The Lady and the Virgin: Image, Attitude and Experience in Twelfth-Century France*; Chicago: University of Chicago Press 1985, S. 101–102).
2 Mary Bateson: *Origin and Early History of Double Monasteries*; Royal Historical Society Transactions, New Series 13, London 1899, S. 154.
3 Lina Eckenstein: *Woman Under Monasticism*; New York: Russel & Russell 1963, S. 191.
4 Pierre Riché: *Education and Culture in the Barbarian West, Sixth Through Eighth Centuries*; Columbia, S.C.: University of South Carolina Press 1976, S. 457.
5 Nach Eckenstein 1963, S. 136–137.
6 S. M. Gonsalva Wiegand (Übers.): *The Non-Dramatic Works of Hroswitha*; St. Meinrad, Ind.: The Abbey Press 1936, S. 9.
7 Siehe beispielsweise Katharina M. Wilson: »*The Saxon Canoness: Hrotsvit of Gandersheim*«,

in: dies. (Hrsg.): *Medieval Women Writers*; Athens, Ga.: The University of Georgia Press 1984, S. 31–32. – Gandersheim hatte sowohl Stiftsdamen als auch geweihte Nonnen, die der Benediktinerregel folgten. Man ist nicht ganz sicher, ob Hrotsvit die vollständigen Gelübde abgelegt hatte. Wilson glaubt, aus der Art ihrer Tätigkeiten und den Themen, über die sie dichtete, sei zu entnehmen, daß sie Stiftsdame gewesen sei (vgl. Wilson, wie oben, S. XII; auch Suzanne Fonay Wemple: *Women in Frankish Society: Marriage and the Cloister 500 to 900*; Philadelphia: University of Pennsylvania Press 1981, S. 174).

8 Das vollständigste Manuskript teilt Hrotsvits Werke in drei Bücher ein: Das erste enthält die acht Heiligenlegenden, das zweite die sechs Dramen, das dritte die Geschichte Ottos I. und des Klosters in Form von epischen Gedichten (Wilson 1984, S. 32–33).

9 Robert Herndon Fife: *Hroswitha of Gandersheim*; New York: Columbia University Press 1947, S. 36.

10 Zitiert nach Wiegand (wie Anm. 6), S. 9.

11 Christopher St. John (Übers.): *The Plays of Roswitha*; New York: Benjamin Blom 1966, S. XXVI und XXVII.

12 St. John (wie Anm. 11), S. 119.

13 St. John (wie Anm. 11), S. 85–87.

14 Der Humanist Conrad Celtes entdeckte Hrotsvits Schriften im 15. Jahrhundert im Kloster Regensburg und publizierte sie; die Dichterin nannte er eine »deutsche Sappho«. Noch im 19. Jahrhundert behauptete ein österreichischer Historiker, das Latein sei so gut, daß Celtes selbst die Werke verfaßt haben müsse (siehe Anne Lyon Haight [Hrsg.]: *Hroswitha of Gandersheim, Her Life, Times, and Works, and a Comprehensive Bibliography*; New York: The Hroswitha Club 1965, S. 3; auch Fife 1947, S. 29).

15 Anne Bagnall Yardley: *»›Ful weel she soong the service dyvyne‹: The Cloistered Musician in the Middle Ages«*, in: Jane Bowers / Judith Tick (Hrsg.): *Women Making Music: The Western Art Tradition 1150–1950* (Chicago: University of Illinois Press 1986), S. 19; Eckenstein 1963, S. 243.

16 Eckenstein 1963, S. 254, siehe da auch S. 243.

17 Muriel Joy Hughes: *Women Healers in Medieval Life and Literature*; New York: King's Crown Press 1943, S. 121.

18 Eckenstein 1963, S. 264.

19 Kent Kraft: *»The German Visionary: Hildegard of Bingen«*, in: Wilson 1984, S. 118. – Eine Beschreibung von Hildegards Visionen und eine Analyse ihrer Bedeutung im Kontext der Mystik findet sich bei Peter Dronke: *Women Writers of the Middle Ages: A Critical Study of Texts from Perpetua to Marguerite Porete* (New York: Cambridge University Press 1985), S. 144–201. – Einige Abbildungen aus *Scivias* und *De operatione dei* sind, mit Kommentar von Matthew Fox, O. P., reproduziert in *Illuminations of Hildegard of Bingen*, Santa Fe: Bear & Company 1985.

20 Carol Neuls-Bates: *Women in Music: An Anthology of Source Readings from the Middle Ages to the Present*; New York: Harper & Row 1982, S. 12.

21 Siehe Kraft (wie Anm. 19), S. 116; Peter Dronke: *The Medieval Lyric* (New York: Cambridge University Press 1977), S. 75–76.

22 Joan Ferrante: *»The Education of Women in the Middle Ages in Theory, Fact and Fantasy«*, in: Patricia H. Labalme (Hrsg.): *Beyond Their Sex: Learned Women of the European Past*, New York: New York University Press 1980, S. 24.

23 Kraft (wie Anm. 19), S. 113.

24 Siehe Caroline Walker Bynum: *Jesus as Mother: Studies in the Spirituality of the High Middle Ages* (Berkeley: University of California Press 1982), S. 15; Haye van der Meer, S. J.: *Women Priests in the Catholic Church? A Theological-Historical Investigation* (Philadelphia: Temple University Press 1973), S. 125.

25 Vgl. van der Meer 1973, S. XXIII.

26 Nach Julia O'Faolain / Lauro Martines (Hrsg.): *Not in God's Image: Women in History from the Greeks to the Victorians*; New York: Harper & Row 1973, S. 130.

27 Eileen Power: *Medieval English Nunneries*; Cambridge: Cambridge University Press 1922, S. 373 und 346.

28 Power 1922, S. 344.

29 *The Ancren Riwle*, ein um 1220 abgefaßter Traktat zur Anleitung von Reklusen, malte den Zustand der schwangeren Frau in drastischen Farben aus (wie es schon die Kirchenväter getan hatten): ein rotes Gesicht, das hager und grasgrün werde, trübe Augen, Schmerzen, Übelkeit, benommener Kopf und ein Bauch, »herausgereckt und prall wie ein Wasserbeutel« (nach Clarissa W. Atkinson: *Mystic and Pilgrim: The Book and the World of Margery Kempe*; Ithaca, N.Y.: Cornell University Press 1983, S. 187).

30 Zitiert bei van der Meer 1973, S. 122.

31 Zitiert nach Eckenstein 1963, S. 317.

32 C. K. Scott Moncrieff (Hrsg.): *The Letters of Abelard and Heloise*; New York: Cooper Square Publishers 1974, S. 81. – Die Authentizität von Heloises Briefen war in der Wissenschaft längere Zeit umstritten; eine neuere Zusammenfassung der Argumente gibt Dronke 1985, S. 108–109 und 140–143.

33 Scott Moncrieff (wie Anm. 32), S. 80.

34 Betty Radice (Übers.): *The Letters of Abelard and Heloise*; New York: Penguin Books 1978, S. 150.

35 Scott Moncrieff (wie Anm. 32), S. 41.

36 Zitiert nach Eleanor Shipley Duckett: *Medieval Portraits from East and West*; Ann Arbor: The University of Michigan Press 1972, S. 251.

37 Power 1922, S. 2–3.

38 Für England siehe Power 1922, S. 3. Über die Verhältnisse in Italien reichte Suzanne Fonay Wemple einen Artikel ein an *The Berkshire Conference on the History of Women*, abgehalten am Vassar College, Poughkeepsie, New York, Juni 1981. Für die Niederlande vgl. Christopher Brooke: *The Twelfth Century Renaissance* (New York: Harcourt, Brace & World 1969), S. 8; für Sachsen vgl. Sybille Harksen: *Women in the Middle Ages*, übersetzt von Marianne Herzfeld (New York: Abner Schram 1975), S. 30. Zu den Urkunden der Zisterzienser siehe R. W. Southern: *Western Society and the Church in the Middle Ages* (New York: Penguin Books 1970), Anmerkung S. 317.

39 Um 1200 gab es sechsundsechzig Gründungen für Zisterzienserinnen mit zwischen vierzig und hundert Mitgliedern, dagegen nur fünfzehn zisterziensische Männerklöster (Mary McLaughlin: *»Hildegard of Bingen«*, Vortrag am Barnard College, New York, 26. Februar 1981; siehe auch Gold 1985, S. 82–83).

40 Zur Abtei Fontevrault und dem Verhältnis zwischen Nonnen und Mönchen vgl. Gold 1985, S. 91–99 und 112.

41 Zur Wiederholung dieses frühkirchlichen Musters im 12. und 13. Jahrhundert siehe Gold 1985, S. 89–111.

42 Siehe Rosemary Ruether / Eleanor McLaughlin: *»Women's Leadership in the Jewish and Christian Traditions: Continuity and Change«*, in: Rosemary Ruether / Eleanor McLaughlin (Hrsg.): *Women of Spirit*; New York: Simon and Schuster 1979, S. 73.

43 In Deutschland existierten zwischen dem 12. und dem 17. Jahrhundert mehrere Damenstifte, wo junge Frauen nach der Augustinerregel lebten, jedoch nicht klausuriert waren und wieder austreten konnten, wenn sie heiraten wollten. Erstmals 1483, später wieder im Jahr 1617 verlangte die Kirche, die Frauen müßten konventioneller leben und die striktere Benediktinerregel befolgen (vgl. Joan Morris: *The Lady Was a Bishop*; New York: Macmillan 1973, S. 66–67).

44 Johannes Jørgensen: *Saint Bridget of Sweden*, 1. Band, übersetzt von Ingeborg Lund; New York: Longmans Green and Company 1954, S. 99.
45 Sylvia L. Thrupp: *The Merchant Class of Medieval London*; Ann Arbor: University of Michigan Press 1977, S. 189.
46 Gene Brucker (Hrsg.): *The Society of Renaissance Florence*; New York: Harper & Row 1971, S. 42.
47 Mary M. McLaughlin: »*Women in Early Medieval Monasticism*«, Stellungnahme an *The Berkshire Conference on the History of Women*, abgehalten am Mount Holyoke College, South Hadley, Massachusetts, 25. August 1978.
48 Frances und Joseph Gies: *Women in the Middle Ages*; New York: Thomas Crowell 1978, S. 90.
49 Power 1922, S. 647.
50 Vgl. Bowers/Tick 1986, S. 4; Jane Bowers: »*The Emergence of Women Composers in Italy 1566–1700*«, in Bowers /Tick 1985.
51 Ferrante 1980, Anmerkung S. 37.
52 Power 1922, Anmerkung S. 241.
53 Ferrante 1980, S. 15–16; Germaine Greer: *The Obstacle Race: The Fortunes of Women Painters and Their Work*; New York: Farrar, Straus & Giroux 1979, S. 159–164.
54 Power 1922, S. 138–139.
55 Power 1922, S. 152.
56 Power 1922, S. 382.
57 Zitiert bei Derek Baker: »›*A Nursery of Saints*‹: *St. Margaret of Scotland Reconsidered*«, in: ders. (Hrsg.): *Medieval Women*; Oxford: Basil Blackwell 1978, S. 123.
58 Power 1922, S. 265.
59 Im 13. Jahrhundert stellte der Erzbischof von Rouen, Odo Rigaud, fest, daß der Konvent Villarceaux am häufigsten gegen das Lehrverbot verstieß. 1255, 1257, 1261 und wieder 1268 mußte er auch Bondeville, eine andere Gemeinschaft, deswegen ermahnen. Visitationsberichte aus Klöstern der Normandie im selben Jahrhundert belegen, daß die Nonnen kleine Schulen führten, Handarbeiten machten, um Almosen bettelten, borgten und sogar die Schätze der Gemeinschaft verpfändeten (Penelope Johnson: »*Poverty in Female and Male Norman Monasteries in the Mid-Thirteenth Century*«, Vortrag an der Fordham University, New York, 21. März 1986).
60 Atkinson 1983, S. 5 und 7.
61 Die Historikerin Mary McLaughlin vertritt die Ansicht, diese Frauen hätten eine neue Literaturgattung begründet, vielleicht einen Vorläufer des Romans. Anstelle der Rhetorik und Logik des klassischen Lateins der Scholastiker trat ihr persönliches Schreiben in der Volkssprache, ein Bericht voller psychologischer Einsichten in den Strom des Bewußtseins, der keinerlei andere Autorität zitierte als die innerliche Schau der individuellen Einbildungskraft.
62 C. H. Talbot (Hrsg./Übers.): *The Life of Christina of Markyate: A Twelfth Century Recluse*; Oxford: Clarendon Press 1959, S. 67.
63 Talbot 1959 (wie Anm. 62), S. 105.
64 Catherine Jones: »*The English Mystic: Julian of Norwich*«, in Wilson 1984, S. 229.
65 Jones (wie Anm. 64), S. 286.
66 Jones (wie Anm. 64), S. 280.
67 Bynum 1982 beschreibt die niederländischen Zentren.
68 John Howard: »*The German Mystic: Mechthild of Magdeburg*«, in Wilson 1984, S. 153 und 154. – Vgl. Mechthild von Magdeburg: *Das fließende Licht der Gottheit*; eingeführt von Margot Schmidt, mit einer Studie von Hans Urs von Balthasar (Einsiedeln 1955), S. 170: »der vielliebe Gruß kam alle Tage«.

69 Nach Alice Kemp-Welch: *Of Six Medieval Women*; London: Macmillan 1913, S. 74.
70 Kemp-Welch (wie Anm. 69), S. 80 und 79.
71 Deutsche Übersetzung nach Teresa von Avila (Theresia von Jesu): *Leben von ihr selbst beschrieben*, 1. Band von *Sämtliche Schriften* (übersetzt von P. Aloysius ab Immaculata Conceptione); München 1933, S. 44. Vgl. auch Saint Teresa of Avila: *The Book of Her Life*, 1. Band von *The Collected Works*, übersetzt von Kieran Kavanaugh und Otilio Rodriquez; Washington D.C.: ICS Publications 1976, S. 40.
72 Teresa von Avila 1933 (wie Anm. 71), S. 311.
73 Teresa von Avila 1976 (wie Anm. 71), S. 74. Vgl. auch Teresa von Avila 1979, S. 52–55.
74 Teresa von Avila 1976 (wie Anm. 71), S. 188.
75 Teresa von Avila 1976 (wie Anm. 71), S. 65 und 43.
76 Von den männlichen Visionären lernten die Frauen Gebets- und Meditationsweisen, übernahmen die Metapher von Gott als dem Bräutigam und die Beschreibung der mystischen Vereinigung in sexuellen Begriffen.
77 Jones (wie Anm. 64), S. 278.
78 Mechthild von Magdeburg 1955 (wie Anm. 68), S. 174.
79 Teresa von Avila 1933 (wie Anm. 71), S. 86.
80 Howard (wie Anm. 68), S. 170.
81 Bynum 1982, S. 153.
82 Siehe Caroline Walker Bynum: *Holy Feast and Holy Fast: The Religious Significance of Food to Medieval Women* (Berkeley: University of California Press 1987); vgl. auch Saint Teresa of Avila: *Spiritual Testimonies*, in: *Collected Works* (wie Anm. 71), 1. Bd., S. 331.
83 Jones (wie Anm. 64), S. 286.
84 Jones (wie Anm. 64), S. 288.
85 Jones (wie Anm. 64), S. 289.
86 Talbot (wie Anm. 62), S. 119.
87 Nach Kemp-Welch (wie Anm. 69), S. 65.
88 Mechthild von Magdeburg 1955 (wie Anm. 68), S. 88.
89 Nach Kraft (wie Anm. 19), S. 123 und 124.
90 Teresa von Avila 1933 (wie Anm. 71), S. 108–109.
91 Teresa von Avila 1933 (wie Anm. 71), S. 278–279; dies.: *Spiritual Testimonies* (wie Anm. 82), S. 325.
92 Teresa von Avila 1933 (wie Anm. 71), S. 281.
93 Howard (wie Anm. 68), S. 154.
94 Howard (wie Anm. 68), S. 164.
95 Teresa verfaßte eine Autobiographie *(Vida)*, mehrere Andachtsbücher: *Camino de la perfección* (»Weg der Vollkommenheit«), *Moradas del castillo interior* (»Wohnungen der inneren Burg« oder einfach »Innere Burg«), *Libro de las fundaciones* (»Buch der Klosterstiftungen«) und eine Auslegung des Hoheliedes *(Conceptos del Amor de Dios)*.
96 Teresa von Avila 1933 (wie Anm. 71), S. 366.
97 Teresa von Avila 1933 (wie Anm. 71), S. 51.
98 Teresa von Avila 1933 (wie Anm. 71), S. 450.

3.3 *Autorität außerhalb der institutionellen Kirche*

1 Der Aufstieg Marias zu einer wichtigen Figur im katholischen Glauben hat, angesichts des patriarchalischen Rahmens des Christentums, zu verschiedenerlei Spekulationen von seiten der Geschichtswissenschaft, der Anthropologie, Theologie und Psychologie Anlaß gegeben. Historikerinnen und Anthropologinnen haben die Ansicht vertreten, die Mariolatrie

(d.h. die Marienverehrung oder -vergötterung) sei an die Stelle des Kults weiblicher Gottheiten, wie er überall im Mittelmeerraum üblich war, getreten. Zweifellos hat die Marienverehrung vieles vom Kult früherer Göttinnen und ihren Festen, Symbolen und Bildern überlagert beziehungsweise übernommen. Psychologinnen sehen alle Phantasien der Männer in der einen, idealisierten Frau gebündelt: der liebenden Mutter und jungfräulichen Braut. Theologinnen hoben hervor, daß Maria zu ein und derselben Zeit das Verlangen des Menschen nach dem Absoluten wie sein Bedürfnis nach Konkretisierung der Begriffe befriedigt (siehe zum Beispiel Yrjö Hirn: *The Sacred Shrine: A Study of the Poetry and Art of the Catholic Church*; Boston: Beacon Press [o.J.], S. 478, und Rosemarie Thee Morewedge (Hrsg.): *The Role of Woman in the Middle Ages*; Albany: SUNY, at Binghamton 1975, S. XIII).

2 Siehe Eleanor Como McLaughlin: *»Equality of Souls, Inequality of Sexes: Woman in Medieval Theology«*, in: Rosemary Radford Ruether (Hrsg.): *Religion and Sexism: Images of Woman in the Jewish and Christian Traditions*; New York: Simon and Schuster 1974, S. 220.

3 Zitiert nach: Hrotsvitha von Gandersheim: *Werke in deutscher Übertragung*, mit einem Beitrag zur frühmittelalterlichen Dichtung von H. Homeyer; München 1973, S. 76.

4 Hrotsvitha von Gandersheim (wie Anm. 3), S. 76.

5 Christine de Pizan: *Das Buch von der Stadt der Frauen*, aus dem Mittelfranzösischen übersetzt, mit einem Kommentar und einer Einleitung versehen von Margarete Zimmermann; Berlin 1986, S. 250.

6 Aus dem *Stabat Mater*, zitiert nach Marina Warner: *Maria; Geburt, Triumph, Niedergang – Rückkehr eines Mythos?*; München: Trikont-Dianus 1982, S. 252–253.

7 Bede: *A History of the English Church and People*, translated by Leo Sherley-Price; Baltimore: Penguin Books 1960, S. 235. – Auch das 12., 13. und 14. Jahrhundert brachte heiligenmäßige Frauen von hoher Abstammung hervor, die besonders um ihrer Armen- und Krankenpflege willen verehrt wurden, beispielsweise Anna von Böhmen, Margareta von Ungarn und Königin Isabella von Portugal.

8 Johann Jørgensen: *Saint Bridget of Sweden*, translated by Ingeborg Lund; New York: Longmans Green and Company 1954, 1. Bd., S. 156.

9 Eine Beschreibung des Ordens findet sich bei Barbara Obrist: *»The Swedish Visionary: Saint Bridget«*, in: Wilson 1984, S. 249.

10 Zitiert nach Jørgensen 1954, 1. Bd., S. 199.

11 Nach Jørgensen 1954, 2. Bd., S. 175.

12 Nach Jørgensen 1954, 2. Bd., S. 175.

13 Jørgensen 1954, 2. Bd., S. 259 und 249; Obrist 1984 (wie Anm. 9), S. 139–141.

14 Zitiert nach Jørgensen 1954, 2. Bd., S. 263.

15 Nach Judith Hook: *»St. Catherine of Siena«*, in: *History Today* 30 (1980), S. 32.

16 Vgl. Piero Misciatelli: *The Mystics of Siena*, translated by M. Peters-Roberts; New York: D. Appleton and Company 1930, S. 104.

17 Zitiert bei Joseph Berrigan: *»The Tuscan Visionary: Saint Catherine of Siena«*, in: Wilson 1984, S. 265 und 266.

18 Rund 350 ihrer Briefe an prominente Zeitgenossen, Frauen und Männer, sind erhalten geblieben (vgl. Berrigan 1984, wie Anm. 17, S. 261, 245 und 259).

19 Zitiert bei Berrigan 1984 (wie Anm. 17), S. 258.

20 Margery Kempe: *The Book of Margery Kempe*, edited by W. Butler-Bowden; New York: The Devin-Adair Company 1944, S. 25. Zur deutschen Übersetzung wurde beigezogen: Louise Collis: *Leben und Pilgerfahrten der Margery Kempe; Erinnerungen einer exzentrischen Lady*, aus dem Englischen von Ebba D. Drolshagen; Berlin 1986; hier S. 13).

21 Kempe 1944 (wie Anm. 20), S. 83. Beispiele ihrer Visionen von Jesus und Maria S. 192 und 279.

22 Roland Bainton: *Women of the Reformation from Spain to Scandinavia*; Minneapolis: Augsburg Publishing House 1977, S. 31.

23 Vgl. Fritz Rörig: *The Medieval Town* (Berkeley: University of California Press 1967), S. 116; Southern 1970, S. 325. Zahlen für Namur aus Ernest McDonnell: *The Beguines and Beghards in Medieval Culture* (New York: Octagon Books 1969), S. 69–70. – Die Beginen machten mit ihrem Glaubenseifer einen Teil der religiösen Frauenbewegung aus; in der Geschichtswissenschaft spricht man von einer eigentlichen »Frauenfrage«: Weshalb übertraf die Zahl der Frauen, die in dieser Periode von religiöser Begeisterung angesteckt waren, die Zahl der Männer so unverhältnismäßig? Spekulationen dazu bei Brenda Bolton: *»Mulieres Sanctae«*, in: Susan Mosher Stuard (Hrsg.): *Women in Medieval Society*; Philadelphia: University of Pennsylvania Press 1976.

24 McDonnell (wie Anm. 23) hat die Namen von einigen der bestbekannten *mulieres sanctae* zusammengetragen, in deren Umkreis sich Beginenschaften bildeten. Die meisten von ihnen stammten aus begüterten städtischen Familien, speziell in Flandern und den Rheinlanden (McDonnell 1969, S. 98–99, Anmerkung).

25 Eileen Power (Übers.): *The Goodman of Paris (Ménagier de Paris)*; London: George Routledge & Sons 1928, S. 210.

26 Man nimmt an, daß selbst der ursprüngliche Sinn der Bezeichnung »Begine« abfällig ist, entweder gleichbedeutend mit »Bettler« oder abgeleitet von »Albigenser« (den südfranzösischen Ketzern, die in den ersten beiden Dekaden des 14. Jahrhunderts verfolgt wurden). McDonnell bringt noch eine andere Theorie vor, welche die Bezeichnung mit Lambert le Begue, einem Prediger und Reformer in Lüttich, der 1177 verstarb, in Zusammenhang stellt.

27 Zitiert nach Margareta Porete: *Der Spiegel der einfachen Seelen; Wege der Frauenmystik*; aus dem Altfranzösischen übertragen von Louise Gnädinger; Zürich 1987, S. 15. Vgl. Gwendolyn Bryant: *»The French Heroic Beguine: Marguerite Porete«*, in: Wilson 1984, S. 211. – Eine Darstellung der einzigartigen Qualitäten des »Spiegels« findet sich bei Dronke 1985, bes. S. 217–228.

28 Vgl. Dronke 1985, S. 223–224; Porete 1987 (wie Anm. 27), S. 47, 76–78.

29 Nach Bryant 1984 (wie Anm. 27), S. 219; vgl. auch Dronke 1985, S. 220–221. Entsprechende Textstellen in der deutschen Übertragung siehe Porete 1987 (wie Anm. 27), S. 98–100, 169–177, 27, 43–44.

30 Bryant 1984 (wie Anm. 27), S. 204. Poretes Buch war weder durch die Verbrennung noch durch den Tod seiner Autorin zu unterdrücken. Es wurde ins Lateinische, danach ins Italienische und Englische übersetzt; daß es als häretisch verurteilt worden war, ging vergessen. *Le miroir des simples âmes* wurde zu einem anonymen Meditationsbuch, das spätere Mystiker wie den Engländer Richard Rolle und den Deutschen Thomas a Kempis beeinflußte. Als es im 20. Jahrhundert erstmals gedruckt wurde, vermuteten die Herausgeber einen männlichen Autor. Die Historiker Anne Barstow und Robert Lerner vermuten, daß Marguerite Porete ein Vorbild weiblicher Frömmigkeit und nicht der Ketzerei geworden wäre, wenn sie, wie ihre Zeitgenossin Mechthild von Magdeburg, in einem Kloster geschrieben oder, wie Schwester Katri durch Meister Eckhart, die Unterstützung eines männlichen Fürsprechers gefunden hätte. Eine Frau allein jedoch durfte keinen solchen Zugang zu Gott haben oder anderen davon predigen (Robert E. Lerner: *The Heresy of the Free Spirit in the Later Middle Ages*; Berkeley: University of California Press 1972, S. 1).

31 Zitiert bei Southern 1970, S. 330. Siehe Bryant 1984 (wie Anm. 27), S. 207, für einen Abriß der Bulle *Ad nostrum* und die Liste der acht Glaubensirrtümer.

32 Walter L. Wakefield: *Heresy, Crusade and Inquisition in Southern France, 1100–1250*; Berkeley: University of California Press 1974, S. 71.

33 Sherrin Marshall Wyntjes: *»Women in the Reformation Era«*, in: Renate Bridenthal / Claudia

Koonz (Hrsg.): *Becoming Visible: Women in European History*; Hopewell, N.J.: Houghton Mifflin Company 1977, S. 169.

3.4 *Autorität in der Reformationszeit*

1 Übersetzt nach Roland Bainton: *Women of the Reformation in Germany and Italy*; Boston: Beacon Press 1971, S. 69.
2 Nach Patricia Higgins: *»The Reactions of Women with Special Reference to Women Petitioners«*, in: Brian Manning (Hrsg.): *Politics, Religion and the English Civil War*; London: Edward Arnold 1973, S. 216.
3 Jane Dempsey Douglass: *»Women and the Continental Reformation«*, in: Ruether 1974, S. 305.
4 Zu Elisabeth von Braunschweig vgl. Bainton 1971, S. 125–142.
5 Beschreibung der letzten Konfrontation zwischen Katherine Parr und Heinrich VIII. und ihrer Enthauptung bei John Foxe: *Actes and Monuments*; [1563] Boston: AMS Press 1965, S. 166.
6 Roland Bainton: *Women of the Reformation from Spain to Scandinavia*; Minneapolis: Augsburg Publishing House 1977, S. 212.
7 Das Leben Renées wird beschrieben bei Bainton 1971, S. 235–250.
8 Andere Gönnerinnen und Helferinnen von Bernardo Ochino, dem General des neuen Ordenszweiges, werden bei Bainton 1971, S. 171–232, vorgestellt; zu ihnen gehörte auch Vittoria Colonna (1490–1547), die Freundin des Künstlers Michelangelo.
9 Für Frankreich siehe Nancy L. Roelker: *»The Appeal of Calvinism to French Noblewomen in the Sixteenth Century«*, in: *The Journal of Interdisciplinary History* 2, Nr. 4 (1972), S. 398.
10 Zitiert bei Roland Bainton: *Women of the Reformation in France and England*; Boston: Beacon Press 1975, S. 197.
11 Carolly Erickson: *Bloody Mary*; Garden City, N.Y.: Doubleday & Company 1978, S. 309.
12 Bainton 1975, S. 205. Man sollte nicht übersehen, daß Maria zwei wichtige Züge der Politik Heinrichs VIII. beibehalten hat: Sie selbst blieb gegenüber dem Papst Oberhaupt der englischen Kirche, und sie erlaubte dem Adel, das Land zu behalten, das aus dem Kirchenbesitz konfisziert worden war.
13 Foxe 1965 (wie Anm. 5), S. 209.
14 Erickson 1978, S. 460.
15 Vgl. Natalie Zemon Davis: *Humanismus, Narrenherrschaft und die Riten der Gewalt; Gesellschaft und Kultur im frühneuzeitlichen Frankreich*; aus dem Amerikanischen von Nele Löw Beer; Frankfurt/Main 1987, Anmerkung S. 274–275.
16 Bainton 1975, S. 60.
17 Bainton 1975, S. 67.
18 Bainton 1975, S. 67.
19 Historikerinnen und Historiker haben erst damit begonnen, die proportionalen Anteile von Frauen und Männern zu dokumentieren, die in der einen oder anderen Form an den protestantischen Reformationsbewegungen teilnahmen. Die Arbeiten über einzelne Städte und isolierte Gemeinschaften enthüllen, mit Ausnahme von Nancy Roelkers Untersuchung über die französischen Aristokratinnen (vgl. Anm. 9) und Claus Peter Clasens Studie über die Wiedertäufer (*Anabaptism: A Social History 1525–1618*, Ithaca, N.Y.: Cornell University Press 1972), keine klaren Gesetzmäßigkeiten. Frauen aus allen Bildungsschichten und allen Berufsgattungen beteiligten sich am Umbruch, manchmal waren sie in der Mehrzahl, manchmal in der Minderzahl. Vgl. beispielsweise Davis 1975, S. 80–81; Keith Thomas: *»Women and the Civil War Sects«*, in: Trevor Aston (Hrsg.): *Crisis*

in Europe 1560–1660 (New York: Basic Books 1965), S. 336, 337, Anmerkung; siehe auch Keith L. Sprunger: *»God's Powerful Army of the Weak: Anabaptist Women of the Radical Reformation«*, in: Richard L. Greaves (Hrsg.): *Triumph over Science* (Westport, Conn.: Greenwood 1985).

20 Zitiert nach David Weigall: *»Women Militants in the English Civil War«*, in: *History Today* 22, Nr. 6 (1972), S. 437.

21 Mabel Richmond Brailsford: *Quaker Women, 1650–1690*; London: Duckworth 1915, S. 268.

22 Übersetzt nach Bainton 1971, S. 106.

23 Bainton 1971, S. 73.

24 Nach Thomas 1965, S 338.

25 Nach Brailsford 1915, S. 153.

26 Zitiert nach Isabel Ross: *Margaret Fell: Mother of Quakerism*; New York: Longmans 1949, S. 7 und 13.

27 Nach Ross 1949, S. 15.

28 Ross 1949, S. 15.

29 Ross 1949, S. 49.

30 Zitiert nach Ross 1949, S. 58.

31 Ross 1949, S. 155.

32 Übersetzt nach Ross 1949, S. 199. Vorher hatte Fell dem König vorgehalten, die Pest, das große Feuer von 1666 und die Holländer seien Strafen für seine Verfolgungen.

33 Ross 1949, S. 40.

34 Margaret Fell: *Womens Speaking*; Amherst: Mosher Book & Tract Company 1980, S. 4.

35 Fell (wie Anm. 34), S. 11.

36 Zitiert nach Fell (wie Anm. 34), S. 9.

37 Fell (wie Anm. 34), S. 16.

38 Mary Teresa Neylan (Übers.): *The Writings of St. Angela Merici*; Rom: Ursulines of the Roman Union 1969, S. 30 und 31–32.

39 Neylan (wie Anm. 38), S. 12.

40 Neylan (wie Anm. 38), S. 15–16.

41 Auch die Gründerinnen anderer solcher Orden wurden von der Kirche anerkannt, zum Beispiel Montaignes Nichte, die heilige Jeanne de Lestonnac (1556–1640), die die *Sœurs de Notre-Dame* (»Schwestern der Töchter Unserer Lieben Frau«) in Bordeaux gründete, und die ebenfalls kanonisierte Madeleine-Sophie Barat (1779–1865), Begründerin der »Gesellschaft der Ordensfrauen vom Heiligen Herzen Jesu« *(Sacré-Cœur)*.

42 Edith Deen: *Great Women of the Christian Faith*; New York: Harper & Row 1959, S. 335.

43 Zitiert bei Monseigneur Em. Bougaud: *History of St. Vincent de Paul*, translated by Rev. Joseph Brady; 1. Bd., New York: Longmans, Green, and Co. 1899, S. 310.

44 Lucy Ridgely Seymer: *A General History of Nursing*; London: Faber & Faber 1932, S. 59.

45 Bougaud 1899, 2. Bd., S. 115.

46 Bainton 1971, S. 152.

47 Foxe (wie Anm. 5), S. 396.

48 Foxe (wie Anm. 5), S. 366.

49 Zitiert nach Davis (deutsche Ausgabe wie Anm. 15), S. 89.

50 Nach Bainton 1971, S. 146.

51 Nach Hans J. Hillerbrand (Hrsg.): *The Protestant Reformation*; New York: Harper & Row 1968, S. 150.

52 Zitiert nach Davis (deutsche Ausgabe wie Anm. 15), S. 63.

53 Bainton 1977, S. 70.

54 Bainton 1975, S. 188.

55 Hillerbrand (wie Anm. 51), S. 151.
56 Hillerbrand (wie Anm. 51), S. 147.
57 Hillerbrand (wie Anm. 51), S. 148.
58 Hillerbrand (wie Anm. 51), S. 151.
59 Zitiert nach Phyllis Mack: *»Women as Prophets During the English Civil War«*; in: *Feminist Studies* 8, Nr. 1 (1982), S. 30.
60 Mack 1982, S. 22.
61 Zitiert nach Mack 1982, S. 28–29.
62 Mack 1982, S. 28.
63 Hannelore Sachs: *The Renaissance Woman*, translated by Marianne Herzfeld; New York: McGraw-Hill Book Company 1971, S. 48.
64 Bainton 1971, S. 247; Davis (deutsche Ausgabe wie Anm. 15), S. 94.
65 Nach Weigall 1972, S. 436, und Higgins (wie Anm. 2), S. 212.
66 Higgins (wie Anm. 2), S. 213.
67 Bis 1907 hatten Frauengruppen eingeschränkte Verantwortung und trafen sich separat, und erst 1943 trat eine Frau als Geistliche an der jährlichen Versammlung der leitenden Körperschaft der Quäker, auf.
68 P. S. Lewis: *Later Medieval France: The Polity*; New York: St. Martins Press 1968, S. 206.
69 Siehe Enid McLeod: *The Order of the Rose: The Life and Ideas of Christine de Pizan*; Totowa, N.J.: Rowman and Littlefield 1976, S. 55–56.
70 Vgl. Power 1922, S. 674–675.
71 Zitiert nach Power 1922, S. 676.
72 Siehe zum Beispiel Rev. J. Waterworth (Übers.): *The Canons and Decrees of the Sacred and Ecumenical Council of Trent*; New York: Catholic Publication Society Company 1848, S. 242.
73 Zitiert nach der deutschen Fassung: Mary Daly: *Kirche, Frau und Sexus*; aus dem Amerikanischen von Dietgard Erb; Olten: Walter-Verlag 1970, S. 78.
74 Daly 1970, S. 79.
75 Daly 1970, S. 80. Trotzdem ging der Orden der »Englischen Fräulein« nicht ein: Mitte des 18. Jahrhunderts erhielt eine Gruppe von Lehrerinnen durch Papst Benedikt XIV. die Erlaubnis, einer modifizierten Fassung von Mary Wards Regel zu folgen, und im 20. Jahrhundert gestattete das Papsttum den Schulschwestern, Wards Namen zu erwähnen und sie als ihre Gründerin anzuerkennen.
76 Zitiert nach Power 1922, S. 676.
77 Nach Bougaud 1899, 1. Bd., S. 285.
78 Bougaud 1899, 1. Bd., S. 284.
79 *The Autobiography of St. Thérèse de Lisieux*; Garden City, N.Y.: Doubleday 1957, S. 20.
80 Eines der extremsten Beispiele dafür ist das Bauernmädchen Maria Goretti (1890–1902), das 1950 heiliggesprochen wurde. Sie war weder Ordensmitglied gewesen, noch hatte sie Offenbarungen gehabt; sie war als einfaches katholisches Mädchen von elf Jahren von ihrem Vergewaltiger erstochen worden.
81 Zitiert nach Hirn [o.J.], S. 311. – Zur Argumentation der Theologen siehe Joan M. Ferrante: *Woman as Image in Medieval Literature from the Twelfth Century to Dante*; New York: Columbia University Press 1975, S. 108.
82 Zur offiziellen Kirchenpolitik vgl. Waterworth 1848 (wie Anm. 72), S. 47.

3.5 *Alte Klischees von neuem*

1 Zitiert nach Vern L. Bullough: *»Medieval Medical and Scientific Views of Women«*, in: John Leyerle (Hrsg.): *»Marriage in the Middle Ages«*, *Viator* 4 (1973), S. 487.
2 Übersetzt nach Ian Maclean: *The Renaissance Notion of Woman: A Study of the Fortunes of Scholasticism and Medical Science in European Intellectual Life*; New York: Cambridge University Press 1980, S. 9–10.
3 Zitiert nach Thomas 1965, S. 340.
4 Zitiert nach Katharine M. Rogers: *The Troublesome Helpmate: A History of Misogyny in Literature*; Seattle: University of Washington Press 1966, S. 146.
5 Davis 1987 (deutsche Ausgabe), S. 137; Bainton 1977, S. 73.
6 Atkinson 1983, S. 184.
7 C. K. Scott Moncrieff (Hrsg.): *The Letters of Abelard and Heloise*; New York: Cooper Square Publishers 1974, S. 45.
8 Nach Bynum 1982, S. 145.
9 Zitiert nach Hugo Rahner, S. J.: *Saint Ignatius Loyola*; New York: Herder and Herder 1960, S. 12.
10 Die Ostkirche übernahm für ihre Geistlichkeit ein weniger negatives Bild von der Ehe. Das war jedoch keineswegs der Anlaß, der zur Aufspaltung der Christenheit in einen östlichen und einen westlichen Zweig geführt hatte. Unterschiede in den Regeln und Ritualen, in Doktrin und Rechtsprechung existierten seit dem 8. Jahrhundert. Die eigentliche Trennung von 1054 entstand über der Streitfrage nach der Autorität des römischen Papstes (vgl. Southern 1970, S. 53–72).
11 Rev. J. Waterworth (Übers.): *The Canons and Decrees of the Sacred and Ecumenical Council of Trent*; New York: Catholic Publication Society Company 1848, S. 270.
12 Jane Dempsey Douglass: *»Women and the Continental Reformation«*, in: Ruether 1974, S. 296.
13 Douglass 1974 (wie Anm. 12), S. 298.
14 Martin Luther: *Vom ehelichen Leben und andere Schriften über die Ehe*, hrsg. v. Dagmar C. G. Lorenz (Stuttgart 1978), S. 5; George H. Tavard: *Women in Christian Tradition* (Notre Dame: University of Notre Dame Press 1973), S. 173.
15 Douglass 1974 (wie Anm. 12), S. 296.
16 Douglass 1974 (wie Anm. 13), S. 299.
17 Zitiert nach Jean-Louis Flandrin: *»Contraception, Marriage and Sexual Relations in the Christian West«*, in: Robert Forster / Orest Ranum (Hrsg.): *Biology of Man in History*; Baltimore: The Johns Hopkins University Press 1975, S. 35–36.
18 Nach Christopher Hill: *The World Turned Upside Down: Radical Ideas During the English Revolution*; London: Temple Smith 1972, S. 250.
19 Flandrin 1975 (wie Anm. 17), S. 167.
20 Nach Louis B. Wright: *Middle-Class Culture in Elizabethan England*; Chapel Hill, N.C.: University of North Carolina Press 1935, S. 222.
21 Nach John Noonan: *Contraception*; Cambridge, Mass.: Belknap Press 1965, S. 313.
22 Zitiert nach Bainton 1971, S. 55.
23 Zitiert nach Bainton 1971, S. 154.
24 Edith Deen: *Great Women of the Christian Faith*; New York: Harper & Row 1959, S. 96.
25 Nach Bainton 1971, S. 26.
26 Nach Douglass 1974 (wie Anm. 12), S. 301.
27 Einige protestantische Sekten erlaubten die Scheidung, jedoch unter fast so eingeschränkten Bedingungen wie im Katholizismus; Beispiele siehe unten, Teil 5, »Frauen innerhalb der Stadtmauern«.

28 Nach Bainton 1971, S. 43.
29 Zitiert nach Tavard 1973, S. 174.
30 Nach Margaret George: »*From Goodwife to Mistress: The Transformation of the Female in Bourgeois Culture*«, in: *Science and Society* 37, Nr. 2 (1973), S. 166.
31 Zitiert in George Edwin Fussel / K. R. Fussel: *The English Countrywoman: A Farmhouse Social History 1500–1900*; London: A. Melrose 1953, S. 48.
32 Flandrin 1975 (wie Anm. 17), S. 218.
33 Zitiert nach Doris Mary Stenton: *The English Woman in History*; New York: The Macmillan Company 1957, S. 109.
34 Zitiert nach Flandrin 1975 (wie Anm. 17), S. 127.
35 Douglass 1974 (wie Anm. 12), S. 297.
36 Zitiert nach John A. Phillips: *Eve: The History of an Idea*; New York: Harper & Row 1984, S. 105.
37 Zitiert nach L. V. Schnucker: »*The English Puritans and Pregnancy, Delivery and Breast-Feeding*«, in: *History of Childhood Quarterly* 1, Nr. 4 (1974), S. 651.
38 Noonan 1965 (wie Anm. 21), Anmerkung S. 423.
39 Nach Tavard 1973, S. 173.
40 Sherrin Marshall Wyntjes: »*Women in the Reformation Era*«, in: Renate Bridenthal / Claudia Koonz (Hrsg.): *Becoming Visible: Women in European History*; Hopewell, N.J.: Houghton Mifflin Company 1977, S. 174.
41 Zitiert nach George 1973, S. 169.
42 Zitiert nach Deen 1959, S. 96.
43 Barbara Beuys: *Familienleben in Deutschland: Neue Bilder aus der deutschen Vergangenheit*; Reinbek bei Hamburg: Rowohlt 1980, S. 224.
44 Nach Deen 1959, S. 325.
45 Zitiert nach Bainton 1975, S. 88.

3.6 *Das Vermächtnis der protestantischen Reformation*

1 Carole Levin: »*Women in the Book of Martyrs as Models of Behavior in Tudor England*«, in: *International Journal of Women's Studies* 4, Nr. 2 (1981), S. 202.
2 Zitiert nach E. M. Williams: »*Women Preachers of the Civil War*«, in: *The Journal of Modern History* 1, Nr. 4 (1929), S. 568.
3 Nach Patricia Higgins: »*The Reactions of Women with Special Reference to Women Petitioners*«, in: Brian Manning (Hrsg.): *Politics, Religion and the English Civil War*; London: Edward Arnold 1973, S. 212.
4 Higgins 1973 (wie Anm. 3), S. 210 und 211.
5 Joyce L. Irwin: »*Anna Maria van Schurman: The Star of Utrecht*«, in: J. R. Brink (Hrsg.): *Female Scholars: A Tradition of Learned Women Before 1800*; Montreal: Eden Press Women's Publications 1980, S. 79.

4 Frauen der Schlösser und Gutshöfe Hüterinnen von Land und Stammfolge

4.1 *Von der Kriegerfrau zur Adeligen (9. bis 17. Jahrhundert)*

1 Die Verwendung von fiktionaler Literatur als Quelle für eine historische Periode ist stets problematisch. In diesem Teil stützen wir uns auf poetische Zeugnisse, wenn sie durch traditionellere historische Zeugnisse, beispielsweise rechtliche oder kirchliche Dokumente, erhärtet werden können. Zum Gebrauch der Literatur dieser Periode als Quelle für das Leben von Frauen und für die in ihnen zum Ausdruck gelangenden Haltungen vgl. Penny Schine Gold: *The Lady and the Virgin: Image, Attitude and Experience in Twelfth-Century France* (Chicago: University of Chicago Press 1985), S. XVII, 3–4, 12, 20–26, 37–42, 103–104 und 148. – Bis zum Ausgang des 13. Jahrhunderts war allen größeren mündlichen Werken eine schriftliche Form gegeben worden. Die umfangreicheren Gattungen – Heldenepos, Saga, *chanson de geste*, höfischer Roman – gehörten alle zur höfischen Unterhaltung in den Burgen und Schlössern. Die Geschichten wurden den Sippenoberhäuptern und ihren Lehensmännern, den Feudalherren und ihren Vasallen vorgesungen. – Insbesondere die folgenden Werke haben wir für dieses Kapitel beigezogen: Joan M. Ferrante (Übers.): *Guillaume d'Orange: Four Twelfth-Century Epics* (New York: Columbia University Press 1974); Jessie Crosland (Übers.): *Raoul de Cambrai* (London: Chatto & Windus 1926); C. K. Scott Moncrieff (Übers.): *The Song of Roland* (Ann Arbor: The University of Michigan Press 1960); W. S. Merwin (Übers.): *The Poem of the Cid* und Helen M. Mustard (Übers.): *The Nibelungenlied*, in: *Medieval Epics* (New York: The Modern Library 1963); Magnus Magnusson / Hermann Palsson (Übers.): *Njal's Saga* (New York: Penguin Books 1977); Chrétien de Troyes: *Arthurian Romances*, translated by W. W. Comfort (New York: Dutton 1978, enthält *Lancelot, Erec, Cligès*); Gottfried von Strassburg: *Tristan and Isolde with the Surviving Fragments of the Tristan of Thomas*, translated by A. T. Hatto (New York: Penguin Books 1978). – Eine allgemeine Beschreibung der Entwicklung der verschiedenen literarischen Formen und ihrer Charakteristika gibt Geoffrey Brereton: *A Short History of French Literature* (Baltimore: Penguin Books 1968), S. 12ff.

4.2 *Konstanten im Leben der adeligen Frau*

1 Jessie Crosland (Übers.): *Raoul de Cambrai*; London: Chatto & Windus 1926, S. 150.
2 Vgl. Magnus Magnusson / Hermann Palsson (Übers.): *Njal's Saga* (New York: Penguin Books 1977), S. 88; Crosland (wie Anm. 1), S. 126.
3 Zitiert nach Pierre Riché: *Daily Life in the World of Charlemagne*, translated by JoAnn McNamara; Philadelphia: University of Pennsylvania Press 1978, S. 79.
4 Zu den Ursprüngen des Begriffs »Adel« durch Geburt, zur Idee der *lignage* (des »Familienstammes«) und zur Entwicklung einer klar definierten adeligen Klasse siehe besonders Georges Duby: *The Chivalrous Society*, translated by Cynthia Postan (Berkeley: University of California Press 1977), S. 76–77, 98, 198, 173–175, 178–185; und Maurice Keen: *Chivalry* (New Haven: Yale University Press 1984), S. 24–26.
5 Siehe Henry S. Bennett: *The Pastons and Their England*; Cambridge: Cambridge University Press 1970, S. 119.
6 M. H. Keen: *The Laws of War in the Late Middle Ages* (Toronto: University of Toronto

Press 1965) gibt eine ausgezeichnete Beschreibung dieser letztgenannten Art der Kriegsführung. – Diskussion der Veränderungen auf dem Gebiet des Kampfes und der Art und Weise, wie sie sich in der Literatur widerspiegeln bei R. Howard Bloch: *Medieval French Literature and Law* (Berkeley: University of California Press 1977).

7 Joan M. Ferrante (Übers.): *Guillaume d'Orange: Four Twelfth-Century Epics*; New York: Columbia University Press 1974, S. 267.

8 Edward Noble Stone (Übers.): *The Song of William*; Seattle: University of Washington Press 1951, S. 51.

9 Aus dem *Lancelot*, in: Chrétien de Troyes: *Arthurian Romances*, translated by W. W. Comfort; New York: Dutton 1978, S. 302.

10 Wolfram von Eschenbach: *Parzival*, translated by Helen M. Mustard and Charles E. Passage; New York: Vintage Books 1961, S. 125.

11 *Erec*, in: Chrétien de Troyes (wie Anm. 9), S. 7.

12 *Erec*, in: Chrétien de Troyes (wie Anm. 9), S. 68.

13 Wolfram von Eschenbach (wie Anm. 10), S. 92.

14 *Aucassin et Nicolette*, in: Angel Flores (Hrsg.): *Medieval Age*; New York: Dell Publishing Company 1963, S. 442.

15 Gottfried von Strassburg: *Tristan and Isolde with the Surviving Fragments of the Tristan of Thomas*, translated by A. T. Hatto; New York: Penguin Books 1978, S. 146.

16 Eileen Power: *Medieval English Nunneries*; Cambridge: Cambridge University Press 1922, S. 429–430.

17 Joseph Dahmus: *Seven Medieval Queens: Vignettes of Seven Outstanding Women of the Middle Ages*; Garden City, N.Y.: Doubleday 1972, S. 130.

18 Lloyd DeMause: *»The Evolution of Childhood«*, in: Lloyd DeMause (Hrsg.): *The History of Childhood*; New York: Harper & Row 1974, S. 33.

19 Geoffrey Brereton (Hrsg./Übers.): *The Froissart Chronicles*; New York: Penguin Books 1978, S. 61.

20 Dorothy Atkinson: *»Society and Sexes in the Russian Past«*, in: Dorothy Atkinson / Alexander Dallin / Gail Warshofsky Lapidus (Hrsg.): *Women in Russia*; Stanford, Calif.: Stanford University Press 1977, S. 20.

21 Vgl. Dahmus 1972, S. 78, oder JoAnn McNamara / Suzanne Wemple: *»The Power of Women Through the Family in Medieval Europe: 500–1100«*, in: Mary Hartman / Lois W. Banner (Hrsg.): *Clio's Consciousness Raised: New Perspectives on the History of Women*; New York: Harper & Row 1974, S. 107.

22 Dahmus 1972, S. 181.

23 Siehe Dahmus 1972, S. 287.

24 Zitiert nach Dahmus 1972, S. 120.

25 Nach Dahmus 1972, S. 137. Für diese Königinnen vgl. auch Eleanor Shipley Duckett: *Medieval Portraits from East and West* (Ann Arbor: The University of Michigan Press 1972); Charles E. Odegaard: *»The Empress Engelberge«*, in: *Speculum: A Journal of Medieval Studies* 26, Nr. 1 (1951), S. 77–103, sowie den Überblick von Pauline Stafford: *Queens, Concubines, and Dowagers: The King's Wife in the Early Middle Ages* (Athens, Ga.: The University of Georgia Press 1983).

26 G. N. Garmonsway (Übers.): *The Anglo-Saxon Chronicle*; New York: E. P. Dutton & Company 1962, S. 96.

27 Frühere englische Königinnen von Wessex und Mercia, beispielsweise Ine und Cynethyth, hatten für ihre Männer gekämpft und hatten auch eigene Münzen geprägt, was ihre Bedeutung im Reich illustriert.

28 Vgl. Doris M. Stenton: *The English Woman in History* (New York: The Macmillan Company 1957) und F. T. Wainwright: *»Aethelfled, Lady of the Mercians«*, in: *Scandinavian*

England: Collected Papers of F. T. Wainwright, hrsg. v. H. P. R. Finberg (Chichester, West Sussex: Phillimore and Company 1975). Das neueste Werk über diese Frauen stammt von Christine Fell: *Women in Anglo-Saxon England and the Impact of 1066* (Bloomington, Ind.: Indiana University Press 1984).

29 Keen 1965, S. 89. Vgl. auch Stenton 1957 und Marion F. Facinger: *»A Study of Medieval Queenship: Capetian France 987–1237«*, in: Studies in Medieval and Renaissance History 5 (1968), S. 3–48.

30 Siehe Dahmus 1972, S. 276–327.

31 Siehe Patricia Higgins: *»The Reactions of Women, with Special Reference to Women Petitioners«*, in: Brian Manning (Hrsg.): *Politics, Religion and the English Civil War* (London: Edward Arnold 1973); Maurice Ashley: *The Stuarts in Love* (New York: Macmillan 1964).

32 Zitiert nach Roland H. Bainton: *Women of the Reformation in France and England*; Boston: Beacon Press 1975, S. 86.

33 Von den Frauen auf der Seite der Fronde handeln Dorothy Anne Liot Backer: *Precious Women: A Feminist Phenomenon in the Age of Louis XIV* (New York: Basic Books 1974) und G. P. Gooch: *Courts and Cabinets* (New York: Alfred A. Knopf 1946).

34 Vgl. J. C. Russell: *Late Ancient and Medieval Population* (Philadelphia: The American Philosophical Society 1958), S. 19; David Herlihy: *»The Medieval Marriage Market«*, in: *Medieval and Renaissance Studies*, Series No. 6, hrsg. v. Dale B. J. Randall (Durham, N.C.: Duke University Press 1976), S. 18.

35 Margaret Wade Labarge: *Saint Louis: Louis IX Most Christian King of France*; Boston: Little, Brown and Company 1968, S. 56.

36 Brereton 1978 (wie Anm. 19), S. 256.

37 Brereton 1978 (wie Anm. 19), S. 257.

38 Übersetzt nach Brereton 1978 (wie Anm. 19), S. 259.

39 Georges Duby: *Medieval Marriage: Two Models from Twelfth-Century France*, translated by Elborg Forster; Baltimore: The Johns Hopkins University Press 1978, S. 92 und 5.

40 Zitiert nach Johannes Jørgensen: *Saint Bridget of Sweden*, translated by Ingeborg Lund; Bd. 1; New York: Longmans Green and Company 1954, S. 48.

41 Zitiert nach John T. Noonan: *»Power to Choose«*, in: John Leyerle (Hrsg.): »Marriage in the Middle Ages«, *Viator* 4 (1973), S. 247.

42 Zur Entwicklung der kirchlichen Politik im Hinblick auf die Ehe vgl. Jean Brissaud: *A History of French Private Law* (Boston: Little, Brown and Company 1912), S. 99ff.; James A. Brundage: *»Concubinage and Marriage in Medieval Canon Law«*, in: *Journal of Medieval History* 1 (1975), S. 1–17; Henry Asgar Kelly: *Love and Marriage in the Age of Chaucer* (Ithaca, N.Y.: Cornell University Press 1975), S. 164–178; vgl. auch Rev. J. Waterworth (Übers.): *The Canons and Decrees of the Sacred and Oecumenical Council of Trent* (New York: Catholic Publication Society Company 1848), S. 196–198.

43 Germanen überreichten der Familie der Braut weiterhin eine Gabe; gleich war auch bis ins 13. Jahrhundert der Brauch der Wikinger. In England erhielten die Eltern der Braut eine Gabe, die ihnen die Kosten des Aufziehens erstattete. Vgl. P. G. Foote / D. M. Wilson: *The Viking Achievement* (New York: Praeger Publishers 1970), S. 112–113; Dorothy Whitelock (Hrsg.): *English Historical Documents* (New York: Oxford University Press 1968), S. 431.

44 Zitiert bei Lorraine Lancaster: *»Kinship in Anglo-Saxon Society (Seventh Century to Early Eleventh)«*, in: Sylvia L. Thrupp (Hrsg.): *Early Medieval Society*; New York: Appleton-Century Crofts 1967, S. 27.

45 Dahmus 1972, S. 113.

46 Eine Beschreibung der Bräuche im Überblick bietet Diane Owen Hughes: *»From Brideprice to Dowry in Mediterranean Europe«*, in: Marion A. Kaplan (Hrsg.): *The Marriage*

Bargain: Women and Dowries in European History (New York: Harrington Park Press 1985). Spezialisiertere Schilderungen bei Diane Owen Huges: »*Urban Growth and Family Structure in Medieval Genoa*«, in: *Past and Present* 66 (1975), S. 13–14; Herlihy 1976, S. 7.

47 Vgl. beispielsweise *The Secular Spirit: Life and Art at the End of the Middle Ages*; New York: E. P. Dutton & Company 1975, S. 254.

48 Vgl. Inga Dahlsgård: *Women in Denmark: Yesterday and Today* (Copenhagen: Det Danske Skelskab 1980), S. 23; Atkinson 1977 (wie Anm. 20), S. 30; J.-L. Flandrin: *Families in Former Times: Kinship, Household and Sexuality*, translated by Richard Southern (New York: Cambridge University Press 1979), S. 130–133.

49 Nach Meg Bogin: *The Women Troubadours*; New York: W. W. Norton and Company 1976, S. 145.

50 Zitiert nach G. G. Coulton: *Medieval Panorama: The English Scene from Conquest to Reformation*; Cambridge: Cambridge University Press 1939, S. 644.

51 Nach Brereton 1978 (wie Anm. 19), S. 253.

52 C. H. Talbot (Hrsg./Übers.): *The Life of Christina of Markyate: A Twelfth Century Recluse*; Oxford: Clarendon Press 1959, S. 69.

53 Talbot 1959 (wie Anm. 52), S. 69. – Diese Zielsetzung einer Heirat erwies sich als noch bedeutsamer für junge Männer, die schon im 9. und 10. Jahrhundert die Ehe als Mittel sozialen Aufstiegs nutzten. Vgl. dazu die Untersuchungen von Duby 1978, S. 10–12, und Constance B. Bouchard: »*The Origins of the French Nobility: A Reassessment*«, in: *American Historical Review* 86, Nr. 3 (1981), S. 514–529.

54 Vgl. Peter Laslett: *The World We Have Lost*; New York: Charles Scribner's Sons 1965, S. 48–49.

55 Vgl. Pauline Stafford: »*Sons and Mothers: Family Politics in the Early Middle Ages*«, in: Derek Baker (Hrsg.): *Medieval Women*; Oxford: Basil Blackwell 1978, S. 96–97.

56 Garmonsway 1962 (wie Anm. 26), S. 256–257.

57 Siehe Elizabeth A. R. Brown: »*Eleanor of Aquitaine: Parent, Queen and Duchess*«, in: William W. Kibler (Hrsg.): *Eleanor of Aquitaine: Patron and Politician* (Austin, Tex.: University of Texas Press 1976), S. 17–18; Robert Fawtier: *Capetian Kings of France*, translated by Lionel Butler (London: Macmillan 1965), S. 36; Felipe Fernández-Armesto: *Ferdinand and Isabella* (New York: Taplinger Publishing Company 1975), S. 119–123.

58 Beispiele für Gesetze aus dem 11. bis 17. Jahrhundert finden sich in den folgenden Werken: Für Frankreich s. Carl Ludwig von Bar: *A History of Continental Criminal Law* (Boston: Little, Brown and Company 1916), S. 70; für die Karolinger s. Carlo Calisse: *A History of Italian Law*, translated by Layton B. Register (New York: Augustus Kelley 1969), S. 548; für England s. Sir Frederick Pollack / Frederic William Maitland: *The History of English Law Before the Time of Edward I*, Bd. 2 (London: Cambridge University Press 1923), S. 490–491.

59 Waterworth 1848 (wie Anm. 42), S. 202.

60 Siehe Heath Dillard: »*Women in Reconquest Castile: The Fueros of Sepulveda and Cuenca*«, in: Susan Mosher Stuard (Hrsg.): *Women in Medieval Society* (Philadelphia: University of Pennsylvania Press 1976), S. 80, und Dillards neueres Buch: *Daughters of the Reconquest: Women in Castilian Town Society, 1100–1300* (New York: Cambridge University Press 1985).

61 Katharine Simms: »*Women in Norman Ireland*«, in: Margaret MacCurtain / Donncha O'Corráin (Hrsg.): *Women in Irish Society: The Historical Dimension*; Dublin: Arlen House 1978, S. 17.

62 Bennett 1970, S. 31–32.

63 Vgl. Pollack/Maitland 1923 (wie Anm. 58), Bd. 2, S. 390.

64 Atkinson 1977 (wie Anm. 20), Anmerkung S. 30.

65 Bloch, Marc: *Die Feudalgesellschaft*, übersetzt von Eberhard Bohm u.a.; Frankfurt/Main 1982, S. 276.
66 Facinger 1968, S. 14; Duby 1978, S. 75–79.
67 Vgl. Duby 1978, S. 87; Joseph and Frances Gies: *Life in a Medieval Castle* (New York: Harper & Row 1974), S. 57–60.
68 Dieses Ritual ist der Ursprung des Begriffes *curfew* (von *couvre-feu*), der im Englischen heute soviel bedeutet wie »Abendläuten«, »Sperrstunde«, »Ausgehverbot«.
69 Hermann Kellenbenz: *»Technik und Wirtschaft im Zeitalter der Wissenschaftlichen Revolution«*, in: Carlo M. Cipolla (Hrsg.): *Europäische Wirtschaftsgeschichte in 5 Bänden*, deutsche Ausgabe hrsg. v. K. Borchardt; Bd. 2: *Sechzehntes und siebzehntes Jahrhundert*; Stuttgart 1983, S. 156.
70 Alice Kemp-Welch: *Of Six Medieval Women*; London: Macmillan and Company 1913, S. 93.
71 Kemp-Welch 1913, S. 97.
72 Bei den Rechnungsbüchern handelt es sich in Wirklichkeit um Pergamentrollen; die Eintragungen erstrecken sich über sieben Monate des Jahres 1265.
73 Gies 1974, S. 105.
74 Daten über den höheren Landadel bei Miriam Slater: *»The Weightiest Business: Marriage in an Upper-Gentry Family in 17th Century England«*, in: *Past and Present* 72 (1976), S. 27.
75 Laslett 1965, S. 7.
76 Vgl. Isabel Ross: *Margaret Fell: Mother of Quakerism*; New York: Longmans 1949, S. 12.
77 Vgl. Christine de Pizan: *The Treasure of the City of Ladies or the Book of the Three Virtues*, translated by Sarah Lawson; New York: Penguin Books 1985, S. 128–129.
78 Zitiert nach James Bruce Ross / Mary Martin McLaughlin (Hrsg.): *The Portable Medieval Reader*; New York: The Viking Press 1966, S. 128.
79 Die Schilderungen der Lebensmittel haben wir einer ganzen Reihe von Büchern entnommen: Riché 1978, S. 172–177; Coulton 1939, S. 313; Dorothy Hartley: *Lost Country Life* (New York: Pantheon Books 1979), S. 232; Margaret Labarge: *A Baronial Household in the 13th Century* (New York: Barnes and Noble 1966).
80 Labarge 1966, S. 90–93 und 96; Georges Duby: *Rural Economy and Country Life in the Medieval West*, translated by Cynthia Postan (Columbia, S.C.: University of South Carolina Press 1968), S. 227; G. G. Coulton: *The Medieval Village* (Cambridge: Cambridge University Press 1926), S. 114.
81 Vgl. Gies 1974, S. 101 und 103; Labarge 1966, S. 195 und 196.
82 Vgl. Lucien Febvre: *Life in Renaissance France*, edited and translated by Marian Rothstein (Cambridge, Mass.: Harvard University Press 1977), S. 96; Keen 1965, S. 205; Ross 1949 (wie Anm. 76), S. 264–265.
83 Labarge 1966, S. 64.
84 Kemp-Welch 1913, S. 99.
85 Kate Campbell Hurd-Mead: *A History of Women in Medicine: From the Earliest Times to the Beginning of the 19th Century*; Haddam, Conn.: The Haddam Press 1938, S. 401.
86 Zitiert nach Richard W. Southern: *Western Society and the Church in the Middle Ages*; New York: Penguin Books 1970, S. 263.
87 Vgl. David Herlihy: *»Land, Family and Women in Continental Europe, 701–1200«*, in: Stuard 1976, S. 28. Im Durchschnitt machten weibliche Schenkungen rund 11 bis 12 Prozent der Gaben aus (vgl. da Tabelle 3, S. 31).
88 Penny S. Gold: *»Women and Family in the Alienation of Property in Anjou, 1000–1249: Problems in Method and Interpretation«*, unpubliziertes Manuskript, April 1979, Anhang S. 6. – Eine vollständigere Untersuchung der Schenkungen findet sich auch in Gold 1985, S. 134–140.

89 Penelope Johnson: *»Agnes of Burgundy: A Notable Medieval Monastic Patron«*, Referat an *The Berkshire Conference on the History of Women*, Mount Holyoke College, South Hadley, Massachusetts, 25. August 1978.
90 Kemp-Welch 1913, S. 102.
91 Zitiert nach Stenton 1957, S. 33.
92 Dahmus 1972, S. 272.
93 Nach G. E. Mingay: *The Gentry: The Rise and Fall of a Ruling Class*; New York: Longman Group 1976, S. 136.
94 Dorothy Gardiner: *English Girlhood at School: A Study of Women's Education Through Twelve Centuries*; London: Oxford University Press 1929, S. 88–89.
95 Michael Jones / Malcolm Underwood: *»Lady Margaret Beaufort«*, in: *History Today* 35 (1985), S. 23–30.
96 Mary Martin McLaughlin: *»Survivors and Surrogates: Children and Parents from the Ninth to the Thirteenth Century«*, in: Lloyd DeMause (Hrsg.): *The History of Childhood*; New York: Harper & Row 1974, S. 125.
97 Gardiner 1929, S. 126.
98 Keith Thomas: *Religion and the Decline of Magic*; New York: Charles Scribner's Sons 1971, S. 28.
99 R. V. Schnucker: *»The English Puritans and Pregnancy, Delivery and Breastfeeding«*, in: *History of Childhood Quarterly* 1, Nr. 4 (1974), S. 643.
100 Charles Jackson (Hrsg.): *The Autobiography of Mrs. Alice Thornton of East Newton, Co. York*, Surtees Society, Bd. 62; Edinburgh 1873, S. 95.
101 Zitiert nach Ross 1949 (wie Anm. 76), S. 351.
102 Zitiert nach Joseph E. Illick: *»Child-Rearing in Seventeenth Century England and America«*, in: DeMause 1974, S. 305.
103 Jackson 1873 (wie Anm. 100), S. 125.
104 Ross 1949 (wie Anm. 76), gegenüber S. 343.

4.3 *Macht und Verletzbarkeit*

1 Zur allmählichen Kristallisierung der Verwandtschaftsbeziehungen in patrilineare *lignages* (»Familienstämme«) und zur Entwicklung von Familiennamen siehe im einzelnen zwei Abschnitte in *Medieval Marriage* von Georges Duby (vor allem S. 10) und, ebenfalls von Duby, *»Lineage, Nobility and Chivalry in the Region of Mâcon during the Twelfth Century«*, in: Robert Forster / Orest Ranum (Hrsg.): *Family and Society: Selections from the Annales*, translated by Elborg Forster and Patricia M. Ranum (Baltimore: The Johns Hopkins University Press 1976), S. 19 und 26 (deutsche Übersetzung: *»Lignage, Adel und Rittertum im 12. Jahrhundert in der Gegend von Mâcon«*, in: M. Bloch / F. Braudel / L. Febvre u.a.: *Schrift und Materie der Geschichte*; Vorschläge zur systematischen Aneignung historischer Prozesse, hrsg. v. Claudia Honegger; Frankfurt/Main 1977, S. 415–439). – Die Veränderungen in der Benennung und Identifizierung der Familie bedeuteten eine Wiederbelebung der engeren, direkten und damit ehelichen Familiendefinition, die in Griechenland und Rom überwogen hatte.
2 In Spanien erforderte es im 11. Jahrhundert 25 Unzen Gold, um zwei Streitrosse zu kaufen. Mitte des 15. Jahrhunderts rechnete ein berittener Krieger damit, 26 Monatslöhne für seine Ausrüstung auszugeben. Vgl. Pierre Bonnassie: *»A Family of the Barcelona Countryside and Its Economic Activities«*, in: Thrupp 1967, S. 121; Malcolm Vale: *War and Chivalry: Warfare and Aristocratic Culture in England, France and Burgundy*

at the End of the Middle Ages (Athens, Ga.: The University of Georgia Press 1981), S. 126.

3 Beispiele für das Mâconnais im Südburgund bei Duby 1977, S. 73–74.

4 Einige wenige Regionen änderten ihre Erbschaftsbräuche nicht vor dem 13. Jahrhundert. Der spanische *Fuero Juzco* hielt im 13. Jahrhundert noch stets an der gleichberechtigten Erbschaft für Töchter und Söhne fest, wie es auch in einigen Teilen Deutschlands der Fall war. Zu Spanien siehe Julia O'Faolain / Lauro Martines (Hrsg.): *Not in God's Image: Women in History from the Greeks to the Victorians* (New York: Harper & Row 1973), S. 148; für Deutschland vgl. Bloch 1966, 1. Bd., S. 204 (deutsche Ausgabe 1982, S. 249–250).

5 Nach Duby 1968, S. 383.

6 Historikerinnen vermuten, daß es eine Periode war, in der weniger Söhne überlebten und demographische Zwänge derart zum Phänomen weiblicher »Herren« beitrugen. Adelige Familien begrenzten die Zahl ihrer Nachkommen. Unter den Säuglingen war die natürliche Sterblichkeit von Jungen größer als die von Mädchen. Des weiteren herrschten während dieses Zeitalters mehr oder weniger stetige Kämpfe; die Kreuzzüge beispielsweise haben, so schätzt man, zwischen 50000 und 500000 europäischen Kriegern das Leben gekostet (vgl. Bogin 1976, S. 34–35; JoAnn McNamara / Suzanne F. Wemple: *»Sanctity and Power: the Dual Pursuit of Medieval Women«*, in: Renate Bridenthal / Claudia Koonz (Hrsg.): *Becoming Visible: Women in European History*, Hopewell, N.J.: Houghton Mifflin Company 1977). – Eine allgemeine Beschreibung der Durchsetzung der Erbschaftsrechte und der Begriffe *lignage* (»Stammfolge«) und »Patrimonium« findet sich in folgenden Werken: Bloch 1966, 1. Band; Duby 1968; Jean-Louis Flandrin: *Families in Former Times: Kinship, Household and Sexuality*, translated by Richard Southern (New York: Cambridge University Press 1979). – Spezialisiertere Erörterungen bei Emmanuel Le Roy Ladurie: *»Family Structures and Inheritance Customs in Sixteenth-Century France«* und Joan Thirsk: *»The European Debate on Customs of Inheritance, 1500–1700«*, in: Jack Goody / Joan Thirsk / E. P. Thompson (Hrsg.): *Family and Inheritance: Rural Society in Western Europe 1200–1800* (New York: Cambridge University Press 1978). Zu den Verhältnissen in Frankreich siehe Duby 1976 (wie Anm. 1); Duby 1977; Robert Hajdu: *»Family and Feudal Ties in Poitou 1100–1300«*, in: *Journal of Interdisciplinary Studies* 8, Nr. 1 (1977), S. 117–139. Für England vgl. Sidney Painter: *»The Family and the Feudal System in 12th Century England«*, in: *Speculum* 35, Nr. 1, (1960), S. 1–16. Zu den unterschiedlichen Formen in Rußland vgl. Dorothy Atkinson: *»Society and Sexes in the Russian Past«*, in: Dorothy Atkinson / Alexander Dallin / Gail Warshofsky Lapidus (Hrsg.): *Women in Russia* (Stanford, Calif.: Stanford University Press 1977), S. 11.

7 Schon im 10. Jahrhundert findet man vereinzelte Beispiele für Frauen, die feudale Macht ausübten, doch nimmt ihre Zahl während des 11. und 12. Jahrhunderts zu. Siehe z.B. die Untersuchung über Südfrankreich und Spanien von David Herlihy: *»Land, Family and Women in Continental Europe, 701–1200«*, in: Stuard 1976, Abb. 2, S. 27. Für Frankreich s. Duby 1977, S. 109. Angelsächsische und wikingische Beispiele in England bei Doris M. Stenton: *The English Woman in History* (New York: The Macmillan Company 1957), S. 5–6; Lorraine Lancaster: *»Kinship in Anglo-Saxon Society (Seventh Century to Early Eleventh)«*, in: Thrupp 1967, S. 34. – In Mitteleuropa benutzten Frauen, die im 11. und 12. Jahrhundert Land gewonnen hatten, dieses weniger für ihre eigene Familie als zur Steigerung von Macht und Einfluß des Papsttums. Mathilde, die Gräfin der Toskana (1046–1115), hatte beim Tod des älteren Bruders und der Schwester den Familienbesitz geerbt. Im Konflikt zwischen Kaiser Heinrich IV. des Heiligen Römischen Reiches und Papst Gregor VII. stellte sie sich auf die Seite der Kirche; zusammen mit Abt Hugo von Cluny überwachte sie in Canossa, einem ihrer Schlösser, die Versöhnung zwischen Papst und Kaiser im Jahr 1077. Das Land, das sie dem Papst vermachte, bildete den Kern des

zukünftigen Kirchenstaates. In Spanien regierte Urraca (ungefähr 1080–1126) als Erbin ihres Vaters die Königreiche von León und Kastilien; später herrschte sie für ihren Sohn (s. ihre Biographie von Kevin B. Reilly: *The Kingdom of León-Castilla Under Queen Urraca 1109–1126*, Princeton: Princeton University Press 1982).

8 Zu ihren Lebensläufen vgl. John T. Appleby: *Henry II: The Vanquished King* (New York: Macmillan 1962); Marion F. Facinger: *»A Study of Medieval Queenship: Capetian France 987–1237«*, in: *Studies in Medieval and Renaissance History* 5 (1968), S. 3–48; Marion Meade: *Eleanor of Aquitaine: A Biography* (New York: Hawthorn Books 1977); Elizabeth A. R. Brown: *»Eleanor of Aquitaine: Parent, Queen and Duchess«*, in: William W. Kibler (Hrsg.): *Eleanor of Aquitaine: Patron and Politician* (Austin, Tex.: University of Texas Press 1976).

9 Sie erhielt ihren Namen nach ihrer Mutter Aenor und war daher »die andere Aenor«, d.h. »Alia-Aenor«.

10 Zu dieser Argumentation Eleonores vgl. Facinger 1968, S. 8.

11 Zur widerstrebenden Haltung Ludwigs gegenüber einer Scheidung s. Meade 1977, S. 108–109; Steven Runciman: *A History of the Crusades*, 2. Bd. (New York: Harper & Row 1967), S. 279.

12 Siehe Meade 1977, S. 144.

13 Meade 1977, S. 187.

14 Ihre Kinder waren Wilhelm, geboren im August 1153 (gestorben 1156); Heinrich, Februar 1155; Mathilde, Juni 1156; Richard, September 1157; Gottfried, September 1158; Eleonore, September 1161; Johanna, Oktober 1165; Johann, Dezember 1166 (Brown 1976, wie Anm. 8, S. 16).

15 Meade 1977, S. 280–281.

16 Zitiert nach Dahmus 1972, S. 225.

17 Nach Dahmus 1972, S. 225.

18 Meade 1977, S. 320, spricht von 100000 Mark Silber.

19 Außerhalb Europas, in den Königreichen der Kreuzritter im östlichen Mittelmeerraum, blühten noch vom 11. bis 13. Jahrhundert die großen Magnaten. Über fast zweihundert Jahre hinweg verwirklichten diese Fürsten den Traum der feudalen Krieger: Durch das Eroberungsrecht hatten sie reiche Territorien gewonnen, die sie nun gemäß Erbschaftsrecht besassen; ihre Könige residierten zu weit entfernt, als daß sie ihnen Macht und Autorität hätten bestreiten oder beschneiden können. In dieser Kriegerwelt nahmen die Frauen alle Rollen wahr, die mächtigsten wie die verletzbarsten, von Unterpfändern bis zu Herrscherinnen in eigenem Recht. Eine Darstellung der Kreuzzüge und der Kreuzritterstaaten gibt Steven Runcimans dreibändiges Werk, speziell die Bände II und III. Spezialisiertere Studien zu Agnes von Courtenay und Melisende von Bernard Hamilton: *»Women in the Crusader States: the Queens of Jerusalem 1100–1190«*, in: Baker 1978.

20 Alkuin wird zitiert bei Riché 1978, S. 204. – Zum Lobpreis anderer vornehmer Damen (Amalaswintha, Tochter des oströmischen Königs Theoderich, Judith, Königin der Franken, Adelheid, Gemahlin Kaiser Ottos I., Adela, Tochter des Normannen Wilhelm der Eroberer) siehe Joan M. Ferrante: *»The Education of Women in the Middle Ages in Theory, Fact and Fantasy«*, in: Patricia H. Labalme (Hrsg.): *Beyond Their Sex: Learned Women in the European Past*; New York: New York University Press 1980.

21 Übersetzt nach Sybille Harksen: *Women in the Middle Ages*, translated by Marianne Herzfeld; New York: Abner Schram 1975, S. 13.

22 Eine Beschreibung von Mahauts Bücherei findet sich bei Kemp-Welch 1913, S. 85–86. Susan Groag Bell: *»Medieval Women Book Owners: Arbiters of Lay Piety and Ambassadors of Culture«*, in: *Signs* 7, Nr. 4 (1982), S. 747–760, befaßt sich mit dem Buchbesitz von Mahaut und anderen Damen bis ins 14. Jahrhundert.

23 Für Eleonores Rolle in diesem kulturellen Prozeß gibt es keine klaren Beweise; Brown 1976 (wie Anm. 8), S. 19, vermutet, daß der Hof Heinrichs II. als Zentrum bedeutsamer war als der ihre.
24 Brown 1976 (wie Anm. 8) in der Einleitung, S. 6.
25 Chrétien de Troyes: *Arthurian Romances*, translated by W. W. Comfort; New York: Dutton 1978, S. 270.
26 Solche Mäntel werden im *Tristan* geschildert (Gottfried von Straßburg: *Tristan*, hrsg. v. Karl Marold; Berlin 1977, S. 155–156. Englische Übersetzung: *Tristan and Isolde with the Surviving Fragments of the Tristan of Thomas*, translated by A. T. Hatto; New York: Penguin Books 1978, S. 185).
27 Aus dem *Lancelot* von Chrétien de Troyes (wie Anm. 25), S. 291.
28 Zitiert nach Gardiner 1929, Anmerkung S. 54.
29 Gardiner 1929, S. 62.
30 *The Secular Spirit: Life and Art at the End of the Middle Ages*; New York: E. P. Dutton & Company 1975, S. 81. – Die Damen des 16. und 17. Jahrhunderts erfanden die ganze Vielzahl von Stichen, die in der Plattstichstickerei auf Leinen oder Wolle noch bekannt sind, und bearbeiteten alle Arten feiner Stoffe für Kleider, Gobelins, Polsterbezüge und Bettzeug.
31 Bogin 1976, S. 13.
32 Siehe Peter Dronke: *»The Provençal Trobairitz Castelloza«*, in: Katharina M. Wilson (Hrsg.): *Medieval Women Writers* (Athens, Ga.: The University of Georgia Press 1984); siehe auch Matilda Tomaryn Bruckner: *»Na Castelloza, Trobairitz, and Troubadour Lyric«*, in: *Romance Notes* 25, Nr. 3 (1985), S. 239–253 (dieser Band enthält auch eine sehr gute Bibliographie zum Thema der *trobairitz* und anderer Dichterinnen dieses Zeitalters).
33 Bogin 1976, S. 81.
34 Bogin 1976, S. 131. Für die deutsche Übersetzung wurde außerdem zu Hilfe genommen: *Les troubadours*; anthologie bilingue; introduction, choix et version française de Jacques Roubaud; Paris 1971, S. 325.
35 Bogin 1976, S. 103.
36 Übersetzt nach *Les troubadours* (wie Anm. 34), S. 325; Bogin 1976, S. 131.
37 Nach *Les troubadours* (wie Anm. 34), S. 311. Siehe auch Peter Dronke: *The Medieval Lyric*; New York: Cambridge University Press 1977, S. 105.
38 *Les troubadours* (wie Anm. 34), S. 311; Dronke 1977, S. 105.
39 *Les troubadours* (wie Anm. 34), S. 311; Dronke 1977, S. 106. – Die Passage »an der Stelle des Gatten« ist zweideutig und kann sowohl bedeuten »anstatt des (jetzigen) Gatten« als auch »als meinen Gatten«. Die Autorinnen danken Joan Ferrante, die sie auf diesen Punkt aufmerksam gemacht hat.
40 Bogin 1976, S. 85; vgl. auch Keen 1984, S. 21.
41 Bogin 1976, S. 155.
42 Bogin 1976, S. 111.
43 Dronke 1977, S. 106.
44 Bogin 1976, S. 107.
45 Übersetzt nach *Les troubadours* (wie Anm. 34), S. 309; s.a. Bogin 1976, S. 85.
46 Siehe Angel Flores (Hrsg.): *Medieval Age*; New York: Dell Publishing Company 1963, S. 185.
47 Übersetzt nach *Les troubadours* (wie Anm. 34), S. 307; vgl. Bogin 1976, S. 95.
48 *Les troubadours* (wie Anm. 34), S. 307; vgl. Bogin 1976, S. 95.
49 Aus *Milun*, in: Robert Hanning / Joan Ferrante (Hrsg. und Übers.): *The Lais of Marie de France* (New York: E. P. Dutton 1978), S. 164. Die deutsche Übersetzung folgt Marie de France: *Novellen und Fabeln*, aus dem Altfranzösischen übersetzt von Ruth Schirmer, Auswahl und Nachwort von Kurt Ringger (Zürich 1977), Zitat S. 112.

50 Marie de France, deutsche Ausgabe 1977 (wie Anm. 49), S. 8; Hanning/Ferrante (wie Anm. 49), S. 29. – Die Ausgabe von Hanning und Ferrante enthält auch biographische Informationen über die Dichterin, dazu siehe ebenfalls Joan Ferrantes Artikel: *»The French Courtly Poet, Marie de France«*, in: Wilson 1984.
51 *Espurgatoire Seint Patriz* (»Das Fegefeuer des heiligen Patrik«) und *Esope* (»Äsops Fabeln«).
52 *Milun*, deutsche Ausgabe (wie Anm. 49), S. 110.
53 *Guigemar*, deutsche Ausgabe (wie Anm. 49), S. 9.
54 *Milun*, deutsche Ausgabe (wie Anm. 49), S. 118.
55 Siehe *Lancelot* (wie Anm. 27), S. 330; *Tristan* 1978 (wie Anm. 26), S. 276–277.
56 *Lanval*, deutsche Ausgabe (wie Anm. 49), S. 68.
57 *Lanval*, deutsche Ausgabe (wie Anm. 49), S. 80.
58 *Lanval*, deutsche Ausgabe (wie Anm. 49), S. 80.
59 *Lanval*, deutsche Ausgabe (wie Anm. 49), S. 67.
60 *Lanval*, deutsche Ausgabe (wie Anm. 49), S. 71.
61 *Eliduc*, deutsche Ausgabe (wie Anm. 49), S. 142.
62 *Yonec*, deutsche Ausgabe (wie Anm. 49), S. 94, 95–96.
63 *Lanval*, deutsche Ausgabe (wie Anm. 49), S. 68; siehe auch *Yonec*, S. 94, und *Guigemar*, S. 21–22.
64 *Milun*, deutsche Ausgabe (wie Anm. 49), S. 123.
65 *Equitan*, deutsche Ausgabe (wie Anm. 49), S. 34.
66 *Die Nachtigall*, deutsche Ausgabe (wie Anm. 49), S. 107.
67 *Die Nachtigall*, deutsche Ausgabe (wie Anm. 49), S. 108.
68 *Eliduc*, deutsche Ausgabe (wie Anm. 49), S. 162.
69 *Die Nachtigall*, deutsche Ausgabe (wie Anm. 49), S. 105, 106.
70 *Chaitivel*, deutsche Ausgabe (wie Anm. 49), S. 125.
71 Magnus Magnusson / Hermann Palsson (Übers.): *Njal's Saga*; New York: Penguin Books 1977, S. 73.
72 Joan M. Ferrante (Übers.): *Guillaume d'Orange: Four Twelfth-Century Epics*; New York: Columbia University Press 1974, S. 230.
73 Wolfram von Eschenbach: *Parzival*, translated by Helen M. Mustard and Charles E. Passage; New York: Vintage Books 1961, S. 43.
74 *Tristan* 1977 (wie Anm. 26), S. 134. – Mit dieser Beschreibung soll nicht Verweichlichung oder Verweiblichung angedeutet werden; die Stelle schließt unmittelbar an Tristans Drachentötung an.
75 *Tristan* 1977 (wie Anm. 26), S. 76.
76 *Lancelot* (wie Anm. 27), S. 287.
77 Zur Evolution des Begriffes von Ritterlichkeit und seiner Verbindung mit der Entstehung einer abgehobenen Adelsschicht, die sich auf Abstammung und einen bestimmten Verhaltenskodex berief, siehe Keen 1984, Einleitung, Kapitel VIII und Schluß, vor allem die Seiten 2, 42, 143, 145, 160–161.
78 Geoffrey Brereton (Hrsg./Übers.): *The Froissart Chronicles*; New York: Penguin Books 1978, S. 67.
79 Hosenbandorden in England (um 1344), Sternorden in Frankreich (1351), St.-Michaels-Orden (1469), Orden vom Goldenen Vlies (1429), Orden des Halbmondes der Herzöge von Burgund (1448). – Zum Verhältnis zwischen Ritterschaft, Adel und Erblichkeit s. Duby 1977, S. 95–96 und 158–170; Keen 1984, S. 26, 145–146, 153–160.
80 Keen 1984, S. 2 und 4–13, beschreibt die Entwicklung der ethischen Aspekte der Ritterschaft und faßt die wichtigsten Lehrbücher zusammen. Siehe auch Vale 1981, S. 25–26.
81 Zitiert nach C. T. Allmand (Hrsg.): *Society at War: The Experience of England and France During the Hundred Years War*; New York: Barnes and Noble 1973, S. 26–27.

82 Nach Painter 1960 (wie Anm. 6), S. 145.
83 Painter 1960 (wie Anm. 6), S. 146.
84 Zitiert bei Johan Huizinga: *The Waning of the Middle Ages*; Garden City, N.Y.: Doubleday & Company 1954, S. 75. – Vom späten 12. bis ins 15. Jahrhundert verfaßten Männer Lehrbücher und Verhaltensanleitungen; das populärste war *Le Libre del Orde de Cauayleria* (»Das Buch des Ritterstandes«) von Ramon Lull, geschrieben im 13., verwendet bis ins 15. Jahrhundert. Das englische *Book of St. Albans* unterschied verschiedene Stufen der Vornehmheit und beschrieb die Anforderungen einer jeden.
85 Siehe Keen 1965, S. 245–247.
86 *Le Jouvençel*, zitiert bei Vale 1981, S. 30.
87 Fernández 1975, S. 98.
88 Fernández 1975, S. 99. Den allmählichen Übergang analysiert Keen 1965, S. 245–247; vgl. auch Keen 1984, S. 238–247. Vale 1981, S. 147–154, gibt ein Beispiel aus dem Burgund.
89 Nach Régine Pernoud: *The Retrial of Joan of Arc*, translated by J. M. Cohen; New York: Harcourt, Brace and Company 1955, S. 139.
90 Siehe Duby 1968, S. 260–261, und Georges Duby: *The Early Growth of the European Economy: Warriors and Peasants from the Seventh to the Twelfth Century*, translated by Howard B. Clarke; Ithaca, N.Y.: Cornell University Press 1974, S. 221.
91 Siehe Marc Bloch: *French Rural History: An Essay on Its Basic Characteristics*, translated by Janet Sondheimer (Berkeley: University of California Press 1966), S. 120 (franz. Originalausgabe: *Les caractères originaux de l'histoire rurale française*; nouvelle édition, Paris 1952). Siehe auch Henry Kamen: *The Iron Century: Social Change in Europe 1550–1660* (New York: Praeger Publishers 1971), S. 73.
92 Die vollständigste Beschreibung der Veränderungen in der Gestaltung der Häuser in dieser Epoche gibt Margaret Wood: *The English Medieval House*; London: Phoenix House 1965.
93 Kemp-Welch 1913, S. 107.
94 Gladys S. Thomson: *Life in a Noble Household, 1671–1700*; Ann Arbor: University of Michigan Press 1959, S. 383.
95 Harksen 1975 (wie Anm. 21), S. 16.
96 Labarge 1966, S. 35.
97 Joan Evans (Hrsg.): *The Flowering of the Middle Ages*; New York: McGraw-Hill 1966, S. 172.
98 Horace Dewey / Ann Kleimole (Hrsg. und Übers.): *Russian Private Law XIV–XVII Centuries: An Anthology of Documents*; Ann Arbor: The University of Michigan 1973, S. 222–223.
99 Duby 1976 (wie Anm. 1), S. 31–32.
100 Duby 1976 (wie Anm. 1). S. 31–32.
101 Bonnassie 1967 (wie Anm. 2), S. 121.
102 Labarge 1968, S. 235.
103 Margaret Fell erbte als Mitgift von ihrem Vater 3000 Pfund und den Gutshof Marsh Grange (vgl. Isabel Ross: *Margaret Fell: Mother of Quakerism*, New York: Longmans 1949, S. 5). Beispiele für den Erbteil von Töchtern aus dem niederen englischen Adel siehe auch bei Mingay 1976, S. 11–12.
104 J. P. Cooper: *»Patterns of Inheritance and Settlement by Great Landowners from the Fifteenth to the Eighteenth Centuries«*, in: Goody/Thirsk/Thompson 1978, S. 258.
105 Diese Entwicklung zeichnet sich ab in den Untersuchungen, die Diane Owen Hughes vorgenommen hat (*»From Brideprice to Dowry in Mediterranean Europe«*, in: Kaplan 1985). Zahlreiche Historikerinnen und Historiker haben zur Analyse der sich verändernden europäischen Erbschaftsmodelle und ihren Auswirkungen auf den Landbesitz von Frauen beigetragen. Eine Übersicht findet sich bei Jack Goody und J. P. Cooper, in: Goody/

Thirsk/Thompson 1978, und in den beiden Artikeln von JoAnn McNamara und Suzanne Wemple in Hartman/Banner 1974 und Bridenthal/Koonz 1977. Monographien sind verfaßt worden für Regionen in Frankreich, Italien, Spanien, Deutschland, England und Rußland. Neben denjenigen, die wir bisher bereits zitiert haben, sind zu erwähnen: für Frankreich siehe Duby 1968 und Ralph Giesey: *»Rules of Inheritance and Strategies of Mobility in Pre-Revolutionary France«*, in: *American Historical Review* 82, Nr. 2 (1977), S. 271–289. Für Italien siehe David Herlihy: *»Life Expectancies for Women in Medieval Society«*, in: Rosemarie Thee Morewedge (Hrsg.): *The Role of Woman in the Middle Ages* (Albany, N. Y.: SUNY at Binghamton 1975). Für Spanien siehe Heath Dillard: *»Women in Reconquest Castile: The Fueros of Sepulveda and Cuenca«*, in: Stuard 1976. Für Deutschland siehe K. Leyser: *»The German Aristocracy from the 9th to the early 12th Century: A Historical and Cultural Sketch«*, in: *Past and Present* 41 (1968), S. 25–53. Für Rußland siehe Atkinson 1977 (wie Anm. 6).

106 *The Secular Spirit* (wie Anm. 30), S. 254.

107 Dewey/Kleinmole 1973 (wie Anm. 98), S. 220.

108 Margaret Spufford: *»Peasant Inheritance Customs and Land Distribution in Cambridgeshire from the Sixteenth to the Eighteenth Centuries«*, in: Goody/Thirsk/Thompson 1978, S. 57.

109 Alan Macfarlane: *The Origins of English Individualism: The Family, Property and Social Transition*; New York: Cambridge University Press 1979, S. 134.

110 Labarge 1966, S. 13.

111 Cooper 1978 (wie Anm. 104), S. 256.

112 Flandrin 1979 (wie Anm. 6), S. 14.

113 Isabella und Ferdinand hatten Unglück mit ihren Kindern: Der Sohn Johann starb 1497 mit neunzehn Jahren, und von den Nachkommen der Töchter überlebte nur ein einziger Junge, Karl, den Johanna 1500 zur Welt gebracht hatte.

114 Fernández 1975, S. 14 und 83.

115 Zum Leben Isabellas vgl. die Doppelbiographie von Fernández 1975.

116 Nach Stenton 1957, S. 20. Vgl. auch Dorothy Whitelock (Hrsg.): *English Historical Documents*; New York: Oxford University Press 1968, S. 408 und 429.

117 Slater 1976, S. 53.

118 Stenton 1957, S. 38–39.

119 Duby 1968, S. 234.

120 Zitiert bei Natalie Zemon Davis: *»Ghosts, Kin, and Progeny: Some Features of Family Life in Early Modern France«*, in: Alice S. Rossi / Jerome Kagan / Tamara K. Haveren (Hrsg.): *The Family*; New York: W. W. Norton & Company 1978, S. 108.

121 Nach Stenton 1957, S. 38.

122 Stenton 1957, S. 36.

123 Nach Stenton 1957, S. 51.

124 Siehe Sue Sheridan Walker: *»Widow and Ward: the Feudal Law of Child Custody in Medieval England«*, in: Stuard 1976.

125 Gies 1974, S. 77.

126 Walker 1976 (wie Anm. 124), S. 160.

127 Nach Duckett 1972, S. 215.

128 Nach Duckett 1972, S. 216.

129 Charles Jackson (Hrsg.): *The Autobiography of Mrs. Alice Thornton of East Newton, Co. York*, Surtees Society, Bd. 62; Edinburgh 1873, S. 234.

130 Die Variationen in der Versorgung der Witwen zwischen dem 10. und dem 17. Jahrhundert wurden schon häufig beschrieben. Vgl. besonders die folgenden Arbeiten: für die Wikinger: L. M. Larson: *The Earliest Norwegian Laws* (New York: Columbia University Press 1935); für Spanien: Lucy A. Sponslar: *Women in the Medieval Spanish Epic and*

Lyric Traditions (Lexington, Ky.: The University Press of Kentucky 1975); für Irland: Simms, in: MacCurtain/O'Corráin 1978; für Rußland: George Vernadsky (Übers.): *Medieval Russian Laws* (New York: W. W. Norton & Company 1969); für England: Mingay 1976; für Frankreich: Brissaud 1912.

131 Walker 1976 (wie Anm. 124), Anmerkung S. 171.

132 Walker 1976 (wie Anm. 124), Anmerkung S. 169.

133 Siehe Pearl Hogrefe: *»Legal Rights of Tudor Women and their Circumvention by Men and Women«*, in: *The Sixteenth Century Journal* 3, Nr. 1 (1972), S. 104–105.

134 Zitiert bei Slater 1976, S. 51.

135 Leyser 1968 (wie Anm. 105), S. 51.

136 Labarge 1968, S. 151.

137 Zitat nach Jones/Underwood 1985, S. 26.

138 Nach Dahmus 1972, S. 257.

139 Dahmus 1972, S. 260.

140 Dahmus 1972, S. 260.

4.4 *Neue Blüte alter Traditionen*

1 Diskussion dieser Ambivalenz in Recht, Religion und Literatur bei Gold 1985, S. 145–152. – Dronke 1977 und Joan Ferrante / George Economou (Hrsg.): *In Pursuit of Perfection* (Port Washington, N.Y.: Kennikat Press 1975) untersuchen diese Aspekte in der Lyrik und im Versroman.

2 Riché 1978, S. 98; G. G. Coulton: *Life in the Middle Ages*, Bd. 3 (New York: The Macmillan Co. 1930), S. 35. Quellenzitate siehe Joan M. Ferrante (Übers.): *Guillaume d'Orange: Four Twelfth-Century Epics* (New York: Columbia University Press 1974), S. 149; Jessie Crosland (Übers.): *Raoul de Cambrai* (London: Chatto & Windus 1926), S. 115.

3 Helen M. Mustard (Übers.): *The Nibelungenlied*, in: *Medieval Epics* (New York: The Modern Library 1963), S. 256.

4 Aus *Lancelot*, in: Chrétien de Troyes: *Arthurian Romances*, translated by W. W. Comfort (New York: Dutton 1978), S. 329.

5 Übersetzt nach der mittelhochdeutschen Fassung: Gottfried von Straßburg: *Tristan*, hrsg. v. Karl Marold; Berlin 1977, S. 143.

6 *Tristan* (wie Anm. 5), S. 245.

7 Dieses Beispiel ist angeführt bei Joan M. Ferrante: *Woman as Image in Medieval Literature from the Twelfth Century to Dante* (New York: Columbia University Press 1975), S. 68. Ferrantes Buch geht diesem Aspekt in den Gedichten und Romanen nach.

8 *Tristan* (wie Anm. 5), S. 166.

9 Im Provenzalischen, der Sprache der südfranzösischen Minnesänger, wurde manchmal das Wort *res* zur Bezeichnung der Dame verwendet, was im Lateinischen wortwörtlich »Ding« bedeutete (Bogin 1976, S. 55 und Anmerkung ebenda).

10 *Lancelot* (wie Anm. 4), S. 278. Zu dieser Wirkung der Minne siehe auch Keen 1984, S. 116–117.

11 R. H. Bloch 1977, S. 144–145. Beispiele für Liebesschmerz in der Lyrik: Frederick Golden: *»The Array of Perspectives in Early Courtly Love Lyric«*, in: Ferrante / Economou 1975, S. 73–80.

12 Dronke 1977, S. 134.

13 *Tristan* (wie Anm. 5), S. 267.

14 Übersetzt nach *Tristan* (wie Anm. 5), S. 198.
15 Eine dänische Version bietet Olivia E. Coolidge: *Legends of the North*; Boston: Houghton Mifflin Company 1951, S. 146–147.
16 *Guillaume d'Orange* (wie Anm. 2), S. 151.
17 Aus *Erec*, nach: Chrétien de Troyes: *Arthurian Romances*, translated by W. W. Comfort (New York: Dutton 1978), S. 33.
18 *Lancelot* (wie Anm. 4), S. 279.
19 Übersetzt nach: Gottfried von Strassburg: *Tristan and Isolde with the Surviving Fragments of the Tristan of Thomas*, translated by A. T. Hatto (New York: Penguin Books 1978), S. 277.
20 *Nibelungenlied* (wie Anm. 3), S. 300.
21 *Tristan* (wie Anm. 5), S. 248.
22 *Tristan* (wie Anm. 5), S. 252.
23 Angel Flores (Hrsg.): *Medieval Age*; New York: Dell Publishing Company 1963, S. 152.
24 Nach Claire Richter Sherman: *»Taking a Second Look: Observations on the Iconography of a French Queen, Jeanne de Bourbon (1338–1378)«*, in: Norma Broude / Mary D. Garrard (Hrsg.): *Feminism and Art History: Questioning the Litany* (New York: Harper & Row 1982), S. 112. – Zum Machtverlust der französischen Königinnen vgl. auch Facinger 1968, S. 18–19, 20.
25 Geoffrey Brereton (Hrsg./Übers.): *The Froissart Chronicles*; New York: Penguin Books 1978, S. 118.
26 Brereton 1978 (wie Anm. 25), S. 109.
27 Brereton 1978 (wie Anm. 25), S. 109.
28 Eine Untersuchung des Gebrauchs von Siegeln durch Edelfrauen über den Zeitraum von 1150 bis 1350 – Siegel symbolisierten die Autorität des Landbesitzers – fördert ähnliche Tendenzen zutage: Im 12. Jahrhundert setzten die Frauen ihr Siegel selbständig unter ihre eigenen Dokumente, im 13. Jahrhundert benutzten sie es in Verbindung mit einem männlichen Familienangehörigen. Das Emblem der Petschaft identifizierte die Besitzerin weiterhin mit dem Familienstamm ihres Gatten oder ihres Vaters, doch ihr Abbild veränderte sich: von einer Königin oder Edelfrau, die als Gebieterin in ihrer Amtsgewalt dargestellt wurde, zu einer anmutig posierenden Dame mit ihrem Falken (Brigitte Bedoz Rezak: *»Women, Seals and Power in Medieval France 1150–1350«*, Referat an der Fordham University, New York City, 16. März 1985).
29 Siehe Calisse 1969, S. 519.
30 Nach Ian Maclean: *The Renaissance Notion of Woman: A Study of the Fortunes of Scholasticism and Medical Science in European and Intellectual Life*; New York: Cambridge University Press 1980, S. 76.
31 Nach Hogrefe 1972, S. 98.
32 Dorothy Atkinson: *»Society and Sexes in the Russian Past«*, in: Dorothy Atkinson / Alexander Dallin / Gail Warshofsky Lapidus (Hrsg.): *Women in Russia* (Stanford, Calif.: Stanford University Press 1977).
33 Coulton 1939, S. 617.
34 Stenton 1957, S. 30–31.
35 McNamara/Wemple in Stuard 1976, S. 103–104, und Riché 1978, S. 54–56, erörtern die Entwicklung dieser Grundsätze.
36 Die Ehe war zuvor nicht als Sakrament betrachtet worden; Augustinus hatte diese Ansicht verworfen, weil die Ehe zu sexuellem Verkehr führt. – Für die Verordnungen des Trienter Konzils vgl. Rev. J. Waterworth (Übers.): *The Canons and Decrees of the Sacred and Oecumenical Council of Trent* (New York: Catholic Publication Society Company 1848), S. 194–195.
37 Einzelheiten von solchen und vergleichbaren Vorfällen bei McNamara/Wemple in Stuard

1976; Duby 1978; Angela M. Lucas: *Women in the Middle Ages: Religion, Marriage and Letters* (Brighton, England: The Harvester Press 1983).

38 Die Kontrolle über die Ehe war immer ein Punkt gewesen, bei dem sich religiöse und weltliche Herrscher um die Vormacht stritten. Jack Goody vermutet, die kirchlichen Grundsätze über Heirat, Ehebruch und Scheidung seien darauf gerichtet gewesen, mehr Familien ohne Erben zu schaffen und damit mehr Gelegenheiten für die Kirche, selbst Grundbesitz zu erwerben, worauf letztlich alle Macht beruhte (siehe Jack Goody: *The Development of the Family and Marriage in Europe*; New York: Cambridge University Press 1983, besonders S. 32–47).

39 Die protestantischen Glaubensrichtungen gingen andere Kompromisse ein. Zur katholischen Politik siehe besonders Duby 1978, Kapitel 2. Die Grundsätze von 1215 sind zusammengefaßt bei McNamara/Wemple in Stuard 1976, S. 112.

40 Siehe Eleanor Como McLaughlin: *»Equality of Souls, Inequality of Sexes: Woman in Medieval Theology«*, in: Rosemary Radford Ruether (Hrsg.): *Religion and Sexism: Images of Woman in the Jewish and Christian Traditions* (New York: Simon and Schuster 1974), S. 227–228; Duby 1978, S. 41–42; Maclean 1980 (wie Anm. 30), S. 15.

41 Nach Brereton 1978 (wie Anm. 25), S. 243.

42 Vgl. beispielsweise die Gesetze des Languedoc im 13. Jahrhundert in Leah Lydia Otis: *Prostitution in Medieval Society*; Chicago: University of Chicago Press 1985.

43 Heath Dillard: *»Women in Reconquest Castile: The Fueros of Sepulveda and Cuenca«*, in: Stuard 1976, S. 85.

44 Siehe Waterworth 1848 (wie Anm. 36), S. 203.

45 Siehe Atkinson 1977 (wie Anm. 32), S. 21.

46 Brereton 1978 (wie Anm. 25), S. 309.

47 Brereton 1978 (wie Anm. 25), S. 310.

48 Brereton 1978 (wie Anm. 25), S. 312.

49 In diesem Falle war der Ehemann siegreich und die Frau gerächt. Solche Beweisführung und die Angst vor Entehrung ließ in mißtrauischen Gatten des 14. bis 16. Jahrhunderts jedoch die Idee von »Keuschheitsgürteln« aufkommen. »Gürtel« ist allerdings ein irreführender Name; die erste Abbildung aus einem militärischen Manuskript von 1405 zeigt eine mit Leder überzogene metallische Vorrichtung, die in der Form eher einer Schutzbinde ähnelt, wie sie Männer zum Schutz ihrer Genitalien etwa beim Sport tragen. Wenige Exemplare von Keuschheitsgürteln können noch in Museen besichtigt werden; für ihre Verwendung gibt es jedoch keinen Beweis. Vgl. Harvey Graham: *Eternal Eve: The History of Gynecology and Obstetrics* (Garden City, N.Y.: Doubleday & Company 1951), S. 122–123; Harold Speert: *Iconographia Gyniatrica: A Pictorial History of Gynecology and Obstetrics* (Philadelphia: F. A. Davis 1973), S. 452–453.

50 Geschichten von ehebrecherischen Frauen und deren Schicksalen finden sich insbesondere bei John F. Benton: *»Clio and Venus, An Historical View of Courtly Love«*, in: F. X. Newman (Hrsg.: *The Meaning of Courtly Love*; Albany, N.Y.: SUNY Press 1968.

51 Siehe Michael M. Sheehan: *»The Influence of Canon Law on the Property Rights of Married Women in England«*, in: *Medieval Studies* 25 (1963), S. 110–116.

52 Backer 1974, S. 245.

53 Nach Slater 1976, S. 44.

54 Siehe Fawtier 1965, S. 53.

55 Stenton 1957, S. 67.

56 Zitiert nach Walther von der Vogelweide: *Die Lieder*, mittelhochdeutsch und in neuhochdeutscher Prosa, hrsg. und übertragen von Friedrich Maurer; München 1972, S. 117.

57 Magnus Magnusson / Hermann Palsson (Übers.): *Njal's Saga*; New York: Penguin Books 1977, S. 267.

58 *Tristan* (wie Anm. 19), S. 66.
59 *Tristan*, übersetzt nach der mittelhochdeutschen Version (wie Anm. 5), S. 250.
60 *Erec* (wie Anm. 17), S. 32.
61 *Erec* (wie Anm. 17), S. 64.
62 *Guillaume d'Orange* (wie Anm. 2), S. 278.
63 *Raoul de Cambrai* (wie Anm. 2), S. 32.
64 *Nibelungenlied* (wie Anm. 3), S. 281.
65 *Tristan* (wie Anm. 19), S. 148 und 147.
66 Diane Bornstein gibt eine klare und vollständige Übersicht über diese didaktische Literatur (*The Lady in the Tower: Medieval Courtesy Literature for Women*; Hamden, Conn.: Archon Books 1983).
67 Nach Bornstein 1983, S. 49.
68 Zitiert nach Rosemary Barton Tobin: »*Vincent of Beauvais on the Education of Women*«, in: *Journal of the History of Ideas* 35 (1974), Anmerkung S. 486.
69 Siehe Bornstein 1983, S. 59–60.
70 Siehe Coulton 1939, S. 617; Coulton 1930 (wie Anm. 2), Bd. 3, S. 7.
71 Thomas Wright (Hrsg.): *The Book of the Knight of La Tour-Landry*; London: Kegan Paul, Trench, Trubner & Co. 1906, S. 79 (Reprint 1973). – Für die deutsche Übersetzung wurde beigezogen: [LaTour Landry, Geoffroy de:] Marquard vom Stein: *Der Ritter vom Turm*, kritisch hrsg. von Ruth Harvey; Berlin 1988.
72 Wright 1906 (wie Anm. 71), S. 10; deutsche Fassung (wie Anm. 71), S. 95.
73 Gies 1974, S. 79.
74 Wright 1906 (wie Anm. 71), S. 117; deutsche Fassung, S. 184–185.
75 Wright 1906 (wie Anm. 71), S. 128; deutsche Fassung, S. 189.
76 Wright 1906 (wie Anm. 71), S. 55; deutsche Fassung, S. 132.
77 Wright 1906 (wie Anm. 71), S. 58; deutsche Fassung, S. 135.
78 Bell 1982, S. 756–757.
79 Bennett 1970, S. 42.
80 Zitiert nach Gardiner 1929, S. 119.
81 Nach David Hunt: *Parents and Children in History: The Psychology of Family Life in Early Modern France*; New York: Harper & Row 1972, S. 73.
82 Zitiert nach Slater 1976, S. 34.
83 Sylvia Huot beschäftigt sich mit diesem scheinbaren Widerspruch (Sylvia Huot: »*Seduction and Sublimation: Christine de Pizan, Jean de Meun, and Dante*«, in: *Romance Notes* 25, Nr. 3 (1985), S. 361–373). – Vollständiger Text siehe Christine de Pizan: *The Treasure of the City of Ladies or the Book of the Three Virtues*, translated by Sarah Lawson; New York: Penguin Books 1985. Zusammenfassungen finden sich in Ruth Kelso: *Doctrine for the Lady of the Renaissance* (Urbana, Ill.: University of Illinois Press 1956), S. 236–246, und in Bornstein 1983, S. 68–69 und 85–87.
84 Christine de Pizan 1985 (wie Anm. 83), S. 161.
85 Christine de Pizan 1985 (wie Anm. 83), S. 68.
86 Siehe Christine de Pizan 1985 (wie Anm. 83), S. 86–105.
87 Siehe Christine de Pizan 1985 (wie Anm. 83), S. 45–48, 55 und 58.
88 Christine de Pizan 1985 (wie Anm. 83), S. 55 und 56.
89 Anne de Beaujeu (ungefähr 1441–1522), Regentin für ihren Bruder Karl VIII. von Frankreich, besaß zwei Kopien von Christine de Pisans Buch (Bornstein 1983, S. 71). Als sie selbst einen ähnlichen Traktat für ihre Tochter Suzanne abfaßte, wiederholte Anne de Beaujeu die gleichen Einstellungen und präsentierte dasselbe Frauenideal (vgl. die Zusammenfassung bei Kelso, wie Anm. 83, S. 212, 227, 246–247, und Bornstein 1983).
90 Lucy (Apsley) Hutchinson: *Memoirs of the Life of Colonel Hutchinson*, edited by Rev. Julius Hutchinson; London: John C. Nimmo 1985, S. 24.

91 Hutchinson 1985 (wie Anm. 90), S. 25.
92 Hutchinson 1985 (wie Anm. 90), S. 35.
93 Zitiert nach Stenton 1957, S. 166.
94 Nach Stenton 1957, S. 166.
95 Christine de Pizan 1985 (wie Anm. 83), S. 62–64.
96 Christine de Pizan 1985 (wie Anm. 83), S. 64.

5 Frauen innerhalb der Stadtmauern Fürsorge und Partnerschaft

5.1 *Das Alltagsleben der Städterin (12. bis 17. Jahrhundert)*

1 Fernand Braudel: *The Structures of Everyday Life: Civilization and Capitalism 15th–18th Century*, translated by Siân Reynolds; 1. Bd., New York: Harper & Row 1981, S. 51 (*Sozialgeschichte des 15.–18. Jahrhunderts*, Übersetzung aus dem Französischen von Siglinde Summerer, Gerda Kurz, Günter Seib; 1. Bd., München 1985. S. 44).
2 Carlo M. Cipolla: *Before the Industrial Revolution: European Society and Economy 1000–1700* (New York: W. W. Norton & Company 1976), S. 283. – Bevölkerungszahlen finden sich, neben den bereits zitierten Werken, auch in Fernand Braudel: *Capitalism and Material Life 1400–1800*, translated by Miriam Kochan (New York: Harper & Row 1973). S. 414–417 und 431; Henry Kamen: *The Iron Century: Social Change in Europe 1550–1660* (New York: Praeger Publishers 1971), S. 19; J. C. Russell: *»Population in Europe 500–1500«*, in: Carlo M. Cipolla (Hrsg.): *The Fontana Economic History of Europe: The Middle Ages* (Glasgow: William Collins Sons and Co. 1975), S. 34–35; Fritz Rörig: *The Medieval Town* (Berkeley: University of California Press 1967), S. 112–113. – Zur Entwicklung der Städte in diesen Jahrhunderten vgl. Braudel 1981, 1. Bd., Kapitel III.
3 Papst Pius II., zitiert in James Bruce Ross / Mary Martin McLaughlin (Hrsg.): *The Portable Renaissance Reader*; New York: Penguin Books 1980, S. 211.
4 Pietro Aretino, zitiert bei Ross/McLaughlin 1980, S. 241.
5 Braudel 1973, S. 435.
6 Braudel 1973, S. 375–376. – Bevölkerungszahlen bei Fernand Braudel: *The Mediterranean and the Mediterranean World in the Age of Philip II*, translated by Siân Reynolds, 1. Bd. (New York: Harper & Row 1973), S. 427. – Zur Bevölkerungsdichte siehe Roger Mols: *»Population in Europe 1500–1700«*, in: Carlo M. Cipolla (Hrsg.): *The Fontana Economic History of Europe: The Sixteenth and Seventeenth Centuries* (Glasgow: William Collins Sons & Co. 1976), S. 43–44 (*»Die Bevölkerung Europas 1500–1700«*, in: Carlo M. Cipolla (Hrsg.): *Europäische Wirtschaftsgeschichte in 5 Bänden*, deutsche Ausgabe hrsg. v. K. Borchardt, Bd. 2: *Sechzehntes und siebzehntes Jahrhundert* (Stuttgart 1983), S. 24.
7 Vergleiche zwischen Städten Norditaliens und anderen Regionen Europas bei David Herlihy: *»The Tuscan Town in the Quattrocento: A Demographic Profile«*, in: Paul Maurice Clogan (Hrsg.): *Medievalia et Humanistica*, New Series 1 (1970), S. 84–85.
8 Siehe David Herlihy: *»Population, Plague and Social Change in Rural Pistoia 1201–1430«*, in: *The Economic History Review*, 2nd Series 18, Nr. 2 (1965), S. 231.
9 Siehe Richard Goldthwaite: *»The Florentine Palace as Domestic Architecture«*, in: *American Historical Review* 77, Nr. 4 (1972), S. 997.
10 Geoffrey Brereton (Hrsg./Übers.): *Froissart Chronicles*; New York: Penguin Books 1978, S. 239.

11 Marcelin Defourneaux: *Daily Life in Spain in the Golden Age*, translated by Newton Branch; London: George Allen and Unwin 1970, S. 96.

12 Sylvia L. Thrupp: *The Merchant Class of Medieval London (1300–1500)*; Ann Arbor: University of Michigan Press 1977, S. 41. Siehe auch Ross/McLaughlin 1980, S. 188.

13 Beschreibung der Häuser: Braudel 1981, 1. Bd., S. 266–282 (deutsche Ausgabe 1985, S. 283–301). Für London Thrupp 1977, S. 130 und Anmerkung S. 131. Für Amsterdam und Paris siehe Braudel 1973, S. 201–203 und 218; für Frankreich *The Secular Spirit: Life and Art at the End of the Middle Ages* (New York: E. P. Dutton & Co. 1975), S. 16 und 17; für Nürnberg siehe Gerald Strauss: *Nuremberg in the Sixteenth Century: City Politics and Life Between Middle Ages and Modern Times* (New York: John Wiley & Sons 1966), S. 25.

14 Goldthwaite stellte die Entwicklung des Privathauses dar (Goldthwaite 1972, 982–989, und ders.: *The Building of Renaissance Florence: An Economic and Social History*; Baltimore: The Johns Hopkins University Press 1985, S. 13–26). Zum Hausbau Datinis siehe Iris Origo: *The Merchant of Prato: Francesco di Marco Datini*; London: Jonathan Cape 1957, S. 136 (*»Im Namen Gottes und des Geschäfts«; Lebensbild eines toskanischen Kaufmanns der Frührenaissance*, aus dem Englischen übersetzt von Uta-Elisabeth Trott; München 1985, 9. Kapitel: »Das Haus in der Stadt«).

15 Siehe Barbara Beuys: *Familienleben in Deutschland: Neue Bilder aus der deutschen Vergangenheit*; Reinbek/Hamburg 1980, S. 140–141; und *The Secular Spirit* 1975, S. 15 und 19; Defourneaux 1970, S. 61–62.

16 Kamen 1971, S. 52.

17 Siehe Merry E. Wiesner: *Working Women in Renaissance Germany* (New Brunswick, N.J.: Rutgers University Press 1986), S. 191, zu den Verhältnissen in süddeutschen Städten. Christiane Klapisch: *»Household and Family in Tuscany in 1427«*, in: Peter Laslett (Hrsg.): *Household and Family in Past Time* (New York: Cambridge University Press 1974), S. 273. – In Pistoia gab es im Jahr 1427 21,2 Prozent Haushalte mit weiblichen Vorständen (Herlihy 1970, S. 101).

18 D. V. Glass: *»Notes on the Demography of London at the End of the Seventeenth Century«*, in: *Daedalus: Historical Population Studies* 97, Nr. 2 (1968), S. 584 und 586.

19 Darstellung der geläufigen, überall auftretenden Unterschiede bei Mols (wie Anm. 6). Für spezifischere Daten in Deutschland, Schweiz, Frankreich und Spanien siehe J. C. Russell: *Late Ancient and Medieval Population* (Philadelphia: Transactions of the American Philosophical Society 1958), S. 16; David Herlihy: *»Life Expectancies for Women in Medieval Society«*, in: Rosemarie Thee Morewedge (Hrsg.): *The Role of Women in the Middle Ages* (Albany, N.Y.: SUNY at Binghamton 1975), S. 12–13 und 22; Glass 1968, S. 584 und 586; Benjamin Z. Kedar: *»The Genoese Notaries of 1382: The Anatomy of an Urban Occupational Group«*, in: Harry A. Miskimin / David Herlihy / A. L. Udovitch (Hrsg.): *The Medieval City* (New Haven: Yale University Press 1977), S. 9; Wiesner 1986, S. 5.

20 Doris Mary Stenton: *The English Woman in History*; New York: The Macmillan Company 1957, S. 85.

21 Martha C. Howell: *»Working Women in Early Modern Europe: A Cross-Cultural Approach«*, Referat an *The Berkshire Conference on the History of Women*, Vassar College, Poughkeepsie, N.Y, Juni 1981.

22 Eileen Power: *Medieval Women*, hrsg. v. M. M. Postan; New York: Cambridge University Press 1975, S. 109.

23 Wiesner 1986, S. 83–84.

24 Emmanuel Le Roy Ladurie: *Carnival in Romans*; New York: George Braziller 1979, S. 4 (französisches Original: *Le Carneval de Romans, de la Chandeleur au mercredi des Cendres, 1579–1580*, Paris 1979. – *Karneval in Romans; von Lichtmeß bis Aschermittwoch 1579–1580*, aus dem Französischen von Charlotte Roland; Stuttgart 1982, S. 10–11).

25 Sarah C. Maza: *Servants and Masters in Eighteenth-Century France: The Uses of Loyalty*; Princeton, N.J.: Princeton University Press 1983, Anmerkung S. 61.
26 Bis im 18. Jahrhundert ist dieses Verhältnis abgelöst worden durch das eines Lohnvertrages zwischen Angestellter und Arbeitgeberin. Beschreibung dieser Veränderung bei Maza 1983, S. 14, und Cissie Fairchilds: *Domestic Enemies: Servants & Their Masters in Old Regime France* (Baltimore: The Johns Hopkins University Press 1984), S. 17–18.
27 Eileen Power (Übers.): *The Goodman of Paris (Le Ménagier de Paris)*; London: George Routledge & Sons 1928, S. 16–17.
28 Origo 1985 (deutsche Ausgabe), S. 307 und 328; Herlihy 1970, Anmerkung S. 109. – Im Mittelmeerraum trat in dieser Periode Sklaverei nochmals auf. Vgl. Teil 2, »Frauen auf dem Land«, zum Ende der Sklavenarbeit in ländlichen Gebieten.
29 Origo 1985 (deutsche Ausgabe), S. 180.
30 Übersetzt nach Gene Brucker (Hrsg.): *The Society of Renaissance Florence*; New York: Harper & Row 1971, S. 223.
31 Zitiert nach Origo 1985 (deutsche Ausgabe), S. 177.
32 Zur sexuellen Verwundbarkeit der Dienstboten siehe z.B. David Nicholas: *The Domestic Life of a Medieval City: Women, Children and the Family in Fourteenth Century Ghent* (Lincoln, Neb.: University of Nebraska Press 1985), S. 67–68; Fairchilds 1984, S. 86–88 und 165. – Ab dem 14. Jahrhundert waren junge Mädchen in dieser mißlichen Lage häufig Protagonistinnen von populären Erzählungen, vgl. die italienischen Versionen in Giovanni Boccaccios *Decamerone*, vierte Geschichte des zehnten Tages.
33 In Gent im 14. Jahrhundert konnte das Kind von seiner Mutter und ihrer Verwandtschaft erben (Nicholas 1985, S. 154–155).
34 Siehe Susan Mosher Stuard: *»Women in Charter and Statute Law: Medieval Ragusa«*, in: Susan Mosher Stuard (Hrsg.): *Women in Medieval Society* (Philadelphia: University of Pennsylvania Press 1976); Julius Kirshner / Anthony Molho: *»The Dowry Fund and the Marriage Market in Early Quattrocento Florence«*, in: *The Journal of Modern History* 50, Nr. 3 (1978), S. 429; Yvonne Maguire: *The Women of the Medici* (London: George Routledge & Sons 1927), S. 45 und 62; Jacob Bronowski / Bruce Mazlish: *The Western Intellectual Tradition* (New York: Harper & Row 1962), S. 5.
35 Walter Minchinton: *»Patterns and Structure of Demand 1500–1750«*, in: Cipolla 1976, S. 97.
36 Gene Brucker (Hrsg.): *Two Memoirs of Renaissance Florence: the Diaries of Buonaccorso Pitti & Gregorio Dati*, translated by Julia Martines; New York: Harper & Row 1967, S. 26–27.
37 Mary Elizabeth Perry: *»›Lost Women‹ in Early Modern Seville: the Politics of Prostitution«*, in: *Feminist Studies* 4, Nr. 1 (1978), S. 200.
38 Kamen 1971, S. 69.
39 Siehe James Bruce Ross / Mary Martin McLaughlin: *Medieval Women*, unpubliziertes Manuskript, S. 38–39; Natalie Zemon Davis: *Society and Culture in Early Modern France* (Stanford: Stanford University Press 1975), Anmerkung S. 291; Wiesner 1986, S. 93 (für süddeutsche Städte).
40 Brucker 1967 (wie Anm. 36), S. 26–27.
41 Maryanne Kowaleski: *»Exeter, Bristol and Dartmouth«*, Referat an *The Berkshire Conference on the History of Women*, Smith College, Northampton, Massachusetts, Juni 1984.
42 Vgl. Strauss 1966, S. 7–8.
43 Cissie C. Fairchilds: *Poverty and Charity in Aix-en-Provence 1640–1789*; Baltimore: The Johns Hopkins University Press 1976, S. 75.
44 Ross/McLaughlin (wie Anm. 39), S. 39.
45 Davis 1975, Anmerkung S. 291.
46 Bei in dieser Weise organisierter Produktion spricht man von Nebenindustrien oder Protoindustrie.

47 Mit dem Sammeln und Erforschen von Quellen über diesen informellen Detailhandel haben die Historikerinnen und Historiker erst begonnen. In Leiden waren im 16. Jahrhundert 15 Prozent der für Lohn arbeitenden Frauen auf die eine oder andere Weise im Einzelhandel tätig (Martha Howell: »*Working Women*«, unpubliziertes Manuskript, und, dies.: *Women, Production and Patriarchy in Late Medieval Cities*; Chicago: The University of Chicago Press 1986, S. 87–94). Zur Situation in englischen Städten vgl. Pearl Hogrefe: *Tudor Women: Commoners and Queens* (Ames, Iowa: The Iowa State University Press 1975), S. 44. Für Paris bzw. Brüssel siehe Ross/McLaughlin (wie Anm. 39), S. 12 bzw. 27. Für Florenz s. Judith Brown: »*Working Women in Early Modern Europe*«, unpubliziertes Manuskript, S. 3–4. Deutsche Städte vgl. Hannelore Sachs: *The Renaissance Woman* (New York: McGraw-Hill Book Company 1971), S. 42–43, und Wiesner 1986, S. 111–142. Eine gute Zusammenfassung der Verhältnisse in Städten Englands und Frankreichs findet sich in Louise A. Tilly / Joan W. Scott: *Women, Work and Family* (New York: Holt, Rinehart and Winston 1978), S. 49.

48 Ross/McLaughlin (wie Anm. 39), S. 195.

49 Siehe Barton C. Hacker: »*Women and Military Institutions in Early Modern Europe: A Reconnaissance*«, in: *Signs* 6, Nr. 4 (1981), S. 643–671.

50 Nach Brucker 1971, S. 191–192.

51 Brucker 1971, S. 190–191.

52 G. R. Quaife: *Wanton Wenches and Wayward Wives: Peasants and Illicit Sex in Early Seventeenth Century England*; New Brunswick, N.J.: Rutgers University Press 1979, S. 150.

53 Für Florenz siehe Brucker 1971, S. 196–198 und 200–201. Für Venedig s. Fernando Henriques: *Prostitution and Society: A Survey, Primitive, Classical and Oriental*, 2. Bd. (New York: The Citadel Press 1965), S. 89, und Brian Pullan: *Rich and Poor in Renaissance Venice* (Cambridge, Mass.: Harvard University Press 1971), S. 382. Für Sevilla s. Perry und Ruth Pike: *Aristocrats and Traders: Sevillian Society in the Sixteenth Century* (Ithaca, N.Y.: Cornell University Press 1972), S. 201 und 208.

54 Siehe Lydia Leah Otis: *Prostitution in Medieval Society*; Chicago: University of Chicago Press 1985, S. 64.

55 Angaben über Rom bei Georgina Masson: *Courtesans of the Italian Renaissance*; New York: St. Martin's Press 1976, S. 25–26.

56 Siehe Henriques 1965 (wie Anm. 53), S. 50; Otis 1985, S. 54.

57 Henriques 1965 (wie Anm. 53), S. 78; Vern und Bonnie Bullough: *An Illustrated Social History of Prostitution* (New York: Crown Publishers 1978), S. 136; Otis 1985, S. 20–37, Anmerkung S. 54, S. 201, 203 und 210.

58 Andrew McCall (*The Medieval Underworld*; London: Hamish Hamilton 1979, Anmerkung S. 191) nennt für London im 14. und Paris im 16. Jahrhundert Straßennamen, welche darauf hinweisen, daß Prostituierte dort ihrem Gewerbe nachgingen (*Slut's Hole*, »Schlampenloch«, oder *Rue Grattecon*, »Kratz-die-Fotze«).

59 Brucker 1967 (wie Anm. 36), S. 190.

60 Siehe beispielsweise Henriques 1965 (wie Anm. 53), S. 47–52 und 83–85; Le Roy Ladurie 1979 (wie Anm. 24), S. 224; Sachs 1971, S. 52–53; Strauss 1966, S. 212; Otis 1985, S. 30–31, 55–59, 79–83, 94–98. Zu Vorschriften in anderen deutschen Städten vgl. Wiesner 1986, S. 98–104.

61 Siehe Bullough 1978 (wie Anm. 57), S. 142; Otis 1985, S. 42–43.

62 Sachs 1971, S. 53.

63 Übersetzt nach Perry 1978, S. 206.

64 Otis 1985, S. 84–88.

65 Henriques 1965 (wie Anm. 53), S. 52–53; Defourneaux 1970, S. 224; siehe auch Perry 1978, S. 207–210, und Pike 1972, S. 204–205.

66 Übersetzt nach Julia O'Faolain / Lauro Martines (Hrsg.): *Not in God's Image: Women in History from the Greeks to the Victorians*; New York: Harper & Row 1973, S. 294.

67 Masson 1976 (wie Anm. 55), S. 129 und 137. Das Haus in Venedig war dem Spital angegliedert und umfaßte zwischen 1553 und 1620 zweihundertzwanzig bis vierhundert Insassinnen (Pullan 1971, S. 378). Siehe auch Mary Martin McLaughlin: *»Survivors and Surrogates: Children and Parents from the Ninth to the Thirteenth Centuries«*, in: Lloyd DeMause (Hrsg.): *The History of Childhood* (New York: Harper & Row 1974), Anmerkung S. 159; und James A. Brundage: *»Prostitution in the Medieval Canon Law«*, in: *Signs* 1, Nr. 4 (1976), S. 842; McCall 1979 (wie Anm. 58), S. 189–190. Für französische Gründungen vgl. Otis 1985, S. 72–76.

68 Hugo Rahner, S.J.: *Saint Ignatius Loyola*; New York: Herder and Herder 1960, S. 80.

69 Informationen über Refugien in Venedig bei Pullan 1971, S. 386–390; zu Rom siehe Rahner 1960 (wie Anm. 68), S. 13–20, und Masson 1976 (wie Anm. 55), S. 132–133; zu Florenz s. Brucker 1971, S. 211–212, und Ruth P. Liebowitz: *»Voices from Convents: Nuns and Repentant Prostitutes in Late Renaissance Italy«*, Referat an *The Berkshire Conference on the History of Women*, Mount Holyoke College, South Hadley, Massachusetts, August 1978; zu Aix-en-Provence s. Fairchilds 1976, S. 19; zu Sevilla s. Perry 1978, S. 198.

70 Hogrefe 1975, S. 90.

71 Carlo Calisse: *A History of Italian Law*, translated by Layton B. Register; New York: Augustus Kelley 1969, S. 373.

72 Nach Stenton 1957, S. 65. – In Süddeutschland haben offenbar die Frauen, wenn sie einen Diebstahl begingen, kaum je Leute angegriffen (Wiesner 1986, S. 108–109).

73 Nach Ross/McLaughlin 1980, S. 543.

74 Origo 1957, S. 68 (deutsche Ausgabe 1985, S. 180).

75 Natalie Zemon Davis: *»Women in the Crafts in Sixteenth-Century Lyon«*, in: *Feminist Studies* 8, Nr. 1 (1982), S. 52; und Davis 1975, Anmerkung S. 332.

76 Maza 1983 (wie Anm. 25), S. 82.

77 Maza 1983 (wie Anm. 25), S. 64.

78 Für Italien vgl. Klapisch 1974 (wie Anm. 17), S. 277; für Deutschland vgl. Russell 1958, S. 53 und 55; für Frankreich s. Le Roy Ladurie 1979 (wie Anm. 24), S. 3 (deutsche Ausgabe 1982, S. 9–10); für England vgl. Peter Laslett: *The World We Have Lost* (New York: Charles Scribner's Sons 1965), S. 1. – Nicholas 1985, S. 7–12, diskutiert die neuere Sekundärliteratur über die Familiengröße und die Fortdauer der Kleinfamilienstruktur.

79 Siehe Braudel 1973, S. 201–202.

80 G. G. Coulton: *Medieval Panorama: The English Scene from Conquest to Reformation*; Cambridge: Cambridge University Press 1939, S. 310.

81 Die Angaben über Frauen in den Zünften stammen aus Untersuchungen zu Aufzeichnungen einzelner Städte. Siehe insbesondere Ross/McLaughlin (wie Anm. 39) für Deutschland und Frankreich. Für Deutschland Howell 1986; Rudolf Hübner: *A History of Germanic Private Law* (Boston: Little, Brown and Company 1918); Nicholas 1985; Rörig 1967. Für Frankreich Davis 1982; Frances und Joseph Gies: *Women in the Middle Ages* (New York: Thomas Y. Crowell Company 1978). Für England Hogrefe 1975; Alice Clark: *Working Life of Women in the Seventeenth Century* (New York: Harcourt, Brace & Howe 1920).

82 Siehe Rörig 1967, S. 115.

83 Ross/McLaughlin (wie Anm. 39), S. 24–26.

84 Siehe Miriam Usher Chrisman: *Lay Culture, Learned Culture: Books and Social Change in Strasbourg 1480–1599*; New Haven: Yale University Press 1983, S. 22–23; und Clark 1920, S. 167.

85 Siehe zum Beispiel Barbara B. Diefendorf: *»Widowhood and Remarriage in Sixteenth-*

Century Paris«, Referat an *The Berkshire Conference on the History of Women*, Vassar College, Poughkeepsie, New York, Juni 1981.

86 Wiesner 1986, Kapitel 4; Sachs 1971, S. 42.

87 Ross/McLaughlin (wie Anm. 39), S. 32 und 27; Davis 1982, S. 62–64; Nicholas 1985, S. 94–95, 99 und 102; Steven Ozment: *When Fathers Ruled: Family Life in Reformation Europe* (Cambridge, Mass.: Harvard University Press 1983), S. 13.

88 Clark 1920, S. 201–208 und 215–219.

89 Joan Evans: *Life in Medieval France*; New York: Phaidon Publishers 1969, S. 48.

90 Ross/McLaughlin (wie Anm. 39), S. 24.

91 Siehe Thrupp 1977, S. 172.

92 Tilly/Scott 1978 (wie Anm. 47), S. 35.

93 Marian K. Dale: *»The London Silkwomen of the Fifteenth Century«*, in: *Economic History Review* 4 (1932–1934), S. 326–327.

94 Ross/McLaughlin (wie Anm. 39), S. 19.

95 Maria Fowler: *»Women as Secular Musicians in Medieval France«*, unpubliziertes Manuskript, S. 10.

96 Ross/McLaughlin (wie Anm. 39), S. 24–26; für Köln siehe Howell 1986, S. 95–97 und 124–129; für Frankfurt am Main siehe Beuys 1980 (wie Anm. 15), S. 147 und 150; Ernest McDonnell: *The Beguines and Beghards in Medieval Culture* (New York: Octagon Books 1969), S. 85.

97 Ross/McLaughlin (wie Anm. 39), S. 7–10.

98 Ross/McLaughlin (wie Anm. 39), S. 13.

99 Zu Ragusa vgl. Stuard 1976 (wie Anm. 34), S. 200; zu Nürnberg s. Strauss 1966, S. 79; zu London s. Thrupp 1977, S. 51.

100 Thrupp 1977, S. 139.

101 Angaben über Häuser, Ausstattung und Besitztümer bei Beuys 1980 (wie Anm. 15), S. 141, für Deutschland. Für Italien vgl. Goldthwaite 1972, S. 1104. Für England vgl. Thrupp 1977, S. 132, 138–141; Braudel 1973, S. 213–225; *The Secular Spirit* 1975, S. 21–22.

102 Origo 1957, S. 260–263 und 270–271 (deutsche Ausgabe 1985, S. 239–242 und 248–249).

103 Nach Maguire 1927, S. 64 und 65.

104 Origo 1957, S. 281–288 (deutsche Ausgabe 1985, S. 257–267).

105 Power 1928 (wie Anm. 27), S. 36 und 310.

106 Siehe *The Secular Spirit* 1975, S. 30 und 32; Janet Shirley (Übers.): *A Parisian Journal* (Oxford: Clarendon Press 1968), S. 37.

107 Vgl. Power 1928 (wie Anm. 28), S. 21; Origo 1957, S. 289–290 (deutsche Ausgabe 1985, S. 264–266); für England Dorothy Hartley: *Lost Country Life* (New York: Pantheon Books 1979), S. 101; für Nürnberg Walter French: *Medieval Civilization as Illustrated by the Fastnachtspiele of Hans Sachs* (Baltimore: Johns Hopkins Press 1925), S. 55.

108 Origo 1957, S. 241 (deutsche Ausgabe 1985, S. 221).

109 Strauss 1966, S. 93.

110 Übersetzt nach Clark 1920, S. 37. – Beispiele anderer Ehefrauen bei Nicholas 1985, S. 44 und 81–82; Stanley Chojnacki: *»Patrician Women in Early Renaissance Venice«*, in: *Studies in the Renaissance* 21 (1974), S. 198; Maguire 1927; Janet Ross (Hrsg./Übers.): *Letters of the Early Medici as told in their Correspondence* (Boston: The Gorham Press 1911), S. 10, 48 und 63; Diefendorf 1981 (wie Anm. 85), S. 14; Beuys 1980 (wie Anm. 15); Hogrefe 1975, S. 67.

5.2 *Gefahren und Heilmittel*

1 Janet Shirley (Übers.): *A Parisian Journal* (Oxford: Clarendon Press 1968), S. 332–333.
2 Joseph und Frances Gies: *Life in a Medieval City*; New York: Thomas Y. Crowell & Company 1973, S. 192.
3 Fernand Braudel: *The Mediterranean and the Mediterranean World in the Age of Philip II*, translated by Siân Reynolds; 1. Bd., New York: Harper & Row 1973, S. 328.
4 Shirley 1968 (wie Anm. 1), S. 322.
5 Herlihy 1970, S. 85.
6 Henry S. Lucas: *»The Great European Famine of 1315, 1316, and 1317«*, in: *Speculum* 5 (1930), S. 353–354.
7 Shirley 1968 (wie Anm. 1), S. 140.
8 Übersetzt nach Gene Brucker (Hrsg.): *Two Memoirs of Renaissance Florence: the Diaries of Buonaccorso Pitti & Gregorio Dati*, translated by Julia Martines; New York: Harper & Row 1967, S. 42.
9 Nach Roland Bainton: *Women of the Reformation in Germany and Italy*; Boston: Beacon Press 1971, S. 263.
10 Siehe C. V. Wedgwood: *The Thirty Years War*; Garden City, N.Y.: Doubleday & Company 1961, S. 493–496.
11 Wedgwood 1961, S. 400.
12 Davis 1975, Anmerkung S. 301.
13 In Nürnberg gab es fünfzig öffentliche Aborte (Strauss 1966, S. 192).
14 Muriel Joy Hughes: *Women Healers in Medieval Life and Literature*; New York: King's Crown Press 1943, S. 29.
15 Braudel 1973, S. 240.
16 Kamen 1971, S. 25 und 29.
17 Siehe Philip Ziegler: *The Black Death* (New York: Harper & Row 1969), S. 84; Braudel 1973 (wie Anm. 3), 1. Bd., S. 333; Braudel 1973, S. 50, 46 und 48; Mols in Cipolla 1976; und Emmanuel Le Roy Ladurie: *Carnival in Romans* (New York: George Braziller 1979), S. 3 (*Karneval in Romans; von Lichtmeß bis Aschermittwoch 1579–1580*, aus dem Französischen von Charlotte Roland; Stuttgart 1982, S. 9).
18 Giovanni Boccaccio: *The Decameron*, translated by G. H. McWilliam; New York: Penguin Books 1975, S. 54–56.
19 Übersetzt nach Shirley 1968 (wie Anm. 1), S. 131.
20 Kamen 1971, S. 30.
21 Zitiert in Maguire 1929, S. 38.
22 *Denkwürdigkeiten der Glückel von Hameln*, aus dem Jüdisch-Deutschen übersetzt, mit Erläuterungen versehen und hrsg. von Alfred Feilchenfeld; Berlin 1920, S. 67.
23 Siehe David Herlihy: *»Life Expectancies for Women in Medieval Society«*, in: Rosemarie Thee Morewedge (Hrsg.): *The Role of Women in the Middle Ages* (Albany, N.Y.: SUNY at Binghamton 1975), S. 14 und 22. Für süddeutsche Städte vgl. Wiesner 1986, S. 5.
24 Christiane Klapisch-Zuber hat die These vertreten, der Brauch, Mädchen länger bei einer Amme zu lassen als Knaben, habe ihr Überleben unsicherer gemacht (vgl. ihr Buch *Women, Family and Ritual in Renaissance Italy*, translated by Lydia Cochrane; Chicago: University of Chicago Press 1985, S. 102, 105–106).
25 Brucker 1967 (wie Anm. 8), S. 112, 127 und 128.
26 Siehe Klapisch 1985, S. 158; Thrupp 1977, S. 231; und Jean-Louis Flandrin: *Families in Former Times: Kinship, Household and Sexuality*, translated by Richard Southern (New York: Cambridge University Press 1979), S. 29.
27 Frauen aus Handwerker- oder Lohnarbeiterfamilien heirateten dagegen später (mit über zwanzig Jahren) und trugen weniger Schwangerschaften aus.

28 Saint Teresa of Avila: *The Book of Her Life*, in: *The Collected Works*, translated by Kieran Kavanaugh und Otilio Rodriguez, 1. Bd.; Washington, D.C.: ICS Publications 1976, S. 1.
29 Origo 1957, S. 230 (deutsche Ausgabe 1985, S. 192–193).
30 Brucker 1967 (wie Anm. 8), S. 132.
31 Natalie Zemon Davis: *»Ghosts, Kin, and Progeny: Some Features of Family Life in Early Modern France«*, in: Alice S. Rossi / Jerome Kagan / Tamara K. Hareven (Hrsg.): *The Family*; New York: W. W. Norton & Company 1978, S. 99 (zitiert nach der deutschen Übersetzung: *»Die Geister der Verstorbenen, Verwandtschaftsgrade und die Sorge um die Nachkommen«*, in: N. Z. D.: *Frauen und Gesellschaft am Beginn der Neuzeit; Studien über Familie, Religion und die Wandlungsfähigkeit des sozialen Körpers*, aus dem Amerikanischen von Wolfgang Kaiser; Berlin 1986, S. 19–51, Zitat S. 36).
32 Zitiert nach Origo 1985 (deutsche Fassung), S. 273.
33 Siehe Ursula M. Cowgill: *»The People of York 1538–1815«*, in: *Scientific American* 222, Nr. 1 (1970), S. 104, 106 und 110; und Brucker 1967 (wie Anm. 8), S. 22.
34 Die Kurven steigen und fallen für Genua im 12., für Venedig vom 16. zum 18., für London vom 14. zum 16. Jahrhundert, ebenso für französische Städte im 17. und in Genf im 16. und 17. Jahrhundert. Nur die Tatsache, daß unter den ärmeren Stadteinwohnern eine höhere Sterblichkeit herrschte, bleibt konstant. Siehe zum Beispiel Russell 1958, S. 21; Diane Owen Hughes: *»Urban Growth and Family Structure in Medieval Genoa«*, in: *Past and Present* 66 (1975), Anmerkung S. 23; Elizabeth Wirth Marvick: *»Nature Versus Nurture: Patterns and Trends in Seventeenth-Century French Child-Rearing«*, in: DeMause 1974, S. 283; David Herlihy: *Medieval and Renaissance Pistoia* (New Haven: Yale University Press 1967), S. 98; Thrupp 1977, 206 und Anmerkung S. 231; Richard W. und Dorothy C. Wertz: *Lying-In: A History of Childbirth in America* (New York: Schocken Books 1977), S. 20; Mols in Cipolla 1976, S. 69.
35 Zitiert nach Origo 1985 (deutsche Fassung), S. 283.
36 *Denkwürdigkeiten der Glückel von Hameln* (wie Anm. 22), S. 168.
37 Die Entwicklung des geistlichen Schauspiels wird beschrieben in John Gassner (Hrsg.): *Medieval and Tudor Drama* (New York: Bantam Books 1968), S. 44; und Alfred W. Pollard (Hrsg.): *Miracle Plays, Moralities and Interludes* (Oxford: Clarendon Press 1895), S. XXXI–XXXV.
38 Granger Ryan / Helmut Ripperger (Übers.): *The Golden Legend of Jacobus de Voragine*; New York: Longmans, Green and Co. 1941, S. 221.
39 Um diese Gestalt der Maria Magdalena zu schaffen, mußten verschiedene Angaben der Evangelien zusammengezogen werden: Matthäus 26,6–13; 27,56 und 61; 28,1; Lukas 7,37–50; 24,10; Johannes 2,1–10; 11,1–45; 12,1–8; 19,25; 20,1; und Markus 15,40 und 47; 16,1.
40 Bereits Ende des 6. Jahrhunderts hatte Papst Gregor der Große drei Frauengestalten aus dem Neuen Testament in Maria Magdalena vereint (Marias Schwester, die Sünderin, die Jesu Füße salbte, und die Zeugin der Auferstehung) und sie als Heilige anerkannt.
41 Zu Legenden und Kult um Maria Magdalena siehe beispielsweise Helen Meredith Garth: *»Saint Mary Magdalene in Medieval Literature«*, The Johns Hopkins University Studies in Historical and Political Science, Serie 67, Nr. 3 (1950), S. 12–15, 29, 33–37, 89; A. C. Cawley (Hrsg.): *Everyman and Medieval Miracle Plays* (New York: E. P. Dutton & Co. 1959), S. 82 und 136; Perry 1978, S. 205.
42 Kamen 1971, S. 12.
43 Siehe Defourneaux 1970.
44 Edward Noble Stone (Übers.): *Adam*, in: Barrett H. Clark (Hrsg.): *World Drama*, 1. Bd., New York: D. Appleton and Co. 1933, S. 312.
45 Zitiert nach Giovanni Miegge: *Die Jungfrau Maria; Studien zur Geschichte der Marienlehre*, Göttingen 1962, S. 132.

46 Die Erzählungen stammten aus den vielen apokryphen Werken, wie dem Protevangelium des Jakobus und dem Pseudo-Matthäus, die nicht dem kirchlich autorisierten Bibelkanon angehörten.

47 Im 18. Jahrhundert erhob Papst Benedikt XIII. das »Gedächtnis der Sieben Schmerzen Mariä« zu einem offiziellen Festtag, und das *Stabat Mater*, das der Trauer Marias gedenkt, wurde zu einem Teil der Liturgie.

48 Das mütterliche Marienbild wurde im 20. Jahrhundert vom Zweiten Vatikanischen Konzil betont, das ihr 1964 den zusätzlichen Titel »Mutter der Kirche« verlieh.

49 Eine erste Sammlung veranstaltete Gregor von Tours im 6. Jahrhundert. Im 15. Jahrhundert verbreiteten und multiplizierten sich die Geschichten, wobei Voragines *Legenda aurea* und Johannes Herolts Exempelsammung *Promptuarium Discipuli de Miraculis Beatae Mariae Virginis* die bekanntesten und meistwiederholten Kollektionen wurden.

50 Marina Warner: *Alone of All Her Sex: The Myth and the Cult of the Virgin Mary*; New York: Pocket Books 1978, S. 115. Zur Bedeutung des Marienkultes siehe auch Penny Schine Gold: *The Lady and the Virgin: Image, Attitude and Experience in Twelfth-Century France*; Chicago: University of Chicago Press 1985, S. 68–75.

51 Ross/McLaughlin 1980, S. 228–229. – Trotz der Popularität des Bildes wurde die Himmelfahrt Marias erst 1950 zum Dogma erhoben, und erst seit 1954 gilt »Himmelskönigin« als einer der offiziellen Titel der Jungfrau.

52 Weitere Angaben zur Entwicklung des volkstümlichen Marienkultes und der offiziellen Verehrung samt ihren zahlreichen Facetten siehe oben Teil 3: »Frauen in der Kirche« und, zusätzlich zu den bereits zitierten Werken, folgende Literatur: Yrjö Hirn: *The Sacred Shrine: A Study of the Poetry and Art of the Catholic Church* (Boston: Beacon Press 1932); Geoffrey Ashe: *The Virgin* (London: Routledge & Kegan Paul 1976); R. W. Southern: *The Making of the Middle Ages* (New Haven: Yale University Press 1963); Emile Mâle: *The Gothic Image: Religious Art in France of the Thirteenth Century*, translated by Dora Nussey (New York: Harper & Row 1958); Ian Maclean: *Woman Triumphant: Feminism in French Literature 1610–1652* (Oxford: Clarendon Press 1977).

5.3 *Die Welt des kommerziellen Kapitalismus (13. bis 17. Jahrhundert)*

1 Siehe Fernand Braudel: *The Mediterranean and the Mediterranean World in the Age of Philip II*, translated by Siân Reynolds; 1. Bd. (New York: Harper & Row 1973), S. 427; Fernand Braudel: *Capitalism and Material Life 1400–1800*, translation by Miriam Kochan (New York: Harper & Row 1973), S. 375–376. – Norditalien, wo 26,3 Prozent der Bevölkerung in den zehn größten Städten lebten, war die Ausnahme (siehe Herlihy 1970, S. 84–85). Demographinnen schätzen, daß um 1340 10–15 Prozent der deutschen und 1377 10 Prozent der englischen Bevölkerung in Städten lebten (Barbara Beuys: *Familienleben in Deutschland: Neue Bilder aus der deutschen Vergangenheit*; Reinbek/Hamburg 1980, S. 125; Herlihy 1970, S. 84). In Frankreich hatten um 1700 rund 16 Prozent der Leute dem Land den Rücken gekehrt und sich in städtischen Regionen angesiedelt. Überdies gilt zu bedenken, daß vor 1500 90 bis 95 Prozent aller Städte nur 2000 Einwohner oder sogar weniger hatten.

2 Siehe Georges Duby: *The Early Growth of the European Economy: Warriors and Peasants from the Seventh to the Twelfth Century*, translated by Howard B. Clarke (Ithaca, N.Y.: Cornell University Press 1974), S. 263. – Coulton (1939, S. 652) bemerkte: »Tatsache ist, daß das kapitalistische System weit älter ist, als es oft dargestellt wurde.«

3 Martha C. Howell: *»Citizenship and Gender: The Problem of Women's Political Status in Late Medieval Cities of Northern Europe«*, New York: Fordham University, 16. März 1985,

unpubliziert. – Man hat angenommen, das diese und andere nachteilige Entwicklungen durch das Aufkommen des Kapitalismus verursacht wurden. Howell und Wiesner stimmen dieser Ansicht nicht zu. Sie machen die Ursache der Verminderungen in Rechten, Rang und Chancen nicht im Kapitalismus im weiteren Sinne aus, sondern in dem spezifischen Wechsel von der Haushaltsproduktion zum Großunternehmen, wie er für das frühkapitalistische Gewerbe typisch war (vgl. Howell 1986, S. 30–36; Wiesner 1986, S. 3).

4 Howell 1986, S. 36 und 43.

5 Eileen Power (Übers.): *The Goodman of Paris (Le Ménagier de Paris)*; London: George Routledge & Sons 1928, S. 88.

6 Giovanni Boccaccio: *The Decameron*, translated by G. H. McWilliam; New York: Penguin Books 1975, S. 135.

7 Robert Hellman / Richard F. O'Gorman (Hrsg.): *Fabliaux: Ribald Tales from Old France*; New York: Thomas Y. Crowell Company 1965, S. 151.

8 *Denkwürdigkeiten der Glückel von Hameln*, aus dem Jüdisch-Deutschen übersetzt, mit Erläuterungen versehen und hrsg. von Alfred Feilchenfeld; Berlin 1920, S. 12.

9 Zur Bedeutung der »Ideologie des Patriarchats« siehe die abschließenden Kapitel in Howell 1986 und Wiesner 1986.

10 Zum Heiratsalter vgl. Mols in Cipolla 1976, S. 72; Cowgill 1970; Thrupp 1977, S. 193; Organization of American Historians, Materials on Women: *»The European Marriage Pattern«*, unpubliziertes Manuskript.

11 Siehe Diane Owen Hughes: *»Kinsmen and Neighbors in Medieval Genoa«*, in: Harry A. Miskimin / David Herlihy / A. L. Udovitch (Hrsg.): *The Medieval City* (New Haven: Yale University Press 1977), S. 26; René Girard: *»Marriage in Avignon in the Second Half of the Fifteenth Century«*, in: *Speculum* 28, Nr. 1 (1953), S. 485–498.

12 Hughes 1977 (wie Anm. 11), S. 23.

13 Girard 1953 (wie Anm. 11), S. 488 und 486.

14 Louise A. Tilly / Joan W. Scott: *Women, Work and Family* (New York: Holt, Rinehart and Winston 1978), S. 43. Beispiele aus Paris bei Barbara B. Diefendorf: *»Widowhood and Remarriage in Sixteenth-Century Paris«* (Referat an *The Berkshire Conference on the History of Women*, Vassar College, Poughkeepsie, New York, Juni 1981), Anmerkung S. 32.

15 Angaben zu Heiratsbräuchen und -gesetzen in Ragusa (Dubrovnik) bei Susan Mosher Stuard: *»Women in Charter and Statute Law: Medieval Ragusa«*, in: Stuard 1976.

16 Gene Brucker (Hrsg.): *Two Memoirs of Renaissance Florence: The Diaries of Buonaccorso Pitti & Gregorio Dati*, translated by Julia Martines; New York: Harper & Row 1967, S. 46.

17 Insgesamt neunzehn Wechselbeziehungen hat Lawrence Stone ausgemacht (*The Family, Sex and Marriage*; New York: Harper & Row 1977), S. 131.

18 Tilly/Scott 1978 (wie Anm. 14), S. 41.

19 Diese Praxis begann schon im 12. Jahrhundert in Pisa, und im 13. Jahrhundert war die *exclusio propter dotem* (der Ausschluß einer Tochter vom Erbe wegen der bereits erhaltenen Mitgift) überall in Italien üblich geworden. Siehe Eleanor S. Riemer: *»Women, Dowries, and Capital Investment in Thirteenth-Century Siena«*, in: Marion A. Kaplan (Hrsg.): *The Marriage Bargain: Women and Dowries in European History* (New York: Harrington Park Press 1985), S. 62 und 65; und Diane Owen Hughes: *»From Brideprice to Dowry in Mediterranean Europe«*, in: Kaplan 1985, S. 32–35. – Florentinische Satzungen aus dem 14. Jahrhundert schlossen Frauen ausdrücklich von jeder Erbschaft, ausgenommen ihrer Mitgift, aus (Bericht von Susan Mosher Stuard: *»Law, Society and Women in Medieval and Renaissance Italy«*, Convention of the American Historical Association, New York, 28. Dezember 1985).

20 Zitiert nach Patricia Labalme (Hrsg.): *Beyond Their Sex: Learned Women of the European Past* (New York: New York University Press 1980), S. 3. – Zusätzlich zu den im Text

genannten Werken siehe auch Hughes 1977 (wie Anm. 11), S. 16–19; J. P. Cooper: *»Patterns of inheritance and settlement by great landowners from the fifteenth to the eighteenth centuries«*, in: Jack Goody / Joan Thirsk / E. P. Thompson (Hrsg.): *Family and Inheritance: Rural Society in Western Europe 1200–1800* (New York: Cambridge University Press 1978), S. 280–282.

21 Siehe Brucker 1967 (wie Anm. 16), S. 114, 123 und 134. Siehe auch Riemer 1985 (wie Anm. 19), S. 64, und Susan Mosher Stuard: *»Dowry Increase and Increments in Wealth in Medieval Ragusa (Dubrovnik)«*, in: *Journal of Economic History* 16, Nr. 4 (1981), S. 795–812.

22 Siehe Alison Hanham (Hrsg.): *The Cely Letters 1472–1488*; New York: Oxford University Press 1975, S. XV.

23 Zitiert nach Maurice Ashley: *The Stuarts in Love*; New York: The Macmillan Company 1964, S. 26.

24 Siehe Girard 1953 (wie Anm. 11), S. 486.

25 *Denkwürdigkeiten der Glückel von Hameln* (wie Anm. 8), S. 117.

26 Brucker 1967 (wie Anm. 16), S. 17.

27 Julius Kirshner / Anthony Molho: *»The Dowry Fund and the Marriage Market in Early Quattrocento Florence«*, in: *The Journal of Modern History* 50, Nr. 3 (1978), besonders S. 409 und 435–438; Klapisch-Zuber 1985, S. 213–224.

28 Pullan 1971, S. 164–165 und 184–185.

29 Für Spanien siehe Heath Dillard: *»Women in Reconquest Castile: The Fueros of Sepulveda and Cuenca«*, in: Stuard 1976, S. 77–78. Für Ragusa siehe Stuard 1976 (wie Anm. 15), S. 200–204. Für Prato siehe Origo 1957, S. 203. Für Venedig siehe Chojnacki 1974, S. 194, und Chojnacki 1975, S. 572. Für Siena siehe Riemer 1985 (wie Anm. 19), S. 66.

30 Siehe Ozment 1983, S. 28–30. Für Genua siehe Hughes 1977 (wie Anm. 11), S. 18–19. Für Florenz siehe Lauro Martines: *»A Way of Looking at Women in Renaissance Florence«*, in: *The Journal of Medieval and Renaissance Studies* 4, Nr. 1 (1974), Anmerkung S. 20. Zu französischen Städten vgl. David Hunt: *Parents and Children in History: the Psychology of Family Life in Early Modern France* (New York: Harper & Row 1972), S. 60–61; und Natalie Zemon Davis: *»Ghosts, Kin, and Progeny: Some Features of Family Life in Early Modern France«*, in: Alice S. Rossi / Jerome Kagan / Tamara K. Hareven (Hrsg.): *The Family* (New York: W. W. Norton & Company 1978), S. 107. Für Genf siehe William E. Monter: *»Women in Calvinist Geneva (1550–1800)«, in: Signs* 6, Nr. 2 (1980), S. 194.

31 Zum Heiratsalter siehe die Beispiele aus Florenz bei Christiane Klapisch: *»Household and Family in Tuscany in 1427«*, in: Peter Laslett (Hrsg.): *Household and Family in Past Time* (New York: Cambridge University Press 1974), S. 272, und Klapisch-Zuber 1985, S. 110–111. Für andere Städte vgl. Riemer 1985 (wie Anm. 19), S. 69; Herlihy 1970 und Herlihy 1976; Chojnacki 1974; Thrupp 1977. Zum Heiratsalter bei Protestanten siehe J. Hajnal: *»European Marriage Patterns in Perspective«*, in: D. V. Glass / D. E. Eversley (Hrsg.): *Population in History* (London: E. Arnold 1965), S. 114.

32 Maguire 1927, S. 70–72.

33 Sachs 1971, S. 22. – Beschreibungen einfacherer Hochzeiten finden sich bei Origo 1957, S. 265–266, und Herlihy 1967.

34 Janet Ross (Hrsg./Übers.): *Letters of the Early Medici as told in their Correspondence* (Boston: The Gorham Press 1911), S. 108.

35 Ross 1911 (wie Anm. 34), S. 110.

36 Ross 1911 (wie Anm. 34), S. 133.

37 Maguire 1927, S. 139–141.

38 Italienisches Recht siehe Calisse 1969; französisches Recht s. Brissaud 1912 und Diefendorf 1981 (wie Anm. 14), S. 5; für Deutschland s. Hübner 1918, S. 632–638 , 643, und Beuys 1980 (wie Anm. 1), S. 144.

39 Für Deutschland und die Schweiz vgl. Ozment 1983, S. 92–93, 83–85; Davis 1975, Anmerkung S. 90; Jane Dempsey Douglass: *»Women and the Continental Reformation«*, in: Rosemary Radford Ruether (Hrsg.): *Religion and Sexism: Images of Woman in the Jewish and Christian Traditions* (New York: Simon and Schuster 1974), S. 303–304. Für England vgl. Stone 1977 (wie Anm. 17), S. 37–38.

40 Beispiele aus Avignon bei Girard 1953 (wie Anm. 11), S. 493–497. Zu Italien vgl. Hughes 1985 (wie Anm. 19), S. 36, und Chojnacki 1974, S. 188.

41 Siehe Kamen 1971, S. 389 und 410.

42 Weitere Beispiele von Aussteuern und Mitgiften siehe Pullan 1971, S. 390; Strauss 1966, S. 197; Fairchilds 1976, S. 19.

43 Harold Speert: *Iconographia Gyniatrica: A Pictorial History of Gynecology and Obstetrics*; Philadelphia: F. A. Davis 1973, S. 497.

44 Nach Ross/McLaughlin 1980, S. 351.

45 Diese Veränderung in der Einstellung gegenüber den Armen (von Mitleid zu Furcht) und in der Zielsetzung der Wohltätigkeit (vom Wunsch, Gutes zu tun, zum Mittel, Ordnung zu sichern) wird bei Kamen (1971, S. 405–406) und Braudel (1973, S. 40) diskutiert und in Fairchilds (1976, besonders S. IX–X) ausführlich dokumentiert.

46 Übersetzt nach Pullan 1971, S. 299.

47 Siehe Davis 1982, S. 51.

48 Für Aix-en-Provence siehe Fairchilds 1976, S. 29–34. Für Venedig siehe Pullan 1971, S. 239–240. Für Lyon siehe Davis 1975, S. 39–51.

49 Brucker 1967 (wie Anm. 16), S. 233.

50 Als die englische Stadt Norwich 1570 eine Zählung der bedürftigen Armen veranstaltete, stellte sich heraus, daß viele der 832 Frauen Not litten, weil sie von ihren Ehemännern verlassen worden waren (Stone 1977, wie Anm. 17, S. 38–39; Kamen 1971, S. 389). Siehe auch Fairchilds 1976, S. 73, zu anderen Kategorien von Armen.

51 Zitiert nach Richard C. Trexler: *»The Foundlings of Florence 1395–1455«*, in: *History of Childhood Quarterly* 1, Nr. 2 (1973), S. 269.

52 Trexler 1973, S. 275.

53 Akten von Findelhäusern aus dem 18. und 19. Jahrhundert belegen, daß das Baby bei der Übergabe mit etwas Geld zur Bezahlung der Amme zurückgelassen wurde. Ammen waren Frauen auf dem Land, die mit den städtischen Behörden einen Vertrag eingingen, die Säuglinge zu säugen und aufzuziehen. In Wahrheit aber starben die meisten Kinder, und niemand wunderte sich darüber. Siehe Olwen H. Hufton: *The Poor of Eighteenth-Century France 1750–1789* (Oxford: Clarendon Press 1974), S. 326–332, und William L. Langer: *»Infanticide: A Historical Survey«*, in: *History of Childhood Quarterly* 1, Nr. 3 (1974), S. 353–365.

54 Für Nürnberg vgl. Merry E. Wiesner: *»Early Modern Midwifery: A Case Study«*, in: *International Journal of Women's Studies* 6, Nr. 1 (1983), S. 39. Für englische Städte siehe M. J. Tucker: *»The Child as Beginning and End: Fifteenth and Sixteenth Century English Childhood«*, in: DeMause 1974, S. 244; Barbara A. Kellum: *»Infanticide in England in the Later Middle Ages«*, in: *History of Childhood Quarterly* 1, Nr. 3 (1974), S. 371.

55 Nach G. R. Quaife: *Wanton Wenches and Wayward Wives: Peasants and Illicit Sex in Early Seventeenth Century England*; New Brunswick, N.J.: Rutgers University Press 1979, S. 52.

56 Quaife (1979, wie Anm. 55, S. 60–63) beschreibt die Bedingungen für junge Frauen und die Entscheidungen, die sie trafen. Siehe dazu auch David Levine / Keith Wrightson: *»The Social Context of Illegitimacy in Early Modern England«*, unpubliziertes Manuskript. Cissie Fairchilds: *»Female Sexual Attitudes and the Rise of Illegitimacy: A Case Study«*, in: *Journal of Interdisciplinary History* 8, Nr. 4 (1978), S. 628–629 und 635. Langer 1974 (wie Anm. 53), S. 356, macht Angaben für Nürnberg.

57 Siehe George C. Homans: *English Villagers of the Thirteenth Century* (New York: W. W. Norton & Company 1975), S. 172; E. P. Thompson: *»The Grid of Inheritance: A Comment«*, in: Goody/Thirsk/Thompson 1978, Anmerkung S. 351; Carl Ludwig von Bar: *A History of Continental Criminal Law* (Boston: Little, Brown and Company 1916), S. 166–167.

58 Siehe R. H. Helmholtz: *»Infanticide in the Province of Canterbury during the Fifteenth Century«*, in: *History of Childhood Quarterly* 2, Nr. 3 (1975), S. 382–383; Kellum 1974 (wie Anm. 54), S. 370. – Ein Beispiel für die Bußen, die in einem solchen Fall verhängt wurden, bringen John T. McNeill / Helena M. Gamer: *Medieval Handbooks of Penance*, New York: Columbia University Press 1938 (Records of Civilization Sources and Studies, 29), S. 96. – Zur strengeren Beurteilung siehe Inga Dahlsgård: *Women in Denmark Yesterday and Today* (Copenhagen: Det Danske Selskab 1980), S. 24–25; McLaughlin, in: DeMause 1974, Anmerkung S. 158: Brucker 1967 (wie Anm. 16), S. 147.

59 Dieses Sitte herrschte offensichtlich bei den germanischen Völkern des 8. Jahrhunderts, dauerte an in Schottland und Norwegen, in Jugoslawien bis in die 1930er Jahre. Auswertungen von englischen Gemeindearchiven von 1550 bis 1820 zählen 1855 Bräute auf, von denen nach den Taufakten ihrer erstgeborenen Kinder zu urteilen fast 50 Prozent zum Zeitpunkt der Hochzeit schwanger waren; siehe P. E. H. Hair: *»Bridal Pregnancy in Rural England in Earlier Centuries«*, in: *Population Studies* 20, Nr. 2 (1966), S. 235–236.

60 Vgl. Fairchilds 1978 (wie Anm. 56).

61 Zitiert nach Origo 1985 (deutsche Ausgabe), S. 89.

62 Für Nürnberg siehe Langer 1974 (wie Anm. 53), S. 356, und Wiesner 1983, S. 38. Englische Städte siehe R. V. Schnucker: *»The English Puritans and Pregnancy, Delivery and Breast-Feeding«*, in: *History of Childhood Quarterly* 1, Nr. 4 (1974), Anmerkung S. 654. Für Frankreich und die Schweiz vgl. Monter 1980, S. 196–197.

63 Nach Quaife 1979 (wie Anm. 55), S. 103.

64 Vieles von den folgenden Angaben stammt aus einer Round-table-Diskussion *»Working Women in Early Modern Europe: A Cross-Cultural Approach«*, mit Ausführungen von Merry Wiesner Wood über Nürnberg, Natalie Zemon Davis über Lyon, Judith Brown über Florenz, Martha Howell über holländische und flämische Städte und Nancy Adamson über London (*The Berkshire Conference on the History of Women*, Vassar College, Poughkeepsie, New York, Juni 1981). – In ihren Büchern gehen Howell und Wiesner von einem relativen Anstieg der Zunftmitgliedschaft von Frauen in den frühen Jahrhunderten aus, solange die Produktion an den Haushalt gebunden war (siehe z. B. Howell 1986, S. 43, 87, 152–155, 161–162; Wiesner 1986, S. 3 und 33).

65 Die wichtigsten Einträge werden zitiert in James Bruce Ross / Mary Martin McLaughlin: *Medieval Women* (unpubliziertes Manuskript), S. 20.

66 Alice Clark: *Working Life of Women in the Seventeenth Century* (New York: Harcourt, Brace & Howe 1920), S. 155.

67 Davis 1982, S. 68. – Zum Muster der allmählichen Ausschließung im 14. und 15. Jahrhundert siehe Wiesner 1986, S. 133, 137, 157, 185, und Howell 1986, S. 115–116; für Gent siehe Nicholas 1985, S. 98–101.

68 Clark 1920 (wie Anm. 66), S. 167.

69 Für das 16. und 17. Jahrhundert werden solche Erscheinungen diskutiert bei Monter 1980, S. 200 (betrifft die Entwicklungen in Genf); Tilly/Scott 1978 (wie Anm. 14), S. 49 (für Frankreich); Jean H. Quataert: *»The Shaping of Women's Work in Manufacturing Guilds, Households, and the State in Central Europe 1648–1870«*, in: *The American Historical Review* 90, Nr. 5 (1985), S. 1126–1133 (für Deutschland).

70 Schilderungen dieser Arbeitspraktiken für das 13. und 14. Jahrhundert bei Ross/McLaughlin (wie Anm. 65), S. 6–10.

71 Siehe Ross/McLaughlin (wie Anm. 65), S. 30–33, und Frances und Joseph Gies: *Women in the Middle Ages* (New York: Thomas Y. Crowell Company 1978).

72 Banchis Firma wird beschrieben von Ross/McLaughlin (wie Anm. 65), S. 35–36, und von Florence Edler de Roover: *»Andrea Banchi, Florentine Silk Manufacturer and Merchant in the Fifteenth Century«*, in: William M. Bowsky (Hrsg.): *Studies in Medieval and Renaissance History*, Bd. 3 (Lincoln, Neb.: University of Nebraska Press 1966), S. 241–243 und 260–261.

73 Siehe Roover 1966, S. 248 und Anmerkung ebenda.

74 Roover 1966, S. 247.

75 Die Zahlen für das Jahr 1663 belegen deutlich die Verschiebungen in der Berufstätigkeit von Frauen und Männern: Männer stellten zwar nur 38 Prozent der in der Wollverarbeitung Beschäftigten, aber 96 Prozent der Weber in einer Sektion von Florenz und 65 Prozent in einer anderen. 84 Prozent der insgesamt 14034 Seidenarbeiter waren männlich, 78 Prozent der Webermeister und 59 Prozent der Weberlehrlinge (Judith C. Brown / Jordan Goodman: *»Women and Industry in Florence«*, in: *Journal of Economic History* 40, Nr. 1 [1980], S. 79–80).

76 Für Leiden siehe Howell 1986, S. 71–72 und 88–90; vgl. auch Wiesner 1986, S. 174–185.

77 Zu diesen Entwicklungen vgl. die folgenden Werke: für italienische Städte Ross/McLaughlin (wie Anm. 65), S. 34–35, Roover 1966, S. 251–253. Für englische Städte Dale 1932–1934, S. 331–332 und Anmerkung S. 331; Maryanne Kowaleski: *»Exeter, Bristol and Dartmouth«*, Referat an *The Berkshire Conference on the History of Women*, Smith College, Northampton, Massachusetts, Juni 1984, S. 11–12; Clark 1920 (wie Anm. 66), S. 158; Eileen Power: *Medieval Women*, hrsg. v. M. M. Postan (New York: Cambridge University Press 1975), S. 60. Für deutsche und holländische Städte siehe Martha C. Howell: *»Working Women in Early Modern Europe: A Cross-Cultural Approach«*, Referat an *The Berkshire Conference on the History of Women*, Vassar College, Poughkeepsie, N.Y., Juni 1981.

78 Siehe zum Beispiel Davis 1975, Anmerkung S. 291; Kamen 1971, S. 361–362 und 384.

79 E. A. McArthur: *»Women Petitioners and the Long Parliament«*, in: *English Historical Review* 93 (1909), S. 701. Siehe auch David Weigall: *»Women Militants in the English Civil War«*, in: *History Today* 22, Nr. 6 (1972), S. 435.

80 Nach McArthur 1909, S. 202–203.

81 Übersetzt nach Patricia Higgins: *»The Reactions of Women, with Special Reference to Women Petitioners«*, in: Brian Manning (Hrsg.): *Politics, Religion and the English Civil War* (London: Edward Arnold 1973), S. 201, siehe da auch S. 203 und McArthur 1909, S. 707.

82 Nach Higgins 1973, S. 203.

83 Zitiert bei McArthur 1909, S. 708.

84 Germaine Greer: *The Obstacle Race: The Fortunes of Women Painters and Their Work*; New York: Farrar, Straus & Giroux 1979, S. 160.

85 Nach Ann Sutherland Harris / Linda Nochlin: *Women Artists 1550–1950*; New York: Alfred A. Knopf 1978, S. 25.

86 Zum Ungewöhnlichen ihres Gemäldes und zur Identifikation der Künstlerin mit ihrem Thema siehe Mary D. Garrard: *»Artemisia and Susanna«*, in: Norma Broude / Mary D. Garrard (Hrsg.): *Feminism and Art History: Questioning the Litany* (New York: Harper & Row 1982), S. 165; da auch Einzelheiten zum Prozeß ihres angeklagten Vergewaltigers.

87 Der Gatte verschwindet aus den historischen Quellen; dafür gibt es Hinweise auf eine Tochter namens Prudentia und vielleicht noch auf eine zweite, die in der römischen Volkszählung von 1624 als Palmira aufgeführt wurde.

88 Nach Harris/Nochlin 1978, S. 119.

89 Zitiert nach Harris/Nochlin 1978, S. 120.

90 Longhi, Tintoretto und Van Dyck hatten alle Töchter und bildeten sie als Malerinnen aus. Andere heirateten und begründeten eine Künstlerdynastie. Mayken Verhulst schulte ihren Enkel, den Künstler Jan Breughel. Greer 1979 zählt die hemmenden und abschreckenden Momente für Künstlerinnen vor dem 19. Jahrhundert auf.

91 Harris/Nochlin 1978, S. 25.
92 Übersetzt nach Harris/Nochlin 1978, S. 31.
93 Nach Harris/Nochlin 1978, S. 107.
94 Harris/Nochlin 1978, S. 159.
95 Die Namen der meisten praktizierenden Frauen, die in diesem Teilkapitel aufgeführt werden, stammen aus der Monographie von Muriel Joy Hughes 1943, S. 139–147; ihre Klassifizierung haben wir jedoch nicht übernommen.
96 Siehe Kate Campbell Hurd-Mead: *A History of Women in Medicine from the Earliest Times to the Beginning of the Nineteenth Century*; Haddam, Conn.: The Haddam Press 1938, S. 521.
97 M. J. Hughes 1943, S. 83.
98 Nach M. J. Hughes 1943, S. 83.
99 Mead 1938, S. 404.
100 Zu dem Prozeß gegen Jacoba Felicie de Almania und ihren Aussagen siehe James Bruce Ross / Mary Martin McLaughlin (Hrsg.): *The Portable Medieval Reader*; New York: The Viking Press 1966, S. 636–639.
101 Übersetzt nach M. J. Hughes 1943, Anmerkung S. 85–86.
102 Nach Clark 1920 (wie Anm. 66), S. 260; weitere Beispiele aus England ebenda. Zu Kirchenedikten siehe Mary Chamberlain: *Old Wives' Tales: Their History, Remedies and Spells* (London: Virago Press 1981), S. 43. Für Frankreich vgl. Davis 1982, S. 69.
103 Siehe Speert 1973, S. 102–116.
104 Angaben über Gebühren bei Wiesner 1983, S. 27–28, 29, 36, und Wiesner 1986, S. 55–64. Siehe auch R. L. Petrelli: *»The Regulation of French Midwifery during the Ancien Regime«*, in: *Journal of the History of Medicine* 26 (1971), S. 281 und passim; Thomas Benedek: *»The Changing Relationship Between Midwives and Physicians During the Renaissance«*, in: *Bulletin of the History of Medicine* 51, Nr. 4 (1977), S. 550–564.
105 Speert 1973, S. 71.
106 Mead 1938, S. 395.
107 Die weibliche Autorschaft des Traktats ist in der Wissenschaft umstritten. Angesichts des enthaltenen Wissens über Frauenkrankheiten und Geburt – Bereiche, die im 13. Jahrhundert üblicherweise den praktizierenden Männern, selbst den universitären Medizinern verschlossen waren – muß eine erfahrene, heilkundlich tätige Frau mindestens an der Abfassung beteiligt gewesen sein, wenn sie nicht die alleinige Autorin war. Trotula erklärte selbst, sie habe mit dem Studium der Medizin begonnen, weil es notwendig sei, daß Frauen sich um die Unpäßlichkeiten von ihresgleichen kümmerten, denn das weibliche Geschlecht sei verschämt und vertraue sich nur widerwillig einem männlichen Arzt an. Vgl. John F. Benton: *»Trotula, Women's Problems, and the Professionalization of Medicine in the Middle Ages«*, in: *Bulletin of the History of Medicine* 59 (1985), S. 30–53.
108 Elizabeth Mason-Hohl (Übers.): *The Diseases of Women by Trotula of Salerno*; Los Angeles: The Ward Ritchie Press 1940, S. 1 und 2.
109 Sie ist bekannt unter ihrem Mädchennamen Bourgeois.
110 Mead 1938, S. 420.
111 Mead, Fußnote Seite 429.
112 Bourgeois verlor die Gunst des Hofes, als eine ihrer Patientinnen, die Herzogin von Orléans, dem Kindbettfieber erlag, möglicherweise, weil der Chirurg nicht die ganze Plazenta entfernt hatte. Sie schrieb ihr Buch, um ihre Fachkenntnis unter Beweis zu stellen.
113 Übersetzt nach Mason-Hohl 1940 (wie Anm. 108), S. 23.
114 Zitiert bei Carolyn Merchant: *The Death of Nature: Women, Ecology and the Scientific Revolution*; New York: Harper & Row 1980, S. 153.
115 Siehe James Hitchcock (Hrsg.): *»A Sixteenth Century Midwife's License«*, in: *Bulletin of the History of Medicine* 41 (1967), S. 76. – Zu den Restriktionen und Verfolgungen des 16. und

17. Jahrhunderts siehe auch Thomas R. Forbes: *»Midwifery and Witchcraft«*, in *Journal of the History of Medicine* 17 (1962), S. 280, und Chamberlain 1981 (wie Anm. 192), S. 54. Wiesner 1986, S. 69, bringt Beispiele aus Deutschland.

116 Zitiert nach Clark 1920 (wie Anm. 66), S. 282.

117 Dieser Betrag trug den Namen »Wittum« oder »Leibgedinge« *(donatio propter nuptias, sponsalitium)*.

118 Zitiert bei Davis 1982, S. 54.

119 Das russische Gewohnheitsrecht machte bis ins 17. Jahrhundert eine Ausnahme, indem es die Verantwortung für die Witwe dem Sohn übergab. Die Stiftungsurkunden von Novgorod und Pskov aus dem späten 15. Jahrhundert auferlegten den Söhnen, für ihre verwitweten Mütter zu handeln und sorgen. In Pskov konnte ein Sohn enterbt werden, falls er nicht für seine beiden alten Eltern sorgte (siehe George Vernadsky [Übers.]: *Medieval Russian Laws*, New York: W. W. Norton & Company 1969, S. 86). – Diane Owen Hughes (in: Kaplan 1985, S. 29–30) analysiert die Entwicklung des Witwenteils, den sie bis zur »Morgengabe« der germanischen und keltischen Hochzeiten zurückverfolgt. – Italienische Beispiele bei D. O. Hughes 1975, S. 15 und 24–25; Herlihy 1976, S. 8; Maguire 1927, S. 132–133; Calisse 1969, S. 579 und 625. Für Frankreich siehe Girard 1953 (wie Anm. 11), S. 487; Cooper 1978 (wie Anm. 20), S. 225; John H. Mundy: *»The Influence of Women in the Medieval Economy – Comments«* (Referat an *The Berkshire Conference on the History of Women*, Mount Holyoke College, South Hadley, Massachusetts, 24. August 1978); Diefendorf 1981 (wie Anm. 14), S. 6, 8–9, 10–12. Für England siehe Cooper 1978 (wie Anm. 20), S. 296; Thrupp 1977, S. 106; Kowaleski 1984 (wie Anm. 77), S. 2. Für Gent siehe Nicholas 1985, S. 28 und 119.

120 Siehe Eleanor S. Riemer: *»Women, Dowries, and Capital Investment in Thirteenth-Century Siena«*, in: Kaplan 1985.

121 Für Italien vgl. Brucker 1967 (wie Anm. 16), S. 50; Chojnacki 1974, S. 199; für Jugoslawien (Ragusa/Dubrovnik) Stuard 1976 (wie Anm. 15), S. 200–203, Riemer 1985 (wie Anm. 19), S. 64–65; für Frankreich Diefendorf 1981 (wie Anm. 14), S. 18–25, Davis 1975, S. 69, Brissaud 1912, S. 157.

122 Eine Untersuchung von Londonder Vermächtnissen aus den Jahren 1271 bis 1330 hat ergeben, daß zu 61,4 Prozent die Ehefrauen überlebten. Der *catasto* (Volkszählung zu Steuerzwecken) von 1427 in Florenz und Umgebung identifizierte für durchschnittlich 21,1 Prozent aller Haushaltungen weibliche Vorstände, wobei die Prozentzahl mit der Altersschicht stieg: von 11,2 Prozent in der Altersklasse der 33- bis 37jährigen auf 25,2 Prozent bei den 43- bis 47jährigen auf über die Hälfte bei den über 50jährigen. Nach Pariser Steuerlisten von 1527 wurden 12 Prozent der Haushaltungen von Frauen geleitet, und in Sevilla waren es nach der Zählung von 1534 gar 20 Prozent. Zu diesen Angaben siehe Harry A. Miskimin: *»The Legacies of London 1259–1330«*, in: Miskimin/Herlihy/Udovitch 1977 (wie Anm. 11); Klapisch-Zuber 1985, S. 120–121; Herlihy 1967, S. 117; Herlihy 1970, S. 97; Diefendorf 1981 (wie Anm. 14), Anmerkung S. 3; Pike 1972, S. 7.

123 Siehe Clark 1920 (wie Anm. 66), S. 32–34.

124 Sachs 1971, S. 42.

125 Monter 1980, S. 201.

126 Siehe D. O. Hughes 1977 (wie Anm. 11), S. 142; Sybille Harksen: *Women in the Middle Ages* (New York: Thomas Y. Crowell Company 1978), S. 11; Kowaleski 1984 (wie Anm. 77), S. 5ff.; Hogrefe 1975, S. 37; Dale 1932–1934, S. 327–328; Clark 1920 (wie Anm. 66), S. 30–31.

127 Beuys 1980 (wie Anm. 1), S. 147.

128 Hogrefe 1975, S. 40–41.

129 Ann Crabb: *»Motherhood and Power in Renaissance Florence: Alessandra Macinghi Strozzi and her Sons, 1441–1471«*, Fordham University, New York City, 15. März 1985.

130 Nach Martines 1974, S. 25.
131 Martines 1974, S. 25.
132 Siehe auch Richard A. Goldthwaite: *Private Wealth in Renaissance Florence: Four Florentine Families*; Princeton, N.J.: Princeton University Press 1969, v.a. S. 45–59.
133 Ross 1911 (wie Anm. 34), S. 245.
134 *Denkwürdigkeiten der Glückel von Hameln* (wie Anm. 8), S. 49.
135 *Denkwürdigkeiten der Glückel von Hameln* (wie Anm. 8), S. 280.
136 *Denkwürdigkeiten der Glückel von Hameln* (wie Anm. 8), S. 289.

5.4 *Unsichtbare und sichtbare Fesseln der Frauenverachtung*

1 Aus *Adam*, in: Barrett H. Clark (Hrsg.): *World Drama*, 1. Bd. (New York: D. Appleton and Co. 1933), S. 313. Diese Passage ist typisch für die Botschaft der Spiele, die den Sündenfall darstellen. In einem anderen Zyklus, dem *York Coopers play* aus dem 15. und 16. Jahrhundert, wird sich Adam seiner Sünde und seiner Nacktheit auf der Stelle bewußt, er klagt sogleich Eva dieses »schlechten Handels« an und bedauert, ihren Geschichten geglaubt zu haben.
2 *Adam* (wie Anm. 1), S. 311.
3 Siehe Bede Jarrett, O.P.: *Social Theories of the Middle Ages* (Westminster, Md.: The Newman Bookshop 1942), S. 81, und Thomas Frederick Crane (Hrsg.): *The Exempla or Illustrative Stories from the Sermones Vulgares of Jacques de Vitry* (New York: Burt Franklin 1971), S. 235. – Aufgrund ihrer weiten Verbreitung in diesen Jahrhunderten waren die *Gesta Romanorum* von ungefähr 1340 als Quelle von Anekdoten und Gleichnissen, wie sie von Priestern und Mönchen benützt wurden, noch wichtiger. Auch in dieser Exempelsammung wurde dasselbe Bild vom weiblichen Geschlecht entworfen.
4 Nach E. T. Healy: *Women According to Saint Bonaventure*; New York: Georgian Press 1955, S. 46.
5 Die ersten Versionen der *fabliaux* stammen aus dem 13. und 14. Jahrhundert. In ihrer rohesten Form erschienen sie in den Städten überall in Europa. Sie porträtierten die Frauen als Klasse, selten als Individuen, und benutzten sie fast stets dazu, eine negative Lektion über das weibliche Geschlecht zu erteilen. Mehrere Artikel sind über das Publikum dieser Geschichten und ihre Misogynie geschrieben worden, vgl. die Bibliographie von Roberta L. Krueger / E. Jane Burns: *»Women in Medieval French Literature«*, in: *Romance Notes* 25, Nr. 3 (1985), S. 375–390, und besonders Norris J. Lacy: *»Fabliau Women«*, im selben Band, S. 318–327, und Sarah Melhado White: *»Sexual Language and Human Conflict in Old French Fabliaux«*, in: *Comparative Studies in Society and History* 24, Nr. 2 (1982), S. 185–210. Zur Diskussion unter den Historikerinnen, ob die *fabliaux* als Quelle für die Einstellungen der Stadtbürger gegenüber den Frauen gelten können, siehe z.B. Howell 1986, S. 181–183.
6 Eileen Power (Übers.): *The Goodman of Paris (Le Ménagier de Paris)*; London: George Routledge & Sons 1928, S. 50.
7 Siehe Judith C. Brown: *Immodest Acts: The Life of a Lesbian Nun in Renaissance Italy*; New York: Oxford University Press 1986; S. 133–134.
8 Vgl. die Beispiele aus Nürnberg bei Strauss 1966, S. 113.
9 M. Margaret Newett: *»The Sumptuary Laws of Venice in the Fourteenth and Fifteenth Centuries«*, in: T. F. Tout / James Tait (Hrsg.): *Historical Essays by Members of Owens College, Manchester*; London: Longmans Green and Co. 1902, S. 247.
10 Zitiert nach Brucker 1971, S. 181.
11 Zusätzliche Beispiele aus Italien bei Klapisch-Zuber 1985, S. 242–243; Diane Owen

Hughes: »*From Brideprice to Dowry in Mediterranean Europe*«, in: Kaplan 1985, S. 42; Origo 1957, S. 260–269. Für Deutschland siehe Sybille Harksen: *Women in the Middle Ages*, translated by Marianne Herzfeld (New York: Abner Schram 1975), S. 22; Sachs 1971, S. 33; Strauss 1966, S. 113–114; Philippe Erlanger: *The Age of Courts and Kings: Manners and Morals 1558–1715* (New York: Harper & Row 1967), S. 257. Für England Thrupp 1977, S. 146–148. Für Frankreich R. Turner Wilcox: *The Mode in Costume* (New York: Charles Scribner's Sons 1944), S. 96. Für Spanien Defourneaux 1970, S. 56–58.

12 Zitiert bei Hübner 1918, S. 67.

13 Vgl. Katharine M. Rogers: *The Troublesome Helpmate: A History of Misogyny in Literature*; Seattle: University of Washington Press 1966, S. 70.

14 Nach Origo 1957, S. 259; andere Beispiele bei Fernando Henriques: *Prostitution and Society: A Survey, Primitive, Classical and Oriental*, 2. Bd. (New York: The Citadel Press 1965), S. 45; Sachs 1971, S. 52.

15 Giovanni Boccaccio: *The Decameron*, translated by G. H. McWilliam; New York: Penguin Books 1975, S. 201.

16 Zehnte Geschichte des dritten Tages im *Decamerone* (Boccaccio 1975, wie Anm. 15, S. 318).

17 Siehe »*The Miller and the Two Clerics*«, in: Robert Hellman / Richard F. O'Gorman (Hrsg.): *Fabliaux: Ribald Tales from Old France* (New York: Thomas Y. Crowell Company 1965), S. 57. – Das Bild der Unersättlichkeit wurde in besonders ekelhaften Zügen ausgemalt, wenn die Männer ihren »Humor« auf alte Frauen richteten. Die allegorische Figur der Unkeuschheit wurde in einem Relief der Kartause bei Avignon aus dem 12. Jahrhundert als nacktes altes Weib dargestellt, das mit einer Ziege Geschlechtsverkehr hat (siehe Henry Kraus: »*Eve and Mary: Conflicting Images of Medieval Women*«, in: Broude/Garrard 1982, S. 79.) Die volkstümlichen Geschichtenerzähler der *fabliaux* und der geistliche Autor der *Quinze joies du mariage* verhöhnten die alte Witwe, deren nunmehr abgelebter Körper noch stets sinnliche Begierde verspürte. Sie freute sich über den Tod ihres Gatten, da sie nun bereit war für »die Wonne und das Vergnügen von jungem Fleisch« (Elisabeth Abbott, Übers.: *The Fifteen Joys of Marriage*, London: The Orion Press 1959, S. 192; vgl. auch Hellman/O'Gorman 1965, wie oben, S. 148, 152 und 156).

18 Der Begiff *cuckold*, der im Englischen den betrogenen Ehemann bezeichnet, kommt von *cuckoo*, dem »Kuckuck«, der seine Eier in die Nester anderer Vögel legt, die seine Jungen dann nichtsahnend aufziehen.

19 Vgl. Hellman/O'Gorman 1965 (wie Anm. 17), S. 171–177.

20 Beispiele für die Gesetzgebung in Italien bei Calisse 1969, S. 438 und 571; in Frankreich René Girard: »*Marriage in Avignon in the Second Half of the Fifteenth Century*«, in: *Speculum* 28, Nr. 1 (1953), S. 495, und Brissaud 1912, S. 138–140; in England Lawrence Stone: *The Family, Sex and Marriage* (New York: Harper & Row 1977), S. 22 und 145; in Dänemark Dahlsgård 1980, S. 42; in der Schweiz Monter 1980, S. 192.

21 In den Hungerjahren von 1430 bis 1439 waren 66,3 Prozent der ausgesetzten Säuglinge bei San Gallo in Florenz Mädchen (Richard C. Trexler: »*The Foundlings of Florence 1395–1455*«; in: *History of Childhood Quarterly* 1, Nr. 1 [1973], S. 268). Die Sterblichkeitsrate für Mädchen lag über derjenigen von Jungen (Richard C. Trexler: »*Infanticide in Florence: New Sources and First Results*«, in: *History of Childhood Quarterly* 1, Nr. 1 [1973], S. 101–102).

22 Vgl. die Zahlen für Pistoia bei Herlihy 1970, S. 101.

23 Julius Kirshner / Anthony Molho: »*The Dowry Fund and the Marriage Market in Early Quattrocento Florence*«, in: *The Journal of Modern History* 50, Nr. 3 (1978), S. 420.

24 Die Tätlichkeiten gingen bis ins nächste Jahr weiter, bis er angeklagt, überführt und hingerichtet wurde (Brucker 1971, S. 121).

25 Nach James Bruce Ross / Mary Martin McLaughlin: *Medieval Women*, unpubliziertes Manuskript, S. 13.
26 Margery Kempe: *The Book of Margery Kempe*, edited by W. Butler-Bowden; New York: The Devin-Adair Company 1944, S. 49.
27 Siehe die Beispiele bei Brucker 1971.
28 Brucker 1971, S. 121.
29 Siehe Alice Clark: *Working Life of Women in the Seventeenth Century* (New York: Harcourt, Brace & Howe 1920), S. 191.
30 Zitiert bei Ozment 1983, S. 3.
31 *»About the Men Who Came to Heaven«*, in: Derek Brewer (Hrsg.): *Medieval Comic Tales*, translated by Peter Rickard u.a.; Cambridge: D. S. Brewer 1972, S. 53–54.
32 Abbott 1959 (wie Anm. 17), S. 43 und 137.
33 Hans Sachs: *Seven Shrovetide Plays*, translated by E. V. Ourless; London: H. F. W. Deane & Sons, The Year Book Press 1930, S. 33.
34 Zitiert nach Davis 1987 (deutsche Ausgabe), S. 127.
35 Siehe zum Beispiel Crane 1971 (wie Anm. 3), S. 222–223 und 231; William Woods: *England in the Age of Chaucer* (New York: Stein and Day 1976), S. 97–98.
36 Boccaccio 1975 (wie Anm. 15), S. 715–717.
37 Power 1928 (wie Anm. 6), S. 150.
38 Power 1928 (wie Anm. 6), S. 145.
39 Power 1928 (wie Anm. 6), S. 52.
40 Power 1928 (wie Anm. 6), S. 168. Bei White 1982, S. 201, findet sich eine frühere Version.
41 Brucker 1971, S. 38–39.
42 Nach Eugene F. Policelli: *»Medieval Women: A Preacher's Point of View«*, in: *International Journal of Women's Studies* 1, Nr. 3 (1978), S. 287. – Siehe auch Margaret Leah King: *»Caldiera and the Barbaros on Marriage and the Family: Humanist Reflections of Venetian Realities«*, in: *The Journal of Medieval and Renaissance Studies* 6, Nr. 1 (1976), S. 32–34, zu Francesco Barbaros weltlicher Sicht in seinem Traktat *De re uxoria* von 1428.
43 Zitiert nach Origo 1985 (deutsche Ausgabe), S. 229.
44 Hogrefe 1975, S. 147.
45 Übersetzt nach James Bruce Ross: *»The Middle-Class Child in Urban Italy, Fourteenth to Early Sixteenth Century«*, in: DeMause 1974, S. 204.
46 Zitiert bei Policelli 1978, S. 286.
47 Power 1928 (wie Anm. 6), S. 40 und 147.
48 Aus dem Spiel *Adam*, übersetzt nach Clark 1933 (wie Anm. 1), S. 305.
49 Clark 1933 (wie Anm. 1), S. 305.
50 Origo 1985 (deutsche Ausgabe), S. 165.
51 Power 1928 (wie Anm. 6), S. 108.
52 Dieses Bild und diese Theorie der politischen Hierarchie wurden zu einem Gemeinplatz im politischen Schrifttum des 17. Jahrhunderts.
53 Boccaccio 1975 (wie Anm. 15), S. 721.
54 Sachs 1930 (wie Anm. 33), S. 53.
55 Siehe Policelli 1978, S. 286–287.
56 Power 1928 (wie Anm. 6), S. 188.
57 Power 1928 (wie Anm. 6), S. 189.
58 Origo 1985 (deutsche Ausgabe), S. 152–153.
59 Power 1928 (wie Anm. 6), S. 171–172.
60 Power 1928 (wie Anm. 6), S. 173.
61 Power 1928 (wie Anm. 6), S. 171–172.
62 *Denkwürdigkeiten der Glückel von Hameln*, aus dem Jüdisch-Deutschen übersetzt, mit Erläuterungen versehen und hrsg. von Alfred Feilchenfeld; Berlin 1920, S. 168.

63 Zur Einrichtung von Mädchenschulen siehe die Zusammenfassung in Phyllis Stock: *Better Than Rubies: A History of Women's Education* (New York: G. P. Putnam's Sons 1978), 2. Kapitel. Zu den Verhältnissen in Florenz siehe Jacques LeGoff: *»The Town as an Agent of Civilisation 1200–1500«*, in: Cipolla 1975, S. 85. Für London siehe Thrupp 1977, S. 156 und 171; für Paris siehe Harksen 1975, S. 17; für Genf siehe Jane Dempsey Douglass: *»Women and the Continental Reformation«*, in: Ruether 1974, S. 304.

64 Power 1928 (wie Anm. 6), S. 43.

65 Die älteste Fassung von *Griseldis* findet sich in Boccaccios *Decamerone* als zehnte Geschichte des zehnten Tages. Zur Popularität der Erzählung siehe Klapisch-Zuber 1985, Anmerkung S. 228.

Literaturverzeichnis

Dieses Verzeichnis ist eine Auswahlbibliographie, die den Leserinnen und Lesern die nützlichste und gut zugängliche Sekundärliteratur nennt. Sie ist wie folgt aufgebaut:

1. Literatur über Frauen, die für alle oder viele Kapitel nützlich ist;
2. Literatur über Frauen, kapitelweise aufgeführt, die für die einzelnen Kapitel unserer Darstellung wesentlich ist;
3. ebenfalls kapitelweise aufgeführte allgemeine Werke, welche frauenspezifische Angaben enthalten, die anderswo nicht zu finden waren, oder welche wichtige Kontextinformationen geben.

Primärquellen oder sehr spezialisierte Artikel und Abhandlungen werden nur in den Anmerkungen genannt.

(Anmerkung der Übersetzerin: Die Bibliographie verzeichnet hauptsächlich englischsprachige, vor allem amerikanische Bücher, die aber auch in europäischen Bibliotheken zugänglich sind. Manche Untersuchungen liegen auch auf deutsch vor, was ich, wenigstens teilweise, eigens angemerkt habe. Bei Werken, die ursprünglich nicht in Englisch geschrieben waren, wurde nach Möglichkeit auch eine Fassung in der Originalsprache angegeben.)

Werke über Frauen, die für alle Kapitel nützlich sind

Atkinson, Dorothy / Alexander Dallin / Gail Warshofsky Lapidus (Hrsg.): *Women in Russia.* Stanford, Calif.: Stanford University Press 1977.

Bridenthal, Renate / Claudia Koonz (Hrsg.): *Becoming Visible: Women in European History.* Boston: Houghton Mifflin Company 1977.

Clark, Alice: *Working Life of Women in the Seventeenth Century.* New York: Harcourt, Brace & Howe 1920.

Dahlsgård, Inga: *Women in Denmark Yesterday and Today.* Copenhagen: Det Danske Selskab 1980.

Duckett, Eleanor Shipley: *Medieval Portraits from East and West.* Ann Arbor: University of Michigan Press 1972.

Gies, Frances and Joseph: *Women in the Middle Ages.* New York: Thomas Y. Crowell Company 1978.

Harksen, Sybille: *Women in the Middle Ages*. Translated by Marianne Herzfeld. New York: Abner Schram 1975 (*Die Frau im Mittelalter*. Leipzig 1974).
Kaplan, Marion A. (Hrsg.): *The Marriage Bargain: Women and Dowries in European History*. New York: Harrington Park Press 1985.
MacCurtain, Margaret / Donncha O'Corráin (Hrsg.): *Women in Irish Society: The Historical Dimension*. Dublin: Arlen House 1978.
Ruether, Rosemary Radford (Hrsg.): *Religion and Sexism: Images of Woman in the Jewish and Christian Traditions*. New York: Simon and Schuster 1974 (*Sexismus und die Rede von Gott; Schritte zu einer anderen Theologie*. Aus dem Englischen von Annemarie Eggers, Jean Fraser, Karin Willms u.a. Gütersloh 1985).
Ruether, Rosemary / Eleanor McLaughlin (Hrsg.): *Women of Spirit: Female Leadership in the Jewish and Christian Traditions*. New York: Simon and Schuster 1979.
Stafford, Pauline: *Queens, Concubines and Dowagers: The King's Wife in the Early Middle Ages*. Athens, Ga.: The University of Georgia Press 1983.
Stenton, Doris Mary: *The English Woman in History*. New York: The Macmillan Co. 1957.
Stuard, Susan Mosher (Hrsg.): *Women in Medieval Society*. Philadelphia: The University of Pennsylvania Press 1976.
Uglow, Jennifer S.: *The International Dictionary of Women's Biography*. New York: Continuum 1982.
Wilson, Katharina (Hrsg.): *Medieval Women Writers*. Athens, Ga.: The University of Georgia Press 1984.

1 Das Erbe der Tradition

1.1 *Literatur über Frauen*

Agonito, Rosemary (Hrsg.): *History of Ideas on Women*. New York: Capricorn 1977.
Balsdon, J[ohn] P[ercy] V. D.: *Roman Women: Their History and Habits*. New York: Harper & Row 1962 (*Die Frau in der römischen Antike*. Aus dem Englischen übertragen von Modeste zur Nedden Pferdekamp. München 1979).
Brownmiller, Susan: *Against Our Will: Men, Women and Rape*. New York: Simon and Schuster 1975 (*Gegen unseren Willen. Vergewaltigung und Männerherrschaft*. Aus dem Amerikanischen von Ivonne Carroux. Frankfurt/Main 1984).
Cameron, Averil / Amélie Kuhrt (Hrsg.): *Images of Women in Antiquity*. Detroit: Wayne State University Press 1983.
Carroll, Berenice A. (Hrsg.): *Liberating Women's History: Theoretical and Critical Essays*. Urbana, Ill.: University of Illinois Press 1976.
Chodorow, Nancy: *The Reproduction of Mothering: Psychoanalysis and the Sociology of Gender*. Berkeley: University of California Press 1978 (*Das Erbe der Mütter; Psychoanalyse und Soziologie der Geschlechter*. Aus dem Amerikanischen von Gitta Mühlen-Achs. München 1985).
Dahlberg, Frances (Hrsg.): *Woman the Gatherer*. New Haven, Conn.: Yale University Press 1981.
Daniélou, Jean: *The Ministry of Women in the Early Church*. [Translated from an article in *La Maison-Dieu* 61, 1960.] London: Faith Press 1961.
D'Avino, Michele: *The Women of Pompeii*. Translated by Monica Hope Jones and Luigi Nusco. Napoli: Loffredo 1967 (italienisches Original: *La donna a Pompei*. Napoli 1964).
Diehl, Charles: *Byzantine Empresses*. Translated by Harold Bell and Theresa de Kepely. New

York: Alfred A. Knopf 1963 (französisches Original: *Impératrices de Byzance*; Paris 1959. – *Kaiserinnen von Byzanz*; Stuttgart 1956).

Duckett, Eleanor Shipley: *Women and Their Letters in the Early Middle Ages*. Ann Arbor, Mich.: University of Michigan Press 1965.

Eckenstein, Lina: *Women Under Monasticism*. New York: Russel and Russell 1963.

Grant, Michael: *Cleopatra*. New York: Simon and Schuster 1972 (*Kleopatra; eine Biographie*. Herrsching 1986).

Hallett, Judith P.: »Sappho and Her Social Context: Sense and Sensuality.« In: *Signs* 4, Nr. 3 (1979), S. 447–464.

Harris, Marvin: »Why Men Dominate Women.« In: *New York Times Magazine*, 13. November 1977, S. 46ff.

Hays, H[offman] R.: *The Dangerous Sex: The Myth of Feminine Evil*. New York: G. P. Putnam 1964 (*Mythos Frau; das gefährliche Geschlecht*. Aus dem Amerikanischen übersetzt von Leonore Schwartz; mit einem Vorwort von Helge Pross. Frankfurt/Main: Fischer Taschenbuch Verlag 1978).

Henry, Sondra / Emily Taitz: *Written out of History: Our Jewish Foremothers*. 2nd ed. rev. Fresh Meadows, N.Y.: Biblio Press 1983.

Herfst, Pieter: *Le Travail de la femme dans la Grèce ancienne*. Utrecht: A. Oosthoek 1922.

Horney, Karen: *Feminine Psychology*. New York: Norton 1973 (*Die Psychologie der Frau*. Frankfurt/Main: Fischer Taschenbuch Verlag 1984).

Hrdy, Sarah Blaffer: *The Woman That Never Evolved*. Cambridge, Mass.: Harvard University Press 1981.

Kampen, Natalie: »Hellenistic Artists: Female.« In: *Archeologia Classica* 27, Nr. 1 (1975), S. 9–17.

Kaplan, Marion A. (Hrsg.): *The Marriage Bargain: Women and Dowries in European History*. New York: Haworth Press 1985.

Kessler, Evelyn S.: *Women: An Anthropological View*. New York: Holt, Rinehart and Winston 1976.

Kleinbaum, Abby Wettan: *The War Against the Amazons*. New York: McGraw-Hill 1983.

Leacock, Eleanor Burke: *Myths of Male Dominance: Collected Articles on Women Cross-Culturally*. New York: Monthly Review Press 1981.

Lefkowitz, Mary R. / Maureen B. Fant: *Women's Life in Greece and Rome: A source book in translation*. Baltimore: The Johns Hopkins University Press 1982.

Loewe, Raphael: *The Position of Women in Judaism*. London: Society for the Propagation of Christian Knowledge and the Hillel Foundation 1966.

Macurdy, Grace Harriet: *Hellenistic Queens: A Study of Woman-Power in Macedonia, Seleucid Syria, and Ptolemaic Egypt*. Baltimore: The Johns Hopkins University Press 1932.

Markale, Jean: *Women of the Celts*. Translated by A. Mygind, C. Hauch, and P. Henry. London: Gordon Cremonesi 1975 (*La femme celte: mythe et sociologie*. Paris 1982. – *Die keltische Frau: Mythos, Geschichte, soziale Stellung*. Hrsg. und aus dem Französischen übersetzt von Wieland Grommes. München 1984).

Martin, M. Kay / Barbara Voorhies: *Female of the Species*. New York: Columbia University Press 1975.

McNamara, JoAnn: »Wives and Widows in Early Christian Thought.« In: *International Journal of Women's Studies* 2, Nr. 6 (1979), S. 575–592.

McNamara, JoAnn: *A New Song: Celibate Women in the First Three Centuries of Christianity*. New York: Haworth Press 1983.

Morris, Joan: *The Lady Was a Bishop*. New York: Macmillan 1973.

Neusner, Jacob: »Mishnah on Women: Thematic or Systemic Description.« In: *Marxist Perspectives* 3, Nr. 1 (1980), S. 78–98.

O'Faolain, Julia / Lauro Martines (Hrsg.): *Not in God's Image: Women in History from the Greeks to the Victorians.* New York: Harper & Row 1973.

Okin, Susan Moller: *Women in Western Political Thought.* Princeton, N.J.: Princeton University Press 1979.

Oost, Stewart Irvin: *Galla Placidia Augusta; A Biographical Essay.* Chicago: University of Chicago Press 1968.

Otwell, John H.: *And Sarah Laughed: The Status of Women in the Old Testament.* Philadelphia: Westminster Press 1977.

Peradotto, John / J. P. Sullivan (Hrsg.): *Women in the Ancient World: The Arethusa Papers.* Albany, N.Y.: SUNY Press 1984.

Phillips, John A.: *Eve, The History of an Idea.* New York: Harper & Row 1984 (*Eva: von der Göttin zur Dämonin.* Aus dem Amerikanischen von Eva Gärtner. Stuttgart 1987).

Pomeroy, Sarah B.: *Goddesses, Whores, Wives and Slaves: Women in Classical Antiquity.* New York: Schocken 1975 (*Frauenleben im klassischen Altertum.* Aus dem Englischen übersetzt von Norbert F. Mattheis. Stuttgart 1985).

Pomeroy, Sarah B.: *Women in Hellenistic Egypt from Alexander to Cleopatra.* New York: Schocken 1984.

Reiter, Rayna R. (Hrsg.): *Toward an Anthropology of Women.* New York: Monthly Review Press 1975.

Rogers, Katharine M.: *The Troublesome Helpmate: A History of Misogyny in Literature.* Seattle: University of Washington Press 1966.

Rosaldo, Michelle Zimbalist / Louise Lamphere (Hrsg.): *Women, Culture, and Society.* Stanford, Calif.: Stanford University Press 1974.

Sanday, Peggy Reeves: *Female Power and Male Dominance: On the origins of sexual inequality.* Cambridge: Cambridge University Press 1981.

Schelkle, Harl Hermann: *The Spirit and the Bride: Woman in the Bible.* Collegeville, Minn.: The Liturgical Press 1979 (*Der Geist und die Braut; Frauen in der Bibel.* Düsseldorf 1977).

Schlegel, Alice (Hrsg.): *Sexual Stratification: A Cross-Cultural View.* New York: Columbia University Press 1977.

Stigers, Eva Stehle: »Romantic Sensuality, Poetic Sense: A Response to Hallett on Sappho.« In: *Signs* 4, Nr. 3 (1979), S. 465–471.

Stone, Merlin: *When God Was a Woman.* New York: Harcourt Brace Jovanovich 1976 (*Als Gott eine Frau war; die Geschichte der Ur-Religion unserer Kulturen.* München 1989).

Tavard, George H.: *Women in the Christian Tradition.* Notre Dame, Ind.: University of Notre Dame Press 1973.

Thompson, Clara M. *On Women.* Edited by Maurice R. Green. New York: New American Library 1986.

Turton, Godfrey: *The Syrian Princesses: The Women Who Ruled Rome, A.D. 193–235.* London: Cassell and Co. 1974.

Webster, Graham: *Boudica: The British Revolt Against Rome 60 A.D.* Totowa, N.J.: Rowman and Littlefield 1978.

Wemple, Suzanne Fonay: *Women in Frankish Society: Marriage and the Cloister, 500 to 900.* Philadelphia: University of Pennsylvania Press 1981.

Witt, Reginald E.: *Isis in the Graeco-Roman World.* Ithaca, N.Y.: Cornell University Press 1971.

Zinserling, Verena: *Women in Greece and Rome.* New York: Abner Schram 1972.

1.2 *Allgemeine Literatur*

(Die folgende Liste ist keinesfalls vollständig; sie umfaßt die allgemeine Literatur, die sich beim Schreiben dieses Kapitels als besonders hilfreich erwiesen hat.)

Ackroyd, P. R. / C. F. Evans (Hrsg.) *The Cambridge History of the Bible*. Vol. I. New York: Cambridge University Press 1976.

Africa, Thomas W.: *The Immense Majesty: A History of Rome and the Roman Empire*. Arlington Heights, Ill.: AHM Publishers 1974.

Attwater, Donald: *Dictionary of Saints*. Baltimore: Penguin 1966.

Bachofen, Johann Jakob: *Das Mutterrecht; eine Untersuchung über die Gynaikokratie der alten Welt und ihrer religiösen und rechtlichen Natur*. Stuttgart 1861.

Bateson, Mary: *Origin and Early History of Double Monasteries*. Royal Historical Society Transactions, New Series 13. London 1899.

Bettelheim, Bruno: *Symbolic Wounds: Puberty Rites and the Envious Male*; rev. ed. New York: Collier 1968 (*Die symbolischen Wunden; Pubertätsriten und der Neid des Mannes*. Mit einem Vorwort des Autors. Aus dem Englischen von Helga Triendl. München 1975).

Chadwick, Henry: *The Early Church*. New York: Penguin 1977 (*Die Kirche in der antiken Welt*. Übersetzung der 2. englischen Auflage [durch] Gerhard May. Berlin 1972).

Clark, Grahame: *World Prehistory in New Perspective*. 3rd ed. Cambridge: Cambridge University Press 1977.

Crook, John: *Law and Life of Rome*. Ithaca, N.Y.: Cornell University Press 1967.

Dillon, Myles / Nora K. Chadwick: *The Celtic Realms*. London: Weidenfeld and Nicolson 1972 (*Die Kelten, von der Vorgeschichte bis zum Normanneneinfall*. Aus dem Englischen übertragen von Grete und Karl-Eberhardt Felten. München: Kindler 1976).

Dinnerstein, Dorothy: *The Mermaid and the Minotaur: Sexual Arrangements and Human Malaise*. New York: Harper & Row 1976 (*Das Arrangement der Geschlechter*. Ins Deutsche übertragen von Hilde Weller. Stuttgart 1979).

Douglas, Mary: *Purity and Danger: An Analysis of Concepts of Pollution and Taboo*. Harmondsworth, Berks.: Penguin 1966 (*Reinheit und Gefährdung; eine Studie zu Vorstellungen von Verunreinigung und Tabu*. Aus dem Amerikanischen übersetzt von Brigitte Luchesi. Berlin 1985).

Dover, K. J.: *Greek Popular Morality in the Time of Plato and Aristotle*. Berkeley: University of California Press 1974.

Ehrenberg, Victor: *The People of Aristophanes: A Sociology of Old Attic Comedy*. Oxford: Basil Blackwell 1943 (*Aristophanes und das Volk von Athen; eine Soziologie der altattischen Komödie*. Aus dem Englischen übertragen von Grete Felten. Zürich 1968).

Engels, Friedrich: *Der Ursprung der Familie, des Privateigenthums und des Staats, im Anschluß an Lewis H. Morgan's Forschungen*. [1884] 18. Aufl. Stuttgart 1919.

Finley, M. I.: *The World of Odysseus*; rev. ed. New York: Viking 1965.

Foote, P. G. / D. M. Wilson: *The Viking Achievement*. New York: Praeger 1970.

Gimbutas, Marija: *The Goddesses and Gods of Old Europe, 6500–3500 B.C.: Myths, Legends and Cult Images*. Rev. ed. London: Thames and Hudson 1982.

Groenewegen-Frankfort, H. A. / Bernard Ashmole: *Art of the Ancient World*. Englewood Cliffs, N.J.: Prentice-Hall and Harry N. Abrams [o.J.].

Hood, Sinclair: *The Home of the Heroes: The Aegean Before the Greeks*. London: Thames and Hudson 1967.

Hood, Sinclair: *The Minoans: Crete in the Bronze Age*. London: Thames and Hudson 1971.

Jelínek, J.: *The Pictorial Encyclopedia of the Evolution of Man*. London: Hamlyn 1975.

Jones, A[rnold] H. M.: *The Later Roman Empire: 284–602*. (2 Bde.) Norman, Okla.: University of Oklahoma Press 1964.

Lacey, W[alter] K.: *The Family in Classical Greece*. Ithaca, N.Y.: Cornell University Press 1968 (*Die Familie im antiken Griechenland*. Übersetzt von Ute Winter. Mainz 1983).
Lancaster, Jane Beckman: *Primate Behavior and the Emergence of Human Culture*. New York: Holt, Rinehart and Winston 1975.
Lee, Patrick E. / Robert Sussman Stewart (Hrsg.): *Sex Differences: Cultural and Developmental Dimensions*. New York: Urizen 1976.
Lindsay, Jack: *The Ancient World: Manners and Morals*. New York: G. P. Putnam 1968.
Lloyd, G. E. R.: *Science, Folklore and Ideology: Studies in the Life Sciences in Ancient Greece*. Cambridge: Cambridge University Press 1983.
Maccoby, Eleanor (Hrsg.): *The Development of Sex Differences*. Stanford, Calif.: Stanford University Press 1966.
Maccoby, Eleanor Emmons / Carol Nagy Jacklin: *The Psychology of Sex Differences*. (2 Bde.) Stanford, Calif.: Stanford University Press 1974.
Marshak, Alexander: *The Roots of Civilization: the Cognitive Beginnings of Man's First Art, Symbol and Notation*. New York: McGraw-Hill 1972.
Money, John / Anke A. Ehrhardt: *Man and Woman, Boy and Girl: The Differentiation and Dimorphism of Gender Identity from Conception to Maturity*. Baltimore: The Johns Hopkins University Press 1972.
Nilsson, Martin P.: *The Minoan-Mycenaean Religion and Its Survival in Greek Religion*. 2nd ed., rev. Lund, Sweden: C. W. K. Gleerup 1950.
Pagels, Elaine: *The Gnostic Gospels*. New York: Random House 1979 (*Versuchung durch Erkenntnis; die gnostischen Evangelien*. Aus dem Amerikanischen von Angelika Schweikhart. Frankfurt/Main 1981).
Pfeiffer, John E.: *The Emergence of Man*. 2nd ed. New York: Harper & Row 1969.
Rawson, Philip: *Primitive Erotic Art*. New York: G. P. Putnam 1973.
Riché, Pierre: *Daily Life in the World of Charlemagne*. Translated by JoAnn McNamara. Philadelphia: University of Pennsylvania Press 1978 (*La vie quotidienne dans l'Empire carolingien*. Paris 1973. – *Die Welt der Karolinger*. Stuttgart 1981).
Sanders, N. K.: *Prehistoric Art in Europe*. Baltimore: Penguin 1938.
Stephens, William N.: »A Cross-Cultural Study of Menstrual Taboos.« In: *Genetic Psychology Monographs* 64 (1961), S. 385–416.
Tanner, Nancy: *On Becoming Human*. Cambridge: Cambridge University Press 1981.
Teitelbaum, Michael S. (Hrsg.): *Sex Differences: Social and Biological Perspectives*. Garden City, N.Y.: Doubleday 1976.
Veith, Ilza: *Hysteria; The History of a Disease*. Chicago: University of Chicago Press 1965.
Vermeule, Emily: *Greece in the Bronze Age*. Chicago: University of Chicago Press 1964.

2 Frauen auf dem Land

2.1 *Literatur über Frauen*

Allauzen, Marie: *La paysanne française aujourd'hui*. Paris: Editions Gonthier 1967.
Allott, Susan: »Soviet Rural Women: Employment and Family Life.« In: Barbara Holland (Hrsg.): *Soviet Sisterhood*. Bloomington, Ind.: Indiana University Press 1985.
Amundsen, Darrel W.: »The Age of Menarche in Medieval Europe.« In: *Human Biology* 45 (1973), S. 363–368.
Amundsen, Darrel W. / Carol Jean Diers: »The Age of Menopause in Medieval Europe.« In: *Human Biology* 45 (1973), S. 605–612.

Boserup, Ester: *Women's Role in Economic Development.* New York: St. Martin's Press 1970.
Caro-Baroja, Julio: *The World of the Witches.* Translated by O. N. U. Glendinning. Chicago: University of Chicago Press 1964 (spanisches Original: *Las brujas y su mundo.* Madrid 1961. – *Die Hexen und ihre Welt.* Aus dem Spanischen übersetzt von Susanne und Benno Hübner. Mit einer Einführung und einem ergänzenden Kapitel von Will-Erich Peuckert. Stuttgart 1967).
Chamberlain, Mary: *Fenwomen: A Portrait of Women in an English Village.* London: Virago Press 1977.
Chamberlain, Mary: *Old Wives' Tales: Their History, Remedies and Spells.* London: Virago Press 1981.
Clements, Barabara Evans: »Working-Class and Peasant Women in the Russian Revolution, 1917–1923.« In: *Signs* 8, Nr. 2 (1982), S. 215–235.
Cornelisen, Ann: *Women of the Shadows.* Boston: Little Brown and Company 1976 (*Frauen im Schatten; Leben in einem süditalienischen Dorf.* Aus dem Amerikanischen übertragen von Roland Fleissner. Frankfurt/Main 1978).
Douglas, Mary (Hrsg.): *Witchcraft Confessions and Accusations.* ASA Monograph, Vol. 9. New York: Tavistock Publishers 1970.
Fairchilds, Cissie: »Female Sexual Attitudes and the Rise of Illegitimacy: A Case Study.« In: *Journal of Interdisciplinary History* 8, Nr. 4 (1978), S. 627–667.
Favret-Saada, Jeanne: *Deadly Words: Witchcraft in the Bocage.* Translated by Catherine Cullen. New York: Cambridge University Press 1980 (französisches Original: *Les mots, la mort, les sorts. La sorcellerie dans le Bocage.* Paris 1977. – *Die Wörter, der Zauber, der Tod; der Hexenglaube im Hainland von Westfrankreich.* Aus dem Französischen übersetzt von Eva Moldenhauer. Frankfurt/Main 1979).
Gies, Frances: *Joan of Arc: The Legend and the Reality.* New York: Harper & Row 1981.
Henningsen, Gustav: *The Witches' Advocate: Basque Witchcraft and the Spanish Inquisition 1609–1640.* Reno, Nev.: University of Nevada Press 1980.
Horsley, Richard A.: »Who Were the Witches? The Social Roles of the Accused in the European Witch Trials.« In: *Journal of Interdisciplinary History* 9, Nr. 4 (1979) S. 689–715.
Kieckhefer, Richard: *European Witch Trials: Their Foundation in Popular and Learned Culture, 1300–1500.* Berkeley: University of California Press 1976.
Kors, Alan C. / Edward Peters (Hrsg.): *Witchcraft in Europe 1100–1700: A Documentary History.* Philadelphia: University of Pennsylvania Press 1972.
Larner, Christina: *Enemies of God: The Witch-Hunt in Scotland.* Baltimore: The Johns Hopkins University Press 1981.
Lapidus, Gail Warshofsky: *Women in Soviet Society: Equality, Development, and Social Change.* Berkeley: University of California Press 1978.
Midelfort, H. C. Erik: *Witch Hunting in Southwestern Germany 1562–1684: The Social and Intellectual Foundations.* Stanford, Calif.: Stanford University Press 1972.
Parker, Geoffrey: »The European Witchcraze Revisited.« In: *History Today* 30 (1980) S. 23–24 (siehe im selben Band auch die Artikel von W. William Monter und David Nicholls).
Pernoud, Régine: *The Retrial of Joan of Arc.* Translated by J. M. Cohen. New York: Harcourt, Brace and Company 1955 (französisches Original: *Vie et mort de Jeanne D'Arc; les témoignages du procès de réhabilitation, 1450–1456.* Paris 1953).
Pernoud, Régine: *Joan of Arc, by Herself and Her Witnesses.* Translated by Edward Hyams. London: Macdonald 1964 (französisches Original: *Jeanne d'Arc par elle-même et par ses témoins.* Paris 1962).
Quaife, Geoffrey Robert: *Wanton Wenches and Wayward Wives: Peasants and Illicit Sex in Early Seventeenth Century England.* New Brunswick, N.J.: Rutgers University Press 1979.
Raknem, Ingvald: *Joan of Arc in History, Legend and Literature.* Oslo: Universitets-forlaget 1971.

Soman, Alfred: »The Parlement of Paris and the Great Witch Hunt 1565–1640.« In: *Sixteenth Century Journal* 9, Nr. 2 (1978), S. 31–44.
Tilly, Louise A. / Joan W. Scott: *Women, Work and Family.* New York: Holt, Rinehart and Winston 1978.
Zguta, Russell: »Witchcraft Trials in Seventeenth-Century Russia.« In: *American Historical Review* 82, Nr. 5 (1977) S. 1187–1207.

2.2 *Allgemeine Literatur*

Arensberg, Conrad: »The Old World Peoples: The Place of Old World Cultures in World Ethnography.« In: *Anthropology Quarterly* 36 (1963), S. 75–99.
Arensberg, Conrad: *The Irish Countryman*; Garden City, N.Y.: The Natural History Press 1968.
Bean, J. M. W.: »Plague, Population and Economic Decline in England in the Later Middle Ages.« In: *Economic History Review*, 2nd Series, Vol. 15, Nr. 3 (1963), S. 423–437.
Bercé, Yves-Marie: »Peasant Rights and Rural Unrest.« In: *History Today*, May 1982, S. 41–45, June 1982, S. 35–42.
Beresford, Maurice / John G. Hurst (Hrsg.) *Deserted Medieval Villages Studies.* New York: St. Martin's Press 1971.
Berkner, Lutz K.: »The Stem Family and the Developmental Cycle of the Peasant Household: An Eighteenth-Century Austrian Example.« *American Historical Review* 77, Nr. 2 (1972), S. 398–418.
Bettelheim, Bruno: *The Uses of Enchantment: The Meaning and Importance of Fairy Tales.* New York: Vintage Books 1977 (*Kinder brauchen Märchen.* Aus dem Amerikanischen übersetzt von Liselotte Mickel und Brigitte Weitbrecht. Stuttgart 1977).
Bloch, Marc: *Feudal Society.* Translated by L. A. Manyon. 2 Bde. Chicago: The University of Chicago Press 1966 (französisches Original: *La société féodale.* 2 Bde. Paris 1939–1940. – *Die Feudalgesellschaft.* Übersetzt von Eberhard Bohm u.a. Frankfurt/Main 1982).
Branca, Patricia: »A New Perspective on Women's Work: A Comparative Typology.« In: *Journal of Social History* 9 (1975), S. 129–153.
Braudel, Fernand: *Capitalism and Material Life 1400–1800.* Translated by Miriam Kochan. New York: Harper & Row 1973 (französisches Original: *Civilisation matérielle et capitalisme.* Paris 1967. – *Die Geschichte der Zivilisation; 15. bis 18. Jahrhundert.* Aus dem Französischen übersetzt von Renate Nickel und Thurid Pichler. München 1971).
Braudel, Fernand: *The Structures of Everyday Life: Civilization and Capitalism 15th–18th Century.* Translated by Siân Reynolds. 3 Bde. New York: Harper & Row 1981 (französisches Original: *Civilisation matérielle, économie et capitalisme, XVe–XVIIIe siècle.* 3 Bde. Paris 1979. – *Sozialgeschichte des 15.–18. Jahrhunderts.* Übersetzung aus dem Französischen von Siglinde Summerer, Gerda Kurz, Günter Seib. 3 Bde. München 1985–1986).
Burke, Kathleen: »From the Bookish Brothers Grimm, a flood of fantasy.« In: *Smithsonian* 17, Nr. 2 (1986), S. 108–118.
Burke, Peter: *Popular Culture in Early Modern Europe.* New York: Harper & Row 1978 (*Helden, Schurken, Narren; europäische Volkskultur in der frühen Neuzeit.* Hrsg. von Rudolf Schenda, übersetzt von Susanne Schenda. Stuttgart 1981).
Christian, William A., Jr.: *Person and God in a Spanish Valley.* New York: Seminar Press 1972.
Cipolla, Carlo M. (Hrsg.): *The Fontana Economic History of Europe: The Sixteenth and Seventeenth Centuries.* Glasgow: William Collins Sons & Co. 1976 (*Europäische Wirtschaftsgeschichte in 5 Bänden.* Deutsche Ausgabe hrsg. v. K. Borchardt. Bd. 2: *Sechzehntes und siebzehntes Jahrhundert*; Stuttgart 1983).

Coleman, Emily: »Medieval Marriage Characteristics: A Neglected Factor in the History of Medieval Serfdom.« In: *Journal of Interdisciplinary History* 2, Nr. 2 (1971), S. 205–219.

Connell, K. H.: *Irish Peasant Society*. Oxford: Clarendon Press 1968.

Coulton, G. G.: *Medieval Panorama; The English Scene from Conquest to Reformation*. Cambridge: Cambridge University Press 1939.

Davis, Natalie Zemon: *Society and Culture in Early Modern France*. Stanford, Calif.: Stanford University Press 1975 (*Humanismus, Narrenherrschaft und die Riten der Gewalt; Gesellschaft und Kultur im frühneuzeitlichen Frankreich*. Aus dem Amerikanischen von Nele Löw Beer. Frankfurt/Main 1987).

De Vries, Jan: *The Economy of Europe in an Age of Crisis 1600–1750*. New York: Cambridge University Press 1976.

Duby, Georges: *Rural Economy and Country Life in the Medieval West*. Translated by Cynthia Postan. Columbia, S.C.: University of South Carolina Press 1968 (französische Originalausgabe: *L'économie rurale et la vie des campagnes dans l'Occident médiéval*. 2 Bde. Paris 1975).

Duby, Georges: *The Early Growth of the European Economy: Warriors and Peasants from the Seventh to the Twelfth Century*. Translated by Howard B. Clarke. Ithaca, N.Y.: Cornell University Press 1974 (französisches Original: *Guerriers et paysans, VII–XIIe siècle; premier essor de l'économie européenne*. Paris 1973. – *Krieger und Bauern; die Entwicklung von Wirtschaft und Gesellschaft im frühen Mittelalter*. Frankfurt/Main 1977).

Dundes, Alan (Hrsg.): *The Study of Folklore*. Englewood Cliffs, N.J.: Prentice-Hall 1965.

Erickson, Carolly: *The Medieval Vision*. New York: Oxford University Press 1976.

Flandrin, Jean-Louis: *Families in Former Times: Kinship, Household and Sexuality*. Translated by Richard Southern. New York: Cambridge University Press 1979 (französisches Original: *Familles. Parenté, maison, sexualité dans l'ancienne société*. Paris 1976).

Forster, Robert / Orest Ranum (Hrsg.): *Family and Society: Selections from the Annales*. Translated by Elborg Forster and Patricia M. Ranum. Baltimore: The Johns Hopkins University Press 1976.

Freeman, Margaret B.: *Herbs for the Medieval Household for Cooking, Healing and Divers Uses*. New York: The Metropolitan Museum of Art 1979.

Friedl, Ernestine: *Vasilika: A Village in Modern Greece*. New York: Holt, Rinehart and Winston 1962.

Glass, D. V. / D. E. Eversley (Hrsg.) *Population in History*. London: E. Arnold 1965.

Goody, Jack / Joan Thirsk / E. P. Thompson (Hrsg.): *Family and Inheritance: Rural Society in Western Europe 1200–1800*. New York: Cambridge University Press 1978.

Goubert, Pierre: »The French Peasantry of the Seventeenth Century: A Regional Sample.« In: Trevor Aston (Hrsg.): *Crisis in Europe 1560–1660*. New York: Basic Books 1965.

Gutmann, Myron P.: *War and Rural Life in the Early Modern Low Countries*. Princeton, N.J.: Princeton University Press 1980.

Hanawalt, Barbara A.: »Childrearing Among the Lower Classes of Late Medieval England.« In: *Journal of Interdisciplinary History* 8, Nr. 1 (1977), S. 1–22.

Hartley, Dorothy: *Lost Country Life*. New York: Pantheon Books 1979.

Heaton, Eliza Putnam: *By-Paths in Sicily*. New York: E. P. Dutton & Company 1920.

Hélias, Pierre-Jakez: *The Horse of Pride: Life in a Breton Village*. Translated by June Guicharnaud. New Haven: Yale University Press 1978 (*Le cheval d'orgueil; mémoires d'un Breton du pays bigouden*. Traduit du breton par l'auteur. Paris 1975).

Helmholz, R. H.: »Infanticide in the Province of Canterbury during the Fifteenth Century.« In: *History of Childhood Quarterly* 2, Nr. 3 (1975), S. 379–390.

Herlihy, David: »Population, Plague and Social Change in rural Pistoia 1201–1430.« In: *The Economic History Review*, 2nd Series, Vol. 18, Nr. 2 (1965), S. 225–244.

Himes, Norman E.: *Medical History of Contraception*. New York: Schocken Books 1970.

Homans, George C.: *English Villagers of the Thirteenth Century*. New York: W. W. Norton & Co. 1975.

Houlbrooke, Ralph: »The Pre-Industrial Family.« In: *History Today* 36 (1986), S. 49–52.

Hufton, Olwen H.: *The Poor of Eighteenth Century France 1750–1789*. Oxford: Clarendon Press 1974.

Kellum, Barbara A.: »Infanticide in England in the Later Middle Ages.« In: *History of Childhood Quarterly* 1, Nr. 3 (1974), S. 367–388.

Labarge, Margaret Wade: *A Baronial Household in the Thirteenth Century*. New York: Barnes and Noble 1966.

Laslett, Peter: *The World We Have Lost*. New York: Charles Scribner's Sons 1965 (*Verlorene Lebenswelten; Geschichte der vorindustriellen Gesellschaft*. Ins Deutsche übertragen von Wolfgang Astelbauer. Wien 1988).

Laslett, Peter (Hrsg.) mit Richard Wall: *Household and Family in Past Time*. New York: Cambridge University Press 1974.

Leach, Maria (Hrsg.): *Standard Dictionary of Folklore, Mythology, and Legend*. 2 Bde. New York: Funk & Wagnalls Company 1949–1950.

LeRoy Ladurie, Emmanuel: *Montaillou: The Promised Land of Error*. Translated by Barbara Bray. New York: George Braziller 1978 (französische Originalausgabe: *Montaillou, village occitan de 1294–1324*. Paris 1975. – *Montaillou; ein Dorf vor dem Inquisitor, 1294 bis 1324*. Aus dem Französischen von Peter Hahlbrock. Frankfurt/Main 1980).

Levine, David: *Family Formation in an Age of Nascent Capitalism*. Toronto: Ontario Institute for Studies in Education 1977.

Lucas, Henry S.: »The Great European Famine of 1315, 1316, and 1317.« In: *Speculum* 5 (1930), S. 343–377.

Macfarlane, Alan: *The Family Life of Ralph Josselin: A Seventeenth Century Clergyman; An Essay in Historical Anthropology*. Cambridge: Cambridge University Press 1970.

Magoun, Frances P., Jr. / Alexander H. Krappe (Übers.): *The Grimms' German Folk Tales*. Carbondale: Southern Illinois University Press 1960.

Matossian, Mary: »The Peasant Way of Life.« In: Wayne S. Vucinich (Hrsg.): *The Peasant in Nineteenth Century Russia*. Stanford, Calif.: Stanford University Press 1968.

McArdle, Frank: *Altopascio: A Study in Tuscan Rural Society 1587–1784*. New York: Cambridge University Press 1978.

McNeill, John T. / Helena M. Gamer (Hrsg.): *Handbooks of Penance*. Records of Civilization: Sources and Studies Nr. 29. New York: Columbia University Press 1938.

McNeill, William H.: *Plagues and Peoples*. Garden City, N.Y.: Anchor Press 1976.

Mitterauer, Michael / Reinhard Sieder: *The European Family: Patriarchy to Partnership from the Middle Ages to the Present*. Translated by Karla Oosterveen and Manfred Horzinger. Oxford: Basil Blackwell 1982 (deutsches Original: *Vom Patriarchat zur Partnerschaft; zum Strukturwandel der Familie*. München 1977).

Noonan, John T.: *Contraception: A History of its Treatment by the Catholic Theologians and Canonists*. Cambridge, Mass.: Belknap Press 1965.

Origo, Iris: *War in Val D'Orcia, 1943–1944*. Boston: David R. Godine 1984.

Pach, Z. P.: »Sixteenth-Century Hungary: Commercial Activity and Market Production by the Nobels.« In: Peter Burke (Hrsg.): *Economy and Society in Early Modern Europe*. New York: Harper & Row 1972.

Peters, Edward: *The Magician, the Witch and the Law*. Philadelphia: University of Pennsylvania Press 1978.

Ransel, David: »Abandoned Children of Imperial Russia: Village Fosterage.« In: *Bulletin of the History of Medicine* 50, Nr. 4 (1976), S. 501–510.

Ransel, David L. (Hrsg.): *The Family in Imperial Russia*. Urbana: University of Illinois Press 1978.

Reiter, Rayna R.: »Men and Women in the South of France: Public and Private Domains.« In: Rayna R. Reiter (Hrsg.): *Towards an Anthropology of Women*. New York: Monthly Review Press 1975.

Riché, Pierre: *Daily Life in the World of Charlemagne*. Translated by JoAnn McNamara. Philadelphia: University of Pennsylvania Press 1978 (französisches Original: *La vie quotidienne dans l'Empire carolingien*. Paris 1973).

Rosenberg, Charles E. (Hrsg.): *The Family in History*. Philadelphia: University of Pennsylvania Press 1975.

Russell, Josiah Cox: Late Ancient and Medieval Population. Philadelphia: The American Philosophical Society 1958.

Schneider, Jane: »Trousseau as Treasure: Some Contradictions of Late Nineteenth Century Change in Sicily.« In: Eric B. Ross (Hrsg.): *Beyond Myths of Culture: Essays in Cultural Materialism*. New York: Academic Press 1980.

Segalen, Martine: *Love and Power in the Peasant Familiy: Rural France in the Nineteenth Century*. Translated by Sarah Matthews. Chicago: The University of Chicago Press 1983 (französisches Original: *Mari et femme dans la société paysanne*. Paris 1980).

Singer, Charles / E. J. Holmyard / A. R. Hall / Trevor I. Williams (Hrsg.): *A History of Technology*. Band 2. Oxford: Clarendon Press 1956.

St. Erlich, Vera: *Family in Transition: A Study of 300 Yugoslav Villages*. Princeton, N.J.: Princeton University Press 1966.

Thomas, Keith: *Religion and the Decline of Magic*. New York: Charles Scribner's Sons 1971.

Wedgwood, Cicely Veronica: *The Thirty Years War*. Garden City, N.Y.: Doubleday & Company 1961 (*Der Dreißigjährige Krieg*. München 1967).

White, Lynn, Jr.: *Medieval Technology and Social Change*. New York: Oxford University Press 1973 (*Die mittelalterliche Technik und der Wandel der Gesellschaft*. München 1968).

Wrigley, E. A.: »Family Limitation in Pre-Industrial England.« In: Orest and Patricia Ranum (Hrsg.): *Popular Attitudes toward Birth Control in Pre-Industrial France and England*. New York: Harper & Row 1972.

Wrigley, E. A.: *Population and History*. New York: McGraw-Hill 1973 (*Bevölkerungsstruktur im Wandel; Methoden und Ergebnisse der Demographie*. Übersetzt von Renate Kamp und Horst Ensslen. München 1969).

Ziegler, Philip: *The Black Death*. New York: Harper & Row 1969.

3 Frauen in der Kirche

3.1 *Literatur über Frauen*

Atkinson, Clarissa W.: *Mystic and Pilgrim: The »Book« and the World of Margery Kempe*. Ithaca, N.Y.: Cornell University Press 1983.

Bainton, Roland H.: *Women of the Reformation in Germany and Italy*. Boston: Beacon Press 1971.

Bainton, Roland H.: *Women of the Reformation in France and England*. Boston: Beacon Press 1975.

Bainton, Roland H.: *Women of the Reformation from Spain to Scandinavia*. Minneapolis: Augsburg Publishing House 1977.

Baker, Derek (Hrsg.): *Medieval Women*. Oxford: Basil Blackwell 1978.

Bowers, Jane / Judith Tick (Hrsg.): *Women Making Music: The Western Art Tradition 1150–1950*. Urbana: University of Illinois Press 1986.

Brailsford, Mabel Richmond: *Quaker Women 1650–1690*. London: Duckworth 1915.

Brown, Judith C.: *Immodest Acts: The Life of a Lesbian Nun in Renaissance Italy*. New York: Oxford University Press 1986 (*Schändliche Leidenschaften. Das Leben einer lesbischen Nonne zur Zeit der Renaissance*. Aus dem Englischen von Barbara Rojahn-Deyk. Stuttgart 1988).

Bynum, Carolyn Walker: »Women Mystics and Eucharistic Devotion in the Thirteenth Century.« In: *Women's Studies* 2 (1984), S. 179–214.

Daly, Mary: *The Church and the Second Sex*. New York: Harper & Row 1975 (*Kirche, Frau und Sexus*. Aus dem Amerikanischen von Dietgard Erb. Olten 1970).

Davis, Natalie Zemon: »City Women and Religious Change in Sixteenth Century France.« In: Dorothy McGuigan (Hrsg.): *A Sampler of Women's Studies*. Ann Arbor, Mich.: University of Michigan Center for Continuing Education of Women 1973, S. 17–45 (»Städtische Frauen und religiöser Wandel.« In: Natalie Zemon Davis: *Humanismus, Narrenherrschaft und die Riten der Gewalt; Gesellschaft und Kultur im frühneuzeitlichen Frankreich*. Aus dem Amerikanischen von Nele Löw Beer. Frankfurt/Main 1987, S. 75–105).

Deen, Edith: *Great Women of the Christian Faith*. New York: Harper & Row 1959.

Dronke, Peter: *Women Writers of the Middle Ages: A Critical Study of Texts from Perpetua to Marguerite Porete*. New York: Cambridge University Press 1985.

Eckenstein, Lina: *Woman Under Monasticism*. New York: Russell & Russell 1963.

Erickson, Carolly: *Bloody Mary*. Garden City, N.Y.: Doubleday & Company 1978.

Ferrante Joan M.: »The Education of Women in the Middle Ages in Theory, Fact, and Fantasy.« In: Patricia H. Labalme (Hrsg.): *Beyond Their Sex: Learned Women of the European Past*. New York: New York University Press 1980.

Fife, Robert Herndon: *Hroswitha of Gandersheim*. New York: Columbia University Press 1947.

Fraser, Antonia: »Mary Ward, A Seventeenth Century Reformer.« In: *History Today* 31 (1981), S. 14–18.

George, Margaret: »From Goodwife to Mistress: The Transformation of the Female in Bourgeois Culture.« In: *Science and Society* 37, Nr. 2 (1973), S. 152–177.

Gold, Penny Schine: *The Lady and the Virgin: Image, Attitude, and Experience in Twelfth Century France*. Chicago: University of Chicago Press 1985.

Haight, Anne Lyon (Hrsg.): *Hroswitha of Gandersheim, Her Life, Times, and Works, and a Comprehensive Bibliography*. New York: The Hroswitha Club 1965.

Hirn, Yrjö: *The Sacred Shrine: A Study of the Poetry and Art of the Catholic Church*. Boston: Beacon Press [o.J.].

Hook, Judith: »St. Catherine of Siena.« In: *History Today* 30 (1980), S. 28–32.

Jørgensen, Johannes: *Saint Bridget of Sweden*. Translated by Ingeborg Lund. New York: Longmans Green and Co. 1954.

Levin, Carole: »Women in *The Book of Martyrs* as Models of Behavior in Tudor England.« In: *International Journal of Women's Studies* 4, Nr. 2 (1981), S. 196–207.

Lucas, Angela M.: *Women in the Middle Ages: Religion, Marriage and Letters*. Brighton, Sussex: The Harvester Press 1983.

Mack, Phyllis: »Women as Prophets During the English Civil War.« In: *Feminist Studies* 8, Nr. 1 (1982), S. 19–45.

Maclean, Ian: *The Renaissance Notion of Woman: A study of the fortunes of scholasticism and medical science in European intellectual life*. New York: Cambridge University Press 1980.

McDonnell, Ernest: *The Beguines and Beghards in Medieval Culture*. New York: Octagon Books 1969.

Meer, Haye van der, S. J.: *Women Priests in the Catholic Church? A Theological-Historical Investigation*. Translated by Arlene and Leonard Swidler. Philadelphia: Temple University Press 1973 (*Priestertum der Frau?* Dissertation. Innsbruck 1962).

Morris, Joan: *The Lady Was a Bishop*. New York: Macmillan 1973.
Petroff, Elizabeth: »Medieval Women Visionaries: Seven Stages to Power.« In: *Frontiers: A Journal of Women Studies* 3, Nr. 1 (1978), S. 34–45.
Power, Eileen: *Medieval English Nunneries*. Cambridge: Cambridge University Press 1922.
Roelker, Nancy L.: »The Appeal of Calvinism to French Noblewomen in the Sixteenth Century.« In: *The Journal of Interdisciplinary History* 2, Nr. 4 (1972), S. 391–418.
Ross, Isabel: *Margaret Fell: Mother of Quakerism*. New York: Longmans 1949.
Ruether, Rosemary Radford: *New Woman, New Earth: Sexist Ideologies & Human Liberation*. New York: The Seabury Press 1975 (*Frauen für eine neue Gesellschaft: Frauenbewegung und menschliche Befreiung*. Aus dem Amerikanischen übersetzt von Angelika Hildebrandt-Essig. München 1979).
Schulenberg, Jane: »Sexism and the Celestial Gynaeceum from 500–1200.« In: *Journal of Medieval History* 4, Nr. 2 (1978), S. 117–133.
Tavard, George H.: *Women in Christian Tradition*. Notre Dame, Ind.: University of Notre Dame Press 1973.
Thomas, Keith: »Women and the Civil War Sects.« In: Trevor Aston (Hrsg.): *Crisis in Europe 1560–1660*. New York: Basic Books 1965.
Warner, Marina: *Alone of All Her Sex: The Myth and the Cult of the Virgin Mary*. New York: Pocket Books 1978 (*Maria; Geburt, Triumph, Niedergang – Rückkehr eines Mythos?* Übersetzt ins Deutsche von Gabriele Spielvogel u.a. München 1982).
Weigall, David: »Women Militants in the English Civil War.« In: *History Today* 22, Nr. 6 (1972), S. 434–438.
Wemple, Suzanne Fonay: *Women in Frankish Society: Marriage and the Cloister 500–900*. Philadelphia: University of Pennsylvania Press 1981.
Williams, E. M.: »Women Preachers of the Civil War.« In: *The Journal of Modern History* 1, Nr. 4 (1929), S. 561–569.

3.2 *Allgemeine Literatur*

Attwater, Donald: *The Penguin Dictionary of Saints*. Baltimore: Penguin Books 1966.
Baldwin, John W.: *Masters, Princes and Merchants: The Social Views of Peter the Chanter and His Circle*. 2 Bde. Princeton, N.J.: Princeton University Press 1970.
Bougaud, Monseigneur Em.: *History of St. Vincent de Paul*. Translated by Rev. Joseph Brady. 2 Bde. New York: Longmans, Green, and Co. 1899 (*Histoire de Saint Vincent de Paul, fondateur de la Congrégation des Prêtres de la Mission et des Filles de la Charité*. Paris 1889).
Brooke, C[hristopher] N. L.: »Gregorian Reform in Action: Clerical Marriage in England 1050–1200.« In: Sylvia L. Thrupp (Hrsg.): *Change in Medieval Society: Europe North of the Alps, 1050–1500*. New York: Appleton-Century-Crofts 1964.
Brooke, Christopher: *The Twelfth Century Renaissance*. New York: Harcourt, Brace & World 1969.
Bynum, Caroline Walker: *Jesus as Mother: Studies in the Spirituality of the High Middle Ages*. Berkeley: University of California Press 1982.
Chadwick, Owen: *The Reformation*. New York: Penguin Books 1972.
Clasen, Claus Peter: *Anabaptism: A Social History 1525–1618*. Ithaca, N.Y.: Cornell University Press 1972.
Davis, Natalie Zemon: *Society and Culture in Early Modern France*. Stanford, Calif.: Stanford University Press 1975 (*Humanismus, Narrenherrschaft und die Riten der Gewalt; Gesellschaft und Kultur im frühneuzeitlichen Frankreich*. Aus dem Amerikanischen von Nele Löw Beer. Frankfurt/Main 1987).

Dunn, E. Catherine: »Popular Devotion in the Vernacular Drama of Medieval England.« In: Paul Maurice Clogan (Hrsg.): *Medievalia et Humanistica: Studies in Medieval and Renaissance Culture*. New Series, Nr. 4 (1973).

Erickson, Carolly: *The Medieval Vision*. New York: Oxford University Press 1976.

Forster, Robert / Orest Ranum (Hrsg.): *Biology of Man in History*. Translated by Elborg Forster and Patricia M. Ranum. Baltimore: The Johns Hopkins University Press 1975.

Goodich, Michael: *The Unmentionable Vice: Homosexuality in the Later Medieval Period*. Santa Barbara, Calif.: ABC Clio 1979.

Happold, F[rederick] C.: *Mysticism, a Study and an Anthology*. Baltimore: Penguin Books 1963.

Haskins, Charles Homer: *The Rise of Universities*. Ithaca, N.Y.: Cornell University Press 1957.

Hill, Christopher: *The World Turned Upside Down: Radical Ideas During the English Revolution*. London: Temple Smith 1972.

Jedin, Hubert: *A History of the Council of Trent*. Translated by Ernest Graf. 2 Bde. St. Louis: B. Herder Book Co. 1961 (*Geschichte des Konzils von Trient*. 4 Bände in 5 Teilen. Freiburg/Breisgau 1951–1975).

Lambert, Malcolm: *Medieval Heresy: Popular Movements from Bogomil to Hus*. New York: Holmes & Meier 1977 (*Ketzerei im Mittelalter; Häresien von Bogumil bis Hus*. Übersetzt aus dem Englischen von Gerhard Windfuhr. München 1981).

Lea, Henry Charles: *A History of the Inquisition of the Middle Ages*. New York: Russel & Russell 1958 (*Geschichte der Inquisition im Mittelalter*. Übersetzt von Heinz Wieck und Max Rachel, rev. und hrsg. v. Joseph Hansen. 3 Bde. Bonn 1905–1913).

Lerner, Robert E.: *The Heresy of the Free Spirit in the Later Middle Ages*. Berkeley: University of California Press 1972.

McLaughlin, Eleanor: »The Heresy of the Free Spirit and Late Medieval Mysticism.« In: Paul Maurice Clogan (Hrsg.): *Medievalia et Humanistica: Studies in Medieval and Renaissance Culture*. New Series, Nr. 4 (1973).

Rahner, Hugo, S. J.: *Saint Ignatius Loyola: Letters to women*. New York: Herder and Herder 1960 (*Ignatius von Loyola; Briefwechsel mit Frauen*; hrsg. und übersetzt von Hugo Rahner. Freiburg/Breisgau 1956).

Riché, Pierre: *Education and Culture in the Barbarian West, Sixth Through Eighth Centuries*. Columbia, S.C.: University of South Carolina Press 1976 (*Education et culture dans l'occident barbare, VIe–VIIIe siècles*. Paris 1962).

Schnucker, R. V.: »The English Puritans and Pregnancy, Delivery and Breast-Feeding.« In: *History of Childhood Quarterly* 1, Nr. 4 (1974), S. 637–658.

Schnucker, R. V.: »Elizabethan Birth Control and Puritan Attitudes.« In: *Journal of Interdisciplinary History* 5, Nr. 4 (1975), S. 655–667.

Southern, R[ichard] W.: *The Making of the Middle Ages*. New Haven, Conn.: Yale University Press 1963.

Southern, R[ichard] W.: *Western Society and the Church in the Middle Ages*. New York: Penguin Books 1970 (*Kirche und Gesellschaft im Abendland des Mittelalters*. Ins Deutsche übertragen von Michael Richter. Berlin 1976).

Wakefield, Walter L. / Austin P. Evans (Hrsg.): *Heresies of the High Middle Ages*. New York: Columbia University Press 1969.

Wakefield, Walter L.: *Heresy, Crusade and Inquisition in Southern France 1100–1250*. Berkeley: University of California Press 1974.

Wood, Charles T.: »The Doctor's Dilemma: Sin, Salvation, and the Menstrual Cycle in Medieval Thought.« In: *Speculum* 56 (1981), S. 710–727.

Wright, Louis B.: *Middle-Class Culture in Elizabethan England*. Chapel Hill, N.C.: University of North Carolina Press 1935.

4 Frauen der Schlösser und Gutshöfe

4.1 *Literatur über Frauen*

Backer, Dorothy Anne Liot: *Precious Women: A Feminist Phenomenon in the Age of Louis XIV.* New York: Basic Books 1974.

Baker, Derek (Hrsg.): *Medieval Women.* Oxford: Basil Blackwell 1978.

Bell, Susan Groag: »Medieval Women Book Owners: Arbiters of Lay Piety and Ambassadors of Culture.« In: *Signs* 7, Nr. 4 (1982), S. 742–768.

Bogin, Meg: *The Women Troubadours.* New York: W. W. Norton and Company 1976.

Bornstein, Diane: *The Lady in the Tower: Medieval Courtesy Literature for Women.* Hamden, Conn.: Archon Books 1983.

Bruckner, Matilda Tomaryn: »Na Castelloza, Trobairitz, and Troubadour Lyric.« In: *Romance Notes* 25, Nr. 3 (1985), S. 239–253. [Der gesamte Band befaßt sich mit höfischer Literatur und enthält auch eine ausgezeichnete Bibliographie von neueren Arbeiten in diesem Bereich.]

Brundage, James A.: »Concubinage and Marriage in Medieval Canon Law.« In: *Journal of Medieval History* 1 (1975), S. 1–17.

Collis, Louise: *Memoirs of a Medieval Woman: The Life and Times of Margery Kempe.* New York: Thomas Y. Crowell Company 1964 (*Leben und Pilgerfahrten der Margery Kempe; Erinnerungen einer exzentrischen Lady.* Aus dem Englischen von Ebba D. Drolshagen. Berlin 1986).

Dahmus, Joseph: *Seven Medieval Queens: Vignettes of Seven Outstanding Women of the Middle Ages.* Garden City, N.Y.: Doubleday 1972.

Facinger, Marion F.: »A Study of Medieval Queenship: Capetian France 987–1237.« In: *Studies in Medieval and Renaissance History* 5 (1968), S. 3–48.

Fernández-Armesto, Felipe: *Ferdinand and Isabella.* New York: Taplinger Publishing Company 1975.

Ferrante, Joan M.: *Woman as Image in Medieval Literature from the Twelfth Century to Dante.* New York: Columbia University Presss 1975.

Ferrante, Joan M.: »The Education of Women in the Middle Ages in Theory, Fact, and Fantasy.« In: Patricia H. Labalme (Hrsg.): *Beyond Their Sex: Learned Women of the European Past.* New York: New York University Press 1980.

Gardiner, Dorothy: *English Girlhood at School: A Study of Women's Education Through Twelve Centuries.* London: Oxford University Press 1929.

Gold, Penny Schine: *The Lady and the Virgin: Image, Attitude, and Experience in Twelfth Century France.* Chicago: University of Chicago Press 1985.

Hogrefe, Pearl: »Legal Rights of Tudor Women and Their Circumvention.« In: *Sixteenth Century Journal* 3, Nr. 1 (1972), S. 97–105.

Hughes, Diane Owen: »From Brideprice to Dowry in Mediterranean Europe.« In: Marion A. Kaplan (Hrsg.): *The Marriage Bargain: Women and Dowries in European History.* New York: Harrington Park Press 1985.

Jones, Michael / Malcolm Underwood: »Lady Margaret Beaufort.« In: *History Today* 35 (1985), S. 23–30.

Jørgensen, Johannes: *Saint Bridget of Sweden.* Translated by Ingeborg Lund. New York: Longmans Green and Company 1954.

Kanner, Barbara (Hrsg.): *The Women of England: From Anglo-Saxon Times to the Present, Interpretive Bibliographical Essays.* Hamden, Conn.: Archon Books 1979.

Kemp-Welch, Alice: *Of Six Medieval Women.* London: Macmillan and Company 1913.

Kibler, William W. (Hrsg.): *Eleanor of Aquitaine: Patron and Politician.* Austin: University of Texas Press 1976.

McNamara, JoAnn / Suzanne Wemple: »The Power of Women Through the Family in Medieval Europe: 500–1100.« In: Mary S. Hartman / Lois W. Banner (Hrsg.): *Clio's Consciousness Raised: New Perspectives on the History of Women*. New York: Harper & Row 1974.
Meade, Marion: *Eleanor of Aquitaine: A Biography*. New York: Hawthorn Books 1977.
Mickel, Emanuel J., Jr.: *Marie de France*. New York: Twayne Publishers 1974.
Morewedge, Rosemary Thee (Hrsg.): *The Role of Woman in the Middle Ages*. Albany, N.Y.: SUNY at Binghamton 1972.
Sherman, Claire Richter: »The Queen in Charles V's ›Coronation Book‹: Jeanne de Bourbon and the ›Ordo Ad Reginam Benedicendam‹«. In: *Viator: Medieval and Renaissance Studies* 8 (1977), S. 254–297.
Sponslar, Lucy A.: *Women in the Medieval Spanish Epic and Lyric Traditions*. Lexington, Ky.: The University Press of Kentucky 1975.

4.2 *Allgemeine Literatur*

Appleby, John T.: *Henry II: The Vanquished King*. New York: The Macmillan Company 1962.
Bennett, H. S.: *The Pastons and Their England: Studies in an Age of Transition*. Cambridge: Cambridge University Press 1970.
Bloch, Marc: *Feudal Society*. Translated by L. A. Manyon. 2 Bde. Chicago: The University of Chicago Press 1966 (französisches Original: *La société féodale*. 2 Bde. Paris 1939–1940. – *Die Feudalgesellschaft*. Übersetzt von Eberhard Bohm u.a. Frankfurt/Main 1982).
Bloch, R. Howard: *Medieval French Literature and Law*. Berkeley: University of California Press 1977.
Boase, Roger: *The Origin and Meaning of Courtly Love: A Critical Study of European Scholarship*. Manchester, Eng.: Manchester University Press 1977.
Bouchard, Constance B.: »The Origins of the French Nobility: A Reassessment.« In: *American Historical Review* 86, Nr. 3 (1981), S. 501–532.
Boucher, François: *A History of Costume in the West*. Translated by John Ross. London: Thames and Hudson 1967 (*Histoire du costume en Occident, de l'antiquité à nos jours*. Paris 1965).
Boyer, Marjorie Nice: »A Day's Journey in Medieval France.« In: *Speculum* 26, Nr. 4 (1951), S. 597–608.
Brereton, Geoffrey: *A Short History of French Literature*. Baltimore: Penguin Books 1968.
Brissaud, Jean: *A History of French Private Law*. Translated from the 2nd French edition by Rapelje Howell. Boston: Little, Brown and Company 1912 (*Manuel d'histoire du droit français*. Paris 1898–1904).
Calisse, Carlo: *A History of Italian Law*. Translation by Layton B. Register. New York: Augustus Kelley 1969 (*Storia del diritto italiano*. Firenze 1891).
Coulton, G. G.: *Medieval Panorama: The English Scene from Conquest to Reformation*. Cambridge: University Press 1939.
DeMause, Lloyd (Hrsg.): *The History of Childhood*. New York: Harper & Row 1974 (*Hört ihr die Kinder weinen; eine psychogenetische Geschichte der Kindheit*. Übersetzt von Ute Auhagen u.a. Frankfurt/Main 1977).
Dronke, Peter: *The Medieval Lyric*. New York: Cambridge University Press 1977 (*Die Lyrik des Mittelalters; eine Einführung*. Aus dem Englischen von Peter Hasler. München 1973).
Duby, Georges: *Rural Economy and Country Life in the Medieval West*. Translated by Cynthia Postan. Columbia, S.C.: University of South Carolina Press 1968 (französische Originalausgabe: *L'économie rurale et la vie des campagnes dans l'Occident médiéval*. 2 Bde. Paris 1975).
Duby, Georges: *The Early Growth of the European Economy: Warriors and Peasants from the Seventh*

to the Twelfth Century. Translated by Howard B. Clarke. Ithaca, N.Y.: Cornell University Press 1974 (französisches Original: *Guerriers et paysans, VIIe–XIIe siècle; premier essor de l'économie européenne.* Paris 1973. – *Krieger und Bauern; die Entwicklung von Wirtschaft und Gesellschaft im frühen Mittelalter.* Frankfurt/Main 1977).

Duby Georges: *The Chivalrous Society.* Translated by Cynthia Postan. Berkeley: University of California Press 1977.

Duby, Georges: *Medieval Marriage: Two Models from Twelfth-Century France.* Translated by Elborg Forster. Baltimore: The Johns Hopkins University Press 1978 (vollständig neu überarbeitete französische Fassung: *Le chevalier, la femme et le prêtre; le mariage dans la France féodale.* Paris 1981. – *Ritter, Frau und Priester; die Ehe im feudalen Frankreich.* Übersetzt von Michael Schröter. Frankfurt/Main 1985).

Fawtier, Robert: *Capetian Kings of France: Monarchy and Nation 987–1328.* Translation by Lionel Butler and R. J. Adam. London: The Macmillan Company 1965 (*Les Capétiens et la France.*).

Ferrante, Joan M. / George Economou (Hrsg.): *In Pursuit of Perfection.* Port Washington, N.Y.: Kennikat Press 1975.

Foote, P. G. / D. M. Wilson: *The Viking Achievement: The Society and Culture of Early Medieval Scandinavia.* New York: Praeger Publishers 1970.

Gies, Joseph and Frances: *Life in a Medieval Castle.* New York: Harper & Row 1974.

Goody, Jack / Joan Thirsk / E. P. Thompson (Hrsg.): *Family and Inheritance: Rural Society in Western Europe 1200–1800.* New York: Cambridge University Press 1978.

Hajdu, Robert: »Family and Feudal Ties in Poitou 1100–1300.« In: *Journal of Interdisciplinary Studies* 8, Nr. 1 (1977), S. 117–139.

Hanning, Robert W.: *The Individual in Twelfth-Century Romance.* New Haven: Yale University Press 1977.

Herlihy, David: »The Medieval Marriage Market.« In: Dale B. J. Randall (Hrsg.): *Medieval and Renaissance Studies.* Durham, N.C.: Duke University Press 1976.

Kamen, Henry: *The Iron Century: Social Change in Europe 1550–1660.* New York: Praeger Publishers 1971.

Keen, Maurice: *The Laws of War in the Late Middle Ages.* Toronto: University of Toronto Press 1965.

Keen, Maurice: *Chivalry.* New Haven: Yale University Press 1984 (*Das Rittertum.* Aus dem Englischen von Harald Ehrhardt. München 1987).

Keyser, K.: »The German Aristocracy from the ninth to the early twelfth century: A Historical and Cultural Sketch.« In: *Past and Present* 41 (1968), S. 25–53.

Labarge, Margaret Wade: *A Baronial Household in the Thirteenth Century.* New York: Barnes and Noble 1966.

Labarge, Margaret Wade: *Saint Louis: Louis IX Most Christian King of France.* Boston: Little, Brown and Company 1968.

Laslett, Peter: *The World We Have Lost.* New York: Charles Scribner's Sons 1965 (*Verlorene Lebenswelten; Geschichte der vorindustriellen Gesellschaft.* Ins Deutsche übertragen von Wolfgang Astelbauer. Wien 1988).

Leyerle, John (Hrsg.): »Marriage in the Middle Ages.« In: *Viator* 4 (1973) [eine Sammlung von fünf Aufsätzen].

Macfarlane, Alan: *The Origins of English Individualism: The Family, Property and Social Transition.* New York: Cambridge University Press 1979.

Mingay, G[ordon] E.: *The Gentry: The Rise and Fall of a Ruling Class.* New York: Longman Group 1976.

Newman, F. X. (Hrsg.): *The Meaning of Courtly Love.* Albany, N.Y.: SUNY Press 1968.

Riché, Pierre: *Daily Life in the World of Charlemagne.* Translated by JoAnn McNamara.

Philadelphia: University of Pennsylvania Press 1978 (*La vie quotidienne dans l'Empire carolingien*. Paris 1973. – *Die Welt der Karolinger*. Stuttgart 1981).
Ross, James Bruce / Mary Martin McLaughlin (Hrsg.): *The Portable Medieval Reader*. New York: The Viking Press 1966.
Rossi, Alice S. / Jerome Kagan / Tamara K. Hareven (Hrsg.): *The Family*. New York: W. W. Norton & Company 1978.
Runciman, Steven: *A History of the Crusades*. 3 Bde. New York: Harper & Row 1967 (*Geschichte der Kreuzzüge*. Aus dem Englischen übertragen von Peter de Mendelssohn. 3 Bde. München 1958–1960).
Sheehan, Michael M.: »The Influence of Canon Law on the Property Rights of Medieval Women in England.« In: *Medieval Studies* 25 (1963), S. 109–124.
Slater, Miriam: »The Weightiest Business: Marriage in an Upper-Gentry Family in Seventeenth Century England.« In: *Past and Present* 72 (1976), S. 25–54.
Thompson, James Westfall: *The Literacy of the Laity in the Middle Ages*. Berkeley: University of California Press 1939.
Thomson, Gladys Scott: *Life in a Noble Household 1641–1700*. Ann Arbor: University of Michigan Press 1959.
Thrupp, Sylvia L. (Hrsg.): *Early Medieval Society*. New York: Appleton-Century-Crofts 1967.
Vale, Malcolm: *War and Chivalry: Warfare and Aristocratic Culture in England, France and Burgundy at the End of the Middle Ages*. Athens, Ga.: The University of Georgia Press 1981.
Wood, Margaret: *The English Medieval House*. London: Phoenix House 1965.

5 Frauen innerhalb der Stadtmauern

5.1 *Literatur über Frauen*

Ashe, Geoffrey: *The Virgin*. London: Routledge & Kegan Paul 1976.
Bainton, Roland: *Women of the Reformation in Germany and Italy*. Boston: Beacon Press 1971.
Benedek, Thomas: »The Changing Relationship between Midwives and Physicians during the Renaissance.« In: *Bulletin of the History of Medicine* 51, Nr. 4 (1977), S. 550–564.
Broude, Norma / Mary D. Garrard (Hrsg.): *Feminism and Art History: Questioning the Litany*. New York: Harper & Row 1982.
Brown, Judith C. / Jordan Goodman: »Women and Industry in Florence.« In: *Journal of Economic History* 40, Nr. 1 (1980), S. 73–80.
Brundage, James A.: »Prostitution in the Medieval Canon Law.« In: *Signs* 1, Nr. 4 (1976), S. 825–845.
Chojnacki, Stanley: »Patrician Women in Early Renaissance Florence.« In: *Studies in the Renaissance* 21 (1974), S. 176–203.
Chojnacki, Stanley: »Dowries and Kinsmen in Early Renaissance Venice.« In: *Journal of Interdisciplinary History* 4 (1975), S. 571–600.
Dale, Marian K.: »The London Silkwomen of the Fifteenth Century.« In: *Economic History Review* 8 (1932–1934), S. 324–335.
Davis, Natalie Zemon: »Women in the Crafts in Sixteenth-Century Lyon.« In: *Feminist Studies* 8, Nr. 1 (1982), S. 47–80.
Garth, Helen Meredith: »Saint Mary Magdalene in Medieval Literature.« *The Johns Hopkins University Studies in Historical and Political Science*, Serie 67, Nr. 3 (1950).
Goodell, William: *A Sketch of the Life and Writings of Louyse Bourgeois*. Philadelphia: Collins 1876.

Greer, Germaine: *The Obstacle Race: The Fortunes of Women Painters and Their Work.* New York: Farrar, Straus & Giroux 1979 (*Das unterdrückte Talent; die Rolle der Frauen in der bildenden Kunst.* Aus dem Englischen von Rainer Redies und Ingrid Krüger. Berlin 1980).

Hacker, Barton C.: »Women and Military Institutions in Early Modern Europe: A Reconnaissance.« In: *Signs* 6, Nr. 4 (1981), S. 643–671.

Harris, Ann Sutherland / Linda Nochlin: *Women Artists 1550–1950.* New York: Alfred A. Knopf 1978.

Healy, E. T.: *Women According to Saint Bonaventure.* New York: Georgian Press 1955.

Higgins, Patricia: »The Reactions of Women, with Special Reference to Women Petitioners.« In: Brian Manning (Hrsg.): *Politics, Religion and the English Civil War.* London: Edward Arnold 1973.

Hirn, Yrjö: *The Sacred Shrine: A Study of the Poetry and Art of the Catholic Church.* Boston: Beacon Press [o.J.].

Hogrefe, Pearl: *Tudor Women: Commoners and Queens.* Ames, Iowa: The Iowa University Press 1975.

Howell, Martha C.: *Women, Production, and Patriarchy in Late Medieval Cities.* Chicago: University of Chicago Press 1986.

Hughes, Muriel Joy: *Women Healers in Medieval Life and Literature.* New York: King's Crown Press 1943.

Jameson, Anne Brownell (Hrsg.): *Legends of the Madonna.* New York: Houghton, Mifflin & Company 1896.

Klapisch-Zuber, Christiane: *Women, Family, and Ritual in Renaissance Italy.* Translated by Lydia Cochrane. Chicago: University of Chicago Press 1985.

Labalme, Patricia H. (Hrsg.): *Beyond Their Sex: Learned Women of the European Past.* New York: New York University Press 1980.

Lacy, Norris J.: »Fabliau Women.« In: *Romance Notes* 25, Nr. 3 (1985), S. 318–327 (dieser Band enthält zudem eine nützliche Bibliographie zu diesem Thema).

Maguire, Yvonne: *The Women of the Medici.* London: George Routledge & Sons 1927.

Martines, Lauro: »A Way of Looking at Women in Renaissance Florence.« In: *The Journal of Medieval and Renaissance Studies* 4, Nr. 1 (1974), S. 15–28.

McArthur, E. A.: »Women Petitioners and the Long Parliament.« In: *English Historical Review* 93 (1909), S. 698–709.

Mead, Kate Campbell Hurd: *A History of Women in Medicine: from the Earliest Times to the Beginning of the Nineteenth Century.* Haddam, Conn.: The Haddam Press 1938.

Monter, E. William: »Women in Calvinist Geneva (1550–1800).« In: *Signs* 6, Nr. 2 (1980), S. 189–208.

Nicholas, David: *The Domestic Life of a Medieval City: Women, Children, and the Family in Fourteenth Century Ghent.* Lincoln, Neb.: University of Nebraska Press 1985.

Otis, Leah Lydia: *Prostitution in Medieval Society.* Chicago: University of Chicago Press 1985.

Perry, Mary Elizabeth: »Lost Women in Early Modern Seville: The Politics of Prostitution.« In: *Feminist Studies* 4, Nr. 1 (1978), S. 195–214.

Petrelli, R. L.: »The Regulation of French Midwifery During the *Ancien Regime.*« In: *Journal of the History of Medicine* 26 (1971), S. 276–292.

Policelli, Eugene F.: »Medieval Women: A Preacher's Point of View.« In: *International Journal of Women's Studies* 1, Nr. 3 (1978), S. 285–296.

Quataert, Jean H.: »The Shaping of Women's Work in Manufacturing: Guilds, Households, and the State in Central Europe, 1648–1870.« In: *American Historical Review* 90, Nr. 5 (1985), S. 1122–1148.

Sachs, Hannelore: *The Renaissance Women.* Translated by Marianne Herzfeld. New York: McGraw-Hill Book Company 1971 (*Die Frau in der Renaissance.* Leipzig 1970).

Stock, Phyllis: *Better Than Rubies: A History of Women's Education*. New York: G. P. Putnam's Sons 1978.

Warner, Marina: *Alone of All Her Sex: The Myth and the Cult of the Virgin Mary*. New York: Pocket Books 1978 (*Maria; Geburt, Triumph, Niedergang–Rückkehr eines Mythos?* Übersetzt ins Deutsche von Gabriele Spielvogel u.a. München 1982).

Wiesner, Merry E.: »Early Modern Midwifery: A Case Study.« In: *International Journal of Women's Studies* 6, Nr. 1 (1983), S. 26–43.

Wiesner, Merry E.: *Working Women in Renaissance Germany*. New Brunswick, N.J.: Rutgers University Press 1986.

5.2 *Allgemeine Literatur*

Ashley, Maurice: *The Stuarts in Love with Some Reflections on Love and Marriage in the Sixteenth and Seventeenth Centuries*. New York: The Macmillan Company 1964.

Bar, Carl Ludwig von: *A History of Continental Criminal Law*. Translated by Thomas S. Bell and others. Boston: Little, Brown, and Company 1916 (*Geschichte des deutschen Strafrechts und der Strafrechts-Theorien*. Berlin 1882).

Bates, Alfred (Hrsg.): *The [German] Drama: Its History, Literature and Influence on Civilization*. Bd. 10, New York: Smart and Stanley 1903.

Braudel, Fernand: *Capitalism and Material Life 1400–1800*. Translated by Miriam Kochan. New York: Harper & Row 1973 (französisches Original: *Civilisation matérielle et capitalisme*. Paris 1967. – *Die Geschichte der Zivilisation; 15. bis 18. Jahrhundert*. Aus dem Französischen übersetzt von Renate Nickel und Thurid Pichler. München 1971).

Braudel, Fernand: *The Structures of Everyday Life: Civilization and Capitalism 15th–18th Century*. Translated by Siân Reynolds. 3 Bde. New York: Harper & Row 1981 (französisches Original: *Civilisation matérielle, économie et capitalisme, XVe–XVIIIe siècle*. 3 Bde. Paris 1979. – *Sozialgeschichte des 15.–18. Jahrhunderts*. Übersetzung aus dem Französischen von Siglinde Summerer, Gerda Kurz, Günter Seib. 3 Bde. München 1985–1986).

Brissaud, Jean: *A History of French Private Law*. Translated from the 2nd French edition by Rapelje Howell. Boston: Little, Brown, and Company 1912 (Teilübersetzung von: *Manuel d'histoire du droit français*. Paris 1898–1904).

Bronowski, J. / Bruce Mazlish: *The Western Intellectual Tradition*. New York: Harper & Row 1962.

Brucker, Gene (Hrsg.): *The Society of Renaissance Florence*. New York: Harper & Row 1971.

Bullard, Melissa Meriam: »Marriage Politics and the Family in Florence: The Strozzi-Medici Alliance in 1508.« In: *American Historical Review* 84, Nr. 3 (1979), S. 668–687.

Calisse, Carlo: *A History of Italian Law*. Translated by Layton B. Register. New York: Augustus Kelley 1969 (*Storia del diritto italiano*. Firenze 1891).

Chrisman, Miriam Usher: *Lay Culture, Learned Culture: Books and Social Change in Strasbourg 1480–1599*. New Haven, Conn.: Yale University Press 1982.

Cipolla, Carlo M. (Hrsg.): *The Fontana Economic History of Europe: The Middle Ages*. Glasgow: William Collins Sons & Co. 1975 (*Europäische Wirtschaftsgeschichte in 5 Bänden*. Deutsche Ausgabe hrsg. v. K. Borchardt. Bd. 1: *Mittelalter*. Stuttgart 1983).

Cipolla, Carlo M. (Hrsg.): *The Fontana Economic History of Europe: The Sixteenth and Seventeenth Centuries*. Glasgow: William Collins Sons & Co. 1976 (*Europäische Wirtschaftsgeschichte in 5 Bänden*. Deutsche Ausgabe hrsg. v. K. Borchardt. Bd. 2: *Sechzehntes und siebzehntes Jahrhundert*. Stuttgart 1983).

Coulton, G. G.: *Life in the Middle Ages*. New York: The Macmillan Company 1930.

Coulton, G. G.: *Medieval Panorama; The English Scene from Conquest to Reformation*. Cambridge: Cambridge University Press 1939.

Cowgill, Ursula M.: »The People of York 1538–1815.« In: *Scientific American* 222, Nr. 1 (1970), S. 104–112.

Daedalus: Historical Population Studies 97, Nr. 2 (1968).

Davis, Natalie Zemon: *Society and Culture in Early Modern France*. Stanford, Calif.: Stanford University Press 1975 (*Humanismus, Narrenherrschaft und die Riten der Gewalt; Gesellschaft und Kultur im frühneuzeitlichen Frankreich*. Aus dem Amerikanischen von Nele Löw Beer. Frankfurt/Main 1987).

Defourneaux, Marcelin: *Daily Life in Spain in the Golden Age*. Translated by Newton Branch. London: George Allen and Unwin 1970 (*La vie quotidienne en Espagne au siècle d'or. – Kultur und Gesellschaft einer Weltmacht*. Aus dem Französischen übersetzt von Eva Marie Herrmann. Stuttgart 1986).

DeMause, Lloyd (Hrsg.): *The History of Childhood*. New York: Harper & Row 1974 (*Hört ihr die Kinder weinen; eine psychogenetische Geschichte der Kindheit*. Übersetzt von Ute Auhagen u.a. Frankfurt/Main 1977).

Fairchilds, Cissie: *Poverty and Charity in Aix-en-Provence 1640–1789*. Baltimore: The Johns Hopkins University Press 1976.

Fairchilds, Cissie: *Domestic Enemies: Servants and Their Masters in Old Regime France*. Baltimore: The Johns Hopkins University Press 1984.

Focillon, Henry: *The Art of the West in the Middle Ages*. Edited by Jean Bony. London: Phaidon Publishers 1963 (französisches Original: *Art d'Occident, le moyen âge, roman et gothique*. Paris 1938).

Forster, Robert / Orest Ranum (Hrsg.): *Family and Society: Selections from the Annales*. Translated by Elborg Forster and Patricia M. Ranum. Baltimore: The Johns Hopkins University Press 1976.

Frank, Grace: *The Medieval French Drama*. Oxford: University Press 1954.

French, Walter: *Medieval Civilization as Illustrated by the Fastnachtspiele of Hans Sachs*. Baltimore: The Johns Hopkins University Press 1925.

Gies, Joseph und Frances: *Life in a Medieval City*. New York: Thomas Y. Crowell Company 1973.

Glass, D. V. / D. E. Eversley (Hrsg.): *Population in History*. London: E. Arnold 1965.

Goldthwaite, Richard: *Private Wealth in Renaissance Florence: Four Florentine Families*. Princeton, N.J.: Princeton University Press 1969.

Goldthwaite, Richard: »The Florentine Palace as Domestic Architecture.« In: *American Historical Review* 77, Nr. 4 (1972), S. 997–1012.

Goody, Jack / Joan Thirsk / E. P. Thompson (Hrsg.): *Family and Inheritance: Rural Society in Western Europe 1200–1800*. New York: Cambridge University Press 1978.

Hassall, W. O.: *How They Lived 15 B.C.–1485*. Oxford: Basil Blackwell 1962.

Herlihy, David: *Medieval and Renaissance Pistoia*. New Haven, Conn.: Yale University Press 1967.

Herlihy, David: »The Tuscan Town in the Quattrocento, A Demographic Profile.« In: Paul Maurice Clogan (Hrsg.): *Medievalia et Humanistica*, New Series 1 (1970), S. 81–109.

Herlihy, David: »The Medieval Marriage Market.« In: Dale B. J. Russell (Hrsg.): *Medieval and Renaissance Studies*. Durham, N.C.: Duke University Press 1976.

Hübner, Rudolf: *A History of Germanic Private Law*. Translated by Francis S. Philbrick. Boston: Little, Brown, and Company 1918 (*Grundzüge des deutschen Privatrechts*. Leipzig 1908).

Hufton, Olwen H.: *The Poor of Eighteenth-Century France 1750–1789*. Oxford: Clarendon Press 1974.

Hughes, Diane Owen: »Urban Growth and Family Structure in Medieval Genoa.« In: *Past and Present* 66 (1975), S. 3–28.

Kamen, Henry: *The Iron Century: Social Change in Europe 1550–1660*. New York: Praeger Publishers 1971.

Katz, Jacob: *Tradition and Crisis: Jewish Society at the End of the Middle Ages*. New York: Schocken Books 1971.

Newett, M. Margaret: »The Sumptuary Laws of Venice in the Fourteenth and Fifteenth Centuries.« In: T. F. Tout / James Tait (Hrsg.): *Historical Essays by Members of Owens College Manchester*. London: Longmans Green and Company 1902.

Origo, Iris: *The Merchant of Prato: Francesco di Marco Datini*. London: Jonathan Cape 1957 (*»Im Namen Gottes und des Geschäfts«; Lebensbild eines toskanischen Kaufmanns der Frührenaissance*. Aus dem Englischen übersetzt von Uta-Elisabeth Trott. München 1985).

Ozment, Steven: *When Fathers Ruled: Family Life in Reformation Europe*. Cambridge, Mass.: Harvard University Press 1983.

Pike, Ruth: *Aristocrats and Traders: Sevillian Society in the Sixteenth Century*. Ithaca, N.Y.: Cornell University Press 1972.

Pollard, A. W.: *English Miracle Plays, Moralities and Interludes*. Oxford: Clarendon Press 1895.

Pullan, B.: *Rich and Poor in Renaissance Venice*. Cambridge, Mass.: Harvard University Press 1971.

Quayle, Eric: *Old Cook Books: An Illustrated History*. New York: E. P. Dutton 1978.

De Roover, Florence Edler: »Andrea Banchi, Florentine Silk Manufacturer and Merchant in the Fifteenth Century.« In: William M. Bowsky (Hrsg.): *Studies in Medieval and Renaissance History*. Bd. 3. Lincoln, Neb.: University of Nebraska Press 1966.

Rörig, Fritz: *The Medieval Town*. Berkeley: University of California Press 1967 (deutsches Original: *Die europäische Stadt und die Kultur des Bürgertums im Mittelalter*. Göttingen 1955).

Ross, James Bruce / Mary Martin McLaughlin (Hrsg.): *The Portable Renaissance Reader*. New York: Penguin Books 1980.

Rossi, Alice S. / Jerome Kagan / Tamara K. Hareven (Hrsg.): *The Family*. New York: W. W. Norton & Company 1978.

Russell, J. C.: *Late Ancient and Medieval Population*. Philadelphia: The American Philosophical Society 1958.

The Secular Spirit: Life and Art at the End of the Middle Ages. New York: E. P. Dutton & Company 1975.

Smith, Hilda: »Gynecology and Ideology in Seventeenth-Century England.« In: Berenice A. Carroll (Hrsg.): *Liberating Women's History: Theoretical and Critical Essays*. Urbana: University of Illinois Press 1976.

Speert, Harold: *Iconographia Gyniatrica: A Pictorial History of Gynecology and Obstetrics*. Philadelphia: F. A. Davis 1973.

Strauss, Gerald: *Nuremberg in the Sixteenth Century: City Politics and Life Between Middle Ages and Modern Times*. New York: John Wiley & Sons 1966.

Stuard, Susan Mosher: »Dowry Increase and Increments in Wealth in Medieval Ragusa (Dubrovnik).« In: *Journal of Economic History* 16, Nr. 4 (1981), S. 795–812.

Thrupp, Sylvia L.: *The Merchant Class of Medieval London [1300–1500]*. Ann Arbor, Mich.: University of Michigan Press 1977.

Trexler, Richard C.: »Infanticide in Florence: New Sources and First Results.« In: *History of Childhood Quarterly* 1, Nr. 1 (1973), S. 98–116.

Trexler, Richard C.: »The Foundlings of Florence 1395–1455.« In: *History of Childhood Quarterly* 1, Nr. 2 (1973), S. 259–284.

Wedgwood, Cicely Veronica: *The Thirty Years War*. Garden City, N.Y.: Doubleday & Company 1961 (*Der Dreißigjährige Krieg*. Aus dem Engl. von A. G. Girschick. München 1976).

White, Sarah Melhado: »Sexual Language and Human Conflict in Old French Fabliaux.« In: *Comparative Studies in Society and History* 24, Nr. 2 (1982), S. 185–210.

Young, Karl: *The Drama of the Medieval Church*. Oxford: Clarendon Press 1973.

Personen- und Sachregister

Bildnachweis

Teil 1

1. Foto: E. Dania
2. Metropolitan Museum of Art, Rogers Fund, 1964 (64.11.7).
3. Metropolitan Museum of Art, Fletcher Fund, 1931 (31.11.10).
4. Hirmer Verlag, München (561.1087). Rom, Museo della terre.
5. Nationalmuseum Dänemark. Foto: Niels Elswing.
6. Scala/Art Resource, New York (K50476). Rom, Museo della terre.
7. Fitzwilliam Museum, Cambridge.
8. Reproduktion mit Genehmigung der Kuratoren des British Museum (BM-Kat. Skulptur 1117).
9. Autun, Saône-et-Loire. Haut Relief. Provenant de la Cathédrale »Eve«. © 1987 ARS, N. Y./Arch. Phot. Paris/S. P. A. D. E. M.
10. Musée Municipal, Semur-en-Auxois, Frankreich.

Teil 2

1. Italienisches Manuskript: *Crescenzi li Rustican*. Giraudon/Art Resource, New York. Crescenzi: Les travaux des 12 mois. MS 603 Chantilly, Musée Condé.
2. *Tacuinum sanitatis*, fol. 62. Bildarchiv der Österreichischen Nationalbibliothek, Wien.
3. Nationalmuseum Dänemark. Foto: Niels Elswing. Recherche Frantz Wendt.
4. Magyar Fotómüveszek Szövetsége, Budapest. Foto: Ernó Vadas.
5. Eric Johnson für die American Heritage Publishing Company.
6. »La Vielle« von Françoise Duparc. Musée des Beaux Arts, Marseille.
7. Kungliga Biblioteket, Stockholm. *Geschichte-heute*-Archiv.
8. American Russian Institute; Inc., San Francisco, California.
9. Foto: Ann Cornelisen. Aus *Women of the Shadows*. Copyright © 1976 by Ann Cornelisen. Nachdruck mit Genehmigung von Little, Brown and Company in Verbindung mit The Atlantic Monthly Press.

Teil 3

1. Kopie aus dem Originalmanuskript des *Hortus deliciarum*. Das Original wurde im Deutsch-Französischen Krieg von 1870 zerstört.
2. Hildegard von Bingen, *Wisse die Wege – Scivias*. Otto Müller Verlag, Salzburg.

3. Burgundy Breviary, British Library (Harley MS 2897, F. 340b).
4. Bildarchiv Foto Marburg.
5. Aus *Livre de la vie active*, 1425. C.M.T. Assistance Publique, Paris.
6. Aus *Het Bloedig Tooneel* von Thieleman van Braght, Teil 2, Amsterdam, 1685. Beinecke Rare Book and Manuscript Library, Yale University, New Haven, Connecticut.
7. Porträt aus dem Karmelitenkloster in Sevilla.
   Foto: MAS, Barcelona.
8. © Rijksmuseum-Stichting, Amsterdam.
9. Nationalmuseum Dänemark.
   Foto: Niels Elswing.

Teil 4

1. Aus *De nobilitatibus, sapientiis et prudentiis regum* von Walter de Milemere, The Bodleian Library. Reproduktion mit Genehmigung der Body of Christ Church, Oxford.
2. *The Hours of Catherine of Cleves*, S. 65 (M. 917). Pierpont Morgan Library, New York.
3. »Codex Manesse«, Große Heidelberger Liederhandschrift. Co. Pal. Germ. (848 Bl. 397v). Universitätsbibliothek, Heidelberg.
4. Bildarchiv Foto Marburg.
5. Aus *Table of Christian Faith* von Dirck van Delft. Pierpont Morgan Library, New York (M. 691, f. 131v).
6. Musée de Cluny. Foto: Cliché des Musées Nationaux, Paris.
7. Giraudon/Art Resource (5849). Portal des Palais de Justice, Paris.
8. Bibliothèque Nationale, Paris (MS. 5073, Fol. 117v).

Teil 5

1. »Die Geburt der Jungfrau« vom Meister des Marienlebens (1463–1480), Köln. Alte Pinakothek, München.
2. *Beggar Woman* von Jacques Callot. National Gallery of Art, Washington, D.C., Rudolf L. Baumfeld Collection (1969.15.161).
3. *Tacuinum sanitatis*, Fol. 105v. Bildarchiv der Österreichischen Nationalbibliothek, Wien.
4. © Rijksmuseum-Stichting, Amsterdam.
5. Skulpturengalerie, Staatliche Museen Preußischer Kulturbesitz, Berlin.
   Foto: Jörg P. Anders.
6. Marvin Lowenthal, Übers., *The Memoirs of Glückel of Hameln* (New York: Schocken Books, 1977). Nachdruck mit Genehmigung des Verlags.
7. *Tacuinum sanitatis*, Fol. 82v. Bildarchiv der Österreichischen Nationalbibliothek, Wien.
8. Fol. 174. Bildarchiv der Österreichischen Nationalbibliothek, Wien.
9. *La pittura*. Hampton Court. Copyright Reserved to Her Majesty Queen Elizabeth II.

Danksagungen

Um dieses Werk – den vorliegenden sowie den im Erscheinen begriffenen zweiten Band – zu schreiben, haben wir zehn Jahre gebraucht. Während dieser Zeit wurden wir von Gruppen und Einzelpersonen ermutigt und unterstützt, denen wir nun gerne unseren Dank abstatten möchten.

Zusammen sind wir manchen hervorragenden Frauen und zwei außergewöhnlichen Männern verpflichtet. Ohne die Frauenbewegung, die uns den Mut und die Bestärkung gab, ein Projekt von solcher Kühnheit überhaupt nur in den Blick zu fassen, hätten wir diese Geschichte nicht schreiben können. Ohne Murray D. List hätten wir keine derart erfolgreiche Zusammenarbeit erreicht; er erträumte mehr für uns, als wir selbst zu erhoffen wagten. Unser Verleger und Herausgeber Hugh Van Dusen wankte nie in seinem Vertrauen und seiner Unterstützung für das Projekt, und ohne seine ruhige, jahrelange Zuversicht und ohne die Hilfe seiner fähigen Assistentin Stephanie Gunning wäre unsere Aufgabe wesentlich härter gewesen.

Unsere restlichen Danksagungen nehmen wir getrennt vor.

Bonnie S. Anderson

Als Frau, die in den frühen siebziger Jahren im Bereich der Frauengeschichte zu arbeiten begann, hatte ich das Glück, dem tragenden Netzwerk feministischer Wissenschaftlerinnen anzugehören, die New York City zu einem so großartigen Aufenthaltsort machen. Das *Curriculum Committee* der *Columbia University Women's Liberation Movement* ermöglichte mir, Feministin zu werden, während das *Coordinating Committee of Women in the Historical Profession* der Zweigstelle New York mich befähigte, feministische Frauenhistorikerin zu werden. Ich lernte dort Joan Kelly kennen, deren Sicht und Energie beflügelnd wirkten. Sie unterstützte dieses Projekt in seinem Frühstadium, wie sie so viele andere Bestrebungen im Bereich der Frauengeschichte betreute. Ihre Gelehrsamkeit war mir richtungweisend, und ich vermisse sie sehr.

Die *New School of Liberal Arts* und das Frauenstudienprogramm des *Brooklyn College* boten mir ein erstes akademisches Heim, in dem ich Frauengeschichte lehren und anderen Wissenschaftlerinnen begegnen konnte. Während wir an diesem Buch schrieben, gehörte ich dem *Columbia University Seminar on Women and Society*, der *Women's History Group of the Institute for Research in History* und der *German Women's History Study Group* an. Überall genoß ich Ermutigung und Unterstützung durch andere Wissenschaftlerinnen, ebenso das Vergnügen an gemeinsamem Lernen.

Das *Professional Staff Congress and Board of Higher Education* der *City University* von New York finanzierte durch seinen *Faculty Research Grant and Scholar Incentive Award* ein dringend benötigtes Jahr, in dem ich mich ganz dem Schreiben widmen konnte. Meine Kolleginnen und Kollegen am *History Department* des *Brooklyn College* erlaubten mir großzügig, europäische Frauengeschichte zu unterrichten, auch gewährten sie mir den zum Schreiben notwendigen Urlaub. Besonders Renate Bridenthal, die ebenfalls in der europäischen Frauengeschichte arbeitet, war mir eine ideale Kollegin. Ehrlich, klug, großzügig und humorvoll, wirkte sie stets stützend und belebend. Sie las mehrere Kapitel dieses Buches und machte wertvolle Anmerkungen dazu. Dorothy Helly, deren nicht nachlassende Unterstützung meinen Weg erleichterte, las und kommentierte ausgiebig Teil 6, dasselbe tat Abby Wettan Kleinbaum. Claudia Koonz mit ihrer vorbildlichen Hartnäckigkeit und Gelehrsamkeit ermöglichte mir, auf dem schwierigen Gebiet des Feminismus weiterzuarbeiten. Ihre überlegten und ausführlichen Anmerkungen zu den Teilen 8 und 9 wie auch ihre Ermunterung halfen ungemein. Die Mitglieder der *German Women's History Study Group* – Renate Bridenthal, Jane Caplan, Atina Grossmann, Amy Hackett, Deborah Hertz, Marion Kaplan, Claudia Koonz, Molly Nolan und Joan Reuterschan – lasen und diskutierten Teile von zwei Kapiteln, manche gaben dazu auch Kommentare ab. Dieser Arbeitsgruppe, die so gastfreundlich, klug, gutgelaunt und lebhaft war, gebührt besonderer Dank, ebenso Amy Hackett, die den Titel aufgebracht hat.

Schließlich hielten mich Freundinnen und Helferinnen, Freunde und Helfer auf dem Weg aufrecht. Zu ihnen gehörten Arthur A. Anderson, Nan Bases, Verna Gillis, Stephanie Golden, Enid und Paul Gorman, Linda Grasso, Stephen H. Levine, Stanley, Nadia und Alisa Malinovich, Alice Miller, Pixie und Charlie Piera, Jane Weissman, meine Schwester Jean Raben samt ihrer Familie, John, Alison, Matthew und Katie, und meine Eltern, Geraldine und

Robert Sour. Elizabeth Levy, meine liebe Freundin, die auch schreibt, ermutigte mich speziell und unerschütterlich in zahlreichen Gesprächen über die Jahre hinweg.

Judith P. Zinsser

Mein Berufsleben begann am *Bryn Mawr College*, wo ich mit Gelehrsamkeit, Entschiedenheit und der Weisheit der Geduld vertraut wurde. In all den Jahren fühlte ich mich dank der Freundinnen und Freunde in der Fakultät, in der Verwaltung und unter den ehemaligen Studentinnen als geschätzte, kompetente und unabhängige Frau. Katharine McBride, Caroline Robbins, Mary Maples Dunn, Phyllis Goodhart Gordan und Barbara Thacher opferten Zeit und Energie, um bei der Verwirklichung vieler Pläne zu helfen, von denen dieses Buch hier bloß der letzte ist. Es stellt für mich gewissermaßen die Rückzahlung einer Schuld ihnen und der Institution gegenüber dar.

Über Bryn Mawr kam ich zur *Berkshire Conference of Women Historians*, wo ich auf bewundernswerte Wissenschaftlerinnen stieß, die in der einen Minute das entrückteste Forschungsdetail, in der nächsten das Verhalten einer Tochter diskutieren können, ohne die Wichtigkeit des einen oder anderen herabzumindern. Solche Frauen schenkten mir großzügig von ihrem Fachwissen und ihrer Zeit. Susan Bastian, Kathleen Stassen Berger, Carol Groneman, Mary Hartman, Mary Martin McLaughlin, Jane Schneider, Susan Mosher Stuard und Gabrielle Spiegel identifizierten Quellen, regten Fragen an, forderten Ideen heraus und halfen, Antworten zu verfeinern.

Meine Kolleginnen und Kollegen an der *United Nations International School* haben meine Projekte stets unterstützt. Sie halfen mir bei der Fertigstellung dieses Buches in mannigfachster Weise: indem sie den Stundenplan anpaßten, die Lebensgeschichte einer bedeutenden Tante erzählten oder ein Porträt von Christine de Pisan auffinden halfen. Jahr für Jahr hörten meine Studentinnen von einem mysteriösen »Buch« und zweifelten nie daran, daß es einmal beendet und zum Signieren bereit sein werde.

Lisa Fuhrer, Carol Kessler und Nerieda Vidal verwandelten geklebte und geheftete Kapitel in saubere Manuskripte.

Ich habe zwei Familien zu danken. Meine Familienangehörigen von der *62nd Street* gaben mir eine Ausbildung, die derjenigen eines Mannes gleichwertig war, und die Aussicht auf eine erfüllende Berufslaufbahn. Durch sie erwarb ich einen Sinn für persönliche und berufliche Maßstäbe. Die Mitglieder meiner Familie von der *73rd Street* schenkten mir ihre liebevolle Fürsorge und sagten als erste, daß sie sich berührt fühlten von unserer Vision einer wahren Geschichte der Menschheit.

Meine lieben Freundinnen und Freunde gewährten mir, je nach ihrer Art, ihre Unterstützung, und sie halfen mir, die Freiheit zu finden, die ich zum Denken und Schreiben benötigte: Rosalind Cutforth, Margot K. Jones, Dorothy A. Lavington, John Lippmann, Florita Richardson, Jane Marla Robbins und David Shapiro. Hilary Ainger hatte an diesem Unternehmen besonderen Anteil. Wenn ich bestürzt oder verzagt war, wußte ich, daß ich ihren weisen Rat, ihr Zutrauen und ihr Verständnis in Anspruch nehmen durfte.

Zuletzt möchte ich meiner Tochter Sarah Katharine Lippmann danken, für die das Buch in mancher Hinsicht geschrieben wurde – damit sie nie wie ihre Mutter Anleihen machen müsse bei Helden und einer Vergangenheit aus der Geschichte der Männer. Sie war siebenjährig, als sie Schilder für meine Türe anfertigte, die mich immer zum Lächeln brachten: »Eine Mutter hart an der Arbeit. Nicht stören! Um 6 Uhr 30 kann man sie sehen … Unterzeichnet, … eine Autorin an der Arbeit.« Sie glaubte an das Buch, und jetzt ist es da.